宋元切韻學文獻叢刊

李軍　李紅　主編

皇極經世解起數訣校注　中

[宋] 祝泌　著

李紅　校注

鳳凰出版社

		坤四	師五	升五	師三	坤六	師六	升六	坤七	坤一
開音清		夫	普	旁	毋	東	土	同	乃	古
						祋	娧	兊		儈

師一		師二	坤八	師八	升八		坤九	坤二	師二	坤三
坤	口	五	走	草	曹	■	寺	黑	武	安
檜		外	最	襊	蕞	䃎		識	會	薈

第三十一圖　開音清

第三十一圖　開音清

本圖列《廣韻》泰韻合口字，雖四等有字，但係錯列。本圖係拆分《韻鏡》外轉第十六合去聲一等字。按《起數訣》一般分圖原則，本圖當列一四等位字，去聲四等位當有列字卻列於第三十二圖，但本圖按原圖不出校。本圖聲母透母位列字爲『圡』，四庫本爲『土』。群母位兩本皆列『□』。心、日、半三聲母明本列『■』，四庫本空格。明本本圖無列目，四庫本去聲一等列目爲『泰』，去聲四等列目爲『祭』。

校注：

1 本圖明本無標目，四庫本去一列目爲『泰』，去四列目爲『祭』，明本當據四庫本補。

2 (去一溪)坤一(泰)　檜　《廣韻》苦會切，溪泰一去合蟹；《韻鏡》空位；《七音略》外轉第十六輕中輕、《切韻指掌圖》十九圖，列字爲『檜』；《四聲等子》蟹攝外二輕重俱等韻合口呼、《切韻指南》蟹攝外二合口呼廣門，列字均爲『塊』，溪母隊韻。『檜』爲《廣韻》泰韻溪母位小韻首字，《韻鏡》空位誤，《起數訣》是。

3（去一疑）五一（泰） 外 《廣韻》《集韻》五會切，疑泰一去合蟹；《韻鏡》外轉第十六合、《切韻指掌圖》十九圖，列字爲『外』；《七音略》空位；《四聲等子》蟹攝外二輕重俱等韻合口呼、《切韻指南》蟹攝外二合口呼廣門，列字均爲『磑』，疑母隊韻。『外』爲《廣韻》泰韻疑母位小韻首字，《七音略》空位誤，《起數訣》是。

4（去一清）草一（泰） 襊 《廣韻》麤最切，《集韻》取外切，清泰一去合蟹；《韻鏡》外轉第十六合、《七音略》外轉第十六輕中輕、《切韻指掌圖》十九圖，列字均爲『襊』；《四聲等子》蟹攝外二輕重俱等韻合口呼、《切韻指南》蟹攝外二合口呼廣門，列字均爲『倅』，清母隊韻。《起數訣》《韻鏡》《七音略》列字均似『襊』，當爲書寫誤，此爲『襊』是。

5（去一影）安一（泰） 薈 《廣韻》《集韻》烏外切，影泰一去合蟹；《韻鏡》外轉第十六合、《七音略》外轉第十六輕中輕、《切韻指掌圖》十九圖，列字均爲『懀』；《四聲等子》蟹攝外二輕重俱等韻合口呼、《切韻指南》蟹攝外二合口呼廣門，列字均爲『魄』，影母隊韻。『懀』爲《廣韻》泰一影母位小韻首字，下收有『薈』字，列字以『懀』爲佳，《起數訣》亦無誤。

6（去一喻）文一（泰） 懳 《康熙字典》記：『《廣韻》《集韻》于劌切，音衛。《説文》寱言不慧也。或从言。又《集韻》於例切，音緆。義同。又《廣韻》魚祭切，音囈。與寱同。亦睡語也。又《集韻》于外切，又乙劣切，音噦。義同。』《廣韻》于劌切，祭韻；《集韻》于外切，泰韻。《韻鏡》外轉第十六合、《切韻指南》蟹攝外二合口呼廣門，列字爲『懳』；《七音略》《切韻指掌圖》《四聲等子》空位。《廣韻》及其以前韻書均無「懲」字，《集韻》即爲誤收。《廣韻》泰韻無喻母字，當删。

7（去二喻）文二（祭）　祭　明本、四庫本此字均在格位右上，且字形較小。「祭」，《廣韻》《集韻》子例切，精祭三去合蟹；此字爲精母字不當列於喻母位，且字形較小并置於格位右上角，當爲一等「懲」字標注字，指「懲」爲祭韻字。此行無標目字，故此處當删。

8（去一來）老二（泰）　酹　明本列字爲「酹」，四庫本列字爲「酹」。「酹」，《廣韻》市流切，《集韻》時流切，禪尤三平開流；均不適於此位。「酹」，《廣韻》郎外切，《集韻》魯外切，來泰一去合蟹；《韻鏡》外轉第十六合、《七音略》外轉第十六輕中輕、《切韻指掌圖》十九圖，列字均爲「酹」；《四聲等子》蟹攝外二輕重俱等韻合口呼、《切韻指南》蟹攝外二合口呼廣門，列字均爲「纇」，來母隊韻。《起數訣》明本誤，當校改爲「酹」，四庫本列字是。

9（去四喻）文四（祭）　叡　《廣韻》以芮切，《集韻》俞芮切，以祭三去合蟹；《韻鏡》《七音略》《切韻指掌圖》《四聲等子》《切韻指南》空位。此字在《起數訣》三十二圖重出，故本圖可删。

釋：

1（去一端）東一（泰）　祋　《廣韻》丁外切，《集韻》都外切，端泰一去合蟹；《韻鏡》外轉第十六合、《七音略》外轉第十六輕中輕，列字均爲「祋」；《切韻指掌圖》十九圖、《四聲等子》蟹攝外二輕重俱等韻合口呼、《切韻指南》蟹攝外二合口呼廣門，列字均爲「對」，端母隊韻。

2 （去一透）土一（泰） 娧 《廣韻》他外切，透泰一去合蟹；《韻鏡》外轉第十六合、《七音略》外轉第十六輕中輕，列字均爲「娧」；《切韻指掌圖》十九圖，列字爲「蜕」，透母泰韻；《四聲等子》蟹攝外二輕重俱等韻合口呼、《切韻指南》蟹攝外二合口呼廣門，列字均爲「退」，透母隊韻。

3 （去一定）同一（泰） 兑 《廣韻》杜外切，《集韻》徒外切，定泰一去合蟹；《韻鏡》外轉第十六合、《七音略》外轉第十六輕中輕，列字均爲「兑」；《切韻指掌圖》十九圖，列字爲「兊」，同「兑」；《四聲等子》蟹攝外二輕重俱等韻合口呼、《切韻指南》蟹攝外二合口呼廣門，列字均爲「隊」，定母隊韻。

4 （去一見）古一（泰） 儈 《廣韻》《集韻》古外切，見泰一去合蟹；《韻鏡》外轉第十六合、《七音略》外轉第十六輕中輕、《切韻指掌圖》十九圖，列字均爲「儈」；《四聲等子》蟹攝外二輕重俱等韻合口呼、《切韻指南》蟹攝外二合口呼廣門，列字均爲「憒」，見母隊韻。

5 （去一精）走一（泰） 最 《廣韻》《集韻》祖外切，精泰一去合蟹；《韻鏡》外轉第十六合、《七音略》外轉第十六輕中輕，《切韻指掌圖》十九圖，列字均爲「最」；《四聲等子》蟹攝外二輕重俱等韻合口呼、《切韻指南》蟹攝外二合口呼廣門，列字均爲「晬」，精母隊韻。

6(去一從)曹一(泰)　蕞《廣韻》才外切，《集韻》徂外切，從泰一去合蟹；《韻鏡》外轉第十六合、《七音略》外轉第十六輕中輕、《切韻指掌圖》十九圖，列字均爲『蕞』；《四聲等子》蟹攝外二輕重俱等韻合口呼、《切韻指南》蟹攝外二合口呼廣門，列字均爲『啐』，從母隊韻。

7(去一心)■一(泰)　⿰石最《廣韻》先外切，心泰一去合蟹；《韻鏡》外轉第十六合、《七音略》外轉第十六輕中輕，列字均爲『⿰石最』；《切韻指掌圖》十九圖、《四聲等子》蟹攝外二輕重俱等韻合口呼、《切韻指南》蟹攝外二合口呼廣門，列字均爲『碎』，心母隊韻。

8(去一曉)黑一(泰)　譮《廣韻》呼會切，曉泰一去合蟹；《韻鏡》外轉第十六合、《七音略》外轉第十六輕中輕，列字均爲『譮』；《切韻指掌圖》十九圖，列字爲『晦』，曉母隊韻；《四聲等子》蟹攝外二輕重俱等韻合口呼、《切韻指南》蟹攝外二合口呼廣門，列字均爲『誨』，曉母隊韻。

9(去一匣)武一(泰)　會《廣韻》《集韻》黄外切，匣泰一去合蟹；《韻鏡》外轉第十六合、《七音略》外轉第十六輕中輕、《切韻指掌圖》十九圖，列字均爲『會』；《四聲等子》蟹攝外二輕重俱等韻合口呼、《切韻指南》蟹攝外二合口呼廣門，列字均爲『潰』，匣母隊韻。

升三　謙五　坤五　師七　升四

■	目	步	口	卜		開	■	■	老	文
						音				
						濁				
									酧	懲
					夬					祭
綴					祭	嗑				
					祭					敝

坤九	升九			升二		謳三	謳三	謳七	謳六	
思	口	■	■	吾	口	口	口	内	兊	■
	書下					爻上	爻上			
噿	眭	毳				怏	夫	取		
税		嘬毳	贅	刖			劌		鈉	[illegible]
歲		脆	蕝							

覌四					比七	謙一	謙八	謙二	謙四	
飛		閉	■	■	鹿	口	自	黄	父	■
		音				黄上				
		清								
斌	真 周上									
賓	真									
	恨 奚四									
臏	軫 華上									
	恨 緊四									
							黵	話	唔	
				汭		衛				
儐	震 專上					[illegible]				[illegible]
	没 媒四									
筆	質									
必	質 震上									

第三十二圖　開音濁

本圖列《廣韻》夬、祭韻二三等位合口非脣音字，并收有祭四等位字。按《起數訣》一般分圖原則，四等當列於第三十一圖，按原圖不出校。二三等位字，係拆分《韻鏡》外轉第十四合，取其寄韻去聲及祭三等位非脣音字。四等祭韻字《韻鏡》中在外轉第十六合四等位。《起數訣》明本端、透、照、穿、禪、日、半三列『■』，四庫本空格。見、溪、群、牀、喻母位兩本皆列『□』，其中見、溪下一等格位有『父上』二字，牀母下一等格位有『曹上』，疑爲『黃上』。喻下一等格位有『黃上』二字。

校注：

1（去二娘）内二夬　取　明本列字爲『取』，四庫本列字爲『取』。『取』，《廣韻》未收；《集韻》女夬切，娘夬二去合蠻；《韻鏡》《七音略》《切韻指掌圖》《四聲等子》空位；《切韻指南》蠻攝外二合口呼廣門，列字爲『取』，當爲『取』字誤。《廣韻》夬韻無娘母字，《起數訣》從《集韻》，亦無誤。明本形訛，當校改爲『取』，四庫本列字是。

2（去二初）■二夬 䉲 明本正位列「䉲」，下壓線小字列「嘬」；四庫本正位中「䉲」大字偏左，「嘬」小字列於右下。「䉲」，《廣韻》《集韻》未收；《康熙字典》記：「《集韻》初芮切。」則爲初母祭韻。此位另一字「嘬」當爲標注字，初母夬韻，合於此位。韻圖每格一字，「嘬」爲《廣韻》夬二初母位小韻首字，列字以「嘬」爲佳，兩本可删「䉲」字，留「嘬」字。

3（去二崇）□二夬 睉 《廣韻》昨禾切，《集韻》徂禾切，從戈一平合蟹；不適於此位，另《集韻》仕夬切，則爲崇母夬韻。《韻鏡》《七音略》《切韻指掌圖》空位；《四聲等子》蟹攝外二輕重俱等韻合口呼，列字爲「睉」；《切韻指南》蟹攝外二合口呼廣門，列字爲「⿰扌罪」，《五音集韻》牀母怪韻。《廣韻》夬韻無崇母字，《起數訣》從《集韻》，列字亦無誤。

4（去二生）思二夬 啐 《廣韻》《集韻》山芮切，生祭三去合蟹；不當列於此位。《韻鏡》《七音略》空位；《切韻指掌圖》二十圖，列字爲「鎩」，生母怪韻；《四聲等子》蟹攝外二輕重俱等韻合口呼，列字爲「濊」，生母夬韻；《切韻指南》蟹攝外二合口呼廣門，列字爲「啐」；「啐」爲《廣韻》祭韻小韻首字，《廣韻》夬韻無生母字，《起數訣》誤，當删。

5（去三徹）■三祭 惙 《廣韻》陟劣切，知薛三去合蟹；《集韻》丑芮切，徹祭三去合蟹；《韻鏡》《七音略》《切韻指掌圖》空位；《四聲等子》蟹攝外二輕重俱等韻合口呼、《切韻指南》蟹攝外二合口呼廣門，列字爲「惙」。《廣韻》祭韻無徹母字，《起數訣》從《集韻》，亦無誤。

6（去三澄）兑三祭　鈉　《廣韻》而鋭切，《集韻》儒税切，日祭三去合蟹；不當列於此位。《韻鏡》《切韻指掌圖》空位；《七音略》外轉第十四輕中重、《切韻指南》蟹攝外二合口呼廣門、《四聲等子》蟹攝外二輕重俱等韻合口呼，列字爲「鏑」，澄母祭韻。「鏑」爲《廣韻》祭韻澄母位小韻首字，《集韻》未收「鏑」字。《集韻》有「鈉，除芮切」，《起數訣》當據此而訛。《起數訣》誤，當校改爲「鏑」。

7（去三溪）□三祭　○　《廣韻》《集韻》未收；《韻鏡》外轉第十四合、《七音略》外轉第十四輕中重、《四聲等子》蟹攝外二輕重俱等韻合口呼，列字均爲「𥎊」；《切韻指掌圖》十九圖，列字爲「喟」，溪母怪韻；《切韻指南》蟹攝外二合口呼廣門，收廢韻字「𢿥」，《集韻》去穢切，音𥎊。「𥎊」，《康熙字典》記：『《廣韻》丘吠切，《集韻》去穢切。』爲溪母廢韻字。不當列於祭韻，《起數訣》空位是。

8（去三疑）吾三祭　刵　《廣韻》仍吏切，日志三去開止；《集韻》牛芮切，疑祭三去合蟹；《韻鏡》《切韻指掌圖》《四聲等子》空位；《七音略》外轉第十四輕中重，列字爲「聵」，疑母怪韻；《切韻指南》蟹攝外二合口呼廣門，收廢韻字「𧱎」，疑母廢韻。《廣韻》祭韻疑母無字，《起數訣》從《集韻》，亦無誤。

9（去三昌）■三祭　毳　《廣韻》楚税切，初祭三去合蟹；《集韻》充芮切，昌祭三去合蟹；《韻鏡》外轉第十四合、《四聲等子》蟹攝外二輕重俱等韻合口呼，列字爲「毳」；《七音略》外轉第十四輕中重，於四等霽韻位列「毳」，誤；《切韻指掌圖》十九圖，列字爲「吹」，昌母支韻；《切韻指南》蟹攝外二合口呼廣門，列字爲「桑」，昌母祭韻。《廣韻》祭韻無昌母字，《起數訣》從《集韻》，亦無誤。

10（去三禪）■三祭　◯　《廣韻》《集韻》祭韻禪母位有「啜」小韻，《廣韻》嘗芮切，《集韻》稱芮切。《韻鏡》空位；《七音略》外轉第十四輕中重、《四聲等子》蟹攝外二輕重俱等韻合口呼、《切韻指南》蟹攝外二合口呼廣門，列字均爲「啜」；《切韻指掌圖》十九圖，列字爲「睡」，禪母寘韻。「啜」爲《廣韻》祭韻禪母位小韻首字，《起數訣》空位誤，當校補「啜」字。

11（去三曉）父三祭　◯　《廣韻》《集韻》無字；《韻鏡》外轉第十四合，列字爲「諱」；《七音略》《四聲等子》空位；《切韻指掌圖》十九圖，列字爲「諱」，曉母未韻；《切韻指南》蟹攝外二合口呼廣門列字爲「喙」，曉母廢韻。「猭」爲《廣韻》廢韻曉母位小韻首字，但羼入到《廣韻》祭韻中，《韻鏡》當是據韻書而訛。《起數訣》空位是。

12（去三日）■三祭　汭　《廣韻》而鋭切，《集韻》儒税切，日祭三去合蟹；《韻鏡》外轉第十四合、《七音略》外轉第十四輕中重，列字均爲「芮」；《切韻指掌圖》十九圖，列字爲「枘」，日母祭韻；《四聲等子》蟹攝外二輕重俱等韻合口呼、《切韻指南》蟹攝外二合口呼廣門，列字爲「芮」，日母祭韻。「芮」爲《廣韻》祭三日母位小韻首字，下收有「汭」字。列字以「芮」爲佳，《起數訣》亦無誤。

13（去四見）□四祭　○　明本、四庫本均空位。《廣韻》《集韻》未收；《韻鏡》外轉第十六合，列字爲「瀱」；《七音略》空位；《四聲等子》蟹攝外二輕重俱等韻合口呼、《切韻指南》蟹攝外二合口呼廣門，列字均爲「桂」，見母霽韻；《切韻指掌圖》十九圖，列字爲「季」，見母至韻。瀱，《廣韻》《集韻》居例切，爲祭韻重紐三等字，當列於三等，《韻鏡》誤，《起數訣》空位是。

14（去四清）■四祭　脃　《廣韻》此芮切，清祭三去合蟹；《韻鏡》外轉第十六合，列字爲「臎」；《七音略》《切韻指掌圖》空位；《四聲等子》蟹攝外二輕重俱等韻合口呼，列字爲「脆」；《切韻指南》蟹攝外二合口呼廣門，列字爲「毳」，清母祭韻。「毳」爲《廣韻》祭韻清母位小韻首字，下收有「脃」字，「脆」爲「脃」之俗體。列字以「毳」爲佳，《起數訣》亦無誤。

15（去四以）□四祭　叡　《廣韻》以芮切，《集韻》俞芮切，以祭三去合蟹；《韻鏡》外轉第十六合、《四聲等子》蟹攝外二輕重俱等韻合口呼、《切韻指南》蟹攝外二合口呼廣門，列字均爲「鋭」；《七音略》外轉第十六輕中輕，列字爲「銳」，爲「鋭」之俗體；《切韻指掌圖》空位；「鋭」爲《廣韻》祭四以母位小韻首字，下收有「叡」字。列字以「鋭」爲佳，「叡」《起數訣》亦無誤。「叡」字本已於《起數訣》第三十一圖中列出，但由構圖原則看，應列於本圖，第三十一圖中已删。

釋：

1 （去二見）□二夬 夬《廣韻》《集韻》古邁切，見夬二去合蟹；《韻鏡》外轉第十四合、《七音略》外轉第十四輕中重，列字均爲「夬」；《切韻指掌圖》二十圖、《四聲等子》蟹攝外二輕重俱等韻合口呼，列字爲「怪」，見母怪韻；《切韻指南》蟹攝外二合口呼廣門，列字爲「卦」，見母卦韻。

2 （去二溪）□二夬 快《廣韻》《集韻》苦夬切，溪夬二去合蟹；《韻鏡》外轉第十四合、《七音略》外轉第十四輕中重、《四聲等子》蟹攝外二輕重俱等韻合口呼，列字爲「快」；《切韻指掌圖》二十圖、《切韻指南》蟹攝外二合口呼廣門，列字爲「蒯」，溪母怪韻。

3 （去二初）■二夬 嘬《廣韻》楚夬切，《集韻》楚快切，初夬二去合蟹；《韻鏡》外轉第十四合、《七音略》外轉第十四輕中重、《切韻指掌圖》二十圖、《四聲等子》蟹攝外二輕重俱等韻合口呼，列字均爲「嘬」；《切韻指南》蟹攝外二合口呼廣門，列字爲「啐」，清母隊韻。

4 （去二曉）父二夬 咶《廣韻》《集韻》火夬切，曉夬二平合蟹；《韻鏡》外轉第十四合、《七音略》外轉第十四輕中重、《四聲等子》蟹攝外二輕重俱等韻合口呼，列字均爲「咶」；《切韻指掌圖》二十圖，列字爲「𧲿」，當爲「𧰽」字誤；《切韻指南》蟹攝外二合口呼廣門，列字爲「𧰽」，曉母怪韻。

5 (去二匣)黃二夬　話　《廣韻》下快切,《集韻》户快切,匣夬二平合蟹;《韻鏡》外轉第十四合,《七音略》外轉第十四輕中重、《四聲等子》蟹攝外二輕重俱等韻合口呼,列字均爲『話』;《切韻指掌圖》二十圖、《切韻指南》蟹攝外二合口呼廣門,列字爲『壞』,匣母怪韻。

6 (去二影)自二夬　黵　《廣韻》烏快切,影夬二去合蟹;《韻鏡》外轉第十四合、《七音略》外轉第十四輕中重、《切韻指掌圖》二十圖、《四聲等子》蟹攝外二輕重俱等韻合口呼、《切韻指南》蟹攝外二合口呼廣門,列字均爲『黵』。

7 (去三知)■三祭　綴　《廣韻》陟衛切,《集韻》株衛切,知祭三去合蟹;《韻鏡》外轉第十四合、《七音略》外轉第十四輕中重、《切韻指掌圖》十九圖、《四聲等子》蟹攝外二輕重俱等韻合口呼、《切韻指南》蟹攝外二合口呼廣門,列字均爲『綴』。

8 (去三見)□三祭　劌　《廣韻》居衛切,《集韻》姑衛切,見祭三去合蟹;《韻鏡》外轉第十四合、《七音略》外轉第十四輕中重、《四聲等子》蟹攝外二輕重俱等韻合口呼、《切韻指南》蟹攝外二合口呼廣門,列字均爲『劌』;《切韻指掌圖》十九圖,列字爲『貴』,見母未韻。

9 (去三章)■三祭　贅　《廣韻》之芮切,《集韻》朱芮切,章祭三去合蟹;《韻鏡》外轉第十四合、《七音略》外轉第十四輕中重、《四聲等子》蟹攝外二輕重俱等韻合口呼、《切韻指南》蟹攝外二合口呼廣門,列字均爲『贅』;《切韻指掌圖》十九圖,列字爲『惴』,章母寘韻。

10 （去三書）思三祭　税　《廣韻》舒芮切，書祭三去合蟹；《韻鏡》外轉第十四合、《七音略》外轉第十四輕中重、《四聲等子》蟹攝外二輕重俱等韻合口呼、《切韻指南》蟹攝外二合口呼廣門，列字均爲『税』；《切韻指掌圖》十九圖，列字爲『帥』，生母至韻。

11 （去三云）□三祭　衛　《廣韻》于歲切，云祭三去合蟹；《韻鏡》外轉第十四合、《七音略》外轉第十四輕中重、《四聲等子》蟹攝外二輕重俱等韻合口呼、《切韻指南》蟹攝外二合口呼廣門，列字均爲『衛』；《切韻指掌圖》十九圖，列字爲『胃』，云母未韻。

12 （去四精）■四祭　蕝　《廣韻》子芮切，《集韻》祖芮切，精祭三去合蟹；《韻鏡》外轉第十六合、《七音略》外轉第十六輕中輕、《四聲等子》蟹攝外二輕重俱等韻合口呼、《切韻指南》蟹攝外二合口呼廣門，列字均爲『蕝』；《切韻指掌圖》十九圖，列字爲『醉』，精母至韻。

13 （去四心）思四祭　歲　《廣韻》相鋭切，《集韻》須鋭切，心祭三去合蟹；《韻鏡》外轉第十六合、《七音略》外轉第十六輕中輕、《四聲等子》蟹攝外二輕重俱等韻合口呼、《切韻指南》蟹攝外二合口呼廣門，列字均爲『歲』；《切韻指掌圖》十九圖，列字爲『邃』，心母至韻。

14 （去四邪）■四祭　篲　《廣韻》祥歲切，《集韻》旋芮切，邪祭三去合蟹；《韻鏡》外轉第十六合、《七音略》外轉第十六輕中輕、《四聲等子》蟹攝外二輕重俱等韻合口呼、《切韻指南》蟹攝外二合口呼廣門，列字均爲『篲』；《切韻指掌圖》十九圖，列字爲『遂』，邪母至韻。

議四 議二 議八 議一 比七　覘四

■ 埜
父 唔
黄 話
自 黲
口（黄上） 衛 敵
鹿
■ 汭
■
閉 音清 真（同上） 真 痕（寒四） 軫（華上） 恨（寒四） 震（帝三） 没（媒四） 質 質（震三）
飛 斌 賓 臏 儐 筆 必

渙五	巽五	渙三					觀一	渙一	巽一	渙一
匹	瓶	米	■	■	■	■	癸	弃	蚪	口
砏	貧	珉					麐	囷		
繽	頻	民						緊	趣	
							詪	懇	領	[illegible]
砱	牝	泯					緊	瑾		
				痻			艮	硍		[illegible]
朿	弱丙							[illegible]		[illegible]
				旻			扢	領		[illegible]
拂	弼	蜜								
匹	邲	密	室		抶	昵	吉	詰		[illegible]

巽四 覌三 渙四 覌二　　　　坎八七

■	■	木	一	尾	血	■	■	■	■	■
	苓	寅	因	礥			新	秦	親	津
			䅽	狠			洒狠			
		引					囟	盡	笉	[illegible]
			饐	恨			認			
		胤	印			責	信		親	晋
		逸	一			欯	悉	疾	七	堲

		比五		寔五	井三	比十二	坎十二	寔六	寔七
■	收	丙	口	肴	眉	中	丑	乘	年
	音濁								
	臻								
	真周三					珍	𢹬	陳	紉
	真								
	軫								
	軫韋三				愍	駗	辴	紖	
	震								
	震帝三				愍	鎮	疢	敶	
	櫛								
	質震三					窒	抶	秩	暱

第三十三圖 閉音清

本圖列《廣韻》很恨没、真軫震質韻開口字及真質二等脣音字，平聲一等無痕韻，但按《起數訣》一般分圖原則，此圖當列一四等位字及一三等脣音，上去入均按此原則，且《起數訣》臻攝幾圖均未收痕韻，誤，當列於此圖。故此，本圖係拆分《韻鏡》外轉第十七開，取其所有脣音及非脣音一四等位字。本圖聲母兩本疑母位均列『□』，其他除有聲紐字外，明本皆列『■』，四庫本空格。

校注：

1 本圖按列圖規則當主要列一四等字及脣音字。上去入聲均列一四等，平聲部分一等整體缺失，且在第三十四圖亦未列一等，故此圖中平聲一等，全部補列。

2 （平一透）■—（痕）○ 明本、四庫本皆空位。《廣韻》痕韻透母位有『吞』小韻，《廣韻》吐根切，《集韻》他根切，透痕一平開臻。《韻鏡》外轉第十七開、《切韻指掌圖》九圖、《七音略》外轉第十七重中重、《四聲等子》臻韻外三輕重俱等韻開口呼、《切韻指南》臻攝外三開口呼通門，列字均爲『吞』。『吞』爲《廣韻》痕韻透母位小韻首字，《起數訣》空位誤，當校補『吞』字。

3（平一見）癸一（痕）◯　明本、四庫本皆空位。《廣韻》痕韻見母位有『根』小韻，《廣韻》《集韻》古痕切，見痕一平開臻。《韻鏡》外轉第十七開、《七音略》外轉第十七重中重、《切韻指掌圖》九圖、《四聲等子》臻韻外三輕重俱等韻開口呼、《切韻指南》臻攝外三開口呼通門，列字均爲『根』。『根』爲《廣韻》痕韻見母位小韻首字，《起數訣》空位誤，當校補『根』字。

4（平一疑）□一（痕）◯　明本、四庫本皆空位。《廣韻》痕韻疑母位有『垠』小韻，《廣韻》《集韻》五根切，疑痕一平開臻。《韻鏡》外轉第十七開、《七音略》外轉第十七重中重、《切韻指掌圖》九圖、《四聲等子》臻韻外三輕重俱等韻開口呼、《切韻指南》臻攝外三開口呼通門，列字均爲『垠』。『垠』爲《廣韻》痕韻疑母位小韻首字，《起數訣》空位誤，當校補『垠』字。

5（平一匣）血一（痕）◯　明本、四庫本皆空位。《廣韻》痕韻匣母位有『痕』小韻，《廣韻》户恩切，《集韻》胡恩切，匣痕一平開臻。《韻鏡》外轉第十七開、《切韻指掌圖》九圖、《切韻指南》臻攝外三開口呼通門，列字均爲『痕』；《七音略》外轉第十七重中重，匣母位空位，於曉母位列『痕』字，誤；《四聲等子》臻韻外三輕重俱等韻開口呼空位。『痕』爲《廣韻》痕韻匣母位小韻首字，《起數訣》空位誤，當校補『痕』字。

6（平一影）一一（痕）◯　明本、四庫本皆空位。《廣韻》痕韻影母位有『恩』小韻，《廣韻》《集韻》爲痕切，影痕一平開臻。《韻鏡》外轉第十七開、《七音略》外轉第十七重中重、《切韻指掌圖》九圖、《切韻指南》臻攝外三開口呼通門，列字均爲「恩」；《四聲等子》臻韻外三輕重俱等韻開口呼空位。「恩」爲《廣韻》痕韻影母位小韻首字，《起數訣》空位誤，當校補「恩」字。

7 (平三幫)飛三真　斌　《廣韻》府巾切，《集韻》悲巾切，幫真三平開臻。《韻鏡》外轉第十七開、《切韻指南》臻攝外三開口呼通門、《切韻指掌圖》十圖、《四聲等子》臻韻外三輕重俱等韻開口呼，列字均爲「彬」；《七音略》外轉第十七重中重，列字爲「份」。「彬」爲《廣韻》真三幫母位小韻首字，下收有「斌」「份」二字，列字以「彬」爲佳，《起數訣》亦無誤。

8 (平三滂)匹三真　砏　《廣韻》府巾切，幫真三平開臻；《集韻》披巾切，滂真三平開臻；《韻鏡》空位；《七音略》外轉第十七重中重、《切韻指掌圖》十圖、《四聲等子》臻韻外三輕重俱等韻開口呼、《切韻指南》臻攝外三開口呼通門，列字均爲「砏」。《廣韻》真韻幫母重紐三等無字，《起數訣》從《集韻》，亦無誤。

9 (平三見)癸三真　麏　《廣韻》居筠切，《集韻》俱倫切，見諄三平合臻；爲合口字，不當列於此位。《韻鏡》外轉第十七開、《七音略》外轉第十七重中重、《四聲等子》臻韻外三輕重俱等韻開口呼、《切韻指南》臻攝外三開口呼通門，列字均爲「巾」；《切韻指掌圖》空位。「巾」爲《廣韻》真三見母開口位小韻首字，本圖爲開口圖，按一般形制，本圖只列一四等字及脣音字，故本位不當有列字。《起數訣》誤，當刪。

10（平三溪）弃三真　囤　《廣韻》徒損切，《集韻》杜本切，定混一上合臻；爲合口字，不當列於此位。《韻鏡》《七音略》《切韻指掌圖》《四聲等子》空位；《切韻指南》臻攝外三開口呼通門，列字爲「緊」，溪母真韻。「緊」，《康熙字典》記：『《集韻》經甸切，音見。又《集韻》乞憐切，音牽。又《廣韻》牽繭切，《集韻》牽典切。又《集韻》輕甸切，音俔。』本圖爲開口圖，按一般形制，本圖衹列一四等字及脣音字，故本位不當有列字。《起數訣》誤，當刪。

11（平四幫）飛四真　賓　《廣韻》必鄰切，《集韻》卑民切，幫真三平開臻；《韻鏡》外轉第十七開、《切韻指掌圖》十圖、《四聲等子》臻韻外三輕重俱等韻開口呼、《切韻指南》臻攝外三開口呼通門，列字均爲「賓」；《七音略》空位。「賓」爲《廣韻》真韻重紐四等幫母位小韻首字，《七音略》空位誤，《起數訣》是。

12（平四滂）匹四真　繽　《廣韻》匹賓切，《集韻》紕民切，滂真三平開臻；《韻鏡》外轉第十七開、《切韻指掌圖》十圖、《四聲等子》臻韻外三輕重俱等韻開口呼、《切韻指南》臻攝外三開口呼通門，列字均爲「繽」；《七音略》空位。「繽」爲《廣韻》真韻重紐四等滂母位小韻首字，《七音略》空位誤，《起數訣》是。

13（平四並）瓶四真　頻　《廣韻》符真切，《集韻》毗賓切，並真三平開臻；《韻鏡》外轉第十七開、《切韻指掌圖》十圖、《四聲等子》臻韻外三輕重俱等韻開口呼、《切韻指南》臻攝外三開口呼通門，列字均爲「頻」；《七音略》空位。「頻」爲《廣韻》真韻重紐四等並母位小韻首字，

《七音略》空位誤，《起數訣》是。

14 （平四明）米四真　民　《廣韻》《集韻》彌鄰切，明真三平開臻；《韻鏡》外轉第十七開、《切韻指掌圖》十圖、《四聲等子》臻韻外三輕重俱等韻開口呼、《切韻指南》臻攝外三開口呼通門，列字均爲「民」；《七音略》空位。「民」爲《廣韻》真韻重紐四等明母位小韻首字，《七音略》空位誤，《起數訣》是。

15 （平四溪）弃四真　⿱臤黍　《廣韻》《集韻》未收；《康熙字典》記：「《集韻》經甸切，音見。又《集韻》乞憐切，音牽。又《廣韻》牽繭切，《集韻》牽典切。又《集韻》輕甸切，音俔。」均不當列於此位。《韻鏡》《七音略》《切韻指掌圖》《切韻指南》空位；《四聲等子》臻韻外三輕重俱等韻開口呼，列字爲「⿱臤黍」。《廣韻》真韻無溪母字，《起數訣》誤，當删。

16 （平四群）蚪四真　趣　《廣韻》七俱切，《集韻》逡須切，清虞三平合遇；不當列於此位。《韻鏡》《切韻指掌圖》空位；《七音略》外轉第十七重中重，列字爲「趁」，徹母震韻，誤；《四聲等子》臻韻外三輕重俱等韻開口呼、《切韻指南》臻攝外三開口呼通門，列字均爲「趣」。「趣」，《康熙字典》記：「又《廣韻》渠人切」，則爲群母真韻。故《起數訣》列「趣」爲「趣」之形訛，當校改爲「趣」。

17 （平四心）■四真　新　《廣韻》息鄰切，《集韻》斯人切，心真三平開臻；《韻鏡》外轉第十七開、《七音略》外轉第十七重中重，列字均爲「辛」；《切韻指掌圖》九圖、《四聲等子》臻韻外三輕重俱等韻開口呼、《切韻指南》臻攝外三開口呼通門，列字均爲『新』。『新』爲《廣韻》真韻心母位小韻首字，下收有『辛』字，列字以『新』爲佳，《起數訣》是。

18（平四以）未四真　寅　《廣韻》翼真切，《集韻》夷真切，以真三平開臻；《韻鏡》外轉第十七開，列字爲『夤』；《七音略》外轉第十七重中重、《切韻指掌圖》九圖、《四聲等子》臻韻外三輕重俱等韻開口呼、《切韻指南》臻攝外三開口呼通門，列字均爲『寅』。『寅』爲《廣韻》真韻以母位小韻首字，下收有『夤』字，列字以『寅』爲佳，《起數訣》是。

19（平四來）■四真　苓　明本列字爲『芩』，四庫本列字爲『苓』。『芩』，《廣韻》巨金切，《集韻》渠金切，群侵三開平深，不當列於此位。『笭』，《廣韻》郎丁切，來青四平開梗；《集韻》戾因切，來諄三平開臻（因，《廣韻》在真韻，《集韻》在諄韻）；《韻鏡》《切韻指掌圖》《四聲等子》《切韻指南》空位；《七音略》外轉第十七重中重，列字爲『苓』。《廣韻》真韻無來母字，《起數訣》從《集韻》列字，亦無誤。明本形訛，當校改爲『苓』。四庫本是。

20《起數訣》上聲一等列目爲『狠』，《廣韻》《集韻》列目均爲『很』，此處當校改爲『很』。

21（上一見）癸一狠　詪　《廣韻》古很切，《集韻》舉很切，見很一上開臻；《韻鏡》外轉第十七開、《七音略》外轉第十七重中重、《切韻指掌圖》九圖、《四聲等子》臻韻外三輕重俱等韻開口呼、《切韻指南》臻攝外三開口呼通門，均列字爲『頣』。『頣』爲《廣韻》很韻見母位小韻首字，下收有『詪』字。列字以『頣』爲佳，《起數訣》亦無誤。

22

(上一溪)弃一狠　懇　《廣韻》康很切，《集韻》口很切，溪很一上開臻；《韻鏡》外轉第十七開，列字爲『懇』。《七音略》外轉第十七重中重、《切韻指掌圖》九圖、《四聲等子》臻韻外三輕重俱等韻開口呼、《切韻指南》臻攝外三開口呼通門，列字爲『墾』。『墾』爲《廣韻》很韻溪母位小韻首字，下收有『懇』字，列字以『墾』爲佳。《起數訣》從《韻鏡》，亦無誤。

23

(上一群)蚪一狠　⿰乞頁　明本列字爲『⿰乞頁』，四庫本列字爲『領』。『⿰乞頁』，《康熙字典》記：『《説文》有⿰乞頁無⿰乞頁。《廣韻》有⿰乞頁無⿰乞頁。諸韻書音義大同小異，蓋即一字，而誤分爲二也。』『⿰乞頁』，《集韻》其懇切，群很一上開臻。『領』，《廣韻》良郢切，《集韻》里郢切，來靜三上開臻；《韻鏡》外轉第十七開，列字爲『⿰食頁』；《七音略》《切韻指掌圖》空位；《四聲等子》臻韻外三輕重俱等韻開口呼、《切韻指南》臻攝外三開口呼通門，列字均爲『⿰乞頁』。《廣韻》很韻無群母字，《集韻》有『⿰乞頁，其懇切』，群母很韻。故『領』『⿰食頁』『⿰乞頁』均係『⿰乞頁』形訛。《起數訣》四庫本誤，當校改爲『⿰乞頁』。明本列『⿰乞頁』是。

24

(上一疑)■一狠艮　《廣韻》未收；《集韻》魚懇切，疑混一上合臻；《韻鏡》《七音略》《切韻指掌圖》空位；《四聲等子》臻韻外三輕重俱等韻開口呼、《切韻指南》臻攝外三開口呼通門，列字均爲『限』，疑母很韻。『限』，《集韻》魚懇切，疑母混韻。『限』爲《集韻》混一疑母小韻首字，然考其反切下字，當爲開口字，當爲很韻，故《起數訣》列字亦無誤。

25

(上一心)■一狠　洒　《廣韻》先禮切，心薺四上開蟹；《集韻》蘇很切，心很一上開臻；

《韻鏡》《七音略》《切韻指掌圖》空位；《四聲等子》臻韻外三輕重俱等韻開口呼、《切韻指南》臻攝外三開口呼通門，列字均爲「很」。《廣韻》很韻無心母字，《起數訣》從《集韻》，列字亦無誤。此格内有二字，另一字爲「狠」，當爲「洒」之標注字。

26（上一心）■一狠　狠　《廣韻》胡墾切，匣母很韻；《集韻》口很切，溪很一上開臻；與「洒」字同列一格。「狠」在《廣韻》爲匣母，在《集韻》中爲溪母，均可列於此位。「洒」爲《集韻》小韻首字，且「狠」列於格位下方，當爲「洒」之標注字，表明其韻部歸屬，故當删。

27（上一匣）尾一狠　很　明本列字爲「狠」，四庫本列字爲「很」。「狠」，《集韻》下懇切，匣很一上開臻；「很」，《廣韻》胡墾切，《集韻》下懇切，匣很一上開臻；《韻鏡》外轉第十七開、《切韻指掌圖》九圖、《切韻指南》臻攝外三開口呼通門，列字均爲「很」；《七音略》外轉第十七重中重，列字爲「狠」；《四聲等子》空位。「很」爲《廣韻》很韻匣母位小韻首字，未收有「狠」字，《七音略》列「狠」字從《集韻》。列字以「很」爲佳，《起數訣》四庫本是。明本從《集韻》，亦無誤。

28（上一影）一狠　穏　明本列字爲「穏」，四庫本列字爲「穩」。明本俗，四庫本是。「穩」，《廣韻》《集韻》未收；《康熙字典》記：「《玉篇》《集韻》安很切，恩上聲。草名。」則爲影母很韻。《韻鏡》外轉第十七開、《切韻指南》臻攝外三開口呼通門，列字爲「穩」；《七音略》《切韻指掌圖》《四聲等子》空位。《廣韻》很韻無影母字，《韻鏡》列「穩」，當是後人據《集韻》補，《起數訣》沿襲《韻鏡》，從《集韻》，亦無誤。明本列『穩』，俗，四庫本列字是。

29（上四幫）飛四軫　臏　《廣韻》毗忍切，並軫三上開臻；《集韻》逋忍切，幫母準韻。《韻鏡》《切韻指掌圖》空位；《七音略》外轉第十七重中重、《四聲等子》臻韻外三輕重俱等韻開口呼、《切韻指南》臻攝外三開口呼通門，列字均爲『臏』。『臏』在《廣韻》中位於『牝』小韻下，爲並母，不當列於此位。《集韻》中『臏』在準小韻下，但下字『忍』在《廣韻》爲軫韻。故此位列『臏』字，從《集韻》，亦無誤。

30（上四滂）匹四軫　砛　明本列字爲『砛』，四庫本列字爲『砕』。『砛』，《廣韻》初朕切，《集韻》楚錦切，初寢三上開深。不當列於此位。此字當爲『砷』字形訛。砷，《廣韻》《集韻》未收，《康熙字典》記：『《玉篇》《集韻》匹刃切。石也。』《韻鏡》《切韻指掌圖》空位；《七音略》外轉第十七重中重，列字爲『砯』；《四聲等子》臻韻外三輕重俱等韻開口呼、《切韻指南》臻攝外三開口呼通門，列字均爲『砷』。《廣韻》軫韻無幫母重紐四等字，《起數訣》從《集韻》，亦無誤。但兩本皆形訛，當校改爲『砷』。

31（上四溪）弃四軫　瑾　《廣韻》渠遴切，《集韻》渠吝切，群震三去開臻；均不當列於此位。《韻鏡》空位；《七音略》外轉第十七重中重、《切韻指掌圖》九圖、《四聲等子》臻韻外三輕重俱等韻開口呼、《切韻指南》臻攝外三開口呼通門，列字均爲『螼』。『螼』爲《廣韻》軫韻溪母位小韻首字，『瑾』當爲『螼』之形訛。《起數訣》誤，當校改爲『螼』。

32（上四心）■四軫　囟　明本正位列『囟』，貼線壓格有『認』字，『認』列於二等正位稍上，字體正常。『囟』，《廣韻》息晉切，心震三去開臻；《集韻》思忍切，心準三上開臻；《韻鏡》《七音略》《切韻指掌圖》空位；《四聲等子》臻韻外三輕重俱等韻開口呼、《切韻指南》臻攝外三開口呼通門，列字均爲『囟』。《廣韻》軫韻無心母字，《起數訣》及《四聲等子》《切韻指南》列『囟』，依《集韻》，亦無誤。另，此位格内二字，『囟』列於上，下有『認』字，當爲『囟』字標注字，當删『認』字。

33（上四心）■四軫　認　《廣韻》《集韻》而振切，日震三去開臻；不當列於此位。此格内二字，『認』字列於『囟』字下，爲『囟』的標注字，表明『囟』爲震韻字。當删。

34（上四以）未四軫　引　《廣韻》余忍切，《集韻》以忍切，以軫三上開臻；《韻鏡》外轉第十七開、《切韻指掌圖》九圖、《四聲等子》臻韻外三輕重俱等韻開口呼、《切韻指南》臻攝外三開口呼通門，列字均爲『引』；《七音略》空位，列於影母位，誤。『引』爲《廣韻》軫韻以母位小韻首字，《七音略》誤，《起數訣》是。

35（去一透）■一恨　⿸疒吞　《廣韻》《集韻》未收，《康熙字典》記：『《集韻》《類篇》佗恨切，音⿰扌吞。病善食也。』則爲透母恨韻；《韻鏡》《七音略》《切韻指掌圖》空位；《四聲等子》臻韻外三輕重俱等韻開口呼、《切韻指南》臻攝外三開口呼通門，列字均爲『⿸疒吞』。《廣韻》恨韻無透母字，《起數訣》及《四聲等子》《切韻指南》均從《集韻》，亦無誤。

36 （去一溪）弃一恨　硍　《廣韻》胡簡切，匣産二上開山；《集韻》苦恨切，溪恨一上開臻；《韻鏡》《切韻指掌圖》空位；《七音略》外轉第十七重中重、《四聲等子》臻攝外三輕重俱等韻開口呼、《切韻指南》臻攝外三開口呼通門，列字均爲「硍」。《廣韻》恨韻無溪母字，《起數訣》及《四聲等子》《切韻指南》均從《集韻》，亦無誤。

37 （去一疑）□一恨　皚　《廣韻》五恨切，《集韻》王恨切，疑恨一去開臻；《韻鏡》空位；《七音略》外轉第十七重中重、《切韻指掌圖》九圖、《四聲等子》臻攝外三輕重俱等韻開口呼、《切韻指南》臻攝外三開口呼通門，列字均爲「皚」。「皚」爲《廣韻》恨韻疑母位小韻首字，《韻鏡》空位誤，《起數訣》是。

38 （去四滂）匹四震　汖　《廣韻》《集韻》未收，《康熙字典》記：「《字彙》普拜切，音派。分枲皮也。又《篇韻》澄知切，音馳。義同。」均不當列於此位；《韻鏡》外轉第十七開，列字爲「朱」；《七音略》外轉第十七重中重，列字爲「硃」；《切韻指掌圖》十圖，列字爲「闠」；《四聲等子》臻攝外三輕重俱等韻開口呼，列字爲「嬪」，並母真韻。《切韻指南》臻攝外三開口呼通門，列字均爲「汖」。汖，當是「朩」之形訛。朩，《廣韻》撫刃切，《集韻》匹刃切，滂震三去開臻；「朩」爲《廣韻》震韻滂母位小韻首字，《韻鏡》《切韻指南》字形訛，《七音略》誤。《起數訣》列字亦訛，當校改爲「朩」。

39 （去四並）瓶四震　弻　明本格內兩字「弱丙」，四庫本列字爲「弻」。明本顯誤，故列四庫字形。疑此字爲『弜』。『弜』，《廣韻》《集韻》未收，《康熙字典》記：『《説文》弼本字。』弼，《廣韻》房密切，《集韻》薄宓切，並母質韻；《韻鏡》《切韻指掌圖》《切韻指南》空位；《七音略》外轉第十七重中重，列字爲『遉』；《四聲等子》臻韻外三輕重俱等韻開口呼，列字爲『臏』，並母軫韻。《起數訣》兩本列字均存疑，當删。

40 （去四明）米四震 ◯ 《廣韻》《集韻》震韻無明母字。《韻鏡》《切韻指掌圖》《四聲等子》《切韻指南》空位；《七音略》外轉第十七重中重，列字爲『愍』。愍，《廣韻》眉殞切，明母軫韻；《集韻》忙覲切，明母稕韻。《七音略》誤，《起數訣》空位是。

41 （去四見）癸四震 ◯ 《廣韻》《集韻》震韻見母有『昀，九峻切』；《韻鏡》外轉第十七開、《切韻指掌圖》九圖，列字爲『昀』；《七音略》《四聲等子》《切韻指南》空位。昀，九峻切，按其反切下字，當列於合口。《廣韻》中列入震韻，實當爲稕韻字，《韻鏡》當爲後人誤補。《起數訣》空位是。

42 （去四溪）弃四震 菣 《廣韻》《集韻》去刃切，溪震三去開臻；《韻鏡》外轉第十七開，列字爲『螼』；《七音略》空位；《切韻指掌圖》九圖、《四聲等子》臻韻外三輕重俱等韻開口呼、《切韻指南》臻攝外三開口呼通門，列字均爲『菣』。『菣』爲《廣韻》震韻溪母重紐三等位小韻首字，『螼』爲《廣韻》震韻溪母重紐四等位小韻首字。此爲四等位，當列『螼』字。《起數訣》誤，當校改爲『螼』字。

43（去四疑）□四震　䅱　明本列字爲『䅱』，四庫本空位。『䅱』，《廣韻》《集韻》未收，《康熙字典》記：『《集韻》魚開切，音皚。又《篇海》敳紇切。』則『敳紇切』爲疑母没韻開口字。《韻鏡》《七音略》《切韻指掌圖》空位；《四聲等子》臻韻外三輕重俱等韻開口呼，列於溪母，疑母空位；《切韻指南》臻攝外三開口呼通門，列字爲『䅱』。《廣韻》震韻無疑母開口字，《起數訣》四庫本此字列於入聲一等位，格内有二字，下有『猲』字。『䅱』後期韻書有没韻疑母音，當在入聲位。明本誤，當删。四庫本空位是。

44（去四心）■四震　信　明本列字爲『信』，四庫本空位。《廣韻》《集韻》震韻心母位有『信』小韻，《廣韻》息晋切，《集韻》思晋切。《韻鏡》外轉第十七開、《七音略》外轉第十七重中重、《切韻指掌圖》九圖、《四聲等子》臻韻外三輕重俱等韻開口呼、《切韻指南》臻攝外三開口呼通門，列字均爲『信』。『信』爲《廣韻》震四心母位小韻首字，《起數訣》四庫本空位誤，當校補『信』字。明本列字是。

45（去四邪）■四震　賮　明本列字爲『賮』，四庫本空位。《廣韻》《集韻》震韻邪母位有『賮』小韻，《廣韻》《集韻》徐刃切。《韻鏡》外轉第十七開、《七音略》外轉第十七重中重、《切韻指南》臻攝外三開口呼通門，列字均爲『賮』；《切韻指掌圖》九圖、《四聲等子》臻韻外三輕重俱等韻開口呼，列字爲『燼』，邪母震韻。『賮』爲《廣韻》震四邪母位小韻首字，《起數訣》四庫本空位誤，當校補『賮』字。明本列字是。

46（入一透）■一没　昗　《廣韻》《集韻》未收，《康熙字典》記：「《篇海》他骨切，呑入聲，入水又出貌。」則爲透母没韻合口。《韻鏡》《七音略》《切韻指掌圖》《四聲等子》《切韻指南》空位。《廣韻》没韻透母無開口，《起數訣》列字爲合口字，當删。

47（入一見）癸一没　扢　《廣韻》《集韻》古忽切，見没一入合臻；《韻鏡》外轉第十七開，列字爲「𥝢」，當爲「𥝌」字誤；《七音略》空位；《四聲等子》臻韻外三輕重俱等韻開口呼，列字均爲「扢」；《切韻指南》臻攝外三開口呼通門，列字爲「扢」，當爲「扢」字誤。《廣韻》及以前韻書無没韻見母開口字，《韻鏡》據後代韻書增字轉訛，《起數訣》誤，當删。

48（入一溪）弃一没　𩑛　明本列字爲「𩑛」，四庫本列字爲「領」。「領」，《廣韻》良郢切，《集韻》里郢切，來静三上開臻；不當列於此位。《韻鏡》外轉第十七開，列字爲「獃」，《集韻》吾困切，誤；《七音略》《切韻指掌圖》《切韻指南》空位；《四聲等子》臻韻外三輕重俱等韻開口呼，列字爲「獃」，疑母没韻，誤。此字四庫本當爲「𩑛」形訛。𩑛，《集韻》苦骨切，溪母没韻合口，亦不當列於此位。《廣韻》《集韻》没韻溪母無開口，《起數訣》兩本皆誤，當删。

49（入一疑）□一没　𤡔　明本正位列「𤡔」，四庫本列「獃」「𤡔」二字。「𤡔」，《廣韻》《集韻》未收；《康熙字典》記：「《集韻》五紇切，音臬。」則爲疑母没韻開口。「獃」，《廣韻》《集韻》未收，《康熙字典》記：「《集韻》魚開切，音皚。又《篇海》敳紇切。」則「敳紇切」爲疑母没韻開口字。《韻鏡》《七音略》《切韻指掌圖》空位；《四聲等子》臻韻外三輕重俱等韻開口呼，列於溪母，疑母空位；《切韻指南》臻攝外三開口呼通門，列字爲『⿰禾豈』。《廣韻》没韻無疑母開口字，『⿰禾豈』爲《集韻》没韻疑母位小韻首字，《起數訣》列『⿰禾豈』字從《集韻》，亦無誤。本位格中二字，『猲』居於其下，與『⿰禾豈』字音韻地位相同，可删其一。

50 (入一匣)尾一没 ◯ 明本空位，四庫本列字爲『紇』。『紇』，《廣韻》下没切，《集韻》下扢切，匣没一入開臻；《韻鏡》外轉第十七開、《七音略》外轉第十七重中重、《切韻指南》臻攝外三開口呼通門，列字均爲『麧』，匣母没韻；《四聲等子》空位。『麧』爲《廣韻》没一匣母開口小韻首字，下收有『紇』字。列字以『麧』爲佳，《起數訣》四庫本無誤，明本空位誤，當校補『紇』字。

51 (入一影)一一没 ◯ 明本空位，四庫本列字爲『⿰彳亂』。『⿰彳亂』，《廣韻》《集韻》未收，《康熙字典》記：『《廣韻》羊晋切，《正韻》羊進切，並音孕。』不當列於此位；《韻鏡》《七音略》《切韻指掌圖》《四聲等子》《切韻指南》空位。《起數訣》四庫本誤，當删。明本空位是。

52 (入三滂)匹三質 拂 《廣韻》敷勿切，滂物入三合臻；《集韻》普密切，滂質三入開臻；《韻鏡》《七音略》《切韻指掌圖》空位；《四聲等子》臻韻外三輕重俱等韻開口呼、《切韻指南》臻攝外三開口呼通門，列字均爲『拂』。《廣韻》質韻滂母開口無字，《起數訣》列字據《集韻》，亦無誤。

53 (入三明)米三質 蜜 《廣韻》彌畢切，明質三入開臻；《韻鏡》外轉第十七開、《切韻指掌圖》十圖、《切韻指南》臻攝外三開口呼通門，列字爲「密」；《七音略》外轉第十七重中重、《四聲等子》臻韻外三輕重俱等韻開口呼，列字均爲「蜜」。「密」爲《廣韻》質韻明母重紐三等位小韻首字，「蜜」爲《廣韻》質韻明母重紐四等位小韻首字，此處當列三等，《起數訣》誤，當校改爲「密」。

54（入四明）米四質　密　《廣韻》美筆切，《集韻》莫筆切，明質三入開臻；《韻鏡》外轉第十七開、《切韻指南》臻攝外三開口呼通門、《切韻指掌圖》十圖，列字爲「蜜」；《七音略》外轉第十七重中重、《四聲等子》臻韻外三輕重俱等韻開口呼，列字均爲「密」。「密」爲《廣韻》質韻明母重紐三等位小韻首字，「蜜」爲《廣韻》質韻明母重紐四等位小韻首字，此處當列四等，《起數訣》誤，當校改爲「蜜」。

55（入四端）■四質　窒　《廣韻》《集韻》陟栗切，知質三入開臻；《韻鏡》外轉第十七開、《七音略》外轉第十七重中重、《四聲等子》臻韻外三輕重俱等韻開口呼、《切韻指南》臻攝外三開口呼通門，均列於三等，四等位列「蛭」；《切韻指掌圖》九圖，列於知母三等，四等空位。「窒」爲《廣韻》質三知母位小韻首字，《起數訣》誤，當列於三等位，本圖按分圖原則，主要列一四等及三等脣音字，不當列於此位，且在第三十四圖中重出，本圖誤，當刪。

56（入四定）■四質　秩　明本列字爲「秩」，四庫本列字爲「抶」。「秩」，《集韻》大一切，定質三入開臻；「抶」，《廣韻》丑栗切，《集韻》勑栗切，徹質三入開臻；《韻鏡》外轉第十七開，列於徹母三等，澄母位列『姪』；《七音略》空位；《切韻指掌圖》九圖，列於徹母三等，四等空位；《四聲等子》臻韻外三輕重俱等韻開口呼，列於三等，四等位列『鉄』；《切韻指南》臻攝外三開口呼通門，列於三等，四等空位。『抶』爲《廣韻》質三徹母位小韻首字，當列於三等位。『秩』爲《集韻》質定位小韻首字，《起數訣》從《集韻》。四庫本誤，當校改爲『抶』，明本是。

57（入四泥）■四質　昵　《廣韻》《集韻》尼質切，娘質三入開臻；《韻鏡》外轉第十七開、《四聲等子》臻韻外三輕重俱等韻開口呼、《切韻指南》臻攝外三開口呼通門，列字均爲『昵』；《七音略》外轉第十七重中重，列字爲『眤』，爲『昵』字形訛；《切韻指掌圖》空位。『暱』爲《廣韻》質韻娘母位小韻首字，『暱』『昵』爲異體字，當列於三等娘母位。本圖按分圖原則，主要列一四等及三等脣音字，不當列於此位，且在第三十四圖中重出『暱』字，本圖誤，當刪。

58（入四群）蚪四質　○　《廣韻》《集韻》質韻群母位有『姞』小韻，《廣韻》巨乙切，《集韻》其吉切。《韻鏡》外轉第十七開、《四聲等子》臻韻外三輕重俱等韻開口呼、《切韻指南》臻攝外三開口呼通門，列字均爲『佶』；《七音略》空位；《切韻指掌圖》九圖，列字爲『姞』。『姞』爲《廣韻》質韻群母重紐四等位小韻首字，下收有『佶』字。列字以『姞』爲佳。《起數訣》空位誤，當校補『姞』字。

59（入四疑）□四質　䶑　《廣韻》五結切，疑屑四入開山；《集韻》逆乙切，疑質三入開臻；《韻鏡》《七音略》空位；《切韻指掌圖》九圖，列字爲『䶑』，誤；《四聲等子》臻韻外三輕重俱等韻開口呼、《切韻指南》臻攝外三開口呼通門，列字均爲『䶑』。《廣韻》質韻疑母位無字，《起數訣》據《集韻》，亦無誤。

60（入四邪）□四質　欯　《廣韻》許吉切，曉質三入開臻。《集韻》閴吉切，溪質三入開臻。《韻鏡》《七音略》《切韻指掌圖》《四聲等子》《切韻指南》均列於曉母。《起數訣》列字串位，當列於曉母，此位當删。

61（入四曉）血四質　○　《廣韻》《集韻》質韻曉母位有『欯』小韻，《廣韻》許吉切，《集韻》閴吉切，曉質三入開臻；《韻鏡》外轉第十七開、《七音略》外轉第十七重中重、《切韻指掌圖》九圖、《四聲等子》臻韻外三輕重俱等韻開口呼、《切韻指南》臻攝外三開口呼通門，列字均爲『欯』。《起數訣》串入邪母，誤，此位當校補『欯』字。

釋：

1（平三並）瓶三真　貧　《廣韻》符巾切，《集韻》皮巾切，並真三平開臻；《韻鏡》外轉第十七開、《七音略》外轉第十七重中重、《切韻指掌圖》十圖、《四聲等子》臻韻外三輕重俱等韻開口呼，《切韻指南》臻攝外三開口呼通門，列字均爲「貧」。

2（平三明）米三真　珉　《廣韻》武巾切，《集韻》眉貧切，明真三平開臻；《韻鏡》外轉第十七開，《七音略》外轉第十七重中重，《切韻指掌圖》十圖，《切韻指南》臻攝外三開口呼通門，列字均爲「珉」；《四聲等子》臻韻外三輕重俱等韻開口呼，列字爲「旻」，明母真韻。

3（平四精）■四真　津　《廣韻》將鄰切，《集韻》資辛切，精真三平開臻；《韻鏡》外轉第十七開，《七音略》外轉第十七重中重，《切韻指掌圖》九圖，《四聲等子》臻韻外三輕重俱等韻開口呼，《切韻指南》臻攝外三開口呼通門，列字均爲「津」。

4（平四清）■四真　親　《廣韻》七人切，《集韻》雌人切，清真三平開臻；《韻鏡》外轉第十七開，《七音略》外轉第十七重中重，《切韻指掌圖》九圖，《四聲等子》臻韻外三輕重俱等韻開口呼，《切韻指南》臻攝外三開口呼通門，列字均爲「親」。

5（平四從）■四真　秦　《廣韻》匠鄰切，《集韻》慈鄰切，從真三平開臻；《韻鏡》外轉第十七開，《七音略》外轉第十七重中重，《切韻指掌圖》九圖，《四聲等子》臻韻外三輕重俱等韻開口呼，《切韻指南》臻攝外三開口呼通門，列字均爲「秦」。

6（平四匣）尾四真　礥　《廣韻》《集韻》下珍切，匣真三平開臻；《韻鏡》外轉第十七開，《七音略》外轉第十七重中重，《切韻指掌圖》九圖，《切韻指南》臻攝外三開口呼通門，列字均爲「礥」；《四聲等子》臻韻外三輕重俱等韻開口呼，列字爲「賢」，《集韻》匣母真韻。

7（平四影）一四真　因　《廣韻》於真切，《集韻》伊真切，影真三平開臻；《韻鏡》外轉第十七開，《七音略》外轉第十七重中重、《切韻指掌圖》九圖、《四聲等子》臻韻外三輕重俱等韻開口呼、《切韻指南》臻攝外三開口呼通門，列字均爲「因」。

8（上四並）瓶四軫　牝　《廣韻》毗忍切，《集韻》婢忍切，並軫三上開臻；《韻鏡》外轉第十七開，《七音略》外轉第十七重中重、《切韻指掌圖》十圖、《四聲等子》臻韻外三輕重俱等韻開口呼、《切韻指南》臻攝外三開口呼通門，列字均爲「牝」。

9（上四明）米四軫　泯　《廣韻》武盡切，《集韻》弭盡切，明軫三上開臻；《韻鏡》外轉第十七開，《七音略》外轉第十七重中重、《切韻指掌圖》十圖、《四聲等子》臻韻外三輕重俱等韻開口呼、《切韻指南》臻攝外三開口呼通門，列字均爲「泯」。

10（上四見）癸四軫　緊　《廣韻》居忍切，《集韻》頸忍切，見軫三上開臻；《韻鏡》外轉第十七開，《七音略》外轉第十七重中重、《切韻指掌圖》九圖、《四聲等子》臻韻外三輕重俱等韻開口呼、《切韻指南》臻攝外三開口呼通門，列字均爲「緊」。

11（上四精）■四軫　櫏　《廣韻》即忍切，精軫三上開臻。《康熙字典》：「《唐韻》即忍切，《集韻》子忍切，津上聲。」《韻鏡》外轉第十七開、《七音略》外轉第十七重中重、《切韻指掌圖》九圖、《四聲等子》臻韻外三輕重俱等韻開口呼、《切韻指南》臻攝外三開口呼通門，列字均爲「櫏」。

12 (上四清)■四軫　笉　《廣韻》七忍切，《集韻》此忍切，清軫三上開臻；《韻鏡》外轉第十七開、《七音略》外轉第十七重中重、《切韻指掌圖》九圖、《四聲等子》臻韻外三輕重俱等韻開口呼、《切韻指南》臻攝外三開口呼通門，列字均爲『笉』。

13 (上四從)■四軫　盡　《廣韻》慈忍切，《集韻》在忍切，從軫三上開臻；《韻鏡》外轉第十七開、《七音略》外轉第十七重中重、《切韻指掌圖》九圖、《四聲等子》臻韻外三輕重俱等韻開口呼、《切韻指南》臻攝外三開口呼通門，列字均爲『盡』。

14 (去一見)癸一恨　艮　《廣韻》《集韻》古恨切，見恨一上開臻；《韻鏡》外轉第十七開、《七音略》外轉第十七重中重、《切韻指掌圖》九圖、《四聲等子》臻韻外三輕重俱等韻開口呼、《切韻指南》臻攝外三開口呼通門，列字均爲『艮』。

15 (去一匣)尾一恨　恨　《廣韻》胡艮切，《集韻》下艮切，匣恨一上開臻；《韻鏡》外轉第十七開、《七音略》外轉第十七重中重、《切韻指掌圖》九圖、《切韻指南》臻攝外三開口呼通門，列字均爲『恨』；《四聲等子》空位。

16 (去一影)一恨　饐　《廣韻》烏恨切，影恨一去開臻。《康熙字典》記：『《廣韻》烏恨切，《集韻》於恨切，恩去聲。』則爲影母恨韻。《韻鏡》外轉第十七開、《七音略》外轉第十七重中重、《切韻指掌圖》九圖、《切韻指南》臻攝外三開口呼通門，列字均爲『饐』；《四聲等子》空位。

17（去四幫）飛四震　儐　《廣韻》必刃切，幫震三去開臻；《康熙字典》記：『《廣韻》《集韻》必刃切，賓去聲。導也，相也。』《韻鏡》外轉第十七開、《七音略》外轉第十七重中重、《切韻指掌圖》十圖、《切韻指南》臻攝外三開口呼通門，列字均爲『儐』；《四聲等子》臻韻外三輕重俱等韻開口呼，列字爲『鬢』，幫母震韻。

18（去四精）■四震　晉　《廣韻》《集韻》即刃切，精震三去開臻；《韻鏡》外轉第十七開、《七音略》外轉第十七重中重、《切韻指掌圖》九圖、《切韻指南》臻攝外三開口呼通門，列字均爲『晉』；《四聲等子》臻韻外三輕重俱等韻開口呼，列字爲『進』，精母震韻。

19（去四清）■四震　親　《廣韻》七遴切，《集韻》七刃切，清震三去開臻；《韻鏡》外轉第十七開、《七音略》外轉第十七重中重、《切韻指掌圖》九圖、《四聲等子》臻韻外三輕重俱等韻開口呼、《切韻指南》臻攝外三開口呼通門，列字均爲『親』。

20（去四影）一四震　印　《廣韻》於刃切，《集韻》伊刃切，影震三去開臻；《韻鏡》外轉第十七開、《七音略》外轉第十七重中重、《切韻指掌圖》九圖、《四聲等子》臻韻外三輕重俱等韻開口呼、《切韻指南》臻攝外三開口呼通門，列字均爲『印』。

21（入三幫）飛三質　筆　《廣韻》鄙密切，《集韻》逼密切，幫質三入開臻；《韻鏡》外轉第十七開、《七音略》外轉第十七重中重、《切韻指掌圖》十圖、《四聲等子》臻韻外三輕重俱等韻開口呼、《切韻指南》臻攝外三開口呼通門，列字均爲『筆』。

22（入三並）瓶三質　弼　《廣韻》房密切，《集韻》薄宓切，並質三入開臻；《韻鏡》外轉第十七開、《七音略》外轉第十七重中重、《切韻指掌圖》十圖、《四聲等子》臻韻外三輕重俱等韻開口呼、《切韻指南》臻攝外三開口呼通門，列字均爲「弼」。

23（入四幫）飛四質　必　《廣韻》卑吉切，《集韻》壁吉切，幫質三入開臻；《韻鏡》外轉第十七開、《七音略》外轉第十七重中重、《切韻指掌圖》十圖、《四聲等子》臻韻外三輕重俱等韻開口呼、《切韻指南》臻攝外三開口呼通門，列字均爲「必」。

24（入四滂）瓶四質　匹　《廣韻》譬吉切，《集韻》僻吉切，滂質三入開臻；《韻鏡》外轉第十七開、《七音略》外轉第十七重中重、《切韻指掌圖》十圖、《四聲等子》臻韻外三輕重俱等韻開口呼、《切韻指南》臻攝外三開口呼通門，列字均爲「匹」。

25（入四並）米四質　邲　《廣韻》毗必切，《集韻》薄宓切，並質三入開臻；《韻鏡》外轉第十七開、《七音略》外轉第十七重中重、《切韻指掌圖》十圖、《四聲等子》臻韻外三輕重俱等韻開口呼、《切韻指南》臻攝外三開口呼通門，列字均爲「邲」。

26（入四見）癸四質　吉　《廣韻》居質切，《集韻》激質切，見質三入開臻；《韻鏡》外轉第十七開、《七音略》外轉第十七重中重、《切韻指掌圖》九圖、《四聲等子》臻韻外三輕重俱等韻開口呼、《切韻指南》臻攝外三開口呼通門，列字均爲「吉」。

27（入四溪）弃四質　詰　《廣韻》去吉切，《集韻》喫吉切，溪質三入開臻；《韻鏡》外轉第十七開、《七音略》外轉第十七重中重、《切韻指掌圖》九圖、《四聲等子》臻韻外三輕重俱等韻開口呼、《切韻指南》臻攝外三開口呼通門，列字均爲『詰』。

28（入四精）■四質　堲　《廣韻》資悉切，《集韻》子悉切，精質三入開臻；《韻鏡》外轉第十七開、《七音略》外轉第十七重中重、《四聲等子》臻韻外三輕重俱等韻開口呼、《切韻指南》臻攝外三開口呼通門，列字均爲『堲』；《切韻指掌圖》九圖，列字爲『唧』，精母質韻。

29（入四清）■四質　七　《廣韻》親吉切，《集韻》戚悉切，清質三入開臻；《韻鏡》外轉第十七開、《七音略》外轉第十七重中重、《切韻指掌圖》九圖、《四聲等子》臻韻外三輕重俱等韻開口呼、《切韻指南》臻攝外三開口呼通門，列字均爲『七』。

30（入四從）■四質　疾　《廣韻》秦悉切，《集韻》昨悉切，從質三入開臻；《韻鏡》外轉第十七開、《七音略》外轉第十七重中重、《切韻指掌圖》九圖、《四聲等子》臻韻外三輕重俱等韻開口呼、《切韻指南》臻攝外三開口呼通門，列字均爲『疾』。

31（入四心）■四質　悉　《廣韻》《集韻》息七切，心質三入開臻；《韻鏡》外轉第十七開、《七音略》外轉第十七重中重、《切韻指掌圖》九圖、《四聲等子》臻韻外三輕重俱等韻開口呼、《切韻指南》臻攝外三開口呼通門，列字均爲『悉』。

32（入四影）一四質　一　《廣韻》於悉切，《集韻》益悉切，影質三入開臻；《韻鏡》外轉第十七開、《七音略》外轉第十七重中重、《切韻指掌圖》九圖、《四聲等子》臻韻外三輕重俱等韻開口呼、《切韻指南》臻攝外三開口呼通門，列字均爲「一」。

33（入四以）未四質　逸　《廣韻》夷質切，《集韻》弋質切，以質三入開臻；《韻鏡》外轉第十七開、《七音略》外轉第十七重中重、《切韻指掌圖》九圖、《四聲等子》臻攝外三輕重俱等韻開口呼、《切韻指南》臻攝外三開口呼通門，列字均爲「逸」。

	丙	口	𦍒	眉	中	丑	弟	年
	比五		寔五	井三	比十二	坎十二	寔六	寔七
收音濁								
臻 真 真					珍	獼	陳	紉
軫 軫				愍	駗	辴	紖	
震 震				愍	鎮	疢	敶	
擳 質					窒	抶	秩	暱

蹇十一	蹇十二	蹇一	井二	比十一	坎十一	井十二	比九	蹇十	蹇四	蹇二
口	口	近	月	褰	只	呈	星	石	口	雄
乇下	乇下								王上着下	
				臻	瀙	榛	莘			
巾	堇	菫	銀	真	嗔		申	神	鵢	
				⿰角秦	亂	濜				
卺			釿	軫			矧	腎	脪	
					櫬	酳	阠			
抻	螼	僅	憖	震			胂	慎	舋	
堲			肌	櫛	剌		瑟	齣		
				質	叱		失	實	肸	

開音清

師二	外五	師五	坤四		蹇十二	井十	井七	蹇三	蹇八
毋	旁	晉	夫		直	二	禹	王	匠
門	盆	噴	奔	魂廣四					
				清					
					辰	人	郝		鏊
				諄				筠	讚
懣	体	栩	本	混光四					
				準		忍	嶙		
				準					
悶	坌	噴	奔	恩登四					
						刃	吝	酯	隱
				榑					
沒	勃	謞		沒妹四					
						日	栗	颩	乙
				術					

第三十四圖　收音濁

本圖列《廣韻》臻櫛、真軫震質韻開口非脣音字。係拆分《韻鏡》外轉第十七開，取其二三等位非脣音字。平聲四等又列真韻二字，均不應列於本圖。本圖遵循《起數訣》分圖大原則。《起數訣》明本溪母位列「□」，四庫本空格。明本、四庫本見、曉母位列「□」。明本見、溪母下，一等格位内有「石下」二字；曉母下一等格位内，有「王上莆下」。明本穿母位列「只」，四庫本列「尺」。

校注：

1（平二初）只二臻　瀙　《廣韻》側詵切，莊臻三平開臻；《集韻》楚莘切，初臻三平開臻。《韻鏡》《七音略》空位；《切韻指掌圖》九圖、《四聲等子》臻攝外三輕重俱等韻開口呼、《切韻指南》臻攝外三開口呼通門，列字均爲「瀙」。《廣韻》臻韻初母位無字，《起數訣》依《集韻》，亦無誤。

2（平二牀）呈二臻　榛　《廣韻》《集韻》未收，《康熙字典》記：「《唐韻》側詵切，《集韻》《韻會》

緇詵切，音臻。」《韻鏡》外轉第十七開、《七音略》外轉第十七重中重、《切韻指南》臻攝外三開口呼通門，列字均爲「榛」；《切韻指掌圖》九圖、《四聲等子》臻攝外三輕重俱等韻開口呼，列字均爲「榛」。《集韻》崇母臻韻。《廣韻》《集韻》臻韻崇母位有「蓁，士臻切」；《起數訣》列「榛」當爲「蓁」形訛。當校改爲「蓁」。

3（平三群）近三真　堇　《廣韻》巨巾切，《集韻》渠巾切，群真三平開臻；《韻鏡》外轉第十七開、《切韻指南》臻攝外三開口呼通門，列字爲「殣」，群母真韻；《七音略》外轉第十七重中重，列字爲「墐」；《切韻指掌圖》九圖、《四聲等子》臻攝外三輕重俱等韻開口呼，列字爲「勤」，群母欣韻。「殣」爲《廣韻》真韻群母位小韻首字，下收有「堇」「墐」二字。列字以「殣」爲佳，《起數訣》亦無誤。

4（平三昌）只三真　嗔　《廣韻》昌真切，《集韻》稱人切，昌真三平開臻；《韻鏡》外轉第十七開、《七音略》外轉第十七重中重、《切韻指掌圖》九圖、《四聲等子》臻攝外三輕重俱等韻開口呼、《切韻指南》臻攝外三開口呼通門，列字均爲「瞋」。「瞋」爲《廣韻》真韻昌母位小韻首字，下收有「嗔」字。列字以「瞋」爲佳，《起數訣》亦無誤。

5（平三牀）呈三真　○　《廣韻》《集韻》真韻船母位有「神」小韻，《廣韻》食鄰切，《集韻》乘人切。《韻鏡》外轉第十七開、《七音略》外轉第十七重中重、《切韻指掌圖》九圖、《四聲等子》臻攝外三輕重俱等韻開口呼、《切韻指南》臻攝外三開口呼通門，列字均爲「神」。「神」爲

《廣韻》真韻牀母位小韻首字，《起數訣》空位誤，當校補『神』字。

6 （平三禪）石三真 神 《廣韻》食鄰切，《集韻》乘人切，船真三平開臻；不當列於此位。《韻鏡》外轉第十七開、《七音略》外轉第十七重中重、《切韻指掌圖》九圖、《四聲等子》臻攝外三輕重俱等韻開口呼、《切韻指南》臻攝外三開口呼通門，均列於牀母，禪母位列『辰』。『辰』爲《廣韻》真韻禪母位小韻首字，《起數訣》誤，當校改爲『辰』。

7 （平三曉）□三真 [illegible] 《廣韻》《集韻》未收；《康熙字典》記：『《集韻》呼鄰切。小鳥。』則爲曉母真韻。《韻鏡》《七音略》空位；《切韻指掌圖》九圖、《四聲等子》臻攝外三輕重俱等韻開口呼、《切韻指南》臻攝外三開口呼通門，列字爲『欣』，曉母欣韻。《廣韻》真韻曉母位無字，《起數訣》依《集韻》，亦無誤。

8 （平三影）匠三真 鏧 明本列字爲『鏧』，四庫本列字爲『[illegible]』。『鏧』，《康熙字典》記：『《廣韻》力冬切，《集韻》盧冬切，音聾。鼓聲，本作鼕。又《集韻》魯宋切，聾去聲。又《五音集韻》七役切，音[illegible]。義並同。』不當列於此位，誤。『[illegible]』，《廣韻》《集韻》於巾切，影真三平開臻；《韻鏡》外轉第十七開、《七音略》外轉第十七重中重，列字均爲『[illegible]』；《切韻指掌圖》九圖、《四聲等子》臻攝外三輕重俱等韻開口呼，列字爲『殷』，影母欣韻；《切韻指南》臻攝外三開口呼通門，列字爲『咺』，影母真韻。『[illegible]』爲《廣韻》真三影母位小韻首字，《起數訣》明本誤，當校改爲『[illegible]』，四庫本列字是。

9 （平三喻）王三真 ○ 《廣韻》《集韻》未收；《韻鏡》外轉第十七開、《七音略》外轉第十七重中重，均列字爲「囩」；《切韻指掌圖》《四聲等子》《切韻指南》空位。「囩」，《廣韻》爲贇切，云母諄韻；《集韻》于倫切，云母諄韻。「囩」當列於合口圖。《廣韻》真韻喻三位無字，《起數訣》空位是。

10 （平三半三）直三真辰 《廣韻》植鄰切，《集韻》丞真切，禪真三平開臻；《韻鏡》外轉第十七開、《七音略》外轉第十七重中重、《四聲等子》臻攝外三輕重俱等韻開口呼、《切韻指南》臻攝外三開口呼通門，均列於禪母位；《切韻指掌圖》九圖，禪母位列「臣」。《起數訣》列於半三位。

11 （平四影）匠四真 贇 《廣韻》於倫切，《集韻》紆倫切，影諄三平合臻；《韻鏡》外轉第十八合、《七音略》外轉第十八輕中輕、《切韻指掌圖》十圖、《切韻指南》臻攝外三合口呼通門，列於影母諄韻，爲合口圖；《四聲等子》空位。「贇」又在第三十六圖（合口圖）重出。「因」爲《廣韻》真韻影母重紐四等開口位小韻首字，已列於第三十三圖。按《起數訣》一般分圖原則，本圖當列二三等非脣音字，當删。

12 （平四喻）王四真 筠 《廣韻》爲贇切，《集韻》于倫切，云諄三平合臻；《韻鏡》外轉第十八合、《七音略》外轉第十八輕中輕、《切韻指掌圖》十圖、《切韻指南》臻攝外三合口呼通門，均列於喻母諄韻，爲合口圖；《四聲等子》空位。「筠」又在第三十六圖（合口圖）重出。「寅」

爲《廣韻》真韻影母開口位小韻首字，已列於第三十三圖。按《起數訣》一般分圖原則，本圖當列二三等非脣音字，當删。

13 本圖上三等標目爲「軫」。本圖收二三等字，平聲列目二等爲「臻」，三等爲「真」；入聲列目二等爲「櫛」，三等爲「質」。平入與《韻鏡》《七音略》同。上去聲則二三等同，原因爲「臻」無上去韻目，上聲中「齤」「齔」附見隱韻，去聲「齔」附見焮韻。在《七音略》中上聲列目爲隱，去聲爲「焮」，故本圖上聲標目校改爲「隱」，去聲標目校改爲「焮」。

14 (上二莊)震二軫　齤　《廣韻》仄謹切，莊隱二上開臻；《集韻》阻引切，莊母準韻；《韻鏡》空位；《七音略》外轉第十七重中重、《切韻指掌圖》九圖、《四聲等子》臻攝外三輕重俱等韻開口呼、《切韻指南》臻攝外三開口呼通門，列字均爲「齤」。此字龍宇純、余迺永認爲是臻韻上聲，合於《廣韻》，當列於此。

15 (上二初)只二軫　齔　《廣韻》初謹切，初隱二上開臻，《集韻》楚引切，初軫三上開臻；《七音略》外轉第十七重中重、《切韻指掌圖》九圖，列字均爲「齔」；《韻鏡》外轉第十七開、《四聲等子》臻攝外三輕重俱等韻開口呼、《切韻指南》臻攝外三開口呼通門，列字爲「齔」。「齔」爲《廣韻》隱韻初母位小韻首字，注曰「毁齒，俗作齓」，故「齓」爲「齔」之俗體。此字龍宇純、余迺永認爲是臻韻上聲，合於《廣韻》，當列於此。列字以「齔」爲佳，《起數訣》亦無誤。

16（上二崇）呈二軫　潧　《廣韻》鉏紖切，《集韻》鉏引切，崇準三上開臻；《韻鏡》外轉第十七開、《切韻指掌圖》九圖、《四聲等子》臻攝外三輕重俱等韻開口呼、《切韻指南》臻攝外三開口呼通門，列字均爲『潧』；《七音略》空位。此字亦是臻韻之上聲字，列於此位亦合韻書。《七音略》空位誤，《起數訣》是。

17（上二曉）□二軫　○　《廣韻》《集韻》隱韻無曉母字；《韻鏡》外轉第十七開，列字爲『⿰虫憲』。《七音略》《切韻指掌圖》《四聲等子》《切韻指南》均空位。⿰虫憲，《廣韻》休謹切，《集韻》許謹切，曉隱上三開臻。此字當列於三等，且在《韻鏡》外轉第十九開重出。《韻鏡》誤，《起數訣》空位是。

18（上三明）眉三軫　愍　明本列字爲『愍』，四庫本空位。『愍』，《廣韻》眉殞切，《集韻》美殞切，明軫三上開臻。《韻鏡》外轉第十七開、《七音略》外轉第十七重中重、《四聲等子》臻攝外三輕重俱等韻開口呼，列字爲『愍』；《切韻指掌圖》空位；《切韻指南》臻攝外三開口呼通門，上聲及去聲位均列『愍』字。『愍』爲《廣韻》軫三明母位小韻首字，應列於明母位。但本圖不當列脣音字，明本當刪，四庫本空位是。

19（上三知）中三軫　駗　《廣韻》章忍切，《集韻》止忍切，章軫三上開臻；另，《集韻》有知忍切，爲知母。《韻鏡》外轉第十七開、《切韻指掌圖》九圖、《切韻指南》臻攝外三開口呼通門，列字均爲『屒』；《七音略》外轉第十七重中重、《四聲等子》臻攝外三輕重俱等韻開口呼，列字均爲『駗』。『屒』爲《廣韻》準韻知母位小韻首字，早期韻圖多列『屒』字。『駗』字《廣韻》

無知母音，《起數訣》當據《集韻》，亦無誤。

20 （上三見）□三軫　巹　《廣韻》《集韻》未收；《韻鏡》外轉第十七開，列字爲『巹』；《七音略》外轉第十七重中重、《切韻指南》臻攝外三開口呼通門，列字爲『巹』；《切韻指掌圖》九圖、《四聲等子》臻攝外三輕重俱等韻開口呼，列字爲『謹』，見母隱韻。巹，《廣韻》未收。《集韻》姜愍切，見母準韻。『巹』『卺』，『巹』之俗體。『巹』《康熙字典》記：『《唐韻》居隱切，《集韻》《韻會》几隱切，《正韻》居忍切，音緊。《正韻》从丞从卩。俗作巹。』《廣韻》軫韻見母位無字，《起數訣》從《集韻》，亦無誤。

21 （上三溪）□三軫　◯　《廣韻》《集韻》軫韻無溪母字；《韻鏡》外轉第十七開、《切韻指南》臻攝外三開口呼通門，列字爲『螼』；《七音略》空位；《切韻指掌圖》九圖、《四聲等子》臻攝外三輕重俱等韻開口呼，列字爲『赾』，溪母隱韻；『螼』，《廣韻》棄忍切，當列於四等，《韻鏡》列三等與王韻合，不合《廣韻》。《起數訣》依《廣韻》，空位是。

22 （上三曉）□三軫　脪　《廣韻》《集韻》興腎切，曉軫三上開臻；《韻鏡》外轉第十七開，列字爲『肜』；《七音略》外轉第十七重中重，列字爲『脪』；《切韻指掌圖》九圖、《四聲等子》臻攝外三輕重俱等韻開口呼，列字爲『蠔』，曉母隱韻；《切韻指南》臻攝外三開口呼通門，列字爲『逓』，曉母軫韻。『脪』余迺永注『隱韻字』，王韻各本作『賰賱』，可列於此位，《起數訣》從《七音略》，亦無誤。

23（上三云）王三軫 ○ 《廣韻》《集韻》軫韻無喻三母開口字；《韻鏡》外轉第十七開，列字爲「隕」；《七音略》外轉第十七重中重，列字爲「愪」；《切韻指掌圖》《四聲等子》《切韻指南》均空位。「殞」爲《廣韻》云母合口位小韻首字，下收有「隕」「愪」二字，此二字當列於合口圖。《起數訣》空位是。

24（上三來）离三軫 嶙 明本列字爲「嶙」，四庫本空位。《廣韻》《集韻》軫韻來母位有「嶙」小韻，《廣韻》良忍切，《集韻》里忍切。《韻鏡》外轉第十七開、《七音略》外轉第十七重中重、《切韻指掌圖》九圖、《四聲等子》臻攝外三輕重俱等韻開口呼、《切韻指南》臻攝外三開口呼通門，列字均爲「嶙」。《起數訣》四庫本空位誤，當校補「嶙」字。明本列字是。

25（上三日）二三軫 忍 明本列字爲「忍」，四庫本空位。《廣韻》《集韻》軫韻日母位有「忍」小韻，《廣韻》而軫切，《集韻》爾軫切。《韻鏡》外轉第十七開、《七音略》外轉第十七重中重、《切韻指掌圖》九圖、《四聲等子》臻攝外三輕重俱等韻開口呼、《切韻指南》臻攝外三開口呼通門，列字均爲「忍」。《起數訣》四庫本空位誤，當校補「忍」字。明本列字是。

26（去二初）只二震 櫬 《廣韻》《集韻》初覲切，初震三去開臻；《韻鏡》外轉第十七開、《切韻指掌圖》九圖、《切韻指南》臻攝外三開口呼通門，列字爲「櫬」；《七音略》外轉第十七重中重，列字爲「襯」，爲「櫬」字誤；《四聲等子》空位。「櫬」爲《廣韻》震三初母位小韻首字，《七音略》誤，《起數訣》是。

27 (去二崇)呈二震　酳　《廣韻》羊晋切，以震三去開臻；《集韻》士刃切，崇稕(震)三去開臻；《韻鏡》《七音略》《切韻指掌圖》空位；《四聲等子》臻攝外三輕重俱等韻開口呼、《切韻指南》臻攝外三開口呼通門，列字爲『酳』。『酳』字《廣韻》無崇母音，《起數訣》《四聲等子》《切韻指南》列字據《集韻》，亦無誤。

28 (去二生)星二震　阠　《廣韻》息晋切，心震三去開臻；《集韻》所陳切，生稕(震)三去開臻。《韻鏡》《切韻指掌圖》《四聲等子》空位；《七音略》外轉第十七重中重、《切韻指南》臻攝外三開口呼通門，列字爲『阠』。『阠』字《廣韻》無生母音，《起數訣》《七音略》《切韻指南》列字據《集韻》，亦無誤。

29 (去三明)眉三震　愍　《廣韻》眉殞切，明軫三上開臻；《集韻》忙覲切，明震三去開臻。《韻鏡》外轉第十七開、《七音略》外轉第十七重中重、《四聲等子》臻攝外三輕重俱等韻開口呼，均列於明母軫韻，震韻空位；《切韻指掌圖》空位；《切韻指南》臻攝外三開口呼通門，上聲及去聲位均列『愍』字。『愍』爲《廣韻》軫三明母位小韻首字，《廣韻》震韻無明母字，《起數訣》從《集韻》。但本圖不當列脣音，此位當删。

30 (去三澄)弟三震　陣　《廣韻》《集韻》直刃切，澄震三去開臻；《韻鏡》外轉第十七開、《七音略》外轉第十七重中重、《切韻指掌圖》九圖、《四聲等子》臻攝外三輕重俱等韻開口呼，列字均爲『陣』；《切韻指南》臻攝外三開口呼通門，列字爲『陣』。『陣』爲《廣韻》震韻澄母位小韻首字，下收有『陳』字，列字以『敶』爲佳，《起數訣》是。

31 （去三見）□三震　抻　《廣韻》《集韻》未收；《康熙字典》記：『《廣韻》《集韻》居㤥切，音靳。以巾覆物也。』則爲見母㤥韻。《韻鏡》外轉第十七開、《切韻指南》臻攝外三開口呼通門，列字爲『抻』；《七音略》空位；《切韻指掌圖》九圖、《四聲等子》臻攝外三輕重俱等韻開口呼，列字爲『靳』，見母㤥韻。『抻』，《廣韻》及以前韻書震韻無此字，《集韻》稕韻有抻小韻，居覲切。《起數訣》列字當據《集韻》，亦無誤。

32 （去三溪）□三震　螼　《廣韻》羌印切，溪震三去開臻，《集韻》未收；《韻鏡》外轉第十七開，列於四等，三等位列『菣』；《七音略》空位；《切韻指掌圖》九圖，於三等位列『螼』字；《四聲等子》臻攝外三輕重俱等韻開口呼、《切韻指南》臻攝外三開口呼通門，列字爲『掀』，《集韻》丘近切，溪母㤥韻。『螼』爲《廣韻》震韻溪母重紐四等字，當列於四等。『菣』爲《廣韻》震韻溪母位重紐三等字，當列於此處。《起數訣》第三十三圖，將『菣』字列於四等。兩圖均誤，本圖當校改爲『菣』。

33 （去三群）近三震　僅　《廣韻》渠遴切，群震三去開臻，《集韻》渠吝切，群稕（震）三去開臻；《韻鏡》外轉第十七開、《七音略》外轉第十七重中重、《切韻指南》臻攝外三開口呼通門，列字均爲『僅』；《切韻指掌圖》九圖，列字爲『近』，群母㤥韻；《四聲等子》臻攝外三輕重俱等韻開口呼，列字爲『覲』，群母震韻。『僅』爲《廣韻》震韻群母重紐三等位小韻首字，下收有

『覲』字。列字以『僅』爲佳,《起數訣》是。

34 (去三曉)□三震　釁　《廣韻》許覲切,曉震三去開臻;《集韻》許慎切,曉稕(震)三去開臻;《韻鏡》外轉第十七開、《七音略》外轉第十七重中重、《切韻指南》臻攝外三開口呼通門,列字爲『衅』;《切韻指掌圖》九圖、《四聲等子》臻攝外三輕重俱等韻開口呼,列字爲『焮』,曉母焮韻。『衅』爲《廣韻》震韻曉母開口位小韻首字,下收有『釁』字,注上同,列字以『衅』爲佳,《起數訣》亦無誤。

35 (去三影)匠三震　隱　《廣韻》於謹切,影隱三去開臻;《集韻》於刃切,影稕(震)三去開臻;《韻鏡》空位;《七音略》外轉第十七重中重、《切韻指南》臻攝外三開口呼通門,三等位列字爲『隱』;《切韻指掌圖》九圖、《四聲等子》臻攝外三輕重俱等韻開口呼,列字爲『⿰亻㥯』,影母焮韻。《廣韻》震韻影母無重紐三等字,《起數訣》列字當據《集韻》,亦無誤。

36 (去三以)王三震　酳　《廣韻》羊晋切,以震三去開臻;《集韻》羊進切,以稕(震)三去開臻;《韻鏡》外轉第十七開,列於四等,三等空位;《七音略》外轉第十七重中重,在三等位列『酳』字;《切韻指掌圖》《四聲等子》《切韻指南》三等空位,均於四等位列『酳』字。『酳』爲以母,按韻圖規制,當列於四等。《起數訣》誤,當删。

37 (去三來)離三震　吝　《廣韻》《集韻》良刃切,來震三去開臻;《韻鏡》外轉第十七開、《七音略》外轉第十七重中重、《切韻指掌圖》九圖、《四聲等子》臻攝外三輕重俱等韻開口呼、《切韻指南》臻攝外三開口呼通門，列字均爲『遴』；『遴』爲《廣韻》震韻來母位小韻首字，下收有『吝』字，列字以『遴』爲佳，《起數訣》亦無誤。

38 本圖明本共三頁，第二頁入聲列位錯亂。

39 （入二莊）照二櫛 ○ 明本空位，串入三等。四庫本列字爲『櫛』。『櫛』，《廣韻》阻瑟切，《集韻》測瑟切，莊櫛二入開臻；《韻鏡》外轉第十七開、《七音略》外轉第十七重中重、《切韻指掌圖》九圖、《四聲等子》臻攝外三輕重俱等韻開口呼、《切韻指南》臻攝外三開口呼通門，列字均爲『櫛』。明本誤，當校補『櫛』字。

40 （入二初）穿二櫛 ○ 明本空位，串入三等。四庫本列字爲『𠞞』。『𠞞』，《廣韻》初栗切，初質三入開臻，《集韻》未收；《韻鏡》空位；《七音略》外轉第十七重中重、《切韻指掌圖》九圖、《四聲等子》臻攝外三輕重俱等韻開口呼、《切韻指南》臻攝外三開口呼通門，列字均爲『𠞞』。楊軍謂《七音略》十七圖爲外轉圖，不當列二等位，故當删。《起數訣》無外轉之概念，列二等無誤。明本誤，當校補『𠞞』字。

41 （入二崇）呈二櫛 ○ 《廣韻》《集韻》櫛韻崇母有『齜』小韻，《廣韻》崱瑟切，《集韻》食櫛切。諸韻圖均列『齜』字，《起數訣》空位誤，當校補『齜』字。

42 （入二生）審二櫛 ○ 明本空位，串入三等，四庫本列字爲『瑟』。『瑟』，《廣韻》所櫛切，《集韻》色櫛切，生櫛二入開臻；《韻鏡》外轉第十七開、《七音略》外轉第十七重中重、《切韻指掌圖》九圖、《四聲等子》臻攝外三輕重俱等韻開口呼、《切韻指南》臻攝外三開口呼通門，列字均爲『瑟』。明本誤，當校補『瑟』字。

43 (入二俟)禪二櫛 ◯ 明本空位，串入三等，四庫本列字爲『齜』。『齜』，《廣韻》崱瑟切，《集韻》食櫛切，崇櫛二入開臻；《韻鏡》外轉第十七開、《七音略》外轉第十七重中重、《切韻指掌圖》九圖、《四聲等子》臻攝外三輕重俱等韻開口呼、《切韻指南》臻攝外三開口呼通門，均列於崇母，俟母空位。『齜』爲《廣韻》櫛二崇母位小韻首字，《起數訣》四庫本誤，當校列於崇母位。此位當刪。

44 本圖入聲三等與《起數訣》第十二圖相近，但本圖爲陽聲韻圖，與十二圖止攝配入聲，多有不同，故此處重新出校。明本本圖第二頁二等位列入三等，三等位移至四等。

45 (入三徹)丑三質 抶 《廣韻》丑栗切，《集韻》勑栗切，徹質三入開臻；《韻鏡》外轉第十七開、《切韻指掌圖》九圖、《四聲等子》臻攝外三輕重俱等韻開口呼、《切韻指南》臻攝外三開口呼通門，列字均爲『抶』；《七音略》外轉第十七重中重，列字爲『秩』，澄母質韻，當爲『抶』字誤。『抶』爲《廣韻》質韻徹母位小韻首字，《起數訣》是。

46 (入三娘)年三質 暱 《廣韻》《集韻》尼質切，娘質三入開臻；《韻鏡》外轉第十七開、《切韻指掌圖》九圖、《切韻指南》臻攝外三開口呼通門，列字均爲『暱』。《七音略》外轉第十七重中重、《四聲等子》臻攝外三輕重俱等韻開口呼，列字爲『暱』，《廣韻》未收，《集韻》尼質切。

「暱」爲《廣韻》質韻娘母位小韻首字，列字以「暱」爲佳，《起數訣》是。

47（入三見）□三質　堲　《廣韻》資悉切，《集韻》子悉切，精質三入開臻；《韻鏡》外轉第十七開，《七音略》外轉第十七重中重，《切韻指南》臻攝外三開口呼通門，列字均爲「暨」；《切韻指掌圖》九圖、《四聲等子》臻攝外三輕重俱等韻開口呼，列字爲「訖」，見母迄韻；「暨」爲《廣韻》質韻見母位小韻首字，「堲」爲質韻精母位小韻首字，《起數訣》誤，當校改爲「暨」。第十二圖列字爲「暨」。

48（入三群）近三質　◯　《廣韻》《集韻》質韻群母位有「姞」小韻，《廣韻》巨乙切，《集韻》極乙切；《韻鏡》外轉第十七開、《七音略》外轉第十七重中重、《切韻指南》臻攝外三開口呼通門，列字均爲「姞」；《切韻指掌圖》九圖、《四聲等子》臻攝外三輕重俱等韻開口呼，列字爲「趌」，群母迄韻。「姞」爲《廣韻》質三群母位小韻首字，《起數訣》空位誤，當校補「姞」字。

49（入三疑）月三質　耴　《廣韻》魚乙切，《集韻》逆乙切，疑質三入開臻；《韻鏡》外轉第十七開、《七音略》外轉第十七重中重、《切韻指南》臻攝外三開口呼通門，列字均爲「耴」；《切韻指掌圖》九圖、《四聲等子》臻攝外三輕重俱等韻開口呼，列字爲「疙」，疑母迄韻。「耴」爲《廣韻》質韻疑母位小韻首字，《起數訣》十二圖列於半三一等位，質韻疑母三等位空位。本圖列位是。

50（入三章）震三質　櫛　明本列字爲「櫛」，四庫本列字爲「質」。「質」，《廣韻》之日切，《集韻》

職日切，章質三入開臻；《韻鏡》外轉第十七開、《七音略》外轉第十七重中重、《切韻指掌圖》九圖、《四聲等子》臻攝外三輕重俱等韻開口呼、《切韻指南》臻攝外三開口呼通門，列字均爲『質』。明本錯位，當校改爲『質』，四庫本是。

51 （入三昌）只三質　刹　明本列字爲『刹』，四庫本列字爲『叱』。『叱』，《廣韻》昌栗切，《集韻》尺栗切，昌質三入開臻；《韻鏡》外轉第十七開、《七音略》外轉第十七重中重、《切韻指掌圖》九圖、《四聲等子》臻攝外三輕重俱等韻開口呼、《切韻指南》臻攝外三開口呼通門，列字均爲『叱』。『叱』爲《廣韻》質韻昌母位小韻首字，四庫本本圖列字是。十二圖，將『叱』列入四等，三等位列『刹』字，同明本整體向下串位，誤。明本誤，當校改爲『叱』。

52 （入三船）呈三質　〇　《廣韻》《集韻》質韻船母位有『實』小韻，《廣韻》神質切，《集韻》食質切；《韻鏡》外轉第十七開、《七音略》外轉第十七重中重、《四聲等子》臻攝外三輕重俱等韻開口呼，列字均爲『實』；《切韻指掌圖》九圖，列入禪母位；《切韻指南》臻攝外三開口呼通門，列於牀母，禪母列字爲『寀』。《起數訣》在禪母位列『實』，誤。本處空位誤，當校補『實』。

53 （入三書）星三質　瑟　明本列字爲『瑟』，四庫本列字爲『失』。『失』，《廣韻》《集韻》式質切，書質三入開臻；《韻鏡》外轉第十七開、《七音略》外轉第十七重中重、《切韻指掌圖》九圖、《四聲等子》臻攝外三輕重俱等韻開口呼、《切韻指南》臻攝外三開口呼通門，列字均爲『失』。《起數訣》明本串位，當校改爲『失』。四庫本是。

54（入三禪）石三質 䶵 明本列字爲『䶵』，四庫本列字爲『實』。『實』，《廣韻》神質切，船質三入開臻；《集韻》食質切，船質三入開臻；《韻鏡》外轉第十七開、《七音略》外轉第十七重中重、《四聲等子》臻攝外三輕重俱等韻開口呼，均列於牀母，禪母空位。《起數訣》明本串位，但兩字均不可列於此位，當删。

55（入三曉）□三質 ◯ 明本空位，『肹』字串入四等，四庫本列字爲『肹』。『肹』，《廣韻》義乙切，曉質三入開臻，《集韻》未收；《韻鏡》外轉第十七開、《切韻指南》臻攝外三開口呼通門，列字爲『肸』；《七音略》外轉第十七重中重，列字爲『肹』；《切韻指掌圖》九圖、《四聲等子》臻攝外三輕重俱等韻開口呼，列字爲『迄』，曉母迄韻。肸，《廣韻》義乙切，《集韻》黑乙切，曉母質韻。《起數訣》《七音略》列字，當均爲『肸』之形訛。四庫本當校改爲『肸』。明本串入四等，當在三等位，校補『肸』字。

56（入三影）匠三質 乙 《廣韻》於筆切，《集韻》億姞切，影質三入開臻；《韻鏡》外轉第十七開、《七音略》外轉第十七重中重、《切韻指掌圖》九圖、《切韻指南》臻攝外三開口呼通門，列字均爲『乙』；《四聲等子》臻攝外三輕重俱等韻開口呼，列字爲『一』，影母質韻。《起數訣》三十七圖迄韻影母位又列此字，但『乙』爲《廣韻》質韻影母位小韻首字，正當列於此位。《起數訣》是。

57（入三云）王三質 䫻 《廣韻》于筆切，云質三入開臻，《集韻》未收；《韻鏡》外轉第十七開、

《七音略》外轉第十七重中重，列字均爲『颰』；《切韻指掌圖》《四聲等子》《切韻指南》空位。『颰』爲《廣韻》質韻喻母三等位小韻首字，《起數訣》是。

58 （入三日）二三質　日　《廣韻》《集韻》人質切，日質三入開臻；《韻鏡》外轉第十七開，列字爲『月』，當爲『日』字誤；《七音略》外轉第十七重中重、《切韻指掌圖》九圖、《四聲等子》臻攝外三輕重俱等韻開口呼、《切韻指南》臻攝外三開口呼通門，列字均爲『日』。《韻鏡》列字誤，《起數訣》是。

59 入四等位，明本五字，均爲錯亂所致，均當提至三等位。

釋：

1 （平二莊）震二臻臻　《廣韻》側詵切，《集韻》緇詵切，莊臻二平開臻；《韻鏡》外轉第十七開、《七音略》外轉第十七重中重、《切韻指掌圖》九圖、《四聲等子》臻攝外三輕重俱等韻開口呼、《切韻指南》臻攝外三開口呼通門，列字均爲『臻』。

2 （平二審）星二臻　莘　《廣韻》所臻切，《集韻》疏臻切，生臻二平開臻；《韻鏡》外轉第十七開、《七音略》外轉第十七重中重、《切韻指掌圖》九圖、《四聲等子》臻攝外三輕重俱等韻開口呼、《切韻指南》臻攝外三開口呼通門，列字均爲『莘』。

3 （平三知）中三真　珍　《廣韻》陟鄰切，《集韻》知鄰切，知真三平開臻；《韻鏡》外轉第十七開、《七音略》外轉第十七重中重、《切韻指掌圖》九圖、《四聲等子》臻攝外三輕重俱等韻開口呼、《切韻指南》臻攝外三開口呼通門，列字均爲『珍』。

4 （平三徹）丑三真　獜　《廣韻》《集韻》未收；《康熙字典》記：『《廣韻》丑人切，《集韻》癡鄰切，音縝。』則爲徹母真韻。《韻鏡》外轉第十七開、《七音略》外轉第十七重中重、《切韻指掌圖》九圖，列字均爲『獜』；《四聲等子》臻攝外三輕重俱等韻開口呼、《切韻指南》臻攝外三開口呼通門，列字爲『縝』，徹母真韻。

5 （平三澄）弟三真　陳　《廣韻》直珍切，《集韻》池鄰切，澄真三平開臻；《韻鏡》外轉第十七開、《七音略》外轉第十七重中重、《切韻指掌圖》九圖、《四聲等子》臻攝外三輕重俱等韻開口呼、《切韻指南》臻攝外三開口呼通門，列字均爲『陳』。

6 （平三娘）年三真　紉　《廣韻》女鄰切，《集韻》尼鄰切，娘真三平開臻；《韻鏡》外轉第十七開、《七音略》外轉第十七重中重、《切韻指掌圖》九圖、《四聲等子》臻攝外三輕重俱等韻開口呼、《切韻指南》臻攝外三開口呼通門，列字均爲『紉』。

7 （平三見）□三真　巾　《廣韻》《集韻》居銀切，見真三平開臻；《韻鏡》外轉第十七開、《七音略》外轉第十七重中重、《切韻指掌圖》九圖、《切韻指南》臻攝外三開口呼通門，列字均爲『巾』；《四聲等子》臻攝外三輕重俱等韻開口呼，列字爲『斤』，見母欣韻。

8（平三疑）月三真　銀　《廣韻》語巾切，《集韻》魚巾切，疑真三平開臻；《韻鏡》外轉第十七開、《七音略》外轉第十七重中重、《切韻指掌圖》九圖、《四聲等子》臻攝外三輕重俱等韻開口呼、《切韻指南》臻攝外三開口呼通門，列字均爲「銀」。

9（平三章）震三真　真　《廣韻》職鄰切，《集韻》之人切，章真三平開臻；《韻鏡》外轉第十七開、《七音略》外轉第十七重中重、《切韻指掌圖》九圖、《四聲等子》臻攝外三輕重俱等韻開口呼、《切韻指南》臻攝外三開口呼通門，列字均爲「真」。

10（平三審）星三真　申　《廣韻》失人切，《集韻》升人切，書真三平開臻；《韻鏡》外轉第十七開、《七音略》外轉第十七重中重、《切韻指掌圖》九圖、《四聲等子》臻攝外三輕重俱等韻開口呼、《切韻指南》臻攝外三開口呼通門，列字均爲「申」。

11（平三來）離三真　鄰　《廣韻》力珍切，《集韻》離珍切，來真三平開臻；《韻鏡》外轉第十七開、《七音略》外轉第十七重中重、《切韻指掌圖》九圖、《四聲等子》臻攝外三輕重俱等韻開口呼，列字均爲「鄰」；《切韻指南》臻攝外三開口呼通門，列字爲「粦」，來母真韻。

12（平三日）二三真　人　《廣韻》如鄰切，《集韻》而鄰切，日真三平開臻；《韻鏡》外轉第十七開、《七音略》外轉第十七重中重、《切韻指掌圖》九圖、《四聲等子》臻攝外三輕重俱等韻開口呼，列字均爲「人」；《切韻指南》臻攝外三開口呼通門，列字爲「仁」，日母真韻。

13（上三徹）丑三軫　辴　《廣韻》丑忍切，《集韻》丑忍切，徹軫三上開臻；《韻鏡》外轉第十七開、《七音略》外轉第十七重中重、《切韻指掌圖》九圖、《四聲等子》臻攝外三輕重俱等韻開口呼、《切韻指南》臻攝外三開口呼通門，列字均爲「辴」。

14（上三澄）弟三軫　紖　《廣韻》直引切，《集韻》丈忍切，澄軫三上開臻；《韻鏡》外轉第十七開、《七音略》外轉第十七重中重、《切韻指掌圖》九圖、《四聲等子》臻攝外三輕重俱等韻開口呼、《切韻指南》臻攝外三開口呼通門，列字均爲「紖」。

15（上三疑）月三軫　釿　《廣韻》宜引切，《集韻》擬引切，疑軫三上開臻；《韻鏡》外轉第十七開、《七音略》外轉第十七重中重、《四聲等子》臻攝外三輕重俱等韻開口呼、《切韻指南》臻攝外三開口呼通門，列字均爲「釿」；《切韻指掌圖》九圖，列字爲「听」，疑母軫韻。

16（上三照）震三軫　軫　《廣韻》章忍切，《集韻》止忍切，章軫三上開臻；《韻鏡》外轉第十七開、《七音略》外轉第十七重中重、《切韻指掌圖》九圖、《四聲等子》臻攝外三輕重俱等韻開口呼、《切韻指南》臻攝外三開口呼通門，列字均爲「軫」。

17（上三審）星三軫　矧　《廣韻》式忍切，《集韻》矢忍切，書軫三上開臻；《韻鏡》外轉第十七開、《七音略》外轉第十七重中重、《切韻指掌圖》九圖，列字均爲「矧」；《四聲等子》臻攝外三輕重俱等韻開口呼，列字爲「哂」，審母軫韻；《切韻指南》臻攝外三開口呼通門，列字爲「弞」，「弞」「矧」二字爲異體字，審母軫韻。

18（上三禪）石三軫　腎　《廣韻》時忍切，《集韻》是忍切，禪軫三上開臻；《韻鏡》外轉第十七開、《七音略》外轉第十七重中重、《切韻指掌圖》九圖、《四聲等子》臻攝外三輕重俱等韻開口呼、《切韻指南》臻攝外三開口呼通門，列字均爲「腎」。

19（去三知）中三震　鎮　《廣韻》《集韻》陟刃切，知震三去開臻。《韻鏡》外轉第十七開、《七音略》外轉第十七重中重、《切韻指掌圖》九圖、《四聲等子》臻攝外三輕重俱等韻開口呼、《切韻指南》臻攝外三開口呼通門，列字均爲「鎮」。

20（去三徹）丑三震　疢　《廣韻》《集韻》丑刃切，徹震三去開臻。《韻鏡》外轉第十七開、《七音略》外轉第十七重中重、《切韻指掌圖》九圖、《四聲等子》臻攝外三輕重俱等韻開口呼、《切韻指南》臻攝外三開口呼通門，列字均爲「疢」。

21（去三疑）　憖　《廣韻》魚覲切，疑震三去開臻，《集韻》未收；《韻鏡》外轉第十七開、《七音略》外轉第十七重中重、《切韻指南》臻攝外三開口呼通門，列字均爲「憖」；《切韻指掌圖》九圖、《四聲等子》臻攝外三輕重俱等韻開口呼，列字爲「迩」，疑母震韻。

22（去三章）震三震　震　《廣韻》章刃切，《集韻》之刃切，章震三去開臻；《韻鏡》外轉第十七開、《七音略》外轉第十七重中重、《切韻指掌圖》九圖、《四聲等子》臻攝外三輕重俱等韻開口呼、《切韻指南》臻攝外三開口呼通門，列字均爲「震」。

23（去三書）星三震　眒　《廣韻》《集韻》試刃切，書震三去開臻；《韻鏡》外轉第十七開、《七音略》外轉第十七重中重、《切韻指掌圖》九圖、《四聲等子》臻攝外三輕重俱等韻開口呼、《切韻指南》臻攝外三開口呼通門，列字均爲「眒」。

24 (去三禪)石三震　慎　《廣韻》《集韻》時刃切，禪震三去開臻；《韻鏡》外轉第十七開、《七音略》外轉第十七重中重、《切韻指掌圖》九圖、《四聲等子》臻攝外三輕重俱等韻開口呼、《切韻指南》臻攝外三開口呼通門，列字均爲「慎」。

25 (去三日)二三震　刃　《廣韻》《集韻》而振切，日震三去開臻；《韻鏡》外轉第十七開、《七音略》外轉第十七重中重、《切韻指掌圖》九圖、《切韻指南》臻攝外三開口呼通門，列字均爲「刃」；《四聲等子》臻攝外三輕重俱等韻開口呼，列字爲「認」，日母震韻。

26 (入三知)中三質　窒　《廣韻》《集韻》陟栗切，知質三入開臻；《韻鏡》外轉第十七開、《七音略》外轉第十七重中重、《切韻指掌圖》九圖、《四聲等子》臻攝外三輕重俱等韻開口呼、《切韻指南》臻攝外三開口呼通門，列字均爲「窒」。

27 (入三澄)弟三質　秩　《廣韻》直一切，《集韻》直質切，澄質三入開臻；《韻鏡》外轉第十七開、《七音略》外轉第十七重中重、《切韻指掌圖》九圖、《切韻指南》臻攝外三開口呼通門，列字均爲「秩」；《四聲等子》臻攝外三輕重俱等韻開口呼，列字爲「帙」，澄母質韻。

28 (入三來)离三質　栗　《廣韻》《集韻》力質切，來質三入開臻；《韻鏡》外轉第十七開、《七音略》外轉第十七重中重、《切韻指掌圖》九圖、《四聲等子》臻攝外三輕重俱等韻開口呼、《切韻指南》臻攝外三開口呼通門，列字均爲「栗」。

蹇八	蹇三	井七	井十	蹇十二			坤四	师五	外五	師二
匠	王	嵩	二	直	開		夫	善	旁	毋
					音	魂（衆四）	奔	噴	盆	門
					清					
鑿		都	人	辰						
讃	筠					諄				
						混（光四）	本	栩	体	懣
		嶙	忍			準				
						準				
						慁（磴四）	奔	噴	坌	悶
隐	酳	吝	刃							
						禣				
						沒（妹四）		誖	勃	沒
乙	颮	栗	日							
						術				

坤六	師六	外六	坤七	坤一	師一	師九	師二	坤八	師八	外八
來	王	同	乃	古	坤	口	五	走	草	雪
敦	暾	屯	馨	昆	坤	草下	俾	尊	村	存
				鈞		憩		遵	逡	鶉
	膮	笔固	焫	衮	闇			剸	忖	蹲
					麇				繜	癄
頓	黗	鈍	嫩	讃	困		諢	焌	寸	鐏
				呁噴九				俊		
咄	宊	突	訥	骨	堀		兀	卒	猝	捽
				橘				卒	焌	崒

謹九　坤二　歸四　坤三　外四　歸七

■	寺	黑	武	安	文	老	■	■	開	
孫		昏	魂	温		論			音	
									濁	
										諄（[illegible]之）
荀		鴍		贇	匀					諄
損		惛	混	穩		惀				
						倫				準（笔之）
										準
笋	楯			尹			蝡			
巽		惛	慁	搵		論				
										稕（[illegible]之）
峻	殉					論				
窣		忽	搰	膃		忮				
										術（[illegible]之）
										術
卹		狘	驈		聿	律				

第三十五圖　開音清

本圖列《廣韻》魂混慁没、諄準稕術韻字。係拆分《韻鏡》外轉第十八合列於一四等位字。按《起數訣》分圖原則，本圖還當列二三等脣音字。本圖明本聲母心、日、半三列「■」，四庫本空格。群母位兩本皆列「□」。明本下一等格位内，列「草下」二字，四庫本無。

校注：

1 （平一滂）普一魂　噴　《廣韻》普魂切，《集韻》鋪魂切，滂魂一平合臻；《韻鏡》外轉第十八合、《七音略》外轉第十八輕中輕，列字均爲「歕」，「歕」「噴」二字爲異體字；《切韻指掌圖》十圖、《四聲等子》臻攝外三輕重俱等韻合口呼、《切韻指南》臻攝外三合口呼通門，列字均爲「濆」。「濆」爲《廣韻》魂韻滂母位小韻首字，下收有「噴」字，注上同。列字以「濆」爲佳，《起數訣》亦無誤。

2 （平一透）土一魂　暾　此字當爲「暾」之形訛。暾，《廣韻》《集韻》他昆切，透魂一平合臻。《韻鏡》外轉第十八合，列字爲「暾」，《七音略》外轉第十八輕中輕、《切韻指掌圖》十圖、《切韻指南》臻攝外三合口呼通門，列字均爲『暾』；《四聲等子》臻攝外三輕重俱等韻合口呼，列字均爲『涒』，透母魂韻。『暾』爲《廣韻》魂韻透母位小韻首字，下收有『涒』字。《起數訣》列字形訛，當校改爲『暾』。

3　(平一見)古一魂　昆　明本列字爲『昆』，四庫本列字爲『昆』，此字當爲『昆』之形訛。昆，《廣韻》古渾切，《集韻》公渾切，見魂一平合臻；《韻鏡》外轉第十八合、《七音略》外轉第十八輕中輕、《切韻指掌圖》十圖、《四聲等子》臻攝外三輕重俱等韻合口呼、《切韻指南》臻攝外三合口呼通門，列字均爲『昆』。『昆』爲《廣韻》魂韻見母位小韻首字，《起數訣》四庫本形訛，當校改爲『昆』。明本列字是。

4　(平一匣)武一魂　魂　《廣韻》户昆切，《集韻》胡昆切，匣魂一平合臻；《韻鏡》外轉第十八合、《七音略》外轉第十八輕中輕、《切韻指掌圖》十圖、《四聲等子》臻攝外三輕重俱等韻合口呼，列字均爲『䰟』；《切韻指南》臻攝外三合口呼通門，列字爲『魂』。『䰟』『魂』二字爲異體字。各韻圖均是。

5　(平一影)安一魂　温　《廣韻》《集韻》烏渾切，影魂一平合臻；《韻鏡》外轉第十八合、《七音略》外轉第十八輕中輕、《切韻指掌圖》十圖、《四聲等子》臻攝外三輕重俱等韻合口呼，列字均爲『温』；《切韻指南》臻攝外三合口呼通門，列字爲『昷』。『昷』爲《廣韻》魂韻影母位小韻首字，下收有『温』字，列字以『昷』爲佳。《起數訣》亦無誤。

6 平聲三等無列目，當爲諄韻。

7 (平三滂)普三(諄)◯ 《廣韻》《集韻》滂母位有『砏』小韻。『砏』，《廣韻》普巾切，《集韻》披巾切，滂真三平合臻；《韻鏡》外轉第十八合，列字爲『磒』；《七音略》空位；《切韻指掌圖》十圖，列字爲『砏』；《四聲等子》臻攝外三輕重俱等韻合口呼、《切韻指南》臻攝外三合口呼通門，列字均爲『芬』，滂母文韻。《廣韻》《集韻》諄韻滂母位無字。《韻鏡》列『磒』字，誤。本圖按分圖原則，當列二三等脣音字，但『砏』屬真韻，不當列於此，《起數訣》空位是。

8 (平四見)古四諄 鈞 《廣韻》居匀切，《集韻》規倫切，見諄三平合臻；《韻鏡》外轉第十八合、《切韻指掌圖》丨圖、《切韻指南》臻攝外三合口呼通門，列字爲『均』；《七音略》外轉第十八輕中輕、《四聲等子》臻攝外三輕重俱等韻合口呼，列字均爲『鈞』。『均』爲《廣韻》諄韻見母位小韻首字，下收有『鈞』字。列字以『均』爲佳，《起數訣》亦無誤。

9 (平四群)□四諄 忶 《廣韻》渠營切，群清三平合梗；《集韻》巨旬切，群諄三平合臻；《韻鏡》外轉第十八合、《切韻指南》臻攝外三合口呼通門，列字爲『忶』；《七音略》《切韻指掌圖》《四聲等子》空位。《廣韻》諄韻無群母字，《起數訣》從《集韻》，亦無誤。

10 (平四從)曹四諄 鷷 《廣韻》昨旬切，《集韻》徂尊切，從諄三平合臻；《韻鏡》外轉第十八合、《切韻指掌圖》十圖、《四聲等子》臻攝外三輕重俱等韻合口呼、《切韻指南》臻攝外三合口呼通門，列字均呼爲『鷷』；《七音略》外轉第十八輕中輕，列字爲『脣』，船母諄韻，誤。

『鶽』爲《廣韻》諄韻從母位小韻首字，《起數訣》是。

11 (平四邪)寺四諄 ○ 《廣韻》《集韻》諄韻邪母有『旬』；《韻鏡》外轉第十八合、《七音略》外轉第十八輕中輕、《切韻指掌圖》十圖、《四聲等子》臻攝外三輕重俱等韻合口呼、《切韻指南》臻攝外三合口呼通門，均列字爲『旬』。『旬』爲《廣韻》諄韻邪母位小韻首字，《起數訣》空位誤，當校補『旬』字。

12 (平四曉)昏四諄 鴝 《廣韻》《集韻》未收，《康熙字典》記：『《集韻》呼鄰切。小鳥。』則爲曉母真韻。《韻鏡》《七音略》《切韻指掌圖》《四聲等子》《切韻指南》空位。《廣韻》諄韻無曉母字，《起數訣》誤，當删。

13 (平四影)温四諄 蜵 《廣韻》未收；《康熙字典》記：『《集韻》縈玄切，音淵。蜎蜵，巧蟲。』《集韻》另有『一均切』，爲真韻重紐四等。《韻鏡》外轉第十八合，列字爲『奫』；《七音略》《四聲等子》《切韻指南》空位；《切韻指掌圖》十圖，列字爲『氳』，影母文韻。《韻鏡》列『奫』字，龍宇純認爲係日本校讀者所施之注，誤入此位。《廣韻》諄韻無四等影母字，『蜵』爲《集韻》諄韻影母位小韻首字，《起數訣》據《集韻》列重紐四等字，亦無誤。

14 (上一滂)普一混 栩 《廣韻》《集韻》普本切，滂混一上合臻；《韻鏡》外轉第十八合，列字爲『䬝』，當爲『栩』俗體；《七音略》外轉第十八輕中輕、《切韻指掌圖》十圖、《四聲等子》臻攝外三輕重俱等韻合口呼、《切韻指南》臻攝外三合口呼通門，列字均爲『栩』。『栩』爲《廣韻》

混韻滂母位小韻首字，《韻鏡》列字形訛，《起數訣》是。

15（上一並）旁一混　体　明本列字爲「体」，四庫本列字爲「休」。「体」，《廣韻》普本切，《集韻》部本切，並混一上合臻；「休」，《廣韻》許尤切，《集韻》虛尤切，曉尤三平開流；不當列於此位；《韻鏡》外轉第十八合、《七音略》外轉第十八輕中輕、《切韻指掌圖》十圖、《四聲等子》臻攝外三輕重俱等韻合口呼、《切韻指南》臻攝外三合口呼通門，列字均爲「獖」。「獖」，《廣韻》蒲本切，《集韻》部本切，並母混韻。「獖」爲《廣韻》混一並母位小韻首字，下收有「体」字，《起數訣》四庫本列「休」形訛。明本列字是。

16（上一透）土一混　腯　《廣韻》他衮切，《集韻》吐衮切，透混一上合臻；《韻鏡》外轉第十八合、《七音略》外轉第十八輕中輕、《切韻指掌圖》十圖、《四聲等子》臻攝外三輕重俱等韻合口呼、《切韻指南》臻攝外三合口呼通門，列字均爲「畽」。「畽」爲《廣韻》混一透母位小韻首字，下收有「腯」字。列字以「畽」爲佳，《起數訣》亦無誤。

17（上一定）同一混　𥬠　明本正位列「𥬠」，壓線列「囤」，顯爲「𥬠」之標注字。四庫本正位列「𥬠」，二等位列「囤」。「𥬠」，《廣韻》徒損切，《集韻》杜本切，定混一上合臻；《韻鏡》外轉第十八合、《七音略》外轉第十八輕中輕、《切韻指掌圖》十圖、《四聲等子》臻攝外三輕重俱等韻合口呼、《切韻指南》臻攝外三合口呼通門，列字均爲「囤」。「囤」爲《廣韻》混一定母位小韻首字，下收有「𥬠」字。列字以「囤」爲佳，《起數訣》亦無誤。

18（上一見）古一混　袞　《廣韻》《集韻》古本切，見混一上合臻；《韻鏡》外轉第十八合、《七音略》外轉第十八輕中輕、《四聲等子》臻攝外三輕重俱等韻合口呼、《切韻指南》臻攝外三合口呼通門，列字均爲『緄』；《切韻指掌圖》十圖，列字爲『袞』。『鯀』，《廣韻》《集韻》古本切，見母混韻。『鯀』爲《廣韻》混一見母位小韻首字，下收有『袞』字。列字以『緄』爲佳，《起數訣》亦無誤。

19（上一從）曹一混　蹲　《廣韻》徂尊切，從魂一平合臻；《集韻》粗本切，從混一上合臻。《韻鏡》外轉第十八合、《七音略》外轉第十八輕中輕、《四聲等子》臻攝外三輕重俱等韻合口呼、《切韻指南》臻攝外三合口呼通門，均列字爲『鱒』；《切韻指掌圖》十圖，列字爲『鱒』，爲『鱒』之俗體。《起數訣》列『蹲』字，依其《集韻》音，亦無誤。『鱒』爲《廣韻》混一從母位小韻首字，《起數訣》列『鱒』字最佳。

20（上一心）■一混　損　明本列字爲『損』，四庫本爲『損』。『損』，《廣韻》蘇本切，心混一上合臻；《集韻》未收；《韻鏡》外轉第十八合、《七音略》外轉第十八輕中輕、《切韻指掌圖》十圖、《四聲等子》臻攝外三輕重俱等韻合口呼、《切韻指南》臻攝外三合口呼通門，列字均爲『損』，『損』『損』二字爲異體字，心母混韻。『損』爲正體，明本是，四庫本亦無誤。

21（上一曉）黑一混　惛　《廣韻》虛本切，《集韻》虎本切，曉混一上合臻；《韻鏡》外轉第十八合、《七音略》外轉第十八輕中輕、《切韻指掌圖》十圖、《切韻指南》臻攝外三合口呼通門，均列於曉母慁韻，混韻列字爲『緫』；《四聲等子》臻攝外三輕重俱等韻合口呼，列字爲『惛』。『緫』爲《廣韻》混韻曉母位小韻首字，下收有『惛』字。列字以『緫』爲佳，《起數訣》亦無誤。

22（上一來）老一混　怨　明本列字爲『怨』，四庫本列字爲『忍』。此字當係『恖』之形訛。恖，《廣韻》盧本切，《集韻》魯本切，來混一上合臻；《韻鏡》外轉第十八合、《切韻指掌圖》十圖、《四聲等子》臻攝外三輕重俱等韻合口呼、《切韻指南》臻攝外三合口呼通門，列字均爲『恖』；《七音略》外轉第十八輕中輕，列字爲『怨』，誤。『恖』爲《廣韻》混韻來母位小韻首字，《起數訣》兩本列字均形訛，當校改爲『恖』。

23 本圖上聲二等無韻目字，本圖當收一四等字，不應該有二三等列位，上聲二等現所列二字，當均爲一等字之標注字，均當删。

24（上二定）同二（混）　囤　明本列於一等壓線中，顯係一等『笹』之標注字，四庫本列二等位右上小字。『囤』，《廣韻》徒損切，《集韻》杜本切，定混一上合臻；《韻鏡》外轉第十八合、《七音略》外轉第十八輕中輕、《切韻指掌圖》十圖、《四聲等子》臻攝外三輕重俱等韻合口呼、《切韻指南》臻攝外三合口呼通門，均列於定母混韻一等位。『囤』爲《廣韻》混一定母位小韻首字，《起數訣》在一等位已列有『笹』字。四庫本二等位所列『囤』字位於格位右上方，且字迹較小，故當爲一等『笹』字之標注字，一等位列『囤』更佳。本位當删。

25（上二來）老二（混）　碖　明本小字偏上，四庫本列於正位。『碖』，《廣韻》盧本切，《集韻》魯本切，來混一上合臻；《韻鏡》《七音略》《切韻指掌圖》《四聲等子》《切韻指南》二等來母位均空位。『碖』字當列於一等來母位，一等已列『惌』之形訛字，此字當爲注明『惌』字而列，且明本顯係標注字，故當刪。

26（上四溪）坤四準　麇　《廣韻》丘尹切，溪準三上合臻；《集韻》未收；不當列於此位。《韻鏡》《七音略》空位；《切韻指掌圖》十圖、《四聲等子》臻攝外三輕重俱等韻合口呼、《切韻指南》臻攝外三合口呼通門，列字均爲『麇』；『麇』，《廣韻》準韻三等溪母位小韻首字，當列於三等位，《起數訣》誤，當刪。

27（上四清）草四準　蹲　明本列字爲『蹲』，四庫本列字爲『蹲』。四庫本此字當爲『蹲』之形訛。蹲，《廣韻》徂尊切，從魂一平合臻；《集韻》趣允切，清準三上合臻；《韻鏡》《切韻指掌圖》空位；《七音略》外轉第十八輕中輕、《四聲等子》臻攝外三輕重俱等韻合口呼、《切韻指南》臻攝外三合口呼通門，列字均爲『蹲』。《起數訣》從《集韻》，但四庫本形訛，當校改爲『蹲』。明本列字是。

28（上四從）曹四準　癘　《廣韻》《集韻》未收；《康熙字典》記：『《廣韻》祖兗切，《集韻》粗兗切，全去聲。又《集韻》才尹切，音儁。義同。』則『才尹切』爲從母準韻。《韻鏡》《七音略》《切韻指掌圖》空位；《四聲等子》臻攝外三輕重俱等韻合口呼、《切韻指南》臻攝外三合口呼通門，列字均爲『癘』。《廣韻》準韻無從母字，《起數訣》從《集韻》，亦無誤。

29 (上四心)■四準　笋《廣韻》思尹切，《集韻》聳尹切，心準三上合臻；《韻鏡》外轉第十八合、《七音略》外轉第十八輕中輕、《切韻指掌圖》十圖、《四聲等子》臻攝外三輕重俱等韻合口呼、《切韻指南》臻攝外三合口呼通門，列字均爲『筍』。『筍』爲《廣韻》準韻心母位小韻首字，下收有『笋』字，注爲『俗』，爲『筍』之俗字。列字以『筍』爲佳，《起數訣》列俗體亦無誤。

30 (上四邪)寺四準　楯《廣韻》食尹切，船準三上合臻；《集韻》辭允切，邪準三上合臻；《韻鏡》外轉第十八合、《切韻指南》臻攝外三合口呼通門，列字均爲『楯』；《七音略》《切韻指掌圖》空位；《四聲等子》臻攝外三輕重俱等韻合口呼，列字爲『殉』，邪母稕韻。《廣韻》準韻無邪母字，《起數訣》列字從《集韻》，亦無誤。

31 (上四影)安四準　尹《廣韻》余準切，《集韻》庾準切，以準三上合臻；不當列於此位。《韻鏡》外轉第十八合、《七音略》外轉第十八輕中輕、《切韻指掌圖》十圖、《四聲等子》臻攝外三輕重俱等韻合口呼、《切韻指南》臻攝外三合口呼通門，均列於喻四，影母空位。『尹』爲《廣韻》準韻喻四位小韻首字，《起數訣》誤，此位當删。

32 (上四以)文四準　○《廣韻》《集韻》準韻以母位有『尹』小韻，《廣韻》余準切，《集韻》庾準切。諸家韻圖均於喻四位列『尹』。《起數訣》空位誤，當校補『尹』字。

33 (上四日)■四準　蝡《廣韻》而允切，《集韻》乳尹切，日準三上合臻；《康熙字典》記：『《唐韻》而兖切，《韻會》《正韻》乳兖切，音輭。《說文》動也。』《韻鏡》外轉第十八合，列字爲

『螟』；《七音略》《切韻指掌圖》《四聲等子》《切韻指南》空位。《廣韻》準韻有『螟』小韻，還有『𣯶』小韻，均爲『而允切』，爲《廣韻》之疏失。《韻鏡》列『𣯶』於三等，則不應列『螟』字，日母只有三等，更不應列於四等位。《起數訣》於第三十六圖列『螟』於三等位，是。此位當刪。

34（去一透）土一圂　黗　《廣韻》《集韻》未收；《康熙字典》記：『《集韻》暾頓切，暾去聲。不幹事。』則爲透母圂韻。《韻鏡》外轉第十八合，列字爲『黗』，當爲『黗』字誤；《四聲等子》臻攝外三輕重俱等韻合口呼、《切韻指南》臻攝外三合口呼通門，列字均爲『黗』；《七音略》《切韻指掌圖》空位。《廣韻》圂韻透母位無字，《起數訣》從《集韻》，亦無誤。

35（去一泥）乃一圂　嫩　明本列字爲『嫩』，四庫本列字爲『嫰』。嫩，《廣韻》奴困切，泥圂一去合臻；《集韻》未收。『嫰』，《集韻》奴困切，音同嫩。《韻鏡》外轉第十八合、《七音略》外轉第十八輕中輕、《切韻指掌圖》十圖、《四聲等子》臻攝外三輕重俱等韻合口呼、《切韻指南》臻攝外三合口呼通門，列字均爲『嫩』。『嫩』爲《廣韻》圂一泥母位小韻首字，《起數訣》明本列『嫩』字較佳，四庫本亦無誤。

36（去一見）坤一圂　諢　《廣韻》《集韻》古困切，見圂一去合臻；《韻鏡》外轉第十八合、《七音略》外轉第十八輕中輕、《切韻指掌圖》十圖、《四聲等子》臻攝外三輕重俱等韻合口呼、《切韻指南》臻攝外三合口呼通門，列字均爲『睔』。『睔』爲《廣韻》圂一見母位小韻首字，下收有

『讀』字。列字以『睔』爲佳，《起數訣》亦無誤。

37 (去一疑)五一慁　諢　《廣韻》五困切，《集韻》吾困切，疑慁一去合臻；《韻鏡》外轉第十八合、《七音略》外轉第十八輕中輕、《切韻指掌圖》十圖、《四聲等子》臻攝外三輕重俱等韻合口呼、《切韻指南》臻攝外三合口呼通門，列字均爲『顐』。『顐』爲《廣韻》慁一疑母位小韻首字，下收有『諢』字。列字以『顐』爲佳，《起數訣》亦無誤。

38 (去一曉)黑一慁　焝　《廣韻》未收；《集韻》呼困切，曉慁一去合臻；《韻鏡》外轉第十八合、《七音略》外轉第十八輕中輕、《切韻指南》臻攝外三合口呼通門，均列字爲『惛』；《切韻指掌圖》十圖，列字爲『惽』，『惽』『惛』二字爲異體字；《四聲等子》臻攝外三輕重俱等韻合口呼，列字爲『䵣』，曉母慁韻。『惛』，《廣韻》呼悶切，曉母慁韻；《集韻》虎本切，曉母混韻。『惛』爲《廣韻》慁一曉母位小韻首字，《起數訣》於《集韻》中取字，亦無誤。

39 (去一匣)武一慁　慁　《廣韻》《集韻》胡困切，匣慁一去合臻；《韻鏡》外轉第十八合、《七音略》外轉第十八輕中輕、《切韻指掌圖》十圖、《切韻指南》臻攝外三合口呼通門，均列字爲『慁』；《四聲等子》臻攝外三輕重俱等韻合口呼，列字爲『圂』，匣母慁韻；『慁』爲《廣韻》慁韻匣母位小韻首字，下收有『圂』字。《起數訣》是。

40 (去四見)古四稕　呁　明本『呁』下有『九噴』二字，四庫本爲『力噴』。《廣韻》《集韻》未收；《康熙字典》記：『《廣韻》《集韻》九峻切，音訇。《玉篇》吐也。又《廣韻》唁也。』則『九峻切』，見稕三去合臻；《韻鏡》外轉第十八合、《七音略》外轉第十八輕中輕、《切韻指南》臻攝外三合口呼通門，列字均爲『昀』；《切韻指掌圖》《四聲等子》空位。『昀』，大岩本幸次云：『昀，靜嘉本、故宮本、南京本昀字下有反切注「九噴」，四庫本作「力噴」。噴，慁韻字。當據G(廣韻)J(集韻)見母小韻反切作「九峻」。』《廣韻》稕韻無見母字，《起數訣》從其他版本韻書，亦無誤。但兩種版本下標反切皆誤，當校改爲『九峻』。

41 (去四精)走四稕　俊　《廣韻》子峻切，《集韻》祖峻切，精稕三去合臻；《韻鏡》外轉第十八合、《切韻指掌圖》十圖，列字均爲『雋』，爲『儁』之書寫異；《七音略》外轉第十八輕中輕、《四聲等子》臻攝外三輕重俱等韻合口呼，列字均爲『俊』；《切韻指南》臻攝外三合口呼通門，列字爲『儁』，精母稕韻。『儁』爲《廣韻》稕韻精母位小韻首字，下收有『俊』字。列字以『儁』爲佳，《起數訣》亦無誤。

42 (去四心)■四稕　峻　《廣韻》私閏切，《集韻》須閏切，心稕三去合臻；《韻鏡》外轉第十八合、《七音略》外轉第十八輕中輕、《切韻指掌圖》十圖、《四聲等子》臻攝外三輕重俱等韻合口呼，列字均爲『峻』；《切韻指南》臻攝外三合口呼通門，列字爲『陖』，精母稕韻。『陖』爲《廣韻》稕韻心母位小韻首字，下收有『峻』字，注上同。列字以『陖』爲佳，《起數訣》亦無誤。

43 (去四邪)寺四稕　殉　《廣韻》辭閏切，《集韻》徐閏切，邪稕三去合臻；《韻鏡》外轉第十八合、《切韻指掌圖》十圖、《切韻指南》臻攝外三合口呼通門，列字均爲『殉』；《七音略》外轉第十八輕中輕，列字爲『徇』，邪母稕韻；《四聲等子》臻攝外三輕重俱等韻合口呼，列字爲『郇』，心母稕韻，誤。『殉』爲《廣韻》稕韻邪母位小韻首字，《起數訣》是。

44 （去四影）安四稕 ◯ 《廣韻》《集韻》稕韻無影母字；《韻鏡》《切韻指掌圖》《四聲等子》《切韻指南》空位；《七音略》外轉第十八輕中輕，列字爲『徇』，邪母稕韻；各韻書稕韻均無影母字，《七音略》誤，《起數訣》空位是。

45 本圖入聲一等與第二十七圖較爲接近。

46 （入一滂）普一没　誖　《廣韻》普没切，滂没一入合臻；《集韻》未收；《韻鏡》外轉第十八合、《七音略》外轉第十八輕中輕、《切韻指掌圖》十圖、《切韻指南》臻攝外三合口呼通門，列字均爲『誖』；《四聲等子》臻攝外三輕重俱等韻合口呼，列字爲『誖』，滂母没韻。第二十七圖列字爲『誖』，形訛。本圖是。

47 （入一並）旁一没　勃　《廣韻》《集韻》蒲没切，並没一入合臻；《韻鏡》外轉第十八合、《切韻指掌圖》十圖、《四聲等子》臻攝外三輕重俱等韻合口呼、《切韻指南》臻攝外三合口呼通門，列字均爲『勃』；《七音略》外轉第十八輕中輕，列字爲『教』。『勃』爲没韻並母位小韻首字，下收『教』字。列字以『勃』爲佳，《七音略》亦無誤，《起數訣》是。

48 （入一透）土一没　宊　《廣韻》《集韻》他骨切，透没一入合臻；《韻鏡》外轉第十八合，列字爲『宊』，爲『宊』字誤；《七音略》空位；《切韻指掌圖》十圖、《切韻指南》臻攝外三合口呼通門，列字均爲『宊』；《四聲等子》臻攝外三輕重俱等韻合口呼，列字爲『⿱日殳』。『宊』爲《廣韻》没韻透母位小韻首字，《韻鏡》列字形訛，《七音略》空位誤。《起數訣》是。第二十七圖列字爲『宊』。

49（入一溪）坤一没　⿰土窟　《廣韻》《集韻》苦骨切，溪没一入合臻；《韻鏡》外轉第十八合、《七音略》外轉第十八輕中輕、《切韻指掌圖》十圖、《四聲等子》臻攝外三輕重俱等韻合口呼、《切韻指南》臻攝外三合口呼通門，列字均爲『窟』。『窟』，《廣韻》《集韻》苦骨切，溪母没韻。『窟』爲《廣韻》没一溪母位小韻首字，下收有『⿰土窟』字，列字以『窟』爲佳，《起數訣》亦無誤。第二十七圖列字爲『窟』。

50（入一疑）五一没　兀　《廣韻》《集韻》五忽切，疑没一入合臻；《韻鏡》外轉第十八合、《切韻指掌圖》十圖、《四聲等子》臻攝外三輕重俱等韻合口呼、《切韻指南》臻攝外三合口呼通門，列字均爲『兀』；《七音略》空位。『兀』爲《廣韻》没韻疑母位小韻首字，《七音略》空位誤，《起數訣》是。

51（入一匣）武一没　搰　《廣韻》户骨切，《集韻》胡骨切，匣没一入合臻；《韻鏡》外轉第十八合、《切韻指南》臻攝外三合口呼通門，列字爲『搰』；《七音略》空位；《切韻指掌圖》十圖，列字爲『麧』，匣母没韻；《四聲等子》臻攝外三輕重俱等韻合口呼，列字爲『鶻』，匣母没韻。『搰』爲《廣韻》没韻匣母位小韻首字，《七音略》空位誤，《起數訣》是。第二十七圖列字爲『鶻』。

52（入一影）安一没　膃　《廣韻》《集韻》烏没切，影没一入合臻；《韻鏡》外轉第十八合、《七音略》外轉第十八輕中輕、《切韻指掌圖》十圖、《切韻指南》臻攝外三合口呼通門，列字均爲『頞』，影母没韻；《四聲等子》臻攝外三輕重俱等韻合口呼，列字爲『嗢』，影母没韻。『頞』爲《廣韻》没韻影母位小韻首字，下收有『膃』『嗢』二字。列字以『頞』爲佳，《起數訣》亦無誤。

53（入一來）老一没　帗　《廣韻》《集韻》未收，《康熙字典》記：『《龍龕》同帗』。《韻鏡》外轉第十八合、《七音略》外轉第十八輕中輕、《四聲等子》臻攝外三輕重俱等韻合口呼、《切韻指南》臻攝外三合口呼通門，列字均爲『䭯』；《切韻指掌圖》十圖，列字爲『䬈』，來母没韻。『䭯』爲《廣韻》没一來母位小韻首字，《起數訣》列字當爲『䭯』字誤，當校改爲『䭯』字。第二十七圖列字爲『硉』。

54（入四端）東四術　◯　《廣韻》没韻端母四等無字；《韻鏡》《切韻指掌圖》《四聲等子》《切韻指南》空位；《七音略》外轉第十八輕中輕，列字爲『崛』，爲勿韻字，誤。《廣韻》没韻端母四等位無字，《七音略》誤，《起數訣》空位是。

55（入四透）同四術　◯　《廣韻》没韻透母四等無字；《韻鏡》《切韻指掌圖》《四聲等子》《切韻指南》空位；《七音略》外轉第十八輕中輕，列字爲『茁』，知母術韻，誤。《廣韻》没韻透母四等位無字，《七音略》誤，《起數訣》空位是。

56（入四群）□四術　◯　《廣韻》没韻群母四等無字；《韻鏡》外轉第十八合，列字爲『趨』，《集韻》其律切；《七音略》《切韻指掌圖》《四聲等子》空位；《切韻指南》臻攝外三合口呼通門，列字爲『繘』，《集韻》群母術韻。《廣韻》没韻見母四等位無字，《韻鏡》《切韻指南》從《集韻》，《起數訣》空位亦無誤。

57 (入四心)■四術 卹 《廣韻》辛聿切，心術三入合臻；《集韻》未收；《韻鏡》外轉第十八合、《七音略》外轉第十八輕中輕，列字均爲『恤』，心母術韻；《切韻指掌圖》十圖、《四聲等子》臻攝外三輕重俱等韻合口呼、《切韻指南》臻攝外三合口呼通門，列字均爲『卹』。『卹』爲《廣韻》術韻心母位小韻首字，下收有『恤』字。列字以『卹』爲佳，《韻鏡》《七音略》亦無誤，《起數訣》是。

58 (入四曉)黑四術 𤢖 《廣韻》許聿切，曉術三入合臻；《集韻》休必切，曉母質韻；《韻鏡》外轉第十八合、《七音略》外轉第十八輕中輕、《四聲等子》臻攝外三輕重俱等韻合口呼、《切韻指南》臻攝外三合口呼通門，列字均爲『獝』，曉母質韻，當列於三等位；《切韻指掌圖》十圖，列字爲『𤢖』。『𤢖』爲《廣韻》術韻曉母位小韻首字，《起數訣》是。

59 (入四匣)武四術 𫘬 明本列字爲『𫘬』，四庫本列字爲『驈』，明本顯爲俗訛。『驈』，《廣韻》餘律切，以術三入合臻；《集韻》户橘切，匣術三入合臻；《韻鏡》《切韻指掌圖》《七音略》空位；《四聲等子》臻攝外三輕重俱等韻合口呼、《切韻指南》臻攝外三合口呼通門，列字爲『驈』。《廣韻》術韻匣母位無字，《起數訣》從《集韻》，亦無誤。 明本訛，當校改爲『驈』，四庫本是。

60（入四以）文四術　聿　《廣韻》餘律切，《集韻》允律切，以術三入合臻；《韻鏡》外轉第十八合、《切韻指掌圖》十圖、《四聲等子》臻攝外三輕重俱等韻合口呼、《切韻指南》臻攝外三合口呼通門，列字均爲「聿」；《七音略》外轉第十八輕中輕，列字爲「驈」，誤。「聿」爲《廣韻》術韻以母位小韻首字，《七音略》誤，《起數訣》是。

61（入四來）老四術　律　《廣韻》吕卹切，《集韻》劣戌切，來術三入合臻；《韻鏡》外轉第十八合、《七音略》外轉第十八輕中輕、《切韻指掌圖》十圖、《四聲等子》臻攝外三輕重俱等韻合口呼、《切韻指南》臻攝外三合口呼通門，均列於三等，四等空位；「律」爲《廣韻》術韻來母位小韻首字，當列於三等位，《起數訣》誤，當删。「律」字又列於三十六圖三等位，是。

釋：

1（平一幫）夫一魂　奔　《廣韻》博昆切，《集韻》逋昆切，幫魂一平合臻。《韻鏡》外轉第十八合、《七音略》外轉第十八輕中輕、《切韻指掌圖》十圖、《四聲等子》臻攝外三輕重俱等韻合口呼、《切韻指南》臻攝外三合口呼通門，列字均爲「奔」。

2（平一並）旁一魂　盆　《廣韻》《集韻》蒲奔切，並魂一平合臻；《韻鏡》外轉第十八合、《七音略》外轉第十八輕中輕、《切韻指掌圖》十圖、《四聲等子》臻攝外三輕重俱等韻合口呼、《切韻指南》臻攝外三合口呼通門，列字均爲「盆」。

3 （平一明）母一魂　門　《廣韻》莫奔切，《集韻》謨奔切，明魂一平合臻；《韻鏡》外轉第十八合、《七音略》外轉第十八輕中輕、《切韻指掌圖》十圖、《四聲等子》臻攝外三輕重俱等韻合口呼、《切韻指南》臻攝外三合口呼通門，列字均爲「門」。

4 （平一端）東一魂　敦　《廣韻》《集韻》都昆切，端魂一平合臻；《韻鏡》外轉第十八合、《七音略》外轉第十八輕中輕、《切韻指掌圖》十圖、《四聲等子》臻攝外三輕重俱等韻合口呼、《切韻指南》臻攝外三合口呼通門，列字均爲「敦」。

5 （平一定）同一魂　屯　《廣韻》《集韻》徒渾切，定魂一平合臻；《韻鏡》外轉第十八合、《七音略》外轉第十八輕中輕、《切韻指掌圖》十圖、《四聲等子》臻攝外三輕重俱等韻合口呼、《切韻指南》臻攝外三合口呼通門，列字均爲「屯」。

6 （平一泥）乃一魂　黁　《廣韻》《集韻》奴昆切，泥魂一平合臻；《韻鏡》外轉第十八合、《七音略》外轉第十八輕中輕、《切韻指掌圖》十圖；《四聲等子》臻攝外三輕重俱等韻合口呼、《切韻指南》臻攝外三合口呼通門，列字均爲「黁」。

7 （平一溪）坤一魂　坤　《廣韻》苦昆切，《集韻》枯昆切，溪魂一平合臻；《韻鏡》外轉第十八合、《七音略》外轉第十八輕中輕、《切韻指掌圖》十圖、《四聲等子》臻攝外三輕重俱等韻合口呼、《切韻指南》臻攝外三合口呼通門，列字均爲『坤』。

8　(平一疑)五一魂　僤　《廣韻》牛昆切，《集韻》吾昆切，疑魂一平合臻；《韻鏡》外轉第十八合、《七音略》外轉第十八輕中輕、《切韻指掌圖》十圖、《四聲等子》臻攝外三輕重俱等韻合口呼、《切韻指南》臻攝外三合口呼通門，列字均爲『僤』。

9　(平一精)走一魂　尊　《廣韻》《集韻》祖昆切，精魂一平合臻；《韻鏡》外轉第十八合、《七音略》外轉第十八輕中輕、《切韻指掌圖》十圖、《四聲等子》臻攝外三輕重俱等韻合口呼、《切韻指南》臻攝外三合口呼通門，列字均爲『尊』。

10　(平一清)草一魂　村　《廣韻》此尊切，《集韻》麤尊切，清魂一平合臻；《韻鏡》外轉第十八合、《七音略》外轉第十八輕中輕、《切韻指掌圖》十圖、《四聲等子》臻攝外三輕重俱等韻合口呼、《切韻指南》臻攝外三合口呼通門，列字均爲『村』。

11　(平一從)曹一魂　存　《廣韻》《集韻》徂尊切，從魂一平合臻；《韻鏡》外轉第十八合、《七音略》外轉第十八輕中輕、《切韻指掌圖》十圖、《四聲等子》臻攝外三輕重俱等韻合口呼、《切韻指南》臻攝外三合口呼通門，列字均爲『存』。

12　(平一心)■一魂　孫　《廣韻》思渾切，《集韻》蘇昆切，心魂一平合臻；《韻鏡》外轉第十八合、《七音略》外轉第十八輕中輕、《切韻指掌圖》十圖、《四聲等子》臻攝外三輕重俱等韻合口呼、《切韻指南》臻攝外三合口呼通門，列字均爲『孫』。

13（平一曉）黑一魂　昏　《廣韻》《集韻》呼昆切，曉魂一平合臻；《韻鏡》外轉第十八合、《四聲等子》臻攝外三輕重俱等韻合口呼，列字均爲「昏」；《七音略》外轉第十八輕中輕、《切韻指掌圖》十圖、《切韻指南》臻攝外三合口呼通門，列字均爲「昬」，「昬」「昏」二字爲異體字。

14（平一來）老一魂　論　《廣韻》《集韻》盧昆切，來魂一平合臻；《韻鏡》外轉第十八合、《七音略》外轉第十八輕中輕、《切韻指掌圖》十圖、《四聲等子》臻攝外三輕重俱等韻合口呼、《切韻指南》臻攝外三合口呼通門，列字均爲「論」。

15（平四精）走四諄　遵　《廣韻》將倫切，《集韻》蹤倫切，精諄三平合臻；《韻鏡》外轉第十八合、《七音略》外轉第十八輕中輕、《切韻指掌圖》十圖、《四聲等子》臻攝外三輕重俱等韻合口呼、《切韻指南》臻攝外三合口呼通門，列字均爲「遵」。

16（平四清）草四諄　逡　《廣韻》《集韻》七倫切，清諄三平合臻；《韻鏡》外轉第十八合、《七音略》外轉第十八輕中輕、《切韻指掌圖》十圖、《四聲等子》臻攝外三輕重俱等韻合口呼、《切韻指南》臻攝外三合口呼通門，列字均爲「逡」。

17（平四心）孫四諄　荀　《廣韻》相倫切，《集韻》須倫切，心諄三平合臻；《韻鏡》外轉第十八合、《七音略》外轉第十八輕中輕、《切韻指掌圖》十圖、《四聲等子》臻攝外三輕重俱等韻合口呼、《切韻指南》臻攝外三合口呼通門，列字均爲「荀」。

18（平四喻）文四諄　勻　《廣韻》羊倫切，《集韻》俞倫切，以諄三平合臻；《韻鏡》外轉第十八合、《七音略》外轉第十八輕中輕、《切韻指掌圖》十圖、《切韻指南》臻攝外三合口呼通門、《四聲等子》臻攝外三輕重俱等韻合口呼，列字均爲『匀』。

19（上一幫）夫一混　本　《廣韻》布忖切，《集韻》補衮切，幫混一上合臻；《韻鏡》外轉第十八合、《七音略》外轉第十八輕中輕、《切韻指掌圖》十圖、《四聲等子》臻攝外三輕重俱等韻合口呼、《切韻指南》臻攝外三合口呼通門，列字均爲『本』。

20（上一明）母一混　懣　《廣韻》模本切，《集韻》母本切，明混一上合臻；《韻鏡》外轉第十八合、《七音略》外轉第十八輕中輕、《切韻指掌圖》十圖、《四聲等子》臻攝外三輕重俱等韻合口呼、《切韻指南》臻攝外三合口呼通門，列字均爲『懣』。

21（上一泥）乃一混　炍　《廣韻》乃本切，泥混一上合臻；《集韻》未收；《韻鏡》外轉第十八合、《七音略》外轉第十八輕中輕、《切韻指掌圖》十圖、《四聲等子》臻攝外三輕重俱等韻合口呼、《切韻指南》臻攝外三合口呼通門，列字均爲『炍』。

22（上一溪）坤一混　閫　《廣韻》《集韻》苦本切，溪混一上合臻；《韻鏡》外轉第十八合、《七音略》外轉第十八輕中輕、《切韻指掌圖》十圖、《四聲等子》臻攝外三輕重俱等韻合口呼、《切韻指南》臻攝外三合口呼通門，列字均爲『閫』。

23（上一精）走一混　𠟾　《廣韻》兹損切，精混一上合臻；《韻鏡》外轉第十八合、《七音略》外轉第十八輕中輕、《切韻指掌圖》十圖、《四聲等子》臻攝外三輕重俱等韻合口呼、《切韻指南》臻攝外三合口呼通門，列字均爲「𠟕」。

24 (上一清)草一混　忖　《廣韻》倉本切，《集韻》取本切，清混一上合臻；《韻鏡》外轉第十八合、《七音略》外轉第十八輕中輕、《切韻指掌圖》十圖、《四聲等子》臻攝外三輕重俱等韻合口呼、《切韻指南》臻攝外三合口呼通門，列字均爲「忖」。

25 (上一匣)武一混　混　《廣韻》胡本切，《集韻》户衮切，匣混一上合臻；《韻鏡》外轉第十八合、《七音略》外轉第十八輕中輕、《切韻指掌圖》十圖、《四聲等子》臻攝外三輕重俱等韻合口呼、《切韻指南》臻攝外三合口呼通門，列字均爲「混」。

26 (上一影)安一混　穩　《廣韻》烏本切，《集韻》鄔本切，影混一上合臻；《韻鏡》外轉第十八合、《七音略》外轉第十八輕中輕、《切韻指掌圖》十圖、《四聲等子》臻攝外三輕重俱等韻合口呼、《切韻指南》臻攝外三合口呼通門，列字均爲「穩」。

27 (去一幫)夫一慁　奔　《廣韻》甫悶切，《集韻》補悶切，幫慁一去合臻；《韻鏡》外轉第十八合、《七音略》外轉第十八輕中輕、《切韻指掌圖》十圖、《四聲等子》臻攝外三輕重俱等韻合口呼、《切韻指南》臻攝外三合口呼通門，列字均爲「奔」。

28 (去一滂)普一慁　噴　《廣韻》《集韻》普悶切，滂慁一去合臻；《韻鏡》外轉第十八合、《七音略》外轉第十八輕中輕、《切韻指掌圖》十圖、《四聲等子》臻攝外三輕重俱等韻合口呼、《切韻指南》臻攝外三合口呼通門，列字均爲「噴」。

29（去一並）旁一慁坌 《廣韻》《集韻》蒲悶切，並慁一去合臻；《韻鏡》外轉第十八合、《七音略》外轉第十八輕中輕、《切韻指掌圖》十圖、《四聲等子》臻攝外三輕重俱等韻合口呼、《切韻指南》臻攝外三合口呼通門，列字均爲「坌」。

30（去一明）母一慁悶 《廣韻》《集韻》莫困切，明慁一去合臻；《韻鏡》外轉第十八合、《七音略》外轉第十八輕中輕、《切韻指掌圖》十圖、《四聲等子》臻攝外三輕重俱等韻合口呼、《切韻指南》臻攝外三合口呼通門，列字均爲「悶」。

31（去一端）東一慁頓 《廣韻》《集韻》都困切，端慁一去合臻；《韻鏡》外轉第十八合、《七音略》外轉第十八輕中輕、《切韻指掌圖》十圖、《四聲等子》臻攝外三輕重俱等韻合口呼、《切韻指南》臻攝外三合口呼通門，列字均爲「頓」。

32（去一定）同一慁鈍 《廣韻》《集韻》徒困切，定慁一去合臻；《韻鏡》外轉第十八合、《七音略》外轉第十八輕中輕、《切韻指掌圖》十圖、《四聲等子》臻攝外三輕重俱等韻合口呼、《切韻指南》臻攝外三合口呼通門，列字均爲「鈍」。

33（去一溪）坤一慁困 《廣韻》《集韻》苦悶切，溪慁一去合臻；《韻鏡》外轉第十八合、《七音略》外轉第十八輕中輕、《切韻指掌圖》十圖、《四聲等子》臻攝外三輕重俱等韻合口呼、《切韻指南》臻攝外三合口呼通門，列字均爲「困」。

34（去一精）走一慁焌 《廣韻》子寸切，《集韻》祖寸切，精慁一去合臻；《韻鏡》外轉第十八合、《七音略》外轉第十八輕中輕、《四聲等子》臻攝外三輕重俱等韻合口呼、《切韻指南》臻攝外三合口呼通門，列字均爲『焌』；《切韻指掌圖》十圖，列字爲『捘』，精母慁韻。

35 (去一清)草一慁　寸　《廣韻》倉困切，《集韻》村困切，清慁一去合臻；《韻鏡》外轉第十八合、《七音略》外轉第十八輕中輕、《切韻指掌圖》十圖、《四聲等子》臻攝外三輕重俱等韻合口呼、《切韻指南》臻攝外三合口呼通門，列字均爲『寸』。

36 (去一從)曹一慁　鐏　《廣韻》《集韻》徂悶切，從慁一去合臻；《韻鏡》外轉第十八合、《七音略》外轉第十八輕中輕、《切韻指掌圖》十圖、《四聲等子》臻攝外三輕重俱等韻合口呼、《切韻指南》臻攝外三合口呼通門，列字均爲『鐏』。

37 (去一心)■一慁　巽　《廣韻》《集韻》蘇困切，心慁一去合臻；《韻鏡》外轉第十八合、《七音略》外轉第十八輕中輕、《切韻指掌圖》十圖、《四聲等子》臻攝外三輕重俱等韻合口呼、《切韻指南》臻攝外三合口呼通門，列字均爲『巽』。

38 (去一影)安一慁　搵　《廣韻》烏困切，影慁一去合臻；《集韻》未收；《韻鏡》外轉第十八合、《七音略》外轉第十八輕中輕、《切韻指掌圖》十圖、《四聲等子》臻攝外三輕重俱等韻合口呼、《切韻指南》臻攝外三合口呼通門，列字均爲『搵』。

39 (去一來)老一慁　論　《廣韻》《集韻》盧困切，來慁一去合臻；《韻鏡》外轉第十八合、《七音略》外轉第十八輕中輕、《切韻指掌圖》十圖、《四聲等子》臻攝外三輕重俱等韻合口呼、《切韻指南》臻攝外三合口呼通門，列字均爲『論』。

40（入一明）母一没　没　《廣韻》《集韻》莫勃切，明没一入合臻；《韻鏡》外轉第十八合、《七音略》外轉第十八輕中輕、《切韻指掌圖》十圖、《四聲等子》臻攝外三輕重俱等韻合口呼、《切韻指南》臻攝外三合口呼通門，列字均爲『没』。

41（入一端）東一没　咄　《廣韻》《集韻》當没切，端没一入合臻；《韻鏡》外轉第十八合、《七音略》外轉第十八輕中輕、《切韻指掌圖》十圖、《四聲等子》臻攝外三輕重俱等韻合口呼、《切韻指南》臻攝外三合口呼通門，列字均爲『咄』。

42（入一定）同一没　突　《廣韻》陀骨切，《集韻》陁没切，定没一入合臻；《韻鏡》外轉第十八合、《切韻指掌圖》十圖、《四聲等子》臻攝外三輕重俱等韻合口呼、《切韻指南》臻攝外三合口呼通門，列字均爲『突』；《七音略》外轉第十八輕中輕，列字爲『宊』，《篇海》與突同。或从大。

43（入一泥）乃一没　訥　《廣韻》内骨切，《集韻》奴骨切，泥没一入合臻；《韻鏡》外轉第十八合、《七音略》外轉第十八輕中輕、《切韻指掌圖》十圖、《四聲等子》臻攝外三輕重俱等韻合口呼、《切韻指南》臻攝外三合口呼通門，列字均爲『訥』。

44（入一見）古一没　骨　《廣韻》《集韻》古忽切，見没一入合臻；《韻鏡》外轉第十八合、《七音略》外轉第十八輕中輕、《切韻指掌圖》十圖、《四聲等子》臻攝外三輕重俱等韻合口呼、《切韻指南》臻攝外三合口呼通門，列字均爲「骨」。

45 (入一精)走一没　卒　《廣韻》《集韻》臧没切，精没一入合臻；《韻鏡》外轉第十八合、《七音略》外轉第十八輕中輕、《切韻指掌圖》十圖、《四聲等子》臻攝外三輕重俱等韻合口呼、《切韻指南》臻攝外三合口呼通門，列字均爲「卒」。

46 (入一清)草一没　猝　《廣韻》《集韻》倉没切，清没一入合臻；《韻鏡》外轉第十八合、《七音略》外轉第十八輕中輕、《切韻指掌圖》十圖、《四聲等子》臻攝外三輕重俱等韻合口呼、《切韻指南》臻攝外三合口呼通門，列字均爲「猝」。

47 (入一從)曹一没　捽　《廣韻》《集韻》昨没切，從没一入合臻；《韻鏡》外轉第十八合、《七音略》外轉第十八輕中輕、《切韻指掌圖》十圖、《四聲等子》臻攝外三輕重俱等韻合口呼、《切韻指南》臻攝外三合口呼通門，列字均爲「捽」。

48 (入一心)■一没　窣　《廣韻》《集韻》蘇骨切，心没一入合臻；《韻鏡》外轉第十八合、《七音略》外轉第十八輕中輕、《切韻指掌圖》十圖、《四聲等子》臻攝外三輕重俱等韻合口呼、《切韻指南》臻攝外三合口呼通門，列字均爲「窣」。

49 (入一曉)黑一没　忽　《廣韻》《集韻》呼骨切，曉没一入合臻；《韻鏡》外轉第十八合、《七音略》外轉第十八輕中輕、《切韻指掌圖》十圖、《四聲等子》臻攝外三輕重俱等韻合口呼、《切韻指南》臻攝外三合口呼通門，列字均爲「忽」。

50（入四見）古四術　橘　《廣韻》居聿切，《集韻》訣律切，見術三入合臻；《韻鏡》外轉第十八合、《七音略》外轉第十八輕中輕、《切韻指掌圖》十圖、《四聲等子》臻攝外三輕重俱等韻合口呼、《切韻指南》臻攝外三合口呼通門，列字均爲『橘』。

51（入四精）走四術　卒　《廣韻》子聿切，《集韻》即聿切，精術三入合臻；《韻鏡》外轉第十八合、《七音略》外轉第十八輕中輕、《切韻指掌圖》十圖、《四聲等子》臻攝外三輕重俱等韻合口呼、《切韻指南》臻攝外三合口呼通門，列字均爲『卒』。

52（入四清）草四術　焌　《廣韻》倉聿切，《集韻》促律切，清術三入合臻；《韻鏡》外轉第十八合、《七音略》外轉第十八輕中輕、《切韻指掌圖》十圖、《四聲等子》臻攝外三輕重俱等韻合口呼、《切韻指南》臻攝外三合口呼通門，列字均爲『焌』。

53（入四從）曹四術　崒　《廣韻》慈卹切，《集韻》昨律切，從術三入合臻；《韻鏡》外轉第十八合、《七音略》外轉第十八輕中輕、《切韻指掌圖》十圖、《四聲等子》臻攝外三輕重俱等韻合口呼、《切韻指南》臻攝外三合口呼通門，列字均爲『崒』。

謙九　坤二　師四　坤三　升四　師七

■	寺	黑	武	安	文	老	■	■	開	
孫		昏	魂	温		論			音	
									濁	
										諄(僱七)
荀		鵷		鏘	匀					諄
損		惽	混	穩		怨				
						倫				準(笔七)
										準
笋	楯			尹			愌			
巽		惛	慁	揾		論				
										捽(㟅七)
峻	殉					論				
窣		忽	搰	膃		忟				
										術(昧七)
										術
卹		狘	驕		聿	律				

	井九	井四	謙七	謙六			升三	謙五		坤五
口	口	口	内	夂	■	■	目	步	口	卜
	二上	眉下								
	困	麇		䤏	杶	乇			砏	
	趣									
	捆	窘		蜳	倄					
	壼					飩				
繘	茁		貀	茶	黜	怢				

升二				坤九		遇四	遇二	遇八		升七
吾	■	■	口	思	■	父	黄	自	■	鹿
	逡	惛								
	諄	春		媋	純			貳	筍	倫
		亂								
輑	準	蠢		賰					磒	掄
	稕			舜	順				韻	淪
	茁	剶		率						
屈	蚰	出		絀	術					律
崛										

蹇六	坎十二	比十二	井三	蹇五		比五				
第	丑	中	眉	着	日	丙		收	■	■
								音		
							欣	濁		
							欣臺三		脣	犉
							隱			
							隱隨三		盾	蝡
							焮			
新							焮盛三			閏
眣						迄	近衆三			

第三十六圖　開音濁

本圖列《廣韻》諄準稕術韻合口字，係拆分《韻鏡》外轉第十八合三等位字，另補入部分二等字。本圖聲母明本端、透、照、穿、禪、喻、日、半三列「■」，四庫本空格。明本、四庫本滂、見、溪、群、牀列「□」，明本見母下，一等格位内有「眉下」二字，溪母位下一等格位内有「二上」二字，四庫本無。本圖與第三十五圖相配，符合大體分圖原則。

校注：

1　本圖平聲二等位無韻目，四等無字卻標有韻目，本圖收二三等字，且上聲二三等列目均爲「準」，故平聲二等位亦當爲「諄」。

2　（平二莊）■二（諄）　竣　《廣韻》七倫切，精諄三平合臻；《集韻》壯倫切，莊諄三平合臻；《韻鏡》《切韻指掌圖》空位；《七音略》外轉第十八輕中輕、《四聲等子》臻攝外三輕重俱等韻合口呼、《切韻指南》臻攝外三合口呼通門，列字爲「竣」。《廣韻》諄韻莊母位無字，《起數訣》從《集韻》，亦無誤。

3（平二初）■二（諄）　⿰巾盾　《廣韻》《集韻》未收，《康熙字典》記：『又《集韻》測倫切，音春。』則『測倫切』，爲初母諄韻；《韻鏡》《切韻指掌圖》空位；《七音略》外轉第十八輕中輕，列字爲『⿰忄盾』；《四聲等子》臻攝外三輕重俱等韻合口呼、《切韻指南》臻攝外三合口呼通門，列字均爲『⿰巾盾』。《七音略》列『⿰忄盾』爲『⿰巾盾』字誤。《廣韻》諄韻初母位無字，《起數訣》從《集韻》，亦無誤。

4（平三滂）□三諄　砏　《廣韻》普巾切，《集韻》披巾切，滂真三平合臻；《韻鏡》外轉第十八合，列字爲『⿰石賁』；《七音略》空位；《切韻指掌圖》十圖，列字爲『砏』；《四聲等子》臻攝外三輕重俱等韻合口呼、《切韻指南》臻攝外三合口呼通門，列字均爲『芬』，滂母文韻。《廣韻》《集韻》諄韻滂母位無字。《韻鏡》列『⿰石賁』字，誤。楊軍有詳細討論。因構圖規則脣音均列合口圖。《起數訣》在第三十三圖收脣音字，本圖不當再列脣音字。三十三圖亦收有『砏』字，故此位當删。

5（平三知）■三諄　屯　《廣韻》陟綸切，《集韻》株倫切，知諄三平合臻；《韻鏡》外轉第十八合、《七音略》外轉第十八輕中輕、《切韻指掌圖》十圖、《四聲等子》臻攝外三輕重俱等韻合口呼，列字均爲『迍』；《切韻指南》臻攝外三合口呼通門，列字爲『屯』。『屯』爲《廣韻》諄韻知母位小韻首字，下收有『迍』字。列字以『屯』爲佳，《起數訣》亦無誤。

6（平三徹）■三諄　杶　《廣韻》丑倫切，《集韻》敕倫切，徹諄三平合臻；《韻鏡》外轉第十八合、《切韻指掌圖》十圖、《四聲等子》臻攝外三輕重俱等韻合口呼、《切韻指南》臻攝外三合口呼通門，列字爲『椿』；《七音略》外轉第十八輕中輕，列字爲『捀』，爲『椿』字誤；『椿』爲《廣韻》諄韻徹母位小韻首字，下收有『杶』字，列字以『椿』爲佳，《起數訣》亦無誤。

7　(平三見)□三諄　麇　《廣韻》居筠切，《集韻》俱倫切，見諄三平合臻；《韻鏡》外轉第十八合、《七音略》外轉第十八輕中輕、《切韻指南》臻攝外三合口呼通門，列字均爲『麏』；《切韻指掌圖》十圖、《四聲等子》臻攝外三輕重俱等韻合口呼，列字爲『君』，見母文韻。『麏』爲《廣韻》真韻見小韻首字，但實爲合口字，列此位是。下收有『麇』字，注上同，爲異體字。列字以『麏』爲佳，《起數訣》亦無誤。《起數訣》雖於三十三圖列有此字，但三十三圖不當收二三等字，誤。《起數訣》列於本圖是。

8　(平三船)□三諄　○　《廣韻》《集韻》諄韻船母位有『唇』小韻，《廣韻》食鄰切，船母真韻；《集韻》船倫切，船母諄韻。《韻鏡》外轉第十八合、《切韻指掌圖》十圖、《切韻指南》臻攝外三合口呼通門，列字爲『脣』；《七音略》外轉第十八輕中輕、《四聲等子》臻攝外三輕重俱等韻合口呼，列字爲『唇』。『脣』『唇』二字爲異體字。《起數訣》船母位空位，卻將『脣』字列於半三。按一般韻圖構圖規則，此處空位誤，當校補『脣』字。

9　(平三書)思三諄　媋　《廣韻》未收；《集韻》式勻切，書諄三平合臻；《韻鏡》外轉第十八合、《七音略》外轉第十八輕中輕，列字均爲『媋』；《切韻指掌圖》《四聲等子》《切韻指南》空位。《廣韻》諄韻書母位無字，《起數訣》從《集韻》，亦無誤。

10（平三影）自三諄 贇 《廣韻》於倫切，影真（諄）三平合臻；《集韻》紆倫切，影諄三平合臻；《韻鏡》外轉第十八合、《七音略》外轉第十八輕中輕、《切韻指掌圖》十圖、《切韻指南》臻攝外三合口呼通門，列字均爲「贇」；《四聲等子》臻攝外三輕重俱等韻合口呼，列字爲「煴」，影母文韻。此字又見於三十四圖平四影母位，誤，當删。列於本圖是。

11（平三云）■三諄 筠 《廣韻》爲贇切，云真（諄）三平合臻；《集韻》于倫切，云諄三平合臻；《韻鏡》外轉第十八合、《七音略》外轉第十八輕中輕、《切韻指掌圖》十圖、《切韻指南》臻攝外三合口呼通門，列字爲「筠」；《四聲等子》臻攝外三輕重俱等韻合口呼，列字爲「云」，云喻母文韻。此字又見於三十四圖平四喻母位，誤，當删。列於本圖是。

12（平三半三）■三諄 脣 《廣韻》食倫切，《集韻》船倫切，船諄三平合臻；諸家韻圖均列於船母位，《起數訣》船母空位，列於半三。

13（平四溪）口四諄 趣 明本列字似「趣」又似「趣」，取「趣」；四庫本列字爲「⿱臤黍」。《廣韻》《集韻》諄韻無此字，亦無可列於四等之溪母字。《四聲等子》臻攝外三輕重俱等韻合口呼，在溪母四等位列字爲「⿱臤黍」，誤。《集韻》有「趣」小韻，但「趣」爲群母字，亦不當列於此位。此位誤，當删。

14（上三初）■三準 齓 此字已列於《起數訣》第三十四圖。《廣韻》初謹切，初隱三上開臻，

《集韻》楚引切,初軫三上開臻;《韻鏡》《七音略》《切韻指掌圖》《四聲等子》《切韻指南》諸韻圖均列於開口圖。故不應列於本圖,當刪。

15 (上三澄)兑三準　𦞦　《廣韻》未收。《集韻》柱允切,澄諄三平合臻;《韻鏡》《切韻指掌圖》空位;《七音略》外轉第十八輕中輕、《四聲等子》臻攝外三輕重俱等韻合口呼、《切韻指南》臻攝外三合口呼通門,列字均爲『𦞦』。《廣韻》準韻澄母合口位無字,《起數訣》列字從《集韻》,亦無誤。

16 (上三見)□三準　窘　《廣韻》渠殞切,《集韻》巨隕切,群準三上合臻;《韻鏡》外轉第十八合,列於群母,見母空位;《七音略》外轉第十八輕中輕,列字爲『窘』;《切韻指掌圖》十圖、《四聲等子》臻攝外三輕重俱等韻合口呼,列字爲『攟』,見母隱韻;《切韻指南》臻攝外三合口呼通門,列字爲『㞐』,見母吻韻。『窘』爲《廣韻》準韻群母位小韻首字,《起數訣》繼《七音略》誤,當校列於群母位。此位當刪。

17 (上三溪)□三準　稛　《廣韻》未收;《集韻》苦殞切,溪準三上合臻;《韻鏡》外轉第十八合、《七音略》外轉第十八輕中輕、《切韻指南》臻攝外三合口呼通門,列字均爲『稛』;《切韻指掌圖》十圖、《四聲等子》臻攝外三輕重俱等韻合口呼,列字爲『趣』,溪母準韻。《廣韻》準韻溪母合口位無字,《起數訣》從《集韻》,亦無誤。

18 (上三群)□三準　○　《廣韻》《集韻》準韻群母合口位有『窘』小韻,《廣韻》渠殞切,《集韻》

巨隕切。《韻鏡》外轉第十八合、《四聲等子》臻攝外三輕重俱等韻合口呼、《切韻指南》臻攝外三合口呼通門，列字均爲『窘』；《七音略》外轉第十八輕中輕，誤列於見母位，群母空位，誤；《切韻指掌圖》十圖，列字爲『菌』。『窘』爲《廣韻》準韻群母合口位小韻首字，《起數訣》誤列於見母，誤，此處當校補『窘』字。

19 （上三疑）吾三準　輑　《廣韻》去倫切，溪諄三平合臻；《集韻》牛尹切，疑準三上合臻；《韻鏡》《七音略》空位；《切韻指掌圖》十圖、《四聲等子》臻攝外三輕重俱等韻合口呼，列字爲『齳』，疑母吻韻；《切韻指南》臻攝外三合口呼通門，列字爲『輑』，《集韻》疑母吻韻。《廣韻》準韻疑母合口位無字，《起數訣》從《集韻》，亦無誤。

20 （上三船）□三準　○　《廣韻》《集韻》準韻船母有『盾』小韻，《廣韻》食尹切，《集韻》豎尹切；《韻鏡》外轉第十八合、《七音略》外轉第十八輕中輕、《四聲等子》臻攝外三輕重俱等韻合口呼、《切韻指南》臻攝外三合口呼通門，列字均爲『盾』；《切韻指掌圖》空位；『盾』爲《廣韻》準韻船母位小韻首字，《起數訣》空位誤，當校補『盾』字。

21 （上三云）■三準　磒　《廣韻》于敏切，《集韻》羽敏切，云軫三上合臻；《韻鏡》空位；《七音略》外轉第十八輕中輕，列字爲『隕』；《切韻指掌圖》十圖、《切韻指南》臻攝外三合口呼通門，列字爲『殞』；《四聲等子》臻攝外三輕重俱等韻合口呼，列字爲『枟』，誤。『殞』爲《廣韻》軫韻云母位小韻首字，當列於此位，《韻鏡》空位誤。下收有『磒』字。『磒』又爲《集韻》之小韻首字，《起數訣》是。

22 (上三來)鹿三準　稐　《廣韻》未收；《集韻》縷尹切，來準三上合臻；《韻鏡》外轉第十八合、《七音略》外轉第十八輕中輕、《切韻指掌圖》十圖、《四聲等子》臻攝外三輕重俱等韻合口呼，列字均爲『耣』；《切韻指南》臻攝外三合口呼通門，列字爲『稐』。『耣』爲《廣韻》準韻來母合口位小韻首字，『稐』當爲其俗字，均爲『禾束』義。列字以『耣』爲佳，《起數訣》從《集韻》，亦無誤。

23 (上三日)■三準　蝡　《廣韻》而允切，《集韻》乳尹切，日準三上合臻；《康熙字典》記：『《唐韻》而兖切，《韻會》《正韻》乳兖切。』《韻鏡》外轉第十八合，列字爲『鎨』；《七音略》空位；《切韻指掌圖》十圖、《四聲等子》臻攝外三輕重俱等韻合口呼、《切韻指南》臻攝外三合口呼通門，列字均爲『蝡』。『蝡』爲《廣韻》準韻日母合口位小韻首字，《韻鏡》列『鎨』字從王一等早期韻圖，《起數訣》從《廣韻》，是。

24 (上三半三)■三準　盾　明本列字爲『盾』，四庫本列『看』，四庫本此字當爲『盾』字誤。『盾』，船母準韻。可列於此位。四庫本當校改爲『盾』，明本是。

25 (去三知)■三稕　鈍　《廣韻》徒渾切，定魂一平合臻；《集韻》屯閏切，知稕三去合臻；《韻鏡》《七音略》《切韻指掌圖》空位；《四聲等子》臻攝外三輕重俱等韻合口呼、《切韻指南》臻攝外三合口呼通門，列字均爲『鈍』。《廣韻》稕韻知母合口位無字，《起數訣》從《集韻》，亦無誤。

26（去三溪）□三稕　壼《廣韻》苦本切，溪混一平合遇；《集韻》困閏切，溪稕三去合臻；《韻鏡》《七音略》《切韻指掌圖》《四聲等子》臻攝外三輕重俱等韻合口呼，列字爲『趣』，溪母問韻；《切韻指南》臻攝外三合口呼通門，列字爲『壼』，《集韻》溪母稕韻。《廣韻》稕韻溪母位無字，《起數訣》從《集韻》，亦無誤。

27（去三禪）■三稕　順《廣韻》食閏切，《集韻》殊閏切，禪稕三去合臻；《韻鏡》外轉第十八合、《七音略》外轉第十八輕中輕、《切韻指掌圖》十圖，列字均爲『順』；《四聲等子》臻攝外三輕重俱等韻合口呼、《切韻指南》臻攝外三合口呼通門，列於牀母，禪母空位。『順』爲《廣韻》稕韻禪母位小韻首字，《起數訣》是。

28（去三喻）■三稕　韻《廣韻》王問切，云問三去合臻；《集韻》筠吻切，云稕三去合臻；《韻鏡》《七音略》空位；《切韻指掌圖》十圖、《四聲等子》臻攝外三輕重俱等韻合口呼、《切韻指南》臻攝外三合口呼通門，列字均爲『運』，云母問韻。《廣韻》稕韻云母位無字，《起數訣》據《集韻》，亦無誤。

29（去三來）鹿三稕　淪《廣韻》力迍切，來諄三平合臻；《集韻》倫浚切，來稕三去合臻；《韻鏡》《七音略》《切韻指掌圖》空位；《四聲等子》臻攝外三輕重俱等韻合口呼、《切韻指南》臻攝外三合口呼通門，列字均爲『淪』，來母稕韻。《廣韻》稕韻來母位無字，《起數訣》據

《集韻》，亦無誤。

30 （去三日）■三稕　閏　明本列字爲『閏』，四庫本列字爲『閠』。『閠』，《廣韻》如順切，《集韻》儒順切，日稕三去合臻；《韻鏡》外轉第十八合、《七音略》外轉第十八輕中輕、《四聲等子》臻攝外三輕重俱等韻合口呼，列字均爲『閏』；《切韻指掌圖》十圖、《切韻指南》臻攝外三合口呼通門，列字爲『閏』，日母稕韻。『閠』爲《廣韻》小韻首字，余迺永注『偏旁不加點也』，爲『閏』之訛字。《廣韻》即誤，《起數訣》四庫本即從《廣韻》誤字，當校改爲『閏』。明本從早期韻圖，列字是。

31 （入二莊）■二術　茁　《廣韻》側劣切，莊母薛韻；《集韻》莊出切，莊術三入合臻；《韻鏡》外轉第十八合、《七音略》外轉第十八輕中輕、《切韻指掌圖》十圖、《四聲等子》臻攝外三輕重俱等韻合口呼、《切韻指南》臻攝外三合口呼通門，列字均爲『⿰叕出』。『⿰叕出』爲《廣韻》術韻莊母位小韻首字，《起數訣》不列，反據《集韻》列字，雖亦不誤，列『⿰叕出』字更佳。

32 （入二初）■二術　⿰率刂　《廣韻》所律切，《集韻》朔律切，生質三入合臻；不當列於此位。《康熙字典》記：『《唐韻》初栗切，《集韻》楚律切，音剎。又《唐韻》所律切，《集韻》朔律切，音率。義同。』均非初母術韻。《韻鏡》《切韻指南》空位；《七音略》外轉第十八輕中輕、《切韻指掌圖》十圖、《四聲等子》臻攝外三輕重俱等韻合口呼，列字均爲『⿰齒出』。『⿰齒出』爲崇母字，亦不當列此位。《起數訣》誤，當删。

33 (入三知)■三術 怢 《廣韻》《集韻》竹律切，知術三入合臻；《韻鏡》外轉第十八合、《切韻指掌圖》十圖、《四聲等子》臻攝外三輕重俱等韻合口呼、《切韻指南》臻攝外三合口呼通門，列字均爲『怢』；《七音略》外轉第十八輕中輕，列字爲『⿰巾出』，當爲『怢』之形訛。『怢』爲《廣韻》術韻知母位小韻首字，《七音略》形誤，《起數訣》是。

34 (入三澄)兑三術 ⿱艹朮 《廣韻》《集韻》直律切，澄術三入合臻；《韻鏡》外轉第十八合、《切韻指掌圖》十圖、《四聲等子》臻攝外三輕重俱等韻合口呼、《切韻指南》臻攝外三合口呼通門，列字爲『術』；《七音略》外轉第十八輕中輕，列字爲『述』。『術』爲《廣韻》術韻澄母位小韻首字，下收有『⿱艹朮』字，注上同。列字以『術』爲佳，《起數訣》亦無誤。

35 (入三娘)內三術 貀 《廣韻》女滑切，娘黠二入合臻；《集韻》女律切，娘質(術)三入合臻；《韻鏡》《七音略》《切韻指掌圖》空位；《四聲等子》臻攝外三輕重俱等韻合口呼、《切韻指南》臻攝外三合口呼通門，列字均爲『貀』。《廣韻》術韻娘母合口位無字，不當列於此位。《起數訣》從《集韻》，亦無誤。

36 (入三溪)□三術 茁 此字各家韻書均無溪母音；《韻鏡》《七音略》空位；《切韻指掌圖》十圖、《四聲等子》臻攝外三輕重俱等韻合口呼、《切韻指南》臻攝外三合口呼通門，列字均爲『屈』，溪母物韻。此字似『屈』之誤，但亦不可列於此位。《起數訣》誤，當刪。

37 (入三群)□三術 繘 《廣韻》居聿切，見術三入合臻；《集韻》其律切，群質(術)三入合臻。

《韻鏡》外轉第十八合，列字爲『屈』；《七音略》空位；《切韻指掌圖》十圖、《四聲等子》臻攝外三輕重俱等韻合口呼、《切韻指南》臻攝外三合口呼通門，列字均爲『倔』，群母物韻。屈，《集韻》其述切，群母質韻。《廣韻》術韻群母合口位無字，《起數訣》從《集韻》，亦無誤。

38 （入三疑）吾三術　屈　明本正位列『屈』，四庫本格内二字，上『屈』下『崛』。『屈』，《廣韻》區勿切，溪母物韻；《集韻》亦無疑母音，《韻鏡》《七音略》空位；《切韻指掌圖》十圖、《四聲等子》臻攝外三輕重俱等韻合口呼、《切韻指南》臻攝外三合口呼通門，列字均爲『崛』。『崛』，《廣韻》魚勿切，《集韻》魚屈切，均非術韻，亦不當列於此位。此位當删。

39 （入三章）■三術　䪼　《廣韻》《集韻》未收，《康熙字典》記：『《廣韻》職悦切，《集韻》朱劣切，音拙。……又《唐韻》《集韻》之出切，音⿰叕出。……又《集韻》古忽切，音骨。面顴也。』則《集韻》之出切，章母術韻；《韻鏡》外轉第十八合，列字爲『欪』，徹母術韻；《七音略》《切韻指掌圖》《切韻指南》空位；《四聲等子》臻攝外三輕重俱等韻合口呼，列字爲『䪼』。《廣韻》術韻章母合口位無字，《韻鏡》當爲後人補入轉訛，《起數訣》從《康熙字典》所記《集韻》，亦無誤。

40 （入三船）□三術　○　《廣韻》《集韻》術韻船母位有『術』小韻，《廣韻》食聿切，《集韻》食律切。《韻鏡》外轉第十八合、《七音略》外轉第十八輕中輕、《四聲等子》臻攝外三輕重俱等韻合口呼、《切韻指南》臻攝外三合口呼通門，列字均爲『術』；《切韻指掌圖》十圖，列於禪母位，誤。《起數訣》空位誤，當校補『術』字。

41 （入三書）思三術　絀　《廣韻》竹律切，知術三入合臻；《集韻》式聿切，書質（術）三入合臻；《韻鏡》《七音略》《切韻指掌圖》空位；《四聲等子》臻攝外三輕重俱等韻合口呼、《切韻指南》臻攝外三合口呼通門，列字均爲『絀』。《廣韻》術韻書母合口位無字，《起數訣》從《集韻》，亦無誤。

42 （入三禪）■三術　術　《廣韻》《集韻》均爲船母術韻；《切韻指掌圖》列於禪母位，其余諸家韻圖均列於船母。《起數訣》誤，當校列於牀母位。此位當删。

43 （入三曉）父三術　○　《廣韻》《集韻》術韻曉母位無字；《韻鏡》空位；《七音略》外轉第十八輕中輕，列字爲『狘』；《切韻指掌圖》十圖、《四聲等子》臻攝外三輕重俱等韻合口呼，列字爲『䬍』，曉母物韻；《切韻指南》臻攝外三合口呼通門，列字爲『狘』，曉母術韻。『狘』在《廣韻》中爲重紐四等字，不當列於三等位，《七音略》從《集韻》。《廣韻》質韻有『獝』小韻，可列於此位。《起數訣》空位誤，當校補『獝』字。

44 （入三云）■三術　○　《廣韻》《集韻》術韻云母無字；《韻鏡》空位；《七音略》外轉第十八輕中輕、《四聲等子》臻攝外三輕重俱等韻合口呼、《切韻指南》臻攝外三合口呼通門，列字爲『颮』；《切韻指掌圖》十圖，列字爲『颶』，當爲『颮』字誤。『颮』爲《廣韻》質韻云母位小韻首字，正當列於此位。《起數訣》《韻鏡》空位誤，當校補『颮』字。

45（入三來）鹿三術　律　《廣韻》吕邮切，《集韻》劣戌切，來術三入合臻；《韻鏡》外轉第十八合、《七音略》外轉第十八輕中輕、《切韻指掌圖》十圖、《四聲等子》臻攝外三輕重俱等韻合口呼、《切韻指南》臻攝外三合口呼通門，列字均爲「律」。此字又列於第三十五圖來母四等位，誤。本圖是。

46（入三日）■三術　○　《廣韻》《集韻》術韻日母合口位無字；《韻鏡》《切韻指掌圖》《四聲等子》《切韻指南》空位；《七音略》外轉第十八輕中輕，列字爲「驈」，誤。《起數訣》空位是。

47（入四疑）吾四（術）　崛　明本列字爲「崛」，四庫本空位。「崛」，《廣韻》魚勿切，疑物三入合臻；《集韻》之出切，章術三入合臻；《韻鏡》《七音略》空位；其余韻圖三等列「崛」。明本當係三等位標注字，誤，當删。

釋：

1（平三澄）兑三諄　䞭　《廣韻》直倫切，澄諄三平合臻；《集韻》未收；《韻鏡》外轉第十八合、《七音略》外轉第十八輕中輕、《切韻指掌圖》十圖、《四聲等子》臻攝外三輕重俱等韻合口呼、《切韻指南》臻攝外三合口呼通門，列字均爲「䞭」。

2（平三溪）□三諄　囷　《廣韻》去倫切，溪真三平合臻；《集韻》區倫切，溪諄三平合臻；

《韻鏡》外轉第十八合、《七音略》外轉第十八輕中輕、《切韻指掌圖》十圖、《切韻指南》臻攝外三合口呼通門，列字均爲『困』；《四聲等子》臻攝外三輕重俱等韻合口呼，列字爲『卷』，溪母文韻。

3（平三章）■三諄　諄　《廣韻》章倫切，《集韻》朱倫切，章諄三平合臻；《韻鏡》外轉第十八合、《七音略》外轉第十八輕中輕、《切韻指掌圖》十圖、《四聲等子》臻攝外三輕重俱等韻合口呼、《切韻指南》臻攝外三合口呼通門，列字均爲『諄』。

4（平三昌）■三諄　春　《廣韻》昌脣切，《集韻》樞倫切，昌諄三平合臻；《韻鏡》外轉第十八合、《七音略》外轉第十八輕中輕、《切韻指掌圖》十圖、《四聲等子》臻攝外三輕重俱等韻合口呼、《切韻指南》臻攝外三合口呼通門，列字均爲『春』。

5（平三禪）■三諄　純　《廣韻》常倫切，《集韻》船倫切，禪諄三平合臻；《韻鏡》外轉第十八合、《七音略》外轉第十八輕中輕、《切韻指掌圖》十圖、《四聲等子》臻攝外三輕重俱等韻合口呼、《切韻指南》臻攝外三合口呼通門，列字均爲『純』。

6（平三來）鹿三諄　倫　《廣韻》力迍切，《集韻》龍春切，來諄三平合臻；《韻鏡》外轉第十八合、《七音略》外轉第十八輕中輕、《切韻指掌圖》十圖、《四聲等子》臻攝外三輕重俱等韻合口呼，列字爲『倫』；《切韻指南》臻攝外三合口呼通門，列字爲『淪』，來母諄韻。

7（平三日）■三諄　犉　《廣韻》如勻切，《集韻》濡純切，日諄三平合臻；《韻鏡》外轉第十八合，《七音略》外轉第十八輕中輕，《切韻指掌圖》十圖，《切韻指南》臻攝外三合口呼通門，列字爲「犉」；《四聲等子》臻攝外三輕重俱等韻合口呼，列字爲「㨃」，爲「犉」字誤。

8 （上三徹）■三準 偆 《廣韻》癡準切，《集韻》敕準切，徹準三上合臻；《韻鏡》外轉第十八合，《七音略》外轉第十八輕中輕，《切韻指掌圖》十圖，《四聲等子》臻攝外三輕重俱等韻合口呼，列字均爲「偆」；《切韻指南》臻攝外三合口呼通門，列字爲「⿰禾盾」，爲「楯」字誤，徹母準韻。

9 （上三章）■三準 準 《廣韻》之尹切，《集韻》主尹切，章準三上合臻；《韻鏡》外轉第十八合，《七音略》外轉第十八輕中輕，《切韻指掌圖》十圖，《四聲等子》臻攝外三輕重俱等韻合口呼，《切韻指南》臻攝外三合口呼通門，列字均爲「準」。

10 （上三昌）■三準 蠢 《廣韻》尺尹切，昌準三上合臻；《集韻》未收；《韻鏡》外轉第十八合，《七音略》外轉第十八輕中輕，《切韻指掌圖》十圖，《四聲等子》臻攝外三輕重俱等韻合口呼，《切韻指南》臻攝外三合口呼通門，列字均爲「蠢」。

11 （上三審）思三準 賰 《廣韻》式允切，書準三上合臻；《集韻》未收；《韻鏡》外轉第十八合，《七音略》外轉第十八輕中輕，《切韻指掌圖》十圖，《四聲等子》臻攝外三輕重俱等韻合口呼，《切韻指南》臻攝外三合口呼通門，列字均爲「賰」。

12 （去三章）■三稕 稕 《廣韻》之閏切，《集韻》朱閏切，章稕三去合臻；《韻鏡》外轉第十八合，《七音略》外轉第十八輕中輕、《切韻指掌圖》十圖、《四聲等子》臻攝外三輕重俱等韻合口呼、《切韻指南》臻攝外三合口呼通門，列字均爲『稕』。

13（去三書）思三稕　舜　《廣韻》舒閏切，《集韻》輸閏切，書稕三去合臻；《韻鏡》外轉第十八合、《七音略》外轉第十八輕中輕、《切韻指掌圖》十圖、《切韻指南》臻攝外三合口呼通門，列字均爲『舜』；《四聲等子》空位。

14（入二生）思二術　率　《廣韻》所律切，《集韻》朔律切，生質三入合臻；《韻鏡》外轉第十八合、《七音略》外轉第十八輕中輕、《切韻指掌圖》十圖、《四聲等子》臻攝外三輕重俱等韻合口呼、《切韻指南》臻攝外三合口呼通門，列字均爲『率』。

15（入三徹）■三術　黜　《廣韻》丑律切，《集韻》敕律切，徹術三入合臻；《韻鏡》外轉第十八合、《七音略》外轉第十八輕中輕、《切韻指掌圖》十圖、《四聲等子》臻攝外三輕重俱等韻合口呼、《切韻指南》臻攝外三合口呼通門，列字均爲『黜』。

16（入三穿）■三術　出　《廣韻》赤律切，《集韻》尺律切，昌術三入合臻；《韻鏡》外轉第十八合、《七音略》外轉第十八輕中輕、《切韻指掌圖》十圖、《四聲等子》臻攝外三輕重俱等韻合口呼、《切韻指南》臻攝外三合口呼通門，列字均爲『出』。

	■			犉				蝡				閏					
	■			唇				肎									
	收	音	濁														
			欣	欣泰三			隱	隱隨三			焮	焮噬三				迄震三	
比五	丙															迄	
	日																
蹇五	葡																
井三	眉																
比十二	中																
坎十二	丑																
蹇六	第											釿				眹	

蹇十一	蹇十	比九	井十二	坎十一	比十二	井二	蹇一	蹇十八	蹇四	蹇七
口	石	星	呈	天	震	月	迈	口	口	牟
								石下	王下	
		梓								
欣						齦	勤		斤	
				亂						
𧍬						听	近	赿	謹	
			酳							
焮						垽	近	撳	靳	
迄					仡	起		乞	訖	

蹇二 蹇八 蹇三 井七 井十 蹇十二 坤四 師五 升五

雄	匠	王	禹	二	直	開		夫	普	旁
						音				
						清				
	殷						文泰三			
	隱						吻頤三			
	㒚						問益三			
	乙						勿震三			

第三十七圖 收音濁

本圖列《廣韻》欣隱焮迄韻字，與《韻鏡》外轉第十九開相關。本圖明本聲母滂母列「日」，四庫本列「□」，明本顯誤。明本、四庫本見、溪、曉母位列「□」，其中明本見母下一等格位内，有「王下」二字；溪母下一等格位内，有「石下」二字，四庫本均無。

校注：

1（平二生）星二欣　榟　明本列字爲「榟」，四庫本列字爲「榟」。「榟」，《廣韻》《集韻》昨没切，精没一入合臻；不當列於此位。「榟」，《康熙字典》記：「又《集韻》所巾切，緊平聲。義同。」此記《集韻》所巾切，生母欣韻。《韻鏡》《七音略》《切韻指掌圖》《四聲等子》均空位；《切韻指南》臻攝外三開口呼通門，列字爲「莘」，生母臻韻。《廣韻》欣韻生母位無字，《起數訣》四庫本從《集韻》，亦無誤。明本列字誤。

2（平三疑）月三欣　齦　《廣韻》語斤切，《集韻》魚斤切，疑欣三平開臻；《韻鏡》外轉第十九開、《七音略》外轉第十九重中輕，列字均爲「虓」；《切韻指掌圖》九圖、《四聲等子》臻攝外三輕重俱等韻開口呼、《切韻指南》臻攝外三開口呼通門，列字均爲『銀』，疑母真韻。『䖈』爲《廣韻》欣韻疑母位小韻首字，下收『齦』字，列字以『䖈』爲佳，《起數訣》亦無誤。

3（上二初）尺二隱　齓　《廣韻》《集韻》未收此字形；《康熙字典》記：『《集韻》同齔。《史記·周本紀》漦化爲黿，入王後宮，後宮之童妾既齔而遭之。韋昭曰：毀齒曰齔。』『齓』爲『齔』之俗體。《韻鏡》《七音略》空位；《切韻指掌圖》九圖，列字爲『齓』；《四聲等子》臻攝外三輕重俱等韻開口呼、《切韻指南》臻攝外三開口呼通門，列字爲『齓』。『齓』，《廣韻》初靳切，《集韻》初堇切，初母隱韻；『齓』爲《廣韻》隱韻初母位小韻首字，但此字已在第三十四圖、三十六圖重出，列於三十四圖是，本圖及三十六圖均當刪。

4（上三影）匠三隱　隱　各韻書均未收此字形，而收『隱』字，『隱』當爲『隱』之俗體。『隱』，《廣韻》於謹切，《集韻》倚謹切，影隱三上開臻；《韻鏡》外轉第十九開、《七音略》外轉第十九重中輕、《切韻指掌圖》九圖、《四聲等子》臻攝外三輕重俱等韻開口呼、《切韻指南》臻攝外三開口呼通門，列字均爲『隱』。『隱』爲《廣韻》隱韻影母位小韻首字，《起數訣》列俗字，當以正體『隱』爲佳。

5（去二審）星二焮　酳　《廣韻》羊晉切，《集韻》羊進切，以震三去開臻；另，《集韻》士刃切，崇稕（震）三去開臻。此字在第三十四圖重出，列於三十四圖是，本圖誤，當刪。

6（去三澄）弟三焮　齗　《康熙字典》記：『《廣韻》語巾切，《韻會》疑巾切，《正韻》魚巾切，音銀。《廣韻》大篪也。又《廣韻》語斤切，《集韻》魚斤切，《韻會》疑斤切，音虒。又《集韻》侘靳切，音侲。』此記《集韻》侘靳切，徹母焮韻；諸音切均不當列於此位。《韻鏡》《七音略》空位；《切韻指掌圖》九圖、《四聲等子》臻攝外三輕重俱等韻開口呼，列字均爲『陣』，澄母震韻；《切韻指南》臻攝外三開口呼通門，列字爲『敶』，『敶』『陣』二字爲異體字，澄母震韻。《廣韻》《集韻》焮韻澄母位無字，《起數訣》誤，當删。

7（去三溪）□三焮　掀　《廣韻》虚言切，曉元三平開山；《集韻》丘近切，溪焮三去開臻；《韻鏡》《七音略》空位；《切韻指掌圖》九圖，列字爲『螼』，溪母震韻；《四聲等子》臻攝外三輕重俱等韻開口呼、《切韻指南》臻攝外三開口呼通門，列字均爲『掀』。《廣韻》焮韻溪母開口位無字，《起數訣》從《集韻》，亦無誤。

8（去三影）匠三焮　傿　《廣韻》於建切，《集韻》於靳切，影願三去開山；不當列於此位。《韻鏡》外轉第十九開、《七音略》外轉第十九重中輕、《切韻指掌圖》九圖、《四聲等子》臻攝外三輕重俱等韻開口呼，列字均爲『㥯』；《切韻指南》臻攝外三開口呼通門，列字爲『隱』，影母焮韻。『㥯』爲《廣韻》焮韻影母位小韻首字，下收有『隱』字。《起數訣》列字誤，當爲『㥯』之形訛，當校改爲『㥯』字。

9（入三幫）丙三迄　迄　明本列字爲『迄』，四庫本空位。明本顯係韻目重出，當删。四庫本是。

10（入三澄）弟三迄　昳　《廣韻》丑栗切，徹質三入開臻；《集韻》丑乙切，徹迄三入開臻；均不當列於此位。《韻鏡》《七音略》空位；《切韻指掌圖》九圖、《切韻指南》臻攝外三開口呼通門，列字均爲「秩」，澄母質韻；《四聲等子》臻攝外三輕重俱等韻開口呼，列字爲「帙」，澄母質韻。《廣韻》迄韻澄位無字，《起數訣》誤，當删。

11（入三群）近三迄　○　《廣韻》《集韻》迄韻群母位有「趌」小韻，其訖切。《韻鏡》外轉第十九開、《七音略》外轉第十九重中輕、《切韻指掌圖》九圖、《四聲等子》臻攝外三輕重俱等韻開口呼，列字均爲「趌」；《切韻指南》臻攝外三開口呼通門，列字爲「姞」，群母質韻。「趌」爲《廣韻》迄韻群母開口位小韻首字，《起數訣》空位誤，當校補「趌」字。

12（入三疑）月三迄　趌　《廣韻》其訖切，群迄三入開臻；　此字諸韻圖均列於群母位，本圖誤串入疑母。《廣韻》《集韻》迄韻疑母開口位有「疙」小韻，《廣韻》魚迄切，《集韻》魚乙切。《韻鏡》外轉第十九開、《七音略》外轉第十九重中輕、《切韻指掌圖》九圖、《四聲等子》臻攝外三輕重俱等韻開口呼，疑母位均列「疙」；《切韻指南》臻攝外三開口呼通門，列字爲「耴」，疑母質韻。「疙」爲《廣韻》迄韻群母開口位小韻首字，《起數訣》誤，當校改爲「疙」字。

13（入三章）震三迄　仡　《廣韻》魚迄切，《集韻》魚乙切，在「疙」小韻下，當列於疑母位，本圖當隨群母「趌」字右移一格，串入章母；《韻鏡》《七音略》章母位空位；《切韻指掌圖》九圖、《四聲等子》臻攝外三輕重俱等韻開口呼、照母迄韻；《切韻指南》臻攝外三開口呼通門，章母位列字均爲「質」，章母質韻。《廣韻》《集韻》迄韻章母位無字，《起數訣》誤，此字當移至疑母。本位當删。

14（入三影）匠三迄　乙　《廣韻》於筆切，影質三入開臻；《集韻》於乞切，影迄三入開臻；《韻鏡》《七音略》空位；《切韻指掌圖》九圖、《切韻指南》臻攝外三開口呼通門，列字均爲「乙」；《四聲等子》臻攝外三輕重俱等韻開口呼，列字爲「一」，影母質韻。《廣韻》迄韻影母開口位無字，《起數訣》從《集韻》，亦無誤。

釋：

1（平三見）□三欣　斤　《廣韻》《集韻》舉欣切，見欣三平開臻；《韻鏡》外轉第十九開、《七音略》外轉第十九重中輕、《切韻指掌圖》九圖、《四聲等子》臻攝外三輕重俱等韻開口呼、《切韻指南》臻攝外三開口呼通門，列字均爲「斤」。

2（平三群）近三欣　勤　《廣韻》巨斤切，《集韻》渠斤切，群欣三平開臻；《韻鏡》外轉第十九開、《七音略》外轉第十九重中輕、《切韻指掌圖》九圖、《四聲等子》臻攝外三輕重俱等韻開口呼，列字均爲「勤」；《切韻指南》臻攝外三開口呼通門，列字爲「殣」，群母欣韻。

3（平三曉）□三欣　欣　《廣韻》《集韻》許斤切，曉欣三平開臻；《韻鏡》外轉第十九開、《七音略》外轉第十九重中輕、《切韻指掌圖》九圖、《四聲等子》臻攝外三輕重俱等韻開口呼、《切韻指南》臻攝外三開口呼通門，列字均爲『欣』。

4 (平三影)匠三欣　殷　《廣韻》《集韻》於斤切，影欣三平開臻；《韻鏡》外轉第十九開、《七音略》外轉第十九重中輕、《切韻指掌圖》九圖、《四聲等子》臻攝外三輕重俱等韻開口呼、《切韻指南》臻攝外三開口呼通門，列字均爲『殷』。

5 (上三見)□三隱　謹　《廣韻》居隱切，《集韻》几隱切，見隱三平開臻；《韻鏡》外轉第十九開、《七音略》外轉第十九重中輕、《切韻指掌圖》九圖、《四聲等子》臻攝外三輕重俱等韻開口呼，列字均爲『謹』；《切韻指南》臻攝外三開口呼通門，列字爲『巹』，見母隱韻。

6 (上三溪)□三隱　赾　《廣韻》丘謹切，《集韻》口謹切，溪隱三平開臻；《韻鏡》外轉第十九開、《七音略》外轉第十九重中輕、《切韻指掌圖》九圖、《四聲等子》臻攝外三輕重俱等韻開口呼，列字均爲『赾』；《切韻指南》臻攝外三開口呼通門，列字爲『螼』，溪母準韻。

7 (上三群)近三隱　近　《廣韻》其謹切，《集韻》巨謹切，群隱三平開臻；《韻鏡》外轉第十九開、《七音略》外轉第十九重中輕、《切韻指掌圖》九圖、《切韻指南》臻攝外三開口呼通門，列字均爲『近』；《四聲等子》臻攝外三輕重俱等韻開口呼，列字爲『勤』，群母欣韻，誤。

8 (上三疑)月三隱　听　《廣韻》牛謹切，《集韻》語近切，疑隱三平開臻；《韻鏡》外轉第十九開、《七音略》外轉第十九重中輕、《切韻指掌圖》九圖，列字均爲『听』；《四聲等子》臻攝外三輕重俱等韻開口呼、《切韻指南》臻攝外三開口呼通門，列字均爲『釿』，疑母軫韻。

9（上三曉）□三隱　蟪　《廣韻》休謹切，《集韻》許謹切，曉隱三平開臻；《康熙字典》記：『《唐韻》休謹切，《正韻》許謹切，欣上聲。蚯蚓，吴楚呼爲寒蟪。又《玉篇》許偃切，音仠。』《韻鏡》外轉第十九開、《七音略》外轉第十九重中輕、《切韻指掌圖》九圖、《四聲等子》臻攝外三輕重俱等韻開口呼，列字均爲『蟪』；《切韻指南》臻攝外三開口呼通門，列字爲『遚』，曉母隱韻。

10（去三見）□三焮　靳　《廣韻》《集韻》居焮切，見焮三去開臻；《韻鏡》外轉第十九開、《七音略》外轉第十九重中輕、《切韻指掌圖》九圖、《四聲等子》臻攝外三輕重俱等韻開口呼，列字均爲『靳』；《切韻指南》臻攝外三開口呼通門，列字爲『抻』，見母焮韻。

11（去三群）近三焮　近　《廣韻》《集韻》巨靳切，群焮三去開臻；《韻鏡》外轉第十九開、《七音略》外轉第十九重中輕、《切韻指掌圖》九圖，列字均爲『近』；《四聲等子》臻攝外三輕重俱等韻開口呼，列字爲『覲』，群母震韻；《切韻指南》臻攝外三開口呼通門，列字爲『慬』，群母焮韻。

12（去三疑）月三焮　垽　《廣韻》吾靳切，《集韻》語靳切，疑焮三去開臻；《韻鏡》外轉第十九開、《七音略》外轉第十九重中輕、《切韻指掌圖》九圖、《四聲等子》臻攝外三輕重俱等韻開口呼，列字均爲『垽』；《切韻指南》臻攝外三開口呼通門，列字爲『憖』，疑母震韻。

13（去三曉）□三焮　焮　《廣韻》《集韻》香靳切，曉焮三去開臻；《韻鏡》外轉第十九開、《七音略》外轉第十九重中輕、《切韻指掌圖》九圖、《四聲等子》臻攝外三輕重俱等韻開口呼，列字均爲『焮』；《切韻指南》臻攝外三開口呼通門，列字爲『衅』，曉母震韻。

14（入三見）□三迄　訖　《廣韻》居乞切，《集韻》居乙切，見迄三入開臻；《韻鏡》外轉第十九開、《七音略》外轉第十九重中輕、《切韻指掌圖》九圖、《四聲等子》臻攝外三輕重俱等韻開口呼，列字均爲『迄』；《切韻指南》臻攝外三開口呼通門，列字爲『暨』，見母迄韻。

15（入三溪）□三迄　乞　《廣韻》去訖切，《集韻》欺訖切，溪迄三入開臻；《韻鏡》外轉第十九開、《七音略》外轉第十九重中輕、《切韻指掌圖》九圖、《四聲等子》臻攝外三輕重俱等韻開口呼、《切韻指南》臻攝外三開口呼通門，列字均爲『乞』。

16（入三曉）□三迄　迄　《廣韻》《集韻》許訖切，曉迄三入開臻；《韻鏡》外轉第十九開、《七音略》外轉第十九重中輕、《切韻指掌圖》九圖、《四聲等子》臻攝外三輕重俱等韻開口呼，列字均爲『迄』；《切韻指南》臻攝外三開口呼通門，列字爲『肸』，曉母迄韻。

蹇二	蹇八	蹇三	井七	井十	蹇十二▼			坤四	師五	外五
雄	匠	王	离	二	直	開		夫	晉	旁
						音				
						清				
	殷						文			
	隱						吻			
	傿						問			
	乙						勿			

师八	坤八	师二	師九	师一	坤一	坤七	升六	师六	坤六	师三
草	走	五	口	坤	古	乃	同	土	東	母
			苹下							
		輑	羣	巻	君					
		夽		稛	攟					
			郡	䞫	捃					
		崛	倔	屈	了					

升八	乂	謙九	坤二	師四	坤三	升四	師七			
曹	■	寺	黑	武	安	文	老	■	■	開音濁

第三十八圖　開音清

本圖列《廣韻》文吻問勿牙音字。文吻問僅有合口三等字，當係拆分《韻鏡》外轉第二十合中牙音字列於本圖，非牙音字列於第三十九圖。本圖聲母明本、四庫本群母均列「□」，明本下一等格位内有「草下」二字，四庫本空位。明本審、日、半三母列「■」，四庫本空位。

校注：

本圖只列文吻問迄韻牙音字。

1（平三溪）坤三文　卷　《廣韻》巨員切，群仙三平合山；《集韻》丘云切，溪文三平合臻；《韻鏡》《七音略》空位；《切韻指掌圖》十圖、《切韻指南》臻攝外三合口呼通門，列字均爲「囷」，溪母諄韻；《四聲等子》臻攝外三輕重俱等韻合口呼，列字爲「卷」。《廣韻》文韻溪母位無字，《起數訣》從《集韻》，亦無誤。

2（平三疑）五三文　䡅　《廣韻》去倫切，溪真三平開臻；《集韻》虞云切，疑文三平合臻；《韻鏡》《七音略》《切韻指掌圖》均空位；《四聲等子》臻攝外三輕重俱等韻合口呼、《切韻指南》臻攝外三合口呼通門，列字均爲『軘』；《廣韻》文韻疑母位無字，《起數訣》從《集韻》，亦無誤。

3（上三見）古三吻　攟　《廣韻》未收此字形；《集韻》舉蕴切，見吻三平合臻；《韻鏡》外轉第二十合、《七音略》外轉第二十輕中輕、《切韻指掌圖》十圖、《四聲等子》臻攝外三輕重俱等韻合口呼，列字均爲『攟』；《切韻指南》臻攝外三合口呼通門，列字爲『麏』，見母吻韻。《廣韻》吻韻見母位無字，《起數訣》從《集韻》，亦無誤。

4（上三溪）坤三吻　稛　《廣韻》苦本切，溪混一上合臻；《集韻》去粉切，溪隱（吻）三平合臻；《韻鏡》外轉第二十合、《七音略》外轉第二十輕中輕、《切韻指掌圖》十圖、《四聲等子》臻攝外三輕重俱等韻合口呼，列字均爲『䞑』；《切韻指南》臻攝外三合口呼通門，列字爲『稛』。『䞑』爲《廣韻》吻韻溪母位小韻首字，下未收『稛』字。『稛』《集韻》在隱小韻，當列於此位。《起數訣》從《集韻》，亦無誤。

5（上三疑）五三吻　夽　《廣韻》魚吻切，《集韻》牛吻切，疑吻三上合臻；《韻鏡》外轉第二十合、《七音略》外轉第二十輕中輕、《切韻指掌圖》十圖、《四聲等子》臻攝外三輕重俱等韻合口呼，列字爲『齳』；《切韻指南》臻攝外三合口呼通門，列字爲『軘』，《集韻》疑母吻韻。『齳』爲《廣韻》吻韻疑母位小韻首字，下收『夽』字。列字以『齳』爲佳，《起數訣》亦無誤。

6（去三見）古三問　捃　《廣韻》居運切，《集韻》俱運切，見問三去合臻；《韻鏡》外轉第二十合、《七音略》外轉第二十輕中輕、《切韻指掌圖》十圖、《四聲等子》臻攝外三輕重俱等韻合口呼、《切韻指南》臻攝外三合口呼通門，列字均爲『攈』。『攈』爲《廣韻》問韻見母位小韻首字，下收『捃』字。列字以『攈』爲佳，《起數訣》亦無誤。

7（去三溪）坤三問　趣　《廣韻》丘粉切，溪吻三上合臻；《集韻》丘運切，溪母焮韻；《康熙字典》記：『《廣韻》《集韻》丘粉切，音稇。《説文》走急。又《集韻》牛吻切，音輑。又丘運切，皸去聲。』則所記《集韻》『丘運切』爲溪母問韻。《韻鏡》外轉第二十合、《七音略》外轉第二十輕中輕、《切韻指掌圖》十圖，均列於溪母吻韻，問韻空位；《四聲等子》臻攝外三輕重俱等韻合口呼，列字爲『趣』，溪母吻韻；《切韻指南》臻攝外三合口呼通門，列字爲『壼』，溪母稕韻。《廣韻》問韻溪母位無字，《起數訣》從《集韻》，亦無誤。

8《起數訣》入聲標目爲『勿』，從《集韻》韻目，《廣韻》韻目爲『物』。『物』韻入聲又配陰聲，在十八圖重出。

9（入三見）古三勿　了　明本列字爲『了』，四庫本列字爲『孑』。『了』，來母篠韻，顯誤。『孑』，《廣韻》《集韻》九勿切，見物三入合臻；《韻鏡》外轉第二十合、《四聲等子》臻攝外三輕重俱等韻合口呼，列字均爲『亥』；《七音略》外轉第二十輕中輕、《切韻指掌圖》十圖、《切韻指南》臻攝外三合口呼通門，列字爲『亥』，爲『亥』字誤。『亥』爲《廣韻》物韻見母位小韻首字，下收『孑』字，列字以『亥』爲佳，《起數訣》四庫本亦無誤。明本形訛，當校改爲『孑』。

10（入三群）□三勿　倔　明本列字爲「倔」，四庫本列字爲「掘」。「倔」，《廣韻》衢物切，《集韻》渠勿切，群物三入合臻；「掘」，《廣韻》衢物切，《集韻》渠勿切，群物三入合臻；《韻鏡》外轉第二十合、《七音略》外轉第二十輕中輕、《切韻指掌圖》十圖、《四聲等子》臻攝外三輕重俱等韻合口呼、《切韻指南》臻攝外三合口呼通門，列字均爲「倔」。「倔」爲《廣韻》物韻群母位小韻首字，下收有「掘」字。列字以「倔」爲佳，《起數訣》明本是，四庫本亦無誤。

釋：

1（平三見）古三文　君　《廣韻》舉云切，《集韻》拘云切，見文三平合臻；《韻鏡》外轉第二十合、《七音略》外轉第二十輕中輕、《切韻指掌圖》十圖、《四聲等子》臻攝外三輕重俱等韻合口呼，列字均爲「君」；《切韻指南》臻攝外三合口呼通門，列字爲「麏」，見母真韻。

2（平三群）□三文　羣　《廣韻》渠云切，《集韻》衢云切，群文三平合臻；《韻鏡》外轉第二十合，列字爲「群」，「群」「羣」二字爲異體字；《七音略》外轉第二十輕中輕、《切韻指掌圖》十圖、《四聲等子》臻攝外三輕重俱等韻合口呼、《切韻指南》臻攝外三合口呼通門，列字均爲「羣」。

3（去三群）□三問　郡　《廣韻》渠運切，《集韻》具運切，群問三去合臻；《韻鏡》外轉第二十合、《七音略》外轉第二十輕中輕、《切韻指掌圖》十圖、《四聲等子》臻攝外三輕重俱等韻合口呼、《切韻指南》臻攝外三合口呼通門，列字均爲「郡」。

4（入三溪）坤三勿　屈　《廣韻》區勿切，《集韻》曲勿切，溪物三入合臻；《韻鏡》外轉第二十合、《七音略》外轉第二十輕中輕、《切韻指掌圖》十圖、《四聲等子》臻攝外三輕重俱等韻合口呼、《切韻指南》臻攝外三合口呼通門，列字均爲「屈」。

5（入三疑）五三勿　崛　《廣韻》魚勿切，《集韻》魚屈切，疑物三入合臻；《韻鏡》外轉第二十合、《七音略》外轉第二十輕中輕、《切韻指掌圖》十圖、《四聲等子》臻攝外三輕重俱等韻合口呼、《切韻指南》臻攝外三合口呼通門，列字均爲「崛」。

非八	乂	譙九	坤二	師四	坤三	非四	師七			
曹	■	寺	黑	武	安	文	老	■	■	開音濁

謙五 謙三 謙五 外三 謙六 謙七

口	口	内	乞	■	■	目	步	口	卜		
								父上			
						文	汾	芬	分	文	家三
						吻	忿	忿	粉	吻	隨三
										問	
				甴		問	分	湓	糞	問	晉三
					[illegible]	勿	佛	拂	弗	勿	震三

第三十九圖 開音濁

譓一	譓八	譓七二	譓四		坤九				外二	
口	自	黃	文	■	思	口	■	■	吾	口
雲	氳		熏							
殞	惲									
							亂			
運	醖		訓							
颶	鬱		歘							

升七					剥四	豪五	盍五	豪三	剥六	豪六
鹿	■	■	發		法	朴	排	馬	毋	貪
			音	寒乾三					毋	灘
			清							
				先乾三	編		駢	瞑	顛	天
				旱老三					亶	坦
				銑老三	匾		辮	槙	典	腆
				翰有三					旦	炭
				霰有三		辮		瞋	殿	瑱
								藹	怛	闥
				屑少三	閉	丿	撓	蠛	窒	鐵

第三十九圖　開音濁

本圖列《廣韻》文吻問勿韻非牙音字，係拆分《韻鏡》外轉第二十合非牙音字。本圖知、徹、照、穿、禪、日半三母位，明本列「■」，四庫本空格。滂、見、溪、群、牀、喻母位，兩本皆列「□」，其中明本滂母下一等格位内有「父上」二字，四庫本空格。

校注：

1　（平三曉）父三文　熏　《廣韻》《集韻》許云切，曉文三平合臻；《韻鏡》外轉第二十合、《七音略》外轉第二十輕中輕，列字均爲「熏」；《切韻指掌圖》十圖、《四聲等子》臻攝外三輕重俱等韻合口呼、《切韻指南》臻攝外三合口呼通門，列字均爲「薰」。「薰」爲《廣韻》文韻曉母位小韻首字，下收「熏」字。列字以「薰」爲佳，《起數訣》亦無誤。

2　（平三影）自三文　氳　《廣韻》《集韻》於云切，影文三平合臻；《韻鏡》外轉第二十合、《七音略》外轉第二十輕中輕、《四聲等子》臻攝外三輕重俱等韻合口呼，列字均爲「煴」；《切韻指掌圖》十圖，列於四等，三等位列「贇」，影母真韻；《切韻指南》臻攝外三合口呼通門，列字爲『殨』，影母真韻。『熅』爲《廣韻》文三影母位小韻首字，下收『氳』字，列字以『熅』爲佳，《起數訣》亦無誤。

3 (平三喻)□三文　雲　《廣韻》王分切，《集韻》于分切，云文三平合臻；《韻鏡》外轉第二十合、《七音略》外轉第二十輕中輕，列字均爲『雲』；《切韻指掌圖》十圖、《切韻指南》臻攝外三合口呼通門，列字均爲『筠』，云母真韻；《四聲等子》臻攝外三輕重俱等韻合口呼，列字爲『云』，云母文韻。『雲』爲《廣韻》文韻喻母位小韻首字，下收『云』字，《起數訣》是。

4 (上三並)步三吻　忿　《廣韻》敷粉切，滂吻三上合臻；《集韻》父吻切，並吻三上合臻。《韻鏡》外轉第二十合、《七音略》外轉第二十輕中輕、《切韻指掌圖》十圖、《四聲等子》臻攝外三輕重俱等韻合口呼、《切韻指南》臻攝外三合口呼通門，列字均爲『憤』。『憤』爲《廣韻》吻韻並母位小韻首字，《起數訣》從《集韻》雖無誤，但校改爲『憤』字更佳。

5 (上三喻)□三吻　殞　《廣韻》于敏切，云軫三上開臻；《集韻》羽粉切，云吻三上合臻；《韻鏡》外轉第二十合、《七音略》外轉第二十輕中輕，列字爲『抎』；《切韻指掌圖》十圖、《切韻指南》臻攝外三合口呼通門，列字均爲『殞』，云母軫韻；《四聲等子》臻攝外三輕重俱等韻合口呼，列字爲『枟』，爲『抎』字形訛。『抎』爲《廣韻》吻韻云母位小韻首字，『殞』無《廣韻》吻韻音，《起數訣》從《集韻》音，雖無誤，但校改爲『抎』字更佳。

6 (去二初)■二問　齓　此字已於三十四、三十六、三十七圖重出，均列於初母位。『齓』爲

「齓」之俗訛字，爲臻去聲，附見焮韻。均不當列於問韻。《廣韻》問韻初母位無字，此處誤，當刪。《集韻》初問切，初問三去開臻。《起數訣》此位列「齓」字，從《集韻》；然形訛，當校改爲「齓」。

7 （去三滂）□三問　湓　《廣韻》匹問切，《集韻》芳問切，滂問三去合臻；《韻鏡》空位；《七音略》外轉第二十輕中輕、《四聲等子》臻攝外三輕重俱等韻合口呼、《切韻指南》臻攝外三合口呼通門，列字均爲「湓」；《切韻指掌圖》十圖，列字爲「忿」，滂母問韻。「湓」爲《廣韻》問韻滂母位小韻首字，《韻鏡》空位誤，《起數訣》是。

8 （去三徹）■三問　齓　此字無徹母音，諸家韻圖均空位，《廣韻》《集韻》問韻無徹母字，《起數訣》誤，當刪。

9 （入三明）目三勿　勿　《廣韻》《集韻》文拂切，明物三入合臻；《韻鏡》外轉第二十合、《七音略》外轉第二十輕中輕、《切韻指掌圖》十圖、《四聲等子》臻攝外三輕重俱等韻合口呼、《切韻指南》臻攝外三合口呼通門，列字均爲「物」；「物」爲《廣韻》物三明母位小韻首字，下收「勿」字，《起數訣》應以列「物」字爲佳，「勿」字亦無誤。

10 （入三知）■三勿　⿰叕出　《康熙字典》記：「《五音集韻》陟劣切，音輟。吳人呼短物也。亦作《蝃》。」此記《廣韻》陟劣切，知母薛韻。另有莊母術韻音。《韻鏡》《七音略》《切韻指掌圖》均空位；《四聲等子》臻攝外三輕重俱等韻合口呼、《切韻指南》臻攝外三合口呼通門，列字均爲「绌」，知母術韻；《廣韻》《集韻》物韻均無知紐，「𥿑」在「拙」小韻下，入聲薛韻。《起數訣》誤，當删。

11（入三曉）父三㕼　欻　《廣韻》《集韻》許㕼切，曉物三入合臻；《韻鏡》外轉第二十合、《七音略》外轉第二十輕中輕、《切韻指掌圖》十圖、《四聲等子》臻攝外三輕重俱等韻合口呼，列字均爲「颮」；《切韻指南》臻攝外三合口呼通門，列字爲「颷」，曉母月韻；「颮」爲《廣韻》物韻曉母位小韻首字，下收「欻」字。列字以「颮」爲佳，《起數訣》亦無誤。

12（入三喻）□三㕼　颾　明本、四庫本均列「颾」字。此字當爲「颶」之訛。颶，《廣韻》《集韻》王㕼切，云物三入合臻；《韻鏡》外轉第二十合、《七音略》外轉第二十輕中輕、《切韻指掌圖》十圖、《四聲等子》臻攝外三輕重俱等韻合口呼，列字均爲「颶」；《切韻指南》臻攝外三合口呼通門，列字爲「颸」，云母質韻。「颶」爲《廣韻》物韻云母位小韻首字，《起數訣》列字形訛，當校改爲「颶」。

釋：

1（平三幫）卜三文　分　《廣韻》府文切，《集韻》方文切，幫文三平合臻；《韻鏡》外轉第二十合、《七音略》外轉第二十輕中輕、《切韻指掌圖》十圖、《四聲等子》臻攝外三輕重俱等韻合口呼、《切韻指南》臻攝外三合口呼通門，列字均爲「分」。

2 （平三滂）□三文　芬　《廣韻》撫文切，《集韻》敷文切，滂文三平合臻；《韻鏡》外轉第二十合、《七音略》外轉第二十輕中輕、《切韻指掌圖》十圖、《四聲等子》臻攝外三輕重俱等韻合口呼、《切韻指南》臻攝外三合口呼通門，列字均爲「芬」。

3 （平三並）步三文　汾　《廣韻》《集韻》符分切，並文三平合臻；《韻鏡》外轉第二十合、《七音略》外轉第二十輕中輕、《切韻指掌圖》十圖、《四聲等子》臻攝外三輕重俱等韻合口呼、《切韻指南》臻攝外三合口呼通門，列字均爲「汾」。

4 （平三明）目三文　文　《廣韻》《集韻》無分切，明文三平合臻；《韻鏡》外轉第二十合、《七音略》外轉第二十輕中輕、《切韻指掌圖》十圖、《四聲等子》臻攝外三輕重俱等韻合口呼、《切韻指南》臻攝外三合口呼通門，列字均爲「文」。

5 （上三幫）卜三吻　粉　《廣韻》方吻切，《集韻》府吻切，幫吻三上合臻；《韻鏡》外轉第二十合、《七音略》外轉第二十輕中輕、《切韻指掌圖》十圖、《四聲等子》臻攝外三輕重俱等韻合口呼、《切韻指南》臻攝外三合口呼通門，列字均爲「粉」。

6 （上三滂）□三吻　忿　《廣韻》敷粉切，《集韻》撫吻切，滂吻三上合臻；《韻鏡》外轉第二十合、《七音略》外轉第二十輕中輕、《切韻指掌圖》十圖、《四聲等子》臻攝外三輕重俱等韻合口呼、《切韻指南》臻攝外三合口呼通門，列字均爲「忿」。

7（上三明）目三吻　吻《廣韻》《集韻》武粉切，明吻三上合臻；《韻鏡》外轉第二十合、《七音略》外轉第二十輕中輕、《切韻指掌圖》十圖、《四聲等子》臻攝外三輕重俱等韻合口呼、《切韻指南》臻攝外三合口呼通門，列字均爲「吻」。

8（上三影）自三吻　惲《廣韻》於粉切，《集韻》委惲切，影吻三上合臻；《韻鏡》外轉第二十合、《七音略》外轉第二十輕中輕、《四聲等子》臻攝外三輕重俱等韻合口呼、《切韻指南》臻攝外三合口呼通門，列字均爲「惲」；《切韻指掌圖》十圖，列字爲「蘊」，影母吻韻。

9（去三幫）卜三問　糞《廣韻》《集韻》方問切，幫問三去合臻；《韻鏡》外轉第二十合、《七音略》外轉第二十輕中輕、《切韻指掌圖》十圖、《四聲等子》臻攝外三輕重俱等韻合口呼、《切韻指南》臻攝外三合口呼通門，列字均爲「糞」。

10（去三並）步三問　分《廣韻》扶問切，《集韻》符問切，並問三去合臻；《韻鏡》外轉第二十合、《七音略》外轉第二十輕中輕、《切韻指掌圖》十圖、《四聲等子》臻攝外三輕重俱等韻合口呼、《切韻指南》臻攝外三合口呼通門，列字均爲「分」。

11（去三明）目三問　問《廣韻》亡運切，《集韻》文運切，明問三去合臻；《韻鏡》外轉第二十合、《七音略》外轉第二十輕中輕、《切韻指掌圖》十圖、《四聲等子》臻攝外三輕重俱等韻合口呼、《切韻指南》臻攝外三合口呼通門，列字均爲「問」。

12（去三曉）父三問　訓《廣韻》許運切，《集韻》吁運切，曉問三去合臻；《韻鏡》外轉第二十合、《七音略》外轉第二十輕中輕、《切韻指掌圖》十圖、《四聲等子》臻攝外三輕重俱等韻合口呼、《切韻指南》臻攝外三合口呼通門，列字均爲『訓』。

13（去三影）自三問　醞　《廣韻》於問切，影問三去合臻；《韻鏡》外轉第二十合、《七音略》外轉第二十輕中輕、《切韻指掌圖》十圖、《四聲等子》臻攝外三輕重俱等韻合口呼、《切韻指南》臻攝外三合口呼通門，列字均爲『醞』。

14（去三喻）□三問　運　《廣韻》《集韻》王問切，云問三去合臻；《韻鏡》外轉第二十合、《七音略》外轉第二十輕中輕、《切韻指掌圖》十圖、《四聲等子》臻攝外三輕重俱等韻合口呼、《切韻指南》臻攝外三合口呼通門，列字均爲『運』。

15（入三幫）卜三勿　弗　《廣韻》分勿切，《集韻》分物切，幫物三入合臻；《韻鏡》外轉第二十合、《七音略》外轉第二十輕中輕、《切韻指掌圖》十圖、《四聲等子》臻攝外三輕重俱等韻合口呼、《切韻指南》臻攝外三合口呼通門，列字均爲『弗』。

16（入三滂）□三勿　拂　《廣韻》《集韻》敷勿切，滂物三入合臻；《韻鏡》外轉第二十合、《七音略》外轉第二十輕中輕、《切韻指掌圖》十圖、《切韻指南》臻攝外三合口呼通門，列字均爲『拂』；《四聲等子》臻攝外三輕重俱等韻合口呼，列字爲『怫』，滂母物韻。

17（入三並）步三勿　佛　《廣韻》符弗切，《集韻》符勿切，並物三入合臻；《韻鏡》外轉第二十合、《七音略》外轉第二十輕中輕、《切韻指掌圖》十圖、《四聲等子》臻攝外三輕重俱等韻合口呼、《切韻指南》臻攝外三合口呼通門，列字均爲「佛」。

18（入三影）自三勿　鬱　《廣韻》紆物切，《集韻》紆勿切，影物三入合臻；《韻鏡》外轉第二十合、《七音略》外轉第二十輕中輕、《切韻指掌圖》十圖、《四聲等子》臻攝外三輕重俱等韻合口呼，列字均爲「鬱」；《切韻指南》臻攝外三合口呼通門，列字爲「蔚」，影母物韻。

釆七 刹四 蒙五 盍五 蒙三 刹六 蒙六

鹿	■	■	發音清	寒 先 旱 銑 翰 霞 屑	法	朴	排	馬	毋	貪
				寒					毋	灘
				先	編		駢	瞑	顛	天
				旱					亶	坦
				銑	匾		辮	損	典	腆
				翰					旦	炭
				霞		辯		暝	殿	瑱
								蔿	怛	闥
				屑	閉	ノ	撬	蟻	窒	鐵

盡六	單壇	田但	殄憚	電達	迭
剥七	妳難	年	撚難	繎睍捺	涅
剥一	甲干	堅笱	繭幹	見葛	結
象一	巧看	牽侃	窒看	俔捭渴	猰
	口				
象二	乇豻	姸	歡岸	硯餴	囓
剥八	哉箋	箋賛	攢賛	薦拶	節
象八	采餐	千	忏粲	犢摖	切
盡八	才残	前瓚	嬪	荐攢	截
剥十	山姍	先散	銑繖	霰薩	屑
	口				

第四十圖 發音清

標	1	2	3	4	5	6	7	8	9	10	11	12	13	14	15	16	17
剥二	花	頖			祅	罕			顯	漢			顲	喝			奤
豪四	晚	寒			賢	旱			峴	翰			現	曷			纈
剥三	亞	安			煙	侒			蝘	案			宴	遏			噎
盡四	萬																
豪七	冷	闌			連	嬾				爛			練	刺			𡗝
	口																
盡十一	崇				𢱢												
	發	音	蜀														
			刪 偃四				潛 寃四				諫 慳四				黠 楚四		
剥五	百														八		
	口														汃		

第四十圖　發音清

本圖列《廣韻》寒旱翰曷、先銑霰屑韻字。係拆分《韻鏡》外轉第二十三開一四等字。本圖聲母群、邪、日母位列「□」，韻目明本去四等列目爲「霞」，四庫本爲「霰」，明本顯誤，當校改爲「霰」。

校注：

1（平一端）丹一寒　丹　《廣韻》都寒切，《集韻》多寒切，端寒一平開山；《韻鏡》外轉第二十三開、《七音略》外轉二十三重中重、《切韻指掌圖》七圖、《四聲等子》山攝外四輕重俱等韻開口呼、《切韻指南》山攝外四開口呼廣門，列字均爲「單」。「單」爲《廣韻》寒一端母位小韻首字，下收「丹」字。列字以「單」爲佳，《起數訣》列「丹」字亦無誤。

2（平一精）哉一寒　籛　《廣韻》則前切，精先四平開山；《集韻》子干切，精寒一平開山；《韻鏡》《七音略》《切韻指掌圖》均空位；《四聲等子》山攝外四輕重俱等韻開口呼、《切韻指南》山攝外四開口呼廣門，列字均爲「籛」。《廣韻》寒韻無精母字，《起數訣》從《集韻》，亦無誤。

3 (平一從)才一寒　殘　《廣韻》昨干切，《集韻》財干切，從寒一平開山；《韻鏡》外轉第二十三開，《切韻指掌圖》七圖，《四聲等子》山攝外四輕重俱等韻開口呼，《切韻指南》山攝外四開口呼廣門，列字均爲「殘」。《七音略》外轉二十三重中重，列字爲「戔」。「殘」爲《廣韻》寒韻從母位小韻首字，下收有「戔」字。列字以「殘」爲佳，《七音略》亦無誤，《起數訣》是。

4 (平一心)山一寒　𦙶　《廣韻》蘇干切，心寒一平開山；《康熙字典》記：「《廣韻》蘇干切，《集韻》《韻會》相干切，音䟃。《廣韻》脂肪。《周禮・冬官考工記・鮑人》則是以博爲帴也。《釋文》俗謂羊豬脂爲𦙶。《集韻》或作𦠆。」《韻鏡》外轉第二十三開，《七音略》外轉二十三重中重，《切韻指掌圖》七圖，《四聲等子》山攝外四輕重俱等韻開口呼，《切韻指南》山攝外四開口呼廣門，列字均爲「珊」。「𦙶」爲《廣韻》寒一心母位小韻首字，下收「珊」字。列字以「𦙶」字爲佳，《韻鏡》《七音略》列「珊」字亦無誤，《起數訣》是。

5 (平一來)冷一寒　闌　《廣韻》落干切，《集韻》郎干切，來寒一平開山；《韻鏡》外轉第二十三開，《切韻指掌圖》七圖，《切韻指南》山攝外四開口呼廣門，列字爲「蘭」；《七音略》外轉二十三重中重，《四聲等子》山攝外四輕重俱等韻開口呼，列字爲「闌」。「蘭」爲《廣韻》寒韻來母位小韻首字，下收有「闌」字。列字以「蘭」爲佳，《起數訣》亦無誤。

6 (平四幫)法四先　編　《廣韻》布玄切，《集韻》卑眠切，幫先四平開山；《韻鏡》外轉第二十三開、《七音略》外轉二十三重中重、《切韻指掌圖》八圖、《四聲等子》山攝外四輕重俱等韻開口呼，列字均爲『邊』；《切韻指南》山攝外四開口呼廣門，列字爲『鞭』，幫母仙韻。『邊』爲《廣韻》先四幫母位小韻首字，下收『編』字。但本圖爲開口圖，《起數訣》脣音多列於合口，且四十二合口圖中，幫母位列『邊』字，重出。故此位當删。

7（平四並）排四先　騈　《廣韻》部田切，《集韻》蒲眠切，並先四平開山；《韻鏡》外轉第二十三開、《七音略》外轉二十三重中重、《四聲等子》山攝外四輕重俱等韻開口呼，列字均爲『蹁』；《切韻指掌圖》八圖，列字爲『騈』；《切韻指南》山攝外四開口呼廣門，列字爲『便』，並母仙韻。『蹁』爲《廣韻》先四並母位小韻首字，下收『騈』字。但本圖爲開口圖，《起數訣》脣音多列於合口，且四十二合口圖中，並母位列『騈』字，重出。故此位當删。

8（平四明）馬四先　瞑　明本列字爲『暝』，四庫本列字爲『瞑』。『暝』，《康熙字典》記：『《廣韻》莫經切，《集韻》忙經切，並音明。冥或从日。幽也。《前漢書·五行志》晦暝也。』無先韻音，誤。『瞑』，《廣韻》莫賢切，《集韻》民堅切，明先四平開山；《韻鏡》外轉第二十三開、《七音略》外轉二十三重中重、《切韻指掌圖》八圖、《四聲等子》山攝外四輕重俱等韻開口呼、《切韻指南》山攝外四開口呼廣門，列字均爲『眠』。『眠』爲《廣韻》先四明母位小韻首字，下收『瞑』字。但本圖爲開口圖，《起數訣》脣音多列於合口，且四十二合口圖中，明母位列『眠』字，重出。故此位當删。

9（平四疑）瓦四先。 妍《廣韻》《集韻》未收此字形；《康熙字典》記：「《字匯》同妍。」「妍」「妍」二字爲異體字。「妍」，《廣韻》五堅切，《集韻》倪堅切，疑母先韻；《韻鏡》外轉第二十三開、《四聲等子》山攝外四輕重俱等韻開口呼，列字均爲「研」；「研」「研」二字爲異體字；《七音略》外轉二十三重中重、《切韻指掌圖》七圖、《切韻指南》山攝外四開口呼廣門，列字均爲「妍」；「妍」爲《廣韻》先四疑母位小韻首字，下收「研」字。列字以「妍」爲佳，《起數訣》是。

10（平四精）哉四先 箋《廣韻》則前切，《集韻》將先切，精先四平開山；《韻鏡》外轉第二十三開、《切韻指掌圖》七圖、《四聲等子》山攝外四輕重俱等韻開口呼、《切韻指南》山攝外四開口呼廣門，列字均爲「箋」；《七音略》外轉二十三重中重，列字爲「牋」。「箋」爲《廣韻》先四精母位小韻首字，下收有「牋」字。列字以「箋」爲佳，《起數訣》是。

11（平四半三）崇四先 犏《廣韻》布玄切，《集韻》卑眠切，幫先四平開山；當列於幫母位。半三聲母均爲舌齒音，本圖僅平聲有半三，疑爲誤入。

12（上一泥）妳一旱 ◯《廣韻》《集韻》旱韻泥母位有「攤」小韻，《廣韻》奴但切，《集韻》乃坦切，泥緩（旱）開一上山；《韻鏡》外轉第二十三開、《四聲等子》山攝外四輕重俱等韻開口呼、《切韻指南》山攝外四開口呼廣門，列字均爲「攤」；《七音略》外轉二十三重中重，列字爲「灘」，端母旱韻，誤。《切韻指掌圖》七圖，列字爲「戁」，泥母潸韻；「攤」爲《廣韻》緩韻泥母位小韻首字，當列於此位，《起數訣》空位誤，當校補『攤』字。

13 (上一疑)瓦一旱 ◯ 《廣韻》《集韻》旱韻疑母位無字；《韻鏡》《切韻指掌圖》《四聲等子》《切韻指南》空位；《七音略》外轉二十三重中重，列字爲『郋』，《廣韻》未收，《集韻》俟旰切，不當列於此位。《七音略》誤，《起數訣》空位是。

14 (上一清)采一旱 ◯ 明本空位，四庫本列字爲『瓚』。《廣韻》《集韻》旱韻清母位無字；諸家韻圖均空位。『瓚』，從母旱韻。四庫本明顯串位，誤。明本空位是，四庫本誤。

15 (上一從)才一旱 瓚 明本列字爲『瓚』，四庫本列字爲『散』，『瓚』列於清母。『瓚』，《廣韻》藏旱切，《集韻》在坦切，從旱一上開山；《康熙字典》記：『《正字通》俗瓚字。』《韻鏡》外轉第二十三開、《七音略》外轉二十三重中重、《切韻指掌圖》七圖、《四聲等子》山攝外四輕重俱等韻開口呼、《切韻指南》山攝外四開口呼廣門，均列於從母，清母空位；『瓚』爲《廣韻》旱一從母位小韻首字，《起數訣》四庫本誤，當校改爲『瓚』。明本列字是。

16 (上一心)山一旱 散 明本列字爲『散』，四庫本空位，『散』列於從母。『散』，《廣韻》蘇旱切，《集韻》顙旱切，心旱一上開山；《韻鏡》外轉第二十三開、《七音略》外轉二十三重中重、《切韻指掌圖》七圖、《四聲等子》山攝外四輕重俱等韻開口呼、《切韻指南》山攝外四開口呼廣門，均列於心母，從母位列『瓚』；『散』爲《廣韻》旱一心母位小韻首字，《起數訣》四庫本誤，當校補『散』字。明本列字是。

17（上一影）亞一旱　侒　《廣韻》烏寒切，影母寒韻；《集韻》阿侃切，影旱一上開山；《韻鏡》《切韻指掌圖》均空位；《七音略》外轉二十三重中重、《切韻指南》山攝外四開口呼廣門、《四聲等子》山攝外四輕重俱等韻開口呼，列字均爲「侒」。《廣韻》旱韻影母位無字，《起數訣》從《集韻》，亦無誤。

18（上一來）冷一旱　嬾　《廣韻》落旱切，《集韻》魯旱切，來旱一上開山；《韻鏡》外轉第二十三開、《切韻指掌圖》七圖、《四聲等子》山攝外四輕重俱等韻開口呼、《切韻指南》山攝外四開口呼廣門，列字均爲「嬾」；《七音略》外轉二十三重中重，列字爲「爛」，來母翰韻，誤。「嬾」爲《廣韻》旱韻來母位小韻首字，《七音略》誤，《起數訣》是。

19（上四幫）法四銑　匾　《廣韻》方典切，《集韻》補典切，幫銑四上開山；《韻鏡》外轉第二十三開、《四聲等子》山攝外四輕重俱等韻開口呼、《切韻指掌圖》八圖，列字均爲「編」；《七音略》《切韻指南》空位；「編」爲《廣韻》銑四幫母位小韻首字，下收「匾」字。但本圖爲開口圖，《起數訣》脣音多列於合口，且四十二合口圖中，幫母位列「扁」字，亦在「編」小韻下，重出。故此位當刪。

20（上四並）排四銑　辮　《廣韻》薄泫切，《集韻》婢典切，並銑四上開山；《韻鏡》外轉第二十三開，列字爲「辯」；「辯」，《廣韻》符蹇切，《集韻》平免切，並母獮韻；《韻鏡》當爲「辮」字誤。《七音略》外轉二十三重中重、《切韻指掌圖》八圖、《四聲等子》山攝外四輕重俱等韻開口呼，列字均爲『辮』；《切韻指南》山攝外四開口呼廣門，列字爲『梗』，並母獮韻。『辮』爲《廣韻》銑四並母位小韻首字。但本圖爲開口圖，《起數訣》脣音多列於合口，且四十二合口圖中，並母位列『辮』字，重出。故此位當刪。

21（上四明）馬四銑　搷　《廣韻》彌殄切，明銑四上開山；《集韻》未收；《康熙字典》記：『《廣韻》《集韻》彌殄切，音眄。《博雅》搷培，封塗也。』此記彌殄切，明母銑韻；《韻鏡》外轉第二十三開，列字爲『汕』，當爲『沔』字誤；《七音略》外轉二十三重中重，列字爲『丏』，『丏』爲『丏』之形訛；《切韻指掌圖》八圖，列字爲『緬』，明母獮韻；《四聲等子》山攝外四輕重俱等韻開口呼，列字爲『搷』；《切韻指南》空位。『搷』爲《廣韻》銑四明母位小韻首字，下收『丏』字，《起數訣》無誤。但本圖爲開口圖，《起數訣》脣音多列於合口，且四十二合口圖中，明母位列『丏』字（丏誤），重出。故此位當刪。

22（上四端）丹四銑　典　明本列字爲『典』，四庫本列字爲『曲』。『典』，《廣韻》《集韻》多殄切，端銑四上開山；『曲』，《廣韻》丘玉切，《集韻》區玉切，溪燭三入合通；不當列於此位。《韻鏡》外轉第二十三開，《七音略》外轉二十三重中重，《切韻指掌圖》七圖，《四聲等子》山攝外四輕重俱等韻開口呼、《切韻指南》山攝外四開口呼廣門，列字均爲『典』；『曲』當爲『典』字形訛。『典』爲《廣韻》銑四端母位小韻首字，《起數訣》四庫本誤，當校改爲『典』字。明本列字是。

23 （上四定）覃四銑 殄 《廣韻》《集韻》徒典切，定銑四上開山；《韻鏡》外轉第二十三開、《切韻指掌圖》七圖、《四聲等子》山攝外四輕重俱等韻開口呼、《切韻指南》山攝外四開口呼廣門，列字均爲『殄』；《七音略》空位；『殄』爲《廣韻》銑四定母位小韻首字，《七音略》空位誤，《起數訣》是。『殄』爲《廣韻》《集韻》銑四定母位小韻首字，《七音略》空位誤，《起數訣》是。

24 （上四溪）巧四銑 𡒄 《廣韻》牽繭切，《集韻》牽典切，溪銑四上開山；《康熙字典》記：『《廣韻》牽繭切，《集韻》牽典切，音狠。不動也。』《韻鏡》外轉第二十三開、《四聲等子》山攝外四輕重俱等韻開口呼，列字均爲『𡒄』；《七音略》外轉二十三重中重，列字爲『堅』，形訛；《切韻指掌圖》七圖、《切韻指南》山攝外四開口呼廣門，列字均爲『遣』，溪母獮韻。『𡒄』爲《廣韻》《集韻》銑四溪母位小韻首字，《七音略》誤，《起數訣》是。

25 （上四精）哉四銑 𣝗 《康熙字典》記：『《廣韻》即忍切，《集韻》字忍切，津上聲。《埤蒼》盂也。又《揚子·方言》子殄切，煎上聲。又《集韻》資辛切，音津。義同。』此記即忍切，精母軫韻。《韻鏡》外轉第二十三開，列字爲『戩』，精母獮韻，誤；《七音略》空位；《切韻指掌圖》七圖、《四聲等子》山攝外四輕重俱等韻開口呼、《切韻指南》山攝外四開口呼廣門，列字均爲『翦』，精母獮韻。《廣韻》《集韻》銑韻精母位無字，『𣝗』爲上聲軫韻精母位小韻首字，《起數訣》誤，當删。

26 （上四清）采四銑 忏 《康熙字典》記：『懺，《廣韻》楚鑑切，《集韻》《韻會》叉鑑切，并音鑱。

《集韻》悔也，或從言。又《韻補》自陳悔也。懺悔見釋典。」此記楚鑑切，《廣韻》初母鑑韻。《韻鏡》《七音略》空位；《切韻指掌圖》七圖、《四聲等子》山攝外四輕重俱等韻開口呼、《切韻指南》山攝外四開口呼廣門，列字均爲「淺」，溪母獮韻。《廣韻》《集韻》銑韻無清紐，「懺」爲《廣韻》鑑韻清母位小韻首字，爲「忏」之異體字。《起數訣》誤，當删。

27 （上四匣）晚四銑　峴　《廣韻》《集韻》胡典切，匣銑四上開山；《韻鏡》外轉第二十三開、《切韻指掌圖》七圖、《四聲等子》山攝外四輕重俱等韻開口呼、《切韻指南》山攝外四開口呼廣門，列字均爲「峴」；《七音略》外轉二十三重中重，列字爲「現」，匣母霰韻，當爲「峴」字誤。「峴」爲《廣韻》銑韻匣母位小韻首字，《七音略》誤，《起數訣》是。

28 （去一泥）妳一翰　難　《廣韻》奴案切，《集韻》乃旦切，泥翰一去開山；《韻鏡》外轉第二十三開、《七音略》外轉二十三重中重、《切韻指掌圖》七圖、《四聲等子》山攝外四輕重俱等韻開口呼、《切韻指南》山攝外四開口呼廣門，列字均爲「難」。「攤」爲《廣韻》翰韻泥母位小韻首字，下收有「難」字。列字以「攤」爲佳，《起數訣》亦無誤。

29 （去一見）甲一翰　幹　《廣韻》古案切，《集韻》居案切，見翰一去開山；《韻鏡》外轉第二十三開，列字爲「肝」，見母寒韻，當爲「旰」字誤；《七音略》外轉二十三重中重、《四聲等子》山攝外四輕重俱等韻開口呼，列字爲「旰」；《切韻指掌圖》七圖、《切韻指南》山攝外四開口呼廣門，列字均爲「旰」。「旰」爲《廣韻》翰一見母位小韻首字，下收「幹」「旰」二字，列字以

「旰」爲佳,《起數訣》列「幹」字亦無誤。

30（去一溪）巧一翰　看　《廣韻》苦旰切,《集韻》墟旰切,溪翰一去開山;《韻鏡》外轉第二十三開、《七音略》外轉二十三重中重,列字均爲「侃」;《切韻指掌圖》七圖、《四聲等子》山攝外四輕重俱等韻開口呼,列字均爲「看」;《切韻指南》山攝外四開口呼廣門,列字爲「侃」,「侃」「侃」二字爲異體字;「侃」爲《廣韻》翰一溪母位小韻首字,下收「看」字,列字以「侃」爲佳,《起數訣》列「看」字亦無誤。

31（去一心）山一翰　繖　《廣韻》蘇旰切,《集韻》纇旱切,心翰一去開山;《韻鏡》外轉第二十三開、《切韻指掌圖》七圖、《四聲等子》山攝外四輕重俱等韻開口呼,列字均爲「散」;《七音略》外轉二十三重中重、《切韻指南》山攝外四開口呼廣門,列字均爲「繖」。「繖」爲《廣韻》翰一心母位小韻首字,下收「散」字,「繖」爲「繖」字訛變,「繖」「繖」二字爲異體字。列字以正體「繖」爲佳,《起數訣》亦無誤。

32（去一影）亞一翰　案　《廣韻》烏旰切,《集韻》於旰切,影翰一去開山;《韻鏡》外轉第二十三開、《七音略》外轉二十三重中重、《切韻指掌圖》七圖、《四聲等子》山攝外四輕重俱等韻開口呼、《切韻指南》山攝外四開口呼廣門,列字均爲「按」。「按」爲《廣韻》翰一影母位小韻首字,下收「案」字。列字以「按」爲佳,《起數訣》列「案」字亦無誤。

33（去四滂）朴四霰　辮　《廣韻》普麵切,《集韻》匹見切,滂霰四去開山;《康熙字典》記:

『《廣韻》普麪切，《集韻》匹見切，音片。』《韻鏡》外轉第二十三重中重、《切韻指掌圖》八圖、《四聲等子》山攝外四輕重俱等韻開口呼，列字均爲『片』；《切韻指南》山攝外四開口呼廣門，列字爲『騗』，滂母線韻；『片』爲《廣韻》霰四滂母位小韻首字，下收『辨』字。但本圖爲開口圖，《起數訣》脣音多列於合口，且四十二合口圖中，滂母位列『片』字，重出。故此位當删。

34（去四明）馬四霰　晅　明本列字爲『晅』，四庫本列字爲『瞑』。此字爲『瞑』之形訛。瞑，《廣韻》莫甸切，《集韻》眠見切，明霰四去開山；《韻鏡》外轉第二十三開，列字爲『麪』（字體俗）；《七音略》外轉二十三重中重、《四聲等子》山攝外四輕重俱等韻開口呼、《切韻指南》山攝外四開口呼廣門，列字均爲『麪』；《切韻指掌圖》八圖，列字爲『面』，明母線韻。但本圖爲開口圖，《起數訣》脣音多列於合口，且四十二合口圖中，明母位列『麪』字，重出。故此位當删。

35（去四透）貪四霰　瑱　明本列字爲『瑱』，四庫本列字爲『瑱』。『瑱』，《廣韻》《集韻》他甸切，透霰四去開山；《韻鏡》外轉第二十三開、《七音略》外轉二十三重中重、《切韻指掌圖》七圖、《四聲等子》山攝外四輕重俱等韻開口呼、《切韻指南》山攝外四開口呼廣門，列字均爲『瑱』。『瑱』，《廣韻》《集韻》堂練切，定母霰韻，不當列於此位。『瑱』爲《廣韻》霰韻透母小韻首字，《起數訣》四庫本是，明本形訛，當校改爲『瑱』。

36 （去四泥）泥四霰　繎　《廣韻》如延切，日仙三平開山；《集韻》人見切，日霰四去開山；均不當列於此位。《韻鏡》外轉第二十三開、《七音略》外轉二十三重中重、《切韻指掌圖》七圖、《切韻指南》山攝外四開口呼廣門，列字均爲「晛」；《四聲等子》山攝外四輕重俱等韻開口呼，列字爲「晛」，當爲「晛」誤。本圖此位有「繎」「晛」二字，「繎」顯不當列於此位，當爲「晛」字之標注字，表明同韻。故此字當删。

37 （去四泥）泥四霰　晛　《廣韻》胡典切，匣銑四上開山；《集韻》形甸切，匣霰四去開山；不當列於此位。《韻鏡》外轉第二十三開、《七音略》外轉二十三重中重、《切韻指掌圖》七圖、《切韻指南》山攝外四開口呼廣門，列字均爲「晛」；《四聲等子》山攝外四輕重俱等韻開口呼，列字爲「晛」。此字當爲「晛」之形訛。「晛」，《廣韻》奴甸切，《集韻》乃見切，泥母霰韻。「晛」爲《廣韻》霰四泥母位小韻首字，《起數訣》形訛，當校改爲「晛」字。

38 （去四溪）巧四霰　俔　《廣韻》苦甸切，《集韻》輕甸切，溪霰四去開山；《韻鏡》外轉第二十三開、《七音略》外轉二十三重中重、《切韻指掌圖》七圖、《四聲等子》山攝外四輕重俱等韻開口呼，列字均爲「俔」；《切韻指南》山攝外四開口呼廣門，列字爲「譴」，溪母線韻。本圖此位兩本均有二字，另一字當爲其標注字，此位列「俔」是。

39 （去四溪）巧四霰　摶　明本當爲「槫」字，定母桓韻；四庫本模糊不清，似「摶」「搏」二字。其中「摶」爲上聲獮韻。此字當爲「俔」之標注字，但聲韻均不同，不知何本。當删。

40（去四疑）瓦四霰　硯　明本列字爲『現』。『硯』，《廣韻》吾甸切，《集韻》倪甸切，疑霰韻四去開山；『現』，《廣韻》胡甸切，《集韻》形甸切，匣霰四去開山；不當列於此位。《韻鏡》外轉第二十三開、《七音略》外轉二十三重中重、《切韻指掌圖》七圖、《四聲等子》山攝外四輕重俱等韻開口呼、《切韻指南》山攝外四開口呼廣門，列字均爲『硯』；『硯』爲《廣韻》霰四疑母位小韻首字，《起數訣》四庫本當校改爲『硯』字。明本列字是。

41（去四精）哉四霰　薦　明本列字爲『薦』，四庫本列字爲『廌』。『薦』，《廣韻》《集韻》作甸切，精霰四去開山；『廌』，《康熙字典》記：『《廣韻》池爾切，《集韻》《韻會》丈尒切，《正韻》丈几切，音豸。《廣雅》，灋也。又解，獸名。』不當列於此位。《韻鏡》外轉第二十三開、《七音略》外轉二十三重中重、《切韻指掌圖》七圖、《四聲等子》山攝外四輕重俱等韻開口呼，列字均爲『薦』；《切韻指南》山攝外四開口呼廣門，列字爲『箭』，精母線韻。『薦』爲《廣韻》霰四精母位小韻首字，《起數訣》四庫本形訛，當校改爲『薦』。明本列字是。

42（去四清）采四霰　蒨　《廣韻》《集韻》倉甸切，清霰四去開山；《韻鏡》外轉第二十三開、《切韻指掌圖》七圖、《四聲等子》山攝外四輕重俱等韻開口呼、《切韻指南》山攝外四開口呼廣門，列字均爲『蒨』；《七音略》外轉二十三重中重，列字爲『茜』。『蒨』爲《廣韻》霰四清母位小韻首字，下收有『茜』字。列字以『蒨』爲佳，《七音略》列『茜』字亦無誤，《起數訣》是。

43（去四匣）晩四霰　現　《廣韻》胡甸切，《集韻》形甸切，匣霰四去開山；《韻鏡》外轉第二十三開、《七音略》外轉二十三重中重、《切韻指掌圖》七圖、《四聲等子》山攝外四輕重俱等韻開口呼、《切韻指南》山攝外四開口呼廣門，列字均爲『見』。『見』爲《廣韻》霰四匣母位小韻首字，下收『現』字。列字以『見』爲佳，《起數訣》列『現』字亦無誤。

44 (入一明)馬一曷　藒　《廣韻》予割切，明曷一入開山；《康熙字典》記：『《韻會》去例切，音憩。藒車，香草。《集韻》作藒。詳藒字註。又《廣韻》予割切，音遏。菜似蕨，生水中。』《韻鏡》外轉第二十三開、《四聲等子》山攝外四輕重俱等韻開口呼、《切韻指南》山攝外四開口呼廣門，列字均爲『藒』；《七音略》《切韻指掌圖》均空位。『藒』爲《廣韻》曷韻明母位小韻首字，《七音略》空位誤，《起數訣》是。

45 (入一泥)妳一曷　捺　《廣韻》奴曷切，泥曷一入開山；《康熙字典》記：『《唐韻》奴曷切，《集韻》《正韻》乃曷切，從難入聲。手重按也。《字林》搦捎也。又書法有捺，古名磔。又《正韻》乃八切，義同。』《韻鏡》外轉第二十三開，列字爲『捺』，爲『捺』字誤；《七音略》外轉二十三重中重、《切韻指掌圖》七圖、《四聲等子》山攝外四輕重俱等韻開口呼、《切韻指南》山攝外四開口呼廣門，列字均爲『捺』。『捺』爲《廣韻》曷韻泥母位小韻首字，《韻鏡》形訛，《起數訣》是。

46 (入一精)哉一曷　拶　明本列字爲『拶』，四庫本列字爲『桚』。『桚』，《集韻》子末切，精曷一入開山；《康熙字典》記：『《字彙補》音未詳。人名。宋時賜隴桚姓名曰趙懷恩。見《宋史新編·王厚傳》。疑即摻、槮二字之譌。』《韻鏡》空位；《七音略》外轉二十三重中重，列字爲『囋』，從母曷韻，誤；《切韻指掌圖》七圖、《四聲等子》山攝外四輕重俱等韻開口呼，列字均爲『摻』；《切韻指南》山攝外四開口呼廣門，列字爲『鬢』，《集韻》精母曷韻。『摻』，《廣韻》姊末切，精母末韻；《集韻》子末切，精母曷韻。《廣韻》曷韻精母位無字，《起數訣》從《集韻》，亦無誤。明本列字是，四庫本亦無誤。

47（入一清）采一曷　擦　《廣韻》《集韻》七計切，清霽四去開蟹；不當列於此位。《韻鏡》外轉第二十三開、《七音略》外轉二十三重中重、《切韻指掌圖》七圖、《切韻指南》山攝外四開口呼廣門，列字均爲『𢶍』；《四聲等子》山攝外四輕重俱等韻開口呼，列字爲『擦』，誤。『擦』爲《廣韻》曷一清母位小韻首字，《起數訣》列字爲『擦』之形訛，當校改爲『擦』字。

48（入一從）才一曷　𢸭　《廣韻》才割切，《集韻》才達切，從曷一入開山；《康熙字典》記：『又《唐韻》才割切，《集韻》才達切，音巀。義同。』《韻鏡》外轉第二十三開、《七音略》外轉二十三重中重、《切韻指南》山攝外四開口呼廣門，列字均爲『巀』；《切韻指掌圖》七圖，列字爲『截』，從母屑韻；《四聲等子》山攝外四輕重俱等韻開口呼，列字爲『囋』，從母曷韻；『巀』爲《廣韻》曷一從母位小韻首字，下收『𢸭』『囋』字。列字以『巀』爲佳，《起數訣》列『𢸭』字亦無誤。

49（入一心）山一曷　薩　《廣韻》桑割切，《集韻》桑葛切，心曷一入開山；《韻鏡》外轉第二十三開、《七音略》外轉二十三重中重、《切韻指南》山攝外四開口呼廣門，列字均爲『躠』；《切韻指掌圖》七圖、《四聲等子》山攝外四輕重俱等韻開口呼，列字均爲『薩』。『躠』爲《廣韻》曷一心母位小韻首字，下收『薩』字。列字以『躠』爲佳，《起數訣》列『薩』字亦無誤。

50（入一曉）花一曷　喝　《廣韻》《集韻》許葛切，曉曷一入開山；《韻鏡》外轉第二十三開、《七音略》外轉二十三重中重、《切韻指掌圖》七圖、《四聲等子》山攝外四輕重俱等韻開口呼、《切韻指南》山攝外四開口呼廣門，列字均爲『⿰曷頁』。『⿰曷頁』爲《廣韻》曷一曉母位小韻首字，下收『喝』字。列字以『⿰曷頁』爲佳，《起數訣》列『喝』字亦無誤。

51（入四幫）法四屑　閉　《廣韻》方結切，《集韻》必結切，幫屑四入開山；《韻鏡》外轉第二十三開、《切韻指南》山攝外四開口呼廣門，列字均爲『鷩』，幫母薛韻，誤。《七音略》外轉二十三重中重、《切韻指掌圖》八圖，列字均爲『㢸』，幫母屑韻；《四聲等子》山攝外四輕重俱等韻開口呼，列字爲『⿰弓滿』，當爲『㢸』字；『㢸』爲《廣韻》屑四幫母位小韻首字，下收有『閉』字。但本圖爲開口圖，《起數訣》脣音多列於合口，在四十二合口圖中，幫母雖空位，但其他脣音重出。故此位當刪。

52（入四滂）朴四屑　丿　明本列字爲『丿』，四庫本空位。『丿』，《廣韻》普蔑切，《集韻》匹蔑切，滂屑四入開山；《廣韻》《集韻》屑韻滂母位有『撆』小韻；《韻鏡》外轉第二十三開，列字爲『瞥』，滂母屑韻；《七音略》外轉二十三重中重，列字爲『嫳』，滂母屑韻；《切韻指掌圖》

八圖、《切韻指南》山攝外四開口呼廣門，列字爲『撆』；《四聲等子》山攝外四輕重俱等韻開口呼，列字爲『蹩』，並母屑韻。『撆』爲《廣韻》屑四滂母位小韻首字，下收有『瞥』『嫳』『丿』三字，列字以『撆』字爲佳，明本無誤。但本圖爲開口圖，《起數訣》脣音多列於合口，在四十二合口圖中，滂母位列『撆』字，重出。故此位當刪。

53（入四並）排四屑　𣘻　《廣韻》《集韻》均未收；《韻鏡》外轉第二十三開、《七音略》外轉二十三重中重、《切韻指掌圖》八圖、《切韻指南》山攝外四開口呼廣門，列字均爲『蹩』；《四聲等子》山攝外四輕重俱等韻開口呼，列字爲『撆』，滂母屑韻，誤。『蹩』，《廣韻》《集韻》蒲結切，並母屑韻。『蹩』爲《廣韻》屑四並母位小韻首字，下收有『𣘻』字，《起數訣》當爲此字之形訛。但本圖爲開口圖，《起數訣》脣音多列於合口，在四十二合口圖中，並母位列『蹩』字，重出。故此位當刪。

54（入四明）馬四屑　蠛　《廣韻》《集韻》莫結切，明屑四入開山；《韻鏡》外轉第二十三開、《切韻指掌圖》八圖、《四聲等子》山攝外四輕重俱等韻開口呼、《切韻指南》山攝外四開口呼廣門，列字均爲『蔑』；《七音略》外轉二十三重中重，列字爲『篾』。『蔑』爲《廣韻》屑四明母位小韻首字，下收有『篾』『蠛』二字，列字以『蔑』字爲佳。但本圖爲開口圖，《起數訣》脣音多列於合口，在四十二合口圖中，明母位列『蔑』字，重出。故此位當刪。

55（入四定）覃四屑　迭　《廣韻》《集韻》徒結切，定屑四入開山；《韻鏡》外轉第二十三開、《七音略》外轉二十三重中重、《四聲等子》山攝外四輕重俱等韻開口呼、《切韻指南》山攝外四開口呼廣門，列字均爲「姪」；《切韻指掌圖》七圖，列字爲「垤」。「姪」爲《廣韻》屑四定母爲小韻首字，下收「垤」「迭」字。列字以「姪」爲佳，《起數訣》列「迭」字亦無誤。

56 (入四泥)妳四屑　湼　《康熙字典》記：「《唐韻》奴結切，《集韻》《韻會》《正韻》乃結切，音捏。水名。」此記奴結切，泥母屑韻。《韻鏡》外轉第二十三開、《七音略》外轉二十三重中重，列字均爲「涅」；《切韻指掌圖》七圖、《切韻指南》山攝外四開口呼廣門，列字均爲「涅」；《四聲等子》山攝外四輕重俱等韻開口呼，列字爲「涅」。「湼」「涅」「涅」三字爲異體字；「涅」爲《廣韻》屑四泥母位小韻首字，《起數訣》列俗字無誤，但列「涅」字形更佳。

57 (入四溪)巧四屑　猰　《廣韻》苦結切，《集韻》詰結切，溪屑四入開山；《韻鏡》外轉第二十三開，列字爲「揳」，心母屑韻，爲「猰」字誤；《七音略》外轉二十三重中重、《切韻指掌圖》七圖、《四聲等子》山攝外四輕重俱等韻開口呼、《切韻指南》山攝外四開口呼廣門，列字均爲「猰」。「猰」爲《廣韻》屑四溪母位小韻首字，《韻鏡》誤，《起數訣》是。

58 (入四從)才四屑　截　《康熙字典》記：「《廣韻》《集韻》《韻會》《正韻》昨結切。與𢧵同。《說文》斷也。」此記昨結切，從母屑韻。《韻鏡》外轉第二十三開，列字爲「𢧵」；《七音略》外轉二十三重中重，列字爲「𢧵」，從母屑韻；《切韻指掌圖》七圖、《四聲等子》山攝外四輕重俱等韻開口呼、《切韻指南》山攝外四開口呼廣門，列字均爲「截」。「𢧵」爲《廣韻》屑四從母位小韻首字，注曰：『或作截』，『截』爲其或體。列字以『截』爲佳，《起數訣》列或體，亦無誤。

59（入四曉）花四屑　奤　明本列字爲『奤』，四庫本列字爲『⿱大亘』。『⿱大亘』，《廣韻》《集韻》未收；《韻鏡》外轉第二十三開、《七音略》外轉二十三重中重、《切韻指掌圖》七圖、《四聲等子》山攝外四輕重俱等韻開口呼、《切韻指南》山攝外四開口呼廣門，列字均爲『奤』；『奤』，《廣韻》虎結切，曉母屑韻。『奤』爲《廣韻》屑四曉母位小韻首字，《起數訣》四庫本列『⿱大亘』字當爲『奤』誤，當校改爲『奤』字。明本列字是。

60（入四來）冷四屑　类　《廣韻》練結切，來屑四入開山；《康熙字典》記：『《廣韻》練結切，《集韻》力結切，音列。』《韻鏡》外轉第二十三開、《切韻指掌圖》七圖、《四聲等子》山攝外四輕重俱等韻開口呼，列字爲『类』；《七音略》《切韻指南》空位。『类』爲《廣韻》屑韻來母位小韻首字，《七音略》空位誤，《起數訣》是。

釋：

1（平一透）貪一寒　灘　《廣韻》《集韻》他干切，透寒一平開山；《韻鏡》外轉第二十三開、《七音略》外轉二十三重中重、《切韻指掌圖》七圖、《四聲等子》山攝外四輕重俱等韻開口呼、《切韻指南》山攝外四開口呼廣門，列字均爲『灘』。

2 (平一定)覃一寒　壇　《廣韻》徒干切,《集韻》唐干切,定寒一平開山;《韻鏡》外轉第二十三開、《七音略》外轉二十三重中重、《切韻指掌圖》七圖、《切韻指南》山攝外四開口呼廣門,列字均爲『壇』;《四聲等子》山攝外四輕重俱等韻開口呼,列字爲『檀』,定母寒韻。

3 (平一泥)妳一寒　難　《廣韻》《集韻》那干切,泥寒一平開山;《韻鏡》外轉第二十三開、《七音略》外轉二十三重中重、《切韻指掌圖》七圖、《四聲等子》山攝外四輕重俱等韻開口呼、《切韻指南》山攝外四開口呼廣門,列字均爲『難』。

4 (平一見)甲一寒　干　《廣韻》古寒切,《集韻》居寒切,見寒一平開山;《韻鏡》外轉第二十三開、《七音略》外轉二十三重中重、《切韻指掌圖》七圖、《四聲等子》山攝外四輕重俱等韻開口呼、《切韻指南》山攝外四開口呼廣門,列字均爲『干』。

5 (平一溪)巧一寒　看　《廣韻》苦寒切,《集韻》丘寒切,溪寒一平開山;《韻鏡》外轉第二十三開、《七音略》外轉二十三重中重、《切韻指掌圖》七圖、《四聲等子》山攝外四輕重俱等韻開口呼、《切韻指南》山攝外四開口呼廣門,列字均爲『看』。

6 (平一疑)瓦一寒　豻　《廣韻》俄寒切,《集韻》俄干切,疑寒一平開山;《韻鏡》外轉第二十三開、《七音略》外轉二十三重中重、《四聲等子》山攝外四輕重俱等韻開口呼、《切韻指南》山攝外四開口呼廣門,列字均爲『豻』;《切韻指掌圖》七圖,列字爲『[illegible]』,疑母寒韻。

7 (平一清)采一寒　餐　《廣韻》七安切,《集韻》千安切,清寒一平開山;《韻鏡》外轉第二十三開、《七音略》外轉二十三重中重、《切韻指掌圖》七圖、《四聲等子》山攝外四輕重俱等韻開口呼、《切韻指南》山攝外四開口呼廣門，列字均爲「餐」。

8 （平一曉）花一寒　頇　《廣韻》許干切，《集韻》虚干切，曉寒一平開山；《韻鏡》外轉第二十三開、《七音略》外轉二十三重中重、《切韻指掌圖》七圖、《四聲等子》山攝外四輕重俱等韻開口呼、《切韻指南》山攝外四開口呼廣門，列字均爲「頇」。

9 （平一匣）晚一寒　寒　《廣韻》胡安切，《集韻》河干切，匣寒一平開山；《韻鏡》外轉第二十三開、《七音略》外轉二十三重中重、《切韻指掌圖》七圖、《四聲等子》山攝外四輕重俱等韻開口呼、《切韻指南》山攝外四開口呼廣門，列字均爲「寒」。

10 （平一影）亞一寒　安　《廣韻》烏寒切，《集韻》於寒切，影寒一平開山；《韻鏡》外轉第二十三開、《七音略》外轉二十三重中重、《切韻指掌圖》七圖、《四聲等子》山攝外四輕重俱等韻開口呼、《切韻指南》山攝外四開口呼廣門，列字均爲「安」。

11 （平四端）丹四先　顛　《廣韻》都年切，《集韻》多年切，端先四上開山；《韻鏡》外轉第二十三開、《七音略》外轉二十三重中重、《切韻指掌圖》七圖、《四聲等子》山攝外四輕重俱等韻開口呼、《切韻指南》山攝外四開口呼廣門，列字均爲「顛」。

12 （平四透）貪四先　天　《廣韻》他前切，《集韻》他年切，透先四平開山；《韻鏡》外轉第二十三開、《七音略》外轉二十三重中重、《切韻指掌圖》七圖、《四聲等子》山攝外四輕重俱等韻開口呼、《切韻指南》山攝外四開口呼廣門，列字均爲『天』。

13（平四定）𠭁四先　田　《廣韻》徒年切，《集韻》亭年切，定先四平開山；《韻鏡》外轉第二十三開、《七音略》外轉二十三重中重、《切韻指掌圖》七圖、《四聲等子》山攝外四輕重俱等韻開口呼、《切韻指南》山攝外四開口呼廣門，列字均爲『田』。

14（平四泥）妳四先　年　《廣韻》奴顛切，《集韻》寧顛切，泥先四平開山；《韻鏡》外轉第二十三開、《七音略》外轉二十三重中重、《切韻指掌圖》七圖、《四聲等子》山攝外四輕重俱等韻開口呼，列字均爲『年』；《切韻指南》山攝外四開口呼廣門，列字爲『秊』，『秊』『年』二字爲異體字。

15（平四見）甲四先　堅　《廣韻》古賢切，《集韻》經天切，見先四平開山；《韻鏡》外轉第二十三開、《七音略》外轉二十三重中重、《切韻指掌圖》七圖、《四聲等子》山攝外四輕重俱等韻開口呼，列字均爲『堅』；《切韻指南》山攝外四開口呼廣門，列字爲『甄』，見母仙韻。

16（平四溪）巧四先　牽　《廣韻》苦堅切，《集韻》輕煙切，溪先四平開山；《韻鏡》外轉第二十三開、《七音略》外轉二十三重中重、《切韻指掌圖》七圖、《四聲等子》山攝外四輕重俱等韻開口呼、《切韻指南》山攝外四開口呼廣門，列字均爲『牽』。

17（平四清）采四先　千　《廣韻》蒼先切，《集韻》倉先切，清先四平開山；《韻鏡》外轉第二十三開、《七音略》外轉二十三重中重、《切韻指掌圖》七圖、《四聲等子》山攝外四輕重俱等韻開口呼,《切韻指南》山攝外四開口呼廣門,列字均爲『千』。

18 (平四從)才四先　前　《廣韻》昨先切,《集韻》才先切,從先四平開山;《韻鏡》外轉第二十三開,《七音略》外轉二十三重中重,《切韻指掌圖》七圖,《四聲等子》山攝外四輕重俱等韻開口呼,列字均爲『前』;《切韻指南》山攝外四開口呼廣門,列字爲『歬』,『歬』『前』二字爲異體字。

19 (平四心)山四先　先　《廣韻》蘇前切,《集韻》蕭前切,心先四平開山;《韻鏡》外轉第二十三開,《七音略》外轉二十三重中重,《切韻指掌圖》七圖,《四聲等子》山攝外四輕重俱等韻開口呼,列字均爲『先』;《切韻指南》山攝外四開口呼廣門,列字爲『仙』,心母仙韻。

20 (平四曉)花四先　祆　《廣韻》呼煙切,《集韻》馨煙切,曉先四平開山;《韻鏡》外轉第二十三開,《七音略》外轉二十三重中重,《切韻指掌圖》七圖,《四聲等子》山攝外四輕重俱等韻開口呼,《切韻指南》山攝外四開口呼廣門,列字均爲『祆』。

21 (平四匣)晚四先　賢　《廣韻》胡田切,《集韻》胡千切,匣先四平開山;《韻鏡》外轉第二十三開,《七音略》外轉二十三重中重,《切韻指掌圖》七圖,《四聲等子》山攝外四輕重俱等韻開口呼,《切韻指南》山攝外四開口呼廣門,列字均爲『賢』。

22 (平四影)亞四先　煙　《廣韻》烏前切,《集韻》因蓮切,影先四平開山;《韻鏡》外轉第二十三開,《七音略》外轉二十三重中重,《切韻指掌圖》七圖,《四聲等子》山攝外四輕重俱等韻開口呼、《切韻指南》山攝外四開口呼廣門，列字均爲『煙』。

23 (平四來)冷四先　蓮　《廣韻》落賢切，《集韻》靈年切，來先四平開山；《韻鏡》外轉第二十三開、《七音略》外轉二十三重中重、《切韻指掌圖》七圖、《四聲等子》山攝外四輕重俱等韻開口呼、《切韻指南》山攝外四開口呼廣門，列字均爲『蓮』。

24 (上一端)丹一旱　亶　《廣韻》多旱切，《集韻》黨旱切，端旱一上開山；《韻鏡》外轉第二十三開、《七音略》外轉二十三重中重、《切韻指掌圖》七圖、《四聲等子》山攝外四輕重俱等韻開口呼、《切韻指南》山攝外四開口呼廣門，列字均爲『亶』。

25 (上一透)貪一旱　坦　《廣韻》他但切，《集韻》七慮切，清御三去合遇；《韻鏡》外轉第二十三開、《七音略》外轉二十三重中重、《切韻指掌圖》七圖、《四聲等子》山攝外四輕重俱等韻開口呼、《切韻指南》山攝外四開口呼廣門，列字均爲『坦』。

26 (上一定)覃一旱　但　《廣韻》徒旱切，《集韻》徒案切，定換(翰)一去開山；《韻鏡》外轉第二十三開、《七音略》外轉二十三重中重、《切韻指掌圖》七圖、《四聲等子》山攝外四輕重俱等韻開口呼、《切韻指南》山攝外四開口呼廣門，列字均爲『但』。

27 (上一見)甲一旱　笴　《廣韻》《集韻》古旱切，見旱一上開山；《韻鏡》外轉第二十三開、《七音略》外轉二十三重中重、《切韻指掌圖》七圖、《四聲等子》山攝外四輕重俱等韻開口呼、《切韻指南》山攝外四開口呼廣門，列字均爲『笴』。

28(上一溪)巧一旱　侃　《廣韻》空旱切,《集韻》墟旰切,溪翰一去開山;《韻鏡》外轉第二十三開,《七音略》外轉二十三重中重,《切韻指掌圖》七圖,《四聲等子》山攝外四輕重俱等韻開口呼,《切韻指南》山攝外四開口呼廣門,列字均爲「侃」。

29(上一精)哉一旱　鬢　《廣韻》作旱切,精旱一上開山;《韻鏡》外轉第二十三開,《七音略》外轉二十三重中重,《切韻指掌圖》七圖,《四聲等子》山攝外四輕重俱等韻開口呼,列字均爲「鬢」;《切韻指南》山攝外四開口呼廣門,列字爲「趲」,精母翰韻。

30(上一曉)花一旱　罕　《廣韻》呼旱切,《集韻》許旱切,曉旱一上開山;《韻鏡》外轉第二十三開,《七音略》外轉二十三重中重,《切韻指掌圖》七圖,《四聲等子》山攝外四輕重俱等韻開口呼,列字均爲「罕」;《切韻指南》山攝外四開口呼廣門,列字爲「罕」,「罕」「罕」二字爲異體字。

31(上一匣)晚一旱　旱　《廣韻》胡笴切,《集韻》下罕切,匣旱一上開山;《韻鏡》外轉第二十三開,《七音略》外轉二十三重中重,《切韻指掌圖》七圖,《四聲等子》山攝外四輕重俱等韻開口呼,《切韻指南》山攝外四開口呼廣門,列字均爲「旱」。

32(上四透)貪四銑　腆　《廣韻》《集韻》他典切,透銑四上開山;《韻鏡》外轉第二十三開,《七音略》外轉二十三重中重,《切韻指掌圖》七圖,《四聲等子》山攝外四輕重俱等韻開口呼,《切韻指南》山攝外四開口呼廣門,列字均爲「腆」。

33（上四泥）妳四銑　撚　《廣韻》《集韻》乃殄切，泥銑四上開山；《韻鏡》外轉第二十三開、《七音略》外轉二十三重中重、《切韻指掌圖》七圖、《四聲等子》山攝外四輕重俱等韻開口呼、《切韻指南》山攝外四開口呼廣門，列字均爲『撚』。

34（上四見）甲四銑　繭　《廣韻》《集韻》古典切，見銑四上開山；《韻鏡》外轉第二十三開、《七音略》外轉二十三重中重、《切韻指掌圖》七圖、《四聲等子》山攝外四輕重俱等韻開口呼、《切韻指南》山攝外四開口呼廣門，列字均爲『繭』。

35（上四疑）瓦四銑　齞　《廣韻》《集韻》研峴切，疑銑四上開山；《韻鏡》外轉第二十三開、《七音略》外轉二十三重中重、《切韻指掌圖》七圖、《四聲等子》山攝外四輕重俱等韻開口呼、《切韻指南》山攝外四開口呼廣門，列字均爲『齞』。

36（上四心）山四銑　銑　《廣韻》《集韻》蘇典切，心銑四上開山；《韻鏡》外轉第二十三開、《七音略》外轉二十三重中重、《切韻指掌圖》七圖、《四聲等子》山攝外四輕重俱等韻開口呼，列字均爲『銑』；《切韻指南》山攝外四開口呼廣門，列字爲『獮』，心母獮韻。

37（上四曉）花四銑　顯　《廣韻》《集韻》呼典切，曉銑四上開山；《韻鏡》外轉第二十三開、《七音略》外轉二十三重中重、《切韻指掌圖》七圖、《四聲等子》山攝外四輕重俱等韻開口呼、《切韻指南》山攝外四開口呼廣門，列字均爲『顯』。

38（上四影）亞四銑　蝘　《廣韻》《集韻》於殄切，影銑四上開山；《韻鏡》外轉第二十三開、《七音略》外轉二十三重中重、《切韻指掌圖》七圖、《四聲等子》山攝外四輕重俱等韻開口呼、《切韻指南》山攝外四開口呼廣門，列字均爲「蝘」。

39（去一端）丹一翰　旦　《廣韻》得按切，《集韻》得案切，端翰一去開山；《韻鏡》外轉第二十三開、《七音略》外轉二十三重中重、《切韻指掌圖》七圖、《四聲等子》山攝外四輕重俱等韻開口呼、《切韻指南》山攝外四開口呼廣門，列字均爲「旦」。

40（去一透）貪一翰　炭　《廣韻》他旦切，《集韻》他案切，透翰一去開山；《韻鏡》外轉第二十三開、《七音略》外轉二十三重中重、《切韻指掌圖》七圖、《四聲等子》山攝外四輕重俱等韻開口呼、《切韻指南》山攝外四開口呼廣門，列字均爲「炭」。

41（去一定）覃一翰　憚　《廣韻》《集韻》徒案切，定翰一去開山；《韻鏡》外轉第二十三開、《七音略》外轉二十三重中重、《切韻指掌圖》七圖、《四聲等子》山攝外四輕重俱等韻開口呼、《切韻指南》山攝外四開口呼廣門，列字均爲「憚」。

42（去一疑）瓦一翰　岸　《廣韻》五旰切，《集韻》魚旰切，疑翰一去開山；《韻鏡》外轉第二十三開、《七音略》外轉二十三重中重、《切韻指掌圖》七圖、《四聲等子》山攝外四輕重俱等韻開口呼、《切韻指南》山攝外四開口呼廣門，列字均爲「岸」。

43（去一精）哉一翰　贊　《廣韻》《集韻》則旰切，精翰一去開山；《韻鏡》外轉第二十三開、《切韻指南》山攝外四開口呼廣門，列字爲「贊」；《七音略》外轉二十三重中重、《切韻指掌圖》

七圖、《四聲等子》山攝外四輕重俱等韻開口呼，列字均爲『贊』。『賛』『贊』二字爲異體字。

44 （去一清）采一翰　粲　《廣韻》《集韻》蒼案切，清翰一去開山；《韻鏡》外轉第二十三開、《七音略》外轉二十三重中重、《切韻指掌圖》七圖、《四聲等子》山攝外四輕重俱等韻開口呼、《切韻指南》山攝外四開口呼廣門，列字均爲『粲』。

45 （去一從）才一翰　㜺　《廣韻》徂賛切，從母翰韻。《康熙字典》記：『《唐韻》《集韻》則旰切，音賛。《説文》好也。』此記《集韻》則旰切，精母翰韻。《韻鏡》外轉第二十三開、《七音略》外轉二十三重中重、《切韻指掌圖》七圖、《四聲等子》山攝外四輕重俱等韻開口呼、《切韻指南》山攝外四開口呼廣門，列字均爲『㜺』。

46 （去一曉）花一翰　漢　《廣韻》呼旰切，《集韻》虚旰切，曉翰一去開山；《韻鏡》外轉第二十三開、《七音略》外轉二十三重中重、《切韻指掌圖》七圖、《四聲等子》山攝外四輕重俱等韻開口呼、《切韻指南》山攝外四開口呼廣門，列字均爲『漢』。

47 （去一匣）晚一翰　翰　《廣韻》《集韻》侯旰切，匣翰一去開山；《韻鏡》外轉第二十三開、《七音略》外轉二十三重中重、《切韻指掌圖》七圖、《四聲等子》山攝外四輕重俱等韻開口呼、《切韻指南》山攝外四開口呼廣門，列字均爲『翰』。

48 （去一來）冷一翰　爛　《廣韻》《集韻》郎旰切，來翰一去開山；《韻鏡》外轉第二十三開、《七音略》外轉二十三重中重、《切韻指掌圖》七圖、《四聲等子》山攝外四輕重俱等韻開口呼、

《切韻指南》山攝外四開口呼廣門，列字均爲「爛」。

49（去四端）丹四霰　殿　《廣韻》都甸切，端霰四去開山；《韻鏡》外轉第二十三開、《七音略》外轉二十三重中重、《切韻指掌圖》七圖、《四聲等子》山攝外四輕重俱等韻開口呼、《切韻指南》山攝外四開口呼廣門，列字均爲「殿」。

50（去四定）覃四霰　電　《廣韻》《集韻》堂練切，定霰四去開山；《韻鏡》外轉第二十三開、《七音略》外轉二十三重中重、《切韻指掌圖》七圖、《四聲等子》山攝外四輕重俱等韻開口呼、《切韻指南》山攝外四開口呼廣門，列字均爲「電」。

51（去四見）甲四霰　見　《廣韻》《集韻》經電切，見霰四去開山；《韻鏡》外轉第二十三開、《七音略》外轉二十三重中重、《切韻指掌圖》七圖、《四聲等子》山攝外四輕重俱等韻開口呼、《切韻指南》山攝外四開口呼廣門，列字均爲「見」。

52（去四從）才四霰　荐　《廣韻》在甸切，《集韻》才甸切，從霰四去開山；《韻鏡》外轉第二十三開、《七音略》外轉二十三重中重、《切韻指掌圖》七圖，列字均爲「荐」；《四聲等子》山攝外四輕重俱等韻開口呼、《切韻指南》山攝外四開口呼廣門，列字均爲「賤」，從母線韻。

53（去四心）山四霰　霰　《廣韻》蘇佃切，《集韻》先見切，心霰四去開山；《韻鏡》外轉第二十三開、《七音略》外轉二十三重中重、《切韻指掌圖》七圖、《四聲等子》山攝外四輕重俱等韻開口呼、《切韻指南》山攝外四開口呼廣門，列字均爲「霰」。

54（去四曉）花四霰　𩑔　《廣韻》呼甸切，《集韻》馨甸切，曉霰四去開山；《韻鏡》外轉第二十三開、《七音略》外轉二十三重中重、《切韻指掌圖》七圖、《四聲等子》山攝外四輕重俱等韻開口呼、《切韻指南》山攝外四開口呼廣門，列字均爲『𩑔』。

55（去四影）亞四霰　宴　《廣韻》於甸切，《集韻》伊甸切，影霰四去開山；《韻鏡》外轉第二十三開、《七音略》外轉二十三重中重、《切韻指掌圖》七圖、《四聲等子》山攝外四輕重俱等韻開口呼、《切韻指南》山攝外四開口呼廣門，列字均爲『宴』。

56（去四來）冷四霰　練　《廣韻》《集韻》郎甸切，來霰四去開山；《韻鏡》外轉第二十三開、《七音略》外轉二十三重中重、《切韻指掌圖》七圖、《四聲等子》山攝外四輕重俱等韻開口呼、《切韻指南》山攝外四開口呼廣門，列字均爲『練』。

57（入一端）丹一曷　怛　《廣韻》《集韻》當割切，端曷一入開山；《韻鏡》外轉第二十三開、《七音略》外轉二十三重中重、《切韻指掌圖》七圖、《切韻指南》山攝外四開口呼廣門，列字均爲『怛』；《四聲等子》山攝外四輕重俱等韻開口呼，列字爲『妲』，端母曷韻。

58（入一透）貪一曷　闥　《廣韻》《集韻》他達切，透曷一入開山；《韻鏡》外轉第二十三開、《七音略》外轉二十三重中重、《切韻指掌圖》七圖、《四聲等子》山攝外四輕重俱等韻開口呼、《切韻指南》山攝外四開口呼廣門，列字均爲『闥』。

59（入一定）覃一曷　達　《廣韻》唐割切，《集韻》陁葛切，定曷一入開山；《韻鏡》外轉第二十三開，《七音略》外轉二十三重中重，《切韻指掌圖》七圖，《四聲等子》山攝外四輕重俱等韻開口呼，《切韻指南》山攝外四開口呼廣門，列字均爲「達」。

60 （入一見）甲一曷　葛　《廣韻》古達切，《集韻》居曷切，見曷一入開山；《韻鏡》外轉第二十三開，《七音略》外轉二十三重中重，《切韻指掌圖》七圖，《切韻指南》山攝外四開口呼廣門，列字均爲「葛」；《四聲等子》山攝外四輕重俱等韻開口呼，列字爲「割」，見母曷韻。

61 （入一溪）巧一曷　渴　《廣韻》苦曷切，《集韻》丘葛切，溪曷一入開山；《韻鏡》外轉第二十三開，《七音略》外轉二十三重中重，《切韻指掌圖》七圖，《四聲等子》山攝外四輕重俱等韻開口呼，《切韻指南》山攝外四開口呼廣門，列字均爲「渴」。

62 （入一疑）瓦一曷　嶭　《廣韻》五割切，《集韻》牙葛切，疑曷一入開山；《韻鏡》外轉第二十三開，《七音略》外轉二十三重中重，《切韻指掌圖》七圖，《四聲等子》山攝外四輕重俱等韻開口呼，《切韻指南》山攝外四開口呼廣門，列字均爲「嶭」。

63 （入一匣）晚一曷　曷　《廣韻》胡葛切，《集韻》何葛切，匣曷一入開山；《韻鏡》外轉第二十三開，《七音略》外轉二十三重中重，《切韻指掌圖》七圖，《四聲等子》山攝外四輕重俱等韻開口呼，《切韻指南》山攝外四開口呼廣門，列字均爲「曷」。

64 （入一影）亞一曷　遏　《廣韻》烏葛切，《集韻》阿葛切，影曷一入開山；《韻鏡》外轉第二十三開，《七音略》外轉二十三重中重，《切韻指掌圖》七圖，《四聲等子》山攝外四輕重俱等韻開口呼、《切韻指南》山攝外四開口呼廣門，列字均爲『遏』。

65（入一來）冷一曷　剌　《廣韻》盧達切，《集韻》郎達切，來曷一入開山；《韻鏡》外轉第二十三開、《七音略》外轉二十三重中重、《切韻指南》山攝外四開口呼廣門，列字均爲『剌』；《切韻指掌圖》七圖、《四聲等子》山攝外四輕重俱等韻開口呼，列字均爲『辢』，來母曷韻。

66（入四端）丹四屑　窒　《廣韻》《集韻》丁結切，端屑四入開山；《韻鏡》外轉第二十三開、《七音略》外轉二十三重中重、《四聲等子》山攝外四輕重俱等韻開口呼、《切韻指南》山攝外四開口呼廣門，列字均爲『窒』；《切韻指掌圖》七圖，列字爲『⿴囗至』，見母屑韻。

67（入四透）貪四屑　鐵　《廣韻》《集韻》他結切，透屑四入開山；《韻鏡》外轉第二十三開、《七音略》外轉二十三重中重、《切韻指掌圖》七圖、《切韻指南》山攝外四開口呼廣門，列字均爲『鐵』；《四聲等子》山攝外四輕重俱等韻開口呼，列字爲『鉄』。

68（入四見）甲四屑　結　《廣韻》《集韻》古屑切，見屑四入開山；《韻鏡》外轉第二十三開、《七音略》外轉二十三重中重、《切韻指掌圖》七圖、《四聲等子》山攝外四輕重俱等韻開口呼、《切韻指南》山攝外四開口呼廣門，列字均爲『結』。

69（入四疑）瓦四屑　齧　《廣韻》五結切，《集韻》倪結切，疑屑四入開山；《韻鏡》外轉第二十三開、《七音略》外轉二十三重中重、《切韻指掌圖》七圖、《四聲等子》山攝外四輕重俱等韻開口呼、《切韻指南》山攝外四開口呼廣門，列字均爲『齧』。

70（入四精）哉四屑　節　《廣韻》《集韻》子結切，精屑四入開山；《韻鏡》外轉第二十三開、《七音略》外轉二十三重中重、《切韻指掌圖》七圖、《四聲等子》山攝外四輕重俱等韻開口呼、《切韻指南》山攝外四開口呼廣門，列字均爲「節」。

71（入四清）采四屑　切　《廣韻》《集韻》千結切，清屑四入開山；《韻鏡》外轉第二十三開、《七音略》外轉二十三重中重、《切韻指掌圖》七圖、《四聲等子》山攝外四輕重俱等韻開口呼、《切韻指南》山攝外四開口呼廣門，列字均爲「切」。

72（入四心）山四屑　屑　《廣韻》《集韻》先結切，心屑四入開山；《韻鏡》外轉第二十三開、《七音略》外轉二十三重中重、《切韻指掌圖》七圖、《四聲等子》山攝外四輕重俱等韻開口呼、《切韻指南》山攝外四開口呼廣門，列字均爲「屑」。

73（入四匣）晚四屑　纈　《廣韻》胡結切，《集韻》奚結切，匣屑四入開山；《韻鏡》外轉第二十三開、《七音略》外轉二十三重中重、《切韻指南》山攝外四開口呼廣門，列字均爲「纈」；《切韻指掌圖》七圖，列字爲「頁」，匣母屑韻；《四聲等子》山攝外四輕重俱等韻開口呼，列字爲「頡」，匣母屑韻。

74（入四影）亞四屑　噎　《廣韻》烏結切，《集韻》一結切，影屑四入開山；《韻鏡》外轉第二十三開、《七音略》外轉二十三重中重、《切韻指掌圖》七圖、《四聲等子》山攝外四輕重俱等韻開口呼、《切韻指南》山攝外四開口呼廣門，列字均爲「噎」。

汃	刹五			盡十一		豪七	盡四	刹三	豪四	刹二
口	百		發	崇	口	冷	萬	亞	晚	花
			音			闌		安	寒	頇
		刪（儃四）	濁							
				揙		蓮		煙	賢	祆
						嬾		侒	旱	罕
		潛（寒四）								
								蝘	峴	顯
						爛		案	翰	漢
		諫（輕四）								
						練		宴	現	韅
						刺		遏	曷	喝
汃	八	黠（桊四）								
						[illegible]		噎	纈	夻

蹇五	井三	叱十二	坎十二	蹇六	蹇七	蹇四	蹇四	蹇一	井二	叱十一
着	眉	中	丑	第	年	口	口	近	月	震
						王下	王下			
						姦	駍		頳	
							頩			
			㬥		報			[齒+干]		[面+干]
			㬥		暴	[言+隶]		鴈		
柭	[亻+密]	[口+晢]	呾	噠	疕	戛	詠			札

坎十一	井十一	比九	蹇十	蹇四	蹇二	蹇八	蹇三	井七	井十	蹇十二
尺	呈	星	石	口	雉	匝	王	禹	二	直
				王下						
		删		豻						
獑	虥	潸			僩					
鏟	棧	訕			骭	晏				
察		殺			黠	軋				

第四十一圖　發音濁

本圖列《廣韻》删潸諫黠韻字，係拆分《韻鏡》外轉第二十三開二等位列字。本圖聲母滂、見、溪、曉母位，明本、四庫本均列「□」。明本見、溪、曉母位下，一等格位内有「王下」二字，四庫本無。

校注：

1（平二崇）昰二删　○　《廣韻》《集韻》删韻崇母位無字；《韻鏡》外轉第二十三開、《七音略》外轉二十三重中重、《切韻指掌圖》七圖，列字爲「潺」，《廣韻》士連切，崇仙三平開山；《四聲等子》山攝外四輕重俱等韻開口呼，列字爲「虥」；《切韻指南》山攝外四開口呼廣門，列字爲「戔」，崇韻山韻。「潺」爲《廣韻》仙韻崇母字，按韻圖規制，當列於二等，是以列於二等删韻位。《起數訣》「潺」字又列於第四十七圖崇母山韻位。四十七圖三等爲仙韻，「潺」若爲崇母仙韻，可列此位；但「潺」又有「士山切」，恰可置於此位。本圖只收二等字，標目爲删，故此處不取仙韻「潺」字，《起數訣》空位是。

2 （平二曉）□二删　豣　《廣韻》可顔切，《集韻》丘顔切，溪删二平開山；《韻鏡》《七音略》《切韻指掌圖》《四聲等子》《切韻指南》疑母位均空位。『豣』爲《廣韻》删韻溪母位小韻首字，《起數訣》誤，當删。

3 （平四溪）□四（删）　顅　《廣韻》苦閑切，《集韻》丘閑切，溪山二平開山；另《集韻》輕煙切，溪先四平開山；各家韻圖均於四等位列先韻字『牽』。『顅』字《集韻》先韻屬『牽』小韻，『牽』已列於第四十圖溪母下，故不應重出。《起數訣》誤，當删。

4 （上二徹）丑二潸　㬠　《康熙字典》記：『《廣韻》丑晏切，《集韻》丑諫切，音㾪。赤色。又《集韻》丑赧切，㬠㬠，温濕貌。』此記丑晏切，徹母諫韻；《集韻》丑赧切，徹母潸韻。《韻鏡》《七音略》《切韻指掌圖》空位；《四聲等子》山攝外四輕重俱等韻開口呼、《切韻指南》山攝外四開口呼廣門，列字爲『㬠』。《廣韻》潸韻無徹紐，《起數訣》列字依《集韻》，亦無誤。

5 （上二娘）年二潸　赧　《廣韻》奴板切，《集韻》乃版切，娘潸二上開山；《韻鏡》外轉第二十三開、《切韻指掌圖》八圖、《四聲等子》山攝外四輕重俱等韻開口呼、《切韻指南》山攝外四開口呼廣門，列字均爲『赧』；《七音略》外轉二十三重中重，列字爲『赧』。『赧』爲《廣韻》潸韻娘母位小韻首字，注曰：『慙而面赤，俗作赧。』『赧』爲俗體，《説文》赤部此字爲『赧』，注曰：『從赤𠬝聲。』切一、切二、王一、王三此字爲『赧』，當是唐人俗書改形聲爲『從赤從皮』會意，非是。《起數訣》列字爲俗體，依《廣韻》《集韻》，是。

6 （上三群）近二潛　⿰齒干　明本列字爲『⿰齒干』，四庫本空位，『⿰齒干』列於疑母位。『⿰齒干』，《廣韻》五板切，《集韻》雅版切，疑潸二上開山；《韻鏡》外轉第二十三開、《七音略》外轉二十三重中重、《切韻指掌圖》八圖，列字均爲『⿰齒干』；《四聲等子》山攝外四輕重俱等韻開口呼、《切韻指南》山攝外四開口呼廣門，列字均爲『眼』，疑母産韻。『⿰齒干』爲《廣韻》潸韻疑母位小韻首字，當列於疑母，明本錯位，當移至疑母，四庫本空位是。

7 （上三疑）月二潛　○　明本空位，四庫本列字爲『⿰齒干』。明本當校補『⿰齒干』字，四庫本列字是。

8 （上三莊）震二潛　酐　《廣韻》未收此字；《集韻》潸韻無莊母字。《康熙字典》記：『《集韻》奸，見母旱韻。古旱切，音笴。本作奸。面黑气也。或作䵟。又居案切，音幹。義同。』此記古旱切，本作奸，見母旱韻。《韻鏡》外轉第二十三開，列字爲『酢』，當爲『酢』之俗體；《切韻指掌圖》八圖，列字爲『酢』；《七音略》空位；《四聲等子》山攝外四輕重俱等韻開口呼，列字爲『盞』，莊母産韻；《切韻指南》山攝外四開口呼廣門，列字爲『醆』，莊母産韻；『酢』，《廣韻》側板切，《集韻》阻板切，莊母潸韻。『酢』爲《廣韻》潸二照母位小韻首字，《七音略》空位誤，當校補『酢』字；《起數訣》列『酐』當爲『酢』之形訛，當校改爲『酢』。

9 （上三崇）呈二潛　⿰虫戔　《廣韻》士板切，《集韻》仕版切，崇潸二上開山；《韻鏡》外轉第二十三開、《七音略》外轉二十三重中重，列字均爲『⿰齒戔』；《切韻指掌圖》八圖，列字爲『撰』，崇母潸韻；《四聲等子》山攝外四輕重俱等韻開口呼、《切韻指南》山攝外四開口呼廣門，列字均爲『棧』，崇母産韻。『⿰齒戔』爲《廣韻》潸二牀母位小韻首字，下收『⿰虫戔』字，列字以『⿰齒戔』字爲佳，《起數訣》亦無誤。

10（上二匣）雄二潸　僴　《廣韻》《集韻》下赧切，匣潸二上開山；《韻鏡》空位；《七音略》外轉二十三重中重、《切韻指掌圖》八圖，列字均爲『僴』；《四聲等子》山攝外四輕重俱等韻開口呼、《切韻指南》山攝外四開口呼廣門，列字均爲『限』，匣母産韻。『僴』爲《廣韻》潸韻匣母位小韻首字，《韻鏡》空位誤，當校補『僴』字，《起數訣》是。

11（去二徹）丑二諫　⿱日⿸厂彡　明本列字爲『⿱日⿸厂彡』，四庫本空位。《廣韻》《集韻》諫韻徹母均有『⿱日⿸厂彡』，《廣韻》丑晏切，《集韻》丑諫切，徹諫二去開山；《韻鏡》外轉第二十三開、《七音略》外轉二十三重中重、《切韻指掌圖》七圖、《四聲等子》山攝外四輕重俱等韻開口呼、《切韻指南》山攝外四開口呼廣門，列字均爲『⿱日⿸厂彡』。『⿱日⿸厂彡』爲《廣韻》諫韻徹母位小韻首字，《起數訣》四庫本空位誤，當校補『⿱日⿸厂彡』字。明本列字是。

12（去二娘）年二諫　⿱日尒　明本列字爲『⿱日尒』，四庫本空位。《康熙字典》記：『《廣韻》奴版切，《集韻》乃版切，音赧。《説文》温濕也。又《集韻》乃諫切。《玉篇》赤也。《類篇》一曰小赤。』此記《集韻》乃諫切，爲泥母諫韻。明本因切列字，列於娘母，亦無誤。四庫本可校補『⿱日尒』字。

13（去二群）近二諫　鳫　明本列字爲『鳫』，四庫本空位。『鳫』，《廣韻》五晏切，《集韻》魚澗切，疑諫二去開山；《韻鏡》外轉第二十三開、《七音略》外轉二十三重中重、《切韻指掌圖》七圖、《四聲等子》山攝外四輕重俱等韻開口呼、《切韻指南》山攝外四開口呼廣門，列字均爲『鴈』，均列於母位，群母空位。『鴈』爲《廣韻》諫二疑母位小韻首字，當列於疑母位，《起數訣》明本誤，四庫本空位是。

14 (去二疑)月二諫　○　明本空位，四庫本列字爲『鴈』。明本誤，四庫本是。

15 (去二見)□二諫　諫　明本列字爲『諫』，四庫本空位。《廣韻》《集韻》諫韻見母位均有『諫』字，《廣韻》古晏切，《集韻》居宴切，見諫二去開山；《韻鏡》外轉第二十三開、《七音略》外轉二十三重中重、《切韻指掌圖》七圖、《切韻指南》山攝外四開口呼廣門，列字均爲『諫』；《四聲等子》山攝外四輕重俱等韻開口呼，列字爲『澗』，見母諫韻。『諫』爲《廣韻》諫韻見母位小韻首字，下收有『澗』字，列字以『諫』字爲佳，《起數訣》四庫本空位誤，當校補『諫』字。明本列字是。

16 (去二初)尺二諫　鏟　《廣韻》初鴈切，《集韻》初諫切，初諫二去開山；《韻鏡》外轉第二十三開、《七音略》外轉二十三重中重、《切韻指掌圖》七圖，列字均爲『鏟』；《四聲等子》山攝外四輕重俱等韻開口呼、《切韻指南》山攝外四開口呼廣門，列字均爲『羼』，穿母諫韻。『羼』爲《廣韻》諫韻穿母位小韻首字，下收有『鏟』字，列字以『羼』字爲佳，《起數訣》是。

17 (去二崇)呈二諫　棧　《廣韻》士諫切，《集韻》仕諫切，崇諫二去開山；《韻鏡》外轉第二十三開、《切韻指掌圖》七圖、《四聲等子》山攝外四輕重俱等韻開口呼、《切韻指南》山攝外四開口呼廣門，列字爲「輚」；《七音略》外轉二十三重中重，列字爲「棧」。「輚」爲《廣韻》諫韻牀母位小韻首字，下收有「棧」字，列字以「輚」字爲佳，《起數訣》列「棧」字亦無誤。

18（去二影）匠二諫　晏　明本列字爲「晏」，四庫本列字爲「宴」。「晏」，《廣韻》烏澗切，《集韻》於諫切，影諫二去開山。「宴」，《廣韻》於甸切，《集韻》伊甸切，影霰四去開山；不當列於此位。《韻鏡》外轉第二十三開、《七音略》外轉二十三重中重、《切韻指掌圖》七圖、《切韻指南》山攝外四開口呼廣門，列字均爲「晏」；《四聲等子》山攝外四輕重俱等韻開口呼，列字爲「堰」，影母線韻。「晏」爲《廣韻》諫韻影母位小韻首字，《起數訣》四庫本列「宴」字誤，當校改爲「晏」字。明本列字是。

19（入二幫）百二黠　八　《廣韻》博拔切，《集韻》布拔切，幫黠二入合山；《韻鏡》外轉第二十四合、《七音略》外轉二十四輕中重、《切韻指掌圖》八圖、《四聲等子》山攝外四輕重俱等韻合口呼，列字均爲「八」；《切韻指南》山攝外四開口呼廣門，列字爲「捌」。「八」爲《廣韻》黠韻幫母位小韻首字，下收有「捌」字，列字以「八」爲佳。本圖爲開口圖，按《起數訣》列圖原則，脣音多收於合口，且於四十二合口圖中重出，故本圖當删。

20（入二滂）□二黠　汃　《廣韻》《集韻》普八切，滂黠二入開山；《韻鏡》外轉第二十四合、《七音略》外轉二十四輕中重、《切韻指掌圖》八圖、《四聲等子》山攝外四輕重俱等韻合口呼、

《切韻指南》山攝外四開口呼廣門，列字均爲『汃』。四十二合口圖中重出，故本圖當删。

21 (入二並)拔二黠　拔　《廣韻》《集韻》蒲八切，並黠二入合山；《韻鏡》外轉第二十四合、《七音略》外轉二十四輕中重、《切韻指掌圖》八圖、《四聲等子》山攝外四輕重俱等韻合口呼、《切韻指南》山攝外四開口呼廣門，列字均爲『拔』。四十二合口圖中重出，故本圖當删。

22 (入二明)眉二黠　傄　《廣韻》《集韻》莫八切，明黠二入開山；《韻鏡》外轉第二十三開、《七音略》外轉二十四輕中重、《切韻指南》山攝外四開口呼廣門，列字均爲『傄』；《切韻指掌圖》八圖、《四聲等子》山攝外四輕重俱等韻合口呼，列字均爲『傄』。『傄』爲《廣韻》黠韻明母位小韻首字，『傄』當爲形訛。四十二合口圖中重出，故本圖當删。

23 (入二知)中二黠　唽　《康熙字典》記：『《集韻》知戛切，音斷。唽嘲，鳥聲。』此記音斷，係《廣韻》入聲鎋韻知母位小韻『哳』字下收字，《廣韻》陟鎋切，知鎋二入開山；《韻鏡》外轉第二十一開，列字爲『哳』；《七音略》《切韻指掌圖》空位；《四聲等子》山攝外四輕重俱等韻開口呼，列字爲『哳』；《切韻指南》山攝外四開口呼廣門，列字爲『唽』，『哳』『唽』二字爲異體字；『哳』爲《廣韻》鎋韻知母位小韻首字，《七音略》空位誤，《起數訣》誤，當删。

24 (入二徹)丑二黠　呾　《廣韻》當割切，端曷開一入山；乙鎋切，影鎋二入開山。《集韻》晪軋切，徹黠二入開山；《韻鏡》外轉第二十三開，列於知母位，誤；《七音略》外轉二十三重中重，列字爲『呾』；《切韻指掌圖》空位；《四聲等子》山攝外四輕重俱等韻開口呼、《切韻指南》山攝外四開口呼廣門，列字均爲『獺』，透母鎋韻。『呾』《廣韻》及以前韻書均無黠韻音，《七音略》及《起數訣》列此字當依《集韻》，《韻鏡》列於知母誤。《起數訣》列字從《集韻》，亦無誤。

25（入二澄）弟二黠　喹　《廣韻》未收；《集韻》宅軋切，澄黠二入開山；《韻鏡》外轉第二十三開，列字爲『蓮』，定母曷韻，誤；《七音略》外轉二十三重中重、《四聲等子》山攝外四輕重俱等韻開口呼、《切韻指南》山攝外四開口呼廣門，列字均爲『喹』；《切韻指掌圖》空位。《廣韻》黠韻無澄母字，《起數訣》依《集韻》，亦無誤。

26（入二初）尺二黠　察　《廣韻》初八切，《集韻》初戛切，初黠二入開山；《韻鏡》外轉第二十三開、《七音略》外轉二十三重中重，列字均爲『察』；《切韻指掌圖》七圖、《四聲等子》山攝外四輕重俱等韻開口呼、《切韻指南》山攝外四開口呼廣門，列字均爲『剎』，初母鎋韻。『䶪』爲《廣韻》黠韻初母位小韻首字，下收有『察』字，列字以『䶪』爲佳，《起數訣》亦無誤。

27（入二生）星二黠　殺　《廣韻》所八切，《集韻》山戛切，生黠二入開山；《韻鏡》外轉第二十三開、《切韻指掌圖》七圖、《四聲等子》山攝外四輕重俱等韻開口呼、《切韻指南》山攝外四開口呼廣門，列字均爲『殺』；《七音略》外轉二十三重中重，列字爲『椴』。『殺』爲《廣韻》黠二審母位小韻首字，下收有『椴』字，《起數訣》是。

28（入二曉）□二黠　○　《廣韻》《集韻》黠韻曉母位均有『傄，呼八切』；《韻鏡》外轉第二十三開，列字爲「㑳」；《七音略》空位；《切韻指掌圖》七圖、《四聲等子》山攝外四輕重俱等韻開口呼、《切韻指南》山攝外四開口呼廣門，列字均爲「瞎」，曉母鎋韻；「㑳」爲《廣韻》黠二曉母位小韻首字，《七音略》《起數訣》空位誤，此處當校補「㑳」字。

釋：

1 （平二見）□二删　姦　《廣韻》古顔切，《集韻》居顔切，見删二平開山；《韻鏡》外轉第二十三開、《七音略》外轉二十三重中重、《切韻指掌圖》七圖，列字均爲「姦」；《四聲等子》山攝外四輕重俱等韻開口呼、《切韻指南》山攝外四開口呼廣門，列字均爲「間」，見母山韻。

2 （平二溪）□二删　馯　《廣韻》丘姦切，《集韻》丘顔切，溪删二平開山；《韻鏡》外轉第二十三開、《七音略》外轉二十三重中重，列字均爲「馯」；《切韻指掌圖》七圖、《四聲等子》山攝外四輕重俱等韻開口呼、《切韻指南》山攝外四開口呼廣門，列字均爲「慳」，溪母山韻。

3 （平二疑）月二删　顔　《廣韻》五姦切，《集韻》牛姦切，疑删二平開山；《韻鏡》外轉第二十三開、《七音略》外轉二十三重中重、《切韻指掌圖》七圖、《四聲等子》山攝外四輕重俱等韻開口呼、《切韻指南》山攝外四開口呼廣門，列字均爲「顔」。

4 （平二審）星二删　删　《廣韻》所姦切，《集韻》師姦切，生删二平開山；《韻鏡》外轉第二十三開、《七音略》外轉二十三重中重，列字均爲「删」；《切韻指掌圖》七圖、《四聲等子》山攝外四輕重俱等韻開口呼、《切韻指南》山攝外四開口呼廣門，列字均爲「山」，審母山韻。

5 （上二穿）尺二潸 㹽 《廣韻》初板切，《集韻》楚綰切，穿潸二上開山；《韻鏡》外轉第二十三開、《七音略》外轉二十三重中重、《切韻指掌圖》八圖，列字均爲「㹽」；《四聲等子》山攝外四輕重俱等韻開口呼、《切韻指南》山攝外四開口呼廣門，列字均爲「剗」，初母産韻。

6 （上二生）星二潸 潸 《廣韻》數板切，《集韻》數版切，生潸二上開山；《韻鏡》外轉第二十三開、《七音略》外轉二十三重中重，列字均爲「潸」；《切韻指掌圖》《四聲等子》山攝外四輕重俱等韻開口呼、《切韻指南》山攝外四開口呼廣門，列字均爲「産」，生母産韻。

7 （去二生）星二諫 訕 《廣韻》《集韻》所晏切，生諫二去開山；《韻鏡》外轉第二十三開、《七音略》外轉二十三重中重、《切韻指掌圖》七圖、《四聲等子》山攝外四輕重俱等韻開口呼、《切韻指南》山攝外四開口呼廣門，列字均爲「訕」。

8 （去二匣）雄二諫 骭 《廣韻》《集韻》下晏切，匣諫二去開山；《韻鏡》外轉第二十三開、《七音略》外轉二十三重中重、《切韻指南》山攝外四開口呼廣門，列字均爲「骭」；《切韻指掌圖》七圖、《四聲等子》山攝外四輕重俱等韻開口呼，列字爲「莧」，匣母襉韻。

9 （入二娘）年二黠 痆 《廣韻》《集韻》女黠切，娘黠二入開山；《韻鏡》外轉第二十三開、《七音略》外轉二十三重中重、《切韻指掌圖》七圖、《切韻指南》山攝外四開口呼廣門，列字均爲

『痆』;《四聲等子》山攝外四輕重俱等韻開口呼,列字爲『瘵』。『痆』爲《廣韻》黠韻娘母位小韻首字,下收有『瘵』字,列字以『痆』爲佳,《起數訣》是。

10（入二見）□二黠　戛　《廣韻》古黠切,《集韻》訖黠切,見黠二入開山;《韻鏡》外轉第二十三開、《七音略》外轉二十三重中重、《四聲等子》山攝外四輕重俱等韻開口呼,列字均爲『戛』;《切韻指掌圖》七圖,列字爲『戞』,『戞』『戛』二字爲異體字;《切韻指南》山攝外四開口呼廣門,列字爲『⿰革鳥』。

11（入二溪）□二黠　⿰言瓜　《廣韻》恪八切,《集韻》丘八切,溪黠二入開山;《韻鏡》外轉第二十三開、《七音略》外轉二十三重中重,列字均爲『⿰言瓜』;《切韻指掌圖》七圖,列字爲『⿰禾葛』;《四聲等子》山攝外四輕重俱等韻開口呼,列字爲『擖』;《切韻指南》山攝外四開口呼廣門,列字爲『藒』。『⿰禾⿱𥫗曷』『藒』均爲『藒』字誤,溪母薛韻。

12（入二莊）震二黠　札　《廣韻》《集韻》側八切,莊黠二入開山;《韻鏡》外轉第二十三開、《七音略》外轉二十三重中重、《切韻指掌圖》七圖、《切韻指南》山攝外四開口呼廣門,列字均爲『札』;《四聲等子》山攝外四輕重俱等韻開口呼,列字爲『扎』。『札』爲《廣韻》黠二照母位小韻首字,下收有『扎』字,《起數訣》是。

13（入二匣）雄二黠　黠　《廣韻》胡八切,《集韻》下八切,匣黠二入開山;《韻鏡》外轉第二十三開、《七音略》外轉二十三重中重、《切韻指掌圖》七圖,列字均爲『黠』;《四聲等子》山攝外四輕重俱等韻開口呼、《切韻指南》山攝外四開口呼廣門，列字均爲『鍣』，匣母鍣韻。

14 （入二影）匠二黠　軋　《廣韻》烏黠切，《集韻》乙黠切，影黠二入開山；《韻鏡》外轉第二十三開、《七音略》外轉二十三重中重、《切韻指掌圖》七圖、《切韻指南》山攝外四開口呼廣門，列字均爲『軋』；《四聲等子》山攝外四輕重俱等韻開口呼，列字爲『鸛』，影母鍣韻。

觀四　渙五　巽五　渙三　觀一

開		飛	匹	瓶	米	■	■	■	■	癸
音	歡（乾三）	般	潘	槃	瞞	端	湍	團	渜	官
清	刪（離四）	班	攀	盼	蠻					
	先（乾三）	邊		胼	眠					消
	緩（泰三）	粄	坢	伴	滿	短	疃	斷	煖	管
	潸（兌三）	版	眅	阪	晋					
	銑（泰一）	扁	覑	辮	丏					
	換（有二）	半	判	畔	慢	鍛	彖	段	懦	貫
	諫（賢四）		襻		慢					慣
	霰（有三）	編	片	辯	麪					睄
	末（坎三）	撥	潑	跋	末	掇	脫	奪		括
	黠（妹四）	八	汃	拔	傯					
	屑（坎三）	別	撆	蹩	蔑					決

涣一	巽一	涣二						覌二	涣四	覌三
弁	㪺	口	■	■	■	■	■	血	尾	一
寬		岏	鑽	拳	嶸	酸		歓	桓	剜
								鋗	玄	渊
欵		輐	纂	㦗		算	鄹	澱	緩	椀
犬					旋				鉉	蜎
	趲	玩	鑽	竄		筭		喚	換	腕
鍬		亂		慕		變			惠	綰
騎								絢	縣	鋗
闊		枂	繓	撮	柮	劄		熁	活	斡
缺				麗				血	穴	抉

	巽三	漸五		覌五						巽四
■	民	鼻	■	必		閉	■	■	■	未
						音			鸞	
						濁				
					删[illegible]四					
									卯	
					潸[illegible]四					
									亂	
					霰睽四					
									將	
寠					黠姤四					

第四十二圖 閉音清

本圖列《廣韻》桓緩換末、先銑霰屑韻字，及删潸諫黠韻脣音字。係拆分《韻鏡》外轉第二十四一四等位列字及二等脣音字。大體符合一四等及二三等脣音同圖的分圖原則。本圖聲母端組、精組、來、日、半三位，明本列「■」，四庫本空格。一疑母位兩本皆列「□」。韻目明本上二等列「潸」，四庫本列「潜」；入一等明本列「末」，四庫本列「未」；入四等明本列「屑」，四庫本空位。明本是，四庫本誤。平一等位，兩本皆列目爲「歡」，《廣韻》韻目爲「桓」。

校注：

1 本圖平聲一等列目爲「歡」，《廣韻》《集韻》韻目均爲「桓」，本圖改爲「桓」韻較佳。

2 （平一幫）飛一歡 般 《廣韻》北潘切，《集韻》逋婚切，幫桓一平合山；《韻鏡》外轉第二十四合、《七音略》外轉二十四輕中重、《四聲等子》山攝外四輕重俱等韻合口呼、《切韻指南》山攝外四合口呼廣門，列字均爲「[illegible]」；《切韻指掌圖》八圖，列字爲「般」；「[illegible]」爲《廣韻》桓一幫母位小韻首字，下收有「般」字，列字以「[illegible]」爲佳，《起數訣》列「般」字亦無誤。

3（平一並）瓶一歡　槃　《廣韻》薄官切，《集韻》蒲官切，並桓一平合山；《韻鏡》外轉第二十四合、《七音略》外轉二十四輕中重、《切韻指掌圖》八圖、《四聲等子》山攝外四輕重俱等韻合口呼，列字均爲『盤』；《切韻指南》山攝外四合口呼廣門，列字爲『槃』。『槃』爲《廣韻》桓一並母位小韻首字，下收有『盤』字。列字以『槃』爲佳，《起數訣》是。《韻鏡》《七音略》列『盤』字亦無誤。

4（平一端）■一歡　端　《廣韻》《集韻》多官切，端桓一平合山；《韻鏡》外轉第二十四合、《切韻指掌圖》八圖、《四聲等子》山攝外四輕重俱等韻合口呼、《切韻指南》山攝外四合口呼廣門，列字均爲『端』；《七音略》外轉二十四輕中重，列字爲『耑』。『端』爲《廣韻》桓一端母位小韻首字，下收有『耑』字。列字以『端』字爲佳，《七音略》列『耑』字亦無誤，《起數訣》是。

5（平一泥）■一歡　渜　明本列字爲『渜』，四庫本列字爲『渜』。此字當爲『渜』之形訛。渜，《廣韻》乃管切，泥緩一上合山；《集韻》奴官切，泥桓一平合山。《韻鏡》空位；《七音略》外轉二十四輕中重，列字爲『渜』；《切韻指掌圖》八圖、《四聲等子》山攝外四輕重俱等韻合口呼、《切韻指南》山攝外四合口呼廣門，列字爲『濡』，泥母寒韻；《廣韻》桓韻無泥母字，寒韻有『濡』小韻，乃官切，當在桓韻。『渜』爲《集韻》桓一泥母位小韻首字，《起數訣》從《集韻》。兩本皆形訛，均當校改爲『渜』。

6（平一清）■一歡　爨　明本列字爲『爨』，四庫本列字爲『爨』。當爲『爨』之形訛。爨，《廣韻》七亂切，清換一去合山；《集韻》七丸切，清桓一平合山；《韻鏡》空位；《七音略》外轉二十四輕中重，列字爲『稄』，《字彙》七桓切，攛平聲；《切韻指掌圖》八圖，列字爲『攛』，《集韻》清母桓韻；《四聲等子》山攝外四輕重俱等韻合口呼，列字爲『爨』；《切韻指南》山攝外四合口呼廣門，列字爲『鋑』，《集韻》清母桓韻。《廣韻》桓韻清母位無字，《集韻》有『爨』小韻，《起數訣》依《集韻》，是。兩本皆形訛，當校改爲『爨』。

7（平一從）■一歡　巑　《廣韻》在丸切，《集韻》徂丸切，從桓一平合山；《韻鏡》外轉第二十四合，《七音略》外轉二十四輕中重，列字爲『攢』；『攢』《廣韻》在玩切，《集韻》徂畔切，從母換韻；當爲『欑』字書寫誤。《切韻指掌圖》八圖，《四聲等子》山攝外四輕重俱等韻合口呼，《切韻指南》山攝外四合口呼廣門，列字均爲『欑』。『欑』爲《廣韻》桓一從母位小韻首字，下收有『巑』字，列字以『欑』字爲佳，《起數訣》列『巑』字亦無誤。

8（平一來）■一歡　鸞　《廣韻》落官切，《集韻》盧丸切，來桓一平合山；《韻鏡》外轉第二十四合，《七音略》外轉二十四輕中重，列字均爲『鸞』；《切韻指掌圖》八圖，《四聲等子》山攝外四輕重俱等韻合口呼，《切韻指南》山攝外四合口呼廣門，列字均爲『鑾』；『鑾』爲《廣韻》桓一來母位小韻首字，下收有『鸞』字。列字以『鑾』字爲佳，《韻鏡》《七音略》《起數訣》列『鸞』字亦無誤。

9（平二並）瓶二删　肦　《廣韻》未收；《康熙字典》記：『《集韻》步還切。片也。』此記《集韻》

步還切，並母删韻。《韻鏡》《切韻指掌圖》《切韻指南》空位；《七音略》外轉二十四輕中重，列字爲『玢』；『玢』，《廣韻》布還切，《集韻》逋還切，幫母删韻；《七音略》誤。《四聲等子》山攝外四輕重俱等韻合口呼，列字爲『玢』。《廣韻》删韻無並母字，《起數訣》列字依《集韻》亦無誤。

10 (平四幫)飛四先　邊　《廣韻》布玄切，《集韻》卑眠切，幫先四平合山；《韻鏡》外轉第二十四合、《七音略》外轉二十三重中重、《切韻指掌圖》八圖、《四聲等子》山攝外四輕重俱等韻開口呼、《切韻指南》山攝外四合口呼廣門，列字均爲『邊』。第四十圖平四幫列『編』字，爲重出，四十圖當删。

11 (平四並)瓶四先　胼　《廣韻》部田切，《集韻》蒲眠切，滂先四平合山；《韻鏡》空位；《七音略》外轉二十三重中重、《四聲等子》山攝外四輕重俱等韻開口呼、《切韻指南》山攝外四合口呼廣門，列字均爲『蹁』；《切韻指掌圖》八圖，列字爲『駢』。『蹁』爲《廣韻》先四並母位小韻首字，下收有『胼』『駢』等字，列字以『蹁』字爲佳，《起數訣》列『胼』字亦無誤。《韻鏡》空位誤，當校補『蹁』字。第四十圖平四並母位重出，四十圖當删。

12 (平四明)米四先　眠　《廣韻》莫賢切，《集韻》民堅切，明先四平合山；《韻鏡》空位；《七音略》外轉二十三重中重、《切韻指掌圖》八圖、《四聲等子》山攝外四輕重俱等韻開口呼、《切韻指南》山攝外四合口呼廣門，列字均爲『眠』。第四十圖平四明母位列『瞑』，爲重出，四十圖當删。

13（平四見）癸四先　涓《廣韻》古玄切，《集韻》圭玄切，見先四平合山；《韻鏡》外轉第二十四合、《七音略》外轉二十四輕中重、《切韻指掌圖》八圖，列字爲『涓』；『涓』，《康熙字典》記：『《字彙》俗涓字』，『涓』爲俗體；《四聲等子》山攝外四輕重俱等韻合口呼、《切韻指南》山攝外四合口呼廣門，列字均爲『涓』。《起數訣》列正體，是。

14（平四曉）血四先　鋗《廣韻》《集韻》火玄切，曉先四平合山；《韻鏡》外轉第二十四合、《四聲等子》山攝外四輕重俱等韻合口呼、《切韻指南》山攝外四合口呼廣門，列字均爲『儇』，曉母仙韻；《七音略》外轉二十四輕中重、《切韻指掌圖》八圖，列字均爲『鋗』。『鋗』爲《廣韻》先韻曉母合口位小韻首字，《韻鏡》誤，《起數訣》是。

15（上一幫）飛一緩　粄《廣韻》博管切，《集韻》補滿切，幫緩一上合山；《韻鏡》外轉第二十四合、《四聲等子》山攝外四輕重俱等韻合口呼、《切韻指南》山攝外四合口呼廣門，列字均爲『粄』；《七音略》外轉二十四輕中重、《切韻指掌圖》八圖，列字均爲『叛』，並母换韻。『粄』爲《廣韻》緩韻幫母位小韻首字，《七音略》誤，《起數訣》是。

16（上一明）米一緩　滿　明本列字爲『滿』，四庫本列字爲『滿』。『滿』，《廣韻》莫旱切，《集韻》母伴切，明緩一上合山；《韻鏡》外轉第二十四合、《七音略》外轉二十四輕中重、《切韻指掌圖》八圖、《四聲等子》山攝外四輕重俱等韻合口呼、《切韻指南》山攝外四合口呼廣門，列字均爲『滿』。『滿』爲《廣韻》《集韻》緩一明母位小韻首字，均未收『⿱艹滿』字形。列字以『滿』爲佳，《起數訣》四庫本是，明本可校改爲『滿』。

17（上一泥）■一緩　煖　《廣韻》《集韻》乃管切，泥緩一上合山；《韻鏡》外轉第二十四合、《切韻指掌圖》八圖，列字均爲『暖』，『暖』『煖』二字爲異體字；《七音略》外轉二十四輕中重，列字爲『餪』；《四聲等子》山攝外四輕重俱等韻合口呼、《切韻指南》山攝外四合口呼廣門，列字均爲『煗』。『煗』爲《廣韻》緩一泥母位小韻首字，下收有『餪』『煖』二字。列字以『煗』字爲佳，《韻鏡》列『暖』字，《七音略》列『餪』字，《起數訣》列『煖』字亦無誤。

18（上一溪）弃一緩　欵　《廣韻》苦管切，《集韻》苦緩切，溪緩一上合山；《韻鏡》外轉第二十四合、《七音略》外轉二十四輕中重、《切韻指掌圖》八圖、《切韻指南》山攝外四合口呼廣門，列字均爲『款』；《四聲等子》山攝外四輕重俱等韻合口呼，列字爲『欵』。『款』爲《廣韻》緩一溪母位小韻首字，注曰：『欵爲俗體。』『欵』爲其俗體，列字以『款』爲佳，《起數訣》列俗體亦無誤。

19（上一疑）□一緩　輐　《廣韻》未收；《集韻》五管切，疑緩一上合山；《韻鏡》外轉第二十四合、《四聲等子》山攝外四輕重俱等韻合口呼、《切韻指南》山攝外四合口呼廣門，列字均爲『輐』；《七音略》外轉二十四輕中重，列字爲『軏』，爲『輐』字訛；《切韻指掌圖》空位。《廣韻》緩韻無疑母字，《起數訣》列字依《集韻》，亦無誤。

20（上一清）■一緩　惷　《康熙字典》記：『《説文》千短切，攛上聲。精戇也。从心蠢聲。又《廣韻》《集韻》呼骨切，音忽。《玉篇》寢熟也。又《集韻》呼八切，音聒。臥覺也。又呼役切，音瞁。義同。』此記《説文》千短切，清母緩韻。另《集韻》『千短切』。《韻鏡》《切韻指掌圖》均空位；《七音略》外轉二十四輕中重、《四聲等子》山攝外四輕重俱等韻合口呼、《切韻指南》山攝外四合口呼廣門，列字均爲『惷』。《廣韻》緩韻無清母字，《起數訣》列字從《集韻》，亦無誤。

21（上一從）■一緩　○　《廣韻》《集韻》緩韻從母位無此字；《韻鏡》外轉第二十四合，列字爲『鄼』；『鄼』，《廣韻》未收此字形，《集韻》祖管切，精母緩韻；又《康熙字典》記：『同酇。』『酇』，精母換韻；《韻鏡》誤。《七音略》外轉二十四輕中重，列字爲『鄹』；『鄹』，《廣韻》辭纂切，《集韻》緒纂切，邪母緩韻；《七音略》誤；《切韻指掌圖》《四聲等子》《切韻指南》均空位。《廣韻》《集韻》緩韻無從母字，《起數訣》空位是。

22（上一邪）■一緩　鄹　《廣韻》辭纂切，《集韻》緒纂切，邪緩一上合山；《韻鏡》空位；《七音略》外轉二十四輕中重，列於從母，邪母空位；《切韻指掌圖》八圖、《四聲等子》山攝外四輕重俱等韻合口呼、《切韻指南》山攝外四合口呼廣門，列字均爲『鄹』。『鄹』爲《廣韻》緩一邪母位小韻首字，《七音略》列於從母位誤，當校列於邪母位，《起數訣》列字是。

23（上一曉）血一緩　瀖　《康熙字典》記：『《玉篇》《集韻》火管切，歡上聲。弄水也。』此記《集韻》火管切，曉母緩韻；《韻鏡》外轉第二十四合、《四聲等子》山攝外四輕重俱等韻合口呼、《切韻指南》山攝外四合口呼廣門，列字均爲「灖」；《七音略》《切韻指掌圖》空位。《廣韻》緩韻無曉母字，《起數訣》列字依《集韻》，亦無誤。

24（上一來）■一緩　夘　《廣韻》子禮切，精薺四上開蟹；《集韻》子幺切，丘京切，均不當列於此位。《韻鏡》外轉第二十四合、《切韻指掌圖》八圖，列字爲「夘」，爲「卵」之俗寫。《四聲等子》山攝外四輕重俱等韻合口呼、《切韻指南》山攝外四合口呼廣門，列字均爲「卵」，來母緩韻；《七音略》外轉二十四輕中重，列字爲「夘」。「夘」爲《廣韻》緩韻來母位小韻首字，《廣韻》訛爲「夘」，後寫作「卵」。《起數訣》列字形訛，當校改爲「夘」。

25（上二幫）飛二潸　版　《廣韻》布綰切，《集韻》補綰切，幫潸二上開山；《韻鏡》外轉第二十四合、《切韻指掌圖》八圖、《四聲等子》山攝外四輕重俱等韻合口呼、《切韻指南》山攝外四合口呼廣門，列字均爲「版」；《七音略》外轉二十四輕中重，列字爲「板」。「版」爲《廣韻》潸二幫母位小韻首字，下收有「板」字。列字以「版」字爲佳，《七音略》列「板」字亦無誤，《起數訣》是。

26（上二滂）匹二潸　昄　《廣韻》布綰切，《集韻》補綰切，幫潸二上合山；《廣韻》扶板切，《集韻》部版切，並潸二上合山；「昄」爲《廣韻》潸二幫母位小韻首字，下收有「昄」字，「昄」又扶板切。不當列於此位。《韻鏡》外轉第二十四合、《七音略》外轉二十四輕中重、《切韻指掌圖》八圖，列字均爲『眅』；《四聲等子》山攝外四輕重俱等韻合口呼，列字爲『販』，非母願韻；《切韻指南》空位。『眅』爲《廣韻》潸二滂母位小韻首字，『昄』爲『眅』字之形訛。《起數訣》列『昄』誤，當校改爲『眅』字。

27（上二明）米二潸　　窅　明本列字爲『窅』，四庫本列字爲『矕』。『矕』，《廣韻》武板切，《集韻》母版切，明潸二上合山；《韻鏡》外轉第二十四合、《七音略》外轉二十四輕中重、《四聲等子》山攝外四輕重俱等韻合口呼、《切韻指南》山攝外四合口呼廣門，列字均爲『矕』；《切韻指掌圖》八圖，列字爲『䰉』，明母潸韻。『矕』爲《廣韻》潸二明綫位小韻首字，《起數訣》明本形訛，當校改爲『矕』，四庫本是。

28（上四幫）飛四銑　　扁　《廣韻》方典切，《集韻》補典切，幫銑四上開山；《韻鏡》外轉二十三開、《四聲等子》山攝外四輕重俱等韻開口呼，列字均爲『編』；《七音略》《切韻指南》空位；《切韻指掌圖》八圖，列字爲『匾』。『編』爲《廣韻》銑四幫母位小韻首字，下收有『扁』『匾』等字，列字以『編』字爲佳。《起數訣》列『扁』字亦無誤。《七音略》空位誤。　四十圖上四幫母位列字爲『匾』，爲重出，當删。

29（上四滂）匹四銑　　覑　《廣韻》未收；《集韻》匹典切，滂銑四上合山；《韻鏡》《七音略》《切韻指掌圖》《切韻指南》均空位；《四聲等子》山攝外四輕重俱等韻開口呼，列字爲『覑』。《廣韻》銑韻無滂紐，《起數訣》列字依《集韻》，亦無誤。

30（上四並）瓶四銑　辮《廣韻》薄泫切，《集韻》婢典切，並銑四上合山；《韻鏡》外轉第二十三開，列字爲『辯』，並母獮韻，誤；《七音略》外轉二十三重中重、《切韻指掌圖》八圖，列字均爲『辮』；《四聲等子》山攝外四輕重俱等韻合口呼，列字爲『楩』，並母獮韻；《切韻指南》空位。『辮』爲《廣韻》銑韻並母位小韻首字，《起數訣》是。此字又在四十圖上四並母位重出，四十圖當删。

31（上四明）米四銑　丏《廣韻》古太切，《集韻》居太切，見泰一去開山；《韻鏡》外轉第二十三開，列字爲『沔』，當爲『沔』字誤；《七音略》外轉二十三重中重，列字爲『丐』，『丐』爲『丏』之形訛；《切韻指掌圖》八圖，列字爲『緬』，明母獮韻；《四聲等子》山攝外四輕重俱等韻開口呼，列字爲『揙』；《切韻指南》空位。『揙』爲《廣韻》銑四明母位小韻首字，下收『丏』字，《起數訣》列『丐』爲形訛，當校改爲『丏』字。四十圖上四明母位列『揙』，重出，當删。

32（上四見）癸四銑　○　明本空位，四庫本列字爲『埍』。『埍』，《廣韻》況袁切，《集韻》許元切，曉元三平合山；不當列於此位。《韻鏡》外轉第二十四合、《七音略》外轉二十四輕中重、《切韻指掌圖》八圖、《四聲等子》山攝外四輕重俱等韻合口呼，列字均爲『畎』；《切韻指南》山攝外四合口呼廣門，列字爲『𡿨』。『𡿨』爲《廣韻》銑四見母位小韻首字，下收有『畎』字。列字以『𡿨』字爲佳，《韻鏡》《七音略》列『畎』字亦無誤。《起數訣》四庫本列『埍』，疑爲『埍』之誤，埍，《集韻》古泫切。《起數訣》兩本皆誤，當校改爲『𡿨』字。

33（上四從）■四銑　旋　《廣韻》似宣切，邪仙三平合山；《集韻》旬宣切，心銑四上合山；均不當列於此位。《韻鏡》外轉第二十四合、《七音略》外轉二十四輕中重，列於心母，從母空位；《切韻指掌圖》八圖、《四聲等子》山攝外四輕重俱等韻合口呼，列字均爲『雋』，從母獮韻；《切韻指南》山攝外四合口呼廣門，列字爲『雋』，從母獮韻。《廣韻》銑韻無從母字，『旋』爲《集韻》銑四心母位小韻首字，《起數訣》誤，當依《集韻》校列爲心母位。本位當删。

34（上四心）■四銑　○　《廣韻》銑韻心母位無字，《集韻》有『旋』小韻。《韻鏡》外轉第二十四合、《七音略》外轉二十四輕中重，列字爲『旋』。本圖串入從母，空位誤，當校補『旋』字。

35（上四匣）尾四銑　鉉　《廣韻》胡畎切，《集韻》胡犬切，匣銑四上合山；《韻鏡》外轉第二十四合、《切韻指掌圖》八圖、《四聲等子》山攝外四輕重俱等韻合口呼、《切韻指南》山攝外四合口呼廣門，列字均爲『泫』；《七音略》外轉二十四輕中重，列字爲『鉉』。『泫』爲《廣韻》銑四匣母位小韻首字，下收有『鉉』字。列字以『泫』字爲佳，《起數訣》列『鉉』字亦無誤。

36（上四影）一四銑　蜎　《康熙字典》記：『《廣韻》於玄切，《集韻》縈玄切，《韻會》縈緣切，音娟。《玉篇》蠋貌。又《廣韻》巨卷切，音圈。義同。又《集韻》於泫切，音餶。』此記《集韻》於泫切，影母銑韻；《韻鏡》外轉第二十四合、《七音略》外轉二十四輕中重、《四聲等子》山攝外四輕重俱等韻合口呼、《切韻指南》山攝外四合口呼廣門，列字均爲『蜎』；《切韻指掌圖》八圖，列字爲『兖』，以母獮韻。《廣韻》銑韻無影母字，『蜎』爲《集韻》銑四影母位小韻首字，

《起數訣》列字依《集韻》，亦無誤。

37（去一並）瓶一换　畔　《廣韻》《集韻》薄半切，並换一去合山；《韻鏡》外轉第二十四合、《七音略》外轉二十四輕中重，列字均爲「畔」；《切韻指掌圖》八圖、《四聲等子》山攝外四輕重俱等韻合口呼、《切韻指南》山攝外四合口呼廣門，列字均爲「叛」。「叛」爲《廣韻》换一並母位小韻首字，下收有「畔」字。列字以「叛」字爲佳，《韻鏡》《七音略》《起數訣》列「畔」字亦無誤。

38（去一明）米一换　幔　《廣韻》《集韻》莫半切，明换一去合山；《韻鏡》外轉第二十四合、《切韻指掌圖》八圖、《切韻指南》山攝外四合口呼廣門，列字均爲「縵」；《七音略》外轉二十四輕中重，列字爲「謾」；《四聲等子》山攝外四輕重俱等韻合口呼，列字爲「幔」。「縵」爲《廣韻》换一明母位小韻首字，下收有「幔」「謾」二字。列字以「縵」字爲佳，《起數訣》列「幔」字亦無誤。

39（去一端）■一换　鍜　《廣韻》胡加切，《集韻》何加切，匣麻二平開假；《韻鏡》外轉第二十四合、《七音略》外轉二十四輕中重、《切韻指掌圖》八圖、《切韻指南》山攝外四合口呼廣門，列字均爲「鍛」；《四聲等子》山攝外四輕重俱等韻合口呼，列字爲「鍛」。「鍛」，《廣韻》丁貫切，《集韻》都玩切，端换一去合山。「鍛」爲《廣韻》换一端母位小韻首字，《韻鏡》《七音略》《起數訣》列「鍜」字爲俗誤，此處當校改爲「鍛」字。

40（去一定）■一换　叚　《廣韻》古疋切，《集韻》舉下切，見馬二上開假；《韻鏡》外轉第二十四合、《七音略》外轉二十四輕中重、《切韻指掌圖》八圖、《切韻指南》山攝外四合口呼廣門，列字均爲『叚』；《四聲等子》山攝外四輕重俱等韻合口呼，列字爲『段』。『段』，《廣韻》《集韻》徒玩切，定换一去合山；『段』爲《廣韻》换一端母位小韻首字，《韻鏡》《七音略》《起數訣》列『叚』爲俗誤，此處當校改爲『段』字。

41（去一泥）■一换　懦　《廣韻》人朱切，日虞三平合遇；《集韻》奴亂切，泥换一去合山；《韻鏡》外轉第二十四合、《七音略》外轉二十四輕中重、《切韻指掌圖》八圖、《四聲等子》山攝外四輕重俱等韻合口呼，列字均爲『偄』；《切韻指南》山攝外四合口呼廣門，列字爲『媆』，泥母慁韻；『偄』，《廣韻》《集韻》奴亂切，泥换一去合山；『偄』爲《廣韻》换一泥母位小韻首字，下未收『儒』字。《起數訣》依《集韻》列字，亦無誤。

42（去一溪）弃一换　○　明本空位，四庫本列字爲『⿰金疑』。此字當爲『⿰金欵』之形訛。⿰金欵，《廣韻》口换切，《集韻》苦渙切，溪换一去合山；《韻鏡》外轉第二十四合、《切韻指掌圖》八圖、《切韻指南》山攝外四合口呼廣門，列字均爲『⿰金欵』；《七音略》外轉二十四輕中重、《四聲等子》山攝外四輕重俱等韻合口呼，列字均爲『⿰金疑』。『⿰金欵』爲《廣韻》换韻溪母位小韻首字，《起數訣》四庫本列字形訛，當校爲『⿰金欵』。明本空位誤，當校補『⿰金欵』字。

43（去一群）吅一换　⿺走雚　明本列字爲『⿺走雚』，四庫本空位，『⿺走雚』字列於二等位。『⿺走雚』，《廣韻》巨員切，群仙三平合山。《集韻》求患切，群諫二去合山。《韻鏡》外轉第二十四合、《七音略》外轉二十四輕中重、《四聲等子》山攝外四輕重俱等韻合口呼、《切韻指南》山攝外合口呼廣門，均於二等位列『趯』；《切韻指掌圖》空位。《廣韻》換韻群母位無字，『趯』爲《集韻》諫二群母位小韻首字。『趯』不當列於一等位，且不當列於此圖，四十三圖去二群母位重出，故當删。

44（去一精）■一換　鑽　《康熙字典》記：『《正字通》俗鑽字。』『鑽』，《廣韻》子筭切，《集韻》祖筭切，精換一去合山。《韻鏡》外轉第二十四合、《七音略》外轉二十四輕中重、《切韻指掌圖》八圖、《切韻指南》山攝外四合口呼廣門，列字均爲『穳』；《四聲等子》山攝外四輕重俱等韻合口呼，列字爲『鑽』。『穳』，《廣韻》子筭切，《集韻》祖筭切，精換一去合山；『穳』爲《廣韻》換一精母位小韻首字，下收有『鑽』字。列字以『穳』字爲佳，《起數訣》列『鑽』字亦無誤。

45（去一清）■一換　竄　《廣韻》七亂切，《集韻》取亂切，清換一去合山；《韻鏡》外轉第二十四合、《七音略》外轉二十四輕中重、《切韻指掌圖》八圖、《切韻指南》山攝外四合口呼廣門，列字均爲『竄』；《四聲等子》山攝外四輕重俱等韻合口呼，列字爲『竄』。『竄』『竄』二字爲異體字。『竄』爲《廣韻》《集韻》小韻首字，《韻鏡》《七音略》依韻書列字，《起數訣》列異體，亦無誤。

46（去一從）■一換　○　《廣韻》《集韻》換韻從母位無字；《韻鏡》外轉第二十四合、《七音略》

外轉二十四輕中重、《切韻指掌圖》八圖、《四聲等子》山攝外四輕重俱等韻合口呼、《切韻指南》山攝外四合口呼廣門，列字均爲『攢』，從母換韻。『攢』，《廣韻》在玩切，《集韻》徂畔切，從換一去合山；『攢』爲《廣韻》換一從母位小韻首字，《起數訣》空位誤，此處當校補『攢』字。

47（去一心）■一換　筭　明本列字爲『筭』，四庫本列字爲『算』。『算』，《廣韻》蘇管切，《集韻》損管切，心緩一上合山；另《集韻》蘇貫切，『筭』『算』同列小韻首字。《韻鏡》外轉第二十四合、《切韻指掌圖》八圖、《四聲等子》山攝外四輕重俱等韻合口呼、《切韻指南》山攝外四合口呼廣門，列字均爲『筭』；《七音略》外轉二十四輕中重，列字爲『算』。『筭』，《廣韻》《集韻》蘇貫切，心母換韻。『筭』爲《廣韻》換一心母位小韻首字，『筭』『算』同爲《集韻》小韻首字，《起數訣》四庫本從《集韻》，明本從《廣韻》。

48（去一影）一換　腕　《廣韻》《集韻》烏貫切，影換一去合山；《韻鏡》外轉第二十四合、《七音略》外轉二十四輕中重、《切韻指掌圖》八圖、《切韻指南》山攝外四合口呼廣門，列字均爲『惋』；《四聲等子》山攝外四輕重俱等韻合口呼，列字爲『腕』。『惋』爲《廣韻》換一影母位小韻首字，下收有『腕』字。列字以『惋』字爲佳，《起數訣》列『腕』字亦無誤。

49（去一半三）■一換　○　明本空位，四庫本列字爲『瓚』。『瓚』，《廣韻》藏旱切，《集韻》才贊切，從旱一上開山；《康熙字典》記：『《正字通》俗瓚字。』『瓚』爲『瓚』之俗體。諸家韻圖均列於從母旱韻。半三位多列正齒音，明本空位是，四庫本列精母字不妥。

50 (去二娘)■二諫 ○ 《廣韻》《集韻》諫韻娘母位無字；《韻鏡》外轉第二十四合、《七音略》外轉二十四輕中重、《四聲等子》山攝外四輕重俱等韻合口呼、《切韻指南》山攝外四合口呼廣門，列字均爲『奻』；《切韻指掌圖》空位。『奻』，《廣韻》《集韻》女患切，娘諫二去合山；『奻』爲《廣韻》諫二娘母位小韻首字，本圖按《起數訣》列圖原則，當列一四等字及部分脣音字，故二等内不應列非脣音字。且四十三圖去二娘母位列『奻』，重出。本圖空位是。

51 (去二見)癸二諫 慣 《廣韻》《集韻》古患切，見諫二去合山；《韻鏡》外轉第二十四合、《七音略》外轉二十四輕中重、《切韻指掌圖》八圖、《四聲等子》山攝外四輕重俱等韻合口呼、《切韻指南》山攝外四合口呼廣門，列字均爲『慣』。本圖按《起數訣》列圖原則，當列一四等字及部分脣音字，故二等内不應列非脣音字。且四十三圖去二見母位列『摜』，爲『慣』誤；係重出，故此位當刪。

52 (去二群)虯二諫 ○ 明本空位，四庫本列字爲『𧽊』。『𧽊』，《廣韻》巨員切，群仙三平合山；《集韻》求患切，群諫二去合山。《韻鏡》外轉第二十四合、《七音略》外轉二十四輕中重、《四聲等子》山攝外四輕重俱等韻合口呼、《切韻指南》山攝外合口呼廣門，列字均爲『𧽊』；《切韻指掌圖》空位。《廣韻》諫韻群母位無字，『𧽊』爲《集韻》諫二群母位小韻首字。不當列於此圖，四十三圖去二群母位重出，故當刪。

53 (去二疑)□二諫 薍 《廣韻》《集韻》五患切，疑諫二去合山；《韻鏡》外轉第二十四合、《七音略》外轉二十四輕中重、《切韻指掌圖》八圖、《四聲等子》山攝外四輕重俱等韻合口呼、《切韻指南》山攝外四合口呼廣門，列字均爲『藅』。不當列於此圖，四十三圖去二疑母位重出，故當刪。

54（去二初）■二諫　篡　《廣韻》《集韻》初患切，初諫二去合山；《韻鏡》外轉第二十四合、《七音略》外轉二十四輕中重、《切韻指掌圖》八圖、《四聲等子》山攝外四輕重俱等韻合口呼、《切韻指南》山攝外四合口呼廣門，列字均爲『篡』。不當列於此圖，四十三圖去二初母位重出，故當刪。

55（去二生）■二諫　孿　《廣韻》生患切，《集韻》數患切，生諫二去合山；《韻鏡》外轉第二十四合、《七音略》外轉二十四輕中重、《切韻指掌圖》八圖、《四聲等子》山攝外四輕重俱等韻合口呼，列字均爲『孿』；《切韻指南》山攝外四合口呼廣門，列字爲『篳』，生母線韻。不當列於此圖，四十三圖去二生母位重出，故當刪。

56（去二匣）尾二諫　患　《廣韻》《集韻》胡慣切，匣諫二去合山；《韻鏡》外轉第二十四合、《七音略》外轉二十四輕中重、《切韻指掌圖》八圖、《四聲等子》山攝外四輕重俱等韻合口呼、《切韻指南》山攝外四合口呼廣門，列字均爲『患』。不當列於此圖，四十三圖去二匣母位重出，故當刪。

57（去二影）一二諫　綰　《廣韻》《集韻》烏患切，影諫二去合山；《韻鏡》外轉第二十四合、《七音略》外轉二十四輕中重、《切韻指掌圖》八圖、《四聲等子》山攝外四輕重俱等韻合口呼、《切韻指南》山攝外四合口呼廣門，列字均爲『絹』。不當列於此圖，四十三圖去二影母位重出，故當删。

58 (去四幫)飛四霰　徧　《廣韻》方見切，《集韻》卑見切，幫霰三去開山；《韻鏡》外轉第二十三開、《切韻指掌圖》八圖、《切韻指南》山攝外四開口呼廣門，列字均爲『徧』；《七音略》《四聲等子》均空位。『徧』爲《廣韻》霰四幫母位小韻首字，《七音略》空位誤，《起數訣》是。

59 (去四滂)匹四霰　片　《廣韻》普麵切，《集韻》匹見切，滂霰四去合山；《韻鏡》外轉第二十三開、《七音略》外轉二十三重中重、《切韻指掌圖》八圖、《四聲等子》山攝外四輕重俱等韻開口呼，列字均爲『片』；《切韻指南》山攝外四開口呼廣門，列字爲『騗』，滂母線韻。四十圖有重出小韻，列字爲『騗』，屬『片』小韻，四十圖當删。

60 (去四並)瓶四霰　辯　《廣韻》符蹇切，《集韻》平免切，並獮三上開山；《韻鏡》外轉第二十三開、《四聲等子》山攝外四輕重俱等韻開口呼，列字均爲『辯』；《七音略》外轉二十三重中重，列字爲『辨』；《切韻指掌圖》八圖、《切韻指南》山攝外四開口呼廣門，列字均爲『便』，並母線韻；『辯』爲《廣韻》獮三並母位小韻首字，《起數訣》此處列『辯』字誤，當删。

61 (去四明)米四霰　麪　《廣韻》莫甸切，《集韻》眠見切，明霰四去合山；《韻鏡》外轉第二十三開，列字爲『麪』；《七音略》外轉二十四輕中重、《四聲等子》山攝外四輕重俱等韻開口呼、《切韻指南》山攝外四開口呼廣門，列字均爲「麫」；《切韻指掌圖》八圖，列字爲「面」，明母線韻。「麫」爲《廣韻》霰四明母位小韻首字，下收有「麵」等字，《起數訣》是。四十圖有重出小韻「瞑」，當删。

62 (去四定)■四霰 ○ 《廣韻》《集韻》霰韻定母位均無字；《韻鏡》《切韻指掌圖》《四聲等子》《切韻指南》空位；《七音略》外轉二十四輕中重，列字爲「綻」，《廣韻》澄母襇韻；《集韻》澄母霰韻，不當列於此位。《起數訣》空位是。

63 (去四溪)弃四霰 駽 《廣韻》許縣切，《集韻》翾縣切，曉霰四去開山；不當列於此位。《韻鏡》空位；《七音略》外轉二十四輕中重、《切韻指南》山攝外四合口呼廣門，列字均爲「駽」；《切韻指掌圖》八圖，列字爲「繾」，溪母線韻；《四聲等子》山攝外四輕重俱等韻合口呼，列字爲「缺」，溪母屑韻，誤。《廣韻》《集韻》無溪母霰韻字，「絢」爲《廣韻》霰四曉母位小韻首字，下收有「駽」字，《起數訣》誤，當删。

64 (去四匣)尾四霰 縣 《廣韻》黄絢切，《集韻》熒絹切，匣霰四去合山；《韻鏡》空位；《七音略》外轉二十四輕中重、《切韻指掌圖》八圖、《四聲等子》山攝外四輕重俱等韻合口呼、《切韻指南》山攝外四合口呼廣門，列字均爲「縣」。「縣」爲《廣韻》霰韻匣母位小韻首字，《韻鏡》空位誤，《起數訣》是。

65 (去四影)一四霰 鋗 《廣韻》《集韻》火玄切，曉先四平合山；《韻鏡》外轉第二十四合、《七音略》外轉二十四輕中重、《切韻指掌圖》八圖、《四聲等子》山攝外四輕重俱等韻合口呼、《切韻指南》山攝外四合口呼廣門，列字均爲『鋗』。『鋗』，《廣韻》烏縣切，《集韻》縈絹切，影霰四去合山。『鋗』爲《廣韻》霰四影母位小韻首字，《起數訣》誤，當校改爲『鋗』字。

重出。

66 本圖入聲一等在二十五圖附陰聲韻；入聲二等脣音在二十一圖附陰聲韻，在四十一圖

67 (入一滂)匹一末　潑　《廣韻》《集韻》普活切，滂末一入合山；《韻鏡》外轉第二十四合、《四聲等子》山攝外四輕重俱等韻合口呼，列字均爲『潑』；《七音略》外轉二十四輕中重、《切韻指掌圖》八圖、《切韻指南》山攝外四合口呼廣門，列字均爲『鏺』。『鏺』，《廣韻》《集韻》普活切，滂末一入合山；『鏺』爲《廣韻》末一滂母位小韻首字，下收有『潑』字。列字以『鏺』字爲佳，《起數訣》列『潑』字亦無誤。二十五圖列字爲『鏺』。

68 (入一透)■一末　脱　《廣韻》《集韻》他括切，透末一入合山；《韻鏡》外轉第二十四合、《七音略》外轉二十四輕中重、《切韻指掌圖》八圖，列字均爲『侻』(侻)；《四聲等子》山攝外四輕重俱等韻合口呼，列字均爲『脱』；《切韻指南》山攝外四合口呼廣門，列字爲『侻』。二十五圖列字爲『侻』。

69 (入一定)■一末　奪　《廣韻》《集韻》徒活切，定末一入合山；《韻鏡》外轉第二十四合、《七音略》外轉二十四輕中重、《切韻指掌圖》八圖、《四聲等子》山攝外四輕重俱等韻合口呼、

《切韻指南》山攝外四合口呼廣門，列字均爲『奪』。二十五圖列字爲『敚』。

70 （入一疑）□一末　枂　《廣韻》《集韻》五活切，疑末一入合山；《韻鏡》外轉第二十四合、《切韻指掌圖》八圖、《四聲等子》山攝外四輕重俱等韻合口呼、《切韻指南》山攝外四合口呼廣門，列字均爲『枂』；《七音略》外轉二十四輕中重，列字爲『抈』，疑母月韻；『枂』爲《廣韻》末一疑母位小韻首字，《七音略》誤，當校列爲『枂』字，《起數訣》是。

71 （入一從）■一末　柮　《廣韻》藏活切，《集韻》攢活切，從末一入合山；《韻鏡》外轉第二十四合、《七音略》外轉二十四輕中重、《四聲等子》山攝外四輕重俱等韻合口呼、《切韻指南》山攝外四合口呼廣門，列字均爲『柮』；《切韻指掌圖》八圖，列字爲『拙』，章母薛韻。二十五圖列字爲『梓』，誤。

72 （入一心）■一末　㓹　《康熙字典》記：『《集韻》先活切，音潠。《玉篇》削也。』此記《集韻》先活切，心母末韻；《韻鏡》外轉第二十四合、《四聲等子》山攝外四輕重俱等韻合口呼、《切韻指南》山攝外四合口呼廣門，列字均爲『㓹』；《七音略》外轉二十四輕中重，列字爲『刷』，生母鎋韻及生母薛韻；《切韻指掌圖》空位。《廣韻》末韻無心母字，《七音略》誤。《起數訣》從《集韻》。二十五圖心母位空位。

73 （入一曉）血一末　煯　此字當爲『𧮫』之形訛。𧮫，《康熙字典》記：『《説文》豁本字。』『豁』，《廣韻》《集韻》呼括切，曉末一入合山；《韻鏡》外轉第二十四合、《切韻指掌圖》八圖、《四聲等子》山攝外四輕重俱等韻合口呼、《切韻指南》山攝外四合口呼廣門，列字均爲『豁』；《七音略》外轉二十四輕中重，列字爲『諣』。『豁』爲《廣韻》末一曉母位小韻首字，下收有『諣』字，列字以『豁』字爲佳，《起數訣》列『諣』字亦無誤。二十五圖列字爲『豁』。

74 （入一來）[redacted]一末　將　《廣韻》即良切，精陽三平開宕；子亮切，精漾三去開宕。《集韻》資良切，精母陽韻；千羊切，清母陽韻。《韻鏡》外轉第二十四合、《七音略》外轉二十四輕中重、《切韻指掌圖》八圖、《四聲等子》山攝外四輕重俱等韻合口呼、《切韻指南》山攝外四合口呼廣門，列字均爲『捋』；『捋』，《廣韻》郎括切，《集韻》盧活切，來母末韻。『捋』爲《廣韻》末一來母位小韻首字，《起數訣》列『將』字爲『捋』之形訛，當校改爲『捋』字。二十五圖來母空位。

75 （入二明）米二黠　傄　《廣韻》《集韻》莫八切，明黠二入合山；《韻鏡》外轉第二十三開、《七音略》外轉二十四輕中重、《切韻指南》山攝外四開口呼廣門，列字均爲『傄』；《切韻指掌圖》八圖、《四聲等子》山攝外四輕重俱等韻合口呼，列字均爲『⿰亻蚤』。『傄』爲《廣韻》黠韻明母位小韻首字，『⿰亻蚤』當爲形訛，《起數訣》是。

76 四庫本入聲四等無列目，明本列目爲『屑』。四庫本當補，入聲四等脣音字，在四十圖重出。

77 （入四幫）飛四屑　○　明本列字爲『別』，四庫本空位。『別』，《廣韻》方別切，《集韻》筆別切，幫薛三入開山。不當列於此位。《廣韻》屑四幫母位有『⿰弓㡀，方結切』。《韻鏡》外轉第二十三開、《切韻指南》山攝外四開口呼廣門，列字均爲「鷩」，幫母薛韻，誤。《七音略》外轉二十三重中重、《切韻指掌圖》八圖，列字均爲「𢐗」，幫母屑韻；《四聲等子》山攝外四輕重俱等韻開口呼，列字爲「⿰弓滿」，當爲「𢐗」字；爲《廣韻》屑四幫母位小韻首字，明本列字誤，當校改爲「𢐗」，四庫本空位誤，當校補。

78（入四滂）匹四屑　撆　《廣韻》普蔑切，《集韻》匹蔑切，滂屑四入開山；《韻鏡》外轉第二十三開，列字爲「瞥」，滂母屑韻；《七音略》外轉二十三重中重，列字爲「嫳」，滂母屑韻；《切韻指掌圖》八圖、《切韻指南》山攝外四開口呼廣門，列字爲「撆」；《四聲等子》山攝外四輕重俱等韻開口呼，列字爲「蹩」，並母屑韻。「撆」爲《廣韻》屑四滂母位小韻首字，下收有「瞥」「嫳」二字，列字以「撆」字爲佳，《起數訣》是。

79（入四並）瓶四屑　蹩　《廣韻》《集韻》蒲結切，並屑四入開山；《韻鏡》外轉第二十三開、《七音略》外轉二十三重中重、《切韻指掌圖》八圖，列字均爲「蹩」；《四聲等子》山攝外四輕重俱等韻合口呼，列字爲「嫳」，並母祭韻；《切韻指南》空位。四十圖列字爲「槐」，係「槐」字形訛，重出，當删。本圖是。

80（入四明）米四屑　蔑　《廣韻》《集韻》莫結切，明屑四入開山；《韻鏡》外轉第二十三開、《七音略》外轉二十三重中重、《切韻指掌圖》八圖，列字均爲「蔑」；《四聲等子》山攝外四輕重俱等韻合口呼，列字爲「滅」，明母薛韻；《切韻指南》空位。四十圖列字爲「蠛」，重出，當删。

本圖是。

81（入四見）癸四屑　決　《廣韻》《集韻》古穴切，見屑四入開山；《韻鏡》外轉第二十四合、《七音略》外轉二十四輕中重、《切韻指掌圖》八圖、《切韻指南》山攝外四合口呼廣門，列字均爲『玦』；《四聲等子》山攝外四輕重俱等韻合口呼，列字爲『決』；『玦』爲《廣韻》屑四見母位小韻首字，下收有『決』字，列字以『玦』字爲佳，《起數訣》列『決』字亦無誤。

82（入四溪）弃四屑　缺　《廣韻》《集韻》苦穴切，溪屑四入開山；《韻鏡》外轉第二十四合、《七音略》外轉二十四輕中重、《切韻指掌圖》八圖、《切韻指南》山攝外四合口呼廣門，列字爲『闋』；《四聲等子》山攝外四輕重俱等韻合口呼，列字爲『缺』；『闋』爲《廣韻》屑四溪母位小韻首字，下收有『缺』字，列字以『闋』字爲佳，《起數訣》列『缺』字亦無誤。

83（入四清）■四屑　膬　《廣韻》七絶切，《集韻》促絶切，清薛三入合山；《韻鏡》《七音略》均空位；《切韻指掌圖》八圖、《四聲等子》山攝外四輕重俱等韻合口呼、《切韻指南》山攝外四合口呼廣門，列字均爲『膬』，清母薛韻。《廣韻》《集韻》屑韻無清母字，《起數訣》誤，當删。

84（入四匣）尾四屑　穴　明本列字爲『穴』，四庫本列字爲『窕』。『窕』，《廣韻》未收；《集韻》土了切，透筱四上開效；不當列於此位。《韻鏡》外轉第二十四合、《七音略》外轉二十四輕中重、《切韻指掌圖》八圖、《四聲等子》山攝外四輕重俱等韻合口呼、《切韻指南》山攝外四合口呼廣門，列字均爲『穴』。『穴』，《廣韻》《集韻》胡決切，匣母屑韻。『穴』爲《廣韻》屑四匣母位小韻首字，《起數訣》四庫本列字當爲「穴」字形訛，當校改爲「穴」字。明本列字是。

釋：

1　（平一滂）匹一歡　潘　《廣韻》普官切，《集韻》鋪官切，滂桓一平合山；《韻鏡》外轉第二十四合、《七音略》外轉二十四輕中重、《切韻指掌圖》八圖、《四聲等子》山攝外四輕重俱等韻合口呼、《切韻指南》山攝外四合口呼廣門，列字均爲「潘」。

2　（平一明）米一歡　瞞　《廣韻》母官切，《集韻》謨官切，明桓一平合山；《韻鏡》外轉第二十四合、《七音略》外轉二十四輕中重、《切韻指掌圖》八圖、《切韻指南》山攝外四合口呼廣門，列字均爲「瞞」；《四聲等子》山攝外四輕重俱等韻合口呼，列字爲「謾」，明母桓韻。

3　（平一透）■一歡　湍　《廣韻》他端切，《集韻》他官切，透桓一平合山；《韻鏡》外轉第二十四合、《七音略》外轉二十四輕中重、《切韻指掌圖》八圖、《四聲等子》山攝外四輕重俱等韻合口呼、《切韻指南》山攝外四合口呼廣門，列字均爲「湍」。

4　（平一定）■一歡　團　《廣韻》度官切，《集韻》徒官切，定桓一平合山；《韻鏡》外轉第二十四合、《七音略》外轉二十四輕中重、《切韻指掌圖》八圖、《四聲等子》山攝外四輕重俱等韻合口呼、《切韻指南》山攝外四合口呼廣門，列字均爲「團」。

5 （平一見）癸一歡　官　《廣韻》古丸切，《集韻》沽丸切，見桓一平合山；《韻鏡》外轉第二十四合、《七音略》外轉二十四輕中重、《切韻指掌圖》八圖、《四聲等子》山攝外四輕重俱等韻合口呼、《切韻指南》山攝外四合口呼廣門，列字均爲「官」。

6 （平一溪）弃一歡　寬　《廣韻》苦官切，《集韻》枯官切，溪桓一平合山；《韻鏡》外轉第二十四合、《七音略》外轉二十四輕中重、《切韻指掌圖》八圖、《四聲等子》山攝外四輕重俱等韻合口呼、《切韻指南》山攝外四合口呼廣門，列字均爲「寬」。

7 （平一疑）□一歡　岏　《廣韻》五丸切，《集韻》五官切，疑桓一平合山；《韻鏡》外轉第二十四合、《七音略》外轉二十四輕中重、《切韻指掌圖》八圖、《四聲等子》山攝外四輕重俱等韻合口呼、《切韻指南》山攝外四合口呼廣門，列字均爲「岏」。

8 （平一精）■一歡　鑽　《康熙字典》記：「《正字通》俗鑽字。」「鑽」，《廣韻》借官切，《集韻》祖官切，精桓一平合山；《韻鏡》外轉第二十四合、《切韻指南》山攝外四合口呼廣門，列字爲「鑽」；《七音略》外轉二十四輕中重、《切韻指掌圖》八圖、《四聲等子》山攝外四輕重俱等韻合口呼，列字均爲「鑽」。

9 （平一心）■一歡　酸　《廣韻》素官切，《集韻》蘇官切，心桓一平合山；《韻鏡》外轉第二十四合、《七音略》外轉二十四輕中重、《切韻指掌圖》八圖、《四聲等子》山攝外四輕重俱等韻合口呼、《切韻指南》山攝外四合口呼廣門，列字均爲「酸」。

10 (平一曉)血一歡 歡 《廣韻》《集韻》呼官切，曉桓一平合山；《韻鏡》外轉第二十四合、《七音略》外轉二十四輕中重、《切韻指掌圖》八圖、《四聲等子》山攝外四輕重俱等韻合口呼、《切韻指南》山攝外四合口呼廣門，列字均爲『歡』。

11 (平一匣)尾一歡 桓 《廣韻》《集韻》胡官切，匣桓一平合山；《韻鏡》外轉第二十四合、《七音略》外轉二十四輕中重、《四聲等子》山攝外四輕重俱等韻合口呼、《切韻指南》山攝外四合口呼廣門，列字均爲『桓』；《切韻指掌圖》八圖，列字爲『丸』，匣母桓韻。

12 (平一影)一一歡 剜 《廣韻》一丸切，《集韻》烏丸切，影桓一平合山；《韻鏡》外轉第二十四合、《七音略》外轉二十四輕中重、《切韻指掌圖》八圖、《四聲等子》山攝外四輕重俱等韻合口呼、《切韻指南》山攝外四合口呼廣門，列字均爲『剜』。

13 (平二幫)飛二删 班 《廣韻》布還切，《集韻》逋還切，幫删二平合山；《韻鏡》外轉第二十四合、《七音略》外轉二十四輕中重、《切韻指掌圖》八圖、《四聲等子》山攝外四輕重俱等韻合口呼、《切韻指南》山攝外四合口呼廣門，列字均爲『班』。

14 (平二滂)匹二删 攀 《廣韻》普班切，《集韻》披班切，滂删二平合山；《韻鏡》外轉第二十四合、《七音略》外轉二十四輕中重、《切韻指掌圖》八圖、《四聲等子》山攝外四輕重俱等韻合口呼、《切韻指南》山攝外四合口呼廣門，列字均爲『攀』。

15 (平二明)米二删 蠻 《廣韻》莫還切，《集韻》謨還切，明删二平合山；《韻鏡》外轉第二十四合、《七音略》外轉二十四輕中重、《切韻指掌圖》八圖、《四聲等子》山攝外四輕重俱等韻合口呼、《切韻指南》山攝外四合口呼廣門，列字均爲『鑾』。

16 (平四匣)尾四先 玄 《廣韻》《集韻》胡涓切，匣先四平合山；《韻鏡》外轉第二十四合、《七音略》外轉二十四輕中重、《切韻指掌圖》八圖、《四聲等子》山攝外四輕重俱等韻合口呼、《切韻指南》山攝外四合口呼廣門，列字均爲『玄』。

17 (平四影)一四先 淵 《廣韻》烏玄切，《集韻》縈玄切，影先四平合山；《韻鏡》外轉第二十四合、《七音略》外轉二十四輕中重、《切韻指掌圖》八圖、《四聲等子》山攝外四輕重俱等韻合口呼、《切韻指南》山攝外四合口呼廣門，列字均爲『淵』。

18 (上一滂)匹一緩 坢 《廣韻》《集韻》普伴切，滂緩一上合山；《韻鏡》外轉第二十四合、《七音略》外轉二十四輕中重、《切韻指掌圖》八圖，列字均爲『坢』；《四聲等子》山攝外四輕重俱等韻合口呼、《切韻指南》山攝外四合口呼廣門，列字均爲『玶』，當爲『坢』誤。

19 (上一並)瓶一緩 伴 《廣韻》蒲旱切，《集韻》部滿切，並緩一上合山；《韻鏡》外轉第二十四合、《七音略》外轉二十四輕中重、《切韻指掌圖》八圖、《四聲等子》山攝外四輕重俱等韻合口呼、《切韻指南》山攝外四合口呼廣門，列字均爲『伴』。

20 (上一端)■一緩 短 《廣韻》都管切，《集韻》覩緩切，端緩一上合山；《韻鏡》外轉第二十四合、《七音略》外轉二十四輕中重、《切韻指掌圖》八圖、《四聲等子》山攝外四輕重俱等韻合口呼、《切韻指南》山攝外四合口呼廣門，列字均爲『短』。

21（上一透）■一緩　疃《廣韻》吐緩切，《集韻》土緩切，透緩一上合山；《韻鏡》外轉第二十四合、《七音略》外轉二十四輕中重、《切韻指掌圖》八圖、《四聲等子》山攝外四輕重俱等韻合口呼、《切韻指南》山攝外四合口呼廣門，列字均爲『疃』。

22（上一定）■一緩　斷《廣韻》徒管切，《集韻》杜管切，定緩一上合山；《韻鏡》外轉第二十四合、《七音略》外轉二十四輕中重、《切韻指掌圖》八圖、《四聲等子》山攝外四輕重俱等韻合口呼、《切韻指南》山攝外四合口呼廣門，列字均爲『斷』。

23（上一見）癸一緩　管《廣韻》《集韻》古滿切，見緩一上合山；《韻鏡》外轉第二十四合、《七音略》外轉二十四輕中重、《切韻指掌圖》八圖、《四聲等子》山攝外四輕重俱等韻合口呼、《切韻指南》山攝外四合口呼廣門，列字均爲『管』。

24（上一精）■一緩　纂《廣韻》作管切，《集韻》祖管切，精緩一上合山；《韻鏡》外轉第二十四合、《七音略》外轉二十四輕中重、《切韻指掌圖》八圖、《四聲等子》山攝外四輕重俱等韻合口呼、《切韻指南》山攝外四合口呼廣門，列字均爲『纂』。

25（上一心）■一緩　算《廣韻》蘇管切，《集韻》損管切，心緩一上合山；《韻鏡》外轉第二十四合、《七音略》外轉二十四輕中重、《切韻指掌圖》八圖、《四聲等子》山攝外四輕重俱等韻合口呼、《切韻指南》山攝外四合口呼廣門，列字均爲『算』。

26 (上一匣)尾一緩 緩《廣韻》胡管切,《集韻》户管切,匣緩一上合山;《韻鏡》外轉第二十四合,《七音略》外轉二十四輕中重、《切韻指掌圖》八圖、《四聲等子》山攝外四輕重俱等韻合口呼、《切韻指南》山攝外四合口呼廣門,列字均爲『緩』。

27 (上一影)一一緩 椀《廣韻》烏管切,《集韻》鄔管切,影緩一上合山;《韻鏡》外轉第二十四合,《七音略》外轉二十四輕中重、《切韻指掌圖》八圖、《四聲等子》山攝外四輕重俱等韻合口呼、《切韻指南》山攝外四合口呼廣門,列字均爲『椀』。

28 (上二並)瓶二潸 阪《廣韻》扶板切,《集韻》部版切,並潸二上合山;《韻鏡》外轉第二十四合,《七音略》外轉二十四輕中重,列字均爲『阪』;《切韻指掌圖》《切韻指南》空位;《四聲等子》山攝外四輕重俱等韻合口呼,列字爲『粄』,幫母緩韻。

29 (上四溪)弃四銑 犬《廣韻》《集韻》苦泫切,溪銑四上合山;《韻鏡》外轉第二十四合、《七音略》外轉二十四輕中重、《切韻指掌圖》八圖、《四聲等子》山攝外四輕重俱等韻合口呼、《切韻指南》山攝外四合口呼廣門,列字均爲『犬』。

30 (去一幫)飛一换 半《廣韻》博漫切,《集韻》博漫切,幫换一去合山;《韻鏡》外轉第二十四合、《七音略》外轉二十四輕中重、《切韻指掌圖》八圖、《四聲等子》山攝外四輕重俱等韻合口呼、《切韻指南》山攝外四合口呼廣門,列字均爲『半』。

31 (去一滂)匹一换 判《廣韻》《集韻》普半切,滂换一去合山;《韻鏡》外轉第二十四合、《七音略》外轉二十四輕中重、《切韻指掌圖》八圖、《四聲等子》山攝外四輕重俱等韻合口呼、《切韻指南》山攝外四合口呼廣門，列字均爲「判」。

32 （去一透）■一換 彖 《廣韻》通貫切，《集韻》吐玩切，透換一去合山；《韻鏡》外轉第二十四合、《七音略》外轉二十四輕中重、《切韻指掌圖》八圖、《四聲等子》山攝外四輕重俱等韻合口呼、《切韻指南》山攝外四合口呼廣門，列字均爲「彖」。

33 （去一見）癸一換 貫 《廣韻》古玩切，《集韻》沽丸切，見換一去合山；《韻鏡》外轉第二十四合、《七音略》外轉二十四輕中重、《切韻指掌圖》八圖、《四聲等子》山攝外四輕重俱等韻合口呼、《切韻指南》山攝外四合口呼廣門，列字均爲「貫」。

34 （去一疑）□一換 玩 《廣韻》《集韻》五換切，疑換一去合山；《韻鏡》外轉第二十四合、《七音略》外轉二十四輕中重、《切韻指掌圖》八圖、《四聲等子》山攝外四輕重俱等韻合口呼、《切韻指南》山攝外四合口呼廣門，列字均爲「玩」。

35 （去一曉）血一換 喚 《廣韻》火貫切，《集韻》呼玩切，曉換一去合山；《韻鏡》外轉第二十四合、《七音略》外轉二十四輕中重、《切韻指掌圖》八圖、《四聲等子》山攝外四輕重俱等韻合口呼、《切韻指南》山攝外四合口呼廣門，列字均爲「喚」。

36 （去一匣）尾一換 換 《廣韻》《集韻》胡玩切，匣換一去合山；《韻鏡》外轉第二十四合、《七音略》外轉二十四輕中重、《切韻指掌圖》八圖、《四聲等子》山攝外四輕重俱等韻合口呼、

《切韻指南》山攝外四合口呼廣門，列字均爲『換』。

37 （去一來）■一換　亂　《廣韻》郎段切，《集韻》盧玩切，來換一去合山；《韻鏡》外轉第二十四合、《七音略》外轉二十四輕中重、《切韻指掌圖》八圖、《四聲等子》山攝外四輕重俱等韻合口呼、《切韻指南》山攝外四合口呼廣門，列字均爲『亂』。

38 （去二滂）匹二諫　襻　《廣韻》《集韻》普患切，滂諫二去合山；《韻鏡》外轉第二十四合、《七音略》外轉二十四輕中重、《四聲等子》山攝外四輕重俱等韻合口呼、《切韻指南》山攝外四合口呼廣門，列字爲『襻』；《切韻指掌圖》八圖，列字爲『盼』，滂母襇韻。

39 （去二明）米二諫　慢　《廣韻》《集韻》謨晏切，明諫二去合山；《韻鏡》外轉第二十四合、《七音略》外轉二十四輕中重、《切韻指掌圖》八圖、《四聲等子》山攝外四輕重俱等韻合口呼，列字均爲『慢』；《切韻指南》空位。

40 （去四曉）血四霰　絢　《廣韻》許縣切，《集韻》翾縣切，曉霰四去開山；《韻鏡》外轉第二十四合、《七音略》外轉二十四輕中重、《切韻指掌圖》八圖、《四聲等子》山攝外四輕重俱等韻合口呼、《切韻指南》山攝外四合口呼廣門，列字均爲『絢』。

41 （入一幫）飛一末　撥　《廣韻》《集韻》北末切，幫末一入合山；《韻鏡》外轉第二十四合、《七音略》外轉二十四輕中重、《切韻指掌圖》八圖、《四聲等子》山攝外四輕重俱等韻合口呼、《切韻指南》山攝外四合口呼廣門，列字均爲『撥』。

42（入一並）瓶一末　䟦　《廣韻》《集韻》蒲撥切，並末一入合山；《韻鏡》外轉第二十四合、《七音略》外轉二十四輕中重、《切韻指掌圖》八圖、《四聲等子》山攝外四輕重俱等韻合口呼、《切韻指南》山攝外四合口呼廣門，列字均爲「䟦」。

43（入一明）米一末　末　《廣韻》莫撥切，《集韻》莫葛切，明末一入合山；《韻鏡》外轉第二十四合、《七音略》外轉二十四輕中重、《切韻指掌圖》八圖、《四聲等子》山攝外四輕重俱等韻合口呼、《切韻指南》山攝外四合口呼廣門，列字均爲「末」。

44（入一端）■一末　掇　《廣韻》丁括切，《集韻》都括切，端末一入合山；《韻鏡》外轉第二十四合、《七音略》外轉二十四輕中重、《切韻指掌圖》八圖、《四聲等子》山攝外四輕重俱等韻合口呼、《切韻指南》山攝外四合口呼廣門，列字均爲「掇」。

45（入一見）癸一末　括　《廣韻》《集韻》古活切，見末一入合山；《韻鏡》外轉第二十四合、《七音略》外轉二十四輕中重、《切韻指掌圖》八圖、《四聲等子》山攝外四輕重俱等韻合口呼、《切韻指南》山攝外四合口呼廣門，列字均爲「括」。

46（入一溪）弃一末　闊　《廣韻》苦栝切，《集韻》苦活切，溪末一入合山；《韻鏡》外轉第二十四合、《七音略》外轉二十四輕中重、《切韻指掌圖》八圖、《四聲等子》山攝外四輕重俱等韻合口呼、《切韻指南》山攝外四合口呼廣門，列字均爲「闊」。

47（入一精）■一末　繓　《廣韻》子括切，《集韻》宗括切，精末一入合山；《韻鏡》外轉第二十四合、《七音略》外轉二十四輕中重、《切韻指掌圖》八圖、《四聲等子》山攝外四輕重俱等韻合口呼、《切韻指南》山攝外四合口呼廣門，列字均爲『緺』。

48 (入一清)■一末　撮　《廣韻》倉括切，《集韻》麤括切，清末一入合山；《韻鏡》外轉第二十四合、《七音略》外轉二十四輕中重、《切韻指掌圖》八圖、《四聲等子》山攝外四輕重俱等韻合口呼、《切韻指南》山攝外四合口呼廣門，列字均爲『撮』。

49 (入一匣)尾一末　活　《廣韻》《集韻》户括切，匣末一入合山；《韻鏡》外轉第二十四合、《七音略》外轉二十四輕中重、《切韻指掌圖》八圖、《四聲等子》山攝外四輕重俱等韻合口呼、《切韻指南》山攝外四合口呼廣門，列字均爲『活』。

50 (入一影)一一末　斡　《廣韻》《集韻》烏括切，影末一入合山；《韻鏡》外轉第二十四合、《七音略》外轉二十四輕中重、《切韻指掌圖》八圖、《四聲等子》山攝外四輕重俱等韻合口呼、《切韻指南》山攝外四合口呼廣門，列字均爲『斡』。

51 (入二滂)匹二黠　汃　《廣韻》《集韻》普八切，滂黠二入合山；《韻鏡》外轉第二十四合、《七音略》外轉二十四輕中重、《切韻指掌圖》八圖、《四聲等子》山攝外四輕重俱等韻合口呼，列字均爲『汃』；《切韻指南》空位。

52 (入二並)瓶二黠　拔　《廣韻》《集韻》蒲八切，並黠二入合山；《韻鏡》外轉第二十四合、《七音略》外轉二十四輕中重、《切韻指掌圖》八圖、《四聲等子》山攝外四輕重俱等韻合口呼，列字均爲『拔』；《切韻指南》空位。

53（入二幫）飛二點　八　《廣韻》博拔切，《集韻》布拔切，幫黠二入合山；《韻鏡》外轉第二十四合、《七音略》外轉二十四輕中重、《切韻指掌圖》八圖、《四聲等子》山攝外四輕重俱等韻合口呼，列字均爲『八』；《切韻指南》空位。

54（入四曉）血四屑　血　《廣韻》《集韻》呼決切，曉屑四入開山；《韻鏡》外轉第二十四合、《七音略》外轉二十四輕中重、《切韻指掌圖》八圖、《四聲等子》山攝外四輕重俱等韻合口呼、《切韻指南》山攝外四合口呼廣門，列字均爲『血』。

55（入四影）一四屑　抉　《廣韻》於決切，《集韻》一決切，影屑四入開山；《韻鏡》外轉第二十四合、《七音略》外轉二十四輕中重、《切韻指掌圖》八圖、《切韻指南》山攝外四合口呼廣門，列字均爲『抉』；《四聲等子》山攝外四輕重俱等韻合口呼，列字爲『玦』，見母屑韻。

巽四　覌五　漸五　巽三

木　■　■　■　閉　■　必　■　鼻　民　■

鸞　卯　亂　愕

音濁

刪蹇四　潸益四　霰睽四　黠妹四

窔

漸一
巽二

■	■	■	■	尭	揆	■	■	■	■	■
檂	狗		跧	庯	趙		閔	姑		
	撰									
彝		篡		亂	趙		攢	姑		
	辥		茁	黜		罰	剬	黜		

	漸四	漸二		漸三						剥四
■	吠	賢	■	寅	■	■	■	發音清		法
	豩	還	彎							
									倦乾三	鯿
		睆	綰							
									猵未三	
		患	綰							
									線有三	遍
	倄	滑	婠							
									薛怯三	鼈

第四十三圖　閉音濁

本圖列《廣韻》删潸諫黠韻字，係拆分《韻鏡》外轉第二十四合二等位韻字，未取脣音。《韻鏡》本圖有三等位字，《起數訣》將三等仙韻字與山韻相配，本圖未取。本圖聲母除幫、並、明、群、疑、曉、匣、喻有列字母，其余明本列「■」，四庫本空格。四庫本上聲韻目爲「潸」，明本《起數訣》韻目爲「潸」，《廣韻》韻目爲「潸」；兩本去聲韻目均爲「霰」，當爲「諫」韻。

校注：

1 （平二見）■二删　関　明本列字爲「関」，四庫本列字爲「關」。「関」，《康熙字典》記：「《正字通》俗關字。」「關」，《廣韻》古還切，《集韻》姑還切，見删二平合山；《韻鏡》外轉第二十四合、《七音略》外轉二十四輕中重、《切韻指掌圖》八圖、《四聲等子》山攝外四輕重俱等韻合口呼、《切韻指南》山攝外四合口呼廣門，列字均爲「關」。「關」爲《廣韻》《集韻》删二見母合口位小韻首字，《起數訣》明本列俗字，亦無誤，四庫本是。

2 （平二群）撰二删　攑　《康熙字典》記：「《廣韻》巨員切，《集韻》逵員切，音權，《說文》行攑趨也。一曰行曲脊貌。又《集韻》巨班切，音權。《類篇》行傴也。」此記《集韻》巨班切，群母删韻；《韻鏡》《七音略》空位；《切韻指掌圖》八圖，列於溪母，群母位列『䢈』，爲『⿺走雚』形訛；《四聲等子》山攝外四輕重俱等韻合口呼，列字爲『⿺尢雚』，《康熙字典》跪頑切，群母删韻；《切韻指南》山攝外四合口呼廣門，列字爲『⿺走雚』；《廣韻》删韻群母位無字，《起數訣》從《集韻》，亦無誤。

3 （平二疑）堯二删　廗　此字當爲『⿸疒帶』形訛。⿸疒帶，《廣韻》五還切，《集韻》吾還切，疑删二平合山；《韻鏡》外轉第二十四合、《七音略》外轉二十四輕中重，列字均爲『⿸疒帶』；《切韻指掌圖》八圖、《四聲等子》山攝外四輕重俱等韻合口呼、《切韻指南》山攝外四合口呼廣門，列字均爲『頑』，疑母删韻；『⿸疒帶』爲《廣韻》删二疑母位小韻首字，下收有『頑』字，列字以『⿸疒帶』字爲佳，《起數訣》是。

4 （平二崇）■二删　⿰犭勻　《廣韻》《集韻》崇玄切，崇先二平合山；《韻鏡》外轉第二十四合、《切韻指掌圖》八圖、《四聲等子》山攝外四輕重俱等韻合口呼、《切韻指南》山攝外四合口呼廣門，列字均爲『⿰犭勻』；《七音略》外轉二十四輕中重，列字爲『袀』，《廣韻》居匀切，《集韻》規倫切，見母諄韻，誤，爲『⿰犭勻』之形訛。『⿰犭勻』爲先韻字，衹有四等，反切上字爲崇母，因切列字，早期韻圖均列於二等。《起數訣》從早期韻圖，無誤。

5 （平二生）■二删　櫰　《廣韻》《集韻》數還切，生删二平合山；《韻鏡》空位；《七音略》外轉二十四輕中重，列字爲『攌』，《廣韻》《集韻》未收，當是『樌』形訛；《切韻指掌圖》八圖，列字爲『樌』；《四聲等子》山攝外四輕重俱等韻合口呼、《切韻指南》山攝外四合口呼廣門，列字均爲『栓』，生母仙韻。『樌』爲《廣韻》《集韻》删二生母位小韻首字，《七音略》誤，《起數訣》列字是。

6 （平二曉）吙二删　豩　《廣韻》未收；《集韻》呼關切，曉删二平合山；《韻鏡》《七音略》《切韻指掌圖》均空位；《四聲等子》山攝外四輕重俱等韻合口呼、《切韻指南》山攝外四合口呼廣門，列字均爲『豩』；《廣韻》删韻曉母位無字，《起數訣》從《集韻》，亦無誤。

7 （平二影）■二删　孿　《廣韻》呂員切，《集韻》閭員切，來仙三平合山；《韻鏡》外轉第二十四合、《七音略》外轉二十四輕中重、《切韻指掌圖》八圖、《四聲等子》山攝外四輕重俱等韻合口呼、《切韻指南》山攝外四合口呼廣門，列字均爲『彎』。『彎』，《廣韻》《集韻》烏關切，影删二平合山；『彎』爲《廣韻》删二影母位小韻首字，《起數訣》列『孿』字誤，當爲『彎』之形訛，當校改爲『彎』字。

8 本圖四庫本上二等列目爲『潛』，明本列目爲『潸』，《廣韻》韻目爲『潸』，四庫本當校改爲『潸』。

9 （上二莊）■二潸　◯　《廣韻》《集韻》潸韻合口莊母位無字；《韻鏡》《四聲等子》空位；《七音略》外轉二十四輕中重、《切韻指南》山攝外四合口呼廣門，列字均爲『蟤』，章母仙韻；

《切韻指掌圖》八圖，列字爲『醡』，莊母潸韻，『醡』爲《廣韻》潸二開口莊母位小韻首字。《廣韻》《集韻》潸韻合口無莊母字，《七音略》列『⿰虫巽』字誤，《起數訣》空位是。

10 （上二初）■二潸 ◯ 《廣韻》《集韻》潸韻初母位無字；《韻鏡》外轉第二十四合，列字爲『羼』，初母産韻；《七音略》外轉二十四輕中重、《四聲等子》山攝外四輕重俱等韻合口呼、《切韻指南》山攝外四合口呼廣門，列字均爲『㦃』，初母産韻；《切韻指掌圖》八圖，列字爲『⿰犭戔』，初母潸韻開口。《廣韻》潸韻合口無初母字，《韻鏡》《七音略》均誤，《起數訣》空位是。

11 （上二生）■二潸 ◯ 《廣韻》《集韻》潸韻生母位無字；《韻鏡》《切韻指掌圖》《切韻指南》空位；《七音略》外轉二十四輕中重，列字爲『⿰犭巽』，心母線韻；《四聲等子》山攝外四輕重俱等韻合口呼，列字爲『⿱罒共』，生母諫韻。《廣韻》潸韻無生母字，《七音略》誤，《起數訣》空位是。

12 去聲二等《起數訣》列目爲『霰』，本圖平聲爲『删』，上去入當爲『潸』『諫』『黠』。且本行列字均爲『諫』韻，故此標目當校改爲『諫』。

13 （去二見）■二霰 ⿰土貫 此字當爲『摜』形訛。摜，《廣韻》《集韻》古患切，見諫二去合山；《韻鏡》外轉第二十四合、《七音略》外轉二十四輕中重、《切韻指掌圖》八圖、《四聲等子》山攝外四輕重俱等韻合口呼、《切韻指南》山攝外四合口呼廣門，列字均爲『慣』。『慣』爲《廣韻》諫二見母位小韻首字，下收有『摜』字，列字以『慣』爲佳，《起數訣》亦無誤。

14 （去二群）揆二霰 ⿺走雚 《廣韻》巨員切，群仙三平合山；《集韻》求患切，群諫二去合山。《韻鏡》外轉第二十四合、《七音略》外轉二十四輕中重、《四聲等子》山攝外四輕重俱等韻合口呼、《切韻指南》山攝外合口呼廣門，列字均爲『𧾻』；《切韻指掌圖》空位。《廣韻》諫韻群母位無字，『𧾻』爲《集韻》諫二群母位小韻首字，《起數訣》從《集韻》，亦無誤。

15（去二莊）■二霰　◯　《廣韻》《集韻》諫韻莊母位無字；《韻鏡》《切韻指掌圖》空位；《七音略》外轉二十四輕中重、《四聲等子》山攝外四輕重俱等韻合口呼，列字均爲『恮』，莊母仙韻；《切韻指南》山攝外四合口呼廣門，列字爲『孨』，莊母線韻。《廣韻》諫韻無莊母字，《七音略》列字誤，《起數訣》空位是。

16（去二初）■二諫　◯　《廣韻》《集韻》諫韻初母均有『篡』小韻，初患切。《韻鏡》外轉第二十四合、《七音略》外轉二十四輕中重、《四聲等子》山攝外四輕重俱等韻合口呼，列字均爲『篡』。《切韻指掌圖》八圖列字爲『孿』，生母線韻；《切韻指南》山攝外四合口呼廣門，列字爲『羼』，初母諫韻。《起數訣》空位誤，當校補『篡』。

17（去二崇）■二霰　◯　《廣韻》《集韻》諫韻崇母位均無字；《韻鏡》外轉第二十四合、《七音略》外轉二十四輕中重、《切韻指掌圖》八圖、《四聲等子》山攝外四輕重俱等韻合口呼、《切韻指南》山攝外四合口呼廣門，列字均爲『饌』，崇母線韻。『籑』爲《廣韻》線韻崇母位小韻首字，下收有『饌』字。早期韻圖山攝二等位列諫韻，線韻列於三等，但按韻圖規制，線韻照二字當列於二等，故多與諫韻列於一行，且標目中未説明，如《韻鏡》《七音略》。故諸家韻圖均於此位列『饌』。《起數訣》爲分韻韻圖，且已於第四十七圖中列此位字，故本圖空位是。

18 (去二生)■二霰　𢍰　明本列字爲『𢍰』，四庫本列字爲『孿』，明本當爲『孿』字誤。『孿』，《廣韻》生患切，《集韻》數患切，生諫二去合山；《韻鏡》外轉第二十四合、《七音略》外轉二十四輕中重、《切韻指掌圖》八圖、《四聲等子》山攝外四輕重俱等韻合口呼，列字均爲『孿』；《切韻指南》山攝外四合口呼廣門，列字爲『簒』，生母線韻。『孿』爲《廣韻》《集韻》諫二合口生位小韻首字，明本列字形訛，當校改爲『孿』，四庫本是。

19 本圖入聲已在第二十四圖重出，故只校異處。

20 (入二娘)■二黠　貀　《廣韻》《集韻》女滑切，娘黠二去合山；《韻鏡》外轉第二十四合、《七音略》外轉二十四輕中重、《切韻指掌圖》八圖、《四聲等子》山攝外四輕重俱等韻合口呼，列字均爲『豽』；《切韻指南》山攝外四合口呼廣門，列字爲『妠』，娘母鎋韻；『豽』爲《廣韻》黠二娘母位小韻首字，下收有『貀』字，列字以『豽』字爲佳，《起數訣》亦無誤。第二十四圖列字爲『豽』。

21 (入二影)■二黠　婠　《廣韻》《集韻》烏八切，影黠二入合山；《韻鏡》空位；《七音略》外轉二十四輕中重、《切韻指掌圖》八圖、《四聲等子》山攝外四輕重俱等韻合口呼、《切韻指南》山攝外四合口呼廣門，列字均爲『婠』。『婠』爲《廣韻》黠韻合口影母位小韻首字，《韻鏡》空位誤，《起數訣》是。第二十四圖列字爲「婠」，爲「媗」字誤。

釋：

1（平二娘）■二刪　奻　《廣韻》女還切，《集韻》尼還切，娘刪二平合山；《韻鏡》外轉第二十四合、《七音略》外轉二十四輕中重、《切韻指掌圖》八圖、《四聲等子》山攝外四輕重俱等韻合口呼、《切韻指南》山攝外四合口呼廣門，列字均爲「奻」。

2（平二莊）■二刪　跧　《廣韻》《集韻》阻頑切，莊刪二平合山；《韻鏡》外轉第二十四合、《七音略》外轉二十四輕中重、《切韻指掌圖》八圖、《四聲等子》山攝外四輕重俱等韻合口呼、《切韻指南》山攝外四合口呼廣門，列字均爲「跧」。

3（平二匣）賢二刪　還　《廣韻》户關切，《集韻》胡關切，匣刪二平合山；《韻鏡》外轉第二十四合、《七音略》外轉二十四輕中重、《切韻指掌圖》八圖，列字均爲「還」，爲「還」之刊刻俗體；《四聲等子》山攝外四輕重俱等韻合口呼，列字爲「還」；《切韻指南》山攝外四合口呼廣門，列字爲「湲」。

4（上二崇）■二潸　撰　《廣韻》雛鯇切，《集韻》雛綰切，崇潸二上合山；《韻鏡》外轉第二十四合、《七音略》外轉二十四輕中重、《切韻指掌圖》八圖、《四聲等子》山攝外四輕重俱等韻合口呼、《切韻指南》山攝外四合口呼廣門，列字均爲『撰』。

5 （上二影）■二潸　綰　《廣韻》烏板切，《集韻》鄔版切，影潸二上合山；《韻鏡》外轉第二十四合、《七音略》外轉二十四輕中重、《切韻指掌圖》八圖、《四聲等子》山攝外四輕重俱等韻合口呼、《切韻指南》山攝外四合口呼廣門，列字均爲『綰』。

6 （去二娘）■二霰　奻　《廣韻》女患切，《集韻》尼還切，娘諫二平合山；不當列於此位。《韻鏡》外轉第二十四合、《七音略》外轉二十四輕中重、《切韻指掌圖》八圖、《四聲等子》山攝外四輕重俱等韻合口呼、《切韻指南》山攝外四合口呼廣門，列字均爲『奻』。

7 （去二疑）堯二霰　薍　《廣韻》《集韻》五患切，疑諫二去合山；《韻鏡》外轉第二十四合、《七音略》外轉二十四輕中重、《切韻指掌圖》八圖、《四聲等子》山攝外四輕重俱等韻合口呼、《切韻指南》山攝外四合口呼廣門，列字均爲『薍』。

8 （去二初）■二霰　簒　《廣韻》《集韻》初患切，初諫二去合山；《韻鏡》外轉第二十四合、《七音略》外轉二十四輕中重、《切韻指掌圖》八圖、《四聲等子》山攝外四輕重俱等韻合口呼、《切韻指南》山攝外四合口呼廣門，列字均爲『簒』。

9 （去二匣）賢二霰　患　《廣韻》《集韻》胡慣切，匣諫二去合山；《韻鏡》外轉第二十四合、《七音略》外轉二十四輕中重、《切韻指掌圖》八圖、《四聲等子》山攝外四輕重俱等韻合口呼、《切韻指南》山攝外四合口呼廣門，列字均爲『患』。

10（去二影）■二霰　綰　《廣韻》《集韻》烏患切，影諫二去合山；《韻鏡》外轉第二十四合、《七音略》外轉二十四輕中重、《切韻指掌圖》八圖、《四聲等子》山攝外四輕重俱等韻合口呼、《切韻指南》山攝外四合口呼廣門，列字均爲『綰』。

	漸四	漸二		漸三						剝四
■	吠	賢	■	寅	■	■	■	發音清		法
	豩	還	彎							
									倦龍主	鯿
		睆	綰							
									猸未主	
		恵	綰							
									線有主	遍
	倄	滑	婠							
									薛咩主	鼈

第四十四圖　發音清

蒙五	盍五	蒙三	剥六	蒙六	盍六	剥七	剥一	蒙一		蒙二
朴	排	馬	毋	貪	覃	妳	甲	巧	口	尾
偏	梗		褊				甄			
	諞	沔						遣		
偏		偭				碾		譴		
瞥		蔑					孑			

剥八	象八	盡八	剥十	艮一	剥二	象四	剥三	盡四	象七	
哉	來	才	山	口	花	晚	亞	萬	冷	口
				華上						
							馬	逆		
煎	還	錢	仙	逆次	嗎			还		
翦	淺	踐	獮	緩			演			
箭		賤	線	羨			衍			
蠽	詧		薛					拽		

盍十一			剥五	艮一	艮五	盍三	剥十二	豪十二	艮六	艮七
宗	發		百	口	白	皃	卓	圻	大	南
	音			華上						
	濁	山 樣四			辯				𤡮	嘫
		僊 欒三					邅	梴	纏	
		僊								
		産 笞四		盻	版	𧺝				
		獮 表三					展	蕆	𨗨	碾
		獮								
		裥 豎四				簡			綻 袒	
		線 有三					驙		纏	輾
		轄 禁四					哳	獺		瘵
		薛 坐平					哲	屮	轍	怩

第四十四圖　發音清

本圖列《廣韻》仙獮線薛韻字，係拆分《韻鏡》外轉第二十一開四等位字。本圖符合一四等及脣音字同圖的基本拆圖原則，因《韻鏡》外轉第二十一開無一等字，故本圖只有四等。三等位無列目，雖有二字，當爲誤列。本圖群、邪母位列「□」，邪母位下一等格内，明本有「華上」二字，四庫本空格。

校注：

1 平聲四等列目爲「僊」，從《集韻》。三等無標目，平聲有二字，故以列字韻目標識。

2 （平三影）亞三（僊）　焉　《廣韻》於乾切，《集韻》於虔切，影仙三平開山；《韻鏡》外轉第二十三開、《七音略》外轉二十三重中重、《切韻指掌圖》七圖、《四聲等子》山攝外四輕重俱等韻開口呼、《切韻指南》山攝外四開口呼廣門，列字爲「焉」；「焉」亦可列於元韻。從《起數訣》構圖原則看，本圖當只列韻圖四等位仙韻字。元韻字列於第四十八圖，且列有「焉」字；三等位仙韻字列於第四十五圖，亦列有「焉」字。本圖三等無標目，只列二字，當删。

3 （平三云）萬三（僊）涎　《廣韻》夕連切，《集韻》徐連切，邪仙三平開山；不當列於此位。《韻鏡》外轉第二十一開、《七音略》外轉二十一重中輕、《切韻指掌圖》七圖，均列於邪母仙韻；《四聲等子》山攝外四輕重俱等韻開口呼、《切韻指南》山攝外四開口呼廣門，列字均爲「漹」。「漹」，《廣韻》有乾切，《集韻》尤虔切，云僊三平開山；「漹」爲《廣韻》仙韻云母重紐三等位小韻首字，又列於第四十五圖，故此位爲重出，當删。

4 （平四幫）法四僊　鯿　《廣韻》卑連切，《集韻》卑眠切，幫仙三平開山；《韻鏡》外轉第二十一開、《七音略》外轉二十一重中輕、《切韻指南》山攝外四開口呼廣門，列字均爲「鞭」；《切韻指掌圖》八圖、《四聲等子》山攝外四輕重俱等韻開口呼，列字爲「邊」，幫母先韻。「鞭」爲《廣韻》仙韻幫母重紐四等位小韻首字，下收有「鯿」字。但《起數訣》一般脣音列於合口，本圖爲開口圖，此位在第四十六圖合口圖重出「鞭」，故當删。

5 （平四滂）朴四僊　偏　《廣韻》芳連切，《集韻》紕延切，滂仙三平開山；《韻鏡》外轉第二十一開、《七音略》外轉二十一重中輕、《切韻指掌圖》八圖、《切韻指南》山攝外四開口呼廣門，列字爲「篇」；《四聲等子》山攝外四輕重俱等韻開口呼，列字爲「偏」。「篇」爲《廣韻》仙韻滂母重紐四等位小韻首字，下收有「偏」字。《起數訣》一般脣音列於合口，本圖爲開口圖，此位在第四十六圖合口圖重出「篇」，故當删。

6 （平四並）排四僊　梗　明本列字爲「梗」，四庫本列字爲「楩」。「梗」，顯誤。「楩」，《廣韻》房連切，《集韻》毗連切，並仙三平開山；《韻鏡》外轉第二十一開，列字爲『楩』；《七音略》外轉二十一重中輕、《切韻指南》山攝外四開口呼廣門，列字爲『便』；《切韻指掌圖》八圖，列字爲『駢』，並母先韻；《四聲等子》山攝外四輕重俱等韻開口呼，列字爲『蹁』，並母仙韻。『便』爲《廣韻》仙韻並母重紐四等位小韻首字，下收有『楩』字。四庫本列『楩』字，爲小韻首字，明本顯係形訛。但《起數訣》一般脣音列於合口，本圖爲開口圖，此位在第四十六圖合口圖重出『便』，故當刪。

7　(平四明)馮四僊　○　《廣韻》《集韻》仙韻重紐四等明母位有『緜』小韻，《廣韻》武延切，《集韻》彌延切。《起數訣》一般脣音列於合口，本圖爲開口圖，此位在第四十六圖合口圖重出『綿』，空位是。

8　(平四端)丹四僊　旃　《廣韻》《集韻》諸延切，章仙三平開山；不當列於此位。《韻鏡》《七音略》空位；《切韻指掌圖》七圖、《四聲等子》山攝外四輕重俱等韻開口呼、《切韻指南》山攝外四開口呼廣門，列字均爲『顛』，端母先韻。《廣韻》仙韻無列於四等之端母字，《起數訣》誤，當刪。

9　(平四邪)□四僊　涎　《廣韻》夕連切，《集韻》徐連切，邪仙三平開山；《韻鏡》外轉第二十一開、《七音略》外轉二十一重中輕、《切韻指掌圖》七圖，列字均爲『涎』；《四聲等子》山攝外四輕重俱等韻開口呼、《切韻指南》山攝外四開口呼廣門，列字均爲『次』。《康熙字典》

記：「涎本字。」「㳄」「涎」二字爲異體字。「㳄」爲《廣韻》仙三邪母位小韻首字，下收有「涎」字。本格位内有二字，另一字爲「㳄」字，二字均可列於此位，其一爲標注字。列字以「㳄」爲佳，故可删「涎」字。

10 （平四邪）□四僊　㳄　「㳄」爲《廣韻》僊三邪母位小韻首字，下收有「涎」字，列字更佳。本格位列二字，參上條。

11 （平四曉）花四僊　嘕　《廣韻》許延切，《集韻》虚延切，曉仙三平開山；《韻鏡》《七音略》空位；《切韻指掌圖》七圖、《四聲等子》山攝外四輕重俱等韻開口呼、《切韻指南》山攝外四開口呼廣門，列字均爲「祆」，曉母先韻。「嘕」爲《廣韻》仙韻曉母三等字，當列於三等位。《廣韻》仙韻無曉母重紐四等字，此位當删。

12 （上四並）排四獮　諞　《廣韻》符善切，《集韻》婢善切，並獮三上開山；《韻鏡》外轉第二十一開、《七音略》外轉二十一重中輕、《切韻指南》山攝外四開口呼廣門，列字均爲「褊」；《切韻指掌圖》八圖、《四聲等子》山攝外四輕重俱等韻開口呼，列字爲「辮」，並母銑韻；「褊」爲《廣韻》獮三並母重紐四等位小韻首字，下收有「諞」字。《起數訣》一般脣音列於合口，本圖爲開口圖，此位在第四十六圖合口圖重出「褊」，故當删。

13 （上四明）馬四獮　沔　《廣韻》《集韻》彌兖切，明獮三上開山；《韻鏡》外轉第二十一開、《七音略》外轉二十一重中輕、《切韻指掌圖》八圖，列字均爲「緬」；《四聲等子》山攝外四輕重俱等韻開口呼，列字爲『摸』，明母銑韻；《切韻指南》空位。『緬』爲《廣韻》獮韻明母重紐四等位小韻首字，下收有『沔』字。《起數訣》一般脣音列於合口，本圖爲開口圖，此位在第四十六圖合口圖重出『緬』，故當删。

14（上四見）㫥四獮　○　《廣韻》《集韻》獮韻見母無重紐四等字。《韻鏡》外轉第二十一開，列字爲『蹇』；《七音略》空位；《切韻指掌圖》七圖、《四聲等子》山攝外四輕重俱等韻開口呼、《切韻指南》山攝外四開口呼廣門，列字爲『繭』，見母銑韻。蹇，《廣韻》九輦切，《集韻》九件切，爲獮韻見母重紐三等字，當列於三等位。《韻鏡》誤，《起數訣》空位是。

15（上四精）㦲四獮　翦　《廣韻》即淺切，《集韻》子淺切，精獮三上開山；《韻鏡》外轉第二十一開、《切韻指掌圖》七圖、《切韻指南》山攝外四開口呼廣門，列字均爲『翦』；《七音略》外轉二十一重中輕、《四聲等子》山攝外四輕重俱等韻開口呼，列字爲『剪』。『翦』爲《廣韻》獮韻精母位小韻首字，下收有『剪』字，《起數訣》是。

16（上四影）亞四獮　演　《廣韻》《集韻》以淺切，以獮三上開山；《韻鏡》外轉第二十一開、《七音略》外轉二十一重中輕、《四聲等子》山攝外四輕重俱等韻開口呼、《切韻指南》山攝外四開口呼廣門，均於以母位列『演』字，影母空位；《切韻指掌圖》七圖，列字爲『蝘』，影母銑韻。『演』爲《廣韻》獮三以母位小韻首字，《起數訣》誤，當校列爲喻母位，此處當删。

17（上四以）萬四獮　○　《廣韻》《集韻》有『演，以淺切』。《韻鏡》外轉第二十一開、《七音略》

外轉二十一重中輕、《四聲等子》山攝外四輕重俱等韻開口呼、《切韻指南》山攝外四開口呼廣門，列字均爲『演』，《切韻指掌圖》七圖，列字爲『蝘』，影母銑韻。《起數訣》空位誤，當校補『演』字。

18 (去四幫)法四線　遍　《廣韻》方見切，《集韻》卑見切，幫霰四去開山；《韻鏡》外轉第二十一開、《七音略》外轉二十一重中輕、《切韻指掌圖》八圖、《切韻指南》山攝外四開口呼廣門，列字均爲『徧』；《四聲等子》空位。『徧』爲《廣韻》線韻幫母重紐四等位小韻首字，下收有『遍』字。《起數訣》一般脣音列於合口，本圖爲開口圖，此位在第四十六圖合口圖雖無重出，但線韻其他脣音有列字，四十六圖誤漏。此位亦當删。

19 (去四滂)排四線　偏　《廣韻》匹戰切，《集韻》匹羨切，滂線三去開山；《韻鏡》外轉第二十一開、《七音略》外轉二十一重中輕、《切韻指南》山攝外四開口呼廣門，列字均爲『騗』；《切韻指掌圖》八圖，列字爲『徧』，誤；《四聲等子》山攝外四輕重俱等韻開口呼，列字爲『片』，滂母霰韻。『騗』爲《廣韻》線韻滂母重紐四等位小韻首字，下收有『偏』字。《起數訣》一般脣音列於合口，本圖爲開口圖，此位在第四十六圖合口圖重出『騗』，故當删。

20 (去四明)馬四線　偭　《廣韻》《集韻》弥箭切，明線三去開山；《韻鏡》外轉第二十一開，列字爲『靣』；《七音略》外轉二十一重中輕、《切韻指掌圖》八圖，列字爲『面』，『靣』『面』二字爲異體字；《四聲等子》山攝外四輕重俱等韻開口呼、《切韻指南》山攝外四開口呼廣門，列字均爲『麪』，明母霰韻。『面』爲《廣韻》線韻明母重紐四等位小韻首字，下收有『偭』字。《起數訣》一般脣音列於合口，本圖爲開口圖，此位在第四十六圖合口圖重出『面』，故當刪。

21 （去四泥）妳四線　碾　《廣韻》《集韻》女箭切，娘線三去開山；《韻鏡》《七音略》空位；《切韻指掌圖》七圖、《四聲等子》山攝外四輕重俱等韻開口呼、《切韻指南》山攝外四開口呼廣門，列字均爲『晛』，匣母銑韻。『輾』爲《廣韻》線三娘母位小韻首字，下收有『碾』字，當列於娘母三等位，諸家韻圖亦列於娘母三等位，且《起數訣》四十五圖娘母線韻三等位列『輾』字，此圖誤，當刪。

22 （去四影）亞四線　衍　《廣韻》予線切，《集韻》延面切，以線三去開山；《韻鏡》外轉第二十一開、《七音略》外轉二十一重中輕、《切韻指掌圖》七圖、《四聲等子》山攝外四輕重俱等韻開口呼、《切韻指南》山攝外四開口呼廣門，均於以母位列『衍』字，影母位空位。《廣韻》線韻無影母四等位字，『衍』當列於以母位，《起數訣》誤，當刪。

23 （上四以）萬四線　○　《廣韻》《集韻》線韻喻四位有『衍』，《廣韻》予線切，《集韻》延面切。諸家韻圖均列『衍』字。《起數訣》空位誤，當校補『衍』。

24 （入四幫）法四薛　鼈　《廣韻》并列切，《集韻》必列切，幫薛三入開山；《韻鏡》外轉第二十三開、《七音略》外轉二十一重中輕、《切韻指南》山攝外四開口呼廣門，列字均爲『鷩』；《切韻指掌圖》八圖，列字爲『彆』；《四聲等子》山攝外四輕重俱等韻開口呼，列字爲『彆』字形訛，幫母薛韻；「鷩」爲《廣韻》薛韻幫母重紐四等位小韻首字，下收有「鼈」字。《起數訣》一般脣音列於合口，本圖爲開口圖，此位在第四十六圖合口圖重出「鼈」，故當刪。

25 （入四滂）朴四薛　瞥　《廣韻》芳滅切，《集韻》必列切，幫薛三入開山；《韻鏡》外轉第二十三開，列字爲「瞥」，當爲「瞥」字誤；《七音略》外轉二十一重中輕，列字爲「瞥」；《切韻指掌圖》八圖、《切韻指南》山攝外四開口呼廣門，列字爲「撆」；《集韻》滂母薛韻；《四聲等子》山攝外四輕重俱等韻開口呼，列字爲「蹩」，並母屑韻。「瞥」爲《廣韻》薛韻滂母重紐四等位小韻首字，《起數訣》一般脣音列於合口，本圖爲開口圖，此位在第四十六圖合口圖重出「撆」，故當刪。

26 （入四明）馬四薛　蔑　《廣韻》《集韻》莫結切，明屑四入開山；不當列於此位。《韻鏡》外轉第二十一開，《七音略》外轉二十一重中輕，列字均爲「滅」；《切韻指掌圖》八圖、《四聲等子》山攝外四輕重俱等韻開口呼、《切韻指南》山攝外四開口呼廣門，列字均爲「蔑」。「滅」爲《廣韻》薛韻明母重紐四等位小韻首字，《起數訣》一般脣音列於合口，本圖爲開口圖，此位在第四十六圖合口圖重出「滅」，故當刪。

27 （入四清）采四薛　𥨍　明本列字爲「𥨍」，四庫本列字爲「𥨍」，明本當爲「𥨍」字形訛。𥨍，《廣韻》千結切，清屑四入開山；《集韻》遷薛切，清薛三入開山。《韻鏡》外轉第二十一開，列字爲「竊」，《廣韻》千結切，清屑四入開山，誤；《七音略》外轉二十一重中輕，列字爲

『㞕』;《切韻指掌圖》七圖、《四聲等子》山攝外四輕重俱等韻開口呼、《切韻指南》山攝外四開口呼廣門,列字均爲『切』,清母屑韻。《廣韻》薛韻無清母字,《起數訣》從《集韻》列字,明本沿襲《七音略》形訛,當校改爲『㞕』。四庫本是。

28 (入四以)萬四薛　拽　《廣韻》《集韻》羊列切,以薛三入開山;《韻鏡》外轉第二十一開、《七音略》外轉二十一重中輕、《切韻指南》山攝外四開口呼廣門,列字均爲『抴』;《切韻指掌圖》七圖,列字爲『拽』,『拽』當爲『拽』形訛;《四聲等子》山攝外四輕重俱等韻開口呼,列字爲『栧』,以母祭韻。『抴』爲《廣韻》薛韻以母位小韻首字,注有『亦作拽』,二字爲異體字。列字以『抴』爲佳,《起數訣》亦無誤。

釋:

1 (平四見)甲四僊　甄　《廣韻》居延切,《集韻》稽延切,見仙三平開山;《韻鏡》外轉第二十一開、《七音略》外轉二十一重中輕、《切韻指南》山攝外四開口呼廣門,列字均爲『甄』;《切韻指掌圖》七圖、《四聲等子》山攝外四輕重俱等韻開口呼,列字均爲『堅』,見母先韻。

2 (平四精)哉四僊　煎　《廣韻》子仙切,《集韻》將仙切,精仙三平開山;《韻鏡》外轉第二十一開、《七音略》外轉二十一重中輕,列字均爲『煎』;《切韻指掌圖》七圖、《四聲等子》山攝外四輕重俱等韻開口呼、《切韻指南》山攝外四開口呼廣門，列字均爲『箋』，精母先韻。

3 （平四清）采四僊　遷　《廣韻》七然切，《集韻》親然切，清仙三平開山；《韻鏡》外轉第二十一開、《七音略》外轉二十一重中輕，列字均爲『遷』；《切韻指掌圖》七圖、《四聲等子》山攝外四輕重俱等韻開口呼、《切韻指南》山攝外四開口呼廣門，列字均爲『千』，清母先韻。

4 （平四從）才四僊　錢　《廣韻》昨仙切，《集韻》財仙切，從仙三平開山；《韻鏡》外轉第二十一開、《七音略》外轉二十一重中輕，列字均爲『錢』；《切韻指掌圖》七圖、《四聲等子》山攝外四輕重俱等韻開口呼，列字均爲『前』，從母先韻；《切韻指南》山攝外四開口呼廣門，列字爲『㠩』，『㠩』『前』二字爲異體字，從母先韻。

5 （平四心）山四僊　仙　《廣韻》《集韻》相然切，心仙三平開山；《韻鏡》外轉第二十一開、《七音略》外轉二十一重中輕、《切韻指南》山攝外四開口呼廣門，列字均爲『仙』；《切韻指掌圖》七圖、《四聲等子》山攝外四輕重俱等韻開口呼，列字均爲『先』，心母先韻。

6 （平四喻）延四僊　延　《廣韻》以然切，《集韻》夷然切，以仙三平開山；《韻鏡》外轉第二十一開、《七音略》外轉二十一重中輕、《切韻指掌圖》七圖、《四聲等子》山攝外四輕重俱等韻開口呼、《切韻指南》山攝外四開口呼廣門，列字均爲『延』。

7 （上四溪）巧四獮　遣　《廣韻》《集韻》去演切，溪獮三上開山；《韻鏡》外轉第二十一開、《七音略》外轉二十一重中輕、《切韻指掌圖》七圖、《切韻指南》山攝外四開口呼廣門，列字均爲

『遣』;《四聲等子》山攝外四輕重俱等韻開口呼,列字均爲『𨻶』,溪母銑韻。

8 (上四清)采四獮　淺　《廣韻》士演切,《集韻》此演切,清獮三上開山;《韻鏡》外轉第二十一開、《七音略》外轉二十一重中輕、《切韻指掌圖》七圖、《四聲等子》山攝外四輕重俱等韻開口呼、《切韻指南》山攝外四開口呼廣門,列字均爲『淺』。

9 (上四從)才四獮　踐　《廣韻》慈演切,《集韻》在演切,從獮三上開山;《韻鏡》外轉第二十一開、《七音略》外轉二十一重中輕、《切韻指掌圖》七圖、《四聲等子》山攝外四輕重俱等韻開口呼、《切韻指南》山攝外四開口呼廣門,列字均爲『踐』。

10 (上四心)山四獮　獮　《廣韻》《集韻》息淺切,心獮三上開山;《韻鏡》外轉第二十一開、《七音略》外轉二十一重中輕、《切韻指南》山攝外四開口呼廣門,列字均爲『獮』;《切韻指掌圖》七圖、《四聲等子》山攝外四輕重俱等韻開口呼,列字均爲『銑』,心母銑韻。

11 (上四邪)□四獮　緓　《廣韻》徐翦切,《集韻》似淺切,邪獮三上開山;《韻鏡》外轉第二十一開、《七音略》外轉二十一重中輕、《切韻指掌圖》七圖、《四聲等子》山攝外四輕重俱等韻開口呼、《切韻指南》山攝外四開口呼廣門,列字均爲『緓』。

12 (去四溪)巧四線　譴　《廣韻》去戰切,《集韻》詰戰切,溪線三去開山;《韻鏡》外轉第二十一開、《七音略》外轉二十一重中輕、《切韻指南》山攝外四開口呼廣門,列字均爲『譴』;《切韻指掌圖》七圖、《四聲等子》山攝外四輕重俱等韻開口呼,列字爲『俔』,溪母霰韻。

13（去四精）哉四線　箭　《廣韻》《集韻》子賤切，精線三去開山；《韻鏡》外轉第二十一開、《七音略》外轉二十一重中輕，列字均爲「箭」；《切韻指掌圖》七圖、《四聲等子》山攝外四輕重俱等韻開口呼、《切韻指南》山攝外四開口呼廣門，列字均爲「薦」，精母霰韻。

14（去四從）才四線　賤　《廣韻》《集韻》才線切，從線三去開山；《韻鏡》外轉第二十一開、《七音略》外轉二十一重中輕、《四聲等子》山攝外四輕重俱等韻開口呼、《切韻指南》山攝外四開口呼廣門，列字均爲「賤」；《切韻指掌圖》七圖，列字爲「荐」，從母霰韻。

15（去四心）山四線　線　《廣韻》《集韻》私箭切，心線三去開山；《韻鏡》外轉第二十一開、《七音略》外轉二十一重中輕，列字均爲「線」；《切韻指掌圖》七圖、《四聲等子》山攝外四輕重俱等韻開口呼、《切韻指南》山攝外四開口呼廣門，列字均爲「霰」，心母霰韻。

16（去四邪）□四線　羨　《廣韻》《集韻》似面切，邪線三去開山；《韻鏡》外轉第二十一開、《七音略》外轉二十一重中輕、《切韻指掌圖》七圖、《四聲等子》山攝外四輕重俱等韻開口呼、《切韻指南》山攝外四開口呼廣門，列字均爲「羨」。

17（入四見）甲四薛　孑　《廣韻》居列切，《集韻》吉列切，見薛三入開山；《韻鏡》外轉第二十一開、《七音略》外轉二十一重中輕，列字均爲「孑」；《切韻指掌圖》七圖、《四聲等子》山攝外四輕重俱等韻開口呼、《切韻指南》山攝外四開口呼廣門，列字均爲「結」，見母屑韻。

18（入四精）哉四薛　𧤛　《廣韻》姊列切，《集韻》子列切，精薛三入開山；《韻鏡》外轉第二十一開、《七音略》外轉二十一重中輕，列字均爲「巀」；《切韻指掌圖》七圖、《四聲等子》山攝外四輕重俱等韻開口呼、《切韻指南》山攝外四開口呼廣門，列字均爲「節」，精母屑韻。

19（入四心）山四薛　薛　《廣韻》《集韻》私列切，心薛三入開山；《韻鏡》外轉第二十一開、《七音略》外轉二十一重中輕，列字均爲「薛」；《切韻指掌圖》七圖、《四聲等子》山攝外四輕重俱等韻開口呼、《切韻指南》山攝外四開口呼廣門，列字均爲「屑」，心母屑韻。

等	1	2	3	4	5	6	7	8	9	10	11	12	13	14	15	16	17
盍十一	崇																
	發	音	濁														
			山 履四	僊 乾三	僊		産 家四	獮 未三	獮		襉 睽四	線 有三			轄 林四	薛 坐三	
剝五	百																
艮一	口	華上					盻										
艮五	白		辦				版										
盍三	皃						[illegible]				簡						
剝十二	卓			邅				展				驙			哳	哲	
豕十二	圻			梴				蒧							獺	屮	
艮六	大		[illegible]	纏				[illegible]			綻 祖	纏				轍	
艮七	南		嘫					碾				輾			瘵	怩	

艮十一	艮九	井一	盡二	剥十一	蒙十一	盡十二	剥九	艮十	艮四	艮二
下	口	口	牙	莊	乂	荼	三	士	凡	華
	在下									
間	掔		訮	宅	撣	虥	山		羴	閑
	愆	乾		饘	燀		羶	蟬		
					猭					嫚
簡	齴		眼	醆	剗	棧	産		僩	限
蹇	繾	鍵	巘	搌	闡		燃	善		
襉			扦		羼		帴			莧
		偠	彥	戰	硟		扇	繕		
鶡	擖		鬣	札	剎	鐁	摋		瞎	舝
揭	朅	桀	蘖	浙	掣		設	舌	娎	

艮八	艮三	㐫七	㐫十	艮十二			坎四	坎六	井五	坎三
在	文	犖	口	宅	收		口	品	平	美
			宗上		音		品上			
顛		斕			清	山（僊西）	諞		辨	
蔫	漹	連	然	禪						
						僊（羌上）	鞭	篇	便	綿
軋						產（苦西）		眄	版	晚
訖		輦	蹨			彌	辡	鶣	辨	免
						彌（耒西）	褊	萹	楩	緬
						襉（睽西）	扮	盼	辨	
躽		𤸫	軔			線	變		卞	
						線（有上）		騗	便	面
鶡						轄（婪西）	捌			怽
謁		列	熱			薛	箣		別	
						薛（坐上）	鼈	撆	蹩	滅

第四十五圖　發音濁

本圖列《廣韻》山産襇轄、仙獮線薛韻字。其中山産襇轄係拆分《韻鏡》外轉第二十一開中二等位非唇音字，仙獮線薛韻係拆分《韻鏡》外轉第二十三開中三等位非唇音字。合乎《起數訣》二三等非唇音同圖的大原則。本圖滂、溪、群、日列『□』，其中明滂母下一等格位内有『華上』二字，溪母下一等格位内有『在下』二字，日母下一等格位内有『祟上』二字，四庫本均空格。

校注：

1（平二並）白二山　瓣　《廣韻》蒲莧切，並襇二去開山；《集韻》薄閑切，並山二平開山；《韻鏡》外轉第二十一開、《切韻指掌圖》八圖，均列於襇韻，山韻空位；《七音略》外轉二十一重中輕，列字爲『辦』，『瓣』爲《廣韻》襇二並母位小韻首字，下收有『辨』字，『辨』字下注曰：『辨俗』，『辦』爲俗體；《四聲等子》山攝外四輕重俱等韻開口呼、《切韻指南》山攝外四開口呼廣門，列字均爲『瓣』；《廣韻》山韻無並紐，《起數訣》列字依《集韻》，亦無誤。但本圖爲開口圖二三等，《起數訣》列圖唇音多列於一四等圖，且四十六圖中平聲並母位列『瓣』

字，重出，此圖當刪。

2 （平二知）卓二山 ◯ 明本空位，四庫本列字爲『禮』。『禮』，《康熙字典》記：『《集韻》時戰切，音繕。祭天也。一曰讓也。』此記時戰切，禪母線韻，不當列於此位。《廣韻》《集韻》山韻知母位有『譠』小韻，《廣韻》陟山切，《集韻》知山切，知山二平開山。《韻鏡》外轉第二十一開、《切韻指掌圖》七圖、《四聲等子》山攝外四輕重俱等韻開口呼，列字均爲『譠』，《七音略》外轉二十一重中輕、《切韻指南》山攝外四開口呼廣門，列字均爲『儃』。『譠』爲《廣韻》山二知母位小韻首字，下收有『儃』字，列字以『譠』字爲佳，《七音略》列『儃』字，亦無誤。《起數訣》四庫本列字誤，當校改爲『譠』字。明本空位誤，當校補『譠』字。

3 （平二徹）拆二山 ◯ 明本空位，四庫本列字爲『譠』。『譠』爲《廣韻》山二知母位小韻首字，不當列於徹母位。《集韻》有『抽延切』，徹母仙韻，亦不可列於此位。諸家韻圖徹母山韻均空位，《起數訣》誤，『譠』當校列於知母位。參上條。四庫本本位誤，當刪。明本空位是。

4 （平二澄）大二山 獮 《廣韻》直閑切，《集韻》丈山切，澄山二平開山；《韻鏡》外轉第二十一開、《切韻指掌圖》七圖、《四聲等子》山攝外四輕重俱等韻開口呼、《切韻指南》山攝外四開口呼廣門，列字均爲『獮』；《七音略》外轉二十一重中輕，列字爲『[illegible]』。『獮』爲《廣韻》山韻澄母位小韻首字，《七音略》列字形訛，《起數訣》是。

5 （平二溪）口二山　堅　《廣韻》苦閑切，《集韻》丘閑切，溪山二平開山；《韻鏡》外轉第二十一開、《切韻指掌圖》七圖、《四聲等子》山攝外四輕重俱等韻開口呼、《切韻指南》山攝外四開口呼廣門，列字均爲『慳』；《七音略》外轉二十一重中輕，列字爲『堅』。『慳』爲《廣韻》山二溪母位小韻首字，下收有『堅』字，列字以『慳』字爲佳，《起數訣》《七音略》列『堅』字，亦無誤。

6 （平二疑）牙二山　訮　明本列字爲『訮』，四庫本列字爲『訴』。『訮』，《廣韻》五閑切，《集韻》牛閑切，疑山二平開山；『訴』，《廣韻》桑故切，《集韻》蘇故切，心莫一去合遇；均不當列於此位；《韻鏡》外轉第二十一開、《七音略》外轉二十一重中輕，列字均爲『訮』；《切韻指掌圖》七圖、《四聲等子》山攝外四輕重俱等韻開口呼、《切韻指南》山攝外四開口呼廣門，列字均爲『顔』，疑母删韻。『訮』爲《廣韻》山二疑母位小韻首字，《起數訣》四庫本誤，當校改爲『訮』字。明本列字是。

7 （平二莊）莊二山　窀　《廣韻》墜頑切，《集韻》除鰥切，澄山二平合山；不當列於此位；《韻鏡》外轉第二十二合、《七音略》外轉二十二輕中輕、《四聲等子》山攝外四輕重俱等韻合口呼、《切韻指南》山攝外四合口呼廣門，列字均爲『窀』；《切韻指掌圖》八圖，列字爲『跧』，莊母删韻；《廣韻》山韻莊母無開口字，『窀』爲《廣韻》山韻合口澄母位小韻首字，又列於四十七圖平二澄。《起數訣》誤，當删。

8（平二初）叉二山 獾《廣韻》充山切，昌山二平開山；《集韻》元山切，疑山二平開山；《韻鏡》外轉第二十一開、《切韻指掌圖》七圖、《四聲等子》山攝外四輕重俱等韻開口呼、《切韻指南》山攝外四開口呼廣門，二等初母位列字均爲「獾」；《七音略》外轉二十一重中輕，列字爲「彈」，訛誤。「獾」爲昌母字，反切下字爲二等，按切三韻二不離初的門法，此字當列於二等位。《起數訣》是。

9（平二崇）茶二山 虥《廣韻》士山切，《集韻》鉏山切，崇山二平開山；《韻鏡》外轉第二十一開、《七音略》外轉二十一重中輕、《四聲等子》山攝外四輕重俱等韻開口呼、《切韻指南》山攝外四開口呼廣門，列字均爲「虥」，「虥」「虦」二字爲異體字；《切韻指掌圖》七圖，列字爲「潺」；「虥」爲《廣韻》山二崇母位小韻首字，「虥」爲正體，下收有「潺」字，《起數訣》列異體，亦無誤。

10（平三徹）坼三僊 梴《廣韻》丑延切，《集韻》抽延切，徹仙三平開山；《韻鏡》外轉第二十三開、《切韻指掌圖》七圖、《四聲等子》山攝外四輕重俱等韻開口呼、《切韻指南》山攝外四開口呼廣門，列字均爲「脡」；《七音略》外轉二十三重中重，列字爲「㫝」，當爲「脡」形訛。「脡」爲《廣韻》仙三徹母位小韻首字，下收有「梴」字。列字以「脡」字爲佳，《起數訣》列「梴」字，亦無誤。《七音略》誤，當校改爲「脡」字。

11（平三見）乍三僊 ◯ 《廣韻》《集韻》仙韻見母位有「甄」小韻，《廣韻》居延切，《集韻》稽延切，爲重紐四等字。《韻鏡》外轉第二十三開，列字爲『甄』；《七音略》空位；《切韻指掌圖》七圖、《四聲等子》山攝外四輕重俱等韻開口呼，列字爲『犍』，見母元韻；《切韻指南》山攝外四開口呼廣門，列字爲『攑』，見母元韻。『甄』爲《廣韻》仙韻見母重紐四等字，《韻鏡》又列於二十一圖。《廣韻》仙韻見母無重紐三等字，《韻鏡》誤，《起數訣》空位是。

12 （平三疑）牙三僊　○　《廣韻》《集韻》仙韻疑母位無字；《韻鏡》外轉第二十三開，列字爲『妍』，疑母先韻，誤；《七音略》空位；《切韻指掌圖》七圖、《四聲等子》山攝外四輕重俱等韻開口呼、《切韻指南》山攝外四開口呼廣門，列字均爲『言』，疑母元韻。《韻鏡》誤，《起數訣》空位是。

13 （平三章）莊三僊　饘　《廣韻》《集韻》諸延切，章仙三平開山；《韻鏡》外轉第二十三開、《七音略》外轉二十三重中重，列字均爲『饘』；《切韻指掌圖》七圖、《四聲等子》山攝外四輕重俱等韻開口呼、《切韻指南》山攝外四開口呼廣門，列字均爲『飦』。『飦』爲《廣韻》仙韻章母位小韻首字，下收有『饘』字，注上同，爲異體字。列字以『飦』爲佳，《起數訣》亦無誤。

14 （平三禪）士三僊　蟬　《廣韻》市連切，《集韻》時連切，禪仙三平開山；《韻鏡》外轉第二十三開、《七音略》外轉二十三重中重、《切韻指南》山攝外四開口呼廣門，列字均爲『鋋』；《切韻指掌圖》七圖，列字爲『禪』，禪母仙韻；《四聲等子》空位。『鋋』爲《廣韻》仙三禪母位小韻首字，下收有『蟬』『禪』二字，列字以『鋋』字爲佳，《起數訣》列『蟬』字，亦無誤。

15 (平三曉)凡三僊 ○ 《廣韻》《集韻》仙韻曉母位有「嘕」小韻,《廣韻》許延切,《集韻》虛延切;《韻鏡》外轉第二十三開、《七音略》外轉二十三重中重、《切韻指南》山攝外四開口呼廣門,列字均爲「嘕」;《切韻指掌圖》《四聲等子》山攝外四輕重俱等韻開口呼,列字均爲「軒」,曉母元韻。「嘕」爲《廣韻》仙三曉母位小韻首字,《起數訣》空位誤,此處當校補「嘕」字。

16 (平三半三)宅三僊 禪 「鋋」爲《廣韻》仙三禪母母小韻首字,下收有「禪」字。

17 (平四清)乂四僊 㺄 《廣韻》丑緣切,《集韻》抽延切,徹仙三平開山;不當列於清母位。《韻鏡》《七音略》《切韻指掌圖》《切韻指南》均空位。本圖按原則當列二三等字,不應列四等位,且上去入均無四等。《起數訣》誤,當删。

18 (平四匣)華四僊 嬛 《廣韻》於緣切,《集韻》縈緣切,影仙三平合山;不當列於匣母位,亦不當列於開口圖。《韻鏡》空位;《七音略》列於外轉二十四輕中重,影母三等位,匣母開口空位。《切韻指掌圖》七圖、《四聲等子》《切韻指南》匣母開口均空位。《廣韻》《集韻》仙韻無匣母開口字,且本圖按原則當列二三等字,不應列四等位,上去入均無四等。《起數訣》誤,當删。

19 (上二滂)□二産 盻 《廣韻》五計切,疑母霽韻;胡計切,匣母霽韻;《集韻》匹限切,滂産二上開山;《韻鏡》外轉第二十一開,列字爲「昄」,幫母潸韻;《七音略》外轉二十一重中輕、《切韻指掌圖》八圖，列字均爲『眅』，滂母潸韻；《四聲等子》山攝外四輕重俱等韻開口呼、《切韻指南》山攝外四開口呼廣門，列字均爲『盼』，當爲『盼』字刊刻誤。《廣韻》産韻滂母無字，《起數訣》從《集韻》。本圖爲開口圖，按《起數訣》列字原則，不應列脣音字。四十六圖雖滂母無字，但誤列於上三滂母位，亦爲重出。當删。

20 （上二並）白二産　版　明本列字爲『版』，四庫本列字爲『版』。版，《廣韻》布綰切，幫潸二上合山；《集韻》蒲限切，並産二上開山；『版』，《康熙字典》記：『《篇海類編》丑格切，音册。《字彙補》音斥。皺也。』此字當爲『版』字誤。《韻鏡》外轉第二十一開，列字爲『阪』，《集韻》並母産韻；《七音略》《切韻指掌圖》均空位；《四聲等子》山攝外四輕重俱等韻開口呼、《切韻指南》山攝外四開口呼廣門，列字均爲『版』。《廣韻》産韻並母位無字，《起數訣》從《集韻》。本圖爲開口圖，按《起數訣》列字原則，不應列脣音字。四十六圖並二上聲位列『版』，重出。當删。

21 （上二明）皃二産　魍　《廣韻》《集韻》武簡切，明産二上開山；《韻鏡》外轉第二十一開、《七音略》外轉二十一重中輕、《切韻指掌圖》八圖，列字均爲『魍』；《四聲等子》山攝外四輕重俱等韻開口呼，列字爲『晚』；《切韻指南》空位。『晚』《康熙字典》記：『《廣韻》書作魍』。『晚』『魍』二字爲異體字。『魍』爲《廣韻》産韻明母位小韻首字，《起數訣》是。本圖爲開口圖，按《起數訣》列字原則，不應列脣音字。四十六圖明二上聲位列『晚』，重出。當删。

22（上二曉）凡二產　僩　《廣韻》古限切，《集韻》賈限切，見產二上開山；不當列於曉母位；又《廣韻》下赧切，匣潸二上開山；不當列於產韻位。《韻鏡》《七音略》《切韻指掌圖》《四聲等子》《切韻指南》均空位。《廣韻》《集韻》產韻曉母位無字，《起數訣》誤，當刪。

23（上二影）在二產　軋　《廣韻》烏黠切，影黠二入開山；《集韻》膺眼切，影產二上開山；《韻鏡》《七音略》《切韻指掌圖》均空位；《四聲等子》山攝外四輕重俱等韻開口呼、《切韻指南》山攝外四開口呼廣門，列字均爲「軋」。《廣韻》產韻無影母，《起數訣》從《集韻》，亦無誤。

24（上三徹）坼三獮　蒧　《廣韻》未收；《集韻》多忝切，端忝四上開咸；均不當列於此位。《韻鏡》外轉第二十三開、《七音略》外轉第二十三重中重、《切韻指掌圖》七圖、《四聲等子》山攝外四輕重俱等韻開口呼、《切韻指南》山攝外四開口呼廣門，列字均爲「搌」，《廣韻》丑善切，《集韻》丑展切，徹獮三開上山。「搌」爲《廣韻》獮三徹母位小韻首字，「蒧」爲《集韻》獮三徹母位小韻首字，下收有「蕆」字；「蒧」字爲「蕆」之形訛。《起數訣》誤，當校改爲「蕆」字。

25（上三澄）大三獮　邅　《廣韻》除善切，《集韻》丈善切，澄獮三上開山；《韻鏡》外轉第二十三開、《七音略》外轉第二十三重中重、《切韻指掌圖》七圖、《四聲等子》山攝外四輕重俱等韻開口呼、《切韻指南》山攝外四開口呼廣門，列字均爲「邅」。「邅」爲《廣韻》獮韻澄母位小韻首字，余迺永注『邅』上同，將『邅』字補入該小韻。《起數訣》是。

26 (上三娘)南三獨　碾　《廣韻》女箭切，娘線三去開山；《集韻》尼展切，娘獮三上開山；《韻鏡》外轉第二十三開、《七音略》外轉第二十三重中重、《切韻指掌圖》七圖、《四聲等子》山攝外四輕重俱等韻開口呼、《切韻指南》山攝外四開口呼廣門，列字均爲『趁』，《廣韻》《集韻》尼展切，娘獮三上開山。『趁』爲《廣韻》獮三娘母位小韻首字，未收有『碾』字。《起數訣》依《集韻》，亦無誤。

27 (上三溪)口三獨　繾　《康熙字典》記：『《集韻》起輦切，音遣。縮也。』此記起輦切，溪母獮韻。《韻鏡》空位；《七音略》外轉第二十三重中重、《切韻指掌圖》七圖、《四聲等子》山攝外四輕重俱等韻開口呼、《切韻指南》山攝外四開口呼廣門，列字均爲『繾』。《廣韻》獮韻無溪母字，『繾』爲《集韻》獮三溪母位小韻首字，《起數訣》依《集韻》，亦無誤。

28 (上三群)□三獨　鍵　《廣韻》其輦切，《集韻》巨展切，群獮三上開山；《韻鏡》外轉第二十三開、《七音略》外轉第二十三重中重、《切韻指掌圖》七圖、《四聲等子》山攝外四輕重俱等韻開口呼、《切韻指南》山攝外四開口呼廣門，列字均爲『件』。『件』爲《廣韻》獮三群母位小韻首字，下收有『鍵』字，列字以『件』字爲佳，《起數訣》列『鍵』字，亦無誤。

29 (上三疑)牙三獨　巘　《廣韻》魚蹇切，《集韻》語蹇切，疑獮三上開山；《韻鏡》外轉第二十三開、《七音略》外轉第二十三重中重、《切韻指掌圖》七圖、《四聲等子》山攝外四輕重俱等韻開口呼、《切韻指南》山攝外四開口呼廣門，列字均爲「齴」；「齴」爲《廣韻》獮三疑母位小韻首字，下收有「巘」字。列字以「齴」字爲佳，《起數訣》列「巘」字，亦無誤。

30（上三章）莊三獮　撍　《廣韻》九輦切，見獮三上開山；《集韻》旨善切，章獮三上開山；《韻鏡》外轉第二十三開、《七音略》外轉第二十三重中重、《切韻指南》山攝外四開口呼廣門，列字均爲「䲳」；《切韻指掌圖》七圖，列字爲「𥌖」；《四聲等子》山攝外四輕重俱等韻開口呼，列字爲「膳」，禪母線韻，當爲「䲳」誤；「䲳」爲《廣韻》獮三章母位小韻首字，下收有「𥌖」字，列字以「䲳」字爲佳，「䲳」又爲《集韻》獮三章母位小韻首字，下收有「撍」字，《起數訣》從《集韻》，列「撍」字，亦無誤。

31（上三書）三三獮　燃　明本列字爲「燃」，四庫本列字爲「然」。「燃」，《廣韻》式善切，書獮三上開山；《集韻》忍善切，日獮三上開山。「然」，《廣韻》《集韻》如延切，日仙三平開山；均不當列於此位，當爲「燃」字誤。《韻鏡》外轉第二十三開、《七音略》外轉第二十三重中重、《切韻指掌圖》七圖、《四聲等子》山攝外四輕重俱等韻開口呼、《切韻指南》山攝外四開口呼廣門，列字均爲「燃」。「燃」爲《廣韻》獮三書母位小韻首字，《起數訣》四庫本誤，當校改爲「燃」字。明本列字是。

32（上三影）在三獮　㫃　《廣韻》《集韻》於蹇切，影獮三上開山；《韻鏡》外轉第二十三開、《切韻指掌圖》七圖、《四聲等子》山攝外四輕重俱等韻開口呼、《切韻指南》山攝外四開口呼廣門，列字均爲『𠆢』；《七音略》外轉第二十三重中重，列於匣母，影母空位。『𠆢』爲《廣韻》獮三影母位小韻首字，《七音略》誤，當校列於影母位，《起數訣》是。

33（去二明）皃三襉　蔄　《廣韻》《集韻》未收。《韻鏡》外轉第二十一開、《七音略》外轉第二十一重中輕、《四聲等子》山攝外四輕重俱等韻開口呼，列字均爲『蔄』；《切韻指掌圖》八圖、《切韻指南》山攝外四開口呼廣門，列字均爲『慢』，明母諫韻。《起數訣》列『蔄』字當爲『蔄』字形訛。『蔄』，《廣韻》亡莧切，《集韻》萌莧切，明襉三去開山。本圖爲開口圖，按《起數訣》列字原則，不應列脣音字。四十六圖明二上聲雖無列字，但串入左一格端母位，亦爲重出，當删。

34（去二澄）大二襉　綻　《廣韻》丈莧切，《集韻》直莧切，澄襉二去開山；《韻鏡》外轉第二十一開，列字爲『袒』，誤；《切韻指掌圖》七圖、《四聲等子》山攝外四輕重俱等韻開口呼、《切韻指南》山攝外四開口呼廣門，列字均爲『袒』；《七音略》外轉第二十一重中輕，列字爲『袒』，誤；袒、袒，均爲『袒』形訛。『袒』爲《廣韻》襉二澄母位小韻首字，下收有『綻』字，列字以『袒』字爲佳，《起數訣》列『綻』字，亦無誤。《起數訣》此位中收『袒』『綻』字，均可列於此位，故『綻』字當删。

35（去二澄）大二襉　袒　『袒』爲《廣韻》襉二澄母位小韻首字，下收有『綻』字，列字以『袒』字爲佳，《起數訣》是。參上條。

36（去二見）乍二襇　襇　《廣韻》古莧切，《集韻》居莧切，見襇二去開山；《韻鏡》外轉第二十一開，列字爲「襇」；《七音略》外轉第二十一重中輕、《四聲等子》山攝外四輕重俱等韻開口呼，列字均爲「澗」，見母諫韻；《切韻指掌圖》七圖、《切韻指南》山攝外四開口呼廣門，列字均爲「諫」，見母諫韻。「襇」爲《廣韻》襇韻見母位小韻首字，《七音略》誤，《起數訣》是。

37（去二疑）牙二襇　犴　《廣韻》未收；《集韻》眼莧切，疑襇二去開山；《韻鏡》空位；《七音略》外轉第二十一重中輕，列字爲「犴」；《切韻指掌圖》七圖、《四聲等子》山攝外四輕重俱等韻開口呼、《切韻指南》山攝外四開口呼廣門，列字均爲「鴈」，疑母諫韻。《廣韻》襇韻無疑母字，《起數訣》從《集韻》，亦無誤。

38（去二初）叉二襇　羼　《廣韻》初鴈切，初諫二去開山；《集韻》初莧切，初襇二去開山；《韻鏡》空位；《七音略》外轉第二十一重中輕、《四聲等子》山攝外四輕重俱等韻開口呼、《切韻指南》山攝外四開口呼廣門，列字均爲「羼」；《切韻指掌圖》七圖，列字爲「鏟」，初母諫韻。《廣韻》襇二無初母字，《七音略》《起數訣》從《集韻》，亦無誤。

39（去二生）三二襇　𧬊　《廣韻》蘇旰切，即淺切等；《集韻》先旰切，山箭切等，均不當列於此位。《韻鏡》空位；《七音略》外轉第二十一重中輕，列字爲「𧬊」，心母翰韻；《切韻指掌圖》七圖、《四聲等子》山攝外四輕重俱等韻開口呼、《切韻指南》山攝外四開口呼廣門，列字均爲「訕」，生母諫韻；《廣韻》襇韻無生母字，《七音略》《起數訣》誤，當删。

40（去三知）卓三線　𩦿　《廣韻》張連切，知仙三平開山；《集韻》陟扇切，知線三去開山；《韻鏡》空位；《七音略》外轉二十三重中重、《四聲等子》山攝外四輕重俱等韻開口呼、《切韻指南》山攝外四開口呼廣門，列字均爲「驙」；《切韻指掌圖》七圖，列字爲「驙」。「驙」爲《廣韻》線三知母位小韻首字，「驙」爲《集韻》線韻知母位小韻首字，《起數訣》從《集韻》，亦無誤。

41（去三澄）大三線　纏　《廣韻》持碾切，《集韻》直碾切，澄線三去開山；《韻鏡》外轉第二十三開、《七音略》外轉二十三重中重、《切韻指掌圖》七圖、《切韻指南》山攝外四開口呼廣門，列字均爲「邅」；《四聲等子》山攝外四輕重俱等韻開口呼，列字爲「纏」；「邅」爲《廣韻》線三澄母位小韻首字，下收有「纏」字。「纏」爲《集韻》線韻澄母位小韻首字，《起數訣》從《集韻》。

42（去三娘）南三線　輾　《廣韻》《集韻》女箭切，娘線三去開山；《韻鏡》外轉第二十三開、《七音略》外轉二十三重中重、《切韻指掌圖》七圖、《四聲等子》山攝外四輕重俱等韻開口呼、《切韻指南》山攝外四開口呼廣門，列字均爲「輾」。此字又列於四十四圖去四泥母位，誤。列於本圖是。

43（去三群）□三線　侼　明本列字爲「侼」，四庫本空位。《廣韻》線韻群母位無字。《韻鏡》《切韻指掌圖》空位；《七音略》外轉二十三重中重，列字爲「侼」；《四聲等子》山攝外四輕重俱等韻開口呼，列字爲『健』，群母願韻；《切韻指南》山攝外四開口呼廣門，列字爲『鍵』，同『健』。『僆』，《康熙字典》記：『《集韻》去偃切，遣去聲。』溪母線韻。在《集韻》末有『僆，虔彥切』，《七音略》當據其而列。《起數訣》明本從《集韻》，四庫本從《廣韻》空位亦無誤。

44 （去三昌）叉三線　硟　《廣韻》昌戰切，《集韻》尺戰切，昌線三去開山；《韻鏡》外轉第二十三開、《切韻指掌圖》七圖、《四聲等子》山攝外四輕重俱等韻開口呼、《切韻指南》山攝外四開口呼廣門，列字均爲『硟』；《七音略》外轉二十三重中重，列字爲『礙』，當爲『硟』字誤。『硟』爲《廣韻》線韻昌母位小韻首字，《七音略》誤，《起數訣》是。

45 （去三云）爻三線　◯　《廣韻》《集韻》線三云母位均無字；《韻鏡》外轉第二十三開，列字爲『羨』，《廣韻》予線切，《集韻》延面切，以線三去開山，此爲喻四母字，不當列於此位；《七音略》《切韻指掌圖》《四聲等子》《切韻指南》均空位。《韻鏡》誤，《起數訣》空位是。

46 （去三日）□三線　軔　《廣韻》而振切，日震三去開山；《集韻》如戰切，日線三去開山；《韻鏡》外轉第二十三開，列字爲『綖』，以母仙韻，誤；《四聲等子》山攝外四輕重俱等韻開口呼、《切韻指南》山攝外四開口呼廣門，列字均爲『軔』；《七音略》《切韻指掌圖》均空位。《廣韻》線三無日母字，《起數訣》從《集韻》，亦無誤。

47 （入二知）卓二轄　哳　《廣韻》《集韻》陟轄切，知轄二入開山；《韻鏡》《切韻指掌圖》《四聲等子》列字均爲『哳』；《切韻指南》山攝外四開口呼廣門，列字爲『晢』。《七音略》空位。

『哳』爲《廣韻》轄韻知母位小韻首字,《七音略》空位誤,《起數訣》是。

48 (入二徹)拆二轄　獺　《廣韻》他鎋切,《集韻》逖鎋切,透鎋二入開山;《韻鏡》外轉第二十一開、《四聲等子》山攝外四輕重俱等韻開口呼、《切韻指南》山攝外四開口呼廣門,列字均爲『獺』;《七音略》《切韻指掌圖》均空位。『獺』爲《廣韻》轄韻徹母位小韻首字,《七音略》空位誤,《起數訣》是。

49 (入二娘)南二轄　瘵　《廣韻》《集韻》女黠切,娘黠二入開山。《韻鏡》外轉第二十一開、《四聲等子》山攝外四輕重俱等韻開口呼,列字均爲『瘵』;《七音略》空位;《切韻指掌圖》七圖、《切韻指南》山攝外四開口呼廣門,列字爲『疕』,娘母黠韻。《廣韻》《集韻》轄韻娘母位均無字,《起數訣》《韻鏡》誤,當删。

50 (入二見)乍二轄　鶛　《廣韻》古鎋切,《集韻》居轄切,見轄二入開山;《韻鏡》外轉第二十一開、《切韻指南》山攝外四開口呼廣門,列字均爲『鶛』;《七音略》外轉二十一重中輕,列字爲『鴰』,見母鎋韻合口;《切韻指掌圖》七圖、《四聲等子》山攝外四輕重俱等韻開口呼,列字均爲『戛』,見母黠韻。『鶛』爲《廣韻》鎋二見母開口位小韻首字,《七音略》列字爲合口字,誤。列字以『鶛』爲佳,《起數訣》是。

51 (入二溪)口二轄　擖　明本列字爲『擖』,四庫本列字爲『揭』。『擖』,《廣韻》古鎋切,見轄二入開山;另有恪八切,溪黠二入開山;《集韻》亦無溪母轄韻音。『揭』,《廣韻》丘竭切,《集韻》丘傑切，溪薛三入開山；不當列於此位。《韻鏡》外轉第二十一開，列字爲『楬』；《七音略》外轉二十一重中輕，列字爲『⿱竹⿰扌曷』，爲『⿱竹⿰禾曷』之形訛；《切韻指掌圖》七圖、《四聲等子》山攝外四輕重俱等韻開口呼、《切韻指南》山攝外四開口呼廣門，列字均爲『⿱竹⿰禾曷』。『⿱竹⿰禾曷』爲《廣韻》鎋二溪母位小韻首字，下收有『楬』字，《起數訣》列『揭』當爲『楬』之形訛。《起數訣》兩本皆誤，當校改爲『⿱竹⿰禾曷』字。

52（入二疑）牙二轄　齾　《廣韻》五鎋切，《集韻》牛轄切，疑轄二入開山；《韻鏡》外轉第二十一開、《四聲等子》山攝外四輕重俱等韻開口呼、《切韻指南》山攝外四開口呼廣門，列字均爲『聐』；《七音略》空位；《切韻指掌圖》七圖，列字爲『齾』。『齾』爲《廣韻》鎋二疑母位小韻首字，下收有『聐』字。列字以『齾』字爲佳，《韻鏡》等列『聐』字亦無誤。《起數訣》是。

53（入二莊）莊二轄　札　《廣韻》《集韻》側八切，莊黠二入開山，不當列於此位；《韻鏡》外轉第二十一開，列字爲『⿰金斬』，《廣韻》查鎋切，《集韻》槎轄切，崇轄二入開山，《韻鏡》誤；《七音略》空位；《切韻指掌圖》七圖、《四聲等子》山攝外四輕重俱等韻開口呼、《切韻指南》山攝外四開口呼廣門，列字均爲『札』。《起數訣》誤，當刪。

54（入二崇）茶二轄　⿰金斬　《廣韻》查鎋切，《集韻》槎轄切，崇轄二入開山；《韻鏡》外轉第二十一開，誤列於莊母，崇母空位；《七音略》外轉二十一重中輕，列字爲『⿰金剌』；《切韻指掌圖》空位；《四聲等子》山攝外四輕重俱等韻開口呼、《切韻指南》山攝外四開口呼廣門，列字均爲

『鐁』；《康熙字典》記：『《廣韻》《正韻》查鎋切，音沭。《廣韻》秦人云切草。《正韻》切草器。按《集韻》《類篇》作鍘。』此字即爲『鍘』字。『鐁』爲《廣韻》鎋二崇母位小韻首字，《韻鏡》誤，當校列於崇母位。《起數訣》是。

55 （入二生）三二轄　摋　《廣韻》桑割切，《集韻》桑葛切，心曷一入開山；不當列於此位。《韻鏡》外轉第二十一開、《七音略》外轉二十一重中輕、《切韻指掌圖》七圖、《四聲等子》山攝外四輕重俱等韻開口呼、《切韻指南》山攝外四開口呼廣門，列字均爲『殺』，生母黠韻；《韻鏡》《七音略》《起數訣》均空位。《廣韻》轄韻生母位無字，《起數訣》誤，當刪。

56 （入二曉）凡二轄　瞎　《廣韻》《集韻》許轄切，曉轄二入開山；《韻鏡》外轉第二十一開、《切韻指掌圖》七圖、《四聲等子》山攝外四輕重俱等韻開口呼、《切韻指南》山攝外四開口呼廣門，列字均爲『瞎』；《七音略》空位；『瞎』爲《廣韻》鎋二曉母位小韻首字，《七音略》空位誤，《起數訣》是。

57 （入二匣）華二轄　舝　《廣韻》胡瞎切，《集韻》下瞎切，匣轄二入開山；《韻鏡》外轉第二十一開、《四聲等子》山攝外四輕重俱等韻開口呼，列字均爲『舝』；《七音略》空位；《切韻指掌圖》七圖、《切韻指南》山攝外四開口呼廣門，列字均爲『黠』，匣母黠韻；『舝』爲《廣韻》鎋二匣母位小韻首字，《七音略》空位誤，《起數訣》是。

58 （入二影）在二轄　鸛　《廣韻》《集韻》乙轄切，影轄二入開山；《韻鏡》外轉第二十一開、《四聲等子》山攝外四輕重俱等韻開口呼，列字均爲『鷃』；《七音略》外轉二十一重中輕，列字爲『轏』，《廣韻》士限切，《集韻》仕限切，崇母産韻；《切韻指掌圖》七圖、《切韻指南》山攝外四開口呼廣門，列字均爲『軋』，影母黠韻；『鷃』爲《廣韻》鎋二影母爲小韻首字，《七音略》誤，《起數訣》是。

59（入二日）□三轄　〇　《廣韻》《集韻》鎋二日母位均有『髾』字，《廣韻》《集韻》而轄切，日鎋二入開山；《韻鏡》外轉第二十一開，列字爲『髾』；《七音略》《切韻指掌圖》《四聲等子》《切韻指南》均空位。『髾』爲《廣韻》鎋二日母位小韻首字，龍宇純曰：『日母例無二等字，疑此字當屬泥母。《玉篇》正音女轄切。』則此係泥日類隔，當與泥母之『瘵』字同，不得列於此位。《韻鏡》列此字，當是後人據韻書妄增。《起數訣》空位是。

60（入三徹）坼三薛　屮　《廣韻》丑列切，《集韻》敕列切，徹薛三入開山；《韻鏡》外轉第二十三開、《七音略》外轉二十三重中重，列字均爲『徹』；《切韻指掌圖》七圖、《四聲等子》山攝外四輕重俱等韻開口呼、《切韻指南》山攝外四開口呼廣門，列字均爲『屮』。『屮』爲《廣韻》薛三徹母位小韻首字，下收有『徹』字。列字以『屮』字爲佳，《起數訣》是，《韻鏡》《七音略》亦無誤。

61（入三娘）南三薛　㞕　《廣韻》《集韻》薛韻無娘母字；諸韻圖均空位。此字疑爲入聲二等娘母位『瘵』之標注字『疷』之誤。表明『瘵』屬『疷』小韻。此位不當有字，《起數訣》誤，當刪。

62 （入三見）乍三薛　揭　《廣韻》居列切，《集韻》蹇列切，見薛三入開山；《韻鏡》外轉第二十三開、《七音略》外轉二十三重中重、《切韻指掌圖》七圖，列字均爲『揭』；《四聲等子》山攝外四輕重俱等韻開口呼，列字爲『訐』；《切韻指南》山攝外四開口呼廣門，列字爲『孑』。『孑』爲《廣韻》薛三見母位小韻首字，下收有『訐』『揭』二字。《韻鏡》《七音略》《起數訣》列『揭』字，合於韻書。

63 （入三群）□三薛　桀　《廣韻》渠列切，《集韻》巨列切，群薛三入開山；《韻鏡》外轉第二十三開、《七音略》外轉二十三重中重、《切韻指掌圖》七圖、《切韻指南》山攝外四開口呼廣門，列字均爲『傑』；《四聲等子》山攝外四輕重俱等韻開口呼，列字爲『竭』；『傑』爲《廣韻》薛三群母位小韻首字，下收有『桀』『竭』二字，列字以『傑』字爲佳，《起數訣》列『桀』字，亦無誤。

64 （入三疑）牙三薛　蘖　《廣韻》《集韻》魚列切，疑薛三入開山；《韻鏡》外轉第二十三開、《七音略》外轉二十三重中重、《切韻指掌圖》七圖，列字均爲『孽』，此字當爲『孼』之或體；《四聲等子》山攝外四輕重俱等韻開口呼，列字爲『钀』；《切韻指南》山攝外四開口呼廣門，列字爲『孼』。『孼』爲《廣韻》薛三疑母位小韻首字，下收有『蘖（櫱）』『钀』二字，列字以『孼』字爲佳，《起數訣》列『蘖（櫱）』字，亦無誤。

65 （入三章）莊三薛　浙　《廣韻》旨熱切，《集韻》之列切，章薛三入開山；《韻鏡》外轉第二十三開、《七音略》外轉二十三重中重，列字均爲『浙』；《切韻指掌圖》七圖、《四聲等子》山攝外四輕重俱等韻開口呼、《切韻指南》山攝外四開口呼廣門，列字均爲『晢』。『晢』爲《廣韻》薛三章母位小韻首字，下收有『浙』字。『浙』爲《集韻》小韻首字，《起數訣》列字從《集韻》。

66 （入三船）茶三薛 ○ 《廣韻》《集韻》薛三船母位有『舌』小韻，食列切，船薛三入開山；《韻鏡》外轉第二十三開、《七音略》外轉二十三重中重、《四聲等子》山攝外四輕重俱等韻開口呼、《切韻指南》山攝外四開口呼廣門，列字均爲『舌』；《切韻指掌圖》七圖，列於禪母，船母空位。『舌』爲《廣韻》薛三船母位小韻首字，《起數訣》空位誤，此處當校補『舌』字。

67 （入三禪）士三薛 舌 《廣韻》《集韻》食列切，船薛三入開山；均不當列於此位。《韻鏡》外轉第二十三開、《七音略》外轉二十三重中重，列字均爲『折』；《廣韻》常列切；《切韻指掌圖》七圖、《四聲等子》山攝外四輕重俱等韻開口呼、《切韻指南》山攝外四開口呼廣門，均列於牀母位，禪母空位，誤。『折』爲《廣韻》薛三禪母位小韻首字，《起數訣》誤，當校改爲『折』字。

68 （入三影）在三薛 謁 《廣韻》於歇切，影月三入開山；《集韻》乙列切，影薛三入開山；《韻鏡》外轉第二十三開、《七音略》外轉二十三重中重，列字均爲『焆』，《廣韻》《集韻》於列切，影薛三入開山；《切韻指掌圖》七圖、《四聲等子》山攝外四輕重俱等韻開口呼，列字均爲『謁』；《切韻指南》山攝外四開口呼廣門，列字爲『焆』，影母薛韻。『焆』爲《廣韻》薛韻影母位小韻首字，下未收『謁』字。『焆』爲《集韻》薛三影母位小韻首字，下收有『謁』字，《起數訣》從《集韻》,亦無誤。

69　(入三日)□三薛　熱　此字當爲『熱』之形訛。『熱』,《廣韻》如列切,日薛三入開山;《韻鏡》外轉第二十三開、《切韻指掌圖》七圖、《四聲等子》山攝外四輕重俱等韻開口呼、《切韻指南》山攝外四開口呼廣門,列字均爲『熱』;《七音略》外轉二十三重中重,列字爲『爇』,爲『熱』異體字。『熱』爲《廣韻》薛韻日母位小韻首字,《起數訣》列字形訛,當校改爲『熱』。

釋:

1　(平二娘)南二山　嘫　《廣韻》女閑切,《集韻》尼鰥切,娘山二平開山;《韻鏡》外轉第二十一開、《七音略》外轉二十一重中輕、《切韻指掌圖》七圖、《四聲等子》山攝外四輕重俱等韻開口呼,列字均爲『嘫』;《切韻指南》山攝外四開口呼廣門,列字爲『㸐』,《康熙字典》記:『《五音集韻》女閑切,音難。語聲。』娘母山韻。

2　(平二見)乍二山　間　《廣韻》古閑切,《集韻》居閑切,見山二平開山;《韻鏡》外轉第二十一開,列字爲『閒』,『閒』『間』二字爲異體字;《七音略》外轉二十一重中輕、《四聲等子》山攝外四輕重俱等韻開口呼、《切韻指南》山攝外四開口呼廣門,列字均爲『間』;《切韻指掌圖》七圖,列字爲『姦』,見母删韻。

3 (平二生)三二山山 《廣韻》所閒切，《集韻》師閒切，生山二平開山；《韻鏡》外轉第二十一開、《七音略》外轉二十一重中輕、《切韻指掌圖》七圖、《四聲等子》山攝外四輕重俱等韻開口呼、《切韻指南》山攝外四開口呼廣門，列字均爲「山」。

4 (平二曉)凡二山 羴 《廣韻》許閒切，《集韻》虚閑切，曉山二平開山；《韻鏡》外轉第二十一開、《七音略》外轉二十一重中輕、《切韻指掌圖》七圖、《四聲等子》山攝外四輕重俱等韻開口呼、《切韻指南》山攝外四開口呼廣門，列字均爲「羴」。

5 (平二匣)華二山 閑 《廣韻》户閒切，《集韻》何閒切，匣山二平開山；《韻鏡》外轉第二十一開、《七音略》外轉二十一重中輕、《切韻指掌圖》七圖、《四聲等子》山攝外四輕重俱等韻開口呼、《切韻指南》山攝外四開口呼廣門，列字均爲「閑」。

6 (平二影)在二山 黰 《廣韻》烏閑切，《集韻》於閑切，影山二平開山；《韻鏡》外轉第二十一開、《七音略》外轉二十一重中輕、《切韻指掌圖》七圖、《四聲等子》山攝外四輕重俱等韻開口呼、《切韻指南》山攝外四開口呼廣門，列字均爲「黰」。

7 (平二來)舉二山 斕 《廣韻》力閑切，《集韻》離閑切，來山二平開山；《韻鏡》外轉第二十一開、《七音略》外轉二十一重中輕、《切韻指掌圖》七圖、《切韻指南》山攝外四開口呼廣門，列字均爲『斕』；《四聲等子》山攝外四輕重俱等韻開口呼，列字爲『斕』，來母旱韻。

8 (平三知)卓三僊 邅 《廣韻》《集韻》張連切，知僊三平開山；《韻鏡》外轉第二十三開、《七音略》外轉二十三重中重、《切韻指掌圖》七圖、《四聲等子》山攝外四輕重俱等韻開口呼、《切韻指南》山攝外四開口呼廣門，列字均爲『邅』。

9 (平三澄)大三僊 纏 《廣韻》直連切，《集韻》澄延切，澄僊三平開山；《韻鏡》外轉第二十三開、《七音略》外轉二十三重中重、《切韻指掌圖》七圖、《四聲等子》山攝外四輕重俱等韻開口呼、《切韻指南》山攝外四開口呼廣門，列字均爲『纏』。

10 (平三溪)口三僊 愆 《廣韻》去乾切，《集韻》丘虔切，溪僊三平開山；《韻鏡》外轉第二十三開、《七音略》外轉二十三重中重、《切韻指掌圖》七圖、《四聲等子》山攝外四輕重俱等韻開口呼、《切韻指南》山攝外四開口呼廣門，列字均爲『愆』。

11 (平三群)□三僊 乾 《廣韻》《集韻》渠焉切，群僊三平開山；《韻鏡》外轉第二十三開、《七音略》外轉二十三重中重、《切韻指掌圖》七圖、《四聲等子》山攝外四輕重俱等韻開口呼、《切韻指南》山攝外四開口呼廣門，列字均爲『乾』。

12 (平三昌)叉三僊 燀 《廣韻》尺延切，《集韻》稱延切，昌仙三平開山；《韻鏡》外轉第二十三開、《七音略》外轉二十三重中重、《切韻指掌圖》七圖、《四聲等子》山攝外四輕重俱等韻開口呼，列字均爲『燀』；《切韻指南》空位。

13 (平三書)三三僊 羶 《廣韻》式連切，《集韻》尸連切，書仙三平開山；《韻鏡》外轉第二十三開、《七音略》外轉二十三重中重、《切韻指掌圖》七圖、《四聲等子》山攝外四輕重俱等韻開口呼、《切韻指南》山攝外四開口呼廣門，列字均爲『羶』。

14（平三影）在三僊　焉　《廣韻》於乾切，《集韻》於虔切，影仙三平開山；《韻鏡》外轉第二十三開、《七音略》外轉二十三重中重、《切韻指掌圖》七圖、《四聲等子》山攝外四輕重俱等韻開口呼、《切韻指南》山攝外四開口呼廣門，列字均爲『焉』。

15（平三云）爻三僊　漹　《廣韻》有乾切，《集韻》尤虔切，云仙三平開山；《韻鏡》外轉第二十三開、《七音略》外轉二十三重中重、《四聲等子》山攝外四輕重俱等韻開口呼、《切韻指南》山攝外四開口呼廣門，列字均爲『漹』；《切韻指掌圖》空位。

16（平三來）犖三僊　連　《廣韻》力延切，《集韻》陵延切，來仙三平開山；《韻鏡》外轉第二十三開、《七音略》外轉二十三重中重、《切韻指掌圖》七圖、《四聲等子》山攝外四輕重俱等韻開口呼、《切韻指南》山攝外四開口呼廣門，列字均爲『連』。

17（平三日）□三僊　然　《廣韻》《集韻》如延切，日仙三平開山；《韻鏡》外轉第二十三開、《七音略》外轉二十三重中重、《切韻指掌圖》七圖、《四聲等子》山攝外四輕重俱等韻開口呼、《切韻指南》山攝外四開口呼廣門，列字均爲『然』。

18（上二見）乍二産　簡　《廣韻》古限切，《集韻》賈限切，見産二上開山；《韻鏡》外轉第二十一開、《七音略》外轉二十一重中輕、《切韻指掌圖》七圖、《四聲等子》山攝外四輕重俱等韻開口呼、《切韻指南》山攝外四開口呼廣門，列字均爲『簡』。

19（上二溪）口二産　齦《廣韻》《集韻》起限切，溪産二上開山；《韻鏡》外轉第二十一開、《七音略》外轉二十一重中輕、《切韻指掌圖》七圖、《四聲等子》山攝外四輕重俱等韻開口呼、《切韻指南》山攝外四開口呼廣門，列字均爲「齦」。

20（上二疑）牙二産　眼《廣韻》五限切，《集韻》語限切，疑産二上開山；《韻鏡》外轉第二十一開、《七音略》外轉二十一重中輕、《切韻指掌圖》七圖、《四聲等子》山攝外四輕重俱等韻開口呼、《切韻指南》山攝外四開口呼廣門，列字均爲「眼」。

21（上二莊）莊二産　醆《廣韻》《集韻》阻限切，莊産二上開山；《韻鏡》外轉第二十一開、《七音略》外轉二十一重中輕、《切韻指掌圖》七圖、《切韻指南》山攝外四開口呼廣門，列字均爲「醆」；《四聲等子》山攝外四輕重俱等韻開口呼，列字爲「盞」，莊母産韻。

22（上二初）叉二産　剗《廣韻》初限切，《集韻》楚限切，初産二上開山；《韻鏡》外轉第二十一開、《七音略》外轉二十一重中輕、《切韻指掌圖》七圖、《四聲等子》山攝外四輕重俱等韻開口呼、《切韻指南》山攝外四開口呼廣門，列字均爲「剗」。

23（上二崇）茶二産　棧《廣韻》士限切，《集韻》仕限切，崇産二上開山；《韻鏡》外轉第二十一開、《七音略》外轉二十一重中輕、《切韻指掌圖》七圖、《四聲等子》山攝外四輕重俱等韻開口呼、《切韻指南》山攝外四開口呼廣門，列字均爲「棧」。

24（上二生）三二産　産《廣韻》《集韻》所簡切，生産二上開山；《韻鏡》外轉第二十一開、《七音略》外轉二十一重中輕、《切韻指掌圖》七圖、《四聲等子》山攝外四輕重俱等韻開口呼、《切韻指南》山攝外四開口呼廣門，列字均爲「産」。

25 (上二匣)華二産　限　《廣韻》胡簡切，《集韻》下簡切，匣産二上開山；《韻鏡》外轉第二十一開、《七音略》外轉二十一重中輕、《切韻指掌圖》七圖、《四聲等子》山攝外四輕重俱等韻開口呼、《切韻指南》山攝外四開口呼廣門，列字均爲「限」。

26 (上三知)卓三獮　展　《廣韻》知演切，《集韻》知輦切，知獮三上開山；《韻鏡》外轉第二十三開、《七音略》外轉第二十三重中重、《切韻指掌圖》七圖、《四聲等子》山攝外四輕重俱等韻開口呼、《切韻指南》山攝外四開口呼廣門，列字均爲「展」。

27 (上三見)乍三獮　蹇　《廣韻》九輦切，《集韻》九件切，見獮三上開山；《韻鏡》外轉第二十三開、《七音略》外轉第二十三重中重、《切韻指掌圖》七圖、《四聲等子》山攝外四輕重俱等韻開口呼、《切韻指南》山攝外四開口呼廣門，列字均爲「蹇」。

28 (上三昌)叉三獮　闡　《廣韻》昌善切，《集韻》齒善切，昌獮三上開山；《韻鏡》外轉第二十三開、《七音略》外轉第二十三重中重、《切韻指掌圖》七圖、《四聲等子》山攝外四輕重俱等韻開口呼、《切韻指南》山攝外四開口呼廣門，列字均爲「闡」。

29 (上三禪)士三獮　善　《廣韻》常演切，《集韻》上演切，禪獮三上開山；《韻鏡》外轉第二十三開、《七音略》外轉第二十三重中重、《切韻指掌圖》七圖、《切韻指南》山攝外四開口呼廣門，列字均爲『善』；《四聲等子》空位。

30（上三來）輦三獮　輦　《廣韻》《集韻》力展切，來獮三上開山；《韻鏡》外轉第二十三開、《七音略》外轉第二十三重中重、《切韻指掌圖》七圖、《四聲等子》山攝外四輕重俱等韻開口呼、《切韻指南》山攝外四開口呼廣門，列字均爲『輦』。

31（上三日）□三獮　蹨　《廣韻》人善切，《集韻》忍善切，日獮三上開山；《韻鏡》外轉第二十三開、《七音略》外轉第二十三重中重、《切韻指掌圖》七圖、《四聲等子》山攝外四輕重俱等韻開口呼、《切韻指南》山攝外四開口呼廣門，列字均爲『蹨』。

32（去二匣）華二襉　莧　《廣韻》《集韻》侯襉切，匣襉二去開山；《韻鏡》外轉第二十一開、《七音略》外轉第二十一重中輕、《切韻指掌圖》七圖、《四聲等子》山攝外四輕重俱等韻開口呼，列字均爲『莧』；《切韻指南》山攝外四開口呼廣門，列字爲『骭』，匣母諫韻。

33（去三疑）牙三線　彥　《廣韻》魚變切，《集韻》魚戰切，疑線三去開山；《韻鏡》外轉第二十三開、《七音略》外轉第二十三重中重、《切韻指掌圖》七圖、《四聲等子》山攝外四輕重俱等韻開口呼、《切韻指南》山攝外四開口呼廣門，列字均爲『彥』。

34（去三章）莊三線　戰　《廣韻》《集韻》之膳切，章線三去開山；《韻鏡》外轉第二十三開、《七音略》外轉第二十三重中重、《切韻指掌圖》七圖、《四聲等子》山攝外四輕重俱等韻開口呼、《切韻指南》山攝外四開口呼廣門，列字均爲『戰』。

35（去三書）三三線　扇　《廣韻》《集韻》式戰切，書線三去開山；《韻鏡》外轉第二十三開、《七音略》外轉二十三重中重、《切韻指掌圖》七圖、《四聲等子》山攝外四輕重俱等韻開口呼、《切韻指南》山攝外四開口呼廣門，列字均爲『扇』。

36（去三禪）士三線　繕　《廣韻》《集韻》時戰切，禪線三去開山；《韻鏡》外轉第二十三開、《七音略》外轉二十三重中重、《四聲等子》山攝外四輕重俱等韻開口呼、《切韻指南》山攝外四開口呼廣門，列字均爲『繕』；《切韻指掌圖》空位。

37（去三影）在三線　躽　《廣韻》《集韻》於扇切，影線三去開山；《韻鏡》外轉第二十三開、《七音略》外轉二十三重中重、《切韻指南》山攝外四開口呼廣門，列字均爲『躽』；《切韻指掌圖》七圖、《四聲等子》山攝外四輕重俱等韻開口呼，列字均爲『堰』。『躽』爲《廣韻》線三影母位小韻首字，下收有『堰』字。列字以『躽』字爲佳，《起數訣》是。

38（去三來）犖三線　瘫　《廣韻》《集韻》連彥切，來線三去開山；《韻鏡》外轉第二十三開、《七音略》外轉二十三重中重、《切韻指掌圖》七圖、《四聲等子》山攝外四輕重俱等韻開口呼、《切韻指南》山攝外四開口呼廣門，列字均爲『瘫』字。

39（入二初）叉二鎋　刹　《廣韻》《集韻》初鎋切，初鎋二入開山；《韻鏡》外轉第二十一開、《七音略》外轉二十一重中輕、《切韻指掌圖》七圖、《四聲等子》山攝外四輕重俱等韻開口呼、《切韻指南》山攝外四開口呼廣門，列字均爲『刹』。

40（入三知）卓三薛　哲　《廣韻》《集韻》陟列切，知薛三入開山；《韻鏡》外轉第二十三開、《七音略》外轉二十三重中重、《切韻指掌圖》七圖、《四聲等子》山攝外四輕重俱等韻開口呼、《切韻指南》山攝外四開口呼廣門，列字均爲「哲」。

41（入三澄）大三薛　轍　《廣韻》《集韻》直列切，澄薛三入開山；《韻鏡》外轉第二十三開、《七音略》外轉二十三重中重、《切韻指掌圖》七圖、《四聲等子》山攝外四輕重俱等韻開口呼、《切韻指南》山攝外四開口呼廣門，列字均爲「轍」。

42（入三溪）口三薛　朅　《廣韻》丘竭切，《集韻》丘傑切，溪薛三入開山；《韻鏡》外轉第二十三開、《七音略》外轉二十三重中重、《切韻指掌圖》七圖、《四聲等子》山攝外四輕重俱等韻開口呼、《切韻指南》山攝外四開口呼廣門，列字均爲「朅」。

43（入三昌）叉三薛　掣　《廣韻》昌列切，《集韻》尺列切，昌薛三入開山；《韻鏡》外轉第二十三開、《七音略》外轉二十三重中重、《切韻指掌圖》七圖、《四聲等子》山攝外四輕重俱等韻開口呼、《切韻指南》山攝外四開口呼廣門，列字均爲「掣」。

44（入三書）三三薛　設　《廣韻》識列切，《集韻》式列切，書薛三入開山；《韻鏡》外轉第二十三開、《七音略》外轉二十三重中重、《切韻指掌圖》七圖、《四聲等子》山攝外四輕重俱等韻開口呼、《切韻指南》山攝外四開口呼廣門，列字均爲「設」。

45（入三曉）凡三薛　娎　《廣韻》《集韻》許列切，曉薛三入開山；《韻鏡》外轉第二十三開、《七音略》外轉二十三重中重、《切韻指南》山攝外四開口呼廣門，列字均爲「𡛟」；《切韻指掌圖》七圖、《四聲等子》山攝外四輕重俱等韻開口呼，列字爲「歇」，曉母月韻。

46 （入三來）擧三薛　列　《廣韻》良辥切，《集韻》力櫱切，來薛三入開山；《韻鏡》外轉第二十三開、《七音略》外轉二十三重中重、《切韻指掌圖》七圖、《四聲等子》山攝外四輕重俱等韻開口呼、《切韻指南》山攝外四開口呼廣門，列字均爲「列」。

艮八	艮三	震七	震十	艮十二			坎四	坎六	井五	坎三
在	文	犖	口	宅	收		口	品	平	美
			宗上		音		品上			
顛		斕			清	山（僊四）	編		辮	
焉	鳫	連	然	禪						
						僊（[illegible]去）	鞭	篇	便	綿
軋						產（爻四）		眅	版	晚
訍		輦	蹨			擟	辡	鶣	辮	免
						擟（盡四）	褊	萹	楩	緬
						襉（睽四）	扮	盼	辮	
軀		𤸫	𨊠			線	變		卞	
						線（有去）		騗	便	面
鷃						轄（姝四）	捌			怵
謁		列	熱			薛	箣		別	
						薛（世去）	鼈	撆	蹩	滅

比六	坎六	井六	比七	比一	坎一	井一	坎二	比八	坎八	井八
帝	天	田	女	九	丘	乾	仰	足	七	全
[illegible]								鐫	詮	全
			眏			悁	臇	雋		
簡										
				絹	鈌			恮	線	全
					鈌			蕝	膬	絕

		井十一	坎十	坎七	比四	比三	比四	比二	蹇九	比十
	收	辰	耳	呂	口	乙	口	香	象	手
	音				乙下		乙下			
山觀四	濁									
僊歸三										
僊		船	瑌		沿	娟		翾	旋	宣
產坎四										
獮未三										
獮						兗	蜎	蠉	蔓	選
襉睽四										
線有三										
線			[illegible]		掾				淀	選
轄睽四										
薛世三										
					悅	妭		[illegible]	[illegible]	雪

第四十六圖　收音清

本圖列《廣韻》仙獮線薛韻列於四等位字及三等位脣音字，山産獮轄脣音字。係拆分《韻鏡》外轉第二十三合二四等字，并加入外轉第二十一開脣音字，及外轉第二十三開三等位上入聲脣音字。符合一四等列字（一等無字）加脣音之原則。本圖兩本聲母幫、匣、喻母均列「□」，明本下一等格位内，幫母下有「品上」，匣母和喻母下均有「乙下」二字。明本二等平聲位列目爲「山」，三等空位，四庫本二等空位，三等列目爲「山」，四庫本誤。

校注：

1　《廣韻》平聲韻目字爲「仙」，《集韻》爲「僊」，《起數訣》從《集韻》。本圖平聲二等四庫本無列目，明本列目爲「山」，四庫本當補韻目字「山」。

2　（平二並）平二山　瓣　《廣韻》蒲莧切，並襇二去開山。《集韻》薄閑切，並山二平開山；皮莧切，並襇二去開山。《韻鏡》外轉第二十一開，列於並母襇韻，山韻空位；《七音略》空位；《切韻指掌圖》八圖，列於去聲位；《四聲等子》山攝外四輕重俱等韻開口呼、《切韻指南》山攝外四開口呼廣門，列字均爲『瓣』。《廣韻》山韻並母位無字，《起數訣》平聲二等位列『瓣』，從《集韻》，無誤。此字又列於四十五圖平二並母位，當刪。本圖列字是。

3 (平四幫)□四僊　鞭　《廣韻》《集韻》卑連切，幫仙三平開山；《韻鏡》外轉第二十一開、《七音略》外轉二十一重中輕、《切韻指南》山攝外四開口呼廣門，列字均爲『鞭』；《切韻指掌圖》八圖、《四聲等子》山攝外四輕重俱等韻開口呼，列字均爲『邊』，幫母先韻。《起數訣》四十四圖平四幫列『編』，重出，四十四圖當刪。本圖是。

4 (平四滂)品四僊　篇　《廣韻》芳連切，《集韻》紕延切，滂仙三平開山；《韻鏡》外轉第二十一開、《七音略》外轉二十一重中輕、《切韻指掌圖》八圖、《切韻指南》山攝外四開口呼廣門，列字均爲『篇』；《四聲等子》山攝外四輕重俱等韻開口呼，列字爲『偏』；『篇』爲《廣韻》《集韻》仙韻滂母重紐四等位小韻首字，《起數訣》是。《起數訣》四十四圖平四滂列『偏』，重出，四十四圖當刪。本圖是。

5 (平四並)平四僊　便　《廣韻》房連切，《集韻》毗連切，並仙三平開山；《韻鏡》外轉第二十一開，列字爲『楩』；《七音略》外轉二十一重中輕、《切韻指南》山攝外四開口呼廣門，列字均爲『便』；《切韻指掌圖》八圖，列字爲『駢』，並母先韻；《四聲等子》山攝外四輕重俱等韻開口呼，列字爲『蹁』，並母先韻。『便』爲《廣韻》仙韻並母重紐四等位小韻首字，下收有『楩』字，《起數訣》是。《起數訣》四十四圖平四並重出，當刪。本圖是。

6 （平四明）美四僊　綿《廣韻》武延切，《集韻》彌延切，明仙三平開山；《韻鏡》外轉第二十一開，列字爲『綿』；《七音略》外轉二十一重中輕，列字均爲『緜』；《切韻指掌圖》八圖、《四聲等子》山攝外四輕重俱等韻開口呼、《切韻指南》山攝外四開口呼廣門，列字均爲『眠』，明母先韻。『緜』爲《廣韻》仙韻明母重紐四等位小韻首字，下收有『綿』字，注曰：『上同』，『綿』『緜』二字爲異體字，列字以『緜』字爲佳，《韻鏡》《起數訣》列『綿』字，亦無誤。

7 （平四端）帝四僊　䎡　此字當爲『𥿊』字形訛。『𥿊』，《廣韻》丁全切，端仙三平合山；《集韻》渠鰥切，群山二平合山。《韻鏡》外轉第二十二合、《切韻指南》山攝外四合口呼廣門，列字均爲『䎡』；《七音略》外轉二十二輕中輕，列字爲『𥿊』；《切韻指掌圖》八圖，列字爲『䎡』；此三圖均爲『𥿊』形訛。《四聲等子》空位。『𥿊』字當爲王韻見誤本《説文》，未悟此爲訛字而收入仙韻，《廣韻》沿前期韻書而收入，《起數訣》及《韻鏡》《七音略》據《廣韻》列字，誤，當删。

8 （平四以）□四僊　沿《廣韻》與專切，《集韻》余專切，以仙三平合山；《韻鏡》外轉第二十二合、《切韻指掌圖》八圖、《四聲等子》山攝外四輕重俱等韻合口呼，列字均爲『㳂』；《七音略》外轉二十二輕中輕、《切韻指南》山攝外四合口呼廣門，列字均爲『沿』。『㳂』『沿』二字爲異體字，『沿』爲《廣韻》《集韻》仙三合口以母位小韻首字，《韻鏡》列異體無誤，《起數訣》是。

9 （平四日）耳四僊　瑞　《廣韻》未收；《集韻》而宣切，日仙三平合山。《韻鏡》《七音略》《切韻指掌圖》《四聲等子》《切韻指南》均空位。《集韻》仙韻日母雖有『璑』字，亦當列於三等，本圖誤，當删。

10 (平四半三)辰四僊　船　《廣韻》《集韻》食川切，船仙三平開山；《韻鏡》外轉第二十四合，列字爲『舩』，《康熙字典》記：『《廣韻》食川切，與船同。』《七音略》外轉二十四輕中重、《切韻指掌圖》八圖、《四聲等子》山攝外四輕重俱等韻合口呼、《切韻指南》山攝外四合口呼廣門，列字均爲『船』。此字當列於三等位。《起數訣》半三一般列於三等，此圖列於四等。

11 (上二滂)品二産　○　明本列字爲『日盻』，四庫本空位。《廣韻》産韻滂母位無字。《韻鏡》外轉第二十一開，列字爲『昄』，幫母潸韻；《七音略》外轉二十一重中輕、《切韻指掌圖》八圖，列字均爲『眅』，滂母潸韻；《四聲等子》山攝外四輕重俱等韻開口呼、《切韻指南》山攝外四開口呼廣門，列字均爲『盼』，當爲『盻』字刊刻誤。《韻鏡》《七音略》列字皆誤，《起數訣》明本列字當爲『盻』字誤，『盻』《集韻》匹限切，滂母産韻。明本列字是，四庫本空位誤。《起數訣》四十五圖上二滂母列『盼』，爲『盻』誤，從《集韻》，四十五圖當删。

12 (上二並)平二産　版　《廣韻》布綰切，幫潸二上合山；《集韻》蒲限切，並産二上開山。《韻鏡》外轉第二十一開，列字爲『阪』，《集韻》並母産韻；《七音略》《切韻指掌圖》均空位；《四聲等子》山攝外四輕重俱等韻開口呼、《切韻指南》山攝外四開口呼廣門，列字均爲『版』。《廣韻》産韻並母位無字，《起數訣》從《集韻》，亦無誤。《起數訣》四十五圖上二並母位列

『版』，係『版』字誤，重出，四十五圖當删。本圖是。

13 （上二明）美二產　晚　《廣韻》無遠切，《集韻》武遠切，微阮三上開山；不當列於此位。《韻鏡》外轉第二十一開、《七音略》外轉二十一重中輕、《切韻指掌圖》八圖，列字均爲『娩』；《四聲等子》山攝外四輕重俱等韻開口呼，列字爲『晚』；《切韻指南》空位。『晚』，《康熙字典》記：『《廣韻》書作娩』。『晚』『娩』二字爲異體字。『娩』爲《廣韻》產韻明母位小韻首字，《起數訣》列『晚』字當爲『晚』字誤，當校改爲『晚』。《起數訣》四十五圖上二明母位列『娩』字，重出，四十五圖當删。

14 （上三滂）品三獮　鴘　明本列字爲『鴘』，四庫本列字爲『盻』。『鴘』，《廣韻》《集韻》披免切，滂獮三上開山；『盻』，《廣韻》匹莧切，《集韻》普莧切，滂襉二去開山；均不當列於此位。《韻鏡》外轉第二十三開、《七音略》外轉二十三重中重、《切韻指掌圖》八圖、《四聲等子》山攝外四輕重俱等韻開口呼、《切韻指南》山攝外四開口呼廣門，列字均爲『鴘』。『鴘』爲《廣韻》獮韻重紐三等滂母位小韻首字，《起數訣》四庫本誤，當校改爲『鴘』。明本列字是。此字又見於四十五圖上二滂。

15 （上三並）平三獮　辮　明本列字爲『辮』，四庫本列字爲『辨』。『辮』，《廣韻》蒲莧切，《集韻》皮莧切，並襉二上開山；『辨』《廣韻》符蹇切，《集韻》平免切，並獮三上開山；《韻鏡》外轉第二十三開、《七音略》外轉二十三重中重，列字均爲『辨』；《切韻指掌圖》八圖、《四聲等子》山攝外四輕重俱等韻開口呼、《切韻指南》山攝外四開口呼廣門，列字均爲『辯』；『辯』爲《廣韻》獮韻重紐三等並母位小韻首字，下收有『辨』字。『辨』爲《集韻》獮韻並母位小韻首字，《起數訣》從《集韻》。明本列字誤，當校改爲『辨』，四庫本列字是。

16 （上四幫）□四獮　褊　《廣韻》方緬切，幫獮三上開山；《集韻》蒲眠切，幫先四平開山；然《集韻》此位列字『褊』，注：『俾緬切，《説文》衣小也。』此義與《廣韻》注『褊』字衣急同。此字當爲『褊』字形訛，則爲俾緬切，幫獮三上開山。《韻鏡》外轉第二十一開、《七音略》外轉二十一重中輕，列字均爲『褊』；《切韻指掌圖》八圖，列字爲『匾』，幫母銑韻；《四聲等子》山攝外四輕重俱等韻開口呼，列字爲『編』，幫母先韻；《切韻指南》空位。『褊』爲《廣韻》《集韻》獮韻重紐四等幫母位小韻首字，《起數訣》是。

17 （上四滂）品四獮　萹　明本列字爲『萹』，四庫本列字爲『鴘』。『萹』，《廣韻》方典切，幫母銑韻；《集韻》匹善切，滂獮三上開山；『鴘』，《廣韻》《集韻》披免切，滂獮三上開山；《韻鏡》外轉第二十三開，『鴘』列於三等位；《七音略》外轉二十一重中輕，列字爲『扁』，誤，『鴘』列於三等位；《切韻指掌圖》空位；《四聲等子》山攝外四輕重俱等韻開口呼，列字爲『覑』，滂母銑韻；《切韻指南》山攝外四開口呼廣門，列字爲『萹』。『萹』爲《集韻》獮韻滂母重紐四等位小韻首字，《起數訣》明本從《集韻》，四庫本串位誤，當校改爲『萹』。

18 （上四泥）女四獮　瞑　《康熙字典》記：『《玉篇》而緣切，軟平聲。目垂也。』此記而緣切，日線三去合山，不當列於此位。諸家韻圖均空位，此處當删。另，疑此爲『瞑』字誤，爲三等字串入此位，亦不當列於此位。

19（上四見）凡四獮 ○ 《廣韻》《集韻》獮韻見母位無字。《韻鏡》空位；《七音略》外轉二十二輕中輕，列字均爲『琄』；《切韻指掌圖》八圖、《四聲等子》山攝外四輕重俱等韻合口呼，列字爲『畎』，見母銑韻；《切韻指南》山攝外四合口呼廣門，列字均爲『く』，見母銑韻。《七音略》列『琄』，匣母銑韻，誤。《起數訣》空位是。

20（上四疑）仰四獮 臇 《廣韻》《集韻》子兗切，精獮三上合山；《韻鏡》外轉第二十二合、《七音略》外轉二十二輕中輕、《切韻指掌圖》八圖、《四聲等子》山攝外四輕重俱等韻合口呼、《切韻指南》山攝外四合口呼廣門，均列於精母，疑母空位；『臇』爲《廣韻》獮三精母位小韻首字，《起數訣》誤，當校列於精母位。《廣韻》《集韻》獮韻疑母位無字，此處當删。

21（上四精）足四獮 雋 《廣韻》徂兗切，《集韻》粗兗切，從獮三上合山；《韻鏡》外轉第二十二合、《七音略》外轉二十二輕中輕、《切韻指掌圖》八圖、《四聲等子》山攝外四輕重俱等韻合口呼，均列於從母，精母位列『臇』；《切韻指南》山攝外四合口呼廣門，從母位列『雋』字，精母位列『臇』；『雋』爲《廣韻》獮三從母位小韻首字，下收有『雋』字，《起數訣》誤，當校列於從母位。『臇』爲《廣韻》《集韻》獮三精母位小韻首字，此處當校改爲『臇』。

22（上四清）七四獮 ○ 《廣韻》《集韻》獮韻清母位均無字；《韻鏡》空位；《七音略》外轉二十

十二輕中輕，《切韻指掌圖》八圖，列字均爲「䢭」；《集韻》雛免切，崇獮三上合山；《四聲等子》《切韻指南》均空位。「䢭」爲崇母字，不可列於清母位，《七音略》《起數訣》誤，當删。

23 (上四從)全四獮 ◯ 《廣韻》《集韻》有「雋」，《廣韻》徂兖切，《集韻》粗兖切。諸韻圖均於從母位列「雋」及「雋」小韻下字，參上四精。《起數訣》空位誤，當校補「雋」字。

24 (上四邪)象四獮 䉤 《廣韻》渠營切，群清三平合梗；《集韻》詳兖切，邪獮三上合山；《韻鏡》《切韻指掌圖》均空位；《七音略》外轉二十二輕中輕，列字爲「趡」，曉母獮韻；《四聲等子》山攝外四輕重俱等韻合口呼、《切韻指南》山攝外四合口呼廣門，列字均爲「䉤」。《廣韻》獮韻無邪母字，《七音略》列字誤，《起數訣》從《集韻》。

25 (上四匣)□四獮 蜎 《廣韻》狂兖切，群獮三上合山；《集韻》下兖切，匣獮三上合山；《韻鏡》空位；《七音略》外轉二十二輕中輕，列於群母，匣母空位；《切韻指掌圖》八圖、《四聲等子》山攝外四輕重俱等韻合口呼、《切韻指南》山攝外四合口呼廣門，列字均爲「泫」，匣母銑韻。《廣韻》獮韻無匣母字，「蜎」爲《集韻》獮韻小韻首字，《起數訣》從《集韻》。

26 (上四影)乙四獮 宎 《廣韻》《集韻》以轉切，以獮三上合山；《韻鏡》外轉第二十二合、《七音略》外轉二十二輕中輕，均列於喻四，影母空位；《切韻指掌圖》八圖、《四聲等子》山攝外四輕重俱等韻合口呼、《切韻指南》山攝外四合口呼廣門，列字均爲「蜎」，喻四位列「兖」，「兖」「宎」二字爲異體字；「宎」爲《廣韻》獮韻以母位小韻首字，《起數訣》誤，當校列於以母位。《廣韻》《集韻》獮韻無影母字，此位當删。

27 (上四以)□四獮 ○ 《廣韻》《集韻》獮韻以母位有『兖』小韻，以轉切。諸家韻圖均列於喻四位。《起數訣》誤列入影母位，此處空位誤，當校補『兖』字。參上四影。

28 (上四來)吕四獮 ○ 《廣韻》《集韻》獮韻來母位無字。《韻鏡》外轉第二十二合，列字爲『輭』；《七音略》《切韻指掌圖》《四聲等子》《切韻指南》均空位。『輭』，《廣韻》而兖切，《集韻》乳兖切，爲日母三等字，當列於三等位。《韻鏡》列字誤，《起數訣》空位是。

29 本圖去聲一等位無列目，平上入三聲中均無列目且無列字，明本無列目無列字，四庫本列字當爲上四等串入，四庫本誤。

30 (去一滂)品一(等) ○ 明本空位，四庫本列字爲『篇』。『篇』，《廣韻》芳連切，《集韻》紕延切，滂仙三平開山；不當列於此位。《韻鏡》外轉第二十一開、《七音略》外轉二十一重中輕、《切韻指掌圖》八圖、《切韻指南》山攝外四開口呼廣門，均列於滂母仙韻；《四聲等子》空位。此字當列於仙韻滂母四等位，《起數訣》四庫本誤，當删。明本空位是。

31 (去二滂)品二襉 盼 明本列字爲『盼』，四庫本列字爲『盻』。『盼』，《康熙字典》記：『《集韻》方文切，音分。《玉篇》日光。』奉母問韻，不當列於此位。『盻』，《廣韻》五計切，疑霽四去開蟹；胡計切，匣霽四去開蟹；而滂母襉韻位列『盼』字，匹莧切。《集韻》普莧切，滂襉二去開山，『盻』『盼』同爲小韻首字。《韻鏡》外轉第二十一開，列字爲『盻』；《七音略》外轉二十一重中輕，列字爲『盼』，此字當爲『盼』形訛；《切韻指掌圖》八圖，列字爲『盻』，當爲『盻』字俗；《四聲等子》山攝外四輕重俱等韻開口呼，列字爲『盰』；《切韻指南》空位。《起數訣》從《集韻》。四庫本列字是，明本誤，當校改爲『盼』。

32 （去二並）平二禂　瓣　《廣韻》蒲莧切，《集韻》皮莧切，並禂二去開山；《韻鏡》外轉第二十一開、《切韻指掌圖》八圖、《四聲等子》山攝外四輕重俱等韻開口呼、《切韻指南》山攝外四開口呼廣門，列字均爲『瓣』；《七音略》外轉二十一重中輕，列字爲『辦』。『瓣』爲《廣韻》禂二並母位小韻首字，下收有『辦』字，列字以『瓣』字爲佳，《起數訣》是。

33 （去二明）美二禂　○　《廣韻》《集韻》禂韻明母位均有『蔄』小韻，《廣韻》亡莧切，《集韻》萌莧切，明禂二去開山；《韻鏡》外轉第二十一開、《七音略》外轉二十一重中輕、《四聲等子》山攝外四輕重俱等韻開口呼，列字均爲『蔄』；《切韻指掌圖》八圖、《切韻指南》山攝外四開口呼廣門，列字均爲『慢』，明母諫韻。『蔄』爲《廣韻》《集韻》禂二明母位小韻首字，《起數訣》空位誤，此處當校補『蔄』字。『蔄』字又列於《起數訣》四十五圖，四十五圖當删。本圖是。

34 （去二知）帝二禂　簡　《廣韻》古限切，《集韻》賈限切，見産二上開山；均不當列於此位。《韻鏡》外轉第二十一開、《七音略》外轉二十一重中輕、《切韻指掌圖》七圖、《四聲等子》山攝外四輕重俱等韻開口呼、《切韻指南》山攝外四開口呼廣門，均列於見母産韻。《起數訣》

誤，當删。此字當爲『茼』字形訛，又由明母位串入知母位。

35 (去三幫)□三線　變　明本列字爲『变』，四庫本列字爲『變』。二字爲異體字，『變』爲正體。『變』，《廣韻》彼眷切，《集韻》彼卷切，幫線三去合山；《韻鏡》外轉第二十四合、《七音略》外轉二十四輕中重、《切韻指掌圖》八圖、《四聲等子》山攝外四輕重俱等韻開口呼、《切韻指南》山攝外四開口呼廣門，列字均爲『變』。明本列異體，四庫本列正體。均無誤。

36 (去四幫)□四線　○　《廣韻》《集韻》線韻幫母位均有『徧』小韻，《廣韻》方見切；《韻鏡》《七音略》《切韻指掌圖》《切韻指南》，列字均爲『徧』；《四聲等子》空位。《起數訣》空位誤，當校補『徧』字。『徧』字又列於四十四圖，四十四圖當删，本圖當列。

37 (去四溪)丘四線　缺　《廣韻》傾雪切，溪薛三入合山；《集韻》窺絹切，溪線三去合山；《韻鏡》外轉第二十二合、《七音略》外轉二十二輕中輕，均列於溪母薛韻，線韻空位；《切韻指掌圖》八圖，列字爲『繾』，溪母線韻開口；《四聲等子》山攝外四輕重俱等韻合口呼，列字爲『駽』，曉母霰韻；《廣韻》溪母線韻無合口字，『缺』爲《集韻》溪母線韻重紐四等位小韻首字，《起數訣》從《集韻》。

38 (去四精)足四線　悛　《廣韻》莊緣切，莊仙三平合山；《集韻》子眷切，精線三去合山；《韻鏡》《七音略》《切韻指掌圖》均空位；《四聲等子》山攝外四輕重俱等韻合口呼、《切韻指南》山攝外四合口呼廣門，列字均爲『悛』。《廣韻》精母線韻無合口，『悛』爲《集韻》線三精母位小韻首字，《起數訣》從《集韻》。

39（去四清）七四線　緣　《廣韻》七絹切，《集韻》取絹切，清線三去合山；《韻鏡》空位；《七音略》外轉二十二輕中輕、《切韻指掌圖》八圖、《四聲等子》山攝外四輕重俱等韻合口呼、《切韻指南》山攝外四合口呼廣門，列字均爲「緣」。「緣」爲《廣韻》《集韻》線三清母位小韻首字，《韻鏡》空位誤，當校補「緣」字，《起數訣》是。

40（去四從）全四線　全　明本列字爲「全」，四庫本爲「泉」。「全」，《廣韻》《集韻》無去聲音。「泉」，《廣韻》疾緣切，從仙三平合山；《集韻》疾眷切，從線三去合山；《韻鏡》《切韻指掌圖》均空位；《七音略》外轉二十二輕中輕、《四聲等子》山攝外四輕重俱等韻合口呼、《切韻指南》山攝外四合口呼廣門，列字均爲「泉」。《廣韻》線韻無從母字，「泉」爲《集韻》線三從母位小韻首字，《起數訣》從《集韻》。明本列字誤，當校改爲「泉」，四庫本列字是。

41（去四邪）象四線　淀　《廣韻》辭戀切，《集韻》隨戀切，邪線三去合山；《韻鏡》外轉第二十二合、《七音略》外轉二十二輕中輕、《切韻指掌圖》八圖、《四聲等子》山攝外四輕重俱等韻合口呼、《切韻指南》山攝外四合口呼廣門，列字均爲「旋」；「淀」爲《廣韻》線三邪母位小韻首字，下收有「旋」字，列字以「淀」字爲佳，《起數訣》是，《韻鏡》《七音略》亦無誤。

42（去四以）□四線　掾　明本列字爲「掾」，四庫本列字爲「椽」。「掾」，《廣韻》以絹切；《集韻》俞絹切，以線三去合山。「椽」，《廣韻》直攣切，澄母仙韻，不當列於此位。《韻鏡》外轉第二十二合、《七音略》外轉二十二輕中輕、《切韻指掌圖》八圖、《切韻指南》山攝外四合口呼廣門，列字均爲『掾』；《四聲等子》山攝外四輕重俱等韻合口呼，列字爲『緣』。『掾』爲《廣韻》線韻以母位小韻首字，下收有『緣』字，列字以『掾』字爲佳，《起數訣》四庫本列字形訛，當校改『掾』字。明本列字是。

43 （去四日）耳四線　瞑　《廣韻》人絹切，《集韻》儒轉切，日線三去合山；《韻鏡》外轉第二十四合、《七音略》外轉二十四輕中重、《切韻指掌圖》八圖、《四聲等子》山攝外四輕重俱等韻合口呼、《切韻指南》山攝外四合口呼廣門，均列於三等，四等空位。此字爲日母，當列於三等位，《起數訣》誤，當删。

44 （入二明）美二轄　帓　《廣韻》《集韻》莫轄切，明轄三去開山；《韻鏡》外轉第二十一開、《四聲等子》山攝外四輕重俱等韻開口呼，列字均爲『礣』；《七音略》空位；《切韻指掌圖》八圖、《切韻指南》山攝外四開口呼廣門，列字均爲『僶』。『礣』爲《廣韻》轄二明母位小韻首字，下收有『帓』字；礣，《集韻》莫八切，明母黠韻。『帓』爲《集韻》轄二明母位小韻首字，《起數訣》從《集韻》。《七音略》空位誤，依《廣韻》，當校補『礣』字。

45 （入三幫）□三薛　✱　《廣韻》方別切，《集韻》筆別切，幫薛三去開山；《韻鏡》外轉第二十三開，列字爲『鼈』，爲重紐四等字，當列於四等位，《韻鏡》誤；《七音略》外轉二十三重中重、《切韻指掌圖》八圖、《切韻指南》山攝外四開口呼廣門，列字均爲『䇷』；《四聲等子》山攝外四輕重俱等韻開口呼，列字爲『⿰言別』，《康熙字典》記：『《廣韻》與䇷同』，『⿰言別』『䇷』二字爲異體字。『䇷』爲《廣韻》薛韻幫母重紐三等位小韻首字，《韻鏡》誤，《起數訣》是。

46（入四幫）□四薛　鼈　《廣韻》并列切，《集韻》必列切，幫薛三入開山；《韻鏡》外轉第二十一開、《七音略》外轉二十一重中輕、《切韻指南》山攝外四開口呼廣門，列字均爲『鷩』；《切韻指掌圖》八圖、《四聲等子》山攝外四輕重俱等韻開口呼，列字均爲『彆』，幫母屑韻；『鷩』爲《廣韻》薛韻幫母重紐四等小韻首字，下收有『鼈』字。『鼈』爲《集韻》薛韻幫母重紐四等小韻首字，下收有『鷩』字，《起數訣》從《集韻》。『鷩』又列於《起數訣》四十四圖，當刪。本圖是。

47（入四滂）品四薛　撆　《廣韻》普蔑切，滂屑四入開山；《集韻》匹滅切，滂薛三入開山。《韻鏡》外轉第二十三開，列字爲『⿱敝月』，當爲『瞥』字誤；《七音略》外轉二十一重中輕，列字爲『瞥』；《切韻指掌圖》八圖、《切韻指南》山攝外四開口呼廣門，列字爲『撆』，《集韻》滂母薛韻；《四聲等子》山攝外四輕重俱等韻開口呼，列字爲『蹩』，並母屑韻。『瞥』爲《廣韻》薛韻滂母重紐四等位小韻首字，未收有『撆』字，《起數訣》從《集韻》。《起數訣》四十四圖列『瞥』字，重出，當刪。本圖是。

48（入四並）平四薛　⿱敝毛　《廣韻》毗祭切，並祭三入開山；《集韻》便滅切，並薛三入開山。《韻鏡》外轉第二十一開、《切韻指掌圖》八圖、《切韻指南》山攝外四開口呼廣門，列字均爲『蹩』，並母屑韻；《七音略》外轉二十一重中輕，列字爲『嫳』，《集韻》在薛小韻，便滅切；《四聲等子》山攝外四輕重俱等韻開口呼，列字爲『撆』，《集韻》並母屑韻。《廣韻》薛韻無並母字，《起數訣》從《集韻》。

49（入四明）美四薛　滅　《廣韻》亡列切，《集韻》莫列切，明薛三入開山；《韻鏡》外轉第二十一開、《七音略》外轉二十一重中輕，列字均爲『滅』；《切韻指掌圖》八圖、《四聲等子》山攝外四輕重俱等韻開口呼、《切韻指南》山攝外四開口呼廣門，列字均爲『蔑』，明母屑韻。『滅』爲《廣韻》薛韻明母重紐四等位小韻首字，正當列於此位。《起數訣》四十四圖入四明，列有『蔑』字，當刪。本圖是。

50（入四精）足四薛　蕝　明本列字爲『蕝』，四庫本列字爲『絕』。『蕝』，《廣韻》子悅切，《集韻》租悅切，精薛三入合山；『絕』，《廣韻》情雪切，從薛三入合山；《集韻》租悅切，精薛三入合山。《韻鏡》外轉第二十二合、《七音略》外轉二十二輕中輕、《切韻指掌圖》八圖、《四聲等子》山攝外四輕重俱等韻開口呼、《切韻指南》山攝外四開口呼廣門，列字均爲『蕝』。『蕝』爲《廣韻》薛韻精母位小韻首字，下未收『絕』字。『絕』爲《集韻》薛三精母位小韻首字，下收有『絕』字，列字以『蕝』字爲佳，《起數訣》從《集韻》。明本列字是，四庫本亦無誤。

51（入四曉）香四薛　旻　明本列字爲『旻』，四庫本列字爲『旻』。四庫本顯誤，爲『旻』之訛字。『旻』，《廣韻》許劣切，《集韻》翾劣切，曉薛三入合山；《韻鏡》外轉第二十二合，列字爲

『旻』；《七音略》外轉二十四輕中重，列字爲『旻』，當爲『旻』字誤；《切韻指掌圖》八圖、《四聲等子》山攝外四輕重俱等韻開口呼、《切韻指南》山攝外四開口呼廣門，列字均爲『血』，曉母屑韻。『旻』爲曉母重紐四等字，《起數訣》從《集韻》。且於《起數訣》四十七圖重出。此位誤，當删。

52（入四影）乙四薛　妓　《廣韻》《集韻》居宜切，見支三平開止；《廣韻》渠綺切，《集韻》巨綺切，群紙三上開止；均不當列於此位。《韻鏡》外轉第二十二合、《七音略》外轉二十二輕中輕，列字均爲『妜』，《廣韻》於悅切，《集韻》娟悅切，影薛三入合山；《切韻指掌圖》八圖、《切韻指南》山攝外四開口呼廣門，列字均爲『抉』，影母屑韻；《四聲等子》山攝外四輕重俱等韻開口呼，列字爲『抉』，見母屑韻。此字當爲『妜』字誤。『妜』爲《廣韻》薛韻影母重紐四等位小韻首字，《起數訣》誤，當校改爲『妜』字。

53（入四來）吕四薛　○　《廣韻》《集韻》薛韻來母合口位無字。《韻鏡》外轉第二十二合，列字爲『劣』；《七音略》《切韻指掌圖》《四聲等子》《切韻指南》均空位。『劣』爲來母三等字，不當列於四等。《韻鏡》誤，《起數訣》是。

釋：

1（平二幫）□二山　斒　《廣韻》方閑切，《集韻》逋閑切，幫山二平開山；《韻鏡》外轉第二十一開、《七音略》外轉二十一重中輕、《四聲等子》山攝外四輕重俱等韻開口呼，列字均爲『斒』；《切韻指掌圖》《切韻指南》均空位。

2（平四精）足四僊　鐫　《廣韻》子泉切，《集韻》遵全切，精仙三平合山；《韻鏡》外轉第二十二合、《七音略》外轉二十二輕中輕、《切韻指掌圖》八圖、《四聲等子》山攝外四輕重俱等韻合口呼、《切韻指南》山攝外四合口呼廣門，列字均爲『鐫』。

3（平四清）七四僊　詮　《廣韻》此緣切，《集韻》逡緣切，清仙三平合山；《韻鏡》外轉第二十二合、《七音略》外轉二十二輕中輕、《切韻指掌圖》八圖、《切韻指南》山攝外四合口呼廣門，列字均爲『詮』；《四聲等子》山攝外四輕重俱等韻合口呼，列字爲『佺』，清母仙韻。

4（平四從）全四僊　全　《廣韻》疾緣切，《集韻》從緣切，從仙三平合山；《韻鏡》外轉第二十二合、《七音略》外轉二十二輕中輕、《切韻指掌圖》八圖、《四聲等子》山攝外四輕重俱等韻合口呼、《切韻指南》山攝外四合口呼廣門，列字均爲『全』。

5（平四心）手四僊　宣　《廣韻》須緣切，《集韻》荀緣切，心仙三平合山；《韻鏡》外轉第二十二合、《七音略》外轉二十二輕中輕、《切韻指掌圖》八圖、《四聲等子》山攝外四輕重俱等韻合口呼、《切韻指南》山攝外四合口呼廣門，列字均爲『宣』。

6 (平四邪)象四僊　旋　《廣韻》似宣切，《集韻》旬宣切，邪仙三平合山；《韻鏡》外轉第二十二合、《七音略》外轉二十二輕中輕、《切韻指掌圖》八圖、《四聲等子》山攝外四輕重俱等韻合口呼、《切韻指南》山攝外四合口呼廣門，列字均爲『旋』。

7 (平四曉)香四僊　翾　《廣韻》許緣切，《集韻》隳緣切，曉仙三平合山；《韻鏡》外轉第二十二合、《七音略》外轉二十二輕中輕，列字均爲『翾』；《切韻指掌圖》八圖、《切韻指南》山攝外四合口呼廣門，列字均爲『鋗』，曉母先韻；《四聲等子》山攝外四輕重俱等韻合口呼，列字爲『儇』，曉母仙韻。

8 (平四影)乙四僊　娟　《廣韻》於緣切，《集韻》縈緣切，影仙三平合山；《韻鏡》外轉第二十二合、《七音略》外轉二十二輕中輕，列字均爲『娟』；《切韻指掌圖》八圖、《四聲等子》山攝外四輕重俱等韻合口呼、《切韻指南》山攝外四合口呼廣門，列字均爲『淵』，影母先韻。

9 (上三幫)□三獮　辡　《廣韻》方免切，《集韻》邦免切，幫獮三上開山；《韻鏡》外轉第二十三開、《七音略》外轉二十三重中重、《切韻指掌圖》八圖、《四聲等子》山攝外四輕重俱等韻開口呼、《切韻指南》山攝外四開口呼廣門，列字均爲『辡』。

10 (上三明)美三獮　免　《廣韻》亡辨切，《集韻》美辨切，明獮三上開山；《韻鏡》外轉第二十三開、《七音略》外轉二十三重中重、《切韻指掌圖》八圖、《四聲等子》山攝外四輕重俱等韻開口呼、《切韻指南》山攝外四開口呼廣門，列字均爲『免』。

11（上四並）平四獮　楩　《廣韻》符善切，《集韻》婢善切，並獮三上開山；《韻鏡》外轉第二十一開、《七音略》外轉二十一重中輕、《切韻指南》山攝外四開口呼廣門，列字均爲『楩』；《切韻指掌圖》八圖、《四聲等子》山攝外四輕重俱等韻開口呼，列字均爲『辮』，並母銑韻。

12（上四明）美四獮　緬　《廣韻》《集韻》彌兖切，明獮三上開山；《韻鏡》外轉第二十一開、《七音略》外轉二十一重中輕、《切韻指掌圖》八圖，列字均爲『緬』；《四聲等子》山攝外四輕重俱等韻開口呼，列字爲『搷』，明母銑韻；《切韻指南》空位。

13（上四群）乾四獮　蜎　《廣韻》狂兖切，《集韻》葵兖切，群獮三上合山；《韻鏡》外轉第二十二合、《七音略》外轉二十二輕中輕、《切韻指掌圖》八圖，列字均爲『蜎』；《四聲等子》山攝外四輕重俱等韻合口呼、《切韻指南》山攝外四合口呼廣門，列字均爲『䭡』，《康熙字典》『《集韻》於泫切，音蜎。』

14（上四心）手四獮　選　《廣韻》思兖切，《集韻》須兖切，心獮三上合山；《韻鏡》外轉第二十二合、《七音略》外轉二十二輕中輕、《切韻指掌圖》八圖、《四聲等子》山攝外四輕重俱等韻合口呼、《切韻指南》山攝外四合口呼廣門，列字均爲『選』。

15（上四曉）香四獮　蠉　《廣韻》香兖切，《集韻》馨兖切，曉霰三上合山；《韻鏡》外轉第二十二合、《七音略》外轉二十二輕中輕、《切韻指掌圖》八圖、《四聲等子》山攝外四輕重俱等韻合口呼、《切韻指南》山攝外四合口呼廣門，列字均爲「蠉」。

16（去二幫）□二襇　扮　《廣韻》晡幻切，幫襇二去開山；《集韻》列字爲「枌」，博幻切，幫襇二去開山；《韻鏡》外轉第二十一開、《七音略》外轉二十一重中輕、《切韻指掌圖》八圖、《四聲等子》山攝外四輕重俱等韻開口呼、《切韻指南》山攝外四開口呼廣門，列字均爲「扮」。

17（去三並）平三線　卞　《廣韻》《集韻》皮變切，並線三去合山；《韻鏡》外轉第二十四合、《七音略》外轉二十三重中重、《四聲等子》山攝外四輕重俱等韻開口呼、《切韻指南》山攝外四開口呼廣門，列字均爲「卞」；《切韻指掌圖》八圖，列字爲「下」，此字當爲「卞」字形訛。「卞」爲《廣韻》線三並母位小韻首字，下收有「汴」字，列字以「卞」字爲佳，《起數訣》是。

18（去四滂）品四線　騗　《廣韻》匹戰切，《集韻》匹羨切，滂線三去開山；《韻鏡》外轉第二十一開、《七音略》外轉二十一重中輕，列字均爲「騗」；《切韻指掌圖》八圖、《四聲等子》山攝外四輕重俱等韻開口呼、《切韻指南》山攝外四開口呼廣門，列字均爲「片」，滂母霰韻。

19（去四並）平四線　便　《廣韻》婢面切，《集韻》毗面切，並線三去開山；《韻鏡》外轉第二十一開、《七音略》外轉二十一重中輕、《切韻指掌圖》八圖，列字均爲「便」；《四聲等子》山攝外四輕重俱等韻開口呼、《切韻指南》山攝外四開口呼廣門，列字均爲「辯」，並母獮韻。

20（去四明）美四線　面　《廣韻》《集韻》彌箭切，明線三去開山；《韻鏡》外轉第二十一開，列字爲「面」，「靣」「面」三字爲異體字；《七音略》外轉二十一重中輕、《切韻指掌圖》八圖，列字均爲「面」；《四聲等子》山攝外四輕重俱等韻開口呼、《切韻指南》山攝外四開口呼廣門，列字均爲「麪」，明母霰韻。

21 （去四見）九四線　絹　《廣韻》吉掾切，《集韻》規掾切，見線三去合山；《韻鏡》外轉第二十二合、《七音略》外轉二十二輕中輕、《切韻指掌圖》八圖、《四聲等子》山攝外四輕重俱等韻合口呼，列字均爲「絹」；《切韻指南》山攝外四合口呼廣門，列字爲「睊」，見母霰韻。

22 （去四心）手四線　選　《廣韻》息絹切，《集韻》須絹切，心線三去合山；《韻鏡》外轉第二十二合、《七音略》外轉二十二輕中輕、《切韻指掌圖》八圖、《四聲等子》山攝外四輕重俱等韻合口呼、《切韻指南》山攝外四合口呼廣門，列字均爲「選」。

23 （入二幫）□二轄　捌　《廣韻》百鎋切，幫鎋二入開山；《集韻》布拔切，幫黠二入開山。《韻鏡》外轉第二十一開、《七音略》外轉二十一重中輕、《四聲等子》山攝外四輕重俱等韻開口呼、《切韻指南》山攝外四開口呼廣門，列字均爲「捌」；《切韻指掌圖》八圖，列字爲「八」，幫母黠韻。

24 （入三並）平三薛　別　《廣韻》《集韻》皮列切，並薛三入開山；《韻鏡》外轉第二十三開、《七音略》外轉二十三重中重、《切韻指掌圖》八圖、《四聲等子》山攝外四輕重俱等韻開口呼、《切韻指南》山攝外四開口呼廣門，列字均爲「別」。

25 （入四溪）丘四薛 缺 《廣韻》《集韻》傾雪切，溪薛三入合山；《韻鏡》外轉第二十二合、《七音略》外轉二十二輕中輕、《四聲等子》山攝外四輕重俱等韻合口呼，列字均爲「缺」；《切韻指掌圖》八圖、《切韻指南》山攝外四開口呼廣門，列字均爲「闕」，溪母月韻。

26 （入四清）七四薛 膬 《廣韻》七絶切，《集韻》促絶切，清薛三入合山；《韻鏡》外轉第二十二合、《七音略》外轉二十二輕中輕、《切韻指掌圖》八圖、《四聲等子》山攝外四輕重俱等韻開口呼、《切韻指南》山攝外四開口呼廣門，列字均爲「膬」。

27 （入四從）全四薛 絶 《廣韻》情雪切，《集韻》徂雪切，從薛三入合山；《韻鏡》外轉第二十二合、《七音略》外轉二十二輕中輕、《切韻指掌圖》八圖、《四聲等子》山攝外四輕重俱等韻開口呼、《切韻指南》山攝外四開口呼廣門，列字均爲「絶」。

28 （入四心）手四薛 雪 《廣韻》相絶切，《集韻》蘇絶切，心薛三入合山；《韻鏡》外轉第二十二合、《七音略》外轉二十二輕中輕、《切韻指掌圖》八圖、《四聲等子》山攝外四輕重俱等韻開口呼、《切韻指南》山攝外四開口呼廣門，列字均爲「雪」。

29 （入四邪）象四薛 䎃 《廣韻》寺絶切，《集韻》似絶切，邪薛三入合山；《韻鏡》外轉第二十二合、《七音略》外轉二十二輕中輕、《切韻指掌圖》八圖、《四聲等子》山攝外四輕重俱等韻開口呼、《切韻指南》山攝外四開口呼廣門，列字均爲「䎃」。

30 （入四喻）□四薛 悦 《廣韻》弋雪切，《集韻》欲雪切，以薛三入合山；《韻鏡》外轉第二十二合、《七音略》外轉二十二輕中輕、《切韻指掌圖》八圖，列字均爲『悗』，『悗』『悅』二字爲異體字；《四聲等子》山攝外四輕重俱等韻開口呼、《切韻指南》山攝外四開口呼廣門，列字均爲『悗』。

比十	蹇九	比二	比四	比三	比四	坎七	坎十	井十一		
手	象	香	口	乙	口	呂	耳	辰	收	
			乙下		乙下				音	
									濁	山 儒四
										僊 乾三
宣	旋	翾		娟	沿		壖	船		僊
										産 米四
										獮 未三
選	蕿	蠉	蜎	兗						獮
										裥 豎四
										線 有三
選	淀				掾		㬉			線
										轄 妹四
										薛 世三
雪	㛎	旻		妭	悅					

比五		塞五	井三	比十二	坡十二	塞六	塞七	塞十	塞十一	塞一
丙	口	蕑	眉	中	丑	第	年	口	口	迮
								丕下	丕下	
						宅	嘫	鰥		⿺辶雚
			憻	邅	鐉	椽		剶	捲	権
										卷
				轉	腞	篆	腝	卷		圈
								鰥		
				囀	猭	傳		眷	剸	倦
				鵽	⿰叕頁		娺	刮		
				叕	⿰犭叕		吶	蹶		⿰足彖

井二	比十一	坎十一	井十二	比九	蹇十	蹇十一	蹇二	蹇八	蹇三	井七
月	震	尺	呈	星	石	口	雄	匠	王	禹
						⿱舌下				
禎	恮		㵫	栓			湲	嬛		⿺尢鹿
	專	穿			遄			漆	員	韋
		脠								
	⿰虫巽	⿰忄奎	撰	巽						
	剸	姅		巽	腨			究		臠
	恮	篹	籑	涮			幼			
	剸	刲		縳	叀				瑗	恋
刖	蔓	纂		刷		聒	頡			
	拙	啜		說		⿱目叏		噦		劣

井十	寔十二		剎五		艮五	盡三	剎十二	豙十二	艮六
二	直	發音濁	百	口	白	皃	卓	圻	大
瞯		元褭三							
暎									
軟		阮元三				晃		嗕	
									填
暵		願堅三							
蘐		月姝三						爐	

第四十七圖 收音濁

本圖舒聲列《廣韻》山産裥、仙獮線合口字。係拆分《韻鏡》外轉第二十二合二等位字及《韻鏡》外轉第二十四合三等位字。平聲四等有少量字，不當列於本圖。本圖大體符合二三等同圖，不取脣音的大原則。本圖聲母並母，明本列目爲『葡』，四庫本列目爲『莆』。來母位，明本列目爲『離』，四庫本空格。滂、見、溪、影母兩本皆列『□』，其中見、溪、影母下一等格位内均有『石下』二字，四庫本無。

校注：

1 （平二澄）第二山　窀　《廣韻》墜頑切，《集韻》除鰥切，澄山二平合山；《韻鏡》外轉第二十二合、《七音略》外轉二十二輕中輕、《切韻指掌圖》八圖、《四聲等子》山攝外四輕重俱等韻合口呼、《切韻指南》山攝外四合口呼廣門，列字均爲『窀』。此字又列於第四十五圖，係開口圖，誤。本圖是。

2 （平二娘）年二山　嫰　《廣韻》女閑切，娘山二平開山；《集韻》尼鰥切，娘山二平合山；

《韻鏡》外轉第二十一開、《七音略》外轉二十一重中輕、《切韻指掌圖》七圖、《四聲等子》山攝外四輕重俱等韻開口呼，列字均爲『嘫』；《切韻指南》山攝外四開口呼廣門，列字爲『然』，《康熙字典》記：『《五音集韻》女閑切，音難。語聲。』此圖爲合口圖，『嘫』爲開口，《起數訣》誤，當删。此字又列於第四十五圖，係開口圖。

3 (平二見)□二山 鰥 《康熙字典》記：『《正字通》鰥字之譌。』『鰥』當爲『鰥』字形訛；『鰥』，《廣韻》古顽切，《集韻》姑頑切，見山二平合山；《韻鏡》外轉第二十二合、《七音略》外轉二十二輕中輕，列字均爲『鰥』；《切韻指掌圖》八圖、《四聲等子》山攝外四輕重俱等韻合口呼、《切韻指南》山攝外四合口呼廣門，列字均爲『關』，見母删韻。『鰥』爲《廣韻》山韻見母開口位小韻首字，《起數訣》列字形訛，當校改爲『鰥』。

4 (平二疑)月二山 頑 《廣韻》五還切，疑删二平合山；《集韻》五鰥切，疑山二平合山；《韻鏡》外轉第二十二合、《七音略》外轉二十二輕中輕、《切韻指掌圖》八圖、《四聲等子》山攝外四輕重俱等韻合口呼、《切韻指南》山攝外四合口呼廣門，列字均爲『頑』；《廣韻》山韻無疑紐，《韻鏡》《七音略》《起數訣》從《集韻》，亦無誤。另，楊軍認爲《廣韻》合并山韻之頑小韻於删韻之『瘰』小韻乃誤也。

5 (平二莊)震二山 恮 《康熙字典》記：『《集韻》莊緣切，音跧。曲卷也。』此記《集韻》莊緣切，莊母仙韻。《廣韻》《集韻》山韻均無合口莊母字。《韻鏡》外轉第二十二合，列於初母，莊母空位，《韻鏡》誤；《七音略》外轉二十二輕中輕，列字爲『恮』，《廣韻》莊緣切，莊仙三平合山；《切韻指掌圖》八圖、《四聲等子》山攝外四輕重俱等韻合口呼、《切韻指南》山攝外四合口呼廣門，列字均爲『跧』，莊母仙韻。楊軍認爲，《韻鏡》《七音略》本轉屬外轉，二等位有獨立二等韻山韻，三等仙韻齒音字不得借於二等位，是此字應爲後人不明體例妄增者，故當删。《起數訣》列圖未引入轉之概念，其『聲音説』中亦未將山列於外轉，故列此字亦可。『恮』爲《廣韻》仙韻莊母位小韻首字，未收有『⿰巾全』字，『⿰巾全』爲《集韻》仙三莊母位小韻首字，《起數訣》從《集韻》。

6（平二初）尺二山　〇　《廣韻》《集韻》山韻均無合口初紐；《韻鏡》外轉第二十二合，列字爲『恮』，《廣韻》莊緣切，莊仙三平合山；《集韻》逡緣切，清仙三平合山，《韻鏡》誤；《七音略》《切韻指掌圖》《四聲等子》《切韻指南》均空位。《起數訣》空位是。

7（平二崇）呈二山　潺　《廣韻》士山切，《集韻》鉏山切，崇山二平合山；本圖屬開口圖，不當列於此位。《韻鏡》《七音略》空位，且均列於崇母删韻；《切韻指掌圖》七圖，列於牀母删韻；《四聲等子》山攝外四輕重俱等韻合口呼、《切韻指南》山攝外四合口呼廣門，列字均爲『狗』。『潺』爲山韻開口崇母字，小韻首字爲『虦』。《起數訣》第四十五圖已收『虥』字，『虥』『虦』二字爲異體字，不當在本圖重出。《起數訣》誤，當删。

8（平二生）星二山　栓　《廣韻》山員切，《集韻》所員切，生仙三平合山；《韻鏡》外轉第二十二合、《七音略》外轉二十二輕中輕，均列於生母山韻；《切韻指掌圖》八圖，列於審母仙韻；《四聲等子》山攝外四輕重俱等韻合口呼、《切韻指南》山攝外四合口呼廣門，均列於審母山韻。「栓」爲《廣韻》仙韻生母位小韻首字，此列爲山韻字，故當删。

9（平三明）眉三僊　⿰忄蛮　明本列字爲「⿰忄蛮」，四庫本列字爲「⿰忄蠻」。明本當爲「⿰忄蠻」字俗體。《康熙字典》記：「《集韻》免員切，音謾。恐也。」此記《集韻》免員切，明母仙韻。《韻鏡》空位；《七音略》外轉二十四輕中重，列字爲「⿰忄蛮」；《切韻指掌圖》八圖，列字爲「蠻」，明母删韻；《四聲等子》山攝外四輕重俱等韻合口呼、《切韻指南》山攝外四合口呼廣門，列字均爲「樠」，明母桓韻。《廣韻》仙韻無明紐，《七音略》《起數訣》從《集韻》，亦無誤。明本列字當正爲「⿰忄蠻」，四庫本列字是。

10（平三知）中三僊　邅　疑爲「⿺辶是」字。「⿺辶是」，《康熙字典》記：「《廣韻》都兮切，《集韻》都黎切，音低。《説文》⿺辶是不能行，爲人所引曰⿺辶是⿺辶麗。又《廣韻》杜奚切，《集韻》田黎切，音提。義同。」此記《廣韻》都兮切，端母齊韻；杜奚切，定母齊韻。均不當列於此位。《韻鏡》《七音略》均空位；《切韻指掌圖》八圖，列字爲「⿺辶廛」，此字當爲「廛」字形訛；《四聲等子》山攝外四輕重俱等韻合口呼，列字爲「廛」；《切韻指南》山攝外四合口呼廣門，列字爲「⿺走廛」，《康熙字典》：「《字彙補》昭穿切，音專。」章母仙韻，當爲「廛」字形訛。《廣韻》仙韻三等無知母字，「邅」爲《集韻》仙三知母位小韻首字，《起數訣》從《集韻》，然形訛，當校改爲「邅」。

11 （平三徹）丑三僊　鐉　《廣韻》此緣切，清仙三平合山；《集韻》椿全切，徹仙三平合山；《韻鏡》空位；《七音略》外轉二十四輕中重，列字爲「鐉」；《切韻指掌圖》八圖、《四聲等子》山攝外四輕重俱等韻合口呼，列字均爲「猭」，《廣韻》丑緣切，《集韻》椿全切，徹仙三平合山；《切韻指南》山攝外四合口呼廣門，列字爲「㒕」，此字當爲「猭」字形訛。「猭」爲《廣韻》仙三徹母位小韻首字，「鐉」爲《集韻》仙三徹母位小韻首字，下收有「猭」字，《七音略》《起數訣》從《集韻》，亦無誤。

12 （平三澄）弟三僊　椽　《廣韻》直攣切，《集韻》重緣切，澄仙三平合山；《韻鏡》空位；《七音略》外轉二十四輕中重、《切韻指掌圖》八圖、《四聲等子》山攝外四輕重俱等韻合口呼、《切韻指南》山攝外四合口呼廣門，列字均爲「椽」。「椽」爲《廣韻》仙三澄母位小韻首字，《韻鏡》空位誤，《起數訣》是。

13 （平三見）□三僊　劵　明本列字爲「劵」，四庫本列字爲「勬」。「勬」，《廣韻》居員切，《集韻》拘員切，見仙三平合山；《韻鏡》外轉第二十四合、《七音略》外轉二十四輕中重、《切韻指掌圖》八圖、《四聲等子》山攝外四輕重俱等韻合口呼、《切韻指南》山攝外四合口呼廣門，列字均爲「勬」。「勬」爲《廣韻》仙三合見母位小韻首字，四庫本列字是，明本形訛，當校改爲「勬」。

14 （平三溪）□三僊　捲　《廣韻》巨員切，《集韻》逵員切，群仙三平合山；此字當爲「棬」字形訛。「棬」，《廣韻》丘圓切，《集韻》驅圓切，溪仙三平合山；《韻鏡》外轉第二十四合，列字爲「棬」；《七音略》外轉二十四輕中重、《切韻指掌圖》八圖、《四聲等子》山攝外四輕重俱等韻合口呼、《切韻指南》山攝外四合口呼廣門，列字均爲「弮」。「弮」爲《廣韻》《集韻》仙三溪母位小韻首字，下收有「棬」字。列字以「弮」字爲佳，《起數訣》列「捲」字形訛，當校改爲「棬」字。

15（平三群）近三僊　權　明本列字爲「權」，四庫本列字爲「權」。明本顯誤。「權」，《廣韻》巨員切，《集韻》逵員切，群仙三平合山；《韻鏡》外轉第二十四合、《七音略》外轉二十四輕中重、《切韻指掌圖》八圖、《切韻指南》山攝外四合口呼廣門，列字均爲「權」；《四聲等子》山攝外四輕重俱等韻合口呼，列字爲「拳」。「權」爲《廣韻》仙三合群母位小韻首字，四庫本列字是。明本形訛，當校改爲「權」。

16（平三船）呈三僊　〇　《廣韻》《集韻》仙韻船母位均有「船」字，《廣韻》《集韻》食川切，船仙三平合山；《韻鏡》外轉第二十四合，列字爲「舩」，「舩」「船」二字爲異體字；《七音略》外轉二十四輕中重、《四聲等子》山攝外四輕重俱等韻合口呼、《切韻指南》山攝外四合口呼廣門，列字均爲「船」；《切韻指掌圖》八圖，列字爲「遄」，禪母仙韻；「船」爲《廣韻》《集韻》仙三船母位小韻首字，《起數訣》空位誤，此處當校補「船」字。另，《起數訣》第四十六圖平四半三位列「船」字。

17（平三影）匠三僊　溱　《廣韻》側詵切，《集韻》緇詵切，莊臻三平開臻；均不當列於此位。《韻鏡》空位；《七音略》外轉二十四輕中重、《切韻指南》山攝外四合口呼廣門，列字均爲『嬽』，《廣韻》於緣切，《集韻》縈緣切，影仙三平合山；《切韻指掌圖》八圖，列字爲『娟』，影母仙韻合口；《四聲等子》山攝外四輕重俱等韻合口呼，列字爲『鴛』，影母元韻。『娟』爲《廣韻》仙三影母位小韻首字，下收有『嬽』字。『嬽』爲《集韻》仙三影母位小韻首字，《起數訣》誤，當校改爲『娟』或『嬽』字。

18（平三來）离三僊　孪　明本列字爲『孪』，四庫本列字爲『攣』。二字爲異體字。『攣』，《廣韻》呂員切，《集韻》閭員切，來仙三平合山；《韻鏡》外轉第二十四合、《七音略》外轉二十四輕中重、《切韻指掌圖》八圖、《四聲等子》山攝外四輕重俱等韻合口呼、《切韻指南》山攝外四合口呼廣門，列字均爲『攣』。『攣』爲《廣韻》仙三合來母位小韻首字，四庫本列正體是，明本列異體亦無誤。

19（平三日）二三僊　瞯　《康熙字典》記：『《唐韻》户閒切，《集韻》《韻會》何閒切，《正韻》何艱切，音閑。《説文》戴目也。又《集韻》居莧切，《韻會》居諫切，《正韻》居晏切，閒去聲。視也。』此記户閒切，見母山韻；居莧切，見母襇韻；均不當列於此位。《韻鏡》外轉第二十四合、《七音略》外轉二十四輕中重、《切韻指掌圖》八圖、《四聲等子》山攝外四輕重俱等韻合口呼，列字均爲『堧』，《廣韻》而緣切，《集韻》而宣切，日仙三平合山；《切韻指南》山攝外四合口呼廣門，列字爲「⿰土要」，此字當爲「堧」字形訛；「堧」爲《廣韻》《集韻》仙三日母位小韻首字，《起數訣》誤，當校改爲「堧」字。明本此字下四等格位内，右上角上字有「⿰日耎」字，當爲此字之校注字。

20（平四群）近四僊　卷　《廣韻》巨員切，《集韻》逵員切，群仙三平合山；《韻鏡》《七音略》《切韻指掌圖》《四聲等子》均空位；《切韻指南》山攝外四合口呼廣門，列字爲「⿰木⿸广雚」，群母山韻。「權」爲《廣韻》仙韻重紐三等群母位小韻首字，下收有「卷」字，當列於三等位。此字當爲平三群母列字「權」之標注字，且本圖收二三等，不當列四等字。《起數訣》誤，當删。

21（平四清）尺四僊　脠　《廣韻》式連切，《集韻》尸連切，書仙三平開山；另，《廣韻》丑延切，《集韻》抽延切，徹仙三平開山；均不當列於此位。《韻鏡》外轉第二十一開、《七音略》外轉二十一重中輕，列字均爲「遷」，《廣韻》七然切，《集韻》親然切，清仙三平開山；《切韻指掌圖》七圖、《四聲等子》山攝外四輕重俱等韻開口呼、《切韻指南》山攝外四開口呼廣門，列字均爲「千」，清母先韻。此字當爲書母三等位「穿」字之標注字，且本圖收二三等，不當列四等字。《起數訣》誤，當删。

22（平四日）二四僊　⿰日耎　明本右上角小字，顯係三等日母位字標注字。明本大字正格。「⿰日耎」，《廣韻》人絹切，《集韻》儒轉切，日線三去合山；均不當列於此位。《韻鏡》外轉第二十四合、《七音略》外轉二十四輕中重、《切韻指掌圖》八圖、《四聲等子》山攝外四輕重俱等韻合口呼、《切韻指南》山攝外四合口呼廣門，均列於日母線韻。此字當爲「堧」字誤，爲日母三等位列字之標注字。《起數訣》四庫本誤，當刪。明本雖爲標注字，亦當刪。

23 （上二莊）震二產　蟤　《康熙字典》記：「《唐韻》《集韻》莊緣切，音跧。蜿蟤，龍屈貌。又從緣切，音全。蜿蟤，蛇名。又《類篇》茁撰切。蜿蟤，蟲不申貌。」此記《集韻》莊緣切，莊母仙韻；《類篇》茁撰切，莊母獮韻。《韻鏡》《七音略》空位；《切韻指掌圖》八圖，列字爲「㹽」，莊母產韻；《四聲等子》空位；《切韻指南》山攝外四合口呼廣門，列字爲「蟤」。「蟤」字不當列於此位，《起數訣》誤，當刪。

24 （上二初）尺二產　㦃　《康熙字典》記：「《廣韻》《集韻》所簡切，音產。《玉篇》全德也。又《廣韻》初限切，《集韻》楚限切，音剗。」此記《廣韻》所簡切，生母產韻；《集韻》楚限切，初母產韻。《韻鏡》《七音略》空位；《切韻指掌圖》八圖，列字均爲「剗」；《四聲等子》山攝外四輕重俱等韻合口呼、《切韻指南》山攝外四合口呼廣門，列字均爲「㦃」。「剗」爲《廣韻》《集韻》產二初母位開口小韻首字，下收有「㦃」字，本圖爲合口圖，不當列於此位。另《集韻》產二合口初母亦收有「㦃」字，「揣綰切」，且爲小韻首字，《起數訣》從《集韻》。

25 （上二崇）呈二產　撰　《廣韻》雛鯇切，《集韻》雛綰切，崇潸二上合山；均不當列於此位。《韻鏡》《七音略》空位，均列於潸韻；《切韻指掌圖》八圖，列字均爲「棧」，崇母產韻；《四聲等子》山攝外四輕重俱等韻合口呼、《切韻指南》山攝外四合口呼廣門，列字均爲「撰」。《起數訣》誤，當删。

26 (上二生)星二産　翾　《康熙字典》記：「《廣韻》思絹切，《集韻》《韻會》須兖切，音選。《説文》冏也。」此記《廣韻》思絹切，《集韻》須兖切，均爲心母獮韻，均不當列於此位。《韻鏡》《七音略》空位；《切韻指掌圖》八圖，列字爲「産」。《四聲等子》山攝外四輕重俱等韻合口呼，列字爲「翾」；《切韻指南》空位。《起數訣》誤，當删。

27 (上三徹)丑三獮　腞　《廣韻》獮韻無合口徹母字；《集韻》敕轉切，徹獮三上合山；《韻鏡》《切韻指掌圖》均空位；《七音略》外轉二十四輕中重，列字爲「腞」，當爲「腞」字誤；《四聲等子》山攝外四輕重俱等韻合口呼、《切韻指南》山攝外四合口呼廣門，列字均爲「腞」。「腞」爲《集韻》獮三徹母位小韻首字，《起數訣》從《集韻》，亦無誤。

28 (上三娘)年三獮　腝　《廣韻》而兖切，《集韻》乳兖切，日獮三上合山；均不當列於此位。《韻鏡》《切韻指掌圖》空位；《七音略》外轉二十四輕中重，列字爲「腰」，此字當爲「腝」字形訛；《四聲等子》山攝外四輕重俱等韻合口呼、《切韻指南》山攝外四合口呼廣門，列字均爲「輭」。《廣韻》獮韻無合口娘母字。「輭」爲《集韻》獮三日母位小韻首字，下收有「腝」「輭」等字，列字以「輭」字爲佳，《起數訣》亦無誤。另，第四十六圖於泥母位列「輭」，誤。

29 (上三書)星三獮　翾　《廣韻》思兖切，心獮三上合山，不當列於此位。《韻鏡》外轉第二十四合，列字爲「膞」，《廣韻》市兖切，《集韻》豎兖切，禪獮三上合山，誤；《七音略》《切韻指掌圖》《四聲等子》《切韻指南》均空位。「選」爲《廣韻》獮三心母位小韻首字，下收有「巽」字，當列於心母位。《起數訣》誤，當删。

30 （上三禪）石三獮　腨　《廣韻》市兗切，《集韻》豎兗切，禪獮三上合山；《韻鏡》空位；《七音略》外轉二十四輕中重、《四聲等子》山攝外四輕重俱等韻合口呼、《切韻指南》山攝外四合口呼廣門，列字均爲「膞」；《切韻指掌圖》八圖，列字爲「腨」。「膞」爲《廣韻》獮三禪母位小韻首字，下收有「腨」字。「腨」爲《集韻》獮三禪母位小韻首字，下收有「膞」字，《起數訣》從《集韻》。

31 （上三影）匠三獮　宛　《廣韻》獮韻無合口影母字；《集韻》烏勉切，影獮三上合山。《韻鏡》外轉第二十四合、《七音略》外轉二十四輕中重、《切韻指南》山攝外四合口呼廣門，列字均爲「宛」；《切韻指掌圖》八圖、《四聲等子》山攝外四輕重俱等韻合口呼，列字均爲「婉」，影母阮韻。「宛」爲《集韻》獮三影母位小韻首字，《起數訣》從《集韻》。

32 （上三日）二三獮　輭　《廣韻》而兗切，《集韻》乳兗切，日獮三上合山；《韻鏡》外轉第二十四合，列字爲「腝」；《七音略》外轉二十四輕中重，列字爲「臑」，此字當爲「腝」形訛；《切韻指掌圖》八圖、《四聲等子》山攝外四輕重俱等韻合口呼、《切韻指南》山攝外四合口呼廣門，列字均爲「輭」，注曰「俗作軟」，「軟」爲俗體。「輭」爲《廣韻》獮三日母位小韻首字，下收有「腝」字，列字以「輭」字爲佳，《起數訣》列「輭」之俗體，亦無誤。

33（去二見）□二襇　鱞　《康熙字典》記：『《正字通》鰥字之譌。』『鱞』爲『鰥』之僞字。『鱞』，《廣韻》《集韻》古幻切，見襉二去合山；《韻鏡》外轉第二十二合、《七音略》外轉二十二輕中輕，列字均爲『鰥』；《切韻指掌圖》八圖、《四聲等子》山攝外四輕重俱等韻合口呼、《切韻指南》山攝外四合口呼廣門，列字均爲『慣』，見母諫韻。『鰥』爲《廣韻》襉二見母位小韻首字，《起數訣》列字訛，當校改爲『鰥』。

34（去二莊）震二襇　恮　《廣韻》莊緣切，莊仙三平合山；《集韻》莊眷切，莊線三去合山，均不當列於此位。《韻鏡》《切韻指掌圖》均空位；《七音略》外轉二十二輕中輕、《切韻指南》山攝外四合口呼廣門，列字均爲『孨』，章母線韻；《四聲等子》山攝外四輕重俱等韻合口呼，列字爲『恮』；《起數訣》誤，當删。

35（去二初）尺二襇　篡　《廣韻》《集韻》初患切，初諫二去合山，不當列於此位。《韻鏡》外轉第二十四合、《七音略》外轉二十二輕中輕、《切韻指掌圖》八圖，均列於初母諫韻，襇韻均空位；《四聲等子》山攝外四輕重俱等韻合口呼、《切韻指南》山攝外四合口呼廣門，列字均爲『篡』。『篡』爲《廣韻》諫二初母位小韻首字，《起數訣》誤，當删。

36（去二崇）呈二襇　饡　《康熙字典》記：『《正字通》同饌，譌省。』《廣韻》士戀切，《集韻》雛戀切，崇線三去合山；均不當列於此位。《韻鏡》《七音略》均空位；《切韻指掌圖》八圖、《四聲等子》山攝外四輕重俱等韻合口呼、《切韻指南》山攝外四合口呼廣門，列字均爲『饌』，崇母線韻。《廣韻》禂韻無合口祟母字，《起數訣》誤，當刪。

37 （去二生）星二禂　涮　《廣韻》生患切，《集韻》數患切，生諫二去合山；《韻鏡》空位；《七音略》外轉二十二輕中輕、《切韻指南》山攝外四合口呼廣門，列字爲「篳」，生母線韻，誤；《切韻指掌圖》八圖、《四聲等子》山攝外四輕重俱等韻合口呼，列字均爲「孿」，生母諫韻。《廣韻》禂韻無合口生母字，《起數訣》誤，當刪。

38 （去二匣）雄二禂　幻　此字當爲「幻」字形訛。「幻」，《廣韻》胡辨切，《集韻》胡辨切，匣禂二去合山；《韻鏡》外轉第二十三合、《七音略》外轉二十二輕中輕，列字均爲「幻」；《切韻指掌圖》八圖、《四聲等子》山攝外四輕重俱等韻合口呼、《切韻指南》山攝外四合口呼廣門，列字均爲「患」，匣母諫韻。「幻」爲《廣韻》禂二匣母合口位小韻首字，《起數訣》形訛，當校改爲「幻」。

39 （去三徹）丑三線　猭　《廣韻》丑戀切，《集韻》寵戀切，徹線三去合山；《韻鏡》外轉第二十四合，列字爲「掾」，《廣韻》以絹切，《集韻》俞絹切，以線三去合山，誤；《七音略》外轉二十四輕中重，列字爲「⿰弓彖」，以母線韻；《切韻指掌圖》八圖，列字爲「猭」；《四聲等子》山攝外四輕重俱等韻合口呼、《切韻指南》山攝外四合口呼廣門，列字均爲「傢」，當爲「猭」字形訛。「猭」爲《廣韻》線三徹母位小韻首字，《韻鏡》《七音略》誤，《起數訣》是。

40 （去三溪）□三線　㓽　《康熙字典》記：「《唐韻》《集韻》鋤弓切，音崇。《玉篇》鍤屬。又《唐韻》仕仲切，崇去聲。義同。」此記鋤弓切，崇母東韻；仕仲切，崇母送韻。均不當列於此位。《韻鏡》外轉第二十四合、《切韻指南》山攝外四合口呼廣門，列字均爲『䍡』，《廣韻》區倦切，《集韻》苦倦切，溪線三去合山；《七音略》外轉二十四輕中重，列字爲『䍡』，《集韻》苦倦切；《切韻指掌圖》八圖，列字爲『券』，溪母願韻；《四聲等子》山攝外四輕重俱等韻合口呼，列字爲『勸』，溪母願韻。《廣韻》『䍡』字釋義爲『祭祀』，余迺永注『《玉篇》從巳』，故當爲『䍡』字俗。『䍡』(《廣韻》作『䍡』)爲《廣韻》《集韻》線三溪母位小韻首字，《起數訣》誤，當校改爲『䍡』字。

41 (去三船)呈三線　◯　《廣韻》線韻無船母字；《集韻》線韻船母位有『㨵』小韻，船釧切，船線三去合山；《韻鏡》《切韻指掌圖》《四聲等子》《切韻指南》均空位；《七音略》外轉二十四輕中重，列字爲『㨵』。『㨵』爲《集韻》線三船母位小韻首字，《七音略》從《集韻》，亦無誤。此處《起數訣》可依《集韻》校補『㨵』字，亦可依《廣韻》空位。

42 (去三書)星三線　縳　明本列字爲『縳』，四庫本列字爲『繐』。『縳』，《廣韻》直戀切，澄線三去合山；《集韻》升絹切，書線三去合山。『繐』，《康熙字典》記：「《集韻》船釧切。㨵或作繐。互詳縳繐㨵三字註。」此記『繐』『㨵』可爲一字，船釧切，船母線韻；不當列於此位。《韻鏡》《切韻指掌圖》空位；《七音略》外轉二十四輕中重，列字爲『繐』，誤；《四聲等子》山攝外四輕重俱等韻合口呼、《切韻指南》山攝外四合口呼廣門，列字均爲『縳』。《起數訣》從《集韻》，四庫本形訛，當校改爲『縳』，明本列字是。

43 （去三禪）石三線　叀　《廣韻》時釧切，禪線三去合山；《集韻》船釧切切，船線三去合山；《韻鏡》外轉第二十四合、《切韻指掌圖》八圖、《四聲等子》山攝外四輕重俱等韻合口呼、《切韻指南》山攝外四合口呼廣門，列字均爲『⿰扌叀』；《七音略》空位。『⿰扌叀』爲《廣韻》線三禪母位小韻首字，下收有『叀』字，列字以『⿰扌叀』字爲佳，《起數訣》列『叀』字，亦無誤。《七音略》此處空位，將『⿰扌叀』字列於船母，從《集韻》，亦無誤。

44 （去三匣）雄三線　○　《廣韻》《集韻》線韻無合口匣母字；《韻鏡》外轉第二十四合，列字爲『縣』，《廣韻》黃絢切，《集韻》熒絹切，匣霰四去合山，誤；《七音略》《切韻指掌圖》《四聲等子》《切韻指南》均空位。《起數訣》空位是。

45 （去三來）离三線　恋　明本列字爲『恋』，四庫本爲『戀』。二字爲異體字。『戀』，《廣韻》力卷切，《集韻》龍眷切，來線三去合山；《韻鏡》外轉第二十四合、《七音略》外轉二十四輕中重、《切韻指掌圖》八圖、《四聲等子》山攝外四輕重俱等韻合口呼、《切韻指南》山攝外四合口呼廣門，列字均爲『戀』。『戀』爲《廣韻》線三合來母位小韻首字，四庫本列正體是，明本亦無誤。

46 （去三日）二三線　㬇　《廣韻》人絹切，《集韻》儒轉切，日線三去合山；《韻鏡》外轉第二十四合、《七音略》外轉二十四輕中重、《切韻指掌圖》八圖、《四聲等子》山攝外四輕重俱等韻合口呼，列字均爲『瞁』；《切韻指南》山攝外四合口呼廣門，列字爲『䁏』，當爲『瞁』字形訛。『瞁』字又見於第四十六圖日母四等位，誤。本圖列字是。

47（入二娘）年二轄　⿰女臽　《康熙字典》記：『同妠』，『⿰女臽』『妠』二字爲異體字。『妠』，《廣韻》《集韻》女刮切，娘鎋二入合山；《韻鏡》外轉第二十二合、《七音略》外轉二十二輕中輕、切韻指南》山攝外四合口呼廣門，列字均爲『妠』；《切韻指掌圖》八圖、《四聲等子》山攝外四輕重俱等韻合口呼，列字爲『貀』，娘母黠韻。『⿰女臽』爲《集韻》轄韻娘位小韻首字，《起數訣》從《集韻》。

48（入二疑）月二轄　刖　明本列字爲『刖』，四庫本爲『刞』，當爲『刖』之形訛。『刖』，《廣韻》《集韻》五刮切，疑轄二入合山；《韻鏡》外轉第二十二合、《七音略》外轉二十二輕中輕、《四聲等子》山攝外四輕重俱等韻合口呼、《切韻指南》山攝外四合口呼廣門，列字均爲『刖』；《切韻指掌圖》八圖，列字爲『䶜』，疑母屑韻。『刖』爲《廣韻》轄韻疑母位小韻首字，《起數訣》四庫本形訛，當校改爲『刖』。明本是。

49（入二莊）震二轄　芆　《康熙字典》記：『《集韻》側刮切，菜名。《類篇》草名。』此記側刮切，莊母鎋韻，可列於此位。《韻鏡》外轉第二十二合、《七音略》外轉二十二輕中輕、《切韻指掌圖》八圖、《四聲等子》山攝外四輕重俱等韻合口呼、《切韻指南》山攝外四合口呼廣門，列字均爲『茁』，《廣韻》鄒滑切，《集韻》側滑切，莊黠二入合山。《廣韻》鎋韻無莊母字，『芆』爲《集韻》鎋二莊母位小韻首字，《起數訣》從《集韻》，亦無誤。

50 （入二曉）□三轄　聐　《廣韻》呼八切，曉黠開二入山。《康熙字典》記：『《集韻》荒刮切，歡入聲。視也。《埤蒼》怒視貌。』此記荒刮切，曉母鎋韻。《韻鏡》《七音略》空位；《切韻指掌圖》八圖，列字爲『偺』，曉母黠韻；《四聲等子》山攝外四輕重俱等韻合口呼，列字爲『聐』，見母末韻；《切韻指南》山攝外四合口呼廣門，列字爲『聐』。《廣韻》鎋韻合口無曉母字，《起數訣》從《集韻》，亦無誤。

51 （入三知）中三薛　叕　《廣韻》陟劣切，《集韻》株劣切，知薛三入合山；《韻鏡》外轉第二十四合、《七音略》外轉二十四輕中重、《切韻指掌圖》八圖、《四聲等子》山攝外四輕重俱等韻合口呼、《切韻指南》山攝外四合口呼廣門，列字均爲『輟』。『輟』爲《廣韻》薛三知母位小韻首字，下收有『叕』字，『叕』爲《集韻》薛三知母位小韻首字，下收有『輟』字，《起數訣》從《集韻》。

52 （入三群）近三薛　蟨　《康熙字典》記：『又《廣韻》《集韻》紀劣切，音趨。又《集韻》巨劣切，音傑。』此記巨劣切，群母薛韻。《韻鏡》《七音略》空位；《切韻指掌圖》八圖、《四聲等子》山攝外四輕重俱等韻合口呼，列字均爲『掘』，群母物韻；《切韻指南》山攝外四合口呼廣門，列字爲『蟨』。《廣韻》薛韻無群母字，『蟨』爲《集韻》薛三合口群母位小韻首字，《起數訣》從《集韻》。

53 （入三昌）尺三薛　啜　《廣韻》昌悅切，《集韻》姝悅切，昌薛三入合山；《韻鏡》外轉第二十四合、《七音略》外轉二十四輕中重、《切韻指掌圖》八圖、《四聲等子》山攝外四輕重俱等韻合口呼、《切韻指南》山攝外四合口呼廣門，列字均爲「歠」。「歠」爲《廣韻》《集韻》薛三昌母位小韻首字，下收有「啜」字，列字以「歠」字爲佳，《起數訣》列「啜」字，亦無誤。

54（入三禪）石三薛 ○《廣韻》薛韻禪母位有「啜」，殊雪切，禪薛三入合山；《韻鏡》空位；《七音略》外轉二十四輕中重、《切韻指掌圖》八圖、《四聲等子》山攝外四輕重俱等韻合口呼、《切韻指南》山攝外四合口呼廣門，列字爲「啜」。依《廣韻》，《起數訣》空位誤，當校補「啜」字。《集韻》薛韻無禪母字，且於昌母位列字爲「啜」，《起數訣》空位，當從《集韻》。

55（入三曉）□三薛 旻 《廣韻》許劣切，《集韻》翾劣切，曉薛三入合山；《韻鏡》外轉第二十四合、《切韻指南》山攝外四合口呼廣門，列字均爲「旻」；《七音略》外轉二十四輕中重，列字爲「旻」，此字當爲「旻」形訛；《切韻指掌圖》八圖、《四聲等子》山攝外四輕重俱等韻合口呼，列字均爲「颰」，曉母月韻。「旻」爲《廣韻》薛韻合口曉母重紐三等位小韻首字，《集韻》翾劣切，當列於四等，《起數訣》從《廣韻》。

釋：

1（平二群）近二山 權 《廣韻》跪頑切，《集韻》渠鰥切，群山二平合山；《韻鏡》外轉第二十二合、《七音略》外轉二十二輕中輕、《四聲等子》山攝外四輕重俱等韻合口呼，列字均爲『⿺尢雚』；《切韻指掌圖》八圖，列字爲『⿺辶雚』，當爲『⿺尢雚』字誤；《切韻指南》山攝外四合口呼廣門，列字爲『⿺走雚』，群母仙韻。

2 (平二匣)雄二山湲　《廣韻》獲頑切，《集韻》胡鰥切，匣山二平合山；《韻鏡》外轉第二十二合、《七音略》外轉二十二輕中輕、《切韻指南》山攝外四合口呼廣門，列字均爲『湲』；《切韻指掌圖》八圖、《四聲等子》山攝外四輕重俱等韻合口呼，列字均爲『還』，匣母删韻。

3 (平二影)匠二山嬛　《廣韻》委鰥切，《集韻》逶鰥切，影山二平合山；《韻鏡》外轉第二十二合，列字爲『嬛』；《七音略》外轉二十二輕中輕，列字爲『嬛』，『嬛』『嬛』二字爲異體字；《切韻指掌圖》八圖、《四聲等子》山攝外四輕重俱等韻合口呼、《切韻指南》山攝外四合口呼廣門，列字均爲『彎』，影母删韻。

4 (平二來)离二山⿺尢羸　《廣韻》力頑切，《集韻》盧鰥切，來山二平合山；《韻鏡》外轉第二十二合、《七音略》外轉二十二輕中輕、《切韻指掌圖》八圖、《四聲等子》山攝外四輕重俱等韻合口呼、《切韻指南》山攝外四合口呼廣門，列字均爲『⿺尢羸』。

5 (平三章)震三僊　專　《廣韻》職緣切，《集韻》朱遄切，章仙三平合山；《韻鏡》外轉第二十四合、《七音略》外轉二十四輕中重、《切韻指掌圖》八圖、《四聲等子》山攝外四輕重俱等韻合口呼、《切韻指南》山攝外四合口呼廣門，列字均爲『專』。

6 （平三昌）尺三僊　穿　《廣韻》《集韻》昌緣切，昌仙三平合山；《韻鏡》外轉第二十四合、《七音略》外轉二十四輕中重、《切韻指掌圖》八圖、《四聲等子》山攝外四輕重俱等韻合口呼、《切韻指南》山攝外四合口呼廣門，列字均爲「穿」。

7 （平三禪）石三僊　遄　《廣韻》市緣切，《集韻》淳沿切，禪仙三平合山；《韻鏡》外轉第二十四合、《七音略》外轉二十四輕中重、《四聲等子》山攝外四輕重俱等韻合口呼、《切韻指南》山攝外四合口呼廣門，列字均爲「遄」；《切韻指掌圖》八圖，列字爲「船」，船母仙韻，誤。

8 （平三喻）王三僊　員　《廣韻》王權切，《集韻》于權切，云仙三平合山；《韻鏡》外轉第二十四合、《七音略》外轉二十四輕中重、《切韻指掌圖》八圖、《切韻指南》山攝外四合口呼廣門，列字均爲「員」；《四聲等子》山攝外四輕重俱等韻合口呼，列字爲「袁」，喻母元韻。

9 （上三知）中三獮　轉　《廣韻》《集韻》陟兖切，知獮三上合山；《韻鏡》外轉第二十四合、《七音略》外轉二十四輕中重、《切韻指掌圖》八圖，列字均爲「轉」；《四聲等子》山攝外四輕重俱等韻合口呼、《切韻指南》山攝外四合口呼廣門，列字均爲「囀」，知母線韻。

10 （上三澄）弟三獮　篆　《廣韻》持兖切，《集韻》柱兖切，澄獮三上合山；《韻鏡》外轉第二十四合、《七音略》外轉二十四輕中重、《切韻指掌圖》八圖、《四聲等子》山攝外四輕重俱等韻合口呼、《切韻指南》山攝外四合口呼廣門，列字均爲「篆」。

11 （上三見）□三獮　卷　《廣韻》居轉切，《集韻》古轉切，見獮三上合山；《韻鏡》外轉第二十四合、《七音略》外轉二十四輕中重、《切韻指掌圖》八圖、《四聲等子》山攝外四輕重俱等韻合口呼、《切韻指南》山攝外四合口呼廣門，列字均爲『卷』。

12（上三群）近三獮　圏　《廣韻》渠篆切，《集韻》巨卷切，群獮三上合山；《韻鏡》外轉第二十四合、《七音略》外轉二十四輕中重、《切韻指掌圖》八圖、《四聲等子》山攝外四輕重俱等韻合口呼、《切韻指南》山攝外四合口呼廣門，列字均爲『圈』。

13（上三章）震三獮　剸　《廣韻》旨兖切，《集韻》主兖切，章獮三上合山；《韻鏡》外轉第二十四合、《七音略》外轉二十四輕中重、《四聲等子》山攝外四輕重俱等韻合口呼、《切韻指南》山攝外四合口呼廣門，列字均爲『剸』；《切韻指掌圖》八圖，列字爲『轉』，知母獮韻。

14（上三昌）尺三獮　舛　《廣韻》昌兖切，《集韻》尺兖切，昌獮三上合山；《韻鏡》外轉第二十四合、《七音略》外轉二十四輕中重、《四聲等子》山攝外四輕重俱等韻合口呼、《切韻指南》山攝外四合口呼廣門，列字均爲『舛』；《切韻指掌圖》八圖，列字爲『喘』。

15（上三來）□三獮　臠　《廣韻》力兖切，《集韻》力轉切，來獮三上合山；《韻鏡》外轉第二十四合、《七音略》外轉二十四輕中重、《切韻指掌圖》八圖、《四聲等子》山攝外四輕重俱等韻合口呼、《切韻指南》山攝外四合口呼廣門，列字均爲『臠』。

16（去三知）中三線　囀　《廣韻》知戀切，《集韻》株戀切，知線三去合山。《韻鏡》外轉第二十四合、《七音略》外轉二十四輕中重、《切韻指掌圖》八圖、《切韻指南》山攝外四合口呼廣門，列字均爲「囀」；《四聲等子》山攝外四輕重俱等韻合口呼，列字爲「轉」。

17（去三澄）弟三線　傳　《廣韻》直戀切，《集韻》柱戀切，澄線三去合山；《韻鏡》外轉第二十四合、《七音略》外轉二十四輕中重、《切韻指掌圖》八圖、《四聲等子》山攝外四輕重俱等韻合口呼、《切韻指南》山攝外四合口呼廣門，列字均爲「傳」。

18（去三見）□三線　眷　《廣韻》居倦切，《集韻》古倦切，見線三去合山；《韻鏡》外轉第二十四合、《七音略》外轉二十四輕中重、《切韻指掌圖》八圖、《四聲等子》山攝外四輕重俱等韻合口呼、《切韻指南》山攝外四合口呼廣門，列字均爲「眷」。

19（去三群）近三線　倦　《廣韻》渠卷切，《集韻》逵眷切，群線三去合山；《韻鏡》外轉第二十四合、《七音略》外轉二十四輕中重、《切韻指掌圖》八圖、《四聲等子》山攝外四輕重俱等韻合口呼、《切韻指南》山攝外四合口呼廣門，列字均爲「倦」。

20（去三章）震三線　剸　《廣韻》《集韻》之囀切，章線三去合山；《韻鏡》外轉第二十四合、《七音略》外轉二十四輕中重、《切韻指掌圖》八圖、《四聲等子》山攝外四輕重俱等韻合口呼、《切韻指南》山攝外四合口呼廣門，列字均爲「剸」。

21（去三昌）尺三線　釧　《廣韻》尺絹切，《集韻》樞絹切，昌線三去合山；《韻鏡》外轉第二十四合、《七音略》外轉二十四輕中重、《切韻指掌圖》八圖、《四聲等子》山攝外四輕重俱等韻合口呼、《切韻指南》山攝外四合口呼廣門，列字均爲「釧」。

22（去三云）王三線　瑗　《廣韻》王眷切，《集韻》于眷切，云線三去合山；《韻鏡》外轉第二十四合、《七音略》外轉二十四輕中重、《切韻指南》山攝外四合口呼廣門，列字均爲「瑗」；《切韻指掌圖》八圖、《四聲等子》山攝外四輕重俱等韻合口呼，列字均爲「遠」，云母願韻。

23（入二徹）丑二轄　頒　《廣韻》《集韻》丑刮切，徹轄二入合山；《韻鏡》外轉第二十二合、《七音略》外轉二十二輕中輕、《切韻指掌圖》八圖、《四聲等子》山攝外四輕重俱等韻合口呼、《切韻指南》山攝外四合口呼廣門，列字均爲「頒」。

24（入二見）□二轄　刮　《廣韻》古頒切，《集韻》古刹切，見轄二入合山；《韻鏡》外轉第二十二合、《七音略》外轉二十二輕中輕、《四聲等子》山攝外四輕重俱等韻合口呼，列字均爲「刮」；《切韻指掌圖》八圖、《切韻指南》山攝外四合口呼廣門，列字均爲「劀」，見母轄韻。

25（入二初）尺二轄　篡　《廣韻》初轄切，初轄二入合山；《康熙字典》記：「《唐韻》初刮切，《集韻》芻刮切，音劀。《説文》黄黑而白也。《玉篇》一曰短貌。《廣韻》黑也。」此記初刮切，初母鎋韻。《韻鏡》外轉第二十二合、《七音略》外轉二十二輕中輕、《切韻指掌圖》八圖、《四聲等子》山攝外四輕重俱等韻合口呼、《切韻指南》山攝外四合口呼廣門，列字均爲「篡」。

26（入二生）星二轄　刷　《廣韻》數刮切，《集韻》數滑切，生轄二入合山；《韻鏡》外轉第二十二合、《七音略》外轉二十二輕中輕、《切韻指掌圖》八圖、《四聲等子》山攝外四輕重俱等韻合口呼、《切韻指南》山攝外四合口呼廣門，列字均爲「刷」。

27（入二匣）雄二轄　頢　《廣韻》下刮切，《集韻》乎刮切，匣轄二入合山；《韻鏡》外轉第二十二合、《七音略》外轉二十二輕中輕、《切韻指南》山攝外四合口呼廣門，列字均爲『頢』；《切韻指掌圖》八圖、《四聲等子》山攝外四輕重俱等韻合口呼，列字均爲『滑』，匣母黠韻。

28（入二知）中二轄　鵽　《廣韻》丁刮切，《集韻》張刮切，知轄二入合山；《韻鏡》外轉第二十二合、《七音略》外轉二十二輕中輕、《切韻指南》山攝外四合口呼廣門，列字均爲『鵽』；《切韻指掌圖》八圖、《四聲等子》山攝外四輕重俱等韻合口呼，列字均爲『窡』，知母轄韻。

29（入三徹）丑三薛　跛　《廣韻》丑悅切；《集韻》薛韻無徹母字；《韻鏡》外轉第二十四合、《七音略》外轉二十四輕中重、《切韻指掌圖》八圖、《四聲等子》山攝外四輕重俱等韻合口呼、《切韻指南》山攝外四合口呼廣門，列字爲『𨑹』，『𨑹』『跛』二字爲異體字。

30（入三娘）年三薛　呐　《廣韻》《集韻》女劣切，娘薛三入合山；《韻鏡》外轉第二十四合、《七音略》外轉二十四輕中重、《切韻指掌圖》八圖、《切韻指南》山攝外四合口呼廣門，列字均爲『呐』；《四聲等子》空位。

31（入三見）□三薛　蹶　《廣韻》《集韻》紀劣切，見薛三入合山；《韻鏡》外轉第二十四合、《七音略》外轉二十四輕中重、《切韻指掌圖》八圖、《切韻指南》山攝外四合口呼廣門，列字均爲『蹶』；《四聲等子》山攝外四輕重俱等韻合口呼，列字爲『蹷』，見母月韻。

32（入三章）震三薛　拙　《廣韻》職悅切，《集韻》朱劣切，章薛三入合山；《韻鏡》外轉第二十四合、《七音略》外轉二十四輕中重、《切韻指掌圖》八圖、《四聲等子》山攝外四輕重俱等韻合口呼、《切韻指南》山攝外四合口呼廣門，列字均爲「拙」。

33 （入三書）星三薛 説 《廣韻》失爇切，《集韻》輸爇切，書薛三入合山；《韻鏡》外轉第二十四合、《七音略》外轉二十四輕中重、《切韻指掌圖》八圖、《四聲等子》山攝外四輕重俱等韻合口呼、《切韻指南》山攝外四合口呼廣門，列字均爲「説」。

34 （入三影）匠三薛 噦 《廣韻》《集韻》乙劣切，影薛三入合山；《韻鏡》外轉第二十四合、《七音略》外轉二十四輕中重、《切韻指掌圖》八圖、《四聲等子》山攝外四輕重俱等韻合口呼、《切韻指南》山攝外四合口呼廣門，列字均爲「噦」。

35 （入三來）□三薛 劣 《廣韻》力輟切，《集韻》龍輟切，來薛三入合山；《韻鏡》外轉第二十四合、《七音略》外轉二十四輕中重、《切韻指掌圖》八圖、《四聲等子》山攝外四輕重俱等韻合口呼、《切韻指南》山攝外四合口呼廣門，列字均爲「劣」。

36 （入三日）二三薛 爇 《廣韻》如劣切，《集韻》儒劣切，日薛三入合山；《韻鏡》外轉第二十四合、《七音略》外轉二十四輕中重、《切韻指掌圖》八圖、《四聲等子》山攝外四輕重俱等韻合口呼、《切韻指南》山攝外四合口呼廣門，列字均爲「爇」。

標目	1	2	3	4	5	6	7	8	9	10	11	12	13	14	15
井十	二			瞷	暎			軟			暎			蘡	
蹇十二	直														
	發	音	濁	元 褱三				阮 笑三			頠 嵾三			月 姝三	
剎五	百														
	口														
艮五	白														
盍三	皃							晃							
剎十二	卓														
豪十二	垿							㖒						㙴	
艮六	大								填						

艮七	艮十一	艮九	艮九	蠱二	剥十一	蒙十一	蠱十二	剥九	艮十	艮四
南	乍	口	口	牙	莊	乂	茶	三	士	凢
		夲下	夲下							
	㨶	攓	揵	言						軒
		攑								
	蹇	宂	鍵	言						㦥
	建	鶱	健	唁						獻
	訐	揭	竭	钀						歇

艮二	艮八	艮三	蛊七		艮十二			剥五	艮九	艮五
華	在	文	榮	口	宅	發		百	口	白
						音			本	
						濁				
	馬						元履三	藩	翻	煩
	偓		健				阮兌三	反	⿰樊頁	奉
	堰		健				願睽三	販	娩	飯
紇	謁						月妹三	髮	怖	伐

第四十八圖　發音濁

本圖列《廣韻》元阮願月韻開口字，係拆分《韻鏡》外轉第二十一開三等字。本圖聲母滂、溪、群、日母列『□』，其中明本溪、群二母下一等格位有『在下』二字，四庫本空格。

校注：

1 (平三見)乍三元　㨜　《廣韻》《集韻》居言切，見元三平開山；《韻鏡》外轉第二十一開、《切韻指掌圖》七圖、《四聲等子》山攝外四輕重俱等韻開口呼，列字均爲『揵』；《七音略》外轉二十一重中輕、《切韻指南》山攝外四開口呼廣門，列字均爲『㨜』。『㨜』爲《廣韻》元三見母位小韻首字，下收有『揵』字，列字以『㨜』字爲佳，《起數訣》是。

2 (平三溪)□三元　攐　《廣韻》去乾切，溪仙三平開山；《集韻》丘言切，溪元三平開山。《韻鏡》外轉第二十一開、《七音略》外轉二十一重中輕，列字均爲『攑』，《廣韻》丘言切，溪元三平開山，《集韻》未收；《切韻指掌圖》七圖、《四聲等子》山攝外四輕重俱等韻開口呼、《切韻指南》山攝外四開口呼廣門，列字均爲『𧺝』，溪母仙韻。『攑』爲《廣韻》元三溪母位小韻首字，未收『攐』字。『嬅』爲《集韻》元三溪母位小韻首字，下收有『攐』字，列字以『嬅』字爲佳，《起數訣》從《集韻》，列『攐』字，亦無誤。

3 （平三群）□三元　𢫦　《康熙字典》記：『《玉篇》古獲切，音蟈。批𢫦也。與摑同。又《集韻》郭擭切，音虢。打也。一曰搋字省文。』此記郭擭切，見母麥韻；不當列於此位。《韻鏡》外轉第二十一開、《七音略》外轉二十一重中輕，列字均爲『䭈』，《廣韻》《集韻》渠言切，群元三平開山；《切韻指掌圖》七圖、《四聲等子》山攝外四輕重俱等韻開口呼、《切韻指南》山攝外四開口呼廣門，列字均爲『乾』，群母仙韻。『䭈』爲《廣韻》《集韻》元三群母位小韻首字，《集韻》下收有『𢯍』字，疑《起數訣》爲『𢯍』字誤，當校改爲『𢯍』字。

4 （平三禪）士三元　○　明本空位，四庫本列字爲『離』。『離』，《廣韻》吕支切，《集韻》鄰知切，來支三平開止；均不當列於此位。《韻鏡》《七音略》《四聲等子》均空位；《切韻指掌圖》七圖，列字爲『禪』，禪母仙韻；《切韻指南》山攝外四開口呼廣門，列字爲『鋋』，禪母仙韻。《廣韻》《集韻》元韻無禪母字，《起數訣》四庫本誤，當删。明本空位是。

5 （平三影）在三元　焉　《廣韻》謁言切，《集韻》依言切，影元三平開山；《韻鏡》外轉第二十一開、《七音略》外轉二十一重中輕，列字均爲『蔫』；《切韻指掌圖》七圖、《四聲等子》山攝外四輕重俱等韻開口呼、《切韻指南》山攝外四開口呼廣門，列字均爲『焉』。『蔫』爲《廣韻》元三影母位小韻首字，下收有『焉』字。『焉』爲《集韻》元三影母位小韻首字，下收有『蔫』字。

字，《起數訣》依《集韻》。

6 (平四溪)□四(元)　攑　《廣韻》丘言切，溪元三平開山；《集韻》未收；《韻鏡》外轉第二十一開、《七音略》外轉二十一重中輕，均列於三等；《切韻指掌圖》《四聲等子》《切韻指南》均空位。「攑」爲《廣韻》元韻三等溪母位小韻首字，當列於三等位，此字當爲三等位「攓」之標注字，《起數訣》誤，當刪。

7 (上三明)免三阮　冕　《廣韻》亡辨切，明獮三上開山；《集韻》忙晚切，明阮三上開山。《韻鏡》空位；《七音略》外轉二十一重中輕，列字爲「冕」；《切韻指掌圖》八圖、《四聲等子》山攝外四輕重俱等韻開口呼、《切韻指南》山攝外四開口呼廣門，列字均爲「免」，明母獮韻。《廣韻》阮韻無明母字，「冕」爲《集韻》阮三明母位小韻首字，《七音略》《起數訣》從《集韻》。

8 (上三徹)坼三阮　㖒　《康熙字典》記：「《集韻》丑幰切。㖒，癡貌。」此記丑幰切，徹母阮韻。《韻鏡》空位；《七音略》外轉二十一重中輕，列字爲「㖒」；《切韻指掌圖》七圖、《四聲等子》山攝外四輕重俱等韻開口呼、《切韻指南》山攝外四開口呼廣門，列字均爲「㖒」，徹母獮韻。《廣韻》阮韻無徹母字，《七音略》《起數訣》從《集韻》。

9 (上三見)乍三阮　蹇　《廣韻》居偃切，《集韻》紀偃切，見阮三上開山；《韻鏡》外轉第二十一開，列字爲「揵」；《七音略》外轉二十一重中輕，列字均爲「犍」。《切韻指掌圖》七圖、《四聲等子》山攝外四輕重俱等韻開口呼、《切韻指南》山攝外四開口呼廣門，列字均爲「蹇」。

「湕」爲《廣韻》《集韻》阮三見母位小韻首字，下收有「蹇」「揵」「鞬」三字。列字以「湕」字爲佳，《起數訣》列「蹇」字，亦無誤。

10（上三群）□三阮　鍵　《廣韻》其偃切，《集韻》巨偃切，群阮三上開山；《韻鏡》外轉第二十一開、《七音略》外轉二十一重中輕，列字均爲「寋」；《切韻指掌圖》七圖、《四聲等子》山攝外四輕重俱等韻開口呼、《切韻指南》山攝外四開口呼廣門，列字均爲「件」，群母獮韻。「寋」爲《廣韻》《集韻》阮三群母位小韻首字，下收有「鍵」字，列字以「寋」字爲佳，《起數訣》列「鍵」字，亦無誤。

11（上三疑）牙三阮　訁　《廣韻》《集韻》語偃切，疑阮三上開山；《韻鏡》外轉第二十一開、《七音略》外轉二十一重中輕，列字均爲「言」，當爲「訁」字形訛；《切韻指掌圖》七圖、《四聲等子》山攝外四輕重俱等韻開口呼、《切韻指南》山攝外四開口呼廣門，列字均爲「齴」，疑母獮韻。「訁」爲《廣韻》阮韻疑母位小韻首字，《韻鏡》《七音略》誤，《起數訣》是。

12（上三曉）凡三阮　𢤱　明本列字爲「𢤱」，四庫本列字爲「㦥」。「𢤱」，《廣韻》虛偃切，《集韻》許偃切，曉阮三上開山。「㦥」，《廣韻》未收；《集韻》許偃切，曉阮三上開山。《韻鏡》外轉第二十一開、《七音略》外轉二十一重中輕、《切韻指掌圖》七圖、《四聲等子》山攝外四輕重俱等韻開口呼、《切韻指南》山攝外四開口呼廣門，列字均爲「𢤱」。「𢤱」爲《廣韻》阮韻曉母位小韻首字，未收「㦥」字。《起數訣》四庫本列「㦥」字，當依《集韻》，亦可能爲「𢤱」字誤。此處四庫本列「憶」亦無誤，校改爲「幰」字更佳。明本列字是。

13 (上三影)在三阮　偃　《廣韻》於幰切，《集韻》隱幰切，影阮三上開山；《韻鏡》外轉第二十一開，列字爲「堰」，誤；《七音略》外轉二十一重中輕，列字均爲「偃」；《切韻指掌圖》七圖、《四聲等子》山攝外四輕重俱等韻開口呼、《切韻指南》山攝外四開口呼廣門，列字均爲「㫳」，影母獮韻。「偃」爲《廣韻》阮韻影母位小韻首字，《起數訣》是。

14 (上三來)犖三阮　健　《廣韻》力展切，來獮三上開山。《集韻》力偃切，來阮三上開山。《韻鏡》《七音略》均空位；《切韻指掌圖》七圖、《四聲等子》山攝外四輕重俱等韻開口呼、《切韻指南》山攝外四開口呼廣門，列字均爲「輦」，來母獮韻。《廣韻》阮韻無來母字，「健」爲《集韻》阮三來母位小韻首字，《起數訣》從《集韻》。

15 (上四定)大四(阮)　塡　《廣韻》徒年切，定先四平開山；堂練切，定霰四去開山；《集韻》徒偃切，定阮三上開山。諸家韻圖均空位。大岩本幸次認爲：「塡，當在三等。」認爲屬舌音類隔。本圖去入均衹有三等字，上聲亦不應有四等字。故此字當刪。

16 (去三溪)□三願　䞾　《廣韻》去乾切，溪仙四平開山；《集韻》袪建切，溪願三去開山。《韻鏡》《切韻指掌圖》均空位；《七音略》外轉二十一重中輕，列字爲「䞾」，《廣韻》語堰切，《集韻》牛堰切，疑願三去開山，誤。《四聲等子》山攝外四輕重俱等韻開口呼，列字爲「䞾」；《切韻指南》山攝外四開口呼廣門，列字爲「傿」。《廣韻》願韻無溪母開口字，「䞾」爲《集韻》願韻溪母位小韻首字，《起數訣》從《集韻》。

17 （去三群）□三願　健　《廣韻》《集韻》渠建切，群願三去開山；《韻鏡》外轉第二十一開、《四聲等子》山攝外四輕重俱等韻開口呼、《切韻指南》山攝外四開口呼廣門，列字均爲「健」；《七音略》外轉二十一重中輕、《切韻指掌圖》七圖，列字爲「健」。「健」當爲「健」字訛。「健」爲《廣韻》《集韻》願韻群母位小韻首字，《起數訣》是。

18 （去三疑）牙三願　喑　《廣韻》魚變切，疑線三去開山；《集韻》牛堰切，疑願三去開山。《韻鏡》空位；《七音略》外轉二十一重中輕，列字爲「甗」；《廣韻》語堰切，《集韻》牛堰切，疑願三去開山；《切韻指掌圖》七圖、《四聲等子》山攝外四輕重俱等韻開口呼、《切韻指南》山攝外四開口呼廣門，列字均爲「彥」，疑母線韻。「甗」爲《廣韻》《集韻》願三疑母位小韻首字。《集韻》「甗」下收有「喑」字，列字以「甗」字爲佳，《起數訣》從《集韻》，列「喑」字，亦無誤。

19 （去三曉）凡三願　獻　《廣韻》《集韻》許建切，曉願三去開山。《韻鏡》外轉第二十一開、《四聲等子》山攝外四輕重俱等韻開口呼，列字均爲「憲」；《七音略》外轉二十一重中輕、《切韻指掌圖》七圖、《切韻指南》山攝外四開口呼廣門，列字均爲「獻」。「獻」爲《廣韻》《集韻》願三曉母位小韻首字，下收有「憲」字，列字以「獻」字爲佳，《起數訣》是。

20 （去三來）犖三願　健　《廣韻》郎甸切，來霰四去開山。《集韻》力健切，來願三去開山。《韻鏡》《七音略》均空位；《切韻指掌圖》七圖、《四聲等子》山攝外四輕重俱等韻開口呼、《切韻指南》山攝外四開口呼廣門，列字均爲『㾓』，來母霰韻。《廣韻》願韻無來母字，『僆』爲《集韻》願三來母位小韻首字，《起數訣》從《集韻》。

21 （入三徹）㡿三月　爡　《廣韻》月韻無徹母字；《集韻》丑伐切，徹月三入合山；本圖爲開口圖，故不當列於此位。《韻鏡》《七音略》均空位；《切韻指掌圖》七圖、《切韻指南》山攝外四開口呼廣門，列字均爲『屮』，徹母薛韻；《四聲等子》山攝外四輕重俱等韻開口呼，列字爲『徹』，徹母薛韻。『爡』爲《集韻》月韻三等合口徹母位小韻首字，《起數訣》誤，當刪。

22 （入三見）乍三月　訐　《廣韻》居竭切，《集韻》居謁切，見月三入開山；《韻鏡》外轉第二十一開、《七音略》外轉二十一重中輕、《四聲等子》山攝外四輕重俱等韻開口呼，列字均爲『訐』；《切韻指掌圖》七圖，列字爲『揭』；《切韻指南》山攝外四開口呼廣門，列字爲『孑』，見母薛韻；『訐』爲《廣韻》月三見母位小韻首字，下收有『揭』字，列字以『訐』字爲佳，《起數訣》是。

23 （入三溪）□三月　揭　《廣韻》其謁切，群月三入開山；《集韻》丘謁切，溪月三入開山。《韻鏡》外轉第二十一開，列字爲『䅥』，當爲『藒』誤；《韻鏡》所列，龍宇純謂或即後人據《集韻》此音而增。《七音略》空位；《切韻指掌圖》七圖、《四聲等子》山攝外四輕重俱等韻開口呼、《切韻指南》山攝外四開口呼廣門，列字爲『朅』。《廣韻》月韻無溪母字，『揭』爲《集韻》月三溪母位小韻首字，下收有『藒』『朅』二字，列字以『揭』字爲佳，《起數訣》從《集韻》。

24（入三群）□三月　竭　《廣韻》《集韻》其謁切，群月三入開山；《韻鏡》外轉第二十一開，列字爲『揭』；《七音略》外轉二十一重中輕，列字爲『撅』；《切韻指掌圖》七圖、《切韻指南》山攝外四開口呼廣門，列字均爲『傑』；《四聲等子》山攝外四輕重俱等韻開口呼，列字爲『竭』。『撅』爲《廣韻》月三群母位小韻首字，下收有『竭』字。『竭』爲《集韻》月三群母位小韻首字，下收有『撅』字，《起數訣》從《集韻》。

25（入三疑）牙三月　钀　《廣韻》《集韻》語訐切，疑月三入開山；《韻鏡》空位；《七音略》外轉二十一重中輕，《四聲等子》山攝外四輕重俱等韻開口呼，列字均爲『钀』；《切韻指掌圖》七圖、《切韻指南》山攝外四開口呼廣門，列字均爲『孽』，疑母薛韻。『钀』爲《廣韻》《集韻》月三疑母位小韻首字，《韻鏡》空位誤，《起數訣》是。

26（入三曉）凡三月　歇　《廣韻》《集韻》許竭切，曉月三入開山；《韻鏡》外轉第二十一開、《切韻指掌圖》七圖、《四聲等子》山攝外四輕重俱等韻開口呼，列字均爲『歇』；《七音略》空位；《切韻指南》山攝外四開口呼廣門，列字爲『娎』，曉母薛韻。『歇』爲《廣韻》月三曉母位小韻首字，《七音略》空位誤，《起數訣》是。

27（入三匣）華三月　紇　《廣韻》胡結切，匣屑四入開山；《集韻》恨竭切，匣月三入開山。《韻鏡》《七音略》《切韻指掌圖》《四聲等子》均空位；《切韻指南》山攝外四開口呼廣門，列字均爲『紇』。《廣韻》月韻無匣母字，『紇』爲《集韻》月三匣母位小韻首字，《起數訣》從《集韻》。

28 (入三影)在三月　謁　《廣韻》《集韻》於歇切,影月三入開山;《韻鏡》《七音略》均空位;《切韻指掌圖》七圖、《四聲等子》山攝外四輕重俱等韻開口呼,列字均爲「謁」;《切韻指南》山攝外四開口呼廣門,列字爲「謁」,影母薛韻。「謁」爲《廣韻》月三影母位小韻首字,《韻鏡》《七音略》空位誤,《起數訣》是。

釋:

1 (平三疑)牙三元　言　《廣韻》語軒切,《集韻》魚軒切,疑元三平開山;《韻鏡》外轉第二十一開、《七音略》外轉二十一重中輕、《切韻指掌圖》七圖、《四聲等子》山攝外四輕重俱等韻開口呼、《切韻指南》山攝外四開口呼廣門,列字均爲「言」。

2 (平三曉)凡三元　軒　《廣韻》《集韻》虛言切,曉元三平開山;《韻鏡》外轉第二十一開、《七音略》外轉二十一重中輕、《切韻指掌圖》七圖、《四聲等子》山攝外四輕重俱等韻開口呼,列字均爲「軒」;《切韻指南》山攝外四開口呼廣門,列字爲「嗎」,曉母仙韻。

3 (上三溪)□三阮　言　《廣韻》《集韻》去偃切,溪阮三上開山;《韻鏡》外轉第二十一開,列字爲「𡊅」,爲「言」書寫誤;《七音略》外轉二十一重中輕,列字均爲「言」,爲「言」字訛;《切韻指掌圖》七圖、《四聲等子》山攝外四輕重俱等韻開口呼、《切韻指南》山攝外四開口呼廣門，列字均爲『繸』，溪母獮韻。

4（去三見）乍三願 建 《廣韻》《集韻》居萬切，見願三去開山；《韻鏡》外轉第二十一開、《七音略》外轉二十一重中輕、《切韻指掌圖》七圖、《四聲等子》山攝外四輕重俱等韻開口呼、《切韻指南》山攝外四開口呼廣門，列字均爲『建』。

5（去三影）在三願 堰 《廣韻》《集韻》於建切，影願三去開山；《韻鏡》外轉第二十一開、《七音略》外轉二十一重中輕、《切韻指掌圖》七圖、《四聲等子》山攝外四輕重俱等韻開口呼，列字均爲『堰』；《切韻指南》山攝外四開口呼廣門，列字爲『躽』，影母線韻。

艮二	華					紇
艮八	在		焉	偃	堰	謁
艮三	文					
盡七	犨			健	健	
	口					
艮十二	宅					
	發	音濁				
			元寒三	阮先三	願聲三	月妹三
剝五	百		藩	反	販	髮
艮九	口	在下	翻	𩓥	娩	怖
艮五	白		煩	奉	飯	伐

第四十九圖　發音濁

盍三	剥十二	豕十二	艮六	艮七	艮十一	艮一	艮一	盍二	剥十一	豕十一
兒	卓	圻	大	南	乍	口	口	牙	莊	乂
						華上	華上			
橘					捲	圈		元	鬐	
晓					帣	綣	⿱𠔉豆	阮		
萬					攣	券	圈	願		範
韈		蠛			厥	闕	鱖	月		

盡十二	剥九	艮十	艮四	艮二	艮八	艮二	盡七		艮十二	
茶	三	士	九	華	在	丈	犖	口	宅	閉
										音
										清
			暄		鴛	袁				
			喧		宛	遠				
			楦		怨	遠				
			颰		噦	越				

第四十九圖　發音濁

本圖列《廣韻》元阮願月合口字，係拆分《韻鏡》外轉第二十二合三等位字。本圖聲母兩本滂、溪、群、日母位列「□」，其中明本滂母位下一等格内有「在下」二字，溪、群母位下一等格内有「華上」二字，四庫本均空格。

校注：

1（平三非）百三元　藩　《廣韻》甫煩切，《集韻》方煩切，非元三平合山；《韻鏡》外轉第二十二合、《切韻指南》山攝外四合口呼廣門，列字均爲「蕃」；《七音略》外轉二十二輕中輕、《切韻指掌圖》八圖，列字均爲「藩」；《四聲等子》山攝外四輕重俱等韻合口呼，列字爲「番」，敷母元韻。「蕃」爲《廣韻》元三非母位小韻首字，下收有「藩」字。「藩」爲《集韻》元三非母位小韻首字，下收有「蕃」字，《起數訣》從《集韻》。

2（平三敷）□三元　翻　《廣韻》《集韻》孚袁切，敷元三平合山；《韻鏡》外轉第二十二合、《切韻指掌圖》八圖、《四聲等子》山攝外四輕重俱等韻合口呼，列字均爲「翻」；《七音略》外轉二十二輕中輕、《切韻指南》山攝外四合口呼廣門，列字均爲『䎙』。『䎙』爲《廣韻》元三敷母位小韻平字，下收有『翻』字，注上同，二字爲異體字；《集韻》『翻』『䎙』同爲小韻首字。

3 (平三見)乍三元　捲　《廣韻》巨員切，《集韻》逵員切，群仙三平合山；不當列於此位。此字當爲『棬』字形訛。《韻鏡》《七音略》均空位；《切韻指掌圖》八圖、《四聲等子》山攝外四輕重俱等韻合口呼、《切韻指南》山攝外四合口呼廣門，列字均爲『勬』，見母仙韻。《廣韻》《集韻》元韻無見母字，『捲』爲《廣韻》仙三見母位小韻首字，《起數訣》誤，另《集韻》元韻見母合口有『棬』小韻，九元切，《起數訣》列字當爲『棬』字誤，當校改爲『棬』。

4 (平三溪)□三元　圈　《廣韻》臼万切，群願三去合山；《集韻》去爰切，溪元三平合山；《韻鏡》《七音略》均空位；《切韻指掌圖》八圖、《四聲等子》山攝外四輕重俱等韻合口呼、《切韻指南》山攝外四合口呼廣門，列字均爲『弮』，溪母仙韻。《廣韻》元三無溪母字，『圈』爲《集韻》元韻合口溪母位小韻首字，《起數訣》列『圈』字，從《集韻》亦無誤。

5 (平三微)兒三元　樠　《廣韻》武元切，微元三平合山；《集韻》模元切，明元三平開山；《韻鏡》外轉第二十二合、《切韻指掌圖》八圖、《四聲等子》山攝外四輕重俱等韻合口呼、《切韻指南》山攝外四合口呼廣門，列字均爲『樠』。《七音略》外轉二十二輕中輕，列字爲『𣝛』，此字當爲『樠』字形訛。『樠』爲《廣韻》《集韻》元韻合口微母位小韻首字，《七音略》誤，《起數訣》是。

6（平三章）莊三元　⿱斷音　《廣韻》元韻無章母合口字；《集韻》止元切，章元三平合山。《韻鏡》《七音略》均空位；《切韻指掌圖》八圖、《四聲等子》山攝外四輕重俱等韻合口呼、《切韻指南》山攝外四合口呼廣門，列字均爲『專』，章母元韻。《起數訣》從《集韻》。

7（平三曉）凡三元　暄　《廣韻》況袁切，《集韻》許元切，曉元三平合山。《韻鏡》空位；《七音略》外轉二十二輕中輕、《切韻指南》山攝外四合口呼廣門，列字均爲『暄』；《切韻指掌圖》八圖，列字爲『翾』，曉母仙韻；《四聲等子》山攝外四輕重俱等韻合口呼，列字爲『暄』。『暄』爲《廣韻》元三曉母位小韻首字，下收有『喧』字，列字以『暄』字爲佳，《韻鏡》空位誤，《起數訣》是。

8（上三敷）□三阮　⿰麥頁　《康熙字典》記：『《集韻》翻阮切，音⿸疒反。義同。』此記翻阮切，敷母阮韻。《韻鏡》《七音略》《切韻指掌圖》均空位；《四聲等子》山攝外四輕重俱等韻合口呼、《切韻指南》山攝外四合口呼廣門，列字均爲『⿸疒反』，《廣韻》方萬切，非母願韻；《集韻》芳反切，敷母阮韻。『⿸疒反』爲《集韻》阮三敷母位小韻首字，《四聲等子》《切韻指南》從《集韻》。《廣韻》阮韻無敷母字，《起數訣》從《集韻》。

9（上三奉）白三阮　奞　《廣韻》扶晚切，《集韻》父遠切，奉阮三上合山；《韻鏡》外轉第二十二合、《七音略》外轉二十二輕中輕、《切韻指掌圖》八圖、《四聲等子》山攝外四輕重俱等韻合口呼、《切韻指南》山攝外四合口呼廣門，列字均爲『飯』。『飯』爲《廣韻》阮三奉母位小韻首字，下收有『軬』字。『軬』爲《集韻》阮三奉母位小韻首字，下收有『飯』字，《起數訣》從《集韻》。

10（上三見）乍三阮　䡓　《廣韻》居轉切，見獮三上合山；《集韻》九遠切，見阮三上合山。《韻鏡》外轉第二十二合、《切韻指掌圖》八圖、《四聲等子》山攝外四輕重俱等韻合口呼、《切韻指南》山攝外四合口呼廣門，列字均爲『卷』，《廣韻》求晚切，群阮三上合山、《集韻》九遠切，見阮三上合山，楊軍認爲《韻鏡》此字或是好事者據《集韻》增；《七音略》外轉二十二輕中輕，列字爲『變』，《莊子・在宥》『變卷』一詞，司馬云注曰：『變卷，不申舒之狀也。』《集韻》卷字亦注曰：『變卷，不舒也。』楊軍《七音略注》：『此乃據《集韻》而涉注文中聯綿字變卷而誤書「卷」爲「變」矣』，當校改爲『卷』字。《廣韻》阮韻無見母合口字。『䡓』爲《集韻》阮三見母位小韻首字，下收有『卷』字，列字以『䡓』字爲佳，《起數訣》從《集韻》。

11（上三溪）□三阮　綣　《廣韻》去阮切，《集韻》苦遠切，溪阮三上合山。《韻鏡》外轉第二十二合、《七音略》外轉二十二輕中輕、《四聲等子》山攝外四輕重俱等韻合口呼、《切韻指南》山攝外四合口呼廣門，列字均爲『䅚』；《切韻指掌圖》八圖，列字爲『綣』。『䅚』爲《廣韻》阮三溪母位小韻首字，下收有『綣』字。『綣』爲《集韻》阮三溪母位小韻首字，下收有『䅚』字，《起數訣》從《集韻》。

12（上三群）□三阮　𧯷　明本列字爲『𧯷』，四庫本列字爲『𧯷』。『𧯷』，《廣韻》求晚切，《集韻》窘遠切，群阮三上合山。《韻鏡》外轉第二十二合、《七音略》外轉二十二輕中輕，列字均爲

「𢍏」；《切韻指掌圖》八圖、《四聲等子》山攝外四輕重俱等韻合口呼、《切韻指南》山攝外四合口呼廣門，列字均爲「圈」。「𢍏」爲《廣韻》《集韻》阮三合口群母位小韻首字，四庫本列字是，明本形訛，當校改爲「𢍏」。

13（上三曉）凡三阮　喧　明本列字爲「喧」，四庫本列字爲「咺」。「喧」，《廣韻》況元切，《集韻》許元切，曉阮三上合山，不當列於此位。「咺」，《廣韻》況晚切，《集韻》火遠切，曉阮三上合山。《韻鏡》外轉第二十二合、《四聲等子》山攝外四輕重俱等韻合口呼，列字均爲「晅」；《七音略》外轉二十二輕中輕、《切韻指南》山攝外四合口呼廣門，列字均爲「晅」，此字當爲「晅」字形訛；《切韻指掌圖》八圖，列字爲「烜」，曉母阮韻。「晅」爲《廣韻》阮三曉母位小韻首字，下收有「咺」字。「咺」爲《集韻》阮三曉母位小韻首字，下收有「晅」字，《起數訣》從《集韻》。明本形誤，當校改爲「咺」，四庫本列字是。

14（上三影）在三阮　宛　《廣韻》於阮切，《集韻》委遠切，影阮三上合山。《韻鏡》外轉第二十二合、《七音略》外轉二十二輕中輕、《切韻指掌圖》八圖、《四聲等子》山攝外四輕重俱等韻合口呼，列字均爲「婉」；《切韻指南》山攝外四合口呼廣門，列字均爲「宛」。「婉」爲《廣韻》阮三影母位小韻首字，下收有「宛」字。「宛」爲《集韻》阮三影母位小韻首字，下收有「婉」字，《起數訣》從《集韻》。

15（去三敷）□三願　娩　此字當爲「嬎」字誤。嬎，《廣韻》芳万切，《集韻》孚萬切，敷願三去合山。《韻鏡》外轉第二十二合、《四聲等子》山攝外四輕重俱等韻合口呼、《切韻指南》山攝外四合口呼廣門，列字均爲『娩』；《七音略》外轉二十二輕中輕，列字均爲『娩』；《切韻指掌圖》八圖，列字爲『娩』，《廣韻》娩字注曰：『或作娩』。『娩』爲《廣韻》願三敷母位小韻首字，下收有『娩』字。『娩』爲《集韻》願三敷母位小韻首字，下收有『娩』字，《起數訣》從《集韻》。《起數訣》誤，當校改爲『娩』。

16（去三奉）白三願　飯　《廣韻》符万切，《集韻》扶萬切，奉願三去合山；《韻鏡》外轉第二十二合，列字爲『飰』，《廣韻》注曰『同飯』；《七音略》外轉二十二輕中輕、《切韻指掌圖》八圖、《四聲等子》山攝外四輕重俱等韻合口呼、《切韻指南》山攝外四合口呼廣門，列字均爲『飯』。『飯』爲《廣韻》《集韻》願韻奉母位小韻首字，《韻鏡》引異體無誤，《起數訣》是。

17（去三微）皃三願　萬　《廣韻》《集韻》無販切，微願三去合山；《韻鏡》外轉第二十二合、《四聲等子》山攝外四輕重俱等韻合口呼、《切韻指南》山攝外四合口呼廣門，列字均爲『万』；《七音略》外轉二十二輕中輕、《切韻指掌圖》八圖，列字均爲『萬』。『万』爲《廣韻》願三微母位小韻首字，下收有『萬』字。『萬』爲《集韻》願三微母位小韻首字，下收有『万』字，《起數訣》從《集韻》。

18（去三溪）□三願　券　明本列字爲『券』，四庫本空位。《廣韻》《集韻》願韻溪母合口位均有『券』小韻，《廣韻》去願切，《集韻》區願切，溪願三去合山；《韻鏡》外轉第二十二合、《七音略》外轉二十二輕中輕、《切韻指掌圖》八圖，列字均爲『券』；《四聲等子》山攝外四輕重俱等韻合口呼，列字爲『勸』；《切韻指南》山攝外四合口呼廣門，列字爲『𢍏』。『券』爲《廣韻》《集韻》願三溪母位小韻首字，下收有『勸』字，《集韻》下且收有『𢍏』字，此字《廣韻》作『𢍏』，列字以『券』字爲佳，《起數訣》四庫本空位誤，當校補『券』字。明本列字是。

19（去三昌）叉三願 𣫏 《康熙字典》記：『《廣韻》芳万切，《集韻》孚萬切，音娩。《説文》小舂也。又《集韻》充芮切，音毳。』此記芳万切，微母願韻。充芮切，初母祭韻。又《集韻》芻萬切，初願三去合山。均不當列於此位。《韻鏡》空位；《七音略》外轉二十二輕中輕，列字爲『𣫏』，此字當爲『𣫔』字形訛；《切韻指掌圖》八圖、《四聲等子》山攝外四輕重俱等韻合口呼、《切韻指南》山攝外四合口呼廣門，列字均爲『釧』，昌母線韻。《廣韻》願韻無昌母字，《集韻》有『𣫔』小韻，芻萬切，昌母願韻。《起數訣》從《集韻》，但形訛，當校改爲『𣫔』。

20（去三曉）凡三願 楦 《廣韻》虛願切，《集韻》呼願切，曉願三去合山；《韻鏡》外轉第二十二合、《七音略》外轉二十二輕中輕、《切韻指掌圖》八圖、《切韻指南》山攝外四合口呼廣門，列字均爲『楦』；《四聲等子》山攝外四輕重俱等韻合口呼，列字爲『楥』。『楥』爲《廣韻》願三曉母位小韻首字，下注曰：『楦俗』，『楦』爲『楥』俗體。列字以『楥』爲佳，《起數訣》亦無誤。

21（入三敷）□三月 怫 此字當爲『怫』字誤。怫，《廣韻》《集韻》拂伐切，敷月三入合山。《韻鏡》外轉第二十二合、《七音略》外轉二十二輕中輕、《切韻指掌圖》八圖、《四聲等子》山攝外四輕重俱等韻合口呼、《切韻指南》山攝外四合口呼廣門，列字均爲『怖』。『怖』爲《廣韻》月三敷母位小韻首字，《起數訣》列字形訛，當校改爲『怖』。

22（入三微）兒三月　韈　《廣韻》望發切，《集韻》勿發切，微月三入合山；《韻鏡》外轉第二十二合、《七音略》外轉二十二輕中輕、《切韻指掌圖》八圖、《四聲等子》山攝外四輕重俱等韻合口呼、《切韻指南》山攝外四合口呼廣門，列字爲『韈』。『韈』爲《廣韻》月三微母位小韻首字，下收有『韈』字，注上同，二字爲異體字。列字以『韈』字爲佳，《起數訣》是。

23（入三徹）拆三月　爡　《康熙字典》記：『《集韻》丑伐切，音察。《玉篇》爡爡，燒起也。』此記丑伐切，徹母月韻。《韻鏡》外轉第二十二合，列字爲『爡』；《七音略》空位；《切韻指掌圖》八圖、《四聲等子》山攝外四輕重俱等韻合口呼、《切韻指南》山攝外四合口呼廣門，列字均爲『㛸』，徹母薛韻。《廣韻》月韻無徹母合口字，『爡』爲《集韻》月三徹母位小韻首字，《韻鏡》《起數訣》從《集韻》。

24（入三群）□三月　鱖　明本列字爲『鱖』，四庫本列字爲『鱖』。『鱖』，《廣韻》《集韻》居月切，《集韻》其月切，群月三入合山，不當列於此位。『鱖』，《廣韻》《集韻》其月切，群月三入合山；《韻鏡》外轉第二十二合、《七音略》外轉二十二輕中輕，列字均爲『鱖』，當爲『鱖』之俗字；《切韻指掌圖》八圖，列字爲「掘」；《四聲等子》山攝外四輕重俱等韻合口呼，列字爲「橜」；《切韻指南》山攝外四合口呼廣門，列字爲「𧰵」；「鱖」爲《廣韻》《集韻》月三群母位小韻首字，下收有「掘」「橜」二字，《集韻》下且收有「𧰵」字，列字以「鱖」字爲佳，《起數訣》四庫本是。明本列字形誤，當校改爲「鱖」。

25（入三曉）凡三月 颰 明本列字爲「颰」，四庫本空位。《廣韻》《集韻》月韻曉母合口位均有「颰」小韻，許月切，曉月三入合山。《韻鏡》外轉第二十二合、《切韻指掌圖》八圖、《四聲等子》山攝外四輕重俱等韻合口呼，列字爲「颰」；《七音略》外轉二十二輕中輕，列字爲「颰」，爲「颰」字誤；《切韻指南》山攝外四合口呼廣門，列字爲「旻」，曉母薛韻。《起數訣》四庫本空位誤，當校補「颰」字。明本列字是。

26（入三影）在三月 噦 《廣韻》《集韻》於月切，影月三入合山；《韻鏡》外轉第二十二合、《四聲等子》山攝外四輕重俱等韻合口呼，列字均爲「嬮」；《七音略》外轉二十二輕中輕，列字爲「嬮」，此字當爲「嬮」字形訛；《切韻指掌圖》八圖、《切韻指南》山攝外四合口呼廣門，列字均爲「噦」。「嬮」爲《廣韻》月三影母位小韻首字，下收有「噦」字。「噦」爲《集韻》月三影母位小韻首字，下收有「嬮」字，《起數訣》從《集韻》。

釋：

1（平三奉）白三元　煩　《廣韻》附袁切，《集韻》符袁切，奉元三平合山；《韻鏡》外轉第二十二合、《七音略》外轉二十二輕中輕、《切韻指掌圖》八圖、《四聲等子》山攝外四輕重俱等韻合口呼、《切韻指南》山攝外四合口呼廣門，列字均爲「煩」。

2（平三疑）牙三元　元　《廣韻》《集韻》愚袁切，疑元三平合山；《韻鏡》外轉第二十二合、《七音略》外轉二十二輕中輕、《切韻指掌圖》八圖、《四聲等子》山攝外四輕重俱等韻合口呼、《切韻指南》山攝外四合口呼廣門，列字均爲「元」。

3（平三影）在三元　鴛　《廣韻》《集韻》於袁切，影元三平合山；《韻鏡》外轉第二十二合、《七音略》外轉二十二輕中輕、《四聲等子》山攝外四輕重俱等韻合口呼，列字均爲「鴛」；《切韻指掌圖》八圖，列字爲「娟」，影母仙韻；《切韻指南》山攝外四合口呼廣門，列字爲「嬛」，影母仙韻。

4（平三云）爻三元　袁　《廣韻》雨元切，《集韻》羽元切，云元三平合山；《韻鏡》外轉第二十二合、《七音略》外轉二十二輕中輕、《四聲等子》山攝外四輕重俱等韻合口呼，列字均爲「袁」；《切韻指掌圖》八圖、《切韻指南》山攝外四合口呼廣門，列字均爲「員」，云母仙韻。

5（上三非）百三阮　反　《廣韻》府遠切，《集韻》甫遠切，非阮三上合山；《韻鏡》外轉第二十二合、《七音略》外轉二十二輕中輕、《切韻指掌圖》八圖、《四聲等子》山攝外四輕重俱等韻合口呼、《切韻指南》山攝外四合口呼廣門，列字均爲『反』。

6（上三微）皃三阮　晚　《廣韻》無遠切，《集韻》武遠切，微阮三上合山。《韻鏡》外轉第二十二合、《七音略》外轉二十二輕中輕、《切韻指掌圖》八圖、《四聲等子》山攝外四輕重俱等韻合口呼，列字均爲『晚』；《切韻指南》山攝外四合口呼廣門，列字爲『脕』。『晚』爲《廣韻》《集韻》阮三微母位小韻首字，下收有『脕』字，列字以『晚』字爲佳，《起數訣》是。

7（上三疑）牙三阮　阮　《廣韻》虞遠切，《集韻》五遠切，疑阮三上合山。《韻鏡》外轉第二十二合、《七音略》外轉二十二輕中輕、《切韻指掌圖》八圖、《四聲等子》山攝外四輕重俱等韻合口呼、《切韻指南》山攝外四合口呼廣門，列字均爲『阮』。

8（上三云）㕛三阮　遠　《廣韻》雲阮切，《集韻》雨阮切，云阮三上合山。《韻鏡》外轉第二十二合、《七音略》外轉二十二輕中輕、《切韻指掌圖》八圖、《四聲等子》山攝外四輕重俱等韻合口呼、《切韻指南》山攝外四合口呼廣門，列字均爲『遠』。

9（去三非）百三願　販　《廣韻》《集韻》方願切，非願三去合山；《韻鏡》外轉第二十二合、《七音略》外轉二十二輕中輕、《切韻指掌圖》八圖、《四聲等子》山攝外四輕重俱等韻合口呼、《切韻指南》山攝外四合口呼廣門，列字均爲『販』。

10（去三見）乍三願　𢍰　《廣韻》居願切，《集韻》俱願切，見願三去合山；《韻鏡》外轉第二十二合、《七音略》外轉二十二輕中輕，列字爲『攣』；《切韻指掌圖》八圖、《四聲等子》山攝外四輕重俱等韻合口呼、《切韻指南》山攝外四合口呼廣門，列字均爲『眷』，見母線韻。

11（去三群）□三願　圈　《廣韻》臼万切，《集韻》具願切，群願三去合山；《韻鏡》外轉第二十二合、《七音略》外轉二十二輕中輕，列字均爲『圈』；《切韻指掌圖》八圖、《四聲等子》山攝外四輕重俱等韻合口呼、《切韻指南》山攝外四合口呼廣門，列字均爲『倦』，群母線韻。

12（去三疑）牙三願　願　《廣韻》魚怨切，《集韻》虞怨切，疑願三去合山；《韻鏡》外轉第二十二合、《七音略》外轉二十二輕中輕、《切韻指掌圖》八圖、《四聲等子》山攝外四輕重俱等韻合口呼、《切韻指南》山攝外四合口呼廣門，列字均爲『願』。

13（去三影）在三願　怨　《廣韻》於願切，《集韻》紆願切，影願三去合山；《韻鏡》外轉第二十二合、《七音略》外轉二十二輕中輕、《切韻指掌圖》八圖、《四聲等子》山攝外四輕重俱等韻合口呼、《切韻指南》山攝外四合口呼廣門，列字均爲『怨』。

14（去三云）爻三願　遠　《廣韻》《集韻》于願切，云願三去合山；《韻鏡》外轉第二十二合、《七音略》外轉二十二輕中輕、《切韻指掌圖》八圖、《四聲等子》山攝外四輕重俱等韻合口呼，列字均爲『遠』；《切韻指南》山攝外四合口呼廣門，列字爲『瑗』。

15（入三非）百三月　髮　《廣韻》《集韻》方伐切，非月三入合山；《韻鏡》外轉第二十二合、《七音略》外轉二十二輕中輕、《切韻指掌圖》八圖、《四聲等子》山攝外四輕重俱等韻合口呼、

《切韻指南》山攝外四合口呼廣門，列字均爲『髮』。

16（入三奉）白三月 伐 《廣韻》《集韻》房越切，奉月三入合山；《韻鏡》外轉第二十二合、《七音略》外轉二十二輕中輕、《切韻指掌圖》八圖、《四聲等子》山攝外四輕重俱等韻合口呼、《切韻指南》山攝外四合口呼廣門，列字均爲『伐』。

17（入三見）乍三月 厥 《廣韻》《集韻》居月切，見月三入合山；《韻鏡》外轉第二十二合、《七音略》外轉二十二輕中輕、《切韻指掌圖》八圖、《四聲等子》山攝外四輕重俱等韻合口呼，列字均爲『厥』；《切韻指南》山攝外四合口呼廣門，列字爲『蹶』。

18（入三溪）□三月 闕 《廣韻》去月切，《集韻》丘月切，溪月三入合山；《韻鏡》外轉第二十二合、《七音略》外轉二十二輕中輕、《切韻指掌圖》八圖、《四聲等子》山攝外四輕重俱等韻合口呼、《切韻指南》山攝外四合口呼廣門，列字均爲『闕』。

19（入三疑）牙三月 月 《廣韻》《集韻》魚厥切，疑月三入合山；《韻鏡》外轉第二十二合、《七音略》外轉二十二輕中輕、《切韻指掌圖》八圖、《四聲等子》山攝外四輕重俱等韻合口呼、《切韻指南》山攝外四合口呼廣門，列字均爲『月』。

20（入三云）爻三月 越 《廣韻》《集韻》王伐切，云月三入合山；《韻鏡》外轉第二十二合、《七音略》外轉二十二輕中輕、《切韻指掌圖》八圖、《切韻指南》山攝外四合口呼廣門，列字均爲『越』；《四聲等子》山攝外四輕重俱等韻合口呼，列字爲『日』，日母質韻，誤。

卦數	字	一	二	三	四
蠱十二	茶				
剥九	三				
艮十	士				
艮四	九	暄	喧	楦	颰
艮二	華				
艮八	在	鴛	宛	怨	噦
艮二	走	袁	遠	遠	越
蠱七	犖				
	口				
艮十二	宅				
	閑音清				

第五十圖　閉音清

渙一	覌一					渙三	巽五	渙五	覌四	
弃	癸	■	■	■	■	未	𤭛	匹	飛	
蹺	驍	嬈	迢	祧	貂			蕉		蕭乾四
趙琥	皎	蔦	窕	朓	鳥					篠泰四
竅	叫	尿	調	糶	弔					嘯賁四
										藥咩四

巽一 渙一				
料				
口 斉下	尭	磽	顤	
■	頼	湫		爵
■	鄗			鷮
■				嚼
■	蕭	筱	嘯	削
■				
覌二 血	曉	曉	歊撓	
渙四 尾		皛	顧	
覌三 一	幺	杳	穾	
巽四 未				藥

剥四 豪五 蕭五 豪三 剥六 豪六

■	■	■	發		法	朴	排	馬	冊	貪
			音	豪 蕭四	褒	橐	袍	毛	刀	叨
			清	爻 蕭四	包	胞	庖	茅	刀	饕
				宵	鑣		瀌	苗		
脚				宵 蕭四	猋	漂	瓢	蟊		
				皓 篠四	寶	皫	抱	蓩	倒	討
				巧	飽		鮑	卯		
				小 篠四	表	皫	受			
了				小 篠四	褾	縹	摽	眇		
				號 嘯四	報	犥	暴	冒	到	韜
				效 嘯四	豹	奅	鉋	皃		
				笑	裱			廟		
料				笑 嘯四	標	勡	驃	妙		
				鐸 錫四	愽	粕	泊	莫	沰	託
				覺 錫四	剥	璞	雹	邈		
				藥 錫四	肑					

第五十圖 閉音清

第五十圖　閉音清

本圖舒聲列《廣韻》蕭篠嘯韻字，係拆分《韻鏡》外轉第二十五開平上去四等位字。入聲列《廣韻》藥韻字，係拆分《韻鏡》内轉第三十一開入聲四等位字。本圖聲母疑母位兩本均列「□」，明本疑母下一等格位内有「棄下」二字，四庫本空格。除幫組、見組、影母聲母外，明本均列「■」，四庫本空格。

校注：

1 （平四滂）匹四蕭　藨　《廣韻》平表切，並小三上開效；《集韻》普遼切，滂蕭四平開效。《韻鏡》外轉第二十五開、《七音略》外轉二十五重中重、《切韻指掌圖》一圖、《四聲等子》效攝外五全重無輕韻、《切韻指南》效攝外五獨韻廣門，「藨」均列於並母小韻。《廣韻》蕭韻無滂母字，《起數訣》從《集韻》。

2 （平四透）■四蕭　祧　《廣韻》吐彫切，《集韻》他彫切，透蕭四平開效；《韻鏡》外轉第二十五開、《七音略》外轉二十五重中重，列字均爲「挑」；《切韻指掌圖》一圖、《四聲等子》效攝外五全重無輕韻、《切韻指南》效攝外五獨韻廣門，列字均爲『祧』。『祧』爲《廣韻》《集韻》蕭四透母位小韻首字，下收有『挑』字。列字以『祧』字爲佳，《韻鏡》《七音略》列『挑』字，亦無誤，《起數訣》是。

3 （平四泥）■四蕭　嬈　《廣韻》奴鳥切，泥篠四上開效；《集韻》褭聊切，泥蕭四平開效；《韻鏡》《切韻指掌圖》空位；《七音略》外轉二十五重中重、《四聲等子》效攝外五全重無輕韻、《切韻指南》效攝外五獨韻廣門，列字均爲『嬈』。《廣韻》蕭韻無泥母字，『嬈』爲《集韻》蕭四泥母位小韻首字，《七音略》《起數訣》從《集韻》。

4 （平四溪）弃四蕭　蹺　《廣韻》去遥切，溪宵三平開效；《集韻》牽幺切，溪蕭四平開效；《韻鏡》外轉第二十五開、《七音略》外轉二十五重中重、《切韻指掌圖》十一圖、《四聲等子》效攝外五全重無輕韻，列字均爲『鄡』；《切韻指南》效攝外五獨韻廣門，列字爲『蹻』，溪母宵韻。『鄡』爲《廣韻》《集韻》蕭四溪母位小韻首字，《集韻》下收有『蹺』字。列字以『鄡』字爲佳，《起數訣》從《集韻》，列『蹺』字，亦無誤。

5 （平四疑）□四蕭　堯　《廣韻》五聊切，《集韻》倪幺切，疑蕭四平開效；《韻鏡》外轉第二十五開，列字爲『嶢』；《七音略》外轉二十五重中重、《切韻指掌圖》一圖、《四聲等子》效攝外五全重無輕韻、《切韻指南》效攝外五獨韻廣門，列字均爲『堯』。『堯』爲《廣韻》《集韻》蕭四疑母位小韻首字，下收有『嶢』字，列字以『堯』字爲佳，《韻鏡》列『嶢』字亦無誤，《起數訣》是。

6（平四精）■四蕭　頼　明本列字爲『頼』，四庫本列字爲『䩌』。『䩌』，《廣韻》蕭韻精母位無字，《集韻》子幺切，精蕭四平開效。《韻鏡》《七音略》均空位；《切韻指掌圖》一圖、《四聲等子》效攝外五全重無輕韻、《切韻指南》效攝外五獨韻廣門，列字均爲『焦』，精母宵韻。《起數訣》從《集韻》，亦無誤。明本列字形誤，當校改爲『䩌』，四庫本列字是。

7（平四清）■四蕭　鄡　《廣韻》苦幺切，《集韻》牽幺切，溪蕭四平開效；《韻鏡》外轉第二十五開、《七音略》外轉二十五重中重，均列於溪母，清母空位；《切韻指掌圖》一圖、《四聲等子》效攝外五全重無輕韻，列字均爲『鍬』，清母宵韻；《切韻指南》效攝外五獨韻廣門，列字爲『鍪』，清母宵韻。《廣韻》《集韻》蕭韻均無清母字，『鄡』爲《廣韻》《集韻》蕭四溪母位小韻首字，不當列於清母。《起數訣》誤，故當删。參本圖第四條。

8（平四曉）血四蕭　膮　《廣韻》許幺切，《集韻》馨幺切，曉蕭四平開效；《韻鏡》外轉第二十五開，列字爲『曉』，當爲『膮』字形訛；《七音略》外轉二十五重中重、《切韻指掌圖》一圖、《四聲等子》效攝外五全重無輕韻、《切韻指南》效攝外五獨韻廣門，列字均爲『膮』。『膮』爲《廣韻》蕭韻曉母位小韻首字，《韻鏡》誤，《起數訣》是。

9（平四影）一四蕭　幺　《廣韻》於堯切，《集韻》伊堯切，影蕭四平開效；《韻鏡》外轉第二十五開、《四聲等子》效攝外五全重無輕韻，列字均爲『幺』；《七音略》外轉二十五重中重、《切韻指掌圖》一圖，列字均爲「幺」，爲「幺」之異體；《切韻指南》效攝外五獨韻廣門，列字爲「要」，影母宵韻。「幺」爲《廣韻》蕭四影母位小韻首字，《七音略》列異體無誤，《起數訣》是。

10（平四來）■四蕭　聊　此字當爲「聊」字形訛。「聊」，《廣韻》落蕭切，《集韻》憐蕭切，來蕭四平開效；《韻鏡》外轉第二十五開、《七音略》外轉二十五重中重、《切韻指掌圖》一圖、《四聲等子》效攝外五全重無輕韻，列字均爲「聊」；《切韻指南》效攝外五獨韻廣門，列字爲「聊」，亦爲「聊」形訛。「聊」爲《廣韻》《集韻》蕭韻來母位小韻首字，《起數訣》形訛，當校改爲「聊」。

11（上四透）■四篠　⿰月毛　明本列字爲「⿰月毛」，四庫本列字爲「脁」。「脁」，《廣韻》《集韻》土了切，透篠四上開效；《韻鏡》外轉第二十五開、《七音略》外轉二十五重中重、《切韻指掌圖》一圖、《四聲等子》效攝外五全重無輕韻、《切韻指南》效攝外五獨韻廣門，列字均爲「脁」。「脁」爲《廣韻》篠四透母位小韻首字，四庫本列字是。「毛」爲「兆」之異體字，但「脁」無「⿰月毛」之體，是爲俗體，當校改爲「脁」。

12（上四泥）■四篠　褭　此字當爲「褭」字形訛。「褭」，《廣韻》奴鳥切，《集韻》乃了切，泥篠四上開效；《韻鏡》外轉第二十五開、《七音略》外轉二十五重中重、《切韻指掌圖》一圖、《四聲等子》效攝外五全重無輕韻、《切韻指南》效攝外五獨韻廣門，列字均爲「嫋」。「嫋」爲《廣韻》篠四泥母位小韻首字，下收有「褭」字。「褭」爲《集韻》篠四泥母位小韻首字，下收有「嫋」字，列字以「褭」字爲佳，《起數訣》從《集韻》，但列字形訛，當校改爲「褭」。

13（上四溪）弃四篠　趙　《廣韻》治小切，澄小三上開效；《集韻》起了切，溪篠四上開效；均不當列於此位。此位格内二字，另有一字爲『磽』。『磽』爲《廣韻》篠四溪母位小韻首字。『趙』爲《集韻》篠四溪母位小韻首字，《起數訣》此位列二字，均可置於此位。但『趙』《康熙字典》記：『《集韻》起了切。《詩·周頌·釋文》沈重讀。』其爲經典舊讀，不宜收録。『趙』之列於此位，當爲作者集合《廣韻》《集韻》之所爲，此處『趙』亦當删。

14（上四溪）弃四篠　磽　《廣韻》苦皎切，《集韻》輕皎切，溪篠四上開效；此位格内二字，另有一字爲『趙』。《韻鏡》外轉第二十五開、《四聲等子》效攝外五全重無輕韻、《切韻指南》效攝外五獨韻廣門，列字均爲『磽』；《七音略》外轉二十五重中重、《切韻指掌圖》一圖，列字均爲『磽』，『磽』《康熙字典》記：『《廣韻》苦皎切。同磽。』二字爲異體字。諸家韻圖列字均爲『磽』，此圖列『磽』字爲佳。

15（上四疑）□四篠　磽　《廣韻》苦皎切，溪篠四上開效；《集韻》倪了切，疑篠四上開效。《韻鏡》空位；《七音略》外轉二十五重中重、《切韻指掌圖》一圖、《四聲等子》效攝外五全重無輕韻，列字均爲『磽』；《切韻指南》效攝外五獨韻廣門，列字爲『鼽』，見母幼韻。《廣韻》篠韻無疑母字，『磽』爲《集韻》篠四疑母位小韻首字，《七音略》《起數訣》從《集韻》。

16（上四清）■四篠　○　《廣韻》《集韻》篠韻均無清母字；《韻鏡》空位；《七音略》外轉二十五重中重、《切韻指掌圖》一圖、《四聲等子》效攝外五全重無輕韻、《切韻指南》效攝外五獨韻廣門，列字均爲「悄」，《廣韻》親小切，《集韻》七小切，清小三上開效。「悄」爲《廣韻》《集韻》小三清母位小韻首字，《七音略》誤，當删。《起數訣》空位是。

17（上四心）■四篠　筱　《廣韻》先鳥切，《集韻》先了切，心篠四上開效；《韻鏡》外轉第二十五開、《七音略》外轉二十五重中重、《切韻指掌圖》一圖，列字均爲「篠」，二字爲異體字；《四聲等子》效攝外五全重無輕韻，列字爲「蓨」，心母小韻；《切韻指南》效攝外五獨韻廣門，列字爲「小」，心母小韻。「篠」爲《廣韻》篠韻心母位小韻首字，下收有筱，注上同，二字爲異體字；「筱」爲《集韻》小韻首字，《起數訣》從《集韻》。

18（去四定）■四嘯　調　《廣韻》《集韻》徒弔切，定嘯四去開效；《韻鏡》外轉第二十五、《七音略》外轉二十五重中重、《四聲等子》效攝外五全重無輕韻、《切韻指南》效攝外五獨韻廣門，列字均爲「藋」；《切韻指掌圖》一圖，列字爲「蓧」，透母蕭韻。「藋」爲《廣韻》嘯四定母位小韻首字，下收有「調」字。「調」爲《集韻》嘯四定母位小韻首字，下收有「藋」字，列字以「調」字爲佳，《起數訣》從《集韻》。

19（去四見）癸四嘯　呌　《廣韻》古弔切，《集韻》吉弔切，見嘯四去開效；《韻鏡》外轉第二十五開、《切韻指掌圖》一圖，列字均爲「呌」；《七音略》外轉二十五重中重、《四聲等子》效攝外五全重無輕韻、《切韻指南》效攝外五獨韻廣門，列字均爲「叫」，《康熙字典》記：「俗作呌。」「呌」爲俗體。「叫」爲《廣韻》嘯韻見母位小韻首字，《起數訣》列俗體，亦無誤。

20（去四精）■四嘯　〇《廣韻》《集韻》嘯韻均無精母；《韻鏡》空位；《七音略》外轉二十五重中重、《切韻指掌圖》一圖、《四聲等子》效攝外五全重無輕韻、《切韻指南》效攝外五獨韻廣門，列字均爲『醮』，《廣韻》《集韻》子肖切，精笑三去開效。『醮』爲《廣韻》《集韻》笑三精母位小韻首字，《七音略》誤，當删。《起數訣》空位是。

21（去四清）■四嘯　〇《廣韻》《集韻》嘯韻均無清母；《韻鏡》空位；《七音略》外轉二十五重中重，列字爲『峭』，《廣韻》《集韻》七肖切，清笑三去開效，誤；《切韻指掌圖》一圖、《四聲等子》效攝外五全重無輕韻、《切韻指南》效攝外五獨韻廣門，列字均爲『陗』，清母笑韻。《起數訣》空位是。

22（去四從）■四嘯　〇《廣韻》《集韻》嘯韻均無從母；《韻鏡》空位；《七音略》外轉二十五重中重、《切韻指掌圖》一圖、《四聲等子》效攝外五全重無輕韻、《切韻指南》效攝外五獨韻廣門，列字均爲『噍』，《廣韻》《集韻》才笑切，從笑三去開效，《七音略》誤，當删。《起數訣》空位是。

23（去四曉）血四嘯　歗　明本格内列『歗』，下右角有小字『橈』，當爲標注字；四庫本『橈』列入聲一等位，本位正格列『歗』。『歗』，《康熙字典》記：『《玉篇》《唐韻》所力切，音色。《說文》悲意。一曰小怖貌。又《集韻》迄力切，音赩。義同。』此記所力切，審母職韻；殺測切，生母職韻。均不當列於此位。《韻鏡》外轉第二十五開、《七音略》外轉二十五重中重，列字均爲「歞」；《切韻指掌圖》一圖，列字爲「歞」；《四聲等子》效攝外五全重無輕韻，列字爲「顤」；《切韻指南》效攝外五獨韻廣門，列字爲「魑」，初母肴韻。「歞」爲《廣韻》嘯四曉母位小韻首字，余迺永注此字訛，王二、唐韻從欠合《說文》。《說文》：「悲意。从欠嗇聲。火力切。」《廣韻》：「《說文》云悲意也，火弔切。」故此字當正爲「歞」。按韻書，則《起數訣》是。另，據《說文解字注》：「又出歞篆。下當云悲意。从欠奥聲。今本舛奪。故《廣韻》《集韻》仍之，歞注悲意，火弔切，非也。《類篇》注馨叫切，悲意，歞是也。」《起數訣》從各家韻書，亦無誤。

24 （去四匣）尾四嘯　顤　《廣韻》苦閑切，溪山二平開山；《集韻》户弔切，溪嘯四去開效；《韻鏡》《七音略》《切韻指掌圖》均空位；《四聲等子》效攝外五全重無輕韻、《切韻指南》效攝外五獨韻廣門，列字均爲「顤」。《廣韻》嘯韻無匣母。「顤」爲《集韻》嘯四匣母位小韻首字，《起數訣》從《集韻》。

25 （去四影）一四嘯　⿱穴灰　此字當爲「窔」字形訛。「窔」，《廣韻》烏叫切，《集韻》一叫切，影嘯四去開效；《韻鏡》外轉第二十五開、《七音略》外轉二十五重中重，列字均爲「窔」；《切韻指掌圖》空位；《四聲等子》效攝外五全重無輕韻，列字爲「窔」，《廣韻》影母筱韻，《集韻》「窔」「窔」同爲小韻首字，或從《集韻》；《切韻指南》效攝外五獨韻廣門，列字爲「要」，影母笑韻。《起數訣》形訛，當校改爲「窔」字。

26 (去四來)■四嘯　料　《廣韻》《集韻》力弔切，來嘯四去開效；《韻鏡》外轉第二十五開、《七音略》外轉二十五重中重、《切韻指掌圖》一圖、《切韻指南》效攝外五獨韻廣門，列字均爲「顟」；《四聲等子》效攝外五全重無輕韻，列字爲「料」。「顟」爲《廣韻》嘯四來母位小韻首字，下收有「料」字，列字以「顟」字爲佳，《起數訣》列「料」字，亦無誤。

27 (入一曉)血一(○)　橈　明本此字列於去四曉母位下右角小字，係去四嘯曉母位列字之標注字。四庫本正格大字列於入一，誤。「橈」，《廣韻》《集韻》如招切，日宵三平開效或《廣韻》奴教切，《集韻》女教切，娘效二去開效；均不當列於此位。《韻鏡》《七音略》《切韻指掌圖》《四聲等子》《切韻指南》均空位。《起數訣》四庫本誤，當删。

28 (入四從)■四藥　嚼　《廣韻》在爵切，《集韻》疾雀切，從藥三入開宕；《韻鏡》內轉第三十一開、《七音略》外轉二十五重中重、《切韻指掌圖》一圖、《四聲等子》效攝外五全重無輕韻，列字均爲「嚼」；《切韻指南》效攝外五獨韻廣門，列字爲「嚼」。「嚼」爲《廣韻》《集韻》藥四從母位小韻首字，下收有「嚼」字，列字以「嚼」字爲佳，《韻鏡》《七音略》《起數訣》列「嚼」字，亦無誤。

29 (入四以)未四藥　藥　《廣韻》以灼切，《集韻》弋灼切，以藥三入開宕；《韻鏡》內轉第三十一開、《切韻指掌圖》一圖、《四聲等子》效攝外五全重無輕韻、《切韻指南》效攝外五獨韻廣門，列字均爲「藥」；《七音略》空位。「藥」爲《廣韻》《集韻》藥四以母位小韻首字，《七音略》

空位誤,《起數訣》是。

校注:

1 (平四端)■四蕭　貂　《廣韻》都聊切,《集韻》丁聊切,端蕭四平開效;《韻鏡》外轉第二十五開、《七音略》外轉二十五重中重、《切韻指掌圖》一圖、《切韻指南》效攝外五獨韻廣門,列字均爲『貂』;《四聲等子》效攝外五全重無輕韻,列字爲『碉』,《玉篇》音凋,端母蕭韻。

2 (平四定)■四蕭　迢　《廣韻》徒聊切,《集韻》田聊切,定蕭四平開效;《韻鏡》外轉第二十五開、《七音略》外轉二十五重中重、《切韻指掌圖》一圖、《切韻指南》效攝外五獨韻廣門,列字均爲『迢』;《四聲等子》效攝外五全重無輕韻,列字爲『條』,定母蕭韻。

3 (平四見)癸四蕭　驍　《廣韻》古堯切,《集韻》堅堯切,見蕭四平開效;《韻鏡》外轉第二十五開、《七音略》外轉二十五重中重、《切韻指掌圖》一圖、《切韻指南》效攝外五獨韻廣門,列字均爲『驍』;《四聲等子》效攝外五全重無輕韻,列字爲『澆』,見母蕭韻。

4 (平四心)■四蕭　蕭　《廣韻》蘇彫切,《集韻》先彫切,心蕭四平開效;《韻鏡》外轉第二十五開、《七音略》外轉二十五重中重、《切韻指掌圖》一圖、《四聲等子》效攝外五全重無輕韻,列字均爲『蕭』;《切韻指南》效攝外五獨韻廣門,列字爲『宵』,心母宵韻。

5 (上四端)■四篠　鳥　《廣韻》《集韻》丁了切，端篠四上開效；《韻鏡》外轉第二十五開、《七音略》外轉二十五重中重、《切韻指掌圖》一圖、《四聲等子》效攝外五全重無輕韻、《切韻指南》效攝外五獨韻廣門，列字均爲「鳥」。

6 (上四定)■四篠　窕　《廣韻》《集韻》徒了切，定篠四上開效；《韻鏡》外轉第二十五開、《七音略》外轉二十五重中重、《切韻指掌圖》一圖、《四聲等子》效攝外五全重無輕韻、《切韻指南》效攝外五獨韻廣門，列字均爲「窕」。

7 (上四見)癸四篠　皎　《廣韻》古了切，《集韻》吉了切，見篠四上開效；《韻鏡》外轉第二十五開、《七音略》外轉二十五重中重、《切韻指掌圖》一圖、《四聲等子》效攝外五全重無輕韻、《切韻指南》效攝外五獨韻廣門，列字均爲「皎」。

8 (上四精)■四篠　湫　《廣韻》《集韻》子了切，精篠四上開效；《韻鏡》外轉第二十五開、《七音略》外轉二十五重中重，列字均爲「湫」；《切韻指掌圖》一圖、《四聲等子》效攝外五全重無輕韻、《切韻指南》效攝外五獨韻廣門，列字均爲「勦」，精母小韻。

9 (上四曉)血四篠　曉　《廣韻》馨皛切，《集韻》馨鳥切，曉篠四上開效；《韻鏡》外轉第二十五開、《七音略》外轉二十五重中重、《切韻指掌圖》一圖、《四聲等子》效攝外五全重無輕韻、《切韻指南》效攝外五獨韻廣門，列字均爲「曉」。

10 (上四匣)尾四篠　皛　《廣韻》《集韻》胡了切，匣篠四上開效；《韻鏡》外轉第二十五開、《七音略》外轉二十五重中重、《切韻指掌圖》一圖、《四聲等子》效攝外五全重無輕韻、《切韻指南》效攝外五獨韻廣門，列字均爲「皛」。

11（上四影）一四篠　杳　《廣韻》烏皎切，《集韻》伊鳥切，影篠四上開效；《韻鏡》外轉第二十五開、《七音略》外轉二十五重中重、《四聲等子》效攝外五全重無輕韻、《切韻指南》效攝外五獨韻廣門，列字均爲「杳」；《切韻指掌圖》一圖，列字爲「窅」，影母篠韻。

12（上四來）■四篠　了　《廣韻》盧鳥切，《集韻》朗鳥切，來筱四上開效；《韻鏡》外轉第二十五開、《七音略》外轉二十五重中重、《切韻指掌圖》一圖、《四聲等子》效攝外五全重無輕韻、《切韻指南》效攝外五獨韻廣門，列字均爲「了」。

13（去四端）■四嘯　弔　《廣韻》《集韻》多嘯切，端嘯四去開效；《韻鏡》外轉第二十五開、《七音略》外轉二十五重中重、《切韻指掌圖》一圖、《四聲等子》效攝外五全重無輕韻，列字均爲「弔」；《切韻指南》效攝外五獨韻廣門，列字爲「吊」，「吊」「弔」二字爲異體字。

14（去四透）■四嘯　糶　《廣韻》《集韻》他弔切，透嘯四去開效；《韻鏡》外轉第二十五開、《七音略》外轉二十五重中重、《切韻指掌圖》一圖、《四聲等子》效攝外五全重無輕韻、《切韻指南》效攝外五獨韻廣門，列字均爲「糶」。

15（去四泥）■四嘯　尿　《廣韻》《集韻》奴弔切，泥嘯四去開效；《韻鏡》外轉第二十五開、《七音略》外轉二十五重中重、《切韻指掌圖》一圖、《四聲等子》效攝外五全重無輕韻、《切韻指南》效攝外五獨韻廣門，列字均爲『尿』。

16（去四溪）弃四嘯　竅　《廣韻》苦弔切，《集韻》詰弔切，溪嘯四去開效；《韻鏡》外轉第二十五開、《七音略》外轉二十五重中重、《切韻指掌圖》一圖、《四聲等子》效攝外五全重無輕韻、《切韻指南》效攝外五獨韻廣門，列字均爲『竅』。

17（去四疑）□四嘯　顤　《廣韻》五弔切，《集韻》倪弔切，疑嘯四去開效；《韻鏡》外轉第二十五開、《七音略》外轉二十五重中重、《切韻指掌圖》一圖、《四聲等子》效攝外五全重無輕韻、《切韻指南》效攝外五獨韻廣門，列字均爲『顤』。

18（去四心）■四嘯　嘯　《廣韻》蘇弔切，《集韻》先弔切，心嘯四去開效；《韻鏡》外轉第二十五開、《七音略》外轉二十五重中重、《切韻指掌圖》一圖、《四聲等子》效攝外五全重無輕韻，列字均爲『嘯』；《切韻指南》效攝外五獨韻廣門，列字爲『笑』，心母笑韻。

19（入四精）■四藥　爵　《廣韻》即略切，《集韻》即約切，精藥三入開宕；《韻鏡》内轉第三十一開、《七音略》外轉二十五重中重、《切韻指掌圖》一圖、《四聲等子》效攝外五全重無輕韻、《切韻指南》效攝外五獨韻廣門，列字均爲『爵』。

20（入四清）■四藥　鵲　《廣韻》七雀切，《集韻》七約切，清藥三入開宕；《韻鏡》内轉第三十一開、《七音略》外轉二十五重中重、《切韻指掌圖》一圖、《四聲等子》效攝外五全重無輕韻、《切韻指南》效攝外五獨韻廣門，列字均爲『鵲』。

21（入四心）■四藥　削　《廣韻》《集韻》息約切，心藥三入開宕；《韻鏡》内轉第三十一開、《七音略》外轉二十五重中重、《切韻指掌圖》一圖、《四聲等子》效攝外五全重無輕韻、《切韻指南》效攝外五獨韻廣門，列字均爲「削」。

					剝四	蒙五	蛊五	蒙三	剝六	蒙六
■	■	■	發		法	朴	排	馬	冊	貪
			音　履四	豪	褒	橐	袍	毛	刀	叨
			清　履四	交	包	胞	庖	茅	刀	饕
				宵	鑣		瀌	苗		
腳			乾四	宵	猋	漂	瓢	蟊		
			兌四	皓	寶	皫	枹	蓩	倒	討
				巧	飽		鮑	卯		
			兌四	小	表	皫	受			
了			夬四	小	褾	縹	摽	眇		
			睽四	號	報	犥	暴	冒	到	韜
			睽四	效	豹	奅	皰	皃		
				笑	裱			廟		
料			直四	笑	標	勡	驃	妙		
			妹四	鐸	愽	粕	泊	莫	沰	託
			妹四	覺	剝	璞	雹	邈		
			噬四	藥	肑					

盍六	剥七	剥一	豪一	豪九	豪二	剥八	豪八	盍八	剥九	
覃	妳	甲	巧	口	兂	哉	采	才	山	口
匋	猱	高	尻	桼	敖	糟	操		騷	
							饕			
			漂			嘲				
			蹺	翹		焦	鏊	樵	宵	
道	腦	杲	考		蕷	早	艸	皁	嫂	
		胖		猕	斛	剝	悄	暹	小	
導	臑	誥	搞		傲	竈	操	漕	諜	
			趬	趬		醮	誚	噍	笑	
鐸	諾	各	恪		萼	作	錯	胙	索	
	遥					雀	鵲	嚼	削	

剥二	蒙四	剥三	盡四	蒙七		盡十一			剥五	
花	晓	亞	萬	冷	口	崇	發		百	口
蒿	豪	爊		勞		曹	音	豪		
				犖			濁	文（麃出）		
								宵（乾出）		
		腰	遙							
好	皓	媪		老						
								巧（炎出）		
								小（未出）		
		闄	溔	繚						
耗	號	奥		勞						
								效（睽出）		
								笑（肖出）		
		要	燿	奀						
臛	涸	惡		落						
								覺（林出）		
								藥（甘出）		
		鶴	藥							

第五十一圖　發音清

本圖舒聲列《廣韻》豪晧号、爻巧效、宵小笑韻字。其中豪晧号韻字係拆分《韻鏡》外轉第二十五開一等位列字；宵小笑四等位字係拆分《韻鏡》外轉第二十六合列字。二等位爻巧效、三等位宵小笑韻字，係拆分《韻鏡》外轉第二十五開脣音字，其中平聲列入少量非脣音字，上去聲只列脣音。大體符合《起數訣》一四等與二三等脣音同圖的列圖原則。本圖入聲列《廣韻》鐸、覺、藥韻字，係拆分《韻鏡》内轉第三十一開一四等位字，此圖入聲配陰聲同《七音略》。二等覺韻在《韻鏡》中列於外轉第三開合，僅取脣音。本圖聲母兩本群、邪、日母列「□」。其中明本群母下一等格位内有「釆下」二字，四庫本空格。

校注：

1（平一幫）法一豪　褒　《廣韻》《集韻》博毛切，幫豪一平開效；《廣韻》「褒」字下注：「褒俗」，「褒」爲俗體。《集韻》「褒」「褒」并列小韻首字，「褒」「褒」二字爲異體字。《韻鏡》外轉第二十五開、《四聲等子》效攝外五全重無輕韻，列字均爲「褒」；《七音略》外轉二十五重中重，列字爲『裒』，此字當爲『褒』字形訛；《切韻指掌圖》一圖、《切韻指南》效攝外五獨韻廣門，列字均爲『褒』。『褒』爲《廣韻》《集韻》小韻首字，《起數訣》是。

2 （平一滂）朴一豪　橐　明本列字爲『橐』，四庫本字迹難識，當爲『橐』字訛。橐，《廣韻》普袍切，滂豪一平開效；《集韻》列字爲『橐』，此字爲小篆形體，普刀切，滂豪一平開效。《韻鏡》外轉第二十五開、《七音略》外轉二十五重中重、《四聲等子》效攝外五全重無輕韻，列字均爲『橐』，《廣韻》古勞切，《集韻》居勞切，見豪一平開效，不當列於此位，《韻鏡》《七音略》誤；《切韻指掌圖》一圖、《切韻指南》效攝外五獨韻廣門，列字均爲『橐』。『橐』爲《廣韻》豪韻滂母位小韻首字，《起數訣》明本是。四庫本字形難識，當校正爲『橐』。

3 （平一並）排一豪　袍　《廣韻》布交切，《集韻》班交切，幫肴二平開效；均不當列於此位。《韻鏡》外轉第二十五開、《七音略》外轉二十五重中重、《切韻指掌圖》一圖、《四聲等子》效攝外五全重無輕韻、《切韻指南》效攝外五獨韻廣門，列字均爲『袍』，《廣韻》薄褒切，《集韻》蒲褒切，並豪一平開效。『袍』爲《廣韻》《集韻》豪一並母位小韻首字，《起數訣》形訛，當校改爲『袍』字。

4 （平一透）貪一豪　叨　《廣韻》土刀切，《集韻》他刀切，透豪一平開效；《韻鏡》外轉第二十五開、《七音略》外轉二十五重中重、《切韻指掌圖》一圖、《切韻指南》效攝外五獨韻廣門，列字均爲『饕』；《四聲等子》效攝外五全重無輕韻，列字爲『叨』。『饕』爲《廣韻》豪一透母位小韻首字，下收有「叨」字。《集韻》「饕」「叨」并列豪一透母位小韻首字，《起數訣》從《集韻》。

5（平一定）覃一豪　匋　《廣韻》《集韻》徒刀切，定豪一平開效；《韻鏡》外轉第二十五開、《七音略》外轉二十五重中重、《切韻指南》效攝外五獨韻廣門，列字均爲「陶」；《切韻指掌圖》一圖，列字爲「淘」；《四聲等子》效攝外五全重無輕韻，列字爲「桃」。「陶」爲《廣韻》豪一定母位小韻首字，下收有「匋」「桃」二字。「匋」爲《集韻》豪一定母位小韻首字，下收有「陶」「桃」二字，《起數訣》從《集韻》。

6（平一泥）妳一豪　猱　《廣韻》《集韻》奴刀切，泥豪一平開效；《韻鏡》外轉第二十五開、《切韻指掌圖》一圖、《四聲等子》效攝外五全重無輕韻、《切韻指南》效攝外五獨韻廣門，列字均爲「猱」；《七音略》外轉二十五重中重，列字爲「[illegible]」，當爲「猱」字形訛。「猱」爲《廣韻》豪韻泥母位小韻首字，《七音略》誤，《起數訣》是。

7（平一疑）瓦一豪　敖　《廣韻》五勞切，《集韻》牛刀切，疑豪一平開效；《韻鏡》外轉第二十五開、《切韻指掌圖》一圖、《四聲等子》效攝外五全重無輕韻、《切韻指南》效攝外五獨韻廣門，列字均爲「敖」；《七音略》外轉二十五重中重，列字爲「蔜」。「敖」爲《廣韻》《集韻》豪一疑母位小韻首字，下收有「蔜」字，列字以「敖」字爲佳，《七音略》列「蔜」字，亦無誤。《起數訣》是。

8（平一從）才一豪　〇　《廣韻》《集韻》豪韻從母位均有「曹」字，《廣韻》昨牢切，《集韻》財勞切，從豪一平開效；《韻鏡》外轉第二十五重中重、《切韻指掌圖》一圖、《四聲等子》效攝外五全重無輕韻、《切韻指南》效攝外五獨韻廣門，列字均爲「曹」。「曹」爲《廣韻》《集韻》豪一從母位小韻首字，《起數訣》空位誤，此處當校補「曹」字。本圖「曹」列於平一半三。

9（平一曉）花一豪　蒿　明本列字爲「蒿」，四庫本列字爲「蒿」。「蒿」，《廣韻》息弓切，《集韻》思融切，心東三平合通；均不當列於此位。「蒿」，《廣韻》呼毛切，《集韻》呼高切，曉豪一平開效。《韻鏡》外轉第二十五開、《七音略》外轉二十五重中重、《切韻指掌圖》二圖、《四聲等子》效攝外五全重無輕韻、《切韻指南》效攝外五獨韻廣門，列字均爲「蒿」。「蒿」爲《廣韻》豪一曉母位小韻首字，《起數訣》四庫本形訛，當校改爲「蒿」字。明本是。

10（平一影）亞一豪　爊　明本列字爲「爊」，四庫本列字爲「爊」。「爊」疑爲「爊」字。「爊」，《廣韻》《集韻》於刀切，影豪一平開效；《韻鏡》外轉第二十五開、《切韻指掌圖》一圖，列字均爲「爊」；《七音略》外轉二十五重中重、《四聲等子》效攝外五全重無輕韻，列字均爲「爊」；《切韻指南》效攝外五獨韻廣門，列字爲「爊」，此字當爲「爊」字形訛。《廣韻》豪一影母位小韻首字爲「爊」字，《集韻》別作「爊」字，「爊」「爊」二字爲異體字，列字以「爊」或「爊」字爲佳，從字形而言，《起數訣》從《集韻》。明本列字是，四庫本列字誤，當校改爲「爊」。

11（平一半三）崇一豪　曹《廣韻》昨勞切，《集韻》財勞切，從豪一平開效；《韻鏡》外轉第二十五開、《七音略》外轉二十五重中重、《切韻指掌圖》一圖、《四聲等子》效攝外五全重無輕韻、《切韻指南》效攝外五獨韻廣門，均列於從母。《起數訣》從母位空，列於半三。

12 二等列目《廣韻》韻目字爲『肴』，《集韻》韻目字爲『爻』，《起數訣》從《集韻》。

13（平二明）馬二爻　芧　明本列字爲『芧』，四庫本列字爲『茅』。『芧』，《廣韻》直呂切，澄語三上開遇；《集韻》羊諸切，象呂切，上與切，丈呂切，均不適於此位，當爲『茅』字形訛。『茅』，《廣韻》莫交切，《集韻》謨交切，明肴二平開效；《韻鏡》外轉第二十五開、《七音略》外轉二十五重中重、《切韻指掌圖》一圖、《切韻指南》效攝外五獨韻廣門，列字均爲『茅』；《四聲等子》效攝外五全重無輕韻，列字爲『貓』。『茅』爲《廣韻》《集韻》肴二明母位小韻首字，下收有『貓』字，列字以『茅』字爲佳，《起數訣》四庫本是。明本形訛，當校改爲『茅』。

14（平二知）丹二爻　刀　《廣韻》《集韻》都勞切，端豪一平開效；均不當列於此位。諸家韻圖均列於端母豪韻。按列圖規則，本圖當列一四等字及二等脣音，且『刀』字已列於端一等位，此處《起數訣》誤，當刪。

15（平二徹）貪二爻　饕　《廣韻》土刀切，《集韻》他刀切，透豪一平開效；諸家韻圖均列於透母豪韻。『饕』爲《廣韻》《集韻》豪一透母位小韻首字，本圖透一等列非首字『叨』字；此位列『饕』當爲一等透母位之標注字，且本圖當列一四等字及二等脣音，《起數訣》誤，當刪。

16（平二初）采二爻　饕　參上一條。當列於透母一等位，本圖當列一四等字及二等唇音，《起數訣》誤，當删。

17（平二來）冷二爻　犖　《廣韻》吕角切，《集韻》力角切，來覺二入開江；均不當列於此位。《韻鏡》外轉第二十五開、《七音略》外轉二十五重中重、《切韻指掌圖》一圖、《四聲等子》效攝外五全重無輕韻、《切韻指南》效攝外五獨韻廣門，列字均爲「顟」，《廣韻》力嘲切，《集韻》力交切，來肴二平開效。「顟」爲《廣韻》肴二來母位小韻首字，此位可列「顟」字。然本圖當列一四等字及二等唇音，且此字在第五十二圖已重出，故當删。

18（平三滂）朴三宵　〇　《廣韻》《集韻》宵韻滂母均無三等位；《韻鏡》外轉第二十五開、《四聲等子》效攝外五全重無輕韻，列字均爲「藨」，《廣韻》甫嬌切，《集韻》悲嬌切，幫宵三平開效，不當列於此位，《韻鏡》誤；《切韻指掌圖》《切韻指南》均空位；《七音略》外轉二十五重中重，列字爲「奥」，疑此字爲「㬥」字形訛。「㬥」，《廣韻》撫招切，《集韻》紕招切，滂宵三平開效。「㬥」爲《廣韻》宵韻滂母重紐四等位小韻首字，下收有「漂」字，列字以「㬥」字爲佳。《七音略》外轉二十六重中重已列「漂」字，外轉二十五重中重列「奥」字誤。《起數訣》空位是。

19（平三並）排三宵　瀌　《廣韻》甫嬌切，幫宵三平開效；《集韻》蒲嬌切，並宵三平開效；《韻鏡》《七音略》《切韻指掌圖》均空位；《四聲等子》效攝外五全重無輕韻，列字爲「瀌」；

《切韻指南》效攝外五獨韻廣門，列字爲『瀌』。《廣韻》宵韻重紐三等無並母，『瀌』爲《集韻》宵三並母位小韻首字，《起數訣》從《集韻》。

20 （平三溪）巧三宵　漂　《廣韻》撫招切，《集韻》紕招切，滂宵三平開效；不當列於此位。《韻鏡》外轉第二十六合、《七音略》外轉二十六重中重、《切韻指掌圖》一圖、《四聲等子》效攝外五全重無輕韻、《切韻指南》效攝外五獨韻廣門，均列於滂母宵韻四等。『漂』爲《廣韻》宵韻滂母重紐四等位小韻首字，《起數訣》誤，當刪。

21 （平三章）哉三宵　嘲　《廣韻》《集韻》陟交切，知肴二平開效；均不當列於此位。《韻鏡》外轉第二十六合、《七音略》外轉二十五重中重、《切韻指掌圖》一圖、《四聲等子》效攝外五全重無輕韻、《切韻指南》效攝外五獨韻廣門，均列於知母肴韻，宵韻列字爲『昭』；此字於切不合章母位，且不合列圖規則，《起數訣》誤，當刪。

22 （平四幫）法四宵　猋　《廣韻》甫遥切，《集韻》卑遥切，幫宵三平開效；《韻鏡》外轉第二十六合，列字爲『飆』，《廣韻》注：『風也，俗作飇』，『飇』爲俗體；《七音略》外轉二十六重中重，列字爲『猋』；《切韻指掌圖》一圖，列字爲『飇』；《四聲等子》效攝外五全重無輕韻，列字爲『標』；《切韻指南》效攝外五獨韻廣門，列字均爲『飆』，『飆』『飆』二字爲異體字。『飆』爲《廣韻》宵三幫母位小韻首字，下收有『標』『猋』二字。『猋』爲《集韻》宵三幫母位小韻首字，下收有『標』『飆』二字，列字以『猋』字爲佳，《起數訣》從《集韻》。

23 (平四滂)朴四宵　漂　《廣韻》撫招切，《集韻》紕招切，滂宵三平開效；《韻鏡》外轉第二十六合、《七音略》外轉二十六重中重、《切韻指掌圖》一圖、《四聲等子》效攝外五全重無輕韻，列字均爲『漂』；《切韻指南》效攝外五獨韻廣門，列字爲『㷗』。『㷗』爲《廣韻》宵韻滂母重紐四等位小韻首字，下收有『漂』字。『漂』爲《集韻》宵韻滂母重紐四等位小韻首字，下收有『㷗』字，《起數訣》從《集韻》。

24 (平四明)馬四宵　蛗　此字爲『蜱』字異體。『蜱』，《廣韻》彌遥切，明宵三平開效。《集韻》列字爲『蛗』。《韻鏡》外轉第二十六合、《四聲等子》效攝外五全重無輕韻、《切韻指南》效攝外五獨韻廣門，列字爲『蜱』；《七音略》外轉二十六重中重、《切韻指掌圖》一圖，列字均爲『蛗』。從字形而言，《起數訣》從《集韻》。

25 (平四溪)巧四宵　蹺　《廣韻》去遥切，《集韻》丘祆切，溪宵三平開效；《韻鏡》外轉第二十六合、《切韻指南》效攝外五獨韻廣門，列字均爲『蹻』；《七音略》空位；《切韻指掌圖》一圖、《四聲等子》效攝外五全重無輕韻，列字均爲『鄡』，溪母蕭韻。『蹻』爲《廣韻》宵三溪母位小韻首字，下收有『蹺』字。《集韻》『蹻』『蹺』二字并列宵三溪母位小韻首字，《七音略》空位誤，《起數訣》從《集韻》。

26 (平四群)□四宵　翹　明本列字爲『翹』，四庫本列字爲『趐』。『趐』，《廣韻》《集韻》施智切，書寘三去開止；均不當列於此位。四庫本此字爲『翹』字形訛。『翹』，《廣韻》渠遥切，《集韻》祁堯切，群宵三平開效。《韻鏡》外轉第二十六合、《切韻指掌圖》一圖、《四聲等子》效攝外五全重無輕韻、《切韻指南》效攝外五獨韻廣門，列字均爲『翹』。《七音略》外轉二十六重中重，列字爲『蹺』，『翹』列於疑母，誤；『翹』爲《廣韻》《集韻》宵三群母位小韻首字，《起數訣》四庫本形訛，當校改爲『翹』字。明本列字是。

27（平四疑）瓦四宵 ◯ 《廣韻》《集韻》宵韻均無疑母位；《韻鏡》空位；《七音略》外轉二十六重中重，列字爲『翹』，誤；《切韻指掌圖》一圖、《切韻指南》效攝外五獨韻廣門，列字均爲『堯』，疑母蕭韻；《四聲等子》空位。《起數訣》空位是。

28（平四清）采四宵 鍫 《廣韻》七遥切，《集韻》千遥切，清宵三平開效；《韻鏡》外轉第二十六合、《七音略》外轉二十六重中重、《切韻指南》效攝外五獨韻廣門，列字均爲『鍫』；《切韻指掌圖》一圖、《四聲等子》效攝外五全重無輕韻，列字均爲『鍬』，《集韻》『鍫』字下注：『亦書作鍬』，『鍫』『鍬』二字爲異體字。《廣韻》小韻首字爲『鍫』，未收『鍬』字形，《起數訣》從《廣韻》。

29（平四心）山四宵 宵 《廣韻》相邀切，《集韻》思邀切，心宵三平開效；《韻鏡》外轉第二十六合、《七音略》外轉二十六重中重，列字均爲『霄』；《切韻指掌圖》一圖、《四聲等子》效攝外五全重無輕韻，列字均爲『蕭』；《切韻指南》效攝外五獨韻廣門，列字爲『宵』。『蕭』爲《廣韻》《集韻》宵三心母位小韻首字，下收有『霄』字，列字以『宵』字爲佳，《韻鏡》《七音略》

列『霄』字，亦無誤。《起數訣》是。

30 （平四影）亞四宵　腰　《廣韻》於霄切，《集韻》伊消切，影宵三平開效；《韻鏡》外轉第二十六合，列字均爲『葽』；《七音略》外轉二十六重中重，列字爲『邀』；《切韻指掌圖》一圖，列字爲『幺』，《康熙字典》記：『俗幺字。』《四聲等子》效攝外五全重無輕韻，列字爲『幺』，影母蕭韻；《切韻指南》效攝外五獨韻廣門，列字爲『要』。『要』爲《廣韻》宵三影母位小韻首字，下收有『邀』『腰』『葽』三字。《集韻》『要』『腰』二字同爲宵三影母爲小韻首字，下收有『葽』字，列字以『要』『腰』二字爲佳，《起數訣》從《集韻》。

31 《廣韻》韻目字爲『晧』，《集韻》部分版本爲『皓』，《起數訣》韻目字爲『皓』。

32 （上一滂）朴一皓　皫　《廣韻》敷沼切，滂小三上開效；《集韻》滂保切，滂晧一上開效；《韻鏡》外轉第二十五開，列字爲『犥』；《七音略》外轉二十五重中重，列字爲『臕』，《廣韻》甫驕切，《集韻》悲嬌切，幫宵三平開效，《七音略》誤，此字當爲『皫』形訛；《切韻指掌圖》空位；《四聲等子》效攝外五全重無輕韻、《切韻指南》效攝外五獨韻廣門，列字均爲『皫』。『皫』爲《集韻》皓一滂母位小韻首字，下收有『犥』字，列字以『皫』字爲佳，《韻鏡》列『犥』字，亦無誤。《起數訣》從《集韻》。

33 （上一並）排一皓　袍　明本列字爲『袍』，四庫本列字爲『抱』。『袍』，《廣韻》《集韻》均無晧韻字，當爲『抱』字誤。『抱』，《廣韻》薄浩切，《集韻》簿晧切，並晧一上開效；《韻鏡》外轉第二十五開、《七音略》外轉二十五重中重、《切韻指掌圖》一圖、《四聲等子》效攝外五全重無輕韻、《切韻指南》效攝外五獨韻廣門，列字均爲『抱』。『抱』爲《廣韻》晧一並母位小韻首字，《起數訣》四庫本是，明本形訛，當校改爲『抱』。

34 （上一泥）妳一晧　腦　《廣韻》奴晧切，《集韻》乃老切，泥晧一上開效；《韻鏡》外轉第二十五開、《七音略》外轉二十五重中重，列字均爲『腦』，《廣韻》注：『上同』，『腦』『𡊅』二字爲異體字；《切韻指掌圖》一圖，列字爲『惱』；《四聲等子》效攝外五全重無輕韻，列字爲『𡊅』；《切韻指南》效攝外五獨韻廣門，列字爲『𡊅』。『𡊅』爲《廣韻》晧一泥母位小韻首字，下收有『腦』『惱』二字。《集韻》『𡊅』『腦』二字并列小韻首字，下收有『惱』字，列字以『𡊅』『腦』二字爲佳，《起數訣》從《集韻》。

35 （上一見）甲一晧　杲　《廣韻》《集韻》古老切，見晧一上開效；《韻鏡》外轉第二十五開、《七音略》外轉二十五重中重、《切韻指掌圖》一圖、《切韻指南》效攝外五獨韻廣門，列字均爲『暠』；《四聲等子》效攝外五全重無輕韻，列字爲『杲』。『暠』爲《廣韻》晧一見母位小韻首字，下收有『杲』字。『杲』爲《集韻》晧一見母位小韻首字，下收有『暠』字，列字以『杲』字爲佳，《起數訣》從《集韻》。

36 （上一清）采一晧　艸　《廣韻》采老切，《集韻》采早切，清晧一上開效；《韻鏡》外轉第二十五開、《七音略》外轉二十五重中重、《切韻指掌圖》一圖、《四聲等子》效攝外五全重無輕韻、

《切韻指南》效攝外五獨韻廣門，列字均爲「草」。「草」，《説文》曰：「草斗，櫟實也。一曰象斗子。从艸早聲。」「艸」，《説文》曰：「百卉也。」顯然，「草」「艸」有别。「草」爲《廣韻》晧一清母位小韻首字，下收有「艸」字。《集韻》「艸」「草」二字并列小韻首字，《起數訣》從《集韻》。

37 (上一從)才一晧　皁　《廣韻》昨早切，《集韻》在早切，從晧一上開效；《韻鏡》外轉第二十五開、《切韻指掌圖》一圖、《四聲等子》效攝外五全重無輕韻、《切韻指南》效攝外五獨韻廣門，列字均爲「皁」；《七音略》外轉二十五重中重，列字爲「卓」，此字或爲「皁」字形訛。「皁」爲《廣韻》晧韻從母位小韻首字，《七音略》誤，《起數訣》是。

38 (上一心)山一晧　𡢃　此字當爲「㛮」字形訛。㛮，《廣韻》《集韻》蘇老切，心晧一上開效；《韻鏡》外轉第二十五開、《切韻指南》效攝外五獨韻廣門，列字均爲「㛮」；《七音略》外轉二十五重中重、《切韻指掌圖》一圖、《四聲等子》效攝外五全重無輕韻，列字均爲「嫂」，《廣韻》注：「上同」，「嫂」「㛮」二字爲異體字。「㛮」爲《廣韻》晧韻心母位小韻首字，《起數訣》形訛，當校改爲「㛮」。

39 (上一匣)晚一晧　晧　《集韻》下老切，匣晧一上開效；《韻鏡》外轉第二十五開，列字爲「晧」；《七音略》外轉二十五重中重、《切韻指掌圖》一圖、《四聲等子》效攝外五全重無輕韻、《切韻指南》效攝外五獨韻廣門，列字均爲「晧」。《廣韻》未收「晧」字形，小韻首字爲

『皓』,《韻鏡》從《廣韻》。《起數訣》從《集韻》。

40 (上一影)亞一皓　媪　《廣韻》《集韻》烏皓切,影皓一上開效;《韻鏡》外轉第二十五開、《四聲等子》效攝外五全重無輕韻,列字均爲『襖』;《七音略》外轉二十五重中重、《切韻指掌圖》一圖、《切韻指南》效攝外五獨韻廣門,列字均爲『襖』,當爲『襖』字形訛。『襖』爲《廣韻》皓一影母位小韻首字,下收有『媪』字。『媪』爲《集韻》皓一影母位小韻首字,下收有『襖』字,列字以『媪』字爲佳,《起數訣》從《集韻》。

41 (上三滂)朴三小　皫　《廣韻》敷沼切,《集韻》滂表切,滂小三上開效;《韻鏡》外轉第二十五開、《七音略》外轉二十五重中重、《四聲等子》效攝外五全重無輕韻、《切韻指南》效攝外五獨韻廣門,列字均爲『麃』;《切韻指掌圖》一圖,列字爲『皫』。『麃』爲《廣韻》小韻滂母重紐三等位小韻首字。《廣韻》『皫』在『縹』小韻,爲重紐四等字。《集韻》『皫』『麃』二字同爲小韻影母重紐三等位小韻首字,《起數訣》從《集韻》。

42 (上三並)排三小　𠬪　《廣韻》平表切,《集韻》被表切,並小三上開效;《韻鏡》外轉第二十五開、《七音略》外轉二十五重中重、《切韻指掌圖》一圖、《四聲等子》效攝外五全重無輕韻、《切韻指南》效攝外五獨韻廣門,列字均爲『藨』。『藨』爲《廣韻》小三並母位小韻首字,下收有『𠬪』字。『𠬪』爲《集韻》小三並母位小韻首字,下收有『藨』字,列字以『𠬪』字爲佳,《起數訣》從《集韻》。

43（上四幫）法四小　褾　《廣韻》方小切，《集韻》俾小切，幫小三上開效；《韻鏡》外轉第二十六合、《四聲等子》效攝外五全重無輕韻，列字均爲『褾』；《七音略》外轉二十六重中重、《切韻指掌圖》一圖、《切韻指南》效攝外五獨韻廣門，列字均爲『褾』，此字當爲『褾』字形訛。『褾』爲《廣韻》小韻幫母位小韻首字，《起數訣》是。

44（上四明）馬四小　眇　明本列字爲『眇』，四庫本列字爲『耖』。『眇』，《廣韻》亡沼切，《集韻》弭沼切，明小三上開效；《韻鏡》外轉第二十六合、《四聲等子》效攝外五全重無輕韻，列字均爲『眇』；《七音略》外轉二十六重中重、《切韻指掌圖》一圖、《切韻指南》效攝外五獨韻廣門，列字均爲『耖』，當爲『眇』字形訛。『眇』爲《廣韻》小韻明母位小韻首字，《起數訣》明本是，四庫本形訛，當校改爲『眇』。

45（上四見）甲四小　斛　七本韻書未見此字，《康熙字典》亦無記録。《廣韻》《集韻》小韻見母位均有『皛』字，《廣韻》居夭切，《集韻》吉小切，見小三上開效；《韻鏡》外轉第二十六合，列字爲『皛』，《七音略》空位；《切韻指掌圖》一圖、《四聲等子》效攝外五全重無輕韻、《切韻指南》效攝外五獨韻廣門，列字均爲『皎』，見母篠韻。『皛』在《廣韻》『矯』小韻下，『矯』爲《廣韻》《集韻》小三見母位小韻首字，列字以『矯』字爲佳，《韻鏡》列『皛』亦無誤。此依《七音略》空位誤，當校補『矯』字。《起數訣》列字形訛，當校改爲『矯』字。然此圖主要列小韻四等位字，『矯』字在《韻圖》中列於三等位，且此字在《起數訣》五十二圖重出，故當删。

46（上四群）□四小　猺　《康熙字典》記：『《廣韻》平表切，《集韻》被表切，音殍，《玉篇》獪也。又《集韻》《類篇》巨小切，音蹻。』此記《集韻》巨小切，群母小韻。《韻鏡》《七音略》《切韻指掌圖》均空位；《四聲等子》效攝外五全重無輕韻、《切韻指南》效攝外五獨韻廣門，列字均爲『猺』。『猺』爲《集韻》小三群母重紐四等位小韻首字，《起數訣》從《集韻》。

47（上四疑）瓦四小　䫏　《康熙字典》記：『《字彙補》䫏字之譌。』『䫏』，《廣韻》未收；《集韻》魚小切，疑小三上開效；可列於此位。《韻鏡》空位；《七音略》外轉二十六重中重，列字爲『猺』，此字當爲『猺』字形訛，『猺』，《廣韻》平表切，《集韻》被表切，並小三上開效，《七音略》誤；《切韻指掌圖》一圖、《四聲等子》效攝外五全重無輕韻、《切韻指南》效攝外五獨韻廣門，列字均爲『磽』，溪母筱韻。《起數訣》從《集韻》。

48（上四精）哉四小　剿　《廣韻》子了切，精筱四上開效；《集韻》子小切，精小三上開效；《韻鏡》外轉第二十六合，列字爲『勦』，《廣韻》《集韻》子小切，精小三上開效；《七音略》外轉二十六重中重、《切韻指掌圖》一圖、《四聲等子》效攝外五全重無輕韻，列字均爲『勦』；《切韻指南》效攝外五獨韻廣門，列字爲『湫』，精母筱韻。『勦』爲《廣韻》小三精母位小韻首字，下收有『勦』字。《集韻》『剿』『剿（勦）』二字同爲小三精母位小韻首字，下收有『勦』『湫』二字，列字以『剿』『剿（勦）』二字爲佳，《起數訣》從《集韻》。

49（上四從）才四小　灑　《康熙字典》記：『《廣韻》《集韻》子小切，音剿，又《類篇》樵小切，義同。」此記子小切，精小三上開效；樵小切，從母小韻。《韻鏡》外轉第二十六合、《四聲等子》效攝外五全重無輕韻、《切韻指南》效攝外五獨韻廣門，列字爲「灑」；《七音略》《切韻指掌圖》均空位。《廣韻》《集韻》小韻無從紐，《韻鏡》《起數訣》從《類篇》，亦無誤。

50 （上四曉）花四小　〇　明本空位，四庫本列字爲「秏」。「秏」，《廣韻》《集韻》小韻無曉母；《集韻》謨袍切，明小三上開效；不當列於此位。《韻鏡》《七音略》均空位；《切韻指掌圖》一圖、《四聲等子》效攝外五全重無輕韻、《切韻指南》效攝外五獨韻廣門，列字均爲「曉」，曉母篠韻。《起數訣》四庫本誤，當刪。明本空位是。

51 （上四匣）晩四小　〇　明本空位，四庫本列字爲「號」。「號」，《廣韻》胡刀切，《集韻》乎刀切，匣豪一平開效；《廣韻》胡到切，《集韻》後到切，匣號一去開效；均不當列於此位。《韻鏡》《七音略》均空位；《切韻指掌圖》一圖、《四聲等子》效攝外五全重無輕韻、《切韻指南》效攝外五獨韻廣門，列字均爲「皛」，匣母篠韻。《起數訣》四庫本誤，當刪。明本列字是。

52 （上四以）萬四小　溔　《廣韻》以沼切，《集韻》以紹切，以小三上開效；《韻鏡》外轉第二十六合、《切韻指掌圖》一圖、《四聲等子》效攝外五全重無輕韻、《切韻指南》效攝外五獨韻廣門，列字均爲「鷕」；《七音略》外轉二十六重中重，列字爲「溔」。「鷕」爲《廣韻》小三以母位小韻首字，下收有「溔」字。「溔」爲《集韻》小三以母位小韻首字，下收有「鴢」字，「鴢」，《康熙字典》記：「《正字通》同鷕。」「鴢」「鷕」二者爲異體字。列字以「溔」字爲佳，以《起數訣》從《集韻》。

53（上四來）泠四小　繚《廣韻》力小切，《集韻》朗鳥切，來小三上開效；《韻鏡》外轉二十五開、《七音略》外轉二十五重中重，上聲三等位列字均爲「繚」；《切韻指掌圖》一圖、《四聲等子》效攝外五全重無輕韻、《切韻指南》效攝外五獨韻廣門，列字均爲「了」，來母篠韻。「繚」爲《廣韻》小韻來母位小韻首字，當列於三等位，《韻鏡》《七音略》是。本圖誤，當删。

54（上四日）□四小　○　明本空位，四庫本列字爲「繞」；《廣韻》而沼切，《集韻》爾紹切，日小三上開效；《韻鏡》外轉二十六合、《七音略》外轉二十六重中重，均空位；《切韻指掌圖》《四聲等子》《切韻指南》均空位。《廣韻》小韻日母位小韻首字爲「擾」，下收有「繞」字，應列於日母三等位，《韻鏡》外轉第二十五開、《七音略》外轉第二十五重中重，列字均爲「擾」。四庫本誤，當删。明本是。

55《廣韻》列目爲「号」，《集韻》列目爲「號」，《起數訣》從《集韻》。

56（去一滂）朴一號　犥　《廣韻》撫招切，滂宵三平開效；《廣韻》敷沼切，滂小三上開效。《集韻》列字爲「犥」，牛名，此字當爲「犥」字形訛，叵到切，滂号一去開效。《韻鏡》《切韻指掌圖》均空位；《七音略》外轉二十五重中重、《切韻指南》效攝外五獨韻廣門，列字均爲「犥」；《四聲等子》效攝外五全重無輕韻，列字爲「㦟」。《廣韻》号韻無滂母字。「犥」爲《集韻》號一滂母位小韻首字，《七音略》《起數訣》從《集韻》。

57（去一明）馬一號　冒　明本列字爲「冒」，四庫本列字爲「冐」，四庫本顯誤。「冒」，《廣韻》

《集韻》莫報切，明号一去開效；《韻鏡》外轉第二十五開、《七音略》外轉二十五重中重、《切韻指掌圖》一圖、《四聲等子》效攝外五全重無輕韻、《切韻指南》效攝外五獨韻廣門，列字均爲「帽」。「冃」爲《廣韻》号一明母位小韻首字，下收有「冒」「帽」二字；「冃」「帽」二字同爲《集韻》號一明母位小韻首字，下收有「冒」字，列字以「冃」或「帽」字爲佳，《起數訣》列「冒」字，亦無誤。四庫本形訛，當校改爲「冒」。

58 （去一透）貪一號　韜　《廣韻》土刀切，透豪一平開效；《集韻》叨號切，透號一去開效；《韻鏡》空位；《七音略》外轉二十五重中重、《切韻指掌圖》一圖、《切韻指南》效攝外五獨韻廣門，列字均爲「韜」；《四聲等子》效攝外五全重無輕韻，列字爲「套」。《廣韻》号韻無透母字，「韜」爲《集韻》號一透母位小韻首字，下收有「套」字，列字以「韜」字爲佳，《七音略》《起數訣》依《集韻》。

59 （去一定）覃一號　導　明本列字爲「導」，四庫本列字爲「導」，明本顯誤，爲「導」字訛。「導」，《廣韻》徒到切，《集韻》大到切，定号一去開效；《韻鏡》外轉第二十五開、《四聲等子》效攝外五全重無輕韻、《切韻指南》效攝外五獨韻廣門，列字均爲「導」；《七音略》外轉二十五重中重、《切韻指掌圖》一圖，列字均爲「道」，《廣韻》徒晧切，定晧一上開效；《集韻》大到切，定號一去開效。「導」爲《廣韻》《集韻》号一定母位小韻首字，《集韻》下又收有「道」字，列字以「導」字爲佳。《七音略》列「道」或從《集韻》。《起數訣》四庫本是。明本當校改爲「導」。

60（去一泥）妳一號　臑　《廣韻》人朱切，日虞三平合遇；《廣韻》号韻泥母位列字爲「腝」，那到切，泥号一去開效；《集韻》乃到切，泥號一去開效。《韻鏡》外轉第二十五開、《七音略》外轉二十五重中重，列字均爲「腦」；《切韻指掌圖》一圖，列字爲「腝」；《四聲等子》效攝外五全重無輕韻、《切韻指南》效攝外五獨韻廣門，列字均爲「腰」。「腝」「腰」二字或爲「腝」字形訛。「腝」爲《廣韻》号一泥母位小韻首字，下收有「腦」字，列字以「腝」字爲佳。《韻鏡》《七音略》列「腦」字，亦無誤。「臑」爲《集韻》號一泥母位小韻首字，下收有「腦」字，《起數訣》從《集韻》。

61（去一見）甲一號　誥　《廣韻》古到切，《集韻》居號切，見号一去開效；《韻鏡》外轉第二十五開、《七音略》外轉二十五重中重、《切韻指南》效攝外五獨韻廣門，列字均爲「誥」；《切韻指掌圖》一圖、《四聲等子》效攝外五全重無輕韻，列字均爲「告」。「誥」爲《廣韻》《集韻》号一見母位小韻首字，下收有「告」字，列字以「誥」字爲佳，《起數訣》是。

62（去一溪）巧一號　犒　《廣韻》苦到切，《集韻》口到切，溪号一去開效；《韻鏡》外轉第二十五開、《七音略》外轉二十五重中重、《切韻指掌圖》一圖、《切韻指南》效攝外五獨韻廣門，列字均爲「鎬」；《四聲等子》效攝外五全重無輕韻，列字爲「靠」。「鎬」爲《廣韻》号一溪母位小韻首字，下收有「犒」「靠」二字，「犒」字，《廣韻》注：「上同」，「鎬」「犒」二字爲異體字。「鎬」「犒」二字同爲《集韻》號一溪母位小韻首字，下收有「靠」字，列字以「鎬」或「犒」字爲佳，《起數訣》從《集韻》。

63 （去一心）山一號　譟　《廣韻》蘇到切，《集韻》先到切，心号一去開效；《韻鏡》外轉第二十五開、《七音略》外轉二十五重中重、《切韻指掌圖》一圖、《四聲等子》效攝外五全重無輕韻、《切韻指南》效攝外五獨韻廣門，列字均爲『喿』。『喿』爲《廣韻》《集韻》号一心母位小韻首字，下收有『譟』字，列字以『喿』字爲佳，《起數訣》列『譟』字，亦無誤。

64 （去一曉）花一號　秏　明本列字爲『秏』，四庫本空位。《廣韻》号韻曉母位有『䎊』字，《廣韻》呼到切，《集韻》虚到切，曉号一去開效；此字『俗作秏』。《韻鏡》外轉第二十五開，列字爲『秏』，當爲『秏』字形訛；《七音略》外轉二十五重中重、《切韻指掌圖》一圖、《四聲等子》效攝外五全重無輕韻、《切韻指南》效攝外五獨韻廣門，列字均爲『秏』。『䎊』爲《廣韻》《集韻》号一曉母位小韻首字，《起數訣》四庫本空位誤，當校補『䎊』字。明本列字是。

65 （去一匣）晚一號　號　明本列字爲『號』，四庫本空位。《廣韻》《集韻》号韻匣母位均有『号』字，《廣韻》胡到切，《集韻》後到切，匣号一去開效；《韻鏡》外轉第二十五開、《切韻指掌圖》一圖、《四聲等子》效攝外五全重無輕韻，列字均爲『號』；《七音略》外轉二十五重中重、《切韻指南》效攝外五獨韻廣門，列字均爲『号』。『号』爲《廣韻》《集韻》号一匣母位小韻首字，下收有『號』字，《廣韻》注：『上同』，即『號』『号』二字爲異體字。《集韻》注：『号，《説文》痛聲也。號，教令也。』可見二者并非異體字。列字以『号』爲佳，《起數訣》四庫本空位誤，此處當校補『號』字。明本列字是。

66（去一來）冷一號　勞　《廣韻》《集韻》郎到切，來号一去開效；《七音略》外轉二十五重中重、《切韻指掌圖》一圖、《切韻指南》效攝外五獨韻廣門，列字均爲『嫪』；《四聲等子》效攝外五全重無輕韻，列字爲『澇』。『嫪』爲《廣韻》号一來母位小韻首字，下收有『勞』『澇』二字，列字以『嫪』字爲佳。『勞』爲《集韻》號一來母位小韻首字，下收有『嫪』『澇』二字，列字以『勞』字爲佳，《起數訣》從《集韻》。

67（去二滂）朴二效　奅　《廣韻》匹皃切，《集韻》披教切，滂效二去開效；《韻鏡》外轉第二十五開、《切韻指南》效攝外五獨韻廣門，列字均爲『奅』；《七音略》外轉二十五重中重，列字爲『奅』，此字當爲『奅』字形訛；《切韻指掌圖》一圖、《四聲等子》效攝外五全重無輕韻，列字均爲『砲』，《康熙字典》記：『《正字通》同礮省。詳礮字註。』『礮』，《廣韻》匹皃切，《集韻》披教切，滂效二去開效。『奅』爲《廣韻》《集韻》效二滂母位小韻首字，下收有『礮』字，列字以『奅』字爲佳，《起數訣》是。

68（去二並）排二效　皰　《廣韻》防教切，《集韻》皮教切，並效二去開效；《韻鏡》外轉第二十五開，列字爲『皰』；《七音略》外轉二十五重中重、《切韻指掌圖》一圖、《四聲等子》效攝外五全重無輕韻、《切韻指南》效攝外五獨韻廣門，列字均爲『靤』。『靤』爲《廣韻》效二並母位小韻首字，下收有『皰』字，列字以『靤』字爲佳。《集韻》『靤』『皰』同爲效二並母位小韻首字，《起數訣》從《集韻》。

69 （去二明）馬二效　皃　《廣韻》莫教切，《集韻》眉教切，明效二去開效；《韻鏡》外轉第二十五開、《切韻指掌圖》一圖、《四聲等子》效攝外五全重無輕韻，列字均爲『貌』；《七音略》外轉二十五重中重、《切韻指南》效攝外五獨韻廣門，列字均爲『皃』。『皃』爲《廣韻》《集韻》效二明母位小韻首字，下收有『貌』字，列字以『皃』字爲佳，《起數訣》是。

70 （去三幫）法三笑　裱　《廣韻》方廟切，幫笑三去開效；《集韻》列字爲『裱』，注：『領巾也。』爲『裱』字形訛，彼廟切，幫笑三去開效。《韻鏡》空位；《七音略》外轉二十五重中重，列字爲『俵』；《切韻指掌圖》一圖、《四聲等子》效攝外五全重無輕韻，列字均爲『裱』；《切韻指南》效攝外五獨韻廣門，列字爲『裱』。『裱』爲《廣韻》《集韻》笑三幫母位小韻首字，下收有『俵』字，列字以『裱』字爲佳，《韻鏡》空位誤，《起數訣》是。

71 （去三滂）朴三笑　○　《廣韻》《集韻》笑韻滂母重紐四等位均有『剽』字，《廣韻》《集韻》匹妙切，滂笑三去開效；《韻鏡》《四聲等子》《切韻指南》空位；《七音略》外轉二十五重中重、《切韻指掌圖》一圖，列字均爲『剽』。『剽』下收有『勡』字，當列於重紐四等位，《韻鏡》外轉二十六合、《七音略》外轉二十六重中重，滂母笑韻四等位皆已列『剽』。《起數訣》此圖四等位也已列『勡』字，《七音略》誤，《起數訣》空位是。

72 （去三並）排三笑　○　《廣韻》《集韻》笑韻無並母重紐三等字。《韻鏡》空位；《七音略》外轉二十五重中重，列字爲「膘」，此字列於《廣韻》《集韻》小韻，《七音略》誤；《切韻指掌圖》一圖，列字爲「驃」，《廣韻》《集韻》毗召切，並笑三去開效；《四聲等子》《切韻指南》均空位。「驃」爲重紐四等字，《韻鏡》外轉二十六開、《七音略》外轉二十六重，均列於四等；《七音略》三等位列「膘」誤，《起數訣》空位是。

73（去四幫）法四笑　標　《廣韻》甫遥切，幫宵三平開效；方小切，幫小三上開效；《集韻》卑妙切，幫笑三去開效。《韻鏡》《切韻指掌圖》均空位；《七音略》外轉二十六重中重，列字爲「裱」，爲「褾」字誤，且爲重紐三等，列於外轉二十五重中重三等位，此處當删；《四聲等子》效攝外五全重無輕韻、《切韻指南》效攝外五獨韻廣門，列字均爲「標」。《廣韻》笑韻幫母無「標」字，「標」爲《集韻》笑韻幫母重紐四等位小韻首字，《起數訣》依《集韻》。

74（去四滂）朴四笑　勡　《廣韻》《集韻》匹妙切，滂笑三去開效；《韻鏡》外轉第二十六合、《七音略》外轉二十六重中重、《四聲等子》效攝外五全重無輕韻、《切韻指南》效攝外五獨韻廣門，列字均爲「剽」；《切韻指掌圖》空位。「剽」爲《廣韻》笑韻滂母重紐四等位小韻首字，下收有「勡」字。「勡」爲《集韻》笑韻滂母重紐四等位小韻首字，下收有「剽」字，列字以「勡」字爲佳，《起數訣》從《集韻》。

75（去四溪）巧四笑　趬　《廣韻》《集韻》丘召切，溪笑三去開效；《韻鏡》外轉第二十六合，列字爲「䲾」，《廣韻》《集韻》牛召切，疑笑三去開效，《韻鏡》誤；《七音略》外轉二十六重中重，列字爲『⿰麥堯』；《切韻指掌圖》一圖、《四聲等子》效攝外五全重無輕韻、《切韻指南》效攝外五獨韻廣門，列字均爲『竅』，溪母嘯韻。『趬』爲《廣韻》《集韻》笑三溪母位小韻首字，下收有『⿰麥堯』字，列字以『趬』字爲佳，《七音略》列『⿰麥堯』，亦無誤。《韻鏡》誤，《起數訣》是。

76 （去四群）□四笑　趬　明本列字爲『趬』，四庫本列字爲『趐』。『趬』，《廣韻》《集韻》丘召切，溪笑三去開效，不當列於此位；『趐』，《廣韻》《集韻》施智切，書寘三去開止，不當列於此位。此字當爲『翹』字誤。《韻鏡》外轉第二十六合、《四聲等子》效攝外五全重無輕韻、《切韻指南》效攝外五獨韻廣門，列字均爲『翹』；《七音略》空位；《切韻指掌圖》一圖，列字爲『翹』。『翹』爲《廣韻》《集韻》笑三群母位小韻首字，《七音略》空位誤，當校補『翹』字。《起數訣》四庫本形訛，明本顯誤，當校改爲『翹』字。

77 （去四疑）瓦四笑　○　《廣韻》《集韻》笑韻疑母位均有『⿸虍几』字，《廣韻》《集韻》牛召切，疑笑三去開效；《韻鏡》外轉第二十六合，列字爲『趬』，《廣韻》《集韻》丘召切，溪笑三去開效，誤；《七音略》空位；《切韻指掌圖》一圖、《四聲等子》效攝外五全重無輕韻、《切韻指南》效攝外五獨韻廣門，列字均爲『顤』，疑母嘯韻。『⿸虍几』爲《廣韻》《集韻》笑三疑母重紐四等位小韻首字，《韻鏡》誤，當校改爲『⿸虍几』字。《七音略》《起數訣》空位誤，此處當校補『⿸虍几』字。

78 （去四心）山四笑　笑　《廣韻》私妙切，《集韻》仙妙切，心笑三去開效；《韻鏡》外轉第二十六合、《切韻指南》效攝外五獨韻廣門，列字均爲『笑』；《七音略》外轉二十六重中重，列字爲『笑』，『笑』『笑』三字爲異體字；《切韻指掌圖》一圖、《四聲等子》效攝外五全重無輕韻，列字均爲『嘯』，心母嘯韻。『笑』爲《廣韻》《集韻》笑三心母位小韻首字，《七音略》列異體，《起數訣》是。

79（去四以）萬四笑　燿　《廣韻》弋照切，《集韻》弋笑切，以笑三去開效；《韻鏡》外轉第二十六合、《四聲等子》效攝外五全重無輕韻、《切韻指南》效攝外五獨韻廣門，列字均爲『燿』；《七音略》外轉二十六重中重，列字爲『耀』；《切韻指掌圖》空位。『燿』爲《廣韻》《集韻》笑三以母位小韻首字，下收有『耀』字，列字以『燿』字爲佳。《七音略》列『耀』字，亦無誤。《起數訣》是。

80（去四來）冷四笑　覍　《廣韻》《集韻》力照切，來笑三去開效；《韻鏡》外轉第二十五開，列字爲『療』；《七音略》外轉二十五重中重，列字爲『覍』，《韻鏡》《七音略》空位；《切韻指掌圖》一圖、《四聲等子》效攝外五全重無輕韻、《切韻指南》效攝外五獨韻廣門，列字均爲『尞』，列於三等，四等空位。『覍』爲《廣韻》笑三來母位小韻首字，下收有『療』字。《廣韻》注：『凡从尞者作覍。』當列於三等位，且第五十二圖四等位重出，此位當删。

81（去四日）□四笑　○　明本空位，四庫本列字爲『饒』。『饒』，《廣韻》《集韻》人要切，日笑三去開效；《韻鏡》外轉第二十五開、《七音略》外轉二十五重中重，列字均爲『饒』；《韻鏡》《七音略》空位；《切韻指掌圖》一圖、《四聲等子》效攝外五全重無輕韻、《切韻指南》效攝外五獨韻廣門，均列於三等、四等空位。此字當列於三等位，且第五十二圖四等位重出，四庫本此位當删。明本空位是。

82（入一滂）朴一鐸　粕　《廣韻》《集韻》匹各切，滂鐸一入開宕；《韻鏡》内轉第三十一開、《七音略》外轉二十五重中重、《切韻指掌圖》一圖、《四聲等子》效攝外五全重無輕韻、《切韻指南》效攝外五獨韻廣門，列字均爲「䪖」。「䪖」爲《廣韻》鐸一滂母位小韻首字，下收有「粕」字。「粕」爲《集韻》鐸一滂母位小韻首字，下收有「䪖」字，列字以「粕」字爲佳。《起數訣》從《集韻》。

83（入一幫）法一鐸　博　《廣韻》補各切，《集韻》伯各切，幫鐸一入開宕；《韻鏡》内轉第三十一開、《切韻指掌圖》一圖、《四聲等子》效攝外五全重無輕韻、《切韻指南》效攝外五獨韻廣門，列字均爲「博」；《七音略》外轉二十五重中重，列字爲「愽」，《康熙字典》記：「《正字通》博字之譌。」。「博」爲《廣韻》《集韻》鐸一幫母位小韻首字，《七音略》列字俗，《起數訣》是。

84（入一端）丹一鐸　沰　《廣韻》他各切，透鐸一入開宕；《集韻》當各切，端鐸一入開宕。《韻鏡》《切韻指掌圖》均空位；《七音略》外轉二十五重中重、《四聲等子》效攝外五全重無輕韻、《切韻指南》效攝外五獨韻廣門，列字均爲「沰」。《廣韻》鐸韻無端母字。《七音略》《起數訣》等從《集韻》。

85 （入一疑）瓦一鑊　蒘　《廣韻》五各切，《集韻》逆各切，疑鑊一入開宕；《韻鏡》内轉第三十一開，列字爲「愕」；《七音略》空位；《切韻指掌圖》一圖、《四聲等子》效攝外五全重無輕韻、《切韻指南》效攝外五獨韻廣門，列字均爲「咢」。「咢」爲《廣韻》《集韻》鐸一疑母位小韻首字，下收有「愕」「蒘」二字，列字以「咢」字爲佳，《七音略》空位誤，《韻鏡》列「愕」，《起數訣》列「蒘」，亦無誤。

86 （入一曉）花一鑊　臛　《廣韻》呼各切，《集韻》黑各切，曉鐸一入開宕；《韻鏡》内轉第三十一開、《七音略》外轉二十五重中重，列字爲「矐」；《切韻指南》效攝外五獨韻廣門、《切韻指掌圖》二圖，列字爲「臛」；《四聲等子》效攝外五全重無輕韻，列字爲「郝」。「臛」爲《廣韻》《集韻》鐸一曉母位小韻首字，下收有「矐」「郝」二字，列字以「臛」字爲佳，《起數訣》是。

87 本圖入聲四等多與五十圖重出，《七音略》藥韻配蕭韻，《起數訣》五十圖藥韻配蕭韻，本圖又以藥韻配宵韻。

88 （入四幫）法四藥　旳　《廣韻》都歷切，端錫四入開梗；《集韻》逋約切，幫藥三入開宕；《韻鏡》《七音略》《切韻指掌圖》《四聲等子》《切韻指南》均空位。「旳」爲《集韻》藥三幫母位小韻首字，《起數訣》從《集韻》，但當列於三等位，當删。

89 （入四娘）妳四藥　逽　明本列字爲「逽」，四庫本空位。「逽」，《廣韻》《集韻》女略切，娘藥三入開宕；《韻鏡》内轉第三十一開、《七音略》内轉第三十四重中重、《切韻指掌圖》一圖、《四聲等子》效攝外五全重無輕韻、《切韻指南》效攝外五獨韻廣門均列於娘母藥韻三等位；《起數訣》明本誤，當删。四庫本空位是。

90（入四精）哉四藥　雀　《廣韻》即略切，《集韻》即約切，精藥三入開宕；《韻鏡》内轉第三十一開、《七音略》外轉二十五重中重、《切韻指掌圖》一圖、《四聲等子》效攝外五全重無輕韻、《切韻指南》效攝外五獨韻廣門，列字均爲「爵」。「爵」爲《廣韻》藥三精母位小韻首字，下收有「雀」字，列字以「爵」爲佳，《起數訣》亦無誤。五十圖列字爲「爵」。

91（入四從）才四藥　嚼　《廣韻》在爵切，《集韻》疾雀切，從藥三入開宕；《韻鏡》内轉第三十一開、《切韻指掌圖》一圖、《四聲等子》效攝外五全重無輕韻，列字均爲「嚼」；《七音略》外轉二十五重中重、《切韻指南》效攝外五獨韻廣門，列字爲「皭」。「皭」爲《廣韻》《集韻》藥四從母位小韻首字，下收有「嚼」字，列字以「皭」字爲佳，《起數訣》列「嚼」字，亦無誤。五十圖重出。

92（入四影）亞四藥　鶴　諸家韻書韻圖均無此字形，當爲俗字。《廣韻》《集韻》藥三影母有字，無此字，且列於三等位。疑此爲「鶴」字誤，「鶴」爲匣母字，亦不當列此位。此字無解，當删。

93（入四以）萬四藥　藥　《廣韻》以灼切，《集韻》弋灼切，以藥三入開宕；《韻鏡》内轉第三十一開、《七音略》外轉三十四重中重、《切韻指掌圖》一圖、《四聲等子》效攝外五全重無輕韻、

《切韻指南》效攝外五獨韻廣門，列字均爲「藥」。《七音略》外轉二十五重中重，空位，誤。五十圖重出。

釋：

1（平一明）馬一豪　毛　《廣韻》莫袍切，《集韻》謨袍切，明豪一平開效；《韻鏡》外轉第二十五開、《七音略》外轉二十五重中重、《切韻指掌圖》一圖、《四聲等子》效攝外五全重無輕韻、《切韻指南》效攝外五獨韻廣門，列字均爲「毛」。

2（平一端）丹一豪　刀　《廣韻》《集韻》都勞切，端豪一平開效；《韻鏡》外轉第二十五開、《七音略》外轉二十五重中重、《切韻指掌圖》一圖、《四聲等子》效攝外五全重無輕韻、《切韻指南》效攝外五獨韻廣門，列字均爲「刀」。

3（平一見）甲一豪　高　《廣韻》古勞切，《集韻》居勞切，見豪一平開效；《韻鏡》外轉第二十五開、《七音略》外轉二十五重中重、《切韻指掌圖》一圖、《四聲等子》效攝外五全重無輕韻、《切韻指南》效攝外五獨韻廣門，列字均爲「高」。

4（平一溪）巧一豪　尻　《廣韻》苦刀切，《集韻》丘刀切，溪豪一平開效；《韻鏡》外轉第二十五開、《七音略》外轉二十五重中重、《切韻指掌圖》一圖、《四聲等子》效攝外五全重無輕韻、

《切韻指南》效攝外五獨韻廣門，列字均爲『尻』。

5 （平一精）哉一豪　糟　《廣韻》作曹切，《集韻》臧曹切，精豪一平開效；《韻鏡》外轉第二十五開、《七音略》外轉二十五重中重、《切韻指掌圖》一圖、《四聲等子》效攝外五全重無輕韻、《切韻指南》效攝外五獨韻廣門，列字均爲『糟』。

6 （平一清）采一豪　操　《廣韻》七刀切，《集韻》倉刀切，清豪一平開效；《韻鏡》外轉第二十五開、《七音略》外轉二十五重中重、《切韻指掌圖》一圖、《四聲等子》效攝外五全重無輕韻、《切韻指南》效攝外五獨韻廣門，列字均爲『操』。

7 （平一心）山一豪　騷　《廣韻》《集韻》蘇遭切，心豪一平開效；《韻鏡》外轉第二十五開、《七音略》外轉二十五重中重、《切韻指掌圖》一圖、《四聲等子》效攝外五全重無輕韻、《切韻指南》效攝外五獨韻廣門，列字均爲『騷』。

8 （平一匣）晚一豪　豪　《廣韻》胡刀切，《集韻》乎刀切，匣豪一平開效；《韻鏡》外轉第二十五開、《七音略》外轉二十五重中重、《切韻指掌圖》一圖、《四聲等子》效攝外五全重無輕韻、《切韻指南》效攝外五獨韻廣門，列字均爲『豪』。

9 （平一來）冷一豪　勞　《廣韻》魯刀切，《集韻》郎刀切，來豪一平開效；《韻鏡》外轉第二十五開、《七音略》外轉二十五重中重、《切韻指掌圖》一圖、《四聲等子》效攝外五全重無輕韻、《切韻指南》效攝外五獨韻廣門，列字均爲『勞』。

10（平二幫）法二爻　包　《廣韻》布交切，《集韻》班交切，幫肴二平開效；《韻鏡》外轉第二十五開，《七音略》外轉二十五重中重，《切韻指掌圖》一圖，《四聲等子》效攝外五全重無輕韻，《切韻指南》效攝外五獨韻廣門，列字均爲「包」。

11（平二滂）朴二爻　胞　《廣韻》匹交切，《集韻》披交切，滂肴二平開效；《韻鏡》外轉第二十五開，《七音略》外轉二十五重中重，《切韻指掌圖》一圖，《四聲等子》效攝外五全重無輕韻，《切韻指南》效攝外五獨韻廣門，列字均爲「胞」。

12（平二並）排二爻　庖　《廣韻》《集韻》薄交切，並肴二平開效；《韻鏡》外轉第二十五開，《七音略》外轉二十五重中重，《切韻指掌圖》一圖，《切韻指南》效攝外五獨韻廣門，列字均爲「庖」；《四聲等子》效攝外五全重無輕韻，列字爲「炮」。「庖」爲《廣韻》《集韻》爻二並母位小韻首字，下收有「炮」字，列字以「庖」字爲佳，《起數訣》是。

13（平三幫）法三宵　鑣　《廣韻》甫嬌切，《集韻》悲嬌切，幫宵三平開效；《韻鏡》外轉第二十五開，《七音略》外轉二十五重中重，《切韻指掌圖》一圖，《四聲等子》效攝外五全重無輕韻，《切韻指南》效攝外五獨韻廣門，列字均爲「鑣」。

14（平三明）馬三宵　苗　《廣韻》武瀌切，《集韻》眉鑣切，明宵三平開效；《韻鏡》外轉第二十六合，《七音略》外轉二十五重中重，《切韻指掌圖》一圖，《四聲等子》效攝外五全重無輕韻，《切韻指南》效攝外五獨韻廣門，列字均爲「苗」。

15（平四並）排四宵　瓢　《廣韻》符霄切，《集韻》毗霄切，並宵三平開效；《韻鏡》外轉第二十六合、《七音略》外轉二十六重中重、《切韻指掌圖》一圖、《四聲等子》效攝外五全重無輕韻、《切韻指南》效攝外五獨韻廣門，列字均爲「瓢」。

16（平四精）哉四宵　焦　《廣韻》即消切，《集韻》兹消切，精宵三平開效；《韻鏡》外轉第二十六合、《七音略》外轉二十六重中重、《切韻指掌圖》一圖、《四聲等子》效攝外五全重無輕韻、《切韻指南》效攝外五獨韻廣門，列字均爲「焦」。

17（平四從）才四宵　樵　《廣韻》昨焦切，《集韻》慈焦切，從宵三平開效；《韻鏡》外轉第二十六合、《七音略》外轉二十六重中重、《切韻指掌圖》一圖、《四聲等子》效攝外五全重無輕韻、《切韻指南》效攝外五獨韻廣門，列字均爲「樵」。

18（平四以）萬四宵　遥　《廣韻》《集韻》餘昭切，以宵三平開效；《韻鏡》外轉第二十六合、《七音略》外轉二十六重中重、《切韻指掌圖》一圖、《四聲等子》效攝外五全重無輕韻、《切韻指南》效攝外五獨韻廣門，列字均爲「遥」。

19（上一幫）法一皓　寶　《廣韻》博抱切，《集韻》補抱切，幫皓一上開效；《韻鏡》外轉第二十五開、《七音略》外轉二十五重中重、《切韻指掌圖》一圖、《四聲等子》效攝外五全重無輕韻、《切韻指南》效攝外五獨韻廣門，列字均爲「寶」。

20（上一明）馬一皓　蓩　《廣韻》《集韻》武道切，明皓一上開效；《韻鏡》外轉第二十五開、《七音略》外轉二十五重中重、《切韻指掌圖》一圖、《四聲等子》效攝外五全重無輕韻、《切韻指南》效攝外五獨韻廣門，列字均爲『薅』。

21　（上一端）丹一皓　倒　《廣韻》都晧切，《集韻》覩老切，端晧一上開效；《韻鏡》外轉第二十五開、《七音略》外轉二十五重中重、《切韻指掌圖》一圖、《四聲等子》效攝外五全重無輕韻、《切韻指南》效攝外五獨韻廣門，列字均爲『倒』。

22　（上一透）貪一皓　討　《廣韻》他浩切，《集韻》土晧切，透晧一上開效；《韻鏡》外轉第二十五開、《七音略》外轉二十五重中重、《切韻指掌圖》一圖、《四聲等子》效攝外五全重無輕韻、《切韻指南》效攝外五獨韻廣門，列字均爲『討』。

23　（上一定）覃一皓　道　《廣韻》徒晧切，《集韻》杜晧切，定晧一上開效；《韻鏡》外轉第二十五開、《七音略》外轉二十五重中重、《切韻指掌圖》一圖、《四聲等子》效攝外五全重無輕韻、《切韻指南》效攝外五獨韻廣門，列字均爲『道』。

24　（上一溪）巧一皓　考　《廣韻》《集韻》苦浩切，溪晧一上開效；《韻鏡》外轉第二十五開、《七音略》外轉二十五重中重、《切韻指掌圖》一圖、《四聲等子》效攝外五全重無輕韻、《切韻指南》效攝外五獨韻廣門，列字均爲『考』。

25　（上一疑）瓦一皓　𡽫　《廣韻》《集韻》五老切，疑晧一上開效；《韻鏡》外轉第二十五開、《七音略》外轉二十五重中重、《切韻指掌圖》一圖、《四聲等子》效攝外五全重無輕韻、《切韻指南》效攝外五獨韻廣門，列字均爲『犢』。

26（上一精）哉一皓　早　《廣韻》《集韻》子皓切，精皓一上開效；《韻鏡》外轉第二十五開、《七音略》外轉二十五重中重、《切韻指掌圖》一圖、《四聲等子》效攝外五全重無輕韻、《切韻指南》效攝外五獨韻廣門，列字均爲『早』。

27（上一曉）花一皓　好　《廣韻》呼皓切，《集韻》許皓切，曉皓一上開效；《韻鏡》外轉第二十五開、《七音略》外轉二十五重中重、《切韻指掌圖》一圖、《四聲等子》效攝外五全重無輕韻、《切韻指南》效攝外五獨韻廣門，列字均爲『好』。

28（上一來）冷一皓　老　《廣韻》盧皓切，《集韻》魯皓切，來皓一上開效；《韻鏡》外轉第二十五開、《七音略》外轉二十五重中重、《切韻指掌圖》一圖、《四聲等子》效攝外五全重無輕韻、《切韻指南》效攝外五獨韻廣門，列字均爲『老』。

29（上二幫）法二巧　飽　《廣韻》《集韻》博巧切，幫巧二上開效；《韻鏡》外轉第二十五開、《七音略》外轉二十五重中重、《切韻指掌圖》一圖、《四聲等子》效攝外五全重無輕韻、《切韻指南》效攝外五獨韻廣門，列字均爲『飽』。

30（上二並）排二巧　鮑　《廣韻》薄巧切，《集韻》部巧切，並巧二上開效；《韻鏡》外轉第二十五開、《七音略》外轉二十五重中重、《切韻指掌圖》一圖、《四聲等子》效攝外五全重無輕韻、《切韻指南》效攝外五獨韻廣門，列字均爲『鮑』。

31（上二明）馬二巧 卯《廣韻》《集韻》莫飽切，明巧二上開效；《韻鏡》外轉第二十五開、《七音略》外轉二十五重中重、《切韻指掌圖》一圖、《四聲等子》效攝外五全重無輕韻、《切韻指南》效攝外五獨韻廣門，列字均爲「卯」。

32（上三幫）法三小 表 《廣韻》陂矯切，《集韻》彼小切，幫小三上開效；《韻鏡》外轉第二十五開、《七音略》外轉二十五重中重、《切韻指掌圖》一圖、《四聲等子》效攝外五全重無輕韻、《切韻指南》效攝外五獨韻廣門，列字均爲「表」。

33（上四滂）朴四小 縹 《廣韻》敷沼切，《集韻》匹紹切，滂小三上開效；《韻鏡》外轉第二十六合、《七音略》外轉二十六重中重、《切韻指掌圖》一圖、《四聲等子》效攝外五全重無輕韻、《切韻指南》效攝外五獨韻廣門，列字均爲「縹」。

34（上四並）排四小 摽 《廣韻》苻少切，《集韻》婢小切，並小三上開效；《韻鏡》外轉第二十六合、《七音略》外轉二十六重中重、《切韻指掌圖》一圖、《四聲等子》效攝外五全重無輕韻、《切韻指南》效攝外五獨韻廣門，列字均爲「摽」。

35（上四清）采四小 悄 《廣韻》親小切，《集韻》七小切，清小三上開效；《韻鏡》外轉第二十六合、《七音略》外轉二十六重中重、《切韻指掌圖》一圖、《四聲等子》效攝外五全重無輕韻、《切韻指南》效攝外五獨韻廣門，列字均爲「悄」。

36（上四心）山四小 小 《廣韻》私兆切，《集韻》思兆切，心小三上開效；《韻鏡》外轉第二十六合、《七音略》外轉二十六重中重、《切韻指南》效攝外五獨韻廣門，列字均爲『小』；《切韻指掌圖》一圖，列字爲『篠』，透母蕭韻；《四聲等子》效攝外五全重無輕韻，列字爲『篠』，心母篠韻。

37 (上四影)亞四小　闄　《廣韻》於小切，《集韻》於兆切，影小三上開效；《韻鏡》外轉第二十六合、《七音略》外轉二十六重中重，列字均爲『闄』；《切韻指掌圖》一圖，列字爲『窅』，影母篠韻；《四聲等子》效攝外五全重無輕韻、《切韻指南》效攝外五獨韻廣門，列字均爲『杳』，影母篠韻。

38 (去一幫)法一號　報　《廣韻》博耗切，《集韻》博號切，幫号一去開效；《韻鏡》外轉第二十五開、《七音略》外轉二十五重中重、《切韻指掌圖》一圖、《四聲等子》效攝外五全重無輕韻、《切韻指南》效攝外五獨韻廣門，列字均爲『報』。

39 (去一並)排一號　暴　《廣韻》《集韻》薄報切，並号一去開效；《韻鏡》外轉第二十五開、《七音略》外轉二十五重中重、《切韻指掌圖》一圖、《四聲等子》效攝外五全重無輕韻、《切韻指南》效攝外五獨韻廣門，列字均爲『暴』。

40 (去一端)丹一號　到　《廣韻》都導切，《集韻》刀號切，端号一去開效；《韻鏡》外轉第二十五開、《七音略》外轉二十五重中重、《切韻指掌圖》一圖、《四聲等子》效攝外五全重無輕韻、《切韻指南》效攝外五獨韻廣門，列字均爲『到』。

41（去一疑）瓦一號　傲　《廣韻》五到切，《集韻》魚到切，疑号一去開效；《韻鏡》外轉第二十五開、《七音略》外轉二十五重中重、《切韻指掌圖》一圖、《四聲等子》效攝外五全重無輕韻、《切韻指南》效攝外五獨韻廣門，列字均爲『傲』。

42（去一精）哉一號　竈　《廣韻》《集韻》則到切，精号一去開效；《韻鏡》外轉第二十五開、《七音略》外轉二十五重中重、《切韻指掌圖》一圖、《四聲等子》效攝外五全重無輕韻、《切韻指南》效攝外五獨韻廣門，列字均爲『竈』。

43（去一清）采一號　操　《廣韻》《集韻》七到切，清号一去開效；《韻鏡》外轉第二十五開、《七音略》外轉二十五重中重、《切韻指掌圖》一圖、《四聲等子》效攝外五全重無輕韻、《切韻指南》效攝外五獨韻廣門，列字均爲『操』。

44（去一從）才一號　漕　《廣韻》《集韻》在到切，從号一去開效；《韻鏡》外轉第二十五開、《七音略》外轉二十五重中重、《切韻指掌圖》一圖、《四聲等子》效攝外五全重無輕韻、《切韻指南》效攝外五獨韻廣門，列字均爲『漕』。

45（去一影）亞一號　奧　《廣韻》烏到切，《集韻》於到切，影号一去開效；《韻鏡》外轉第二十五開、《七音略》外轉二十五重中重、《切韻指掌圖》一圖、《四聲等子》效攝外五全重無輕韻、《切韻指南》效攝外五獨韻廣門，列字均爲『奧』。

46（去二幫）法二效　豹　《廣韻》北教切，《集韻》巴校切，幫效二去開效；《韻鏡》外轉第二十五開、《七音略》外轉二十五重中重、《切韻指掌圖》一圖、《四聲等子》效攝外五全重無輕韻、《切韻指南》效攝外五獨韻廣門，列字均爲『豹』。

47 （去三明）馬三笑 廟 《廣韻》《集韻》眉召切，明笑三去開效；《韻鏡》外轉第二十五開、《七音略》外轉二十五重中重、《切韻指掌圖》一圖、《四聲等子》效攝外五全重無輕韻、《切韻指南》效攝外五獨韻廣門，列字均爲『廟』。

48 （去四並）排四笑 驃 《廣韻》毗召切，《集韻》毗召切，並笑三去開效；《韻鏡》外轉第二十六合、《七音略》外轉二十六重中重、《四聲等子》效攝外五全重無輕韻、《切韻指南》效攝外五獨韻廣門，列字均爲『驃』；《切韻指掌圖》一圖，列於三等，誤。

49 （去四明）馬四笑 妙 《廣韻》《集韻》彌笑切，明笑三去開效；《韻鏡》外轉第二十六合、《七音略》外轉二十六重中重、《切韻指掌圖》一圖、《四聲等子》效攝外五全重無輕韻、《切韻指南》效攝外五獨韻廣門，列字均爲『妙』。

50 （去四精）哉四笑 醮 《廣韻》《集韻》子肖切，精笑三去開效；《韻鏡》外轉第二十六合、《七音略》外轉二十六重中重、《切韻指掌圖》一圖、《四聲等子》效攝外五全重無輕韻、《切韻指南》效攝外五獨韻廣門，列字均爲『醮』。

51 （去四清）采四笑 陗 《廣韻》《集韻》七肖切，清笑三去開效；《韻鏡》外轉第二十六合、《七音略》外轉二十六重中重、《切韻指掌圖》一圖、《四聲等子》效攝外五全重無輕韻、《切韻指南》效攝外五獨韻廣門，列字均爲『陗』。

52 (去四從)才四笑　噍《廣韻》《集韻》才笑切，從笑三去開效；《韻鏡》外轉第二十六合、《七音略》外轉二十六重中重、《切韻指掌圖》一圖、《四聲等子》效攝外五全重無輕韻、《切韻指南》效攝外五獨韻廣門，列字均爲『噍』。

53 (去四影)亞四笑　要《廣韻》於笑切，《集韻》一笑切，影笑三去開效；《韻鏡》外轉第二十六合、《七音略》外轉二十六重中重、《切韻指掌圖》一圖、《切韻指南》效攝外五獨韻廣門，列字均爲『要』；《四聲等子》效攝外五全重無輕韻，列字爲『窔』，影母篠韻。

54 (入一並)排一鐸　泊《廣韻》傍各切，《集韻》白各切，並鐸一入開宕；《韻鏡》內轉第三十一開、《七音略》外轉二十五重中重、《切韻指掌圖》一圖、《四聲等子》效攝外五全重無輕韻、《切韻指南》效攝外五獨韻廣門，列字均爲『泊』。

55 (入一明)馬一鐸　莫《廣韻》慕各切，《集韻》末各切，明鐸一入開宕；《韻鏡》內轉第三十一開、《七音略》外轉二十五重中重、《切韻指掌圖》一圖、《四聲等子》效攝外五全重無輕韻、《切韻指南》效攝外五獨韻廣門，列字均爲『莫』。

56 (入一透)貪一鐸　託《廣韻》他各切，《集韻》闥各切，透鐸一入開宕；《韻鏡》內轉第三十一開、《七音略》外轉二十五重中重、《切韻指掌圖》一圖、《四聲等子》效攝外五全重無輕韻、《切韻指南》效攝外五獨韻廣門，列字均爲『託』。

57（入一定）覃一鐸　鐸《廣韻》徒落切，《集韻》達各切，定鐸一入開宕；《韻鏡》内轉第三十一開，《七音略》外轉二十五重中重，《切韻指掌圖》一圖，《四聲等子》效攝外五全重無輕韻，《切韻指南》效攝外五獨韻廣門，列字均爲「鐸」。

58（入一泥）妳一鐸　諾《廣韻》奴各切，《集韻》匿各切，泥鐸一入開宕；《韻鏡》内轉第三十一開，《七音略》外轉二十五重中重，《切韻指掌圖》一圖，《四聲等子》效攝外五全重無輕韻，《切韻指南》效攝外五獨韻廣門，列字均爲「諾」。

59（入一見）甲一鐸　各《廣韻》古落切，《集韻》剛鶴切，見鐸一入開宕；《韻鏡》内轉第三十一開，《七音略》外轉二十五重中重，《切韻指掌圖》一圖，《四聲等子》效攝外五全重無輕韻，《切韻指南》效攝外五獨韻廣門，列字均爲「各」。

60（入一溪）巧一鐸　恪《廣韻》苦各切，《集韻》克各切，溪鐸一入開宕；《韻鏡》内轉第三十一開，《七音略》外轉二十五重中重，《切韻指掌圖》一圖，《四聲等子》效攝外五全重無輕韻，《切韻指南》效攝外五獨韻廣門，列字均爲「恪」。

61（入一精）哉一鐸　作《廣韻》則落切，《集韻》即各切，精鐸一入開宕；《韻鏡》内轉第三十一開，《七音略》外轉二十五重中重，《切韻指掌圖》一圖，《四聲等子》效攝外五全重無輕韻，《切韻指南》效攝外五獨韻廣門，列字均爲「作」。

62（入一清）采一鐸　錯《廣韻》《集韻》倉各切，清鐸一入開宕；《韻鏡》内轉第三十一開，《七音略》外轉二十五重中重、《切韻指掌圖》一圖、《四聲等子》效攝外五全重無輕韻、《切韻指南》效攝外五獨韻廣門，列字均爲「錯」。

63 （入一從）才一鐸　昨　《廣韻》在各切，《集韻》疾各切，從鐸一入開宕；《韻鏡》内轉第三十一開、《七音略》外轉二十五重中重、《切韻指掌圖》一圖、《四聲等子》效攝外五全重無輕韻、《切韻指南》效攝外五獨韻廣門，列字均爲「昨」。

64 （入一心）山一鐸　索　《廣韻》蘇各切，《集韻》昔各切，心鐸一入開宕；《韻鏡》内轉第三十一開、《七音略》外轉二十五重中重、《切韻指掌圖》一圖、《四聲等子》效攝外五全重無輕韻、《切韻指南》效攝外五獨韻廣門，列字均爲「索」。

65 （入一匣）晚一鐸　涸　《廣韻》下各切，《集韻》曷各切，匣鐸一入開宕；《韻鏡》内轉第三十一開、《七音略》外轉二十五重中重、《切韻指掌圖》一圖、《四聲等子》效攝外五全重無輕韻、《切韻指南》效攝外五獨韻廣門，列字均爲「涸」。

66 （入一影）亞一鐸　惡　《廣韻》烏各切，《集韻》遏鄂切，影鐸一入開宕；《韻鏡》内轉第三十一開、《七音略》外轉二十五重中重、《切韻指掌圖》一圖、《四聲等子》效攝外五全重無輕韻、《切韻指南》效攝外五獨韻廣門，列字均爲「惡」。

67 （入一來）冷一鐸　落　《廣韻》盧各切，《集韻》歷各切，來鐸一入開宕；《韻鏡》内轉第三十一開、《七音略》外轉二十五重中重、《切韻指掌圖》一圖、《四聲等子》效攝外五全重無輕韻、

《切韻指南》效攝外五獨韻廣門，列字均爲『落』。

68（入二幫）法二覺　剥　《廣韻》《集韻》北角切，幫覺二入開江；《韻鏡》外轉第三開合、《七音略》外轉第三重中重、《切韻指掌圖》一圖、《四聲等子》效攝外五全重無輕韻、《切韻指南》效攝外五獨韻廣門，列字均爲『剥』。

69（入二滂）朴二覺　璞　《廣韻》《集韻》匹角切，滂覺二入開江；《韻鏡》外轉第三開合、《七音略》外轉第三重中重、《切韻指掌圖》一圖、《切韻指南》效攝外五獨韻廣門，列字均爲『璞』；《四聲等子》效攝外五全重無輕韻，列字爲『朴』，滂母覺韻。

70（入二並）排二覺　雹　《廣韻》蒲角切，《集韻》弼角切，並覺二入開江；《韻鏡》外轉第三開合、《七音略》外轉第三重中重、《切韻指掌圖》一圖、《四聲等子》效攝外五全重無輕韻、《切韻指南》效攝外五獨韻廣門，列字均爲『雹』。

71（入二明）馬二覺　邈　《廣韻》莫角切，《集韻》墨角切，明覺二入開江；《韻鏡》外轉第三開合、《七音略》外轉第三重中重、《切韻指掌圖》一圖、《四聲等子》效攝外五全重無輕韻、《切韻指南》效攝外五獨韻廣門，列字均爲『邈』。

72（入四清）采四藥　鵲　《廣韻》七雀切，《集韻》七約切，清藥三入開宕；《韻鏡》内轉第三十一開、《七音略》外轉二十五重中重、《切韻指掌圖》一圖、《四聲等子》效攝外五全重無輕韻、《切韻指南》效攝外五獨韻廣門，列字均爲『鵲』。五十圖重出。

73（入四心）山四藥　削　《廣韻》《集韻》息約切，心藥三入開宕；《韻鏡》内轉第三十一開、《七音略》外轉二十五重中重、《切韻指掌圖》一圖、《四聲等子》效攝外五全重無輕韻、《切韻指南》效攝外五獨韻廣門，列字均爲「削」。五十圖重出。

剥二 花 蒿 好 耗 臛

蒙四 晓 豪 皓 號 涸

剥三 亞 爊 腰 媼 閫 奧 要 惡 鶴

盡四 萬 遙 漾 燿 藥

蒙七 冷 勞 挙 老 繚 勞 癸 落

口

盡十一 崇 曹

發音濁

豪 文盧四 宵龍四 巧羔四 小来四 效蟹四 笑直四 覺林四 藥出四

剥五 百

口

剝十一	蠱二	艮一	艮一	艮十一	艮七	艮六	蒙十二	剝十二	蠱三	艮五
莊	牙	口	口	乍	南	大	坼	卓	皃	白
		垂	垂上							
[illegible]	聱		敲	交	銚	抛	颮	啁	毛	
昭		翹	趫	驕		鼂	鼂	超	朝	
爪	齩		巧	絞	橈		[illegible]	撩		
沼	[illegible]	[illegible]		矯		趙	[illegible]			
笊	樂		敲	教	橈	擢	趠	罩		
照	[illegible]	嶠		驕		召	超			
捉	嶽		殼	覺	擉	濁		斲		
灼	雹	噱	却	脚	逽	著	逴	芍		

艮十二	蛊十	蛊七	艮三	艮八	艮二	艮四	艮十	剥九	蛊十二	豪十一
宅	口	犖	文	在	華	允	士	三	茶	乂
	崇上					猻				
		顟	猇	[illegible]	交	虓		梢	巢	謀
	饒	燎	鷯	妖		囂	詔	燒		怊
				拗	爂	嗃		稍	[illegible]	炒
	摟	燎		夭			紹	少		[illegible]
				靿	效	孝		稍	巢	鈔
	饒	療				[illegible]	邵	少		覞
				渥	學	吒		朔	浞	擉
	若	掠		約		謔	杓	爍		綽

第五十二圖　發音濁

本圖舒聲列《廣韻》爻巧效、宵小笑韻字，雖有一等豪，但只列一字，且上去無一等，故當删。係拆分《韻鏡》外轉第二十五開二三等列字，且不收脣音。符合《起數訣》二三等非脣音同圖的大原則。入聲列《廣韻》覺藥韻字，覺韻係拆分《韻鏡》第三開合非脣音入聲字，藥韻係拆分《韻鏡》内轉第三十一開入聲三等位非脣音字。本圖滂、溪、群、日母位列『□』，明本溪、群母下一等格位内，有『華上』二字，明本日母下一等格位内有『崇上』二字，四庫本空格。

校注：

1 （平一曉）凡一豪　猱《廣韻》《集韻》奴刀切，泥豪一平開效；《韻鏡》外轉第二十五開、《七音略》外轉二十五重中重、《切韻指掌圖》一圖、《四聲等子》效攝外五全重無輕韻、《切韻指南》效攝外五獨韻廣門，均列於泥母豪韻。『猱』爲《廣韻》豪韻泥母位小韻首字，《起數訣》誤，當删。此字又列於五十一圖平一泥位。

2 （平二明）兒二爻　毛　《廣韻》莫袍切，《集韻》謨袍切，明豪一平開效；《韻鏡》外轉第二十五開、《七音略》外轉二十五重中重、《切韻指掌圖》一圖、《四聲等子》效攝外五全重無輕韻、《切韻指南》效攝外五獨韻廣門，均列於明母豪韻。『毛』爲《廣韻》豪一明母位小韻首字，於第五十一圖重出，且本圖當列非脣音字，《起數訣》誤，當刪。

3 (平二知)卓二爻　嘲　《廣韻》《集韻》陟交切，知肴二平開效；《韻鏡》外轉第二十五開，列字爲『啁』；《七音略》外轉二十五重中重，列字爲『凋』，端母蕭韻，誤；《切韻指掌圖》一圖、《四聲等子》效攝外五全重無輕韻、《切韻指南》效攝外五獨韻廣門，列字均爲『嘲』。『嘲』爲《廣韻》肴二知母位小韻首字，下收有『啁』字。『啁』爲《集韻》爻二知母位小韻首字，下收有『嘲』字，《起數訣》從《集韻》。

4 (平二澄)大二爻　㧓　明本列字爲『㧓』，四庫本列字爲『桃』。『毛』爲『兆』之異體，明本俗訛，疑『㧓』爲『挑』字。『挑』，《廣韻》《集韻》均無澄母音。『桃』，《廣韻》《集韻》徒刀切，定豪一平開效；亦不當列於此位。此字當爲『䄻』形訛。『䄻』，《廣韻》直交切，《集韻》除交切，澄肴二平開效；《韻鏡》外轉第二十五開、《切韻指掌圖》一圖、《四聲等子》效攝外五全重無輕韻、《切韻指南》效攝外五獨韻廣門，列字均爲『䄻』；《七音略》外轉二十五重中重，列字爲『祧』，透母蕭韻，誤。『䄻』爲《廣韻》肴韻澄母位小韻首字，《起數訣》兩本均形訛，當校改爲『䄻』字。

5 (平二娘)南二爻　鐃　《廣韻》女交切，《集韻》尼交切，娘肴二平開效；《韻鏡》外轉第二十五開、《切韻指掌圖》一圖、《四聲等子》效攝外五全重無輕韻、《切韻指南》效攝外五獨韻廣門，列字均爲『鐃』；《七音略》外轉二十五重中重，列字爲『鐃』，日母宵韻，當爲『鐃』字誤。『鐃』爲《廣韻》肴韻娘母位小韻首字，《七音略》形訛，《起數訣》是。

6 (平二匣)華二爻　爻　《廣韻》胡茅切，《集韻》何交切，匣肴二平開效；《韻鏡》外轉第二十五開、《七音略》外轉二十五重中重、《切韻指掌圖》一圖、《四聲等子》效攝外五全重無輕韻、《切韻指南》效攝外五獨韻廣門，列字均爲『肴』。『肴』爲《廣韻》肴二匣母位小韻首字，下收有『爻』字。『爻』爲《集韻》爻二匣母位小韻首字，下收有『肴』字，《起數訣》從《集韻》。

7 (平二影)在二爻　𩑶　明本列字爲『𩑶』，四庫本列字爲『䫜』。『䫜』，《廣韻》《集韻》於交切，影肴二平開效；《韻鏡》外轉第二十五開、《七音略》外轉二十五重中重、《切韻指掌圖》一圖、《四聲等子》效攝外五全重無輕韻、《切韻指南》效攝外五獨韻廣門，列字均爲『䫜』。『䫜』爲《廣韻》肴二影母位小韻首字，四庫本列字是，明本形訛，當校改爲『䫜』。

8 (平二喻)爻二爻　猇　《廣韻》胡茅切，匣肴二平開效。《集韻》于包切，云爻二平開效。《韻鏡》《七音略》《切韻指掌圖》均空位；《四聲等子》效攝外五全重無輕韻、《切韻指南》效攝外五獨韻廣門，列字均爲『猇』。《廣韻》『猇』屬匣母，《集韻》于包切，爲匣母類隔。云母只有三等，不當列於二等位。此字當列於匣母位，《起數訣》誤，當刪。

9 (平三澄)大三宵　鼂　《廣韻》直遥切，《集韻》馳遥切，澄宵三平開效；《韻鏡》外轉第二十五開、《七音略》外轉二十五重中重、《切韻指掌圖》一圖、《四聲等子》效攝外五全重無輕韻，列字均爲『晁』；《切韻指南》效攝外五獨韻廣門，列字爲『鼂』。『鼂』爲《廣韻》宵三澄母位小韻首字，下收有『晁』字，列字以『鼂』字爲佳，《韻鏡》《七音略》列『晁』字，亦無誤。《起數訣》是。

10 (平三溪)□三宵　趫　《廣韻》起囂切，《集韻》丘袄切，溪宵三平開效；《韻鏡》外轉第二十五開，列字爲『蹻』，爲重紐四等，誤；《七音略》外轉二十五重中重、《切韻指掌圖》一圖、《四聲等子》效攝外五全重無輕韻、《切韻指南》效攝外五獨韻廣門，列字均爲『趫』。『趫』爲《廣韻》《集韻》宵韻溪母重紐三等位小韻首字，《韻鏡》誤，《起數訣》列字是。

11 (平三群)□三宵　翹　明本列字爲『翹』，四庫本列字爲『翹』。『翹』，《廣韻》巨嬌切，群宵三平開效；『翹』，《廣韻》《集韻》施智切，書寘三去開止；均不當列於此位，此字當爲『翹』字形訛。《韻鏡》外轉第二十五開、《七音略》外轉二十五重中重、《切韻指掌圖》一圖、《四聲等子》效攝外五全重無輕韻、《切韻指南》效攝外五獨韻廣門，列字均爲『喬』。『喬』爲《廣韻》宵三群母位小韻首字，下收有『翹』字，《起數訣》四庫本誤，當校改爲『翹』字。明本列字是。

12 (平三疑)牙三宵　〇　《廣韻》《集韻》宵韻均無疑母；《韻鏡》外轉第二十五開，列字爲『堯』，《廣韻》五聊切，疑蕭四平開效，誤；《七音略》《切韻指掌圖》《四聲等子》《切韻指南》

均空位。《廣韻》宵韻三等無疑母字，《韻鏡》誤，《起數訣》空位是。

13（平三昌）㚇三宵　怊　《廣韻》尺招切，《集韻》蚩招切，昌宵三平開效；《韻鏡》外轉第二十五開，列字爲「弨」；《七音略》外轉二十五重中重、《切韻指掌圖》一圖、《四聲等子》效攝外五全重無輕韻、《切韻指南》效攝外五獨韻廣門，列字均爲「怊」。「怊」爲《廣韻》宵三昌母位小韻首字，下收有「弨」字，列字以「怊」字爲佳。《韻鏡》列「弨」字，亦無誤。《起數訣》是。

14（平三來）犖三宵　燎　《廣韻》力昭切，《集韻》離昭切，來宵三平開效；《韻鏡》外轉第二十五開，列字爲「僚」；《七音略》外轉二十五重中重，列字爲「遼」。「僚」「遼」二字，《廣韻》落蕭切，《集韻》憐蕭切，來蕭四平開效，《韻鏡》《七音略》均誤。《切韻指掌圖》一圖、《四聲等子》效攝外五全重無輕韻、《切韻指南》效攝外五獨韻廣門，列字均爲「燎」。「燎」爲《廣韻》宵三來母位小韻首字，《起數訣》是。

15（上二知）卓二巧　獠　《廣韻》張絞切，《集韻》竹狡切，知巧二上開效；《韻鏡》外轉第二十五開，《七音略》外轉二十五重中重、《四聲等子》效攝外五全重無輕韻、《切韻指南》效攝外五獨韻廣門，列字均爲「獠」。《切韻指掌圖》一圖，列字爲「獠」。「獠」爲《廣韻》巧韻知母位小韻首字，下收有「獠」字，注上同，二字爲異體字。列字以「獠」爲佳，《起數訣》亦無誤。

16（上二徹）坼二巧　䰫　《廣韻》《集韻》士絞切，崇巧二上開效；不當列於此位。《韻鏡》《切韻指掌圖》《四聲等子》均空位；《七音略》外轉二十五重中重，列字爲「抓」，《廣韻》《集韻》

側絞切，莊巧二上開效，《七音略》誤；《切韻指南》效攝外五獨韻廣門，列字爲「𦑣」，當爲「翺」字誤。「魈」爲《廣韻》巧二崇母位小韻首字，《起數訣》誤，當删。

17（上二娘）南二巧　橈　《廣韻》如招切，日宵三平開效；奴教切，娘效三去開效；《集韻》女巧切，娘巧二上開效。《韻鏡》外轉第二十五開，《切韻指掌圖》一圖，《四聲等子》效攝外五全重無輕韻，《切韻指南》效攝外五獨韻廣門，列字均爲「獿」，《廣韻》奴巧切，《集韻》女巧切，娘巧二上開效；《七音略》外轉二十五重中重，列字爲「𢖶」，此字當爲「獿」字形訛。「獿」爲《廣韻》巧韻娘母位小韻首字，下未收「橈」字；「橈」爲《集韻》巧二娘母位小韻首字，《起數訣》從《集韻》。

18（上二莊）莊二巧　爪　明本寫作「爪」，四庫本寫作「爪」。均當爲「爪」。「爪」，《廣韻》《集韻》側絞切，莊巧二上開效；《韻鏡》外轉第二十五開，《七音略》外轉二十五重中重，《切韻指掌圖》一圖，《四聲等子》效攝外五全重無輕韻，《切韻指南》效攝外五獨韻廣門，列字均爲「爪」。「爪」爲《廣韻》巧二莊母位小韻首字，列「爪」字是。《起數訣》明本、四庫本字形均訛，當校改爲「爪」。

19（上二初）叉二巧　炒　《廣韻》初爪切，《集韻》楚絞切，初巧二上開效；《韻鏡》外轉第二十五開，《切韻指掌圖》一圖，《切韻指南》效攝外五獨韻廣門，列字均爲「煼」；《七音略》外轉二十五重中重，列字爲「謅」；《四聲等子》效攝外五全重無輕韻，列字爲「炒」，《廣韻》於小韻首字「煼」字下注：「上同」。「炒」「煼」二字爲異體字。「煼」爲《廣韻》巧二初母位小韻首字，下收有「謅」字，列字以「煼」字爲佳。《集韻》「煼」「炒」二字并列小韻首字，《起數訣》從《集韻》。

20（上二生）三二巧　稍　《廣韻》所教切，生效二去開效；《集韻》山巧切，山巧二上開效；《韻鏡》外轉第二十五開、《七音略》外轉二十五重中重、《切韻指掌圖》一圖、《四聲等子》效攝外五全重無輕韻、《切韻指南》效攝外五獨韻廣門，列字均爲「𢾝」。「𢾝」爲《廣韻》巧二生母位小韻首字。「稍」爲《集韻》巧二生母位小韻首字，下收有「𢾝」字，《起數訣》從《集韻》。

21（上二曉）凡二巧　嗃　《廣韻》許交切，曉爻二平開效；呼教切，曉效二去開效；《集韻》孝狡切，曉巧二上開效。《韻鏡》《七音略》《切韻指掌圖》均空位；《四聲等子》效攝外五全重無輕韻、《切韻指南》效攝外五獨韻廣門，列字均爲「嗃」。《廣韻》巧韻無曉母字，「嗃」爲《集韻》巧二曉母位小韻首字，《起數訣》從《集韻》。

22（上二影）在二巧　抝　明本省筆「抝」，四庫本列字爲「拗」。「拗」，《廣韻》《集韻》於絞切，影巧二上開效；《韻鏡》外轉第二十五開、《七音略》外轉二十五重中重、《切韻指掌圖》一圖、《四聲等子》效攝外五全重無輕韻、《切韻指南》效攝外五獨韻廣門，列字均爲「抝」，此字當爲「拗」字形訛。「拗」爲巧二影母位小韻首字，四庫本列「拗」是。明本形訛，當校改爲「拗」。

23（上三澄）大三小　趙　《廣韻》治小切，《集韻》直紹切，澄小三上開效；《韻鏡》外轉第二十五開、《七音略》外轉二十五重中重，列字均爲「趙」；《切韻指掌圖》一圖、《切韻指南》效攝外五獨韻廣門，列字均爲「肇」；《四聲等子》效攝外五全重無輕韻，列字爲「兆」。「肇」爲《廣韻》小三澄母位小韻首字，下收有「趙」「兆」二字。「趙」爲《集韻》小三澄母位小韻首字，下收有「肇」「兆」二字，《起數訣》從《集韻》。

24 （上三徹）坼三小　巐　明本列字爲「巐」，四庫本列字爲「巐」。明本俗，四庫本是。「巐」，《廣韻》《集韻》丑小切，徹小三上開效；《韻鏡》外轉第二十五開、《七音略》外轉二十五重中重、《切韻指掌圖》一圖、《四聲等子》效攝外五全重無輕韻、《切韻指南》效攝外五獨韻廣門，列字均爲「巐」。「巐」爲小三徹母位小韻首字，四庫本列字是，明本俗訛。

25 （上三溪）□三小　○　《廣韻》《集韻》小韻均無溪母字；《韻鏡》《切韻指掌圖》空位；《七音略》外轉二十五重中重，列字爲「遆」，《康熙字典》記：「俗槁字。」「槁」，《廣韻》起囂切，《集韻》丘祆切，溪宵三平開效，《七音略》誤，當删；《四聲等子》效攝外五全重無輕韻、《切韻指南》效攝外五獨韻廣門，列字均爲「槁」，溪母皓韻。《起數訣》空位是。

26 （上三群）□三小　猪　《廣韻》平表切，並小三上開效；《集韻》巨小切，群小三上開效。《韻鏡》外轉第二十五開，列字爲「鱎」，此字當爲「鐈」字形訛；《七音略》外轉二十五重中重、《切韻指掌圖》一圖、《切韻指南》效攝外五獨韻廣門，列字均爲「鐈」；《四聲等子》效攝外五全重無輕韻，列字爲「驕」，見母宵韻。「鐈」爲《廣韻》小韻群母重紐三等位小韻首字；「鐈」爲

《集韻》小韻群母重紐四等位小韻首字，此字於五十一圖重出，列於群四等位。本圖誤，當校改爲『蹻』字。

27 (上三疑)牙三小　⿰鼻斗　《康熙字典》記：『《字彙補》⿰鼻丩字之譌。』『⿰鼻丩』，《廣韻》未收；《集韻》古幼切，見幼三去開流；不當列於此位。《韻鏡》《四聲等子》《切韻指南》均空位；《七音略》外轉二十五重中重、《切韻指掌圖》一圖，列字均爲『鱎』，《廣韻》居夭切，見母小韻，《集韻》魚小切，疑母小韻。《廣韻》小韻無疑母。《集韻》有疑母字，但應列於四等，《起數訣》五十二圖重出，本圖誤，當刪。

28 (上三昌)叉三小　⿰麥酋　《廣韻》尺沼切，《集韻》齒紹切，昌小三上開效；《韻鏡》外轉第二十五開、《切韻指掌圖》一圖、《四聲等子》效攝外五全重無輕韻、《切韻指南》效攝外五獨韻廣門，列字均有『⿰麥酋』字；《七音略》外轉二十五重中重，列字爲『麨』，『麨』『⿰麥酋』二字爲異體字。『⿰麥酋』爲《廣韻》小韻昌母位小韻首字，《起數訣》是。

29 (上三影)在三小　夭　《廣韻》《集韻》於兆切，影小三上開效；《韻鏡》外轉第二十五開，列字爲『殀』；《七音略》外轉二十五重中重、《切韻指掌圖》一圖、《四聲等子》效攝外五全重無輕韻、《切韻指南》效攝外五獨韻廣門，列字均爲『夭』。『夭』爲《廣韻》小韻影母位小韻首字，下收有『殀』字，列字以『夭』字爲佳，《韻鏡》列『殀』字，亦無誤。《起數訣》是。

30 (上三來)犖三小　燎　《廣韻》力小切，《集韻》朗鳥切，來小三上開效；《韻鏡》外轉第二十五開、《七音略》外轉二十五重中重、《四聲等子》效攝外五全重無輕韻、《切韻指南》效攝外五獨韻廣門，列字均爲『繚』；《切韻指掌圖》空位。『繚』爲《廣韻》小三來母位小韻首字，下收有『燎』字，列字以『繚』字爲佳，《起數訣》列『燎』字，亦無誤。此字在五十一圖上四來重出，誤。本圖是。

31 （上三日）□三小　擾　《廣韻》而沼切，《集韻》爾紹切，日小三上開效；《韻鏡》外轉第二十五開、《七音略》外轉二十五重中重、《切韻指掌圖》一圖、《切韻指南》效攝外五獨韻廣門，列字均爲『擾』；《四聲等子》效攝外五全重無輕韻，列字爲『遶』。『擾』爲《廣韻》小三日母位小韻首字，下收有『遶』字，列字以『擾』字爲佳，《起數訣》是。此字在五十一圖上四日重出，誤。本圖是。

32 （去二澄）大二效　擢　《廣韻》《集韻》直角切，澄覺二入開江；不當列於此位。《韻鏡》外轉第二十五開、《七音略》外轉二十五重中重、《切韻指掌圖》一圖、《四聲等子》效攝外五全重無輕韻、《切韻指南》效攝外五獨韻廣門，列字均爲『棹』，《廣韻》《集韻》直教切，澄效二去開效。『棹』爲《廣韻》效二澄母位小韻首字，下收有『櫂』字，《起數訣》當爲『櫂』字形訛，當校改爲『櫂』字。

33 （去二娘）南二效　橈　《廣韻》奴教切，《集韻》女教切，娘效二去開效；《韻鏡》外轉第二十五開、《切韻指掌圖》一圖、《切韻指南》效攝外五獨韻廣門，列字均爲『橈』；《七音略》外轉二十五重中重，列字爲『撓』，《廣韻》無效韻音，《集韻》女教切，娘效二去開效；《四聲等子》效攝外五全重無輕韻，列字爲『鬧』。『橈』爲《廣韻》效二娘母位小韻首字，下收有『鬧』字，列字以『橈』字爲佳，《起數訣》是。

34（去二溪）□二效　敲　《廣韻》苦教切，《集韻》口教切，溪效二去開效；《韻鏡》外轉第二十五開、《切韻指南》效攝外五獨韻廣門，列字均爲『敲』；《七音略》外轉二十五重中重、《切韻指掌圖》一圖，列字均爲『敲』。形旁『攴』，《説文》曰：『小擊也』。『支』，《説文》曰：『去竹之枝也，從手持半竹。』一種解釋爲竹子，另一種解釋爲『枝』的初文，此二者皆無『擊打』意，故從『攴』旁，此字當爲『敲』字形訛；《四聲等子》效攝外五全重無輕韻，列字爲『敲』，『敲』『敲』二字爲異體字。『敲』爲《廣韻》效二溪母位小韻首字，《起數訣》是。

35（去二莊）莊二效　笊　《廣韻》側教切，《集韻》阻教切，莊效二去開效；《韻鏡》外轉第二十五開、《七音略》外轉二十五重中重、《切韻指掌圖》一圖、《切韻指南》效攝外五獨韻廣門，列字均爲『抓』；《四聲等子》效攝外五全重無輕韻，列字爲『笊』。『抓』爲《廣韻》效二莊母位小韻首字，下收有『笊』字，列字以『抓』字爲佳，《起數訣》列『笊』字，亦無誤。

36（去二初）叉二效　鈔　《廣韻》初教切，《集韻》楚教切，初效二去開效；《韻鏡》外轉第二十五開、《七音略》外轉二十五重中重、《切韻指南》效攝外五獨韻廣門，列字均爲『抄』；《切韻指掌圖》一圖、《四聲等子》效攝外五全重無輕韻，列字均爲『鈔』。『抄』爲《廣韻》效二初母位小韻首字，下收有『鈔』字，《廣韻》注：『上同』。『抄』『鈔』二字同爲《集韻》效二初母位小韻首字，《起數訣》從《集韻》。

37 （去二匣）華二效　效　《廣韻》胡教切，《集韻》後教切，匣效二去開效；《韻鏡》外轉第二十五開、《四聲等子》效攝外五全重無輕韻、《切韻指南》效攝外五獨韻廣門，列字均爲『效』；《七音略》外轉二十五重中重、《切韻指掌圖》一圖，列字均爲『効』。『效』爲《廣韻》效二匣母位小韻首字，下收有『効』字，《廣韻》注：『俗』，『効』爲『效』俗體。《起數訣》列正體，是。

38 （去二影）在二效　⿰革幻　明本列字省筆『⿰革幻』，四庫本列字爲『靿』。『靿』，《廣韻》《集韻》於教切，影效二去開效；《韻鏡》外轉第二十五開，列字爲『⿰革分』；《七音略》外轉二十五重中重、《切韻指掌圖》一圖、《四聲等子》效攝外五全重無輕韻、《切韻指南》效攝外五獨韻廣門，列字均爲『靿』。此『⿰革分』『⿰革幻』二字當均爲『靿』字形訛。『靿』爲《廣韻》效二影母位小韻首字，《起數訣》四庫本列字是，明本省筆，當校改爲『靿』。

39 （去三徹）拆三笑　超　《廣韻》敕宵切，徹宵三平開效；《集韻》抽廟切，徹笑三去開效；《韻鏡》外轉第二十五開、《七音略》外轉二十五重中重、《切韻指掌圖》一圖、《四聲等子》效攝外五全重無輕韻，列字均爲『朓』；《切韻指南》效攝外五獨韻廣門，列字爲『超』。『朓』爲《廣韻》《集韻》笑三徹母位小韻首字。『超』又爲《集韻》笑三徹母位小韻首字（重出），《起數訣》從《集韻》。

40（去三見）乍三笑　驕　《廣韻》舉喬切，見宵三平開效；《集韻》嬌廟切，見笑三去開效；《韻鏡》外轉第二十五開、《七音略》外轉二十五重中重、《四聲等子》效攝外五全重無輕韻、《切韻指南》效攝外五獨韻廣門，列字均爲『驕』；《切韻指掌圖》空位。《廣韻》笑韻無見母，『驕』爲《集韻》笑三見母位小韻首字，《韻鏡》《七音略》《起數訣》均從《集韻》。

41（去三溪）□三笑　◯　《廣韻》《集韻》笑韻溪母位均有『趬』字，《廣韻》《集韻》丘召切，溪笑三去開效；《韻鏡》空位；《七音略》外轉二十五重中重、《切韻指掌圖》一圖、《四聲等子》效攝外五全重無輕韻、《切韻指南》效攝外五獨韻廣門，列字均爲『趬』。『趬』爲《廣韻》笑韻溪母重紐四等位小韻首字，不當列於此位，且在第五十一圖重出。本圖空位是。

42（去三疑）牙三笑　虤　《廣韻》《集韻》牛召切，疑笑三去開效；《韻鏡》《七音略》均空位；《切韻指掌圖》一圖、《四聲等子》效攝外五全重無輕韻、《切韻指南》效攝外五獨韻廣門，列字均爲『虤』。『虤』爲《廣韻》笑韻疑母重紐四等位小韻首字，《韻鏡》《七音略》空位是。《起數訣》誤，當删。

43（去三昌）㕚三笑　覞　《廣韻》弋照切，以笑三去開效；《集韻》昌召切，昌笑三去開效；《韻鏡》《切韻指掌圖》均空位；《七音略》外轉二十五重中重、《四聲等子》效攝外五全重無輕韻、《切韻指南》效攝外五獨韻廣門，列字均爲『覞』。《廣韻》笑韻無昌母，『覞』爲《集韻》笑三昌母位小韻首字，《起數訣》從《集韻》。

44（去三曉）凡三笑　𩴂　《廣韻》笑韻無曉母；《集韻》虛廟切，曉笑三去開效；《韻鏡》《切韻指掌圖》《切韻指南》均空位；《七音略》外轉二十五重中重，列字爲『鬽』，當爲『𩴂』之俗體；《四聲等子》效攝外五全重無輕韻，列字爲『𩴂』。『𩴂』爲《集韻》笑三曉母位小韻首字，《起數訣》從《集韻》。

45（去三來）犖三笑　療　《廣韻》《集韻》力照切，來笑三去開效；《韻鏡》外轉第二十五開，列字爲『療』；《七音略》外轉二十五重中重，列字爲『𡘋』；《切韻指掌圖》一圖、《四聲等子》效攝外五全重無輕韻、《切韻指南》效攝外五獨韻廣門，列字均爲『尞』。『𡘋』爲《廣韻》笑三來母位小韻首字，注曰：『凡從尞者作𡘋。』下收有『療』字，列字以『𡘋』字爲佳，《韻鏡》《起數訣》列『療』字，亦無誤。又五十一圖來四位重出『𡘋』字，誤。本圖是。

46（去三日）□三笑　饒　《廣韻》《集韻》人要切，日笑三去開效；《韻鏡》外轉第二十五開、《七音略》外轉二十五重中重、《切韻指掌圖》一圖、《四聲等子》效攝外五全重無輕韻、《切韻指南》效攝外五獨韻廣門，列字均爲『饒』。又五十一圖日四位重出，誤。本圖是。

47 本圖入聲二等字又見於六圖，故只校相異處。

48（入二知）卓二覺　斲　《廣韻》《集韻》竹角切，知覺二入開效；《韻鏡》外轉第三開合、《七音略》外轉第三重中重、《切韻指掌圖》一圖、《切韻指南》江攝外一，列字均爲『斲』；《四聲等子》宕攝内五，列字爲『卓』。『斲』爲《廣韻》覺二知母位小韻首字，下收有『卓』字，列字以

「斲」字爲佳，《起數訣》是。六圖列字爲「卓」。

49 (入二徹)斥二覺 ○《廣韻》《集韻》覺韻徹母位均有「逴」字，《廣韻》敕角切，《集韻》勑角切，徹覺二入開效；《韻鏡》外轉第三開合、《七音略》外轉第三重中重、《切韻指掌圖》二圖、《四聲等子》宕攝内五、《切韻指南》江攝外一，列字均爲「逴」。「逴」爲《廣韻》覺二徹母位小韻首字，《起數訣》空位誤，此處當校補「逴」字。六圖列字爲「逴」。

50 (入二溪)□二覺 殻《康熙字典》記：「與㱿同。」「㱿」，《廣韻》苦角切，《集韻》克角切，溪覺二入開江；《韻鏡》外轉第三開合、《切韻指南》效攝外五獨韻廣門，列字均爲「㱿」；《七音略》外轉第三重中重、《四聲等子》效攝外五全重無輕韻，列字均爲「殼」，「殼」「㱿」字爲異體字；《切韻指掌圖》一圖，列字爲「㱿」。「㱿」爲《廣韻》覺二溪母位小韻首字，「殼」爲其俗體，列字仍以正體爲佳，當校改爲「㱿」。六圖列字爲「慤」。

51 (入二來)犖二覺 ○《廣韻》《集韻》覺韻來母位均有「犖」字，《廣韻》吕角切，《集韻》力角切，來覺二入開江；《韻鏡》外轉第三開合、《七音略》外轉第三重中重、《切韻指掌圖》一圖、《四聲等子》宕攝内五、《切韻指南》江攝外一，列字均爲「犖」。「犖」爲《廣韻》覺二來母位小韻首字，《起數訣》空位誤，此處當校補「犖」字。六圖列字爲「犖」。

52 (入三知)卓三藥 芍《廣韻》張略切，知藥三入開效；《集韻》職略切，章藥三入開效；《韻鏡》外轉第三十一開，列字爲「芶」，當爲「芍」字形訛；《七音略》外轉二十五重中重、《切韻指掌圖》一圖、《四聲等子》效攝外五全重無輕韻、《切韻指南》效攝外五獨韻廣門，列字均爲「芍」。「芍」爲《廣韻》藥韻知母位小韻首字，《韻鏡》形訛，《起數訣》是。

53 (入三徹)斫三藥　逴　《廣韻》丑略切，《集韻》敕略切，徹藥三入開效；《韻鏡》外轉第三十一開，列字爲「辵」；《七音略》外轉二十五重中重，列字爲「⿰彡正」，「⿰彡正」「辵」二字爲異體字；《切韻指掌圖》一圖、《四聲等子》效攝外五全重無輕韻、《切韻指南》效攝外五獨韻廣門，列字均爲「㲋」。「㲋」爲《廣韻》藥三徹母位小韻首字，下收有「辵」「逴」二字，列字以「㲋」字爲佳，《韻鏡》《七音略》列「辵」字，《起數訣》列「逴」字，亦無誤。

54 (入三見)乍三藥　脚　《廣韻》居勺切，《集韻》訖約切，見藥三入開效；《韻鏡》外轉第三十一開、《四聲等子》效攝外五全重無輕韻、《切韻指南》效攝外五獨韻廣門，列字均爲「腳」；《七音略》外轉二十五重中重、《切韻指掌圖》一圖，列字均爲「脚」。「腳」爲《廣韻》藥三見母位小韻首字，下收有「脚」字，注曰：「俗。」「脚」爲俗體。列字以「腳」爲佳，《起數訣》列俗體亦無誤。

55 (入三溪)□三藥　却　《廣韻》去約切，《集韻》乞約切，溪藥三入開效；《韻鏡》外轉第三十一開、《四聲等子》效攝外五全重無輕韻、《切韻指南》效攝外五獨韻廣門，列字均爲「卻」；《七音略》外轉二十五重中重、《切韻指掌圖》一圖，列字均爲「却」。「卻」爲《廣韻》藥三見母位小韻首字，下收有「却」字，注曰：「俗。」「却」爲俗體。列字以「卻」爲佳，《起數訣》列俗體亦無誤。

56 (入三疑)牙三藥　雹　明本列字爲『雹』,四庫本列字爲『虐』。『雹』爲『虐』之異體。『虐』,《廣韻》魚約切,《集韻》逆約切,疑藥三入開效;《韻鏡》外轉第三十一開、《七音略》外轉二十五重中重、《切韻指掌圖》一圖、《四聲等子》效攝外五全重無輕韻、《切韻指南》效攝外五獨韻廣門,列字均爲『虐』。『虐』爲《廣韻》藥三疑母位小韻首字,四庫本列字爲正體,明本列異體,亦無誤。

57 (入三船)茶三藥　◯　《廣韻》藥三船母位無字;《集韻》有『杓,實若切』,船藥三入開效。《韻鏡》《切韻指掌圖》《四聲等子》《切韻指南》均空位;《七音略》外轉三十四重中重,列字爲『杓』,《廣韻》市若切,禪藥三入開效。《七音略》從《集韻》。《廣韻》藥韻無船母,依《廣韻》空位是;依《集韻》則可校補『杓』字。

58 (入三書)三三藥　爍　《廣韻》書藥切,《集韻》式灼切,書藥三入開效;《韻鏡》外轉第三十一開、《七音略》外轉二十五重中重,列字均爲『鑠』;《切韻指掌圖》一圖、《四聲等子》效攝外五全重無輕韻、《切韻指南》效攝外五獨韻廣門,列字均爲『爍』。『爍』爲《廣韻》藥三書母位小韻首字,下收有『鑠』字,列字以『爍』字爲佳,《韻鏡》《七音略》列『鑠』字,亦無誤。《起數訣》是。

59 (入三禪)士三藥　杓　《廣韻》市若切,禪藥三入開效;《集韻》實若切,船藥三入開效。《韻鏡》外轉第三十一開、《四聲等子》效攝外五全重無輕韻、《切韻指南》效攝外五獨韻廣門，列字均爲『杓』；《七音略》外轉三十四重中重、《切韻指掌圖》一圖，列字均爲『妁』。『妁』爲《廣韻》藥三禪母位小韻首字，下收有『杓』字，列字以『妁』字爲佳，《韻鏡》《起數訣》列『杓』字，亦無誤。

60（入三曉）凡三藥　謔　明本列字爲『謔』，四庫本列字爲『謔』。『謔』，《廣韻》虛約切，《集韻》迄却切，曉藥三入開效；《韻鏡》外轉第三十一開、《七音略》外轉二十五重中重、《切韻指掌圖》一圖、《四聲等子》效攝外五全重無輕韻、《切韻指南》效攝外五獨韻廣門，列字均爲『謔』。『謔』爲藥三曉母位小韻首字，『雩』爲『虐』之異體，明本因之將『謔』俗訛爲『謔』。明本誤，當校改爲『謔』，四庫本列字是。

61（入三來）舉三藥　掠　《廣韻》離灼切，《集韻》力灼切，來藥三入開效；《韻鏡》外轉第三十一開、《七音略》外轉二十五重中重、《切韻指掌圖》一圖、《四聲等子》效攝外五全重無輕韻、《切韻指南》效攝外五獨韻廣門，列字爲『略』。『略』爲《廣韻》藥三來母位小韻首字，下收有『掠』字，列字以『略』字爲佳，《起數訣》列『掠』字，亦無誤。

62（入三日）□三藥　若　《廣韻》而灼切，《集韻》日灼切，日藥三入開效；《韻鏡》外轉第三十一開、《七音略》外轉二十五重中重，列字均爲『弱』；《切韻指掌圖》一圖、《四聲等子》效攝外五全重無輕韻、《切韻指南》效攝外五獨韻廣門，列字均爲『若』。『若』爲《廣韻》藥三日母位小韻首字，下收有『弱』字，列字以『若』字爲佳，《韻鏡》《七音略》列『弱』字，亦無誤。《起數訣》是。

釋：

1（平二徹）㧣二爻　䫜《廣韻》敕交切，《集韻》丑交切，徹肴二平開效；《韻鏡》外轉第二十五開、《七音略》外轉二十五重中重、《切韻指掌圖》一圖、《四聲等子》效攝外五全重無輕韻、《切韻指南》效攝外五獨韻廣門，列字均爲『䫜』。

2（平二見）乍二爻　交《廣韻》古肴切，《集韻》居肴切，見肴二平開效；《韻鏡》外轉第二十五開、《七音略》外轉二十五重中重、《切韻指掌圖》一圖、《四聲等子》效攝外五全重無輕韻、《切韻指南》效攝外五獨韻廣門，列字均爲『交』。

3（平二溪）□二爻　敲《廣韻》口交切，《集韻》丘交切，溪肴二平開效；《韻鏡》外轉第二十五開、《切韻指南》效攝外五獨韻廣門，列字均爲『敲』；《七音略》外轉二十五重中重、《切韻指掌圖》一圖，列字均爲『敲』，當爲『敲』字形訛；《四聲等子》效攝外五全重無輕韻，列字爲『敲』，『敲』『敲』二字爲異體字。

4（平二疑）牙二爻　聱《廣韻》五交切，《集韻》牛交切，疑肴二平開效；《韻鏡》外轉第二十五開、《七音略》外轉二十五重中重、《切韻指掌圖》一圖、《切韻指南》效攝外五獨韻廣門，列字均爲『聱』；《四聲等子》效攝外五全重無輕韻，列字爲『敲』，疑母肴韻。

5（平二莊）莊二爻　隟　《廣韻》側交切，《集韻》莊交切，莊肴二平開效；《韻鏡》外轉第二十五開、《七音略》外轉二十五重中重、《切韻指掌圖》一圖、《四聲等子》效攝外五全重無輕韻、《切韻指南》效攝外五獨韻廣門，列字均爲『隟』。

6（平二初）叉二爻　謙　《廣韻》楚交切，《集韻》初交切，初肴二平開效；《韻鏡》外轉第二十五開、《七音略》外轉二十五重中重、《切韻指掌圖》一圖、《切韻指南》效攝外五獨韻廣門，列字均爲『謙』；《四聲等子》效攝外五全重無輕韻，列字爲『抄』，初母肴韻。

7（平二崇）茶二爻　巢　《廣韻》鉏交切，《集韻》鋤交切，崇肴二平開效；《韻鏡》外轉第二十五開、《七音略》外轉二十五重中重、《切韻指掌圖》一圖、《四聲等子》效攝外五全重無輕韻、《切韻指南》效攝外五獨韻廣門，列字均爲『巢』。

8（平二生）三二爻　梢　《廣韻》所交切，《集韻》師交切，生肴二平開效；《韻鏡》外轉第二十五開、《七音略》外轉二十五重中重、《切韻指掌圖》一圖、《四聲等子》效攝外五全重無輕韻、《切韻指南》效攝外五獨韻廣門，列字均爲『梢』。

9（平二曉）凡二爻　虓　《廣韻》許交切，《集韻》虛交切，曉肴二平開效；《韻鏡》外轉第二十五開、《七音略》外轉二十五重中重、《切韻指掌圖》一圖、《四聲等子》效攝外五全重無輕韻、

10（平二來）𤘵二爻　顟《廣韻》力嘲切，《集韻》力交切，來肴二平開效；《韻鏡》外轉第二十五開、《七音略》外轉二十五重中重、《切韻指掌圖》一圖、《四聲等子》效攝外五全重無輕韻、《切韻指南》效攝外五獨韻廣門，列字均爲『顟』。

11（平三知）卓三宵　朝　《廣韻》《集韻》陟遥切，知宵三平開效；《韻鏡》外轉第二十五開、《七音略》外轉二十五重中重、《切韻指掌圖》一圖、《四聲等子》效攝外五全重無輕韻、《切韻指南》效攝外五獨韻廣門，列字均爲『朝』。

12（平三徹）坼三宵　超《廣韻》敕宵切，《集韻》癡宵切，徹宵三平開效；《韻鏡》外轉第二十五開、《七音略》外轉二十五重中重、《切韻指掌圖》一圖、《四聲等子》效攝外五全重無輕韻、《切韻指南》效攝外五獨韻廣門，列字均爲『超』。

13（平三見）乍三宵　驕　《廣韻》舉喬切，《集韻》居妖切，見宵三平開效；《韻鏡》外轉第二十五開、《七音略》外轉二十五重中重、《切韻指南》效攝外五獨韻廣門，列字均爲『驕』；《切韻指掌圖》一圖、《四聲等子》效攝外五全重無輕韻，列字均爲『嬌』，見母宵韻。

14（平三章）莊三宵　昭　《廣韻》止遥切，《集韻》之遥切，章宵三平開效；《韻鏡》外轉第二十五開、《七音略》外轉二十五重中重、《切韻指掌圖》一圖、《四聲等子》效攝外五全重無輕韻、《切韻指南》效攝外五獨韻廣門，列字均爲『昭』。

15（平三書）三三宵　燒　《廣韻》式招切，《集韻》尸昭切，書宵三平開效；《韻鏡》外轉第二十五開、《七音略》外轉二十五重中重、《切韻指掌圖》一圖、《四聲等子》效攝外五全重無輕韻、《切韻指南》效攝外五獨韻廣門，列字均爲「燒」。

16（平三禪）士三宵　韶　《廣韻》市昭切，《集韻》時饒切，禪宵三平開效；《韻鏡》外轉第二十五開、《七音略》外轉二十五重中重、《切韻指掌圖》一圖、《四聲等子》效攝外五全重無輕韻、《切韻指南》效攝外五獨韻廣門，列字均爲「韶」。

17（平三曉）凡三宵　囂　《廣韻》許嬌切，《集韻》虚嬌切，曉宵三平開效；《韻鏡》外轉第二十五開、《七音略》外轉二十五重中重、《切韻指掌圖》一圖、《四聲等子》效攝外五全重無輕韻，列字均爲「囂」；《切韻指南》效攝外五獨韻廣門，列字爲「嚻」，「嚻」「囂」二字爲異體字。

18（平三影）在三宵　妖　《廣韻》《集韻》於喬切，影宵三平開效；《韻鏡》外轉第二十五開、《七音略》外轉二十五重中重、《切韻指掌圖》一圖、《四聲等子》效攝外五全重無輕韻、《切韻指南》效攝外五獨韻廣門，列字均爲「妖」。

19（平三云）爻三宵　鴞　《廣韻》《集韻》于嬌切，云宵三平開效；《韻鏡》外轉第二十五開、《七音略》外轉二十五重中重、《切韻指掌圖》一圖、《四聲等子》效攝外五全重無輕韻、《切韻指南》效攝外五獨韻廣門，列字均爲「鴞」。

20（平三日）□三宵　饒　《廣韻》《集韻》如招切，日宵三平開效；《韻鏡》外轉第二十五開、《七音略》外轉二十五重中重、《切韻指掌圖》一圖、《四聲等子》效攝外五全重無輕韻、《切韻指南》效攝外五獨韻廣門，列字均爲「饒」。

21 (上二見)乍二巧　絞　《廣韻》古巧切，《集韻》吉巧切，見巧二上開效；《韻鏡》外轉第二十五開、《七音略》外轉二十五重中重、《切韻指掌圖》一圖、《四聲等子》效攝外五全重無輕韻、《切韻指南》效攝外五獨韻廣門，列字均爲「絞」。

22 (上二溪)□二巧　巧　《廣韻》《集韻》苦絞切，溪巧二上開效；《韻鏡》外轉第二十五開、《七音略》外轉二十五重中重、《切韻指掌圖》一圖、《四聲等子》效攝外五全重無輕韻、《切韻指南》效攝外五獨韻廣門，列字均爲「巧」。

23 (上二疑)牙二巧　齩　《廣韻》《集韻》五巧切，疑巧二上開效；《韻鏡》外轉第二十五開、《七音略》外轉二十五重中重、《切韻指南》效攝外五獨韻廣門，列字均爲「齩」；《切韻指掌圖》一圖、《四聲等子》效攝外五全重無輕韻，列字均爲「咬」，影母肴韻。

24 (上二崇)茶二巧　䰫　《廣韻》《集韻》士絞切，崇巧二上開效；《韻鏡》外轉第二十五開、《七音略》外轉二十五重中重、《切韻指掌圖》一圖、《四聲等子》效攝外五全重無輕韻、《切韻指南》效攝外五獨韻廣門，列字均爲「䰫」。

25 (上二匣)華二巧　澩　《廣韻》《集韻》下巧切，匣巧二上開效；《韻鏡》外轉第二十五開、《七音略》外轉二十五重中重、《切韻指掌圖》一圖、《四聲等子》效攝外五全重無輕韻、《切韻指南》效攝外五獨韻廣門，列字均爲『眔』。

26 (上三見)乍三小　矯　《廣韻》居夭切，《集韻》舉夭切，見小三上開效；《韻鏡》外轉第二十五開、《七音略》外轉二十五重中重、《切韻指掌圖》一圖、《四聲等子》效攝外五全重無輕韻、《切韻指南》效攝外五獨韻廣門，列字均爲『矯』。

27 (上三章)莊三小　沼　《廣韻》之少切，《集韻》止少切，章小三上開效；《韻鏡》外轉第二十五開、《七音略》外轉二十五重中重、《切韻指掌圖》一圖、《四聲等子》效攝外五全重無輕韻、《切韻指南》效攝外五獨韻廣門，列字均爲『沼』。

28 (上三書)三三小　少　《廣韻》書沼切，《集韻》始紹切，書小三上開效；《韻鏡》外轉第二十五開、《七音略》外轉二十五重中重、《切韻指掌圖》一圖、《四聲等子》效攝外五全重無輕韻、《切韻指南》效攝外五獨韻廣門，列字均爲『少』。

29 (上三禪)士三小　紹　《廣韻》《集韻》市沼切，禪小三上開效；《韻鏡》外轉第二十五開、《七音略》外轉二十五重中重、《切韻指掌圖》一圖、《四聲等子》效攝外五全重無輕韻、《切韻指南》效攝外五獨韻廣門，列字均爲『紹』。

30 (去二知)卓二效　罩　《廣韻》都教切，端效二去開效，爲舌音類隔；《集韻》陟教切，知效二去開效；《韻鏡》外轉第二十五開、《七音略》外轉二十五重中重、《切韻指掌圖》一圖、《四聲等子》效攝外五全重無輕韻、《切韻指南》效攝外五獨韻廣門，列字均爲『罩』。

31（去二徹）坼二效　趠　《廣韻》丑教切，《集韻》敕教切，徹效二去開效；《韻鏡》外轉第二十五開、《七音略》外轉二十五重中重、《切韻指掌圖》一圖、《四聲等子》效攝外五全重無輕韻、《切韻指南》效攝外五獨韻廣門，列字均爲「趠」。

32（去二見）乍二效　教　《廣韻》古孝切，《集韻》居效切，見效二去開效；《韻鏡》外轉第二十五開、《切韻指掌圖》一圖、《四聲等子》效攝外五全重無輕韻、《切韻指南》效攝外五獨韻廣門，列字均爲「教」；《七音略》外轉二十五重中重，列字爲「教」，「教」「教」二字爲異體字。

33（去二疑）牙二效　樂　《廣韻》五教切，《集韻》魚教切，疑效二去開效；《韻鏡》外轉第二十五開、《七音略》外轉二十五重中重、《切韻指掌圖》一圖、《四聲等子》效攝外五全重無輕韻、《切韻指南》效攝外五獨韻廣門，列字均爲「樂」。

34（去二崇）茶二效　巢　《廣韻》士稍切，《集韻》仕教切，崇效二去開效；《韻鏡》外轉第二十五開、《七音略》外轉二十五重中重、《切韻指掌圖》一圖、《四聲等子》效攝外五全重無輕韻、《切韻指南》效攝外五獨韻廣門，列字均爲「巢」。

35（去二生）三二效　稍　《廣韻》《集韻》所教切，生效二去開效；《韻鏡》外轉第二十五開、《七音略》外轉二十五重中重、《切韻指掌圖》一圖、《四聲等子》效攝外五全重無輕韻、《切韻指南》效攝外五獨韻廣門，列字均爲「稍」。

36（去二曉）凡二效　孝　《廣韻》呼教切，《集韻》許教切，曉效二去開效；《韻鏡》外轉第二十五開、《七音略》外轉二十五重中重、《切韻指掌圖》一圖、《四聲等子》效攝外五全重無輕韻、《切韻指南》效攝外五獨韻廣門，列字均爲『孝』。

37 (去三澄)大三笑　召　《廣韻》直照切，《集韻》直笑切，澄笑三去開效；《韻鏡》外轉第二十五開、《七音略》外轉二十五重中重、《切韻指掌圖》一圖、《四聲等子》效攝外五全重無輕韻、《切韻指南》效攝外五獨韻廣門，列字均爲『召』。

38 (去三群)□三笑　嶠　《廣韻》《集韻》渠廟切，群笑三去開效；《韻鏡》外轉第二十五開、《七音略》外轉二十五重中重、《切韻指掌圖》一圖、《四聲等子》效攝外五全重無輕韻、《切韻指南》效攝外五獨韻廣門，列字均爲『嶠』。

39 (去三章)莊三笑　照　《廣韻》之少切，《集韻》之笑切，章笑三去開效；《韻鏡》外轉第二十五開、《七音略》外轉二十五重中重、《切韻指掌圖》一圖、《四聲等子》效攝外五全重無輕韻、《切韻指南》效攝外五獨韻廣門，列字均爲『照』。

40 (去三書)三三笑　少　《廣韻》《集韻》失照切，書笑三去開效；《韻鏡》外轉第二十五開、《七音略》外轉二十五重中重、《切韻指掌圖》一圖、《四聲等子》效攝外五全重無輕韻、《切韻指南》效攝外五獨韻廣門，列字均爲『少』。

41 (去三禪)士三笑　邵　《廣韻》寔照切，《集韻》時照切，禪笑三去開效；《韻鏡》外轉第二十五開、《七音略》外轉二十五重中重、《切韻指掌圖》一圖、《四聲等子》效攝外五全重無輕韻、

《切韻指南》效攝外五獨韻廣門，列字均爲『邵』。

42（入三澄）大三藥　著　《廣韻》《集韻》直略切，澄藥三入開效；《韻鏡》外轉第三十一開、《七音略》外轉二十五重中重、《切韻指掌圖》一圖、《四聲等子》效攝外五全重無輕韻、《切韻指南》效攝外五獨韻廣門，列字均爲『著』。

43（入三娘）南三藥　逽　《廣韻》《集韻》女略切，娘藥三入開效；《韻鏡》外轉第三十一開、《七音略》外轉三十四重中重、《切韻指掌圖》一圖、《四聲等子》效攝外五全重無輕韻、《切韻指南》效攝外五獨韻廣門，列字均爲『逽』。

44（入三群）□三藥　噱　《廣韻》其虐切，《集韻》極虐切，群藥三入開效；《韻鏡》外轉第三十一開，列字爲『噱』，當爲『噱』字形訛；《七音略》外轉二十五重中重、《切韻指掌圖》一圖、《切韻指南》效攝外五獨韻廣門，列字均爲『噱』；《四聲等子》效攝外五全重無輕韻，列字爲『噱』，群母魚韻。

45（入三章）莊三藥　灼　《廣韻》之若切，《集韻》職略切，章藥三入開效；《韻鏡》外轉第三十一開、《七音略》外轉三十四重中重、《切韻指掌圖》一圖、《四聲等子》效攝外五全重無輕韻、《切韻指南》效攝外五獨韻廣門，列字均爲『灼』。

46（入三昌）叉三藥　綽　《廣韻》昌約切，《集韻》尺約切，昌藥三入開效；《韻鏡》外轉第三十一開、《七音略》外轉三十四重中重、《切韻指掌圖》一圖、《四聲等子》效攝外五全重無輕韻、

《切韻指南》效攝外五獨韻廣門，列字均爲『綽』。

47 （入三影）在三藥　約　《廣韻》於略切，《集韻》乙却切，影藥三入開效；《韻鏡》外轉第三十一開、《七音略》外轉三十四重中重、《切韻指掌圖》一圖、《四聲等子》效攝外五全重無輕韻、《切韻指南》效攝外五獨韻廣門，列字均爲『約』。

			坎五	井五	坎三	比六	坎六	井六	比七	比一
收		口	品	平	美	帝	天	田	女	九
音	歌乾					多	佗	駝	那	歌
清	锜									
										迦
	哿坐					嚲	袉	柁	娜	哿
	箇有					跢	拕	馱	柰	箇
	鐸世					沰	託	鐸	諾	各

坎一	井一	坎二	比八	坎八	井八	比十	蹇九	比二	比四	比三
丘	乾	仰	足	七	全	手	象	音	口平	乙
軻		義	嗟	蹉	醝	娑		訶	何	阿
佉	伽									
可		我	左	瑳	蓌	縒		歌	荷	娿
坷		餓	左	嗟		些		阿	賀	捉
恪		咢	作	錯	醋	索		臛	鶴	惡

坎七	口						
坎十	呂	羅			囉	邏	落
井十一	耳						
	辰						
	閉	音	清				
		戈璧		戈	果笑	過壁	鐸埜
覌四	飛	波			跛	播	愽
渙五	匜	坡			頗	破	粕
巽五	飛	婆			爸	蔢	泊
渙三	米	摩			麼	磨	莫
	■	棵			朶	棵	沰

第五十三圖　收音清

本圖舒聲列《廣韻》歌哿箇韻字，係取《韻鏡》内轉第二十七開全部列字。入聲鐸韻係拆分《韻鏡》内轉第三十一開入聲一等非脣音字。本圖幫、曉、喻母列『□』，明母、曉母格位内有小字『乙下』二字，四庫本空格。

校注：

1 （平一透）天一歌　佗　《廣韻》託何切，《集韻》湯何切，透歌一平開果；《韻鏡》内轉第二十七合、《七音略》内轉二十七重中重、《切韻指掌圖》十一圖、《四聲等子》果攝内四重多輕少韻開口呼，列字均爲『他』，《廣韻》注：『俗，今通用』，『他』爲『佗』之俗體；《切韻指南》果攝内四假攝外六狹門，列字均爲『佗』。『他』爲《廣韻》《集韻》歌一透母位小韻首字，《起數訣》列俗體，亦無誤。

2 （平一定）田一歌　駝　《廣韻》徒河切，《集韻》唐何切，定歌一平開果；《韻鏡》内轉第二十七合、《切韻指掌圖》十一圖、《切韻指南》果攝内四假攝外六狹門，列字均爲『駝』；《七音略》内轉二十七重中重，列字爲「驒」，《廣韻》注：「俗」，「驒」爲「駝」俗體；《四聲等子》果攝内四重多輕少韻開口呼，列字爲「陀」。「駝」爲《廣韻》歌一定母位小韻首字，下收有「驒」「陀」二字，列字以「駝」字爲佳，《起數訣》是。

3 （平一溪）丘一歌　軻　《廣韻》苦何切，《集韻》丘何切，溪歌一平開果；《韻鏡》内轉第二十七合、《七音略》内轉二十七重中重、《切韻指掌圖》十一圖、《四聲等子》果攝内四重多輕少韻開口呼、《切韻指南》果攝内四假攝外六狹門，列字均爲「珂」。「珂」爲《廣韻》歌一溪母位小韻首字，下收有「軻」字，列字以「珂」字爲佳，《起數訣》列「軻」字，亦無誤。

4 （平一精）足一歌　嗟　《廣韻》子邪切，精麻三平開假；《集韻》遭哥切，精歌一平開果；《韻鏡》空位；《七音略》内轉二十七重中重，列字爲「磋」，《廣韻》七何切，《集韻》倉何切，清歌一平開果，《七音略》誤；《切韻指掌圖》十一圖，列字爲「嗟」；《四聲等子》果攝内四重多輕少韻開口呼，列字爲「𨆌」；《切韻指南》果攝内四假攝外六狹門，列字爲「䝜」，精母哿韻。《廣韻》歌韻無精母字，「嗟」爲《集韻》歌一精母位小韻首字，《起數訣》從《集韻》。

5 （平一曉）香一歌　訶　《廣韻》《集韻》虎何切，曉歌一平開果；《韻鏡》内轉第二十七合、《切韻指掌圖》十一圖、《切韻指南》果攝内四假攝外六狹門，列字均爲「訶」；《七音略》内轉二十七重中重、《四聲等子》果攝内四重多輕少韻開口呼，列字均爲「呵」。「訶」爲《廣韻》歌一曉母位小韻首字，下收有「呵」字，列字以「訶」字爲佳，《起數訣》是。

6 平聲二等標目爲「𡡉」，平聲二等並無轄字，平聲三等有字無目，故「𡡉」當置於平聲三等處。

7 （平三見）九三（戈） 迦 《廣韻》《集韻》居伽切，見戈三平開果；《韻鏡》《七音略》《切韻指掌圖》《四聲等子》《切韻指南》均空位。「迦」爲《廣韻》戈三見母位小韻首字，按列圖規則本圖當列一四等字，戈韻開口字少，《起數訣》寄於此。

8 （平三溪）丘三（戈） 佉 《廣韻》丘伽切，《集韻》去伽切，溪戈三平開果；《韻鏡》《七音略》《切韻指掌圖》《四聲等子》《切韻指南》均空位。「佉」爲《廣韻》戈三溪母位小韻首字，按列圖規則本圖當列一四等字，戈韻開口字少，《起數訣》寄於此。

9 （平三群）乾三（戈） 伽 《廣韻》《集韻》求迦切，群戈三平開果；《韻鏡》《七音略》《切韻指掌圖》《四聲等子》《切韻指南》均空位。「伽」爲《廣韻》戈三群母位小韻首字，按列圖規則本圖當列一四等字，戈韻開口字少，《起數訣》寄於此。

10 （上一端）帝一哿 𩈔 《廣韻》丁可切，《集韻》典可切，端哿一上開果；《韻鏡》內轉第二十七合，列字爲「𤸱」；《七音略》內轉二十七重中重、《切韻指掌圖》十一圖、《切韻指南》果攝內四假攝外六狹門，列字均爲「𩈔」；《四聲等子》果攝內四重多輕少韻開口呼，列字爲「䅟」，當爲「𩈔」誤。「𩈔」爲《廣韻》哿一端母位小韻首字，下收有「𤸱」字，列字以「𩈔」字爲佳，《起數訣》是。

11 （上一透）天一哿 袉 此字當爲「袉」字形訛。「袉」，《廣韻》土可切，《集韻》他可切，透哿一上開果；《韻鏡》空位；《七音略》内轉二十七重中重、《切韻指掌圖》十一圖，列字均爲『柁』，《廣韻》徒可切，定哿一上開果；《集韻》他可切，透哿一上開果，《七音略》或從《集韻》；《四聲等子》果攝内四重多輕少韻開口呼，列字爲『袉』，此字當爲『袉』字形訛；《切韻指南》果攝内四假攝外六狹門，列字爲『袉』。『袉』爲《廣韻》《集韻》哿一透母位小韻首字，《起數訣》形訛，當校改爲『袉』。

12（上一定）田一哿　柁　《廣韻》徒可切，《集韻》待可切，定哿一上開果；《韻鏡》内轉第二十七合、《七音略》内轉二十七重中重、《切韻指掌圖》十一圖、《四聲等子》果攝内四重多輕少韻開口呼、《切韻指南》果攝内四假攝外六狹門，列字均爲『爹』。『爹』爲《廣韻》哿一定母位小韻首字，下收有『柁』字，列字以『爹』字爲佳，《起數訣》列『柁』字，亦無誤。

13（上一泥）女一哿　娜　《廣韻》奴可切，《集韻》乃可切，泥哿一上開果；《韻鏡》内轉第二十七合，列字爲『橠』；《七音略》内轉二十七重中重，列字爲『𣐊』，當爲『橠』字形訛；《切韻指掌圖》十一圖、《四聲等子》果攝内四重多輕少韻開口呼，列字均爲『娜』；《切韻指南》果攝内四假攝外六狹門，列字爲『𣐊』，當爲『橠』字形訛。『橠』爲《廣韻》哿一泥母位小韻首字，下收有『娜』字。『娜』爲《集韻》哿一泥母位小韻首字，下收有『橠』字，《起數訣》從《集韻》。

14（上一精）足一哿　左　《廣韻》臧可切，《集韻》子我切，精哿一上開果；《韻鏡》内轉第二十七合，列字爲『𠂇』，按龍宇純、李新魁均以『𠂇』爲『左』字之誤，楊軍謂日本俗書左字恒爲

『𠂇』，故『𠂇』爲『左』之俗體。《七音略》內轉二十七重中重、《切韻指掌圖》十一圖、《四聲等子》果攝內四重多輕少韻開口呼、《切韻指掌圖》果攝內四假攝外六狹門，列字均爲『左』。『左』爲《廣韻》《集韻》哿一精母位小韻首字，《起數訣》是。

15 (上一從)全一哿　齹　《康熙字典》記：『《唐韻》楚宜切，音差。又《廣韻》昨何切，《集韻》才何切，音醝。《玉篇》齒齹跌者。《正韻》齒不齊也。又《集韻》仕知切，音鮆。又倉何切，音瑳，義同。』此記楚宜切，初母支韻；昨何切，從母歌韻；仕知切，崇母支韻；倉何切，清母歌韻；均不當列於此位。《韻鏡》空位；《七音略》內轉二十七重中重、《切韻指掌圖》十一圖，列字均爲『䰈』，《廣韻》千可切，清哿一上開果，不當列於此位；《四聲等子》果攝內四重多輕少韻開口呼，列字爲『坐』，從母果韻；《切韻指南》果攝內四假攝外六狹門，列字爲『齹』，清母哿韻。《集韻》果韻中收有『齹』字，才可切，當在哿韻，《起數訣》從《集韻》。

16 (上一影)乙一哿　娿　《廣韻》烏可切，《集韻》倚可切，影哿一上開果；《韻鏡》內轉第二十七合、《七音略》內轉二十七重中重、《切韻指掌圖》十一圖、《四聲等子》果攝內四重多輕少韻開口呼、《切韻指南》果攝內四假攝外六狹門，列字均爲『閜』。『閜』爲《廣韻》哿一影母位小韻首字，下收有『娿』字，列字以『閜』字爲佳，《起數訣》列『娿』字，亦無誤。

17 (上一來)吕一哿　𥗼　《康熙字典》記：『《集韻》同砢。』『𥗼』『砢』二字爲異體字。『砢』，《廣韻》來可切，《集韻》朗可切，來哿一上開果。《韻鏡》內轉第二十七合，列字爲『砢』；《七音略》内轉二十七重中重、《切韻指掌圖》十一圖、《四聲等子》果攝内四重多輕少韻開口呼、《切韻指南》果攝内四假攝外六狹門，列字均爲『櫑』。『櫑』爲《廣韻》哿一來母位小韻首字，下收有『砢』字，列字以『櫑』字爲佳，《起數訣》列『𥗼(砢)』字，亦無誤。

18 (去一透)天一箇　拕　《廣韻》託何切，透歌一平開果或；徒可切，定哿一上開果。《集韻》他佐切，透箇(過)一去開果。《韻鏡》内轉第二十七合，列字爲『拖』，《廣韻》吐邏切，《集韻》他佐切，透箇一去開果；《七音略》内轉二十七重中重、《切韻指掌圖》十一圖，列字均爲『柂』，當爲『拖』字形訛；《四聲等子》果攝内四重多輕少韻開口呼、《切韻指南》果攝内四假攝外六狹門，列字均爲『扡』，『扡』『拖』『拕』三字爲異體字。《廣韻》箇韻無透母字，《集韻》『扡』『拖』『拕』三字均爲箇(過)一透母位小韻首字，《起數訣》從《集韻》。

19 (去一定)田一箇　馱　《廣韻》《集韻》唐佐切，定箇一去開果；《韻鏡》内轉第二十七合、《七音略》内轉二十七重中重、《切韻指掌圖》十一圖、《四聲等子》果攝内四重多輕少韻開口呼、《切韻指南》果攝内四假攝外六狹門，列字均爲『馱』。《廣韻》《集韻》箇一定母位小韻首字爲『馱』，該字係『馱』字誤，《起數訣》及諸家韻圖均因襲韻書之誤，此字當爲『馱』字。

20 (去一泥)女一箇　柰　《廣韻》奴帶切，泥泰一去開蟹；《集韻》乃箇切，泥箇一去開果；《韻鏡》内轉第二十七合、《七音略》内轉二十七重中重、《切韻指掌圖》十一圖、《四聲等子》果攝内四重多輕少韻開口呼、《切韻指南》果攝内四假攝外六狹門，列字均爲『奈』，《說文解字注》曰：『柰，柰果也。假借爲柰何字。見《尚書》《左傳》。俗作奈，非。从木，示聲。』可見，『奈』爲『柰』之俗體。『奈』爲《廣韻》箇一泥母位小韻首字，《起數訣》亦無誤。

21（去一精）足一箇　左　《廣韻》則箇切，《集韻》子賀切，精箇一去開果；《韻鏡》内轉第二十七合、《七音略》内轉二十七重中重、《切韻指掌圖》十一圖、《四聲等子》果攝内四重多輕少韻開口呼、《切韻指南》果攝内四假攝外六狹門，列字均爲『佐』。『佐』爲《廣韻》箇一精母位小韻首字，下收有『左』字。『左』『佐』同爲《集韻》箇一精母位小韻首字，《起數訣》從《集韻》。

22（去一清）七一箇　嵯　《廣韻》子邪切，精麻三平開佳；《集韻》遭哥切，精戈（歌）一平開果；均不當列於此位。《韻鏡》内轉第二十七合、《七音略》内轉二十七重中重、《切韻指掌圖》十一圖、《四聲等子》果攝内四重多輕少韻開口呼，列字均爲『磋』，《廣韻》七過切，清過一去合果；《集韻》千个切，清箇一去開果；《切韻指南》空位。《廣韻》箇韻無清母字，《集韻》箇一清母位有『磋』字，《韻鏡》《七音略》或從《集韻》。《起數訣》當因襲諸韻圖從《集韻》，列『磋』字形訛爲『嵯』，此處當改爲『磋』字。

23（去一曉）香一箇　阿　《廣韻》烏何切，《集韻》於何切，影歌一平開果；不當列於此位。《韻鏡》内轉第二十七合、《七音略》内轉二十七重中重、《切韻指掌圖》十一圖、《四聲等子》果攝内四重多輕少韻開口呼、《切韻指南》果攝内四假攝外六狹門，列字均爲『呵』，《廣韻》呼箇切，《集韻》詩箇切，曉箇一去開果。『呵』爲《廣韻》箇一曉母位小韻首字，《起數訣》誤，當校改爲「呵」字。

24 （去一影）乙一箇　掗《廣韻》未收；《集韻》倚可切，影哿一上開果；不當列於此位。《韻鏡》空位；《七音略》内轉二十七重中重、《切韻指掌圖》十一圖、《四聲等子》果攝内四重多輕少韻開口呼，列字均爲「倚」，《廣韻》安賀切，影過一去開果；《集韻》安賀切，影箇一去開果，《七音略》從《集韻》；《切韻指南》果攝内四假攝外六狹門，列字爲「椏」，影母哿韻。《廣韻》箇韻無影母字，《起數訣》當爲「椏」字形訛，《集韻》阿个切，當校改爲「椏」字。

此圖入聲韻與第五十一圖多有重出，故只校異處。

25 本圖不收脣音，五十一圖收脣音。

26 （入一疑）瓦一鐸　咢《廣韻》五各切，《集韻》逆各切，疑鐸一入開宕；《韻鏡》内轉第三十一開，列字爲「愕」；《七音略》空位；《切韻指掌圖》一圖、《四聲等子》效攝外五全重無輕韻、《切韻指南》效攝外五獨韻廣門，列字均爲「咢」。「咢」爲《廣韻》《集韻》鐸一疑母位小韻首字，下收有「愕」「蕚」二字，列字以「咢」字爲佳，《七音略》空位誤，《韻鏡》列「愕」無誤，《起數訣》是。五十二圖列字爲「蕚」。

27 （入一清）七一鐸　錯　明本列字有勾劃，當爲「錯」字，四庫本列字爲「錯」。「錯」，《廣韻》《集韻》倉各切，清鐸一入開宕；《韻鏡》内轉第三十一開、《七音略》外轉二十五重中重、《切韻指掌圖》一圖、《四聲等子》效攝外五全重無輕韻、《切韻指南》效攝外五獨韻廣門，列字均爲『錯』。明本亦當爲『錯』。

28 (入一從)才一鐸　昨　明本列字有勾劃,無法辨識,四庫本列字爲『昨』。『昨』,《廣韻》在各切,《集韻》疾各切,從鐸一入開宕;《韻鏡》内轉第三十一開、《七音略》外轉二十五重中重、《切韻指掌圖》一圖、《四聲等子》效攝外五全重無輕韻、《切韻指南》效攝外五獨韻廣門,列字均爲『昨』。明本亦當爲『昨』。

29 (入一匣)□一鐸　鶴　《廣韻》下各切,《集韻》曷各切,匣鐸一入開宕;《韻鏡》内轉第三十一開、《七音略》外轉二十五重中重、《切韻指掌圖》一圖、《四聲等子》效攝外五全重無輕韻、《切韻指南》效攝外五獨韻廣門,列字均爲『涸』。『涸』爲《廣韻》鐸韻匣母位小韻首字,下收有『鶴』字,列字以『涸』字爲佳,《起數訣》亦無誤。五十一圖列字爲『涸』。

釋:

1 (平一端)帝一歌　多　《廣韻》得何切,《集韻》當何切,端歌一平開果;《韻鏡》内轉第二十七合、《七音略》内轉二十七重中重、《切韻指掌圖》十一圖、《四聲等子》果攝内四重多輕少韻開口呼、《切韻指南》果攝内四假攝外六狹門,列字均爲『多』。

2 (平一泥)女一歌　那　《廣韻》諾何切,《集韻》囊何切,泥歌一平開果;《韻鏡》内轉第二十七合、《七音略》内轉二十七重中重、《切韻指掌圖》十一圖、《四聲等子》果攝内四重多輕少韻開口呼、《切韻指南》果攝内四假攝外六狹門，列字均爲『那』。

3（平一見）九一歌　歌　《廣韻》古俄切，《集韻》居何切，見歌一平開果；《韻鏡》内轉第二十七合、《七音略》内轉二十七重中重、《切韻指掌圖》十一圖、《切韻指南》果攝内四假攝外六狹門，列字均爲『歌』；《四聲等子》果攝内四重多輕少韻開口呼，列字爲『哥』，見母歌韻。

4（平一疑）仰一歌　莪　《廣韻》五何切，《集韻》牛何切，疑歌一平開果；《韻鏡》内轉第二十七合、《七音略》内轉二十七重中重、《切韻指掌圖》十一圖、《切韻指南》果攝内四假攝外六狹門，列字均爲『莪』；《四聲等子》果攝内四重多輕少韻開口呼，列字爲『俄』，見母歌韻。

5（平一清）七一歌　蹉　《廣韻》七何切，《集韻》倉何切，清歌一平開果；《韻鏡》内轉第二十七合、《七音略》内轉二十七重中重、《切韻指掌圖》十一圖、《四聲等子》果攝内四重多輕少韻開口呼、《切韻指南》果攝内四假攝外六狹門，列字均爲『蹉』。

6（平一從）全一歌　醝　《廣韻》昨何切，《集韻》才何切，從歌一平開果；《韻鏡》内轉第二十七合、《七音略》内轉二十七重中重、《切韻指掌圖》十一圖、《切韻指南》果攝内四假攝外六狹門，列字均爲『醝』；《四聲等子》果攝内四重多輕少韻開口呼，列字爲『矬』，從母戈韻。

7（平一心）手一歌　娑　《廣韻》素何切，《集韻》桑何切，心歌一平開果；《韻鏡》内轉第二十七合、《七音略》内轉二十七重中重、《切韻指掌圖》十一圖、《四聲等子》果攝内四重多輕少韻開口呼、《切韻指南》果攝内四假攝外六狹門，列字均爲「娑」。

8 （平一匣）□一歌　何　《廣韻》胡歌切，《集韻》寒歌切，匣歌一平開果；《韻鏡》内轉第二十七合、《七音略》内轉二十七重中重、《切韻指掌圖》十一圖、《四聲等子》果攝内四重多輕少韻開口呼、《切韻指南》果攝内四假攝外六狹門，列字均爲「何」。

9 （平一影）乙一歌　阿　《廣韻》烏何切，《集韻》於何切，影歌一平開果；《韻鏡》内轉第二十七合、《七音略》内轉二十七重中重、《切韻指掌圖》十一圖、《四聲等子》果攝内四重多輕少韻開口呼、《切韻指南》果攝内四假攝外六狹門，列字均爲「阿」。

10 （平一來）吕一歌　羅　《廣韻》魯何切，《集韻》良何切，來歌一平開果；《韻鏡》内轉第二十七合、《七音略》内轉二十七重中重、《切韻指掌圖》十一圖、《四聲等子》果攝内四重多輕少韻開口呼、《切韻指南》果攝内四假攝外六狹門，列字均爲「羅」。

11 （上一見）九一哿　哿　《廣韻》古我切，《集韻》賈我切，見哿一上開果；《韻鏡》内轉第二十七合、《七音略》内轉二十七重中重、《切韻指掌圖》十一圖、《四聲等子》果攝内四重多輕少韻開口呼、《切韻指南》果攝内四假攝外六狹門，列字均爲「哿」。

12 （上一溪）丘一哿　可　《廣韻》枯我切，《集韻》口我切，溪哿一上開果；《韻鏡》内轉第二十七合、《七音略》内轉二十七重中重、《切韻指掌圖》十一圖、《四聲等子》果攝内四重多輕少韻開口呼、《切韻指南》果攝内四假攝外六狹門，列字均爲「可」。

13（上一疑）仰一哿　我　《廣韻》五可切，《集韻》語可切，疑哿一上開果；《韻鏡》內轉第二十七合、《七音略》內轉二十七重中重、《切韻指掌圖》十一圖、《四聲等子》果攝內四重多輕少韻開口呼、《切韻指南》果攝內四假攝外六狹門，列字均爲「我」。

14（上一清）七一哿　瑳　《廣韻》千可切，《集韻》此我切，清哿一上開果；《韻鏡》內轉第二十七合、《七音略》內轉二十七重中重、《切韻指掌圖》十一圖、《四聲等子》果攝內四重多輕少韻開口呼、《切韻指南》果攝內四假攝外六狹門，列字均爲「瑳」。

15（上一心）手一哿　縒　《廣韻》蘇可切，《集韻》想可切，心哿一上開果；《韻鏡》內轉第二十七合、《七音略》內轉二十七重中重、《切韻指掌圖》十一圖、《四聲等子》果攝內四重多輕少韻開口呼、《切韻指南》果攝內四假攝外六狹門，列字均爲「縒」。

16（上一曉）香一哿　歌　《廣韻》虛我切，《集韻》許我切，曉哿一上開果；《韻鏡》內轉第二十七合、《七音略》內轉二十七重中重、《切韻指掌圖》十一圖、《四聲等子》果攝內四重多輕少韻開口呼、《切韻指南》果攝內四假攝外六狹門，列字均爲「歌」。

17（上一匣）□一哿　荷　《廣韻》胡可切，《集韻》下可切，匣哿一上開果；《韻鏡》內轉第二十七合、《七音略》內轉二十七重中重、《切韻指掌圖》十一圖、《四聲等子》果攝內四重多輕少韻開口呼、《切韻指南》果攝內四假攝外六狹門，列字均爲「荷」。

18（去一端）帝一箇　跢　《廣韻》丁佐切，《集韻》丁賀切，端箇一去開果；《韻鏡》內轉第二十七合、《七音略》内轉二十七重中重、《切韻指掌圖》十一圖、《四聲等子》果攝内四重多輕少韻開口呼、《切韻指南》果攝内四假攝外六狹門，列字均爲『跢』。

19 （去一見）九一箇　箇　《廣韻》古賀切，《集韻》居賀切，見箇一去開果；《韻鏡》内轉第二十七合、《七音略》内轉二十七重中重、《切韻指掌圖》十一圖、《四聲等子》果攝内四重多輕少韻開口呼、《切韻指南》果攝内四假攝外六狹門，列字均爲『箇』。

20 （去一溪）丘一箇　坷　《廣韻》《集韻》口箇切，溪箇一去開果；《韻鏡》内轉第二十七、《七音略》内轉二十七重中重、《切韻指掌圖》十一圖、《四聲等子》果攝内四重多輕少韻開口呼、《切韻指南》果攝内四假攝外六狹門，列字均爲『坷』。

21 （去一疑）仰一箇　餓　《廣韻》五个切，《集韻》牛箇切，疑箇一去開果；《韻鏡》内轉第二十七合、《七音略》内轉二十七重中重、《切韻指掌圖》十一圖、《四聲等子》果攝内四重多輕少韻開口呼、《切韻指南》果攝内四假攝外六狹門，列字均爲『餓』。

22 （去一心）手一箇　些　《廣韻》蘇箇切，《集韻》四箇切，心箇一去開果；《韻鏡》内轉第二十七合、《七音略》内轉二十七重中重、《切韻指掌圖》十一圖、《四聲等子》果攝内四重多輕少韻開口呼、《切韻指南》果攝内四假攝外六狹門，列字均爲『些』。

23 （去一匣）□一箇　賀　《廣韻》胡箇切，《集韻》何佐切，匣箇一去開果；《韻鏡》内轉第二十七合、《七音略》内轉二十七重中重、《切韻指掌圖》十一圖、《四聲等子》果攝内四重多輕少韻開口呼、《切韻指南》果攝内四假攝外六狹門，列字均爲「賀」。

24（去一來）呂一箇 邏 《廣韻》《集韻》郎佐切，來箇一去開果；《韻鏡》内轉第二十七合、《七音略》内轉二十七重中重、《切韻指掌圖》十一圖、《四聲等子》果攝内四重多輕少韻開口呼、《切韻指南》果攝内四假攝外六狹門，列字均爲「邏」。

	渙三	巽五	渙五	覌四			井十一	坎十	坎七	
■	米	飛	匹	飛		閉	辰	耳	呂	口
橾	摩	婆	坡	波	戈[illegible]	音			羅	
						清				
					戈					
朶	麼	爸	頗	跛	果[illegible]				囉	
橾	磨	蔢	破	播	過[illegible]				邏	
沰	莫	泊	粕	愽	鐸[illegible]				落	

覎一　渙一　巽一　渙二

■	■	■	■	口棄	蚪	弃	癸	■	■	■
蓑	矬	逶	鮻	訛		科	戈	挼	柁	記
		脞	[illegible]							
貨	坐	脞		[illegible]		顆	果	[illegible]	墮	安
渚	座	剉	侳	臥		課	過	愞	惰	唾
			[illegible]	[illegible]		廓	郭	諾	鐸	託

覌二 涣四 覌三 巽四 覌五

	■																
覌二	血					火				貨				霍			
涣四	尾	和				禍				和				鑊			
覌三	一	倭				婐				涴							
巽四	未	[illegible]												[illegible]			
	■	[illegible]				[illegible]				[illegible]				硑			
	■																
	■																
	閑	音	濁														
				戈	戈僂一							過[illegible]一					
覌五	必																

第五十四圖　閉音清

本圖舒聲列《廣韻》戈果過韻字，係取《韻鏡》内轉第二十八合一等位列字，另增加平聲四等，共兩字。本圖聲母疑母位明本列「□」，同格右邊有小字「棄下」二字，四庫本空格。本圖端組、精組、來母、日母、半三母明本均列「■」，四庫本空格。

校注：

1　（平一滂）匹一戈　坡　《廣韻》《集韻》滂禾切，滂戈一平合果；《韻鏡》内轉第二十八合、《七音略》内轉二十八輕中輕、《切韻指南》果攝内四假攝内六狹門，列字均爲「頗」；《切韻指掌圖》十二圖、《四聲等子》果攝内四重多輕少韻合口呼，列字均爲「坡」。「頗」爲《廣韻》戈一滂母位小韻首字，下收有「坡」字，列字以「頗」字爲佳，《起數訣》列「坡」字，亦無誤。

2　（平一端）■一戈　桗　《廣韻》丁戈切，《集韻》都戈切，端戈一平合果；《韻鏡》内轉第二十八合、《七音略》内轉二十八輕中輕、《切韻指掌圖》十二圖、《四聲等子》果攝内四重多輕少韻合口呼，列字均爲「𨹧」；《切韻指南》果攝内四假攝内六狹門，列字爲「𨹧」。「𨹧」「𨹧」同爲丁戈切，義堆。《廣韻》作『𨹃』，《集韻》作『𨹃』，二字爲異體字。又《康熙字典》記：『按二音《集韻》書作𨹃，𨹃、𨹃二字音義大同小異，疑即一字，訛分爲二。』『𨹃』爲《廣韻》戈一端母位小韻首字，下收有『桗』字，列字以『𨹃』字爲佳，《起數訣》列『桗』字，亦無誤。

3（平一透）■一戈　詑　《廣韻》《集韻》土禾切，透戈一平合果；《韻鏡》內轉第二十八合、《切韻指掌圖》十二圖、《切韻指南》果攝內四假攝內六狹門，列字均爲『詑』；《七音略》內轉二十八輕中輕、《四聲等子》果攝內四重多輕少韻合口呼，列字均爲『訑』，《廣韻》注：『俗。』『訑』爲『詑』之俗體。『詑』爲《廣韻》戈一透母位小韻首字，列字以『詑』爲佳，《起數訣》是。

4（平一定）■一戈　牠　《廣韻》《集韻》徒和切，定戈一平合果；《韻鏡》內轉第二十八合，列字爲『陀』，《廣韻》徒河切，《集韻》唐何切，定歌一平開果；均不當列於此位。《七音略》內轉二十八輕中輕、《切韻指掌圖》十二圖、《切韻指南》果攝內四假攝內六狹門，列字均爲『牠』；《四聲等子》果攝內四重多輕少韻合口呼，列字爲『碢』。『牠』爲《廣韻》戈一定母位小韻首字，下收有『碢』字，列字以『牠』字爲佳，《起數訣》是。

5（平一泥）■一戈　挼　《廣韻》素回切，心灰一平合蟹，不當列於此位。《廣韻》戈韻泥母位有『捼』字，奴禾切，注曰：『俗作挼』，『挼』爲『捼』之俗體；《集韻》奴禾切，泥戈一平合果；《韻鏡》內轉第二十八合、《四聲等子》果攝內四重多輕少韻合口呼，列字均爲『捼』；《七音略》內轉二十八輕中輕，列字爲『挼』；《切韻指南》果攝內四假攝內六狹門，列字爲『桵』，此字當爲『捼』字形訛。『捼』『挼』同爲《集韻》戈一泥母位小韻首字，從字形上而言，《起數訣》從《集韻》。列字以正體爲佳，此位宜改爲『捼』字。

6（平一疑）□戈　訛　《廣韻》五禾切，《集韻》吾禾切，疑戈一平合果；《韻鏡》内轉第二十八合、《切韻指掌圖》十二圖、《四聲等子》果攝内四重多輕少韻合口呼、《切韻指南》果攝内四假攝内六狹門，列字均爲『訛』；《七音略》内轉二十八輕中輕，列字爲『吪』。『訛』爲《廣韻》戈一疑母位小韻首字，下收有『吪』字，注曰：『上同』，二字爲異體字。《起數訣》是。

7（平一精）■戈　峻　《康熙字典》記：『《唐韻》臧回切，同朘。赤子陰也。《集韻》臧戈切，音侳。』此記臧戈切，精母戈韻。《韻鏡》内轉第二十八合、《七音略》内轉二十八輕中輕、《切韻指掌圖》十二圖、《四聲等子》果攝内四重多輕少韻合口呼、《切韻指南》果攝内四假攝内六狹門，列字均爲『侳』，《廣韻》子𤿭切，《集韻》臧戈切，精戈一平開果。『侳』爲《廣韻》《集韻》戈一精母位小韻首字，《集韻》下收有『峻』字，《起數訣》從《集韻》。

8（平一心）■戈　蓑　《廣韻》《集韻》蘇禾切，心戈一平合果；《韻鏡》内轉第二十八合、《切韻指掌圖》十二圖、《四聲等子》果攝内四重多輕少韻合口呼、《切韻指南》果攝内四假攝内六狹門，列字均爲『莎』；《七音略》内轉二十八輕中輕，列字均爲『蓑』。『莎』爲《廣韻》戈一心母位小韻首字，下收有『蓑』字。『蓑』爲《集韻》戈一心母位小韻首字，下收有『莎』字，《起數訣》從《集韻》。

9（平一影）一戈　倭　《廣韻》《集韻》烏禾切，影戈一平合果；《韻鏡》內轉第二十八合、《七音略》內轉二十八輕中輕、《四聲等子》果攝內四重多輕少韻合口呼、《切韻指南》果攝內四假攝內六狹門，列字均爲『倭』；《切韻指掌圖》十二圖，列字爲『渦』。『倭』爲《廣韻》戈一影母位小韻首字，下收有『渦』字，列字以『倭』字爲佳，《起數訣》是。

10（平一曉）血一戈　○　《廣韻》《集韻》戈一等無曉母字。《韻鏡》《指掌圖》《四聲等子》《切韻指南》空位；《七音略》內轉二十八輕中輕，列字爲『吙』，《廣韻》未收，《集韻》呼肥切，曉母戈韻三等，不當列於此位。《七音略》誤，《起數訣》空位是。

11（平一喻）未一戈　訏　此字當爲『謣』字形訛。《廣韻》戈韻無喻母；『謣』，《集韻》于戈切，云戈三平合果；《韻鏡》《七音略》《切韻指掌圖》均空位。《四聲等子》果攝內四重多輕少韻合口呼、《切韻指南》果攝內四假攝內六狹門，列字均爲『謣』。喻母拼合三等字，故一等不當有喻母字，《起數訣》誤，當刪。此字當列於第五十五圖三等位。

12（平一來）■一戈　驘　《廣韻》落戈切，《集韻》盧戈切，來戈一平合果；《韻鏡》內轉第二十八合、《切韻指南》果攝內四假攝內六狹門，列字均爲『驘』，《廣韻》落戈切，《集韻》盧戈切，來戈一平合果；《七音略》內轉二十八輕中輕，列字爲『驘』；《切韻指掌圖》十二圖，列字爲『騾』；《四聲等子》果攝內四重多輕少韻合口呼，列字爲『螺』。『驘』爲《廣韻》戈一來母位小韻首字，下收有『驘』字，也收有『騾』『螺』『驘』三字，於『螺』字下『驘』字注：『上同。』『螺』

『鸁』二字爲異體字。列字以『鸁』字爲佳，《七音略》列『鸁』字，亦無誤。《起數訣》列『鸁』字無誤。

13（平四精）■四戈 ⿰飠坐 《廣韻》子能切，精戈一平合果；《集韻》未收此字。《韻鏡》《七音略》《切韻指掌圖》《四聲等子》《切韻指南》均空位。『侳』爲《廣韻》戈一精母位小韻首字，下收有『⿰飠坐』字，當列於一等位，一等位已列有『峻』字。《起數訣》誤，當刪。

14（平四清）■四戈 脞 《廣韻》《集韻》醋伽切，清戈三平開果；《韻鏡》《七音略》《切韻指掌圖》《四聲等子》《切韻指南》均空位。『脞』爲《廣韻》戈韻三等開口清母位小韻首字，然此圖爲合口圖，當刪。當校列於第五十三圖。

15（上一滂）叵一果 頗 《廣韻》《集韻》普火切，滂果一上合果；《韻鏡》內轉第二十八合、《七音略》內轉二十八輕中輕、《切韻指掌圖》十二圖、《切韻指南》果攝內四假攝內六狹門，列字均爲『叵』；《四聲等子》果攝內四重多輕少韻合口呼，列字均爲『頗』。『叵』爲《廣韻》果一滂母位小韻首字，下收有『頗』字。『頗』爲《集韻》果一滂母位小韻首字，下收有『叵』字，《起數訣》從《集韻》。

16（上一端）■一果 朶 《廣韻》丁果切，《集韻》都果切，端果一上合果；《韻鏡》內轉第二十八合、《七音略》內轉二十八輕中輕，列字均爲『朶』；《切韻指掌圖》十二圖，列字爲『捶』，章母紙韻；《四聲等子》果攝內四重多輕少韻合口呼、《切韻指南》果攝內四假攝內六狹門，列字均爲『埵』。『埵』爲《廣韻》果一端母位小韻首字，下收有『朶』字。『朶』爲《集韻》果一端母位小韻首字，《韻鏡》《七音略》《起數訣》或從《集韻》。

17（上一定）■一果　墮　《廣韻》徒果切，《集韻》列字爲『惰』，杜果切，定果一上合果；《韻鏡》内轉第二十八合、《切韻指掌圖》十二圖、《四聲等子》果攝内四重多輕少韻合口呼、《切韻指南》果攝内四假攝内六狹門，列字均爲『墮』；《七音略》内轉二十八輕中輕，列字爲『惰』。『墮』爲《廣韻》果一定母位小韻首字，下收有『惰』字，列字以『墮』字爲佳。《起數訣》是。

18（上一泥）■一果　㛂　明本列字爲『㛂』，四庫本列字爲『㛂』。㛂，《廣韻》奴果切，《集韻》努果切，泥果一上合果；《韻鏡》内轉第二十八合、《切韻指掌圖》十二圖、《切韻指南》果攝内四假攝内六狹門，列字均爲『㛂』；《七音略》内轉二十八輕中輕，《四聲等子》果攝内四重多輕少韻合口呼，列字均爲『㛂』，《康熙字典》記：『俗㛂字。』。『㛂』爲『㛂』俗體。『㛂』爲《廣韻》果一泥母位小韻首字，列字以正體爲佳，《起數訣》明本列正體是，四庫本列俗體亦無誤。

19（上一疑）□一果　㛂　《廣韻》《集韻》五果切，疑果一上合果；《韻鏡》内轉第二十八合、《切韻指南》果攝内四假攝内六狹門，列字均爲『㛂』，《康熙字典》記：『俗㛂字。』《四聲等子》果攝内四重多輕少韻合口呼，列字爲『㛂』。《七音略》内轉二十八輕中輕，列字爲『㛂』，《康熙字典》記：『扼字之譌。』《切韻指掌圖》十二圖，列字爲『扼』；扼，《廣韻》奴果切，《集韻》（作

『扼』)五果切。『婀』爲《廣韻》果一疑母位小韻首字,《起數訣》是。

20 (上一精)■一果 ◯ 《廣韻》果韻精母位有『砦』字,《廣韻》作可切,精果一上合果;《集韻》未收;《韻鏡》内轉第二十八合、《七音略》内轉二十八輕中輕、《切韻指掌圖》十二圖,列字均爲『砦』;《四聲等子》《切韻指南》均空位。『砦』爲《廣韻》果一精母位小韻首字,《起數訣》空位誤,此處當校補『砦』字。

21 (上一心)■一果 ⿱巛貝 《康熙字典》記:『《篇海類編》音鎖。只也。《字彙補》俗𧴯字。』『𧴯』,《廣韻》蘇果切,《集韻》損果切,心果一上開果。《韻鏡》内轉第二十八合、《切韻指南》果攝内四假攝内六狹門,列字均爲『鎖』;『鎖』『鎻』二字爲異體字;《七音略》内轉二十八輕中輕、《四聲等子》果攝内四重多輕少韻合口呼,列字均爲『鏁』;《切韻指掌圖》十二圖,列字爲『鎖』,《廣韻》注曰:『俗作鏁。』『鏁』爲『鎖』之俗體。『鎖』爲《廣韻》果一心母位小韻首字,下收有『𧴯』字。『𧴯』爲《集韻》果一心母位小韻首字,下收有『鎖』字,《起數訣》從《集韻》。

22 (上一影)一果 婐 《廣韻》烏果切,《集韻》鄔果切,影果一上合果;《韻鏡》内轉第二十八合、《切韻指掌圖》十二圖、《四聲等子》果攝内四重多輕少韻合口呼、《切韻指南》果攝内四假攝内六狹門,列字均爲『婐』;《七音略》内轉二十八輕中輕,列字爲『腂』,《廣韻》未收;《集韻》古卧切,見過一去合果。《七音略》誤。『婐』爲《廣韻》果一影母位小韻首字,

《七音略》當校改爲『婐』字。《起數訣》是。

23（上一來）■一果　贏　《廣韻》郎果切，《集韻》魯果切，來果一上合果；《韻鏡》內轉第二十八合、《七音略》內轉二十八輕中輕，列字均爲『躶』；《切韻指掌圖》十二圖、《四聲等子》果攝內四重多輕少韻合口呼、《切韻指南》果攝內四假攝內六狹門，列字均爲『裸』。『裸』爲《廣韻》果一來母位小韻首字，下收有『贏』『躶』二字，注曰：『並上同。』『裸』『贏』『躶』三字爲異體字。列字以『裸』爲佳，《起數訣》亦無誤。

24（去一並）瓶一過　蔢　明本列字爲『蔢』，四庫本列字爲『婆』。『蔢』，《康熙字典》記：『又《集韻》步臥切，音涪。《玉篇》蔢，藥名。』則爲並母過韻。『婆』，《廣韻》薄波切，《集韻》蒲波切，並戈一去合果；均不當列於此位。《韻鏡》內轉第二十八合、《七音略》內轉二十八輕中輕、《切韻指掌圖》十二圖、《四聲等子》果攝內四重多輕少韻合口呼，列字均爲『縛』，《廣韻》《集韻》符臥切，並過一去開果；《切韻指南》果攝內四假攝內六狹門，列字爲『培』，《集韻》步臥切，並母過韻。『縛』爲《廣韻》過一並母位小韻首字，下無『蔢』字。《集韻》『培』小韻下有『蔢』字，明本從《集韻》，四庫本『婆』爲『蔢』字誤，當校改爲『蔢』。

25（去一端）■一過　桗　《廣韻》《集韻》都唾切，端過一去合果；《韻鏡》內轉第二十八合、《切韻指南》果攝內四假攝內六狹門，列字均爲『桗』；《七音略》內轉二十八輕中輕、《切韻指掌圖》十二圖、《四聲等子》果攝內四重多輕少韻合口呼，列字均爲『剁』。『桗』爲《廣韻》過一端母小韻首字，下收有『剁』字，列字以『桗』字爲佳，《七音略》列『剁』字，亦無誤。《起數訣》是。

26（去一定）■一過　惰《廣韻》《集韻》徒卧切，定過一去合果；《韻鏡》内轉第二十八合、《切韻指掌圖》十二圖、《切韻指南》果攝内四假攝内六狹門，列字均爲『惰』；《七音略》内轉二十八輕中輕，列字爲『墮』，《廣韻》徒果切，定果一去開果；《集韻》未收。《七音略》誤。當校改爲『惰』字。《四聲等子》果攝内四重多輕少韻合口呼，列字爲『隋』，此字當爲『惰』字形訛。『惰』爲《廣韻》《集韻》過一定母位小韻首字，《起數訣》是。

27（去一泥）■一過　愞《廣韻》乃卧切，《集韻》奴卧切，泥過一去合果；《韻鏡》内轉第二十八合、《切韻指掌圖》十二圖，列字均爲『愞』；《七音略》内轉二十八輕中輕，列字爲『懦』；《四聲等子》果攝内四重多輕少韻合口呼，列字爲『稬』，爲『糯』之俗體，泥母過韻；《切韻指南》果攝内四假攝内六狹門，列字爲『㥈』，此爲『愞』字形訛。『愞』爲《廣韻》過一泥母位小韻首字，《起數訣》是。

28（去一精）■一過　侳《廣韻》則卧切，《集韻》祖卧切，精過一去合果；《韻鏡》内轉第二十八合、《七音略》内轉二十八輕中輕、《切韻指掌圖》十二圖、《四聲等子》果攝内四重多輕少韻合口呼、《切韻指南》果攝内四假攝内六狹門，列字均爲『挫』。『挫』爲《廣韻》過一精母位小韻首字，下收有『侳』字，列字以『挫』字爲佳，《起數訣》列『侳』字，亦無誤。

29（去一心）■一過　砦《廣韻》作可切，精果一上合果；《集韻》蘇卧切，心過一去合果；

《韻鏡》内轉第二十八合，列字爲『䐝』，爲『䐝』之俗體；《七音略》内轉二十八輕中輕，列字爲『𦢊』，當爲『䐝』字訛；《切韻指掌圖》十二圖、《四聲等子》果攝内四重多輕少韻合口呼、《切韻指南》果攝内四假攝内六狹門，列字均爲『䐝』，《廣韻》先卧切，《集韻》蘇卧切，心過一去合果。『䐝』爲《廣韻》《集韻》過一心母位小韻首字，《集韻》下收有『砦』字，列字以『䐝』字爲佳，《起數訣》從《集韻》，列『砦』字，亦無誤。

30 （去一來）■一過　贏　明本列字爲『贏』，四庫本列字爲『贏』。『贏』爲清韻字，誤。『贏』，《廣韻》魯過切，《集韻》盧卧切，來過一去合果；《韻鏡》内轉第二十八合，列字爲『𢋿』；《七音略》内轉二十八輕中輕、《切韻指南》果攝内四假攝内六狹門，列字爲『贏』，《廣韻》郎果切，《集韻》魯果切，來果一上合果；《七音略》誤，當爲『贏』字形訛。《切韻指掌圖》十二圖，列字爲『贏』；《四聲等子》果攝内四重多輕少韻合口呼，列字爲『摞』。『贏』爲《廣韻》過一來母位小韻首字，下收有『𢋿』『摞』二字，列字以『贏』字爲佳，《起數訣》四庫本是。明本列字形訛，當校改爲『贏』。

31 本圖入聲幫組與端組與第五十一圖發音清完全相同，故只將出校部分列於此。

32 （入一滂）朴一鐸　粕　明本列字爲『粕』，四庫本爲『柏』。『粕』，《廣韻》《集韻》匹各切，滂鐸一入開宕；『柏』，《廣韻》《集韻》博陌切，幫母陌韻。《韻鏡》内轉第三十一開、《七音略》外轉二十五重中重、《切韻指掌圖》一圖、《四聲等子》效攝外五全重無輕韻、《切韻指南》效攝外五獨韻廣門，列字均爲『蘋』。『蘋』爲《廣韻》鐸一滂母位小韻首字，下收有『粕』字。『粕』爲《集韻》鐸一滂母位小韻首字，下收有『蘋』字，《起數訣》明本從《集韻》。四庫本誤，當校改爲『粕』。

33（入一端）丹一鐸　沰　《廣韻》他各切，透鐸一入開宕；《集韻》當各切，端鐸一入開宕。《韻鏡》《切韻指掌圖》均空位；《七音略》外轉二十五重中重、《四聲等子》效攝外五全重無輕韻、《切韻指南》效攝外五獨韻廣門，列字均爲『沰』。《廣韻》鐸韻無端母字。《七音略》《起數訣》等從《集韻》。

34（入一精）■一鐸　⿰口果　明本列字爲『⿰口果』，四庫本列字爲『𠹭』。『⿰口果』諸家韻書未收；『𠹭』，《廣韻》《集韻》祖郭切，精鐸一入合宕；《韻鏡》《七音略》《切韻指掌圖》《四聲等子》均空位；《切韻指南》果攝內四假攝內六狹門，列字爲『𠹭』。『𠹭』爲《廣韻》鐸一精母位小韻首字，《韻鏡》《七音略》誤，當校補『𠹭』字。《起數訣》四庫本是。明本誤，當校改爲『𠹭』。

35（入一曉）血一鐸　霍　《廣韻》虛郭切，《集韻》忽郭切，曉鐸一入合宕；《韻鏡》內轉第三十二合、《七音略》內轉三十五輕中輕、《四聲等子》效攝外五全重無輕韻、《切韻指南》效攝外五獨韻廣門，列字均爲『霍』；《切韻指掌圖》一圖，列字爲『臛』，《集韻》曉母鐸韻。『霍』爲《廣韻》鐸一曉母位小韻首字，《起數訣》是。

36（入一匣）尾一鐸　鑊　《廣韻》胡郭切，《集韻》黃郭切，匣鐸一入合宕；《韻鏡》內轉第三十二合，列字爲『檴』；《七音略》內轉三十五輕中輕、《切韻指掌圖》十四圖、《切韻指南》果攝內四假攝內六狹門，列字均爲『穫』；《四聲等子》果攝內四重多輕少韻合口呼，列字爲『鑊』。『穫』爲《廣韻》鐸一匣母位小韻首字，下收有『鑊』『檴』二字，列字以『穫』字爲佳。《韻鏡》列『檴』，《起數訣》列『鑊』，亦無誤。

37 （入一影）一一鐸 ◯ 《廣韻》《集韻》鐸韻影母位均有『臒』字，《廣韻》烏郭切，《集韻》屋郭切，影鐸一入合宕；《韻鏡》內轉第三十二合，列字爲『艧』，此字當爲『臒』字形訛；《七音略》內轉三十五輕中輕，列字爲『臒』；《切韻指掌圖》十四圖、《切韻指南》果攝內四假攝內六狹門，列字均爲『臒』；《四聲等子》果攝內四重多輕少韻合口呼，列字爲『蠖』。『臒』爲《廣韻》鐸一影母位小韻首字，下收有『臒』『蠖』二字，列字以『臒』字爲佳。《起數訣》空位誤，此處當校補『臒』字。

38 （入一喻）未一鐸 艧 此字當爲『臒』字形訛，『臒』，《廣韻》烏郭切，《集韻》屋郭切，影鐸一入合宕；均不當列於此位。《韻鏡》《七音略》《切韻指掌圖》《四聲等子》《切韻指南》均空位。『臒』爲《廣韻》鐸一影母位小韻首字，《起數訣》影母字串入喻母，喻母無一等字，當删。

39 （入一來）■一鐸 硦 《廣韻》《集韻》盧穫切，來鐸一入合宕；《韻鏡》空位；《七音略》內轉三十五輕中輕、《切韻指掌圖》十四圖、《四聲等子》果攝內四重多輕少韻合口呼、《切韻指南》果攝內四假攝內六狹門，列字均爲『硦』。『硦』爲《廣韻》鐸一來母位小韻首字，《韻鏡》空位誤，《起數訣》是。

釋：

1（平—幫）飛—戈　波　《廣韻》博禾切，《集韻》逋禾切，幫戈一平合果；《韻鏡》内轉第二十八合、《七音略》内轉二十八輕中輕、《切韻指掌圖》十二圖、《四聲等子》果攝内四重多輕少韻合口呼、《切韻指南》果攝内四假攝内六狹門，列字均爲『波』。

2（平—並）瓶—戈　婆　《廣韻》《集韻》薄波切，並戈一平合果；《韻鏡》内轉第二十八合、《七音略》内轉二十八輕中輕、《切韻指掌圖》十二圖、《四聲等子》果攝内四重多輕少韻合口呼、《切韻指南》果攝内四假攝内六狹門，列字均爲『婆』。

3（平—明）米—戈　摩　《廣韻》莫婆切，《集韻》眉波切，明戈一平合果；《韻鏡》内轉第二十八合、《七音略》内轉二十八輕中輕、《切韻指掌圖》十二圖、《四聲等子》果攝内四重多輕少韻合口呼、《切韻指南》果攝内四假攝内六狹門，列字均爲『摩』。

4（平—見）癸—戈　戈　《廣韻》《集韻》古禾切，見戈一平合果；《韻鏡》内轉第二十八合、《七音略》内轉二十八輕中輕、《切韻指掌圖》十二圖、《四聲等子》果攝内四重多輕少韻合口呼、《切韻指南》果攝内四假攝内六狹門，列字均爲『戈』。

5（平一溪）弃一戈　科　《廣韻》《集韻》苦禾切，溪戈一平合果；《韻鏡》内轉第二十八合、《七音略》内轉二十八輕中輕、《切韻指掌圖》十二圖、《四聲等子》果攝内四重多輕少韻合口呼、《切韻指南》果攝内四假攝内六狹門，列字均爲『科』。

6（平一清）■一戈　遳　《廣韻》七戈切，《集韻》村戈切，清戈一平合果；《韻鏡》内轉第二十八合、《七音略》内轉二十八輕中輕、《切韻指掌圖》十二圖、《四聲等子》果攝内四重多輕少韻合口呼、《切韻指南》果攝内四假攝内六狹門，列字均爲『遳』。

7（平一從）■一戈　矬　《廣韻》昨禾切，《集韻》徂禾切，從戈一平合果；《韻鏡》内轉第二十八合、《七音略》内轉二十八輕中輕、《切韻指掌圖》十二圖、《四聲等子》果攝内四重多輕少韻合口呼、《切韻指南》果攝内四假攝内六狹門，列字均爲『矬』。

8（平一匣）尾一戈　和　《廣韻》户戈切，《集韻》胡戈切，匣戈一平合果；《韻鏡》内轉第二十八合、《七音略》内轉二十八輕中輕、《切韻指掌圖》十二圖、《四聲等子》果攝内四重多輕少韻合口呼、《切韻指南》果攝内四假攝内六狹門，列字均爲『和』。

9（上一幫）飛一果　跛　《廣韻》布火切，《集韻》補火切，幫果一上合果；《韻鏡》内轉第二十八合、《七音略》内轉二十八輕中輕、《切韻指掌圖》十二圖、《四聲等子》果攝内四重多輕少韻合口呼、《切韻指南》果攝内四假攝内六狹門，列字均爲『跛』。

10（上一並）瓶一果　爸　《廣韻》捕可切，《集韻》部可切，並果一上合果；《韻鏡》内轉第二十八合、《七音略》内轉二十八輕中輕、《切韻指掌圖》十二圖、《四聲等子》果攝内四重多輕少韻合口呼、《切韻指南》果攝内四假攝内六狹門，列字均爲「爸」。

11 (上一明)米一果　麽　《廣韻》亡果切，《集韻》母果切，明果一上合果；《韻鏡》内轉第二十八合，列字爲「麼」，爲「麽」字形訛；《七音略》内轉二十八輕中輕、《切韻指掌圖》十二圖、《四聲等子》果攝内四重多輕少韻合口呼、《切韻指南》果攝内四假攝内六狹門，列字均爲「麽」。

12 (上一透)■一果　妥　《廣韻》他果切，《集韻》吐火切，透果一上合果；《韻鏡》内轉第二十八合、《七音略》内轉二十八輕中輕、《切韻指掌圖》十二圖、《四聲等子》果攝内四重多輕少韻合口呼、《切韻指南》果攝内四假攝内六狹門，列字均爲「妥」。

13 (上一見)癸一果　果　《廣韻》《集韻》古火切，見果一上合果；《韻鏡》内轉第二十八合、《七音略》内轉二十八輕中輕、《切韻指掌圖》十二圖、《四聲等子》果攝内四重多輕少韻合口呼、《切韻指南》果攝内四假攝内六狹門，列字均爲「果」。

14 (上一溪)弃一果　顆　《廣韻》《集韻》苦果切，溪果一上合果；《韻鏡》内轉第二十八合、《七音略》内轉二十八輕中輕、《切韻指掌圖》十二圖、《四聲等子》果攝内四重多輕少韻合口呼、《切韻指南》果攝内四假攝内六狹門，列字均爲「顆」。

15 (上一清)■一果　脞　《廣韻》倉果切，《集韻》取果切，清果一上合果；《韻鏡》内轉第二十八合、《七音略》内轉二十八輕中輕、《切韻指掌圖》十二圖、《四聲等子》果攝内四重多輕少韻合口呼、《切韻指南》果攝内四假攝内六狹門，列字均爲『脞』。

16（上一從）■一果　坐　《廣韻》徂果切，《集韻》粗果切，從果一上合果；《韻鏡》内轉第二十八合、《七音略》内轉二十八輕中輕、《切韻指掌圖》十二圖、《四聲等子》果攝内四重多輕少韻合口呼、《切韻指南》果攝内四假攝内六狹門，列字均爲『坐』。

17（上一曉）■一果　火　《廣韻》呼果切，《集韻》虎果切，曉果一上合果；《韻鏡》内轉第二十八合、《七音略》内轉二十八輕中輕、《切韻指掌圖》十二圖、《四聲等子》果攝内四重多輕少韻合口呼、《切韻指南》果攝内四假攝内六狹門，列字均爲『火』。

18（上一匣）尾一果　禍　《廣韻》胡果切，《集韻》户果切，匣果一上合果；《韻鏡》内轉第二十八合、《七音略》内轉二十八輕中輕、《切韻指掌圖》十二圖、《四聲等子》果攝内四重多輕少韻合口呼、《切韻指南》果攝内四假攝内六狹門，列字均爲『禍』。

19（去一幫）飛一過　播　《廣韻》《集韻》補過切，幫過一去合果；《韻鏡》内轉第二十八合、《七音略》内轉二十八輕中輕、《切韻指掌圖》十二圖、《四聲等子》果攝内四重多輕少韻合口呼、《切韻指南》果攝内四假攝内六狹門，列字均爲『播』。

20（去一滂）匹一過　破　《廣韻》《集韻》普過切，滂過一去合果；《韻鏡》内轉第二十八合、《七音略》内轉二十八輕中輕、《切韻指掌圖》十二圖、《四聲等子》果攝内四重多輕少韻合口呼、《切韻指南》果攝内四假攝内六狹門，列字均爲『破』。

21（去一明）米一過 磨 《廣韻》摸臥切，《集韻》莫臥切，明過一去合果；《韻鏡》內轉第二十八合、《七音略》內轉二十八輕中輕、《切韻指掌圖》十二圖、《四聲等子》果攝內四重多輕少韻合口呼、《切韻指南》果攝內四假攝內六狹門，列字均爲「磨」。

22（去一透）■一過 唾 《廣韻》湯臥切，《集韻》吐臥切，透過一去合果；《韻鏡》內轉第二十八合、《七音略》內轉二十八輕中輕、《切韻指掌圖》十二圖、《四聲等子》果攝內四重多輕少韻合口呼、《切韻指南》果攝內四假攝內六狹門，列字均爲「唾」。

23（去一見）癸一過 過 《廣韻》《集韻》古臥切，見過一去合果；《韻鏡》內轉第二十八合、《七音略》內轉二十八輕中輕、《切韻指掌圖》十二圖、《四聲等子》果攝內四重多輕少韻合口呼、《切韻指南》果攝內四假攝內六狹門，列字均爲「過」。

24（去一溪）弃一過 課 《廣韻》《集韻》苦臥切，溪過一去合果；《韻鏡》內轉第二十八合、《七音略》內轉二十八輕中輕、《切韻指掌圖》十二圖、《四聲等子》果攝內四重多輕少韻合口呼、《切韻指南》果攝內四假攝內六狹門，列字均爲「課」。

25（去一疑）□一過 臥 《廣韻》《集韻》吾貨切，疑過一去合果；《韻鏡》內轉第二十八合、《七音略》內轉二十八輕中輕、《切韻指掌圖》十二圖、《四聲等子》果攝內四重多輕少韻合口呼、《切韻指南》果攝內四假攝內六狹門，列字均爲「臥」。

26（去一清）■一過 剉 《廣韻》麤臥切，《集韻》寸臥切，清過一去合果；《韻鏡》內轉第二十八合、《七音略》内轉二十八輕中輕、《切韻指掌圖》十二圖、《四聲等子》果攝内四重多輕少韻合口呼、《切韻指南》果攝内四假攝内六狹門，列字均爲『剉』。

27 （去一從）■一過　座　《廣韻》《集韻》徂卧切，從過一去合果；《韻鏡》内轉第二十八合、《七音略》内轉二十八輕中輕、《切韻指掌圖》十二圖、《四聲等子》果攝内四重多輕少韻合口呼、《切韻指南》果攝内四假攝内六狹門，列字均爲『座』。

28 （去一曉）血一過　貨　《廣韻》《集韻》呼卧切，曉過一去合果；《韻鏡》内轉第二十八合、《七音略》内轉二十八輕中輕、《切韻指掌圖》十二圖、《四聲等子》果攝内四重多輕少韻合口呼、《切韻指南》果攝内四假攝内六狹門，列字均爲『貨』。

29 （去一匣）尾一過　和　《廣韻》《集韻》胡卧切，匣過一去合果；《韻鏡》内轉第二十八合、《七音略》内轉二十八輕中輕、《切韻指掌圖》十二圖、《四聲等子》果攝内四重多輕少韻合口呼、《切韻指南》果攝内四假攝内六狹門，列字均爲『和』。

30 （去一影）一一過　涴　《廣韻》《集韻》烏卧切，影過一去合果；《韻鏡》内轉第二十八合、《七音略》内轉二十八輕中輕、《切韻指掌圖》十二圖、《四聲等子》果攝内四重多輕少韻合口呼、《切韻指南》果攝内四假攝内六狹門，列字均爲『涴』。

31 （入一見）癸一鐸　郭　《廣韻》古博切，《集韻》光鑊切，見鐸一入合宕；《韻鏡》内轉第三十二合、《七音略》内轉三十五輕中輕、《切韻指掌圖》十四圖、《四聲等子》果攝内四重多輕少韻合口呼、《切韻指南》果攝内四假攝内六狹門，列字均爲「郭」。

32（入一溪）弃一鐸　廓　《廣韻》苦郭切，《集韻》闊鑊切，溪鐸一入合宕；《韻鏡》内轉第三十二合、《七音略》内轉三十五輕中輕、《切韻指掌圖》十四圖、《四聲等子》果攝内四重多輕少韻合口呼、《切韻指南》果攝内四假攝内六狹門，劣質均爲「廓」。

33（入一疑）□一鐸　矆　《廣韻》《集韻》五郭切，疑鐸一入合宕；《韻鏡》内轉第三十二合、《七音略》内轉三十五輕中輕、《切韻指掌圖》十四圖、《切韻指南》果攝内四假攝内六狹門，列字均爲「矆」；《四聲等子》空位。

觀五

觀二 渙四 觀三 巽四

必		閑	■	■	■	未	一	尾	血	■
		音			羸	[illegible]	倭	和		
		濁								
	戈									
	戈儀一									
					羸		婐	禍	火	
					羸		涴	和	貨	
	過蛏一									
					硑	[illegible]		鑊	霍	

巽一	漸一							巽三	漸五	
尭	揆	■	■	■	■	■	■	民	鼻	■
	[illegible]	骴								
									縛	

		漸三		漸二	漸四					
■	■	寅	■	賢	吠	■	■	■	■	■
棲	腮		腥		[illegible]					
									脞	[illegible]

第五十五圖 閉音濁

			剎四	蒙五	盎五	蒙三	剎六	蒙六	盎六	剎七
■	發音		法	朴	排	馬	冊	貪	覃	妳
	清	麻	巴	葩	爬	麻				
		麻(集)					奓			
		麻				哶				
		馬	把	土	跁	馬				
		馬(光)				乜	哆			
		禡	霸	帊	把	禡				
		禡(登)								
		轄(林)	八			帓				

第五十五圖　閉音濁

本圖列《廣韻》戈過韻字，係拆分《韻鏡》內轉第二十八合三等位字。本圖聲母除幫滂並、群疑、曉匣喻外，明本皆列「■」，四庫本空格。

校注：

1 （平三溪）■三戈　⿰骨⿱匕匕　當爲『⿰骨⿱匕匕』之俗體。『𩨷』，《廣韻》去靴切，《集韻》丘靴切，溪戈三平合果；《韻鏡》內轉第二十八合，列字爲『𩨷』；《七音略》內轉二十八輕中輕，列字爲『⿰骨⿱匕匕』，『⿰骨⿱匕匕』當爲『𩨷』之俗體；《切韻指掌圖》十二圖、《四聲等子》果攝內四重多輕少韻合口呼、《切韻指南》果攝內四假攝外六狹門，列字均爲『⿰骨𠤎』。『𩨷』爲《廣韻》戈三溪母位小韻首字，下收有『⿰骨𠤎』字，列字以『𩨷』爲佳，《起數訣》亦無誤。

2 （平三群）揆三戈　⿸疒腐　《廣韻》巨肥切，《集韻》衢韡切，群戈三平合果；《韻鏡》內轉第二十八合、《切韻指掌圖》十二圖、《四聲等子》果攝內四重多輕少韻合口呼、《切韻指南》果攝內四假攝外六狹門，列字均爲『⿸疒腐』；《七音略》空位。『⿸疒腐』爲《廣韻》戈三疑母位小韻首字，

《七音略》空位誤，《起數訣》是。

3　(平三曉)吙三戈　鞾　《廣韻》許肥切，《集韻》呼肥切，曉戈三平合果；《韻鏡》内轉第二十八合、《切韻指掌圖》十二圖、《四聲等子》果攝内四重多輕少韻合口呼、《切韻指南》果攝内四假攝外六狹門，列字均爲「靴」；《七音略》空位。「鞾」爲《廣韻》戈三曉母位小韻首字，下收有「靴」字，注曰：「上同」，「鞾」「靴」二字爲異體字。列字以「鞾」，《起數訣》亦無誤。

4　(平三影)■三戈　肥　《廣韻》《集韻》於靴切，影戈三平合果；《韻鏡》内轉第二十八合、《切韻指掌圖》十二圖、《四聲等子》果攝内四重多輕少韻合口呼、《切韻指南》果攝内四假攝外六狹門，列字均爲「肥」；《七音略》空位。「肥」爲《廣韻》戈三影母位小韻首字，《七音略》空位誤，《起數訣》是。

5　(平三來)■三戈　腮　明本列字爲「腮」，四庫本列字爲「臠」。「臠」，《廣韻》縷䏊切，《集韻》驢鞾切，來戈三平合果；《韻鏡》《四聲等子》均空位；《七音略》内轉二十八輕中輕、《切韻指掌圖》十二圖、《切韻指南》果攝内四假攝外六狹門，列字均爲「臠」。「臠」爲《廣韻》戈三來母位小韻首字，《韻鏡》空位誤，《起數訣》四庫本是。明本列字爲俗體，亦無誤。

6　(平三日)■三戈　捼　《廣韻》《集韻》奴禾切，泥戈一平合果；《韻鏡》内轉第二十八合、《七音略》内轉二十八輕中輕、《切韻指掌圖》十二圖、《四聲等子》果攝内四重多輕少韻合口呼，均列於泥母一等位。《切韻指南》果攝内四假攝外六狹門，列字爲「㨢」，當爲「捼」形訛。《廣韻》《集韻》戈韻無日紐字。大岩本幸次：『此或據《集韻》麻韻日母儒邪切小韻誤增？』《起數訣》誤，當删。

7　（平四精）■四戈　⿰飠坐　《廣韻》子能切，《集韻》臧戈切，精戈一平合果。均不當列於此位。《韻鏡》《七音略》《切韻指掌圖》《四聲等子》《切韻指南》均空位。《起數訣》誤，當删。此字又見於第五十四圖平四精，亦誤。

8　（平四清）■四戈　脞　《廣韻》《集韻》醋伽切，清戈三平開果；《韻鏡》《七音略》《切韻指掌圖》《四聲等子》《切韻指南》均空位。『脞』爲《廣韻》戈韻三等開口清母位小韻首字，然此圖爲合口圖，當删。此字又見於第五十四圖平四清，亦誤。

9　（去三並）鼻三過　縛　《廣韻》《集韻》符卧切，並過一去合果；均不當列於此位。《韻鏡》《七音略》《切韻指掌圖》《四聲等子》果攝内四重多輕少韻合口呼，《切韻指南》均空位。《起數訣》誤，當删。

			剌四	蒙五	盅五	蒙三	剌六	蒙六	盅六	剌七
■	發		法	朴	排	馬	毋	貪	覃	妳
	音									
	清	麻	巴	葩	爬	麻				
		麻[illegible]					爹			
		麻				哶				
		馬	把	土	跁	馬				
		馬[illegible]				乜	哆			
		禡	霸	帊	把	禡				
		禡[illegible]								
		韈[illegible]	八			帓				

剥一	蒙一		蒙二	剥八	蒙八	蛊八	剥十	艮九	剥二	蒙四
甲	巧	口	乇	哉	來	才	山	口	花	晚
								在下		
				嗟	礓	杳	登	鄉	苛	
				姐	且	妲	寫	炧		
	歌			借	苴	褯	卸	謝		

第五十六圖 開發音清

盍三	艮五		剎五			盡十一	蒙十	豪七	盍四	剎三
兒	白	口	百		發	崇	口	冷	萬	丞
					音					
				麻（瘥）	濁					
				麻						
							接		邪	
				馬（笑）						
				馬						
										野
				禡（蛭）						
				禡						
							偌		夜	
				轄（楚）						

第五十六圖　發音清

本圖舒聲列《廣韻》麻馬禡韻字，係拆分《韻鏡》内轉第二十九開四等韻字及二等脣音字。本圖聲母群、邪母、日母列『□』，其中明本邪母下一等格位内有小字『在下』二字，四庫本空格。

校注：

1（平二幫）法二麻　巴　《廣韻》伯加切，《集韻》邦加切，幫麻二平開假；《韻鏡》内轉第二十九開、《七音略》外轉二十九重中重、《切韻指掌圖》十二圖、《四聲等子》果攝内四重多輕少韻開口呼假攝外六、《切韻指南》果攝外四假攝外六狹門，列字均爲『巴』。本圖爲開口圖，按《起數訣》一般規律，脣音進合口，且在第五十八圖重出『芭』字，此位當删。

2（平二滂）朴二麻　葩　《廣韻》普巴切，《集韻》披巴切，滂麻二平開假；《韻鏡》内轉第二十九開、《七音略》外轉二十九重中重、《切韻指掌圖》十二圖、《四聲等子》果攝内四重多輕少韻開口呼假攝外六、《切韻指南》果攝外四假攝外六狹門，列字均爲『葩』。本圖爲開口圖，按《起數訣》一般規律，脣音進合口，且在第五十八圖重出『鈀』字，此位當删。

3（平二並）排二麻　爬　《廣韻》《集韻》蒲巴切，並麻二平開假；《韻鏡》內轉第二十九開、《七音略》外轉二十九重中重、《切韻指掌圖》十二圖、《切韻指南》果攝外四假攝外六狹門，列字均爲「爬」；《四聲等子》果攝內四重多輕少韻開口呼假攝外六，列字爲「杷」。「爬」爲《廣韻》麻二並母位小韻首字，下收有「杷」字，但本圖爲開口圖，按《起數訣》一般規律，脣音進合口，且在第五十八圖重出「杷」字，此位當删。

4（平二明）馬二麻　麻　《廣韻》莫霞切，《集韻》謨加切，明麻二平開假；《韻鏡》內轉第二十九開、《七音略》外轉二十九重中重、《切韻指掌圖》十二圖、《四聲等子》果攝內四重多輕少韻開口呼假攝外六、《切韻指南》果攝外四假攝外六狹門，列字均爲「麻」。本圖爲開口圖，按《起數訣》一般規律，脣音進合口，且在第五十八圖重出「蟆」字，此位當删。

5（平三知）丹三麻　爹　《廣韻》《集韻》陟邪切，知麻三平開假；《韻鏡》內轉第二十九開、《四聲等子》果攝內四重多輕少韻開口呼假攝外六、《切韻指南》果攝外四假攝外六狹門，均列於四等位，三等空位；《七音略》《切韻指掌圖》均空位。「爹」爲《廣韻》麻三知母位小韻首字，《韻鏡》誤，當校列於三等位。《七音略》空位誤，當校補「爹」字。但按《起數訣》列圖一般規則，本圖當列一四等及脣音字，故此位當删。

6（平四明）哉四麻　咩　當爲「哶」之形訛。「哶」，《康熙字典》記：「《玉篇》莫者切，《集韻》母野切，音乜。《玉篇》羊鳴也。又《集韻》母婢切，音弭。義同。又彌嗟切，乜平聲。苴哶，城名，在雲南。」此記彌嗟切，明母麻韻。《韻鏡》《七音略》均空位；《切韻指掌圖》十二圖、《四聲等子》果攝內四重多輕少韻開口呼假攝外六、《切韻指南》果攝外四假攝外六狹門，列字均爲「哶」。《廣韻》麻韻無明母四等。「哶」爲《集韻》麻三明母位小韻首字，麻韻無四等，《起數訣》誤，從《集韻》當列於三等位。但本圖爲開口圖，此位當刪。

7（平四精）采四麻　磋　《廣韻》七何切，《集韻》倉何切，清歌一平開果；疑此字當爲「嗟」字形訛。「嗟」，《廣韻》子邪切，《集韻》咨邪切，精麻三開平假。《韻鏡》內轉第二十九開、《七音略》外轉二十九重中重、《切韻指掌圖》十一圖、《四聲等子》果攝內四重多輕少韻開口呼假攝外六、《切韻指南》果攝外四假攝外六狹門，列字均爲「嗟」。「嗟」爲《廣韻》麻三精母位小韻首字，《起數訣》誤，當校改爲「嗟」字。

8（平四清）□四麻　礓　明本列字爲「礓」，四庫本列字爲「𥗋」，此字當爲「䃚」形訛。《廣韻》麻韻三等無清紐；「䃚」，《集韻》七邪切，清麻三平開假；《韻鏡》空位；《七音略》外轉二十九重中重、《四聲等子》果攝內四重多輕少韻開口呼假攝外六、《切韻指南》果攝外四假攝外六狹門，列字均爲「䃚」；《切韻指掌圖》十一圖，列字爲「脞」，清母戈韻。「䃚」爲《集韻》麻三清母位小韻首字，《起數訣》從《集韻》。兩本均形訛，當校改爲「䃚」。

9（平四從）才四麻　査　《廣韻》《集韻》才邪切，從麻三平開假；《韻鏡》內轉第二十九開、《切韻指掌圖》十一圖、《切韻指南》果攝外四假攝外六狹門，列字均爲「査」；《七音略》外轉二十九重中重，列字爲『查』，此字當爲『𡘋』字形訛；《四聲等子》空位。『𡘋』爲《廣韻》麻三從母位小韻首字，依韻圖規制列於四等，《七音略》誤，《起數訣》是。

10（平四心）山四麻　豊　此字當爲『些』形訛。『些』，《廣韻》寫邪切，《集韻》思嗟切，心麻三平開假；《韻鏡》内轉第二十九開、《七音略》外轉二十九重中重、《切韻指掌圖》十一圖、《切韻指南》果攝外四假攝外六狹門，列字均爲『些』；《四聲等子》果攝内四重多輕少韻開口呼假攝外六，列字爲『查』，誤。『些』爲《廣韻》麻三心母位小韻首字，依韻圖規制列於四等，《起數訣》誤，當校改爲『些』。

11（平四曉）花四麻　苛　《廣韻》胡歌切，匣歌一平開果；《集韻》黑嗟切，曉麻三平開假；《韻鏡》《七音略》《切韻指掌圖》均空位。《四聲等子》果攝内四重多輕少韻開口呼假攝外六、《切韻指南》果攝外四假攝外六狹門，列字均爲『苛』。《廣韻》麻韻三等無曉母。『苛』爲《集韻》麻三曉母位小韻首字，《起數訣》從《集韻》。

12（平四以）萬四麻　邪　《廣韻》以遮切，《集韻》余遮切，以麻三平開假；《韻鏡》内轉第二十九開、《七音略》外轉二十九重中重、《切韻指掌圖》十一圖、《四聲等子》果攝内四重多輕少韻開口呼假攝外六、《切韻指南》果攝外四假攝外六狹門，列字均爲『耶』，《廣韻》注：『並見上注』。『邪』『耶』二字爲異體字。『邪』爲《廣韻》麻三喻四位小韻首字，按韻圖規制列於四等，下收有『耶』字，《起數訣》是。

13（平四日）□四麻 捼 《廣韻》儒隹切，日脂三平合止；《集韻》儒邪切，日麻三平開假；《韻鏡》《七音略》《切韻指掌圖》《四聲等子》《切韻指南》均空位。《廣韻》麻三無日母字，「捼」爲《集韻》麻三日母位小韻首字，《起數訣》誤，從《集韻》當校列於三等位。

14（上二幫）法二馬 把 《廣韻》博下切，《集韻》補下切，幫馬二上開假；《韻鏡》内轉第二十九開、《七音略》外轉二十九重中重、《切韻指掌圖》十二圖、《四聲等子》果攝内四重多輕少韻開口呼假攝外六、《切韻指南》果攝外四假攝外六狹門，列字均爲「把」。本圖爲開口圖，按《起數訣》一般規律，脣音進合口，此位當删。

15（上二滂）朴二馬 土 《廣韻》他魯切，透姥一上合遇；徒古切，定姥一合上遇；均不合於此位。《集韻》片賈切，滂馬二上開假。《韻鏡》《七音略》《切韻指掌圖》均空位；《四聲等子》果攝内四重多輕少韻開口呼假攝外六、《切韻指南》果攝外四假攝外六狹門，列字均爲「土」。《廣韻》馬韻無滂母。《起數訣》從《集韻》亦無誤。本圖爲開口圖，按《起數訣》一般規律，脣音進合口，此位當删。

16（上二並）排二馬 跁 《廣韻》傍下切，《集韻》部下切，並馬二上開假；《韻鏡》内轉第二十九開、《七音略》外轉二十九重中重、《切韻指掌圖》十二圖、《切韻指南》果攝外四假攝外六狹門，列字均爲「跁」；《四聲等子》果攝内四重多輕少韻開口呼假攝外六，列字爲「罷」，並母蟹韻。本圖爲開口圖，按《起數訣》一般規律，脣音進合口，且在第五十八圖重出「笆」字，此位當删。

17（上二明）馬二馬　馬　《廣韻》莫下切，《集韻》母下切，明馬二上開假；《韻鏡》内轉第二十九開、《七音略》外轉二十九重中重、《切韻指掌圖》十二圖、《四聲等子》果攝内四重多輕少韻開口呼假攝外六、《切韻指南》果攝外四假攝外六狹門，列字均爲『馬』。本圖爲開口圖，按《起數訣》一般規律，脣音進合口，且在第五十八圖重出『碼』字，此位當删。

18（上四明）馬四馬　乜　《廣韻》彌也切，《集韻》母野切，明馬三上開假；《韻鏡》《七音略》均空位；《切韻指掌圖》十二圖、《四聲等子》果攝内四重多輕少韻開口呼假攝外六、《切韻指南》果攝外四假攝外六狹門，列字均爲『乜』。『乜』爲《廣韻》馬三明母位小韻首字，《起數訣》誤，且本圖爲開口圖，按《起數訣》一般規律，脣音進合口，此位當删。

19（上四端）丹四馬　哆　《廣韻》昌者切，昌馬三上開假；《集韻》丁寫切，端馬三上開假，此當爲類隔，當爲知母馬韻；《韻鏡》《七音略》《切韻指掌圖》均空位；《四聲等子》果攝内四重多輕少韻開口呼假攝外六、《切韻指南》果攝外四假攝外六狹門，列字均爲『哆』。《廣韻》馬韻無端母字，馬韻無四等，《集韻》端母音爲類隔，各韻圖列『哆』均從《集韻》，《起數訣》等誤，當删。

20（上四從）才四馬　姐　《廣韻》《集韻》當割切，端曷一入開山；均不當列於此位。《韻鏡》内轉第二十九開，列字爲『担』，《廣韻》茲野切，精馬三上開假；徐野切，邪馬三上開假。《集韻》慈野切，從馬三上開假。《韻鏡》或從《集韻》。《七音略》外轉二十九重中重，列字爲

『担』，此字當爲『抯』字形訛；《切韻指掌圖》《四聲等子》均空位；《切韻指南》果攝外四假攝外六狹門，列字爲『姐』，《集韻》從母馬韻。《廣韻》馬韻三等無從母。此字當爲『姐』字誤，《集韻》從母馬韻，《起數訣》從《集韻》當校改爲『姐』。

21（上四影）亞四馬　野　《廣韻》羊者切，《集韻》以者切，以馬三上開假；《韻鏡》内轉第二十九開、《七音略》外轉二十九重中重、《切韻指掌圖》十一圖、《切韻指南》果攝外四假攝外六狹門，以母位列字均爲『野』；《四聲等子》果攝内四重多輕少韻開口呼假攝外六，列字爲『也』。『野』爲《廣韻》馬三喻四母位小韻首字，下收有『也』字，《起數訣》列於影母誤，當列於喻四位。

22（上四以）萬四馬　○　《廣韻》《集韻》馬韻以母均有『野』字，諸家韻圖均有字。《起數訣》誤列入影母，此處當校補『野』字。

23（去二幫）法二禡　霸　《廣韻》《集韻》必駕切，幫禡二去開假；《韻鏡》内轉第二十九開、《七音略》外轉二十九重中重、《切韻指掌圖》十二圖、《四聲等子》果攝内四重多輕少韻開口呼假攝外六、《切韻指南》果攝外四假攝外六狹門，列字均爲『霸』。本圖爲開口圖，按《起數訣》一般規律，脣音進合口，且在第五十八圖重出『弝』字，此位當删。

24（去二滂）朴二禡　帊　《廣韻》《集韻》普駕切，滂禡二去開假；《韻鏡》内轉第二十九開、《七音略》外轉二十九重中重、《四聲等子》果攝内四重多輕少韻開口呼假攝外六，列字均爲

『怕』；《切韻指掌圖》十二圖、《切韻指南》果攝外四假攝外六狹門，列字均爲『帊』。『帊』爲《廣韻》禡二滂母位小韻首字，下收有『怕』字，列字以『帊』字爲佳，但本圖爲開口圖，按《起數訣》一般規律，脣音進合口，且在第五十八圖重出『怕』字，此位當删。

25 （去二並）排二禡 把 《廣韻》《集韻》補下切，幫馬二上開假；此字或爲『杷』字形訛。『杷』，《廣韻》白駕切，《集韻》步化切，並禡二去開假。《韻鏡》内轉第二十九開，列字爲『杷』；《七音略》外轉二十九重中重，列字爲『把』，同上；《切韻指掌圖》十二圖、《四聲等子》果攝内四重多輕少韻開口呼假攝外六，列字均爲『杷』；《切韻指南》果攝外四假攝外六狹門，列字爲『䀛』。『䀛』爲《廣韻》禡二並母位小韻首字，下收有『杷』『杷』二字，列字以『䀛』字爲佳，《起數訣》列『杷』字雖無誤，但本圖爲開口圖，按《起數訣》一般規律，脣音進合口，且在第五十八圖重出『䀛』字，此位當删。

26 （去二明）馬二禡 禡 明本列字爲『禡』，四庫本列字爲『榪』。『禡』，《廣韻》《集韻》莫駕切，明禡二去開假；《韻鏡》内轉第二十九開、《七音略》外轉二十九重中重、《切韻指掌圖》十二圖、《四聲等子》果攝内四重多輕少韻開口呼假攝外六、《切韻指南》果攝外四假攝外六狹門，列字均爲『禡』。『禡』爲《廣韻》禡二明母位小韻首字，下收有『榪』字，明本列『禡』字爲佳，四庫本亦無誤。但本圖爲開口圖，按《起數訣》一般規律，脣音進合口，且在第五十八圖重出『骂』字，此位當删。

27（去四溪）巧四禡　歌　《廣韻》枯駕切，《集韻》丘駕切，溪禡二去開假；均不當列於此位。《韻鏡》内轉第二十九開，列於四等位；《七音略》《切韻指掌圖》均空位；《四聲等子》果攝内四重多輕少韻開口呼假攝外六、《切韻指南》果攝外四假攝外六狹門，列字均爲『歌』。『髂』爲《廣韻》禡二溪母位小韻首字，下收有『歌』字，列字以『髂』字爲佳，於第五十七圖二等位列『髂』字。《集韻》『歌』字，企夜切，企在《集韻》屬溪紐詰類上字，該類字一般只切純四等和重紐四等字，故將『歌』列於四等，但馬韻無四等，且假攝無重紐，故『歌』列於四等誤，當删。

28（去四精）哉四禡　借　《廣韻》《集韻》子夜切，精禡三去開假；《韻鏡》内轉第二十九開、《七音略》外轉二十九重中重，列字均爲『唶』；《切韻指掌圖》十一圖、《四聲等子》果攝内四重多輕少韻開口呼假攝外六、《切韻指南》果攝外四假攝外六狹門，列字均爲『借』。『唶』爲《廣韻》禡三精母位小韻首字，下收有『借』字。『借』爲《集韻》禡三精母位小韻首字，下收有『唶』字，《起數訣》從《集韻》。

29（去四心）山四禡　卸　《廣韻》司夜切，《集韻》四夜切，心禡三去開假；《韻鏡》内轉第二十九開、《七音略》外轉二十九重中重、《切韻指南》果攝外四假攝外六狹門，列字均爲『蝑』；《切韻指掌圖》十一圖，列字均爲『卸』；《四聲等子》果攝内四重多輕少韻開口呼假攝外六，列字爲『褯』，從母禡韻，錯列於心母。『蝑』爲《廣韻》禡三心母位小韻首字，下收有『卸』字。『卸』爲《集韻》禡三心母位小韻首字，下收有『蝑』字，《起數訣》從《集韻》。

30（去四日）□四禡　偌　《廣韻》禡韻無日母；《集韻》人夜切，日禡三去開假；《韻鏡》內轉第二十九開，列字爲『偌』；《七音略》《切韻指掌圖》《四聲等子》《切韻指南》均空位。『偌』爲《集韻》禡三日母位小韻首字，《韻鏡》或從《集韻》。《起數訣》亦從《集韻》，然日母只有三等，誤，當校列於三等位。且此字於第五十七圖日母三等位重出，故當刪。

31　此圖轄韻二等幫母位於第四十六圖重出，故只校異處。

32（入二幫）馬二轄　八　《廣韻》博拔切，《集韻》布拔切，幫黠二入合山；《韻鏡》外轉第二十一開、《七音略》外轉二十一重中輕、《四聲等子》山攝外四輕重俱等韻開口呼、《切韻指南》山攝外四開口呼廣門，列字均爲『捌』；《廣韻》百鎋切，幫轄二入合山；《集韻》布拔切，幫黠二入合山。《切韻指掌圖》八圖，列字爲『八』。『捌』『八』二字黠韻同音，但『八』無轄韻音，故不當列入此位。第四十六圖列字爲『捌』，此處當校改爲『捌』。但本圖爲開口圖，當刪。

33（入二明）馬二轄　帓　明本列字爲『帓』，四庫本列字爲『帓』。明本顯誤。『帓』，《廣韻》《集韻》莫轄切，明轄三去開山；《韻鏡》外轉第二十一開、《四聲等子》山攝外四輕重俱等韻開口呼，列字均爲『礣』；《七音略》空位；《切韻指掌圖》八圖、《切韻指南》山攝外四開口呼廣門，列字均爲『傛』。『礣』爲《廣韻》轄二明母位小韻首字，下收有『帓』字；礣，《集韻》莫八切，明母黠韻。『帓』爲《集韻》轄二明母位小韻首字，《起數訣》從《集韻》。《七音略》空位誤，依《廣韻》，當校補「磯」字。但本圖爲開口圖，當删。

釋：

1 （平四邪）□四麻　邪　《廣韻》似嗟切，《集韻》徐嗟切，邪麻三平開假；《韻鏡》内轉第二十九開、《七音略》外轉二十九重中重、《切韻指掌圖》十一圖、《四聲等子》果攝内四重多輕少韻開口呼假攝外六、《切韻指南》果攝外四假攝外六狹門，列字均爲「邪」。

2 （上四精）哉四馬　姐　《廣韻》兹野切，《集韻》子野切，精馬三上開假；《韻鏡》内轉第二十九開、《七音略》外轉二十九重中重、《切韻指掌圖》十一圖、《四聲等子》果攝内四重多輕少韻開口呼假攝外六、《切韻指南》果攝外四假攝外六狹門，列字均爲「姐」。

3 （上四清）采四馬　且　《廣韻》七也切，《集韻》淺野切，清馬三上開假；《韻鏡》内轉第二十九開、《七音略》外轉二十九重中重、《切韻指掌圖》十一圖、《四聲等子》果攝内四重多輕少韻開口呼假攝外六、《切韻指南》果攝外四假攝外六狹門，列字均爲「且」。

4 （上四心）山四馬　寫　《廣韻》悉姐切，《集韻》洗野切，心馬三上開假；《韻鏡》内轉第二十九開、《七音略》外轉二十九重中重、《切韻指掌圖》十一圖、《切韻指南》果攝外四假攝外六狹門，列字均爲「寫」；《四聲等子》果攝内四重多輕少韻開口呼假攝外六，列字爲「姐」，精母馬韻，誤。

5（上四邪）□四馬　灺　《廣韻》徐野切，《集韻》似也切，邪馬三上開假；《韻鏡》内轉第二十九開、《七音略》外轉二十九重中重、《切韻指掌圖》十一圖、《四聲等子》果攝内四重多輕少韻開口呼假攝外六、《切韻指南》果攝外四假攝外六狹門，列字均爲「灺」。

6（去四清）采四禡　筸　《廣韻》遷謝切，《集韻》七夜切，清禡三去開假；《韻鏡》内轉第二十九開、《七音略》外轉二十九重中重、《切韻指掌圖》十一圖、《四聲等子》果攝内四重多輕少韻開口呼假攝外六、《切韻指南》果攝外四假攝外六狹門，列字均爲「筸」。

7（去四從）才四禡　褯　《廣韻》《集韻》慈夜切，從禡三去開假；《韻鏡》内轉第二十九開、《七音略》外轉二十九重中重、《切韻指掌圖》十一圖、《切韻指南》果攝外四假攝外六狹門，列字均爲「褯」；《四聲等子》空位，「褯」字串入心母位。

8（去四邪）□四禡　謝　《廣韻》辝夜切，《集韻》詞夜切，邪禡三去開假；《韻鏡》内轉第二十九開、《七音略》外轉二十九重中重、《切韻指掌圖》十一圖、《四聲等子》果攝内四重多輕少韻開口呼假攝外六、《切韻指南》果攝外四假攝外六狹門，列字均爲「謝」。

9（去四以）萬四禡　夜　《廣韻》羊謝切，《集韻》寅謝切，以禡三去開假；《韻鏡》内轉第二十九開、《七音略》外轉二十九重中重、《切韻指掌圖》十一圖、《四聲等子》果攝内四重多輕少韻開口呼假攝外六、《切韻指南》果攝外四假攝外六狹門，列字均爲「夜」。

剎三	盡四	豪七	蒙十	盡十一			剎五		艮五	盡三
亞	萬	冷	口	崇	發		百	口	白	皃
					音					
					濁	麻蟇一				
						麻				
	邪		捿							
						馬之一				
						馬				
野										
						禡蛙一				
						禡				
	夜		偌							
						轄媟一				

第五十七圖　發音濁

盍十二	衮十一	剎十一	盍二		艮一	艮十一	艮七	艮六	衮十二	剎十二
茶	义	莊	牙	口	口	乍	南	大	坼	卓
					華上					
嵳	义	摣	牙		齖	嘉	挐		侘	奓
	車	遮								
搓	叉	詐	雅		跒	賈	挐	跺	姹	觰
	撦	柘								
乍	衩		訝		骼	駕	䏧	蜡	詫	吒
	趀									
鏨	剎	哳	齾		鴰	鵽	鬐			

剁九	艮十	艮四	艮二	艮八	艮三	盍七	盍一	艮十二		
三	士	九	華	在	爻	犖	口	宅	開	
									音	
沙	闍	蝦	遐	鴉			齖	茶	清	麻𪆴
奢						儸	若			
灑		閜	下	啞		[illegible]	惹			馬奎
捨	社					跒				
嗄	坼	譁	[illegible]	亞						
舍	射						偌			
		瞎	鎋	鶡						

第五十七圖　發音濁

本圖舒聲列《廣韻》麻馬禡韻字，係拆分《韻鏡》外轉第二十九開二三等非脣音字。入聲列《廣韻》鎋韻字，係拆分《韻鏡》外轉第二十一開入聲二等非脣音字。本圖聲母滂、溪、群、日母位列『□』，四庫本空格。其中明本溪母下一等格位内有『華上』二字。

校注：

1 （平二澄）大二麻　◯　《廣韻》《集韻》麻韻二等澄母位均有『𣘻』字，《廣韻》宅加切，《集韻》直加切，澄麻二平開假；《韻鏡》内轉第二十九開、《七音略》外轉二十九重中重、《切韻指掌圖》十一圖、《四聲等子》果攝内四重多輕少韻開口呼假攝外六，列字均爲『茶』；《切韻指南》果攝内四假攝外六狹門，列字爲『𣘻』。『𣘻』爲《廣韻》麻二澄母位小韻首字，下收有『茶』字，列字以『𣘻』字爲佳，《起數訣》空位誤，此處當校補『𣘻』字。

2 （平二莊）莊二麻　樝　明本列字當爲『摣』，四庫本列『樝』字。此字當爲『樝』字形訛。樝，《廣韻》側加切，《集韻》莊加切，莊麻二平開假；《韻鏡》内轉第二十九開，列字爲『樝』，《廣韻》

《集韻》莊助切，莊御三去開遇，此字當爲『樝』字形訛；《七音略》外轉二十九重中重、《切韻指掌圖》十一圖、《四聲等子》果攝内四重多輕少韻開口呼假攝外六、《切韻指南》果攝内四假攝外六狹門，列字均爲『樝』。『樝』爲《廣韻》麻二莊母位小韻首字，《起數訣》兩版本均不清晰，當校改爲『樝』。

3 （平二初）叉二麻　义　《廣韻》《集韻》宜寄切，疑寘三去開止。不當列於此位。此字當爲『叉』字形訛。『叉』，《廣韻》初牙切，《集韻》初加切，初麻二平開假；《韻鏡》内轉第二十九開、《四聲等子》果攝内四重多輕少韻開口呼假攝外六、《切韻指南》果攝内四假攝外六狹門，列字均爲『叉』；《七音略》外轉二十九重中重、《切韻指掌圖》十一圖，列字均爲『义』，同《起數訣》。『叉』爲《廣韻》麻二初母位小韻首字，《七音略》《起數訣》誤，當校改爲『叉』字。

4 （平二崇）茶二麻　茬　《廣韻》士之切，《集韻》仕之切，崇之三平開止；均不當列於此位。《韻鏡》内轉第二十九開、《七音略》外轉二十九重中重、《切韻指南》果攝内四假攝外六狹門，列字均爲『楂』，《廣韻》《集韻》鉏加切，崇麻二平開假；《切韻指掌圖》十一圖，列字爲『槎』；《四聲等子》空位。『茬』在《毛氏增韻》中爲『鋤加切』，崇母麻韻。可列於此位，爲時音表現。但依《廣韻》則不適於此位。『楂』爲《廣韻》麻二崇母位小韻首字，下收有『槎』字，列字以『楂』字爲佳，《起數訣》誤，當校改爲『楂』字。

5 （平二生）三二麻　沙　《廣韻》所加切，《集韻》師加切，生麻二平開假；《韻鏡》内轉第二十九開、《切韻指南》果攝内四假攝外六狹門，列字爲『鯊』；《七音略》外轉二十九重中重，列字爲『砂』；《切韻指掌圖》十一圖、《四聲等子》果攝内四重多輕少韻開口呼假攝外六，列字均爲『沙』。『鯊』爲《廣韻》麻二生母位小韻首字，下收有『沙』『砂』二字。『沙』爲《集韻》麻二生母位小韻首字，下收有『鯊』『砂』二字，列字以『沙』字爲佳，《起數訣》從《集韻》。

6（平二俟）士二麻　闍　明本列字爲『闍』，四庫本列字爲『氵』，不知何字。闍，《廣韻》視遮切，《集韻》時遮切，禪麻三平開假；《韻鏡》内轉第二十九開、《七音略》外轉二十九重中重、《切韻指掌圖》十一圖、《四聲等子》果攝内四重多輕少韻開口呼假攝外六、《切韻指南》果攝内四假攝外六狹門，均列於禪母三等位。《起數訣》明本誤，四庫本不明，均當删。

7（平二曉）凡二麻　蝦　《廣韻》胡加切，匣麻二平開假；《集韻》虚加切，曉麻二平開假；《韻鏡》内轉第二十九開、《切韻指掌圖》十一圖、《四聲等子》果攝内四重多輕少韻開口呼假攝外六、《切韻指南》果攝内四假攝外六狹門，列字均爲『煆』，《廣韻》許加切，《集韻》虚加切，曉麻二去開假；《七音略》外轉二十九重中重，列字爲『呀』。『煆』爲《廣韻》《集韻》麻二曉母位小韻首字，下均收有『呀』字，《集韻》下亦收有『蝦』字，列字以『煆』字爲佳。《起數訣》從《集韻》，列『蝦』字，亦無誤。

8（平二影）在二麻　鴉　《廣韻》《集韻》於加切，影麻二平開假；《韻鏡》内轉第二十九開、《七音略》外轉二十九重中重，列字均爲『鵶』；《切韻指掌圖》十一圖、《四聲等子》果攝内四重多輕少韻開口呼假攝外六、《切韻指南》果攝內四假攝外六狹門，列字均爲「鴉」。「鴉」爲《廣韻》麻二影母位小韻首字，下收有「鵶」字，注曰：「上同」，「鴉」「鵶」二字爲異體字，《起數訣》列正體，是。

9（平二日）□二麻　⿰齒可　《廣韻》苦加切，《集韻》丘加切，溪麻二平開假；均不當列於此位。《韻鏡》內轉第二十九開、《七音略》外轉二十九重中重、《切韻指掌圖》十一圖、《四聲等子》果攝內四重多輕少韻開口呼假攝外六、《切韻指南》果攝內四假攝外六狹門，均列於溪母，日母空位。「⿰齒可」爲《廣韻》麻二溪母位小韻首字，本圖平二溪母已列「⿰齒可」字，《起數訣》日母列字誤，當刪。

10（平二半三）宅二麻　茶　《廣韻》宅加切，《集韻》直加切，澄麻二平開假；《韻鏡》內轉第二十九開、《七音略》外轉二十九重中重、《切韻指掌圖》十一圖、《四聲等子》果攝內四重多輕少韻開口呼假攝外六、《切韻指南》果攝內四假攝外六狹門，均列於澄母。「茶」爲《廣韻》麻二澄母位小韻首字，《起數訣》列於半三，澄母位空位。

11（平三船）茶三麻　○　《廣韻》麻韻二等開口船母位有「蛇」字，食遮切，船麻三平開假。《集韻》時遮切，禪麻三平開假。《韻鏡》內轉第二十九開、《切韻指南》果攝內四假攝外六狹門，列字均爲「蛇」；《七音略》外轉二十九重中重，列字爲「虵」；《切韻指掌圖》《四聲等子》均空位。「蛇」爲《廣韻》麻三船母位小韻首字，下收有「虵」字，注曰：「上同」，「蛇」「虵」二字爲異體字。《起數訣》空位誤，此處從《廣韻》當校補『蛇』字。

12（平三禪）士三麻 ◯ 明本空位，四庫本列字爲『闍』。《廣韻》《集韻》麻三開口禪母位均有『闍』字，《廣韻》視遮切，《集韻》時遮切，禪麻三平開假；《韻鏡》內轉第二十九開、《七音略》外轉二十九重中重、《切韻指掌圖》十一圖、《四聲等子》果攝內四重多輕少韻開口呼假攝外六、《切韻指南》果攝內四假攝外六狹門，列字均爲『闍』。『闍』爲《廣韻》麻三禪母位小韻首字，《起數訣》明本空位誤，當校補『闍』字。四庫本列『闍』字是。

13（平三來）犖三麻 儸 《廣韻》魯何切，來歌一平開果；《集韻》利遮切，來麻三平開假；《韻鏡》內轉第二十九開、《七音略》外轉二十九重中重、《四聲等子》果攝內四重多輕少韻開口呼假攝外六、《切韻指南》果攝內四假攝外六狹門，列字均爲『儸』；《切韻指掌圖》空位。《廣韻》麻韻三等開口無來母。『儸』爲《集韻》麻三來母位小韻首字，《韻鏡》《七音略》《起數訣》均從《集韻》。

14（上二澄）大二馬 踷 《廣韻》《集韻》馬韻二等開口澄母均無此字。疑此字當爲『跺』字形訛。『跺』，《康熙字典》記：『《廣韻》徒故切，音度。《玉篇》不履。《字彙》義與徒跳同。又《集韻》宅下切。跺跒，行不進也。』此記宅下切，澄馬二上開假。《韻鏡》《切韻指掌圖》空位；《七音略》外轉二十九重中重，列字爲『踷』，當爲『跺』字形訛；《四聲等子》果攝內四重多輕少韻開口呼假攝外六，列字爲『㖨』，透母模韻；《切韻指南》果攝內四假攝外六狹門，列字爲「䟻」。「䟻」爲《集韻》馬二澄母位小韻首字，《七音略》《起數訣》從《集韻》。

15 (上二娘)南二馬　拏　《廣韻》《集韻》女加切，娘麻二平開假；均不當列於此位。此字當爲「䋈」字形訛。「䋈」，《廣韻》奴下切，《集韻》女下切，娘馬二上開假。《韻鏡》內轉第二十九開、《七音略》外轉二十九重中重、《切韻指掌圖》十一圖、《四聲等子》果攝內四重多輕少韻開口呼假攝外六、《切韻指南》果攝內四假攝外六狹門，列字均爲「䋈」。「䋈」爲《廣韻》馬二娘母位小韻首字，《起數訣》誤，當校改爲「䋈」字。

16 (上二見)乍二馬　賈　《廣韻》古疋切，《集韻》舉下切，見馬二上開假；《韻鏡》內轉第二十九開、《四聲等子》果攝內四重多輕少韻開口呼假攝外六，列字均爲「賈」；《七音略》外轉二十九重中重、《切韻指南》果攝內四假攝外六狹門，列字爲「檟」；《切韻指掌圖》十一圖，列字爲「假」。「檟」爲《廣韻》馬二見母位小韻首字，下收有「假」「賈」二字。「賈」爲《集韻》馬二見母位小韻首字，下收有「假」「檟」二字，《起數訣》從《集韻》。

17 (上二莊)莊二馬　詐　明本列字爲「詐」，四庫本列字爲「鮓」。「詐」，《廣韻》《集韻》側駕切，莊禡二去開假；「鮓」，《廣韻》《集韻》側下切，莊馬二上開假；《韻鏡》內轉第二十九開、《七音略》外轉二十九重中重、《切韻指掌圖》十一圖、《四聲等子》果攝內四重多輕少韻開口呼假攝外六、《切韻指南》果攝內四假攝外六狹門，列字均爲「鮓」。「鮓」爲《廣韻》馬二莊母位小韻首字，《起數訣》明本誤，四庫本列字是。

18（上二初）叉二馬　⿱⺮叉《廣韻》《集韻》馬韻二等開口初母位均無字；此字當爲『⿱⺮叉』字形訛。『⿱⺮叉』，《廣韻》未收；《集韻》初雅切，初馬二上開假；《韻鏡》《切韻指掌圖》均空位；《七音略》外轉二十九重中重，列字爲『⿱⺮叉』，當爲『⿱⺮叉』形訛；《四聲等子》果攝内四重多輕少韻開口呼假攝外六、《切韻指南》果攝内四假攝外六狹門，列字均爲『⿱⺮叉』。『⿱⺮叉』爲《集韻》馬二初母位小韻首字，《起數訣》從《集韻》字形誤，當校改爲『⿱⺮叉』字。

19（上二曉）凡二馬　閜《廣韻》《集韻》許下切，曉馬二上開假；《韻鏡》内轉第二十九開、《七音略》外轉二十九重中重、《切韻指掌圖》十一圖、《四聲等子》果攝内四重多輕少韻開口呼假攝外六、《切韻指南》果攝内四假攝外六狹門，列字均爲『閜』。『閜』爲《廣韻》馬二曉母位小韻首字，下收有『閜』字。『閜』爲《集韻》馬二曉母位小韻首字，下收有『閜』字，列字以『閜』字爲佳，《起數訣》從《集韻》。

20（上二日）□二馬　惹　明本列於二等日母位，四庫本三等位空位。《廣韻》人者切，《集韻》爾者切，日馬三上開假；《韻鏡》《七音略》《切韻指掌圖》《四聲等子》《切韻指南》均空位。『若』爲《廣韻》馬三日母位小韻首字，下收有『惹』字，當列於三等。《起數訣》明本誤，當删。四庫本是。

21（上三章）莊三馬　柘　明本列字爲『柘』，四庫本列字爲『者』。柘，《廣韻》《集韻》之夜切，章禡三去開假；均不當列於此位。《韻鏡》内轉第二十九開、《七音略》外轉二十九重中重、

《切韻指掌圖》十一圖、《四聲等子》果攝内四重多輕少韻開口呼假攝外六、《切韻指南》果攝内四假攝外六狹門，列字均爲『者』，《廣韻》章也切，《集韻》止野切，章馬三上開假。『者』爲《廣韻》馬三章母位小韻首字，四庫本是。《起數訣》明本誤，當校改爲『者』字。

22 （上三昌）叉三馬　撦　《廣韻》昌者切，《集韻》齒者切，昌馬三上開假；《韻鏡》内轉第二十九開，列字爲『䞣』，此字當爲『䞣』字形訛；《七音略》外轉二十九重中重、《切韻指掌圖》十一圖、《切韻指南》果攝内四假攝外六狹門，列字均爲『䞣』；《四聲等子》果攝内四重多輕少韻開口呼假攝外六，列字爲『撦』。『䞣』爲《廣韻》《集韻》馬三昌母位小韻首字，下收有『撦』字，列字以『䞣』字爲佳，《起數訣》列『撦』字，亦無誤。

23 （上三來）犖三馬　跒　《廣韻》馬韻三等開口來母位無字；《集韻》力者切，來馬三上開假；《韻鏡》《七音略》《切韻指掌圖》均空位；《四聲等子》果攝内四重多輕少韻開口呼假攝外六、《切韻指南》果攝内四假攝外六狹門，列字均爲『跒』。『跒』爲《集韻》馬三來母位小韻首字，《起數訣》從《集韻》。

24 （上三日）□三馬　○　明本空位，四庫本列字爲『惹』。《廣韻》《集韻》馬韻三等日母位均有『若』字，《廣韻》人者切，《集韻》爾者切，日馬三上開假；《韻鏡》内轉第二十九開、《七音略》外轉二十九重中重、《切韻指南》果攝内四假攝外六狹門，列字均爲『若』；《切韻指掌圖》十一圖，列字爲『惹』；《四聲等子》果攝内四重多輕少韻開口呼假攝外六，列字爲『哷』。『若』

爲《廣韻》馬三日母位小韻首字，下收有『惹』『唋』二字，列字以『若』字爲佳。《起數訣》明本誤列於二等位，當校補『若』字。四庫本是。

25 （去二澄）大二禡　蜡　《廣韻》鋤駕切，崇禡二去開假；《集韻》除駕切，澄禡二去開假。《韻鏡》内轉第二十九開、《七音略》外轉二十九重中重、《切韻指掌圖》十一圖，列字均爲『蛇』，《廣韻》《集韻》除駕切，澄禡二去開假；《四聲等子》果攝内四重多輕少韻開口呼假攝外六，列字爲『咤』，知母禡韻；《切韻指南》果攝内四假攝外六狹門，列字爲『蛇』，澄母麻韻。『蛇』爲《廣韻》禡二澄母位小韻首字。『蛇』『蜡』同爲《集韻》禡二澄母位小韻首字，釋『蟲名，南越志水母東海尾之蛇，或作蜡』。『蛇』『蜡』二字爲異體字，《起數訣》從《集韻》。

26 （去二疑）牙二禡　訝　《廣韻》吾駕切，《集韻》魚駕切，疑禡二去開假；《韻鏡》内轉第二十九開、《七音略》外轉二十九重中重、《切韻指掌圖》十一圖、《四聲等子》果攝内四重多輕少韻開口呼假攝外六、《切韻指南》果攝内四假攝外六狹門，列字均爲『迓』。『迓』爲《廣韻》禡二疑母位小韻首字，下收有『訝』字。『訝』『迓』同爲《集韻》禡二疑母位小韻首字，《起數訣》從《集韻》。

27 （去二莊）莊二禡　○　明本空位，四庫本列字爲『詐』。《廣韻》《集韻》禡二莊母位均有『詐』字，《廣韻》《集韻》側駕切，莊禡二去開假；《韻鏡》内轉第二十九開、《七音略》外轉二十九重中重、《切韻指掌圖》十一圖、《四聲等子》果攝内四重多輕少韻開口呼假攝外六、《切韻指南》果攝內四假攝外六狹門，列字均爲『詐』。『詐』爲《廣韻》《集韻》禡二莊母位小韻首字，《起數訣》四庫本列『詐』是，明本空位誤，當校補『詐』字。

28 （去二初）叉二禡　衩　各韻書均未收此字。此字當爲『衩』字形訛。『衩』，《廣韻》未收；《集韻》楚嫁切，初禡二去開假。《韻鏡》《切韻指掌圖》均空位；《七音略》外轉二十九重中重，列字爲『扠』，爲『扠』字書寫訛，徹母佳韻，誤，當刪；《四聲等子》果攝內四重多輕少韻開口呼假攝外六、《切韻指南》果攝內四假攝外六狹門，列字均爲『瘥』。『瘥』爲《集韻》禡二初母位小韻首字，下收有『衩』字，列字以『瘥』字爲佳，《起數訣》從《集韻》，但形訛爲『衩』，當校改爲『衩』。（按：古書中『叉』常刊刻爲『乂』。）

29 （去二俟）士二禡　坬　《廣韻》《集韻》古罵切，見禡二去合假；均不當列於此位。《韻鏡》《七音略》《切韻指掌圖》《四聲等子》《切韻指南》均空位。《起數訣》誤，當刪。

30 （去二曉）凡二禡　罅　《廣韻》呼訝切，《集韻》虛訝切，曉禡二去開假；《韻鏡》內轉第二十九開、《七音略》外轉二十九重中重、《切韻指掌圖》十一圖、《切韻指南》果攝內四假攝外六狹門，列字均爲『嚇』；《四聲等子》果攝內四重多輕少韻開口呼假攝外六，列字爲『唬』。『嚇』爲《廣韻》禡二曉母位小韻首字，下收有『罅』『唬』二字。『罅』爲《集韻》禡二曉母位小韻首字，下收有『嚇』『唬』二字，《起數訣》從《集韻》。

31 （去二匣）華二禡　暇　《廣韻》胡加切，《集韻》何加切，匣麻二平開假；均不當列於此位。

《韻鏡》內轉第二十九開、《七音略》外轉二十九重中重、《切韻指掌圖》十一圖、《切韻指南》果攝內四假攝外六狹門，列字均爲「暇」，《廣韻》胡駕切，《集韻》亥駕切，匣禡二去開假；《四聲等子》果攝內四重多輕少韻開口呼假攝外六，列字爲「夏」。「暇」爲《廣韻》《集韻》禡二匣母位小韻首字，下收有「夏」字，列字以「暇」字爲佳。《起數訣》誤，當校改爲「暇」字。

32 （去三章）莊三禡 ○ 明本空位，四庫本列字爲「柘」。「柘」，《廣韻》《集韻》之夜切，章禡三去開假。《韻鏡》內轉第二十九開、《七音略》外轉二十九重中重、《切韻指掌圖》十一圖、《切韻指南》果攝內四假攝外六狹門，列字均爲「柘」；《四聲等子》果攝內四重多輕少韻開口呼假攝外六，列字爲「蹉」，清母箇韻。「柘」爲《廣韻》禡三章母位小韻首字，四庫本是。《起數訣》明本空位誤，當校補「柘」字。

33 （去三昌）叉三禡 趀 《康熙字典》記：「《正字通》俗趀字。」「趀」，《廣韻》《集韻》充夜切，昌禡三去開假。《韻鏡》內轉第二十九開、《七音略》外轉二十九重中重、《切韻指南》果攝內四假攝外六狹門，列字均爲「趀」；《切韻指掌圖》十一圖，列字爲「趀」；《四聲等子》果攝內四重多輕少韻開口呼假攝外六，列字爲「赾」，溪母隱韻，誤。《起數訣》列俗字，雖無誤，但校改爲「趀」字更佳。

34 （去三牀）三三禡 ○ 《廣韻》《集韻》禡三牀母位有「射，神夜切」，船禡三去開假。《韻鏡》內轉第二十九開、《七音略》外轉二十九重中重、《切韻指南》果攝內四假攝外六狹門，列字均爲『射』;《切韻指掌圖》《四聲等子》空位。『射』爲《廣韻》禡三牀母位小韻首字,《起數訣》空位誤,當校補『射』字。

35 (去三禪)士三禡 射 《廣韻》神夜切,《集韻》食夜切,船禡三去開假;《韻鏡》內轉第二十九開、《七音略》外轉二十九重中重、《切韻指南》果攝內四假攝外六狹門,均列於船母,禪母空位;《切韻指掌圖》十一圖,列字爲『射』,船母禡韻;《四聲等子》空位。『射』爲《廣韻》《集韻》禡三船母位小韻首字,《起數訣》誤,當校列於船母位。

36 (去三日)□三禡 偌 《廣韻》未收;《集韻》人夜切,日禡三去開假;《韻鏡》內轉第二十九開、《切韻指南》果攝內四假攝外六狹門、《四聲等子》列字均爲『偌』;《七音略》《切韻指掌圖》均空位。『偌』爲《集韻》禡三日母位小韻首字,《韻鏡》《起數訣》從《集韻》。

37 本圖入聲二等鎋韻字多與《起數訣》第四十五圖一致,故只校異處。

38 (入二知)卓二轄 ◯ 第四十五圖列字爲『哳』。『哳』,《廣韻》《集韻》陟轄切,知轄二入開山;《韻鏡》《切韻指掌圖》《四聲等子》列字均爲『哳』;《切韻指南》山攝外四開口呼廣門,列字爲『晢』。《七音略》空位。『哳』爲《廣韻》轄韻知母位小韻首字,本圖空位誤,當校補『哳』字。

39 (入二徹)坼二轄 ◯ 第四十五圖列字爲『獺』。『獺』,《廣韻》他鎋切,《集韻》逖鎋切,透鎋二入開山。《韻鏡》外轉第二十一開、《四聲等子》山攝外四輕重俱等韻開口呼、《切韻指南》

山攝外四開口呼廣門，列字均爲『獺』；《七音略》《切韻指掌圖》均空位。『獺』爲《廣韻》轄韻徹母位小韻首字，本圖空位誤，當校補『獺』字。

40（入二娘）南二轄　䯠　《廣韻》《集韻》而轄切，日鎋二入開山，不當列於此位。《韻鏡》外轉第二十一開、《四聲等子》山攝外四輕重俱等韻開口呼，列字均爲『瘵』；《七音略》空位；《切韻指掌圖》七圖、《切韻指南》山攝外四開口呼廣門，列字爲『痆』，娘母黠韻。『瘵』，《廣韻》《集韻》女黠切，娘黠二入開山。《廣韻》《集韻》轄韻娘母位均無字，『䯠』爲日母字，不當在娘母，當刪。《起數訣》第四十五圖列字爲『瘵』，亦誤。

41（入二溪）口二轄　稿　《廣韻》枯轄切，溪轄二入開山。《韻鏡》外轉第二十一開，列字爲『槁』；《七音略》外轉二十一重中輕，列字爲『稿』，爲『稿』之形訛；《切韻指掌圖》七圖、《四聲等子》山攝外四輕重俱等韻開口呼、《切韻指南》山攝外四開口呼廣門，列字均爲『稿』。『稿』爲《廣韻》鎋二溪母位小韻首字，下收有『槁』字，本圖列『稿』是。第四十五圖列『揭』，當爲『槁』字形訛。

42（入二莊）莊二轄　哳　明本列字爲『哳』，四庫本列字爲『哳』，四庫本顯誤。『哳』，《廣韻》陟轄切，知轄二入開山，不當列於此位。《韻鏡》外轉第二十一開，列字爲『鐁』，《廣韻》查鎋切，《集韻》槎轄切，崇轄二入開山，《韻鏡》誤；《七音略》空位；《切韻指掌圖》七圖、《四聲等子》山攝外四輕重俱等韻開口呼、《切韻指南》山攝外四開口呼廣門，列字均爲『札』，莊母黠韻。《起數訣》誤，當删。第四十五圖列字爲『札』，亦誤。

43　（入二生）三二轄　◯　《廣韻》轄韻無生母字。《韻鏡》外轉第二十一重中輕、《切韻指掌圖》七圖、《四聲等子》山攝外四輕重俱等韻開口呼、《七音略》外轉二十一開、《切韻指南》山攝外四開口呼廣門，列字均爲『殺』，生母黠韻；《韻鏡》《七音略》《起數訣》均空位。《廣韻》轄韻生母位無字，《起數訣》本圖空位是。第四十五圖列字爲『擨』，誤，當删。

44　（入二匣）華二轄　鎋　《廣韻》胡瞎切，《集韻》下瞎切，匣轄二入開山；《韻鏡》外轉第二十一開、《四聲等子》山攝外四輕重俱等韻開口呼，列字均爲『鞨』；《七音略》空位；《切韻指掌圖》七圖、《切韻指南》山攝外四開口呼廣門，列字均爲『黠』，匣母黠韻；『鞨』爲《廣韻》鎋二匣母位小韻首字，下收有『鎋』字，列字以『鞨』爲佳，本圖列『鎋』亦無誤。第四十五圖列字爲『鞨』。

釋：

1　（平二知）卓二麻　奓　《廣韻》《集韻》陟加切，知麻二平開假；《韻鏡》内轉第二十九開、《七音略》外轉二十九重中重、《切韻指掌圖》十二圖、《四聲等子》果攝内四重多輕少韻開口呼假攝外六、《切韻指南》果攝内四假攝外六狹門，列字均爲『奓』。

2 （平二徹）坼二麻　侘　《廣韻》敕加切，《集韻》抽加切，徹麻二平開假；《韻鏡》內轉第二十九開、《七音略》外轉二十九重中重、《切韻指掌圖》十一圖、《四聲等子》果攝內四重多輕少韻開口呼假攝外六、《切韻指南》果攝內四假攝外六狹門，列字均爲『侘』。

3 （平二娘）南二麻　拏　《廣韻》《集韻》女加切，娘麻二平開假；《韻鏡》內轉第二十九開、《七音略》外轉二十九重中重、《切韻指掌圖》十一圖、《四聲等子》果攝內四重多輕少韻開口呼假攝外六、《切韻指南》果攝內四假攝外六狹門，列字均爲『拏』。

4 （平二見）乍二麻　嘉　《廣韻》古牙切，《集韻》居牙切，見麻二平開假；《韻鏡》內轉第二十九開、《七音略》外轉二十九重中重、《切韻指掌圖》十一圖、《切韻指南》果攝內四假攝外六狹門，列字均爲『嘉』；《四聲等子》果攝內四重多輕少韻開口呼假攝外六，列字爲『加』。『嘉』爲《廣韻》麻二見母位小韻首字，下收有『加』字，列字以『嘉』字爲佳，《起數訣》是。

5 （平二溪）□二麻　䶗　《廣韻》苦加切，《集韻》丘加切，溪麻二平開假；《韻鏡》內轉第二十九開、《七音略》外轉二十九重中重、《切韻指掌圖》十一圖、《四聲等子》果攝內四重多輕少韻開口呼假攝外六、《切韻指南》果攝內四假攝外六狹門，列字均爲『䶗』。

6 （平二疑）牙二麻　牙　《廣韻》五加切，《集韻》牛加切，疑麻二平開假；《韻鏡》內轉第二十九開、《七音略》外轉二十九重中重、《切韻指掌圖》十一圖、《四聲等子》果攝內四重多輕少韻開口呼假攝外六、《切韻指南》果攝內四假攝外六狹門，列字均爲『牙』。

7　(平二匣)華二麻　遐　《廣韻》胡加切，《集韻》何加切，匣麻二平開假；《韻鏡》內轉第二十九開、《七音略》外轉二十九重中重、《切韻指掌圖》十一圖、《四聲等子》果攝內四重多輕少韻開口呼假攝外六、《切韻指南》果攝內四假攝外六狹門，列字均爲「遐」。

8　(平三章)莊三麻　遮　《廣韻》正奢切，《集韻》之奢切，章麻三平開假；《韻鏡》內轉第二十九開、《七音略》外轉二十九重中重、《切韻指掌圖》十一圖、《四聲等子》果攝內四重多輕少韻開口呼假攝外六、《切韻指南》果攝內四假攝外六狹門，列字均爲「遮」。

9　(平三昌)叉三麻　車　《廣韻》尺遮切，《集韻》昌遮切，昌麻三平開假；《韻鏡》內轉第二十九開、《七音略》外轉二十九重中重、《切韻指掌圖》十一圖、《四聲等子》果攝內四重多輕少韻開口呼假攝外六、《切韻指南》果攝內四假攝外六狹門，列字均爲「車」。

10　(平三書)三三麻　奢　《廣韻》式車切，《集韻》詩車切，書麻三平開假；《韻鏡》內轉第二十九開、《七音略》外轉二十九重中重、《切韻指掌圖》十一圖、《四聲等子》果攝內四重多輕少韻開口呼假攝外六、《切韻指南》果攝內四假攝外六狹門，列字均爲「奢」。

11　(平三日)犖三麻　若　《廣韻》人賖切，《集韻》人奢切，日麻二平開假；《韻鏡》內轉第二十九開、《七音略》外轉二十九重中重、《切韻指掌圖》十一圖、《四聲等子》果攝內四重多輕少韻開口呼假攝外六、《切韻指南》果攝內四假攝外六狹門，列字均爲「若」。

12　(上二知)卓二馬　觰　《廣韻》都賈切，《集韻》展賈切，知馬二上開假；《廣韻》以端切知，類隔。《集韻》音和。《韻鏡》内轉第二十九開、《七音略》外轉二十九重中重、《切韻指掌圖》十一圖、《四聲等子》果攝内四重多輕少韻開口呼假攝外六，列字均爲『觰』。《切韻指南》果攝内四假攝外六狹門，列字爲『䋾』，知母馬韻。

13（上二徹）𢷀二馬　奼　《廣韻》《集韻》丑下切，徹馬二上開假；《韻鏡》内轉第二十九開、《七音略》外轉二十九重中重、《切韻指掌圖》十一圖、《切韻指南》果攝内四假攝外六狹門，列字均爲『奼』；《四聲等子》果攝内四重多輕少韻開口呼假攝外六，列字爲『姹』。『姹』『奼』二字爲異體字。

14（上二溪）□二馬　跒　《廣韻》苦下切，《集韻》口下切，溪馬二上開假；《韻鏡》内轉第二十九開、《七音略》外轉二十九重中重、《切韻指掌圖》十一圖、《四聲等子》果攝内四重多輕少韻開口呼假攝外六、《切韻指南》果攝内四假攝外六狹門，列字均爲『跒』。

15（上二疑）牙二馬　雅　《廣韻》五下切，《集韻》語下切，疑馬二上開假；《韻鏡》内轉第二十九開、《七音略》外轉二十九重中重、《切韻指掌圖》十一圖、《四聲等子》果攝内四重多輕少韻開口呼假攝外六、《切韻指南》果攝内四假攝外六狹門，列字均爲『雅』。

16（上二崇）茶二馬　槎　《廣韻》士下切，《集韻》仕下切，崇馬二上開假；《韻鏡》内轉第二十九開、《七音略》外轉二十九重中重、《切韻指掌圖》十一圖、《切韻指南》果攝内四假攝外六狹門，列字均爲『槎』；《四聲等子》空位。

17(上二生)三二馬　灑　《廣韻》砂下切,《集韻》所下切,生馬二上開假;《韻鏡》内轉第二十九開、《七音略》外轉二十九重中重、《切韻指掌圖》十一圖、《四聲等子》果攝内四重多輕少韻開口呼假攝外六、《切韻指南》果攝内四假攝外六狹門,列字均爲『灑』。

18(上三匣)華三馬　下　《廣韻》胡雅切,《集韻》亥雅切,匣馬二上開假;《韻鏡》内轉第二十九開、《七音略》外轉二十九重中重、《切韻指掌圖》十一圖、《四聲等子》果攝内四重多輕少韻開口呼假攝外六、《切韻指南》果攝内四假攝外六狹門,列字均爲『下』。

19(上二影)在三馬　啞　《廣韻》烏下切,《集韻》倚下切,影馬二上開假;《韻鏡》内轉第二十九開、《七音略》外轉二十九重中重、《切韻指掌圖》十一圖、《切韻指南》果攝内四假攝外六狹門,列字均爲『啞』;《四聲等子》果攝内四重多輕少韻開口呼假攝外六,列字爲『瘂』。『啞』爲《廣韻》馬二影母位小韻首字,下收有『瘂』字,列字以『啞』字爲佳,《起數訣》是。

20(上二來)犖三馬　䕲　《廣韻》盧下切,《集韻》吕下切,來馬二上開假;《韻鏡》内轉第二十九開、《七音略》外轉二十九重中重、《切韻指掌圖》十一圖、《四聲等子》果攝内四重多輕少韻開口呼假攝外六、《切韻指南》果攝内四假攝外六狹門,列字均爲『䕲』。

21(上三書)三三馬　捨　《廣韻》書冶切,《集韻》始野切,書馬三上開假;《韻鏡》内轉第二十九開、《七音略》外轉二十九重中重、《切韻指掌圖》十一圖、《四聲等子》果攝内四重多輕少韻開口呼假攝外六、《切韻指南》果攝内四假攝外六狹門,列字均爲『捨』。

22（上三禪）士三馬　社　《廣韻》《集韻》常者切，禪馬二上開假；《韻鏡》内轉第二十九開、《七音略》外轉二十九重中重、《切韻指掌圖》十一圖、《四聲等子》果攝内四重多輕少韻開口呼假攝外六、《切韻指南》果攝内四假攝外六狹門，列字均爲『社』。

23（去二知）卓二禡　吒　《廣韻》陟駕切，《集韻》陟嫁切，知禡二去開假；《韻鏡》内轉第二十九開、《七音略》外轉二十九重中重、《切韻指掌圖》十一圖、《四聲等子》果攝内四重多輕少韻開口呼假攝外六、《切韻指南》果攝内四假攝外六狹門，列字均爲『吒』。

24（去二徹）坼二禡　詫　《廣韻》《集韻》丑亞切，徹禡二去開假；《韻鏡》内轉第二十九開、《七音略》外轉二十九重中重、《切韻指掌圖》十一圖、《四聲等子》果攝内四重多輕少韻開口呼假攝外六、《切韻指南》果攝内四假攝外六狹門，列字均爲『詫』。

25（去二娘）南二禡　膠　《廣韻》乃亞切，《集韻》乃嫁切，娘禡二去開假；《韻鏡》内轉第二十九開、《七音略》外轉二十九重中重、《切韻指掌圖》十一圖、《四聲等子》果攝内四重多輕少韻開口呼假攝外六、《切韻指南》果攝内四假攝外六狹門，列字均爲『膠』。

26（去二見）乍二禡　駕　《廣韻》古訝切，《集韻》居迓切，見禡二去開假；《韻鏡》内轉第二十九開、《七音略》外轉二十九重中重、《切韻指掌圖》十一圖、《切韻指南》果攝内四假攝外六狹門，列字均爲『駕』；《四聲等子》果攝内四重多輕少韻開口呼假攝外六，列字爲『架』，見母禡韻。

27（去二溪）□二禡　髂　《廣韻》枯駕切，《集韻》丘駕切，溪禡二去開假；《韻鏡》内轉第二十九開，《七音略》外轉二十九重中重，《切韻指掌圖》十一圖，《四聲等子》果攝内四重多輕少韻開口呼假攝外六，《切韻指南》果攝内四假攝外六狹門，列字均爲「髂」。

28（去二崇）茶二禡　乍　《廣韻》鋤駕切，《集韻》助駕切，崇禡二去開假；《韻鏡》内轉第二十九開，《七音略》外轉二十九重中重，《切韻指掌圖》十一圖，《切韻指南》果攝内四假攝外六狹門，列字均爲「乍」；《四聲等子》空位。

29（去二生）三二禡　嗄　《廣韻》《集韻》所嫁切，生禡二去開假；《韻鏡》内轉第二十九開，《七音略》外轉二十九重中重，《切韻指掌圖》十一圖，《切韻指南》果攝内四假攝外六狹門，列字均爲「嗄」；《四聲等子》果攝内四重多輕少韻開口呼假攝外六，列字爲「厦」，生母禡韻。

30（去二影）在二禡　亞　《廣韻》衣嫁切，《集韻》衣駕切，影禡二去開假；《韻鏡》内轉第二十九開，《七音略》外轉二十九重中重，《切韻指掌圖》十一圖，《四聲等子》果攝内四重多輕少韻開口呼假攝外六，《切韻指南》果攝内四假攝外六狹門，列字均爲「亞」。

31（去三書）三三禡　舍　《廣韻》始夜切，《集韻》式夜切，書禡三去開假；《韻鏡》内轉第二十九開，《七音略》外轉二十九重中重，《切韻指掌圖》十一圖，《四聲等子》果攝内四重多輕少韻開口呼假攝外六，《切韻指南》果攝内四假攝外六狹門，列字均爲「舍」。

第五十八圖　開音清

剎九	良十	良四	良二	良八	良三	盍七	盍一	良十二		
三	士	九	筆	在	爻	犖	口	宅	開	
									音	
沙	闍	蝦	遐	鴉			[illegible]	茶	清	麻韻
奢						儸	若			
灑		閜	下	啞		[illegible]	惹			馬韻
捨	社					[illegible]				
嗄	[illegible]	[illegible]	[illegible]	亞						
舍	射						偌			
		瞎	鎋	鶷						

坤四	師五	升五	師三	坤五	師六	升六	坤七	坤一	師一	
夫	普	旁	毋	東	土	同	乃	古	坤	口
芭	鈀	把	蟆	築						
		笆	碼							
弝	怕	㰾	罵							

師二 坤七 師七 升七 譓九

五 走 草 青 ■ 寺

粗

		坤五		謙五	升三			謙六	剝九
開		卜	口	步	目	■	■	光	內
音									
濁	麻蹇					撾			
	馬垩						稞		
	馬								
	禡堅								
	轄埜					鵶		頯	妠

第五十八圖　開音清

本圖列《廣韻》麻馬禡韻字，係拆分《韻鏡》内轉第二十九開脣音字。本圖脣音字在第五十六圖重出，按《起數訣》分圖大原則，脣音字與一四等同圖，故五十六圖脣音列圖不合。本圖群母位列「□」。審母位明本列「■」，四庫本空格。明本精組後聲母均失目，四庫本有「黑、武、安、文、老」之列目。四庫本「日」「半三」聲母列目空格，明本縱列少一列，無半三格位，日母亦空格。韻母列目明本無去聲標目，四庫本標「禡」。

校注：

1 本圖雖爲開音清，但按《起數訣》列圖規則，當爲合口圖。

2 （平二幫）法二麻　芭　《廣韻》伯加切，《集韻》邦加切，幫麻二平開假；《韻鏡》内轉第二十九開、《七音略》外轉二十九重中重、《切韻指掌圖》十二圖、《四聲等子》果攝内四重多輕少韻開口呼假攝外六、《切韻指南》果攝外四假攝外六狹門，列字均爲「巴」。「巴」爲《廣韻》《集韻》麻二開口幫母位小韻首字，下均收有「芭」字，列字以「巴」字爲佳，《起數訣》列「芭」

字，亦無誤。

3 （平二滂）朴二麻　鈀　《廣韻》普巴切，《集韻》披巴切，滂麻二平開假；《韻鏡》内轉第二十九開、《七音略》外轉二十九重中重、《切韻指掌圖》十二圖、《四聲等子》果攝内四重多輕少韻開口呼假攝外六、《切韻指南》果攝外四假攝外六狹門，列字均爲『葩』。『葩』爲《廣韻》《集韻》麻二開口滂母位小字，下均收有『鈀』字，列字以『葩』字爲佳，《起數訣》列『鈀』字，亦無誤。

4 （平二並）排二麻　把　明本列字爲『把』，四庫本爲『杷』。『杷』，《廣韻》《集韻》蒲巴切，並麻二平開假；《韻鏡》内轉第二十九開、《七音略》外轉二十九重中重、《切韻指掌圖》十二圖、《切韻指南》果攝外四假攝外六狹門，列字均爲『爬』；《四聲等子》果攝内四重多輕少韻開口呼假攝外六，列字爲『杷』。『爬』爲《廣韻》《集韻》麻二並母位小韻首字，下收有『杷』字，列字以『爬』字爲佳，《起數訣》四庫本列『杷』字，亦無誤。《集韻》『爬』小韻下，收有『把』字，明本列『把』字從《集韻》。

5 （平二明）馬二麻　蟆　明本列字爲『蟆』，四庫本列字爲『蜱』，四庫本此字當爲『蟆』字形訛。『蟆』，《廣韻》莫霞切，《集韻》謨加切，明麻二平開假；《韻鏡》内轉第二十九開、《七音略》外轉二十九重中重、《切韻指掌圖》十二圖、《四聲等子》果攝内四重多輕少韻開口呼假攝外六、《切韻指南》果攝外四假攝外六狹門，列字均爲『麻』。『麻』爲《廣韻》《集韻》麻二開口明母位小韻首字，下收有「蟆」字，列字以「麻」字爲佳，《起數訣》四庫本列字形訛，當校改爲「蟆」字。明本列字是。

6（平二知）東二麻 筿 《廣韻》陟瓜切，《集韻》張瓜切，知麻二平合假；《韻鏡》外轉第三十合、《七音略》外轉三十輕中輕、《切韻指掌圖》十二圖、《四聲等子》果攝內四重多輕少韻合口呼麻外六、《切韻指南》果攝內四假攝外六狹門，列字均爲「檛」。「檛」爲《廣韻》麻韻二等合口知母位小韻首字，下收有「筿」字，列字以「檛」字爲佳，列「筿」字亦無誤。但按列圖規則，本圖當列一四等及脣音，且五十九圖列有「檛」字，本圖誤，當刪。

7（上二幫）法二馬 〇 《廣韻》《集韻》馬韻二等開口幫母位均有「把」字，《廣韻》博下切，《集韻》補下切，幫馬二上開假；《韻鏡》內轉第二十九開、《七音略》外轉二十九重中重、《切韻指掌圖》十二圖、《四聲等子》果攝內四重多輕少韻開口呼假攝外六、《切韻指南》果攝外四假攝外六狹門，列字均爲「把」。「把」爲《廣韻》《集韻》馬二開口幫母位小韻首字，《起數訣》空位誤，當校補「把」字。

8（上三滂）朴三馬 〇 《廣韻》馬韻無滂母；《集韻》馬韻二等開口幫母位有「土」字，片賈切，滂馬二上開假；《韻鏡》《七音略》《切韻指掌圖》均空位；《四聲等子》果攝內四重多輕少韻開口呼假攝外六、《切韻指南》果攝外四假攝外六狹門，列字均爲「土」。《起數訣》空位從《廣韻》。若從《集韻》，《起數訣》此處當校補「土」字。

9（上二並）排二馬　笆　《廣韻》傍下切，《集韻》部下切，並馬二上開假；《韻鏡》内轉第二十九開、《七音略》外轉二十九重中重、《切韻指掌圖》十二圖、《切韻指南》果攝外四假攝外六狹門，列字均爲「䎱」；《四聲等子》果攝内四重多輕少韻開口呼假攝外六，列字爲「罷」，並母蟹韻。「䎱」爲《廣韻》《集韻》馬二開口並母位小韻首字，下收有「笆」字，列字以「䎱」字爲佳，《起數訣》列「笆」字，亦無誤。

10（上二明）馬二馬　碼　《廣韻》莫下切，《集韻》母下切，明馬二上開假；《韻鏡》内轉第二十九開、《七音略》外轉二十九重中重、《切韻指掌圖》十二圖、《四聲等子》果攝内四重多輕少韻開口呼假攝外六、《切韻指南》果攝外四假攝外六狹門，列字均爲「馬」。「馬」爲《廣韻》《集韻》馬二明母位小韻首字，下收有「碼」字，列字以「馬」字爲佳，《起數訣》列「碼」字，亦無誤。

11（上四精）走四馬　蛆　《廣韻》髽瓦切，莊馬二上合假；《集韻》未收；《韻鏡》外轉第三十合、《七音略》外轉三十輕中輕、《切韻指南》果攝内四假攝外六狹門，均列於莊母馬韻；《切韻指掌圖》空位；《四聲等子》果攝内四重多輕少韻合口呼麻外六，列字爲「蛆」。「蛆」爲《廣韻》馬韻二等合口莊母位小韻首字，《起數訣》誤，當删。

12（去二幫）法二禡　弝　明本列字爲「弝」，四庫本列字爲「弛」。「弝」，《廣韻》《集韻》必駕切，幫禡二去開假；「弛」，《廣韻》施是切，《集韻》賞是切，書紙三上開止；均不當列於此位，四庫本當爲『弝』字形訛。《韻鏡》内轉第二十九開、《七音略》外轉二十九重中重、《切韻指掌圖》十二圖、《四聲等子》果攝内四重多輕少韻開口呼假攝外六、《切韻指南》果攝外四假攝外六狹門，列字均爲『霸』。『霸』爲《廣韻》《集韻》禡二開口幫母位小韻首字，下收有『弝』字，列字以『霸』字爲佳，《起數訣》四庫本誤，當校改爲『弝』字，明本列『弝』字，亦無誤。

13（去二滂）朴二禡　怕　《廣韻》《集韻》普駕切，滂禡二去開假；《韻鏡》内轉第二十九開、《七音略》外轉二十九重中重、《四聲等子》果攝内四重多輕少韻開口呼假攝外六，列字均爲『怕』；《切韻指掌圖》十二圖、《切韻指南》果攝外四假攝外六狹門，列字均爲『帊』。『帊』爲《廣韻》禡二滂母位小韻首字，下收有『怕』字，列字以『帊』字爲佳，《韻鏡》《七音略》《起數訣》列『怕』字，亦無誤。

14（去二並）排二禡　䏝　《廣韻》《集韻》白駕切，並禡二去開假；《集韻》列字爲『狛』，注曰：『獸名，似狼，或書作䏝。』《韻鏡》内轉第二十九開，列字爲『杷』；《七音略》外轉二十九重中重，列字爲『把』，此字當爲『杷』字形訛；《切韻指掌圖》十二圖、《四聲等子》果攝内四重多輕少韻開口呼假攝外六，列字均爲『杷』；《切韻指南》果攝外四假攝外六狹門，列字爲『䏝』。『䏝』爲《廣韻》禡二並母位小韻首字，下收有『杷』『耙』二字，列字以『䏝』字爲佳，《起數訣》是。

15（去二明）馬二禡　罵　《廣韻》《集韻》莫駕切，明禡二去開假；《韻鏡》内轉第二十九開、《七音略》外轉二十九重中重、《切韻指掌圖》十二圖、《四聲等子》果攝内四重多輕少韻開口呼假攝外六、《切韻指南》果攝外四假攝外六狹門，列字均爲「禡」。「禡」爲《廣韻》禡二開口明母位小韻首字，下收有「罵」字，列字以「禡」字爲佳，《起數訣》列「罵」字，亦無誤。

		坤五		譙五	𢌿三			謹六	剝九
開音濁		卜	口	步	目	■	■	光	內
	麻					揺			
	馬						稞		
	馬								
	禡								
	韓					鷂		[illegible]	妠

艮一	艮一		升二	升九	升九		坤九		謶四	謶二
□	□	□	吾	■	■	□	思	■	文	黄
華上	華上			韋下	韋下					
瓜	誇		伙	髽					花	華
寡	髁		瓦		矬		梭			踝
				姐						
㼌	胯		瓦				殺		化	華
剐			刖		蠚		刷		頢	刖

謔八		牀七				坎四	坎五	井五	坎三
自	口	鹿	■	■	收	口	品	平	美
					音	唐 傷十二			
哇					清				
						陽 敘十二			
						蕩 笑十二			
捺									
						養 未十二			
						宕 壁十二			
撒									
						漾 有十二			
						鐸 業十二			
					坐	藥	[illegible]	[illegible]	縛
						藥			

第五十九圖 開音濁

第五十九圖　開音濁

本圖舒聲列《廣韻》麻馬禡韻非脣音字，取《韻鏡》外轉第三十合全部例字。入聲列《廣韻》鎋韻字，係拆分《韻鏡》外轉第二十二合入聲二等字。本圖聲母滂、見、溪、審、喻母位列「□」，其中明本見、溪母下一等格位内有「華上」二字，四庫本空格。明本知、徹、照、穿、禪、日、半三位列「■」，四庫本空格。其中明本照母下一等格位内有「曹上」二字，四庫本空格。

校注：

1 （平二知）■二麻　撾　明本列字爲「撾」，四庫本列字爲「檛」。「撾」，《集韻》張瓜切，知麻二平合假；「檛」，《廣韻》陟瓜切，《集韻》張瓜切，知麻二平合假；《韻鏡》外轉第三十合、《七音略》外轉三十輕中輕、《切韻指掌圖》十二圖、《四聲等子》果攝内四重多輕少韻合口呼麻外六、《切韻指南》果攝内四假攝外六狹門合口呼，列字均爲「檛」。「檛」爲《廣韻》麻二知母位小韻首字，《起數訣》四庫本列字爲佳，明本從《集韻》亦無誤。《起數訣》五十八圖東二麻列「簗」字，誤，本圖列字是。

2（平二莊）■二麻　髽　《廣韻》《集韻》莊華切，莊麻二平合假；《韻鏡》外轉第三十合、《四聲等子》果攝内四重多輕少韻合口呼麻外六，列字均爲「髽」；《七音略》外轉三十輕中輕，列字爲「䟶」，此字當爲「髽」字形訛；《切韻指掌圖》十二圖，列字爲「趖」，此字亦當爲「髽」字形訛；《切韻指南》果攝内四假攝外六狹門合口呼，列字爲「挫」，精母過韻。「髽」爲《廣韻》麻韻莊組合口位小韻首字，《起數訣》是。

3（平二曉）父二麻　花　《廣韻》《集韻》呼瓜切，曉麻二平合假；《韻鏡》外轉第三十合、《切韻指掌圖》十二圖、《四聲等子》果攝内四重多輕少韻合口呼麻外六，列字均爲「花」；《七音略》外轉三十輕中輕、《切韻指南》果攝内四假攝外六狹門合口呼，列字均爲「華」。「華」爲《廣韻》麻二曉母位小韻首字，下收有「花」字，列字以「華」字爲佳，《韻鏡》《起數訣》列「花」字，亦無誤。

4（平二匣）黄二麻　華　《廣韻》户花切，《集韻》胡瓜切，匣麻二平合假；《韻鏡》外轉第三十合、《切韻指掌圖》十二圖、《四聲等子》果攝内四重多輕少韻合口呼麻外六、《切韻指南》果攝内四假攝外六狹門合口呼，列字均爲「華」；《七音略》外轉三十輕中輕，列字爲「譁」。「華」爲《廣韻》麻二合口匣母位小韻首字，下未收有「譁」字。「譁」爲《集韻》麻二合口匣母位小韻首字，下收有「華」字，列字以「譁」字爲佳。《七音略》此處從《集韻》。《起數訣》從《廣韻》。

5 (平二影)自二麻　哇　《廣韻》《集韻》烏瓜切，影麻二平合假；《韻鏡》外轉第三十合、《七音略》外轉三十輕中輕、《切韻指掌圖》十三圖、《切韻指南》果攝内四假攝外六狹門合口呼，列字均爲『窊』；《四聲等子》果攝内四重多輕少韻合口呼麻外六，列字爲『窊』，此字當爲『窊』字形訛。『窊』爲《廣韻》《集韻》麻二影母位小韻首字，下收有『哇』字，列字以『窊』字爲佳，《起數訣》列『哇』字，亦無誤。

6 (上二知)■二馬　○　《廣韻》《集韻》馬韻二等合口無知母；《韻鏡》外轉第三十合，列字爲『觰』，《廣韻》都賈切，《集韻》展賈切，知馬二上開假，不當列於此位，當删；《七音略》《切韻指掌圖》《四聲等子》均空位；《切韻指南》果攝内四假攝外六狹門合口呼，列字爲『䫨』，誤。《起數訣》空位是。

7 (上二徹)■二馬　稞　《廣韻》胡瓦切，《集韻》户瓦切，匣馬二上合假；均不當列於此位。《韻鏡》外轉第三十合、《切韻指南》果攝内四假攝外六狹門合口呼，列字爲『䆉』，《廣韻》丑寡切，徹馬二上合假；《集韻》作『䆉』，音同。《七音略》外轉三十輕中輕，列字爲『䅿』，《廣韻》未收；《集韻》奴沃切，泥沃一入合通，不當列於此位。《切韻指掌圖》十三圖、《四聲等子》果攝内四重多輕少韻合口呼麻外六，列字均爲『䆉』。『䆉』爲《廣韻》馬韻二等合口徹母位小韻首字，《七音略》《起數訣》誤，此處當改爲『䆉』字。

8 (上二莊)■二馬　○　《廣韻》馬二合口莊母位有『䶑』字，䶑瓦切，莊馬二上合假；《集韻》

未收。《韻鏡》外轉第三十合、《七音略》外轉三十輕中輕，列字均爲『蛆』；《切韻指掌圖》空位；《四聲等子》果攝内四重多輕少韻合口呼麻外六，列於四等位，二等空位。《切韻指南》果攝内四假攝外六狹門合口呼，列字爲『䖶』，當爲『蛆』字形訛。『蛆』爲《廣韻》馬二莊母位小韻首字，《起數訣》空位誤，此處當校補『蛆』字。

9（上二初）■二馬　䂳　《康熙字典》記：『《玉篇》叉瓦切，音㗾。 好雌黄也。』《集韻》楚瓦切，初馬二上合假；《韻鏡》外轉第三十合、《七音略》外轉三十輕中輕、《四聲等子》果攝内四重多輕少韻合口呼麻外六、《切韻指南》果攝内四假攝外六狹門合口呼，列字均爲『䂳』；《切韻指掌圖》十二圖，列於三等，二等空位。『蛆』爲《廣韻》馬二初母位小韻首字，未收『䂳』字；『䂳』爲《集韻》馬二初母位小韻首字，《起數訣》從《集韻》。

10（上二影）自二馬　搲　《廣韻》烏旲切，《集韻》烏化切，影禡二去合假；不當列於上聲。《韻鏡》外轉第三十合、《七音略》外轉三十輕中輕、《切韻指南》果攝内四假攝外六狹門合口呼，列字均爲『搲』；《切韻指掌圖》空位；《四聲等子》果攝内四重多輕少韻合口呼麻外六，列字爲『槬』，此字當爲『搲』字形訛。『搲』爲去聲字，《起數訣》誤，當删。

11（上四精）■四馬　蛆　《廣韻》莊瓦切，莊馬二上合假；《集韻》未收；《韻鏡》外轉第三十合、《七音略》外轉三十輕中輕，均列於二等位，四等空位；《切韻指掌圖》空位；《四聲等子》果攝内四重多輕少韻合口呼麻外六，列字爲『蛆』；《切韻指南》空位。『蛆』爲《廣韻》馬二合口莊母位小韻首字，《起數訣》誤，當刪。

12 （去二溪）□二禡　胯　《廣韻》苦化切，《集韻》枯化切，溪禡二去合假；《韻鏡》外轉第三十合，《七音略》外轉三十輕中輕，《切韻指掌圖》十二圖，《四聲等子》果攝內四重多輕少韻合口呼麻外六，《切韻指南》果攝內四假攝外六狹門合口呼，列字均爲「跨」。「跨」爲《廣韻》《集韻》禡二合口溪母位小韻首字，下收有「胯」字，列字以「跨」字爲佳，《起數訣》列「胯」字，亦無誤。

13 （去二匣）黄二禡　華　《廣韻》《集韻》胡化切，匣禡二去合假；《韻鏡》外轉第三十合，列字爲「吴」；《七音略》外轉三十輕中輕，列字爲「㨾」，此字當爲「摦」字形訛；《切韻指南》果攝內四假攝外六狹門合口呼，列字均爲「摦」；《四聲等子》果攝內四重多輕少韻合口呼麻外六，列字爲「話」，匣母夬韻。「摦」爲《廣韻》禡二合口匣母位小韻首字，下收有「華」「吴」二字。「華」爲《集韻》禡二合口匣母位小韻首字，下收有「摦」「吴」二字，列字以「華」字爲佳，《起數訣》從《集韻》。

14 （去二影）自二禡　摦　《廣韻》《集韻》胡化切，匣禡二去合假；均不當列於此位。《韻鏡》外轉第三十合、《切韻指掌圖》十二圖、《四聲等子》果攝內四重多輕少韻合口呼麻外六，列字均爲「攨」，《廣韻》烏吴切，《集韻》烏化切，影禡二去合假；《七音略》外轉三十輕中輕，列字爲「窊」；《切韻指南》果攝內四假攝外六狹門合口呼，列字爲「搲」，「搲」「攨」二字爲異體字。

『搲』爲《廣韻》禡二合口影母位小韻首字，下收有『窊』字，列字以『搲』字爲佳，《起數訣》誤，當校改爲『搲』字。

15 此圖轄韻與第四十七圖重，故只校異處。

16 （入二知）■二轄 〇 第四十七圖列字爲『䫄』，《廣韻》丑刮切，徹鎋合二入山。《集韻》田刮切。當置於入二徹。四十七圖列『䫄』字是，本圖空位誤。

17 （入二澄）兑二轄 䫄 第四十七圖空位，列於入二知。四十七圖是，本圖誤，當删。

18 （入二娘）内二轄 妠 第四十七圖入二娘，列字爲『婨』。二字爲異體字。

19 （入二疑）月二轄 刖 第四十七圖入二疑，列字爲『𥃩』，爲『刖』字誤。

20 （入二照）■二轄 〇 第四十七圖入二照，列字爲『𦯬』。《廣韻》鎋韻無莊母字，『𦯬』爲《集韻》鎋二莊母位小韻首字，本圖從《廣韻》，四十七圖從《集韻》。

21 （入二曉）父二轄 頢 《廣韻》《集韻》均無曉母音，不當列於此位。第四十七圖入二曉，列字爲『䀰』。『䀰』，《集韻》荒刮切，曉母轄韻。本圖誤，四十七圖從《集韻》。

22 （入二匣）黄二轄 刖 《廣韻》《集韻》五刮切，疑轄二入合山；《集韻》乎刮切，匣母轄韻。第四十七圖入二匣，列字爲『頢』，《廣韻》下刮切，《集韻》乎刮切，匣轄二入合山。本圖列『刖』字，從《集韻》，亦無誤。

釋：

1 （平二見）□二麻　瓜　《廣韻》古華切，《集韻》姑華切，見麻二平合假；《韻鏡》外轉第三十合、《七音略》外轉三十輕中輕、《切韻指掌圖》十二圖、《四聲等子》果攝內四重多輕少韻合口呼麻外六、《切韻指南》果攝內四假攝外六狹門合口呼，列字均爲『瓜』。

2 （平二溪）□二麻　誇　《廣韻》苦瓜切，《集韻》枯瓜切，溪麻二平合假；《韻鏡》外轉第三十合、《七音略》外轉三十輕中輕、《切韻指掌圖》十二圖、《四聲等子》果攝內四重多輕少韻合口呼麻外六、《切韻指南》果攝內四假攝外六狹門合口呼，列字均爲『誇』。

3 （平二疑）吾二麻　伙　《廣韻》五瓜切，《集韻》吾瓜切，疑麻二平合假；《韻鏡》外轉第三十合、《七音略》外轉三十輕中輕、《切韻指掌圖》十二圖、《四聲等子》果攝內四重多輕少韻合口呼麻外六、《切韻指南》果攝內四假攝外六狹門合口呼，列字均爲『伙』。

4 （上二見）□二馬　寡　《廣韻》《集韻》古瓦切，見馬二上合假；《韻鏡》外轉第三十合、《七音略》外轉三十輕中輕、《切韻指掌圖》十二圖、《四聲等子》果攝內四重多輕少韻合口呼麻外六、《切韻指南》果攝內四假攝外六狹門合口呼，列字均爲『寡』。

5 （上二溪）□二馬　髁　《廣韻》《集韻》苦瓦切，溪馬二上合假；《韻鏡》外轉第三十合、《七音略》外轉三十輕中輕、《切韻指掌圖》十二圖、《四聲等子》果攝内四重多輕少韻合口呼麻外六、《切韻指南》果攝内四假攝外六狹門合口呼，列字均爲『髁』。

6（上二疑）吾二馬　瓦　《廣韻》《集韻》五寡切，疑馬二上合假；《韻鏡》外轉第三十合、《七音略》外轉三十輕中輕、《切韻指掌圖》十二圖、《四聲等子》果攝内四重多輕少韻合口呼麻外六、《切韻指南》果攝内四假攝外六狹門合口呼，列字均爲『瓦』。

7（上二生）思二馬　葰　《廣韻》沙瓦切，《集韻》數瓦切，生馬二上合假；《韻鏡》外轉第三十合、《七音略》外轉三十輕中輕、《四聲等子》果攝内四重多輕少韻合口呼麻外六、《切韻指南》果攝内四假攝外六狹門合口呼，列字均爲『葰』；《切韻指掌圖》十二圖，列於三等，二等空位。

8（上二匣）黄二馬　踝　《廣韻》胡瓦切，《集韻》户瓦切，匣馬二上合假；《韻鏡》外轉第三十合、《七音略》外轉三十輕中輕、《切韻指掌圖》十二圖、《四聲等子》果攝内四重多輕少韻合口呼麻外六、《切韻指南》果攝内四假攝外六狹門合口呼，列字均爲『踝』。

9（去二見）□二禡　坬　《廣韻》《集韻》古罵切，見禡二去合假；《韻鏡》外轉第三十合、《七音略》外轉三十輕中輕、《切韻指南》果攝内四假攝外六狹門合口呼，列字均爲『坬』；《切韻指掌圖》空位；《四聲等子》果攝内四重多輕少韻合口呼麻外六，列字爲『抓』，莊母效韻，當爲『坬』字誤。

10（去二疑）吾二禡　瓦　《廣韻》五化切，《集韻》吾化切，疑禡二去合假；《韻鏡》外轉第三十合、《七音略》外轉三十輕中輕、《切韻指掌圖》十二圖、《四聲等子》果攝内四重多輕少韻合口呼麻外六、《切韻指南》果攝内四假攝外六狹門合口呼，列字均爲「瓦」。

11（去二生）思二禡　誜　《廣韻》所化切，《集韻》數化切，生禡二去合假；《韻鏡》外轉第三十合、《七音略》外轉三十輕中輕、《切韻指掌圖》十二圖、《四聲等子》果攝内四重多輕少韻合口呼麻外六、《切韻指南》果攝内四假攝外六狹門合口呼，列字均爲「誜」。

12（去二曉）父二禡　化　《廣韻》呼霸切，《集韻》火跨切，曉禡二去合假；《韻鏡》外轉第三十合、《七音略》外轉三十輕中輕、《切韻指掌圖》十二圖、《四聲等子》果攝内四重多輕少韻合口呼麻外六、《切韻指南》果攝内四假攝外六狹門合口呼，列字均爲「化」。

坎三　井五　坎五　坎四　　　　　升七　誼八

美	平	品	口		收	■	■	鹿	口	自
				唐 傍土	音					
					清					哇
				陽 状二						
				蕩 光二						
										搽
				養 来十						
				宕 暖二						
										擨
				漾 有二						
				鐸 妹二						
	縛	[illegible]	[illegible]	藥 坐						
				藥						

第六十圖　收音清

比六	坎六	井六	比七	比一	坎一	井一	坎二	比八	坎八	井八
帝	天	田	女	九	丘	乾	仰	足	七	全
當	湯	唐	囊	岡	康		仰	𢧵	倉	藏
								將	鏘	牆
黨	儻	蕩	曩	䀎	慷		駠	駔	蒼	奘
								獎	搶	蔣
當	湯	宕	儾	鋼	亢		枊	葬	蹌	藏
								醬	摪	匠
沰	託	鐸	諾	各	恪		咢	作	錯	昨
					矍		戄			
								爵	鵲	嚼

比十　寋九　比二　比四　比三　比四　坱七　坱十　月十一

手　桑　襄　顙　想　喪　相　索　削

象　詳　象

香　炕　許　膗

口卞　杭　沆　吭　鶴

乙　鴦　坱　盎　惡

口　乙卞　陽　養　漾　藥

呂　郎　浪　洛

耳

辰

收　音　濁

唐歷十二　陽　陽乾十二　湯釜十二　養耒十二　宕倏十二　漾　漾有十二　鐸姝十二　藥出十二

第六十圖　收音清

第六十圖　收音清

本圖舒聲列《廣韻》唐蕩宕鐸、陽養漾藥韻非脣音開口字，係拆分《韻鏡》内轉第三十一開非脣音一四等位字。另入聲三等列入部分藥韻字，不合《起數訣》分圖原則，不當列入本圖。本圖聲母幫、匣、喻母位列「□」，其中明本匣母位同格位内有小字「乙下」二字，喻母下一等格位内有「乙下」二字。韻母明本上聲一等列目爲「蕩」，四庫本列目爲「湯」。

校注：

1（平一定）田一唐　唐　《廣韻》《集韻》徒郎切，定唐一平開宕；《韻鏡》内轉第三十一開，列字爲「堂」；《七音略》外轉三十四重中重，列字爲「棠」；《切韻指掌圖》十三圖、《四聲等子》宕攝内五陽唐重多輕少韻江全重開口呼、《切韻指南》宕攝内五開口呼侷門，列字均爲「唐」。「唐」爲《廣韻》唐一定母位小韻首字，下收有「堂」「棠」二字，列字以「唐」字爲佳，《起數訣》是。

2（平一泥）女一唐　囊　明本列字爲「囊」，四庫本列字爲「囊」，四庫本此字當爲「囊」形訛。

囊，《廣韻》《集韻》奴當切，泥唐一平開宕；《韻鏡》內轉第三十一開、《七音略》外轉三十四重中重、《切韻指掌圖》十三圖、《四聲等子》宕攝內五陽唐重多輕少韻江全重開口呼、《切韻指南》宕攝內五開口呼偏門，列字均爲「囊」。「囊」爲《廣韻》唐一泥母開口位小韻首字，《起數訣》明本是，四庫本列字小訛，當校改爲「囊」。

3 （平一見）九一唐　岡　《廣韻》古郎切，《集韻》居郎切，見唐一平開宕；《韻鏡》內轉第三十一開、《切韻指掌圖》十三圖、《四聲等子》宕攝內五陽唐重多輕少韻江全重開口呼，列字均爲「剛」；《七音略》外轉三十四重中重、《切韻指南》宕攝內五開口呼偏門，列字均爲「岡」。「岡」爲《廣韻》唐一見母位小韻首字，下收有「剛」字，列字以「岡」字爲佳，《起數訣》是。

4 （平一溪）丘一唐　康　《廣韻》苦岡切，《集韻》丘岡切，溪唐一平開宕；《韻鏡》內轉第三十一開、《七音略》外轉三十四重中重，列字均爲「穅」；《切韻指掌圖》十三圖、《四聲等子》宕攝內五陽唐重多輕少韻江全重開口呼、《切韻指南》宕攝內五開口呼偏門，列字均爲「康」。「康」爲《廣韻》唐一溪母位小韻首字，下收有「穅」字，列字以「康」字爲佳，《起數訣》是。

5 （平一疑）仰一唐　仰　明本列字爲「仰」，四庫本列字爲「印」。「仰」，《廣韻》魚兩切，疑養三上開宕；《集韻》魚剛切，疑唐一平開宕。「印」，《廣韻》於刃切，《集韻》伊刃切，影震三去開臻；不當列於此位，此字當爲「卬」字形訛。《韻鏡》內轉第三十一開、《四聲等子》宕攝內五陽唐重多輕少韻江全重開口呼、《切韻指南》宕攝內五開口呼偏門，列字均爲「卬」。《七音略》外轉三十四重中重、《切韻指掌圖》十三圖，列字均爲『昂』。『卬』爲《廣韻》唐一疑母位小韻首字，下收有『昂』字，列字以『卬』字爲佳，《七音略》列『昂』字，亦無誤。《起數訣》四庫本列字訛，當校改爲『卬』。明本列『仰』字從《集韻》亦無誤。

6 （平一精）足一唐　藏　明本列字爲『藏』，四庫本列字爲『臧』；『藏』《廣韻》昨郎切，從唐一平開宕；《集韻》茲郎切，精唐一平開宕。『臧』，《廣韻》則郎切，《集韻》茲郎切，精唐一平開宕；《韻鏡》内轉第三十一開、《七音略》外轉三十四重中重、《切韻指掌圖》十三圖、《四聲等子》宕攝内五陽唐重多輕少韻江全重開口呼、《切韻指南》宕攝内五開口呼侷門，列字均爲『臧』。『臧』爲《廣韻》唐一精母開口位小韻首字，《起數訣》四庫本是，明本列『藏』從《集韻》，亦無誤。

7 （平一曉）香一唐　炕　《廣韻》呼郎切，《集韻》虚郎切，曉唐一平開宕；《韻鏡》内轉第三十一開，列字爲『忼』；《七音略》外轉三十四重中重，列字爲『蚢』，《廣韻》胡郎切，《集韻》寒剛切，匣唐一平開宕。不當列於此位，此字當爲『炕』字形訛。《切韻指掌圖》十三圖、《四聲等子》宕攝内五陽唐重多輕少韻江全重開口呼、《切韻指南》宕攝内五開口呼侷門，列字均爲『炕』。『炕』爲《廣韻》唐一曉母位小韻首字，下收有『忼』字，列字以『炕』字爲佳，《起數訣》是。

8 （平一匣）□一唐　杭　《廣韻》胡郎切，《集韻》寒剛切，匣唐一平開宕；《韻鏡》内轉第三十一開、《七音略》外轉三十四重中重、《四聲等子》宕攝内五陽唐重多輕少韻江全重開口呼、《切韻指南》宕攝内五開口呼侷門，列字均爲『航』；《切韻指掌圖》韻鏡十三圖，列字爲『杭』。『航』爲《廣韻》唐一匣母位小韻首字，下收有『杭』字，列字以『航』字爲佳，《起數訣》亦無誤。

9　（平四精）足四陽　將　《廣韻》即良切，《集韻》資良切，精陽三平開宕；《韻鏡》内轉第三十一開、《切韻指掌圖》十三圖、《四聲等子》宕攝内五陽唐重多輕少韻江全重開口呼、《切韻指南》宕攝内五開口呼侷門，列字均爲『將』；《七音略》外轉三十四重中重，列字爲『蔣』。『將』爲《廣韻》陽三開口精母位小韻首字，下收有『蔣』字，列字以『將』字爲佳，《七音略》列『蔣』字，亦無誤。《起數訣》是。

10　（平四心）手四陽　襄　《廣韻》息良切，《集韻》思將切，心陽三平開宕；《韻鏡》内轉第三十一開，列字爲『相』；《七音略》外轉三十四重中重、《切韻指掌圖》十三圖、《四聲等子》宕攝内五陽唐重多輕少韻江全重開口呼、《切韻指南》宕攝内五開口呼侷門，列字均爲『襄』。『襄』爲《廣韻》陽三心母位小韻首字，下收有『相』字，列字以『襄』字爲佳，《韻鏡》列『相』字，亦無誤。《起數訣》是。

11　上聲韻目『湯』字，見於『陽』『唐』『宕』三個韻，非常用上聲韻目字。此爲『蕩』字形訛。當校改爲『蕩』字。

12 (上一透)天一湯　儻　《廣韻》他朗切,《集韻》坦朗切,透蕩一上開宕;《韻鏡》内轉第三十一開、《切韻指掌圖》十三圖,列字均爲『儻』;《七音略》外轉三十四重中重、《切韻指南》宕攝内五開口呼侷門,列字均爲『曭』;《四聲等子》宕攝内五陽唐重多輕少韻江全重開口呼,列字爲『曭』。『曭』爲《廣韻》《集韻》蕩一開口透母位小韻首字,下收有『儻』『曭』二字,列字以『曭』字爲佳,《起數訣》從《韻鏡》《七音略》列『儻』字,亦無誤。

13 (上一見)九一湯　䀪　《廣韻》古郎切,《集韻》居郎切,見蕩一上開宕;《韻鏡》内轉第三十一開、《七音略》外轉三十四重中重、《切韻指掌圖》十三圖、《四聲等子》宕攝内五陽唐重多輕少韻江全重開口呼、《切韻指南》宕攝内五開口呼侷門,列字均爲『䴚』。『䴚』爲《廣韻》蕩一開口見母位小韻首字,下收有『䀪』字。『䀪』爲《集韻》蕩一開口見母位小韻首字,下收有『䴚』字,《起數訣》從《集韻》。

14 (上一疑)仰一湯　䭘　明本列字爲『䭘』,四庫本列字爲『駠』。『䭘』,《廣韻》五朗切,《集韻》語朗切,疑蕩一上開宕;『駠』,《廣韻》《集韻》力求切,來尤三平開流;均不當列於此位。四庫本顯係『䭘』字形訛。《韻鏡》内轉第三十一開、《七音略》外轉三十四重中重、《切韻指掌圖》十三圖、《四聲等子》宕攝内五陽唐重多輕少韻江全重開口呼、《切韻指南》宕攝内五開口呼侷門,列字均爲『䭘』。《起數訣》四庫本形訛,當校改爲『䭘』。明本列字是。

15 (上一從)全一湯　奘　《廣韻》徂朗切,《集韻》在朗切,從蕩一上開宕;《韻鏡》空位;《七音略》外轉三十四重中重、《切韻指掌圖》十三圖、《四聲等子》宕攝内五陽唐重多輕少韻江全重開口呼、《切韻指南》宕攝内五開口呼偏門，列字均爲「奘」。「奘」爲《廣韻》蕩一開口從母位小韻首字，《韻鏡》空位誤，《起數訣》是。

16（上一來）吕一湯〇《廣韻》蕩韻開口來母位有「朗」字，《廣韻》盧黨切，來蕩一上開宕。《韻鏡》内轉第三十一開、《切韻指掌圖》十三圖、《四聲等子》宕攝内五陽唐重多輕少韻江全重開口呼、《切韻指南》宕攝内五開口呼偏門，列字均爲「朗」；《七音略》外轉三十四重中重，列字爲「郎」，《廣韻》魯當切，《集韻》盧當切，來唐一平開宕；此字當爲「朗」字形訛。「朗」爲《廣韻》蕩一開口來母位小韻首字，《起數訣》空位誤，當校補「朗」字。

17（上四精）足四養　獎《廣韻》即兩切，《集韻》子兩切，精養三上開宕；《韻鏡》内轉第三十一開、《切韻指掌圖》十三圖、《四聲等子》宕攝内五陽唐重多輕少韻江全重開口呼、《切韻指南》宕攝内五開口呼偏門，列字均爲「獎」；《七音略》外轉三十四重中重，列字爲「蔣」。「奬」爲《廣韻》養三開口精母位小韻首字，下收有「獎」「蔣」二字，於「獎」字下注曰：「上同。」「奬」「獎」二字爲異體字。列字以「獎」字爲佳，《七音略》列「蔣」字，亦無誤。《起數訣》是。

18（上四從）全四養　䉃《廣韻》即兩切，精養三上開宕；《集韻》在兩切，從養三上開宕；《韻鏡》《七音略》均空位；《切韻指掌圖》十三圖、《四聲等子》宕攝内五陽唐重多輕少韻江全重開口呼，列字均爲「蔣」，精母養韻；《切韻指南》宕攝内五開口呼偏門，列字爲「䉃」。《廣韻》

養韻三等開口無從母;『篛』爲《集韻》養三開口從母位小韻首字,《起數訣》從《集韻》。

19 (上四邪)象四養　象　《廣韻》徐兩切,《集韻》似兩切,邪養三上開宕;《韻鏡》内轉第三十一開,《切韻指掌圖》十三圖,《切韻指南》宕攝内五開口呼侷門,列字均爲『像』;《七音略》外轉三十四重中重,《四聲等子》宕攝内五陽唐重多輕少韻江全重開口呼,列字均爲『象』。『象』爲《集韻》養三邪母位小韻首字,『像』爲《廣韻》養三邪母位小韻首字,下收有『象』字。下收有『像』字,《起數訣》從《集韻》。

20 (去一端)帝一宕　當　《廣韻》《集韻》丁浪切,端宕一去開宕;《韻鏡》内轉第三十一開,《七音略》外轉三十四重中重,《切韻指掌圖》十三圖,《四聲等子》宕攝内五陽唐重多輕少韻江全重開口呼,《切韻指南》宕攝内五開口呼侷門,列字均爲『讜』。『讜』爲《廣韻》《集韻》宕一開口端母位小韻首字,下收有『當』字,列字以『讜』字爲佳,《起數訣》列『當』字,亦無誤。

21 (去一透)天一宕　湯　《廣韻》《集韻》他浪切,透宕一去開宕;《韻鏡》内轉第三十一開,《七音略》外轉三十四重中重,《切韻指掌圖》十三圖,《四聲等子》宕攝内五陽唐重多輕少韻江全重開口呼,《切韻指南》宕攝内五開口呼侷門,列字均爲『儻』。『儻』爲《廣韻》《集韻》宕一透母位小韻首字,下收有『湯』字,列字以『儻』字爲佳,《起數訣》列『湯』字,亦無誤。

22 (去一泥)女一宕　儾　明本列字爲『儾』,四庫本列字爲『儴』,四庫本顯係書寫誤。『儾』,《廣韻》奴浪切,《集韻》乃浪切,泥宕一去開宕;《韻鏡》内轉第三十一開、《七音略》外轉三十四重中重、《切韻指掌圖》十三圖、《四聲等子》宕攝内五陽唐重多輕少韻江全重開口呼、《切韻指南》宕攝内五開口呼偏門，列字均爲『儴』。『儴』爲《廣韻》宕一泥開口位小韻首字，明本列字是，四庫本當校改爲『儴』。

23 （去一溪）丘一宕　亢　《廣韻》苦浪切，《集韻》口浪切，溪宕一去開宕；《韻鏡》内轉第三十一開、《七音略》外轉三十四重中重、《切韻指掌圖》十三圖、《切韻指南》宕攝内五開口呼偏門，列字均爲『抗』；《四聲等子》宕攝内五陽唐重多輕少韻江全重開口呼，列字爲『炕』。『抗』爲《廣韻》宕一溪母位小韻首字，下收有『炕』字。『亢』爲《廣韻》宕一溪母位小韻首字，下收有『抗』『炕』二字，《起數訣》從《集韻》。

24 （去一疑）仰一宕　抑　《廣韻》於力切，《集韻》乙力切，影職三入開曾；均不當列於此位；此字當爲『枊』字形訛。『枊』，《廣韻》五浪切，《集韻》魚浪切，疑宕一去開宕；《韻鏡》内轉第三十一開、《七音略》外轉三十四重中重、《切韻指掌圖》十三圖、《四聲等子》宕攝内五陽唐重多輕少韻江全重開口呼、《切韻指南》宕攝内五開口呼偏門，列字均爲『枊』。《起數訣》形訛，當校改爲『枊』。

25 （去一清）七一宕　䢢　《廣韻》宕韻開口無清母；《集韻》七浪切，清宕一去開宕；《韻鏡》内轉第三十一開、《切韻指掌圖》十三圖、《切韻指南》宕攝内五開口呼偏門，列字均爲『䅮』；《七音略》外轉三十四重中重，列字爲『槍』，爲『䅮』字誤；《四聲等子》宕攝内五陽唐重多輕少韻江全重開口呼，列字爲『逭』。『槍』爲《集韻》宕一開口清母位小韻首字，下收有『逭』字，列字以『槍』字爲佳，《韻鏡》《七音略》《起數訣》均從《集韻》。《起數訣》列『逭』字，亦無誤。

26（去四清）七四漾　摪　《廣韻》即良切，精母陽韻。《廣韻》《集韻》漾韻開口清母位列字爲『蹡』，七亮切，清漾三去開宕；《韻鏡》内轉第三十一開、《七音略》外轉三十四重中重、《切韻指掌圖》十三圖、《四聲等子》宕攝内五陽唐重多輕少韻江全重開口呼、《切韻指南》宕攝内五開口呼侷門，列字均爲『蹡』。『蹡』爲《廣韻》《集韻》漾三清母位小韻首字，《集韻》下亦收有『摪』字，列字以『蹡』字爲佳，《起數訣》從《集韻》，列『摪』字，亦無誤。

27本圖入聲一等與第五十一圖重，故只校異處。

28（入一疑）仰一鐸　咢　《廣韻》五各切，《集韻》逆各切，疑鐸一入開宕；《韻鏡》内轉第三十一開，列字爲『愕』；《七音略》空位；《切韻指掌圖》一圖、《四聲等子》宕攝内五陽唐重多輕少韻江全重開口呼、《切韻指南》效攝外五獨韻廣門，列字均爲『咢』；『咢』爲《廣韻》《集韻》鐸一疑母位小韻首字，下收有『愕』『萼』二字，列字以『咢』字爲佳，《七音略》空位誤，《韻鏡》列『愕』，《起數訣》列『萼』，亦無誤。　第五十一圖，列字爲『萼』。

29（入一曉）花一鐸　臛　此字當爲『膗』字訛。膗，《廣韻》呼各切，《集韻》黑各切，曉鐸一入開宕；《韻鏡》内轉第三十一開、《七音略》外轉二十五重中重，列字爲『曤』；《切韻指南》效攝外五獨韻廣門、《切韻指掌圖》一圖，列字爲「膗」；《四聲等子》宕攝内五陽唐重多輕少韻江全重開口呼，列字爲「郝」。「膗」爲《廣韻》《集韻》鐸一曉母位小韻首字，本圖列字訛，當校改爲「膗」。第五十一圖列字爲「膗」，是。

30 （入一匣）□一鐸 鶴 明本列字爲「鶴」，四庫本列字爲「鸖」。「鶴」，《廣韻》下各切，《集韻》曷各切，匣鐸一入開宕；「鸖」，《康熙字典》記：「《字彙補》鶴字之譌。」《韻鏡》内轉第三十一開、《七音略》外轉二十五重中重、《切韻指掌圖》一圖、《四聲等子》宕攝内五陽唐重多輕少韻江全重開口呼、《切韻指南》效攝外五獨韻廣門，列字均爲「涸」。「涸」爲《廣韻》鐸一匣母位小韻首字，下收有「鶴」字，列字以「涸」爲佳，本圖四庫本列字形訛，當校改爲「鶴」。明本列字是。第五十一圖列字爲「涸」。

31 （入一來）冷一鐸 洛 《廣韻》盧各切，《集韻》歷各切，來鐸一入開宕；《韻鏡》内轉第三十一開、《七音略》外轉二十五重中重、《切韻指掌圖》一圖、《四聲等子》宕攝内五陽唐重多輕少韻江全重開口呼、《切韻指南》效攝外五獨韻廣門，列字均爲「落」。「落」爲《廣韻》鐸一來母位小韻首字，下收有「洛」字，列字以「落」爲佳。本圖亦無誤。第五十一圖列字爲「落」。

32 本圖按《起數訣》一般構圖規則，當列一四等字，入聲三等列字均爲合口字，不當列於開口圖，脣音亦不應列於本圖，故此三等位均當删。

33 （入三幫）□三藥 轉 《廣韻》補各切，幫鐸一開入宕；《集韻》方縛切，幫藥三開入宕。《韻鏡》内轉第三十一開、《七音略》外轉三十四重中重、《四聲等子》宕攝内五陽唐重多輕少韻江全重開口呼、《切韻指南》宕攝内五開口呼侷門,列字均爲『轉』;《切韻指掌圖》十四圖,列於二等位,三等空位,誤。《廣韻》藥韻開口無幫母;『轉』爲《集韻》藥三開口幫母位小韻首字,《韻鏡》《七音略》《起數訣》均從《集韻》。此位與第六十三圖幫母三等入聲字重出,本圖當删。

34（入三滂）品三藥　霪　《廣韻》孚縛切,《集韻》拂縛切,滂藥三入開宕;《韻鏡》内轉第三十一開、《七音略》外轉三十四重中重、《四聲等子》宕攝内五陽唐重多輕少韻江全重開口呼、《切韻指南》宕攝内五開口呼侷門,列字均爲『霪』;《切韻指掌圖》十四圖,列於二等位,三等空位,誤。此位與第六十三圖滂母三等入聲字重出,本圖當删。

35（入三並）平三藥　縛　《廣韻》持兗切,《集韻》柱兗切,澄獮三上合山或《廣韻》直戀切,澄線三去合山;均不當列於此位;此字當爲『縛』字形訛。『縛』,《廣韻》符钁切,《集韻》伏約切,並藥三入開宕;《韻鏡》内轉第三十一開、《七音略》外轉三十四重中重、《四聲等子》宕攝内五陽唐重多輕少韻江全重開口呼、《切韻指南》宕攝内五開口呼侷門,列字均爲『縛』;《切韻指掌圖》十四圖,列於二等位,三等空位,誤。此位與第六十三圖並母三等入聲字重出,本圖當删。

36（入三溪）丘三藥　矍　《廣韻》九遇切,見遇三去合遇;當列於合口圖見母位。本圖不但將合口列於開口圖，且串位至溪母位，《起數訣》誤，當删。第六十三圖見母位列『矍』，重出，是。

37（入三群）乾三藥 ◯ 明本空位，四庫本列字爲『躩』。『躩』，《廣韻》丘縛切，《集韻》屈縛切，溪藥三入合宕；本圖不但將合口列於開口圖，且串位至群母位，《起數訣》四庫本誤，當删。明本空位是。第六十三圖溪母位列『躩』，重出，是。

38（入三疑）仰三藥 戄 《廣韻》具籰切，《集韻》局縛切，群藥三入合宕；本圖不但將合口列於開口圖，且串位至疑母位，《起數訣》誤，當删。第六十三圖群母位列『戄』，重出，是。

39 本圖入聲四等與第五十圖、五十一圖較接近，故只校異處。

40（入四幫）□四藥 ◯ 本圖空位，第五十圖空位，第五十一圖列字爲『肑』，五十一圖誤。本圖空位是。

41（入四精）足四藥 爵 第五十圖列字爲『爵』，第五十一圖列字爲『雀』，列字以『爵』爲佳，『雀』亦無誤。

42（入四影）□四藥 ◯ 本圖空位，第五十圖空位，第五十一圖列字爲『鸖』，五十一圖誤。本圖空位是。

釋：

1（平一端）帝一唐　當　《廣韻》《集韻》都郎切，端唐一平開宕；《韻鏡》内轉第三十一開、《七音略》外轉三十四重中重、《切韻指掌圖》十三圖、《四聲等子》宕攝内五陽唐重多輕少韻江全重開口呼、《切韻指南》宕攝内五開口呼偈門，列字均爲「當」。

2（平一透）天一唐　湯　《廣韻》吐郎切，《集韻》他郎切，透唐一平開宕；《韻鏡》内轉第三十一開、《七音略》外轉三十四重中重、《切韻指掌圖》十三圖、《四聲等子》宕攝内五陽唐重多輕少韻江全重開口呼、《切韻指南》宕攝内五開口呼偈門，列字均爲「湯」。

3（平一清）七一唐　倉　《廣韻》七岡切，《集韻》千剛切，清唐一平開宕；《韻鏡》内轉第三十一開、《七音略》外轉三十四重中重、《切韻指掌圖》十三圖、《四聲等子》宕攝内五陽唐重多輕少韻江全重開口呼、《切韻指南》宕攝内五開口呼偈門，列字均爲「倉」。

4（平一從）全一唐　藏　《廣韻》昨郎切，《集韻》慈郎切，從唐一平開宕；《韻鏡》内轉第三十一開、《七音略》外轉三十四重中重、《切韻指掌圖》十三圖、《四聲等子》宕攝内五陽唐重多輕少韻江全重開口呼、《切韻指南》宕攝内五開口呼偈門，列字均爲「藏」。

5（平一心）手一唐　桑　《廣韻》息郎切，《集韻》蘇郎切，心唐一平開宕；《韻鏡》内轉第三十一開、《七音略》外轉三十四重中重、《切韻指掌圖》十三圖、《四聲等子》宕攝内五陽唐重多輕少韻江全重開口呼、《切韻指南》宕攝内五開口呼偈門，列字均爲「桑」。

6（平一影）乙一唐　鴦　《廣韻》烏郎切，《集韻》於郎切，影唐一平開宕；《韻鏡》内轉第三十一開、《七音略》外轉三十四重中重、《切韻指掌圖》十三圖、《切韻指南》宕攝内五開口呼偈門，列字均爲「鴦」；《四聲等子》宕攝内五陽唐重多輕少韻江全重開口呼，列字爲「佒」，影母唐韻。

7（平一來）呂一唐　郎　《廣韻》魯當切，《集韻》盧當切，來唐一平開宕；《韻鏡》内轉第三十一開、《七音略》外轉三十四重中重、《切韻指掌圖》十三圖、《四聲等子》宕攝内五陽唐重多輕少韻江全重開口呼、《切韻指南》宕攝内五開口呼偈門，列字均爲「郎」。

8（平四清）七四陽　鏘　《廣韻》七羊切，《集韻》千羊切，清陽三平開宕；《韻鏡》内轉第三十一開、《七音略》外轉三十四重中重，列字均爲「鏘」；《切韻指掌圖》十三圖、《四聲等子》宕攝内五陽唐重多輕少韻江全重開口呼，列字均爲「槍」；《切韻指南》宕攝内五開口呼偈門，列字爲「瑲」，清母陽韻。

9（平四從）全四陽　牆　《廣韻》在良切，《集韻》慈良切，從陽三平開宕；《韻鏡》内轉第三十一開、《七音略》外轉三十四重中重、《切韻指掌圖》十三圖、《切韻指南》宕攝内五開口呼偈門，列字均爲「牆」，《四聲等子》宕攝内五陽唐重多輕少韻江全重開口呼，列字爲「墻」。

『牆』爲《廣韻》陽三從母位小韻首字，下收有『墻』字，注曰：『俗。』『墻』爲『牆』之俗體。

10　（平四邪）象四陽　詳　《廣韻》似羊切，《集韻》徐羊切，邪陽三平開宕；《韻鏡》内轉第三十一開，《七音略》外轉三十四重中重，《四聲等子》宕攝内五陽唐重多輕少韻江全重開口，《切韻指南》宕攝内五開口呼侷門，列字均爲『詳』；《切韻指掌圖》十三圖，列字爲『祥』。『詳』爲《廣韻》陽三邪母位小韻首字，下收有『祥』字，列字以『詳』字爲佳，《起數訣》是。

11　（平四以）□四陽　陽　《廣韻》與章切，《集韻》余章切，以陽三平開宕；《韻鏡》内轉第三十一開，《七音略》外轉三十四重中重，《切韻指掌圖》十三圖，《切韻指南》宕攝内五開口呼侷門，列字均爲『陽』；《四聲等子》宕攝内五陽唐重多輕少韻江全重開口呼，列字爲『羊』。『陽』爲《廣韻》陽三開口以母位小韻首字，下收有『羊』字，列字以『陽』字爲佳，《起數訣》是。

12　（上一端）帝一湯　黨　《廣韻》多朗切，《集韻》底朗切，端蕩一上開宕；《韻鏡》内轉第三十一開，《七音略》外轉三十四重中重，《切韻指掌圖》十三圖，《四聲等子》宕攝内五陽唐重多輕少韻江全重開口呼，《切韻指南》宕攝内五開口呼侷門，列字均爲『黨』。

13　（上一定）田一湯　蕩　《廣韻》《集韻》待朗切，定蕩一上開宕；《韻鏡》内轉第三十一開，《七音略》外轉三十四重中重，《切韻指掌圖》十三圖，《四聲等子》宕攝内五陽唐重多輕少韻江全重開口呼，《切韻指南》宕攝内五開口呼侷門，列字均爲『蕩』。

14　（上一泥）女一湯　曩　《廣韻》奴朗切，《集韻》乃朗切，泥蕩一上開宕；《韻鏡》内轉第三十一開、《七音略》外轉三十四重中重、《切韻指掌圖》十三圖、《四聲等子》宕攝内五陽唐重多輕少韻江全重開口呼、《切韻指南》宕攝内五開口呼偈門，列字均爲『曩』。

15（上一溪）丘一湯　慷　《廣韻》苦朗切，《集韻》口朗切，溪蕩一上開宕；《韻鏡》内轉第三十一開、《七音略》外轉三十四重中重、《切韻指掌圖》十三圖、《四聲等子》宕攝内五陽唐重多輕少韻江全重開口呼、《切韻指南》宕攝内五開口呼偈門，列字均爲『慷』。

16（上一精）足一湯　駔　《廣韻》《集韻》子朗切，精蕩一上開宕；《韻鏡》内轉第三十一開、《七音略》外轉三十四重中重、《切韻指掌圖》十三圖、《四聲等子》宕攝内五陽唐重多輕少韻江全重開口呼、《切韻指南》宕攝内五開口呼偈門，列字均爲『駔』。

17（上一清）七一湯　蒼　《廣韻》麄朗切，《集韻》采朗切，清蕩一上開宕；《韻鏡》内轉第三十一開、《七音略》外轉三十四重中重、《切韻指掌圖》十三圖、《四聲等子》宕攝内五陽唐重多輕少韻江全重開口呼、《切韻指南》宕攝内五開口呼偈門，列字均爲『蒼』。

18（上一心）手一湯　顙　《廣韻》蘇朗切，《集韻》寫朗切，心蕩一上開宕；《韻鏡》内轉第三十一開、《七音略》外轉三十四重中重、《切韻指掌圖》十三圖、《四聲等子》宕攝内五陽唐重多輕少韻江全重開口呼、《切韻指南》宕攝内五開口呼偈門，列字均爲『顙』。

19（上一曉）香一湯　汻　《廣韻》呼朗切，《集韻》許朗切，曉蕩一上開宕；《韻鏡》内轉第三十一開、《七音略》外轉三十四重中重、《切韻指掌圖》十三圖、《四聲等子》宕攝内五陽唐重多輕少韻江全重開口呼、《切韻指南》宕攝内五開口呼侷門，列字均爲『汻』。

20 (上一匣)□一湯　沆　《廣韻》胡朗切，《集韻》下朗切，匣蕩一上開宕；《韻鏡》内轉第三十一開、《七音略》外轉三十四重中重、《切韻指掌圖》十三圖、《四聲等子》宕攝内五陽唐重多輕少韻江全重開口呼、《切韻指南》宕攝内五開口呼侷門，列字均爲『沆』。

21 (上一影)乙一湯　坱　《廣韻》烏朗切，《集韻》倚朗切，影蕩一上開宕；《韻鏡》内轉第三十一開、《七音略》外轉三十四重中重、《切韻指掌圖》十三圖、《切韻指南》宕攝内五開口呼侷門，列字均爲『坱』；《四聲等子》宕攝内五陽唐重多輕少韻江全重開口呼，列字爲『忼』，溪母蕩韻。

22 (上四清)七四養　搶　《廣韻》七兩切，《集韻》此兩切，清養三上開宕；《韻鏡》内轉第三十一開、《七音略》外轉三十四重中重、《切韻指掌圖》十三圖、《四聲等子》宕攝内五陽唐重多輕少韻江全重開口呼、《切韻指南》宕攝内五開口呼侷門，列字均爲『搶』。

23 (上四心)手四養　想　《廣韻》息兩切，《集韻》寫兩切，心養三上開宕；《韻鏡》内轉第三十一開、《七音略》外轉三十四重中重、《切韻指掌圖》十三圖、《四聲等子》宕攝内五陽唐重多輕少韻江全重開口呼、《切韻指南》宕攝内五開口呼侷門，列字均爲『想』。

24 (上四以)□四養　養　《廣韻》餘兩切，《集韻》以兩切，以養三上開宕；《韻鏡》内轉第三十一開、《七音略》外轉三十四重中重、《切韻指掌圖》十三圖、《四聲等子》宕攝内五陽唐重多輕少韻江全重開口呼、《切韻指南》宕攝内五開口呼偈門，列字均爲「養」。

25（去一定）田一宕 宕 《廣韻》徒浪切，《集韻》大浪切，定宕一去開宕；《韻鏡》内轉第三十一開、《七音略》外轉三十四重中重、《切韻指掌圖》十三圖、《四聲等子》宕攝内五陽唐重多輕少韻江全重開口呼、《切韻指南》宕攝内五開口呼偈門，列字均爲「宕」。

26（去一泥）女一宕 儾 《廣韻》奴浪切，《集韻》乃浪切，泥宕一去開宕；《韻鏡》内轉第三十一開、《七音略》外轉三十四重中重、《切韻指掌圖》十三圖、《四聲等子》宕攝内五陽唐重多輕少韻江全重開口呼、《切韻指南》宕攝内五開口呼偈門，列字均爲「儾」。

27（去一見）九一宕 鋼 《廣韻》古浪切，《集韻》居浪切，見宕一去開宕；《韻鏡》内轉第三十一開、《七音略》外轉三十四重中重、《切韻指掌圖》十三圖、《四聲等子》宕攝内五陽唐重多輕少韻江全重開口呼、《切韻指南》宕攝内五開口呼偈門，列字均爲「鋼」。

28（去一精）足一宕 葬 《廣韻》《集韻》則浪切，精宕一去開宕；《韻鏡》内轉第三十一開、《七音略》外轉三十四重中重、《切韻指掌圖》十三圖、《四聲等子》宕攝内五陽唐重多輕少韻江全重開口呼、《切韻指南》宕攝内五開口呼偈門，列字均爲「葬」。

29（去一從）全一宕 藏 《廣韻》徂浪切，《集韻》才浪切，從宕一去開宕；《韻鏡》内轉第三十一開、《七音略》外轉三十四重中重、《切韻指掌圖》十三圖、《四聲等子》宕攝内五陽唐重多輕少韻江全重開口呼、《切韻指南》宕攝内五開口呼偈門，列字均爲「藏」。

30 (去一心)手一宕　喪　《廣韻》蘇浪切,《集韻》四浪切,心宕一去開宕;《韻鏡》内轉第三十一開、《七音略》外轉三十四重中重、《切韻指掌圖》十三圖、《四聲等子》宕攝内五陽唐重多輕少韻江全重開口呼、《切韻指南》宕攝内五開口呼偏門,列字均爲『喪』。

31 (去一匣)□一宕　吭　《廣韻》下浪切,《集韻》下朗切,匣宕一去開宕;《韻鏡》内轉第三十一開、《七音略》外轉三十四重中重、《切韻指掌圖》十三圖、《切韻指南》宕攝内五開口呼偏門,列字均爲『吭』;《四聲等子》宕攝内五陽唐重多輕少韻江全重開口呼,列字爲『行』。『吭』爲《廣韻》宕一開口匣母位小韻首字,下收有『行』字,列字以『吭』字爲佳,《起數訣》是。

32 (去一影)乙一宕　盎　《廣韻》烏浪切,《集韻》於浪切,影宕一去開宕;《韻鏡》内轉第三十一開、《七音略》外轉三十四重中重、《切韻指掌圖》十三圖、《四聲等子》宕攝内五陽唐重多輕少韻江全重開口呼、《切韻指南》宕攝内五開口呼偏門,列字均爲『盎』。

33 (去一來)吕一宕　浪　《廣韻》來宕切,《集韻》郎宕切,來宕一去開宕;《韻鏡》内轉第三十一開、《七音略》外轉三十四重中重、《切韻指掌圖》十三圖、《四聲等子》宕攝内五陽唐重多輕少韻江全重開口呼、《切韻指南》宕攝内五開口呼偏門,列字均爲『浪』。

34 (去四精)足四漾　醬　《廣韻》子亮切,《集韻》即亮切,精漾三去開宕;《韻鏡》内轉第三十一開、《七音略》外轉三十四重中重、《切韻指掌圖》十三圖、《切韻指南》宕攝内五開口呼偏門,列字均爲『醬』;《四聲等子》宕攝内五陽唐重多輕少韻江全重開口呼,列字爲『將』。

『醬』爲《廣韻》漾三開口精母位小韻首字，下收有『將』字，列字以『醬』字爲佳，《起數訣》是。

35（去四從）全四漾　匠　《廣韻》《集韻》疾亮切，從漾三去開宕；《韻鏡》内轉第三十一開、《七音略》外轉三十四重中重、《切韻指掌圖》十三圖、《四聲等子》宕攝内五陽唐重多輕少韻江全重開口呼、《切韻指南》宕攝内五開口呼侷門，列字均爲『匠』。

36（去四心）手四漾　相　《廣韻》息亮切，《集韻》息將切，心漾三去開宕；《韻鏡》内轉第三十一開、《七音略》外轉三十四重中重、《切韻指掌圖》十三圖、《四聲等子》宕攝内五陽唐重多輕少韻江全重開口呼、《切韻指南》宕攝内五開口呼侷門，列字均爲『相』。

37（去四以）□四漾　漾　《廣韻》餘亮切，《集韻》弋亮切，以漾三去開宕；《韻鏡》内轉第三十一開、《七音略》外轉三十四重中重、《切韻指掌圖》十三圖、《切韻指南》宕攝内五開口呼侷門，列字均爲『漾』；《四聲等子》宕攝内五陽唐重多輕少韻江全重開口呼，列字爲『樣』，以母陽韻。

比十	蹇九	比二	比四	比三	比四	坎七	坎十	井十一		
手	豪	香	口下	乙	口	呂	耳	辰	收	
桑		炕	杭	鴦	口下	郎			音濁	唐 履十一
										陽
										陽 乾十一
襄	詳				陽					
顙		汻	沆	坱						蕩 未十一
										養 未十二
想	象				養					
喪			吭	盎		浪				宕 睽十一
										漾
										漾 有十一
相					漾					
索		臛	鶴	惡		洛				鐸 姤十一
										藥 噬十一
削					藥					

比五	塞十	塞五	井三	比十二	坎十二	塞六	塞七	塞四	塞十	塞一
丙	口	蒲	眉	中	丑	弟	年	口東下光	口東下觥	近
				張	萬	長	孃	彊	羌	彊
								廣	懬	
				長	昶	丈		繈	[illegible]	彊
								桄	矌	
				帳	悵	帳	釀	畺	唴	弶
								郭	廓	
				磭	逴	著	逽	脚	郤	噱

井二	比十七	坎十一	井十二	比九	蹇十	比二	蹇二	蹇八	蹇三	井七
月	震	夭	呈	星	石	口	雄	匣	王	禹
						㷊	黄	汪		
	莊	瘡	牀	霜						
卬	章	昌		商		香		央		良
						慌	眈	洭		
仰	掌	敞		賞	上	響		鞅		兩
	壯	創	狀	霜						
軻	障	唱		餉	尚	向	怏	快		諒
	斮		斮							
虐	灼	綽		爍	杓	謔		約		略

井十	蹇十二			坤四	師五	外五	師三	坤六	師六	外六
二	直	開		夫	普	旁	毋	東	土	同
		音	唐[illegible]	帮	滂	旁	忙			
		清								
穰	常									
			蕩[illegible]	榜	髈		莽			
壤	上									
			宕[illegible]	謗	胈	傍	漭			
讓										
			鐸	博	粕	泊	莫			
弱										

第六十一圖　收音清

本圖收《廣韻》唐蕩宕鐸、陽養漾藥韻字，其中唐蕩宕鐸又在第六十二圖重出，不當在本圖。陽養漾藥韻字，係拆分《韻鏡》内轉第三十一開，取二三等位非脣音字。如去除唐韻字，本圖符合二三等非脣音同圖的分圖原則。本圖聲母滂、見、溪、曉母位列「□」，其中明本見、溪母同格位小字列有「黄下」二字，四庫本無。韻母列目明本上聲一等列「蕩」，四庫本列「簜」。陽韻部列字大體對應於《韻鏡》内轉三十一開、《七音略》内轉三十四重二三等非脣音列字。唐韻系列字大體對應於《韻鏡》内轉三十一開、《七音略》内轉三十四重一等列字，而本圖唐韻系列字除斷、斮二字外，又見於六十二圖相應位置。入聲三等列字又多見於第五十二圖相應位置。

校箋：

本圖按《起數訣》一般構圖規則，當列二三等開口字。本圖平上去入一等均爲合口字，且在六十二圖重出，故一等字均當删。

1（平一見）□一唐　光　《廣韻》古黄切，《集韻》姑黄切，見唐一平合宕；《韻鏡》内轉第三十二合、《七音略》内轉三十五輕中輕、《切韻指掌圖》十四圖、《四聲等子》宕攝内五、《切韻指南》宕攝内五合口呼偏門，列字均爲『光』。『光』爲《廣韻》唐一見母位合口小韻首字，此圖爲開口圖，且此字在合口圖第六十二圖重出，故當删。

2（平一溪）□一唐　骯　《廣韻》苦光切，《集韻》枯光切，溪唐一平合宕；《韻鏡》内轉第三十二合、《七音略》内轉三十五輕中輕、《切韻指掌圖》十四圖、《四聲等子》宕攝内五、《切韻指南》宕攝内五合口呼偏門，列字均爲『骯』。『骯』爲《廣韻》唐一見母位合口小韻首字，此圖爲開口圖，且此字在合口圖第六十二圖重出，故當删。

3（平一曉）□一唐　巟　明本列字爲『巟』，四庫本列字爲『巟』，四庫本列字當爲『巟』字俗訛。『巟』爲『巟』之異體，《廣韻》《集韻》呼光切，曉唐一平合宕；《韻鏡》内轉第三十二合、《切韻指掌圖》十四圖、《四聲等子》宕攝内五、《切韻指南》宕攝内五合口呼偏門，列字均爲『荒』；《七音略》内轉三十五輕中輕，列字爲『巟』。『荒』爲《廣韻》唐一合口曉母位小韻首字，下收有『巟』『巟』二字，列字以『荒』字爲佳。明本用異體，亦無誤。但此圖爲開口圖，且此字在合口圖第六十二圖重出，故當删。

4（平一匣）雄一唐　黄　《廣韻》《集韻》胡光切，匣唐一平合宕；《韻鏡》内轉第三十二合、《七音略》内轉三十五輕中輕、《切韻指掌圖》十四圖、《四聲等子》宕攝内五、《切韻指南》宕攝内五合口呼偈門，列字均爲『黄』。『黄』爲《廣韻》唐一匣母位合口小韻首字，此圖爲開口圖，且此字在合口圖第六十二圖重出，故當删。

5 （平一影）匠一唐　汪　《廣韻》《集韻》烏光切，影唐一平合宕；《韻鏡》内轉第三十二合、《七音略》内轉三十五輕中輕、《切韻指掌圖》十四圖、《四聲等子》宕攝内五、《切韻指南》宕攝内五合口呼偈門，列字均爲『汪』。『汪』爲《廣韻》唐一影母位小韻首字，此圖爲開口圖，且此字在合口圖第六十二圖重出，故當删。

6 （平二初）尺二陽　瘡　《廣韻》《集韻》初良切，初陽三平開宕；《韻鏡》内轉第三十一開、《切韻指掌圖》十三圖、《四聲等子》宕攝内五陽唐重少輕多韻江全重開口呼，列字均爲『瘡』；《七音略》外轉三十四重中重、《切韻指南》宕攝内五開口呼偈門，列字均爲『創』。『創』爲《廣韻》《集韻》陽二開口初母位小韻首字，下收有『瘡』字，列字以『創』字爲佳，《起數訣》列『瘡』字，亦無誤。

7 （平三徹）丑三陽　募　《廣韻》《集韻》陽韻二等開口徹母位無此字形，此字當爲『募』字形訛。『募』，《廣韻》褚羊切，《集韻》抽良切，徹陽三平開宕；《韻鏡》内轉第三十一開、《七音略》外轉三十四重中重，列字均爲『倀』；《切韻指掌圖》十三圖，列字爲『募』；《四聲等子》宕攝内五陽唐重少輕多韻江全重開口呼，列字爲『萇』，澄母陽韻；《切韻指南》宕攝内五開口呼偈門，列字爲『募』。『募』爲《廣韻》陽三開口徹母位小韻首字，下收有『倀』字，列字以

『蔦』字爲佳。《起數訣》形訛，當校改爲『蔦』。

8 （平三見）□三陽　彊　明本列字爲『彊』，四庫本列字爲『疆』。『彊』，《廣韻》巨良切，群陽三平開宕；《韻鏡》内轉第三十一開、《七音略》外轉三十四重中重、《切韻指掌圖》十三圖、《四聲等子》宕攝内五陽唐重少輕多韻江全重開口呼，列字均爲『薑』；《切韻指南》宕攝内五開口呼偏門，列字爲『姜』。『薑』爲《廣韻》《集韻》陽三見母位小韻首字，下收有『疆』『姜』二字，《集韻》『疆』『彊』二字並列，爲異體字。列字以『薑』字爲佳。《起數訣》明本列『彊』字，從《集韻》。四庫本列『疆』字亦無誤。

9 （平三溪）□三陽　羌　明本列字爲『羌』，四庫本列字爲『羌』。『羌』，當爲『羌』字形訛。『羌』，《廣韻》去羊切，《集韻》墟羊切，溪陽三平開宕。『羌』，《康熙字典》記：『《字彙補》與羗同。按即俗羌字。』『羌』爲『羌』之俗體。《韻鏡》内轉第三十一開、《切韻指掌圖》十三圖、列字爲『羌』；《七音略》外轉三十四重中重，列字爲『羌』，此字當爲『羌』字形訛；《四聲等子》宕攝内五陽唐重少輕多韻江全重開口呼、《切韻指南》宕攝内五開口呼偏門，列字爲『羌』。《起數訣》四庫本列『羌』是，明本當校改爲『羌』。

10 （平三群）近三陽　彊　《廣韻》巨良切，《集韻》渠良切，群陽三平開宕；《韻鏡》内轉第三十一開、《四聲等子》宕攝内五陽唐重少輕多韻江全重開口呼、《切韻指南》宕攝内五開口呼偏門，列字均爲「彊」。《七音略》外轉三十四重中重、《切韻指掌圖》十三圖，列字均爲「彊」。「强」爲《廣韻》陽三群母位小韻首字，下收有「彊」字，注曰：「與强通用，《説文》曰弓有力也。」「彊」爲《集韻》陽三群母位小韻首字，下收有「强」字，列字以「彊」字爲佳，《起數訣》從《集韻》。

11（平三疑）月三陽　卬　明本列字爲「卬」，四庫本列字爲「卬」。「卬」，《廣韻》五剛切，疑唐一平開宕或魚兩切，疑養三上開宕；《集韻》魚殃切，疑陽三平開宕。「卬」，《廣韻》於刃切，《集韻》伊刃切，影震三去開臻；均不當列於此位。四庫本此字當爲「卬」字形訛。《韻鏡》《七音略》均空位；《切韻指掌圖》十三圖、《四聲等子》宕攝内五陽唐重少輕多韻江全重開口呼、《切韻指南》宕攝内五開口呼侷門，列字均爲「卬」。《廣韻》陽韻三等開口無疑母。「卬」爲《集韻》陽三開口疑母位小韻首字，《起數訣》明本從《集韻》。四庫本當校改爲「卬」。

12（平三書）星三陽　商　明本列字爲「商」，四庫本列字爲「商」。「商」，《廣韻》都歷切，《集韻》丁歷切，端錫四入開梗。明本誤，此字當爲「商」字形訛；「商」，《廣韻》式羊切，《集韻》尸羊切，書陽三平開宕；《韻鏡》内轉第三十一開、《切韻指南》宕攝内五開口呼侷門，列字均爲「商」；《七音略》外轉三十四重中重、《切韻指掌圖》十三圖、《四聲等子》宕攝内五陽唐重少輕多韻江全重開口呼，列字均爲「商」。「商」爲《廣韻》陽三書母位小韻首字，《起數訣》明本、《韻鏡》、《切韻指南》均當校爲「商」字，《起數訣》四庫本是。

13（平三禪）石三陽　〇　《廣韻》《集韻》陽韻三等開口禪母位均有「常」字，《廣韻》市羊切，《集韻》辰羊切，禪陽三平開宕；《韻鏡》内轉第三十一開、《七音略》外轉三十四重中重、《切韻指掌圖》十三圖、《四聲等子》宕攝内五陽唐重少輕多韻江全重開口呼、《切韻指南》宕攝内五開口呼侷門，列字均爲「常」。「常」爲《廣韻》《集韻》陽三禪母位小韻首字，《起數訣》空位誤，當校補「常」字。「常」字列於本圖半三。

14（平三云）王三陽　〇　《廣韻》《集韻》陽韻三等云母位均無字；《韻鏡》内轉第三十一開，列字爲「羊」，《廣韻》與章切，《集韻》余章切，以陽三平開宕，以母按韻圖規制，當列於四等位，《韻鏡》誤，當删；《七音略》《切韻指掌圖》《四聲等子》《切韻指南》均空位。《起數訣》空位是。

15（平三日）二三陽　穰　《廣韻》汝陽切，《集韻》如陽切，日陽三平開宕；《韻鏡》内轉第三十一開、《切韻指掌圖》十三圖、《四聲等子》宕攝内五陽唐重少輕多韻江全重開口呼、《切韻指南》宕攝内五開口呼侷門，列字均爲「穰」；《七音略》外轉三十四重中重，列字爲「禳」。「穰」爲《廣韻》陽三日母位小韻首字，下收有「禳」字，列字以「穰」字爲佳，《七音略》列「禳」字，無誤。《起數訣》是。

16（平三半三）直三陽　常　《廣韻》市羊切，《集韻》辰羊切，禪陽三平開宕；《韻鏡》内轉第三十一開、《七音略》外轉三十四重中重、《切韻指掌圖》十三圖、《四聲等子》宕攝内五陽唐重少輕多韻江全重開口呼、《切韻指南》宕攝内五開口呼偏門，均列於禪母位。『常』爲《廣韻》陽三開口禪母位小韻首字，《起數訣》列於半三。

17 （上一見）□一簜 廣 《廣韻》《集韻》古晃切，見蕩一上合宕；《韻鏡》内轉第三十二合、《七音略》内轉三十五輕中輕、《切韻指掌圖》十四圖、《四聲等子》宕攝内五、《切韻指南》宕攝内五合口呼偏門，列字均爲『廣』。『廣』爲《廣韻》蕩一合口見母位小韻首字，此圖爲開口圖，且《起數訣》圖名『收音濁』，『濁』指二三等字。此字於合口圖第六十二圖重出，故當删。

18 （上一溪）□一簜 廣 《廣韻》丘晃切，《集韻》苦晃切，溪蕩一上合宕；《韻鏡》内轉第三十二合、《七音略》内轉三十五輕中輕、《切韻指掌圖》十四圖、《四聲等子》宕攝内五、《切韻指南》宕攝内五合口呼偏門，列字均爲『廣』。『廣』爲《廣韻》蕩一合口溪母位小韻首字，此圖爲開口圖，且《起數訣》圖名『收音濁』，『濁』指二三等字。此字於合口圖第六十二圖重出，故當删。

19 （上一曉）□一簜 慌 《廣韻》呼晃切，《集韻》虎晃切，曉蕩一上合宕；《韻鏡》内轉第三十二合、《七音略》内轉三十五輕中輕、《切韻指掌圖》十四圖、《四聲等子》宕攝内五、《切韻指南》宕攝内五合口呼偏門，列字均爲『慌』。『慌』爲《廣韻》蕩一合口曉母位小韻首字，此圖爲開口圖，且《起數訣》圖名『收音濁』，『濁』指二三等字。此字於合口圖第六十二圖重出，故當删。

20（上一匣）雄一蕩　　胱　《廣韻》古黄切，《集韻》姑黄切，見唐一平合宕；均不當列於此位。《韻鏡》内轉第三十二合、《切韻指掌圖》十四圖、《四聲等子》宕攝内五、《切韻指南》宕攝内五合口呼侷門，列字均爲「晃」，《廣韻》胡廣切，匣蕩一上合宕；《七音略》内轉三十五輕中輕，列字均爲「幌」。「晃」爲《廣韻》蕩一合口匣母位小韻首字，下收有「幌」字，列字以「晃」字爲佳。此圖爲開口圖，且《起數訣》圖名「收音濁」，「濁」指二三等字。此字於合口圖第六十二圖重出「晃」字，故當删。

21（上一影）匠一蕩　　汪　《廣韻》烏晃切，《集韻》鄔晃切，影蕩一上合宕；《韻鏡》内轉第三十二合、《七音略》内轉三十五輕中輕、《切韻指掌圖》十四圖、《四聲等子》宕攝内五、《切韻指南》宕攝内五合口呼侷門，列字均爲「汪」。此圖爲開口圖，且《起數訣》圖名「收音濁」，「濁」指二三等字。此字於合口圖第六十二圖重出，故當删。

22（上三澄）弟三養　　丈　明本列字爲「丈」，此字當爲「丈」字形訛。四庫本列字爲「丈」。「丈」，《廣韻》直兩切，《集韻》雉兩切，澄養三上開宕；《韻鏡》内轉第三十一開、《七音略》外轉三十四重中重、《切韻指掌圖》十三圖、《四聲等子》宕攝内五陽唐重少輕多韻江全重開口呼、《切韻指南》宕攝内五開口呼侷門，列字均爲「丈」。明本當校改爲「丈」，四庫本是。

23（上三娘）年三養　　○　《廣韻》《集韻》養三娘母合口位均無字。《韻鏡》《切韻指掌圖》《四聲等子》《切韻指南》均空位；《七音略》外轉三十四重中重，列字爲「孃」。「孃」，《廣韻》未收，

《集韻》汝兩切，在日母。《起數訣》空位是。

24 (上三溪)□三養　⿰石羌　明本列字爲『⿰石羌』，四庫本列字爲『⿰石羗』。『⿰石羗』當爲『⿰石羌』字形訛。『羗』，《康熙字典》記：『《字彙補》與羌同。按即俗羌字。』『羗』爲『羌』之俗體，故『⿰石羗』爲『⿰石羌』之俗體。『⿰石羌』，《廣韻》未收；《集韻》丘仰切，溪養三上開宕；《韻鏡》空位；《七音略》外轉三十四重中重、《四聲等子》宕攝內五陽唐重少輕多韻江全重開口呼、《切韻指南》宕攝內五開口呼侷門，列字均爲『⿰石羌』；《切韻指掌圖》十三圖，列字爲『⿰石羌』。《廣韻》養韻三等開口無溪母。『⿰石羌』爲《集韻》養三開口溪母位小韻首字，《起數訣》從《集韻》。

25 (上三群)近三養　⿱彊言　《廣韻》養韻三等開口群母位列字爲『勥』，其兩切，《集韻》列字爲『⿱彊言』，巨兩切，群養三上開宕；《韻鏡》內轉第三十一開、《切韻指南》宕攝內五開口呼侷門，列字均爲『勥』；《七音略》外轉三十四重中重，列字爲『强』；《切韻指掌圖》十三圖，列字爲『詰』；《四聲等子》宕攝內五陽唐重少輕多韻江全重開口呼，列字爲『勥』，此字當爲『勥』字俗體。『勥』爲《廣韻》養三群母位小韻首字，下收有『詰』『彊』二字，『彊』字下注曰：『《説文》云弓有力也，或作强。』『强』爲《集韻》養三群母位小韻首字，下收有『⿱彊言』字，列字以『强』字爲佳，《起數訣》從《集韻》列『⿱彊言』字，亦無誤。

26 (上三疑)月三養　仰　明本列字爲『仰』，四庫本列字爲『仰』。『仰』，《廣韻》魚兩切，《集韻》語兩切，疑養三上開宕。『仰』，當爲『仰』字形訛。《韻鏡》內轉第三十一開、《七音略》外轉三十四重中重、《切韻指掌圖》十三圖、《四聲等子》宕攝内五陽唐重少輕多韻江全重開口呼、《切韻指南》宕攝内五開口呼偏門，列字均爲「仰」。《起數訣》明本是，四庫本形誤，當校改爲「仰」。

27（上三昌）尺三養　敝　明本列字爲「敝」，四庫本列字爲「敞」。「敝」，《廣韻》《集韻》毗祭切，並祭三去開蟹；均不當列於此位。「敞」，《廣韻》昌兩切，《集韻》齒兩切，昌養三上開宕；《韻鏡》内轉第三十一開、《七音略》外轉三十四重中重、《切韻指掌圖》十三圖、《四聲等子》宕攝内五陽唐重少輕多韻江全重開口呼、《切韻指南》宕攝内五開口呼偏門，列字均爲「敞」。《起數訣》明本誤，當校改爲「敞」，四庫本是。

28（上三日）二三養　壤　《廣韻》如兩切，《集韻》汝兩切，日養三上開宕；《韻鏡》内轉第三十一開，列字爲「攘」；《七音略》外轉三十四重中重、《切韻指掌圖》十三圖、《四聲等子》宕攝内五陽唐重少輕多韻江全重開口呼，列字均爲「壤」；《切韻指南》宕攝内五開口呼偏門，列字爲「穰」。「壤」爲《廣韻》養三開口日母位小韻首字，下收有「攘」「穰」二字，列字以「壤」字爲佳，《韻鏡》列「攘」字，亦無誤。《起數訣》是。

29（上三半三）直三養　上　明本列字爲「上」，四庫本空位。「上」，《廣韻》時掌切，《集韻》是掌切，禪養三上開宕；《韻鏡》内轉第三十一開、《七音略》外轉三十四重中重、《切韻指掌圖》十三圖、《四聲等子》宕攝内五陽唐重少輕多韻江全重開口呼、《切韻指南》宕攝内五開口呼偏門，列字均爲『上』。『上』爲《廣韻》養三開口禪母位小韻首字，《起數訣》明本列於半三位。

30 (去一見)□一宕　桄　明本列字爲『桄』，四庫本列字爲『恍』。『桄』，《廣韻》《集韻》古曠切，見宕一去合宕。『恍』，《廣韻》古黃切，《集韻》姑黃切，見唐一平合宕；不當列於此位，四庫本『恍』當爲『桄』字誤。《韻鏡》內轉第三十二合、《七音略》外轉三十四重中重、《切韻指掌圖》十四圖、《四聲等子》宕攝內五、《切韻指南》宕攝內五合口呼偏門，列字均爲『桄』，『桄』爲《廣韻》宕一見母位小韻首字，《起數訣》圖名『收音濁』，『濁』指二三等字。《起數訣》韻圖分開合口，此圖爲開口圖，此字於合口圖第六十二圖重出，當刪。

31 (去一溪)□一宕　曠　《廣韻》《集韻》苦謗切，溪宕一去合宕；《韻鏡》內轉第三十二合、《七音略》內轉三十五輕中輕、《切韻指掌圖》十四圖、《四聲等子》宕攝內五陽唐重少輕多韻江全重開口呼、《切韻指南》宕攝內五合口呼偏門，列字均爲『曠』。『曠』爲《廣韻》宕一溪母位小韻首字，此圖爲開口圖，且《起數訣》圖名『收音濁』，『濁』指二三等字。此字於合口圖第六十二圖重出，當刪。

32 (去二莊)震二漾　壮　明本列字爲『壮』，四庫本列字爲『壯』。『壮』，當爲『壯』字形訛。『壯』，《廣韻》《集韻》側亮切，莊漾三去開宕；《韻鏡》內轉第三十一開、《七音略》內轉三十五輕中輕、《切韻指掌圖》十三圖、《四聲等子》宕攝內五陽唐重少輕多韻江全重開口呼、《切韻指南》宕攝內五開口呼偏門，列字均爲『壯』。明本形訛，四庫本是。

33（去二初）尺二漾　創　《廣韻》初亮切，《集韻》楚亮切，初漾三去開宕；《韻鏡》内轉第三十一開、《七音略》外轉三十四重中重、《切韻指掌圖》十三圖、《切韻指南》宕攝内五開口呼偈門，列字均爲「剏」；《四聲等子》宕攝内五陽唐重少輕多韻江全重開口呼，列字均爲「創」。「剏」爲《廣韻》漾二初母位小韻首字，下收有「創」字，注曰：「上同」，「剏」「創」二字爲異體字。《起數訣》亦無誤。

34（去二生）星二漾　霜　《廣韻》色莊切，生陽三平開宕；《集韻》色壯切，生漾三去開宕；《韻鏡》空位；《七音略》外轉三十四重中重、《切韻指掌圖》十三圖，列字均爲「孀」；《切韻指南》宕攝内五開口呼偈門，列字爲「灀」；《四聲等子》宕攝内五陽唐重少輕多韻江全重開口呼偈門，列字爲「霜」。《廣韻》漾韻二等開口無生母。「霜」「灀」二字并爲《集韻》漾二開口生母位小韻首字，下收有「孀」字，列字以「霜」或「灀」字爲佳，《七音略》《起數訣》從《集韻》。

35（去三知）中三漾　帳　《廣韻》《集韻》知亮切，知漾三去開宕；《韻鏡》内轉第三十一開、《四聲等子》宕攝内五陽唐重少輕多韻江全重開口呼、《切韻指南》宕攝内五開口呼偈門，列字均爲「帳」；《七音略》外轉三十四重中重、《切韻指掌圖》十三圖，列字均爲「悵」，《廣韻》丑亮切，徹漾三去開宕。《七音略》誤，當校改爲「帳」字。「帳」爲《廣韻》漾三知母位小韻首字，列字以「帳」爲佳，《起數訣》是。

36（去三徹）丑三漾　悵　《廣韻》《集韻》丑亮切，徹漾三去開宕；《韻鏡》内轉第三十一開、《四聲等子》宕攝内五陽唐重少輕多韻江全重開口呼，列字均爲『暢』；《七音略》外轉三十四重中重、《切韻指南》宕攝内五開口呼偏門，列字均爲『帳』，《廣韻》《集韻》知亮切，知漾三去開宕，《七音略》誤，當校改爲『悵』字。《切韻指掌圖》十三圖，列字爲『悵』。『悵』爲《廣韻》漾三徹母位小韻首字，下收有『暢』字，列字以『悵』字爲佳，《韻鏡》列『暢』字，亦無誤。《起數訣》是。

37 (去三澄)弟三漾　帳　明本列字爲『帳』，四庫本列字爲『仗』。『帳』，《廣韻》《集韻》知亮切，知漾三去開宕；均不當列於此位。『仗』，《廣韻》《集韻》直亮切，澄漾三去開宕。《韻鏡》内轉第三十一開、《七音略》外轉三十四重中重、《切韻指掌圖》十三圖、《四聲等子》宕攝内五陽唐重少輕多韻江全重開口呼、《切韻指南》宕攝内五開口呼偏門，列字均爲『仗』。『仗』爲《廣韻》漾三澄母位小韻首字，《起數訣》明本誤，四庫本形訛，當校改爲『仗』字。

38 (去三見)□三漾　畺　《廣韻》居良切，見陽三平開宕；《集韻》居亮切，見漾三去開宕。《韻鏡》内轉第三十一開、《切韻指掌圖》十三圖、《切韻指南》宕攝内五開口呼偏門，列字均爲『彊』；《七音略》外轉三十四重中重，列字爲『疆』，此字當爲『彊』字形訛；《四聲等子》宕攝内五陽唐重少輕多韻江全重開口呼，列字爲『殭』，見母陽韻。《廣韻》漾三開口無『畺』字，而列『彊』字。『畺』『彊』二字同爲《集韻》漾三見母位小韻首字，《起數訣》從《集韻》。

39 (去三溪)□三漾　唴　明本列字爲『唴』字，四庫本列字爲『唴』字。『唴』，此字當爲『唴』字形訛。「嘵」，爲「哓」之俗體，「羌」，《康熙字典》記：「《字彙補》與羌同。按即俗羌字。」「羌」爲「羌」之俗體。故「嘵」爲「哓」之俗體。「哓」，《廣韻》《集韻》丘亮切，溪漾三去開宕；《韻鏡》内轉第三十一開、《切韻指掌圖》十三圖，列字均爲「嘵」；《七音略》外轉三十四重中重、《四聲等子》宕攝内五陽唐重少輕多韻江全重開口呼、《切韻指南》宕攝内五開口呼侷門，列字均爲「哓」。「哓」爲正體，明本爲訛字，四庫本爲俗字，當校改爲「哓」。

40 （去三群）近三漾　弶　《廣韻》其亮切，《集韻》其亮切，群漾三去開宕；《韻鏡》内轉第三十一開、《四聲等子》宕攝内五陽唐重少輕多韻江全重開口呼，列字均爲「强」，《廣韻》巨良切，《集韻》渠良切，群陽三平開宕，《韻鏡》誤，當校改爲「弶」字；《七音略》外轉三十四重中重、《切韻指掌圖》十三圖、《切韻指南》宕攝内五開口呼侷門，列字均爲「弶」。「弶」爲《廣韻》漾三群母位小韻首字，《起數訣》是。

41 （去三疑）月三漾　軻　《廣韻》《集韻》魚向切，疑漾三去開宕；《韻鏡》内轉第三十一開，列字爲「軻」；《七音略》外轉三十四重中重、《切韻指掌圖》十三圖，列字均爲「仰」；《四聲等子》宕攝内五陽唐重少輕多韻江全重開口呼、《切韻指南》宕攝内五開口呼侷門，列字均爲「軻」。「軻」爲《廣韻》漾三開口疑母位小韻首字，下收有「仰」字，列字以「軻」字爲佳，《七音略》列「仰」字，亦無誤。《起數訣》是。

42 （去三匣）雄三漾　怏　明本列字爲「怏」，四庫本空位。「怏」，《廣韻》《集韻》於亮切，影漾三去開宕。《韻鏡》《七音略》《切韻指掌圖》《四聲等子》《切韻指南》均空位。『怏』爲《廣韻》漾三影母位小韻首字，《起數訣》明本誤，當删。四庫本空位是。此位明本有勾劃痕，當爲劃掉字，此處出注爲提示作用。

43 （去三影）匠三漾　怏　明本列字爲『怏』，四庫本列字爲『快』。『怏』，《廣韻》《集韻》於亮切，影漾三去開宕。『快』，《廣韻》《集韻》苦夬切，溪夬二去合蟹；均不當列於此位，此字當爲『怏』字形訛。《韻鏡》内轉第三十一開、《七音略》外轉三十四重中重、《切韻指掌圖》十三圖、《四聲等子》宕攝内五陽唐重少輕多韻江全重開口呼、《切韻指南》宕攝内五開口呼侷門，列字均爲『怏』。『怏』爲《廣韻》漾三開口明母位小韻首字，《起數訣》明本是，四庫本誤，當校改爲『怏』。

44 （去三來）离三漾　諒　《廣韻》《集韻》力讓切，來漾三去開宕；《韻鏡》内轉第三十一開、《七音略》外轉三十四重中重、《四聲等子》宕攝内五陽唐重少輕多韻江全重開口呼、《切韻指南》宕攝内五開口呼侷門，列字爲『亮』；《切韻指掌圖》空位。『亮』爲《廣韻》漾三開口來母位小韻首字，下收有『諒』字，列字以『亮』字爲佳，《起數訣》列『諒』字亦無誤。

45 （入一見）□一鐸　郭　《廣韻》古博切，《集韻》光鑊切，見鐸一入合宕；《韻鏡》内轉第三十二合、《七音略》内轉三十五輕中輕、《切韻指掌圖》十四圖、《四聲等子》宕攝内五、《切韻指南》宕攝内五合口呼侷門，列字均爲『郭』。『郭』爲《廣韻》鐸一見母合口位小韻首字，此圖爲開口圖，且《起數訣》圖名「收音濁」，「濁」指二三等字。此字於合口圖第六十二圖重出，故當刪。

46（入一溪）□一鐸　廓　《廣韻》苦郭切，《集韻》闊鑊切，溪鐸一入合宕；《韻鏡》内轉第三十二合、《七音略》内轉三十五輕中輕、《切韻指掌圖》十四圖、《四聲等子》宕攝内五、《切韻指南》宕攝内五合口呼偈門，列字均爲「廓」。「廓」爲《廣韻》鐸一溪母合口位小韻首字，此圖爲開口圖，且《起數訣》圖名「收音濁」，「濁」指二三等字。此字於合口圖第六十二圖重出，故當刪。

47（入二精）震二鐸　斱　《康熙字典》記：「《篇海》斱本字。」「斱」，《廣韻》《集韻》側略切，莊藥三入合宕；均不當列於此位。《韻鏡》内轉第三十一開、《七音略》外轉三十四重中重、《切韻指掌圖》十四圖、《四聲等子》宕攝内五陽唐重少輕多韻江全重開口呼、《切韻指南》宕攝内五開口呼偈門，均列於莊母二等位。「斱」爲《廣韻》藥三莊母位小韻首字，《起數訣》誤，當刪。

48（入二從）呈二鐸　斱　《廣韻》《集韻》側略切，莊藥三入合宕；《韻鏡》内轉第三十一開、《七音略》外轉三十四重中重、《四聲等子》宕攝内五陽唐重少輕多韻江全重開口呼、《切韻指南》宕攝内五開口呼偈門，均列於莊母二等位，從母鐸韻一等列字爲「昨」；《切韻指掌圖》十三圖，列字爲「浞」，崇母覺韻。「斱」爲《廣韻》藥三莊母位小韻首字，《起數訣》誤，當刪。

本圖入聲與五十二圖列字較相似。

49 (入三知)中三藥　礵　《康熙字典》記：「《集韻》陟略切，音櫡。《説文》斫也。一曰碎石。」此記《集韻》陟略切，知藥三入開宕。《韻鏡》内轉第三十一開，列字爲「芍」，《康熙字典》記：「《篇海》音勾，菜名。」「勾」，《篇海》古侯切，音溝。見母侯韻；此字當爲「芍」之形訛。《七音略》外轉三十四重中重、《四聲等子》宕攝内五陽唐重少輕多韻江全重開口呼、《切韻指南》宕攝内五開口呼偏門，列字均爲「芍」，《廣韻》張略切，知藥三入開宕；《切韻指掌圖》十三圖，列字爲「勺」，章母藥韻。《廣韻》藥韻三等開口知母位列字爲「芍」。「礵」爲《集韻》藥三開口知母位小韻首字，《起數訣》從《集韻》。第五十二圖列字爲「芍」。

50 (入三徹)丑三藥　逪　明本列字爲「逪」，四庫本列字爲「辵」。「逪」，此字當爲「辵」字形訛。「辵」，《廣韻》丑略切，《集韻》勑略切，徹藥三入開宕；《韻鏡》内轉第三十一開、《七音略》外轉三十四重中重、《四聲等子》宕攝内五陽唐重少輕多韻江全重開口呼，列字均爲「辵」；《切韻指掌圖》十三圖、《切韻指南》宕攝内五開口呼偏門，列字均爲「皀」。「皀」爲《廣韻》藥三開口徹母位小韻首字，下收有「辵」字。「辵」爲《集韻》藥三徹母位小韻首字，下收有「皀」字，《起數訣》從《集韻》。明本誤，當校改爲「辵」字。四庫本是。第五十二圖列字爲「逴」。

51 (入三澄)弟三藥　著　《廣韻》《集韻》直略切，澄藥三入開宕；《韻鏡》内轉第三十一開、《七音略》外轉三十四重中重，列字均爲「着」，「着」爲「著」之俗體；《切韻指掌圖》十三圖、《四聲等子》宕攝内五陽唐重少輕多韻江全重開口呼、《切韻指南》宕攝内五開口呼偈門，列字均爲『著』。『著』爲《廣韻》藥三澄母位小韻首字，《起數訣》是。

52（入三見）□三藥　脚　《廣韻》居勺切，《集韻》訖約切，見藥三入開宕；《韻鏡》内轉第三十一開、《七音略》外轉三十四重中重、《切韻指掌圖》十三圖、《四聲等子》宕攝内五陽唐重少輕多韻江全重開口呼、《切韻指南》宕攝内五開口呼偈門，列字均爲『腳』。『腳』爲《廣韻》藥三見母位小韻首字，下收有『脚』，注爲俗體，爲『腳』之俗體。列字以『腳』爲佳，《起數訣》列俗體亦無誤。

53（入三溪）□三藥　卻　明本列字爲『郤』，四庫本列字爲『卻』；『郤』，《廣韻》綺戟切，《集韻》乞逆切，溪陌三入開梗，『郤』，爲『卻』之形訛；『卻』，《廣韻》去約切，《集韻》乞約切，溪藥三入開宕；《韻鏡》内轉第三十一開，列字爲『郤』，誤；《四聲等子》宕攝内五陽唐重少輕多韻江全重開口呼、《切韻指南》宕攝内五開口呼偈門，列字均爲『卻』；《七音略》外轉三十四重中重、《切韻指掌圖》十三圖，列字均爲『却』。『卻』爲《廣韻》藥三開口溪母位小韻首字，下收有『却』字，注曰：『俗。』『却』爲『卻』之俗體。《起數訣》四庫本是，明本俗訛，當校改爲『卻』。

54（入三疑）月三藥　虐　明本列字爲『虐』，四庫本列字爲『虐』。『虐』『虐』爲異體字。『虐』，《廣韻》魚約切，《集韻》逆約切，疑藥三入開宕；《韻鏡》内轉第三十一開、《七音略》外轉三十四重中重、《切韻指掌圖》十三圖、《四聲等子》宕攝内五陽唐重少輕多韻江全重開口呼、

《切韻指南》宕攝内五開口呼偏門，列字均爲『虐』。四庫本列正體，明本列異體，均無誤。

55 （入三牀）呈三藥　○　《廣韻》《集韻》藥韻牀三開口位均無字。《韻鏡》《切韻指掌圖》《四聲等子》《切韻指南》空位；《七音略》外轉三十四重中重，列字爲『杓』，誤。《起數訣》空位是。

56 （入三審）星三藥　纅　《廣韻》以灼切，《集韻》弋灼切，以藥三入開宕；均不當列於此位。此字當爲『鑠』字形訛。『鑠』，《廣韻》書藥切，《集韻》式灼切，書藥三入開宕；《韻鏡》内轉第三十一開、《七音略》外轉三十四重中重，列字均爲『鑠』；《切韻指掌圖》十三圖、《四聲等子》宕攝内五陽唐重少輕多韻江全重開口呼、《切韻指南》宕攝内五開口呼偏門，列字均爲『爍』。『爍』爲《廣韻》藥三開口書母位小韻首字，下收有『鑠』字，列字以『爍』字爲佳，《起數訣》誤，當校改爲『爍』字。第五十二圖列字爲『爍』。

57 （入三禪）石三藥　杓　《廣韻》市若切，《集韻》實若切，禪藥三入開宕；《韻鏡》内轉第三十一開、《四聲等子》宕攝内五陽唐重少輕多韻江全重開口呼，列字均爲『杓』；《七音略》外轉三十四重中重、《切韻指掌圖》十三圖、《切韻指南》宕攝内五開口呼偏門，列字均爲『妁』。『妁』爲《廣韻》藥三禪母位小韻首字，下收有『杓』字。『杓』爲《集韻》藥三禪母位小韻首字，下收有『妁』字，《起數訣》從《集韻》。

58 （入三曉）□三藥　謔　明本列字爲『謔』，四庫本列字爲『謔』。『謔』，《廣韻》虚約切，《集韻》迄却切，曉藥三入開宕；《韻鏡》内轉第三十一開、《七音略》外轉三十四重中重、《切韻指掌圖》十三圖、《四聲等子》宕攝內五陽唐重少輕多韻江全重開口呼、《切韻指南》宕攝內五開口呼侷門，列字均爲『謔』。『雹』爲『虐』之異體，『謔』以此俗訛爲『[illegible]』。四庫本列字是，明本當校改爲『謔』。

59（入三來）离三藥　略　《廣韻》離灼切，《集韻》力灼切，來藥三入開宕；《韻鏡》內轉第三十一開、《七音略》外轉三十四重中重、《四聲等子》宕攝內五陽唐重少輕多韻江全重開口呼、《切韻指南》宕攝內五開口呼侷門，列字均爲『略』；《切韻指掌圖》十三圖，列於四等，三等空位。第五十二圖列字爲『掠』。

60（入三日）二三藥　弱　《廣韻》而灼切，《集韻》日灼切，日藥三入開宕；《韻鏡》內轉第三十一開、《七音略》外轉三十四重中重，列字均爲『弱』；《切韻指掌圖》十三圖、《四聲等子》宕攝內五陽唐重少輕多韻江全重開口呼、《切韻指南》宕攝內五開口呼侷門，列字均爲『若』。『若』爲《廣韻》藥三日母位小韻首字，下收有『弱』字。『弱』爲《集韻》藥三日母位小韻首字，下收有『若』字，《起數訣》從《集韻》。第五十二圖列字爲『若』。

釋：

1（平二莊）震二陽　莊　《廣韻》《集韻》側羊切，莊陽三平開宕；《韻鏡》內轉第三十一開、《七音略》外轉三十四重中重、《切韻指掌圖》十三圖、《四聲等子》宕攝内五陽唐重少輕多韻江全重開口呼、《切韻指南》宕攝内五開口呼偈門，列字均爲「莊」。

2 (平二崇)呈二陽　牀　《廣韻》士莊切，《集韻》仕莊切，崇陽三平開宕；《韻鏡》内轉第三十一開、《七音略》外轉三十四重中重、《切韻指掌圖》十三圖、《四聲等子》宕攝内五陽唐重少輕多韻江全重開口呼、《切韻指南》宕攝内五開口呼偈門，列字均爲「牀」。

3 (平二生)星二陽　霜　《廣韻》色莊切，《集韻》師莊切，生陽三平開宕；《韻鏡》内轉第三十一開、《七音略》外轉三十四重中重、《切韻指掌圖》十三圖、《四聲等子》宕攝内五陽唐重少輕多韻江全重開口呼、《切韻指南》宕攝内五開口呼偈門，列字均爲「霜」。

4 (平三知)中三陽　張　《廣韻》陟良切，《集韻》中良切，知陽三平開宕；《韻鏡》内轉第三十一開、《七音略》外轉三十四重中重、《切韻指掌圖》十三圖、《四聲等子》宕攝内五陽唐重少輕多韻江全重開口呼、《切韻指南》宕攝内五開口呼偈門，列字均爲「張」。

5 (平三澄)弟三陽　長　《廣韻》直良切，《集韻》仲良切，澄陽三平開宕；《韻鏡》内轉第三十一開、《七音略》外轉三十四重中重、《切韻指掌圖》十三圖、《四聲等子》宕攝内五陽唐重少輕多韻江全重開口呼、《切韻指南》宕攝内五開口呼偈門，列字均爲「長」。

6 (平三娘)年三陽　孃　《廣韻》女良切，《集韻》尼良切，娘陽三平開宕；《韻鏡》内轉第三十一開、《七音略》外轉三十四重中重、《切韻指掌圖》十三圖、《四聲等子》宕攝内五陽唐重少輕多韻江全重開口呼、《切韻指南》宕攝内五開口呼偏門，列字均爲『孃』。

7（平三章）震三陽　章　《廣韻》《集韻》諸良切，章陽三平開宕；《韻鏡》内轉第三十一開、《七音略》外轉三十四重中重、《切韻指掌圖》十三圖、《四聲等子》宕攝内五陽唐重少輕多韻江全重開口呼、《切韻指南》宕攝内五開口呼偏門，列字均爲『章』。

8（平三昌）尺三陽　昌　《廣韻》尺良切，《集韻》蚩良切，昌陽三平開宕；《韻鏡》内轉第三十一開、《七音略》外轉三十四重中重、《切韻指掌圖》十三圖、《四聲等子》宕攝内五陽唐重少輕多韻江全重開口呼、《切韻指南》宕攝内五開口呼偏門，列字均爲『昌』。

9（平三曉）□三陽　香　《廣韻》許良切，《集韻》虚良切，曉陽三平開宕；《韻鏡》内轉第三十一開、《七音略》外轉三十四重中重、《切韻指掌圖》十三圖、《四聲等子》宕攝内五陽唐重少輕多韻江全重開口呼、《切韻指南》宕攝内五開口呼偏門，列字均爲『香』。

10（平三影）匠三陽　央　《廣韻》《集韻》於良切，影陽三平開宕；《韻鏡》内轉第三十一開、《七音略》外轉三十四重中重、《切韻指掌圖》十三圖、《四聲等子》宕攝内五陽唐重少輕多韻江全重開口呼、《切韻指南》宕攝内五開口呼偏門，列字均爲『央』。

11（平三來）离三陽　良　《廣韻》《集韻》吕張切，來陽三平開宕；《韻鏡》内轉第三十一開、《七音略》外轉三十四重中重、《四聲等子》宕攝内五陽唐重少輕多韻江全重開口呼、《切韻指南》宕攝内五開口呼偏門，列字均爲『良』；《切韻指掌圖》十三圖，列於四等，三等空位。

12（上三知）中三養　長　《廣韻》知丈切，《集韻》展兩切，知養三上開宕；《韻鏡》内轉第三十一開、《七音略》外轉三十四重中重、《切韻指掌圖》十三圖、《四聲等子》宕攝内五陽唐重少輕多韻江全重開口呼、《切韻指南》宕攝内五開口呼侷門，列字均爲「長」。

13（上三徹）丑三養　昶　《廣韻》《集韻》丑兩切，徹養三上開宕；《韻鏡》内轉第三十一開、《七音略》外轉三十四重中重、《切韻指掌圖》十三圖、《四聲等子》宕攝内五陽唐重少輕多韻江全重開口呼、《切韻指南》宕攝内五開口呼侷門，列字均爲「昶」。

14（上三見）□三養　繈　《廣韻》居兩切，《集韻》舉兩切，見養三上開宕；《韻鏡》内轉第三十一開、《七音略》外轉三十四重中重、《切韻指掌圖》十三圖、《四聲等子》宕攝内五陽唐重少輕多韻江全重開口呼、《切韻指南》宕攝内五開口呼侷門，列字均爲「繈」。

15（上三章）震三養　掌　《廣韻》諸兩切，《集韻》止兩切，章養三上開宕；《韻鏡》内轉第三十一開、《七音略》外轉三十四重中重、《切韻指掌圖》十三圖、《四聲等子》宕攝内五陽唐重少輕多韻江全重開口呼、《切韻指南》宕攝内五開口呼侷門，列字均爲「掌」。

16（上三書）星三養　賞　《廣韻》書兩切，《集韻》始兩切，書養三上開宕；《韻鏡》内轉第三十一開、《七音略》外轉三十四重中重、《四聲等子》宕攝内五陽唐重少輕多韻江全重開口呼、《切韻指南》宕攝内五開口呼侷門，列字均爲「賞」；《切韻指掌圖》十三圖，列字爲「掌」，章母養韻。

17（上三禪）石三養　上　《廣韻》時掌切，《集韻》是掌切，禪養三上開宕；《韻鏡》內轉第三十一開、《七音略》外轉三十四重中重、《切韻指掌圖》十三圖、《四聲等子》宕攝內五陽唐重少輕多韻江全重開口呼、《切韻指南》宕攝內五開口呼偈門，列字均爲『上』。

18（上三曉）□三養　響　《廣韻》《集韻》許兩切，曉養三上開宕；《韻鏡》內轉第三十一開、《七音略》外轉三十四重中重、《切韻指掌圖》十三圖、《四聲等子》宕攝內五陽唐重少輕多韻江全重開口呼、《切韻指南》宕攝內五開口呼偈門，列字均爲『響』。

19（上三影）匠三養　鞅　《廣韻》於兩切，《集韻》倚兩切，影養三上開宕；《韻鏡》內轉第三十一開、《七音略》外轉三十四重中重、《切韻指掌圖》十三圖、《四聲等子》宕攝內五陽唐重少輕多韻江全重開口呼、《切韻指南》宕攝內五開口呼偈門，列字均爲『鞅』。

20（上三來）离三養　兩　《廣韻》良獎切，《集韻》里養切，來養三上開宕；《韻鏡》內轉第三十一開、《七音略》外轉三十四重中重、《四聲等子》宕攝內五陽唐重少輕多韻江全重開口呼、《切韻指南》宕攝內五開口呼偈門，列字均爲『兩』；《切韻指掌圖》十三圖，列於四等，三等空位。

21（去三崇）呈三漾　狀　《廣韻》鋤亮切，《集韻》助亮切，崇漾三去開宕；《韻鏡》內轉第三十一開、《七音略》外轉三十四重中重、《切韻指掌圖》十三圖、《四聲等子》宕攝內五陽唐重少輕多韻江全重開口呼、《切韻指南》宕攝內五開口呼偈門，列字均爲『狀』。

22（去三娘）年三漾　釀　《廣韻》《集韻》女亮切，娘漾三去開宕；《韻鏡》内轉第三十一開、《七音略》外轉三十四重中重、《切韻指掌圖》十三圖、《四聲等子》宕攝内五陽唐重少輕多韻江全重開口呼、《切韻指南》宕攝内五開口呼侷門，列字均爲「釀」。

23（去三章）震三漾　障　《廣韻》《集韻》之亮切，章漾三去開宕；《韻鏡》内轉第三十一開、《七音略》外轉三十四重中重、《切韻指掌圖》十三圖、《四聲等子》宕攝内五陽唐重少輕多韻江全重開口呼、《切韻指南》宕攝内五開口呼侷門，列字均爲「障」。

24（去三昌）尺三漾　唱　《廣韻》《集韻》尺亮切，昌漾三去開宕；《韻鏡》内轉第三十一開、《七音略》外轉三十四重中重、《切韻指掌圖》十三圖、《四聲等子》宕攝内五陽唐重少輕多韻江全重開口呼、《切韻指南》宕攝内五開口呼侷門，列字均爲「唱」。

25（去三書）星三漾　餉　《廣韻》《集韻》式亮切，書漾三去開宕；《韻鏡》内轉第三十一開、《七音略》外轉三十四重中重、《切韻指掌圖》十三圖、《四聲等子》宕攝内五陽唐重少輕多韻江全重開口呼、《切韻指南》宕攝内五開口呼侷門，列字均爲「餉」。

26（去三禪）石三漾　尚　《廣韻》《集韻》時亮切，禪漾三去開宕；《韻鏡》内轉第三十一開、《七音略》外轉三十四重中重、《切韻指掌圖》十三圖、《四聲等子》宕攝内五陽唐重少輕多韻江全重開口呼、《切韻指南》宕攝内五開口呼侷門，列字均爲「尚」。

27（去三曉）□三漾　向　《廣韻》《集韻》許亮切，曉漾三去開宕；《韻鏡》内轉第三十一開、《七音略》外轉三十四重中重、《切韻指掌圖》十三圖、《四聲等子》宕攝内五陽唐重少輕多韻江全重開口呼、《切韻指南》宕攝内五開口呼侷門，列字均爲『向』。

28（去三日）二三漾　讓　《廣韻》《集韻》人樣切，日漾三去開宕；《韻鏡》内轉第三十一開、《七音略》外轉三十四重中重、《切韻指掌圖》十三圖、《四聲等子》宕攝内五陽唐重少輕多韻江全重開口呼、《切韻指南》宕攝内五開口呼侷門，列字均爲『讓』。

29（入三娘）年三藥　逽　《廣韻》《集韻》女略切，娘藥三入開宕；《韻鏡》内轉第三十一開、《七音略》外轉三十四重中重、《切韻指掌圖》十三圖、《四聲等子》宕攝内五陽唐重少輕多韻江全重開口呼、《切韻指南》宕攝内五開口呼侷門，列字均爲『逽』。

30（入三群）近三藥　噱　《廣韻》其虐切，《集韻》極虐切，群藥三入開宕；《韻鏡》内轉第三十一開、《七音略》外轉三十四重中重、《切韻指掌圖》十三圖、《四聲等子》宕攝内五陽唐重少輕多韻江全重開口呼、《切韻指南》宕攝内五開口呼侷門，列字均爲『噱』。

31（入三章）震三藥　灼　《廣韻》之若切，《集韻》職略切，章藥三入開宕；《韻鏡》内轉第三十一開、《七音略》外轉三十四重中重、《切韻指掌圖》十三圖、《四聲等子》宕攝内五陽唐重少輕多韻江全重開口呼、《切韻指南》宕攝内五開口呼侷門，列字均爲『灼』。

32（入三昌）尺三藥　綽　《廣韻》昌約切，《集韻》尺約切，昌藥三入開宕；《韻鏡》内轉第三十一開、《七音略》外轉三十四重中重、《切韻指掌圖》十三圖、《四聲等子》宕攝内五陽唐重少輕多韻江全重開口呼、《切韻指南》宕攝内五開口呼偈門，列字均爲『綽』。

33（入三影）匠三藥　約　《廣韻》於略切，《集韻》乙却切，影藥三入開宕；《韻鏡》内轉第三十一開、《七音略》外轉三十四重中重、《切韻指掌圖》十三圖、《四聲等子》宕攝内五陽唐重少輕多韻江全重開口呼、《切韻指南》宕攝内五開口呼偈門，列字均爲『約』。

外六	師六	坤六	師三	外五	师五	坤四			蹇十二	井十
同	圡	来	毋	旁	普	大		開	直	二
			忙	旁	滂	帮	唐[illegible]	音		
								清		
									常	穰
			莽		髈	榜	蕩[illegible]			
									上	壤
			漭	傍	胦	謗	宕[illegible]			
										讓
			莫	泊	粕	愽	鐸			
										弱

坤七	坤一	師一		師二	坤八	師八	外八		謙九	坤二
乃	古	坤	口	五	走	草	青	■	寺	黑
	光	觥								荒
	廣	懬								慌
	桄	矌								
	廓	廓		瓁	⿰口果					霍

坤四　武　黄　晃　穫
坤三　安　汪　洸　臒
弁四　文
師七　老　[石+弄]

開音濁

陽龍三　養來三　漾有三　壯三
坤五　卜　方　防　放
謙二　口　父上　芳　仿　訪
謙五　步　房　防

第六十二圖　開音清

本圖列《廣韻》唐蕩宕鐸合口字，係拆分《韻鏡》内轉第三十二合一等字，收有脣音字，符合脣音字在合口圖且與一四等同圖之原則。本圖聲母透母位明本列字爲『𡈼』，四庫本列字爲『七』；群母位列『□』；邪母位明本列『■』，四庫本空格。日母及半三兩本均空格。

校注：

1 （平一並）旁一唐　旁　《廣韻》步光切，《集韻》蒲光切，並唐一平開宕；《韻鏡》内轉第三十一開、《切韻指掌圖》十四圖、《四聲等子》宕攝内五陽唐重多輕少韻，列字均爲『傍』；《七音略》外轉三十四重中重，列字爲『旁』；《切韻指南》空位。『傍』爲《廣韻》唐一並母位小韻首字，下收有『旁』字。『旁』爲《集韻》唐一並母位小韻首字，下收有『傍』字，《起數訣》從《集韻》。

2 （平一明）母一唐　忙　《廣韻》莫郎切，《集韻》謨郎切，明唐一平開宕；《韻鏡》内轉第三十一開、《七音略》外轉三十四重中重、《切韻指南》宕攝内五開口呼侷門，列字均爲『茫』；《切韻指掌圖》十四圖、《四聲等子》宕攝内五陽唐重多輕少韻，列字均爲『忙』。『茫』爲《廣韻》《集韻》唐一明母位小韻首字，下收有『忙』字，列字以『茫』字爲佳，《起數訣》列『忙』字，亦無誤。

3 （平一曉）黑一唐　荒　《廣韻》《集韻》呼光切，曉唐一平合宕；《韻鏡》内轉第三十二合、《切韻指掌圖》十四圖、《四聲等子》宕攝内五、《切韻指南》宕攝内五合口呼偏門，列字均爲『荒』；《七音略》内轉三十五輕中輕，列字爲『巟』。『荒』爲《廣韻》唐一曉母位小韻首字，下收有『巟』字，列字以『荒』爲佳，《起數訣》是。

4 （上一曉）黑一蕩　慌　明本列於曉母位，四庫本列於匣母位。《廣韻》呼晃切，《集韻》虎晃切，曉蕩一上合宕；《韻鏡》内轉第三十二合、《七音略》内轉三十五輕中輕、《切韻指掌圖》十四圖、《四聲等子》宕攝内五、《切韻指南》宕攝内五合口呼偏門，均列於曉母，匣母位列『晃』。『慌』爲《廣韻》蕩一曉母位小韻首字，《起數訣》明本是。四庫本誤，當校列於曉母位。

5 （上一匣）武一蕩　晃　明本列於匣母位，四庫本列於影母位。《廣韻》胡廣切，匣蕩一上合宕；《集韻》列字爲『晄』，户廣切，匣蕩一上合宕。此『晄』字，《廣韻》小韻首『晃』字注曰：『明也，輝也，光也，亦作晄。』『晄』『晃』二字爲異體字。《韻鏡》内轉第三十二合、《切韻指掌圖》十四圖、《四聲等子》宕攝内五、《切韻指南》宕攝内五合口呼偏門，均列於匣母，影母位列『浧』;《七音略》内轉三十五輕中輕,匣母位列『幌』,影母位列『浧』。『晃』爲《廣韻》蕩一匣母位小韻首字,下收有『幌』字,列字以『晃』字爲佳,《起數訣》明本是。四庫本誤,當校列於匣母位。

6 (上一影)安一蕩　浧　明本列於影母位,四庫本列於喻母位。《廣韻》烏晃切,《集韻》鄔晃切,影蕩一上合宕;《韻鏡》内轉第三十二合、《七音略》内轉三十五輕中輕、《切韻指掌圖》十四圖、《四聲等子》宕攝内五、《切韻指南》宕攝内五合口呼偏門,均列於影母,喻母空位。『浧』爲《廣韻》蕩一影母位小韻首字,《起數訣》明本是。四庫本誤,當校列於影母位。

7 (去一幫)夫一宕　謗　《廣韻》《集韻》補曠切,幫宕一去開宕;《韻鏡》内轉第三十一開、《七音略》外轉三十四重中重,列字均爲『螃』;《切韻指掌圖》十四圖、《四聲等子》宕攝内五陽唐重多輕少韻,列字均爲『謗』;《切韻指南》空位。『螃』爲《廣韻》宕一幫母位小韻首字,下收有『謗』字。『謗』爲《集韻》宕一幫母位小韻首字,下收有『螃』字,《起數訣》從《集韻》。

8 (去一滂)普一宕　⿰月放　《康熙字典》記:『《集韻》滂謗切,音胖。脹也。』此記滂謗切,滂母宕韻。《韻鏡》空位;《七音略》外轉三十四重中重,列字爲『⿰目放』,《廣韻》《集韻》宕韻開口一等滂母位均未收此字。此字當爲『⿰月放』字形訛。《切韻指掌圖》十四圖,列字爲『⿰月放』;《四聲等子》《切韻指南》均空位。《廣韻》宕韻開口一等無滂母。『⿰月放』爲《集韻》宕一滂母位小韻首字，《起數訣》從《集韻》。

9（去一溪）坤一宕　曠　《廣韻》《集韻》苦謗切，溪宕一去合宕；《韻鏡》内轉第三十二合、《七音略》内轉三十五輕中輕、《切韻指掌圖》十四圖、《四聲等子》宕攝内五、《切韻指南》宕攝内五合口呼侷門，列字均爲「曠」。「曠」爲《廣韻》《集韻》宕一合口溪母位小韻首字，下收有「曠」字，列字以「曠」字爲佳，《起數訣》列「曠」字，亦無誤。

10（去一曉）黑一宕　○　《廣韻》《集韻》宕韻合口曉母位有「荒」小韻，呼浪切，曉宕一去合宕；《韻鏡》内轉第三十二合、《七音略》内轉三十五輕中輕、《切韻指掌圖》十四圖、《四聲等子》宕攝内五、《切韻指南》宕攝内五合口呼侷門，列字均爲「荒」。《起數訣》空位誤，當校補「荒」字。

11（去一匣）武一宕　○　《廣韻》《集韻》宕韻合口匣母位有「攩」，乎曠切，曉宕一去合宕；《韻鏡》内轉第三十二合，列字爲「潢」；《七音略》内轉三十五輕中輕、《切韻指掌圖》十四圖、《四聲等子》宕攝内五、《切韻指南》宕攝内五合口呼侷門，列字均爲「攩」。「攩」爲《廣韻》匣一宕小韻首字，「潢」爲《集韻》匣一宕位小韻首字，《韻鏡》從《集韻》。《起數訣》空位誤，當校補「攩」字。

12（去一影）安一宕　○　《廣韻》《集韻》宕韻合口影母位有「汪」，《廣韻》烏浪切，《集韻》烏曠切，曉宕一去合宕。《韻鏡》内轉第三十二合、《七音略》内轉三十五輕中輕、《切韻指掌圖》

十四圖、《四聲等子》宕攝内五、《切韻指南》宕攝内五合口呼偏門，列字均爲『汪』。《起數訣》空位誤，當校補『汪』字。

13（入一幫）夫一鐸　愽　明本列字爲『愽』，四庫本列字爲『轉』。『愽』，《康熙字典》記：『《正字通》愽字之譌。』『轉』，《康熙字典》記：『《集韻》伯各切，音博。車下索也。』明本、四庫本均爲『博』字形訛。『博』，《廣韻》補各切，《集韻》伯各切，幫鐸一入開宕。《韻鏡》内轉第三十一開、《切韻指掌圖》十四圖、《四聲等子》宕攝内五陽唐重多輕少韻、《切韻指南》宕攝内五開口呼偏門，列字均爲『博』；《七音略》外轉三十四重中重，列字爲『愽』，此字當爲『博』字形訛。『博』爲《廣韻》《集韻》鐸一開口幫母位小韻首字，《起數訣》明本、四庫本均誤。當校改爲『博』字。

14（入一滂）普一鐸　粕　《廣韻》《集韻》匹各切，滂鐸一入開宕。《韻鏡》内轉第三十一開、《七音略》外轉三十四重中重、《切韻指掌圖》十四圖、《切韻指南》宕攝内五開口呼偏門，列字均爲『𩎟』；《四聲等子》宕攝内五陽唐重多輕少韻，列字爲『粕』。『𩎟』爲《廣韻》鐸一滂母位小韻首字，下收有『粕』字。『粕』爲《集韻》鐸一滂母位小韻首字，下收有『𩎟』字，《起數訣》從《集韻》。

15（入一見）古一鐸　廓　明本列字爲『廓』，四庫本列字爲『郭』。『廓』，《廣韻》苦郭切，《集韻》闊鑊切，溪鐸一入合宕；均不當列於此位。『郭』，《廣韻》古博切，《集韻》光鑊切，見鐸一入合宕；《韻鏡》内轉第三十二合、《七音略》内轉三十五輕中輕、《切韻指掌圖》十四圖、《四聲等子》宕攝内五、《切韻指南》宕攝内五合口呼侷門，列字均爲『郭』。『郭』爲《廣韻》《集韻》鐸一合口見母位小韻首字，《起數訣》明本誤，當校改爲『郭』字。四庫本是。

16（入一精）走一鐸　嘷　《廣韻》《集韻》祖郭切，精鐸一入合宕；《韻鏡》《切韻指掌圖》均空位；《七音略》内轉三十五輕中輕，入一等空位，『嘷』列於精母漾韻四等。《七音略》誤，當列於入聲一等位。《四聲等子》宕攝内五、《切韻指南》宕攝内五合口呼侷門，列字均爲『嘷』。『嘷』爲《廣韻》鐸一合口精母位小韻首字，《韻鏡》空位誤，當校補『嘷』字，《起數訣》是。

17（入一曉）黑一鐸　霍　明本列於曉母位，四庫本列於匣母位。霍，《廣韻》虚郭切，《集韻》忽郭切，曉鐸一入合宕；《韻鏡》内轉第三十二合、《七音略》内轉三十五輕中輕、《切韻指掌圖》十四圖、《四聲等子》宕攝内五、《切韻指南》宕攝内五合口呼侷門，均列於曉母。『霍』爲《廣韻》鐸一曉母位小韻首字，《起數訣》明本是。四庫本誤，當校列於曉母位。

18（入一匣）武一鐸　穫　明本列於匣母位，四庫本列於影母位。《廣韻》胡郭切，《集韻》黄郭切，匣鐸一入合宕；《韻鏡》内轉第三十二合，列字爲『檴』；《七音略》内轉三十五輕中輕、《切韻指掌圖》十四圖、《切韻指南》宕攝内五合口呼侷門，均列於匣母；《四聲等子》宕攝内五，列字爲『鑊』，見母藥韻，誤。『穫』爲《廣韻》鐸一匣母位小韻首字，下收有『檴』字，列字以『穫』字爲佳，《韻鏡》列『檴』字，亦無誤。《起數訣》明本是。四庫本誤，當校列於匣母位。

19（入一影）文一鐸　臒　明本列於影母位，四庫本列於喻母位。《廣韻》烏郭切，《集韻》列字爲『臒』，屋郭切，影鐸一入合宕；《韻鏡》内轉第三十二合、《四聲等子》宕攝内五，列字均爲『臒』，此字當爲『臒』俗訛字；《七音略》内轉三十五輕中輕，列字爲『臒』；《切韻指掌圖》十四圖、《切韻指南》宕攝内五合口呼偈門，列字均爲『臒』。『臒』爲《廣韻》鐸一開口影母位小韻首字，下收有『臒』字，列字以『臒』字爲佳，《起數訣》明本列『臒』字，亦無誤。四庫本誤，當校列於影母位。

20（入一來）老一鐸　砢　明本列於來母位，四庫本列於日母位。《廣韻》《集韻》盧穫切，來鐸一入合宕；《韻鏡》空位；《七音略》内轉三十五輕中輕、《切韻指掌圖》十四圖、《四聲等子》宕攝内五、《切韻指南》宕攝内五合口呼偈門，列字均爲『砢』。『砢』爲《廣韻》鐸一來母位小韻首字，《韻鏡》空位誤，當校補『砢』字。《起數訣》明本是。四庫本誤，當校列於來母位。

釋：

1（平一幫）夫一唐　幫　《廣韻》博旁切，《集韻》逋旁切，幫唐一平開宕；《韻鏡》内轉第三十一開、《七音略》外轉三十四重中重、《切韻指掌圖》十四圖、《四聲等子》宕攝内五陽唐重多輕少韻，列字均爲「幫」；《切韻指南》空位。

2（平一滂）普一唐　滂　《廣韻》普郎切，《集韻》鋪郎切，滂唐一平開宕；《韻鏡》内轉第三十一開、《七音略》外轉三十四重中重、《切韻指掌圖》十四圖、《四聲等子》宕攝内五陽唐重多輕少韻、《切韻指南》宕攝内五開口呼侷門，列字均爲「滂」。

3（平一見）古一唐　光　《廣韻》古黄切，《集韻》姑黄切，見唐一平合宕；《韻鏡》内轉第三十二合、《七音略》内轉三十五輕中輕、《切韻指掌圖》十四圖、《四聲等子》宕攝内五、《切韻指南》宕攝内五合口呼侷門，列字均爲「光」。

4（平一溪）坤一唐　骯　《廣韻》苦光切，《集韻》枯光切，溪唐一平合宕；《韻鏡》内轉第三十二合、《七音略》内轉三十五輕中輕、《切韻指掌圖》十四圖、《四聲等子》宕攝内五、《切韻指南》宕攝内五合口呼侷門，列字均爲「骯」。

5（平一匣）武一唐　黄　《廣韻》《集韻》胡光切，匣唐一平合宕；《韻鏡》内轉第三十二合、《七音略》内轉三十五輕中輕、《切韻指掌圖》十四圖、《四聲等子》宕攝内五、《切韻指南》宕攝内五合口呼侷門，列字均爲「黄」。

6（平一影）安一唐　汪　《廣韻》《集韻》烏光切，影唐一平合宕；《韻鏡》内轉第三十二合、《七音略》内轉三十五輕中輕、《切韻指掌圖》十四圖、《四聲等子》宕攝内五、《切韻指南》宕攝内五合口呼侷門，列字均爲「汪」。

7 （上一幫）夫一蕩　榜　《廣韻》北朗切，《集韻》補朗切，幫蕩一上開宕；《韻鏡》内轉第三十一開、《七音略》外轉三十四重中重、《切韻指掌圖》十四圖、《切韻指南》宕攝内五開口呼偏門，列字均爲「榜」；《四聲等子》宕攝内五陽唐重多輕少韻，列字爲「㮝」，北朗切。

8 （上一滂）普一蕩　髈　《廣韻》匹朗切，《集韻》普朗切，滂蕩一上開宕；《韻鏡》内轉第三十一開、《七音略》外轉三十四重中重、《切韻指掌圖》十四圖、《四聲等子》宕攝内五陽唐重多輕少韻、《切韻指南》宕攝内五開口呼偏門，列字均爲「髈」。

9 （上一明）母一蕩　莽　《廣韻》模朗切，《集韻》母朗切，明蕩一上開宕；《韻鏡》内轉第三十一開、《七音略》外轉三十四重中重、《切韻指掌圖》十四圖、《四聲等子》宕攝内五陽唐重多輕少韻、《切韻指南》宕攝内五開口呼偏門，列字均爲「莽」。

10 （上一見）古一蕩　廣　《廣韻》《集韻》古晃切，見蕩一上合宕；《韻鏡》内轉第三十二合、《七音略》内轉三十五輕中輕、《切韻指掌圖》十四圖、《四聲等子》宕攝内五、《切韻指南》宕攝内五合口呼偏門，列字均爲「廣」。

11 （上一溪）坤一蕩　廣　《廣韻》丘晃切，《集韻》苦晃切，溪蕩一上合宕；《韻鏡》内轉第三十二合、《七音略》内轉三十五輕中輕、《切韻指掌圖》十四圖、《四聲等子》宕攝内五、《切韻指南》宕攝内五合口呼偏門，列字均爲「廣」。

12 （去一並）旁一宕　傍　《廣韻》《集韻》蒲浪切，並宕一去開宕；《韻鏡》内轉第三十一開、《七音略》外轉三十四重中重、《切韻指掌圖》十四圖、《四聲等子》宕攝内五陽唐重多輕少韻、《切韻指南》宕攝内五開口呼侷門，列字均爲『傍』。

13 （去一明）母一宕　漭　《廣韻》莫浪切，《集韻》母朗切，明宕一去開宕；《韻鏡》内轉第三十一開、《七音略》外轉三十四重中重、《切韻指掌圖》十四圖、《四聲等子》宕攝内五陽唐重多輕少韻、《切韻指南》宕攝内五開口呼侷門，列字均爲『漭』。

14 （去一見）古一宕　桄　《廣韻》《集韻》古曠切，見宕一去合宕；《韻鏡》内轉第三十二合、《七音略》内轉三十五輕中輕、《切韻指掌圖》十四圖、《四聲等子》宕攝内五、《切韻指南》宕攝内五合口呼侷門，列字均爲『桄』。

15 （入一並）旁一鐸　泊　《廣韻》傍各切，《集韻》白各切，滂鐸一入開宕；《韻鏡》内轉第三十一開、《七音略》外轉三十四重中重、《切韻指掌圖》十四圖、《四聲等子》宕攝内五陽唐重多輕少韻、《切韻指南》宕攝内五開口呼侷門，列字均爲『泊』。

16 （入一明）母一鐸　莫　《廣韻》慕各切，《集韻》末各切，明鐸一入開宕；《韻鏡》内轉第三十一開、《七音略》外轉三十四重中重、《切韻指掌圖》十四圖、《四聲等子》宕攝内五陽唐重多輕少韻、《切韻指南》宕攝内五開口呼侷門，列字均爲『莫』。

17 （入一溪）坤一鐸　廓　《廣韻》苦郭切，《集韻》闊鑊切，溪鐸一入合宕；《韻鏡》内轉第三十二合、《七音略》内轉三十五輕中輕、《切韻指掌圖》十四圖、《四聲等子》宕攝内五、《切韻指南》宕攝内五合口呼偈門，列字均爲「闊」。

18（入一疑）五一鑃　矆　《廣韻》《集韻》五郭切，疑鑃一入合宕；《韻鏡》内轉第三十二合、《七音略》内轉三十五輕中輕、《切韻指掌圖》十四圖、《四聲等子》宕攝内五、《切韻指南》宕攝内五合口呼偈門，列字均爲「矆」。

坤四	坤三	升四	師七					坤五	謙二	謙五
武	安	文	老			開音濁		卜	口父上	步
黃	汪									
							陽龍二	方	芳	房
晃	㳬									
							養來二	防	仿	
							漾有二	放	訪	防
穫	臒		硑							
							[illegible]二			

升三			謹六	謹七	謹三	謹三	謹三	師二		
目	■	■	光	內	口	日	口	五	■	■
					黄下	黄下	黄下			
亡					忹		狂			
罔					彝	恇	俇			
妄					誆	眶	狂			
					矍	躩	戄			

			升七	讓三	讓八	讓二	讓四		坤九	
發音清	■	■	鹿	口	自	黄	父	■	思	口
				王						
				往	杜		怳			
				旺			況			
				矍	臒		矆			

第六十三圖　開音濁

本圖收《廣韻》陽養漾藥韻合口字，係拆分《韻鏡》内轉第三十二合三等位字，並收入内轉第三十一開脣音字，符合脣音與二三等合口同圖之大原則。本圖聲母滂、見、溪、群、牀、喻母位列「□」，其中明本滂母下一等格位内有「父上」二字，明本見、溪、群母下一等格位内有「黄下」二字，四庫本無。明本知、徹、照、穿、禪、日、半三位列「■」，四庫本空格。本圖韻母入聲三等列目，明本無，四庫本列目爲「藥」。

校注：

1 （平三明）目三陽　亾　明本列字爲「亾」，四庫本列字爲「亡」。「亾」「亡」爲異體字。「亡」，《廣韻》《集韻》武方切，明陽三平開宕；《韻鏡》内轉第三十一開、《七音略》外轉三十四重中重、《切韻指掌圖》十四圖、《四聲等子》宕攝内五陽唐重多輕少韻江全重開口呼、《切韻指南》宕攝内五開口呼侷門，列字均爲「亡」。「亡」爲《廣韻》陽三明母位小韻首字，四庫本列字是，明本列異體字，亦無誤。

2（平三見）□三陽　㤮　《康熙字典》記：『《玉篇》古文狂字。』《廣韻》陽韻三等合口無見母。《集韻》渠王切，群陽三平合宕，注曰：『《説文》狾大也，一曰「躁也」。隸作「狂」，古作「㤮」。或書作「𤞣」。』不當列於此位。另，《集韻》未有「㤮」，俱王切，可列於見母位。《韻鏡》空位；《七音略》内轉三十五輕中輕，列字爲『恇』，當爲『㤮』訛；《切韻指掌圖》十四圖、《切韻指南》宕攝内五合口呼偏門，列字均爲『㤮』；《四聲等子》宕攝内五，列字爲『𤝞』，疑此字當爲『徃』字形訛，群母養韻。『㤮』爲《集韻》陽三合口見母位小韻首字，《起數訣》從《集韻》。

3（平三溪）□三陽　◯　《廣韻》《集韻》陽韻三等合口溪母位均有『匡』字，《廣韻》去王切，《集韻》曲王切，溪陽三平合宕；《韻鏡》内轉第三十一合、《七音略》内轉三十五輕中輕、《切韻指掌圖》十四圖、《四聲等子》宕攝内五、《切韻指南》宕攝内五合口呼偏門，列字均爲『匡』。『匡』爲《廣韻》陽三合口溪母位小韻首字，《起數訣》空位誤，當校補『匡』字。

4（平三群）□三陽　狂　《廣韻》巨王切，《集韻》渠王切，群陽三平開宕；《韻鏡》内轉第三十二合、《切韻指掌圖》十四圖、《四聲等子》宕攝内五、《切韻指南》宕攝内五合口呼偏門，列字均爲『狂』；《七音略》内轉三十五輕中輕，列字爲『徃』，此字當爲『狂』字形訛。『狂』爲《廣韻》《集韻》陽三群母合口位小韻首字，《起數訣》是。

5（平三曉）父三陽　◯　《廣韻》《集韻》陽韻三等合口均無曉母；《韻鏡》《切韻指掌圖》《四聲等子》《切韻指南》均空位；《七音略》内轉三十五輕中輕，列字爲『㚾』，《康熙字典》記：『《川篇》音兄。嬉也。」『兄』，《廣韻》許榮切，《集韻》呼榮切，曉庚三平合梗。《七音略》誤，當删。《起數訣》空位是。

6（上三幫）卜三養　防　《廣韻》《集韻》符方切，幫陽三平開宕；《廣韻》符況切，《集韻》符訪切，奉漾三去開宕；均不當列於此位。此字當爲『昉』字形訛。『昉』，《廣韻》分网切，《集韻》甫丙切，幫養三上合宕；《韻鏡》内轉第三十一開、《七音略》外轉三十四重中重、《切韻指掌圖》十四圖、《四聲等子》宕攝内五陽唐重多輕少韻江全重開口呼、《切韻指南》宕攝内五開口呼侷門，列字均爲『昉』。『昉』爲《廣韻》養三幫母位小韻首字，《起數訣》誤，當校改爲『昉』字。

7（上三滂）□三養　仿　《廣韻》妃兩切，《集韻》撫兩切，滂養三平合宕；《韻鏡》内轉第三十一開、《七音略》外轉三十四重中重、《切韻指掌圖》十四圖、《四聲等子》宕攝内五陽唐重多輕少韻江全重開口呼、《切韻指南》宕攝内五開口呼侷門，列字均爲『髣』。『髣』爲《廣韻》養三滂母位小韻首字，下收有『仿』字。『髣』『仿』同爲《集韻》養三滂母位小韻首字，《起數訣》從《集韻》。

8（上三明）目三養　罔　《廣韻》文兩切，《集韻》文紡切，微養三平合宕；《韻鏡》内轉第三十一開、《七音略》外轉三十四重中重、《切韻指掌圖》十四圖、《四聲等子》宕攝内五陽唐重多輕少韻江全重開口呼，列字均爲『罔』；《切韻指南》宕攝内五開口呼侷門，列字爲『网』。

「网」爲《廣韻》養三開口明母位小韻首字，下收有「罔」字，注曰：「上同。」「罔」「网」二字爲異體字。列字以「网」爲佳，《起數訣》亦無誤。

9 （上三見）□三養　⿱臦廾　明本列字爲「⿱臦廾」，四庫本列字爲「畀」。「⿱臦廾」「畀」，疑均爲「臩」字形訛。「臩」，《廣韻》俱往切，《集韻》俱徃切，見養三上合宕。「畀」，《康熙字典》記：「《唐韻》九遇切，《集韻》俱遇切，音句。《説文》舉目驚然也。《玉篇》恐也。又《廣韻》《集韻》苦礦切，坑上聲。義同。一曰好貌。又《集韻》畎迥切，音熲。目驚也。」此記九遇切，見遇三去合遇；苦礦切，溪梗二上合梗；畎迥切，溪迥四上合梗。均不當列於此位。《韻鏡》内轉第三十二合，二等位列字爲「畀」，養韻爲三等，三等牙音字不當列於二等位，《韻鏡》誤；《七音略》内轉三十五輕中輕，列字爲「畀」；《切韻指掌圖》十四圖、《四聲等子》宕攝内五、《切韻指南》宕攝内五合口呼偈門，列字均爲「獷」，《廣韻》居往切，《集韻》俱徃切，見養三上合宕。「臩」「獷」爲《集韻》養三開口見母位兩小韻首字。「臩」爲《廣韻》養三開口見母位小韻首字，下收有「獷」字，列字以「臩」字爲佳，《起數訣》誤，當校改爲「臩」字。

10 （上三溪）□三養　恇　明本列字爲「恇」，四庫本列字爲「忹」。「恇」，《廣韻》去王切，溪陽三平合宕；《集韻》丘往切，溪養三上合宕。「忹」，《康熙字典》記：「《五音集韻》紆往切，音枉。邪曲也。又姓。元時驍州有此姓。」「枉」，《廣韻》紆往切，《集韻》嫗往切，影養三上合宕；此字當爲「恇」字形訛。《韻鏡》空位；《七音略》内轉三十五輕中輕，列字爲「⿰忄幵」，當爲「恇」字形訛;《切韻指掌圖》十四圖、《四聲等子》宕攝内五、《切韻指南》宕攝内五合口呼偏門,列字均爲『怔』。《廣韻》養韻三等合口無溪母。『怔』爲《集韻》養三溪母位小韻首字,《起數訣》或從《集韻》。明本是,四庫本當校改爲『怔』。

11 (上三影)自三養　枉　明本列字爲『枉』,四庫本列字爲『狂』。『枉』,《廣韻》紆往切,《集韻》嫗往切,影養三上合宕。『狂』,《廣韻》巨王切,《集韻》渠王切,群陽三平合宕;《廣韻》渠放切,《集韻》具放切,群漾三去合宕;均不當列於此位。此字當爲『枉』字形訛。《韻鏡》内轉第三十二合、《七音略》内轉三十五輕中輕、《切韻指掌圖》十四圖、《四聲等子》宕攝内五,列字均爲『枉』;《切韻指南》宕攝内五合口呼偏門,列字爲『怔』,此字當爲『枉』字形訛。『枉』爲《廣韻》養三影母位小韻首字,明本是,四庫本當校改爲『枉』。

12 (去三見)□三漾　誑　《廣韻》居況切,《集韻》古況切,見漾三去合宕;《韻鏡》内轉第三十二合,列於群母位,見母空位,《韻鏡》誤;《七音略》内轉三十五輕中輕、《切韻指掌圖》十四圖、《四聲等子》宕攝内五、《切韻指南》宕攝内五合口呼偏門,列字均爲『誑』。『誑』爲《廣韻》漾三見母位小韻首字,《韻鏡》空位誤,《起數訣》是。

13 (去三溪)□三漾　眶　《康熙字典》記:『《集韻》區旺切,匡去聲。腹中寬也。』此記區旺切,溪漾三去合宕。《韻鏡》空位;《七音略》内轉三十五輕中輕,列字爲『眖』,當爲『眶』字形訛;《切韻指掌圖》十四圖,列字爲『眶』,溪母陽韻;《四聲等子》宕攝内五、《切韻指南》宕攝内五合口呼偏門，列字均爲『眶』。《廣韻》漾韻三等合口無溪母。『眶』爲《集韻》漾三合口溪母位小韻首字，《七音略》《起數訣》從《集韻》。

14（去三群）□三漾　狂　《廣韻》渠放切，《集韻》具放切，群漾三去合宕；《韻鏡》内轉第三十二合，列字爲『誑』，《廣韻》居況切，《集韻》古況切，見漾三去合宕，《韻鏡》誤；《七音略》内轉三十五輕中輕、《切韻指掌圖》十四圖、《四聲等子》宕攝内五、《切韻指南》宕攝内五合口呼偏門，列字均爲『狂』。『狂』爲《廣韻》漾三群母位小韻首字，《韻鏡》列字誤，《起數訣》是。

15（去三云）□三漾　旺　《廣韻》《集韻》于放切，云漾三去合宕；《韻鏡》内轉第三十二合、《切韻指掌圖》十四圖、《四聲等子》宕攝内五，列字均爲『旺』；《七音略》内轉三十五輕中輕、《切韻指南》宕攝内五合口呼偏門，列字均爲『迋』。『迋』爲《廣韻》漾三合口云母位小韻首字，下收有『旺』字。『旺』爲《集韻》漾三合口云母位小韻首字，下收有『迋』字，列字以『旺』字爲佳，《起數訣》從《集韻》。

16（入三幫）卜三藥　○　明本空位，四庫本列字爲『轉』。『轉』，《廣韻》藥三合口無幫母；《集韻》方縛切，幫藥三入合宕。《韻鏡》内轉第三十一開、《七音略》外轉三十四重中重、《切韻指掌圖》十四圖、《四聲等子》宕攝内五陽唐重多輕少韻江全重開口呼、《切韻指南》宕攝内五開口呼偏門，列字均爲『轉』。『轉』爲《集韻》藥三幫母位小韻首字，《起數訣》四庫本從《集韻》。明本空位誤，當校補『轉』字。

17（入三滂）□三藥 ○ 明本空位，四庫本列字爲『霈』。『霈』，《廣韻》孚縛切，《集韻》拂縛切，滂藥三入開宕；《韻鏡》内轉第三十一開、《七音略》外轉三十四重中重、《切韻指掌圖》十四圖、《四聲等子》宕攝内五陽唐重多輕少韻江全重開口呼、《切韻指南》宕攝内五開口呼侷門，列字均爲『霈』。『霈』爲《廣韻》藥三滂母位小韻首字，四庫本列字是，明本當校補『霈』字。

18（入三並）步三藥 ○ 明本空位，四庫本列字爲『縛』。『縛』，《廣韻》持兗切，《集韻》柱兗切，澄獮三上合山；《廣韻》直戀切，《集韻》柱戀切，澄線三去合山；均不當列於此位。此字當爲『縛』字形訛。『縛』，《廣韻》符钁切，《集韻》伏約切，並藥三入開宕；《韻鏡》内轉第三十一開、《七音略》外轉三十四重中重、《切韻指掌圖》十四圖、《四聲等子》宕攝内五陽唐重多輕少韻江全重開口呼、《切韻指南》宕攝内五開口呼侷門，列字均爲『縛』。『縛』爲《廣韻》藥三並母位小韻首字，四庫本列字是，明本當校補『縛』字。

19（入三見）□三藥 矍 《廣韻》居縛切，《集韻》厥縛切，見藥三入合宕；《韻鏡》内轉第三十二合、《七音略》外轉三十四重中重、《切韻指掌圖》十四圖、《切韻指南》宕攝内五合口呼侷門，列字均爲『玃』；《四聲等子》宕攝内五，列字爲『钁』。『玃』爲《廣韻》藥三合口見母位小韻首字，下收有『钁』『矍』二字。『矍』爲《廣韻》藥三合口見母位小韻首字，下收有『玃』『钁』二字，列字以『矍』字爲佳，《起數訣》從《集韻》。

20（入三曉）父三藥 矆 《廣韻》許縛切，《集韻》怳縛切，曉藥三入合宕；《韻鏡》内轉第三十二合、《七音略》内轉三十五輕中輕，列字均爲『矆』；《切韻指掌圖》十四圖、《四聲等子》宕攝内五、《切韻指南》宕攝内五合口呼侷門，列字均爲『𥌒』。『𥌒』爲《廣韻》藥三合口曉母位小韻首字，下收有『矆』字，注曰：『上同。』『𥌒』『矆』二字爲異體字。列字以『𥌒』爲佳，《起數訣》亦無誤。

21（入三影）自三藥　臒　《廣韻》憂縛切，影藥三入合宕；《集韻》未收。《韻鏡》内轉第三十二合、《七音略》内轉三十五輕中輕、《切韻指掌圖》十四圖、《四聲等子》宕攝内五、《切韻指南》宕攝内五合口呼侷門，列字均爲『嬳』。『嬳』爲《廣韻》藥三影母位小韻首字，下收有『臒』字，列字以『嬳』字爲佳，《起數訣》列『臒』字，亦無誤。

22（入三云）□三藥　矍　《廣韻》居縛切，《集韻》厥縛切，見藥三入合宕；不當列於此位。《韻鏡》内轉第三十二合、《七音略》内轉三十五輕中輕、《切韻指掌圖》十四圖、《四聲等子》宕攝内五、《切韻指南》宕攝内五合口呼侷門，列字均爲『籰』。『籰』《廣韻》《集韻》王縛切，云藥三入合宕。『籰』爲《廣韻》藥三合口云母位小韻首字，《起數訣》誤，當校改爲『籰』字。

釋：

1（平三幫）卜三陽　方　《廣韻》府良切，《集韻》分房切，幫陽三平開宕；《韻鏡》内轉第三十一開、《七音略》外轉三十四重中重、《切韻指掌圖》十四圖、《四聲等子》宕攝内五陽唐重多輕少韻江全重開口呼、《切韻指南》宕攝内五開口呼偏門，列字均爲『方』。

2 (平三滂)□三陽　芳　《廣韻》《集韻》敷方切，滂陽三平開宕；《韻鏡》内轉第三十一開、《七音略》外轉三十四重中重、《切韻指掌圖》十四圖、《四聲等子》宕攝内五陽唐重多輕少韻江全重開口呼、《切韻指南》宕攝内五開口呼偏門，列字均爲『芳』。

3 (平三並)步三陽　房　《廣韻》《集韻》符方切，並陽三平開宕；《韻鏡》内轉第三十一開、《七音略》外轉三十四重中重、《切韻指掌圖》十四圖、《四聲等子》宕攝内五陽唐重多輕少韻江全重開口呼、《切韻指南》宕攝内五開口呼偏門，列字均爲『房』。

4 (平三云)□三陽　王　《廣韻》雨方切，《集韻》于方切，云陽三平開宕；《韻鏡》内轉第三十二合、《七音略》内轉三十五輕中輕、《切韻指掌圖》十四圖、《四聲等子》宕攝内五、《切韻指南》宕攝内五合口呼偏門，列字均爲『王』。

5 (上三群)□三養　徍　《廣韻》求往切，《集韻》求往切，群養三上合宕；《韻鏡》内轉第三十二合、《七音略》内轉三十五輕中輕、《切韻指掌圖》十四圖、《四聲等子》宕攝内五、《切韻指南》宕攝内五合口呼偏門，列字均爲『徍』。

6 (上三曉)父三養　怳　《廣韻》許昉切，《集韻》詡往切，曉養三上合宕；《韻鏡》内轉第三十二合、《七音略》内轉三十五輕中輕、《四聲等子》宕攝内五、《切韻指南》宕攝内五合口呼偏門，列字均爲『怳』；《切韻指掌圖》空位。

7（上三云）□三養　往　《廣韻》于兩切，《集韻》羽兩切，云養三上合宕；《韻鏡》內轉第三十二合、《七音略》內轉三十五輕中輕、《切韻指掌圖》十四圖、《四聲等子》宕攝內五、《切韻指南》宕攝內五合口呼侷門，列字均爲『往』。

8（去三幫）卜三漾　放　《廣韻》《集韻》甫妄切，幫漾三去開宕；《韻鏡》內轉第三十一開、《七音略》外轉三十四重中重、《切韻指掌圖》十四圖、《四聲等子》宕攝內五陽唐重多輕少韻江全重開口呼、《切韻指南》宕攝內五開口呼侷門，列字均爲『放』。

9（去三滂）□三漾　訪　《廣韻》《集韻》敷亮切，滂漾三去開宕；《韻鏡》內轉第三十一開、《七音略》外轉三十四重中重、《切韻指掌圖》十四圖、《四聲等子》宕攝內五陽唐重多輕少韻江全重開口呼、《切韻指南》宕攝內五開口呼侷門，列字均爲『訪』。

10（去三並）步三漾　防　《廣韻》符況切，《集韻》符訪切，並漾三去開宕；《韻鏡》內轉第三十一開、《七音略》外轉三十四重中重、《切韻指掌圖》十四圖、《四聲等子》宕攝內五陽唐重多輕少韻江全重開口呼、《切韻指南》宕攝內五開口呼侷門，列字均爲『防』。

11（去三明）目三漾　妄　《廣韻》巫放切，《集韻》無放切，明漾三去開宕；《韻鏡》內轉第三十一開、《七音略》外轉三十四重中重、《切韻指掌圖》十四圖、《四聲等子》宕攝內五陽唐重多輕少韻江全重開口呼、《切韻指南》宕攝內五開口呼侷門，列字均爲『妄』。

12（去三曉）父三漾　況　《廣韻》許訪切，《集韻》許放切，曉漾三去合宕；《韻鏡》内轉第三十二合、《七音略》内轉三十五輕中輕、《切韻指掌圖》十四圖、《四聲等子》宕攝内五、《切韻指南》宕攝内五合口呼偏門，列字均爲「況」。

13（入三溪）□三藥　矍　《廣韻》丘縛切，《集韻》屈縛切，溪藥三入合宕；《韻鏡》内轉第三十二合、《七音略》内轉三十五輕中輕、《切韻指掌圖》十四圖、《四聲等子》宕攝内五、《切韻指南》宕攝内五合口呼偏門，列字均爲「矍」。

14（入三群）□三藥　戄　《廣韻》具籰切，《集韻》局縛切，群藥三入合宕；《韻鏡》内轉第三十二合、《七音略》内轉三十五輕中輕、《切韻指掌圖》十四圖、《四聲等子》宕攝内五、《切韻指南》宕攝内五合口呼偏門，列字均爲「戄」。

宋元切韻學文獻叢刊

李軍 李紅 主編

皇極經世解起數訣校注 上

〔宋〕祝泌 著 李紅 校注

鳳凰出版社

圖書在版編目（CIP）數據

皇極經世解起數訣校注 /（宋）祝泌著；李紅校注. 南京：鳳凰出版社，2024. 12. --（宋元切韻學文獻叢刊 / 李軍，李紅主編）. -- ISBN 978-7-5506-4445-8

Ⅰ. H11

中國國家版本館CIP數據核字第2024J67Z49號

書名	皇極經世解起數訣校注
著者	〔宋〕祝　泌 著　李　紅 校注
責任編輯	孫　州
裝幀設計	陳貴子
責任監製	程明嬌
出版發行	鳳凰出版社(原江蘇古籍出版社) 發行部電話025-83223462
出版社地址	江蘇省南京市中央路165號，郵編:210009
照排	南京凱建文化發展有限公司
印刷	金壇古籍印刷廠有限公司 江蘇省金壇市晨風路186號，郵編:213200
開本	880毫米×1230毫米　1/32
印張	63.75
字數	1561千字
版次	2024年12月第1版
印次	2024年12月第1次印刷
標準書號	ISBN 978-7-5506-4445-8
定價	850.00圓(全三册)

(本書凡印裝錯誤可向承印廠調換，電話:0519-82338389)

《宋元切韻學文獻叢刊》序

漢語等韻學是中國傳統語言文字學最基礎的分支學科之一，是中國傳統學術和傳統文化中最具理論創新性和系統性的學科之一，亦可以稱爲中國古典漢語音系學。西方以研究、介紹具有區别意義的音位而興起的音系學始於十九世紀七十年代①，而中國以圖表形式，以最小析異對的方式對音系最小區别特徵和語音系統進行分析描寫的古典音系學，即漢語等韻學，在唐宋之際就已經非常成熟②。漢語等韻學可以分爲兩個階段：宋元切韻學、明清等韻學。宋元切韻學，也可以説是『宋代的漢語音系學』③。流傳至今的宋元切韻學文獻有：（一）南宋紹興辛巳年（一一六一）張麟之刊《韻鏡》，（二）南宋紹興辛巳年鄭樵述《通志·七音略》，（三）南宋

---

① 英國共時音系學早期代表人物亨利·斯威特《語音學手册》（一八七七）提出了非區别性的音素與區别性的音素概念，實質上代表了音位學理論的誕生。

② 魯國堯《中國音韻學的切韻圖與西洋音系學（Phonology）的『最小析異對』（minimal pair）》，《古漢語研究》二〇〇七年第四期，第二—一〇頁。

③ 魯國堯《〈盧宗邁切韻法〉述論》，《魯國堯語言學論文集》，江蘇教育出版社，二〇〇三年十月，第三四〇頁。

淳熙丙午年（一一八六）左右盧宗邁《盧宗邁切韻法》，（四）南宋嘉泰癸亥年（一二〇三）刊託名司馬光的《切韻指掌圖》，（五）無名氏《四聲等子》，（六）元惠宗至元丙子年（一三三六）劉鑑《經史正音切韻指南》，（七）等韻理論與象數理論相結合的北宋邵雍《皇極經世觀物篇·聲音唱和圖》（一〇七二年左右），（八）取三十六字母之翻切，以聲起數，以數合卦的南宋淳祐辛丑年（一二四一）祝泌《皇極經世解起數訣》，（九）闡述反切門法的金代□髓《解釋歌義》等。

漢語等韻學的興起與發展，與梵語悉曇學密切相關。『韻圖的辨法歸根結蒂是印度傳過來的，因此産生韻圖的第一步是印度的聲明學，特別是聲韻相配的圖表形式介紹到中國』①。《隋書·經籍志》有《婆羅門書》，即『西域胡書，能以十四字貫一切音，文省而義廣』。日本安然《悉曇藏》記載謝靈運論悉曇之語：『《大涅槃經》中有五十字，以爲一切字本。牽此就彼，反語成字……其十二字譬如此間之言；三十四字譬如此間之音，以就言便爲諸字。』②三十四字爲體文，『體文者，紐也』（章太炎《國故論衡》），紐即聲母；十二字爲摩多，即韻母。悉曇文字這種分析音節的方式，以及拼合音節的方法，必然會啓發中國學者加以借鑑，以之作爲分析漢語音節結構的手段。『唐人就是受到「悉曇」體文的啓發，並參照藏文字母的體系，給漢語創製了

① 潘文國《韻圖考》，華東師範大學出版社，一九九七年九月，第二四頁。
② 趙蔭棠《等韻源流》，商務印書館，二〇一七年十一月，第二〇——二一頁。

字母』①。而韻圖聲韻經緯輾轉相拼的方式，應當也是受悉曇家『字輪』的影響。所謂『字輪』，就是『從此輪轉而生諸字也』②。空海《悉曇字母並釋義》十二字後注云：『此十二字（按：迦、迦、祈、雞、句、句、計、蓋、句、皓、欠、迦）者，一箇「迦」字之轉也。從此一「迦」字門出生十二字。如是一一字母各出生十二字，一轉有四百八字。』因此趙蔭棠先生認爲：『《韻鏡》與《七音略》之四十三轉，實係由此神襲而成。』③《悉曇章》圖上聲右韻，具備了等韻圖聲韻經緯相交以列字的韻圖排列方式的雛形，對後來漢語切韻圖的出現當具有比較直接的影響。

悉曇學或聲明學促進漢語等韻學産生的具體時間是什麽？真正意義上分析漢語韻書語音結構的韻圖表和系統的理論體系産生於何時？由於文獻不足，暫難定論。羅常培先生（一九三五）認爲，『至於經聲緯韻，分轉列圖，則唐代沙門師仿悉曇體制，以總攝《切韻》音系者也』④，即認爲唐代當已經出現表現《切韻》音系的韻圖。現存最早的切韻學文獻《韻鏡》《七音略》都刊行於南宋，不過現存文獻中記載有唐高宗時關涉韻圖理論的武玄之《韻銓》，日僧安然《悉曇藏》著録了其部目。《韻銓》『明義例』四韻例，反映該書已經具備了比較系統的切韻理

---

① 唐作藩《音韻學教程》，北京大學出版社，二〇一六年五月，第二七頁。
② 趙蔭棠《等韻源流》，第三一頁。
③ 趙蔭棠《等韻源流》，第三二頁。
④ 羅常培《羅常培語言學論文集》，商務印書館，二〇〇四年十二月，第一四二頁。

論，引述如下：

凡爲韻之例四也：一則四聲有定位，平、上、去、入之例是也。二則正紐以相證，令上下自明，「人」「忍」「仞」「日」之例是也。三則傍通以取韻，使聲不誤，「春」「真」「人」「倫」之例是也。四則雖有其聲而無其字，則闕而不書，「辰」「蝨」「脅」是也。①

按四聲相承的方式列韻，同聲母字上下四聲相承，同五音字旁通，有音無字列空圈，這些都具有切韻圖的顯著特徵。趙蔭棠先生認爲武玄之使用了「正紐」概念，説明三十六字母還未産生，所以「必非什麽講等韻之書，不過滿載韻字如後來之《廣韻》與《集韻》而已」②。潘文國先生則認爲該書應當是「圖表形式的韻書」，因爲「祇有圖表纔有出現空格的可能」③。武氏之書已佚，難以臆斷。不過該書有十五卷之多，當非「圖表形式的韻書」。韻例反映該書除了韻書部分之外，當另有韻圖形式的表格，如宋楊中脩《切韻類例》之「一圖一篇」（見下文）。當時三

① 趙蔭棠《等韻源流》，第四四頁。
② 趙蔭棠《等韻源流》，第四五頁。
③ 潘文國《韻圖考》，第二六頁。

十六字母雖然還没有出現，但並不妨礙時人對聲母的辨析。在三十六字母產生之前，《玉篇》以助紐字作爲聲母的輔助拼讀工具，未嘗不可以作爲聲母的代表字組。因此《韻銓》一書很可能已經出現了韻圖形式的韻表或具備了韻圖的語音分析理論體系。

晚唐守温字母的出現，無疑對切韻學理論的成熟與發展起到了至關重要的推動作用，宋代切韻學的繁榮發展與唐以前悉曇學的影響，以及聲明學與漢語音韻分析理論的有機結合是分不開的。現存最早的韻圖《韻鏡》《七音略》雖刊行於南宋紹興年間，但北宋初年切韻學理論已經非常成熟，切韻圖也應當在一定範圍内流傳。邵雍（一〇一一—一〇七七）《皇極經世觀物篇·聲音唱和圖》以翕、闢區分十天聲，與等韻開、合相對應；以清、濁、開、發、收、閉區分十二地音，與韻圖三十六字母的清濁分類，以及聲母與四等韻的拼合關係基本一致。北宋沈括（一〇三一—一〇九五）《夢溪筆談》也記載了比較詳細的切韻法，引述如下：

> 今切韻之法，先類其字，各歸其母。脣音、舌音各八，牙音、喉音各四，齒音十，半齒、半舌音二，凡三十六，分爲五音。天下之聲總於是矣。每聲復有四等，謂清、次清、濁、平也，如顛、天、田、年，邦、胮、龐、厖之類是也，皆得之自然，非人爲之。如幫字横調之爲五音，幫、當、剛、臧、央是也；幫，宮之清；當，商之清；剛，角之清；臧，徵之清；央，羽之清。縱調之爲四等，幫、滂、傍、茫是也；幫，宮之清；滂，宮之次清；傍，宮之濁；茫，宮之不清不濁。就本音、

本等調之爲四聲，幫、螃、傍、博是也。幫，宫清之平；螃，宫清之上；傍，宫清之去；博，宫清之入。四等之聲，多有聲無字者，如封、峰、逢，止有三字；邕、胸，止有兩字；竦、火、欲、以，皆止有一字。五音亦然，滂、湯、康、蒼，止有四字。四聲則有無聲，亦有無字者，如蕭字、肴字全韻皆無入聲。此皆聲之類也。

所謂切韻者，上字爲切，下字爲韻。切須歸本母，韻須歸本等。切歸本母，謂之『音和』，如『德紅爲東』之類，德與東同一母也。字有重中重、輕中輕，本等聲盡，泛入别等，謂之『類隔』。雖隔等，須以其類，謂脣與脣類，齒與齒類。如武延爲綿、符兵爲平之類是也。韻歸本等，如冬與東字，母皆屬端字，冬乃端字中第一等聲，故都宗切，宗字第一等韻也，以其歸精字，故精徵音第一等聲。東字乃端字中第三等聲，故德紅切，紅字第三等韻也，以其歸匣字，故匣羽音第三等聲。又有互用、借聲，類例頗多，大都自沈約爲《四聲》，音韻愈密。然梵學則有華、竺之異，南渡之後，又雜以吴音，故音韻厖駁，師法多門。①

沈氏所述切韻法，有韻圖的信息，也有關於門法的介紹，説明切韻法已經非常成熟。所論及的韻圖聲母的排列順序始幫終日，喉音『影曉匣喻』相次，與《韻鏡》《七音略》一致。所舉四

① 諸雨辰譯注《夢溪筆談》，中華書局，二〇一六年九月，第三三六——三三七頁。

等相承、五音相調之例，多與韻圖相合。如『四等之聲，多有聲無字者，如封、峰、逢，止有三字』，《韻鏡》《七音略》第二圖『鍾』韻平聲非組聲母無明母字，衹列有『封、峰、逢』三字；『邕、胸止有兩字』，《七音略》同圖平聲喉音聲母位衹有『邕、匈』二字；『竦、火、欲、以皆止有一字』，《韻鏡》《七音略》上聲齒音四等衹有『竦』，入聲喉音四等衹有『欲』。（其中『火、以』二字當爲訛誤，或爲『用、旭』二字之訛。因爲該段舉例均爲鍾韻字，不當雜入他韻字。）『蕭字、肴字全韻皆無入聲』，與宋代前期切韻圖入聲衹與陽聲韻相承，不與陰聲韻相承的特點一致①。這説明宋代初年切韻學理論以及韻圖的編撰已經成熟，羅常培先生認爲『等韻圖肇自唐代，非宋人所創』②，有一定的道理。

宋代切韻學文獻應當已經非常發達了，但流傳範圍並不廣泛。《晦庵先生朱文公文集》卷五十《答楊元範》：『字畫音韻，是經中淺事，故先儒得其大者多不留意。』③因此切韻之學不被士人階層所知曉，切韻學著作流通不廣，是有其社會原因的。或有肆此業者，終爲淺學，其學

① 有關《夢溪筆談》所言切韻法，魯國堯《沈括〈夢溪筆談〉所載切韻法繹析》有詳細論述。見《魯國堯語言學論文集》，第三一七—三二五頁。

② 羅常培《羅常培語言學論文集》，第一四〇頁。

③ 《晦庵先生朱文公文集》，《朱子全書（修訂本）》，上海古籍出版社、安徽教育出版社，二〇一〇年九月，第二二八九頁。

不顯，流傳至今者自然不多。不過由於切韻學與佛學關係密切，自漢魏以降，辨析音理，分析韻書語音系統，拼合韻書反切讀音的切韻學，當首先在佛學界發展、成熟起來。鄭樵《七音略》序指出：『七音之韻，起自西域，流入諸夏，梵僧欲以其教傳之天下，故爲此書。雖重百譯之遠，一字不通之處，而音義可傳。華僧從而定之，以三十六爲之母。重輕、清濁，不失其倫，天地萬物之音備於此矣。雖鶴唳風聲，雞鳴狗吠，雷霆驚天，蚊虻過耳，皆可譯也，況於人言乎？所以日月照處，甘傳梵書者，爲有七音之圖，以通百譯之義也。』精通音韻之學，也成爲佛學的基礎，鄭樵所謂『釋氏以參禪爲大悟，通音爲小悟』。鄭樵在説明《七音略》來源時，就明確指出：『臣初得《七音韻鑑》，一唱而三嘆，胡僧有此妙義，而儒者未之聞。』即《七音略》之藍本爲《七音韻鑑》，其基本理論當出自佛教界，但該書是否爲胡僧所作，則存疑。史籍所載，宋代所見切韻文獻中亦多爲釋家所著，如：

《宋史·藝文志》第二〇二卷『小學類』有僧守温《清濁韻鈐》一卷、釋元冲《五音韻鏡》一卷。

《通志·艺文略》『音韻』部分有僧鑑言《切韻指元疏》五卷、僧守温《三十六字母圖》一卷、僧行慶《定清濁韻鈐》一卷、《切韻内外轉鈐》一卷、《内外轉歸字》一卷。

晁公武《郡齋讀書志》『小學類』指出，『論音韻之書，沈約《四聲譜》及西域反切之學是也』。其中記載有《四聲等第圖》一卷，『皇朝僧宗彦撰，切韻之訣也』。

宋代切韻學發展繁榮的主要原因，當與官方對韻書字書編撰的重視有關。官方韻書《廣韻》《集韻》以及字書《大廣益會玉篇》《類篇》，即第二、三代『篇韻』的頒行，爲切韻學理論與韻書語音結構系統的分析相結合，滿足韻書字書反切拼讀的需要提供了前提條件。字學與韻學雖爲淺學，『然不知此等處不理會，卻枉費了無限辭説牽補，而卒不得其本義，亦甚害事也』①。因此切韻學在宋代逐漸爲儒家所接受並推廣開來，也在情理之中。

宋代切韻學理論與韻圖的編撰，當是在唐五代切韻理論與韻圖的基礎上，進一步與宋代韻書相結合而逐步發展完善起來的。受聲明學影響，唐五代初期切韻學當已經産生，音韻分析理論也已經逐步與韻書語音分析相結合，《切韻》系韻圖當已經出現。宋代韻書與字書的繁榮，促使了唐五代韻圖與宋代韻書的結合。宋代切韻圖就是爲分析韻書語音結構系統、拼讀字書反切服務的。魯國堯先生結合文獻記録，將宋元前期切韻圖根據其所分析的對象，分爲《廣韻》系列與《集韻》系列。其中《韻鏡》《七音略》是《廣韻》系韻圖，而已佚的楊中脩《切韻類例》、盧宗邁《盧宗邁切韻法》所述及的韻圖爲《集韻》系列韻圖。

《韻鏡》所據韻圖爲《指微韻鏡》，《七音略》所據韻圖爲《七音韻鑑》，兩書同刊於南宋紹興三十一年（辛巳年，一一六一），張麟之初刊《韻鏡》時當未見《七音略》。紹興辛巳（一一六一）

---

① 《晦庵先生朱文公文集》，《朱子全書（修訂本）》，第二二八七頁。

張麟之《識語》，對《韻鏡》的來源與特點進行了介紹：

既而得友人授《指微韻鏡》一編，微字避聖祖名上一字。且教以大略曰：『反切之要，莫妙於此。不出四十三轉，而天下無遺音。其製以韻書，自一東以下，各集四聲，列爲定位，實以《廣韻》《玉篇》之字，配以五音清濁之屬，其端又在於横呼。雖未能立談以竟，若按字求音，如鏡映物，隨在現形，久久精熟，自然有得。』於是蚤夜留心，未嘗去手。忽一夕頓悟，喜而曰：『信如是哉！』遂知每翻一字，用切母及助紐歸納，凡三折，總歸一律。即是以推千聲萬音，不離乎是。自是日有資益，深欲與衆共知，而或苦其難，因撰《字母括要圖》，復解數例，以爲沿流求源者之端。庶幾一遇知音，不惟此編得以不泯，余之有望於後來者亦非淺鮮。聊用鋟木，以廣其傳。

張麟之明確指出，《韻鏡》所據韻圖爲《指玄韻鏡》，避趙公明玄朗上一字而改名爲《指微韻鏡》，則《指玄韻鏡》成書年代當在北宋大中祥符五年（一〇一二）之前。韻圖形制與其所刊《韻鏡》相同，横列五音聲母，以清濁相别，四欄分韻列字，四聲相承，欄分四等。張麟之在《指玄韻鏡》的基礎上，撰寫了《字母括要圖》，復解『數例』（即『《韻鑑》序例』）。韻圖形制仍舊，韻圖内容以列《廣韻》《玉篇》字爲主，爲與第二代『篇韻』相輔的韻圖。《韻鏡》也許經歷過再版，四十二年後的嘉泰三年（一二〇三）張麟之《韻鏡序作》指出，自己在年二十得《韻鏡》之學後，「既而又得莆陽夫子鄭公樵進卷先朝，中有《七音序》，略其要語曰『七音之作，起自西域，流入諸夏，梵僧欲以此教傳天下，故爲此書』」。《序作》同時對淳熙年間楊倓所撰《韻譜》橫列三十六字母的編撰體例進行了評價，認爲『因之則是，變之非也』。這一方面反映了張氏對《韻譜》的批評，另一方面也透露了《韻鏡》四十三轉有『因之』的特點。對《七音略》，張麟之則認爲『其用也博』，説明了《七音略》與《韻鏡》體例、内容具有很大程度的一致性，因此非常認可。同時也交代了二者來源不同，而同歸一途。有關《七音略》的來源問題，鄭樵亦有明確説明，《七音序》指出：

江左之儒，識四聲而不識七音，則失立韻之源……四聲爲經，七音爲緯，江左之儒知縱有平、上、去、入爲四聲，而不知衡有宫、商、角、徵、羽、半徵、半商爲七音。縱成經，衡成緯，經緯不交，所以失立韻之源。七音之韻，起自西域，流入諸夏。梵僧欲以其教傳之天下，故爲此書，雖重百譯之遠，一字不通之處，而音義可傳。華僧從而定之，以三十六爲之母，重輕、清濁，不失其倫，天地萬物之音備於此矣。雖鶴唳風聲，雞鳴狗吠，雷霆驚天，蚊虻過耳，皆可譯也，况於人言乎？所以日月照處，甘傳梵書者，爲有七音之圖，以通百譯之義也……均，言韻也。古無韻字，猶言一韻聲也……琴者，樂之宗也；韻者，聲之本也。

皆主於七，名之曰韻者，蓋取均聲也。

臣初得《七音韻鑑》，一唱而三嘆，胡僧有此妙義，而儒者未之聞。及乎研究制字，考證諧聲，然後知皇頡、史籀之書已具七音之作，先儒不得其傳耳。今作《諧聲圖》，所以明古人制字通七音之妙。又述内外轉圖，所以明胡僧立韻得經緯之全。釋氏以參禪爲大悟，通音爲小悟，雖七音一呼而聚，四聲不召自來，此其麤淺者耳。至於紐躡杳冥，盤旋寥廓，非心樂洞融天籟，通乎造化者，不能造其閫。

字書主於母，必母權子而行，（按，《六書略》「會意」：「文有子母，母主義，子主聲，一子一母爲諧聲。諧聲者，一體主義，一體主聲，二母合爲會意。會意者，二體俱主義，合而成字也。」）然後能别形中之聲。韻書主於子，必子權母而行，然後能别聲中之形。所以臣更作字書，以母爲主，亦更作韻書，以子爲主。今兹内外轉圖用以别音聲，而非所以主子母也。

鄭樵序認爲「七音之韻，起自西域，流入諸夏」，華僧定三十六字母，爲七音之圖。即認爲切韻學是受西域梵學影響，由華僧結合漢語特點將其完善起來的。唐五代以降，切韻學的成熟與發展可以説是第一次西學東漸對漢語音韻學産生重要影響的結果，是中國傳統學術第一次接受外來文化影響而自我發展完善的結果。以圖表形式經以四聲韻，緯以七音聲母，開合分圖，四等列字，以「『最小析異對』原理……創造出神奇之物——切韻圖」，彰顯了先賢的原創精神①。

《七音略》韻圖原名《七音韻鑑》，鄭樵認爲乃『胡僧妙義』，但並没有指出爲胡僧所作。此書當在釋家流行已久，但『儒者未之聞』而已。不過從韻圖内容來看，此書與《韻鏡》一樣當最終修訂於宋初，都是以三十六字母系統分析《廣韻》音系結構和反切系統的，很可能都是在唐五代時期與第一代『篇韻』相輔的切韻圖的基礎上改編的。除了韻圖之外，原本没有其他類似檢例的内容。鄭樵對《七音韻鑑》韻圖内容也没有做過改動，衹是『作《諧聲圖》，所以明古人制字通七音之妙。又述内外轉圖，所以明胡僧立韻得經緯之全』。所謂『述』，説明了鄭樵衹是對《七音韻鑑》『内外轉圖』進行了刊佈，並未對切韻圖内容進行過改動。

從《韻鏡》與《七音略》切韻圖的比較來看，二者的差異主要表現在《韻鏡》以七音清濁區分三十六字母，《七音略》直接列以三十六字母之名；《韻鏡》以『開』『合』標記韻圖，《七音略》以『重中重』『重中輕』『輕中輕』『輕中重』區分開合。韻圖形制與内容則大體一致。羅常培先生對二者異同進行比較後認爲，『《七音略》所據之《七音韻鑑》與《韻鏡》同出一源』『皆於原型有所損益，實未可强分先後也』。即從韻圖所列各韻的順序來看，《韻鏡》與《七音略》原本當爲表現《切韻》音系的，宋以後，始據《廣韻》進行了補充、修訂，以與《廣韻》音系一致，故有『實以《廣

① 魯國堯《中國音韻學的切韻圖與西洋音系學(Phonology)的『最小析異對』(minimal pair)》，第二頁。

韻》《玉篇》之字』的特點。這也反映了『切韻圖是層纍地造出來的』①。李新魁對《韻鏡》列字與《廣韻》《集韻》《禮部韻略》進行過比較，發現《韻鏡》三千六百九十五字，僅一百七十二字不是使用《廣韻》的反切首字②。可見其與《廣韻》的關係是非常密切的，亦與張麟之《識語》所言『實以《廣韻》《玉篇》之字』是相符的。

《集韻》系列韻圖，據魯國堯先生研究，大致有兩部，一是已佚的楊中脩《切韻類例》，一是盧宗邁《盧宗邁切韻法》所述及的韻圖。楊中脩《切韻類例》已佚，但孫覿《鴻慶居士文集》卷三十『《切韻類例》序』對該書進行了介紹：

> 昔仁廟詔翰林學士丁公度、李公淑增崇韻學，自許慎而降，凡數十家，總爲《類篇》《集韻》，而以賈魏公、王公洙爲之屬。治平四年司馬温公繼纂其職，書成上之，有詔頒焉。今楊公又即其書科別户分，著爲十條，爲圖四十四，推四聲子母相生之法，正五方言語不合之訛，清濁重輕，形聲開合。梵學興而有華竺之殊，吴音用而有南北之辯。解名釋象，纖

---

① 魯國堯《〈盧宗邁切韻法〉述論》，第三五〇頁。

② 李新魁《〈韻鏡〉研究》，《語言研究》一九八七年第二期，第一三三——一三四頁。

悉備具，離爲上下篇，名曰《切韻類例》……具見於一圖二篇之中。①

《盧宗邁切韻法》「跋語」亦云：「世傳切韻四十四圖，用三十六母與《集韻》中字，隨母所屬，次第均佈於圖間。」②説明《盧宗邁切韻法》所述韻圖與楊中脩《切韻類例》一樣，均爲《集韻》系列韻圖，且均爲四十四韻圖，可看作是與第三代「篇韻」相輔而行的韻圖。

《集韻》系列韻圖具有宋元前期切韻學向後期切韻學轉型的特點，從語音系統來看，反映的都是《切韻》系列韻書的語音系統，韻圖爲四十三或四十四。但在五音排列順序方面，前期切韻圖爲始幫終日型，如《韻鏡》《七音略》；後期切韻圖注重韻圖結構的對稱性，多爲始見終日型，即除半舌、半齒音外，牙、喉音均祇有一組聲母，故居兩頭；舌、齒、脣音上下兩組聲母並列，故居中間。後期切韻圖在前期切韻圖基礎上，將牙音與脣音位置交换，如《四聲等子》《經史正音切韻指南》。《盧宗邁切韻法》所述韻圖聲母的順序已經與後期切韻圖一致，也是始見終日。不過在喉音聲母的排列上，《盧宗邁切韻法》所述韻圖仍爲「影曉匣喻」，而不是後期切

① 魯國堯《〈盧宗邁切韻法〉述論》，第三四一頁。
② 同上。

韻圖的『曉匣影喻』①，具有比較典型的過渡性特徵。

宋元後期切韻學的顯著特徵是以攝爲單位大量合併相關韻系，韻圖數量減少，入聲與陰、陽聲韻相承，在一定程度上由反映韻書語音系統開始向反映實際語音轉變。如《切韻指掌圖》《四聲等子》各二十圖，《經史正音切韻指南》二十四圖。

不過，關於《切韻指掌圖》的成書年代問題，學術界還是有爭議的。世傳《切韻指掌圖》爲司馬光所作，則當成書於十一世紀中葉，即北宋時期，但該書刊行時間則在南宋嘉泰癸亥（一二〇三）。陳澧《切韻考外編》據鄒特夫考證，認爲切韻指掌圖實際上就是楊中脩所作。楊中脩《切韻類例》見上文介紹，共四十四圖，與《切韻指掌圖》二十韻圖差別較大。趙蔭棠先生對此專文進行了考證，認爲《切韻指掌圖》當爲託司馬温公之名，其成書年代當在淳熙三年（一一七六）以後與嘉泰三年以前②。

從韻圖編撰體例看，《切韻指掌圖》與《四聲等子》《經史正音切韻指南》相比更具有宋元前期切韻圖的特點，除了按綫性順序横列外，三十六字母的順序與《盧宗邁切韻法》所述韻圖一致，同樣是始見終日，喉音爲『影曉匣喻』。韻母的排列上，《切韻指掌圖》也與前期切韻圖一樣

① 魯國堯《〈盧宗邁切韻法〉述論》，第三五三頁。

② 趙蔭棠《等韻源流》，第一〇九—一一三頁。

是「四聲統韻」，即四欄分列四聲韻，四聲欄各列四等字。而後期切韻圖如《四聲等子》《經史正音切韻指南》則是「韻統四聲」，即四欄分列四等韻，各等欄四聲上下相承。《切韻指掌圖》横列三十六字母的列圖方式，南宋時期亦有其例。張麟之《韻鏡序作》指出：「近得故樞密楊侯倓淳熙間所撰《韻譜》，其自序云「朅來當塗，得歷陽所刊《切韻心鑑》，因以舊書，手加校定，刊之郡齋」。徐而諦之，即所謂《洪韻》，特小有不同。舊體以一紙列二十三字母爲行，以緯行於其上，其下間附一十三字母，盡於三十六，一目無遺。楊變三十六，分二紙，肩行而繩引，至横調則淆亂不協，不知因之則是，變之非也。」《切韻指掌圖》的體例當與楊倓《韻譜》、歷陽《切韻心鑑》有一定的承襲關係。

《四聲等子》的成書年代與著者不詳，趙蔭棠認爲該書成書年代「不能遲到南宋」①，李新魁認爲「當在《廣韻》《集韻》行世之後」②。其理由是《四聲等子》序有「按圖以索二百六韻之字」。《經史正音切韻指南》則是與《五音集韻》《四聲篇海》相輔而行的，可看作是與第四代「篇韻」相輔而行的韻圖。該圖刊行於元惠宗至元丙子年（一三三六），受《四聲等子》影響很大，也可以説是在《四聲等子》二十圖基礎上，根據《五音集韻》一百六十韻的框架，將其改編爲二十四韻

① 趙蔭棠《等韻源流》，第九一頁。
② 李新魁《漢語等韻學》，中華書局，二〇〇四年五月，第一八〇頁。

圖的。正因爲《經史正音切韻指南》與《四聲等子》體例、內容的相似性，明代等韻學家多將《經史正音切韻指南》稱爲《四聲等子》，如袁子讓《字學元元》。

儘管宋元切韻圖根據其內容的不同，可分爲前期、後期兩個階段，根據與韻書的相輔關係的不同，前期切韻圖可分爲《廣韻》系、《集韻》系，但宋元切韻圖的理論體系都是一致的。首先，宋元切韻圖的編撰宗旨與語音基礎是一致的，都是爲分析《切韻》系韻書語音系統和拼讀韻書、字書反切服務的。其次，韻圖最核心的切韻理論，都是以開合四等作爲分析韻母系統的基本單位，以三十六字母作爲韻圖的聲母系統。最後，韻圖的基本編撰體例、使用方式都是以經調平、上、去、入四聲韻，與反切下字相關聯；緯調宫、商、角、徵、羽、半徵、半商七音，與反切上字相關聯，將『上字爲切，下字爲韻』的韻書、字書反切音，直觀映照在韻圖經緯相交所代表的字音上。韻圖既是韻書的音系結構表，也是拼讀反切的音節表。宋元切韻圖的形制與切韻理論，充分反映了中國古典音系理論的獨特表現方式和在語音分析方法方面所取得的獨特成就。宋元切韻學奠定了漢語音韻學的理論基礎，爲漢語等韻學的發展，尤其是明清等韻學的繁榮提供了理論與實踐方面的原動力。

宋元切韻學理論在宋代初年就已經非常成熟了，切韻學理論也被易學數理學家所借鑑，以推源宇宙萬物之音的起源、產生與發展，其中代表性的著作就是邵雍《皇極經世觀物篇·聲音唱和圖》與祝泌的《皇極經世解起數訣》。《聲音唱和圖》是《皇極經世書》中闡述天聲、地音律呂唱和的圖表。分十天聲，取天干之數，即韻部；十二地聲，取地支之數，即聲母類。天聲以四象日、月、星、辰與平、上、去、入相配，平、上、去、入四聲韻各復以四象日、月、星、辰區分闢、翕，共一百一十二韻。地音以四象水、火、土、石與開、發、收、閉相配，相當於根據與韻母四等拼合關係而區分的聲母類；開、發、收、閉復以四象水、火、土、石之柔、剛區分清、濁，共一百五十二聲母類。《聲音唱和圖》天聲一百一十二韻的區分，地音一百五十二聲母的分類，天聲之翕闢，地音之清濁對立，開發收閉分類，都是受切韻學理論的影響。而其天聲、地音律呂唱和，以天聲各韻輾轉唱地音各聲母，以地音各聲母類輾轉和天聲各韻，與韻圖聲韻經緯相交以表現反切讀音的方式是完全一致的。因此，可以說，《聲音唱和圖》的圖表形制、表現語音的方式，與漢語切韻學理論是一致的。《聲音唱和圖》是宋元前期切韻學理論與象數理論相結合而衍生的另一派切韻學著作。

祝泌《皇極經世解起數訣》則是以宋元前期切韻圖的形式進一步闡述《聲音唱和圖》天聲、地音律呂唱和的韻圖，將邵雍以曆數、律數闡述聲音之微義，以韻圖形式直觀地表現出來。祝泌『聲音韻譜序』指出：

惟《皇極》用音之法，於脣、舌、牙、齒、喉、半，皆分輕與重。聲分平、上、去、入，音分開、發、收、閉，至精至微。蓋聲屬天陽，而音屬地陰，天之大數不過七分，而聲有七均。地之大數不過八方，而陰數常偶。故音有十六，不可缺一，亦非有餘也。余學《皇極》起物數，皆祖於聲音。二百六十四字之姆，雖得其音，而未及發揚。偶因官守之暇，取德清縣丞方淑《韻心》，當塗刺史楊俊（按，當爲倓）《韻譜》，金虜《總明韻》相參合，較定四十八音，冠以二百六十四姥，以定康節先生聲音之學。若辨《心鑑》，合輕重於一致，紊喉音之先後，誠得其當。添入《韻譜》之所無，分出牙喉之音，添增半音之字，合而成書。

《皇極經世解起數訣》共八十韻圖，横列聲母，縱列平、上、去、入四聲韻，韻分四等，韻圖形制與《韻鏡》《七音略》一致。不過祝泌將聲母一百五十二音據開、發、收、閉進行了分類，開、發、收、閉四類各分清、濁，共八類，八類聲母分别横列相應的韻圖聲母位。卷首以「一百五十二音八卦」表的方式對聲母分類進行了歸納。韻圖聲母綫性排列方式與楊倓《韻譜》相同；聲母按脣、舌、牙、齒、喉、半音的順序排列，韻母爲《廣韻》二百零六韻系統，與宋代前期切韻圖《韻鏡》《七音略》一致。入聲同配陰、陽聲韻，配陰聲韻是受《聲音唱和圖》的影響，配陽聲韻與《韻鏡》《七音略》相同，而入配陰陽同時也是宋元後期切韻圖的顯著特徵；喉音「曉匣影喻」相次，也與後期切韻圖相同。祝泌《起數訣》以宋代切韻學理論闡述邵雍《唱和圖》的聲音之學，將宋元切韻學理論與象數理論相結合，在漢語等韻學史上産生了重要的影響，是「皇極經世」系列著作中最具有代表性的切韻學文獻之一。

宋元切韻韻圖是以三十六字母系統、開合兩呼四等的韻母分析理論，將《切韻》系列韻書的語音系統以表格的方式進行展現，以經緯相交的方式對其反切讀音進行拼切的圖表。不過由於三十六字母與《切韻》系列韻書的聲母系統存在一定的差異，韻圖的聲母系統、四等的格局與韻書語音系統存在一定的矛盾，因此就會産生韻圖的語音結構與韻書反切所反映的語音系統不相容的情况，需要在韻圖編撰過程中以一定的規則進行調整。爲了幫助韻圖使用者正確瞭解韻圖規則，正確使用韻圖以拼讀反切，門法應運而生。另一方面，由於語音的變化，韻書、字書反切與實際語音也存在一定的矛盾，如輕、重脣類隔切，精、照互用切等，這也需要以門法的形式進行調和。調和後一類反切的門法在唐末守温《韻學殘卷》中就有論述，出現了「類隔」「憑切」等切字法的説明，宋初沈括《夢溪筆談》也有同樣的記載。而調和韻圖與韻書反切矛盾的門法，隨着切韻學的成熟與切韻圖的繁榮，在宋元時期開始盛行起來。如《通志·藝文略》「音韻」部分記載，《切韻指元論》三卷，僧鑑言著《切韻指元疏》五卷；晁公武《郡齋讀書志》記載有《切韻指玄論》三卷，「皇朝王宗道撰，論字之五音清濁」，《四聲等第圖》一卷，「皇朝僧宗彦撰，切韻之訣也」。《五音集韻》寒韻「韓」小韻記載：「韓孝彦……注《切韻指玄論》，撰《切韻澄鑑圖》，作《切韻滿庭芳》，述《切韻指迷頌》。」以上著録文獻當多爲切韻門法之類的著作，可惜今均亡佚。《四聲等子》卷首記載有比較豐富的門法内容，元劉鑑《經史正音切韻指南》「玉鑰匙」十三門法與「玄關歌」五音歌訣則記載了比較系統的門法。不過，有關這些門法内容的來源及門法的發展演變過程,現在還存在許多空白。《四聲等子》序指出:『切韻之作,始乎陸氏;關鍵之設,肇自智公。』『其指玄之論,以三十六字母約三百八十四聲,别爲二十圖,畫爲四類。審四聲開闔,以權其輕重;辨七音清濁,以明其虚實。極六律之變,分八轉之異。』指出智公撰寫了《指玄論》。但智公是誰,《指玄論》内容如何,並没有明確交代。

黑水城出土的《解釋歌義》則明確指出《指玄論》的作者『智公』爲『智邦(邦)』。《解釋歌義》,殘抄本,俄羅斯科學院東方研究所聖彼得堡分所藏品,巾箱本,首尾殘佚。首頁題『解釋歌義壹畚』,據聶鴻音、孫伯君(二〇〇六)介紹,原件護封左面題簽『□髓解歌義壹畚』,聶氏認爲作者當爲金代女真人□髓[①]。該書主要内容有兩部分,一是『訟(頌)』,是王忍公以歌訣形式對智邦《指玄論》門法的闡釋;二是『義』,即□髓對王忍公歌訣的注疏,實際上也就是對智邦門法的注疏,也有對《指玄論》及王忍公相關情況的介紹。該書是現存最早最完整的切韻門法專書,爲瞭解宋元切韻學理論,尤其是門法理論的發展過程提供了非常珍貴的資料。

目前所見宋元切韻學文獻是構建漢語等韻學理論或漢語音系學理論最重要的資料,奠定了漢語等韻學發展的理論基礎。因此,對宋元切韻學文獻進行系統整理和校注,對深入歸納總結傳統音系學理論的發展,對深入推進漢語等韻學研究與漢語語音史研究具有重要的價

① 聶鴻音、孫伯君《黑水城出土音韻學文獻研究》,文物出版社,二〇〇六年四月,第一〇八頁。

值。近年來，學術界對宋元切韻學文獻的研究已經非常深入，對這些文獻的校注也取得了一定的成果，尤其以《韻鏡》的校注成果最爲豐富。《韻鏡》自宋淳祐年間流入日本，在國内幾乎失傳，賴清末黎庶昌出使日本，始影印《覆永禄本韻鏡》，收入《古逸叢書》，重新得到學術界的關注。但因其久在異域，難免有誤，故對此書進行整理校勘者甚衆，如馬淵和夫《韻鏡校本和廣韻索引》（一九七七）、龍宇純《韻鏡校注》（一九八二）、李新魁《韻鏡校證》（一九八二），目前整理最全面最深入的是楊軍《韻鏡校箋》（二〇〇七）。而刊行時間相近的《七音略》，與《韻鏡》相比，學術界關注度並不高，最早對其進行簡單校注的有羅常培先生《〈通志·七音略〉研究》（景印元至治本《通志·七音略》序）（一九三五），楊軍《七音略校注》（二〇〇三）則是目前學術界對《七音略》校注最全面、最精細的著作。

相比於這兩部宋元早期切韻圖，現存其他宋元切韻學文獻儘管在研究方面已經取得了一定的成就，但對其進行校勘，尤其是對這些文獻内容之間的關聯性進行校釋，還有很大程度的不足。宋元漢語切韻學文獻理論自成體系，著作層次豐富，學術影響力極大。進一步推動宋元切韻學乃至漢語等韻學理論體系的研究，迫切需要編撰一部完整的宋元切韻學文獻整理叢書，爲深入開展漢語等韻學研究提供可資參閲的文獻資料，擴大這些文獻的受衆面，減少研究者的文獻搜集、抄録及繁瑣的整理、對比、檢索環節，推進宋元切韻學研究的廣度和深度，最大限度地展現文獻的使用價值，讓宋元切韻學文獻重新焕發新的活力，從而形成百花齊放的研究局面，促進漢語等韻學這門傳統學科的健康發展。

有鑑於此，本課題組聯合了音韻學界的專家學者，通力合作，編撰了《宋元切韻學文獻叢刊》。中國音韻學研究會原會長、南京大學魯國堯教授自始至終爲本叢刊的策劃、編撰、出版給予了精心的指導與幫助。魯國堯先生早年在日本發現了在學術史上沉埋八百餘載的《集韻》系列切韻學文獻《盧宗邁切韻法》，並著文向學術界公佈了這一宇内孤本，提出了許多富有卓見的切韻學理論觀點，如『切韻圖是層纍地造出來的』、漢語等韻學分爲宋元切韻學與明清等韻學兩個階段、宋元早期切韻學文獻分爲《廣韻》系列與《集韻》系列等。這些觀點都已經得到了學術界的廣泛接受與認可。魯先生以八十四歲高齡，答應對《盧宗邁切韻法》以及《夢溪筆談》卷十五『藝文二』之『切韻之學』條進行更深入細緻的校釋、闡述，將其納入《宋元切韻學文獻叢刊》，以惠澤學林。先生長者之風，高山仰止。楊軍先生在《韻鏡》《七音略》的校注方面取得了豐碩的成果，是國内外的權威專家，其《韻鏡校箋》《七音略校注》在學術界産生了巨大的反響，是音韻學研究者的必備參考書目。爲使《宋元切韻學文獻叢刊》更具有系統性、權威性，楊軍先生在承擔繁重科研任務的情况下，允諾對《韻鏡》《七音略》進行重新校釋，並在叢刊編撰過程中給予了許多建設性與指導性意見，受益良多。子課題負責人首都師範大學李紅教授作爲主編之一，在承擔叢刊的策劃、組稿的過程中，不僅負責了《切韻指掌圖》《皇極經世解起數訣》的校注任務，同時還協助楊軍先生對《七音略校箋》進行了補訂，對《韻鏡校箋》進行了編訂。李紅教授在《切韻指掌圖》研究方面創獲頗多，其《切韻指掌圖研究》（二〇一一）在學術界有一定的影響力，對《切韻指掌圖》《皇極經世解起數訣》的校注也是其多年來的學術積纍。中央民族大學婁育博士在《經史正音切韻指南》研究方面成果豐碩，其《〈經史正音切韻指南〉文獻整理與研究》（二〇一三），資料搜集全面，考證翔實、深入，是當前《經史正音切韻指南》研究難得的力作之一，在《經史正音切韻指南》校注方面也有了長期的積纍。安徽大學王曦教授搜集了大量《四聲等子》的文獻資料，爲幫助我們順利完成《四聲等子》的校注工作，將這些資料無償提供給了課題組，並協助李紅教授，二人合作完成了《四聲等子》的校注、校對與編寫任務，稟承學術乃公器之心，其情可嘉。孫伯君先生《黑水城出土等韻抄本〈解釋歌義〉研究》（二〇〇四）對《解釋歌義》的門法進行了梳理和研究；聶鴻音、孫伯君兩位先生（二〇〇六）對包括《解釋歌義》在内的黑水城音韻學文獻進行了深入研究。我們在聶、孫二君研究的基礎上，對《解釋歌義》重新進行了校釋，並將其與《四聲等子》所述門法，特别是《經史正音切韻指南》『玉鑰匙』十三門法、『玄關歌訣』進行了比較研究。爲了更全面地瞭解漢語等韻門法的發展演變過程，我們在對《解釋歌義》進行校釋的基礎上，將宋元以來對門法、『玄關歌訣』進行注釋、評議的相關文獻進行了初步搜集，將其中幾家有代表性的注解進行了彙集，並附董同龢《等韻門法通釋》對相關門法内容的疏證，以幫助音韻學研究者和愛好者對漢語等韻門法有比較全面的瞭解。

漢語等韻學一直被稱爲『絶學』，章學誠《文史通義・申鄭》認爲，『七音之學』等『誠所謂專門絶業』。近年來黨和國家領導人一直提倡『要講清楚中華優秀傳統文化的歷史淵源、發展脉絡、基本走向，講清楚中華文化的獨特創造、價值理念、鮮明特色，增强文化自信和價值觀自信』，冷門絶學的研究日益受到重視。我們對具有悠久的研究歷史、獨特的研究理論體系、獨創的語音分析理論與方法，具有鮮明中國特色的漢語切韻學文獻進行搜集整理，主要目的是希望能够進一步推動漢語等韻學研究的開展，重新構建中國古典音系學理論體系，梳理一千多年來中國古典音系學在學術創造方面的影響、在知識傳播方面的價值，及其對中國文化、社會生活所産生的重要推動意義，並爲以上研究提供基礎的文獻資料。

《宋元切韻學文獻叢刊》是國家社科基金重大項目『漢語等韻學著作集成、數據庫建設及系列專題研究』(17ZDA302)的階段性成果，同時獲得了二〇二〇年度國家古籍整理出版專項經費資助項目的資助。叢刊的出版要特别感謝鳳凰出版社總編輯吴葆勤編審的幫助、指導，感謝孫州、張沫、莫培三位責編的辛苦勞動；同時感謝首都師範大學李紅紅、黄麗娜、黄美琪、羅娟、劉洋，南昌大學但鋭、梅那、肖銀鳳、李洋華、余月等同學在參與課題研究過程中付出的努力。

最後，要特别感謝日本國立國會圖書館、國立公文書館、早稻田大學圖書館，美國哈佛大學哈佛燕京圖書館、中國國家圖書館、南京圖書館等國内外藏書機構爲本次《宋元切韻學文獻叢刊》編撰提供的珍稀版本；特别感謝上海古籍出版社對俄藏黑水城門法文獻《解釋歌義》圖版的授權。

爲方便讀者閱讀，本叢書多採用『一圖一注』的編排方式； 同時爲滿足讀者閱讀參考完整文獻的需要，各書末多附各切韻文獻影印底本。 其中《韻鏡》另附兩種重要版本，《七音略》另附一種重要版本，這三種版本以及《盧宗邁切韻法》，今特地採用全彩影印的方式，以充分體現其版本特點與價值。

是爲序。

李 軍
辛丑年十月

由於各方面的原因，婁育博士未能按原定計劃繼續承擔《經史正音切韻指南》的校注工作，該項工作最後由李紅教授領銜承擔完成。 不過，爲幫助校注工作的順利開展，婁育博士提供了其所積累的大量相關資料。

李 軍
甲辰年九月

目録

上册

中册

凡例

1 本校注所標每字之位置及使用術語，悉與明抄本《皇極經世解起數訣》（後簡稱『《起數訣》』）原書相同。因《起數訣》體例複雜，聲母術語較繁複，故先標識通用聲母及等與聲調，例第一圖『平一幫』，後列其圖中術語『夫一東』。

2 凡版本列字有異，文字錯訛，或一字兩見，列位有誤者均出校。或與《韻鏡》《七音略》不同，則參考韻書及相關資料以辨其正訛或明其所據之差異，儘量出校。凡列字非《廣韻》小韻首字者，亦出校。

3 本校注以明抄本《起數訣》爲底本，按韻圖從左至右順序出校，每條序號後出校之字，皆爲明本列字。四庫本如有不同，則分列版本標識於後。

4 凡《起數訣》空位無列字者，以空圈『〇』爲標識。有少量明抄本模糊難辨字迹者，則以方框『□』爲標識。

5 本校注所據《廣韻》爲余迺永校注本，所據《集韻》爲北京市中國書店版。

6 本校注所據韻圖，《韻鏡》爲永禄本，《七音略》爲元至治本。《四聲等子》爲咫進齋重刻本，《經史正音切韻指南》則據《等韻五種》本。

7　本校注中，列字於《廣韻》《集韻》中無法查取注音者，則依其他韻書、字書所記反切進行注解。

8　本校注所對比《四聲等子》《切韻指掌圖》《經史正音切韻指南》（正文簡稱『《切韻批南》』）三種韻圖爲合韻韻圖，主要用於證明列字之正誤。該三種韻圖同一位置韻字亦隨文列出，並簡要標識其音韻地位。

9　本校注對明抄本列字之正誤做出判斷，以列字是否爲《廣韻》小韻首字爲判定標準。分『是』『誤』『亦無誤』。『是』表示列字佳；『誤』表示列字有錯訛等；『亦無誤』表示列字依《集韻》或雖非小韻首字，但音韻地位可列於此，雖非最佳列字，但爲正確列字。

觀物篇解十一卷皇極經世解　起數訣起數例合一卷

舊抄本

宋祝泌述

泌字子涇，鄱陽人，自題觀物老人，自署銜稱承直郎充江淮荆湖福建廣東路都大提點坑冶鑄錢司幹辦公事，又署提領所幹辦公事，未知終於何官。自序末題端平元年，又淳祐辛丑，相距六年耳。是書觀物解十一卷、起數訣例一卷，與宋藝文、經義考泌撰皇極經世鈐十二卷之數相合，而四庫觀物篇解作五卷，起數訣作一卷，不相合。提要云泌自序大旨與數相近，或一書兩名而後人合併歟。

皇極經世解觀物篇十一卷　起數訣起數例合一卷

皇極經世解觀物篇十一卷　起數訣起數例合一卷

舊抄本

楚東祝泌述

泌字子涇，鄱陽人，自號觀物老人。自署銜稱承直郎充江淮、荆、福建、廣東路都大提點坑冶鑄錢司幹辦公事；又署提領所幹辦公事，不知終於何官。自序末題端平乙未，又淳祐辛丑，相距六年耳。是書《觀物解》十一卷、《起數訣例》一卷，與朱彝尊《經義考》『泌撰《皇極經世鈐》十二卷』之數相合。而四庫《觀物篇解》作五卷，《起數訣》作一卷，不相合。提要云：泌自序大旨，又頗相近，『或一書兩名，而後人合併歟』？

附：《皇極經世解起數訣》四庫提要

《觀物篇解》五卷（兩江總督采進本）、附《皇極經世解起數訣》一卷（浙江汪啓淑家藏本）

宋祝泌撰。泌字子涇，鄱陽人，自號觀物老人。書首署銜稱承直郎，充江淮、荆、浙、福建、廣南路都大提點坑冶鑄錢司幹辦公事，而《起數訣》内又自署提領所幹辦公事，不知其終於何官也。案朱彝尊《經義考》有泌所撰《皇極經世鈐》十二卷，此本題作《觀物篇解》，又止五卷，與彝尊所記目次不合。而別載泌自序一篇，所陳大旨又頗與此本義例相近。或一書兩名，而後人合併之歟？又案泌自序，末署端平乙未，而《起數訣》序内題淳祐辛丑，上距乙未六年，在《皇極經世鈐》已成之後。且今《起數訣》乃單本別行，而《觀物篇解》第四卷中亦有並以起法用法別載成卷語。是當與用法別爲一書，而用法已佚，即《起數訣》所存亦僅聲韻一譜，已非其舊。今姑附入《觀物篇解》後，以存其概。（略）

窮理盡性位天地育萬物吾儒本等學問若取朱紫以榮世特外事耳雖極吐鳳舒花逞跳馬而駕董陸不過雕虫繡虎為宇宙間若泡影只同空惟是部也包羅天地統攝古今乃秘書之尤至何幸得予也惜獲之晚

精神衰弱既不能細為討論兼不克訪求後者未聽指點乃倚聲譜、抱詞亂之家後嗣去須珍重收藏至寶閱圖承家勿視此集爲紙墨可也

清乙巳歲五月人壽睞雲子謹識

睞雲子識語

窮理盡性，位天地、育萬物，吾儒本等學問。若取朱紫以榮世，特餘事耳。雖極吐艷舒葩，逞班馬而駕董陸，不過雕虫綉虎，爲宇宙間空花泡影，有何寔際？是部也，包羅天地，統攝古今，乃秘書之尤，曾何多得？予也惜獲之晚，精神衰弱，既不能細爲討繹，兼不克訪求識者，悉聽指點，可勝鬱鬱抱悶哉？凡我後嗣，必須珍重，如藏至寶，開國承家，勿謂此集非始基可也。

清乙巳歲玄月，人需睞雲子謹識。

皇極經世解起數訣

聲音韻譜序

聖人因音以制樂，分律以諧聲。五音所以配天五之陽中，六律所以配地六之陰中也。音律又各有陰陽之合，故五音分太少為十，與十榦相應。六律合陰呂為十二，與十二枝相符，皆自然之數也。而樂有遺音餘韻，故五音之外有少宮少徵，十二律之外有四清聲，蓋求歌長言之發越而音聲之變盡矣。昔人豈強分別於此哉？發於人聲之自然，參乎造化之所以然也。古樂既亡，中度之音聲雖無傳而存於人者未始亡也。惟人之生萬物皆備，目之於色，耳之於聲，鼻之於臭，口之於味，皆有一萬七千二十四之別，故聲音臭味之感人耳目口鼻之辨物在於人者不約而同惟四體之中莫辨乎聲音故其道與政通雖五方之言語不通如吳楚之輕淺燕趙之重濁秦隴以去聲爲入梁益稍平聲似去然至於以言寫聲以韻叶音不問華夷蕃漢之殊方所謂七均十六律之自然者播在樂曲如規矩之於方圓繩墨之於曲直所至會同非有訓導師保使之然而自各能叶合有如謳歌之曲不緣方言而間異翻切之例不隨風俗而差殊傳曰樂和人聲此造化之大巧聖人之至教人之生陰陽於天所以異乎廣物者也後世聲音之學自陸唐法言之玉篇顧野王之廣韻能辨五音之呼吸四聲之清濁矣至於正韻及音沙門神珙作九弄反紐羅

敍側紐、今無能傳其三昧者、惟胡僧了義、三十六字母流傳無惡、雖遐荒僻嶠、亦能傳習、故亦有廣明韻、則字母之數、外薄四海、皆用之也、然揆之自然之聲音、陰陽無不該之物、輕重無不分之理、有陰則有陽、有清則有濁、有輕則有重也、今即了義字母論之、唇音分輕重、齒音分清濁是矣、舌音分舌上頭舌、曾知舌頭即重音、舌上即輕音、柔、牙音喉音乃不分輕重、半宮半徵音又止有二字、而訣其一、是以了義之字母猶未全、惟皇極用音之法、於唇舌牙齒喉半、皆分輕與重聲、分平上去入、音分開發收閉、至精至微、蓋聲屬天（陽）而音屬地（陰）、天之大數不過七分、而聲有七均、地之大數不過八方、而陰數常偶、故

音有十六不可缺一亦非有餘也余學皇極起物數皆祖
於聲音二百六十四字之母雖得其音而未及發揚偶因
官守之暇取德清縣丞方淵韻心當塗刺史楊俊韻譜金
虜總明韻相參合較定四十八音冠以二百六十四姥以
定康節先生聲音之學名辨心鑑合輕重於一致參唯音
之先後誠得其當添入韻譜之所無分出牙喉之音深增
半音之字合而成書倘博雅好古君子更究其未的庶以
聲音求數不遺要妙且以開口內轉爲開音開口外轉爲
發音合口外轉爲收音合口內轉爲閉音此易明而易別
也余老矣後有覺者能廣充之以定一代之樂感移人聲
還其真醇豈小補之哉是豈聲音云乎哉淳祐辛丑長至

後二洪鄱人提領所幹辦公事祝泌子涇序

一百十二聲目錄併入卦　皇極經世一之四

日月星辰之日聲　觀物篇一之廿四

	乾 平日日声	夬 上月日声	大有 去星日声	大壯 入辰日声
甲	歌 五十三	哿	箇	薛
乙	陽 六一二三六十	養	樣	藥
丙	先 四一四二	銑	翰 霰罕	曷 薛罕
	仙 四十四五六七	獮	線	薛
	寒 四十四乙	旱	翰	曷
	歡 一一	緩	換	末

丁	蕭五十	巧五十二二	勃	覺
	宵五十五乙二	篠	嘯	藥
		小仝	笑	
戊	齊卅五六七八	止	至	質
		薺卅五六	霽	
			廢	屑
己	東一二	董	送	屋
	冬三		宋	沃
庚	侵七十五六	寑	沁	緝
	日月星辰之月聲			
	寢平日月声	兌上月月声	睽去星月声	妹入辰月声

甲	戈 五十三四五	大	過	黠
	麻 五十六七八九	馬	禡	犗
	歌 五十二四五	笴	過 箇	
乙	唐 三 六十 六三	蕩	宕	鐸
	江 五六	講	絳	覺
丙	元 四十八九	阮	願	月
丙	元 四十八九	阮	願	月
	痕 卅三	很	恨	沒
	魂 卅五	混	慁 問	
	山 四十五六七	産	襉	犗

删 四一二三	潛	諫	黠
丁 寔 五一二	皓	號	鐸
爻 全	小	効	覺
戊 支 七八九十	紙	至十一	沒 昔
之 十五六	止	寘	職
己 鍾 三四	腫	用	燭
庚 諄	準	稕	緝 七五六 術 上
日月星辰之星聲			
同人 平日星声	華	禼 去星星声	豐 入辰星声
甲 咍 廿五九	海	代	沒
		癸 廿卅卅一二	末

乙	青	迥	徑	錫
	清	靜	勁	昔
丙	真	軫	震	質
	臻	準		櫛
			稕	術
丁	尤	厚	候	屋
	侯	有	宥	
	幽	黝	幼	
戊	登	等	嶝	德 七十一
	蒸	極	映 證	職
己	魚	語	御	發

虞 廿三　麌　遇
庚 覃 七七　感　釅　曷
談 七九　敢　闞　盍
勘　合
咸 七七　慊　陷　洽
凡 七九八十　范　梵　乏
銜 八十　檻　鑑　狎
日月、星辰之辰聲
無妄 平日辰声　随 上月辰声　嗑 去星辰声　震 入辰辰声
甲 灰 廿七　賄　隊　黠　淩
皆 卅二　駭　夬

		海	代　怯廿八一	未上
	佳廿三四	蟹	卦	
			条　泰廿九	卅卅一
乙	庚六十四五六七	梗	經	陌
	耕六十八九	耿	諍	麥
丙	夾廿八九	準	恩	勿
		吻廿八九	問	這
	欣廿七	隱	撇	
丁	徵十七八	尾	未	勿
戊	脂十一二三四	旨		德
已	模廿一	姆	纂	屋

广一 巖七九八十　广　儼　釅　業

埳七十八　㙈　艷

添　忝　掭　帖七九八十

一百五十二音入卦

開清　濁　發清　濁　收清　濁　閉清　濁

辰一 夫坤四　卜坤五　法剥四　百剥五　口比四　丙比五　飛觀四　必觀五

二 番師五　口升九　朴蒙五　口蠱九　品坎五　口井七　匹渙五　■

三 旁升五　步謙五　排蠱五　白艮五　平井五　萠蹇五　瓶巽五　鼻漸五

四 母師三　目升三　馬蒙三　皃蠱五　美坎三　眉井三　米渙三　民巽三

舌一 東坤六　■　丹剥六　卓剥十二　帝比六　中比十二　■　■

二 土師六　■　貪蒙六　坼蒙十二　天坎六　丑坎十二　■　■

萬

三	同升六	冘譴六	覃盡六	大艮六	田井六	弟蹇六	■	■
四	乃坤七	内譴七	嫋剥七	南艮七	女比七	年蹇七	■	■
牙一	古坤一	口譴十一	甲剥一	乍艮十一	九比一	口蹇十一	癸覩一	■
二	埤師一	口譴九	巧蒙一	日蒙九	立坎一	口坎九	弃涣一	■
三	口升一	■	口盡一	口艮一	坎井一	迒蹇一	虬巽一	揆漸一
四	吾升二	五師二	牙盡二	瓦蒙二	月井二	仰坎二	尭巽二	■口
齒一	走坤八	■	哉剥八	莊剥十一	足比八	震比十一	■	■
二	草師八	■	宋蒙八	叉蒙十一	七坎八	尺坎十一	■	■
三	曹升七	口升二	才盡七	茶盡二	全井七	呈井二	■	■
四	■	思坤九	山剥廿	三剥九	手比十	星比九	■	■
五	寺譴九	■	口艮九	士艮十	象蹇九	石蹇十	■	■

唴一	黑 坤二	父 讙四	華 剥二	元 艮四	香 比二	口 蹇四	血 觀二	吠 漸四
二	武 師四	黄 讙二	曉 蒙四	華 艮二	口 坎四	雄 蹇二	尾 渙四	賢 漸二
三	安 坤三	自 讙八	亞 剥三	在 艮八	乙 坎三	匠 蹇八	一 觀三	■
四	文 升四	口 讙三	萬 蠱四	文 艮三	口 井四	王 蹇三	未 巽四	寅 漸三
半一	老 師七	鹿 升七	冷 蒙七	犖 井七	呂 坎七	离 井七	■	■
二	■	■	口 蒙十	口 蒙十	耳 坎十	二 井十	■	■
三	■	■	崇 蠱十一	宅 艮十二	辰 井十一	直 蹇十二	■	■

聲音說

凡字之叶韻者謂之聲口中之氣所發也有開口而氣出合口而氣出成聲者謂之外轉有口開口合而氣入成聲者謂之內轉夫氣無形故爲陽聲而屬先天方圓西北位

十六卦以之分平上去入内外八轉者如内一東鍾支微
内二支之脂内三魚模虞内四歌戈陽唐内五收尤侯内六
蛊内七侵尤内八蒸登外一江佳皆灰外二齊咍外三真
殷寬臻諄文痕外四元歡山先仙寒外五豪宵交外六麻
外七覃鹽咸鹽嚴凡添外八庚清也今因之而分歸十六
位以闢合清濁別也爲二十八每一面皆書韻於第一行
即韻以質于目錄即得陽卦矣凡字之叶姥者謂之音唇
舌牙齒喉之所發也五者有形故爲陰音而屬方圖東南
位十六卦以之分開發收閉三十六字姥者幫滂並明唇
音重非敷奉微唇音輕之類是也今華夷皆用之惜其字
未備康節增牙音喉音半音各四字爲四十八別其清濁

而中分之今書於音字之最上行即娃以貫于目錄即得
陰卦矣
即此聲卦書於左音卦書於右從而橫觀之以兩卦上
體爲一卦又以下體爲一卦即既濟陰陽圖卦也
起聲音卦等

假如
得声在一東韻考目錄屬乾也 右 ䷭升之否遯合卦一夬卦也 動物自右觀得既濟圖
則畫乾卦于左若其音是遵字 左 ䷀乾之泰小畜合卦一坱卦也 植物自左觀得既濟圖
則是夜音三等字娃下檢目錄
屬升之五則畫升卦于右

假如
得声在一東韻仍畫乾卦于左 右 ䷆師否訟合卦一大壯也 動物自右觀得既濟卦
若是洪字音則在喉音武字娃
下貫之目錄屬師之四則畫師 左 ䷀乾需合卦一需卦也 直物自左觀得既濟泰
卦于左

右舉二段如算者之立草可以廣元之美既濟圖併入

掛一卦在仲集卷終所得掛一卦便可即之定運漢部

要分四時休旺

切字姥閒指

唇 風豐逢蒙 舌 東通同濃 牙 公空窮曉 齒 終充重舂松

喉 亮雄雍融 半 隆戎崇

又 唇 卑批皮眉 舌 低梯提尼 牙 奇欹其宜 齒 支螭馳詩

喉 戲兮伊夷 半 离而持

又 唇 彼鄙婢米 舌 底体弟你 牙 幾綺妓螘 齒 帋扯治侈氏

喉 喜係已異 半 邇爾始

又 唇 福幅伏牧 舌 竹蓄逐朒 牙 菊曲局砡 齒 祝俶族叔孰

唯武佮育歎、半六肉熟、

又辰賓續頻氏舌珎嗔陳壬、半巾欽勤銀齒真親秦新神

唯薰殯因寅、半濟人辰

切字正法、致辨於輕重清濁毫釐之間、不如此例之雜

特以今之切字者、欲便初習、故且雜湊成章、但熟念

此二三例了、自然調得、如幼學之調平仄也、起得例了、

却以所排音分別輕重合闢之殊、可無差矣、凡念唇音

則以唇念舌音則以舌至牙齒喉亦然則自易入

辨搞物及聲欬之音法

凡人與物之音、其有字者可辨、而亦有難明者、如聲五音

得音可別爲同、却又似通似洪者、但以切音雖調而合之

則可合矣如槁木似禿音又似菊似篤似六音者皆以調姚合之自定觀物全憑聲音推測差之毫毛按算皆誤安明於庶物哉故須辨得十分真正毋差非算之誤也皇極觀天時之泰否地理之離合物產之豐儉治道之隆汚皆用元會經運經世之定數故可以逆知若人之聲欬聲與物之響喚多是無字之聲音欲辨之者但以姚調之取其所合則雖無字決不差矣且如嗟嘆之聲即唓是有字也若猨之上聲猴之上聲入聲則無字矣非以姚調之曷可定之耶聲音者物禀賦之自然不容變易至人之欲發聞其自然之聲音每有不期然而然者此天機之自動朕兆之先見

此節真訣。。。

至於發而言事使是形而在下者矣觀物取其形言之聲亦先天之意也康節曰有意則有言有言則有象有象則有數此推此也易曰知幾其神乎幾者動之微吉凶之先見者也未言事而發響如旦之氣已言事而成聲即旦晝之所為矣

并陰陽於左右如配匹父母互取卦之正悔為二卦如亂氣生育至於婦掛一卦則乾道成男坤道成女矣

動物自右觀則陽卦在上故動物之生氣在首植物自左觀則陽卦皆在下故植物之生氣在根

觀物之取卦用卦皆有定指能悟之者亦有微妙之異至於收析分抄之數人用分物用枚斂之可一衍之可至萬億

兆京垓各用有權而後能之故運可為年為月世可為月為時而年月日時求可為運世知幾其神乎

韻例

每股第一行是題開發收閉四音也綱第二行是別諸韻之首字具同韻而分清濁既分為兩股又有清濁同韻而又分兩股者四音併作一韻者也又有一韻皆清字則無濁聲股皆濁字則無清聲股每面第三行以後則是同韻而隸於二十四姥者則橫觀之最上層是字姥其下分平上去入四聲每聲又別四等者古韻字與姥音同位而字不同者多故平仄四等各具四眼者分全清半清半濁全濁之等也總明韻於每姥之字有一二三四者也

唐韻皆中州之聲音，皇極字姓間有川蜀之聲音，如以卦爲夬，攴爲聲，沸(吠)爲沸之類，今不可用蜀音，緣聽於人者皆中州之音，不則俗之所謂白字，不可以爲經，例並從正音釐正，庶乎接算不差。若問答之間有白字，則以白字隸之，初無強拂乖戾。如不字韻作否字之平聲，又有作孚字之平聲者，各隨其所發出於口者，接算亦圓機而談，九流可也。

五方言語不通，由來久矣。

皇極之律呂有聲音，有姓者皆有數之物，有位而無姓者無數之物，有亦不中，至無聲音，又無姓者則殄矣。二百五十六位，各又分數立成，在季集更以聲之甲乙數與音之寅卯數相組，數多則除三十而求之，得物數云。

序例校釋

聲音韻譜序

聖人因音〔一〕以制樂，分律以諧聲〔二〕，五音所以配天五〔三〕之陽中〔四〕，六律所以配地六之陰中也。音律又各有陰陽之合〔五〕，故五音分太少〔六〕爲十，與十幹〔七〕相應；六律〔八〕合陰呂〔九〕爲十二，與十二枝〔一〇〕相符，皆自然之數也。而樂有遺音餘韻，故五音之外，有少宫少徵〔一一〕；十二律之外，有四清聲〔一二〕。蓋永歌長言之發越，而音聲之變盡矣。昔人豈强分别於此哉？發於人聲之自然，參乎造化之所以然也。

〔一〕音：指地音，相當於聲母。

〔二〕聲：指天聲，相當於韻母。

〔三〕天五、地六：《易・繫辭上》：『天一地二，天三地四，天五地六，天七地八，天九地十。』『天數五，地數五，五位相得而各有合。天數二十有五，地數三十，凡天地之數，五十有五，此所以成變化而行鬼神也。」天的數字象徵有一、三、五、七、九五個奇數，地的數字象徵有二、四、六、八、十五個偶數。其中天五與地六相呼應。此爲「天地之數」的概念，其中以一、三、五、七、九爲天之數，二、四、六、八、十爲地之數，五個天數之和爲二十五，五個地數之和爲三十，因而總合天地之數爲五十五。

〔四〕陽中、陰中：陽數是指一、三、五、七、九五個奇數，「奇數爲陽從天」。陰數是指二、四、六、八、十五個偶數，「偶數爲陰從地」。《周易·繫辭》有「天地之數」，如上條。「中」，《易傳》認爲上下卦之中位即二、五爻往往決定卦的吉凶性質，因爲「中」或「中正」爲事物的穩定合理狀態。本句所講「陽中」「陰中」，陰陽爲陰數陽數，「五音」配天五之陽中，意味「五音」爲天音，合於天五之數，占有中正之位。「六律」配地六之陰中，意味「六律」爲地音，合於地六之數，占有中正之位。「五音」「六律」代表天音地聲，合於大衍之數。且奇數統率偶數，天音統率地聲，五音統率六律。

〔五〕陰陽之合：《荀子·禮論》「天地合而萬物生，陰陽接而變化起」，《淮南子》中有「陰陽相接，乃能成和」，天下萬物因陰陽而變化。五音分陰陽，樂律也須陰陽調和。《周禮·春官·大師》：「掌六律六同，以合陰陽之聲。陽聲：黄鍾、大蔟、姑洗、蕤賓、夷則、無射。陰聲：大吕、應鍾、南吕、函鍾、小吕、夾鍾。」按陽爲律，陰爲吕。漢賈誼《新書·六術》：「聲音之道以六爲首，以陰陽之節爲度……是以聲音之器十二鍾，鍾當一月，其六鍾陰聲，六鍾陽聲。」五音建於五運，有陰陽的區分，十干也有陰陽之別。《素問·六元正紀大論》認爲五音的陰陽是以「太」和「少」來分辨的，太爲有餘，少爲不足。

〔六〕太少：指五音建運的概念。太，指五音建運中太過之運，如太羽、太商等；少，指五音建運中不及之運，如少宫、少角等。太少相生，指一年中五個主運系按太少相生的規律排列，即『太角→少徵→太宫→少商→太羽』或『少角→太徵→少宫→太商→少羽』兩種排列方式中之一種。

〔七〕十幹：即十干。在中國傳統曆法中，甲、乙、丙、丁、戊、己、庚、辛、壬、癸被稱爲『十大天干』。此處將音律中之五音，再分陰陽，得十之數，從而與天干之十附會。十干以甲、丙、戊、庚、壬爲陽，乙、丁、己、辛、癸爲陰，在陽干則屬太，在陰干則屬少。故甲己土均爲宫音，陽土甲爲太宫，陰土己爲少宫。乙庚金均爲商音，陽金庚爲太商，陰金乙爲少商。丙辛水均爲羽音，陽水丙爲太羽，陰水辛爲少羽。丁壬木均爲角音，陽木壬爲太角，陰木丁爲少角。戊癸火均爲徵音，陽火戊爲太徵，陰火癸爲少徵。五運相生，爲木生火、火生土、土生金、金生水、水生木，五音既建立於五運之中，必以五運之相生而生。除此而外，另有一太少互生之義存乎其中。所謂太少相生亦即陰陽相生。以甲己土年爲例，甲爲陽土，土生金，是陽土生陰金，於五音爲太宫生少商；金生水，是陰金生陽水，也就是少商生太羽；水生木，是陽水生陰木，也就是太羽生少角；木生火，是陰木生陽火，也就是少角生太徵；火生土，是陽火生陰土，也就是太徵生少宫。己爲陰土，土生金，是陰土生陽金，也就是少宫生太商；金生水，是陽金生陰水，也就是太商生少羽；水生木，是陰水生陽木，也就是少羽生太角；木生火，是陽木生陰火，也就是太角生少徵；火生土，是陰火生陽土，也就是少徵生太宫。如此太少相生，往復無窮，以推衍運氣陰陽的種種變化。

〔八〕六律：古樂有十二律，陽聲陰聲各六，陽爲律，陰爲吕。六律六吕，古樂的十二調，古代樂律學名詞，是古代的定音方法。六律指黄鍾、太簇、姑洗、蕤賓、夷則、無射。爲陽性，此爲陽之六。

〔九〕陰呂：即六呂，指大呂、應鍾、南呂、林鍾、仲呂、夾鍾。呂爲陰，此爲陰之六。與陽之六相加，即得十二之數。

〔一〇〕十二枝：即十二支。是子、丑、寅、卯、辰、巳、午、未、申、酉、戌、亥的總稱。根據陰陽學説，分爲陰支和陽支。陽支：子、寅、辰、午、申、戌；陰支：丑、卯、巳、未、酉、亥。此處將律呂與地支相附會，六律合於陽支，六呂合於陰支，用以解釋『音律又各有陰陽之合』。

〔一一〕少宫少徵：音樂學術語。明呂柟《大成樂舞圖譜序》：『昔晦翁與詹元善書固欲用之，然而變徵亦不可無也，且琴之五弦，五聲也，其下二弦，少宫、少徵也，若去一留七，去七留一，則止用六弦矣。故七聲具而後樂和焉。夫禮從宜，樂從變，少宫、少徵，因變而生也。蓋八音無定體，而五聲有定律，以定律之聲格無定體之音……』在音樂學上少宫指七弦古琴的第二弦。少徵也應是七弦古琴的弦，當指其第七弦，但該弦應爲少商。後與聲韻學相結合。《辨音纂要》序：『聲只五音，律有十二，應十二時也，不出五音之流行，故律雖十二，而每調只用七音，五音之外，加流宫流徵，又曰少宫少徵，其實一也。如黄鍾爲宫，黄鍾生太簇爲商，太簇生姑洗爲角，皆隔一律，如此生去，皆是陽宫，孤陽不生，獨陰不成。故隔二生林鍾爲徵，隔二生南呂爲羽，即隔二律，聲遠不和，故放蕤賓爲變徵，應鍾爲變宫，是爲七均，而成一調，凡旋相爲宫，其相生之序皆如此，所謂律和聲也。』《太上玉華洞章拔亡度世升仙妙經》：『正宫正徵爲太一，少宫少徵爲太素。』太一指宇宙萬物的本原、本體，《莊子·天下》：『建之以常無有，主之以太一。』太素指古代最原始的物質，《列子·天瑞》：『太素者，質之始也。』太一與太素，成就萬物。因此有少宫少徵，才成七音，有七音就可生變，成自然之音。

〔一二〕四庫本『四清聲』後，有『減正律之半者』。

古樂既亡，中度〔一三〕之音聲雖無傳，而存於人者未始亡也〔一四〕。惟人之生，萬物皆備，目之於色，耳之於聲，鼻之於臭，口之於味，皆有一萬七千二十四〔一五〕之别。故聲音臭味之感人，耳目口鼻之辨物，在於人者，不約而同。惟四體〔一六〕之中，莫辨乎聲音，故其道與政通。雖五方之言語不通，如吴楚之輕淺，燕趙之重濁，秦隴以去聲爲入，梁益稱平聲似去〔一七〕。然至於以言寫聲〔一八〕，以韻叶音，不問華夷蕃漢之殊方。所謂七均十六律〔一九〕之自然者，播在樂曲，如規矩之於方圓，繩墨之於曲直。所至會同，非有訓導師保使之然〔二〇〕，而自各能叶合。有如謳歌之曲，不緣方言而間異，翻切之例不隨風俗而差殊。

〔一三〕中度之音：當指雅音，包括樂音及語音。中度，合乎標準、法度。《禮記・王制》：『用器不中度，不粥於市。』《淮南子・主術訓》：『犯法者，雖賢必誅；中度者，雖不肖必無罪。』《四游記・果老騎驢應召》：『言詞清雅，禮數中度。』

〔一四〕而存於人者未始亡也：此句明本加有紅圈標識。

〔一五〕一萬七千二十四：在皇極經世理論中，聲之體數一百六十，音之體數一百六十，聲之用數一百一十二，音之用數一百五十二，將天聲與地音之數相乘，分别得出動數和植數一萬七千二十四。此爲本

圖一萬七千二十四之來源。

〔一六〕四體：意爲整個身體，身軀。唐顧況《謝王郎中贈琴鶴》詩：『因想羡門輩，眇然四體輕。』《四游記·靈耀分龍會爲明輔》：『兒今此行，若再飲酒，有違父命，四體不得回鄉。』或指前文所述耳目口鼻。

〔一七〕吴楚之輕淺，燕趙之重濁，秦隴以去聲爲入，梁益稱平聲似去：此句出於《切韻·序》『吴楚則時傷清淺，燕趙則多(涉)重濁；秦隴則去聲爲入，梁益則平聲似去』，句式稍有變化。

〔一八〕以言寫聲，以韻叶音：言，字；寫，描繪。用字來描繪聲音，用韻來表現聲音。此處的聲、音二字，均指語音，和前文天音地聲不同。

〔一九〕七均十六律：七均，《舊五代史·樂志下》：『十二律中，旋用七聲爲均……均有七調，聲有十二均，合八十二調，歌奏之曲，由之出焉。』十六律，沈括《夢溪筆談》：『古法，鍾磬每簴十六，乃十六律也。然一簴又自應一律，有黄鍾之簴，有大吕之簴，其他樂皆然。』

〔二〇〕非有訓導師保使之然：此句明本加有紅圈標識。本句指韻律的匯合是自然之數，不是人爲所能引導的。

傳曰：『樂和人聲〔二一〕。』此造化之大巧，聖人之至教。人之生，陰騭〔二二〕於天，所以異乎庶物者也。後世聲音之學，自陸唐法言之《玉篇》〔二三〕、顧野王之《廣韻》，能辨五音之呼吸、四聲之清濁矣。至於正韻及音，沙門神珙作《九弄》〔二四〕，反紐、羅紋、側紐〔二五〕，今無能傳其三昧者。

惟胡僧了義三十六字母〔二六〕，流傳無恙。雖遐荒僻嶠〔二七〕，亦能傳習。故亦有《廣明韻》〔二八〕，則字姆之教，外薄四海，皆用之也。

〔二一〕樂和人聲：此句出於《論語注疏·陽貨十七》：「道，謂禮樂也。禮節人心，樂和人聲。言若在位君子學禮樂則愛養下人也，若在下小人學禮樂則人和而易使也。」

〔二二〕陰騭：默默地使安定。《書·洪範》：「惟天陰騭下民。」傳：「騭，定也。天不言，而默定下民，是助合其居，使有常生之資。」唐楊炯《唐同州長史宇文公神道碑》：「文王以業重三分，昭事上帝；武王以功成八百，陰騭下民。」

〔二三〕陸唐法言之《玉篇》，顧野王之《廣韻》：此句倒誤之處甚多。陸法言爲隋人，所著當爲《切韻》。《玉篇》爲南朝梁、陳之時顧野王所著。

〔二四〕九弄：沙門神珙所作《四聲五音九弄反紐圖》，附於《玉篇》之後。九弄，是指從反音到正紐共有九項，反紐指舉其首尾，也就是首之反音與尾之正紐，構成了反紐。諸家版本中《九弄圖》多有差異。

〔二五〕反紐、羅紋、側紐：均爲《九弄圖》所涉術語。羅紋，即羅文；側紐，即傍紐。如下圖一。「反紐」，四庫本作「反紅」，誤，當校爲「反紐」。

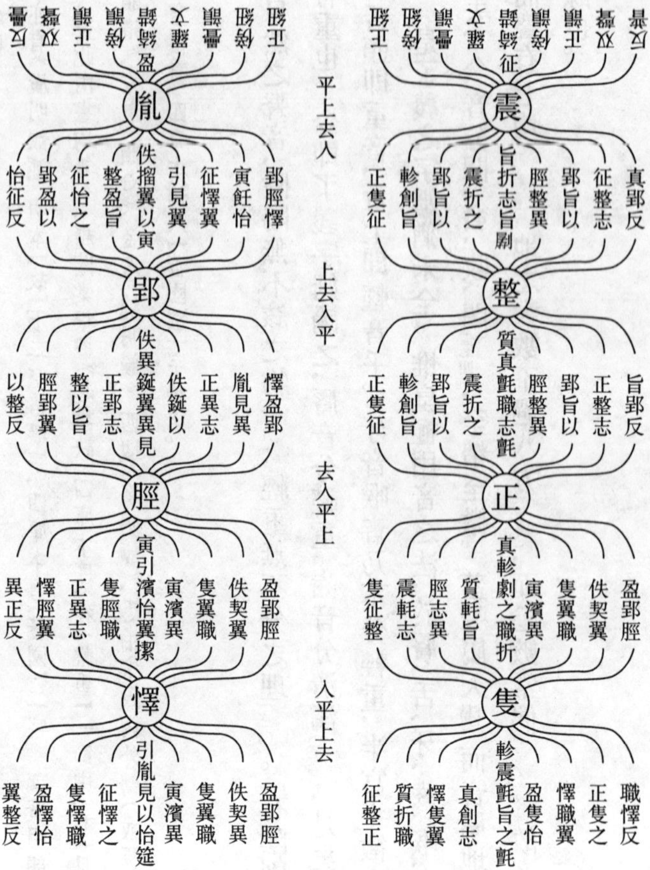

圖一　九弄圖

〔三六〕惟胡僧了義三十六字姆：此句源於《皇極經世聲音唱和圖》上官萬里注：『自胡僧了義以三十六字爲翻切母，奪造化之巧。司馬公《指掌圖》爲《四聲等子》，蒙古韻以一聲該四聲，皆不出了義區域。』了義何時人，今無確考，有學者認爲是晉僧。袁子讓《字學元元》疑爲唐守温。

〔二七〕雖遐荒僻嶠：明本「雖」下有四空格無字，四庫本有「極之」二字。按明本此處當補四字，四庫本當爲抄録明本時補入二字。

〔二八〕故□□亦有《廣明韻》：明本「故」下二空格無字，四庫本有「蕃國」二字。「《廣明韻》」，四庫本作《廣明字韻》。查此兩書均無考，趙蔭棠根據《起數訣》四庫本序，在「輕重」一節中，有「且祝氏所參考的書有楊俊《韻譜》、方淑《韻心》、金人《總明韻》、西域《廣明韻》，恐怕宋人内外轉（或攝）之分，都是如此」。從明本空格看，四庫本補入「蕃國」二字爲佳。

然揆之自然之聲音，陰陽無不該之物〔二九〕，輕重無不分之理〔三〇〕。有陰則有陽，有清則有濁，有輕則有重也。今即了義字姆論之，脣音分輕重，齒音分清濁〔三一〕，是矣。舌音分舌上頭舌〔三二〕，曾知舌頭即重音，舌上即輕音乎？牙音喉音乃不分輕重，半宫半徵音〔三三〕，又止有二字，而缺其一，是了義之字姆猶未全。惟皇極用音之法，於脣、舌、牙、齒、喉、半，皆分輕與重。聲分平、上、去、入，音分開、發、收、閉〔三四〕，至精至微。蓋聲屬天陽，而音屬地陰〔三五〕，天之大數不過七分，而聲有七均〔三六〕。地之大數不過八方〔三七〕，而陰數常偶〔三八〕。故音有十六，不可缺一，亦非有餘也。

〔二九〕不該之物：該，包容包括。此句意爲用陰陽能覆蓋天下所有「物」，所有「物」都可分屬於陰或陽。

〔三〇〕不分之理：分，分明清楚。此句意爲輕與重界限分明，不可能混淆不清。

〔三一〕齒音分清濁：此處之分清濁當爲齒音分爲齒頭與正齒，與一般意義上的清濁不同。

〔三二〕舌上頭舌：「頭舌」，四庫本作「舌頭」。四庫本是。

〔三三〕半宫半徵音：當指《七音略》中「半商半徵」，相當於來、日母字。

〔三四〕聲分平上去入，音分開發收閉：此處聲指聲調，音當指韻。與前文之天聲地音不同。

〔三五〕蓋聲屬天陽，而音屬地陰：陽、陰二字，四庫本字號同正文。《聲音唱和圖》：「本十干數，而列爲正音十圖。甲至癸各十六數，百六十變，各分以平上去入，而配乎日月星辰。是謂天聲，所以唱地音也。本十二支數列爲正音十二圖，子至亥各十六數，故百九十二變，各分以開發收閉，而配乎水火土石，是謂地音，所以和天聲也。」

〔三六〕聲有七均：《觀物篇·三十五》：「惟是地音律天，至七而止。……唯音之和聲以七律。」分爲宫、商、角、徵、羽、少宫、少商七音。

〔三七〕地之大數不過八方：「八方」，四庫本作「八分」。

〔三八〕陰數常偶：《易》學術語，指二、四、六、八、十五個偶數。清代江永《河洛精藴》「偶數爲陰從地」，故稱陰數。《周易·繫辭》原有「天地之數」，謂「天一、地二、天三、地四、天五、地六、天七、地八、天九、地十」。朱熹、蔡元定《易學啓蒙》：「陰數偶，故二、四、六、八、十皆屬乎地，所謂地數五也。」

余學皇極起物數，皆祖於聲音。二百六十四字之姆，雖得其音〔三九〕，而未及發揚。偶因官守之暇，取德清縣丞方淑《韻心》〔四〇〕、當塗刺史楊倓《韻譜》〔四一〕、金虜《總明韻》〔四二〕相參合，校訂四十八音，冠以二百六十四姥，以定康節先生聲音之學。若辨《心鑑》〔四三〕，合輕重於一致，紊喉音之先後。誠得其當，添入《韻譜》之所無〔四四〕。分出牙喉之音，添增半音之字，合而成書。倘冀博雅好古君子，更釐其末的，庶以聲音求數，不遺要眇。蓋以開口内轉爲開音，開口外轉爲發音，合口外轉爲收音，合口内轉爲閉音。此易明而易别也。

余老矣，後有覺者，能廣充之，以定一代之樂，感移人聲，還其真醇，豈小補之哉？是豈聲音云乎哉？

淳祐辛丑，長至後二浹鄱人提領所幹辦公事祝泌子涇序

〔三九〕雖得其音：四庫本作「雖得其旨」更佳。

〔四〇〕方淑《韻心》：方淑，字智善，汴人，中進士第，紹興初爲德清縣縣丞，後官至翰林學士。李新魁認爲《韻心》即爲《切韻心鑑》。

〔四一〕楊倓《韻譜》：楊倓當即爲楊倓。南宋張麟之《韻鏡序》述及宋孝宗時人楊倓作《韻譜》：「近得故樞密楊侯淳熙間所撰《韻譜》，其自序云：『揭來當涂，得歷陽所刊《切韻心鑒》。因以舊書，手加校定，刊之郡齋。』」李新魁校證：楊（樞密）倓，字合義，宋孝宗時人，祖籍代州崞縣。淳熙年間出任太平府知州。

淳熙元年七月籤樞密院事。楊氏撰有《韻譜》一書，載入《永乐大典》。」清戴震《答段若膺論韻書（丙申）》：『上年於《永樂大典》内得宋淳熙初楊倓《韻譜》。』

〔四二〕金庸《總明韻》：《總明韻》當爲金人等韻學著作，亡佚，撰者不詳。據李新魁考證，可能與《韻鏡》性質相似。

〔四三〕《心鑑》：指《切韻心鑑》，見於宋人著録，明初《文淵閣書目》所記，尚存一部一册。

〔四四〕添入《韻譜》之所無：此句意爲：在研究《切韻心鑑》時，對輕重及喉音的順序進行整理，並將《韻譜》所未體現的内容加入《韻譜》中。

一百十二聲目録併入卦

一百十二聲目録併入卦　皇極經世一之四

日月星辰之日聲　觀物篇一之廿四

乾平日日聲	夬上月日聲	大有去星日聲	大壯入辰日聲
甲 歌五十三	哿	箇	薛
乙 陽六一二三六十	養	様	藥
丙 先四一四二	銑	翰 霰四十	曷〔一〕 薛四十
仙四十四五六七	獮	線	薛
寒四十四乙〔二〕	旱	翰	曷
歡□□〔三〕一一	緩	換	末
丁 蕭五十	巧五十二〔四〕	效	覺
宵五十五乙二〔五〕	篠	嘯	藥

續表

	小仐〔六〕	笑	
戊 齊廿五六七八	止	至	質
	薺廿五六〔七〕	霽	
	〔八〕	廢	屑
己 東一二	董	送	屋
冬三		宋	沃
庚 侵七十五六	寢	沁	緝

〔一〕「曷」，四庫本作「易」，明本是。

〔二〕「四乙」，四庫本作「四一」，明本常以「乙」代「一」，四庫本佳。

〔三〕「□□一一」，有空格，四庫本作「百五十一」，顯誤。查「歡」在《起數訣》中爲第四十二圖，按《起數訣》標準，爲「四二」。

〔四〕「五十二二」，四庫本作「五十一二」，底本誤，四庫本是。

〔五〕「五十五乙二」，四庫本作「五十五一二」。

〔六〕「仐」，同「同」。《廣韻·東韻》：「仐，同古文，出《道書》。」本格内，小韻下有「仐」字，當如前列之「宵」，故當爲「五十五一二」，考《起數訣》圖内，小韻僅列於「五一五二」。

〔七〕「薺」，四庫本列於「廢」上，顯誤。

〔八〕本格空，四庫本列「薺廿五六」。《起數訣》第二十五圖四等位列目爲「齊薺霽屑」；第二十六圖三等位列目爲「齊齊（薺）廢」，無屑韻。二本，第二十五、六圖中均有「薺霽」，二十六圖中又無屑，故從底本。

日月星辰之月聲

履平日月聲	兑上月月聲	聧去星月聲	妹入辰月聲
甲　戈五十三四五	火	過	點
麻五十六七八九	馬	禡	轄
歌五十二四五	箇	過箇	
乙　唐六十六三三〔一〕	蕩	宕	鐸
江五六	講	絳	覺
丙　元四十八九〔二〕	阮	願	月
痕卅三	狠	恨	没

續表

魂廿五	混	恩問	
山四十五六七〔二〕	産	裯	轄
删四一二三	潛	誎	黠
丁 毫五一二	皓	號	鐸
爻全〔四〕	小	效	覺
戊 支七八九十	紙	至十一	没 昔
之十五六	止	寘	職
己 鍾三四	腫	用	燭
庚 諄〔五〕	準	稕	緝七五六術上〔六〕

〔一〕『唐六十六三三』，四庫本爲『唐六十六一二三』。考《起數訣》，『唐』在第六十、六十一、六十二三圖，六十三圖無一等字，二本均誤。當爲『唐六十六一二』。

〔二〕『元四十八九』，重出，當删一列，四庫本是。

〔三〕『山四十五六七』，四庫本作『山四十五六』，考《起數訣》，『山』在第四十五、四十六、四十七圖，底本是，四庫本當補。

〔四〕因前有「毫五一二」，此義爲「爻」亦在第五十一、五十二圖，考《起數訣》，「爻」列於第五十一、五十二圖。

〔五〕「諄」，四庫本作「諄卅五六」。底本脱，當校補。

〔六〕考《起數訣》圖内，「術」在第三十五、三十六圖，此處所標「上」，表示與平聲「諄卅五六」同。

日月星辰之星聲

	同人平日星聲	革〔一〕	離去星星聲	豐入辰星聲
甲	哈廿五九〔二〕	海	代	没
			祭廿卅卅一二〔三〕	末
乙	青〔四〕	迥〔五〕	徑	錫
	清	静	勁	昔
丙	真〔六〕	軫	震	質
	臻〔七〕	準		櫛
			稕	術

續表

丁	尤〔八〕	厚	候	屋
	候〔九〕	有	宥	
	幽〔一〇〕	黝	幼	
戊	登〔一一〕	等	嶝	德七十一
	蒸〔一二〕	拯	映證	職
己	魚〔一三〕	語	御	發〔一四〕
	虞廿三	麌	遇	
庚	覃七七	感	醶	曷
	談七九	敢	闞	盍
			勘	合
	咸七七	慊〔一五〕	陷	洽
	凡七九八十	范	梵	乏
	御八十	檻	鑑	狎

〔一一〕「革」，四庫本作「草上月星聲」，「草」當爲「革」，明本當補「上月星聲」。

〔一二〕考《起數訣》圖，「哈海代」列於第二十五圖一等位，入聲列「末」。第二十九圖列「泰夬祭」，故此處當爲

『哈廿五』。

〔三〕『祭廿卅卅一二』，四庫本作『祭廿九卅卅一二』，考《起數訣》圖，『祭』在第二十九、三十、三十一、三十二圖，四庫本是，明本當補。

〔四〕『青』，四庫本作『青六八九』，考《起數訣》圖，『青』在第六十八、六十九圖，四庫本是，明本當補。

〔五〕『逈』，四庫本作『迥』。此二字爲異體，『迥』爲正體。

〔六—一三〕『真』『臻』『尤』『侯』『幽』『登』『蒸』『魚』等字，四庫本作『真卅三四』『臻卅四』『尤七十三四』『侯七十一四』『幽七十五』『登六十四五七十一二』『蒸七十三』『魚十九廿』。四庫本是。

〔一四〕『發』，四庫本作『歷』。考《起數訣》圖，兩本皆誤，當爲『屋』。

〔一五〕『慊』，四庫本作『豏』。『慊』爲《廣韻》忝韻字，『豏』爲《廣韻》韻目字，咸豏陷洽相承，四庫本是，明本誤。

日月星辰之辰聲

無妄〔一〕平日辰聲	隨上月辰聲	嗑去星辰聲	震入辰辰聲
甲　灰廿七	賄	隊	黠　没
皆卅二	駭	夬	
〔二〕	海〔三〕	代　恠廿八一〔四〕	末上〔五〕

續表

佳廿三四	蟹	卦	
		祭卅三 泰廿九卅卅一	
乙 庚六十四五六七	梗	徑	陌
耕六十八九	耿	諍	麥
丙 文卅八九	準	慁	勿
	吻卅八九	問	迄
欣卅七	隱	焮	
丁 微十七八〔六〕	尾	未	勿
戊 脂十一二三四	旨		德
己 模廿一	姆	慕	屋
庚 嚴七九八十	广 儼	釅	葉
鹽七十八〔七〕	琰	豔	
添〔八〕	忝	掭	帖七九八十

〔一〕『無妄』，四庫本作『无妄』。

〔二〕兩本皆空，此位當列『咍』韻，當補『咍廿五』。

〔三〕「海」，四庫本作「海六九」。考《起數訣》圖，「海」列於第二十五圖，其他圖未見。第六圖列「江講絳」，第九圖列「支紙寘」，第六十九圖列「耕梗諍」，均無海韻。考「海」下格去聲「代」「恠」在第二十八圖，亦無「海」韻，「海」在二十五圖，當改爲「海廿五」。

〔四〕「代恠廿八二」，四庫本作「代恠廿八」，考《起數訣》圖，「恠」在第二十八圖，四庫本是。

〔五〕考《起數訣》圖，第二十八圖入聲爲「黠」。此處標志「上」，當指與「海」韻同圖，第二十五圖中，「海」韻配末韻。

〔六〕「微十七八」，四庫本作「微七八」，考《起數訣》圖，「微」在第十七、十八圖，四庫本誤。

〔七〕「鹽七十八」，四庫本作「鹽七七八」，考《起數訣》圖，「鹽」在第七十七、七十八圖，當爲「鹽七七七八」，明本誤。

〔八〕「添」，四庫本作「添仝」，考《起數訣》圖，「添」在第七十九圖，與前所列「鹽」不同圖，與同列下「帖七九八十」並不完全相同，亦不可與之同。此處兩本可改爲「添七九」。

一百五十二音入卦

	脣一	二
開清	夫坤四	普師五
濁	卜坤五	□〔三〕升九
發清	法剥四	朴蒙五
濁	百剥五	□〔四〕蠱九
收清	□〔一〕比四	品坎五
濁	丙比五	□〔五〕井七
閉清	飛觀四〔二〕	匹渙五〔六〕
濁	必觀五	■〔七〕

續表

	開清	濁	發清	濁	收清	濁	閉清	濁
三	旁升五	步謙五	排〔八〕蛊五	白艮五	平井五	萷蹇五	瓶巽五〔九〕	鼻漸五
四	母師三	目升三	馬蒙三	皃〔一〇〕艮五	美坎三	眉井三	米渙三〔一一〕	民巽三
舌一	東坤六	■〔一二〕	丹剥六	卓剥十二	帝比六	中比十二	■〔一三〕	■〔一四〕
二	土〔一五〕師六	■〔一六〕	貪蒙六	坼蒙二	天坎六	丑〔一七〕井二	■〔一八〕	■〔一九〕
三	同升六	兑謙六	覃蛊六〔二〇〕	大艮六	田井六	弟蹇六	■〔二一〕	■〔二二〕
四	乃坤七	内謙七	妳剥七	南艮七	女比十〔二三〕	年蹇七	■〔二四〕	■〔二五〕
牙一	古坤一	□〔二六〕謙十一	甲剥一	乍艮十一	九比一	□〔二七〕蹇十一	癸觀一	■〔二八〕
二	坤師一	□〔二九〕謙九	巧蒙一	□〔三〇〕蒙九	丘坎一	□〔三一〕坎九	弃渙一	■〔三二〕
三	□〔三三〕升一	■〔三四〕	□〔三五〕蛊一	□〔三六〕艮一	坎井一	近蹇一	虬巽一	揆漸一
四	吾升二	五師二	牙蛊二〔三七〕	瓦蒙二	月井二	仰坎二	堯巽二	■〔三八〕
齒一	走坤八	■〔三九〕	哉剥八	莊剥十一	足比八	震比十一	■〔四〇〕	■〔四一〕
二	草師八	■(42)	采蒙八	乂蒙十一	七坎八	尺坎十一	■〔四三〕	■〔四四〕
三	曹升七	□〔四五〕升二	才蛊七〔四六〕	荼蛊二〔四七〕	全井七	呈井二	■〔四八〕	■〔四九〕

〔一一〕「□」下有「比四」二字，四庫本僅有「比四」二字。

〔二〕『觀四』，四庫本作『觀』，顯誤。

〔三〕『□』下有『升九』二字，四庫本僅有『升九』二字。

〔四〕『□』下有『蛊九』二字，四庫本僅有『蠱九』二字。『蛊九』『蠱九』用字不同。

〔五〕『□』下有『井七』二字，四庫本僅有『井七』二字。

〔六〕『涣五』，四庫本作『涣』，顯誤。

〔七〕『■』，四庫本空格。

〔八〕『排』下有『蛊五』二字，四庫本作『蠱五』。

〔九〕『瓶』下有『巽五』二字，四庫本無，明本是。

〔一〇〕『艮五』，底本朱批勾錯。

〔一一〕『米』下有『涣三』二字，四庫本無，明本是。

〔一二〕『■』，四庫本空格。

〔一三〕『■』，四庫本空格。

〔一四〕『■』，四庫本空格。

〔一五〕『圡』，四庫本爲『土』，當爲書寫習慣之别。

〔一六〕『■』，四庫本空格。

〔一七〕『井二』側有勾錯，並改爲『坎十二』，四庫本作『井二』。查圖，『丑』均標爲『坎十二』，兩本皆誤，當校爲『丑坎十二』。

〔一八〕『■』，四庫本空格。

〔一九〕『■』，四庫本空格。

〔二〇〕『覃』下有『蛊六』二字，四庫本作『蠱六』。

〔二一〕『■』，四庫本空格。

〔二二〕『■』，四庫本空格。

〔二三〕『女比十』，明本有朱筆修正爲『比七』，查圖，『女』均標爲『比七』，兩本皆誤，當校爲『女比七』。

〔二四〕『■』，四庫本空格。

〔二五〕『■』，四庫本空格。

〔二六〕『□』下有『謙十一』三字，四庫本僅有『謙十一』三字。

〔二七〕『□』下有『蹇十一』三字，四庫本僅有『蹇十一』三字。

〔二八〕『■』，四庫本空格。

〔二九〕『□』下有『謙九』二字，四庫本作『師九』。考圖，『師九』對應群母，圖内未見『謙九』，溪母對應有『坎四』『謙三』『井九』『艮一』『謙一』，以『謙三』居多。據此，此位卦名當爲『謙三』，兩本皆誤。

〔三〇〕『□』下有『蒙九』二字，四庫本僅有『蒙九』二字。

〔三一〕『□』下有『坎九』二字，四庫本僅有『坎九』二字。

〔三二〕『■』，四庫本空格。

〔三三〕明本有□，下有『升一』二字，四庫本僅有『升一』二字。

〔三四〕「■」，四庫本空格。

〔三五〕「□」下有「蛊一」二字，四庫本僅有「蠱一」二字。

〔三六〕「□」下有「艮一」二字，四庫本僅有「艮一」二字。

〔三七〕「牙蛊二」，四庫本作「牙蠱二」。

〔三八—四四、四八—四九〕「■」，四庫本空格。

〔四五〕「□」下有「升二」二字，四庫本僅有「升二」二字。

〔四六—四七〕「蛊」，四庫本均作「蠱」。

續表

四	■〔五〇〕	思坤九	山剥七〔五一〕	三剥九	手比七	星比九	■〔五二〕	■〔五三〕
五	寺謙九	■〔五四〕	□〔五五〕艮七	土艮十	象蹇九	石蹇十	■〔五六〕	■〔五七〕
喉一	黑坤二	父謙四	華〔五八〕剥二	凡艮四	香比二	□〔五九〕蹇四	血觀二	吠漸四
二	武師四	黄謙二	晚蒙四	華艮二	□〔六〇〕坎四	雄蹇二	尾涣四	賢漸二〔六一〕
三	安坤三〔六二〕	自謙八	亞剥三	在艮八	乙坎三	匠蹇八	一觀三	■〔六三〕
四	文升四	□〔六四〕謙三	萬蛊四〔六五〕	爻艮三	□〔六八〕井四	王蹇三〔六九〕	未巽四	寅漸三〔七〇〕
半一	老師七	鹿升六〔七一〕	冷蒙七	犖井六〔七二〕	吕坎七〔七三〕	離井六〔七四〕	■〔七五〕	■〔七六〕

續表

二	■〔七七〕	■〔七八〕	□〔七九〕蒙十	□蒙十〔八〇〕	耳坎十	二井十	■〔八一〕	■〔八二〕
三	■〔八三〕	■〔八四〕	崇蛊十	宅艮十二	辰井十一	直蹇十二〔八五〕	■〔八六〕	■〔八七〕

〔五〇、五二—五三、五六—五七〕「■」，四庫本空格。

〔五一〕考圖，只有一處作「剥九」，餘皆作「剥十」，故兩圖均誤，當校正爲「山剥十」。

〔五四〕「■」，四庫本空格，卦名爲「謙十」。考圖，開音濁邪母均爲「蹇二」，且圖内無「謙十」，四庫本誤，當删。

〔五五〕「□」下有「艮七」二字，四庫本僅有「艮七」二字。

〔五八〕考圖，發音清曉母位均用「花」，「華」爲匣母，兩本皆誤，當校改爲「花」。

〔五九—六〇、六四〕「□」四庫本無。

〔六一〕『賢漸二』，四庫本作『賢漸一』。考圖，發音濁匣母均爲『漸二』，四庫本誤，當校改爲『賢漸二』。

〔六二〕『安坤三』，四庫本作『安坤二』。考圖，開音清影母只有一處作『坤二』，但圖内『坤二』對應曉母『黑』。四庫本當改爲『坤三』。

〔六三〕『■』，四庫本空格。

〔六五〕『蛊』，四庫本作『蠱』。

〔六八〕『□』下有『井四』二字，四庫本僅有『井』一字。考圖，收音清，喻母卦名均用『比四』，兩本皆誤，當改爲『比四』。

〔六九〕『王蹇三』，四庫本爲『王蹇二』。考圖，收音濁喻母未見，但圖内『蹇二』圖中對應曉母和邪母。四庫本當改爲『蹇三』。

〔七〇〕『寅漸三』，四庫本作『寅漸二』。考圖，閉音濁喻母未見，但圖内『漸二』圖中對應匣母。四庫本當改爲『漸三』。

〔七一〕考圖，開音濁來母位，均爲『升七』，兩本皆誤，當校正爲『鹿升七』。

〔七二〕考圖，發音濁來母位，多爲『蠱七』，兩本皆誤，當校正爲『犖蠱七』。

〔七三〕『吕坎七』，四庫本爲『吕坎』，四庫本顯誤，當校爲『吕坎七』。但圖内未見『吕』及『坎七』，存疑。

〔七四〕考圖，收音濁來母位，均爲『井七』，兩本皆誤，當校正爲『離井七』。

〔七五—七八、八一—八四、八六—八七〕『■』，四庫本空格。

〔七九〕『□』，四庫本無。

〔八〇〕「□蒙十」，四庫本作「井十」。考圖，所有日母字，收音清對應「坎十」，收音濁對應「井十」，極爲嚴格。發音清圖内卦名爲「蒙十」，與二本目録均同。發音濁圖内卦名蠱十出現三次，另有蠱七、九、十一，僅有四十一圖爲井十，且聲母爲「二」，誤。疑此處二本均誤，當爲「蠱十」，存疑。

〔八五〕「直蹇十二」，四庫本作「直蹇十」，考圖，「直」作爲聲母，收音濁中除第二圖標爲「坎十二」，其餘十一次均爲「蹇十二」，四庫本誤，當校正爲「直蹇十二」。

聲音説

凡字之叶韻者，謂之聲〔一〕。口中之氣所發也，有開口而氣出、合口而氣出成聲者，謂之外轉〔二〕。有口開口合而氣入成聲者，謂之内轉。夫氣無形，故爲陽聲，而屬先天方圖西北位十六卦〔三〕，以之分平上去入。内外八轉者，如内一東鍾支微，内二支〔四〕之脂，内三魚模虞，内四歌戈陽唐，内五收〔五〕尤侯，内六幽，内七侵尤〔六〕，内八蒸登。外一江佳皆灰，外二齊咍，外三真殷魂臻諄文痕，外四元歡山先仙寒，外五豪宵爻，外六麻，外七覃鹽咸監嚴凡添，外八庚清也〔七〕。今因之而分歸十六位〔八〕。以開合清濁别之，爲二十八〔九〕。每一面皆書韻於第一行，即韻以質于目録，即得陽卦矣〔一〇〕。

〔一〕《起數訣》依《唱和圖》，「聲」指「韻」的概念。

〔二〕《起數訣》對内外轉的理解與氣流的感知相關。認爲發音時氣流感覺較强的爲外轉音，氣流感覺弱則爲内轉音，祝泌稱之爲氣入。羅常培《釋内外轉》引日本毛利貞齋《韻鏡祕訣袖中鈔・卷七》：「一説内轉之字唱之必吸氣，外轉之字調和如呼息。」又上釋盛典《韻鏡易解・卷一》：「或云内轉所屬字吟稱之有吸氣，外轉所屬字調和似呼息」。

〔三〕先天方圖西北位十六卦：此處與前一百十二聲目録併入卦相合。

從易六十四卦圖看，西北爲乾、兑、離、震。日月星辰之日聲爲乾，其逆時針方向乾—平、夬—上、大有—去、大壯—入。日月星辰之月聲爲兑，其逆時針方向履—平、兑—上、睽—去、歸妹—入。日月星辰之星聲爲離，其逆時針方向同人—平、革—上、離—去、豐—入。日月星辰之辰聲爲震，其逆時針方向無妄—平、隨—上、噬嗑—去、震—入。即是後所説「以之分平上去入」。見圖二。

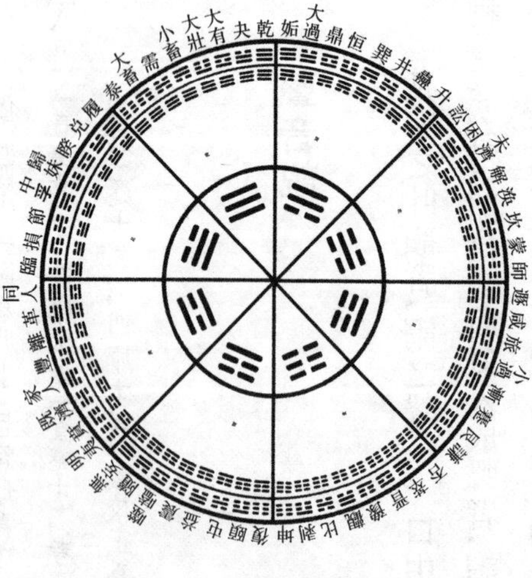

圖二

〔四〕「内二支之脂」，其中「支脂」爲大字，在「支」邊加小字「之」。四庫本爲「之脂」，無「支」韻。内一已有「支」，則此位不列「支」爲佳，四庫本是。明本「支」旁小「之」，當爲修正標記。

〔五〕內五收尤侯：陳梅香將「收尤侯」作爲三個韻表達，同時下注「内五「收」疑誤，韻圖中並無此韻」。此處「收」當爲動詞。

〔六〕內七侵尤：陳梅香認爲此處「尤」，前「尤」與「侯」已列內五。考圖，第七十三圖開音清收一等收「侯」，「尤」在第七十四圖收音濁，而「侵」收在第七十五圖收音清。侵尤均爲收音，可能因此而誤收，故當將尤去掉。

〔七〕《起數訣》內外轉與《韻鏡》《七音略》內外轉對比表如下：

起數訣	轄韻	韻鏡	韻目	七音略	韻目
內一	東鍾支微	內轉第一開	東董送屋	內轉第一重中重	東董送屋
內一	東鍾支微	內轉第二開合	冬鍾腫宋用沃燭	內轉第二輕中輕	冬鍾腫宋用沃燭
內一	東鍾支微	內轉第四開合	支紙寘	內轉第四重中輕內重	支紙寘
內一	東鍾支微	內轉第九開	微尾未廢	內轉第九重中重內輕	微尾未廢
內一	東鍾支微	內轉第十合	微尾未廢	內轉第十輕中輕內輕	微尾未廢
內二	之脂	內轉第六開	脂旨至	內轉第六重中重	脂旨至
內二	之脂	內轉第七合	脂旨至	內轉第七輕中重內輕	脂旨至
內二	之脂	內轉第八開	之止志	內轉第八重中重內重	之止志
內三	魚模虞	內轉第十一開	魚語御	內轉第十一重中重	魚語御

續表

起數訣	轄韻	韻鏡	韻目	七音略	韻目
內三	魚模虞	內轉第十二開合	模虞姥麌暮遇	內轉第十二輕中輕	模虞姥麌暮遇
內四	歌戈陽唐	內轉第二十七合	歌哿箇	內轉二十七重中重	歌哿箇
內四	歌戈陽唐	內轉第二十八合	戈果過	內轉二十八輕中輕	戈果過
內四	歌戈陽唐	內轉第三十一開	唐陽蕩養宕漾鐸藥	外轉三十四重中重	唐陽蕩養宕漾鐸藥
內四	歌戈陽唐	內轉第三十二合	唐陽蕩養宕漾鐸藥	內轉三十五輕中輕	唐陽蕩養宕漾鐸藥
內五	尤侯	內轉第三十七開	侯尤幽厚有黝候宥幼	內轉四十重中重	侯尤幽厚有黝候宥幼
內六	幽	內轉第三十七開	侯尤幽厚有黝候宥幼	內轉四十重中重	侯尤幽厚有黝候宥幼
內七	侵	內轉第三十八合	侵寢沁緝	內轉四十一重中重	侵寢沁緝
內八	蒸登	內轉第四十二開	登蒸等拯嶝證德職	內轉四十二重中重	登蒸等拯嶝證德職
內八	蒸登	內轉第四十三合	登德職	內轉四十三輕中輕	登蒸等拯嶝證德職
外一	江佳皆灰	外轉第三開合	江講絳覺	外轉第三重中重	江講覺
外一	江佳皆灰	外轉第十三開	咍皆齊海駭薺代怪祭霽夬	內轉第十三重中重	咍皆齊海駭薺代怪祭霽夬
外一	江佳皆灰	外轉第十四合	灰皆齊賄駭隊怪祭霽夬	外轉第十四輕中重	灰皆齊賄隊怪祭霽夬
外一	江佳皆灰	外轉第十五開	佳蟹泰卦祭	外轉第十五重中輕	佳蟹泰卦祭廢
外一	江佳皆灰	外轉第十五開	佳蟹泰卦祭	外轉第十六輕中輕	佳蟹泰卦祭廢

續表

起數訣	轄韻	韻鏡	韻目	七音略	韻目
外二	齊咍	外轉第十五開	咍皆齊海駭薺代怪祭霽夬	内轉第十三重中重	咍皆齊海駭薺代怪祭霽夬
外二	齊咍	外轉第十五開	灰皆齊賄駭隊怪祭霽夬	外轉第十四輕中重	灰皆齊賄隊怪祭霽夬
外三	真殷魂臻諄文痕	外轉第十七開	痕臻真很軫恨震没櫛質	外轉第十七重中重	痕臻真很軫恨震没櫛質
外三	真殷魂臻諄文痕	外轉第十八合	魂諄混準慁稕没術	外轉第十八輕中輕	魂諄混準慁稕没術
外三	真殷魂臻諄文痕	外轉第十九開	欣隱焮迄	外轉第十九重中輕	欣隱焮迄
外三	真殷魂臻諄文痕	外轉第二十合	文穩問物	外轉第二十輕中輕	文吻問物
外四	元歡山先仙寒	外轉第二十一開	山元仙産阮獮裥願線鎋月薛	外轉二十一重中輕	山元仙産阮獮裥願線鎋月薛
外四	元歡山先仙寒	外轉第二十二合	山元仙産阮獮裥願線鎋月薛	外轉二十二輕中輕	山元仙阮獮裥願線鎋月薛
外四	元歡山先仙寒	外轉第二十三開	寒删仙先旱潸獮銑翰諫線霰曷黠薛屑	外轉二十三重中重	寒删仙先旱潸獮銑翰諫線霰曷黠薛屑
外四	元歡山先仙寒	外轉第二十四合	桓删仙先緩潸獮銑換諫線霰末黠薛屑	外轉第二十四輕中重	桓删仙先緩潸獮銑換諫線霰末黠薛屑

續表

起數訣	轄韻	韻鏡	韻目	七音略	韻目
外五	豪宵肴	外轉第二十五開	豪爻霄蕭晧巧小篠號效笑嘯	外轉二十五重中重	豪肴霄蕭晧巧小篠号效笑嘯鐸藥
外五	豪宵肴	外轉第二十六合	霄小笑	外轉二十六重中重	宵小笑
外六	麻	內轉第二十九開	麻馬禡	外轉二十九重中重	麻馬禡
外六	麻	外轉第三十合	麻馬禡	外轉三十輕中輕一重	麻馬禡
外七	覃鹽咸監嚴凡添	外轉第三十九開	覃咸鹽添感豏琰忝勘陷豔㮇合洽葉帖	外轉三十一重中重	覃咸鹽添感豏琰忝勘陷豔㮇合洽葉帖
外七	覃鹽咸監嚴凡添	外轉第四十合	談銜嚴鹽敢檻儼琰闞鑑釅豔盍狎業葉	外轉三十二重中輕	談銜嚴鹽敢檻儼琰闞鑑釅豔盍狎業葉
外七	覃鹽咸監嚴凡添	外轉第四十合	凡范梵乏	外轉三十三輕中輕	凡范梵乏
外八	庚清	外轉第三十三開	庚清梗靜敬勁陌昔	外轉三十六重中輕	庚清梗靜敬勁陌昔
外八	庚清	外轉第三十四合	庚清梗靜敬勁陌昔	內轉三十七輕中輕	庚清梗靜敬勁陌昔
外八	庚清	外轉第三十五開	耕清青耿靜迥諍勁徑麥昔錫	內轉三十八重中重	耕清青耿靜迥諍勁徑麥昔錫

圖三

〔八〕十六位：有學者認爲指「十六攝」，觀前所述內外八轉，尚不可用「攝」的概念來定義。有學者認爲《韻鏡》實已含「十六攝」之概念，主要出自張麟之序：「又作諧聲圖，以明古人制字通七音之妙，作內外十六轉圖，以明胡僧立韻，得經緯之全。」但《韻鏡》爲四十三轉圖，此處的十六轉與十六攝並無關聯。

〔九〕二十八：此處爲天之用聲部分，即一百十二聲，將韻分爲日月星辰四類，每類按甲乙丙丁戊己庚分爲七組，故有二十八之數。

〔一〇〕每一面皆書韻於第一行，即韻以貫于目録，即得陽卦矣：本句因現傳世《起數訣》中一百十二聲目録併入卦中，已無卦名。故不可解。考《皇極聲音數》，天之用聲一百一十二舉要，圖中列有卦名。以「東」韻爲例，如下：

每一面皆書於第一行，如上圖三圖心部分平聲第一行東韻，得其韻目爲東，然後到目録中查詢，如下圖四：在目録中找到韻目字「東」，從縱向找到其分類爲「己」，則排序爲六，横向爲『乾』，則其所對應之卦爲『乾六』，明本在目録中去掉卦名，但分解到各韻圖中，四庫本完全缺失，僅留此一句，則無從理解。此處所謂『陽卦』爲以韻所索之卦，即爲天聲，天爲陽，並分爲元之元、元之會、元之運、元之世四大類。

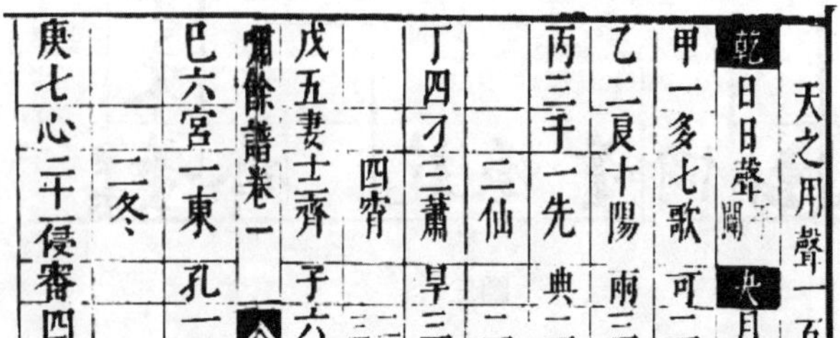

圖四

凡字之叶姥者謂之音〔一一〕，脣舌牙齒喉之所發也。五者有形，故爲陰音〔一二〕，而屬方圖東南位十六卦〔一三〕，以之分開發收閉〔一四〕。三十六字姥者，幫滂並明脣音重，非敷奉微脣音輕之類是也。今華夷皆用之。昔其字未備，康節增牙音喉音半音〔一五〕各四字，爲四十八。别其清濁而中分之〔一六〕，今書於音字之最上行，即姥以質于目録，即得陰卦矣。

即此聲卦書於左，音卦書於右，從而横觀之，以兩卦上體爲一卦，又以下體爲一卦，即既濟陰陽圖卦〔一七〕也。

〔一一〕《起數訣》依《唱和圖》，稱聲母爲「音」，發音部位爲脣舌牙齒喉。

〔一二〕《起數訣》聲母屬地音，則爲陰，稱聲母爲「陰音」。

〔一三〕方圖東南：從東南方向，則爲坤、艮、坎、巽。其十六卦爲坤師主開音清；剥蒙主發音清；比坎主收音清；觀涣主閉音清；升謙主開音濁；蠱艮主發音濁；井蹇主收音濁；巽漸主閉音濁。

〔一四〕開發收閉：有學者對開發收閉進行全面考證，但囿於語音解釋，未從文獻的角度進行闡釋。開發收閉與邵雍《易》學思想相關，即「地户十六位爲地音之清濁」。《起數訣》分聲母爲「水火土石」，配以清濁，共十六位。見下表：

	開	發	收	閉
清	坤 音水水	剥 音水火	比 音水土	觀 音水石
濁	謙 音火水	艮 音火火	蹇 音火土	漸 音火石
清	師 音土水	蒙 音土火	坎 音土土	渙 音土石
濁	升 音石水	蠱 音石火	井 音石土	巽 音石石

〔一五〕半音：邵雍所增聲母，共十二個，分别爲老、鹿、冷、犖、吕、離、耳、二、崇、宅、辰、直。目録中定爲半音，但韻圖中僅半三單列，爲崇、宅、辰、直四母。

〔一六〕别其清濁而中分之：指《起數訣》對聲母的處理，將地音一百五十二按清濁分開，在『音』的最上行，如下圖五：

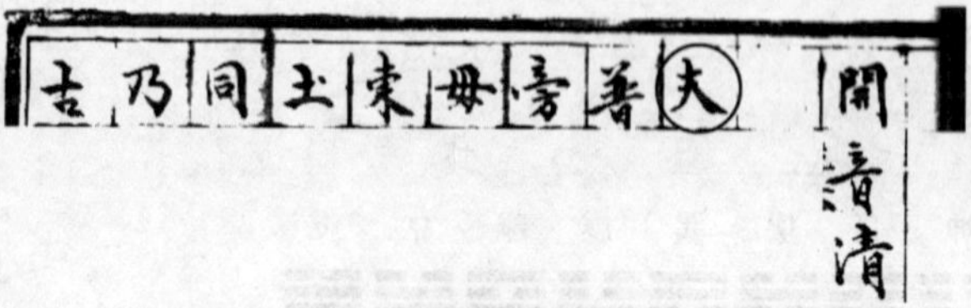
圖五

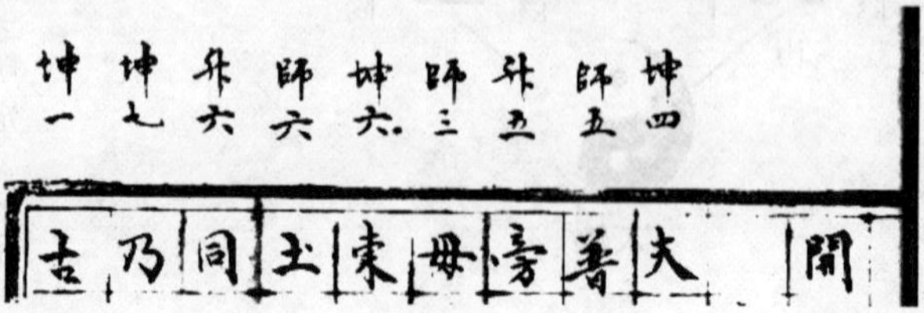

圖六

先按清濁組及開發收閉選擇一組聲母，放在韻圖最上面一行。讀取其中某個聲母，例如聲母「夫」，再到目録中去尋找該聲母，讀取其卦名爲『坤四』，因聲母屬陰，爲其陰卦。

四庫本聲母未列卦名，明本將卦名均書寫於聲母之上，如圖六：

〔一七〕此句爲取卦的方式，如前兩條所取，若查「絳」字，聲卦取「東」爲乾六，音卦取「夫」爲坤四，將乾卦與坤卦分別書寫下來，左邊寫乾卦☰，右邊寫坤卦☷。取乾卦上一半，坤卦下一半，則得否卦䷋；取乾卦下一半，坤卦上一半，則得泰卦䷊，以此定卦。「既濟，定也。」既濟六爻剛柔都當位而正應，說明已成定局，所以說「定也」。宋張栻《南軒易說》：「既濟，天下之分皆得其所，故定也。」高亨《周易大傳今注》：「濟，成也。」《吕氏春秋·仲冬記》：「以待陰陽之所定。」高注：「定猶成也。」唐李鼎祚《周易集解》：「濟成，六爻得位，定也。」

附一：陰卦陽卦圖

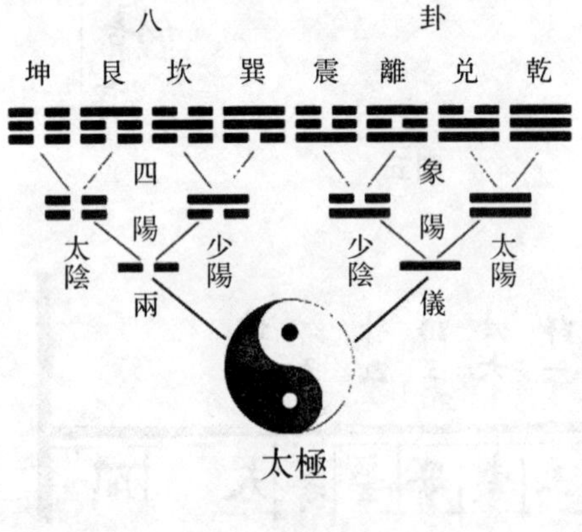

附二：陰陽消長圖

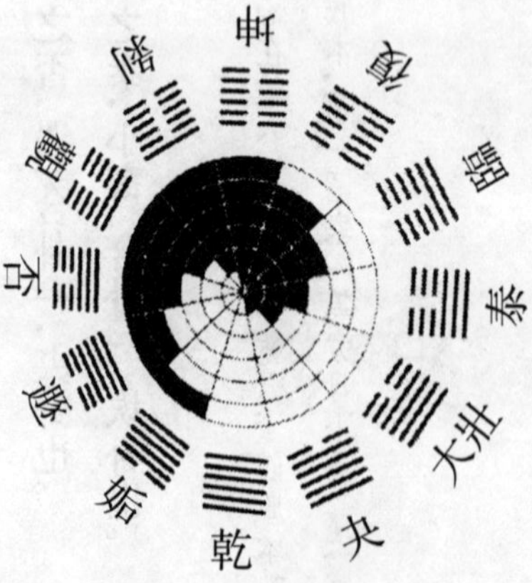

起聲音卦草

假如　得聲在一東韻，考目録屬乾也[一]，則畫乾卦于左，若其音是蓬[二]字，則是脣音三旁字姥下，檢目録屬升之五，則畫升卦于右。

〔三〕

假如　動物自右觀得既濟圖之否、遇，合卦一，夬卦也。

植物自左觀得既濟圖之泰、小畜，合卦一，坎卦也。

〔一〕「也」，四庫本爲「已」。此位恰在乾六；已，也爲乾六；四庫本乾已是。

〔二〕「蓬」，四庫本爲「逢」字。考底本，第一圖東一等旁母下爲「蓬」字，四庫本脣音整體串位，若按正位，亦爲「蓬」，底本是。

〔三〕四庫本無卦畫。

假如　得聲在一東〔四〕韻仍畫乾卦於左，若是洪字音則在喉音武字姥下，質之目録，屬師之四，則書師卦于右。

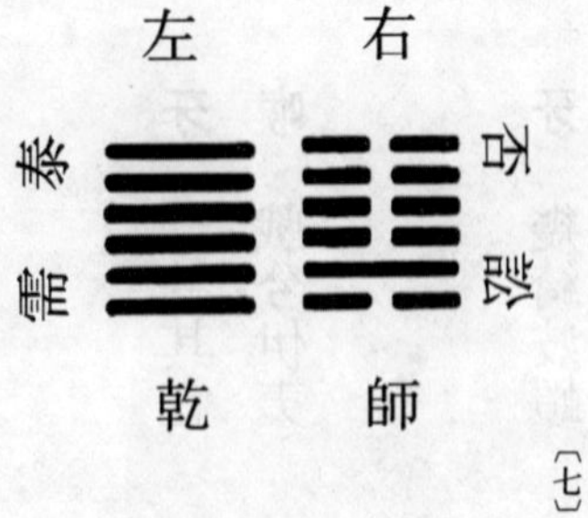

動物自右觀得既濟圖〔五〕否訟，合卦一，大壯也
植物自左觀得既濟圖〔六〕泰需，合卦一，需卦也

〔四〕「得聲在一東韻」，四庫本作「一南韻」，顯誤。

〔五〕「既濟卦圖」，「圖」於「卦」下角字體略小。四庫本作「既濟卦」。

〔六〕「既濟圖」，四庫本作「既濟卦」。

〔七〕四庫本無卦畫。

右舉二段，如筭者之立草，可以廣充之矣。既濟圖併入掛一卦，在仲集卷終，所得掛一卦，便可即之定逆從，卻要分四時休旺。

切字姥開指

脣　風豐逢蒙　舌　東通同濃　牙　公空窮⿰山兒
齒　終充虫春松　喉　兇雄雍融
半　隆戎崇〔一〕

又

脣　卑批皮眉　舌　低梯提尼　牙　奇欹其宜
齒　支螭馳詩〔二〕　喉　戲兮伊夷
半　离而持

又

脣　彼嚭婢米　舌　底体〔三〕弟你　牙　幾綺妓螘
齒　帋扯治侈氏　喉　喜係已異

又　半　邏爾始

脣　福幅伏牧　舌　竹蓄〔四〕逐朒　牙　菊曲局砡

齒　祝俶簇叔孰　喉　或俗〔五〕育欲

半　六肉熟

又

脣　賓繽頻民　舌　珎〔六〕嗔陳壬　牙　巾欽勤銀

齒　真親秦新〔七〕神　喉　薰礩因寅

半　隣人辰

〔一〕「隆戎崇」，四庫本作「隆戎崇松」。松已出現於齒音位，考一百五十二音入卦，不當列於半音。四庫本當删「松」字。

〔二〕「支螭馳詩」，四庫本作「支螭馳詩時」。時爲禪母，當列於此，明本缺，當補「時」。

〔三〕「体」，四庫本作「體」，明本列異體，四庫本列正體。

〔四〕「蓄」，四庫本作「畜」。二字異體，均可。

〔五〕「俗」，四庫本作「浴」，俗爲邪母齒音，浴爲以母喉音。明本誤，當校改爲「浴」。

〔六〕「珎」，爲「珍」之異體字，知母。四庫本列字爲「臻」，莊母。此位爲舌音，明本是，四庫本當校正爲「珎」。

〔七〕「新」，心母；四庫本列字爲「親」，清母。此位當列心母，明本是，四庫本當校正爲「新」。

切字正法，致辨於輕重清濁毫釐之間，不如此例之雜。特以今之切字者，少欲便初習，故且雜湊成章。但熟念此二三例了，自然調得，如幼學之調平仄也，起得例了。卻以所排音分別輕重合闢之殊，可無差矣。凡念脣音，則以脣；念舌音，則以舌；至牙齒喉亦然〔八〕，則自易入。

〔八〕「至牙齒喉亦然」，四庫本作「念至牙齒喉皆然」。「切字姥開指」將五音的概念引入《起數訣》，並有所發展，在「脣舌牙齒喉」五音基礎上，增加了「半」，指其「半音」，其中包括來母、日母，來、日在《韻鏡》中即爲「半舌半齒」，又增加其獨創之「半三」。

辨槁物及罄欬之音法

凡人與物之音，其有字者可辨。而亦有難明者，如擊五金得音可別。爲同，卻又似通、似洪者，但以切音姥調而合之，則可合矣。如槁木似秃音，又似菊、似篤、似六音者，皆以調姥〔一〕

合之，自定。觀物全憑聲音，推測差之毫毛，投筭皆誤，安明〔二〕於庶物哉？故須辨得十分真正，少差非筭之誤也。

〔一〕「姥」，四庫本作「姆」。

〔二〕「安明」，四庫本作「安能」。

皇極觀天時之泰否，地理之離合，物産之豐儉，治道之隆污，皆用元經會、經運、經世〔三〕之定數。故可以逆知，若人之謦欬〔四〕聲與物之響喚〔五〕，多是無字之聲音，欲辨之者，但以姆調之，取其所合。則雖無字，決不差矣。且如嗟嘆之唧咂，是有字也，若喂之上聲，孩之上聲、入聲，則無字矣。非以姥調之，曷可定之耶？

〔三〕「元經會、經運、經世」，四庫本作「元經會、會經運、運經世」。邵雍《皇極經世》認爲「元」是核心。一元十二會，一會三十運，一運十二世，一世三十年。故一元爲十二會，三百六十運，四千三百二十世，十二萬九千六百年。是爲「皇極經世一元之數」。邵雍以同樣方法，認爲三十元爲「元之世」，十二「元之世」爲「元之運」，三十「元之運」爲「元之會」，十二「元之會」爲「元之元」。因此當爲「元經會、元經運、元經世」。

〔四〕「罄欬」，「罄」，《説文》：「器中空也。」「欬」，《説文》：「逆氣也。」此處二字連用，當爲人之咳嗽聲。

〔五〕「響唤」，亦爲二詞連用，指物體所發出的聲音。

聲音者，物稟賦之自然，不容變易。至人之欲發問，其自然之聲音，亦有不期然而然〔六〕者，此天機之自動，朕兆之先乎〔七〕。至於發而言事，便是形而在下者〔八〕矣。觀物取其欲言之聲，亦先天之意也。康節曰：「有意則有言，有言則有象，有象則有數。」〔九〕此〔一〇〕指此也。《易》曰：「知幾其神乎？幾者動之微，吉凶之先見者也。」〔一一〕未言事而發響，如旦之氣〔一二〕；已言事而成聲，即旦晝之所爲矣。

〔六〕「不期然而然」，四庫本作「不期然而發」。宋鄭樵《與景韋兄投宇文樞密書》：「蓋磁石取鐵，以氣相合，固有不期然而然者。」兩本均可。

〔七〕朕兆之先乎：孚，使人信服。

〔八〕形而在下者：形而下指有形質的或已成形的東西，此處意爲發出來的音，就是已成形質的物。

〔九〕邵雍《漁樵問對》：「有意必有言，有言必有象，有象必有數。」

〔一〇〕「此指此也」，四庫本爲「此正指此也」。

〔一一〕《易經》：子曰：「知幾其神乎！君子上交不諂，下交不瀆，其知幾乎！幾者，動之微，吉之先見者也，君子見幾而作，不俟終日。」

〔一二〕旦：此句意爲不是爲了説事情而發出來的聲音，和天剛亮時的氣一樣，最爲純正。

並陰陽於左右，如配匹父母。互取卦之正悔〔一三〕爲二卦，如氤氳生育。至於歸掛一卦，則乾道成男，坤道成女矣。動物自右觀，則陽卦在上，故動物之生氣在首。植物自左觀，則陽卦皆在下，故植物之生氣在根。

〔一三〕正悔：即貞悔。《周易古占》以本卦爲貞，之卦爲悔。《尚書正義》引《孔氏傳》：「内卦曰貞，外卦曰悔。」《朱子大全》：「西山蔡氏曰：内卦爲貞，貞者事之干也；外卦曰悔，悔者生乎動也。六爻不動，以内卦爲貞，外卦爲悔。見《左傳》「蠱之貞風，其悔山」是也。有動爻者，以遇卦爲貞，之卦爲悔。見《國語》「貞屯悔豫皆八」是也。」《易》卦六爻，其上三爻即上體，稱悔卦，又叫外卦。貞卦，又稱「内卦」。現多稱「内卦」「外卦」。

觀物〔一四〕之取卦用卦，皆有定指。能悟之者，亦有微妙之異。至於收折分秒之數，人用分，物用秒斂之可一，衍之可至萬億兆京垓〔一五〕。各用有權〔一六〕，而後能之。故運可爲年爲日，世可爲月爲時，而年月日時，亦可爲運世〔一七〕。知幾〔一八〕其神乎？

〔一四〕觀物：觀指遠思無爲而觀，物指凡爲「太極」之道的所造物。此出自邵雍承陳摶所傳「先天易學」，旁通禪觀。《皇極經世·觀物内篇》：「夫所以謂之觀物者，非以目觀之也，非觀之以目而觀之以心也。非觀之以心而觀之以理也。」後又融合莊子思想，提出「以物觀物」，主張「聖人之所以能一萬物之情者，謂其聖人之能反面也。所以謂之反觀者，不以我觀物也。不以我觀物者，以物觀物之謂也。」

〔一五〕京垓：京，古代數名，指一千萬，亦指一億兆。此處當爲一億兆。垓，古代數名，指一萬萬。此處京垓指數量的增加，不是具體數字。

〔一六〕權：此處爲變通。

〔一七〕運世：北宋《易》學家邵雍承陳摶「先天易學」，力主「象由數設」，尤其重視易數的推演。元會運世，是邵雍依伏羲六十四卦方位圖演釋《易》數所設的時間單位，用以解説由自然至社會大化遷流的演變過程。《皇極經世·觀物内篇》分别以數釋元、會、運、世，「元之元一，元之會十二，元之運三百六，元之世四千三百二十」。元之元合十二會，三百六十運，四千三百二十世，列有會之元、運之元、世之元等。元會運世，王植《皇極經世全書解》：「窮則變，變則生。蓋生生而不窮也。」

〔一八〕幾：即幾微，是事物發展過程中所顯示出來的極其微弱細小的變化，但它的變化卻可能引起很大的變化，預示未來的發展方向，只有掌握它才會有主動權，所以稱爲「吉之先見者」。

韻例

每版第一行，是題開發收閉四音之綱。第二行，是别諸韻之首字。其同韻而分清濁，既分爲兩版。又有清濁同韻，而又分兩版者，四音併作一韻者也。又有一韻皆清字，則無濁聲；版皆濁字，則無清聲。版每面第三行以後，則是同韻而隸於二十四姥者。則横觀之，最上層是字姥，其下分平上去入四聲。每聲又别四等者，古韻□〔一〕字與姥音同位，而字不同者多。故平仄四等各具四眼者，分全清、半清、半濁、全濁之等也。《總明韻》於每姥之字，有一二三四者也。

〔一〕「古韻」字下有空格，四庫本爲「古韻某字」。

《唐韻》〔二〕皆中州之聲音。皇極字姥，間有川蜀之聲音，如以卦爲夬〔三〕，爻爲聱，吠沸〔四〕爲沸之類〔五〕。今不可用蜀音，緣聽於人者，皆中州之音〔六〕。不則俗之所謂白字，不可以爲經例。並從正音釐正，庶乎投筭不差。若問答之間有白字，則以白字隸之。初無强拂乖戾，如不字韻作否字之平聲，又有作〔七〕字之平聲者，各隨其所發出於口者投筭，亦圓機〔八〕而談九流〔九〕可也。

五方言語不通，由來久矣。

〔二〕《唐韻》，此處當指切韻系韻書，不僅限於孫愐之《唐韻》。

〔三〕「以卦爲夬」，四庫本爲「以卦爲天」，顯誤。

〔四〕「沸」，其右上小字更正爲「吠」，四庫本作「吠」。

〔五〕明本爲「類」，此字當爲「類」字誤。明本作「類」是，四庫本誤。

〔六〕明本爲「中州之音」，四庫本爲「中州之景」，四庫本誤，明本是。

〔七〕明本「作」字後無字，四庫本爲「又有作孛字」，四庫本是，明本當補「孛」字。

〔八〕圓機：見解超脱，圓通機變。

〔九〕九流：猶言各類、各種。

皇極之律吕，有聲音有姥者〔一〇〕，皆有數之物；有位而無姥者，無數之物，有亦不中〔一一〕；至無聲音又無姥者，則殄矣。一百五十六位，各又分數立成，在季集，更以聲之甲乙數，與音之寅卯數相紐，數多則除三十，而乘之也，得物數云。

〔一〇〕「有聲音有姥者」，四庫本作「有聲音有姥音者」。

〔一一〕「有亦不中」，四庫本作「有而不中」。底本是。

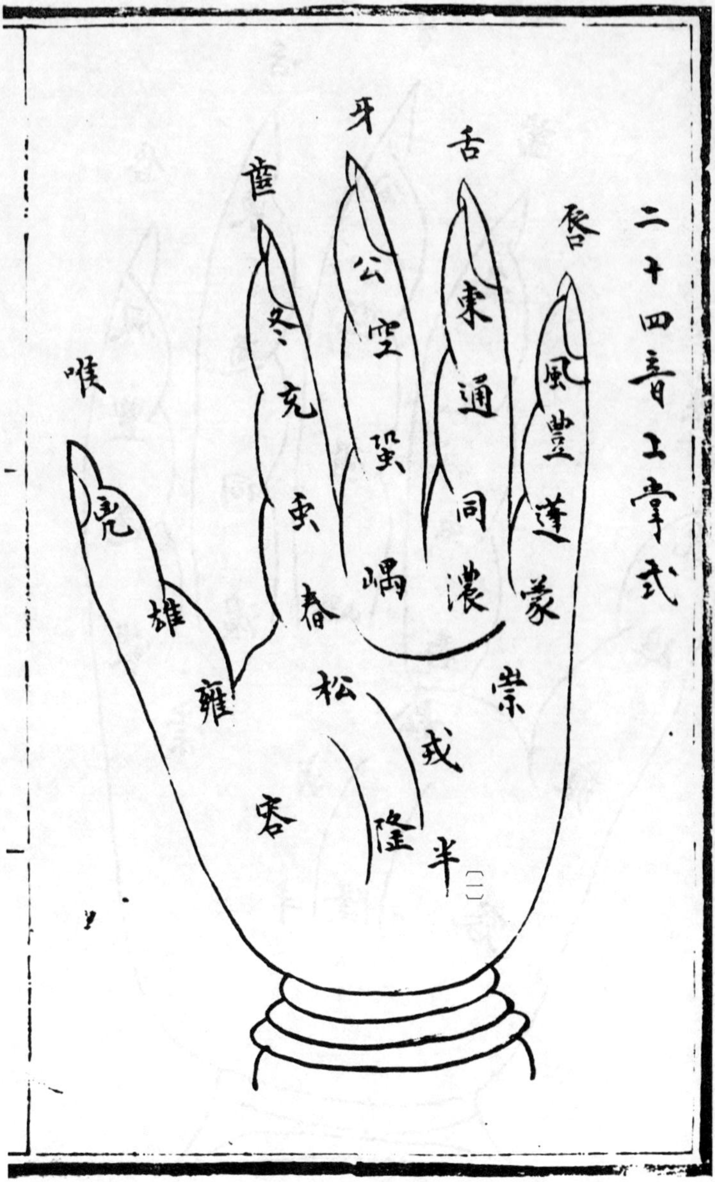
二十四音上掌式
脣
風
豐
蓬
蒙
舌
東
通
同
濃
牙
公
空
蛩
喁
齒
冬
充
重
春
喉
雄
雍
崇
松
戎
隆
容
半
〔二〕

附：四庫本掌式圖

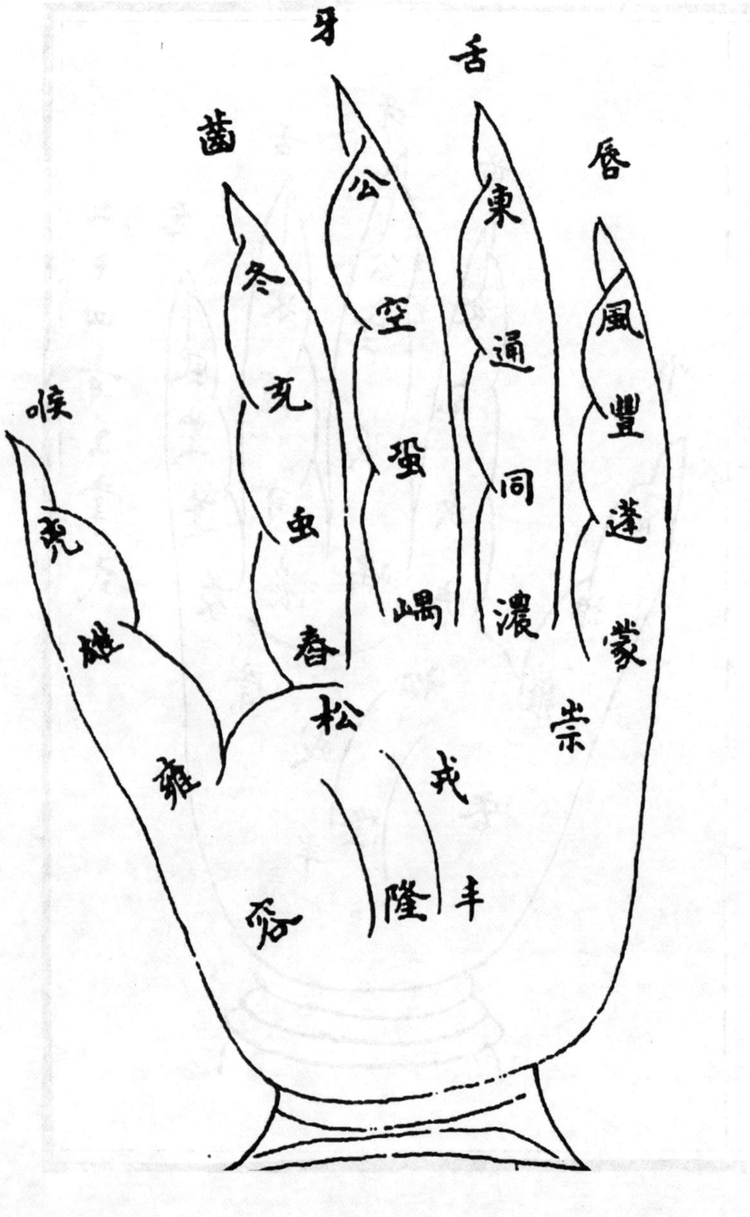

二十四音上掌式

〔一〕「半」，四庫本作「丰」，誤。

掌式圖所列之字與「切字姥開指」第一行大體相同，所不同者：脣音第三字，「開指」「逢」，掌式圖「蓬」；牙音第三字，「開指」「窮」，掌式圖「蛩」；牙音第四字，「開指」「峣」，掌式圖「喁」；齒音第一字，「開指」「終」，掌式圖「冬」。

掌式圖中有「松」，「開指」明本無「松」，四庫本有，可證四庫本是。

坤四 師五 升五 師三 坤六 師六 升六 坤七 坤一

開音清	大	普	旁	母	東	土	同	乃	古
東（乾六）		洚	蓬	蒙	東	通	同	齈	公
東									
東									
董（夬六）	琫		菶	蠓	董	侗	動	䶅	鞼
送（大有六）			檬	蠓	凍	痛	洞	齈	貢
送									
送									
送									
屋（大壯六）	卜	攴	僕	木	豰	秃	牘		穀
屋									
屋									
屋									

師一		師二	坤八	師八	升八	升九	謙九	坤二	師四	坤三
坤	口	五	走	萃	青	■	寺	黑	武	安
空		唬	葼	蔥	叢	檧	松	烘	洪	翁
				雝 工虫						
						嵩				
孔		渦	總			椶	敵	嗊	澒	蓊
控			糉	謥	𣪠	送	𢡶	戇	哣	瓮
哭			族	簇	族	速		嗀	縠	屋
			蹙	鼀	摵	肅				

升四
師七

比五
比四
蹇五
井三
比十二

文 育
老 籠 籠 弄 祿
■
■ 熟
收 音濁 乾六 大有六 大畜六
東 東 董 送 送 送 屋 屋 屋
丙 風 諷 福
口 豐 賵 蝮
莆 馮 鳳 伏
眉 瞢 夢 目
中 中 中 竹

第一圖　開音清

《起數訣》第一、二圖係拆分《韻鏡》内轉第一開，第一圖列一、四等字，第二圖列三等字。

本圖列字(東董送屋)一、四等字，收有脣音。本圖聲母：明母位明本作『毋』，四庫本作『母』；透母位明本作『𡈽』，四庫本作『土』；明本無字處用『■』，四庫本空格。

明本聲韻均配卦名(略)，四庫本無。各圖均如此，他圖不再做説明。

校注：

1 (平一幫)夫一東 ○ 明本空位，四庫本列字爲『⿰彳夆』。《廣韻》《集韻》均無東一等幫母字；⿰彳夆，《集韻》樸蒙切，滂東合一平通，《康熙字典》記：『《唐韻》《集韻》敷容切，音峰。』此字當列於滂母位。《韻鏡》内轉第一開，幫滂空位；《七音略》内轉第一重中重，幫母空位，『⿰彳夆』列於滂母位；《切韻指掌圖》二圖幫滂母空位；《四聲等子》通攝内一重少輕多韻、《切韻指南》通攝内一侷門，均列於滂母一等，幫母空位。『⿰彳夆』應列於《起數訣》東一等滂母位，《起數訣》明本空位是，四庫本當刪。

2（平一滂）普一東　㣊　明本列字爲『蓬』，四庫本列字爲『㣊』。『㣊』，《集韻》樸蒙切，滂東合一平通，《康熙字典》記：『《唐韻》《集韻》敷容切，音峰。』《韻鏡》《切韻指掌圖》空位；《七音略》内轉第一重中重、《四聲等子》通攝内一重少輕多韻、《切韻指南》通攝内一侷門，列字均爲『㣊』。《廣韻》東一等滂母無字，《起數訣》從《集韻》。《起數訣》明本是，四庫本誤，當校改爲『㣊』。

3（平一並）旁一東　蓬　明本列字爲『蓬』，四庫本列字爲『蒙』。蓬，《廣韻》薄紅切，《集韻》蒲蒙切，並東開一平通。《韻鏡》内轉第一開、《七音略》内轉第一重中重、《切韻指掌圖》二圖、《四聲等子》通攝内一重少輕多韻、《切韻指南》通攝内一侷門，列字均爲『蓬』。『蓬』爲《廣韻》東一並母位小韻首字，《起數訣》明本列『蓬』是，四庫本列『蒙』誤，當校改爲『蓬』。

4（平一明）毋一東　蒙　明本列字爲『蒙』，四庫本空位。《廣韻》東一明母有『蒙，莫紅切』，《集韻》有『蒙，莫蓬切』，諸家韻圖皆在明母位列『蒙』。《起數訣》四庫本將明母字『蒙』錯列於並母，誤。『蒙』爲《廣韻》東一明母位小韻首字，《起數訣》明本是，四庫本當校補『蒙』字。

5（平一泥）乃一東　齈　《廣韻》《集韻》均未收東一明母字；『齈』在《集韻》冬韻泥母下，奴冬切，泥冬平開一通。《康熙字典》記：『《集韻》奴冬切，音農。《玉篇》鼻齈也。《集韻》鼻病。又《廣韻》《正韻》奴凍切，音癑。《廣韻》多涕鼻疾。』《韻鏡》《七音略》空位；《切韻指掌圖》第二圖、《四聲等子》通攝内一重少輕多韻，泥母一等位均列『農』；《切韻指南》通攝内一侷門，列字爲『齈』。此三圖爲合韻韻圖，東冬二韻均收。《起數訣》第三圖冬一泥母位列『農』，爲《廣韻》冬泥位小韻首字。『齈』爲冬一字，羼入東一，當校删。

6（平一精）走一東　葼　《廣韻》子紅切，《集韻》祖叢切，精東平開一通；《韻鏡》内轉第一開、《七音略》内轉第一重中重、《切韻指掌圖》二圖、《切韻指南》通攝内一侷門，均列於精母平聲一等；《四聲等子》通攝内一重少輕多韻，精母一等位列『椶』；『葼』爲《廣韻》東一精母小韻首字，下收有『椶』，列字以『葼』爲佳，《起數訣》是。

7（平一清）草一東　葱　《廣韻》倉紅切，《集韻》麤叢切，清東平開一通；《韻鏡》内轉第一開，列字爲『怱』；《七音略》内轉第一重中重、《切韻指掌圖》第二圖、《四聲等子》通攝内一重少輕多韻，列字均爲『葱』；《切韻指南》通攝内一侷門，清母一等位列『怱』。『怱』爲《廣韻》東一清小韻首字，下收有『葱』字，《韻鏡》列『怱』字爲佳，《起數訣》亦無誤。

8（平一心）■一東　檧　《廣韻》蘇公切，《集韻》蘇叢切，心東平開一通；《韻鏡》内轉第一開，心母一等位列『揔』，爲『檧』字刊刻誤；《七音略》内轉第一重中重列字爲『愡』，《廣韻》倉紅切，平東清母，列於此位不合，當爲『檧』字誤；《切韻指掌圖》二圖、《四聲等子》通攝内一重少輕多韻、《切韻指南》通攝内一侷門，均於心母平聲一等列『檧』字。『檧』爲《廣韻》東一清小韻首字，《起數訣》是。

9（平一邪）寺一東　松　《廣韻》《集韻》均無東一邪母字。松，《廣韻》《集韻》祥容切，邪鍾開三平通。《韻鏡》《七音略》空位；《切韻指掌圖》二圖邪鐘平聲，列於四等位，爲假四等；《四聲等子》空位，鐘三位列字爲『鱅』，爲小韻首字，禪母鍾韻；《切韻指南》通攝内一侷門，列於邪母四等位。『松』非東一等字，不當列於此位，當校删。

10 (平三昌)草三東　蜼　明本列字爲『蜼』，下有『虫工』二字；四庫本空位。蜼，《康熙字典》記：『《廣韻》充隴切《集韻》蠢勇切，音喠。《玉篇》雀也。《廣韻》小鳥飛也。《集韻》或作鶇。又《集韻》蚩工切，音充。義同。』此記『蚩工切』爲昌母字，明本『虫工』當爲『蚩工』誤，『虫』爲曉母，『蟲』爲澄母；均不適於此位，明本『虫工』當校爲『蚩工』。『蜼』爲東一等字，聲母爲照三，按寄韻憑切，列於照三位是。按《起數訣》分圖原則，本圖只列一四等，且四庫本空位，故當删。明本列『蜼』字當删，四庫本空位是。

11 (平四心)■四東　嵩　《廣韻》息弓切，《集韻》思融切，心東平開三通；《韻鏡》内轉第一開、《七音略》内轉第一重中重、《切韻指掌圖》二圖，均列於心母平聲四等；《四聲等子》空位；《切韻指南》心母四等位列字爲『蜙』，心母鍾韻；『嵩』爲《廣韻》東三心母位小韻首字，按韻圖規制當列於四等，《起數訣》是。

12 (平四喻)文四東　○　《廣韻》《集韻》東三以母位有『融』字，《廣韻》以戎切，《集韻》余中切，以東開三平通。《韻鏡》内轉第一開、《七音略》内轉第一重中重、《切韻指掌圖》二圖，均於喻四位列『融』；《四聲等子》空位；《切韻指南》喻四位列字爲『容』，鍾韻以母；『融』爲《廣韻》東三以母位小韻首字，按韻圖規制當列於四等，《起數訣》空位誤，當校補『融』字。

13（上一並）旁一董 菶 《廣韻》未收此字；《集韻》蒲蠓切，並董上開一通；《韻鏡》《切韻指掌圖》《切韻指南》《四聲等子》均並母一等位列『菶』；《七音略》内轉第一重中重，並母一等位列『桻』，並鍾三等，不當列於此位；『菶』爲《廣韻》東一並小韻首字，列字以『菶』爲佳，《起數訣》列『菶』字從《集韻》，亦無誤。

14（上一透）土一董 侗 《廣韻》他孔切，《集韻》吐孔切，透董上開一通；《韻鏡》内轉第一開、《七音略》内轉第一重中重、《切韻指掌圖》二圖、《四聲等子》通攝内一重少輕多韻，均透母一等位列『桶』；《切韻指南》通攝内一侷門，透母一等列字爲『侗』。『侗』爲《廣韻》透一董小韻首字，下收有『桶』字，列字以『侗』爲佳，《起數訣》是。

15（上一見）古一董 顜 《廣韻》《集韻》未收，《康熙字典》記：『《玉篇》古孔切，公上聲。生皮也。』《韻鏡》《七音略》《切韻指掌圖》空位；《四聲等子》通攝内一重少輕多韻、《切韻指南》通攝内一侷門，均列於見母上聲一等。《起數訣》列此字亦無誤。

16（上一疑）五一董 湡 《廣韻》虞俱切，疑虞合三平遇，不應列於此位；《集韻》吾蓊切，疑董上開一通；《韻鏡》《切韻指掌圖》空位；《七音略》内轉第一重中重、《四聲等子》通攝内一重少輕多韻、《切韻指南》通攝内一侷門，疑上一列字爲『湡』。《起數訣》列『湡』字，從《集韻》，無誤。

17（上一精）走一董　總　明本列字爲『總』，四庫本列字爲『總』。『總』，《廣韻》作孔切，《集韻》祖動切，精董上開一通；《韻鏡》内轉第一開、《七音略》内轉第一重中重、《切韻指掌圖》二圖、《四聲等子》通攝内一重少輕多韻、《切韻指南》通攝内一侷門，均列於精母上聲一等。《廣韻》『總』，『聚束也』，《説文解字》『總』，『聚束也。从糸悤聲。作孔切。』『總』『總』爲異體字，『總』爲《廣韻》董一精母位小韻首字，未收『總』字形，列字以『總』爲佳。《起數訣》四庫本是，明本亦無誤。

18（上一從）曹一董　〇　《廣韻》無從一董韻字；《集韻》從董位有『樅』，才總切，從董上開一通；樅，《廣韻》作孔切，精母董韻，不當列於從母。《韻鏡》從董位空位，從《廣韻》；《七音略》内轉第一重中重、《四聲等子》通攝内一重少輕多韻、《切韻指南》通攝内一侷門，均於從母一等位列『樅』，此三圖從《集韻》。《起數訣》從《廣韻》《韻鏡》，空位無誤。

19（上一心）■一董　樅　《廣韻》作孔切，精董上開一通；《集韻》祖動切，從董上開一通，均不適於此位；《廣韻》《集韻》心董一有『敢』，先孔切，心董上開一通；《韻鏡》《切韻指掌圖》心母一等位列『敢』，從母空位；『敢』爲『敢』字誤。《七音略》内轉第一重中重、《四聲等子》通攝内一重少輕多韻、《切韻指南》通攝内一侷門，均於從母一等位列『樅』，心母位列『敢』。『敢』爲《廣韻》心一董位小韻首字，《起數訣》列『樅』字誤，當校改爲『敢』。

20（上一邪）寺一董　敢　此字爲『敢』字之俗體。敢，《廣韻》《集韻》先孔切，心董上開一通；

《韻鏡》内轉第一開、《七音略》内轉第一重中重、《切韻指掌圖》二圖、《四聲等子》通攝内一重少輕多韻、《切韻指南》通攝内一侷門，均於心母一等位列『敲(敵)』，邪母空位。《廣韻》《集韻》董韻均無邪母字，《起數訣》列『敲』字誤，當刪。

21 (上一匣)武一董　澒　《廣韻》胡孔切，《集韻》戶孔切，匣董上開一通；《韻鏡》列字爲『懶』，《康熙字典》記：『《廣韻》呼孔切，《集韻》虎孔切，並音嗊。』曉母董韻，不當列於匣母位；《七音略》内轉第一重中重、《切韻指掌圖》二圖、《四聲等子》通攝内一重少輕多韻、《切韻指南》通攝内一侷門，均於匣母上聲一等位列『澒』。『澒』爲《廣韻》董一匣母位小韻首字，《起數訣》是。

22 (上一來)老一董　籠　《廣韻》力董切，《集韻》魯孔切，來董開一上通。《韻鏡》内轉第一開，來母一等位列『聾』，爲『曨』字之刊刻誤；《七音略》内轉第一重中重、《切韻指掌圖》二圖、《切韻指南》通攝内一侷門，均於來母一等位列『曨』；《四聲等子》通攝内一重少輕多韻，列字爲『籠』。『曨』爲《廣韻》來一董位小韻首字，下收有『籠』字。列字以『曨』爲佳，《起數訣》亦無誤。

23 (去一並)旁一送　槰　《廣韻》未收。《集韻》菶貢切，並送開一去通。《韻鏡》内轉第一開，並母一等位列『摓』，並母鍾韻；《七音略》内轉第一重中重，列字爲『摓』，爲『槰』刊刻誤；《四聲等子》通攝内一重少輕多韻，列字爲『蓬』；《切韻指南》通攝内一侷門，列字爲『槰』。

《集韻》收『檒』小韻，『草木茂盛』義，是其字當從木，列『㯝』字者訛。《起數訣》列『檒』字是。

24（去一明）毋一送　蠓　明本列字爲『蠓』，四庫本列字爲『幪』。『蠓』，莫孔切，明董上開一通；不當列於此位。幪，《廣韻》莫弄切，《集韻》蒙弄切，明送去開一通；《韻鏡》内轉第一開，列字爲『夢』，《廣韻》莫鳳切，去送明母三等，不應列於一等位；《七音略》内轉第一重中重、《四聲等子》通攝内一重少輕多韻，列字爲『幪』。《切韻指掌圖》二圖、《切韻指南》通攝内一偈門，列字爲『幏』，均爲『幪』形訛。『幪』爲《廣韻》送一明母位小韻首字，《起數訣》明本誤，當校改爲『幪』，四庫本列『幪』是。

25（去一泥）乃一送　齈　《廣韻》《集韻》奴凍切，泥送去開一通；《康熙字典》記：『《集韻》奴冬切，音農。《玉篇》鼻齈也。《集韻》鼻病。又《廣韻》《正韻》奴凍切，並音癑。《廣韻》多涕鼻疾。』《韻鏡》内轉第一開、《七音略》内轉第一重中重、《切韻指掌圖》二圖、《四聲等子》通攝内一重少輕多韻、《切韻指南》通攝内一偈門，均列於泥母去聲一等。《起數訣》列『齈』字是。

26（去一精）走一送　糉　《廣韻》《集韻》作弄切，精送去開一通；《韻鏡》内轉第一開、《四聲等子》通攝内一重少輕多韻、《切韻指南》通攝内一偈門，列字爲『糉』。《七音略》内轉第一重中重、《切韻指掌圖》二圖，列字爲『粽』。『糉』爲《廣韻》送一精母位小韻首字，『粽』爲其俗體。諸家韻圖列字皆是，列字以『糉』爲佳，《起數訣》是。

27（去一曉）黑一送　戇　《廣韻》《集韻》呼貢切，曉送開一去通；《韻鏡》內轉第一開、《七音略》內轉第一重中重、《切韻指掌圖》二圖、《四聲等子》通攝內一重少輕多韻、《切韻指南》通攝內一侷門，均曉母一等位列『烘』；『烘』爲《廣韻》送一曉母位小韻首字，下收有『戇』字，《起數訣》亦無誤。

28（去一匣）武一送　⿰口宮　《廣韻》《集韻》未收，《康熙字典》記：『《集韻》胡貢切，音鬨。《玉篇》⿰口宮，市人。《集韻》衆聲。或作哄。』按《集韻》，胡貢切，匣送開一去通；《韻鏡》內轉第一開、《切韻指掌圖》二圖，匣母一等位列『鬨』；《七音略》內轉第一重中重、《四聲等子》通攝內一重少輕多韻、《切韻指南》通攝內一侷門，匣母一等位列『哄』。『哄』爲《廣韻》送一匣母位小韻首字，下收有『鬨』字，列字以『哄』爲佳。《起數訣》雖無誤，但校改爲『哄』更佳。

29（去一影）安一送　瓮　《廣韻》《集韻》烏貢切，影送去開一通；《韻鏡》內轉第一開、《四聲等子》通攝內一重少輕多韻，列字爲『甕』；《七音略》內轉第一重中重、《切韻指掌圖》二圖、《切韻指南》通攝內一侷門，列字爲『瓮』。『瓮』爲《廣韻》送一影母位小韻首字，下收有『甕』字，注上同，爲異體字。諸圖列字皆是，列字以『瓮』字爲佳，《起數訣》是。

30（入一滂）普一屋　攴　明本列字似『支』，四庫本列字爲『攴』。明本顯係書寫誤。攴，《廣韻》《集韻》普木切，滂屋入開一通；《韻鏡》內轉第一開、《七音略》內轉第一重中重、《切韻指掌圖》二圖、《四聲等子》通攝內一重少輕多韻、《切韻指南》通攝內一侷門，列字均爲

『扑』。『扑』爲《廣韻》屋一滂母位小韻首字，下收有『攴』字。列字以『扑』爲佳，《起數訣》四庫本列攴字無誤。明本當校正爲『攴』。

31（入一並）旁一屋　僕　《廣韻》蒲木切，《集韻》步木切，並屋開一入通。《韻鏡》内轉第一開、《七音略》内轉第一重中重、《切韻指掌圖》二圖，均並母一等位列『暴』；《四聲等子》通攝内一重少輕多韻、《切韻指南》通攝内一侷門，均並母一等位列『瀑』。『暴』爲《廣韻》屋一並母位小韻首字，下收有『瀑』『僕』二字，列字以『暴』爲佳，《起數訣》亦無誤。

32（入一定）同一屋　牘　《廣韻》《集韻》徒谷切，定屋入開一通；《韻鏡》内轉第一開、《七音略》内轉第一重中重、《切韻指掌圖》二圖、《四聲等子》通攝内一重少輕多韻、《切韻指南》通攝内一侷門，定母一等位均列『獨』；『獨』爲《廣韻》屋一定母位小韻首字，下收有『牘』字，列字以『獨』爲佳，《起數訣》亦無誤。

33（入一精）走一屋　旗　明本列字爲『旗』，四庫本列字爲『鏃』。『鏃』，《廣韻》《集韻》作木切，精屋入開一通；《韻鏡》内轉第一開、《七音略》内轉第一重中重、《切韻指掌圖》二圖、《四聲等子》通攝内一重少輕多韻、《切韻指南》通攝内一侷門，列字均爲『鏃』。『鏃』爲《廣韻》屋一精母位小韻首字，明本列字係形訛，當校改爲『鏃』，四庫本是。

34（入一清）草一屋　簇　《廣韻》《集韻》千木切，清屋入開一通；《韻鏡》内轉第一開、《七音略》内轉第一重中重、《切韻指掌圖》二圖、《四聲等子》通攝内一重少輕多韻、《切韻指南》通攝内一偏門，清母一等位均列『瘯』。『瘯』爲《廣韻》屋一清母位小韻首字，下收有『簇』字，列字以『瘯』爲佳，《起數訣》亦無誤。

35（入一曉）黑一屋　嗀　明本列字爲『嗀』，四庫本列字爲『嗀』。『嗀』係『殼』之異體。嗀，《康熙字典》記：『《龍龕》音古。』古，《廣韻》公户切，上姥見母。不應列於此位。此字當爲『殼』字形訛。殼，《廣韻》《集韻》呼木切，曉屋入開一通。《韻鏡》列字爲『熇』，《廣韻》呼木切，入屋曉母。《七音略》列字爲『縠』，《廣韻》胡谷切，入屋匣母，不當列於曉母位；《切韻指掌圖》二圖，列字字形亦爲『嗀』，亦誤；《四聲等子》通攝内一重少輕多韻、《切韻指南》通攝内一偏門，曉母位列字均爲『殼』。《起數訣》四庫本列『嗀』字誤，當校改爲『殼』。明本列『嗀』字從俗，改爲『殼』字爲佳。

36（入一匣）武一屋　縠　《廣韻》《集韻》胡谷切，匣屋入開一通；《韻鏡》内轉第一開、《切韻指掌圖》二圖、《四聲等子》通攝内一重少輕多韻、《切韻指南》通攝内一偏門，均列於匣母入聲一等。《七音略》内轉第一重中重，匣母位空位，『縠』誤列入曉母位，誤。『縠』爲《廣韻》屋一匣母位小韻首字，《起數訣》是。

37（入一半三）■一屋　熟　《廣韻》殊六切，禪屋入開三通；《集韻》神六切，船屋入開三通。按韻圖規制，當列於三等位。《韻鏡》屋三禪列字爲『塾』；《七音略》屋三禪列字爲『孰』；《切韻指掌圖》屋三禪列字爲『熟』。《起數訣》形制特別，將此字列於半三，但此字列於一等，誤，當刪。

38 (入四精)走四屋　蹙《廣韻》《集韻》子六切，精屋入開三通；《韻鏡》内轉第一開、《七音略》内轉第一重中重，均列於精母入聲四等；「蹙」爲《廣韻》屋三精母位小韻首字，按韻圖規制當列於四等，《起數訣》是。

39 (入四清)草四屋　鼀《廣韻》七宿切，《集韻》七六切，清屋入合三通；《韻鏡》内轉第一開、《七音略》内轉第一重中重、《切韻指掌圖》一圖，均清母入聲列於四等。「鼀」爲《廣韻》屋三清母位小韻首字，按韻圖規制當列於四等，《起數訣》是。

40 (入四從)曹四屋　摵《廣韻》子六切，精屋入開三通。《集韻》就六切，從屋入開三通。《韻鏡》内轉第一開、《七音略》内轉第一重中重、《切韻指掌圖》一圖、《切韻指南》通攝内一侷門，均從母四等位列「歜」。「歜」爲《廣韻》屋三從母位小韻首字，按韻圖規制當列於四等，下未收「摵」。「摵」在生母位「縮」小韻下，通三生母，又音爲「子六切」。《起數訣》列「摵」字，當從《集韻》，雖亦可，但校改爲「歜」更佳。

41 (入四心)■四屋　肅《廣韻》息逐切，《集韻》息六切，心屋入合三通；《韻鏡》内轉第一開、《七音略》内轉第一重中重、《切韻指掌圖》一圖均列於心母入聲四等；按韻圖規制當列於四等，《起數訣》是。

42 (入四喻)文四屋　育《廣韻》《集韻》余六切，以屋入合三通；《韻鏡》内轉第一開、《切韻指掌圖》二圖，均列於喻母入聲四等；《七音略》空位。「育」爲《廣韻》屋三以母位小韻首字，按韻圖規制當列於四等。《七音略》空位誤，當補。《起數訣》是。

釋：

1 （平一端）東一東　東　《廣韻》德紅切，《集韻》都籠切，端東平開一通；《韻鏡》內轉第一開、《七音略》內轉第一重中重、《切韻指掌圖》二圖、《四聲等子》通攝內一重少輕多韻、《切韻指南》通攝內一侷門，均列於端母平聲一等。

2 （平一透）土一東　通　《廣韻》他紅切，《集韻》他東切，透東平開一通；《韻鏡》內轉第一開、《七音略》內轉第一重中重、《切韻指掌圖》二圖、《四聲等子》通攝內一重少輕多韻、《切韻指南》通攝內一侷門，均列於透母平聲一等。

3 （平一定）同一東　同　《廣韻》徒紅切，《集韻》徒東切，定東平開一通；《韻鏡》內轉第一開、《七音略》內轉第一重中重、《切韻指掌圖》二圖、《四聲等子》通攝內一重少輕多韻、《切韻指南》通攝內一侷門，均列於定母平聲一等。

4 （平一見）古一東　公　《廣韻》古紅切，《集韻》沽紅切，見東平開一通；《韻鏡》內轉第一開，《七音略》內轉第一重中重、《切韻指掌圖》二圖、《四聲等子》通攝內一重少輕多韻、《切韻指南》通攝内一侷門，均列於見母平聲一等。

5（平一溪）坤一東　空　《廣韻》苦紅切，《集韻》沽公切，溪東平開一通；《韻鏡》内轉第一開、《七音略》内轉第一重中重、《切韻指掌圖》一圖、《四聲等子》通攝内一重少輕多韻、《切韻指南》通攝内一侷門，均列於溪母平聲一等。

6（平一疑）五一東　㟜　《廣韻》《集韻》五東切，疑東平開一通；《韻鏡》内轉第一開、《七音略》内轉第一重中重、《切韻指掌圖》一圖、《四聲等子》通攝内一重少輕多韻、《切韻指南》通攝内一侷門，均列於疑母平聲一等。

7（平一從）曹一東　叢　《廣韻》徂紅切，《集韻》祖聰切，從東平開一通；《韻鏡》内轉第一開、《七音略》内轉第一重中重、《切韻指掌圖》一圖、《四聲等子》《切韻指南》均列於從母平聲一等。

8（平一曉）黑一東　烘　《廣韻》呼東切，《集韻》呼公切，曉東平開一通；《韻鏡》内轉第一開、《七音略》内轉第一重中重、《切韻指掌圖》一圖、《四聲等子》通攝内一重少輕多韻、《切韻指南》通攝内一侷門，均列於曉母平聲一等。

9（平一匣）武一東　洪　《廣韻》户公切，《集韻》胡公切，匣東平開一通；《韻鏡》内轉第一開、《七音略》内轉第一重中重、《切韻指掌圖》一圖、《四聲等子》通攝内一重少輕多韻、《切韻指南》通攝内一侷門，均列於匣母平聲一等。

10（平一影）安一東　翁《廣韻》烏紅切，《集韻》烏公切，影東平開一通；《韻鏡》内轉第一開、《七音略》内轉第一重中重、《切韻指掌圖》二圖、《四聲等子》通攝内一重少輕多韻、《切韻指南》通攝内一侷門，均列於影母平聲一等。

11（平一來）老一東　籠《廣韻》盧紅切，《集韻》盧東切，來東平開一通；《韻鏡》内轉第一開、《七音略》内轉第一重中重、《切韻指掌圖》二圖、《四聲等子》通攝内一重少輕多韻、《切韻指南》通攝内一侷門，均列於來母平聲一等。

12（上一幫）夫一董　琫《廣韻》邊孔切，《集韻》補孔切，幫董上開一通；《韻鏡》内轉第一開、《七音略》内轉第一重中重、《切韻指掌圖》二圖、《四聲等子》通攝内一重少輕多韻、《切韻指南》通攝内一侷門，均列於幫母上聲一等。

13（上一明）毋一董　蠓《廣韻》莫孔切，《集韻》母揔切，明董上開一通；《韻鏡》内轉第一開、《七音略》内轉第一重中重、《切韻指掌圖》二圖、《四聲等子》通攝内一重少輕多韻、《切韻指南》通攝内一侷門，均列於明母上聲一等。

14（上一端）東一董　董《廣韻》多動切，《集韻》覩動切，端董上開一通；《韻鏡》内轉第一開、《七音略》内轉第一重中重、《切韻指掌圖》二圖、《四聲等子》通攝内一重少輕多韻、《切韻指南》通攝内一侷門，均列於端母上聲一等。

15（上一定）同一董　動《廣韻》徒揔切，《集韻》杜孔切，定董上開一通；《韻鏡》内轉第一開、

《七音略》内轉第一重中重、《切韻指掌圖》二圖、《四聲等子》通攝内一重少輕多韻、《切韻指南》通攝内一侷門，均列於定母上聲一等。

16 (上一泥)乃一董　𪏐《廣韻》奴動切，泥董上開一通；《集韻》尼容切，泥母東韻；《韻鏡》内轉第一開、《七音略》内轉第一重中重、《切韻指掌圖》二圖、《四聲等子》通攝内一重少輕多韻、《切韻指南》通攝内一侷門，均列於泥母上聲一等。

17 (上一溪)坤一董　孔《廣韻》康董切，《集韻》苦動切，溪董上開一通；《韻鏡》内轉第一開、《七音略》内轉第一重中重、《切韻指掌圖》二圖、《四聲等子》通攝内一重少輕多韻、《切韻指南》通攝内一侷門，均列於溪母上聲一等。

18 (上一曉)黑一董　嗊《廣韻》呼孔切，《集韻》虎孔切，曉董上開一通；《韻鏡》内轉第一開、《七音略》内轉第一重中重、《切韻指掌圖》二圖、《四聲等子》通攝内一重少輕多韻、《切韻指南》通攝内一侷門，均列於曉母上聲一等。

19 (上一影)安一董　蓊《廣韻》烏孔切，《集韻》鄔孔切，影董上開一通；《韻鏡》内轉第一開、《七音略》内轉第一重中重、《切韻指掌圖》二圖、《四聲等子》通攝内一重少輕多韻、《切韻指南》通攝内一侷門，均列於影母上聲一等。

20 (去一端)東一送　凍《廣韻》《集韻》多貢切，端送去開一通；《韻鏡》内轉第一開、《七音略》内轉第一重中重、《切韻指掌圖》二圖、《四聲等子》通攝内一重少輕多韻、《切韻指南》通攝内一偏門，均列於端母去聲一等。

21（去一透）土一送　痛《廣韻》《集韻》他貢切，透送合一去通；《韻鏡》内轉第一開、《七音略》内轉第一重中重、《切韻指掌圖》二圖、《四聲等子》通攝内一重少輕多韻、《切韻指南》通攝内一偏門，均列於透母去聲一等。

22（去一定）同一送　洞《廣韻》《集韻》徒弄切，定送去開一通；《韻鏡》内轉第一開、《七音略》内轉第一重中重、《切韻指掌圖》二圖、《四聲等子》通攝内一重少輕多韻、《切韻指南》通攝内一偏門，均列於定母去聲一等。

23（去一見）古一送　貢《廣韻》《集韻》古送切，見送去開一通；《韻鏡》内轉第一開、《七音略》内轉第一重中重、《切韻指掌圖》二圖、《四聲等子》通攝内一重少輕多韻、《切韻指南》通攝内一偏門，均列於見母去聲一等。

24（去一溪）坤一送　控《廣韻》《集韻》苦貢切，溪送去開一通；《韻鏡》内轉第一開、《七音略》内轉第一重中重、《切韻指掌圖》二圖、《四聲等子》通攝内一重少輕多韻、《切韻指南》通攝内一偏門，均列於溪母去聲一等。

25（去一清）草一送　謥《廣韻》《集韻》千弄切，清送去開一通；《韻鏡》内轉第一開、《七音略》内轉第一重中重、《切韻指掌圖》二圖、《四聲等子》通攝内一重少輕多韻、《切韻指南》通攝内一偏門，均列於清母去聲一等。

26(去一從)曹一送　𣪘《廣韻》《集韻》徂送切，從送去開一通；《韻鏡》内轉第一開、《七音略》内轉第一重中重、《切韻指掌圖》二圖、《四聲等子》通攝内一重少輕多韻、《切韻指南》通攝内一侷門，均列於從母去聲一等。

27(去一心)■一送　送《廣韻》《集韻》蘇弄切，心送去開一通；《韻鏡》内轉第一開、《七音略》内轉第一重中重、《切韻指掌圖》二圖、《四聲等子》通攝内一重少輕多韻、《切韻指南》通攝内一侷門，均列於心母去聲一等。

28(去一來)老一送　弄《廣韻》《集韻》盧貢切，來送合一去通；《韻鏡》内轉第一開、《七音略》内轉第一重中重、《切韻指掌圖》二圖、《四聲等子》通攝内一重少輕多韻、《切韻指南》通攝内一侷門，均列於來母去聲一等位。

29(入一幫)夫一屋　卜《廣韻》《集韻》博木切，幫屋入開一通；《韻鏡》内轉第一開、《七音略》内轉第一重中重、《切韻指掌圖》二圖、《四聲等子》通攝内一重少輕多韻、《切韻指南》通攝内一侷門，均列於幫母入聲一等位。

30(入一明)毋一屋　木《廣韻》《集韻》莫卜切，明屋入開一通；《韻鏡》内轉第一開、《七音略》内轉第一重中重、《切韻指掌圖》二圖、《四聲等子》通攝内一重少輕多韻、《切韻指南》通攝内一侷門，均列於明母入聲一等位。

31(入一端)東一屋　縠《廣韻》丁木切，《集韻》都木切，端屋入開一通；《韻鏡》内轉第一開、

《七音略》内轉第一重中重、《切韻指掌圖》二圖、《四聲等子》通攝内一重少輕多韻、《切韻指南》通攝内一偈門，均列於端母入聲一等位。

32 (入一透)土一屋　秃　《廣韻》他谷切，透屋入開一通；《集韻》空位；《韻鏡》内轉第一開、《七音略》内轉第一重中重、《切韻指掌圖》二圖、《四聲等子》通攝内一重少輕多韻、《切韻指南》通攝内一偈門，均列於透母入聲一等位。

33 (入一見)古一屋　穀　《廣韻》《集韻》古禄切，見屋入開一通；《韻鏡》内轉第一開、《七音略》内轉第一重中重、《切韻指掌圖》二圖、《四聲等子》通攝内一重少輕多韻、《切韻指南》通攝内一偈門，均列於見母入聲一等。

34 (入一溪)坤一屋　哭　《廣韻》《集韻》空谷切，溪屋入開一通；《韻鏡》内轉第一開、《七音略》内轉第一重中重、《切韻指掌圖》二圖、《四聲等子》通攝内一重少輕多韻、《切韻指南》通攝内一偈門，均列於溪母入聲一等位。

35 (入一從)曹一屋　族　《廣韻》《集韻》昨木切，從屋入開一通；《韻鏡》内轉第一開、《七音略》内轉第一重中重、《切韻指掌圖》二圖、《四聲等子》通攝内一重少輕多韻、《切韻指南》通攝内一偈門，均列於從母入聲一等。

36 (入一心)■一屋　速　《廣韻》桑谷切，《集韻》蘇谷切，心屋入開一通；《韻鏡》内轉第一開、《七音略》内轉第一重中重、《切韻指掌圖》二圖、《四聲等子》通攝内一重少輕多韻、《切韻指南》通攝内一偪門，均列於心母入聲一等。

37 （入一影）安一屋　屋　《廣韻》《集韻》烏谷切，影屋入開一通；《韻鏡》内轉第一開、《七音略》内轉第一重中重、《切韻指掌圖》二圖、《四聲等子》通攝内一重少輕多韻、《切韻指南》通攝内一偪門，均列於影母入聲一等。

38 （入一來）老一屋　禄　《廣韻》《集韻》盧谷切，來屋入開一通；《韻鏡》内轉第一開、《七音略》内轉第一重中重、《切韻指掌圖》二圖、《四聲等子》通攝内一重少輕多韻、《切韻指南》通攝内一偪門，均列於來母入聲一等。

升四 師七 比五 比四 蹇五 井三 比十二

文 音

老 籠 籠 弄 祿

■

■ 熟

收音濁 乾六 大有六 大壯六

東 東 董 送 送 送 屋 屋 屋

丙 風 諷 福

口 豐 賵 蝮

莆 馮 鳳 伏

眉 瞢 夢 目

中 中 中 竹

坎十二	蹇六	蹇七	蹇四	蹇十一	蹇一	井二	比十一	坎十一	井十二	比九
丑	弟	年	口	口	近	月	震	尺	堂	星
			五下音	石下音						
冲	蟲		弓	穹	窮		終	充（終昌）		嵩
									剬	
矗	仲			焪			衆	銃		
								[illegible]		
							絨	珿	[illegible]	縮
畜	逐	朒	菊	鞠	驧	砡	祝	俶		叔

坎四			坎十一	井十	井七	蹇三	蹇七	蹇二	蹇十一	蹇十
口		收	直	二	禹	王	匠	雄	口	石
	冬侯朱	音								
		清								
	鍾侯朱		崇	戎	隆		硝	雄	設	
	鍾									
	董									
	腫									
	腫宋朱									
	宋									
	用宋朱								趄	
	用									
禓	沃									
	濁									
	濁		孰	肉	六	圁	槭		畜	塾
	濁						栯			

第二圖　收音濁

本圖係拆分《韻鏡》内轉第一開或《七音略》内轉第一重中重，列二三等。本圖聲母：見、溪、曉母位明本處用「□」，四庫本空格；見母位下，一等格内有「王下音」三字；溪母位下，一等格内有「石下音」三字。明本滂母處用「□」，四庫本亦用「□」。照母位明本用「堂」，四庫本用「呈」。

校注：

1（平三徹）丑三東　冲　明本列字爲「冲」，四庫本列字爲「沖」。《廣韻》直弓切，《集韻》持中切，澄東平開三通；不應列於徹母位。《韻鏡》内轉第一開、《七音略》内轉第一重中重、《切韻指掌圖》二圖，徹母位列字均爲「忡」；《四聲等子》通攝内一重少輕多韻，徹母位列字爲「忡」；《切韻指南》通攝内一侷門，列字爲「蹱」，章母鍾韻。「冲」在澄母位「蟲」小韻下，且無徹母音。《康熙字典》記：「《韻會》沖或省作冲。和也，深也。」二字爲異體字。「忡」爲《廣韻》徹東三位小韻首字，《起數訣》兩本皆誤，當校改爲「忡」。

2 （平三澄）弟三東　蟲　《廣韻》直弓切，《集韻》持中切，澄東平開三通；《韻鏡》内轉第一開、《切韻指掌圖》一圖、《四聲等子》通攝内一重少輕多韻，列字均爲『蟲』；《七音略》内轉第一重中重，列字爲『蟲』，爲『蟲』字誤；《切韻指南》通攝内一侷門，列字爲『重』，澄母鍾韻。『蟲』爲《廣韻》澄東三位小韻首字，《起數訣》是。

3 （平三疑）月三東　〇　《廣韻》《集韻》東三疑母位無字。《韻鏡》内轉第一開，疑母東韻三等位列『豣』；《七音略》空位；《切韻指掌圖》《四聲等子》列字爲『顒』，疑母鍾韻；『豣』，《廣韻》《集韻》均未收，《康熙字典》記：『《玉篇》魚容切，音顒。獸似豕。』『豣』亦爲疑母鍾韻，《韻鏡》誤。《起數訣》空位是。

4 （平三昌）尺三東　充　《廣韻》《集韻》昌嵩切，昌東平開三通；《韻鏡》内轉第一開、《七音略》内轉第一重中重、《切韻指掌圖》一圖，列字均爲『充』；《四聲等子》通攝内一重少輕多韻，穿母鍾韻三等位列『衝』，昌母鍾韻；《切韻指南》通攝内一，穿母腫韻三等位列『⿰重隹』，《康熙字典》記：『又《集韻》蚩工切，音充。義同。』《起數訣》明本、四庫本『充』字下，均有反切『昌終切』，與韻圖不協調，可將反切去掉。

5 （平三船）堂三東　〇　《廣韻》《集韻》均無東三船母字，諸家韻圖均空位，僅《切韻指掌圖》二圖，牀母鍾東韻三等位列『重』，澄母鍾韻。《指掌圖》爲合韻韻圖，可列鍾三字，但『重』爲澄母不當列於船位。《起數訣》空位是。

6 （平三書）星三東　嵩　《廣韻》息弓切，《集韻》思融切，心東平開三通；《韻鏡》内轉第一開、《七音略》内轉第一重中重，列於心母東韻四等，三等空位；《切韻指掌圖》二圖，於心母鍾韻四等列『嵩』字，審母鍾東韻三等列『舂』，書母鍾韻；《四聲等子》通攝内一重少輕多韻，審母鍾韻三等位列『舂』，心母四等位空位；《切韻指南》心母四等位列『鬆』，書母位列『舂』。『嵩』爲《廣韻》心東三位小韻首字，按韻圖規制當列於四等，且已在一圖中列入四等，此處當删。

7 （平三曉）□三東　𧮰　明本、四庫本列字均爲『𧮰』，《廣韻》《集韻》無東三曉母字，《康熙字典》記：『《唐韻》《集韻》徒冬切，音彤，又火宫切，音烘。』《韻鏡》空位；《七音略》内轉第一重中重，列字爲『𧮫』。『烘』，曉母東一等字，不當列於三等。《切韻指掌圖》二圖、《四聲等子》通攝内一重少輕多韻，曉母位列字爲『胷』；《切韻指南》通攝内一，曉母腫韻三等位列『洶』；『胷』『洶』曉母鍾三等字。《廣韻》《集韻》均無東三曉母字，《起數訣》列『𧮰』誤，當删。

8 （平三影）匠三東　硧　《廣韻》《集韻》未收，《康熙字典》記：『《玉篇》《集韻》於宫切，音愔，石名。』『硧』，於宫切，影母東三，可列於此位。《韻鏡》空位；《七音略》内轉第一重中重，列字爲『硧』；《切韻指掌圖》二圖、《四聲等子》通攝内一重少輕多韻、《切韻指南》通攝内一，影母鍾韻三等位列『邕』。《起數訣》依《康熙字典》所記《集韻》音，亦無誤。

9 （平三喻）王三東　〇　《廣韻》《集韻》東三均無云母字。《韻鏡》内轉第一開，列字爲『肜』；

《七音略》《切韻指掌圖》《四聲等子》《切韻指南》喻三空位。彤，《廣韻》以戎切，《集韻》余中切，以東平開三通。爲以母字，按韻圖規制當列於四等位，《韻鏡》誤。《起數訣》依韻書，空位是。

10 （平三半三）直三東　崇《廣韻》《集韻》鉏弓切，崇東平開三通；《韻鏡》内轉第一開、《七音略》内轉第一重中重、《切韻指掌圖》二圖、《四聲等子》通攝内一重少輕多韻、《切韻指南》通攝内一侷門，均列於照二位。『崇』爲《廣韻》東三崇位小韻首字，按韻圖規制當列於二等位，諸家韻圖是。《起數訣》形制特別，單獨列爲半三位。

11 （去二崇）堂二送　剶《廣韻》仕仲切，崇送去開三通；《集韻》未收，《康熙字典》記：『《唐韻》《集韻》鋤弓切，音崇。《玉篇》鍤屬。又《唐韻》《集韻》仕仲切，崇去聲。義同。』《韻鏡》内轉第一開、《七音略》内轉第一重中重、《切韻指掌圖》二圖、《四聲等子》通攝内一重少輕多韻、《切韻指南》通攝内一侷門，均於崇母位列『剶』字。按韻圖規制，照二母字當列於二等，《起數訣》是。

12 （去三明）眉三送　夢《廣韻》《集韻》莫鳳切，明送去開三通；《韻鏡》内轉第一開，在明母一等位列『夢』字，三等位列字爲『幏』；《七音略》内轉第一重中重，三等位列『夢』，一等位列『幪』；《切韻指掌圖》二圖，列於三等位；《四聲等子》空位；《切韻指南》通攝内一侷門，三等位列『艨』，微母用韻。幏，《廣韻》莫弄切，明送去開一通，當列於一等位，《韻鏡》誤。『夢』

爲《廣韻》送三明小韻首字，《起數訣》是。

13（去三徹）丑三送　䡴　《廣韻》初六切，初屋入開三通；丑六切，徹屋入開三通；均不應列於此位；《集韻》丑眾切，徹送去開三通，可列入該位。《韻鏡》空位；《七音略》内轉第一重中重，列字爲『䡴』；《切韻指掌圖》三圖、《四聲等子》《切韻指南》徹母三等位列『蹱』，徹母用韻；『䡴』列於《集韻》末，其他韻書未見此音，《起數訣》當據《七音略》補入，此字當校删爲宜。

14（去三曉）□三送　䞓　明本列字爲『䞓』，四庫本列字爲『趬』。『䞓』，《康熙字典》記：『《廣韻》七余切，《集韻》《韻會》千余切，音疽。《説文》趑趄也。又《集韻》或作且、跙。』此記音切均非曉母，不當列於此位。『䞓』當爲『趬』字誤。『趬』，《廣韻》《集韻》香仲切，曉送去開三通；《韻鏡》内轉第一開、《切韻指掌圖》一圖、《四聲等子》通攝内一重少輕多韻、《切韻指南》通攝内一侷門，曉送位均列『趬』字；《七音略》空位。『趬』爲《廣韻》曉三送小韻首字，《起數訣》四庫本是，明本形訛，當校改爲『趬』。

15（去四清）尺四送　趙　《廣韻》《集韻》千仲切，清送去開三通；《韻鏡》内轉第一開、《七音略》内轉第一重中重，於四等位列字爲『趙』；《切韻指掌圖》四等位列字爲『趞』，從母尤韻，誤；《四聲等子》空位；《切韻指南》通攝内一侷門，心母四等位空位，在喻母三等位列『趙』，誤。『趙』爲《廣韻》清三送小韻首字，按韻圖規制，當列於四等，《起數訣》是。

16（入二崇）堂二屋　族　《廣韻》《集韻》未收崇母字；《康熙字典》記：『《集韻》士六切，音族，聚集貌。』崇母屋韻；《韻鏡》《切韻指掌圖》空位；《七音略》内轉第一重中重，崇三屋位列『簇』，《廣韻》千木切，清母屋韻，誤；《四聲等子》通攝内一重少輕多韻、《切韻指南》通攝内一，崇母二等位列『鸀』，《康熙字典》記：『《字彙補》直角切，音浞。』崇母覺韻。依《康熙字典》記《集韻》音，可列於此位。

17（入三並）莆三屋　伏　《康熙字典》記：『《廣韻》《集韻》徒蓋切，音大。』此字當爲『伏』字形訛。伏，《廣韻》《集韻》房六切，奉屋入合三通；《韻鏡》内轉第一開、《七音略》内轉第一重中重、《切韻指掌圖》二圖，列字爲『伏』；《四聲等子》通攝内一重少輕多韻、《切韻指南》通攝内一偈門，三等位列『幞』，奉母燭韻。『伏』爲《廣韻》並三屋位小韻首字，《起數訣》列『伏』字形訛，當校改爲『伏』。

18（入三徹）丑三屋　畜　《廣韻》丑六切，《集韻》勑六切，徹屋入開三通；《韻鏡》内轉第一開、《七音略》内轉第一重中重，列字爲『蓄』；《切韻指掌圖》二圖，列字爲『畜』；《四聲等子》通攝内一重少輕多韻、《切韻指南》通攝内一偈門，三等位列『楝』，徹母燭韻。『蓄』爲《廣韻》徹三屋小韻首字，釋義中『亦作畜』，『蓄』『畜』爲異體字，列字以『蓄』爲佳，《起數訣》亦無誤。

19（入三娘）年三屋　朒　《廣韻》女六切，娘屋入開三通；《集韻》而六切，日屋入開三通；《韻鏡》内轉第一開，列字爲『朒』；《七音略》内轉第一重中重、《切韻指掌圖》二圖，列字爲

『肭』；《四聲等子》通攝内一重少輕多韻、《切韻指南》通攝内一侷門，三等位列『傉』，娘母燭韻。『肭』爲《廣韻》娘三屋小韻首字，『朒』訛爲『肭』字形，切三、王二即作『朒』，後『肭』成爲『朒』之異體。列字以『朒』爲佳，《起數訣》是。

20（入三溪）□三屋　𥷚　《廣韻》未收。《集韻》丘六切，溪屋入開三通；《韻鏡》内轉第一開，列字爲『麴』；《七音略》内轉第一重中重，列字爲『趜』；《切韻指掌圖》二圖，列字爲『麯』；《四聲等子》通攝内一重少輕多韻、《切韻指南》通攝内一侷門，三等位列『曲』，溪母燭韻。『麹』爲《廣韻》溪三屋小韻首字，『麴』『麯』爲異體字。『趜』《集韻》丘六切，溪母屋韻。列字以『麹』爲佳，《起數訣》從《集韻》，亦無誤。

21（入三群）近三屋　驧　《廣韻》《集韻》渠竹切，群屋入開三通；《韻鏡》内轉第一開，列字爲『驧』；《七音略》内轉第一重中重、《切韻指掌圖》二圖，列字爲『𩥻』；《四聲等子》通攝内一重少輕多韻，三等位列『侷』，群母燭韻；《切韻指南》通攝内一，三等位列『局』，群母燭韻。『驧』爲《廣韻》群三屋小韻首字，下收有『𩥻』字，注同上，二字爲異體字，列字以『驧』爲佳，《起數訣》是。

22（入三章）震三屋　祝　《廣韻》《集韻》之六切，章屋入開三通；《韻鏡》内轉第一開、《七音略》内轉第一重中重、《切韻指掌圖》二圖，列字均爲『粥』，《廣韻》之六切，章母屋韻；《四聲等子》通攝内一重少輕多韻、《切韻指南》通攝内一侷門，三等位列『燭』，照母燭韻。『粥』爲

《廣韻》章母位小韻首字，下收有『祝』字，列字以『粥』爲佳，《起數訣》列『祝』字，亦無誤。

23（入三船）堂三屋 ○ 《廣韻》《集韻》屋三等均無船母字。《韻鏡》《切韻指掌圖》空位；《七音略》内轉第一重中重，列字爲『孰』；《四聲等子》通攝内一重少輕多韻、《切韻指南》通攝内一，三等位列『贖』，船母濁韻。『孰』《廣韻》殊六切，禪母屋韻，不當列於船母位，《七音略》誤。《起數訣》從韻書，空位是。

24（入三禪）石三屋 熟 《廣韻》殊六切，《集韻》神六切，禪屋入開三通；《韻鏡》内轉第一開，禪母屋韻三等位列『塾』；《七音略》空位；《切韻指掌圖》二圖，列字爲『熟』；《四聲等子》通攝内一重少輕多韻、《切韻指南》通攝内一侷門，三等位列『蜀』，禪母濁韻。『熟』爲《廣韻》禪三屋小韻首字，下收有『塾』字，列字以『熟』爲佳，《起數訣》是。

25（入三曉）□三屋 畜 《廣韻》許竹切，《集韻》許六切，曉屋入開三通；《韻鏡》内轉第一開、《七音略》内轉第一重中重、《切韻指掌圖》二圖，列字爲『蓄』；《四聲等子》通攝内一重少輕多韻、《切韻指南》通攝内一，三等位列『旭』，曉母濁韻。『蓄』爲《廣韻》曉三屋小韻首字，下收有『畜』字，列字以『蓄』爲佳，《起數訣》列『畜』字亦無誤。

26（入三影）匠三屋 戫 明本列字爲『戫』，四庫本格内列兩字『戫、栯』，明本『栯』列於入四影。戫，《廣韻》於六切，《集韻》乙六切，影屋入開三通，《韻鏡》内轉第一開、《七音略》内轉第一重中重、《切韻指掌圖》二圖、《四聲等子》通攝内一重少輕多韻、《切韻指南》通攝内一偏門，影母三等位均列「郁」；「郁」爲《廣韻》影三屋小韻首字，下收有「彧」「栯」二字，列字以「郁」爲佳，《起數訣》列字亦無誤，韻圖無二字同格，四庫本可删去一字。

27（入三喻）王三屋　囿　《廣韻》《集韻》于六切，云屋入開三通；《韻鏡》内轉第一開、《七音略》内轉第一重中重、《切韻指南》通攝内一偏門，均於喻三位列「囿」；《切韻指掌圖》二圖，於喻四位列「囿」，誤；《四聲等子》空位。「囿」爲《廣韻》云三屋小韻首字，按韻圖規制，當列於三等，《起數訣》是。

28（入三半三）直三屋　孰　《廣韻》殊六切，《集韻》神六切，禪屋入開三通；當列於禪母位；本圖禪母位列「熟」字，爲《廣韻》小韻首字，下收有「孰」字。本圖列於半三。

29（入四影）匠四（屋）　栯　明本列字爲「栯」，四庫本空字。四庫本此字列於入三影，與「彧」同格。「栯」字形較小，居於格中右上角，當爲「彧」之注解字。「栯」爲影母三等字，不當列於此位，當删。

釋：

1（平三非）丙三東　風　《廣韻》方戎切，《集韻》方馮切，幫東平開三通；《韻鏡》内轉第一開、《七音略》内轉第一重中重、《切韻指掌圖》一圖，列字均爲「風」。《四聲等子》通攝内一重少輕多韻、《切韻指南》通攝内一侷門，列字爲『封』，非母鍾韻。

2（平三敷）□三東　豐　《廣韻》敷空切，《集韻》敷馮切，滂東平開三通；《韻鏡》内轉第一開、《七音略》内轉第一重中重、《切韻指掌圖》一，列字均爲『豐』；《四聲等子》通攝内一重少輕多韻，敷母鍾韻三等位列『封』，非母鍾韻，誤；《切韻指南》通攝内一侷門，敷母鍾韻三等位列『峯』，非母鍾韻。

3（平三奉）葥三東　馮　《廣韻》房戎切，《集韻》符風切，並東平開三通；《韻鏡》《七音略》《切韻指掌圖》，列字均爲『馮』；《四聲等子》通攝内一重少輕多韻、《切韻指南》通攝内一侷門，三等位列『逢』，奉母鍾韻。

4（平三微）眉三東　瞢　《廣韻》莫中切，《集韻》謨中切，明東平開三通；《韻鏡》内轉第一開、《七音略》内轉第一重中重、《切韻指掌圖》一圖列字均爲『瞢』。《四聲等子》空位；《切韻指南》通攝内一侷門，微母鍾韻三等位列『㙼』，《集韻》鳴隆切，明母鍾韻。

5（平三知）中三東　中　《廣韻》陟弓切，《集韻》陟隆切，知東平開三通；《韻鏡》内轉第一開、《七音略》内轉第一重中重、《切韻指掌圖》一圖、《四聲等子》通攝内一重少輕多韻、《切韻指南》通攝内一偏門，均列於知母三等位。

6（平三見）□三東　弓　《廣韻》居戎切，《集韻》居雄切，見東平開三通；《韻鏡》内轉第一開、《七音略》内轉第一重中重、《切韻指掌圖》一圖，列字均爲『弓』；《四聲等子》通攝内一重少輕多韻，見母鍾韻三等位列『恭』；《切韻指南》通攝内一偈門，見母列『拱』，《集韻》居容切，鍾三等字。

7（平三溪）□三東　穹　《廣韻》去宫切，《集韻》丘弓切，溪東平開三通；《韻鏡》内轉第一開、《七音略》内轉第一重中重、《切韻指掌圖》二圖、《四聲等子》通攝内一重少輕多韻，列字均爲『穹』；《切韻指南》通攝内一偈門，溪母三等位列腫韻『恐』。

8（平三群）近三東　窮　《廣韻》《集韻》渠弓切，群東平開三通；《韻鏡》内轉第一開、《七音略》内轉第一重中重、《切韻指掌圖》一圖、《四聲等子》通攝内一重少輕多韻，列字均爲『窮』；《切韻指南》通攝内一偈門，群母腫韻三等位列字爲『蛩』，群母鍾韻，誤。

9（平三章）震三東　終　《廣韻》職戎切，《集韻》之戎切，章東平開三通；《韻鏡》内轉第一開、《七音略》内轉第一重中重、《切韻指掌圖》二圖，列字均爲『終』；《四聲等子》通攝内一重少輕多韻，三等位列『鍾』，章母鍾韻；《切韻指南》通攝内一，三等位列『腫』，章母腫韻，誤。

10（平三匣）雄三東　雄　《廣韻》羽弓切，《集韻》胡弓切，匣東平開三通；《韻鏡》内轉第一開、《七音略》内轉第一重中重、《四聲等子》通攝内一重少輕多韻、《切韻指南》通攝内一偈門，列字均爲『雄』。《切韻指掌圖》二圖，匣母鍾東韻三等位列『容』，誤。

11（平三來）離三東　隆　《廣韻》力中切，《集韻》良中切，來東平開三通；《韻鏡》内轉第一開、《七音略》内轉第一重中重、《切韻指掌圖》二圖，列字均爲『隆』；《四聲等子》通攝内一重少輕多韻、《切韻指南》通攝内一，三等位列『龍』，來母鍾韻。

12 (平三日)二三東　戎　《廣韻》如融切，《集韻》而融切，日東平開三通；《韻鏡》内轉第一開、《七音略》内轉第一重中重、《切韻指掌圖》二圖，列字均爲『戎』；《四聲等子》通攝内一重少輕多韻、《切韻指南》通攝内一，三等位列『茸』，日母鍾韻。

13 (去三非)丙三送　諷　《廣韻》《集韻》方鳳切，幫送去開三通；《韻鏡》内轉第一開、《七音略》内轉第一重中重、《切韻指掌圖》二圖、《切韻指南》通攝内一偈門，列字均爲『諷』；《四聲等子》通攝内一重少輕多韻，列字爲『葑』，非母用韻。

14 (去三敷)□三送　賵　《廣韻》《集韻》撫鳳切，滂送去開三通；《韻鏡》内轉第一開、《七音略》内轉第一重中重、《切韻指掌圖》二圖，列字均爲『賵』；《四聲等子》空位，誤；《切韻指南》通攝内一，三等位列『葑』，《集韻》幫母用韻，《集韻》有『芳用切』，滂母用韻。

15 (去三奉)菁三送　鳳　《廣韻》《集韻》馮貢切，並送去開三通；《韻鏡》内轉第一開、《七音略》内轉第一重中重、《切韻指掌圖》二圖、《四聲等子》通攝内一重少輕多韻，列字均爲『鳳』；《切韻指南》通攝内一偈門，三等位列『俸』，並母用韻。

16 (去三知)中三送　中　《廣韻》《集韻》陟仲切，知送去開三通；《韻鏡》内轉第一開、《七音略》内轉第一重中重、《切韻指掌圖》二圖，列字均爲『中』；《四聲等子》通攝内一重少輕多韻、《切韻指南》通攝内一偈門，三等位列『湩』，知母用韻。

17 （去三澄）弟三送　仲　《廣韻》《集韻》直衆切，澄送去開三通；《韻鏡》内轉第一開、《七音略》内轉第一重中重、《切韻指掌圖》二圖、《四聲等子》通攝内一重少輕多韻，列字爲『仲』；《切韻指南》通攝内一偏門，三等位列『重』，澄母用韻。

18 （去三溪）□三送　焪　《廣韻》《集韻》去仲切，溪送去開三通；《韻鏡》内轉第一開、《七音略》内轉第一重中重、《切韻指掌圖》二圖、《四聲等子》通攝内一重少輕多韻，列字爲『焪』；《切韻指南》通攝内一，三等位列『恐』，溪母用韻。

19 （去三章）震三送　衆　《廣韻》《集韻》之仲切，章送去開三通；《韻鏡》内轉第一開、《七音略》内轉第一重中重、《切韻指掌圖》二圖，列字均爲『衆』；《四聲等子》通攝内一重少輕多韻、《切韻指南》通攝内一偏門，三等位列『種』，章母用韻。

20 （去三昌）尺三送　銃　《廣韻》《集韻》充仲切，昌送去開三通；《韻鏡》内轉第一開、《七音略》内轉第一重中重，穿送三去；《切韻指掌圖》二圖，穿用送三去；《四聲等子》通攝内一重少輕多韻、《切韻指南》通攝内一，三等位列『揰』，昌母用韻。

21 （入二莊）震二屋　縬　《廣韻》《集韻》側六切，莊屋入開三通；《韻鏡》内轉第一開、《七音略》内轉第一重中重、《切韻指掌圖》二圖、《四聲等子》通攝内一重少輕多韻、《切韻指南》通攝内一偏門，列字均爲『縬』。

22 （入二初）尺二屋　珿　《廣韻》《集韻》初六切，初屋入開三通；《韻鏡》内轉第一開、《七音略》内轉第一重中重、《切韻指掌圖》二圖、《四聲等子》通攝内一重少輕多韻、《切韻指南》通攝内一偈門，列字均爲『珿』。

23（入二生）星二屋　縮　《廣韻》《集韻》所六切，生屋入開三通；《韻鏡》内轉第一開、《七音略》内轉第一重中重、《切韻指掌圖》二圖、《四聲等子》通攝内一重少輕多韻、《切韻指南》通攝内一，列字均爲『縮』。

24（入三幫）丙三屋　福　《廣韻》《集韻》方六切，幫屋入開三通；《韻鏡》内轉第一開、《七音略》内轉第一重中重、《切韻指掌圖》二圖、《四聲等子》通攝内一重少輕多韻，列字均爲『福』；《切韻指南》通攝内一偈門，非母燭韻三等位列『匚』，《集韻》甫玉切，非母燭韻。

25（入三滂）□三屋　蝮　《廣韻》《集韻》芳福切，敷屋入合三通；《韻鏡》内轉第一開、《七音略》内轉第一重中重、《切韻指掌圖》二圖、《四聲等子》通攝内一重少輕多韻、《切韻指南》通攝内一偈門，列字均爲『蝮』。

26（入三微）眉三屋　目　《廣韻》《集韻》莫六切，明屋入開三通；《韻鏡》内轉第一開、《七音略》内轉第一重中重、《切韻指掌圖》二圖，列字均爲『目』。《四聲等子》空位；《切韻指南》通攝内一，燭韻三等位列『媢』，明母沃韻。

27（入三知）中三屋　竹　《廣韻》《集韻》張六切，知屋入開三通；《韻鏡》内轉第一開、《七音略》内轉第一重中重、《切韻指掌圖》二圖，列字均爲『竹』；《四聲等子》通攝内一重少輕多韻、《切韻指南》通攝内一侷門，三等位列『瘃』，知母濁韻。

28 (入三澄)弟三屋 逐 《廣韻》直六切，《集韻》仲六切，澄屋入開三通；《韻鏡》内轉第一開、《七音略》内轉第一重中重、《切韻指掌圖》二圖，澄濁屋三入；《四聲等子》通攝内一重少輕多韻、《切韻指南》通攝内一侷門，三等位列『躅』，澄母濁韻。

29 (入三見)□三屋 菊 《廣韻》《集韻》居六切，見屋入開三通；《韻鏡》内轉第一開、《七音略》内轉第一重中重、《切韻指掌圖》二圖、《四聲等子》通攝内一重少輕多韻，列字均爲『菊』；《切韻指南》通攝内一侷門，三等位列『䪅』，見母濁韻。

30 (入三疑)月三屋 砡 《廣韻》魚菊切，《集韻》逆菊切，疑屋入開三通；《韻鏡》内轉第一開、《七音略》内轉第一重中重，列字爲『砡』；《切韻指掌圖》二圖、《四聲等子》通攝内一重少輕多韻、《切韻指南》通攝内一，三等位列『玉』，疑母濁韻。

31 (入三昌)尺三屋 俶 《廣韻》《集韻》昌六切，昌屋入開三通；《韻鏡》内轉第一開、《七音略》内轉第一重中重、《切韻指掌圖》二圖，列字均爲『俶』；《四聲等子》通攝内一重少輕多韻，三等位列『觸』，昌母濁韻；《切韻指南》通攝内一侷門，三等位列『娖』，初母覺韻。

32 (入三書)星三屋 叔 《廣韻》《集韻》式竹切，書屋入開三通；《韻鏡》内轉第一開、《七音略》内轉第一重中重、《切韻指掌圖》二圖，列字均爲『叔』；《四聲等子》通攝内一重少輕多韻、《切韻指南》通攝内一侷門，三等位列『束』，書母濁韻。

33（入三來）離三屋　六　《廣韻》《集韻》力竹切，來屋入開三通；《韻鏡》內轉第一開、《七音略》內轉第一重中重、《切韻指掌圖》二圖，列字均爲『六』；《四聲等子》通攝內一重少輕多韻、《切韻指南》通攝內一，三等位列『録』，來母燭韻。

34（入三日）二三屋　肉　《廣韻》如六切，《集韻》而六切，日屋入開三通；《韻鏡》內轉第一開、《七音略》內轉第一重中重、《切韻指掌圖》二圖，列字均爲『肉』；《四聲等子》通攝內一重少輕多韻，三等位列『褥』，日母燭韻；《切韻指南》通攝內一偈門，三等位列『辱』，日母燭韻。

上標	1	2	3	4	5	6	7	8	9	10	11	12	13	14	15	16	17
蹇十	石															熟	
蹇十一	口			殼								趨				畜	
蹇二	雄			雄													
蹇七	匠			硝												械	楠
蹇三	王															圁	
井七	禹			隆												六	
井十	二			戎												肉	
坎十一	直			崇												孰	
	收	音	清														
		冬（[illegible]本）		鍾（[illegible]本）	鍾	董		腫	腫（[illegible]本）	宋		用（[illegible]本）	用	沃	濁	濁	濁
坎四	口														裸		

坎二	井一	坎一	比一	比七	井六	坎六	比六	坎三	井五	坎五
仰	乾	立	九	女	田	天	帝	美	平	品
		硿	攻	農	彤	炵	冬		蓬	
				⿰歹農			潼	鵠		
				癑		統	潼	雱		
擢		酷	梏	褥	毒		篤	瑁	僕	等

比八	足	宗			縱				[illegible]	綜			縱	慽			足
坎八	宗				樅				衳								促
井八	全	賨			從								從	宋			
比十	手	鬆			忪				竦	宋				風			粟
蹇九	象				松								頌				續
比二	香	[illegible]												熇			
比四	口	碚								碚				鵠			丶
比三	乙								勇					浂			
比四	口				各								用				欲
坎七	呂	[illegible]								[illegible]				濼			
坎十	耳																

井十二　坤五　謙三　謙五　外三　比四　謙六　謙七

第三圖　收音清

衣

閒音清

韻	卜	口	步	目	■	■	光	内
冬								
鍾（髼）	封	夆	逢	艂		蹱	重	醲
鍾						衝		
腫（[illegible]）	覂	捧	奉		冢	寵	重	[illegible]
腫								
宋								
用（[illegible]）	葑	葑	奉	艨	湩	踵	重	[illegible]
用								
沃								
燭								
燭（[illegible]）	[illegible]		幞	媢	瘃	梀	躅	傉
燭								

第三圖　收音清

本圖拆分《韻鏡》内轉第二開合，取一、四等字。本圖聲母列字：幫、匣、喻母處明本用「□」，四庫本空格；清母位明本用「宗」，四庫本用「七」；韻目入二三四等，明本用「濁」，四庫本用「燭」。

校注：

1（平一並）平一冬　蓬　《廣韻》薄紅切，《集韻》蒲蒙切，並東平開一通；「蓬」爲東一等字，《韻鏡》内轉第一開、《七音略》内轉第一重中重，均列於東一並母位；《切韻指掌圖》二圖、《四聲等子》通攝内一重少輕多韻、《切韻指南》通攝内一侷門，均於並母位列「蓬」。《廣韻》《集韻》冬一並母均無字，且「蓬」字已列於第一圖開音清，《起數訣》列「蓬」字誤，當校删。

2（平一端）帝一冬　冬　《廣韻》《集韻》都宗切，端冬平開一通；《韻鏡》内轉第二開合，列字爲「冬」；《七音略》空位；《切韻指掌圖》《四聲等子》《切韻指南》平一端母位均列「東」，端母東韻。「冬」爲《廣韻》《集韻》冬一端母位小韻首字，《七音略》空位誤，當補。《起數訣》是。

3（平一透）天一冬　炵　《廣韻》《集韻》他冬切，透冬平開一通；《韻鏡》内轉第二開合，列字爲『炵』；《七音略》空位；《切韻指掌圖》《四聲等子》《切韻指南》平一透母位均列『通』，透母東韻。『炵』爲《廣韻》《集韻》冬一透母位小韻首字，《七音略》空位誤，當補。《起數訣》是。

4（平一定）田一冬　彤　明本列字爲『彤』，四庫本列字爲『彤』，四庫本顯係『彤』字形訛。彤，《廣韻》《集韻》徒冬切，定冬平開一通；《韻鏡》内轉第二開合，定母位列字爲『彤』；《七音略》《切韻指南》未收；《切韻指掌圖》《四聲等子》定母位列東一等字『同』。『彤』爲《廣韻》冬一見母位小韻首字，《七音略》空位誤，《起數訣》明本是，四庫本列字形誤，當校改爲『彤』。

5（平一泥）女一冬　農　《廣韻》《集韻》奴冬切，泥冬平開一通；《韻鏡》内轉第二開合，《切韻指掌圖》《四聲等子》，列字爲『農』；《七音略》空位；《切韻指南》平一泥母位列『齈』，《康熙字典》記：『《集韻》奴冬切，音農。』泥母冬韻。『農』爲《廣韻》《集韻》冬一泥母位小韻首字，《七音略》空位誤，當補。《起數訣》是。

6（平一見）九一冬　攻　《廣韻》古冬切，《集韻》沽紅切，見冬平開一通；《韻鏡》内轉第二開合，列字爲『攻』；《七音略》空位；《切韻指掌圖》《四聲等子》《切韻指南》平一見母位均列『公』，見母東韻。『攻』爲《廣韻》《集韻》冬一見母位小韻首字，《七音略》空位誤，當補。《起數訣》是。

7（平一溪）丘一冬　硿　《廣韻》户冬切，匣冬開一平通；《集韻》酷攻切，溪冬開一平通；《康熙字典》記：『《廣韻》户冬切，音洚。硿礲，石落聲。又《集韻》丘弓切，音穹。』户冬切，爲匣母冬韻；丘弓切，爲溪母東三等字；二音切均不適於此位。《韻鏡》《七音略》溪母冬韻均空位；《切韻指掌圖》《四聲等子》《切韻指南》均列東一等字『空』。《起數訣》『硿』列於冬韻溪母位，從《集韻》，亦無誤。

8（平一清）七一冬　○　《廣韻》《集韻》冬一等均無清母字；《韻鏡》内轉第二開合，清母位列字爲『驄』；《七音略》内轉第二輕中輕，清母冬韻一等位列字爲『聰』；『驄』『聰』二字，均爲倉紅切，清東一等字，不當列於冬韻。《切韻指掌圖》《四聲等子》《切韻指南》爲合韻韻圖，均列東一等字。《韻鏡》《七音略》列字錯誤，《起數訣》從韻書，空位是。

9（平一曉）香一冬　礲　《廣韻》力冬切，來冬開一平通；《集韻》良中切，來東開三平通。《康熙字典》記：『《集韻》《正韻》良中切，音隆。硿礲，石落聲。又《廣韻》力冬切，《韻會》盧冬切，音籠。又《集韻》魯宋切，音弄。義同。』均爲來母，不當列於此位。《韻鏡》《七音略》曉冬位空位；《切韻指掌圖》《四聲等子》《切韻指南》列東一等字『烘』。『礲』無曉母音，《廣韻》《集韻》冬一曉無字。《起數訣》列『礲』字誤，當校删。

10（平一匣）□一冬　硿　《廣韻》户冬切，匣冬平開一通；《集韻》酷攻切，溪冬開一平通。《韻鏡》内轉第二開合，列字爲『䃔』；《七音略》内轉第二輕中輕，匣母冬韻一等位列『𩗴』；《切韻指掌圖》《四聲等子》《切韻指南》列東一等字『洪』。『䃔』爲《廣韻》冬一匣位小韻首字，下收有『𩗴』字，《起數訣》是。

11（平四精）足四鍾　縱　《廣韻》即容切，《集韻》將容切，精鍾平開三通；《韻鏡》内轉第二開合、《切韻指南》通攝内一侷門，列字爲『縱』；《七音略》内轉第二輕中輕、《切韻指掌圖》二圖，列字爲『蹤』；《四聲等子》空位。『縱』爲《廣韻》鍾三精母位小韻首字，下收有『蹤』字，《起數訣》是。

12（平四心）手四鍾　蜙　《廣韻》息恭切，《集韻》思恭切，心鍾平開三通；《韻鏡》内轉第二開合、《七音略》内轉第二輕中輕，列字爲『淞』；《切韻指掌圖》二圖，心母鍾韻位列『嵩』，心母東三等字；《四聲等子》空位，誤；《切韻指南》通攝内一侷門，列字爲『蜙』。『蜙』爲《廣韻》鍾三心位小韻首字，下收有『淞』字，列字以『蜙』爲佳，《起數訣》是。

13（平四喻）□四鍾　容　明本列字爲『容』，四庫本空位。容，《廣韻》《集韻》鍾三精母位有『容，餘封切』；《韻鏡》内轉第二開合，喻三位列『容』，喻四位列『庸』，誤；《七音略》内轉第二輕中輕、《切韻指南》通攝内一侷門，喻四位列『容』；《切韻指掌圖》二圖，喻四位列『融』，以母東三等字；《四聲等子》空位，誤。『容』爲《廣韻》以母位小韻首字，下收有『庸』字，按韻圖規制當列於四等。《起數訣》四庫本空位誤，當校補『容』。明本是。

14《起數訣》上聲一等標目爲『董』，董韻已於第一圖開音清列出，不應重出，此處當改爲『腫』韻。

15（上一明）美一董　䲲　《廣韻》莫湩切，《集韻》母湩切，明腫上開一通；《韻鏡》空位；《七音略》内轉第二輕中輕、《切韻指掌圖》二圖，明腫位列字爲『䲲』；《四聲等子》《切韻指南》明母位列字爲『朦』，明母董韻。『䲲』爲《廣韻》腫一明母位小韻首字，《起數訣》誤，當删。

16（上一端）帝一董　湩　《廣韻》《集韻》都䲲切，端腫上開一通；《韻鏡》空位；《七音略》内轉第二輕中輕，列字爲『湩』；《切韻指掌圖》《四聲等子》《切韻指南》端母一等位列『董』，端母董韻。『湩』爲《廣韻》腫一端母位小韻首字，《韻鏡》空位誤，《起數訣》是。

17（上一透）天一董　○　《廣韻》《集韻》腫一透母位無字；《韻鏡》空位；《七音略》内轉第二輕中輕，列字爲『統』，《廣韻》《集韻》他綜切，透母宋韻，不當列於此位；《切韻指掌圖》《四聲等子》透母位列字爲『桶』，透母董韻；《切韻指南》列字爲『侗』，透母董韻。《起數訣》依韻書，空位是。

18（上一泥）女一董　䳖　《廣韻》奴動切，泥董開一上通；《集韻》乃湩切，泥腫上合一通。《韻鏡》未收；《七音略》内轉第二輕中輕，列字爲『䳖』；《切韻指掌圖》《四聲等子》《切韻指南》透母上聲位，列字均爲『䳖』；『䳖』字，依《廣韻》當列於董泥母位，《韻鏡》從《廣韻》空位；依《集韻》可列於腫韻泥母位，可列於此位，《七音略》從《集韻》；另三圖爲合韻韻圖，均可。

《起數訣》從《廣韻》是。

19（上四精）足四腫　縱　《廣韻》子冢切，《集韻》足勇切，精腫上合三通；《韻鏡》内轉第二開合，列字爲「縱」；《七音略》内轉第二輕中輕，列字爲「樅」，精母鍾韻、清母鍾韻，當爲「縱」形訛；《切韻指掌圖》《切韻指南》精母上聲四等位，列字均爲「縱」；《四聲等子》空位。「縱」爲《廣韻》腫三精母位小韻首字，按韻圖規制當列爲四等，《起數訣》是。

20（上四清）七四腫　衳　明本列字爲「衳」，四庫本列字爲「松」。衳，《康熙字典》記：「《唐韻》職容切，《集韻》諸容切，音鍾。《玉篇》小褌也。《博雅》衳、襣，褌也。又《集韻》取勇切，音喠。義同。又《類篇》帙也。或作𧝎。《玉篇》又作𧞊。」此記《集韻》取勇切，清母腫韻。松，《廣韻》《集韻》祥容切，邪鍾平開三通。《韻鏡》内轉第二開合，列字爲「倯」，《廣韻》息恭切，心母鍾韻，誤；《七音略》内轉第二輕中輕，列字爲「𠹐」；《切韻指掌圖》二圖，列字爲「𢅤」；《切韻指南》清母腫韻四等位列字爲「幒」，《康熙字典》記：「《玉篇》同𢅤。」「幒」《廣韻》職勇切，章母腫韻，下收有「𢅤」字，注「上同，又取勇切」，則爲清母腫韻，「𠹐」爲其形訛。「𢅤」《集韻》取勇切，下收有「衳」字，《起數訣》明本是，四庫本形訛，當校改爲「衳」字。

21（上四心）手四腫　悚　《廣韻》《集韻》均未收；《廣韻》《集韻》腫三心母位有「悚，息拱切」，當爲此字形訛。《韻鏡》内轉第二開合、《七音略》内轉第二輕中輕、《切韻指掌圖》二圖、《切韻指南》通攝内一侷門，心母腫韻三等位列「悚」；《四聲等子》空位。「悚」爲《廣韻》腫三心母位小韻首字，《起數訣》形訛，當校改爲『悚』。

22 (上四影)乙四腫　勇　《廣韻》余隴切，《集韻》尹竦切，以腫上開三通；《韻鏡》内轉第二開合，列字爲『甬』；《七音略》内轉第二輕中輕，列字爲『悀』；《切韻指掌圖》二圖、《切韻指南》通攝内一侷門，喻腫位列字爲『勇』；《四聲等子》空位。『勇』爲《廣韻》腫三以母位小韻首字，下收有『甬』『悀』二字，不當列於影母位，《起數訣》誤，當删。

23 (去一明)美一宋　雺　《廣韻》莫綜切，《集韻》莫宋切，明宋去開一通；《韻鏡》内轉第二開合，列字爲『雺』；《七音略》内轉第二輕中輕，列字爲『霧』，《廣韻》莫弄切，明母送韻；《切韻指掌圖》《切韻指南》明母去一位列字爲『幏』、《四聲等子》明母去一位列字爲『幪』，均爲『莫弄切』，明母送韻。《七音略》於宋韻位列送韻字，誤。『雺』爲《廣韻》宋一明母位小韻首字，《起數訣》是。

24 (去一端)帝一宋　湩　《廣韻》《集韻》多貢切，端送去開一通；《韻鏡》内轉第二開合，列字爲『湩』；《七音略》内轉第二輕中輕，列字爲『緟』，不知何據，誤；《切韻指掌圖》《四聲等子》《切韻指南》去一端列字爲『涷』，端母送韻。『涷』爲《廣韻》《集韻》送一端母位小韻首字，下收有『湩』字，《起數訣》亦無誤。

25 (去一泥)女一宋　癑　明本列字爲『癑』，四庫本列字爲『𤢊』。癑，《廣韻》奴凍切，泥送去開一通；《集韻》奴宋切，泥宋去開一通；依《廣韻》不應列於此位，依《集韻》可列於此位。𤢊，

《康熙字典》記：『《廣韻》《集韻》奴冬切，音農。』不當列於去聲位。《韻鏡》空位；《七音略》内轉第二輕中輕，列字爲『癑』；《切韻指掌圖》《四聲等子》《切韻指南》去一泥位列字爲『齈』，泥母送韻。『癑』爲《集韻》送一泥母位小韻首字，《起數訣》從《集韻》。《起數訣》明本是，四庫本列字誤，當校改爲『癑』。

26（去一精）足一宋　綜　明本列字爲『綜』，四庫本空位。『綜』，《廣韻》《集韻》宋韻精母一等位有『綜，子宋切』。《韻鏡》内轉第二開合、《七音略》内轉第二輕中輕，宋韻心母列字爲『綜』；《切韻指掌圖》列字爲『粽』，《四聲等子》《切韻指南》列字爲『糉』，『粽』『糉』爲異體字，精母送韻。『綜』爲《廣韻》宋韻心母位小韻首字，四庫本空位誤，當校補『綜』字。明本是。

27（去一匣）□一宋　䃔　《廣韻》乎宋切，匣宋去開一通；《集韻》未收；《康熙字典》記：『《廣韻》户冬切，音洚。䃔礲，石落聲。又《集韻》丘弓切，音穹。又胡宋切，音㖮。義同。』所記《集韻》亦有匣母宋韻音。《韻鏡》内轉第二開合、《七音略》内轉第二輕中輕，列字爲『喧』；《切韻指掌圖》列字爲『閧』，《四聲等子》《切韻指南》列字爲『哄』，均爲匣母送韻。『䃔』爲《廣韻》宋韻匣母位小韻首字，《起數訣》是。

28（去一來）吕一宋　礲　《廣韻》未收；《集韻》魯宋切，來宋去開一通；《康熙字典》記：『《集韻》《正韻》良中切，音隆。䃔礲，石落聲。《韓愈詩》投奔鬧䃔礲。又《廣韻》力冬切，《韻會》

盧冬切，音籠。又《集韻》魯宋切，音弄。義同。』所記《集韻》可列於此位。《韻鏡》空位；《七音略》内轉第二輕中輕，來母宋韻位列『隆』，誤，當改爲『礱』；《切韻指掌圖》《四聲等子》《切韻指南》去一來母位列字爲『弄』，來母送韻。《起數訣》依《集韻》，列『礱』字無誤。

29 （去四影）乙四用 ○ 明本空位，四庫本列字爲『渶』。《廣韻》《集韻》用三影母位有字『雍，於用切』，按韻圖規制當列於三等，且在《起數訣》第四圖開音濁内列於三等影母位。諸家韻圖，影母四等位均無字。此字當爲『渶』字誤。『渶』，《廣韻》烏酷切，影沃入開一通；在『沃』字下，注：『灌也。《説文》作渶，又姓。』當列於影母沃韻一等位。韻圖抄寫時串格，誤將當入一影母位字，列於去四影母位。《起數訣》明本空位是，四庫本誤，當校删。

30 （入一滂）品一沃 蒪 《廣韻》匹各切，滂鐸入開一通；《集韻》匹沃切，滂沃入開一通；依《廣韻》不當列於此位，依《集韻》可列於此位。《韻鏡》内轉第二開合，沃一滂位列字爲『蒪』；《七音略》内轉第二輕中輕，沃一滂位列字爲『蕌』，《廣韻》方六切，非母屋韻，誤，當爲『蒪』字；《切韻指掌圖》《四聲等子》《切韻指南》入一滂位均列『扑』字，滂母屋韻。《起數訣》從《集韻》，列『蒪』字亦無誤，同《韻鏡》。

31 （入一透）天一沃 ○ 《廣韻》無沃一透母字，《集韻》有『儥，地篤反』，應爲『他篤反』，則爲透母沃韻。《韻鏡》空位；《七音略》内轉第二輕中輕，沃一透位列字爲『儥』，《廣韻》余六切，以母屋韻，徒谷切，定母屋韻，均不適於此位，依《集韻》列字；《切韻指掌圖》《四聲等子》《切韻指南》入一透位均列『秃』字，透母屋韻。《起數訣》依《廣韻》，空位亦無誤。

32 (入一見)九一沃　梏　《廣韻》古沃切，《集韻》姑沃切，見沃入開一通；《韻鏡》内轉第二開合，列字爲『捁』，當爲『梏』字誤；《七音略》内轉第二輕中輕，列字爲『梏』；《切韻指掌圖》《四聲等子》《切韻指南》入一見位列字爲『穀』，見母屋韻。『梏』爲《廣韻》沃一見母位小韻首字，《韻鏡》列字誤，《起數訣》是。

33 (入一疑)仰一沃　攉　《廣韻》五沃切，《集韻》吾沃切，疑沃入開一通；《韻鏡》内轉第二開合、《切韻指掌圖》二圖、《四聲等子》《切韻指南》列字均爲『攉』；《七音略》空位。『攉』爲《廣韻》沃一疑母位小韻首字，《七音略》空位誤，《起數訣》是。

34 (入一從)全一沃　宗　《廣韻》沃一從位無字；《集韻》有『宗，才竺切』；《韻鏡》空位；《七音略》内轉第二輕中輕，列字爲『宗』；《切韻指掌圖》《四聲等子》《切韻指南》入一從母位，列字爲『族』，從母屋韻。《起數訣》從《集韻》，亦無誤。

35 (入一心)手一沃　夙　《廣韻》息逐切，《集韻》息六切，心屋入開三通；不當列於沃韻。《韻鏡》内轉第二開合、《七音略》内轉第二輕中輕，列字爲『洬』；《切韻指掌圖》《四聲等子》《切韻指南》入一心母位列字均爲『速』，心母屋韻。『洬』爲《廣韻》沃一心母位小韻首字，當列於此位。《起數訣》列『夙』字誤，當校改爲『洬』。

36 (入一影)乙一沃　渶　明本列字爲『渶』，四庫本列字爲『洪』。『渶』，《廣韻》烏酷切，影沃入開一通；『洪』，《廣韻》户公切，匣東開一平通，不應列於入聲位。《廣韻》沃一影位有『沃，烏酷切』。《韻鏡》内轉第二開合、《七音略》内轉第二輕中輕，影母沃韻列字爲『沃』；其他韻圖列影母屋韻『屋』字。《起數訣》明本是，四庫本列『洪』字，當爲『沃』形訛，當校改爲『沃』。

37（入四喻）□四濁（燭）　欲　《廣韻》余蜀切，《集韻》俞玉切，以燭入開一通；《韻鏡》内轉第二開合、《切韻指南》通攝内一侷門，喻三位列『欲』字，喻四位空位；《七音略》内轉第二輕中輕，喻四位列『欲』字；《切韻指掌圖》入四喻母位列字爲『育』，以母屋韻；《四聲等子》空位。『欲』爲《廣韻》沃韻以母位小韻首字，按韻圖規制當列於四等，《韻鏡》列於三等誤，《起數訣》是。

釋：

1（平一精）足一冬　宗　《廣韻》作宗切，《集韻》祖賨切，精冬平開一通；《韻鏡》内轉第二開合、《七音略》内轉第二輕中輕，列字均爲『宗』；《切韻指掌圖》《切韻指南》平一精位列字爲『嵏』；《四聲等子》平一精位列字爲『椶』，均爲精母冬韻。

2（平一從）全一冬　賨　《廣韻》藏宗切，《集韻》徂宗切，從冬平開一通；《韻鏡》内轉第二開合、《七音略》内轉第二輕中輕，列字爲『賨』；《切韻指掌圖》《四聲等子》《切韻指南》平一精母位，列字均爲『叢』，從母東韻。

3 （平一心）手一冬　鬆　《廣韻》私宗切，《集韻》蘇宗切，心冬平開一通；《韻鏡》内轉第二開合、《七音略》内轉第二輕中輕，列字爲『鬆』；《切韻指掌圖》《四聲等子》《切韻指南》平一心母位，列字均爲『檧』，心母東韻。

4 （平一來）吕一冬　䃧　《廣韻》力冬切，《集韻》盧冬切，來冬平開一通；《韻鏡》内轉第二開合、《七音略》内轉第二輕中輕，列字爲『䃧』；《切韻指掌圖》《四聲等子》《切韻指南》平一來母位，列字均爲『籠』，來母東韻。

5 （平四清）宗四鐘　樅　《廣韻》《集韻》七恭切，清鍾平開三通；《韻鏡》内轉第二開合、《七音略》内轉第二輕中輕、《切韻指掌圖》二圖、《切韻指南》通攝内一侷門，列字均爲『樅』；《四聲等子》空位，誤。

6 （平四從）全四鐘　從　《廣韻》疾容切，《集韻》牆容切，從鍾平開三通；《韻鏡》内轉第二開合、《七音略》内轉第二輕中輕、《切韻指掌圖》二圖、《切韻指南》通攝内一侷門，列字均爲『從』；《四聲等子》空位，誤。

7 （平四邪）象四鐘　松　《廣韻》《集韻》詳容切，邪鍾平開三通；《韻鏡》内轉第二開合、《七音略》内轉第二輕中輕、《切韻指掌圖》二圖、《切韻指南》通攝内一侷門，列字均爲『松』；《四聲等子》空位，誤。

8 （去一透）天一宋　統　《廣韻》《集韻》他綜切，透宋去開一通；《韻鏡》内轉第二開合、《七音略》内轉第二輕中輕，列字爲「統」；《切韻指掌圖》《四聲等子》《切韻指南》去一透位列字爲「痛」，透母送韻。

9 （去一心）手一宋　宋　《廣韻》蘇統切，《集韻》蘇綜切，心宋去開一通；《韻鏡》内轉第二開合、《七音略》内轉第二輕中輕，列字爲「宋」；《切韻指掌圖》《四聲等子》《切韻指南》去一心位列字爲「送」，心母送韻。

10 （去四精）足四用　縱　《廣韻》子用切，《集韻》足用切，精用去開三通；《韻鏡》内轉第二開合、《七音略》内轉第二輕中輕、《切韻指掌圖》二圖、《切韻指南》通攝内一侷門，去四精母位列字均爲「縱」；《四聲等子》空位，誤。

11 （去四從）全四用　從　《廣韻》疾用切，《集韻》才用切，從用去開三通；《韻鏡》内轉第二開合、《七音略》内轉第二輕中輕、《切韻指掌圖》二圖、《切韻指南》通攝内一侷門，去四從母位列字均爲「從」；《四聲等子》空位，誤。

12 （去四邪）象四用　頌　《廣韻》《集韻》似用切，邪用去開三通；《韻鏡》内轉第二開合、《七音略》内轉第二輕中輕、《切韻指南》通攝内一侷門，去四邪母位列字均爲「頌」；《切韻指掌圖》二圖，去四邪母位列字爲「誦」，邪母用韻；《四聲等子》空位，誤。

13 （去四喻）□四用　用　《廣韻》《集韻》余頌切，以用去開三通；《韻鏡》内轉第二開合、《七音略》内轉第三輕中輕、《切韻指掌圖》二圖、《切韻指南》通攝内一侷門，去四喻母位列字均爲『用』；《四聲等子》空位，誤。

14（入一幫）□一沃　襮　《廣韻》博沃切，《集韻》逋沃切，幫沃入開一通；《韻鏡》内轉第二開合、《七音略》内轉第三輕中輕，列字爲『襮』；《切韻指掌圖》《四聲等子》《切韻指南》入一幫位列字爲『卜』，幫母屋韻。

15（入一並）平一沃　僕　《廣韻》蒲沃切，《集韻》步沃切，並沃入開一通；《韻鏡》内轉第二開合、《七音略》内轉第三輕中輕，列字爲『僕』；《切韻指掌圖》入一並位列字爲『瀑』；《四聲等子》《切韻指南》入一並位列字爲『暴』，並母屋韻。

16（入一明）美一沃　瑁　《廣韻》莫沃切，《集韻》謨沃切，明沃入開一通；《韻鏡》内轉第二開合、《七音略》内轉第三輕中輕，列字爲『瑁』；《切韻指掌圖》《四聲等子》《切韻指南》入一明位列字均爲『木』，明母屋韻。

17（入一端）帝一沃　篤　《廣韻》冬毒切，《集韻》都毒切，端沃入開一通；《韻鏡》内轉第二開合、《七音略》内轉第二輕中輕，列字爲『篤』；《切韻指掌圖》《四聲等子》《切韻指南》入一端位列字均爲『豰』，端母屋韻。

18（入一定）田一沃　毒　《廣韻》《集韻》徒沃切，定沃入開一通；《韻鏡》内轉第二開合、《七音略》内轉第二輕中輕，列字爲『毒』；《切韻指掌圖》《四聲等子》《切韻指南》入一定位列字均爲『獨』，定母屋韻。

19（入一泥）女一沃　褥　《廣韻》内沃切，《集韻》奴沃切，泥沃入開一通；《韻鏡》内轉第二開合、《七音略》内轉第二輕中輕，列字爲『褥』；《切韻指掌圖》空位；《四聲等子》《切韻指南》入一泥位列字爲『耨』，泥母沃韻。

20（入一溪）丘一沃　酷　《廣韻》苦沃切，《集韻》枯沃切，溪沃入開一通；《韻鏡》内轉第二開合、《七音略》内轉第二輕中輕，列字爲『酷』；《切韻指掌圖》《四聲等子》《切韻指南》入一溪位列字爲『哭』，溪母屋韻。

21（入一精）足一沃　傶　《廣韻》將毒切，《集韻》相毒切，精沃入開一通；《韻鏡》内轉第二開合、《七音略》内轉第二輕中輕，列字爲『傶』；《切韻指掌圖》《四聲等子》《切韻指南》入一精位列字爲『鏃』，精母屋韻。

22（入一曉）香一沃　熇　《廣韻》火酷切，《集韻》呼酷切，曉沃入開一通；《韻鏡》内轉第二開合、《七音略》内轉第二輕中輕，列字爲『熇』；《切韻指掌圖》《四聲等子》《切韻指南》入一曉位列字爲『縠』，曉母屋韻。

23（入一匣）□一沃　鵠　《廣韻》《集韻》胡沃切，匣沃入開一通；《韻鏡》内轉第二開合、《七音略》内轉第二輕中輕，列字爲『鵠』；《切韻指掌圖》《四聲等子》《切韻指南》入一曉位列字爲『縠』，匣母屋韻。

24（入一來）吕一沃　濼　《廣韻》盧毒切，《集韻》盧督切，來沃入開一通；《韻鏡》内轉第二開合、《七音略》内轉第二輕中輕，列字爲「濼」；《切韻指掌圖》《四聲等子》《切韻指南》入一來位列字爲「禄」，來母屋韻。

25（入四精）足四濁　足　《廣韻》即玉切，《集韻》縱玉切，精燭入開三通；《韻鏡》内轉第二開合、《七音略》内轉第二輕中輕、《切韻指掌圖》二圖、《切韻指南》通攝内一偈門，列字均爲「足」；《四聲等子》空位，誤。

26（入四清）宗四濁　促　《廣韻》七玉切，《集韻》趨玉切，清燭入開三通；《韻鏡》内轉第二開合、《七音略》内轉第二輕中輕、《切韻指南》通攝内一偈門，列字爲「促」；《切韻指掌圖》二圖，入四清位列字爲「趗」，清母屋韻；《四聲等子》空位，誤。

27（入四心）手四濁　粟　《廣韻》相玉切，《集韻》須玉切，心燭入開三通；《韻鏡》内轉第二開合、《七音略》内轉第二輕中輕、《切韻指南》通攝内一偈門，列字爲「粟」；《切韻指掌圖》二圖，入四心位列字爲「肅」，心母屋韻；《四聲等子》空位，誤。

28（入四邪）象四濁　續　《廣韻》似足切，《集韻》松玉切，邪燭入開三通；《韻鏡》内轉第二開合、《七音略》内轉第二輕中輕、《切韻指掌圖》二圖、《切韻指南》通攝内一偈門，列字爲「續」；《四聲等子》空位，誤。

	平		上			去			入		
井十一 辰											
開音清											
冬	鍾	鍾	腫	腫	宋	用	用	沃	燭	燭	燭
坤五 卜	封		覂			葑			轐		
謙三 口	峯		捧			葑					
謙五 步	逢		奉			奉			幞		
升三 目	艂					[illegible]			媢		
比四 ■			冢			潼			瘃		
■	鍾	衝	寵			踵			梀		
謙六 光	重		重			重			躅		
謙七 内	醲		[illegible]			[illegible]			傉		

謙二	謙四	蹇二	坤九		比十一	比十二	升二	坎四	坎四	坎四
黄	父	■	思	口	■	■	吾	口	口	口
								美下	美下	美下
	曾	鏞	舂		衝	鍾	顒	蛩	銎	桊
	洶	瘇			𩀡	腫		栗	恐	栱
					揰	種		共	恐	供
			數	麄	娖					
	旭	蜀	束		觸	燭	玉	局	曲	拲

謳八 升七 坂十 剝四 盡五 豕三

自	口	鹿	■	■	發音清		法	剁	排	馬
邕		龍	茸		雘二	江	邦	胮	龐	庞
					恍二	講	綁	㩧	棒	[illegible]
擁		隴	冗							
					怪二	絳		胖		[illegible]
雍		贚	[illegible]							
					妹二	覺	剝	朴	雹	邈
		録	辱	鐲						

第四圖　開音濁

本圖列冬宋沃、鍾腫用燭韻字，係拆分《韻鏡》内轉第二開合，取列二三等位字。平聲四等有一列字，不合《起數訣》一般列圖規則。聲母滂、見、溪、群、船、云母處列「□」；章、昌、禪、日、半三母處列「■」。見、溪、群母下一等格内均有小字標「美下」二字。

校注：

1　（平三敷）□三鍾　峯　《廣韻》《集韻》敷容切，滂鍾平開三通；《韻鏡》内轉第二開合、《切韻指南》通攝内一偏門，列字均爲「峯」；《七音略》内轉第二輕中輕，列字爲「峰」，「峯」「峰」二字爲異體字；《切韻指掌圖》二圖，敷母鍾東韻列字爲「豐」，敷母東韻；《四聲等子》通攝内一重少輕多韻，敷母鍾韻位列「封」，誤。「峯」爲《廣韻》《集韻》鍾三敷母位小韻首字；《七音略》列異體字無誤，《起數訣》是。

2　（平三微）目三鍾　犛　《廣韻》未收；《集韻》鳴龍切，明鍾平開三通；《韻鏡》《七音略》《四聲等子》空位；《切韻指南》通攝内一偏門，列字爲「犛」。《切韻指掌圖》二圖，微母位空位，明母位列字爲『曹』，明母東韻。《起數訣》從《集韻》，列於此位無誤。

3　(平三徹)■三鍾　踵　《廣韻》之隴切，《集韻》主勇切，章腫上開三通；不當列於此位，此字當爲『蹱』字誤。蹱，《廣韻》丑凶切，《集韻》癡凶切，徹鍾平開三通。《韻鏡》內轉第二開合，列字爲『傭』；《七音略》內轉第二輕中輕、《切韻指南》通攝內一偈門，列字爲『蹱』；《切韻指掌圖》二圖、《四聲等子》通攝內一重少輕多韻，徹母鍾韻位列『忡』，徹母東韻。『蹱』爲《廣韻》鍾三徹母位小韻首字，下收有『傭』字。《起數訣》列『踵』字，爲『蹱』字形訛，當校改爲『蹱』。

4　(平三見)□三鍾　栱　明本列字爲『栱』，四庫本列字爲『恭』，明本顯係書寫誤。恭，《廣韻》九容切，《集韻》居容切，見鍾平開三通；《韻鏡》內轉第二開合、《七音略》內轉第二輕中輕、《四聲等子》通攝內一重少輕多韻、《切韻指南》通攝內一偈門，見鍾三平列字爲『恭』；《切韻指掌圖》二圖，見母鍾東韻位列『弓』，見母東韻。『恭』爲《廣韻》鍾三見母位小韻首字，《起數訣》明本誤，當校改爲『恭』，四庫本是。

5　(平三曉)父三鍾　胷　《廣韻》許容切，《集韻》虛容切，曉鍾平開三通；《韻鏡》內轉第二開合、《七音略》內轉第二輕中輕，列字爲『匈』；《切韻指掌圖》二圖、《四聲等子》通攝內一重少輕多韻，鍾三曉列字爲『𦙄』；《切韻指南》通攝內一偈門，列字爲『胷』。『胷』爲《廣韻》鍾三曉位小韻首字，注亦作『匈』『𦙄』，列字以『胷』爲佳，《起數訣》是。

6（平三云）□三鍾　○　《廣韻》《集韻》鍾三等均無云母字。《韻鏡》列字爲『容』，以母鍾韻，當列於四等，誤；《七音略》《切韻指掌圖》《四聲等子》《切韻指南》空位；《韻鏡》誤，《起數訣》從韻書，空位是。

7（平四徹）■四鍾　衝　《廣韻》尺容切，《集韻》昌容切，昌鍾三平開通；不當列於此位，已列入本圖昌母位。《廣韻》《集韻》鍾韻無透母字。諸家韻圖腫韻平四透母均空位，《起數訣》列『衝』字誤，當校删。

8（上三敷）□三腫　捧　明本列字爲『捧』，四庫本列字爲『棒』。『捧』，《廣韻》敷奉切，《集韻》撫勇切，滂腫三上開通；《韻鏡》内轉第二開合、《七音略》内轉第二輕中輕、《切韻指掌圖》二圖、《四聲等子》通攝内一重少輕多韻、《切韻指南》通攝内一偏門，列字均爲『捧』。『棒』，《廣韻》步項切，並母講韻。『捧』爲《廣韻》腫三滂母位小韻首字，當列於此位，《起數訣》四庫本誤，當校改爲『捧』。明本列字是。

9（上三娘）内三腫　⿰多農　《廣韻》奴動切，泥董上開一通；《集韻》乃湩切，泥腫一上開通；依《廣韻》不當列於此位，已列於第一圖開音清，依《集韻》亦不當列於此位。《韻鏡》空位；《七音略》内轉第二輕中輕，列於泥母腫韻一等，娘母空位；《切韻指掌圖》二圖、《四聲等子》通攝内一重少輕多韻、《切韻指南》通攝内一偏門，列於泥母董韻，娘母空位。《起數訣》誤，當校删。

10（上三群）□三腫　梁　此字爲『梁』字誤。梁，《廣韻》渠隴切，群腫上開三通；《康熙字典》記：『《廣韻》巨壠切，《集韻》巨勇切，讀如窮上聲。穫也。』《韻鏡》内轉第二開合，列字爲『拲』，見母腫韻，誤；《七音略》内轉第二輕中輕、《切韻指掌圖》二圖、《四聲等子》通攝内一重少輕多韻、《切韻指南》通攝内一侷門，列字均爲『梁』。『梁』爲《廣韻》腫韻群母位小韻首字，《起數訣》當校改爲『梁』。

11（上三禪）■三腫　尰　《廣韻》時冗切，《集韻》竪勇切，禪腫上開三通；《韻鏡》内轉第二開合、《切韻指掌圖》二圖、《四聲等子》通攝内一重少輕多韻、《切韻指南》通攝内一侷門，列字均爲『尰』。《七音略》内轉第二輕中輕，列字字形爲『尰』，爲『尰』字形訛。『尰』爲《廣韻》腫三禪小韻首字，下收有『尰』字，列字以『尰』爲佳，《起數訣》亦無誤。

12（上三曉）父三腫　洶　《廣韻》許拱切，《集韻》詡拱切，曉腫上開三通；《韻鏡》空位；《七音略》内轉第二輕中輕、《切韻指掌圖》二圖、《四聲等子》通攝内一重少輕多韻、《切韻指南》通攝内一侷門，列字均爲『洶』。『洶』爲《廣韻》腫三曉位小韻首字，《韻鏡》空位誤，《起數訣》是。

13（上三日）■三腫　冗　《廣韻》而隴切，《集韻》乳勇切，日腫三上開通；《韻鏡》内轉第二開合，列字爲『宂』；《七音略》空位；《切韻指掌圖》二圖，列字字形爲『宂』；《四聲等子》通攝内一重少輕多韻、《切韻指南》通攝内一侷門，列字爲『宂』。『宂』爲《廣韻》腫三日母位小韻首字，『宂』『穴』爲異體字，《七音略》空位誤，《起數訣》是。

14 （去三非）卜三用　葑　《廣韻》方用切，幫用去開三通；《集韻》芳用切，滂用去開三通；依《廣韻》可列於此位。《韻鏡》内轉第二開合、《七音略》内轉第二輕中輕、《四聲等子》通攝内一重少輕多韻，列字爲『葑』；《切韻指掌圖》二圖、《切韻指南》通攝内一侷門，去三非位列字爲『諷』，非母送韻。『葑』爲《廣韻》用三非位小韻首字，《起數訣》是。

15 （去三敷）□三用　葑　《廣韻》方用切，幫用去開三通；《集韻》芳用切，滂用去開三通；依《集韻》可列於此位。《韻鏡》《七音略》《四聲等子》空位；《切韻指掌圖》二圖，敷母位列字爲『賵』，敷母送韻；《切韻指南》通攝内一侷門，列字爲『葑』。《起數訣》與《切韻指南》依《集韻》，列『葑』字亦無誤。

16 （去三奉）步三用　奉　明本列字爲『奉』，四庫本列字爲『俸』。奉，《廣韻》扶隴切，並腫三上開通；《集韻》房用切，並用去開三通。俸，《廣韻》扶用切，《集韻》房用切，並用去開三通；《韻鏡》内轉第二開合、《七音略》内轉第二輕中輕、《切韻指南》通攝内一侷門，列字爲『俸』；《切韻指掌圖》二圖、《四聲等子》通攝内一重少輕多韻，去三奉位列『鳳』，並母送韻。明本列『奉』字，依《集韻》可列於此位；四庫本列『俸』字較佳。『俸』爲《廣韻》《集韻》用三奉母位小韻首字，《起數訣》明本亦無誤，四庫本是。

17 （去三明）目三用　幪　《廣韻》莫弄切，明送去開一通；《集韻》忙用切，明用去開三通；依

《廣韻》不當列於此位，依《集韻》可列於此位。《韻鏡》《切韻指掌圖》《四聲等子》空位；《七音略》內轉第二輕中輕、《切韻指南》通攝內一侷門，列字爲『艨』。《起數訣》依《集韻》，亦無誤。

18（去三知）■三用　湩　《廣韻》《集韻》竹用切，知用去開三通；《韻鏡》空位；《七音略》內轉第二輕中輕、《四聲等子》通攝內一重少輕多韻、《切韻指南》通攝內一侷門，列字爲『湩』；《切韻指掌圖》二圖，去三知位列字爲『中』，知母送韻。『湩』爲《廣韻》用三鍾位小韻首字，《韻鏡》空位誤，《起數訣》是。

19（去三徹）■三用　踵　《廣韻》之隴切，《集韻》主勇切，章腫上開三通；均不當列於此位，此字當爲『蹱』字誤。『蹱』，《廣韻》《集韻》丑用切，知用去開三通；《韻鏡》內轉第二開合，列字爲『踵』，誤；《七音略》空位，誤；《切韻指掌圖》二圖、《四聲等子》通攝內一重少輕多韻、《切韻指南》通攝內一侷門，列字均爲『蹱』。『蹱』爲《廣韻》用三徹母位小韻首字，《起數訣》形訛，當校改爲『蹱』。

20（去三娘）內三用　𢫬　《廣韻》穠用切，娘用三去開通；《康熙字典》記：『又《唐韻》穠用切，《集韻》戎用切，冗去聲。』爲日母用韻；《韻鏡》內轉第二開合，列字爲『𢫬』；《七音略》內轉第二輕中輕，列字爲『㭜』，《康熙字典》記：『《唐韻》如融切，《集韻》而融切，音戎。』日母東韻，爲『𢫬』字形訛；《切韻指掌圖》二圖、《四聲等子》通攝內一重少輕多韻，列字爲『𢫬』；

《切韻指南》空位。『拔』爲《廣韻》用三娘母位小韻首字，《七音略》誤，《起數訣》是。

21（去三章）■三用　橦　明本列字爲『橦』，四庫本列字爲『種』。『橦』，《康熙字典》記：『《集韻》《類篇》昌用切，並音惷。木杭也。』則此字當爲昌母字，不當列於此位。當爲『種』字形訛。『種』，《廣韻》之用切，《集韻》朱用切，章用去開三通；《韻鏡》内轉第二開合、《七音略》内轉第二輕中輕、《四聲等子》通攝内一重少輕多韻、《切韻指南》通攝内一侷門，列字均爲『種』。《切韻指掌圖》二圖，列字爲『衆』，章母送韻。『種』爲《廣韻》用三章母位小韻首字，《起數訣》明本誤，當校改爲『種』，四庫本是。

22（去三昌）■三用　揰　《廣韻》未收；《集韻》昌用切，昌用去開三通；《韻鏡》空位；《七音略》内轉第二輕中輕，列字爲『橦』，《康熙字典》記：『《集韻》《類篇》昌用切，音惷。木杭也。』可列於此位；《切韻指掌圖》二圖，穿母用送韻位列『銃』，昌母送韻；《四聲等子》通攝内一重少輕多韻、《切韻指南》通攝内一侷門，列字爲『揰』。《起數訣》從《集韻》，列『揰』字亦無誤。

23（去三影）自三用　雍　《廣韻》《集韻》於用切，影用去開三通；《韻鏡》空位；《七音略》内轉第二輕中輕、《切韻指掌圖》二圖、《四聲等子》通攝内一重少輕多韻、《切韻指南》通攝内一侷門，列字均爲『雍』。『雍』爲《廣韻》用三影母位小韻首字，《韻鏡》空位誤，《起數訣》是。

24（去三日）■三用　䩸　《廣韻》而用切，日用去開三通；《集韻》未收；《康熙字典》記：『又

《廣韻》《集韻》而用切，音⿰魚農。義同。』《韻鏡》內轉第二開合、《七音略》內轉第二輕中輕、《切韻指掌圖》二圖、《四聲等子》通攝內一重少輕多韻、《切韻指南》通攝內一侷門，均列『⿰革耳』字。《起數訣》是。

25 （入二初）■二燭　娖　《廣韻》測角切，初覺入合二江；《集韻》叉足切，初燭入開三通；依《廣韻》不當列於此位，依《集韻》可列於此位。《韻鏡》內轉第二開合，入二初母位列字爲『倲』，《康熙字典》記：『《廣韻》桑谷切，《集韻》蘇谷切，音速。』心母屋韻；《七音略》內轉第二輕中輕，列字爲『娕』，《康熙字典》記：『《集韻》同娖。』《切韻指掌圖》二圖、《四聲等子》、《切韻指南》，列字爲『珿』，初母屋韻。《起數訣》依《集韻》，列『娖』字亦無誤。

26 （入二崇）□二燭　⿱山鹿　《廣韻》無燭三崇母位字；《集韻》崇母位有字『嶌，仕足切』，《起數訣》當爲『嶌』字形訛。《韻鏡》內轉第二開合，列字爲『⿱山烏』，當爲『嶌』字形訛；《七音略》內轉第二輕中輕、《四聲等子》通攝內一重少輕多韻、《切韻指南》通攝內一侷門，列字爲『嶌』；《切韻指掌圖》空位。《起數訣》依《集韻》，列字形訛，當校改爲『嶌』。

27 （入二生）思二燭　數　《廣韻》所角切，生覺入合二江；《集韻》所錄切，生燭入開三通；依《廣韻》不當列於此位，依《集韻》可列於此位。《韻鏡》空位；《七音略》內轉第二輕中輕，列字爲『數』；《切韻指掌圖》《四聲等子》《切韻指南》入二生母位列字爲『縮』，生母屋韻。《起數訣》從《集韻》，亦無誤。

28 （入三非）卜三燭　轐　《廣韻》封曲切，幫燭三入開通；《集韻》未收。《康熙字典》記：「又《廣韻》封曲切，《集韻》逋玉切，音爆。義同。《集韻》本作䪁。」「䪁」，《集韻》逋玉切，幫燭三入開通；《韻鏡》內轉第二開合，列字爲「轐」；《七音略》空位；《切韻指掌圖》二圖、《四聲等子》通攝內一重少輕多韻，入三幫母位列字爲「福」，幫母屋韻；《切韻指南》通攝內一侷門，非母燭韻位列「匚」，《集韻》甫玉切，幫母燭韻。「轐」爲《廣韻》燭三非母位小韻首字，《七音略》空位誤，《起數訣》是。

29 （入三奉）步三燭　幞　《廣韻》房玉切，《集韻》逢玉切，並燭入開三通；《韻鏡》內轉第二開合，《切韻指南》通攝內一侷門，列字爲「幞」；《七音略》空位；《切韻指掌圖》二圖、《四聲等子》通攝內一重少輕多韻，列字爲「伏」，並母屋韻。「幞」爲《廣韻》燭三並母位小韻首字，《七音略》空位誤，《起數訣》是。

30 （入三明）目三燭　媢　《廣韻》莫沃切，明沃入合一通；《集韻》某玉切，明燭入開三通；依《廣韻》不當列於此位，依《集韻》可。《韻鏡》內轉第二開合，脣音濁燭韻位列「媦」，云母未韻，爲「媢」字形訛；《七音略》內轉第二輕中輕，列字爲「媢」；《切韻指掌圖》《四聲等子》空位；《切韻指南》通攝內一侷門，列字爲「娟」，爲「媢」字形訛。《廣韻》無燭三明母位字，《起數訣》從《集韻》，亦無誤。

31 （入三徹）■三燭　楝　《廣韻》丑玉切，《集韻》丑玉切，徹燭入開三通；《韻鏡》內轉第二開合，舌音次清位列『⿰巾束』；《七音略》内轉第二輕中輕、《四聲等子》通攝内一重少輕多韻、《切韻指南》通攝内一侷門，列字爲『楝』；《切韻指掌圖》二圖，徹母濁屋韻位列『畜』。『楝』爲《廣韻》燭三徹母位小韻首字，《韻鏡》列『楝』字訛，《起數訣》是。

32 （入三娘）内三濁　傉　《廣韻》内沃切，泥沃入合一通；《集韻》女足切，娘燭入開三通；依《廣韻》不當列於此位，依《集韻》可。《韻鏡》空位；《七音略》内轉第二輕中輕，列字爲『溽』，日母燭韻，誤；《四聲等子》通攝内一重少輕多韻、《切韻指南》通攝内一侷門，列字均爲『傉』。《切韻指掌圖》二圖，娘母位列字爲『肭』，娘母屋韻。《廣韻》無燭三娘母字，《起數訣》從《集韻》，亦無誤。

33 （入三船）□三濁　○　《廣韻》《集韻》燭三船母位有『贖，神蜀切』；《韻鏡》内轉第二開合、《七音略》内轉第二輕中輕、《四聲等子》通攝内一重少輕多韻、《切韻指南》通攝内一侷門，去三船位列字爲『贖』；《切韻指掌圖》空位。『贖』爲《廣韻》燭三船母位小韻首字，《起數訣》空位誤，當校補『贖』字。

34 （入三影）黄三濁　○　《廣韻》《集韻》燭三影母位均無字；《韻鏡》内轉第二開合，影母燭韻位列『郁』；《七音略》空位；《切韻指掌圖》二圖、《四聲等子》通攝内一重少輕多韻、《切韻指南》通攝内一侷門，入三影母位列字均爲『郁』。『郁』，《廣韻》於六切，影母屋韻。不當列於燭韻位，《韻鏡》誤，《起數訣》空位是。

35（入三喻）□三燭　◯　《廣韻》《集韻》燭三喻三母位均無字；《韻鏡》内轉第二開合，喻三燭韻位列『欲』；《七音略》《切韻指掌圖》《四聲等子》空位；《切韻指南》通攝内一侷門，列字爲『囿』，云母屋韻。『欲』，《廣韻》余蜀切，以燭入開三通，爲喻四母字，按韻圖規制當列於四等。《韻鏡》誤，《起數訣》從韻書，空位是。

36（入三來）鹿三燭　録　《廣韻》力玉切，來燭三入開通；《集韻》未收；《韻鏡》内轉第二開合，《七音略》内轉第二輕中輕，《四聲等子》通攝内一重少輕多韻，《切韻指南》通攝内一侷門，列字均爲『錄』；《切韻指掌圖》二圖，來母位列字爲『六』，來母屋韻。『錄』爲《廣韻》《集韻》燭三來母位小韻首字『録』爲『錄』異體。列字以『錄』爲佳，《起數訣》列異體，亦無誤。

37（入三半三）■三燭　钃　《廣韻》市玉切，《集韻》殊玉切，禪燭入開三通；當列於禪母。《廣韻》燭三禪位小韻首字爲『蜀』，已列於禪母。本圖又列入半三。

釋：

1（平三非）卜三鍾　封　《廣韻》府容切，《集韻》方容切，幫鍾平開三通；《韻鏡》内轉第二開合，《七音略》内轉第二輕中輕，《四聲等子》通攝内一重少輕多韻，《切韻指南》通攝内一侷門，列字爲『封』；《切韻指掌圖》二圖，列字爲『風』，非母東韻。

2（平三奉）步三鍾　逢　《廣韻》《集韻》符容切，並鍾平開三通；《韻鏡》内轉第二開合、《七音略》内轉第二輕中輕、《四聲等子》通攝内一重少輕多韻、《切韻指南》通攝内一侷門，奉鍾三平，列字爲『逢』；《切韻指掌圖》二圖，奉母鍾東韻位列『馮』。

3（平三澄）兑三鍾　重　《廣韻》直容切，《集韻》傳容切，澄鍾平開三通；《韻鏡》内轉第二開合、《七音略》内轉第二輕中輕、《切韻指南》通攝内一侷門，列字爲『重』；《切韻指掌圖》二圖、《四聲等子》通攝内一重少輕多韻，平三澄位列字爲『蟲』，澄母東韻。

4（平三娘）内三鍾　醲　《廣韻》女容切，《集韻》尼容切，娘鍾平開三通；《韻鏡》内轉第二開合、《七音略》内轉第二輕中輕、《四聲等子》通攝内一重少輕多韻、《切韻指南》通攝内一侷門，列字爲『醲』；《切韻指掌圖》二圖，娘母鍾東韻位列『濃』。

5（平三溪）□三鍾　銎　《廣韻》曲恭切，《集韻》丘恭切，溪鍾平開三通；《韻鏡》内轉第二開合、《七音略》内轉第二輕中輕、《切韻指南》通攝内一侷門，列字爲『銎』；《切韻指掌圖》二圖、《四聲等子》通攝内一重少輕多韻，鍾三溪母位列字爲『穹』，溪母東韻。

6（平三群）□三鍾　蛩　《廣韻》《集韻》渠容切，群鍾三平開通；《韻鏡》内轉第二開合、《七音略》内轉第二輕中輕、《切韻指南》通攝内一侷門，列字爲『蛩』；《切韻指掌圖》二圖、《四聲等子》通攝内一重少輕多韻，鍾三群母位列字爲『窮』，群母東韻。

7（平三疑）吾三鍾　顒　《廣韻》《集韻》魚容切，疑鍾平開三通；《韻鏡》内轉第二開合、《七音略》内轉第二輕中輕、《切韻指掌圖》二圖、《四聲等子》通攝内一重少輕多韻、《切韻指南》通攝内一偈門，鍾三疑母位列字均爲『顒』。

8（平三章）■三鍾　鍾　《廣韻》職容切，《集韻》諸容切，章鍾平開三通；《韻鏡》内轉第二開合、《七音略》内轉第二輕中輕、《四聲等子》通攝内一重少輕多韻、《切韻指南》通攝内一偈門，列字爲『鍾』；《切韻指掌圖》二圖，照母位列字爲『終』，章母東韻。

9（平三昌）■三鍾　衝　《廣韻》尺容切，《集韻》昌容切，昌鍾三平開通；《韻鏡》内轉第二開合、《七音略》内轉第二輕中輕、《四聲等子》通攝内一重少輕多韻、《切韻指南》通攝内一偈門，列字爲『衝』；《切韻指掌圖》二圖，昌母位列字爲『充』，昌母東韻。

10（平三書）思三鍾　舂　《廣韻》《集韻》書容切，書鍾平開三通；《韻鏡》内轉第二開合、《七音略》内轉第二輕中輕、《切韻指掌圖》二圖、《四聲等子》通攝内一重少輕多韻、《切韻指南》通攝内一偈門，鍾三書母位列字均爲『舂』。

11（平三禪）■三鍾　鱅　《廣韻》蜀庸切，《集韻》常容切，禪鍾三平開通；《韻鏡》内轉第二開合、《七音略》内轉第二輕中輕、《切韻指掌圖》二圖、《四聲等子》通攝内一重少輕多韻、《切韻指南》通攝内一偈門，鍾三禪母位列字均爲『鱅』。

12（平三影）邕三鍾　邕　《廣韻》《集韻》於容切，影鍾平開三通；諸家韻圖鍾三影母位列字均爲『邕』。

13 (平三來)鹿三鍾　龍　《廣韻》力鍾切，《集韻》盧鐘切，來鍾平開三通；《韻鏡》內轉第二開合、《七音略》內轉第二輕中輕、《四聲等子》通攝內一重少輕多韻、《切韻指南》通攝內一侷門，列字爲「龍」；《切韻指掌圖》二圖，來母列字爲「隆」，來母東韻。

14 (平三日)■三鍾　茸　《廣韻》而容切，《集韻》如容切，日鍾平開三通；《韻鏡》內轉第二開合、《七音略》內轉第二輕中輕、《四聲等子》通攝內一重少輕多韻、《切韻指南》通攝內一侷門，列字爲「茸」；《切韻指掌圖》二圖，日母位列字「戎」，日母東韻。

15 (上三非)卜三腫　覂　《廣韻》《集韻》方勇切，幫腫上開三通；《韻鏡》內轉第二開合、《七音略》內轉第二輕中輕、《切韻指掌圖》二圖、《四聲等子》通攝內一重少輕多韻、《切韻指南》通攝內一侷門，列字均爲「覂」。

16 (上三奉)步三腫　奉　《廣韻》扶隴切，《集韻》父勇切，並腫三上開通；《韻鏡》內轉第二開合、《七音略》內轉第二輕中輕、《切韻指掌圖》二圖、《四聲等子》通攝內一重少輕多韻、《切韻指南》通攝內一侷門，列字均爲「奉」。

17 (上三知)■三腫　冢　《廣韻》知隴切，《集韻》展勇切，知腫上開三通；《韻鏡》內轉第二開合、《七音略》內轉第二輕中輕、《切韻指掌圖》二圖、《四聲等子》通攝內一重少輕多韻、《切韻指南》通攝內一侷門，列字均爲「冢」。

18 (上三徹)■三腫　寵　《廣韻》丑隴切，《集韻》丑勇切，徹腫上開三通；《韻鏡》內轉第二開合、《七音略》内轉第二輕中輕、《切韻指掌圖》二圖、《四聲等子》通攝内一重少輕多韻、《切韻指南》通攝内一偈門，列字均爲「寵」。

19 (上三澄)兑三腫　重　《廣韻》直隴切，《集韻》柱勇切，澄腫上開三通；《韻鏡》内轉第二開合、《七音略》内轉第二輕中輕、《切韻指掌圖》二圖、《四聲等子》通攝内一重少輕多韻、《切韻指南》通攝内一偈門，列字均爲「重」。

20 (上三見)□三腫　拱　《廣韻》居悚切，《集韻》古勇切，見腫上開三通；《韻鏡》内轉第二開合、《七音略》内轉第二輕中輕、《切韻指掌圖》二圖、《四聲等子》通攝内一重少輕多韻、《切韻指南》通攝内一偈門，列字均爲「拱」。

21 (上三溪)□三腫　恐　《廣韻》丘隴切，《集韻》丘勇切，溪腫上開三通；《韻鏡》内轉第二開合、《七音略》内轉第二輕中輕、《切韻指掌圖》二圖、《四聲等子》通攝内一重少輕多韻、《切韻指南》通攝内一偈門，列字均爲「恐」。

22 (上三章)■三腫　腫　《廣韻》之隴切，《集韻》主勇切，章腫上開三通；《韻鏡》内轉第二開合、《七音略》内轉第二輕中輕、《切韻指掌圖》二圖、《四聲等子》通攝内一重少輕多韻、《切韻指南》通攝内一偈門，列字均爲「腫」。

23 (上三昌)■三腫　雔　《廣韻》充隴切，昌腫三上開通；《康熙字典》記：「《集韻》蠢勇切」，同《廣韻》；《韻鏡》内轉第二開合、《七音略》内轉第二輕中輕、《切韻指掌圖》二圖、《四聲等子》通攝内一重少輕多韻、《切韻指南》通攝内一侷門，列字均爲『雝』。

24（上三影）自三腫　擁　《廣韻》於隴切，《集韻》委勇切，影腫上開三通；《韻鏡》内轉第二開合、《七音略》内轉第二輕中輕、《切韻指掌圖》二圖、《四聲等子》通攝内一重少輕多韻、《切韻指南》通攝内一侷門，列字均爲『擁』。

25（上三來）鹿三腫　隴　《廣韻》力踵切，《集韻》魯勇切，來腫上開三通；《韻鏡》内轉第二開合、《七音略》内轉第二輕中輕、《切韻指掌圖》二圖、《四聲等子》通攝内一重少輕多韻、《切韻指南》通攝内一侷門，列字均爲『隴』。

26（去三澄）兑三用　重　《廣韻》柱用切，《集韻》儲用切，澄用去開三通；《韻鏡》内轉第二開合、《七音略》内轉第二輕中輕、《切韻指南》通攝内一侷門，列字爲『重』；《切韻指掌圖》二圖、《四聲等子》通攝内一重少輕多韻，用三澄母位列字爲『仲』，澄母送韻。

27（去三見）□三用　供　《廣韻》《集韻》居用切，見用去開三通；《韻鏡》内轉第二開合、《七音略》内轉第二輕中輕、《切韻指掌圖》二圖、《四聲等子》通攝内一重少輕多韻、《切韻指南》通攝内一侷門，列字均爲『供』。

28（去三溪）□三用　恐　《廣韻》區用切，《集韻》欺用切，溪用去開三通；《韻鏡》内轉第二開合、《七音略》内轉第二輕中輕、《切韻指南》通攝内一侷門，列字均爲『恐』。《切韻指掌圖》二圖、《四聲等子》通攝内一重少輕多韻，去三溪母位列字爲『焪』，溪母送韻。

29（去三群）□三用　共　《廣韻》《集韻》渠用切，群用去開三通；《韻鏡》内轉第二開合、《七音略》内轉第二輕中輕、《切韻指掌圖》二圖、《四聲等子》通攝内一重少輕多韻、《切韻指南》通攝内一偏門，列字均爲「共」。

30（去三來）鹿三用　贚　《廣韻》《集韻》良用切，來用三去開通；《韻鏡》内轉第二開合、《七音略》内轉第二輕中輕、《切韻指掌圖》二圖、《四聲等子》通攝内一重少輕多韻、《切韻指南》通攝内一偏門，列字均爲「贚」。

31（入三知）■三燭　瘃　《廣韻》陟玉切，知燭三入開通；《集韻》未收；《韻鏡》内轉第二開合、《七音略》内轉第二輕中輕、《四聲等子》通攝内一重少輕多韻、《切韻指南》通攝内一偏門，列字均爲「瘃」；《切韻指掌圖》二圖，入三知位列字爲「竹」，知母屋韻。

32（入三澄）兑三燭　躅　《廣韻》直録切，《集韻》厨玉切，澄燭入開三通；《韻鏡》内轉第二開合、《七音略》内轉第二輕中輕、《四聲等子》通攝内一重少輕多韻、《切韻指南》通攝内一偏門，列字均爲「躅」；《切韻指掌圖》二圖，澄母位列字爲「逐」，澄母屋韻。

33（入三見）□三燭　輂　《廣韻》居玉切，《集韻》枸玉切，見燭入開三通；《韻鏡》未收；《七音略》内轉第二輕中輕、《切韻指南》通攝内一偏門，列字爲「輂」；《切韻指掌圖》二圖、《四聲等子》通攝内一重少輕多韻，入三見母位列字爲「菊」，見屋韻。

34（入三溪）□三燭　曲　《廣韻》丘玉切，《集韻》區玉切，溪燭入開三通；《韻鏡》内轉第二開合，《七音略》內轉第二輕中輕、《四聲等子》通攝內一重少輕多韻、《切韻指南》通攝內一侷門，列字爲「曲」；《切韻指掌圖》二圖，入三溪母位列「麴」，溪母屋韻。

35（入三群）□三燭　局　《廣韻》渠玉切，《集韻》衢六切，群燭入開三通；《韻鏡》內轉第二開合，《七音略》內轉第二輕中輕、《切韻指南》通攝內一侷門，列字爲「局」；《切韻指掌圖》二圖，入三群母位列「驧」；《四聲等子》通攝內一重少輕多韻，入三群母位列「侷」，群母燭韻。

36（入三疑）吾三燭　玉　《廣韻》魚欲切，《集韻》虞欲切，疑燭入開三通；《韻鏡》內轉第二開合，《七音略》內轉第二輕中輕、《切韻指掌圖》二圖、《四聲等子》通攝內一重少輕多韻、《切韻指南》通攝內一侷門，列字均爲「玉」。

37（入三章）■三燭　燭　《廣韻》之欲切，《集韻》朱欲切，章燭入開三通；《韻鏡》內轉第二開合，《七音略》內轉第二輕中輕、《四聲等子》通攝內一重少輕多韻、《切韻指南》通攝內一侷門，列字均爲「燭」。《切韻指掌圖》二圖，入三章母位列「粥」，章母屋韻。

38（入三昌）■三燭　觸　《廣韻》尺玉切，《集韻》樞玉切，昌燭入開三通；《韻鏡》內轉第二開合，《七音略》內轉第二輕中輕、《四聲等子》通攝內一重少輕多韻，列字均爲「觸」。《切韻指掌圖》二圖，入三昌母位列字爲「俶」，昌母屋韻；《切韻指南》通攝內一侷門，入三昌母位列字爲「娖」，初母覺韻。

39（入三書）思三燭　束　《廣韻》書玉切，《集韻》輸玉切，書燭入開三通；《韻鏡》內轉第二開合、《七音略》内轉第二輕中輕、《四聲等子》通攝内一重少輕多韻、《切韻指南》通攝内一侷門，列字均爲『束』；《切韻指掌圖》二圖，書母位列字爲『叔』，書母屋韻。

40（入三禪）■三燭　蜀　《廣韻》市玉切，《集韻》殊玉切，禪燭三入開通；《韻鏡》内轉第二開合、《七音略》内轉第二輕中輕、《四聲等子》通攝内一重少輕多韻、《切韻指南》通攝内一侷門，列字均爲『蜀』；《切韻指掌圖》二圖，禪母位列字爲『熟』，禪母屋韻。

41（入三曉）父三燭　旭　《廣韻》許玉切，《集韻》吁玉切，曉燭入開三通；《韻鏡》内轉第二開合、《七音略》内轉第二輕中輕、《四聲等子》通攝内一重少輕多韻、《切韻指南》通攝内一侷門，列字均爲『旭』；《切韻指掌圖》二圖，曉母位列字爲『蓄』，曉母屋韻。

42（入三日）■三燭　辱　《廣韻》而屬切，《集韻》儒欲切，日燭入開三通；《韻鏡》内轉第二開合、《七音略》内轉第二輕中輕、《切韻指南》通攝内一侷門，列字均爲『辱』；《切韻指掌圖》二圖，日母燭屋韻位列『肉』，日母屋韻；《四聲等子》通攝内一重少輕多韻，日母燭韻位列『褥』，日母燭韻。

諥八　升七　垣十　剝四　蠱五　家三

自	口	鹿	■	■	發音清		法	剝	排	馬
邕		龍	茸		腔二	江	邦	胮	龐	厖
					恍二	講	紺	摽	棒	[illegible]
擁		隴	冗							
					悾二	絳		胖		[illegible]
雍		矓	[illegible]							
					姝二	覺	剝	朴	雹	邈
		錄	辱	鐲						

盎八	豪八	剎八		豪二（在下位）	豪一	剎一	剎七	盎六	豪六	剎六
才	采	哉	乇	口	巧	甲	妳	覃	貪	毌
			峣		腔	江				

剥十　剥二　蒙四　剥三　盡四　蒙七　盡十一

山	口	花	晓	亞	禹	冷	口	崇	發	
									音	
									濁	江 廣二
			項	㤨						講 光二
										絳 䁝二
										覺 妹二

第五圖　發音清

本圖列江講絳覺韻脣音字及少數牙喉音字。係拆分《韻鏡》外轉第三開合，因江攝只有二等字，本圖無法像其他圖一樣按一四、二三等分圖。按其他分圖方式，一般一四等圖列脣音，因此本圖收有脣音，另有少量牙喉音列入。聲母列群母位明本列「□」，四庫本空格。明本、四庫本傒、日母位均列「□」。明本、四庫本去聲二等標目爲「絳」，當係「絳」訛。

校注：

1（平二明）馬二江　庬　明本列字爲「庬」，四庫本列字爲「庬」。「庬」《廣韻》莫江切，明江二平開江，合於此位；「庬」，《集韻》母項切，明講二上開江；依《集韻》不當列於此位；此字爲「庬」字異體。《韻鏡》外轉第三開合，《切韻指掌圖》十四圖、《四聲等子》宕攝内五陽唐重多輕少韻江全重開口呼、《切韻指南》江攝外一，列字均爲「庬」；《七音略》外轉第三重中重，明母位列「尨」。「庬」爲《廣韻》江二明小韻首字，下收有「尨」字，列字以「庬」爲佳，《起數訣》明本是，四庫本列字爲異體，亦無誤。

2 （平二見）甲二江　江　《廣韻》《集韻》古雙切，見江二平開江；《韻鏡》外轉第三開合、《七音略》外轉第三重中重、《切韻指掌圖》十四圖、《四聲等子》宕攝内五陽唐重多輕少韻江全重開口呼、《切韻指南》江攝外一，列字均爲『江』。『江』爲《廣韻》江二見母位小韻首字，當列於此位，《起數訣》是。按一般列圖規則當列於合口圖，江攝分圖特別，且第六圖中江二見母空位，故此圖不處理爲删除，但應移到第六圖見母位爲佳。

3 （平二溪）巧二江　腔　《廣韻》苦江切，《集韻》枯江切，溪江二平開江；《韻鏡》外轉第三開合、《七音略》外轉第三重中重、《切韻指掌圖》十四圖、《四聲等子》宕攝内五陽唐重多輕少韻江全重開口呼、《切韻指南》江攝外一，列字均爲『腔』。『腔』爲《廣韻》江二溪母位小韻首字，當列於此位，《起數訣》是。按一般列圖規則當列於合口圖，江攝分圖特别，且第六圖中江二溪母空位，故此圖不處理爲删除，但應移到第六圖溪母位爲佳。

4 （平二疑）瓦二江　岘　《廣韻》五江切，疑江二平開江；《集韻》未收；《康熙字典》記：『《廣韻》五江切，《集韻》《韻會》吾江切，音峣，崆岘，山峻貌。又《集韻》五公切，音髃。』《韻鏡》外轉第三開合、《七音略》外轉第三重中重、《切韻指掌圖》十四圖、《四聲等子》宕攝内五陽唐重多輕少韻江全重開口呼、《切韻指南》江攝外一，列字均爲『岘』。『岘』爲《廣韻》江二疑母位小韻首字，當列於此位，《起數訣》是。按一般列圖規則當列於合口圖，江攝分圖特別，且第六圖中江二疑母空位，故此圖不處理爲删除，但移到第六圖疑母位爲佳。

5（上二幫）法二講　⿰糹封　《廣韻》巴講切，幫講二上開江，字形爲『⿱邦糸』；《康熙字典》記：『又《廣韻》巴講切，《集韻》補講切。』《韻鏡》外轉第三開合、《切韻指掌圖》十四圖、《切韻指南》江攝外一，列字均爲『⿱邦糸』，『⿱封糸』『⿰糹封』三字爲異體字，《康熙字典》釋『⿱封糸』字：『同⿰糹封。《集韻》⿰糹封，亦書作⿱封糸。』；《七音略》外轉第三重中重、《四聲等子》宕攝內五陽唐重多輕少韻江全重開口呼，幫母位列『⿱邦殳』，爲『⿱封糸』字形訛；『⿱封糸』爲《廣韻》講二幫母位小韻首字，列字以『⿱封糸』爲佳，《起數訣》亦無誤。

6（上二滂）剥二講　㩧　《廣韻》未收；《康熙字典》記：『又《集韻》北角切，音剥。與㩧同。又普講切。義同。』此記《集韻》普講切，可列於此位；《韻鏡》《切韻指掌圖》空位；《七音略》外轉第三重中重，滂母位列『耩』，《廣韻》《集韻》古項切，訛；《四聲等子》宕攝內五陽唐重多輕少韻江全重開口呼、《切韻指南》江攝外一，列字均爲『㩧』。《起數訣》同《集韻》，亦無誤。

7（上二並）排二講　棒　《廣韻》步項切，《集韻》部項切，並講二上開江；《韻鏡》外轉第三開合、《七音略》外轉第三重中重、《切韻指南》江攝外一，列字均爲『⿰木丰』。《切韻指掌圖》十四圖、《四聲等子》宕攝內五陽唐重多輕少韻江全重開口呼，列字均爲『棒』。『⿰木丰』爲《廣韻》講二並母位小韻首字，下收有『棒』字，注上同，二字爲異體字。列字以『⿰木丰』爲佳，《起數訣》亦無誤。

8 (上二明)馬二講　⿰亻尨　《廣韻》武項切，明講二上開江；《集韻》未收；《韻鏡》外轉第三開合，列字爲『⿰亻尨』；《七音略》外轉第三重中重，明母位列『⿰忄尨』，爲『⿰亻尨』字形訛；《切韻指掌圖》十四圖、《四聲等子》宕攝内五陽唐重多輕少韻江全重開口呼、《切韻指南》江攝外一，列字均爲『⿰亻尨』。『⿰亻尨』爲《廣韻》講二明母位小韻首字，《七音略》誤，《起數訣》是。

9 (上二曉)花二講　◯　《廣韻》上二曉母位有『傋，虛慃切』，《集韻》虎項切，曉講二上開江；《韻鏡》外轉第三開合、《七音略》外轉第三重中重、《切韻指掌圖》十四圖、《四聲等子》宕攝内五陽唐重多輕少韻江全重開口呼、《切韻指南》江攝外一，列字均爲『傋』；『傋』爲《廣韻》講二曉母位小韻首字，《起數訣》本圖上二匣影母均有字，且第六圖上二曉母位無字，可校補『傋』字，但應移至第六圖上二曉位。

10 (上二匣)晚二講　項　《廣韻》胡講切，《集韻》户講切，匣講二上開江；《韻鏡》外轉第三開合、《七音略》外轉第三重中重、《四聲等子》宕攝内五陽唐重多輕少韻江全重開口呼、《切韻指南》江攝外一，列字均爲『項』；《切韻指掌圖》十四圖，匣母位列『頃』，爲『項』之形訛。『項』爲《廣韻》講二匣母位小韻首字，《起數訣》是。按一般列圖規則當列於合口圖，江攝分圖特别，且第六圖中講二匣母空位，故此圖不處理爲删除，但應移到第六圖上二匣母位。

11 (上二影)亞二講　慃　《廣韻》烏項切，《集韻》鄔項切，影講二上開江；《韻鏡》外轉第三開合、《七音略》外轉第三重中重、《切韻指掌圖》十四圖、《四聲等子》宕攝内五陽唐重多輕少韻江全重開口呼、《切韻指南》江攝外一，列字均爲「㰬」。「㰬」爲《廣韻》講二影母位小韻首字，《起數訣》是。按一般列圖規則當列於合口圖，江攝分圖特別，且第六圖中講二影母空位，故此圖不處理爲删除，但應移到第六圖上二影母位。

12 （去二滂）剥二絳 胖 《廣韻》《集韻》匹絳切，滂絳二去開江；《韻鏡》外轉第三開合、《七音略》外轉第三重中重、《切韻指掌圖》十四圖、《四聲等子》宕攝内五陽唐重多輕少韻江全重開口呼，列字均爲「胖」。《切韻指南》江攝外一，滂母位列「脹」，知母漾韻，誤。「胖」爲《廣韻》絳二滂母位小韻首字，《起數訣》是。

13 （去二明）馬二絳 恾 《廣韻》未收，《集韻》尨巷切；《韻鏡》外轉第三開合，明母位列「朧」，明母腫韻；《七音略》《切韻指掌圖》空位；《四聲等子》宕攝内五陽唐重多輕少韻江全重開口呼、《切韻指南》江攝外一，去二明母位列字爲「恾」。《韻鏡》誤，《起數訣》依《集韻》可列「恾」字，亦無誤。

14 標目 絳 江攝去三位標目當爲「絳」。絳，《集韻》符容切，奉母鍾韻，非去聲。此標目當校改爲「絳」。

15 （入二滂）剥二覺 朴 《廣韻》《集韻》匹角切，滂覺二入開江；《韻鏡》外轉第三開合、《七音略》外轉第三重中重、《切韻指掌圖》十四圖、《切韻指南》江攝外一，滂母位列「璞」；《四聲等子》滂覺二入列字爲『朴』。『璞』爲《廣韻》覺二滂母位小韻首字，下收有『朴』字，列字以『璞』爲佳。《起數訣》亦無誤。

釋：

1 （平二幫）法二江　邦　《廣韻》博江切，《集韻》悲江切，幫江二平開江；《韻鏡》外轉第三開合、《七音略》外轉第三重中重、《切韻指掌圖》十四圖、《切韻指南》江攝外一，列字均爲『邦』；《四聲等子》宕攝内五陽唐重多輕少韻江全重開口呼，幫母位列『幫』，幫母唐韻。『邦』爲《廣韻》江二幫母位小韻首字，當列於此位，《起數訣》是。

2 （平二滂）剥二江　胮　《廣韻》匹江切，《集韻》披江切，滂江二平開江；《韻鏡》外轉第三開合、《七音略》外轉第三重中重、《切韻指掌圖》十四圖、《四聲等子》宕攝内五陽唐重多輕少韻江全重開口呼、《切韻指南》江攝外一，列字均爲『胮』。『胮』爲《廣韻》江二滂母位小韻首字，當列於此位，《起數訣》是。

3 （平二並）排二江　龐　《廣韻》薄江切，《集韻》皮江切，並江二平開江；《韻鏡》外轉第三開合、《七音略》外轉第三重中重、《切韻指掌圖》十四圖、《切韻指南》江攝外一，列字均爲『龐』；《四聲等子》宕攝内五陽唐重多輕少韻江全重開口呼，並母位列『龎』，『龎』『龐』二字爲異體字。「龐」爲《廣韻》江二並母位小韻首字，當列於此位，《起數訣》是。

4（入二幫）法二覺　剥　《廣韻》北角切，幫覺二入開江；《康熙字典》記：「《廣韻》《集韻》《韻會》北角切，音駁。又《集韻》普木切，《正韻》普卜切，音璞，力擊也。」《韻鏡》外轉第三開合、《七音略》外轉第三重中重、《切韻指掌圖》十四圖、《四聲等子》宕攝内五陽唐重多輕少韻江全重開口呼、《切韻指南》江攝外一，列字均爲「剥」。「剥」爲《廣韻》覺二幫母位小韻首字，《起數訣》是。

5（入二並）排二覺　雹　《廣韻》蒲角切，《集韻》弼角切，並覺二入開江；《韻鏡》外轉第三開合、《七音略》外轉第三重中重、《切韻指掌圖》十四圖、《四聲等子》宕攝内五陽唐重多輕少韻江全重開口呼、《切韻指南》江攝外一，列字均爲「雹」。「雹」爲《廣韻》覺二並母位小韻首字，《起數訣》是。

6（入二明）馬二覺　邈　《廣韻》莫角切，《集韻》墨角切，明覺二入開江；《韻鏡》外轉第三開合、《七音略》外轉第三重中重、《切韻指掌圖》十四圖、《四聲等子》宕攝内五陽唐重多輕少韻江全重開口呼、《切韻指南》江攝外一，列字均爲「邈」。「邈」爲《廣韻》覺二明母位小韻首字，《起數訣》是。

剥十

剥二

蒙四

剥三

蛊四

蒙七

蛊十一

山

口

花

晓

亞

萬

冷

口

崇

發音濁

項

惝

江 康十

講 兑二

絳 睽二

覺 妹二

刹五		艮五	盡三	刹十二	豪十二	艮六	艮七	艮十一	盡一	
百	口	白	皃	宰	忻	大	南	乍	口	口
				椿	惷	幢	膿			
							擃	講	控	
				惷	惷	種	襛	絳		
				琢	逴	濁	搦	覺	慤	

蛊二	剥十一	蒙十一	蛊十二	剥九	艮十	艮四	艮二	艮八	艮三	蛊七
牙	莊	乂	茶	三	士	凡	華	在	文	犖
		窓	淙	雙		肛	降	肤		瀧
		傯		㩳						
		稯	潨	潨		戇	巷			
嶽	捉	擉	浞	朔		吒	學	渥		犖

井六	坎六	比五	坎三	井五	坎五	坎四			艮十二	
田	天	帝	美	平	品	口		收	宅	口
						美下	支 假五	音		
								清		
髾			麋	皮	披	陂	支 氈五	開口		
			彌	脾	岥	卑	支	內轉		
							紙			
			靡	被	破	彼	紙 笔五			
			瀰	婢	庀	俾	紙			
							寘			
			縻	髲	帔	賁	寘 腔五			
		帝		避	譬	臂	寘			
						碧	昔			
				闢	僻	辟	昔			

第六圖　發音濁

本圖列江講絳覺韻非脣音字，少量牙喉音字列於第五圖。係拆分《韻鏡》外轉第三開合。明本滂、溪、群、日母處列『□』，四庫本空格。初母處列『乂』，當爲『叉』訛，四庫本空格。明本覺二知母位列『琢』，當爲『琢』字誤，『琢』右下角小字標『卓』，如『琢』，以『卓』爲標注字。

校注：

1（平二知）卓二江　樁　《廣韻》都江切，知江二平開江；《集韻》未收；《康熙字典》記：『《廣韻》都江切，《集韻》《韻會》株江切，惷平聲。又《唐韻》古音舂，書容切，撞也。』《韻鏡》外轉第三開合，列字爲『摏』，書母鍾韻；《七音略》外轉第三重中重、《切韻指南》江攝外一，列字均爲『樁』；《四聲等子》空位。《韻鏡》列『摏』字誤。『樁』爲《廣韻》江二知母位小韻首字，《起數訣》是。

2（平二徹）㤁二江　惷　《廣韻》丑江切，徹江二平開江；《集韻》一音列於徹母絳韻，一音知母絳韻；《韻鏡》外轉第三開合、《七音略》外轉第三重中重、《切韻指掌圖》十四圖、《切韻指南》江攝外一，列字均爲「憃」；《四聲等子》空位；「憃」爲《廣韻》江二徹母位小韻首字，《起數訣》從《廣韻》。

3（平二澄）大二江　幢　明本列字爲「幢」，四庫本列字爲「憶」。「幢」，《廣韻》宅江切，《集韻》傳江切，澄江二平開江；「憶」，《廣韻》於力切，《集韻》乙力切，影職入三開曾；不應列於此位。《韻鏡》外轉第三開合、《七音略》外轉第三重中重、《切韻指掌圖》十四圖、《切韻指南》江攝外一，列字均爲「幢」；《四聲等子》空位。「幢」爲《廣韻》江二澄母位小韻首字，《起數訣》四庫本誤，可能是由「幢」到「憧」，再進一步轉訛爲「憶」，當校改爲「幢」；明本列字是。

4（平二娘）南二江　聰　《廣韻》女江切，《集韻》女江切，娘江二平開江；《康熙字典》記：「《廣韻》女江切，《集韻》濃江切，音噥。《埤蒼》耳中鳴也。《淮南子・説山訓》聽雷者聰。《註》耳中聰聰然。」《韻鏡》外轉第三開合、《七音略》外轉第三重中重、《切韻指南》江攝外一，列字均爲「聰」。《切韻指掌圖》十四圖，列字爲「膿」；《四聲等子》空位；「聰」爲《廣韻》江二娘母位小韻首字，《起數訣》是。

5（平二見）□二江　○　《廣韻》《集韻》江二見母位有「江」，古雙切，見江二平開江；《韻鏡》外轉第三開合、《七音略》外轉第三重中重、《切韻指掌圖》十四圖、《四聲等子》宕攝内五陽唐重多輕少韻江全重開口呼、《切韻指南》江攝外一，列字均爲「江」。「江」爲《廣韻》江二見母位小韻首字，當列於此位，但此字已列於第五圖。按《起數訣》一般規則當列此圖，但江攝分圖特別，第五圖未處理爲刪除，本圖亦不補。

6 （平二溪）□二江　○　《廣韻》《集韻》江二溪母位有『腔』，《廣韻》苦江切，《集韻》枯江切，溪江二平開江；《韻鏡》外轉第三開合、《七音略》外轉第三重中重、《切韻指掌圖》十四圖、《四聲等子》宕攝內五陽唐重多輕少韻江全重開口呼、《切韻指南》江攝外一，列字均爲『腔』。『腔』爲《廣韻》江二溪母位小韻首字，當列於此位，此字已列於第五圖。按《起數訣》一般規則當列此圖，但江攝分圖特別，第五圖未處理爲刪除，本圖亦不補。

7 （平二疑）□二江　○　《廣韻》江二疑母位有『㟅』，五江切，疑江二平開江；《集韻》未收；《康熙字典》記：『《廣韻》五江切，《集韻》《韻會》吾江切，音[illegible]，崆㟅，山峻貌。又《集韻》五公切，音腢。』《韻鏡》外轉第三開合、《七音略》外轉第三重中重、《切韻指掌圖》十四圖、《四聲等子》宕攝內五陽唐重多輕少韻江全重開口呼、《切韻指南》江攝外一，列字均爲『㟅』。『㟅』爲《廣韻》江二疑母位小韻首字，當列於此位。但此字已列於第五圖。按《起數訣》一般規則當列此圖，但江攝分圖特別，第五圖未處理爲刪除，本圖亦不補。

8 （平二穿）叉二江　窻　《廣韻》楚江切，《集韻》初江切，娘江二平開江；《韻鏡》外轉第三開合、《七音略》外轉第三重中重，列字爲『牕』；《切韻指掌圖》十四圖、《四聲等子》宕攝內五陽唐重少輕多韻江全重開口呼，列字爲『瘡』，初母陽韻；《切韻指南》江攝外一，列字爲『囱』；『囱』爲《廣韻》江二穿母位小韻首字，下收有『窻』『牕』二字，列字以『囱』爲佳，《起數訣》亦無誤。

9 (平二曉)九二江 肛 《廣韻》許江切，《集韻》虛江切，曉江二平開江；《韻鏡》外轉第三開合，列字爲『舡』；《七音略》外轉第三重中重、《切韻指掌圖》十四圖、《四聲等子》宕攝内五陽唐重少輕多韻江全重開口呼、《切韻指南》江攝外一，列字均爲『肛』。『肛』爲《廣韻》江二曉母位小韻首字，下收有『舡』字，列字以『肛』爲佳，《起數訣》是。

10 (平二匣)華二江 降 《廣韻》下降切，《集韻》胡江切，匣江二平開江；《韻鏡》外轉第三開合、《七音略》外轉第三重中重、《切韻指掌圖》十四圖、《四聲等子》宕攝内五陽唐重少輕多韻江全重開口呼，列字均爲『降』；《切韻指南》江攝外一，列字爲『栙』；『栙』爲《廣韻》江二匣母位小韻首字，下收有『降』字，列字以『栙』爲佳，《起數訣》亦無誤。

11 (上二娘)南二講 擃 《廣韻》未收；《集韻》匿講切，娘講二上開江；《康熙字典》記：『《集韻》匿講切，搦上聲。撞也，刺也。或作搑。』『搑』《廣韻》一音日母鍾韻，一音日母腫韻，均不適於此位。《韻鏡》《七音略》《切韻指掌圖》《四聲等子》空位；《切韻指南》江攝外一，列字爲『擃』。《起數訣》從《集韻》，亦無誤。

12 (上二溪)□二講 控 《廣韻》一音苦貢切，溪送一去開通；又苦江切，溪江二平開江；均不合於此位。《集韻》克講切，溪講二上開江；《韻鏡》《七音略》《切韻指掌圖》空位；《四聲等子》宕攝内五陽唐重少輕多韻江全重開口呼、《切韻指南》江攝外一，列字均爲『控』。此

13（上二穿）叉二講　傯　《廣韻》《集韻》未收；《康熙字典》記：「《集韻》初講切，窻上聲。眾齊也。」按此「初講切」，可列於此位。《韻鏡》《七音略》《切韻指掌圖》空位；《四聲等子》宕攝内五陽唐重少輕多韻江全重開口呼，列字爲「磢」，初母養韻；《切韻指南》江攝外一，列字爲「傯」。《起數訣》依《集韻》，亦無誤。

14（上二審）三二講　捜　《廣韻》《集韻》未收；《康熙字典》記：「《唐韻》息拱切。《集韻》筍勇切。《正韻》息勇切。音悚。又《集韻》雙講切，雙上聲，亦推也。或省作搜。」按此「雙講切」，可列於此位。《韻鏡》《七音略》《切韻指掌圖》空位；《四聲等子》宕攝内五陽唐重少輕多韻江全重開口呼，列字爲「爽」，生母養韻；《切韻指南》江攝外一，列字爲「聳」，《集韻》雙講切；《起數訣》依《集韻》，亦無誤。

15（上二曉）凡二講　○　《廣韻》上二曉母位有「㑌，虚慃切」，《集韻》虎項切，曉講二上開江；《韻鏡》外轉第三開合、《七音略》外轉第三重中重、《切韻指掌圖》十四圖、《四聲等子》宕攝内五陽唐重多輕少韻江全重開口呼、《切韻指南》江攝外一，列字均爲「㑌」；「㑌」爲《廣韻》講二曉母位小韻首字，《起數訣》第五圖未列此字，本圖説明亦不補。

16（上二匣）華二講　○　《廣韻》《集韻》講二匣母位有「項」，《廣韻》胡講切，《集韻》户講切，匣講二上開江；《韻鏡》外轉第三開合、《七音略》外轉第三重中重、《四聲等子》宕攝内五陽唐重多輕少韻江全重開口呼、《切韻指南》江攝外一，列字均爲『項』；《切韻指掌圖》十四圖，匣母位列『頙』，爲『項』之形訛，《切韻指掌圖》誤。『項』爲《廣韻》講二匣母位小韻首字，當列於此位，但此字已列於第五圖。按《起數訣》一般規則當列此圖，但江攝分圖特別，第五圖未處理爲删除，本圖亦不補。

17（上二影）亞二講　○　《廣韻》烏項切，《集韻》鄔項切，影講二上開江；《韻鏡》外轉第三開合、《七音略》外轉第三重中重、《切韻指掌圖》十四圖、《四聲等子》宕攝內五陽唐重多輕少韻江全重開口呼、《切韻指南》江攝外一，列字均爲『慃』。『慃』爲《廣韻》講二影母位小韻首字，當列於此位，但此字已列於第五圖。按《起數訣》一般規則當列此圖，但江攝分圖特別，第五圖未處理爲删除，本圖亦不補。

18（去二知）卓二絳　惷　《廣韻》丑江切，徹母江韻；《集韻》陟降切，知絳二去開江，另一音列於徹母絳韻。《廣韻》知母絳韻位列『戇』，陟絳切；『惷』列於徹母江韻，不當列於此位。按《集韻》正適於此位。《韻鏡》外轉第三開合、《七音略》外轉第三重中重、《切韻指掌圖》十四圖、《切韻指南》江攝外一，列字均爲『戇』；諸圖皆從《廣韻》；《四聲等子》空位。《起數訣》從《集韻》亦無誤。

19（去二澄）大二絳　幢　《廣韻》直絳切，澄絳二去開江；《集韻》未收；《康熙字典》記：『《廣韻》尺容切。《集韻》《韻會》昌容切。《等韻》初容切，音衝。又《廣韻》直絳切，《等韻》直巷切，音撞。』《韻鏡》外轉第三開合、《七音略》外轉第三重中重、《切韻指南》江攝外一，列字均爲『幢』；《切韻指掌圖》十四圖，列字爲『橦』，澄母江韻，誤；《四聲等子》空位。『幢』爲《廣韻》絳二澄母位小韻首字，《起數訣》是。

20（去二娘）南二絳　鬞　《廣韻》女江切，娘江二平開江，不當列於去聲位；《集韻》尼降切，娘絳二去開江；《韻鏡》《切韻指掌圖》《四聲等子》空位；《七音略》外轉第三重中重、《切韻指南》江攝外一，列字均爲『鬞』。《起數訣》此位列『鬞』，依《集韻》，亦無誤。

21（去二穿）叉二絳　稯　《廣韻》楚絳切，穿絳二去開江；《集韻》未收；《康熙字典》記：『《集韻》初江切，音囪。又《集韻》楚絳切，音堫。又《類篇》祖叢切，音總。種也。』誤此『楚絳切』，可列於此位。《韻鏡》外轉第三開合、《七音略》外轉第三重中重、《切韻指南》江攝外一，列字均爲『稯』。《切韻指掌圖》空位；《四聲等子》宕攝內五陽唐重少輕多韻江全重開口呼，列字爲『創』，初母漾韻。『稯』爲《廣韻》絳二穿母位小韻首字，《起數訣》是。

22（去二審）三二絳　漴　《廣韻》士絳切，《集韻》仕巷切，崇絳二去開江；《廣韻》審母位列『淙』，色絳切。『漴』列於牀母；《集韻》列於牀母，審母空位。《韻鏡》外轉第三開合、《七音略》外轉第三重中重、《切韻指南》江攝外一，列字均爲『淙』；《切韻指掌圖》空位；《四聲等子》宕攝內五陽唐重少輕多韻江全重開口呼，列字爲『孀』，生母陽韻；『淙』爲《廣韻》絳二審母位小韻首字，《起數訣》將崇母位小韻首字『漴』列於此位誤，當校改爲『淙』。

23（去二曉）凡二絳　戇　《廣韻》《集韻》未收。《康熙字典》記：『《正字通》俗戇字。』戇，《廣韻》陟降切，知母絳韻，《集韻》亦無曉母音。《集韻》曉二絳韻有『惷，赫巷切』又『贛，呼降切』。《韻鏡》《切韻指掌圖》空位；《七音略》外轉第三重中重，列字爲『戇』；《四聲等子》宕攝内五陽唐重少輕多韻江全重開口呼，列字爲『惷』；《切韻指南》江攝外一，列字爲『惷』。《四聲等子》《切韻指南》從《集韻》，《七音略》列『戇』已誤，《起數訣》延續《七音略》再訛。《起數訣》誤，當删。

24（入二知）卓二覺　卓　《廣韻》《集韻》竹角切，知覺二入開江；《韻鏡》外轉第三開合、《七音略》外轉第三重中重、《切韻指掌圖》十四圖、《切韻指南》江攝外一，列字均爲『斲』；《四聲等子》空位。『斲』爲《廣韻》覺二知母位小韻首字，下收有『卓』字，列字以『斲』爲佳，《起數訣》亦無誤。

25（入二溪）□二覺　愨　《廣韻》《集韻》未收；《康熙字典》記：『《正字通》俗愨字。』《韻鏡》外轉第三開合、《切韻指掌圖》十四圖、《四聲等子》宕攝内五陽唐重少輕多韻江全重開口呼、《切韻指南》江攝外一，列字爲『嗀』；《七音略》外轉第三重中重，列字爲『殼』，當爲『嗀』誤；『嗀』爲《廣韻》覺二溪母位小韻首字，下收有『愨』字，《起數訣》當是由『愨』字再訛爲『愨』，列字仍以正體爲佳，當校改爲『嗀』。

26（入二疑）牙二覺　嶽　《廣韻》五角切，《集韻》逆角切，疑覺二入開江；《韻鏡》外轉第三開合，《四聲等子》宕攝内五陽唐重少輕多韻江全重開口呼，列字均爲『岳』；《七音略》外轉第三重中重，《切韻指掌圖》十四圖，《切韻指南》江攝外一，列字均爲『嶽』。『嶽』爲《廣韻》覺二疑母位小韻首字，下收有『岳』字，注上同，二字爲異體字，列字以『嶽』爲佳，《起數訣》亦無誤。

27 （入二穿）叉二覺　擉　《廣韻》《集韻》測角切，初覺二入開江。《韻鏡》外轉第三開合、《七音略》外轉第三重中重、《切韻指掌圖》十四圖、《切韻指南》江攝外一，列字均爲『娖』；《四聲等子》空位。『娖』爲《廣韻》覺二穿母位小韻首字，下收有『擉』字，列字以『娖』爲佳，《起數訣》亦無誤。

28 （入二曉）凡二覺　吒　《廣韻》許角切，曉覺二入開江；《集韻》未收；《康熙字典》記：『《玉篇》火角切。《廣韻》許角切。《集韻》《類篇》黑角切。』《韻鏡》空位；《七音略》外轉第三重中重、《切韻指掌圖》十四圖、《四聲等子》宕攝内五陽唐重少輕多韻江全重開口呼、《切韻指南》江攝外一，列字均爲『吒』。『吒』爲《廣韻》覺二曉母位小韻首字，《韻鏡》空位誤，《起數訣》是。

29 （入二影）在二覺　渥　《廣韻》於角切，《集韻》乙角切，影覺二入開江；《韻鏡》外轉第三開合、《七音略》外轉第三重中重、《切韻指南》江攝外一，列字均爲『渥』；《切韻指掌圖》十四圖、《四聲等子》宕攝内五陽唐重少輕多韻江全重開口呼，列字均爲『握』。『渥』爲《廣韻》覺二影母位小韻首字，下收有「握」字，列字以「渥」爲佳，《起數訣》是。

釋：

1 （平二牀）茶二江　淙　《廣韻》士江切，《集韻》鉏江切，崇江二平開江；《韻鏡》外轉第三開合、《七音略》外轉第三重中重、《切韻指掌圖》十四圖、《切韻指南》江攝外一，列字均爲「淙」；《四聲等子》宕攝内五陽唐重少輕多韻江全重開口呼，列字爲「牀」，崇母陽韻。

2 （平二審）三二江　雙　《廣韻》所江切，《集韻》踈江切，生江二平開江；《韻鏡》外轉第三開合、《七音略》外轉第三重中重、《切韻指掌圖》十四圖、《切韻指南》江攝外一，列字均爲「雙」；《四聲等子》宕攝内五陽唐重少輕多韻江全重開口呼，列字爲「霜」，生母陽韻。

3 （平二影）在二江　胦　《廣韻》握江切，《集韻》於江切，影江二平開江；《韻鏡》外轉第三開合、《七音略》外轉第三重中重、《切韻指掌圖》十四圖、《四聲等子》宕攝内五陽唐重少輕多韻江全重開口呼、《切韻指南》江攝外一，列字均爲「胦」。

4 （平二來）犖二江　瀧　《廣韻》吕江切，《集韻》閭江切，來江二平開江；《韻鏡》外轉第三開合、《七音略》外轉第三重中重、《切韻指掌圖》十四圖、《切韻指南》江攝外一，列字均爲「瀧」。《四聲等子》空位。

5（上二見）乍二講　講　《廣韻》《集韻》古項切，見講二上開江；《韻鏡》外轉第三開合、《七音略》外轉第三重中重、《切韻指掌圖》十四圖、《四聲等子》宕攝内五陽唐重少輕多韻江全重開口呼、《切韻指南》江攝外一，列字均爲『講』。

6（去二徹）坼二絳　[⿱𡗗目]　《廣韻》丑絳切，徹絳二去開江；《集韻》未收；《康熙字典》記：『《廣韻》《集韻》《韻會》《正韻》丑絳切，踔去聲。直視也。』《韻鏡》外轉第三開合、《七音略》外轉第三重中重、《切韻指掌圖》十四圖、《切韻指南》江攝外一，列字均爲『[⿱𡗗目]』。《四聲等子》空位。

7（去二見）乍二絳　絳　《廣韻》《集韻》古巷切，見絳二去開江；《韻鏡》外轉第三開合、《七音略》外轉第三重中重、《切韻指掌圖》十四圖、《四聲等子》宕攝内五陽唐重少輕多韻江全重開口呼、《切韻指南》江攝外一，列字均爲『絳』。

8（去二牀）茶二絳　漴　《廣韻》士絳切，《集韻》仕巷切，崇絳二去開江；《韻鏡》外轉第三開合、《七音略》外轉第三重中重、《切韻指南》江攝外一，列字均爲『漴』；《切韻指掌圖》空位；《四聲等子》宕攝内五陽唐重少輕多韻江全重開口呼，列字爲『狀』，崇母漾韻。

9（去二匣）華二絳　巷　《廣韻》《集韻》胡絳切，匣絳二去開江；《韻鏡》外轉第三開合、《七音略》外轉第三重中重、《切韻指掌圖》十四圖、《四聲等子》宕攝内五陽唐重少輕多韻江全重開口呼、《切韻指南》江攝外一，列字均爲『巷』。

10（入二徹）斫二覺　逴　《廣韻》《集韻》勑角切，徹覺二入開江；《韻鏡》外轉第三開合、《七音略》外轉第三重中重、《切韻指掌圖》十四圖、《切韻指南》江攝外一，列字均爲『逴』；《四聲等子》空位。

11（入二澄）大二覺　濁　《廣韻》《集韻》直角切，澄覺二入開江；《韻鏡》外轉第三開合、《七音略》外轉第三重中重、《切韻指掌圖》十四圖、《切韻指南》江攝外一，列字均爲『濁』；《四聲等子》空位。

12（入二娘）南二覺　搦　《廣韻》女角切，《集韻》昵角切，娘覺二入開江；《韻鏡》外轉第三開合、《七音略》外轉第三重中重、《切韻指掌圖》十四圖、《切韻指南》江攝外一，列字均爲『搦』；《四聲等子》空位。

13（入二見）乍二覺　覺　《廣韻》古岳切，《集韻》訖岳切，見覺二入開江；《韻鏡》外轉第三開合、《七音略》外轉第三重中重、《切韻指掌圖》十四圖、《四聲等子》宕攝内五陽唐重少輕多韻江全重開口呼、《切韻指南》江攝外一，列字均爲『覺』。

14（入二照）莊二覺　捉　《廣韻》《集韻》側角切，莊覺二入開江；《韻鏡》外轉第三開合、《七音略》外轉第三重中重、《切韻指掌圖》十四圖、《切韻指南》江攝外一，列字均爲『捉』；《四聲等子》宕攝内五陽唐重少輕多韻江全重開口呼，列字爲『斮』。

15（入二牀）茶二覺　浞　《廣韻》士角切，《集韻》仕角切，崇覺二入開江；《韻鏡》外轉第三開合、《七音略》外轉第三重中重、《切韻指掌圖》十四圖、《切韻指南》江攝外一，列字均爲『浞』；《四聲等子》宕攝内五陽唐重少輕多韻江全重開口呼，列字爲『斮』，莊母覺韻，誤。

16 （入二審）三二覺　朔　《廣韻》所角切，《集韻》色角切，生覺二入開江；《韻鏡》外轉第三開合、《七音略》外轉第三重中重、《切韻指掌圖》十四圖、《切韻指南》江攝外一，列字均爲『朔』；《四聲等子》空位。

17 （入二匣）華二覺　學　《廣韻》胡覺切，匣覺二入開江；《集韻》未收；《韻鏡》外轉第三開合、《七音略》外轉第三重中重、《切韻指掌圖》十四圖、《四聲等子》宕攝内五陽唐重少輕多韻江全重開口呼、《切韻指南》江攝外一，列字均爲『學』。

18 （入二來）犖二覺　犖　《廣韻》呂角切，《集韻》力角切，來覺二入開江；《韻鏡》外轉第三開合、《七音略》外轉第三重中重、《切韻指掌圖》十四圖、《切韻指南》江攝外一，列字均爲『犖』；《四聲等子》空位。

	艮十二			坎四	坎五	井五	坎三	比五	坎六	井六
口	宅	收		口	品	平	美	帝	天	田
		音	支 脣五	美下						
		清								
		開口	支 鐘五	陂	披	皮	糜			膂
		內轉	支	卑	㽰	脾	彌			
			紙							
			紙 笑五	彼	破	被	靡			
			紙	俾	仳	婢	瀰			
			寘							
			寘 睽五	賁	帔	髲	縻			
			寘	臂	譬	避		帝		
			昔	碧						
			昔	辟	僻	闢				

比七	比一	坎一	井一	坎二	坎八	坎八	井八	比十	蹇九	比二
女	九	丘	乾	仰	足	七	全	手	象	香
					貲	雌	疵	斯		
	嬀	虧	跂	危						
			祇	覬						訑詑
					紫	此	鮆			
	枳	企遣尒					鮆			
					積	刺	漬	賜		
	寄	踦	芰	蟻						
	馶	企去智								
					積	刺	籍	昔	席	

第七圖　收音清

口	乙 比三	口 比四	呂 坎七	耳 坎十	辰 井十一	收		丙 比五	口	蕭 塞五
						音濁	支（蘐）支（戊蘐）支 支			
		移			徒		紙 紙			
		酏	莂	佘		乞五	紙 紙			
						睽五	寘 寘 寘 寘			
	蘊	陽								
	益	繹	、			妹五	昔 昔			

第七圖　收音清

本圖舒聲收支紙寘韻開口四等字，並收有三等脣音字及部分舌齒音字。係拆分《韻鏡》內轉第四開合，按一般規則當取一四等及脣音字，止攝《廣韻》無一等，本圖將《韻鏡》四等精組字升至一等。但本圖内又收有部分舌齒音三等字，與一般列圖規則不符，且多於第八圖重出。本圖配有入聲，入聲爲昔韻開口四等字，在《韻鏡》外轉第三十五開，配梗攝舒聲。明本在「收音清」下標有「開口内轉」，四庫本無。明本聲母幫、匣、喻處列「□」，四庫本空位。幫母「□」下，一等韻格内有「美下」二字標注。韻目平聲明本均標「支」，四庫本標「攴」，四庫本誤。明本、四庫本上聲韻目均爲「紙」，均當正爲「紙」。

校注：

1 平聲韻目一三四等，明本列目爲「支」，四庫本均列目爲「攴」，均爲「支」韻刊刻誤，當校改爲「支」。

2 (平一精)足一支　貲　《廣韻》即移切，《集韻》將支切，精支三平開止；《韻鏡》内轉第四開合、《七音略》内轉第四重中輕内重、《切韻指南》止攝内二開口呼通門，均於四等位列『貲』字；《四聲等子》止攝内二重少輕多韻開口呼，於精母四等位列『資』，精母脂韻；《切韻指掌圖》十八圖，精母一等位列字爲『兹』，精母之韻。『貲』爲支韻精母三等字且爲《廣韻》小韻首字，按韻圖規制，當列於四等位。《切韻指掌圖》精母支之韻已上升爲一等字，《起數訣》同《指掌圖》，列字表現語音變化。

3（平一清）七一支　雌　《廣韻》此移切，《集韻》七支切，清支三平開止；《韻鏡》内轉第四開合、《七音略》内轉第四重中輕内重、《四聲等子》止攝内二重少輕多韻開口呼、《切韻指南》止攝内二開口呼通門，均於清母四等位列『雌』字；《切韻指掌圖》十八圖，清母一等位列字爲『雌』。『雌』爲支韻清母三等字且爲《廣韻》小韻首字，按韻圖規制，當列於四等位。《切韻指掌圖》已上升爲一等字，《起數訣》同《指掌圖》，列字表現語音變化。

4（平一從）全一支　疵　《廣韻》疾移切，《集韻》才支切，從支三平開止；《韻鏡》内轉第四開合，列於三等，四等空位，誤；《七音略》内轉第四重中輕内重、《四聲等子》止攝内二重少輕多韻開口呼，從母四等位列字均爲『疵』；《切韻指掌圖》十八圖，從母一等位列字爲『慈』；《切韻指南》止攝内二開口呼通門從母四等列字爲『慈』，從母之韻。『疵』爲支韻從母三等字且爲《廣韻》小韻首字，按韻圖規制，當列於四等位。《切韻指掌圖》從母支之韻已上升爲一等字，《起數訣》同《指掌圖》，列字表現語音變化。

5 （平一心）手一支　斯　《廣韻》息移切，《集韻》相支切，心支三平開止；《韻鏡》內轉第四開合、《七音略》內轉第四重中輕內重、《四聲等子》止攝內二重少輕多韻開口呼，心母四等位列字均爲『斯』；《切韻指南》止攝內二開口呼通門，心母四等位列字爲『思』；《切韻指掌圖》十八圖，心母一等位列字爲『思』，心母之韻。『斯』爲支韻心母三等字且爲《廣韻》小韻首字，按韻圖規制，當列於四等位。《切韻指掌圖》心母支之韻已上升爲一等字，《起數訣》同《指掌圖》，列字表現語音變化。

6 （平三幫）□三支　陂　《廣韻》彼爲切，《集韻》斑糜切，幫支三平開止；《韻鏡》內轉第四開合、《七音略》內轉第四重中輕內重、《四聲等子》《切韻指南》，列字均爲『陂』；《切韻指掌圖》十九圖，列字爲『碑』。『陂』爲《廣韻》支韻幫母位重紐三等小韻首字，下收有『碑』字，列字以『陂』爲佳，《起數訣》是。

7 （平三滂）品三支　披　《廣韻》敷羈切，《集韻》攀糜切，滂支三平開止；《韻鏡》內轉第四開合、《七音略》內轉第四重中輕內重、《切韻指掌圖》十九圖、《切韻指南》止攝內二開口呼通門，列字均爲『鈹』；《四聲等子》止攝內二重少輕多韻開口呼，列字爲『披』。『鈹』爲《廣韻》支韻滂母位重紐三等小韻首字，下收有『披』字，列字以『鈹』爲佳，《起數訣》亦無誤。

8 （平三明）美三支　糜　《廣韻》武悲切，《集韻》旻悲切，明脂平開三止；不當列於支韻位；《廣韻》支韻位列『糜』，靡爲切；《集韻》支韻位列『糜』，忙皮切。《韻鏡》內轉第四開合，列字爲『縻』；《七音略》内轉第四重中輕内重、《切韻指掌圖》十九圖，列字爲『麋』；《四聲等子》止攝内二重少輕多韻開口呼、《切韻指南》止攝内二開口呼通門，列字爲『糜』。『糜』爲《廣韻》支韻明母位重紐三等小韻首字，下收有『縻』字。《起數訣》誤，當校改爲『糜』。

9（平三澄）田三支　鬌　《廣韻》直垂切，《集韻》重垂切，澄支三合開止；《韻鏡》内轉第四開合、《七音略》内轉第四重中輕内重、《四聲等子》止攝内二重少輕多韻開口呼、《切韻指南》止攝内二開口呼通門，列字爲『馳』；《切韻指掌圖》十九圖，列字爲『鎚』，澄母脂韻；《韻鏡》内轉第五合、《七音略》内轉五輕中輕，在合口圖列『鬌』字。『馳』爲《廣韻》支韻開口澄母位小韻首字，『鬌』爲合口澄母位小韻首字，《起數訣》誤，開口當列『馳』字。『馳』字已列第八圖支三澄母位，本圖當刪。

10（平三見）九三支　嬀　《廣韻》居爲切，《集韻》俱爲切，見支合平開止；《韻鏡》内轉第五合、《七音略》内轉五輕中輕，列字均爲『嬀』；　均爲合口圖。《韻鏡》内轉第四開合，列字爲『羈』；《七音略》内轉第四重中輕内重，列字爲『羈』。《切韻指掌圖》十九圖合口圖，列字爲『歸』，見母微韻；十八圖開口圖，列字爲『基』，見母之韻。《四聲等子》開口圖列字爲『畸』，見母支韻；合口圖列字『歸』；《切韻指南》開口圖列字爲『飢』，見母脂韻；合口圖列字爲『龜』。『羈』爲《廣韻》支韻開口見母位小韻首字，『嬀』字應列於合口圖，《起數訣》誤，開口當列『羈』字。『羈』字已列第八圖支三見母位，本圖當刪。

11（平三溪）丘三支　虧　《廣韻》去爲切，《集韻》驅爲切，溪支三平合止；《韻鏡》内轉第五合、《七音略》内轉五輕中輕，列字均爲「虧」；均爲合口圖。《韻鏡》内轉第四開合，列字爲「攲」；《七音略》内轉第四重中輕内重，列字爲「攲」。《切韻指掌圖》十九圖合口圖，列字爲「蘬」，溪母脂韻；十八圖開口圖，列字爲「欺」，溪母之韻。《四聲等子》開口圖列字爲「攲」；合口圖列字「蘬」；《切韻指南》開口圖列字爲「攲」；合口圖列字爲「虧」。「攲」爲《廣韻》支韻開口溪母位小韻首字，「虧」爲合口溪母位小韻首字，「虧」字應列於合口圖，《起數訣》誤，開口當列「攲」字。《起數訣》第八圖支三溪位列「欹」字，爲「攲」字誤，本圖當删。

12（平三群）乾三支　𢲈　《廣韻》《集韻》未收；《康熙字典》記：「《唐韻》巨之切，《集韻》翹移切，音祇。又《廣韻》墟彼切，《集韻》去倚切。又《集韻》巨爲切。」按「巨爲切」，群母支韻合口。《韻鏡》内轉第五合，列字爲「𢲈」；内轉第四開合，列字爲「奇」。《七音略》内轉第五輕中輕，空位；内轉第四重中輕，列字爲「奇」。《切韻指掌圖》十九圖合口圖，列字爲「逵」，群母脂韻；十八圖開口圖，列字爲「其」，群母之韻；《四聲等子》《切韻指南》合口圖列字爲「逵」，開口圖列字爲「奇」。「奇」爲《廣韻》支韻開口群母位小韻首字，《起數訣》誤，開口當列「奇」字。《起數訣》第八圖支三群位列「奇」字，本圖當删。

13（平三疑）仰三支　危　《廣韻》魚爲切，《集韻》虞爲切，疑支三平合止；《韻鏡》内轉第五合、《七音略》内轉第四輕中輕，列字均爲「危」，均爲合口圖；《韻鏡》内轉第四開合、《七音略》内轉第四重中輕，列字均爲『宜』。《切韻指掌圖》十九圖合口圖，列字爲『巍』，疑母微韻；十八圖開口圖，列字爲『疑』，疑母之韻。《四聲等子》開口圖列字爲『宜』，合口圖列字爲『巍』；《切韻指南》開口圖列字爲『狋』，合口圖列字爲『危』。『宜』爲《廣韻》支韻開口疑母位小韻首字，『危』爲合口疑母位小韻首字，《起數訣》誤，開口當列『宜』字。《起數訣》第八圖支三疑位已列『宜』字，本圖當删。

14 (平四幫)□四支　卑　《廣韻》府移切，《集韻》賓彌切，幫支三平開止；《韻鏡》内轉第四開合、《七音略》内轉第四重中輕内重、《切韻指南》止攝内二開口呼通門入聲字見於臻攝，列字均爲『𤰞』；《四聲等子》止攝内二重少輕多韻開口呼，列字爲『卑』，『𤰞』、『卑』二字爲異體字；《切韻指掌圖》十九圖，列字爲『𤰞』，幫母齊韻。『𤰞』爲《廣韻》支韻重紐四等位小韻首字，《起數訣》是。

15 (平四滂)品四支　𣬈　《廣韻》匹支切，滂支三平開止；《集韻》未收；《韻鏡》内轉第四開合，列字爲『披』；《七音略》内轉第四重中輕内重、《四聲等子》止攝内二重少輕多韻開口呼，列字均爲『𣬈』；《切韻指掌圖》十九圖，列字爲『䃾』，滂母齊韻；《切韻指南》止攝内二開口呼通門入聲字見於臻攝，列字爲『紕』，滂母脂韻。《韻鏡》列『披』字，爲重紐三等字，當列於三等，誤；『𣬈』爲《廣韻》支韻滂母重紐四等字，爲小韻首字，當列於此位；《起數訣》是。

16 (平四並)平四支　脾　《廣韻》符支切，《集韻》頻彌切，並支三平開止；《韻鏡》内轉第四開合、《七音略》内轉第四重中輕内重、《四聲等子》止攝内二重少輕多韻開口呼，列字均爲『陴』；《切韻指掌圖》十九圖，列字爲『鼙』，並母齊韻；《切韻指南》止攝内二開口呼通門入聲字見於臻攝，列字爲『毗』，並母脂韻。『陴』爲《廣韻》支韻並母重紐四等位小韻首字，下收有『脾』字，列字以『陴』爲佳，《起數訣》亦無誤。

17 (平四明)美四支　瀰　明本列字爲『瀰』，四庫本爲『彌』。『瀰』，《康熙字典》記：『《唐韻》奴禮切；《集韻》《韻會》《正韻》乃禮切，音禰。《説文》水滿也。與濔同。』『彌』，《廣韻》武移切，《集韻》民卑切，明支三平開止；《韻鏡》内轉第四開合、《七音略》内轉第四重中輕内重、《四聲等子》止攝内二重少輕多韻開口呼、《切韻指南》止攝内二開口呼通門入聲字見於臻攝，列字均爲『彌』；《切韻指掌圖》十九圖，列字爲『迷』，明母齊韻。『彌』爲《廣韻》支韻明母重紐四等位小韻首字，下收有『瀰』字，《起數訣》四庫本列小韻首字是，明本列非首字『瀰』之異體，亦無誤。

18 (平四群)乾四支　祗　《廣韻》旨夷切，《集韻》蒸夷切，章脂三平開止；不當列於群母位。《韻鏡》内轉第四開合、《切韻指掌圖》十八圖、《四聲等子》止攝内二重少輕多韻開口呼，列字爲『祇』；《七音略》内轉第四重中輕内重、《切韻指南》止攝内二開口呼通門入聲字見於臻攝，列字均爲『祗』。因版本不清，《起數訣》列字亦可能爲『祇』，列『祗』字諸圖皆爲『祇』字誤。『祇』巨支切，群母支韻；章移切，章母支韻。『祇』爲《廣韻》支韻群母重紐四等位小韻首字,《起數訣》是。

19 (平四疑)仰四支 䡾 《廣韻》《集韻》未收;《康熙字典》記:「《集韻》語支切,音輗。骨貎。」「語支切」,疑母支韻。《韻鏡》《七音略》空位;《切韻指掌圖》十八圖,列字爲「倪」,疑母齊韻;《四聲等子》止攝内二重少輕多韻開口呼、《切韻指南》止攝内二開口呼通門入聲字見於臻攝,列字均爲「䡾」。《起數訣》《切韻指南》列「䡾」字,當從《集韻》,亦無誤。

20 (平四精)足四支 ○ 《廣韻》《集韻》有字「貲」。本圖已列至一等位,爲語音變化之表現,此處不補。

21 (平四清)七四支 ○ 《廣韻》《集韻》有字「雌」。本圖已列至一等位,爲語音變化之表現,此處不補。

22 (平四從)全四支 ○ 《廣韻》《集韻》有字「疵」。本圖已列至一等位,爲語音變化之表現,此處不補。

23 (平四心)手四支 ○ 《廣韻》《集韻》有字「斯」。本圖已列至一等位,爲語音變化之表現,此處不補。

24 (平四曉)香四支 訑/詑 明本上「訑」下「詑」,字「詑」列於右下角,顯係標注字,四庫本上「訑」,下「詑」,字形大小均等。訑,《康熙字典》記:「《集韻》土和切,音涶。俗訑字。」「詑」「訑」「訑」互爲異體字。詑,《廣韻》香支切,曉支三平開止;《集韻》余支切,以支三平開止。

按《廣韻》可列於此位，《集韻》則不可。《韻鏡》空位；《七音略》内轉第四重中輕，列字爲『訑』；《切韻指掌圖》十八圖，列字爲『醯』，曉母齊韻；《四聲等子》止攝内二重少輕多韻開口呼，列字爲『詑』；《切韻指南》止攝内二開口呼通門入聲字見於臻攝，列字爲『咦』，曉母脂韻。『詑』爲《廣韻》支韻曉母重紐四等位小韻首字，下收有『訑』字，《起數訣》是。韻圖均列一字，此處列二異體字，但列字以小韻首字爲佳，可校删『訑』字。

25 上聲韻目一三四等均列字爲『紙』，均爲『紙』韻刊刻誤，當校改爲『紙』。

26 （上一精）足一紙　紫　《廣韻》將此切，《集韻》蔣氏切，精紙三上開止；《韻鏡》内轉第四開合、《七音略》内轉第四重中輕内重、《四聲等子》止攝内二重少輕多韻開口呼，均於四等位列『紫』字；《切韻指南》止攝内二開口呼通門入聲字見於臻攝，四等位列字爲『姊』，精母旨韻。《切韻指掌圖》十八圖，於一等位列字爲『紫』。《切韻指掌圖》精組紙韻已上升爲一等字，《起數訣》同《指掌圖》，列字表現語音變化。

27 （上一清）七一紙　此　《廣韻》雌氏切，《集韻》淺氏切，清紙三上開止；《韻鏡》内轉第四開合、《七音略》内轉第四重中輕内重、《四聲等子》止攝内二重少輕多韻開口呼、《切韻指南》止攝内二開口呼通門入聲字見於臻攝，均於四等位列『此』字。《切韻指掌圖》十八圖，於一等位列『此』字。《切韻指掌圖》精組紙韻已上升爲一等字，《起數訣》同《指掌圖》，列字表現語音變化。

28 （上一從）全一紙 ⿱紫灬 《廣韻》未收；《集韻》自爾切，從紙三上開止；《韻鏡》《七音略》《切韻指掌圖》空位；《四聲等子》止攝内二重少輕多韻開口呼、《切韻指南》止攝内二開口呼通門四等位列字爲『⿱紫灬』。此二圖與《起數訣》從《集韻》。此字爲精組三等字，當列於四等位。《起數訣》列爲一等，表現精組紙韻已上升爲一等字，列字表現語音變化。

29 （上一心）手一紙 ◯ 《廣韻》《集韻》紙韻心母位有『徙』字。《韻鏡》内轉第四開合、《七音略》内轉第四重中輕内重、《四聲等子》止攝内二重少輕多韻開口呼，均於四等位列『徙』字；《切韻指南》心母四等位列字爲『枲』，《切韻指掌圖》於心母一等位列『枲』字。『枲』，心母指韻。此字爲精組三等字，當列於四等位。按《起數訣》精組列字規律，『徙』當列於心母一等。《起數訣》誤，當校補『徙』字。

30 （上一半三）辰一紙 徒 明本列字爲『徒』，四庫本列『徙』，明本顯誤。《廣韻》斯氏切，《集韻》想氏切，心紙三上開止；此字當列於心母位；《起數訣》列於上一半三。明本誤，當校改爲『徙』，四庫本列字是。

31 （上三幫）□三紙 彼 明本列字爲『彼』，四庫本空位。《廣韻》紙韻幫母重紐三等有『彼』，《廣韻》甫委切，《集韻》補靡切，幫紙三上開止；《韻鏡》内轉第四開合、《七音略》内轉第四重中輕，均於開口圖中列『彼』字；《切韻指掌圖》第十九圖合口圖，幫三紙位列『彼』；《四聲等子》《切韻指南》均列『彼』字。從《起數訣》列圖上看，脣音字多列於開口圖，本圖平去入均收脣音字，且其他圖中未收脣音開口字。三等不收會導致韻圖結構不平衡，因此《起數訣》四庫本空位誤，當校補『彼』字。明本列字是。

32 (上三滂)品三紙　破　明本列字爲『破』，四庫本空位。《廣韻》紙韻滂母重紐三等有『破』，《廣韻》匹靡切，《集韻》普靡切，滂紙三上開止；《韻鏡》内轉第四開合、《七音略》内轉第四重中輕、《切韻指掌圖》第十九圖、《四聲等子》、《切韻指南》列字均爲『破』字。《起數訣》四庫本空位誤，當校補『破』字。明本列字是。

33 (上三並)平三紙　被　明本列字爲『被』，四庫本空位。《廣韻》紙韻並母重紐三等有『被』，《廣韻》皮彼切，《集韻》部靡切，並紙三上開止；《韻鏡》内轉第四開合、《七音略》内轉第四重中輕、《切韻指掌圖》第十九圖、《四聲等子》、《切韻指南》列字均爲『被』字。《起數訣》四庫本空位誤，當校補『被』字。明本列字是。

34 (上三明)美三紙　靡　明本列字爲『靡』，四庫本空位。《廣韻》紙韻明母重紐三等有『靡』，《廣韻》文彼切，《集韻》母被切，明紙三上開止；《韻鏡》内轉第四開合、《七音略》内轉第四重中輕、《切韻指掌圖》第十九圖、《四聲等子》列字均爲『靡』。《切韻指南》上三明母位列字爲『美』，明母旨韻。《起數訣》四庫本空位誤，當校補『靡』字。明本列字是。

35 (上四幫)□四紙　俾　明本列字爲『俾』，四庫本空位。《廣韻》紙韻幫母重紐四等有『裨』，《廣韻》并弭切，《集韻》補弭切，明紙三上開止；《韻鏡》内轉第四開合，列字爲『俾』；《七音略》内轉第四重中輕、《切韻指掌圖》第十九圖，列字爲『比』，幫母旨韻；《四聲等子》列字均爲『𢔩』；《切韻指南》列字爲『匕』，幫母旨韻。『𢔩』爲《廣韻》紙韻幫母重紐四等位小韻首字，下收有『俾』字。《起數訣》明本列『俾』字，雖非小韻首字，亦無誤。四庫本空位誤，當校補『𢔩』字。

36 (上四滂)品四紙 ○ 明本列字爲『仳』，四庫本空位。《廣韻》紙韻滂母重紐四等有『諀』，《廣韻》匹婢切，《集韻》普弭切，明紙三上開止；《韻鏡》内轉第四開合、《七音略》内轉第四重中輕、《切韻指掌圖》第十九圖、《四聲等子》、《切韻指南》列字均爲『諀』。『諀』爲《廣韻》紙韻滂母重紐四等位小韻首字，下收有『仳』字。《起數訣》明本列『仳』字，雖非小韻首字，亦無誤。四庫本空位誤，當校補『諀』字。

37 (上四並)平四紙 婢 明本列字爲『婢』，四庫本空位。《廣韻》紙韻並母重紐四等有『婢』，《廣韻》便俾切，《集韻》部弭切，並紙三上開止；《韻鏡》内轉第四開合、《七音略》内轉第四重中輕、《切韻指掌圖》第十九圖、《四聲等子》、《切韻指南》列字均爲『婢』。『婢』爲《廣韻》紙韻並母重紐四等位小韻首字，《起數訣》明本是，四庫本空位誤，當校補『婢』字。

38 (上四明)美四紙 瀰 明本列字爲『瀰』，四庫本空位。《廣韻》紙韻明母重紐四等有『渳』，《廣韻》綿婢切，《集韻》母婢切，明紙三上開止；《韻鏡》内轉第四開合，《七音略》内轉第四重中輕、《四聲等子》列字爲『弭』；《切韻指掌圖》第十九圖、《切韻指南》列字爲『渳』。『渳』

爲《廣韻》紙韻明母重紐四等位小韻首字，下收有『弭』『瀰』二字。《起數訣》明本列字雖非小韻首字，亦無誤。四庫本空位誤，當校補『渳』字。

39（上四見）九四紙　枳　明本列字爲『枳』，四庫本空位。《廣韻》紙韻見母重紐四等有『枳』，《廣韻》居帋切，《集韻》頸尒切，見紙三上開止。《韻鏡》内轉第四開合，列字爲『踦』，爲重紐三等字，當列於三等，誤；《七音略》内轉第四重中輕、《四聲等子》、《切韻指南》，列字爲『枳』；《切韻指掌圖》第十八圖，列字爲『几』，見母旨韻。『枳』爲《廣韻》紙韻見母重紐四等位小韻首字，《起數訣》明本列字是；四庫本空位誤，當校補『枳』字。

40（上四溪）丘四紙　企　明本列字爲『企』，且下有反切『遣爾』，四庫本空位。《廣韻》紙韻溪母重紐四等有『企』，《廣韻》丘弭切，《集韻》遣尒切，溪紙三上開止。《韻鏡》内轉第四開合、《七音略》内轉第四重中輕、《切韻指掌圖》第十八圖、《四聲等子》、《切韻指南》，列字均爲『企』。『企』爲《廣韻》紙韻溪母重紐四等位小韻首字，《起數訣》明本列字是，但可將標注反切『遣爾』去掉；四庫本空位誤，當校補『企』字。

41（上四精）足四紙　〇　《廣韻》《集韻》有字『紫』。本圖已列至一等位，爲語音變化之表現，此處不補。

42（上四清）七四紙　〇　《廣韻》《集韻》有字『此』。本圖已列至一等位，爲語音變化之表現，此處不補。

43（上四從）全四紙　黹　《廣韻》未收；《集韻》自爾切，從紙三上開止；此字按《切韻》系統語音及韻圖規制，當列於四等。但《起數訣》已發生語音變化，精組止攝字已上升爲一等字，且該字已列於一等，則不當列於此位，此處當校刪。

44（上四心）手四紙　〇　《廣韻》《集韻》有字『徙』。本圖心母一等位亦空位，列於上一半三位，爲語音變化之表現，此處不補。

45（上四喻）□四紙　酏　明本列字爲『酏』，四庫本列字爲『馳』。酏，《廣韻》移爾切，以紙三上開止。馳，《廣韻》直離切，《集韻》陳知切，澄支三平開止。均不可列於此位，當爲『酏』字誤。《韻鏡》内轉第四開合、《七音略》内轉第四重中輕内重、《四聲等子》止攝内二重少輕多韻開口呼，喻母紙韻位列爲『酏』；《切韻指掌圖》十八圖，列字爲『池』；《切韻指南》止攝内二開口呼通門，喻母列字爲『以』，以母止韻。『酏』爲《廣韻》紙韻以母位小韻首字，按韻圖規制當列於四等。『馳』爲澄母字，在諸圖亦列於澄母。《起數訣》明本列字是；四庫本誤，當校改爲『酏』。

46（上四來）吕四紙　峛　《廣韻》力紙切，來紙三上開止；《集韻》輦尒切，來紙三上開止；《韻鏡》《七音略》《四聲等子》《切韻指南》空位；《切韻指掌圖》十八圖，列字爲『邐』。『邐』爲《廣韻》紙韻來母位小韻首字，下收『峛』字，此字當列於三等位。《起數訣》誤，當校刪。

47（上四日）耳四紙　尒　此字當爲『尔』字誤。『尔』，《廣韻》兒氏切，日紙三上開止；《集韻》

未收。日母字當列於三等位。《韻鏡》《七音略》《切韻指掌圖》《四聲等子》《切韻指南》空位。《起數訣》誤，當校删。

48（去一精）足一寘　積　《廣韻》《集韻》子智切，精寘三去開止；《韻鏡》内轉第四開合、《七音略》内轉第四重中輕内重，列字爲『積』；《切韻指掌圖》十八圖，於一等位列字爲『恣』，精母至韻三等；《四聲等子》止攝内二重少輕多韻開口呼，於四等位列『積』字；《切韻指南》止攝内二開口呼通門，於四等位列『恣』字。『積』爲《廣韻》寘韻精母位小韻首字，此字爲精組三等字，當列於四等位。《起數訣》列爲一等，表現精組紙韻已上升爲一等字，列字表現語音變化。

49（去一清）七一寘　剌　《廣韻》盧達切，來曷一入開山。此字當爲『刺』字形訛。刺，《廣韻》《集韻》七賜切，清寘三去開止；《韻鏡》内轉第四開合、《七音略》内轉第四重中輕内重，列字均爲『刺』，誤；《切韻指掌圖》十八圖，列字爲『載』，清母寘韻；《四聲等子》止攝内二重少輕多韻開口呼，列字爲『刺』；《切韻指南》止攝内二開口呼通門，列字爲『次』，清母至韻。『刺』爲《廣韻》寘韻清母位小韻首字，此字爲精組三等字，當列於四等位。《起數訣》列爲一等，表現精組紙韻已上升爲一等字，列字表現語音變化。

50（去一從）全一寘　漬　《廣韻》《集韻》疾智切，從寘三去開止；《韻鏡》内轉第四開合、《七音略》内轉第四重中輕内重，列字均爲『漬』；《切韻指掌圖》十八圖，列字爲『自』，從母至韻；

《四聲等子》止攝内二重少輕多韻開口呼，列字爲「漬」；《切韻指南》止攝内二開口呼通門入聲字見於臻攝，列字爲「自」。「漬」爲《廣韻》寘韻從母位小韻首字，此字爲精組三等字，當列於四等位。《起數訣》列爲一等，表現精組紙韻已上升爲一等字，列字表現語音變化。

51 （去一心）手一寘　賜　《廣韻》《集韻》斯義切，心寘三去開止；《韻鏡》内轉第四開合、《七音略》内轉第四重中輕内重，列字均爲「賜」；《切韻指掌圖》十八圖，列字爲「笥」，心母志韻；《四聲等子》止攝内二重少輕多韻開口呼，列字爲「賜」；《切韻指南》止攝内二開口呼通門入聲字見於臻攝，列字爲「四」，心母至韻。「賜」爲《廣韻》寘韻心母位小韻首字，此字爲精組三等字，當列於四等位。《起數訣》列爲一等，表現精組紙韻已上升爲一等字，列字表現語音變化。

52 （去三明）美三寘　縻　《廣韻》靡爲切，《集韻》忙皮切，明支三平開止；《韻鏡》空位；《七音略》内轉第四重中輕内重、《切韻指掌圖》十九圖，列字均爲「魅」，明母至韻；《四聲等子》止攝内二重少輕多韻開口呼，列於明母脂韻，至韻位列「媚」，明母至韻；《切韻指南》止攝内二開口呼通門入聲字見於臻攝，列於脂韻，至韻位列「縻」，明母支韻。《廣韻》寘韻明母無字，此處誤，當校删。

53 （去三見）九三寘　寄　《廣韻》《集韻》居義切，見寘三去開止；《韻鏡》内轉第四開合、《七音略》内轉第四重中輕内重、《四聲等子》止攝内二重少輕多韻開口呼，列字均爲「寄」；《切韻指掌圖》十八圖，列字爲『記』，見母志韻；《切韻指南》止攝内二開口呼通門入聲字見於臻攝，列字爲『冀』，見母至韻。『寄』爲《廣韻》寘韻見母位小韻首字，按一般列圖規則，本圖當列一四等及脣音字，故『寄』字不當列於此圖，且於第八圖重出，當列於第八圖，本圖當删。

54（去三溪）丘三寘　徛　《廣韻》卿義切，溪寘三去開止；《集韻》未收；《韻鏡》内轉第四開合、《七音略》内轉第四重中輕内重，列字均爲『徛』；《切韻指掌圖》十八圖，列字爲『亟』，見母職韻；《四聲等子》止攝内二重少輕多韻開口呼，列字爲『椅』，影母紙韻，誤；《切韻指南》止攝内二開口呼通門入聲字見於臻攝，列字爲『器』，溪母至韻。『徛』爲《廣韻》寘韻溪母位小韻首字，按一般列圖規則，本圖當列一四等及脣音字，故『徛』字不當列於此圖，本圖當删。

55（去三群）乾三寘　芰　《廣韻》《集韻》奇寄切，群寘三去開止；《韻鏡》内轉第四開合、《七音略》内轉第四重中輕内重、《四聲等子》止攝内二重少輕多韻開口呼、《切韻指南》止攝内二開口呼通門入聲字見於臻攝，列字均爲『芰』；《切韻指掌圖》十八圖，列字爲『忌』，群母志韻。『芰』爲《廣韻》寘韻群母位小韻首字，按一般列圖規則，本圖當列一四等及脣音字，故『芰』字不當列於此圖，本圖當删。

56（去三疑）仰三寘　蟻　《廣韻》《集韻》均未收；《韻鏡》内轉第四開合、《四聲等子》止攝内二重少輕多韻開口呼、《切韻指掌圖》十八圖，列字爲『義』；《七音略》内轉第四重中輕内重，列字爲『議』；《切韻指南》止攝内二開口呼通門入聲字見於臻攝，列字爲『魕』，疑母志韻。『議』爲寘韻疑母位小韻首字，下收有『義』字。《起數訣》誤，當列『議』字。按一般列圖規則，本圖當列一四等及脣音字，故不當列於此圖，本圖當删。

57（去四幫）□四寘　臂　《廣韻》《集韻》卑義切，幫寘三去開止；《韻鏡》空位；《七音略》内轉第四重中輕内重、《切韻指掌圖》十九圖、《四聲等子》止攝内二重少輕多韻開口呼，列字均爲『臂』；《切韻指南》止攝内二開口呼通門入聲字見於臻攝，列字爲『庳』，幫母支韻，誤。『臂』爲《廣韻》寘韻幫母重紐四等位小韻首字，《韻鏡》空位誤，《起數訣》是。

58（去四滂）品四寘　譬　《廣韻》匹賜切，《集韻》匹智切，滂寘三去開止；《韻鏡》空位；《七音略》内轉第四重中輕内重、《切韻指掌圖》十九圖、《四聲等子》止攝内二重少輕多韻開口呼、《切韻指南》止攝内二開口呼通門入聲字見於臻攝，列字均爲『譬』。『譬』爲《廣韻》寘韻滂母重紐四等位小韻首字，《韻鏡》空位誤，《起數訣》是。

59（去四並）平四寘　避　《廣韻》《集韻》毗義切，並寘三去開止；《韻鏡》空位；《七音略》内轉第四重中輕内重、《四聲等子》止攝内二重少輕多韻開口呼，列字均爲『避』；《切韻指掌圖》十九圖、《切韻指南》止攝内二開口呼通門入聲字見於臻攝，列字爲『鼻』。『避』爲《廣韻》寘韻並母重紐四等位小韻首字，《韻鏡》空位誤，《起數訣》是。

60（去四端）帝四寘　帝　《廣韻》都霽切，《集韻》丁易切，端寘三去開止；按

《廣韻》不可列於此位，《集韻》可。《韻鏡》《七音略》空位；《切韻指掌圖》十八圖、《四聲等子》止攝内二重少輕多韻開口呼、《切韻指南》止攝内二開口呼通門入聲字見於臻攝，列字均爲『帝』，此三圖均爲并韻韻圖，可列霽韻字。《廣韻》寘韻無端母字，《起數訣》從《集韻》，亦無誤。

61 （去四精）足四寘　〇　《廣韻》《集韻》有字『積』。本圖已列至一等位，爲語音變化之表現，此處不補。

62 （去四清）七四寘　〇　《廣韻》《集韻》有字『刺』。本圖已列至一等位，爲語音變化之表現，此處不補。

63 （去四從）全四寘　㿜　《廣韻》精母支韻，從母寘韻位『漬』，疾智切；《集韻》疾智切／才豉切，從寘三去開止；此字亦有上聲音，已列於本圖上聲一等及四等位，前已討論。《韻鏡》《七音略》《切韻指掌圖》空位；《四聲等子》止攝内二重少輕多韻開口呼，列字爲『㿜』；《切韻指南》止攝内二開口呼通門入聲字見於臻攝，列於旨韻，至韻位列『自』。本圖於一等位列從母寘韻字『漬』，此處重出，當校删。

64 （去四心）手四寘　〇　《廣韻》《集韻》有字『賜』。本圖已列至一等位，爲語音變化之表現，此處不補。

65 （去四影）乙四寘　縊　《廣韻》《集韻》於賜切，影寘三去開止；《韻鏡》空位；《七音略》内轉第四重中輕内重、《切韻指掌圖》十八圖、《四聲等子》止攝内二重少輕多韻開口呼，列字均爲『縊』；《切韻指南》止攝内二開口呼通門入聲字見於臻攝，列字爲『撎』，影母至韻。『縊』爲《廣韻》寘韻影母重紐四等位小韻首字，《韻鏡》空位誤，《起數訣》是。

66 (去四喻)□四寘 傷 《廣韻》《集韻》以豉切，以寘三去開止；《韻鏡》内轉第四開合、《七音略》内轉第四重中輕内重、《四聲等子》止攝内二重少輕多韻開口呼，列字均爲『易』；《切韻指掌圖》十八圖、《切韻指南》止攝内二開口呼通門入聲字見於臻攝，列字爲『異』，以母志韻。『易』爲《廣韻》寘韻以母位小韻首字，下收有『傷』字，按韻圖規制當列於四等，列字以『易』爲佳，《起數訣》亦無誤。

67 (入四並)平四昔 闢 《廣韻》房益切，《集韻》毗亦切，並昔三入開梗；《韻鏡》外轉第三十三開、《七音略》外轉三十六重中輕、《四聲等子》止攝内二重少輕多韻開口呼，列字均爲『擗』；《切韻指掌圖》十九圖、《切韻指南》止攝内二開口呼通門入聲字見於臻攝，列字爲『邲』，並母質韻。『擗』爲《廣韻》昔韻並母位小韻首字，下收有『闢』字，列字以『擗』爲佳，《起數訣》亦無誤。

68 (入四清)七四昔 剌 《廣韻》《集韻》列於來母曷韻，郎達切；此字當爲『刺』字形訛。刺，《廣韻》《集韻》七迹切，清昔三入開止；《韻鏡》外轉第三十三開，列字爲『刺』；《七音略》外轉三十六重中輕、《四聲等子》止攝内二重少輕多韻開口呼，列字爲『皵』；《切韻指掌圖》十八圖、《切韻指南》止攝内二開口呼通門入聲字見於臻攝，列字均爲『七』，清母質韻。『皷』爲《廣韻》昔韻清母位小韻首字，下收有『刺』字，列字以『皷』爲佳，《起數訣》亦無誤。

釋：

1 (平三並)平三支　皮　《廣韻》符羈切，《集韻》蒲糜切，並支三平開止；《韻鏡》内轉第四開合、《七音略》内轉第四重中輕内重、《切韻指掌圖》十九圖、《四聲等子》止攝内二重少輕多韻開口呼、《切韻指南》止攝内二開口呼通門入聲字見於臻攝，列字均爲『皮』。《起數訣》是。

2 (平四喻)□四支　移　《廣韻》弋支切，《集韻》佘支切，以支三平開止；《韻鏡》内轉第四開合、《七音略》内轉第四重中輕内重、《切韻指掌圖》十八圖、《四聲等子》止攝内二重少輕多韻開口呼、《切韻指南》止攝内二開口呼通門入聲字見於臻攝，列字均爲『移』。『移』爲《廣韻》支韻以母位小韻首字，《起數訣》是。

3 (去三幫)□三寘　賁　《廣韻》彼義切，《集韻》彼義切，幫寘三去開止；《韻鏡》内轉第四開合、《七音略》内轉第四重中輕内重、《切韻指掌圖》十九圖、《四聲等子》止攝内二重少輕多韻開口呼、《切韻指南》止攝内二開口呼通門入聲字見於臻攝，列字均爲『賁』。『賁』爲《廣韻》支韻幫母位小韻首字，《起數訣》是。

4 （去三滂）寘三寘　帔　《廣韻》《集韻》披義切，滂寘三去開止；《韻鏡》內轉第四開合、《七音略》內轉第四重中輕內重、《切韻指掌圖》十九圖、《四聲等子》止攝內二重少輕多韻開口呼、《切韻指南》止攝內二開口呼通門入聲字見於臻攝，列字均爲『帔』。『帔』爲《廣韻》支韻滂母位小韻首字，《起數訣》是。

5 （去三並）平三寘　髲　《廣韻》《集韻》平義切，並寘三去開止；《韻鏡》內轉第四開合、《七音略》內轉第四重中輕內重、《切韻指掌圖》十九圖、《四聲等子》止攝內二重少輕多韻開口呼，列字均爲『髲』；《切韻指南》止攝內二開口呼通門入聲字見於臻攝，列字爲『備』，並母至韻。『髲』爲《廣韻》支韻並母位小韻首字，《起數訣》是。

6 （去四見）九四寘　馶　《廣韻》《集韻》居企切，見寘三去開止；《韻鏡》內轉第四開合、《七音略》內轉第四重中輕內重、《四聲等子》止攝內二重少輕多韻開口呼，列字均爲『馶』；《切韻指掌圖》十八圖，列字爲『計』，見母霽韻；《切韻指南》止攝內二開口呼通門入聲字見於臻攝，列字爲『繫』，見母霽韻。『馶』爲《廣韻》寘韻見母重紐四等位小韻首字，《起數訣》是。

7 （去四溪）丘四寘　企　《廣韻》《集韻》去智切，溪寘三去開止；《韻鏡》內轉第四開合、《七音略》內轉第四重中輕內重、《四聲等子》止攝內二重少輕多韻開口呼，列字均爲『企』；《切韻指掌圖》十八圖，列於紙韻，至韻位列『棄』，溪母至韻；《切韻指南》止攝內二開口呼通門入聲字見於臻攝，列於旨韻，至韻位列『棄』。『企』爲《廣韻》寘韻溪母重紐四等位小韻首字，《起數訣》是。

8 (入三幫)□三昔　碧　《廣韻》彼役切，《集韻》兵彳切，當爲『兵役切』，避諱字，幫昔三入開梗；《韻鏡》外轉第三十五開、《七音略》外轉三十八重中重、《四聲等子》止攝内二重少輕多韻開口呼，列字均爲『碧』；《切韻指掌圖》十八圖、《切韻指南》止攝内二開口呼通門入聲字見於臻攝，列字均爲『筆』，幫母質韻。『碧』爲《廣韻》昔韻幫母重紐三等位小韻首字，《起數訣》是。

9 (入四幫)□四昔　辟　《廣韻》《集韻》必益切，幫昔三入開止；《韻鏡》外轉第三十三開、《七音略》外轉三十六重中輕、《四聲等子》止攝内二重少輕多韻開口呼，列字均爲『辟』；《切韻指掌圖》十九圖、《切韻指南》止攝内二開口呼通門入聲字見於臻攝，列字均爲『必』，幫母質韻。『辟』爲《廣韻》昔韻幫母重紐四等位小韻首字，《起數訣》是。

10 (入四滂)品四昔　僻　《廣韻》芳辟切，《集韻》匹辟切，滂昔三入開梗；《韻鏡》外轉第三十三開、《七音略》外轉三十六重中輕、《四聲等子》止攝内二重少輕多韻開口呼，列字均爲『僻』；《切韻指掌圖》十九圖、《切韻指南》止攝内二開口呼通門入聲字見於臻攝，列字均爲『匹』，滂母質韻。『僻』爲《廣韻》昔韻滂母重紐四等位小韻首字，《起數訣》是。

11 (入四精)足四昔　積　《廣韻》《集韻》資昔切，精昔三入開止；《韻鏡》外轉第三十三開、《七音略》外轉三十六重中輕、《四聲等子》止攝内二重少輕多韻開口呼，列字均爲『積』；《切韻指掌圖》十八圖，列字爲『唧』，精母質韻；《切韻指南》止攝内二開口呼通門入聲字見於臻攝，列字爲『堲』，精母質韻。『積』爲《廣韻》昔韻精母位小韻首字，《起數訣》是。

12 （入四從）全四昔　籍　《廣韻》《集韻》秦昔切，從昔三入開止；《韻鏡》外轉第三十三開、《七音略》外轉三十六重中輕、《四聲等子》止攝内二重少輕多韻開口呼，列字均爲『籍』；《切韻指掌圖》十八圖、《切韻指南》止攝内二開口呼通門入聲字見於臻攝，列字爲『疾』，從母質韻。『籍』爲《廣韻》昔韻從母位小韻首字，《起數訣》是。

13 （入四心）手四昔　昔　《廣韻》《集韻》思積切，心昔三入開止；《韻鏡》外轉第三十三開、《七音略》外轉三十六重中輕、《四聲等子》止攝内二重少輕多韻開口呼，列字均爲『昔』；《切韻指掌圖》十八圖、《切韻指南》止攝内二開口呼通門入聲字見於臻攝，列字均爲『悉』，心母質韻。『昔』爲《廣韻》昔韻心母位小韻首字，《起數訣》是。

14 （入四邪）象四昔　席　《廣韻》祥益切，《集韻》祥亦切，邪昔三入開梗；《韻鏡》外轉第三十三開、《七音略》外轉三十六重中輕、《四聲等子》止攝内二重少輕多韻開口呼，列字均爲『席』；《切韻指掌圖》《切韻指南》空位。『席』爲《廣韻》昔韻邪母位小韻首字，《起數訣》是。

15 （入四影）乙四昔　益　《廣韻》《集韻》伊昔切，影昔三入開梗；《韻鏡》外轉第三十三開、《七音略》外轉三十六重中輕、《四聲等子》止攝内二重少輕多韻開口呼，列字均爲『益』；《切韻指掌圖》十八圖、《切韻指南》止攝内二開口呼通門入聲字見於臻攝，列字爲「一」，影母質韻。「益」爲《廣韻》昔韻影母位小韻首字，《起數訣》是。

16 （入四喻）□四昔　繹　《廣韻》羊益切，《集韻》夷益切，以昔三入開止；《韻鏡》外轉第三十三開、《七音略》外轉三十六重中輕、《四聲等子》止攝内二重少輕多韻開口呼，列字均爲「繹」；《切韻指掌圖》十八圖、《切韻指南》止攝内二開口呼通門入聲字見於臻攝，列字爲「逸」，以母質韻。「繹」爲《廣韻》昔韻喻母位小韻首字，《起數訣》是。

蹇五		比五			井十一	坎十	坎七	比四	比三	
葥	口	丙		收	辰	耳	呂	口	乙	口
			支	覆　音						
			支	戊覆　濁						
			支							
			支					移		
			紙		徒					
			紙							
			紙	旡五　、						
			紙			佘	蒟	酏		
			寘							
			寘							
			寘	睽五						
			寘					傷	縊	
			昔							
			昔	妹五			、	繹	益	

井三	眉							
比十二	中			知		撴	智	黐
坎十二	丑			撝		褫		彳
蹇六	弟		記	馳		豕		擲
蹇七	牟			尼		抳		
蹇四	口	王上備上		羈		掎	寄	
蹇十一	口	石下右上		欹		綺		
蹇二	近			奇		技		
井一	月			宜		螘		
比十一	裹		訛	支	杫	紙	紫 寘	叟
坎十一	尺		差	眵		侈	郭	尺

井十二	比九	寒十	寔十一	寔二	寒八	寔三	井七	井十	寔十二	
呈	星	石	口	雄	匠	王	离	二	直	閉
			石下右上							音
蠡	釃									清
	施	匙	犧		漪		离	兒	腄	
提									厜	
	躧	是	[illegible]		倚		邐	尒		
	弛									
	屣									
	翅	豉	戲		倚		詈			
	釋	石								

第八圖 收音濁

第八圖　收音濁

本圖舒聲列《廣韻》支紙寘開口非脣音三等字，係拆分《韻鏡》内轉第四開合，取二三等位脣音外其他列字。入聲四等位列昔韻字，所有列字均應列於三等，當爲《起數訣》整等錯列，與《韻鏡》外轉第三十五開入三昔列字相似。明本聲母處幫、見、群、影處列「□」，四庫本空格。見母下一等格中有「王上備下」；溪母下一等格内有「石上石下」；影母下一等格内有「石上石下」，豎列小字。明本日母位列「二」，四庫本列「一」。明本韻目右有「履五」「兑五」「朕五」「妹五」，均應爲卦名，四庫本將卦名盡數删除。明本一等支韻目下，有「履戊」二字。明本、四庫本上聲韻目均寫作「紙」，當爲「紙」。

校注：

1　本圖平聲一等位，列目「支」下有「履戊」二字，爲卦名未删。

2　(平二澄)弟二支　詑　《廣韻》弋支切，以支三平開止；香支切，曉支三平開止；《集韻》余支切，以支三平開止；均不當列於澄母位。《韻鏡》《七音略》《切韻指掌圖》《四聲等子》《切韻指南》均空位。「支」爲三等韻，《廣韻》無可列於二等澄母位字，《起數訣》誤，當删。

3 （平三娘）年三支　尼　《廣韻》《集韻》女夷切，娘脂三平開止，不當列於此位；《韻鏡》《七音略》均空位；《切韻指掌圖》十八圖、《四聲等子》止攝内二重少輕多韻開口呼、《切韻指南》止攝内二開口呼通門，列字均爲「尼」。「尼」爲《廣韻》脂三娘母位小韻首字，《起數訣》誤，當删。

4 （平三見）□三支　羈　明本列字爲「羈」，四庫本列字爲「羇」。羈，《廣韻》《集韻》居宜切，見支三平開止；《韻鏡》内轉第四開合，列字爲「羇」；《七音略》内轉第四重中輕内重，列字爲「羈」；《切韻指掌圖》十八圖，列字爲「基」，見母之韻；《四聲等子》止攝内二重少輕多韻開口呼，列字爲「畸」；《切韻指南》止攝内二開口呼通門，列字爲「飢」，見母脂韻。「羈」爲《廣韻》支三見母位小韻首字，下收有「羇」「畸」等字，列字以「羈」字爲佳，「羇」爲「羈」之異體，《起數訣》明本列「羈」爲佳，四庫本列異體亦無誤。

5 （平三溪）□三支　欹　《廣韻》於離切，《集韻》於宜切，影支三平開止；不當列於此位。《韻鏡》内轉第四開合、《切韻指南》止攝内二開口呼通門，列字均爲「攲」；《四聲等子》止攝内二重少輕多韻開口呼，列字均爲「攲」，《廣韻》去奇切，《集韻》丘奇切，溪支三平開止；《七音略》内轉第四重中輕内重，列字均爲「欹」。「攲」「欹」當均爲「攲」字形訛；《切韻指掌圖》十八圖，列字爲「欺」，溪母之韻。「欹」字亦爲「攲」形訛。「攲」爲《廣韻》支三溪母位小韻首字，

《起數訣》誤，當校改爲『⿰飠支』字。

6 (平三疑)月三支　宜　明本列字爲『宜』，四庫本列字爲『冝』。『冝』古同『宜』，四庫本顯係『宜』減筆。宜，《廣韻》《集韻》魚羈切，群支三平開止；《韻鏡》內轉第四開合、《七音略》內轉第四重中輕內重、《四聲等子》止攝內二重少輕多韻開口呼，列字均爲『宜』；《切韻指掌圖》十八圖，列字爲『疑』，疑母之韻；《切韻指南》止攝內二開口呼通門，列字爲『狋』，疑母脂韻。『宜』爲《廣韻》支三疑母開口位小韻首字，明本列字是，四庫本當校爲『宜』字。

7 (平三昌)尺三支　䏧　《康熙字典》記：『《集韻》女加切，音拏。⿰月參䏧，不密也。又《集韻》《韻會》敞尒切，音侈。肉物肥美也。又《集韻》女下切，音⿱奴糸。又《廣韻》乃亞切，《集韻》乃嫁切，音⿰黍多。又《五音集韻》丁可切，音韠。』此記《集韻》女加切，娘母麻韻；《集韻》《韻會》敞尒切，昌母紙韻，《廣韻》乃亞切，《集韻》乃嫁切，泥母禡韻。均當列於此位。《韻鏡》內轉第四開合、《七音略》內轉第四重中輕內重、《切韻指掌圖》十八圖，列字均爲『眵』，《廣韻》叱支切，《集韻》侈支切，昌支三平開止；《四聲等子》止攝內二重少輕多韻開口呼，列字爲『⿰貝多』；《切韻指南》止攝內二開口呼通門，列字爲『鴟』，昌母脂韻。《起數訣》此位列字當爲『眵』字誤。『眵』爲《廣韻》支三昌母位小韻首字，《起數訣》誤，此處當校改爲『眵』字。

8 (平三船)呈三支　○　《廣韻》《集韻》支韻無船母字；《韻鏡》內轉第四開合，列字爲『疵』；《七音略》《切韻指掌圖》《四聲等子》《切韻指南》均空位。疵，《廣韻》疾移切，《集韻》才支切，從母支韻。《韻鏡》誤，《起數訣》空位是。

9（平三禪）石三支　匙　《廣韻》是支切，《集韻》常支切，禪支三平開止；《韻鏡》内轉第四開合、《七音略》内轉第四重中輕内重、《四聲等子》止攝内二重少輕多韻開口呼，列字均爲『匙』；《切韻指掌圖》十八圖、《切韻指南》止攝内二開口呼通門，列字均爲『時』，禪母之韻。『提』爲《廣韻》支三禪母位小韻首字，下收有『匙』等字，列字以『提』字爲佳，《起數訣》列『匙』字，亦無誤。

10（平三影）匠三支　漪　此字當爲『漪』形訛。漪，《廣韻》於離切，《集韻》於宜切，影支三平開止；《韻鏡》内轉第四開合，列字爲『猗』；《七音略》内轉第四重中輕内重，列字爲『漪』，此字當爲『漪』形訛；《切韻指掌圖》十八圖，列字爲『醫』，影母霽韻；《四聲等子》止攝内二重少輕多韻開口呼，列字爲『漪』；《切韻指南》止攝内二開口呼通門，列字爲『醫』，影母之韻。『漪』爲《廣韻》支三影母位小韻首字，下收有『猗』等字，列字以『漪』字爲佳，《起數訣》形訛，當校正爲『漪』。

11（平三來）离三支　離　明本列字爲『离』，四庫本爲『離』。離，《廣韻》吕支切，《集韻》鄰知切，來支三平開止；《韻鏡》内轉第四開合、《七音略》内轉第四重中輕内重、《四聲等子》止攝内二重少輕多韻開口呼、《切韻指南》止攝内二開口呼通門，列字均爲『離』；《切韻指掌圖》十八圖，列字爲『釐』，來母之韻。『離』爲《廣韻》支三開來母位小韻首字，下收有『离』

字。列字以「離」爲佳，《起數訣》四庫本是，明本亦無誤。

12 （平三半三）直三支　腄　《廣韻》竹垂切，《集韻》株垂切，知支三平合止；《韻鏡》内轉第五合、《七音略》内轉第五輕中輕，列字均爲「腄」；《切韻指掌圖》十九圖、《四聲等子》止攝内二重少輕多韻合口呼、《切韻指南》止攝内二合口呼通門，列字爲「追」，知母脂韻；此圖爲開口圖，「腄」爲支韻合口，當删。

13 （平四從）是四支　提　《廣韻》是支切，《集韻》常支切，禪支三平開止；不當列於此位。《韻鏡》空位；《七音略》内轉第四重中輕内重、《四聲等子》止攝内二重少輕多韻開口呼，列字爲『疵』；《切韻指掌圖》十八圖，列字爲「齊」，從母齊韻；《切韻指南》止攝内二開口呼通門，列字均爲「慈」，從母之韻。「疵」爲《廣韻》支韻從母位小韻首字，《七音略》列「疵」字是。但從《起數訣》列圖原則，本圖當列二三等非脣音字，不當列四等字。此位列「提」字本誤，列於本圖更誤，故當删。

14 （平四半三）直四支　㔷　明本列字爲「㔷」，四庫本空位。㔷，《廣韻》姊宜切，余迺永注爲合口字。故不當列於開口圖。明本誤，四庫本空位是。

15 本圖上聲列目爲「紙」，當校改爲「紙」。

16 （上二莊）震二紙　批　《廣韻》卑履切，《集韻》補履切，幫旨三上開止；不當列於此位；《韻鏡》内轉第四開合、《七音略》内轉第四重中輕内重、《切韻指南》止攝内二開口呼通門，列字均爲『批』,《廣韻》將此切,《集韻》蔣氏切,精紙三上開止;《切韻指掌圖》十八圖、《四聲等子》止攝内二重少輕多韻開口呼,列字均爲『滓』,莊母止韻。『紫』爲《廣韻》紙三精母位小韻首字,下收有『批』等字,列字以『紫』字爲佳,《起數訣》列字當爲『批』字誤,當校改爲『批』字。

17(上三澄)弟三紙　豕　此字當爲『豸』字形訛;《廣韻》池爾切,《集韻》丈尒切,澄紙三上開止;《韻鏡》内轉第四開合、《七音略》内轉第四重中輕内重、《切韻指掌圖》十八圖、《四聲等子》止攝内二重少輕多韻開口呼、《切韻指南》止攝内二開口呼通門,列字均爲『豸』。『豸』爲《廣韻》紙韻澄母位小韻首字,《起數訣》列字形訛,當校改爲『豸』。

18(上三娘)年三紙　抳　《廣韻》女氏切,《集韻》乃倚切,娘紙三上開止;《韻鏡》内轉第四開合,列字爲『抳』;《七音略》内轉第四重中輕内重、《切韻指掌圖》十八圖、《四聲等子》止攝内二重少輕多韻開口呼、《切韻指南》止攝内二開口呼通門,列字均爲『狔』,娘母紙韻。『狔』爲《廣韻》紙三娘母位小韻首字,下收有『抳』字。列字以『狔』爲佳,《起數訣》亦無誤。

19(上三見)□三紙　掎　《廣韻》居綺切,《集韻》舉綺切,見紙三上開止;《韻鏡》内轉第四開合、《四聲等子》止攝内二重少輕多韻開口呼,列字爲『掎』;《七音略》内轉第四重中輕内重,列字爲『椅』,影母紙韻,《七音略》誤;《切韻指掌圖》十八圖,列字爲『紀』,見母止韻;《切韻指南》止攝内二開口呼通門,列字爲『几』,見母旨韻。『掎』爲《廣韻》紙三見母位小韻首字，《七音略》誤，《起數訣》列字是。

20 (上三章)震三紙　紙　明本列字爲『紙』，四庫本爲『紙』。紙，《廣韻》諸氏切，《集韻》掌氏切，章紙三上開止；《韻鏡》内轉第四開合、《七音略》内轉第四重中輕内重、《切韻指掌圖》十八圖、《四聲等子》止攝内二重少輕多韻開口呼，列字均爲『紙』；《切韻指南》止攝内二開口呼通門，列字爲『止』，章母止韻。明本、四庫本列字僅爲書寫異，明本校改爲『紙』更佳。

21 (上三船)呈三紙　○　《廣韻》紙韻船母有『舓』小韻，《廣韻》神紙切，《集韻》甚尒切，船紙三上開止；《韻鏡》内轉第四開合，列字爲『舐』；《七音略》内轉第四重中輕内重，列字爲『䑛』；《切韻指掌圖》空位；《四聲等子》止攝内二重少輕多韻開口呼、《切韻指南》止攝内二開口呼通門，列字均爲『舓』。『舓』爲《廣韻》紙三船母位小韻首字，下收有『䑛』字，注上同，收有『舐』，注爲俗。『䑛』爲異體，『舐』爲俗體。列字以『舓』爲佳，《起數訣》空位誤，當校補『舓』字。

22 (上三書)星三紙　○　明本空位，四庫本列字爲『弛』。弛，《廣韻》施是切，《集韻》賞是切，書紙三上開止；《韻鏡》内轉第四開合、《七音略》内轉第四重中輕内重、《切韻指掌圖》十八圖、《四聲等子》止攝内二重少輕多韻開口呼，列字均爲『弛』；《切韻指南》止攝内二開口呼通門，列字爲『始』，書母止韻。『弛』爲《廣韻》紙三書母開口位小韻首字，明本錯入四等，空位誤，當校補『弛』字，四庫本列字是。

23（上三禪）石三紙　是《廣韻》承紙切，《集韻》上紙切，禪紙三上開止；《韻鏡》内轉第四開合，列字爲「氏」；《七音略》内轉第四重中輕内重，《切韻指掌圖》十八圖、《四聲等子》止攝内二重少輕多韻開口呼，列字均爲「是」；《切韻指南》止攝内二開口呼通門，列字爲「視」，禪母旨韻。「是」爲《廣韻》紙韻禪母位小韻首字，下收有「氏」字。列字以「是」爲佳，《起數訣》是。

24（上三曉）□三紙　䮎　《廣韻》興倚切，《集韻》許倚切，曉紙三上開止；《韻鏡》空位；《七音略》内轉第四重中輕内重，列字爲「䮎」；《切韻指掌圖》十八圖，列字爲「鯑」，「鯑」「䮎」二字爲異體字；《四聲等子》止攝内二重少輕多韻開口呼、《切韻指南》止攝内二開口呼通門，列字均爲「喜」，曉母止韻。「䮎」爲《廣韻》紙韻曉母位小韻首字，《韻鏡》空位誤，《起數訣》是。

25（上三日）二三紙　尒　此字當爲「尒」之形訛。尒，《廣韻》兒氏切，《集韻》忍氏切，日紙三上開止；《韻鏡》内轉第四開合、《七音略》内轉第四重中輕内重、《切韻指南》止攝内二開口呼通門，列字均爲「爾」；《切韻指掌圖》十八圖，列字爲「耳」，日母止韻；《四聲等子》止攝内二重少輕多韻開口呼，列字爲「尒」。「爾」爲《廣韻》紙三日母位小韻首字，下收有「尒」字，列字以「爾」爲佳，《起數訣》列「尒」字，亦無誤。

26（上四書）星四紙　弛　明本列字爲「弛」，四庫本空位。「弛」爲《廣韻》紙三書母開口位小韻首字，明本串入四等誤，當删，四庫本空位是。

27 （去二莊）震二寘　𧙀　《廣韻》《集韻》争義切，莊寘三去開止；《韻鏡》内轉第四開合，列字爲『柴』，爲『𧙀』之形訛；《七音略》内轉第四重中輕内重、《切韻指南》止攝内二開口呼通門，列字均爲『𧙀』；《切韻指掌圖》十九圖，列字爲『惴』，章母寘韻；《四聲等子》止攝内二重少輕多韻開口呼，列字爲『蕺』，莊母志韻。『𧙀』爲《廣韻》寘韻莊母位小韻首字，《韻鏡》誤，《起數訣》是。

28 （去二生）星二寘　屣　明本列字爲『屣』，四庫本列字爲『𡳐』。四庫本顯訛。屣，《廣韻》所綺切，《集韻》所寄切，生寘三去開止；《韻鏡》内轉第四開合、《七音略》内轉第四重中輕内重，列字均爲『屣』；《切韻指掌圖》十九圖，列字爲『帥』，生母至韻；《四聲等子》止攝内二重少輕多韻開口呼，列字爲『使』，生母志韻；《切韻指南》止攝内二開口呼通門，列字爲『駛』，生母志韻。『屣』爲《廣韻》寘三生母開口位小韻首字，明本列字是，四庫本形訛，當校改爲『屣』。

29 （去三見）□三寘　寄　《廣韻》《集韻》居義切，見寘三去開止；《韻鏡》内轉第四開合、《七音略》内轉第四重中輕内重、《四聲等子》止攝内二重少輕多韻開口呼，列字均爲『寄』；《切韻指掌圖》十八圖，列字爲『記』，見母志韻；《切韻指南》止攝内二開口呼通門，列字爲『冀』，見母至韻。『寄』字《起數訣》第七圖收音清中重出，按《起數訣》列圖規則，本圖當列二三等，本圖是，七圖當删。

30（去三溪）□三寘 ◯ 《廣韻》《集韻》寘韻溪母有『䭲』字，《廣韻》《集韻》卿義切，溪寘三去開止；《韻鏡》内轉第四開合、《七音略》内轉第四重中輕内重，列字均爲『䭲』；《切韻指掌圖》十八圖，列字爲『亟』，溪母志韻；《四聲等子》止攝内二重少輕多韻開口呼，列字爲『椅』，影母紙韻，誤；《切韻指南》止攝内二開口呼通門，列字爲『器』，溪母至韻。『䭲』爲《廣韻》寘三溪母位小韻首字，《起數訣》空位誤，當校補『䭲』字。

31（去三群）近三寘 ◯ 《廣韻》《集韻》寘韻群母位均有『芰』字，《廣韻》《集韻》奇寄切，群寘三去開止；《韻鏡》内轉第四開合、《七音略》内轉第四重中輕内重、《切韻指南》止攝内二開口呼通門，列字均爲『芰』；《切韻指掌圖》十八圖，列字爲『忌』，群母志韻；《四聲等子》止攝内二重少輕多韻開口呼，列字爲『騎』，群母寘韻；『芰』爲《廣韻》寘三群母位小韻首字，下收有『騎』等字，列字以『芰』字爲佳，《起數訣》空位誤，當校補『芰』字。

32（去三疑）月三寘 ◯ 《廣韻》《集韻》寘韻疑母位均有『議』字，《廣韻》《集韻》宜寄切，疑寘三去開止；《韻鏡》内轉第四開合、《四聲等子》止攝内二重少輕多韻開口呼，列字均爲『義』；《七音略》内轉第四重中輕内重，列字爲『議』；《切韻指掌圖》十八圖、《切韻指南》止攝内二開口呼通門，列字爲『𩴵』，疑母志韻。『議』爲《廣韻》寘三疑母位小韻首字，下收有『義』字，列字以『議』字爲佳，《起數訣》空位誤，當校補『議』字。

33 （去三昌）尺三寘　𨛬　此字爲『卶』形異。『卶』，《廣韻》《集韻》充豉切，昌寘三去開止；《韻鏡》内轉第四開合、《七音略》内轉第四重中輕内重、《四聲等子》止攝内二重少輕多韻開口呼、《切韻指南》止攝内二開口呼通門，列字均爲『卶』；《切韻指掌圖》十八圖，列字爲『熾』，昌母志韻。『卶』爲《廣韻》《集韻》寘三昌母位小韻首字，《起數訣》列字形訛，當校正爲『卶』。

34 本圖入聲均列於四等昔母位，所有列字均爲昔三等字，且於其他韻圖均列於三等。本圖列圖當列二三等，不應有四等位字，《起數訣》整體錯列，當整行移至三等位。（爲讀圖便利，下字位仍用圖表所示）

35 （入四知）中四昔　𥢶　《廣韻》《集韻》竹益切，知昔三入開梗；《韻鏡》外轉第三十五開、《七音略》外轉三十八重中重、《切韻指南》梗攝外七開口呼廣門，列字均爲『𥢶』；《四聲等子》梗攝外八，列字爲『陟』，知母職韻。《起數訣》列於四等誤，當列於三等位。

36 （入四徹）丑四昔　彳　《廣韻》《集韻》丑亦切，徹昔三入開梗；《韻鏡》《七音略》空位；《四聲等子》梗攝外八，列字爲『敕』，徹母職韻；《切韻指南》梗攝外七開口呼廣門，列字爲『彳』。『彳』爲《廣韻》昔韻徹母位小韻首字，《韻鏡》《七音略》空位誤；《起數訣》列於四等亦誤，當列於三等位。

37 （入四澄）弟四昔　擲　《廣韻》《集韻》直炙切，澄昔三入開梗；《韻鏡》外轉第三十五開、《七音略》外轉三十八重中重、《四聲等子》梗攝外八、《切韻指南》梗攝外七開口呼廣門，三等位列字均爲『擲』。《起數訣》列於四等誤，當列於三等位。

38（入四章）震四昔　隻　《廣韻》《集韻》之石切，章昔三入開梗；《韻鏡》外轉第三十五開、《七音略》外轉三十八重中重、《四聲等子》梗攝外八、《切韻指南》梗攝外七開口呼廣門，列字均爲『隻』。《起數訣》列於四等誤，當列於三等位。

39（入四昌）尺四昔　尺　《廣韻》《集韻》昌石切，昌昔三入開梗；《韻鏡》外轉第三十五開、《七音略》外轉三十八重中重、《切韻指掌圖》十六圖、《四聲等子》梗攝外八、《切韻指南》梗攝外七開口呼廣門，三等位列字均爲『尺』。《起數訣》列於四等誤，當列於三等位。

40（入四船）呈四昔　〇　《廣韻》《集韻》昔韻船母位有『麝』小韻，《廣韻》《集韻》食亦切，船昔三開梗；《韻鏡》外轉第三十五開，列字爲『射』；《七音略》外轉三十八重中重、《切韻指南》梗攝外七開口呼廣門，列字均爲『麝』；《四聲等子》梗攝外八，列字爲『實』，禪母質韻，誤。『麝』爲《廣韻》昔三船母位小韻首字，下收有『射』字，列字以『麝』爲佳，《起數訣》空位誤，當校補『麝』字。《起數訣》列於四等誤，當列於三等位。

41（入四書）星四昔　釋　《廣韻》《集韻》施隻切，書昔三入開梗；《韻鏡》外轉第三十五開、《七音略》外轉三十八重中重、《四聲等子》梗攝外八、《切韻指南》梗攝外七開口呼廣門，三等位列字均爲『釋』。《起數訣》列於四等誤，當列於三等位。

42（入四禪）石四昔　石　《廣韻》《集韻》常隻切，禪昔三入開梗；《韻鏡》外轉第三十五開、《七音略》外轉三十八重中重、《四聲等子》梗攝外八、《切韻指南》梗攝外七開口呼廣門，列字均爲『石』。《起數訣》列於四等誤，當列於三等位。

釋：

1 (平二莊)震二支　齜《廣韻》側宜切，《集韻》阻宜切，莊支三平開止；《韻鏡》内轉第四開合、《七音略》内轉第四重中輕内重，列字均爲『齜』；《切韻指掌圖》十八圖、《四聲等子》止攝内二重少輕多韻開口呼、《切韻指南》止攝内二開口呼通門，列字均爲『菑』，莊母之韻。

2 (平二初)尺二支　差《廣韻》楚宜切，《集韻》叉宜切，初支三平開止；《韻鏡》内轉第四開合、《七音略》内轉第四重中輕内重、《切韻指掌圖》十八圖、《切韻指南》止攝内二開口呼通門，列字均爲『差』；《四聲等子》止攝内二重少輕多韻開口呼，列字爲『輜』，初母之韻。

3 (平二崇)呈二支　鸃《廣韻》士宜切，《集韻》仕知切，崇支三平開止；《韻鏡》内轉第四開合、《七音略》内轉第四重中輕内重，列字均爲『鸃』；《切韻指掌圖》十八圖，列字爲『茬』，當爲『茌』形訛；《四聲等子》止攝内二重少輕多韻開口呼、《切韻指南》止攝内二開口呼通門，列字均爲『茌』，崇母之韻。

4 (平二生)星二支　釃《廣韻》所宜切，《集韻》山宜切，生支三平開止；《韻鏡》内轉第四開合、《七音略》内轉第四重中輕内重、《切韻指南》止攝内二開口呼通門，列字均爲『釃』；《切韻指掌圖》十八圖、《四聲等子》止攝内二重少輕多韻開口呼，列字均爲『師』，生母脂韻。

5 （平三知）中三支　知《廣韻》陟離切，《集韻》珍離切，知支三平開止；《韻鏡》内轉第四開合、《七音略》内轉第四重中輕内重、《切韻指掌圖》十八圖、《四聲等子》止攝内二重少輕多韻開口呼、《切韻指南》止攝内二開口呼通門，列字均爲『知』。

6 （平三徹）丑三支　摛《廣韻》丑知切，《集韻》抽知切，徹支三平開止；《韻鏡》内轉第四開合、《七音略》内轉第四重中輕内重，列字均爲『摛』；《切韻指掌圖》十八圖，列字爲『癡』，徹母之韻；《四聲等子》止攝内二重少輕多韻開口呼，列字爲『褵』，來母支韻，當爲『摛』字形訛；《切韻指南》止攝内二開口呼通門，列字爲『絺』，徹母脂韻。

7 （平三澄）弟三支　馳《廣韻》直離切，《集韻》陳知切，澄支三平開止；《韻鏡》内轉第四開合、《七音略》内轉第四重中輕内重、《四聲等子》止攝内二重少輕多韻開口呼、《切韻指南》止攝内二開口呼通門，列字均爲『馳』；《切韻指掌圖》十八圖，列字爲『持』，澄母之韻。

8 （平三群）近三支　奇《廣韻》《集韻》渠羈切，群支三平開止；《韻鏡》内轉第四開合、《七音略》内轉第四重中輕内重、《四聲等子》止攝内二重少輕多韻開口、《切韻指南》止攝内二開口呼通門，列字均爲『奇』；《切韻指掌圖》十八圖，列字爲『其』，群母之韻。

9 （平三章）震三支　支《廣韻》《集韻》章移切，章支三平開止；《韻鏡》内轉第四開合、《七音略》内轉第四重中輕内重、《四聲等子》止攝内二重少輕多韻開口呼、《切韻指南》止攝内二開口呼通門，列字均爲『支』；《切韻指掌圖》十八圖，列字爲『之』，章母之韻。

10 (平三書)星三支　施　《廣韻》式支切，《集韻》商支切，書支三平開止；《韻鏡》内轉第四開合、《七音略》内轉第四重中輕内重、《四聲等子》止攝内二重少輕多韻開口呼，列字均爲『施』；《切韻指掌圖》十八圖、《切韻指南》止攝内二開口呼通門，列字均爲『詩』，書母之韻。

11 (平三曉)□三支　犧　《廣韻》許羈切，《集韻》虚宜切，曉支三平開止；《韻鏡》内轉第四開合、《七音略》内轉第四重中輕内重、《切韻指南》止攝内二開口呼通門，列字均爲『犧』；《切韻指掌圖》十八圖，列字爲『僖』，曉母之韻；《四聲等子》止攝内二重少輕多韻開口呼，列字爲『羲』，曉母支韻。

12 (平三日)二三支　兒　《廣韻》汝移切，《集韻》如支切，日支三平開止；《韻鏡》内轉第四開合、《七音略》内轉第四重中輕内重、《切韻指掌圖》十八圖、《四聲等子》止攝内二重少輕多韻開口呼，列字均爲『兒』；《切韻指南》止攝内二開口呼通門，列字爲『而』，日母之韻。

13 (上二生)星二紙　躧　《廣韻》《集韻》所綺切，生紙三上開止；《韻鏡》内轉第四開合、《七音略》内轉第四重中輕内重、《切韻指掌圖》十八圖，列字均爲『躧』；《四聲等子》止攝内二重少輕多韻開口呼、《切韻指南》止攝内二開口呼通門，列字均爲『史』，生母止韻。

14 (上三知)中三紙　⿰扌致　《廣韻》陟侈切，《集韻》展豸切，知紙三上開止；《韻鏡》内轉第四開合、《七音略》内轉第四重中輕内重、《切韻指掌圖》十八圖、《四聲等子》止攝内二重少輕多韻開口呼，列字均爲『𢿌』；《切韻指南》止攝内二開口呼通門，列字爲『徵』，知母止韻。

15 (上三徹)丑三紙　褫《廣韻》敕豸切，《集韻》丑豸切，徹紙三上開止；《韻鏡》内轉第四開合、《七音略》内轉第四重中輕内重、《切韻指掌圖》十八圖、《四聲等子》止攝内二重少輕多韻開口呼、《切韻指南》止攝内二開口呼通門，列字均爲『褫』。

16 (上三溪)□三紙　綺《廣韻》墟彼切，《集韻》去倚切，溪紙三上開止；《韻鏡》内轉第四開合、《七音略》内轉第四重中輕内重、《切韻指掌圖》十八圖、《四聲等子》止攝内二重少輕多韻開口呼，列字均爲『綺』；《切韻指南》止攝内二開口呼通門，列字爲『起』，溪母止韻。

17 (上三群)近三紙　技《廣韻》渠綺切，《集韻》巨綺切，群紙三上開止；《韻鏡》内轉第四開合、《七音略》内轉第四重中輕内重、《切韻指掌圖》十八圖、《四聲等子》止攝内二重少輕多韻開口呼、《切韻指南》止攝内二開口呼通門，列字均爲『技』。

18 (上三疑)月三紙　螘《廣韻》魚倚切，《集韻》語綺切，疑紙三上開止；《韻鏡》内轉第四開合、《七音略》内轉第四重中輕内重，列字均爲『螘』；《切韻指掌圖》十八圖、《四聲等子》止攝内二重少輕多韻開口呼，列字均爲『蟻』，『蟻』『螘』二字爲異體字；《切韻指南》止攝内二開口呼通門，列字爲『擬』，疑母止韻。

19 (上三昌)尺三紙　侈《廣韻》尺氏切，《集韻》敞尒切，昌紙三上開止；《韻鏡》内轉第四開合、《七音略》内轉第四重中輕内重、《四聲等子》止攝内二重少輕多韻開口呼，列字均爲『侈』；《切韻指掌圖》十八圖、《切韻指南》止攝内二開口呼通門，列字均爲『齒』，昌母止韻。

20 (上三影)匠三紙　倚　《廣韻》於綺切，《集韻》隱綺切，影紙三上開止；《韻鏡》内轉第四開合、《七音略》内轉第四重中輕内重、《切韻指掌圖》十八圖、《四聲等子》止攝内二重少輕多韻開口呼、《切韻指南》止攝内二開口呼通門，列字均爲『倚』。

21 (上三來)离三紙　邐　《廣韻》力紙切，《集韻》輦尒切，來紙三上開止；《韻鏡》内轉第四開合、《七音略》内轉第四重中輕内重、《四聲等子》止攝内二重少輕多韻開口呼、《切韻指南》止攝内二開口呼通門，列字均爲『邐』；《切韻指掌圖》十八圖，列字爲『里』，來母止韻。

22 (去二生)星二寘　屣　《廣韻》所綺切，《集韻》所寄切，生寘三去開止；《韻鏡》内轉第四開合、《七音略》内轉第四重中輕内重，列字均爲『屣』；《切韻指掌圖》十九圖，列字爲『帥』，生母至韻；《四聲等子》止攝内二重少輕多韻開口呼，列字爲『使』，生母志韻；《切韻指南》止攝内二開口呼通門，列字爲『駛』，生母志韻。

23 (去三知)中三寘　智　《廣韻》《集韻》知義切，知寘三去開止；《韻鏡》内轉第四開合、《七音略》内轉第四重中輕内重、《四聲等子》止攝内二重少輕多韻開口呼、《切韻指南》止攝内二開口呼通門，列字均爲『智』；《切韻指掌圖》十八圖，列字爲『置』，知母志韻。

24 (去三章)震三寘　寘　《廣韻》《集韻》支義切，章寘三去開止；《韻鏡》内轉第四開合、《七音略》内轉第四重中輕内重、《四聲等子》止攝内二重少輕多韻開口呼，列字均爲『寘』；《切韻指掌圖》十八圖、《切韻指南》止攝内二開口呼通門，列字爲『志』，章母志韻。

25（去三書）星三寘　翅　《廣韻》《集韻》施智切，書寘三去開止；《韻鏡》内轉第四開合、《七音略》内轉第四重中輕内重、《四聲等子》止攝内二重少輕多韻開口呼，列字均爲『翅』；《切韻指掌圖》十八圖，列字爲『試』，書母志韻；《切韻指南》止攝内二開口呼通門，列字爲『屍』，書母至韻。

26（去三禪）石三寘　豉　《廣韻》《集韻》是義切，禪寘三去開止；《韻鏡》内轉第四開合、《七音略》内轉第四重中輕内重、《四聲等子》止攝内二重少輕多韻開口呼，列字均爲『豉』；《切韻指掌圖》十八圖，列字爲『示』，船母至韻；《切韻指南》止攝内二開口呼通門，列字爲『嗜』，禪母至韻。

27（去三曉）□三寘　戲　《廣韻》《集韻》香義切，曉寘三去開止；《韻鏡》内轉第四開合、《七音略》内轉第四重中輕内重、《四聲等子》止攝内二重少輕多韻開口呼、《切韻指南》止攝内二開口呼通門，列字均爲『戲』；《切韻指掌圖》十八圖，列字爲『憙』，曉母志韻。

28（去三影）匠三寘　倚　《廣韻》《集韻》於義切，影寘三去開止；《韻鏡》内轉第四開合、《七音略》内轉第四重中輕内重，列字均爲『倚』；《切韻指掌圖》十八圖、《四聲等子》止攝内二重少輕多韻開口呼，列字爲『意』，影母志韻；《切韻指南》止攝内二開口呼通門，列字爲『懿』，影母至韻。

29（去三來）离三寘　詈　《廣韻》《集韻》力智切，來寘三去開止；《韻鏡》内轉第四開合、《七音略》内轉第四重中輕内重、《四聲等子》止攝内二重少輕多韻開口呼，列字均爲「詈」；《切韻指掌圖》十八圖，列字爲「利」，來母至韻；《切韻指南》止攝内二開口呼通門，列字爲「吏」，來母志韻。

井十二	呈		蠡		提												
比九	星		釃	施			躧	弛			屣	翅					釋
蹇十	石			匙			是					豉					石
蹇十一	口	石下右上		犧			[illegible]					戲					
蹇二	雄																
蹇八	匠			漪			倚					倚					
蹇三	王																
井七	咼			咼			邐					詈					
井十	二			兒			尒										
蹇十二	直			腄	歷												
	閉	音	清														

	覌四	渙五	巽五	渙三					覌一	渙一
	飛	匹	甁	米	■	■	■	■	癸	弃
支 履五										
支				糜						
支				彌					規	闚
紙										
紙										
紙 兌五										
寘										
寘 睽五									瞡	觖
昔 姤五										

巽一		坎九	巽四未	坎九	坎九	坎九	覌二	澳四	覌三	巽四
蚪	口	■	■	■	■	■	血	尾	一	未
		劑		匯	瀡	隳				蒨
		觜		惢	髓	[illegible]				葰
					瀡		嬌		恚	璚
		蕞					瞍		恚	後

		巽三	澌五		覌五					
■	■	民	鼻	■	必		閉	■	■	■
							音			
						支 篪五	濁			
	膝					支				
						支		隨		
						紙 究五				
						紙				
						紙				
	謙					寘 睽五				
						寘				
						昔 睽五				

第九圖　閉音清

本圖舒聲列《廣韻》支紙寘合口牙舌齒喉音字。係拆分《韻鏡》内轉第五合一四等位字。明本聲母端、透、定、泥、精、清、從、心、邪、來、日、半三處均列「■」，四庫本空格。明本疑母處列「□」，四庫本空格。明本、四庫本上聲列目均爲「紙」，當爲「紙」。入聲列《廣韻》昔韻字，取自《韻鏡》外轉第三十四合。

校注：

1 （平三明）末三支　糜　《廣韻》靡爲切，《集韻》忙皮切，明支三平開止；《韻鏡》内轉第四開合，列字爲「縻」；《七音略》内轉第四重中輕，列字爲「麋」，明母脂韻；《切韻指掌圖》十九圖，列字爲「麋」；《四聲等子》止攝内二重少輕多韻開口呼、《切韻指南》止攝内二開口呼通門入聲字見於臻攝，列字均爲「糜」。「糜」爲《廣韻》支韻明母重紐三等位小韻首字，下收有「縻」字，《七音略》《切韻指掌圖》列字形訛。《起數訣》此字已列於第七圖開音清，此位不應重出，當校删。

2 (平四明)末四支　彌　《廣韻》武移切，《集韻》民卑切，明支三平開止；《韻鏡》内轉第四開合、《七音略》内轉第四重中輕、《四聲等子》止攝内二重少輕多韻開口呼、《切韻指南》止攝内二開口呼通門入聲字見於臻攝，列字均爲『彌』；《切韻指掌圖》十九圖，列字爲『迷』，明母齊韻。『彌』爲《廣韻》支韻明母重紐四等位小韻首字，但《起數訣》此字已列於第七圖開音清，此位不應重出，當校删。

3 (平四定)■四支　○　《廣韻》《集韻》均無支韻定母字。《韻鏡》内轉第五合，列字爲『鍾』，澄母支韻，按韻圖規制，當列於三等，誤；《七音略》《切韻指掌圖》《四聲等子》《切韻指南》均空位。《韻鏡》誤，《起數訣》空位是。

4 (平四見)癸四支　規　《廣韻》居隋切，《集韻》均窺切，見支三平合止；《韻鏡》内轉第五合、《四聲等子》止攝内二重少輕多韻合口呼，列字均爲『規』；《七音略》空位；《切韻指掌圖》十九圖，列字爲『圭』，見母齊韻；《切韻指南》止攝内二合口呼通門入聲字見於臻攝，列字爲『䞨』；『䞨』爲《廣韻》支韻見母重紐四等位小韻首字，下收有『規』字，列字以『䞨』爲佳，《起數訣》亦無誤。

5 (平四溪)弃四支　闚　《廣韻》去隋切，《集韻》缺規切，溪支三平開止；《韻鏡》内轉第五合、《切韻指南》止攝内二合口呼通門入聲字見於臻攝，列字均爲『闚』；《七音略》空位；《切韻指掌圖》十九圖，列字爲『睽』，爲『睽』字誤，溪母齊韻；《四聲等子》止攝内二重少輕多韻合口呼，列字爲『窺』。『闚』爲《廣韻》支韻溪母重紐四等位小韻首字，下收有『窺』字。列字以『闚』爲佳，《七音略》空位誤，《起數訣》是。

6 （平四從）■四支　匲　明本列字爲『匲』，四庫本列字爲『𠥓』，皆係『厜』形訛；厜，《廣韻》姊規切，精支三平合止；《集韻》才規切，從支三平合止；按《廣韻》不應列於此位，《集韻》可。《韻鏡》《七音略》《切韻指掌圖》《四聲等子》空位；《切韻指南》止攝內二合口呼通門入聲字見於臻攝，列字爲『厜』。《廣韻》支韻從母位無字，按《廣韻》空位是，此處依《集韻》，亦無誤。明本、四庫本均形訛，當校改爲『厜』。

7 （平四心）■四支　瀡　明本列字爲『瀡』，四庫本列字爲『隨』。『瀡』，《康熙字典》記：『《廣韻》《集韻》思累切；《韻會》《正韻》息委切，並音髓。《玉篇》滑也。《禮·內則》滫瀡以滑之。《註》齊人滑曰瀡。』此記音『髓』，當列於上聲。『隨』，《廣韻》《集韻》旬爲切，邪支三平合止；不當列於心母位。《韻鏡》內轉第五合，列於邪母，心母位列『眭』；《七音略》內轉第五輕中輕，列於邪母，心母位列『眭』；《切韻指掌圖》十九圖、《四聲等子》止攝內二重少輕多韻合口呼、《切韻指南》止攝內二合口呼通門入聲字見於臻攝，均列於邪母，心母位列『綏』，心母脂韻。『隨』爲《廣韻》支三邪母位小韻首字，《起數訣》誤，當列於邪母。『眭』爲《廣韻》支三心母位小韻首字，明本、四庫本皆誤，當校改爲『眭』。

8 （平四邪）■四支　隳　明本列字爲『隳』，四庫本空位。『隳』，《廣韻》許規切，曉支三平合止；顯係曉母位串入。《廣韻》《集韻》邪母位有『隨，旬爲切』，《起數訣》四庫本誤將『隨』字列於心母位，當移至此位。明本、四庫本皆誤，當校改爲『隨』。

9 (平四曉)血四支　○　明本空位，四庫本列字爲『隳』。『隳』，《廣韻》許規切，曉支三平合止；《集韻》未收；《韻鏡》内轉第五合、《七音略》内轉第五輕中輕，列字均爲『隳』；《切韻指掌圖》十九圖，列字爲『睳』，曉母齊韻；《四聲等子》止攝内二重少輕多韻合口呼，列字爲『倠』，曉母脂韻；《切韻指南》止攝内二合口呼通門入聲字見於臻攝，列字爲『隓』，曉母支韻。『隓』爲《廣韻》支韻曉母重紐四等位小韻首字，下收有『隳』字，列字以『隓』爲佳，《起數訣》四庫本亦無誤。明本列字串入邪母，誤，當校補『隳』字。

10 (平四喻)未四支　蓨　《廣韻》悦吹切，《集韻》匀規切，以支三平合止；《韻鏡》喻母位列『蠵』；《七音略》内轉第五輕中輕，列字爲『蓨』；《切韻指掌圖》十九圖、《切韻指南》止攝内二合口呼通門入聲字見於臻攝，列字均爲『惟』，以母脂韻；《四聲等子》止攝内二重少輕多韻合口呼，列字爲『維』，以母脂韻。『蓨』爲《廣韻》支韻以母位小韻首字，下收有『蠵』字，列字以『蓨』字爲佳，《起數訣》是。

11 (平四半三)■四支　隨　《廣韻》《集韻》旬爲切，邪支三平合止；『隨』爲《廣韻》支韻邪母位小韻首字，應列於邪母，本圖誤列於心母，又列於半三位。

12 上聲韻目字爲紙，誤，當校改爲紙。

13（上四溪）弃四紙 ○ 明本空格，四庫本列字爲『跬』。『跬』，《廣韻》丘弭切，《集韻》犬繠切，溪紙三上合止；《韻鏡》内轉第五合、《七音略》内轉第五輕中輕、《切韻指掌圖》十九圖、《四聲等子》止攝内二重少輕多韻合口呼、《切韻指南》止攝内二合口呼通門入聲字見於臻攝，列字爲『跬』。『跬』爲《廣韻》紙三溪母位小韻首字，下收有『跬』字，注上同，列字以『跬』爲佳，《起數訣》亦無誤。明本空格誤，當校補『跬』字，四庫本列字是。

14（上四邪）■四紙 猹 《廣韻》隨婢切，邪紙三上合止；《集韻》未收；《韻鏡》内轉第五合，列字爲『瀡』，《廣韻》息委切，心母紙韻，誤；《七音略》内轉第五輕中輕、《四聲等子》止攝内二重少輕多韻合口呼、《切韻指南》止攝内二合口呼通門，列字均爲『猹』；《切韻指掌圖》空位。『猹』爲《廣韻》紙韻邪母位小韻首字，《韻鏡》列『瀡』誤，《起數訣》是。

15（去四見）癸四寘 瞡 《廣韻》《集韻》規恚切，見寘三去合止；《韻鏡》内轉第五合，列字爲『瞡』；《七音略》内轉第五輕中輕，列於溪母，見母位列『諉』，《廣韻》《集韻》女恚切，娘母寘韻；《切韻指掌圖》十九圖、《四聲等子》止攝内二重少輕多韻合口呼，列字均爲『季』，見母至韻；《切韻指南》止攝内二合口呼通門入聲字見於臻攝，列字爲『瞡』，當爲『瞡』字誤。《七音略》列字誤。『瞡』爲《廣韻》寘韻見母重紐四等位小韻首字，《起數訣》是。

16（去四溪）弃四寘 觖 《廣韻》窺瑞切，溪寘三去合止；《集韻》空位；《韻鏡》内轉第五合、《四聲等子》止攝内二重少輕多韻合口呼、《切韻指南》止攝内二合口呼通門入聲字見於臻攝，列字均爲「觖」；《七音略》內轉第五輕中輕，列字爲「䚍」，當列於見母位，誤；《切韻指掌圖》空位。「觖」爲《廣韻》寘韻溪母重紐四等位小韻首字，《七音略》列字誤，《起數訣》是。

17 （去四心）■四寘　瀡　明本列字爲「瀢」，四庫本列字爲「遀」。「遀」，《廣韻》《集韻》旬爲切，邪支三平合止；《起數訣》已列於心母支韻，并列於平三半三位，誤。《韻鏡》內轉第五合、《七音略》內轉第五輕中輕，心母寘韻列字爲「稜」；《切韻指掌圖》十九圖、《切韻指南》止攝內二合口呼通門，心母位列字爲「邃」，心母至韻；《四聲等子》止攝內二重少輕多韻合口呼，心母位列字爲「祟」，心母至韻。《起數訣》心母位列邪母字，誤。「稜」爲《廣韻》寘韻心母位小韻首字，下收有「瀢」字，列字以「稜」爲佳，《起數訣》明本亦無誤。四庫本誤，當校改爲「稜」。

18 （入四見）癸四昔　○　《廣韻》昔三合口無見母。《集韻》列字爲「鶪」，工役切，見昔三入合梗。《韻鏡》外轉第三十四合、《七音略》內轉三十七輕中輕，列字均爲「鵙」；《切韻指掌圖》《四聲等子》空位；《切韻指南》梗攝外七合口呼廣門，列字爲「郹」。此「鵙」「郹」二字，當均爲「鶪」字形訛。「鶪」爲《集韻》昔三合口見母位小韻首字，《韻鏡》《七音略》從《集韻》。若從《集韻》，《起數訣》此處當校補「鶪」字。《起數訣》明本從《廣韻》，空位是。

19 （入四溪）弃四昔　○　《廣韻》昔三合口無溪母。《集韻》列字爲「䴗」，棄役切，溪昔三入合梗。《韻鏡》外轉第三十四合、《七音略》內轉三十七輕中輕，列字均爲「䴗」；《切韻指掌圖》

十五圖、《四聲等子》曾攝内八重多輕少韻合口呼梗攝外二、《切韻指南》梗攝外七合口呼廣門，列字均爲『闃』，見母錫韻。『⿰足狊』爲《集韻》昔三合口溪母位小韻首字，《韻鏡》《七音略》均從《集韻》。若從《集韻》，《起數訣》此處當校補『⿰足狊』字。《起數訣》明本從《廣韻》，空位是。

20 （入四精）■四昔　萃　《廣韻》《集韻》未收，《康熙字典》記：『《唐韻》之役切。』此記『之役切』，章昔合三入梗。亦不當列於精母位。《韻鏡》外轉第三十四合，列字爲『萃』；《七音略》空位；《切韻指掌圖》十九圖、《四聲等子》止攝内二重少輕多韻合口呼、《切韻指南》止攝内二合口呼通門，列字爲『卒』，精母没韻。《廣韻》《集韻》昔韻精母均無字，《韻鏡》列字誤，《起數訣》從《韻鏡》亦誤，當校删。

21 （入四曉）血四昔　⿰耳狊　此字當爲『瞁』字形訛。瞁，《廣韻》許役切，《集韻》呼役切，曉昔三入合梗；《韻鏡》外轉第三十四合，列字爲『瞁』；《七音略》内轉三十七輕中輕，列字爲『⿰耳狊』，當爲『瞁』字誤；《切韻指掌圖》空位；《四聲等子》止攝内二重少輕多韻合口呼、《切韻指南》止攝内二合口呼通門入聲字見於臻攝，列字爲『獝』，曉母質韻。『瞁』爲《廣韻》昔韻曉母位小韻首字，《起數訣》形訛，當校正爲『瞁』。

22 （入四影）一四昔　恚　《廣韻》《集韻》於避切，影寘三去合止；《起數訣》已列於影母寘韻；此字無入聲音。《廣韻》《集韻》昔韻影母無字，《起數訣》此處誤，當校删。

釋：

1 (平四精)■四支　劑　《廣韻》《集韻》遵爲切，精支三平合止；《韻鏡》内轉第五合、《七音略》内轉第五輕中輕，列字均爲『劑』；《切韻指掌圖》十九圖，列字爲『檇』，精母脂韻；《四聲等子》止攝内二重少輕多韻合口呼，列字爲『嗺』，精母灰韻；《切韻指南》止攝内二合口呼通門入聲字見於臻攝，列字爲『崔』，精母灰韻。『劑』爲《廣韻》支韻精母位小韻首字，按韻圖規制當列於四等，《起數訣》是。

2 (上四精)■四紙　觜　《廣韻》即委切，《集韻》祖委切，精紙三上合止；《韻鏡》内轉第五合、《七音略》内轉第五輕中輕、《切韻指掌圖》十九圖、《切韻指南》止攝内二合口呼通門入聲字見於臻攝，列字均爲『觜』；《四聲等子》止攝内二重少輕多韻合口呼，列字爲『濢』，精母旨韻。『觜』爲《廣韻》紙韻精母位小韻首字，按韻圖規制當列於四等，《起數訣》是。

3 (上四從)■四紙　惢　《廣韻》才棰切，《集韻》聚繠切，從紙三上合止；《韻鏡》内轉第五合、《七音略》内轉第五輕中輕、《切韻指掌圖》十九圖、《切韻指南》止攝内二合口呼通門入聲字見於臻攝，列字均爲『惢』；《四聲等子》止攝内二重少輕多韻合口呼，列字爲『崋』，從母賄韻。『惢』爲《廣韻》紙韻從母位小韻首字，按韻圖規制當列於四等，《起數訣》是。

4（上四心）■四紙　髓　《廣韻》息委切，《集韻》選委切，心紙三上合止；《韻鏡》内轉第五合、《七音略》内轉第五輕中輕、《切韻指掌圖》十九圖、《四聲等子》止攝内二重少輕多韻合口呼、《切韻指南》止攝内二合口呼通門入聲字見於臻攝，列字均爲『髓』。『髓』爲《廣韻》紙韻從母位小韻首字，按韻圖規制當列於四等，《起數訣》是。

5（上四喻）未四紙　蓶　《廣韻》羊捶切，以紙三上合止；《集韻》未收；《韻鏡》内轉第五合、《切韻指南》止攝内二合口呼通門入聲字見於臻攝，列字均爲『蓶』；《七音略》空位；《切韻指掌圖》十九圖、《四聲等子》止攝内二重少輕多韻合口呼，列字爲『唯』，以母脂韻。『蓶』爲《廣韻》紙韻以母位小韻首字，按韻圖規制當列於四等，《起數訣》是。

6（去四曉）血四寘　孈　《廣韻》《集韻》呼恚切，曉寘三去合止；《韻鏡》内轉第五合、《七音略》内轉第五輕中輕、《切韻指南》止攝内二合口呼通門，列字爲『孈』；《切韻指掌圖》十九圖、《四聲等子》止攝内二重少輕多韻合口呼，列字爲『侐』，曉母至韻。『孈』爲《廣韻》寘韻曉母重紐四等位小韻首字，《起數訣》是。

7（去四影）一四寘　恚　《廣韻》《集韻》於避切，影寘三去合止；《韻鏡》内轉第五合、《七音略》内轉第五輕中輕、《四聲等子》止攝内二重少輕多韻合口呼、《切韻指南》止攝内二合口呼通門入聲字見於臻攝，列字均爲『恚』；《切韻指掌圖》空位。『恚』爲《廣韻》寘韻影母重紐四等位小韻首字，《起數訣》是。

8（去四喻）未四寘　瓗　《廣韻》以睡切，《集韻》弋睡切，以寘三去合止；《韻鏡》内轉第五合、《七音略》内轉第五輕中輕，列字均爲『瓗』；《切韻指掌圖》十九圖、《四聲等子》止攝内二重少輕多韻合口呼、《切韻指南》止攝内二合口呼通門入聲字見於臻攝，列字爲『遺』，以母至韻。『瓗』爲《廣韻》寘韻以母位小韻首字，《起數訣》是。

9（入四喻）未四昔　役　《廣韻》《集韻》營隻切，以昔三入合梗；《韻鏡》外轉第三十四合、《七音略》内轉三十七輕中輕、《切韻指掌圖》十五圖，列字均爲『役』；《四聲等子》止攝内二重少輕多韻合口呼、《切韻指南》止攝内二合口呼通門入聲字見於臻攝，列字爲『聿』，以母術韻。『役』爲《廣韻》昔韻以母位小韻首字，《起數訣》是。

第十圖 閉音濁

		奚三	澌五		覌五					
■	■	民	鼻	■	必		閉	■	■	■
							音			
						支旋五	濁			
	膝					支				
						支		隨		
						紙完五				
						紙				
						紙				
	謎					寘墜五				
						寘				
						昔睞五				

漸一

巽二

■	■	■	■	■	尭	揆	■	■	■	■
	鞲		衰	桊	觜					
垂			吹	騅	色	趡	虧	媯		鬌
		錘								鍾
菙				揣	棰	頯	跪	詭	萎	
瑞	餽		吹	惴	僞		箠	䝕	諉	縋

漸四	漸二		漸三						坎四	坎五
吠	賢	■	寅	■	■	■	收		口	品
							音	脂		
							清	脂		
麾		遠	爲	羸	痿		元矣五	脂	悲	丕
隓			觿					脂		紕
								旨		
								旨		
毀		委	蔿	絫	蘂		隨五	旨	鄙	嚭
								旨	比	
								至		
毀			爲	累	柄		嗤五	至	祕	濞
								至		
								質		
								質		
							震本	質		

第十圖　閉音濁

本圖舒聲列《廣韻》支紙寘合口非脣音字。係拆分《韻鏡》内轉第五合，取二三等列字。本圖入聲有目無字。明本聲母滂、端、透、定、泥、見、溪、照、來、日、半三處均列「■」，四庫本空位。明本曉母位列「吷」，四庫本列「■」；明本匣母位列「賢」，四庫本列「吷」；明本影母位列「■」，四庫本列「賢」；四庫本誤。明本、四庫本上聲列目均爲「紙」，當爲「紙」。

校注：

1（平二疑）堯二支　觜　《廣韻》即移切，《集韻》將支切，精支三平開止；不當列於合口圖。《韻鏡》内轉第五合、《切韻指掌圖》十九圖，列於精母紙韻，疑母支韻空位；《七音略》《四聲等子》空位；《切韻指南》止攝内二合口呼通門入聲字見於臻攝，列於精母尾旨韻，疑母空位。諸家韻圖平二疑母均空位，另，《起數訣》第九圖收音清，已列「貲」字於一等位，此爲小韻首字。此處不宜再列「觜」於一等合口，當刪。「觜」另有上聲音「即委切」，可列於合口圖，但應列於上聲三等位。《起數訣》列「觜」字誤，當校刪。

2　(平二莊)■二支　⿱此朿　《廣韻》《集韻》未收；《康熙字典》記：「《廣韻》《韻會》即委切，《集韻》祖委切，又《集韻》遵爲切。」此記《廣韻》即委切，小韻首字爲「觜」，下收有「⿱此朿」字，字形誤爲「⿱此朿」，余迺永注當校爲「⿱此朿」。《韻鏡》《七音略》《切韻指掌圖》《四聲等子》合口圖平二照均空位；《切韻指南》止攝內二合口呼通門入聲字見於臻攝，列字爲「⿱艹⿱此朿」。「⿱此朿」爲精母三等合口字，當列於精母四等上聲位，此處誤，當校刪。

3　(平二初)■二支　衰　《廣韻》《集韻》楚危切，初支三合平止。《韻鏡》《切韻指掌圖》空位；《七音略》內轉第五輕中輕，列於審母，穿母空位；《四聲等子》止攝內二重少輕多韻合口呼、《切韻指南》止攝內二合口呼通門入聲字見於臻攝，列字均爲「衰」。《七音略》空位誤，《起數訣》是。

4　(平二生)■二支　⿰革巂　《廣韻》山垂切，生支三平合止；《集韻》未收；《韻鏡》空位；《七音略》內轉第五輕中輕，列於三等書母位，二等位列「衰」；《切韻指掌圖》空位；《四聲等子》止攝內二重少輕多韻合口呼、《切韻指南》止攝內二合口呼通門入聲字見於臻攝，列字均爲「衰」。因「衰」有生母音，二等生母位列「衰」諸圖均無誤。《七音略》將「⿰革巂」字列於三等，誤。《起數訣》列於生母二等位，是。

5　(平三知)■三支　腄　《廣韻》竹垂切，《集韻》株垂切，知支三平合止；《韻鏡》內轉第五合、《七音略》內轉第五輕中輕，列字均爲「腄」；《切韻指掌圖》十九圖、《四聲等子》止攝內二重少輕多韻合口呼、《切韻指南》止攝内二合口呼通門入聲字見於臻攝，列字均爲『追』，知脂合三。《起數訣》列『腄』是。

6（平三澄）■三支　鬌　《廣韻》直垂切，《集韻》重垂切，澄支三平合止；《韻鏡》内轉第五合、《七音略》内轉第五輕中輕，列字均爲『鬌』；《切韻指掌圖》十九圖、《四聲等子》止攝内二重少輕多韻合口呼、《切韻指南》止攝内二合口呼通門入聲字見於臻攝，列字均爲『鎚』。『鬌』字《起數訣》已在第七圖收音清列出，列於七圖誤。本圖爲合口圖，『鬌』字正當列於此。

7（平三群）揆三支　䞈　《廣韻》《集韻》未收；《韻鏡》内轉第五合，牙音濁支三平，列字爲『䞈』；《七音略》空位；《切韻指掌圖》十九圖、《四聲等子》止攝内二重少輕多韻合口呼、《切韻指南》止攝内二合口呼通門入聲字見於臻攝，列字均爲『逵』。《起數訣》此字已列於第七圖，誤。『䞈』爲群母合三支韻字，可列於此位。《起數訣》從《韻鏡》，列於此位無誤。

8（平三疑）堯三支　色　明本列字爲『色』，四庫本列字爲『危』。明本顯誤，爲『危』字形訛。『危』，《廣韻》魚爲切，《集韻》虞爲切，疑支三平合止；《韻鏡》内轉第五合、《七音略》内轉第五輕中輕，列字均爲『危』；《切韻指掌圖》十九圖、《四聲等子》止攝内二重少輕多韻合口呼，列字均爲『巍』，疑母微韻；《切韻指南》止攝内二合口呼通門入聲字見於臻攝，列字爲

『危』。《起數訣》明本形訛，當校改爲『危』，四庫本列字是。

9　（平三昌）■三支　吹　《廣韻》昌垂切，《集韻》姝爲切，昌支三平合止；《韻鏡》內轉第五合、《七音略》內轉第五輕中輕，列字均爲『吹』；《切韻指掌圖》十九圖，列於穿母二等位；《四聲等子》《切韻指南》均列於穿母三等位。《切韻指掌圖》列於二等誤，《起數訣》是。

10　（平三書）■三支　◯　《廣韻》《集韻》均無書母字，《韻鏡》空位，《七音略》列『韉』，此字當列平二山母位。《起數訣》空位是。

11　（平三曉）吷三支　麾　明本聲母爲『吷』，四庫本空位。麾，《廣韻》許爲切，《集韻》吁爲切，曉支三平合止；《韻鏡》內轉第五合、《七音略》內轉第五輕中輕，列字均爲『麾』；《切韻指掌圖》十九圖、《四聲等子》止攝內二重少輕多韻合口呼，列字均爲『撝』；《切韻指南》止攝內二合口呼通門入聲字見於臻攝，列字爲『摩』。『摩』爲《廣韻》支三合曉母位小韻首字，下收有『麾』字，列字以『摩』爲佳，《起數訣》明本無誤。四庫本空位誤。

12　（平三影）■三支　逶　明本聲母爲『■』，四庫本爲『賢』，四庫本誤。『逶』，《廣韻》於爲切，《集韻》邕危切，影支三平合止；《韻鏡》內轉第五合、《七音略》內轉第五輕中輕，列字均爲『逶』；《切韻指掌圖》十九圖、《四聲等子》止攝內二重少輕多韻合口呼，列字爲『威』，影母微韻；《切韻指南》列字爲『逶』。《起數訣》列字是。

13　（平三來）■三支　嬴　明本列字爲『嬴』，四庫本列字爲『嬴』。『嬴』，《廣韻》以成切，以清三平開梗；不當列於此位。『羸』，《廣韻》力爲切，《集韻》倫爲切，來支三平合止；《韻鏡》內轉第五合、《七音略》內轉第五輕中輕、《切韻指掌圖》十九圖，列字均爲『羸』；《四聲等子》止攝內二重少輕多韻合口呼，列字爲『壘』；《切韻指南》止攝內二合口呼通門入聲字見於臻攝，列字爲『㶟』，《康熙字典》：『《唐韻》力追切，《集韻》倫追切，音纍。』均爲來母脂韻。『羸』爲《廣韻》支三合來母位小韻首字，《起數訣》明本誤，當校改爲『羸』，四庫本是。

14 (平四定)■四支　錘　《廣韻》直垂切，《集韻》重垂切，澄支三平合止；《韻鏡》內轉第五合，列於四等位；《七音略》內轉第五輕中輕，在四等位列字爲『鬌』；《切韻指掌圖》《四聲等子》《切韻指南》空位。『鬌』爲《廣韻》支韻澄母位小韻首字，下收有『錘』字。『鬌』已列於三等位，此處不當重出，且『錘』字形較小，占格位右上角，當爲標注字。《起數訣》《韻鏡》并誤，當校刪。

15 (平四從)■四支　錘　《廣韻》《集韻》爲澄母字；《韻鏡》內轉第五合，列於澄母，從母空位；《七音略》《切韻指掌圖》《四聲等子》《切韻指南》空位。諸家韻圖平四從母均空位，《起數訣》誤，當校刪。

16 (平四曉)吙四支　隓　明本聲母爲『吙』，四庫本列『■』，四庫本誤。『隓』，《廣韻》許規切，《集韻》翾規切，曉支三平合止；《韻鏡》內轉第五合、《七音略》內轉第五輕中輕，列字爲『隳』；《切韻指掌圖》十九圖，列字爲『睢』，曉母齊韻；《四聲等子》止攝內二重少輕多韻合口呼，列字爲『倠』，曉母脂韻；《切韻指南》列字爲『隓』。『隓』爲《廣韻》支韻曉母位小韻首字，按《起數訣》一般分圖原則，當列於第九圖，且九圖中已列有『隳』字。本圖誤，當刪。

17（平四以）寅四支　觿　《廣韻》許規切，曉支三平合止；《集韻》勻規切，以支三平合止；《康熙字典》記：『又《集韻》勻規切，音蓨。與蠵同。 觜觿，大龜也。』《韻鏡》內轉第五合，列字爲『蠵』，以母支韻；《七音略》內轉第五輕中輕，列字爲『蓨』，《康熙字典》記：『又才規切，音厜。勻規切，音觿。義並同。』《切韻指掌圖》十九圖、《切韻指南》止攝內二合口呼通門入聲字見於臻攝，列字爲『惟』，以母脂韻；《四聲等子》止攝內二重少輕多韻合口呼，列字爲『維』，以母脂韻。《起數訣》此位列『觿』當從《集韻》，亦無誤，但《集韻》此音，當爲『蠵』字訛。故列字當依《韻鏡》列『蠵』字爲佳。

18 上聲韻目當爲『紙』，《起數訣》誤爲『紙』，當校正。

19（上二穿）■三紙　○　《韻鏡》空位；《七音略》內轉第五輕中輕，列字爲『揣』。揣，《廣韻》初委切，《集韻》楚委切，初紙合三上止。《切韻指掌圖》《四聲等子》《切韻指南》均列於二等位。此字《七音略》等列二等位是，本書及《韻鏡》列於三等位，均誤，當校刪。二等位當校補『揣』字。

20（上三非）必三紙　○　《韻鏡》空位；《七音略》內轉第五輕中輕，列字爲『萎』。萎，《廣韻》於爲切、於僞切，紙韻未收；《集韻》鄔僞切、女委切，爲影母和泥母字，無非紐字。《切韻指掌圖》《四聲等子》《切韻指南》均於上三非位列『匪』，《廣韻》府尾切，上尾非母。《七音略》列『萎』誤，《起數訣》《韻鏡》空位是。

21 （上三知）■三紙 ○ 《韻鏡》空位；《七音略》内轉第五輕中輕，列字爲『痿』。痿，《廣韻》《集韻》未收。《康熙字典》記：『《唐韻》姊宜切，《集韻》《韻會》津垂切，音觜。《説文》厜㕒，山顛也。《爾雅·釋山》崒者，厜㕒。《郭璞註》謂峰頭巉巖。又《集韻》或作崒。又《集韻》是爲切，音垂。義同。又《集韻》是爲切，音垂。《説文》厜㕒，山巔。又津垂切，音觜。義同。』均不宜列於上三知母位。《切韻指掌圖》《四聲等子》《切韻指南》上三知位均空位，楊軍認爲《七音略》爲去聲娷字串入上聲後轉訛，《七音略》誤，《起數訣》《韻鏡》空位是。

22 （上三娘）■三紙 萎 《廣韻》於僞切，影寘三去合止；《集韻》鄔毀切，影紙三上合止；均不當列於此位。《集韻》又有『女委切』可列於娘母紙韻。《韻鏡》《七音略》《切韻指掌圖》空位；《四聲等子》止攝内二重少輕多韻合口呼、《切韻指南》止攝内二合口呼通門入聲字見於臻攝，均列於上三娘母位。此二圖及《起數訣》合於《集韻》『女委切』一音。《起數訣》列『萎』字，亦無誤。

23 （上三溪）■三紙 跪 《廣韻》去委切，《集韻》苦委切，溪紙三上合止；《韻鏡》空位；《七音略》内轉第五輕中輕、《切韻指掌圖》十九圖，列字爲『跪』；《四聲等子》止攝内二重少輕多韻合口呼，列字爲『烣』，溪母灰韻；《切韻指南》止攝内二合口呼通門入聲字見於臻攝，列字爲『蘬』，溪母旨韻。『跪』爲《廣韻》《集韻》紙三見母位小韻首字，《韻鏡》空位誤，《起數訣》是。

24（上三群）揆三紙　頠　明本列字爲『頠』，四庫本列字爲『跪』。『頠』，《廣韻》魚毀切，《集韻》五委切，疑紙三上合止；當列於疑母位。『跪』，《廣韻》渠委切，《集韻》巨委切，群紙三上合止；《韻鏡》内轉第五合、《七音略》内轉第五輕中輕、《切韻指掌圖》十九圖、《切韻指南》列字均爲『跪』；《四聲等子》止攝内二重少輕多韻合口呼，列字爲『䣀』，《集韻》巨軌切，見母旨韻。『跪』爲紙三合群母位小韻首字，《起數訣》明本誤，當校改爲『跪』，四庫本是。

25（上三疑）堯三紙　棰　明本列字爲『棰』，四庫本列字爲『頠』。『棰』，《廣韻》未收此字形；《集韻》主縈切，章紙三上合止；當列於章母位。『頠』，《廣韻》魚毀切，《集韻》五委切，疑紙三上合止；《韻鏡》内轉第五合、《七音略》内轉第五輕中輕、《四聲等子》、《切韻指南》列字爲『硊』，《廣韻》魚毀切；《切韻指掌圖》十九圖，列字爲『蔿』，云母紙韻；『硊』爲《廣韻》紙韻上三疑母位小韻首字，下收有『頠』字，列字以『硊』爲佳，《起數訣》亦無誤。《起數訣》明本誤，當校改爲『頠』，四庫本是。

26（上三章）■三紙　揣　明本列字爲『揣』，四庫本列字爲『棰』。『揣』，《廣韻》初委切，《集韻》楚委切，初紙三上合止；應列於初母位。『棰』，《廣韻》未收此字形；《集韻》主縈切，章紙三上合止；《韻鏡》内轉第五合、《七音略》内轉第五輕中輕、《切韻指掌圖》十九圖、《切韻指南》止攝内二合口呼通門入聲字見於臻攝，列字均爲「捶」，《廣韻》之累切；《四聲等子》止攝内二重少輕多韻合口呼，列字爲「佳」，《集韻》諸鬼切，章母尾韻。「捶」爲《廣韻》紙韻上三章母位小韻首字，列字以「捶」爲佳，雖合《集韻》音，但《起數訣》四庫本列「棰」顯爲「捶」字之形訛，當校改爲「捶」。明本誤，當校改爲「捶」。

27 （上三昌）■三紙　◯　明本空位，四庫本列字爲「惴」。「惴」，《廣韻》初委切，《集韻》楚委切，初紙三上合止；《韻鏡》内轉第五合，列於齒音清紙韻三等上聲位；《七音略》内轉第五輕中輕、《切韻指掌圖》十九圖、《四聲等子》、《切韻指南》三等空位，列於二等。「揣」爲初母三等字，按韻圖規制當列於二等。《韻鏡》及《起數訣》誤，當移至二等位。《起數訣》四庫本誤，當校删，明本空位是。

28 （上三曉）吷三紙　毁　明本聲母爲「吷」，四庫本聲母爲「■」。「毁」，《廣韻》許委切，《集韻》虎委切，曉紙三上合止；《韻鏡》内轉第五合、《七音略》内轉第五輕中輕、《切韻指掌圖》十九圖、《切韻指南》止攝内二合口呼，列字均爲「毁」；《四聲等子》止攝内二重少輕多韻合口呼，列字爲「虺」，曉母尾韻。「毁」爲《廣韻》紙三合曉母位小韻首字，明本聲母標目是，四庫本誤。

29 （上三影）■三紙　委　明本聲母爲「■」，四庫本聲母爲「賢」。「委」，《廣韻》於詭切，《集韻》鄔毁切，影紙三上合止；《韻鏡》内轉第五合、《七音略》内轉第五輕中輕，列字均爲「委」；

《切韻指掌圖》十九圖、《四聲等子》止攝内二重少輕多韻合口呼、《切韻指南》列字均爲『委』。『委』爲《廣韻》紙三合影母位小韻首字，明本聲母標目是，四庫本誤。

30 (上三來)■三紙　絫　《廣韻》力委切，來紙三上合止；《集韻》魯水切，來旨三上合止；《韻鏡》内轉第五合、《七音略》内轉第五輕中輕、《切韻指掌圖》十九圖、《四聲等子》止攝内二重少輕多韻合口呼，列字均爲『累』；《切韻指南》止攝内二合口呼通門入聲字見於臻攝，列字爲『畾』，《集韻》魯水切，來母旨韻。『絫』爲《廣韻》紙韻來母位小韻首字，下收有『累』字，注上同，列字以『絫』爲佳，《起數訣》依《廣韻》，是。

31 (上三日)■三紙　蘂　《廣韻》如累切，日紙三上合止；《集韻》未收；《韻鏡》内轉第五合、《七音略》内轉第五輕中輕、《切韻指掌圖》十九圖、《切韻指南》止攝内二合口呼，列字均爲『蘂』；《四聲等子》止攝内二重少輕多韻合口呼，列字爲『蕊』。『蘂』爲《廣韻》紙韻日母位小韻首字，下收有『蕊』字，列字以『蘂』爲佳，《起數訣》是。

32 (去三知)■三寘　諈　《廣韻》《集韻》竹恚切，知寘三去合止；《韻鏡》内轉第五合，列字爲『娷』；《七音略》《四聲等子》《切韻指南》空位；《切韻指掌圖》十九圖，列字爲『綴』，知母祭韻。『娷』爲《廣韻》寘韻知母位小韻首字，下收有『諈』字，列字以『娷』爲佳，《起數訣》亦無誤。

33 (去三娘)■三寘　諉　《廣韻》《集韻》女恚切，娘寘三去合止；《韻鏡》内轉第五合、《切韻指掌圖》十九圖、《四聲等子》、《切韻指南》，列字均爲『諉』；《七音略》空位。『諉』爲《廣韻》寘韻娘母位小韻首字，《七音略》誤，《起數訣》列『諉』是。

34 （去三溪）■三寘　䠍　明本列字爲『䠍』，四庫本列字爲『𧽩』。當係『䞈』形訛。『䞈』，《廣韻》丘愧切，溪至三去合止；《集韻》丘僞切，溪寘三去合止；《韻鏡》空位，《七音略》内轉第五輕中輕，列字爲『䞈』。《切韻指掌圖》十九圖、《切韻指南》，列字爲『喟』，溪母至韻。依《廣韻》不當列於此位，依《集韻》本位可列『䞈』字；明本、四庫本列字均形訛，當校改爲『䞈』。

35 （去三書）■三寘　鋭　《康熙字典》記：『《廣韻》舒芮切，《集韻》《韻會》《正韻》輸芮切，音税。《玉篇》小餟也。又《集韻》儒垂切，音蕤。又翾規切，音墮。義同。又式瑞切，音祱。小祭也。』其中《集韻》式瑞切，合於此位。《韻鏡》《七音略》空位；《切韻指掌圖》十九圖，列字爲『帥』，生母至韻；《四聲等子》止攝内二重少輕多韻合口呼，列字爲『疢』，《廣韻》式類切，書母至韻；《切韻指南》止攝内二合口呼通門入聲字見於臻攝，列字爲『鋭』。《起數訣》從《集韻》，列『鋭』亦無誤。

36 （去三禪）■三寘　瑞　《廣韻》是僞切，《集韻》樹僞切，禪寘三去合止；《韻鏡》内轉第五合、《七音略》内轉第五輕中輕，《四聲等子》止攝内二重少輕多韻合口呼、《切韻指南》止攝内二合口呼通門入聲字見於臻攝，列字均爲『睡』；《切韻指掌圖》空位，錯列於二等位。『睡』爲

《廣韻》寘韻禪母位小韻首字，下收有『瑞』字，列字以『睡』爲佳，《起數訣》亦無誤。

37 （去三曉）吷三寘 毀 明本聲母爲『吷』，四庫本聲母爲『■』。『毀』，《廣韻》許委切，《集韻》呼恚切，曉寘三去合止；《韻鏡》内轉第五合、《切韻指南》止攝内二合口呼通門，列字爲『毀』；《七音略》内轉第五輕中輕，列字爲『鼓』，當爲『毀』字形訛；《切韻指掌圖》十九圖、《四聲等子》止攝内二重少輕多韻合口呼，列字爲『諱』，曉母未韻。『毀』爲《廣韻》寘韻曉母位小韻首字，《起數訣》是。明本聲母標目是，四庫本誤。

38 （去三影）賢三寘 ○ 明本聲母爲『■』，四庫本聲母爲『賢』。《廣韻》《集韻》寘韻影母位有『餧』，於僞切。《韻鏡》内轉第五合、《七音略》内轉第五輕中輕、《切韻指掌圖》十九圖、《切韻指南》止攝内二合口呼通門，列字均爲『餧』。《四聲等子》止攝内二重少輕多韻合口呼，列字爲『尉』，影母未韻。『餧』爲《廣韻》小韻首字，當列於此位，《起數訣》空位誤，當校補『餧』。明本聲母標目是，四庫本誤。

39 （去三日）■三寘 枘 《廣韻》而瑞切，日寘三去合止；《集韻》未收；《韻鏡》内轉第五合、《七音略》内轉第五輕中輕、《切韻指南》止攝内二合口呼通門，列字均爲『枘』；《切韻指掌圖》十九圖、《四聲等子》止攝内二重少輕多韻合口呼，列字均爲『枘』，日母祭韻。『枘』爲《廣韻》寘韻日母位小韻首字，《起數訣》是。

釋：

1 (平三見)■三支　嬀　《廣韻》居爲切，《集韻》俱爲切，見支三平合止；《韻鏡》內轉第五合、《七音略》內轉第五輕中輕，列字均爲「嬀」；《切韻指掌圖》十九圖、《四聲等子》止攝內二重少輕多韻合口呼，列字爲「歸」；《切韻指南》止攝內二合口呼通門入聲字見於臻攝，列字爲「龜」，見脂合三。

2 (平三溪)■三支　虧　《廣韻》去爲切，《集韻》驅爲切，溪支三平合止；《韻鏡》內轉第五合、《七音略》內轉第五輕中輕，列字均爲「虧」；《切韻指掌圖》十九圖、《四聲等子》止攝內二重少輕多韻合口呼，列字爲「蘬」，溪脂合三；《切韻指南》止攝內二合口呼通門入聲字見於臻攝，列字爲「虧」。

3 (平三章)■三支　騹　《廣韻》子垂切，《集韻》津垂切，精支三平合止；《康熙字典》記：「《廣韻》子垂切，《集韻》津垂切，音嘴。」《韻鏡》內轉第五合、《七音略》內轉第五輕中輕，列字均爲「騹」；《切韻指掌圖》空位；《四聲等子》止攝內二重少輕多韻合口呼、《切韻指南》止攝內二合口呼通門入聲字見於臻攝，列字均爲「錐」，章母脂韻。《起數訣》列字是。

4 (平三禪)■三支　垂　《廣韻》《集韻》是爲切，禪支三平合止；《韻鏡》內轉第五合、《七音略》内轉第五輕中輕，列字均爲『垂』；《切韻指掌圖》十九圖、《四聲等子》止攝内二重少輕多韻合口呼，列字爲『誰』，禪母脂韻；《切韻指南》止攝内二合口呼通門入聲字見於臻攝，列字爲『埀』。

5（平三云）寅三支　爲　《廣韻》薳支切，云支三平合止；《集韻》于嬀切，云支三平合止；《韻鏡》内轉第五合、《七音略》内轉第五輕中輕，列字均爲『爲』；《切韻指掌圖》十九圖、《四聲等子》止攝内二重少輕多韻合口呼，列字爲『幃』，云母微韻；《切韻指南》列字爲『帷』，云母脂韻。

6（平三日）■三支　痿　《廣韻》人垂切，《集韻》儒垂切，日支三平合止；《韻鏡》内轉第五合、《七音略》内轉第五輕中輕，列字均爲『痿』；《切韻指掌圖》十九圖、《四聲等子》止攝内二重少輕多韻合口呼，列字爲『蕤』；《切韻指南》止攝内二合口呼通門入聲字見於臻攝，列字爲『痿』。

7（上三見）■三紙　詭　《廣韻》過委切，《集韻》古委切，見紙三上合止；《韻鏡》内轉第五合、《七音略》内轉第五輕中輕，列字均爲『詭』；《切韻指掌圖》十九圖，列字爲『詭』；《四聲等子》止攝内二重少輕多韻合口呼，列字爲『鬼』，上尾見母；《切韻指南》止攝内二合口呼通門入聲字見於臻攝，列字爲『軌』，上旨見母。

8（上三禪）■三紙　菙　《廣韻》時髓切，《集韻》是棰切，禪紙三上合止；《韻鏡》内轉第五合、

《七音略》內轉第五輕中輕，列字均爲『菙』；《切韻指掌圖》十九圖、《四聲等子》止攝內二重少輕多韻合口呼、《切韻指南》止攝內二合口呼通門入聲字見於臻攝，列字均爲『菙』。

9 （上三云）寅三紙　蔿　《廣韻》韋委切，《集韻》羽委切，云紙三上合止；《韻鏡》內轉第五合、《七音略》內轉第五輕中輕、《切韻指南》止攝內二合口呼，列字均爲『蔿』；《切韻指掌圖》十九圖，列字爲『洧』，云母旨韻；《四聲等子》止攝內二重少輕多韻合口呼，列字爲『葦』，云母尾韻。

10 （去三澄）■三寘　縋　《廣韻》馳僞切，《集韻》馳僞切，澄寘三去合止；《韻鏡》內轉第五合、《七音略》內轉第五輕中輕，列字均爲『縋』；《切韻指掌圖》十九圖、《四聲等子》止攝內二重少輕多韻合口呼、《切韻指南》止攝內二合口呼通門入聲字見於臻攝，列字爲『墜』，澄母至韻。

11 （去三見）■三寘　䝿　《廣韻》詭僞切，見寘三去合止；《集韻》未收；《韻鏡》內轉第五合、《七音略》內轉第五輕中輕、《切韻指南》止攝內二合口呼，列字均爲『䝿』；《切韻指掌圖》十九圖、《四聲等子》止攝內二重少輕多韻合口呼，列字均爲『貴』，見母未韻。

12 （去三疑）堯三寘　僞　《廣韻》《集韻》危睡切，疑寘三去合止；《韻鏡》內轉第五合、《七音略》內轉第五輕中輕、《切韻指掌圖》十九圖、《切韻指南》止攝內二合口呼列字均爲『僞』；《四聲等子》止攝內二重少輕多韻合口呼，列字爲『魏』，《集韻》虞貴切，疑母未韻。

13（去三章）■三寘　惴　《廣韻》《集韻》之瑞切，章寘三去合止；《韻鏡》内轉第五合、《七音略》内轉第五輕中輕、《切韻指掌圖》十九圖、《四聲等子》、《切韻指南》，列字均爲『惴』。

14（去三昌）■三寘　吹　《廣韻》《集韻》尺僞切，昌寘三去合止；《韻鏡》内轉第五合、《七音略》内轉第五輕中輕、《切韻指掌圖》十九圖、《四聲等子》、《切韻指南》，列字均爲『吹』。

15（去三云）寅三寘　爲　《廣韻》薳支切，《集韻》於僞切，云寘三去合止；《韻鏡》内轉第五合、《七音略》内轉第五輕中輕，列字均爲『爲』；《切韻指掌圖》十九圖，列字爲『胃』，云母未韻；《四聲等子》止攝内二重少輕多韻合口呼，列字爲『尉』，影母未韻；《切韻指南》止攝内二合口呼通門入聲字見於臻攝，列字爲『位』，云母至韻。

16（去三來）■三寘　累　《廣韻》良僞切，《集韻》力僞切，來寘三去合止；《韻鏡》内轉第五合、《七音略》内轉第五輕中輕、《切韻指掌圖》十九圖，列字爲『累』；《四聲等子》止攝内二重少輕多韻合口呼、《切韻指南》止攝内二合口呼通門入聲字見於臻攝，列字爲『類』，來母至韻。

漸四 漸二 漸三 坎四 坎五

吹	賢	■	寅	■	■	■	收		口	品
							音	脂		
							清	脂		
麾		逶	爲	虧	痿		元妄五	脂	悲	丕
隓			觿					脂		紕
								旨		
								旨		
毀		委	蔿	絫	蘂		隨五	旨	鄙	嚭
								旨	比	
								至		
毀			爲	累	枘		寘未	至	祕	濞
								至		
								質		
								質		
							震未	質		

井五	坎三	坎六	坎六	井六	比七	比一	坎一	井一	坎二	比八
平	美	帝	天	田	女	九	丘	乾	仰	足
										咨
邳	眉					飢			狋肌牛	
毗		䟡		題				耆		
										姊
否	美					几		跽	狋	
牝										
備	媚					冀	器	臮	劓	
				地		繫吉弃	棄			
		垤								堲

坎八	井八	比十	蹇九	比二	比四	比三		坎七	坎十	井十一
七	仝	手	象	香	口	乙	口	呂	耳	辰
郪	茨	松			乙下					
		死	兕							
次	自	四								
				吅	系			肆		
七	疾	恚	款		一	遶				

第十一圖　收音清

本圖舒聲列《廣韻》脂旨至韻字，取列於韻圖一四等位字及三等脣音字，其中一等位列字表現了語音變化。本圖係拆分《韻鏡》内轉第六開，將四等精組字上升到一等位，三等中有少量非脣音字列入。本圖入聲取《廣韻》質韻列於四等位字，係拆分《韻鏡》外轉第十七開質韻四等位字。明本聲母幫、匣、喻母位列「□」，四庫本空格。明本匣母下一等位空格中標有「乙下」二字。

校注：

1（平一精）足一脂　咨　《廣韻》即夷切，《集韻》津私切，精脂三平開止；《韻鏡》内轉第六開、《七音略》内轉第六重中重，均於精母四等位列「咨」；《切韻指掌圖》十八圖，列字爲「兹」，平之精母；《四聲等子》《切韻指南》一等位空位。「咨」爲脂韻精母三等字，且爲《廣韻》小韻首字，按韻圖規制，當列於四等位。《切韻指掌圖》精組開口止攝三等字已上升爲一等字，《起數訣》同《指掌圖》，列字表現語音變化。

2 (平一清)七一脂　郪　《廣韻》取私切，《集韻》千咨切，清脂三平開止；《韻鏡》内轉第六開、《七音略》内轉第六重中重，均於清母四等位列『郪』；《切韻指掌圖》十八圖，列字爲『雌』，平支清母；《四聲等子》《切韻指南》一等位空位。『郪』爲脂韻清母三等字，且爲《廣韻》小韻首字，按韻圖規制，當列於四等位。《切韻指掌圖》精組開口止攝三等字上升爲一等字，《起數訣》同《指掌圖》，列字表現語音變化。

3 (平一從)全一脂　茨　《廣韻》疾資切，《集韻》才資切，從脂三平開止；《韻鏡》内轉第六開、《七音略》内轉第六重中重，均於從母四等位列『茨』；《切韻指掌圖》十八圖，列字爲『慈』，平之從母；《四聲等子》《切韻指南》一等位空位。『茨』爲脂韻從母三等字，且爲《廣韻》小韻首字，按韻圖規制，當列於四等位。《切韻指掌圖》精組開口止攝三等字已上升爲一等字，《起數訣》同《指掌圖》，列字表現語音變化。

4 (平一心)手一脂　私　《廣韻》息夷切，《集韻》相咨切，心脂三平開止；《韻鏡》内轉第六開、《七音略》内轉第六重中重，均於心母四等位列『私』；《切韻指掌圖》十八圖，列字爲『思』，平之心母；《四聲等子》《切韻指南》一等位空位。『私』爲脂韻心母三等字，且爲《廣韻》小韻首字，按韻圖規制，當列於四等位。《切韻指掌圖》精組開口止攝三等字已上升爲一等字，《起數訣》同《指掌圖》，列字表現語音變化。

5 (平三群)乾三脂　○　《廣韻》脂韻群母位有『鬐』，渠脂切；《集韻》渠伊切，群脂三平開止。

《韻鏡》内轉第六開，列字爲「耆」，此字當爲「耆」字訛。《七音略》内轉第六重中重，列字爲「耆」，群母脂韻。《切韻指掌圖》十八圖，列字爲「其」，之韻群母；《四聲等子》止攝内二重少輕多韻開口呼、《切韻指南》止攝内二開口呼通門入聲字見於臻攝，列字爲「逵」，脂韻群母。《廣韻》《集韻》此位均有字，《起數訣》空位誤，當校補「鬐」或「耆」字。

6 （平三疑）仰三脂　狋　明本列字爲「狋」，下注「牛肌」係其反切，四庫本空位。《廣韻》《集韻》脂韻疑母位有「狋」，牛肌切，脂三平開止。《韻鏡》内轉第六開，列字爲「狋」；《七音略》内轉第六重中重，列字爲「示」，誤。《切韻指掌圖》十八圖，列字爲「疑」，疑母之韻；《四聲等子》止攝内二重少輕多韻開口呼，列字爲「巍」，疑母微韻；《切韻指南》止攝内二開口呼通門入聲字見於臻攝，列字爲「危」，疑母支韻。《廣韻》《集韻》此位均有字，《起數訣》明本列字是；四庫本空位誤，當校補「狋」字。

7 （平四端）帝四脂　䟡　《康熙字典》記：「《廣韻》都計切，《集韻》丁計切，音帝。《玉篇》蹋也。又《集韻》張尼切，音胝。《類篇》跆也。或作躓。」此記《廣韻》都計切，端母霽韻。《韻鏡》《七音略》《四聲等子》《切韻指南》端母四等均空位；《切韻指掌圖》十八圖，列字爲「低」，端母齊韻。《廣韻》《集韻》脂韻無端紐，去聲霽韻帝小韻收「䟡」。《起數訣》誤，當删。

8 （平四定）田四脂　踶　《廣韻》脂韻無定紐，「踶」爲定母霽韻及澄母紙韻；《集韻》徒祁切，定脂三平開止；《韻鏡》《七音略》空位；《切韻指掌圖》十八圖，列字爲「蹄」，定母齊韻；

《四聲等子》《切韻指南》空位。《起數訣》從《集韻》，亦無誤。

9 （平四群）乾四脂　耆　明本列字爲『耆』，四庫本空格。耆，《廣韻》渠支切，群脂三平開止；屬『鬐』小韻，當列於平三群位，列於四等誤。《韻鏡》《七音略》均列於三等。《起數訣》明本誤，當删。四庫本空位是。

10 （平四精組）〇　《廣韻》有精組字，《韻鏡》《七音略》亦有列字，《起數訣》已升至一等，故空位。

11 （上一精）足一旨　姊　《廣韻》將几切，《集韻》蔣兕切，精旨三上開止；《韻鏡》内轉第六開，四等位列字爲『姊』，形訛；《七音略》内轉第六重中重，四等位列『姊』，形訛；《切韻指掌圖》十八圖，一等位列字爲『紫』，精母紙韻；《四聲等子》一等位空位，四等位列字爲『滓』，精母旨韻；《切韻指南》止攝内二開口呼通門一等位空位，四等位列字爲『觜』，精母紙韻。『姊』爲旨韻精母三等字且爲《廣韻》小韻首字，按韻圖規制，當列於四等位。《切韻指掌圖》精組開口止攝三等字已上升爲一等字，《起數訣》同《指掌圖》，列字表現語音變化。

12 （上一心）手一旨　死　《廣韻》息姊切，《集韻》想姊切，心旨三上開止；《韻鏡》内轉第六開、《七音略》内轉第六重中重，均於四等位列『死』；《切韻指掌圖》十八圖，於一等位列『死』；《四聲等子》《切韻指南》一等位空位，四等位列字爲『髓』，心母紙韻。《切韻指掌圖》精組開口止攝三等字已上升爲一等字，《起數訣》同《指掌圖》，列字表現語音變化。

13（上一邪）象一旨　兕　《廣韻》徐姊切，《集韻》序姊切，邪旨三上開止；《韻鏡》内轉第六開、《七音略》内轉第六重中重、《四聲等子》止攝内二重少輕多韻開口呼，均於四等位列『兕』；《切韻指掌圖》十八圖，於一等位列『兕』；《切韻指南》止攝内二開口呼通門入聲字見於臻攝，於四等位列字爲『似』，邪母止韻。《切韻指掌圖》精組開口止攝三等字已上升爲一等字，《起數訣》同《指掌圖》，列字表現語音變化。

14（上三滂）品三旨　嚭　《廣韻》匹鄙切，《集韻》普鄙切，滂旨三上開止；《韻鏡》内轉第六開，列字爲『嚭』；《七音略》内轉第六重中重，列字爲『諀』，誤；《切韻指掌圖》十九圖、《四聲等子》止攝内二重少輕多韻開口呼、《切韻指南》止攝内二開口呼通門入聲字見於臻攝，列字爲『破』，滂母紙韻。『嚭』爲《廣韻》旨三滂母位小韻首字，《起數訣》是。

15（上三群）乾三旨　跽　明本列字爲『跽』，四庫本空格。《廣韻》旨韻群母位有『跽』，暨几切；《集韻》巨几切，群旨三上開止。《韻鏡》内轉第六開、《七音略》内轉第六重中重，列字爲『跽』。《切韻指掌圖》十八圖，列字爲『技』，爲『技』字誤；《四聲等子》止攝内二重少輕多韻開口呼、《切韻指南》止攝内二開口呼通門入聲字見於臻攝，列字爲『技』，紙韻群母。《廣韻》《集韻》此位均有字，《起數訣》明本列字是。四庫本空位誤，當校補『跽』。

16（上三疑）仰三旨　狋　《廣韻》《集韻》脂韻疑母位有『狋』，牛肌切，脂三平開止；均無上聲旨韻音。《韻鏡》内轉第六開，列於疑母脂韻，旨韻空位；《七音略》空位；《切韻指掌圖》十八圖、《四聲等子》止攝内二重少輕多韻開口呼，列字爲『蟻』，疑母紙韻；《切韻指南》止攝内二開口呼通門入聲字見於臻攝，列字爲『擬』，疑母止韻。《廣韻》《集韻》旨韻疑母均無小韻，《起數訣》兩本皆誤，當删。

17（上四幫）□四旨　比　《廣韻》卑履切，《集韻》補履切，幫旨三上開止；《韻鏡》内轉第六開、《七音略》内轉第六重中重、《切韻指南》止攝内二開口呼通門入聲字見於臻攝，列字均爲『匕』；《切韻指掌圖》十九圖、《四聲等子》止攝内二重少輕多韻合口呼，列字均爲『比』。『匕』爲《廣韻》旨韻幫母重紐四等位小韻首字，下收有『比』字，列字以『匕』爲佳。《起數訣》亦無誤。

18（上四精組）○　《廣韻》有精組三字，《韻鏡》《七音略》亦收。《起數訣》已升至一等，故空位。

19（去一精）足一至　○　明本空位，四庫本列字爲『恣』。恣，《廣韻》《集韻》資四切，精至三去開止；《韻鏡》内轉第六開、《七音略》内轉第六重中重、《切韻指南》止攝内二開口呼通門四等位列字爲『恣』；《切韻指掌圖》十八圖，一等位列字爲『恣』；《四聲等子》列字爲『積』，精母寘韻。《切韻指掌圖》精組開口止攝三等字已上升爲一等字，《起數訣》同《指掌圖》，列字表現語音變化。《起數訣》明本空位誤，四庫本列字是。

20（去一清）七一至　次　《廣韻》《集韻》七四切，清至三去開止；《韻鏡》内轉第六開、《七音略》内轉第六重中重、《切韻指南》止攝内二開口呼通門，四等位列字均爲『次』；《切韻指掌圖》十八圖，一等位列字爲『截』，清母寘韻；《四聲等子》列字爲『刺』，清母寘韻。《切韻指掌圖》精組開口止攝三等字已上升爲一等字，《起數訣》同《指掌圖》，列字表現語音變化。

21 （去一從）全一至　自　《廣韻》《集韻》疾二切，從至三去開止；《韻鏡》内轉第六開、《七音略》内轉第六重中重、《切韻指南》止攝内二開口呼通門，四等位列字均爲『自』；《切韻指掌圖》十八圖，一等位列字爲『自』；《四聲等子》列字爲『漬』，從母寘韻。《切韻指掌圖》精組開口止攝三等字已上升爲一等字，《起數訣》同《指掌圖》，列字表現語音變化。

22 （去一心）手一至　四　《廣韻》息利切，《集韻》息類切，心至三去開止；《韻鏡》内轉第六開、《七音略》内轉第六重中重、《切韻指南》止攝内二開口呼通門，四等位列字爲『四』；《切韻指掌圖》十八圖，一等位列字爲『笥』，心母志韻；《四聲等子》列字爲『賜』，心母寘韻。《切韻指掌圖》精組開口止攝三等字已上升爲一等字，《起數訣》同《指掌圖》，列字表現語音變化。

23 （去三並）平三至　被　《廣韻》《集韻》至韻並紐無『被』字。《廣韻》至韻並母位有『備，平祕切』；《康熙字典》記：『《唐韻》皮彼切；《集韻》《韻會》部靡切；又《唐韻》皮義切。』《韻鏡》内轉第六開、《七音略》内轉第六重中重、《切韻指南》止攝内二開口呼通門入聲字見於臻攝，列字均爲『備』；《切韻指掌圖》十九圖、《四聲等子》，列字爲『髲』，並母寘韻。『備』爲《廣韻》至三並母位小韻首字，《起數訣》誤，當校爲『備』。

24（去三見）九三至　冀《廣韻》《集韻》几利切，見至三去開止；《韻鏡》内轉第六開、《七音略》内轉第六重中重、《切韻指南》止攝内二開口呼通門，列字均爲『冀』；《切韻指掌圖》十八圖，列字爲『記』，見母志韻；《四聲等子》止攝内二重少輕多韻開口呼，列字爲『寄』，見母寘韻。本圖按《起數訣》分圖原則，三等非脣音字不當列入此圖，應移至第十二圖見母位。本圖當删。

25（去三溪）丘三至　器《廣韻》《集韻》去冀切，溪至三去開止；《韻鏡》内轉第六開、《七音略》内轉第六重中重、《切韻指南》止攝内二開口呼通門，列字均爲『器』；《切韻指掌圖》十八圖，列字爲『亟』，溪母志韻；《四聲等子》止攝内二重少輕多韻開口呼，列字爲『椅』，影母紙韻。本圖按《起數訣》分圖原則，三等非脣音字不當列入此圖，應移至第十二圖溪母位。本圖當删。

26（去三群）乾三至　㮑《廣韻》其冀切，群至三去開止；《集韻》未收；《韻鏡》内轉第六開、《七音略》内轉第六重中重，列字爲『㮑』；《切韻指掌圖》十八圖，列字爲『忌』，群母志韻；《四聲等子》止攝内二重少輕多韻開口呼，列字爲『騎』，群母寘韻；《切韻指南》止攝内二開口呼通門入聲字見於臻攝，列字爲『芰』，群母寘韻。本圖按《起數訣》分圖原則，三等非脣音字不當列入此圖，應移至第十二圖群母位。本圖當删。

27（去三疑）仰三至　劓《廣韻》至韻疑母位有『劓，魚器切』，下未收『劓』字；《集韻》魚器切；《康熙字典》記：『《唐韻》《集韻》牛例切。』《韻鏡》内轉第六重中重，列字均爲『劓』；《切韻指掌圖》十八圖、《切韻指南》止攝内二開口呼通門入聲字見於臻攝，列字爲『魕』；《四聲等子》止攝内二重少輕多韻開口呼，列字爲『義』。『劓』爲《廣韻》至三疑母位小韻首字，列字以『劓』爲佳，《起數訣》從《集韻》，亦無誤。本圖按《起數訣》分圖原則，三等非脣音字不當列入此圖，應移至第十二圖疑母位。本圖當删。

28（去四幫）□四至　◯　《廣韻》至韻幫母位有『痹，必至切』，《韻鏡》内轉第六開、《七音略》内轉第六重中重，列字均爲『痹』；《切韻指掌圖》十九圖、《四聲等子》止攝内二重少輕多韻開口呼，列字爲『臂』，幫母寘韻；《切韻指南》止攝内二開口呼通門入聲字見於臻攝，列字爲『痺』，同『痹』。此位當列『痹』字，《起數訣》空位誤，當校補『痹』。

29（去四滂）品四至　◯　《廣韻》至韻滂母位有『屁，匹寐切』，《韻鏡》内轉第六開、《七音略》内轉第六重中重，列字均爲『屁』；《切韻指掌圖》十九圖、《四聲等子》止攝内二重少輕多韻開口呼、《切韻指南》止攝内二開口呼通門，列字爲『譬』，滂母寘韻；此位當列『屁』字，《起數訣》空位誤，當校補『屁』。

30（去四並）平四至　◯　《廣韻》至韻並母位有『鼻，毗至切』，《韻鏡》内轉第六開、《七音略》内轉第六重中重、《切韻指掌圖》十九圖、《切韻指南》止攝内二開口呼通門，列字均爲『鼻』；《四聲等子》止攝内二重少輕多韻開口呼，列字爲『避』，並母寘韻；此位當列『鼻』字，《起數訣》空位誤，當校補『鼻』。

31 （去四明）美四至 ◯ 《廣韻》至韻明母位有『寐，彌二切』，《韻鏡》內轉第六開、《七音略》內轉第六重中重、《切韻指掌圖》十九圖、《四聲等子》止攝內二重少輕多韻開口呼、《切韻指南》止攝內二開口呼通門，列字爲『寐』。此位當列『寐』字，《起數訣》空位誤，當校補『寐』。

32 （去四見）九四至 繫 《廣韻》古詣切，見霽三去開止，列於見母霽韻，至韻空位；《集韻》吉弃切，見至三去開止；《韻鏡》空位；《七音略》內轉第六重中重，列字爲『蟿』，《廣韻》詰利切，溪母至韻，誤；《切韻指掌圖》十八圖，列字爲『計』，見母霽韻；《四聲等子》止攝內二重少輕多韻開口呼，列字爲『馶』，見母寘韻；《切韻指南》止攝內二開口呼通門入聲字見於臻攝，列字爲『繫』。《廣韻》見母至韻無字，《起數訣》從《集韻》，亦無誤。《起數訣》兩本下均有『吉弃』二字，爲其反切，當删。

33 （去四邪）象四至 ◯ 明本空位，四庫本列字爲『吅』。『吅』當爲『呬』字誤。呬，《廣韻》虛器切，《集韻》許四切，曉至三去開止；不當列於邪母位。《韻鏡》內轉第六開、《七音略》內轉第六重中重，列於曉母位，邪母空位；《切韻指掌圖》空位；《四聲等子》止攝內二重少輕多韻開口呼，列於曉母，邪母位列『寺』；《切韻指南》止攝內二開口呼通門入聲字見於臻攝，曉母位空位，邪母位列字爲『寺』。《廣韻》至韻邪母無字，《起數訣》四庫本誤，當校删。明本空位是。

34（去四精組）至 ○ 《廣韻》有精組去聲，《韻鏡》《七音略》亦收。《起數訣》已升至一等，故空位。

35（去四曉）香四至 ⿰口凹 明本列字爲「⿰口凹」，四庫本列字爲「系」。「⿰口凹」，諸家韻書未收，義爲「硬喂下去；把米或麦放進磨孔里碾；施肥」。如「⿰口凹藥，⿰口凹磨」，從「凹」字得音，當爲影母洽韻字。此字當爲「呬」字誤。呬，《廣韻》虛器切，《集韻》許四切，曉至三去開止；《韻鏡》內轉第六開、《七音略》內轉第六重中重、《四聲等子》止攝內二重少輕多韻開口呼，列字爲「呬」；《切韻指掌圖》《切韻指南》空位。「呬」在《廣韻》「齂」小韻下，當列於三等。在《集韻》許四切，爲小韻首字，當列於四等位，《起數訣》從《集韻》。明本列字形誤，當校改爲「呬」；四庫本串入邪母位，字形亦訛，邪母位當删，本位列「系」字更誤，爲匣母字，當移到匣母，本位校改爲「呬」。

36（去四匣）□四至 系 明本列字爲「系」，四庫本空位，「系」列於曉母位。系，《廣韻》胡計切，匣霽四去開止；《集韻》兮肆切，匣至三去開止；不當列於曉母位。《韻鏡》內轉第六開、《切韻指掌圖》十八圖、《四聲等子》止攝內二重少輕多韻開口呼、《切韻指南》止攝內二開口呼通門，列字爲「系」；《七音略》匣母位空位。「系」爲《集韻》至三匣母位重紐四等小韻首字，《起數訣》明本從《集韻》是；四庫本誤，當校改爲「系」。

37（去四以）□四至 ○ 明本空位，四庫本列字爲「肄」。「肄」，《廣韻》羊至切，《集韻》以制切，以至三去開止；《韻鏡》内轉第六開、《七音略》内轉第六重中重，列字爲『肄』；《切韻指掌圖》十八圖、《切韻指南》止攝内二開口呼通門，列字爲『異』，以母志韻；《四聲等子》止攝内二開口呼通門入聲字見於臻攝，列字爲『易』，以母寘韻。『肄』爲《廣韻》至三以母位小韻首字，當列於四等，明本空位誤，四庫本列字是。

38 （去四來）吕四質　肄　明本列字爲『肄』，四庫本空位。『肄』無來母音，不當列於來母，明本誤，四庫本列於以母位是。

39 （入四幫）□四質　○　《廣韻》質韻幫母位有『必，卑吉切』，《韻鏡》外轉第十七開、《七音略》外轉第十七重中重、《切韻指掌圖》十九圖、《切韻指南》止攝内二開口呼通門、《四聲等子》止攝内二重少輕多韻合口呼，列字均爲『必』。『必』字《起數訣》列於十三圖，本圖舒聲脣音四等位均有列字，應列於本圖。

40 （入四滂）品四質　○　《廣韻》質韻滂母位有『匹，譬吉切』，《韻鏡》外轉第十七開、《七音略》外轉第十七重中重、《切韻指掌圖》十九圖、《切韻指南》止攝内二開口呼通門、《四聲等子》止攝内二重少輕多韻合口呼，列字均爲『匹』。『匹』字《起數訣》列於十三圖，本圖舒聲脣音四等位均有列字，應列於本圖。

41 （入四並）平四質　○　《廣韻》質韻並母位有『邲，毗必切』，《韻鏡》外轉第十七開、《七音略》外轉第十七重中重、《切韻指掌圖》十九圖、《切韻指南》止攝内二開口呼通門、《四聲等子》

止攝内二重少輕多韻合口呼，列字均爲『邲』。『邲』字《起數訣》列於十三圖，本圖舒聲脣音四等位均有列字，應列於本圖。

42（入四明）美四至　◯　《廣韻》質韻明母位有『蜜，彌畢切』，《韻鏡》外轉第十七開、《七音略》外轉第十七重中重、《切韻指南》止攝内二開口呼通門、《四聲等子》止攝内二重少輕多韻合口呼，列字均爲『蜜』；《切韻指掌圖》十九圖，列字爲『密』，明母質韻。『蜜』字《起數訣》列於十三圖，本圖舒聲脣音四等位均有列字，應列於本圖。

43（入四端）帝四質　蛭　《廣韻》丁結切，端母屑韻。《康熙字典》記：『《唐韻》之日切；《集韻》《韻會》《正韻》職日切；又《廣韻》徒結切，音耋。陟栗切，音窒；《集韻》竹例切，音滯。』《韻鏡》外轉第十七開、《七音略》外轉第十七重中重，列字爲『蛭』；《切韻指掌圖》四等位空位；《四聲等子》空位；《切韻指南》止攝内二開口呼通門入聲字見於臻攝，列字爲『窒』。《廣韻》於韻末增蛭小韻，丁悉切。　龍宇純謂丁悉切乃類隔，《集韻》并於窒小韻。因謂不當列於四等位。此處《起數訣》從《韻鏡》《七音略》，并誤，當删。

44（入四見）九四質　◯　《廣韻》《集韻》質三見母位均有『吉』，《廣韻》居質切，《集韻》激質切，見質三入開臻；《韻鏡》外轉第十七開、《七音略》外轉第十七重中重、《四聲等子》臻攝外三輕重俱等韻開口呼、《切韻指掌圖》十八圖、《切韻指南》臻攝外三開口呼通門，列字均爲『吉』。『吉』爲《廣韻》質三見母位小韻首字，《起數訣》空位誤，當校補『吉』字。《起數訣》第十三圖列『吉』字，誤。

45 （入四溪）丘四質 ◯ 《廣韻》《集韻》質三溪母位均有有『詰』，《廣韻》去吉切，《集韻》喫吉切，溪質三入開臻；《韻鏡》外轉第十七開、《七音略》外轉第十七重中重、《四聲等子》臻攝外三輕重俱等韻開口呼、《切韻指南》臻攝外三開口呼通門，列字均爲『詰』；《切韻指掌圖》空位。『詰』爲《廣韻》質三溪母位小韻首字，《起數訣》空位誤，當校補『詰』字。《起數訣》第十三圖列『詰』字，誤。

46 （入四邪）象四質　欯　明本列字爲『欯』，四庫本空位。《廣韻》《集韻》質三邪母位均無字。『欯』，《廣韻》許吉切，《集韻》閲吉切，曉質三入開臻；《韻鏡》外轉第十七開、《七音略》外轉第十七重中重、《切韻指掌圖》十八圖、《切韻指南》止攝内二開口呼通門，均於曉位列『欯』；《四聲等子》空位。明本誤，當删。四庫本空位是。

47 （入四曉）香四質 ◯ 明本空位，四庫本列字爲『欯』。『欯』當列於曉母位，明本串入邪母誤，當校補『欯』字，四庫本列字是。

48 （入四匣）乙四質　一　明本列字爲『一』，四庫本空位。『一』，《廣韻》於悉切，《集韻》益悉切，影質三入開臻；《韻鏡》外轉第十七開、《七音略》外轉第十七重中重、《切韻指掌圖》十八圖、《切韻指南》止攝内二開口呼通門影母位，列字均爲『一』；《四聲等子》止攝内二重少輕多韻合口呼，列字爲『益』，影母昔韻。『一』爲《廣韻》《集韻》質三影母位小韻首字，明本串入匣母，誤，當删。四庫本空位是。

49（入四影）乙四質　逸　明本列字爲「一」。「逸」，《廣韻》夷質切，《集韻》弋質切，以質三入開臻；《韻鏡》外轉第十七開、《七音略》外轉第十七重中重、《切韻指掌圖》十八圖、《切韻指南》止攝内二開口呼通門，以母位列字均爲「逸」；《四聲等子》止攝内二重少輕多韻合口呼，列字爲「繹」，以母昔韻。「逸」爲《廣韻》質韻喻四母位小韻首字，明本串入影母，誤，當校改爲「一」，四庫本列字是。

50（入四以）□四質　○　明本空位，四庫本列字爲「逸」。「逸」當列於以母位，明本串入影母誤，當校補「逸」字，四庫本列字是。

釋：

1（平三幫）□三脂　悲　《廣韻》府眉切，《集韻》逋眉切，幫脂三平開止；《韻鏡》内轉第六開、《七音略》内轉第六重中重，列字均爲「悲」；《切韻指掌圖》第十九圖，列字爲「碑」，幫母支韻；《四聲等子》止攝内二重少輕多韻開口呼、《切韻指南》止攝内二通門開口呼入聲字見於臻攝，列字均爲「陂」，幫母支韻。

2（平三滂）品三脂　丕　《廣韻》敷悲切，《集韻》攀悲切，滂脂三平開止；《韻鏡》内轉第六開、

《七音略》內轉第六重中重，列字均爲『丕』；《切韻指掌圖》第十九圖，列字爲『破』，通『披』，滂母支韻；《四聲等子》止攝內二重少輕多韻開口呼，列字爲『披』，滂母支韻；《切韻指南》止攝內二通門開口呼入聲字見於臻攝，列字爲『鈹』，滂母支韻。

3 （平三並）平三脂　邳　《廣韻》符悲切，《集韻》貧悲切，並脂三平開止；《韻鏡》內轉第六開、《七音略》內轉第六重中重，列字均爲『邳』；《切韻指掌圖》第十九圖、《四聲等子》止攝內二重少輕多韻開口呼、《切韻指南》止攝內二通門開口呼入聲字見於臻攝，列字均爲『皮』，並母支韻。

4 （平三明）美三脂　眉　《廣韻》武悲切，《集韻》旻悲切，明脂三平開止；《韻鏡》內轉第六開、《七音略》內轉第六重中重，列字均爲『眉』；《切韻指掌圖》、《四聲等子》止攝內二重少輕多韻開口呼、《切韻指南》止攝內二通門開口呼入聲字見於臻攝，列字均爲『縻』，明母支韻。

5 （平三見）九三脂　飢　《廣韻》居夷切，《集韻》居狋切，見脂三平開止；《韻鏡》內轉第六開、《七音略》內轉第六重中重、《切韻指南》止攝內二開口呼通門，列字均爲『飢』；《切韻指掌圖》十八圖，列字爲『其』，見母之韻；《四聲等子》止攝內二重少輕多韻開口呼，列字爲『畸』，見母支韻。

6 （平四滂）品四脂　紕　《廣韻》匹夷切，《集韻》篇夷切，滂脂三平開止；《韻鏡》內轉第六開、

《七音略》内轉第六重中重、《四聲等子》止攝内二重少輕多韻合口呼、《切韻指南》止攝内二開口呼通門，列字均爲「紕」；《切韻指掌圖》十九圖，列字爲「磇」，此字當爲「磇」字刊刻誤。磇，《廣韻》匹迷切，滂母齊韻。

7 (平四並)平四脂　毗　《廣韻》房脂切，《集韻》頻脂切，並脂三平開止；《韻鏡》内轉第六開、《七音略》内轉第六重中重，列字均爲「毗」；《切韻指掌圖》十九圖，列字爲「鼙」，並母齊韻；《四聲等子》止攝内二重少輕多韻合口呼，列字爲「毘」，「毘」「毗」二字爲異體字；《切韻指南》止攝内二開口呼通門入聲字見於臻攝，列字爲「𣬈」，「𣬈」「毗」二字爲異體字。

8 (上三幫)□三旨　鄙　《廣韻》方美切，《集韻》補美切，幫旨三上開止；《韻鏡》内轉第六開、《七音略》内轉第六重中重、《切韻指掌圖》十九圖，列字均爲「鄙」；《四聲等子》止攝内二重少輕多韻開口呼、《切韻指南》止攝内二開口呼通門入聲字見於臻攝，列字均爲「彼」，幫母紙韻。

9 (上三並)平三旨　否　《廣韻》符鄙切，《集韻》部鄙切，並旨三上開止；《韻鏡》内轉第六開、《七音略》内轉第六重中重，列字均爲「否」；《切韻指掌圖》、《四聲等子》止攝内二重少輕多韻開口呼、《切韻指南》止攝内二開口呼通門入聲字見於臻攝，列字爲「被」，並母紙韻。

10 (上三明)美三旨　美　《廣韻》無鄙切，《集韻》母鄙切，明旨三上開止；《韻鏡》内轉第六開、《七音略》内轉第六重中重、《切韻指南》止攝内二開口呼通門，列字均爲「美」；《切韻指掌圖》、《四聲等子》止攝内二重少輕多韻開口呼，列字爲『靡』，明母紙韻。

11 (上三見)九三旨　几　《廣韻》居履切，《集韻》舉履切，見旨三上開止；《韻鏡》内轉第六開、《七音略》内轉第六重中重、《切韻指掌圖》十八圖、《切韻指南》止攝内二開口呼通門，列字均爲『几』；《四聲等子》止攝内二重少輕多韻開口呼，列字爲『椅』，影母紙韻。

12 (上四並)平四旨　牝　《廣韻》扶履切，《集韻》並履切，並旨三上開止；《韻鏡》内轉第六開、《七音略》内轉第六重中重、《四聲等子》止攝内二重少輕多韻合口呼，列字均爲『牝』；《切韻指掌圖》十八圖、《切韻指南》止攝内二開口呼通門入聲字見於臻攝，列字爲『婢』，並母紙韻。

13 (去三幫)□三至　祕　《廣韻》《集韻》兵媚切，幫至三去開止；《韻鏡》内轉第六開、《七音略》内轉第六重中重，列字均爲『祕』；《切韻指掌圖》十九圖、《四聲等子》、《切韻指南》止攝内二開口呼通門入聲字見於臻攝，列字爲『賁』，幫母寘韻。

14 (去三滂)品三至　濞　《廣韻》《集韻》匹備切，滂至三去開止；《韻鏡》内轉第六開、《七音略》内轉第六重中重，列字均爲『濞』；《切韻指掌圖》十九圖、《四聲等子》、《切韻指南》止攝内二開口呼通門入聲字見於臻攝，列字爲『帔』，滂母寘韻。

15 (去三明)美三至　媚　《廣韻》《集韻》明祕切，明至三去開止；《韻鏡》内轉第六開、《七音略》内轉第六重中重、《四聲等子》止攝内二重少輕多韻開口呼，列字爲『郿』；《切韻指掌圖》十九圖，列字爲『魅』，明母至韻；《切韻指南》止攝内二開口呼通門入聲字見於臻攝，列字爲『縻』，明母支韻。

16（去四定）田四至　地　《廣韻》徒四切，《集韻》徒二切，定至三去開止；《韻鏡》内轉第六開、《七音略》内轉第六重中重、《四聲等子》止攝内二重少輕多韻開口呼、《切韻指南》止攝内二開口呼通門，列字均爲『地』；《切韻指掌圖》十八圖，列字爲『帝』，端母霽韻。

17（去四溪）丘四至　棄　《廣韻》詰利切，《集韻》磬致切，溪至三去開止；《韻鏡》内轉第六開、《七音略》内轉第六重中重、《切韻指掌圖》十八圖、《切韻指南》止攝内二開口呼通門，列字均爲『棄』；《四聲等子》止攝内二重少輕多韻開口呼，列字爲『企』，溪母寘韻。

18（入四精）足四質　堲　《廣韻》資悉切，《集韻》子悉切，精質三入開臻；《韻鏡》外轉第十七開、《七音略》外轉第十七重中重、《切韻指南》止攝内二開口呼通門，列字爲『堲』；《切韻指掌圖》十八圖，列字爲『唧』，精母質韻；《四聲等子》列字爲『積』，精母昔韻。

19（入四清）七四質　七　《廣韻》親吉切，《集韻》戚悉切，清質三入開臻；《韻鏡》外轉第十七開、《七音略》外轉第十七重中重、《切韻指掌圖》十八圖、《切韻指南》止攝内二開口呼通門，列字均爲『七』；《四聲等子》止攝内二重少輕多韻合口呼，列字爲『皵』，清母昔韻。

20（入四從）全四質　疾　《廣韻》秦悉切，《集韻》昨悉切，從質三入開臻；《韻鏡》外轉第十七開、《七音略》外轉第十七重中重、《切韻指掌圖》十八圖、《切韻指南》止攝内二開口呼通門，列字均爲『疾』;《四聲等子》止攝内二重少輕多韻合口呼,列字爲『籍』,從母昔韻。

21 (入四心)手四質　悉　《廣韻》《集韻》息七切,心質三入開臻;《韻鏡》外轉第十七開、《七音略》外轉第十七重中重、《切韻指掌圖》十八圖、《切韻指南》止攝内二開口呼通門,列字均爲『悉』;《四聲等子》止攝内二重少輕多韻合口呼,列字爲『昔』,心母昔韻。

收音濁	丙	口	着	眉	中	丑	弟	年	口
	比五		塞五	井三	比十二	坎十二	塞六	塞七	
脂									
脂									
脂 叁五					胝	絺	墀	尼	
旨									
旨									
旨 隨五					黹	[illegible]	雉	柅	
旨									
至									
至 嗑五					致	屎	緻	膩	
至									
質									
質 震五					窒	抶	秩	眤	暱
質									

	口																
蹇一	迈																
井二	月																
比十一	震			脂				秭	旨			至				質	
坎十一	尺			鴟								痓				剌	叱
井十二	呈																
比九	星		師	尸				矢				屍			率	失	
蹇十	石			遲				視				示				實	
謇十	口	石下王上		唏	咦			唏				隸				肸	
謇二	雄																
謇八	匠				伊			欵				懿				乙	

蹇三 并七 并十 蹇十二 覌四 渙五 巽五 渙三

土 表 颾
翁 梨 履 利 粟
二 二 日
直 耿
閉 音清
脂 脂 脂履五 旨 旨 旨尖五 至 至 至睽五 質 質 質姝五
飛 痺 筆 必
匹 屁 拂 匹
飛 鼻 弼 邲
未 媚 密 蜜
■ 蛭

第十二圖 收音濁

第十二圖　收音濁

本圖舒聲列《廣韻》脂旨至韻字，取韻圖中列於二三位的非脣音字。係拆分《韻鏡》内轉第六開，取二三等位非脣音字。本圖入聲列《廣韻》質韻字，係拆分《韻鏡》外轉第十七開，取二三等位非脣音字。本圖有少量四等位韻字。聲母幫、見、溪、曉母處，明本列『□』，四庫本空格。明本曉母下，一等格位内有『古下王上』四字，四庫本無。

校注：

1（平三審）星三脂　尸　《廣韻》式脂切，《集韻》升脂切，書脂三平開止；《韻鏡》内轉第六開，列字爲『尸』；《七音略》内轉第六重中重，列字爲『只』，此爲『尸』字訛；《切韻指掌圖》十八圖、《切韻指南》止攝内二開口呼通門，列字爲『詩』，書母之韻；《四聲等子》止攝内二重少輕多韻開口呼，列字爲『施』，書母支韻。『尸』爲《廣韻》書母位小韻首字，《起數訣》是。

2（平三禪）石三脂　迡　《廣韻》奴計切，《集韻》乃計切，泥霽四去開蟹；不當列於此位。《韻鏡》《七音略》空位；《切韻指掌圖》十八圖，列字爲『匙』，禪母支韻；《切韻指南》止攝内二開口呼通門，列字爲『時』，禪母之韻。『泥』爲《廣韻》齊四泥母位小韻首字，《廣韻》脂韻無禪紐；《集韻》脂韻末收『⿺辶旨』字，侍夷切，可列於禪母。此音當取自《經典釋文》，段玉裁《撰異》謂：蓋衛包改《尚書》之『迟』作『⿺辶旨』。『迟』爲澄母，故《集韻》收『⿺辶旨』誤。《起數訣》從《集韻》收『⿺辶旨』，形訛爲『迡』。《起數訣》誤，當删。

3 (平三曉)□三脂　唏　《廣韻》虚豈切，曉母尾韻；許既切，曉母未韻。《集韻》亦未有脂韻音；《韻鏡》《七音略》空位；《切韻指掌圖》十八圖，列字爲『僖』，曉母之韻；《四聲等子》止攝内二重少輕多韻開口呼，列字爲『羲』，曉母支韻；《切韻指南》止攝内二開口呼通門，列字爲『犧』，曉母支韻。《廣韻》《集韻》脂韻均無曉母字，《起數訣》誤，當删。

4 (平三來)离三脂　梨　《廣韻》力脂切，《集韻》良脂切，來脂三平開止；《韻鏡》内轉第六開，列字爲『棃』；《七音略》内轉第六重中重，來母三等空位，『梨』串入二等，誤；《切韻指掌圖》十八圖，列字爲『釐』；《四聲等子》止攝内二重少輕多韻開口呼、《切韻指南》止攝内二開口呼通門，列字均爲『離』。『棃』爲《廣韻》脂韻來母位小韻首字，下收有『梨』字，注上同，二字爲異體字。列字以『棃』爲佳，《起數訣》亦無誤。

5 (平四曉)□四脂　咦　《廣韻》喜夷切，《集韻》馨夷切，曉脂三平開止；《韻鏡》内轉第六開，列字爲『夷』，以母脂韻，誤；《七音略》内轉第六重中重、《切韻指南》止攝内二開口呼通門，列字爲『咦』；《切韻指掌圖》十八圖，列字爲『醯』，曉母齊韻；《四聲等子》空位。『咦』爲《廣韻》脂韻曉母位小韻首字，《起數訣》是。

6（平四喻）王四脂　夷　《廣韻》以脂切，《集韻》延知切，以脂三平開止；《韻鏡》内轉第六開，列於曉母，喻母位列「姨」，亦爲以母脂韻；《七音略》内轉第六重中重，列字爲「夷」；《切韻指掌圖》十八圖，列字爲「頤」，以母之韻；《四聲等子》止攝内二重少輕多韻開口呼、《切韻指南》止攝内二開口呼通門，列字均爲「移」，以母支韻。「夷」爲《廣韻》脂韻喻母位小韻首字，《起數訣》是。

7（上一半三）直一旨　◯　明本空位，四庫本列字爲「屎」。「屎」，《廣韻》式視切，《集韻》矧視切，書旨三上開止；當列於上三半三位。明本空位是，四庫本當删。

8（上二來）离二旨　履　明本列字爲「履」，四庫本空位。「履」，《廣韻》力几切，《集韻》兩几切，來旨三上開止；當列於三等位。《韻鏡》《七音略》均列於來母三等，明本誤列於二等，三等空位，誤；二等位當删。四庫本空位是。

9（上三知）中三旨　薾　明本列字爲「薾」，四庫本列字爲「黹」。「薾」，《廣韻》奴禮切，泥母薺韻，不當列於此位，當爲「黹」字誤。「黹」，《廣韻》猪几切，《集韻》展几切，知旨三上開止；《韻鏡》内轉第六開、《七音略》内轉第六重中重，列字均爲「黹」；《切韻指掌圖》十八圖、《四聲等子》止攝内二重少輕多韻開口呼，列字爲「撴」，《唐韻》陟里切，知母止韻；《切韻指南》止攝内二開口呼通門，列字爲「徵」，知母止韻。「黹」爲《廣韻》旨三知母位小韻首字，四庫本列字是，明本形訛，當校改爲『黹』。

10（上三徹）丑三旨　⿸厂來　《韻鏡》内轉第六開，列字爲『⿸厂來』，《七音略》内轉第六重中重，列字均爲『⿱业來』。『⿱业來』，《廣韻》楮几切，徹旨三上開止。《切韻指掌圖》十八圖、《四聲等子》止攝内二重少輕多韻開口呼、《切韻指南》止攝内二開口呼通門，列字均爲『⿱业來』，心母支韻。《廣韻》旨韻徹母位小韻首字爲『⿸厂來』，《起數訣》所列當爲此字，然形訛，當校改爲『⿱业來』。

11（上三娘）年三旨　柅　《廣韻》《集韻》女履切，娘旨三上開止；《韻鏡》内轉第六開，列字爲『秜』，此爲平聲字，爲『柅』字誤；《七音略》内轉第六重中重，列字爲『柅』；《切韻指掌圖》十八圖、《四聲等子》止攝内二重少輕多韻開口呼，列字爲『狔』，娘母旨韻；《切韻指南》止攝内二開口呼通門，列字爲『昵』。『柅』爲《廣韻》旨韻娘母位小韻首字，《起數訣》是。

12（上三章）震三旨　柹　《廣韻》旨韻未收；《集韻》側几切，莊旨三上開止；《韻鏡》内轉第六開、《七音略》内轉第六重中重，列字均爲『⿱上巳』；《切韻指掌圖》十八圖、《四聲等子》止攝内二重少輕多韻開口呼，列字爲『紙』；《切韻指南》止攝内二開口呼通門，列字爲『止』。『柹』爲照二組字，按韻圖規制當列於二等位。『旨』爲《廣韻》旨韻章母位小韻首字，《起數訣》誤，將『旨』列於四等位，當校改爲『旨』。

13（上三曉）□三旨　唏　《廣韻》無旨韻曉母音；《集韻》許几切，曉旨三上開止；《韻鏡》空位；《七音略》内轉第六重中重，列字爲『唏』；《切韻指掌圖》十八圖，列字爲『𪖐』，《康熙字典》記：『《廣韻》虚几切，《集韻》許几切，並音唏。』《四聲等子》止攝内二重少輕多韻開口呼、《切韻指南》止攝内二開口呼通門，列字均爲『喜』，曉母止韻。《起數訣》從《七音略》，當按《集韻》取音，亦無誤。

14 （上三影）匠三旨　歖　《廣韻》許其切，曉之三平開止；《集韻》隱几切，影旨三上開止；《韻鏡》内轉第六開，列字爲『㱏』，《廣韻》於几切，影母旨韻；《七音略》内轉第六重中重，列字爲『㱏』，當爲『歖』『㱏』誤；《切韻指掌圖》十八圖、《四聲等子》止攝内二重少輕多韻開口呼、《切韻指南》止攝内二開口呼通門，列字爲『倚』，影母紙韻。『㱏』爲《廣韻》旨韻影母位小韻首字，未收有『歖』字，《起數訣》列『歖』字從《集韻》，亦無誤。

15 （上三來）離三旨　〇　明本空位，四庫本列字爲『履』。『履』，《廣韻》力几切，《集韻》兩几切，來旨三上開止；《韻鏡》内轉第六開、《七音略》内轉第六重中重，列字均爲『履』；《切韻指掌圖》十八圖，列字爲『里』，來母止韻；《四聲等子》止攝内二重少輕多韻開口呼、《切韻指南》止攝内二開口呼通門，列字均爲『邐』，來母紙韻。『履』爲《廣韻》旨三來母位小韻首字，四庫本列字是，明本空位誤，當校補『履』字。

16 （上四精）震四旨　旨　《廣韻》職雉切，《集韻》軫視切，章旨三上開止；《韻鏡》内轉第六開、《七音略》内轉第六重中重，照母三等列字爲『𣅀』，『𣅀』『旨』二字爲異體字，四等位列『姊』；

《切韻指掌圖》空位；《四聲等子》止攝内二重少輕多韻開口呼，列字爲『紫』，精母紙韻；《切韻指南》止攝内二開口呼通門，列字爲『姊』。『旨』爲三等章母字，按韻圖規制當列於上聲三等位。『姊』爲《廣韻》精母旨韻，按韻圖規制當列於此位。《起數訣》誤，當校改爲『姊』。

17（去三徹）丑三至　屎　《廣韻》丑利切，《集韻》丑二切，徹至三去開止；《韻鏡》空位；《七音略》内轉第六重中重、《切韻指南》止攝内二開口呼通門，列字爲『屎』；《切韻指掌圖》十八圖，列字爲『眙』，徹母志韻；《四聲等子》止攝内二重少輕多韻開口呼，列字爲『屎』，書母旨韻，誤。『屎』爲《廣韻》至韻徹母位小韻首字，《韻鏡》空位誤，《起數訣》列字是。

18（去三牀）呈三至　〇　《廣韻》至韻船母位有『示，神至切』。《韻鏡》内轉第六開、《七音略》内轉第六重中重、《切韻指南》止攝内二開口呼通門，列字均爲『示』；《切韻指掌圖》《四聲等子》空位。《起數訣》空位誤，當校補『示』。

19（去三禪）石三至　示　《廣韻》《集韻》神至切，船至三去開止；不當列於此位。《韻鏡》内轉第六開、《七音略》内轉第六重中重、《切韻指南》止攝内二開口呼通門，均列於牀母，禪母位列『嗜』；《切韻指掌圖》十八圖，列於禪母位；《四聲等子》止攝内二重少輕多韻開口呼，列字爲『豉』，禪母寘韻。『示』爲《廣韻》至三牀母位小韻首字，『嗜』爲《廣韻》至韻禪母位小韻首字，《起數訣》誤，當校改爲『嗜』。

20（入一半三）直一（質）　取　明本列字爲『取』，四庫本列字爲『耴』。『取』，清母麌韻，不當列於此位。『乢』，《廣韻》未收；《集韻》逆乙切，疑質三入開臻；《韻鏡》外轉第十七開、《七音略》外轉第十七重中重、《切韻指掌圖》十八圖、《切韻指南》止攝内二開口呼通門，均於疑母位列『乢』字；《四聲等子》疑母空位；『乢』爲《廣韻》質三疑母位小韻首字，《起數訣》半三一般列齒音字，此處列字頗不合理，當删。

21 (入二照)質　○　《廣韻》櫛韻莊母位有『櫛，阻瑟切』，《集韻》側瑟切。韻圖中一般與質照二列於同列。《韻鏡》外轉第十七開、《七音略》外轉第十七重中重、《切韻指南》止攝内二開口呼通門，均列『櫛』字。《四聲等子》止攝内二重少輕多韻開口呼，列字爲『側』，莊母職韻。《起數訣》閉音清亦空位，此位當校補『櫛』字。

22 (入二穿)尺二質　○　《康熙字典》記『㓭』字：『《唐韻》初栗切，《集韻》測乙切，並音䜊。義同。』按此，則爲初母質韻字。《七音略》外轉第十七重中重、《切韻指南》止攝内二開口呼通門，均列於穿母二等位。楊軍謂《七音略》十七圖爲外轉圖，不當列二等位，故當删。《起數訣》無外轉之概念，此字被列於三等，誤，此處當校補『㓭』字。

23 (入二審)星二質　率　《廣韻》所律切，《集韻》朔律切，生質三入合臻；《韻鏡》外轉第十八合、《七音略》外轉第十八輕中輕、《切韻指掌圖》十九圖、《切韻指南》、《四聲等子》，諸家韻圖均在合口圖列『率』字。本圖爲開口圖，不當列此字。《起數訣》誤，當删。

24 (入三徹)丑三質　抶　《廣韻》丑栗切，《集韻》勑栗切，徹質三入開臻；《韻鏡》外轉第十七開、《切韻指掌圖》十八圖、《切韻指南》止攝内二開口呼通門，列字均爲『抶』；《七音略》外轉第十七重中重，列字爲『秩』，爲『抶』字之形訛；《四聲等子》止攝内二重少輕多韻開口呼，列字爲『彳』，徹母昔韻。『抶』爲《廣韻》《集韻》質三徹母位小韻首字，《七音略》列字誤，《起數訣》是。

25 (入三見)□三質 暨《廣韻》居乙切，《集韻》戟乙切，見質三入開臻；《韻鏡》外轉第十七開、《七音略》外轉第十七重中重、《四聲等子》止攝内二重少輕多韻開口呼，列字均爲『暨』；《切韻指掌圖》十八圖，見母質韻三等位列『訖』；《切韻指南》止攝内二開口呼通門，見質物三入。暨，當係『暨』俗體。《起數訣》亦無誤。

26 (入三群)近三質 ◯《廣韻》《集韻》質韻均有群母小韻『姞』，《廣韻》巨乙切，《集韻》極乙切。《韻鏡》外轉第十七開、《七音略》外轉第十七重中重、《切韻指掌圖》十八圖、《切韻指南》止攝内二開口呼通門，列字均爲『姞』；《四聲等子》止攝内二重少輕多韻開口呼，列字爲『劇』，群母陌韻。《起數訣》空位誤，此處當校補『姞』字。

27 (入三疑)月三質 ◯《集韻》質韻有疑母小韻『耴』，逆乙切。《韻鏡》外轉第十七開、《七音略》外轉第十七重中重、《切韻指南》止攝内二開口呼通門，列字均爲『姞』；《切韻指掌圖》十八圖，於四等位列『耴』字，誤。《四聲等子》止攝内二重少輕多韻開口呼，列字爲『逆』，疑母陌韻。《起數訣》空位誤，此處當校補『耴』字。

28 （入三穿）尺三質　刹　《廣韻》初栗切，初質三入開臻；此爲照二組字，當列於二等位。《韻鏡》外轉第十七開、《七音略》外轉第十七重中重、《切韻指掌圖》十八圖、《切韻指南》止攝内二開口呼通門，列字均爲「叱」，昌母質韻；《四聲等子》止攝内二重少輕多韻開口呼，列字爲「尺」，昌母昔韻。「刹」在《七音略》《切韻指南》中即列於穿母二等位。《起數訣》誤，當移此字於二等位。此位校改爲「叱」。

29 （入三禪）石三質　實　《廣韻》神質切，《集韻》食質切，船質三入開臻；《韻鏡》外轉第十七開、《七音略》外轉第十七重中重，均列於船母，禪母空位；《切韻指掌圖》十八圖，列於禪母位；《四聲等子》止攝内二重少輕多韻開口呼，列字爲「石」，禪母昔韻；《切韻指南》止攝内二開口呼通門，列於船母。「實」字應列於船母位，《起數訣》誤，當删。

30 （入三曉）□三質　肸　《廣韻》義乙切，曉質三入開臻；《韻鏡》外轉第十七開、《切韻指南》止攝内二開口呼通門，列字爲「肸」；《七音略》外轉第十七重中重，列字爲「肹」；《切韻指掌圖》十八圖，列字爲「迄」，曉母迄韻；《四聲等子》止攝内二重少輕多韻開口呼，列字爲「虩」，曉母陌韻。「肸」爲《廣韻》質韻曉母位小韻首字，「肹」爲其俗，《七音略》字形誤，《起數訣》校改爲「肸」。

31 （入三日）□三質　日　《廣韻》人質切，《集韻》入質切，日質三入開臻；《韻鏡》外轉第十七開，列字爲「月」，誤；《七音略》外轉第十七重中重、《切韻指掌圖》十八圖、《四聲等子》止攝内二重少輕多韻開口呼、《切韻指南》止攝内二開口呼通門，列字均爲『日』。『日』爲《廣韻》《集韻》質三日母位小韻首字，《韻鏡》誤，《起數訣》是。

32（入四清）尺四質　叱　《廣韻》昌栗切，昌質三入開臻；《集韻》戚悉切，清質三入開臻；《韻鏡》外轉第十七開、《七音略》外轉第十七重中重、《切韻指南》止攝内二開口呼通門，均列於穿母三等，四等位列『七』；《切韻指掌圖》十八圖，列於穿母質韻三等，四等空位；《四聲等子》四等位列字爲『皵』，清母昔韻。《起數訣》誤，『叱』字當列於昌母三等位，該位被當列二等位之『刹』占位，『刹』當移至二等。本位當刪。

釋：

1（平二審）星二脂　師　《廣韻》疏夷切，《集韻》霜夷切，生脂三平開止；《韻鏡》内轉第六開、《七音略》内轉第六重中重、《切韻指掌圖》十八圖、《四聲等子》止攝内二重少輕多韻開口呼，列字均爲『師』；《切韻指南》止攝内二開口呼通門，列字爲『釃』，生母支韻。

2（平三知）中三脂　胝　《廣韻》丁尼切，《集韻》張尼切，知脂三平開止；《韻鏡》内轉第六開、《七音略》内轉第六重中重，列字均爲『胝』；《切韻指掌圖》十八圖、《四聲等子》止攝内二重少輕多韻開口呼、《切韻指南》止攝内二開口呼通門，列字均爲『知』，知母支韻。

3 (平三徹)丑三脂　絺《廣韻》丑飢切，《集韻》抽遲切，徹脂三平開止；《韻鏡》内轉第六開、《七音略》内轉第六重中重、《切韻指南》止攝内二開口呼通門，列字均爲『絺』；《切韻指掌圖》十八圖，列字爲『癡』，徹母之韻；《四聲等子》止攝内二重少輕多韻開口呼，列字爲『䅬』，來母支韻，誤。

4 (平三澄)弟三脂　墀《廣韻》直尼切，《集韻》陳尼切，澄脂三平開止；《韻鏡》内轉第六開、《七音略》内轉第六重中重，列字爲『墀』；《切韻指掌圖》十八圖，列字爲『持』，澄母之韻；《四聲等子》止攝内二重少輕多韻開口呼、《切韻指南》止攝内二開口呼通門，列字爲『馳』，澄母支韻。

5 (平三娘)年三脂　尼《廣韻》《集韻》女夷切，娘脂三平開止；《韻鏡》内轉第六開、《七音略》内轉第六重中重、《切韻指掌圖》十八圖、《四聲等子》止攝内二重少輕多韻開口呼、《切韻指南》止攝内二開口呼通門，列字均爲『尼』。

6 (平三照)震三脂　脂《廣韻》旨夷切，《集韻》蒸夷切，章脂三平開止；《韻鏡》内轉第六開、《七音略》内轉第六重中重，列字均爲『脂』；《切韻指掌圖》十八圖，列字爲『之』，章母之韻；《四聲等子》止攝内二重少輕多韻開口呼、《切韻指南》止攝内二開口呼通門，列字均爲『支』，章母支韻。

7 (平三穿)尺三脂　鴟《廣韻》處脂切，《集韻》稱脂切，昌脂三平開止；《韻鏡》内轉第六開、

《七音略》内轉第六重中重、《切韻指南》止攝内二開口呼通門，列字均爲『鴟』；《切韻指掌圖》十八圖，列字爲『眵』，昌母支韻；《四聲等子》止攝内二重少輕多韻開口呼，列字爲『⿰貝多』，爲『眵』誤。

8（平四影）匠四脂　伊　《廣韻》於脂切，《集韻》於夷切，影脂三平開止；《韻鏡》内轉第六開、《七音略》内轉第六重中重、《四聲等子》止攝内二重少輕多韻開口呼、《切韻指南》止攝内二開口呼通門，列字均爲『伊』；《切韻指掌圖》十八圖，列字爲『鷖』，影母齊韻。

9（上三澄）弟三旨　雉　《廣韻》直几切，《集韻》丈几切，澄旨三上開止；《韻鏡》内轉第六開、《七音略》内轉第六重中重，列字均爲『雉』；《切韻指掌圖》十八圖、《四聲等子》止攝内二重少輕多韻開口呼、《切韻指南》止攝内二開口呼通門，列字均爲『豸』，澄母紙韻。

10（上三審）星三旨　矢　《廣韻》式視切，《集韻》矧視切，書旨三上開止；《韻鏡》内轉第六開、《七音略》内轉第六重中重，列字均爲『矢』；《切韻指掌圖》列字爲『馳』，澄母支韻；《四聲等子》止攝内二重少輕多韻開口呼，列字爲『弛』，書母紙韻；《切韻指南》止攝内二開口呼通門，列字爲『始』，書母止韻。

11（上三禪）石三旨　視　《廣韻》承矢切，禪旨三上開止；《集韻》善旨切，禪旨三上開止；《韻鏡》内轉第六開、《七音略》内轉第六重中重、《切韻指南》止攝内二開口呼通門，列字均爲『視』；《切韻指掌圖》十八圖、《四聲等子》止攝内二重少輕多韻開口呼，列字爲『是』，禪母紙韻。

12 (去三知)中三至　致　《廣韻》《集韻》陟利切，知至三去開止；《韻鏡》内轉第六開、《七音略》内轉第六重中重，列字均爲『致』；《切韻指掌圖》十八圖，列字爲『置』，知母志韻；《四聲等子》止攝内二重少輕多韻開口呼、《切韻指南》止攝内二開口呼通門，列字爲『智』，知母寘韻。

13 (去三澄)弟三至　緻　《廣韻》《集韻》直利切，澄至三去開止；《韻鏡》内轉第六開、《七音略》内轉第六重中重，《四聲等子》止攝内二重少輕多韻開口呼、《切韻指南》止攝内二開口呼通門，列字均爲『緻』；《切韻指掌圖》十八圖，列字爲『值』，澄母志韻。

14 (去三娘)年三至　膩　《廣韻》《集韻》女利切，娘至三去開止；《韻鏡》内轉第六開、《七音略》内轉第六重中重、《切韻指掌圖》十八圖、《切韻指南》止攝内二開口呼通門，列字均爲『膩』；《四聲等子》止攝内二重少輕多韻開口呼，列字爲『膩』；《康熙字典》記：『《唐韻》《集韻》《韻會》女利切』，娘母至韻。

15 (去三照)震三至　至　《廣韻》《集韻》脂利切，章至三去開止；《韻鏡》内轉第六開、《七音略》内轉第六重中重，列字均爲『至』；《切韻指掌圖》十八圖、《切韻指南》止攝内二開口呼通門，列字爲『志』；《四聲等子》止攝内二重少輕多韻開口呼，列字爲『寘』。

16 (去三穿)尺三至　痓　《廣韻》充自切，《集韻》充至切，昌至三去開止；《韻鏡》内轉第六開、

《七音略》内轉第六重中重，列字均爲『痓』；《切韻指掌圖》十八圖，列字爲『熾』，昌母志韻；《四聲等子》止攝内二重少輕多韻開口呼、《切韻指南》止攝内二開口呼通門，列字爲『[illegible]』，昌母寘韻。

17 (去三審)屍三至　屍　《廣韻》《集韻》矢利切，書至三去開止；《韻鏡》内轉第六開、《七音略》内轉第六重中重、《切韻指南》止攝内二開口呼通門，列字均爲『屍』；《切韻指掌圖》十八圖，審母志至韻三等列字爲『試』，書母志韻；《四聲等子》止攝内二重少輕多韻開口呼，列字爲『翅』，書母寘韻。

18 (去三曉)□三至　齂　《廣韻》《集韻》虚器切，曉至三去開止；《韻鏡》内轉第六開、《七音略》内轉第六重中重，列字均爲『齂』；《切韻指掌圖》十八圖，列字爲『憙』，曉母志韻；《四聲等子》止攝内二重少輕多韻開口呼、《切韻指南》止攝内二開口呼通門，列字均爲『戲』，曉母寘韻。

19 (去三影)匠三至　懿　《廣韻》乙冀切，《集韻》乙兾(冀)切，影至三去開止；《韻鏡》内轉第六開、《七音略》内轉第六重中重、《切韻指南》止攝内二開口呼通門，列字均爲『懿』；《切韻指掌圖》十八圖、《四聲等子》止攝内二重少輕多韻開口呼，列字爲『意』，影母志韻。

20 (去三來)離三至　利　《廣韻》《集韻》力至切，來至三去開止；《韻鏡》内轉第六開、《七音略》内轉第六重中重、《切韻指掌圖》十八圖，列字均爲『利』；《四聲等子》止攝内二重少輕多韻開口呼，列字爲『詈』，來母寘韻；《切韻指南》止攝内二開口呼通門，列字爲『吏』，來母志韻。

21 （去三日）二三至 二 《廣韻》《集韻》而至切，日至三去開止；《韻鏡》内轉第六開、《七音略》内轉第六重中重、《四聲等子》止攝内二重少輕多韻開口呼、《切韻指掌圖》十八圖、《切韻指南》止攝内二開口呼通門，列字均爲『二』。

22 （入三知）中三質 窒 《廣韻》《集韻》陟栗切，知質三入開臻；《韻鏡》外轉第十七開、《七音略》外轉第十七重中重、《切韻指掌圖》十八圖、《切韻指南》止攝内二開口呼通門，列字均爲『窒』；《四聲等子》止攝内二重少輕多韻開口呼，列字爲『豑』，知母麥韻。

23 （入三審）星三質 失 《廣韻》《集韻》式質切，書質三入開臻；《韻鏡》外轉第十七開、《七音略》内轉第六重中重、《切韻指掌圖》十八圖、《切韻指南》止攝内二開口呼通門，列字均爲『失』；《四聲等子》止攝内二重少輕多韻開口呼，列字爲『釋』，書母昔韻。

24 （入三澄）弟三質 秩 《廣韻》直一切，《集韻》直質切，澄質三入開臻；《韻鏡》外轉第十七開、《七音略》外轉第十七重中重、《切韻指掌圖》十八圖、《切韻指南》止攝内二開口呼通門，列字均爲『秩』；《四聲等子》止攝内二重少輕多韻開口呼，列字爲『擲』，澄母昔韻。

25 （入三娘）年三質 暱 《廣韻》《集韻》尼質切，娘質三入開臻；《韻鏡》外轉第十七開、《七音略》外轉第十七重中重、《切韻指掌圖》十八圖、《切韻指南》止攝内二開口呼通門，列字均爲

『暱』，《四聲等子》止攝内二重少輕多韻開口呼，列字爲『匿』，泥母職韻。

26（入三照）震三質　質　《廣韻》之日切，《集韻》職日切，章質三入開臻；《韻鏡》外轉第十七開，《七音略》外轉第十七重中重，《切韻指掌圖》十八圖，《切韻指南》止攝内二開口呼通門，列字均爲『質』；《四聲等子》止攝内二重少輕多韻開口呼，列字爲『隻』，章母昔韻。

27（入三影）匠三質　乙　《廣韻》於筆切，《集韻》億姞切，影質三入開臻；《韻鏡》外轉第十七開，《七音略》外轉第十七重中重，《切韻指掌圖》十八圖，《切韻指南》止攝内二開口呼通門，列字均爲『乙』；《四聲等子》止攝内二重少輕多韻開口呼，列字爲『憶』，影母職韻。

28（入三喻）王三質　颭　《廣韻》于筆切，《集韻》越筆切，云質三入開臻；《韻鏡》外轉第十七開，《七音略》外轉第十七重中重，列字均爲『颭』；《切韻指掌圖》《四聲等子》《切韻指南》空位。

29（入三來）離三質　栗　《廣韻》《集韻》力質切，來質三入開臻；《韻鏡》外轉第十七開，《七音略》外轉第十七重中重，《切韻指掌圖》十八圖，《切韻指南》止攝内二開口呼通門，列字均爲『栗』；《四聲等子》止攝内二重少輕多韻開口呼，列字爲『翻』，來母錫韻。

蹇三 土 夷 颸

井七 离 梨 履 利 栗

二 二 日

蹇十二 直 取

開 音清

脂 脂 脂履五 旨 旨 旨兌五 至 至 至賁五 質 質 質姝五

覌四 飛 痺 筆 必

渙五 匹 屁 拂 匹

巽五 舭 鼻 弼 邲

渙三 米 媚 密 蜜

■ 蛭

				覞二	巽一	渙一	覞一			
■	■	■	■	口	料	弃	癸	■	■	■
				弃下未上						
綏	[illegible]		嶉		葵					
	[illegible]	趡	濢	峞	揆		癸			
邃	萃	翠	醉		悸		季			
				鮠		詰	吉	昵	耋	

覌二 渙 覌三 巽四

必		閉	■	■	■	未	一	尾	血	■
		音								
	脂	濁								
	脂妻五									
	脂					惟	洼		隹	
	旨隨五									
	旨									
	旨						唯		瞶	
	至蠱五									
	至									
	至					遺			侐火季	遂
	質震五									
	質									
	質					遶	一		歘	

第十三圖　閉音清

本圖舒聲列《廣韻》脂旨至韻字，取韻圖中列於四等位字及三等脣音字。係拆分《韻鏡》內轉第七合四等位字及《韻鏡》內轉第六合至韻脣音列於四等位字。入聲列《廣韻》質韻字，係拆分《韻鏡》第十七開列於四等位入聲字及列於三等的脣音字。本圖入聲非脣音字，多與第十一圖重出。明本端、透、定、泥、精、清、從、心、邪、來、日、半三處列「■」，四庫本空格。明本疑母處列「□」，下在一等格位內列有「弃下未上」四字，四庫本空格且無標識。

校注：

1 （平四精）■四脂　嶉　明本列字爲「嶉」，四庫本列字爲「嗺」。「嶉」，《廣韻》醉綏切，《集韻》遵綏切，精脂三平合止；「嗺」，《廣韻》素回切，心灰一平合蟹，當爲「嶉」俗。《韻鏡》內轉第七合、《七音略》內轉第七輕中重、《四聲等子》止攝內二重少輕多韻合口呼，列字均寫作「嗺」；《切韻指南》止攝內二合口呼通門，列字爲「崔」，《廣韻》清母灰韻，《集韻》精母脂韻，從《集韻》；《切韻指掌圖》十九圖，列字爲「樵」，精母脂韻。「嶉」爲《廣韻》脂三精母位小韻首字，釋爲『高皃』；『嗺』，釋爲『撮口也』。山部内嶉字，口部内嗺字，筆畫雖同，字形迥別。今諸韻書義音雜出，如此字係口旁加崔，而《正韻》於『遵綏切』内云山高貌，亦同崔，《廣韻》子於切，《集韻》『遵須切』内云高貌，又《廣韻》『遵誄切』内云山狀，應是嶉字，注不宜溷入，諸韻書疑誤。《廣韻》《集韻》脂韻均未收『嗺』字形，明本列『嶉』是，四庫本及其他列『嗺』之韻圖均誤，當校改爲『嶉』。

2 (平四從)■四脂　⿰女畟　明本列字爲『⿰女畟』，四庫本列字爲『嫢』。兩本均當爲『嫢』形訛。《廣韻》《集韻》聚惟切，從脂三平合止；《韻鏡》空位；《七音略》内轉第七輕中重，列字爲『嫢』。《切韻指南》止攝内二合口呼通門入聲字見於臻攝，將『嫢』列於清母位，從母位列字爲『厜』，精母支韻；《切韻指掌圖》《四聲等子》空位。『嫢』爲《廣韻》脂三從母位小韻首字，《起數訣》兩本列字均形訛，當校改爲『嫢』字。

3 (平四心)■四脂　綏　《廣韻》息遺切，《集韻》宣隹切，心脂三平合止；《韻鏡》内轉第七合、《四聲等子》止攝内二重少輕多韻合口呼、《切韻指掌圖》十九圖、《切韻指南》止攝内二合口呼通門，列字均爲『綏』；『綏』爲《廣韻》《集韻》脂合心母位小韻首字，《七音略》誤，《起數訣》是。

4 (平四曉)血四脂　倠　《廣韻》許維切，《集韻》呼維切，曉脂三平合止；《韻鏡》空位；《七音略》内轉第七輕中重、《四聲等子》止攝内二重少輕多韻合口呼，列字均爲『倠』；《切韻指掌圖》十九圖，列字爲『睦』，曉母齊韻；《切韻指南》止攝内二合口呼通門，列字爲『陸』，曉母支韻。『倠』爲《廣韻》脂韻曉母位小韻首字，《韻鏡》空位誤，《起數訣》是。

5（平四影）一四脂　洼　《廣韻》烏瓜切，影麻二平合假；《集韻》烏雖切，影脂三平合止；《韻鏡》《七音略》《四聲等子》空位；《切韻指掌圖》十九圖，列字爲『烓』，影母齊韻；《切韻指南》止攝内二合口呼通門，影母四等位列字爲『洼』。《切韻指南》《起數訣》列『洼』字，當從《集韻》，『洼』爲重紐四等字，當列於四等，《起數訣》是。

6（上四疑）□四旨　峞　《廣韻》五灰切，疑灰一平合蟹；《集韻》藝蓶切，疑旨三上合止；《韻鏡》《七音略》《切韻指掌圖》空位；《四聲等子》止攝内二重少輕多韻合口呼、《切韻指南》止攝内二合口呼通門，列字爲『峞』。《起數訣》從《集韻》，同《四聲等子》及《切韻指南》，『峞』爲重紐四等字，當列於四等，《起數訣》是。

7（上四曉）血四旨　瞲　明本列字爲『瞲』，四庫本列字爲『聵』。瞲，《廣韻》火癸切，曉旨合三上止。『聵』，《廣韻》《集韻》未收；《康熙字典》記：『《集韻》陟革切，音摘。耳暨貌。』不當列於此位，此字當爲『瞲』字誤。《韻鏡》内轉第七合，於三等位列『聵』字，四等空位，列字亦當爲『瞲』字誤；《七音略》空位；《切韻指掌圖》十九圖、《四聲等子》止攝内二重少輕多韻合口呼、《切韻指南》止攝内二合口呼通門入聲字見於臻攝，均於四等位列『瞲』字。『瞲』字爲重紐三等字，當列於三等位，《起數訣》兩本皆誤，當校删。

8 (上四影)一四旨　唯　《廣韻》以水切，《集韻》愈水切，以旨三上合止；《韻鏡》內轉第七合、《七音略》內轉第七輕中重、《切韻指掌圖》十九圖、《四聲等子》止攝內二重少輕多韻合口呼，均列於喻四位；《切韻指南》止攝內二合口呼通門入聲字見於臻攝，列字爲『葰』，以母紙韻。『唯』爲《廣韻》旨韻以母小韻首字，當列於喻母位，《起數訣》誤，當校刪。

9 (上四以)未四旨　〇　《廣韻》《集韻》旨韻以母位均有『唯』字，《起數訣》兩本均列於影母位，誤，喻母位當校補『唯』字。

10 (去四幫)飛四至　痺　《廣韻》《集韻》必至切，幫至三去開止；《韻鏡》內轉第六開、《七音略》內轉第六重中重，列字爲『痹』；《切韻指掌圖》十九圖，列字爲『臂』，幫母寘韻；《四聲等子》止攝內二重少輕多韻合口呼、《切韻指南》止攝內二開口呼通門，列字爲『庳』，當爲『痺』字誤。『痹』爲《廣韻》至韻幫母位小韻首字，『痺』爲『痹』之異體字，《起數訣》列字亦無誤。

11 (去四明)未四至　媚　《廣韻》《集韻》明祕切，明至三去開止；《韻鏡》內轉第六開、《七音略》內轉第六重中重、《切韻指掌圖》十九圖、《四聲等子》止攝內二重少輕多韻合口呼、《切韻指南》止攝內二開口呼通門，列字均爲『寐』。『寐』爲《廣韻》至韻明母重紐四等位小韻首字，『媚』爲重紐三等字，此位當列『寐』字，《起數訣》誤，當校改爲『寐』。

12 (去四端)□四至　〇　《廣韻》《集韻》至韻定母均無字。《韻鏡》空位；《七音略》元至治本至韻三四等均誤入下一行，經正確讀位，列有『轛』字，《廣韻》追萃切，去至知母，當列於三等位，《韻鏡》即列於内轉第七合知母三等位。《切韻指南》止攝内二開口呼通門，亦列於三等位。『轛』爲《廣韻》至韻知母位小韻首字，當列於三等，《七音略》誤。《起數訣》空位是。

13 （去四曉）血四至　侐　《廣韻》《集韻》火季切，曉至三去合止；《韻鏡》内轉第七合、《七音略》内轉第七輕中重、《切韻指掌圖》十九圖、《四聲等子》止攝内二重少輕多韻合口呼，列字均爲『侐』；《切韻指南》止攝内二合口呼通門，列字爲『孈』，曉母寘韻。『侐』爲《廣韻》脂三曉母位重紐四等小韻首字，《起數訣》明本、四庫本下均有『火季』二字，係其反切，當將此二字删去。

14 （入三敷）匹四質　拂　《廣韻》敷勿切，敷物三入合臻；《集韻》普密切，滂質三入開臻；《韻鏡》《七音略》空位；《切韻指掌圖》十九圖、《四聲等子》臻攝外三輕重俱等韻開口呼、《切韻指南》臻攝外三開口呼通門，列字均爲『拂』。『拂』按《廣韻》不可列於此位，按《集韻》可列於此位，《起數訣》從《集韻》。

15 （入四端）■四質　蛭　《廣韻》《集韻》未收；《康熙字典》記：『《廣韻》徒結切，音耊。《唐韻》之日切，《集韻》《正韻》職日切。』《韻鏡》外轉第十七開、《七音略》外轉第十七重中重、《四聲等子》臻攝外三輕重俱等韻開口呼，列字均爲『蛭』；《切韻指掌圖》空位；《切韻指南》臻攝外三開口呼通門，列字爲『窒』，端母屑韻。『蛭』字於十一圖已説明，當列於三等，且在十二圖中已列有『窒』字，《起數訣》本圖列『蛭』亦誤，當删。

16（入四定）■四質　耋　《廣韻》未收；《康熙字典》記：『《廣韻》《集韻》《韻會》徒結切，《正韻》杜結切，音絰。』《集韻》徒結切，定屑四入開山；不當列於此位。《韻鏡》外轉第十七開，列字爲『姪』；《七音略》空位，《切韻指掌圖》空位；《四聲等子》臻攝外三輕重俱等韻開口呼、《切韻指南》臻攝外三開口呼通門，列字爲『耋』，定母屑韻。且本圖爲合口圖，此字不當列於本位，《起數訣》誤，當校删。

17（入四泥）■四質　昵　《廣韻》尼質切，娘質三入開臻；《集韻》乃吉切，泥質三入開臻；《韻鏡》外轉第十七開、《七音略》外轉第十七重中重、《四聲等子》臻攝外三輕重俱等韻開口呼、《切韻指南》臻攝外三開口呼通門，列字均爲『昵』；《切韻指掌圖》空位。《廣韻》『昵』爲娘母字，當列於三等位。《集韻》『昵』有泥母音，可列於三等位。《起數訣》此位列『昵』，當從《集韻》，本圖爲合口圖，不當列於此位，當删。

18（入四見）癸四質　吉　《廣韻》居質切，《集韻》激質切，見質三入開臻；《韻鏡》外轉第十七開、《七音略》外轉第十七重中重、《四聲等子》臻攝外三輕重俱等韻開口呼、《切韻指掌圖》十八圖、《切韻指南》臻攝外三開口呼通門，列字均爲『吉』。本圖爲合口圖，不當列於此位，當删。

19（入四溪）弃四質　詰　《廣韻》去吉切，《集韻》喫吉切，溪質三入開臻；《韻鏡》外轉第十七開、《七音略》外轉第十七重中重、《四聲等子》臻攝外三輕重俱等韻開口呼、《切韻指南》臻攝外三開口呼通門，列字均爲「詰」；《切韻指掌圖》空位。本圖爲合口圖，不當列於此位，當刪。

20（入四疑）■四質　臲　《廣韻》五結切，疑屑四入開臻；《集韻》逆乙切，疑質三入開臻；《韻鏡》《七音略》《切韻指掌圖》空位；《四聲等子》臻攝外三輕重俱等韻開口呼、《切韻指南》臻攝外三開口呼通門，列字爲「臲」。「臲」按《廣韻》不當列於此位，《起數訣》與《四聲等子》《切韻指南》均依《集韻》，本圖爲合口圖，不當列於此位，當刪。

21（入四精組）○　《廣韻》精組質韻有「堲、七、疾、悉」四字，第十一圖收，本圖未收，本圖爲合口圖，不當收開口字。

22（入四曉）血四質　欯　《廣韻》許吉切，《集韻》閲吉切，曉質三入開臻；《韻鏡》外轉第十七開、《七音略》外轉第十七重中重、《切韻指掌圖》十八圖、《四聲等子》臻攝外三輕重俱等韻開口呼、《切韻指南》臻攝外三開口呼通門，列字均爲「欯」。本圖爲合口圖，且在十一圖重出，不當列於此位，當刪。

23（入四影）一四質　一　明本列字爲「一」，四庫本空位。「一」，《廣韻》影母有「一，於悉切」。《集韻》「一，益悉切」；爲開口。《韻鏡》外轉第十七開、《七音略》外轉第十七重中重、《切韻指掌圖》十八圖、《切韻指南》臻攝外三開口呼通門，列字均爲「一」。《四聲等子》臻攝外三輕重俱等韻開口呼，列字爲『益』，影母昔韻。『一』爲《廣韻》質韻影母位小韻首字，但本圖爲合口圖，且在十一圖重出，不當列於此位。明本空位是，四庫本當删。

24 (入四喻)未四質 逸 《廣韻》夷質切，《集韻》弋質切，以質三入開臻；《韻鏡》外轉第十七開、《七音略》外轉第十七重中重、《切韻指掌圖》十八圖、《四聲等子》臻攝外三輕重俱等韻開口呼、《切韻指南》臻攝外三開口呼通門，列字均爲『逸』。本圖爲合口圖，且在十一圖重出，不當列於此位，當删。

釋：

1 (平四群)斗四脂 葵 《廣韻》渠追切，《集韻》渠惟切，群脂三平合止；《韻鏡》内轉第七合、《七音略》内轉第七輕中重、《四聲等子》止攝内二重少輕多韻合口呼、《切韻指掌圖》十九圖、《切韻指南》止攝内二合口呼通門入聲字見於臻攝，列字均爲『葵』。

2 (平四喻)未四脂 惟 《廣韻》以追切，《集韻》夷佳切，以脂三平合止；《韻鏡》内轉第七合、《七音略》内轉第七輕中重、《切韻指掌圖》十九圖、《切韻指南》止攝内二合口呼通門，列字均爲『惟』；《四聲等子》止攝内二重少輕多韻合口呼，列字爲『維』，以母脂韻。

3 (上四見)癸四旨 癸 《廣韻》居誄切，《集韻》頸誄切，見旨三上合止；《韻鏡》内轉第七合、

《七音略》内轉第七輕中重、《切韻指掌圖》十九圖、《四聲等子》止攝内二重少輕多韻合口呼、《切韻指南》止攝内二合口呼通門，列字均爲『癸』。

4（上四群）蚪四旨　揆　《廣韻》求癸切，《集韻》巨癸切，群旨三上合止；《韻鏡》内轉第七合、《七音略》内轉第七輕中重、《切韻指掌圖》十九圖、《四聲等子》止攝内二重少輕多韻合口呼、《切韻指南》止攝内二合口呼通門，列字均爲『揆』。

5（上四精）■四旨　澤　《廣韻》遵誄切，《集韻》祖誄切，精旨三上合止；《韻鏡》内轉第七合、《七音略》内轉第七輕中重、《四聲等子》止攝内二重少輕多韻合口呼，列字均爲『澤』；《切韻指掌圖》十九圖、《切韻指南》止攝内二合口呼通門，列字均爲『嶲』，精母紙韻。

6（上四清）■四旨　趡　《廣韻》千水切，《集韻》取水切，清旨三上合止；《韻鏡》内轉第七合、《七音略》内轉第七輕中重、《四聲等子》止攝内二重少輕多韻合口呼、《切韻指掌圖》十九圖，列字均爲『趡』；《切韻指南》止攝内二合口呼通門，列字爲『䅗』，《康熙字典》記：『《玉篇》此嶲切。獸也。』清母紙韻。

7（上四從）■四旨　嶵　《廣韻》祖累切，從旨三上合止；《集韻》未收；《韻鏡》内轉第七合、《七音略》内轉第七輕中重、《四聲等子》止攝内二重少輕多韻合口呼，列字均爲『嶵』；《切韻指掌圖》十九圖、《切韻指南》止攝内二合口呼通門入聲字見於臻攝，列字爲『惢』，從母紙韻。

8（去四滂）匹四至　屁　《廣韻》《集韻》匹寐切，滂至三去開止；《韻鏡》内轉第六開、《七音略》内轉第六重中重、《四聲等子》止攝内二重少輕多韻合口呼，列字爲『屁』；《切韻指掌圖》十九圖、《切韻指南》止攝内二開口呼通門入聲字見於臻攝，列字爲『譬』，滂母寘韻。

9（去四並）瓶四至　鼻　《廣韻》《集韻》毗至切，並至三去開止；《韻鏡》内轉第六開、《七音略》内轉第六重中重、《切韻指掌圖》十九圖、《四聲等子》止攝内二重少輕多韻合口呼、《切韻指南》止攝内二開口呼通門，列字爲『鼻』。

10（去四見）癸四至　季　《廣韻》《集韻》居悸切，見至三去合止；《韻鏡》内轉第七合、《七音略》内轉第七輕中重、《切韻指掌圖》十九圖、《四聲等子》止攝内二重少輕多韻合口呼，列字均爲『季』；《切韻指南》止攝内二合口呼通門，列字爲『瞡』，見母寘韻。

11（去四群）蚪四至　悸　《廣韻》《集韻》其季切，群至三去合止；《韻鏡》内轉第七合、《七音略》内轉第七輕中重、《切韻指掌圖》十九圖、《四聲等子》止攝内二重少輕多韻合口呼、《切韻指南》止攝内二合口呼通門，列字均爲『悸』。

12（去四精）◇四至　醉　《廣韻》《集韻》將遂切，精至三去合止；《韻鏡》内轉第七合、《七音略》内轉第七輕中重、《切韻指掌圖》十九圖、《四聲等子》止攝内二重少輕多韻合口呼、《切韻指南》止攝内二合口呼通門，列字均爲『醉』。

13（去四清）■四至 翠 《廣韻》《集韻》七醉切，清至三去合止；《韻鏡》内轉第七合、《七音略》内轉第七輕中重、《切韻指掌圖》十九圖、《四聲等子》止攝内二重少輕多韻合口呼、《切韻指南》止攝内二合口呼通門，列字均爲『翠』。

14（去四從）■四至 萃 《廣韻》《集韻》秦醉切，從至三去合止；《韻鏡》内轉第七合、《七音略》内轉第七輕中重、《切韻指掌圖》十九圖、《四聲等子》止攝内二重少輕多韻合口呼、《切韻指南》止攝内二合口呼通門，列字均爲『萃』。

15（去四心）■四至 邃 《廣韻》《集韻》雖遂切，心至三去合止；《韻鏡》内轉第七合、《七音略》内轉第七輕中重、《切韻指掌圖》十九圖、《切韻指南》止攝内二合口呼通門，列字均爲『邃』；《四聲等子》止攝内二重少輕多韻合口呼，列字爲『祟』，心母至韻。

16（去四邪）■四至 遂 《廣韻》《集韻》徐醉切，邪至三去合止；《韻鏡》内轉第七合、《七音略》内轉第七輕中重、《切韻指掌圖》十九圖、《切韻指南》止攝内二合口呼通門，列字均爲『遂』。

17（去四喻）未四至 遺 《廣韻》《集韻》以醉切，以至三去合止；《韻鏡》内轉第七合、《七音略》内轉第七輕中重、《切韻指掌圖》十九圖、《切韻指南》止攝内二合口呼通門，列字均爲『遺』。

18（入三幫）飛四質 筆 《廣韻》鄙密切，《集韻》逼密切，幫質三入合臻；《韻鏡》内轉第七合、

《七音略》内轉第七輕中重、《切韻指掌圖》十九圖、《切韻指南》止攝内二合口呼通門，列字均爲「筆」。

19 (入三並)瓶四質　弼　《廣韻》房密切，《集韻》薄宓切，並質三入開臻；《韻鏡》外轉第十七開、《七音略》外轉第十七重中重、《切韻指掌圖》十九圖、《四聲等子》臻攝外三輕重俱等韻開口呼、《切韻指南》臻攝外三開口呼通門，列字均爲「弼」。

20 (入三明)末四質　密　《廣韻》美筆切，《集韻》莫筆切，明質三入開臻；《韻鏡》外轉第十七開、《七音略》外轉第十七重中重、《切韻指掌圖》十九圖、《四聲等子》臻攝外三輕重俱等韻開口呼、《切韻指南》臻攝外三開口呼通門，列字均爲「密」。

21 (入四幫)飛四質　必　《廣韻》卑吉切，《集韻》壁吉切，幫質三入開臻；《韻鏡》外轉第十七開、《七音略》外轉第十七重中重、《切韻指掌圖》十九圖、《四聲等子》臻攝外三輕重俱等韻開口呼、《切韻指南》臻攝外三開口呼通門，列字均爲「必」。

22 (入四滂)匹四質　匹　《廣韻》譬吉切，《集韻》僻吉切，滂質三入開臻；《韻鏡》外轉第十七開、《七音略》外轉第十七重中重、《切韻指掌圖》十九圖、《四聲等子》臻攝外三輕重俱等韻開口呼、《切韻指南》臻攝外三開口呼通門，列字均爲「匹」。

23 (入四並)瓶四質　邲　《廣韻》兵媚切，幫至三去開止；《集韻》簿必切，並質三入開臻；《韻鏡》外轉第十七開、《七音略》外轉第十七重中重、《切韻指掌圖》十九圖、《四聲等子》臻攝外三輕重俱等韻開口呼、《切韻指南》臻攝外三開口呼通門，列字均爲「邲」。

24（入四明）末四質　蜜　《廣韻》彌畢切，《集韻》覓畢切，明質三入開臻；《韻鏡》外轉第十七開、《七音略》外轉第十七重中重、《切韻指掌圖》十九圖、《四聲等子》臻攝外三輕重俱等韻開口呼、《切韻指南》臻攝外三開口呼通門，列字均爲「蜜」。

觀二 渙 觀三 巽四

必		閉音	■	■	■	未	一	尾	血	■
	脂	濁								
	脂妻五									
	脂					惟	洼		惟	
	旨蘄五									
	旨									
	旨						唯		瞲	
	至盡五									
	至									
	至					遺			侐李火	遂
	質震五									
	質									
	質					逸	一		欯	

第十四圖 閉音濁

漸五 巽三

漸一 巽二

尭	揆	■	■	■	■	■	■	民	鼻	■
	馗(逵)	歸	龜		椎(鎚)		追			
	郈	歸	軌			崔				
	匱	喟	媿		墜	出(敊)	轛			

		漸三			漸四					
■	■	寅	■	賢	吠	■	■	■	■	■
						裊				
[illegible]	㶟	帷				誰			推	佳
	帷									
[illegible]	疊	淯					水			林
藥										
							帥		皺	
	類	位	罻		豷		痳		出	
							率	[illegible]	剃	[illegible]

			坤四	師五	升五	師三	坤六	師六	升六	坤七
■	開		夫	普	旁	毋	東	土	同	乃
	音	之（屜五）								
	清	之								
		之								
		之								
		止（笑五）								
		止								
		止		潎						
		止						體	弟	你
		志（豎五）								
		志								
		志								
		志								
		職								
		職	逼	堛	愎	窨				
		職								匿

第十四圖　閉音濁

本圖舒聲列字爲《廣韻》脂旨至韻非脣音合口字，取韻圖列於二三等位字。係拆分《韻鏡》第七合，取二三等位字。入聲列字爲《廣韻》質韻字，《韻鏡》中屬外轉第十八合二等字。明本聲母滂、知組、見、溪、照組、影、來、日、半三處均列「■」，四庫本空位。本圖《七音略》右半圖錯列一行，均按正位取音。

校注：

1　（平二俟）■二脂　衰　《廣韻》所追切，《集韻》雙隹切，生脂三平合止；《韻鏡》内轉第七合、《七音略》内轉第七輕中重内輕、《四聲等子》止攝内二重少輕多韻合口呼、《切韻指南》止攝内二合口呼通門，均列於生母；《切韻指掌圖》空位。「衰」爲《廣韻》脂三生母位小韻首字，《起數訣》誤，當校改列於生母位，本位當删。

2　（平三澄）■三脂　椎　《廣韻》直追切，《集韻》傳追切，澄脂三平合止；《韻鏡》内轉第七合、《切韻指掌圖》十九圖、《四聲等子》止攝内二重少輕多韻合口呼、《切韻指南》止攝内二合口呼通門，列字均爲『鎚』；《七音略》内轉第七輕中重内輕，列字爲『槌』。『鎚』爲《廣韻》脂韻澄母位小韻首字，下收有『椎』『鎚』二字，列字以『鎚』爲佳，《起數訣》亦無誤。

3（平三溪）■三脂　巋　明本列字爲『巋』，四庫本爲『歸』。『巋』，《廣韻》丘追切，溪脂三平合止；『歸』，《廣韻》舉韋切，見微三平合止，不當列於此位。《韻鏡》内轉第七合、《七音略》内轉第七輕中重内輕，列字均爲『巋』；《切韻指掌圖》十九圖，『歸』列於見母，溪母位列『蘬』；《四聲等子》止攝内二重少輕多韻合口呼、《切韻指南》止攝内二合口呼通門，列字爲『虧』，溪母支韻。『巋』爲《廣韻》脂韻溪母位小韻首字，下收有『蘬』字。《起數訣》四庫本誤，當校改爲『巋』。　明本列字是。

4（平三群）揆三脂　馗　《廣韻》渠追切，《集韻》渠龜切，群脂三平合止；《韻鏡》内轉第七合、《七音略》内轉第七輕中重内輕、《切韻指掌圖》十九圖、《四聲等子》止攝内二重少輕多韻合口呼、《切韻指南》止攝内二合口呼通門，列字均爲『逵』。『逵』爲《廣韻》群母脂韻重紐三等字，其反切下字『追』爲重紐四等，《集韻》改爲渠龜切。『逵』爲小韻首字，下收有『馗』字，列字以『逵』爲佳，《起數訣》亦無誤。　明本『馗』右下角有『逵』字，四庫本將『逵』字列於四等位，『逵』顯爲標注字，明本列於右下角是。『馗』，依《廣韻》當列於三等位，依《集韻》則當列於四等位，《起數訣》從《廣韻》。

5（平三章）■三脂　佳　《廣韻》古佳切，《集韻》居膎切，見佳二平開蟹；不當列於此位，依

《廣韻》《集韻》當列『錐』，《廣韻》職追切，《集韻》朱惟切；《韻鏡》内轉第七合、《切韻指掌圖》十九圖、《四聲等子》止攝内二重少輕多韻合口呼，列字均爲『錐』；《七音略》内轉第七輕中重内輕，列字爲『隹』；《切韻指南》止攝内二合口呼通門，列字爲『錘』；『錐』爲《廣韻》脂三照母位小韻首字，下收有『隹』字，《起數訣》列『佳』爲『隹』之形訛，當校爲『錐』或『隹』字。

6 （平三云）■三脂　帷　《廣韻》洧悲切，《集韻》于龜切，云脂三平合止；《韻鏡》空位；《七音略》内轉第七輕中重内輕、《切韻指南》止攝内二合口呼通門，列字均爲『帷』；《切韻指掌圖》十九圖、《四聲等子》止攝内二重少輕多韻合口呼，列字均爲『幃』，云母微韻。『帷』爲《廣韻》脂韻云母位小韻首字，《韻鏡》空位誤，《起數訣》是。

7 （平三來）■三脂　㶟　明本列字爲『㶟』，四庫本空位。《廣韻》脂韻來母有『㶟，力追切』；《集韻》倫追切，來脂三平合止；《韻鏡》内轉第七合、《切韻指南》止攝内二合口呼通門，列字爲『㶟』；《七音略》内轉第七輕中重内輕，列字爲『纍』；《切韻指掌圖》十九圖，列字爲『羸』，來母支韻；《四聲等子》止攝内二重少輕多韻合口呼，列字爲『壘』，《集韻》倫追切，來母脂韻。『㶟』爲《廣韻》脂三來母位小韻首字，《起數訣》四庫本誤，依《廣韻》當校補『㶟』字。明本列字是。

8 （平三日）■三脂　甤　明本列字爲『甤』，四庫本爲『[illegible]』。四庫本當爲『甤』字誤。『甤』，《廣韻》《集韻》儒隹切，日脂三平合止；《韻鏡》内轉第七合、《切韻指掌圖》十九圖、《四聲等子》止攝内二重少輕多韻合口呼，列字爲『蕤』；《七音略》内轉第七輕中重内輕，列字均爲『甤』；《切韻指南》止攝内二合口呼通門，列字爲『痿』。『蕤』爲《廣韻》脂韻日母位小韻首字，注曰『又甤』，下收有『甤』字。無『甤』字形，此字顯係『蕤』『甤』『甤』字形訛，《起數訣》明本無誤，四庫本當校改爲『甤』。

9（平四定）■四脂　鎚　《廣韻》直追切，《集韻》傳追切，澄脂三平合止；《韻鏡》内轉第七合、《切韻指掌圖》十九圖、《四聲等子》止攝内二重少輕多韻合口呼、《切韻指南》止攝内二合口呼通門，均列於澄母三等，定母四等空位；《七音略》在三等位列『槌』；『鎚』爲《廣韻》脂三澄母位小韻首字，《起數訣》於三等位列『隹』，爲非小韻首字。且本位所列『鎚』字字體較小，又不居於格中，位置偏右上角。故此字當爲澄母三等位『隹』之注字，羼入此格。此字列於三等澄母位，則較『隹』字更佳，列於此位誤，當校删。

10（平四群）揆四脂　逵　明本此字在平三『馗』字右下角，四庫本列入四等。逵，《廣韻》渠追切，《集韻》渠龜切，群脂三平合止；《韻鏡》内轉第七合、《七音略》、《切韻指掌圖》十九圖、《四聲等子》止攝内二重少輕多韻合口呼、《切韻指南》止攝内二合口呼通門，均列於三等，四等位列『葵』。『逵』爲《廣韻》脂韻群母重紐三等字小韻首字，《起數訣》四庫本已於三等位列『馗』，非小韻首字，且本位所列『逵』字字體較小，又不居於格中，位置偏右上角。故此字當爲群母重紐三等位『馗』之注字，羼入此格。此字列於三等群母位，則較『馗』字更佳，列於此位誤。明本作爲標注字是，四庫本當刪。

11 （平四來）■四脂　惟　《廣韻》以追切，《集韻》夷隹切，以脂三平合止；《韻鏡》內轉第七合、《七音略》內轉第七輕中重內輕、《切韻指掌圖》十九圖、《切韻指南》止攝內二合口呼通門，均列於喻母，來母空位；《四聲等子》空位；『惟』爲《廣韻》脂三來母位小韻首字，《起數訣》已列於第十三圖，故此處不當重出，當校刪。

12 （上三徹）■三旨　摧　《廣韻》旨韻未收；《集韻》丑水切，徹旨三上合止；《韻鏡》《七音略》《切韻指掌圖》空位；《四聲等子》止攝內二重少輕多韻合口呼、《切韻指南》止攝內二合口呼通門，列字爲『摧』，兩圖從《集韻》。《起數訣》列『摧』字，亦從《集韻》，亦無誤。

13 （上三見）■三旨　軌　明本列字爲『軌』，四庫本列字爲『軌』。明本顯係『軌』字書寫習慣所致。軌，《廣韻》居洧切，《集韻》矩鮪切，見旨三上合止；《韻鏡》內轉第七合、《七音略》內轉第七輕中重內輕、《切韻指南》止攝內二合口呼通門，列字爲『軌』；《切韻指掌圖》十九圖，列字爲『詭』，見母紙韻；《四聲等子》止攝內二重少輕多韻合口呼，列字爲『鬼』，見母尾韻。『軌』爲《廣韻》旨三見母合口位小韻首字，《起數訣》明本爲書寫誤，當校正爲『軌』，四庫本是。

14 （上三溪）■三旨　巋　《廣韻》丘軌切，《集韻》苦軌切，溪旨三上合止；《韻鏡》內轉第七合、

《七音略》内轉第七輕中重内輕，列字均爲『巋』；《切韻指掌圖》十九圖，列字爲『跪』；《四聲等子》止攝内二重少輕多韻合口呼，列字爲『烣』。『巋』，《廣韻》丘追切，《集韻》苦軌切，溪旨三上合止；『巋』爲《廣韻》旨三溪母位小韻首字，下收有『蘬』字，列字以『巋』爲佳，《起數訣》亦無誤。

15（上三章）■三旨　沝　《廣韻》之累切，章紙三上合止；《集韻》之誄切，章旨三上合止；《韻鏡》内轉第七合，列字爲『沝』；《七音略》空位；《切韻指掌圖》十九圖、《切韻指南》止攝内二合口呼通門，列字均爲『捶』，章母紙韻；《四聲等子》止攝内二重少輕多韻合口呼，列字爲『隹』，章母脂韻，誤。『沝』《廣韻》無旨韻無章母字，《集韻》增此字於旨韻末，《韻鏡》列『沝』字，當是後人據《集韻》此音增。《起數訣》列『沝』字，亦從《集韻》，亦無誤。

16（上三云）■三旨　洧　《廣韻》榮美切，《集韻》羽軌切，云旨三上合止；《韻鏡》内轉第七合、《切韻指掌圖》十九圖，列字爲『洧』；《七音略》内轉第七輕中重内輕，列字爲『隋』，當爲『洧』字誤，至治本此字略缺；《四聲等子》止攝内二重少輕多韻合口呼，列字爲『葦』，云母尾韻；《切韻指南》止攝内二合口呼通門，列字爲『蔿』，云母紙韻。『洧』爲《廣韻》旨韻云母小韻首字，《七音略》誤，《起數訣》是。

17（上三日）■三旨　𠘲　《廣韻》未收；《集韻》汝水切，日旨三上合止；《韻鏡》内轉第七合、《四聲等子》止攝内二重少輕多韻合口呼，列字爲『蕊』；《七音略》内轉第七輕中重内輕、

《切韻指掌圖》十九圖、《切韻指南》止攝内二合口呼通門，列字爲『蘂』。『惢』爲《廣韻》支三合口日母位小韻首字，『惢』『蘂』二字爲異體字，列字以『惢』爲佳。『佨』爲《集韻》支三合口日母位小韻首字，《起數訣》列『佨』字，從《集韻》。

18 （上四日）■四旨　蘂　《廣韻》如累切，日紙三上合止；《集韻》未收；《韻鏡》、《七音略》、《四聲等子》、《切韻指掌圖》十九圖、《切韻指南》止攝内二合口呼通門，均列於三等，四等空位。『惢』爲《廣韻》支三日母位小韻首字，『惢』『蘂』二字爲異體字，當列於三等位，三等位已列『佨』字，此位當校删。

19 （去二初）■二至　敊　《廣韻》楚愧切，《集韻》楚類切，初至三去合止；《韻鏡》空位；《七音略》内轉第七輕中重内輕，列字爲『敥』，當爲『敊』字誤；《切韻指掌圖》十九圖，列字爲『吹』；《四聲等子》止攝内二重少輕多韻合口呼，《切韻指南》止攝内二合口呼通門，列字爲『敊』。『敊』爲《廣韻》至韻初母位小韻首字，《韻鏡》空位誤，《起數訣》是。

20 （去二生）■二至　帥　《廣韻》《集韻》所類切，生至三去合止；《韻鏡》空位；《七音略》内轉第七輕中重内輕、《四聲等子》止攝内二重少輕多韻合口呼、《切韻指掌圖》十九圖、《切韻指南》止攝内二合口呼通門，列字爲『帥』。『帥』爲《廣韻》至韻生母位小韻首字，《韻鏡》空位誤，《起數訣》是。

21 （去三知）■三至　轛　《廣韻》《集韻》追萃切，知至三去合止；《韻鏡》内轉第七合、《切韻指南》止攝内二合口呼通門，列字爲『輟』；《七音略》内轉第七輕中重内輕，知母三等空位，列於四等位（《七音略》此圖右半多一列，按正位處理）；《切韻指掌圖》十九圖，列字爲『綴』，知母祭韻；《四聲等子》空位。『輟』爲《廣韻》至韻知母三等位小韻首字，《七音略》列於四等誤，《起數訣》是。

22（去三徹）■三至　出　明本列字爲『出』，右下角有『敷』字，四庫本列字爲『出』，標注字『數』列於四等。出，《廣韻》《集韻》尺類切，昌至三去合止；《韻鏡》《七音略》徹母位空位，昌母位列『出』；《四聲等子》《切韻指南》徹母位空位，昌母位列『出』；《切韻指掌圖》十九圖，列字爲『出』，誤。『出』爲《廣韻》至韻昌母位小韻首字，當列於昌母，《廣韻》至韻無徹母字，《起數訣》兩本皆誤，當校刪。明本右下角標注字『敷』，亦不當列此位。

23（去三穿）■三至　出　《廣韻》《集韻》尺類切，昌至三去合止；《韻鏡》内轉第七合、《七音略》内轉第七輕中重内輕、《切韻指掌圖》十九圖，列字均爲『出』；《四聲等子》止攝内二重少輕多韻合口呼、《切韻指南》止攝内二合口呼通門，『出』列於入聲位，至韻列字爲『吹』，昌母寘韻；『出』有入聲音，此二圖亦不誤。《起數訣》『出』字亦列本圖徹母位，誤，列於昌母是。

24（去三曉）吠三至　豷　《廣韻》《集韻》許位切，曉至三去合止；《韻鏡》空位；《七音略》内轉第七輕中重内輕，列字爲『豷』；《切韻指掌圖》十九圖、《四聲等子》止攝内二重少輕多韻合口呼，列字均爲『諱』，曉母未韻；《切韻指南》止攝内二合口呼通門，列字爲『毀』，曉母紙韻。『豷』爲《廣韻》至韻曉母位小韻首字，『⿰犭壹』在《集韻》中與『豷』同列小韻首，《七音略》當據《集韻》取字。列字以『豷』爲佳，《起數訣》是。

25 （去三影）寘三至　罻　《廣韻》未收；《集韻》於位切，影至三去合止；《韻鏡》《七音略》空位；《切韻指掌圖》十九圖、《切韻指南》止攝内二合口呼通門，列字均爲『餧』，影母寘韻；《四聲等子》止攝内二重少輕多韻合口呼，列字爲『尉』，影母未韻。《廣韻》至韻無影母字，《起數訣》列『罻』字，當從《集韻》，亦無誤。

26 （去四透）■四至　◯　明本空位，四庫本列字爲『敷』。『敷』，《廣韻》《集韻》芳無切，敷虞三平合遇；不當列於此位。敷，大岩本幸次云：『各本出字下有敷字，未詳所據。出，J（集韻）①音敕類切。此敷字或是反切上字敕之形訛？』此字明本爲三等透徹母位『出』字之標注字，當校删。

27 （入二莊）■二質　⿰叕出　《康熙字典》記：『《五音集韻》陟劣切，音輟。吳人呼短物也。亦作𣫈。』《廣韻》《集韻》測律切，莊術二入合臻；《韻鏡》外轉第十八合、《七音略》外轉第十八輕中輕、《切韻指掌圖》十九圖、《四聲等子》止攝内二重少輕多韻合口呼、《切韻指南》

① 『集韻』二字爲整理者按語，下同。

止攝内二合口呼通門，列字均爲『貀』。『貀』爲術韻字，此行標目爲質，韻圖中往往將術韻與質韻於二等位同行列出，此當爲作者分圖時，不明韻圖規制，而歸於質韻。

28 （入二初）■ 二質 刹 《廣韻》初栗切，初質開三入臻；《集韻》楚律切，初術二入合臻。《韻鏡》空位；《七音略》外轉第十八輕中輕，列字爲『齣』；《切韻指掌圖》《切韻指南》空位；《四聲等子》止攝内二重少輕多韻合口呼，列字爲『刹』。『齣』爲《廣韻》質韻崇母位小韻首字，《七音略》顯誤。『刹』，《康熙字典》記：『《唐韻》初栗切，《集韻》楚律切，音刹。與刹同。』『刹』爲《廣韻》質韻初母開口位小韻首字，當列於開口圖。《起數訣》列於合口誤，當删。

29 （入二崇）■ 二質 齣 明本列字爲『齣』，四庫本列字爲『𪗚』。『𪗚』，《廣韻》《集韻》未收。《韻鏡》《七音略》《切韻指南》空位；《切韻指掌圖》十九圖，列字爲『昰』；《四聲等子》止攝内二重少輕多韻合口呼，列字爲『齣』；『齣』爲《廣韻》質韻崇母開口位小韻首字。各韻書及韻圖均未收有『𪗚』字，『齣』《韻鏡》《七音略》均列於開口圖，亦不適於此位。《起數訣》四庫本字形『𪗚』誤。明本、四庫本均不當列於此位，當删。

30 （入二生）■ 二質 率 《廣韻》所律切，《集韻》朔律切，生術二入合臻；《韻鏡》外轉第十八合，《七音略》外轉第十八輕中輕，列字爲『率』；《切韻指掌圖》十九圖、《四聲等子》止攝内二重少輕多韻合口呼、《切韻指南》止攝内二合口呼通門，列字均爲『率』。『率』爲術韻字，此行標目爲質，韻圖中往往將術韻與質韻於二等位同行列出，此當爲作者分圖時，不明韻圖規制，而歸於質韻。

釋：

1 (平三知)■三脂　追　《廣韻》陟隹切，《集韻》中葵切，知脂三平合止；《韻鏡》内轉第七合、《七音略》内轉第七輕中重内輕、《切韻指掌圖》十九圖、《四聲等子》止攝内二重少輕多韻合口呼、《切韻指南》止攝内二合口呼通門，列字均爲『追』。

2 (平三見)■三脂　龜　《廣韻》居追切，《集韻》居逵切，見脂三平合止；《韻鏡》内轉第七合、《七音略》内轉第七輕中重内輕、《切韻指南》止攝内二合口呼通門，列字均爲『龜』；《切韻指掌圖》十九圖、《四聲等子》止攝内二重少輕多韻合口呼，均列字爲『歸』，見母微韻。

3 (平三昌)■三脂　推　《廣韻》尺隹切，《集韻》川隹切，昌脂三平合止；《韻鏡》内轉第七合、《七音略》内轉第七輕中重内輕、《切韻指掌圖》十九圖、《四聲等子》止攝内二重少輕多韻合口呼，列字均爲『推』；《切韻指南》止攝内二合口呼通門，列字爲『吹』，昌母支韻。

4 (平三禪)■三脂　誰　《廣韻》《集韻》視隹切，禪脂三平合止；《韻鏡》内轉第七合、《七音略》内轉第七輕中重内輕、《切韻指掌圖》十九圖、《四聲等子》止攝内二重少輕多韻合口呼，列字均爲『誰』;《切韻指南》止攝内二合口呼通門,列字爲『垒』,禪母支韻。

5 (上三群)揆三旨 鄔 《廣韻》曁軌切,《集韻》巨軌切,群旨三上合止;《韻鏡》内轉第七合、《七音略》内轉第七輕中重内輕、《四聲等子》止攝内二重少輕多韻合口呼,列字均爲『鄔』;《切韻指掌圖》十九圖、《切韻指南》止攝内二合口呼通門,列字均爲『跪』,群母紙韻。

6 (上三書)■三旨 水 《廣韻》《集韻》式軌切,書旨三上合止;《韻鏡》内轉第七合、《七音略》内轉第七輕中重内輕、《切韻指掌圖》十九圖、《四聲等子》止攝内二重少輕多韻合口呼、《切韻指南》止攝内二合口呼通門,列字均爲『水』。

7 (上三來)■三旨 壘 《廣韻》力軌切,《集韻》魯水切,來旨三上合止;《韻鏡》内轉第七合、《七音略》内轉第七輕中重内輕、《切韻指南》止攝内二合口呼通門,列字均爲『壘』;《切韻指掌圖》十九圖、《四聲等子》止攝内二重少輕多韻合口呼,列字爲『累』,來母紙韻。

8 (去三澄)■三至 墜 《廣韻》《集韻》直類切,澄至三去合止;《韻鏡》内轉第七合、《七音略》内轉第七輕中重内輕、《切韻指掌圖》十九圖、《四聲等子》止攝内二重少輕多韻合口呼、《切韻指南》止攝内二合口呼通門,列字均爲『墜』。

9 (去三見)■三至 媿 《廣韻》俱位切,《集韻》基位切,見至三去合止;《韻鏡》内轉第七合、《七音略》内轉第七輕中重内輕,列字均爲『媿』;《切韻指掌圖》十九圖、《四聲等子》止攝内二重少輕多韻合口呼，列字均爲『貴』，見母未韻；《切韻指南》止攝内二合口呼通門，列字爲『䁱』，《康熙字典》記：『《唐韻》詭僞切，《集韻》居僞切，並音垝』爲見母寘韻。

10（去三溪）■三至　喟　《廣韻》丘愧切，《集韻》丘媿切，溪至三去合止；《韻鏡》内轉第七合、《七音略》内轉第七輕中重内輕、《切韻指掌圖》十九圖、《切韻指南》止攝内二合口呼通門，列字均爲『喟』；《四聲等子》止攝内二重少輕多韻合口呼，列字爲『槩』。

11（去三群）揆三至　匱　《廣韻》《集韻》求位切，群至三去合止；《韻鏡》内轉第七合、《七音略》内轉第七輕中重内輕、《切韻指掌圖》十九圖、《四聲等子》止攝内二重少輕多韻合口呼、《切韻指南》止攝内二合口呼通門，列字均爲『匱』。

12（去三書）■三至　𤵸　《廣韻》釋類切，《集韻》式類切，書至三去合止；《康熙字典》記𤵸：『《廣韻》釋類切，《集韻》式類切，並音稅。』《韻鏡》内轉第七合、《七音略》内轉第七輕中重内輕、《四聲等子》止攝内二重少輕多韻合口呼，列字均爲『𤵸』；《切韻指掌圖》空位；《切韻指南》止攝内二合口呼通門，列字爲『誽』，《康熙字典》記：『《廣韻》舒芮切，《集韻》《韻會》《正韻》輸芮切，音税。』

13（去三云）■三至　位　《廣韻》于愧切，《集韻》于累切，云至三去合止；《韻鏡》内轉第七合、《七音略》内轉第七輕中重内輕、《切韻指南》止攝内二合口呼通門，列字均爲『位』；《切韻指掌圖》十九圖、《四聲等子》止攝内二重少輕多韻合口呼，列字爲『胃』，云母未韻。

14（去三來）■三至　類　《廣韻》《集韻》力遂切，來至三去合止；《韻鏡》內轉第七合、《七音略》內轉第七輕中重內輕、《四聲等子》止攝內二重少輕多韻合口呼、《切韻指南》止攝內二合口呼通門，列字均爲『類』；《切韻指掌圖》十九圖，列字爲『累』，來母寘韻。

■	開		夫	番	旁	毋	東	土	同	乃
			坤四	師五	升五	師三	坤六	師六	升六	坤七
	音	之頤五								
	清	之								
		之								
		之								
		止夬五								
		止								
		止		瀫						
		止						體	弟	你
		志蹇五								
		志								
		志								
		志								
		職								
		職	適	逼	愎	窅				
		職								匿

第十五圖　開音清

坤一	師一		師二	坤八	師八	外八		遥九	坤二	師四
古	坤	口	五	走	草	曹	■	寺	里	武
				兹		慈	思	詞		
									僖	
				子			枲	似		
									喜	
	啓					薺				
				秄	截	字	笥	寺		
									怬	
									施	
							息			

坤二	升四	師八					坤五		謙五	升三
安	文	老	■	■	開		卜	口	步	目
					音	之（无妄）				
					濁	之				
醫						之				
	飴					之（妄五）				
						止				
						止				
譩		里				止				
以		礼				止（隨五）				
						志				
						志				
		史				志（嗑五）				
檯	異					志				
						職				
憶		力				職				
	弋					職（震五）				

第十五圖　開音清

本圖舒聲列字爲《廣韻》之止志韻開口字，取韻圖列於一四等位字。止攝只有三等，其一等位列字爲精組四等字升至一等。係拆分《韻鏡》内轉第八開，取其列於四等位字，此圖有三等字列入，與其他圖相比，分圖原則相對不清。入聲列字爲《廣韻》職韻字，收脣音字，列字多見於《韻鏡》内轉第四十二開。明本透母處列「圡」，四庫本列「土」。明本群母處列「□」，四庫本空格。明本心、日、半三處列「■」，四庫本空格。

校注：

1（平一精）走一之　兹　《廣韻》子之切，《集韻》津之切，精之三平開止；《韻鏡》内轉第八開、《七音略》内轉第八重中重内重，均於四等位列「兹」；《切韻指掌圖》十八圖，列於一等位；《四聲等子》止攝内二重少輕多韻開口呼、《切韻指南》止攝内二開口呼通門，列字均爲「貲」，精母支韻。「兹」爲之韻精母三等字且爲《廣韻》小韻首字，按韻圖規制，當列於四等位。《切韻指掌圖》精組開口止攝三等字已上升爲一等字，《起數訣》同《指掌圖》，列字表現語音變化。

2 (平一從)曹一之　慈　《廣韻》疾之切，《集韻》牆之切，從之三平開止；《韻鏡》內轉第八開、《七音略》內轉第八重中重內重、《切韻指南》止攝內二開口呼通門，均於四等位列『慈』；《切韻指掌圖》十八圖，列於一等位；《四聲等子》止攝內二重少輕多韻開口呼，列字爲『疵』，從母支韻。『慈』爲之韻從母三等字且爲《廣韻》小韻首字，按韻圖規制，當列於四等位。《切韻指掌圖》精組開口止攝三等字已上升爲一等字，《起數訣》同《指掌圖》，列字表現語音變化。

3 (平一心)■一之　思　《廣韻》息茲切，《集韻》新茲切，心之三平開止；《韻鏡》內轉第八開、《七音略》內轉第八重中重內重、《切韻指南》止攝內二開口呼通門，均於四等位列『思』；《切韻指掌圖》十八圖，列於一等位；《四聲等子》止攝內二重少輕多韻開口呼，列字爲『斯』，心母支韻。『思』爲之韻心母三等字且爲《廣韻》小韻首字，按韻圖規制，當列於四等位。《切韻指掌圖》精組開口止攝三等字已上升爲一等字，《起數訣》同《指掌圖》，列字表現語音變化。

4 (平一邪)寺一之　詞　《廣韻》似茲切，《集韻》詳茲切，邪之三平開止；《韻鏡》內轉第八開、《七音略》內轉第八重中重內重、《四聲等子》止攝內二重少輕多韻開口呼、《切韻指南》止攝內二開口呼通門，均於四等位列『詞』；《切韻指掌圖》十八圖，列於一等位；『詞』爲之韻邪母三等字且爲《廣韻》小韻首字，按韻圖規制，當列於四等位。《切韻指掌圖》精組開口止攝三等字已上升爲一等字，《起數訣》同《指掌圖》，列字表現語音變化。

5（平三來）老三之 ◯ 《廣韻》《集韻》之韻來母位有『釐』，《廣韻》里之切，《集韻》陵之切，來之三平開止；《韻鏡》内轉第八開、《七音略》内轉第八重中重内重、《切韻指掌圖》十八圖，列字均爲『釐』；《四聲等子》止攝内二重少輕多韻開口呼、《切韻指南》止攝内二開口呼通門，列字均爲『離』，來母支韻。『釐』爲《廣韻》之三來母位小韻首字，《起數訣》空位誤，當校補『釐』字。

6（平三日）■三之 ◯ 《廣韻》《集韻》之韻來母位有『而』，《廣韻》如之切，《集韻》人之切，日之三平開止；《韻鏡》内轉第八開、《七音略》内轉第八重中重内重、《切韻指南》止攝内二開口呼通門，列字均爲『而』；《切韻指掌圖》十八圖、《四聲等子》止攝内二重少輕多韻開口呼，列字爲『兒』，日母支韻。『而』爲《廣韻》之三日母位小韻首字，《起數訣》空位誤，當校補『而』字。

7（平四溪）坤三之 ◯ 《廣韻》《集韻》之韻溪母位有『抾』，《廣韻》去其切，《集韻》丘其切，溪之三平開止。《韻鏡》内轉第八開，列字爲『抾』；《七音略》《四聲等子》《切韻指南》空位；《切韻指掌圖》十八圖，列字爲『溪』，溪母齊韻。『抾』爲《廣韻》之三溪母位小韻首字，《起數訣》空位誤，當校補『抾』字。

8（平四以）文四之　飴　《廣韻》與之切，《集韻》盈之切，以之三平開止；《韻鏡》内轉第八開，列字均爲『飴』，《七音略》内轉第八重中重内重，『飴』字誤入三等；《切韻指掌圖》十八圖，列字爲『頤』，以母之韻；《四聲等子》止攝内二重少輕多韻開口呼、《切韻指南》止攝内二開口呼通門，列字均爲『移』，以母支韻。『飴』爲《廣韻》之韻以母位小韻首字，下收有『頤』字，列字以『飴』爲佳，《七音略》誤，《起數訣》是。

9（上一精）走一止　子　《廣韻》即里切，《集韻》祖似切，精止三上開止；《韻鏡》内轉第八開、《七音略》内轉第八重中重内重，四等位列字均爲『子』；《切韻指掌圖》十八圖，一等位列字爲『紫』；《四聲等子》止攝内二重少輕多韻開口呼，四等位列字爲『紫』，精母紙韻；《切韻指南》止攝内二開口呼通門，四等位列字爲『姊』，精母旨韻。『子』爲止韻精母三等字且爲《廣韻》小韻首字，按韻圖規制，當列於四等位。《切韻指掌圖》精組開口止攝三等字已上升爲一等字，《起數訣》同《指掌圖》，列字表現語音變化。

10（上一心）■一止　枲　《廣韻》胥里切，《集韻》想止切，心止三上開止；《韻鏡》内轉第八開、《七音略》内轉第八重中重内重、《切韻指南》止攝内二開口呼通門，四等位列字均爲『枲』；《切韻指掌圖》十八圖，一等位列字爲『死』；《四聲等子》止攝内二重少輕多韻開口呼，四等位列字爲『徙』，心母紙韻。『枲』爲止韻心母三等字且爲《廣韻》小韻首字，按韻圖規制，當列於四等位。《切韻指掌圖》精組開口止攝三等字已上升爲一等字，《起數訣》同《指掌圖》，列字表現語音變化。

11（上一邪）寺一止　似　《廣韻》詳里切，《集韻》象齒切，邪止三上開止；《韻鏡》內轉第八開、《七音略》內轉第八重中重內重、《切韻指南》止攝內二開口呼通門，四等位列字均爲『似』；《切韻指掌圖》十八圖，一等位列字爲『兕』；《四聲等子》止攝內二重少輕多韻開口呼，四等位列字爲『兕』，邪母旨韻。『似』爲止韻邪母三等字且爲《廣韻》小韻首字，按韻圖規制，當列於四等位。《切韻指掌圖》精組開口止攝三等字已上升爲一等字，《起數訣》同《指掌圖》，列字表現語音變化。

12（上三滂）普三止　潎　《廣韻》止韻未收；《集韻》鋪市切，滂止三上開止；《韻鏡》《七音略》《切韻指掌圖》空位；《四聲等子》止攝內二重少輕多韻開口呼、《切韻指南》止攝內二開口呼通門，列字均爲『㱟』，《康熙字典》記：『《玉篇》孚彼切，《廣韻》匹靡切，《集韻》《韻會》普靡切，並披上聲。』則爲滂母紙韻。《起數訣》列『潎』字，從《集韻》，亦無誤。

13（上三曉）黑三止　喜　《廣韻》虛里切，《集韻》許巳切，曉止三上開止；《韻鏡》內轉第八開、《四聲等子》止攝內二重少輕多韻開口呼、《切韻指南》止攝內二開口呼通門，列字均爲『喜』；《七音略》內轉第八重中重內重，列字爲『憙』；《切韻指掌圖》十八圖，列字爲『豨』，曉母旨韻。『喜』爲《廣韻》止韻曉母位小韻首字，下收有『憙』字。按《起數訣》一般分圖原則，本圖列一四等，故此字不當列於本圖。且在十六圖重出『憙』字，故本圖當刪。

14（上三影）安三止　譩　《廣韻》於擬切，《集韻》隱已切，影止三上開止；《韻鏡》内轉第八開、《七音略》内轉第八重中重内重，列字均爲『譩』；《切韻指掌圖》十八圖、《四聲等子》止攝内二重少輕多韻開口呼、《切韻指南》止攝内二開口呼通門，列字均爲『倚』，影母紙韻。『譩』爲《廣韻》止三影開口位小韻首字，按《起數訣》一般分圖原則，本圖列一四等，故此字不當列於本圖。且在十六圖重出『譩』字，故本圖當刪。

15（上三來）老三止　里　《廣韻》良士切，《集韻》兩耳切，來止三上開止；《韻鏡》内轉第八開、《七音略》内轉第八重中重内重，《切韻指掌圖》十八圖，列字均爲『里』；《四聲等子》止攝内二重少輕多韻開口呼、《切韻指南》止攝内二開口呼通門，列字均爲『邐』，來母紙韻。『里』爲《廣韻》止三來開口位小韻首字，按《起數訣》一般分圖原則，本圖列一四等，故此字不當列於本圖。且在十六圖重出『里』字，故本圖當刪。

16（上四透）土四止　體　《廣韻》他禮切，透薺四上開止；《集韻》天以切，透止三上開止；《韻鏡》《七音略》《四聲等子》《切韻指南》空位；《切韻指掌圖》十八圖，列字爲『體』，透母薺韻。舌頭音只有一四等，『體』字《集韻》音當爲類隔，不應視爲透母字。《起數訣》此處列『體』字，似依《集韻》，但音切本誤，且在第二十五圖重出，當刪。

17（上四定）同四止　弟　《廣韻》徒禮節，定薺四上開止。《集韻》蕩以切，定止三上開止；《韻鏡》《七音略》空位；《切韻指掌圖》十八圖、《四聲等子》止攝内二重少輕多韻開口呼、《切韻指南》止攝内二開口呼通門，列字均爲『弟』，定母薺韻。舌頭音只有一四等，『弟』字《集韻》音當爲類隔，不應視爲定母字。《起數訣》此處列『弟』字，似依《集韻》，但音切本誤，且在第二十五圖重出，當删。

18 （上四泥）乃四止　你　《廣韻》《集韻》乃里切，娘止三上開止；《韻鏡》内轉第八開，於三等位列『你』，爲『你』之異體；《七音略》内轉第八重中重，於三等位列『你』；《切韻指掌圖》十八圖，列字爲『禰』，泥母薺韻；《四聲等子》《切韻指南》四等位空位，三等位列字爲『狔』，娘母紙韻。『你』爲《廣韻》止韻娘母位小韻首字，當列於三等，《起數訣》誤，且在第二十五圖有『禰』字列於泥母位，當校删。

19 （上四溪）坤四止　啓　《廣韻》康禮切，溪薺四上開止；《集韻》詰以切，溪止三上開止；《韻鏡》《七音略》空位；《切韻指掌圖》十八圖、《四聲等子》止攝内二重少輕多韻開口呼、《切韻指南》止攝内二開口呼通門，列字均爲『企』，溪母紙韻。《起數訣》此處列『啓』字，依《集韻》，但『啓』字在二十五圖重出，故當删。

20 （上四從）曹四止　薺　《廣韻》徂禮切，《集韻》茨以切，從薺四上開止；《韻鏡》《七音略》空位；《切韻指掌圖》十八圖，列字爲『薺』；《四聲等子》止攝内二重少輕多韻開口呼、《切韻指南》止攝内二開口呼通門，列字均爲『鮆』，從母薺韻。『薺』爲《廣韻》薺韻字，爲四等字，本圖標目爲止，不當列於此位，《起數訣》誤，當校删。

21 (上四影)安四止　以　《廣韻》羊己切,《集韻》養里切,以止三上開止;《韻鏡》内轉第八開,影母四等空位,在喻三位列『以』誤;《七音略》空位;《切韻指掌圖》十八圖,列字爲『吟』,影母薺韻;《四聲等子》《切韻指南》空位;『以』爲《廣韻》止韻以母位小韻首字,《廣韻》止韻無影母字,《起數訣》誤,當删。

22 (上四以)文四止　○　《廣韻》《集韻》止韻以母位有『以』,《廣韻》羊己切,《集韻》養里切,以止開三上止。《韻鏡》内轉第八開,在喻三位列『以』誤;《七音略》空位;《切韻指掌圖》十八圖,列字爲『迤』,以母紙韻;《四聲等子》止攝内二重少輕多韻開口呼,列字爲『酏』,以母紙韻;《切韻指南》止攝内二開口呼通門,列字爲『以』;『以』爲《廣韻》止韻以母位小韻首字,《韻鏡》列於喻三位錯,當校改爲喻四位;《七音略》《起數訣》空位誤,當校補『以』字。

23 (上四來)老四止　禮　明本列字爲『禮』,四庫本列字爲『禮』。禮,《廣韻》盧啓切,來薺四上開蟹;《集韻》鄰以切,來止三上開止;《韻鏡》《七音略》空位;《切韻指掌圖》十八圖,列字爲『邐』,此字爲來母紙韻三等字,當列於三等;《四聲等子》《切韻指南》空位。《廣韻》『禮』爲小韻首字,下收『禮』字,注爲『古文』。『禮』爲『禮』之古文。《起數訣》明本列古字,無誤,四庫本列正體爲佳。

24 (去一精)走一志　秄　《廣韻》即里切,精止三上開止;《集韻》將吏切,精志三去開止;《韻鏡》内轉第八開、《切韻指南》止攝内二開口呼通門,於四等位列字爲『恣』,精母至韻,誤；《七音略》内轉第八重中重内重，於四等位列字爲『子』，《廣韻》精母止韻，《集韻》有精母志韻音；《切韻指掌圖》十八圖，於一等位列字爲『恣』；《四聲等子》止攝内二重少輕多韻開口呼，於四等位列字爲『積』，精母寘韻。《廣韻》志韻無精母字，《起數訣》當依《集韻》，亦不誤。按韻圖規制，當列於四等位。《切韻指掌圖》精組開口止攝三等字已上升爲一等字，《起數訣》同《指掌圖》，列字表現語音變化。

25 （去一清）草一志　𢧵　《廣韻》七吏切，清志三去開止；《集韻》未收；《韻鏡》内轉第八開、《七音略》内轉第八重中重内重，於四等位列字爲『𢧵』；《切韻指掌圖》十八圖，於一等位列字爲『𢧵』；《四聲等子》止攝内二重少輕多韻開口呼，於四等位列字爲『刺』，清母寘韻；《切韻指南》止攝内二開口呼通門，於四等位列字爲『次』，清母至韻。『𢧵』爲志韻清母三等字且爲《廣韻》小韻首字，按韻圖規制，當列於四等位。《切韻指掌圖》精組開口止攝三等字已上升爲一等字，《起數訣》同《指掌圖》，列字表現語音變化。

26 （去一從）曹一志　字　《廣韻》《集韻》疾置切，從志三去開止；《韻鏡》内轉第八開、《七音略》内轉第八重中重内重，於四等位列字爲『字』；《切韻指掌圖》十八圖，於一等位列字爲『自』，從母至韻；《四聲等子》止攝内二重少輕多韻開口呼，於四等位列字爲『漬』，從母寘韻；《切韻指南》止攝内二開口呼通門，於四等位列字爲『自』。『字』爲志韻從母三等字且爲《廣韻》小韻首字，按韻圖規制，當列於四等位。《切韻指掌圖》精組開口止攝三等字已上升爲一等字，《起數訣》同《指掌圖》，列字表現語音變化。

27 (去一心)■一志　笥　《廣韻》《集韻》相吏切，心志三去開止；《韻鏡》内轉第八開、《七音略》内轉第八重中重内重，於四等位列字爲『笥』；《切韻指掌圖》十八圖，於一等位列字爲『笥』；《四聲等子》止攝内二重少輕多韻開口呼，於四等位列字爲『賜』，心母寘韻；《切韻指南》止攝内二開口呼通門，於四等位列字爲『四』，心母至韻。『笥』爲志韻心母三等字且爲《廣韻》小韻首字，按韻圖規制，當列於四等位。《切韻指掌圖》精組開口止攝三等字已上升爲一等字，《起數訣》同《指掌圖》，列字表現語音變化。

28 (去一邪)寺一志　寺　《廣韻》《集韻》祥吏切，邪志三去開止；《韻鏡》内轉第八開、《七音略》内轉第八重中重内重、《四聲等子》止攝内二重少輕多韻開口呼、《切韻指南》止攝内二開口呼通門，於四等位列字爲『寺』；《切韻指掌圖》十八圖，於一等位列字爲『寺』。『寺』爲志韻邪母三等字且爲《廣韻》小韻首字，按韻圖規制，當列於四等位。《切韻指掌圖》精組開口止攝三等字已上升爲一等字，《起數訣》同《指掌圖》，列字表現語音變化。

29 (去四曉)黑四志　怬　《廣韻》未收；《集韻》許異切，曉志三去開止；《韻鏡》《七音略》《切韻指南》空位；《切韻指掌圖》十八圖，列字爲『歖』，曉母霽韻；《四聲等子》止攝内二重少輕多韻開口呼，列字爲『呬』，曉母至韻。《廣韻》志韻無曉母字，《起數訣》列『怬』當從《集韻》，亦無誤。

30（去三來）老三志 吏《廣韻》力置切，《集韻》良志切，來志三去開止；《韻鏡》内轉第八開、《七音略》内轉第八重中重内重、《切韻指掌圖》十八圖、《切韻指南》止攝内二開口呼通門，列字均爲「吏」；《四聲等子》止攝内二重少輕多韻開口呼，列字爲「詈」，來母寘韻。「吏」爲《廣韻》志三來開口位小韻首字，按《起數訣》一般分圖原則，本圖列一十四等，故此字不當列於本圖，當删。

31（去四影）安四志 撎《廣韻》乙冀切，影至三去開止；《集韻》伊志切，影志三去開止；《韻鏡》《七音略》空位；《切韻指掌圖》十八圖、《四聲等子》止攝内二重少輕多韻開口呼，列字爲「縊」，影母霽韻；《切韻指南》止攝内二開口呼通門，列字爲「撎」。《廣韻》志韻無影母字，《起數訣》列「撎」當從《集韻》，亦無誤。

32（入三滂）普三職 堛《廣韻》芳逼切，《集韻》拍逼切，滂職三入開曾；《韻鏡》内轉第四十二開，列字爲「愊」；《七音略》内轉四十二重中重、《四聲等子》曾攝内八重多輕少韻啓口呼梗攝外八、《切韻指南》曾攝内六合口呼通門，列字均爲「堛」；《切韻指掌圖》十六圖，列字爲「愊」，顯係「堛」字誤。「堛」爲《廣韻》職韻滂母位小韻首字，下收有「愊」字，列字以「堛」爲佳，《起數訣》是。

33（入四端）東四職 ○《廣韻》職韻端母位有「魡」，丁力切，端職三入開曾。職韻爲三等韻，例無端母字，此字當屬以端切知，類隔切。當并入知母「陟，竹力切」。《韻鏡》内轉第四十二開，列字爲『䶊』；《七音略》内轉四十二重中重，列字爲『歖』，當係『䶊』字誤。《切韻指掌圖》十六圖，列字爲『的』，端母錫韻；《四聲等子》空位；《切韻指南》止攝内二開口呼通門，列字均爲『窒』，端母屑韻。『䶊』雖爲《廣韻》職韻端母位小韻首字，但論音切不當列於此位，故《起數訣》空位是。

34（入四泥）乃四職　匿　《廣韻》女力切，《集韻》昵力切，娘職三入開曾；《韻鏡》内轉第四十二開、《七音略》内轉四十二重中重、《四聲等子》曾攝内八重多輕少韻啓口呼梗攝外八、《切韻指南》曾攝内六開口呼通門，均於娘母三等位列『匿』；《切韻指掌圖》十六圖，列字爲『溺』，泥母錫韻。『匿』爲《廣韻》職韻娘母位小韻首字，當列於三等，且《起數訣》第十六圖娘母三等位重出『暱』字，第十六圖是，本圖誤，當删。

35（入四精）走四職　◯　《廣韻》《集韻》職韻精母位有『即』，《廣韻》子力切，《集韻》節力切，精職三平開止。《韻鏡》内轉第四十二開、《七音略》内轉四十二重中重、《切韻指掌圖》十六圖、《切韻指南》曾攝内六開口呼通門，列字均爲『即』；《四聲等子》曾攝内八重多輕少韻啓口呼梗攝外八，列字爲『績』，精母錫韻。『即』爲《廣韻》職韻精母位小韻首字，且《起數訣》第十六圖未列，此處空位誤，當校補『即』字。

36（入四從）曹四職　◯　《廣韻》職韻從母位有『堲』，《廣韻》子力切，《集韻》節力切，精職三平開止。《韻鏡》内轉第四十二開、《七音略》内轉四十二重中重、《切韻指南》曾攝内六開口呼通門，列字均爲『聖』；《切韻指掌圖》十六圖、《四聲等子》曾攝内八重多輕少韻啓口呼梗攝外八，列字爲『寂』，從母錫韻。『聖』爲《廣韻》從母位小韻首字，且《起數訣》第十六圖末列，此處空位誤，當校補『聖』字。

37 （入四以）文四職 戈 明本列字爲『戈』，四庫本爲『弋』。戈，見母戈韻，顯係『弋』字誤。『弋』，《廣韻》與職切，《集韻》逸織切，以職三入開曾；《韻鏡》内轉第四十二開、《七音略》内轉四十二重中重、《切韻指掌圖》十六圖、《切韻指南》曾攝内六開口呼通門，列字均爲『弋』；《四聲等子》曾攝内八重多輕少韻啓口呼梗攝外八，列字爲『繹』，以母昔韻。『弋』爲《廣韻》職三以母位小韻首字，《起數訣》明本誤，當校改爲『弋』，四庫本是。

釋：

1 （平三曉）黑三之 僖 《廣韻》許其切，《集韻》虛其切，曉之三平開止；《韻鏡》内轉第八開、《七音略》内轉第八重中重内重、《切韻指掌圖》十八圖，列字均爲『僖』；《四聲等子》止攝内二重少輕多韻開口呼，列字爲『羲』，曉母支韻；《切韻指南》止攝内二開口呼通門，列字爲『犧』，曉母支韻。

2 （平三影）安三之 醫 《廣韻》《集韻》於其切，影之三平開止；《韻鏡》内轉第八開、《七音略》内轉第八重中重内重、《切韻指掌圖》十八圖、《切韻指南》止攝内二開口呼通門，列字均爲『醫』；《四聲等子》止攝内二重少輕多韻開口呼，列字爲『漪』，影母支韻。

3（去四以）文四志　異　《廣韻》《集韻》羊吏切，以志三去開止；《韻鏡》内轉第八開、《七音略》内轉第八重中重内重、《切韻指掌圖》十八圖、《切韻指南》止攝内二開口呼通門，列字均爲『異』；《四聲等子》止攝内二重少輕多韻開口呼，列字爲『易』，以母寘韻。

4（入三幫）夫三職　逼　《廣韻》彼側切，《集韻》筆力切，幫職三入開曾；《韻鏡》内轉第四十二開、《七音略》内轉四十二重中重、《切韻指掌圖》十六圖、《四聲等子》曾攝内八重多輕少韻啓口呼梗攝外八、《切韻指南》曾攝内六合口呼通門，列字均爲『逼』。

5（入三並）旁三職　愎　《廣韻》符逼切，《集韻》弼力切，並職三入開曾；《韻鏡》内轉第四十二開、《七音略》内轉四十二重中重、《切韻指掌圖》十六圖、《四聲等子》曾攝内八重多輕少韻啓口呼梗攝外八、《切韻指南》曾攝内六合口呼通門，列字均爲『愎』。

6（入三明）母三職　寶　《廣韻》亡逼切，明職三入開曾；《集韻》未收；《韻鏡》内轉第四十二開、《七音略》内轉四十二重中重、《切韻指掌圖》十六圖、《四聲等子》曾攝内八重多輕少韻啓口呼梗攝外八、《切韻指南》曾攝内六合口呼通門，列字均爲『寶』。

7（入三曉）黑三職　赩　《廣韻》許極切，《集韻》迄力切，曉職三入開曾；《韻鏡》内轉第四十二開、《七音略》内轉四十二重中重、《四聲等子》曾攝内八重多輕少韻啓口呼梗攝外八、《切韻指南》曾攝内六開口呼通門，列字均爲『赩』；《切韻指掌圖》十六圖，曉職昔陌三入。

8（入三影）安三職　憶　《廣韻》於力切，《集韻》乙力切，影職三入開曾；《韻鏡》内轉第四十二開、《七音略》内轉四十二重中重、《切韻指掌圖》十六圖、《四聲等子》曾攝内八重多輕少韻啓口呼梗攝外八、《切韻指南》曾攝内六開口呼通門，列字均爲『憶』。

9（入三來）老三職　力　《廣韻》林直切，《集韻》六直切，來職三入開曾；《韻鏡》内轉第四十二開、《七音略》内轉四十二重中重、《切韻指掌圖》十六圖、《四聲等子》曾攝内八重多輕少韻啓口呼梗攝外八、《切韻指南》曾攝内六開口呼通門，列字均爲『力』。

10（入四心）■四職　息　《廣韻》相即切，《集韻》悉即切，心職三入開曾；《韻鏡》内轉第四十二開、《七音略》内轉四十二重中重、《切韻指南》曾攝内六開口呼通門，列字均爲『息』；《四聲等子》曾攝内八重多輕少韻啓口呼梗攝外八，列字爲『錫』，心母錫韻。

坤二	升四	師八					坤五		謙五	升三
安	文	老	■	■	開		卜	口	步	目
					音	之（妄戊）				
					濁	之				
醫						之				
	飴					之（妄五）				
						止				
						止				
譩		里				止				
以		礼				止（隨五）				
						志				
						志				
		吏				志（噫五）				
檍	異					志				
						職				
憶		力				職				
	戈					職（震五）				

升二　譓一　譓三　譓一　譓七　譓六

口	■	■	吾	口	口	口	内	宂	■	■
				黄上	父上	黄上				
檕	緇	菑								
	蚩	之	疑	其	欺	姬		治	癡	
					掑					
士	剢	滓								
	齒	止	擬	蒠	起	己		峙	恥	徵
	廁	胾								
	熾	志	[illegible]	忌	亟	記		值	眙	置
崱										
	瀷	職	嶷	極	𩋾	殛	匿	直	勅	陟

				外七	讁一	讁八	讁二	讁四		坤九
	收	■	■	鹿	口	自	黄	父	■	思
	音				黄上					
	濁									眣
徵嗇		特	而	釐					時	詩
					飴					
										史
尾齒四			耳	里	譩	矣			市	始
		事								駛
未嗇四			餌			意		憙	侍	試
									食	識

第十六圖　開音濁

本圖舒聲列《廣韻》之止志韻開口字，取韻圖列於二三等位非脣音字。係拆分《韻鏡》内轉第八開二三等列位字。入聲列《廣韻》職韻字開口非脣音字，係拆分《韻鏡》内轉第四十二開二三等非脣音字。明本聲母滂、見、溪、群、牀、喻母處列『□』，四庫本空格。見母下有『黄上』二字，溪母下有『父上』二字，群母下有『黄上』二字，喻母下有『黄上』二字。明本聲母知、徹、照、穿、禪、日、半三處列『■』，四庫本空格。明本、四庫本一等韻目『之』下均有『妄戊』二字，當係卦名，四庫本未删。

校注：

1 （平二莊）■二之　菑《廣韻》側持切，《集韻》莊持切，莊之三平開止；《韻鏡》内轉第八開、《切韻指掌圖》十八圖、《四聲等子》止攝内二重少輕多韻開口呼，《切韻指南》止攝内二開口呼通門，列字均爲『菑』；《七音略》内轉第八重中重内重，列字爲『甾』。『菑』爲《廣韻》之韻莊母位小韻首字，下收有『甾』字，列字以『菑』爲佳，《起數訣》是。

2（平二初）■二之　輜　《廣韻》楚持切，《集韻》叉緇切，初之三平開止；《韻鏡》空位；《七音略》内轉第八重中重内重、《四聲等子》止攝内二重少輕多韻開口呼，列字爲『輜』；《切韻指掌圖》十八圖、《切韻指南》止攝内二開口呼通門，列字爲『差』，初母支韻。『輜』爲《廣韻》之韻初母位小韻首字，《韻鏡》空位誤，《起數訣》是。

3（平二崇）□二之　⿱𠩺来，此字當爲『斄』之俗　《廣韻》里之切，《集韻》陵之切，來之三平開止，不當列於此位，此位當爲『漦』形訛；漦，《廣韻》《集韻》俟甾切，俟之三平開止；《韻鏡》内轉第八開、《切韻指掌圖》十八圖，列字爲『茬』，崇母之韻；《七音略》内轉第八重中重内重、《四聲等子》止攝内二重少輕多韻開口呼、《切韻指南》止攝内二開口呼通門，列字均爲『茌』，《廣韻》未收，《集韻》崇母之韻。『茬』爲《廣韻》崇母位小韻首字，按韻圖規制，此處當列崇母『茬』字。《起數訣》誤，當刪。

4（平二生）思二之　⿰目矣　明本列字爲『⿰目矣』，四庫本列字爲『⿰耳矣』。四庫本列字當爲『⿰目矣』誤。眴『⿰目矣』，《康熙字典》記：『同眹。《類篇》同眹，誤。又《廣韻》式其切，《集韻》升基切，音詩。眴也。』此則《廣韻》式其切，《集韻》升基切，書之三平開止；《韻鏡》《七音略》空位；《切韻指掌圖》十八圖、《四聲等子》止攝内二重少輕多韻開口呼，列字爲『師』，生母脂韻；《切韻指南》止攝内二開口呼通門，列字爲『釃』，生母支韻。『詩』爲《廣韻》之韻書母位小韻首字，下收有『⿰目矣』字，此字當列於三等位，《起數訣》三等位已列『詩』字，此處列『⿰耳矣』誤，當刪。

5（平二俟）■二之 ◯《廣韻》《集韻》俟母位均有『漦』，《廣韻》《集韻》俟甾切；《韻鏡》空位；《七音略》內轉第八重中重內重、《切韻指掌圖》十八圖、《四聲等子》止攝內二重少輕多韻開口呼，列字均爲『漦』；《切韻指南》空位。『漦』爲《廣韻》之韻俟母位小韻首字，此處當列。《起數訣》《韻鏡》空位誤，當校補『漦』。

6（平三見）□三之 姬《廣韻》與之切，《集韻》居之切，以之三平開止；《韻鏡》內轉第八開、《七音略》內轉第八重中重內重，列字均爲『姬』；《切韻指掌圖》十八圖，列字爲『基』；《四聲等子》止攝內二重少輕多韻開口呼，列字爲『畸』，見母支韻；《切韻指南》止攝內二開口呼通門，列字爲『饑』，見母微韻。『姬』爲《廣韻》之韻見母位小韻首字，下收有『基』字，列字以『姬』爲佳，《起數訣》是。

7（平三來）鹿三之 釐 明本列字爲『釐』，四庫本空格。《廣韻》《集韻》之韻來母位有『釐』，《廣韻》里之切，《集韻》陵之切，來之三平開止。《韻鏡》內轉第八開、《七音略》內轉第八重中重內重、《切韻指掌圖》十八圖，列字均爲『釐』；《四聲等子》止攝內二重少輕多韻開口呼、《切韻指南》止攝內二開口呼通門，列字爲『離』，來母支韻。『釐』爲《廣韻》之韻來母位小韻首字，《起數訣》四庫本空位誤，當校補『釐』字，明本是。

8（平三日）■三之 而 明本列字爲『而』，四庫本空格。《廣韻》《集韻》之韻日母位有『而』，《廣韻》如之切，《集韻》人之切。《韻鏡》內轉第八開、《七音略》內轉第八重中重內重、《切韻指南》止攝内二開口呼通門，列字均爲『而』；《切韻指掌圖》十八圖、《四聲等子》止攝内二重少輕多韻開口呼，列字爲『兒』，日母支韻。『而』爲《廣韻》之韻日母位小韻首字，《起數訣》四庫本空位誤，當校補『而』字，明本是。

9 （平三半三）■三之　特　明本列字爲『特』，四庫本空格。『特』，《廣韻》徒得切，《集韻》敵德切，定德一入開曾，不當列於此位。考《起數訣》半三均爲齒音字，疑此字當爲『詩』字訛。『詩』，書母之韻。《起數訣》明本列字誤。

10 （平四溪）□四之　抾　明本列字爲『抾』，四庫本空格。『抾』，《廣韻》丘之切，《集韻》丘其切，溪之三平開止。《韻鏡》内轉第八開，列字爲『抾』；《七音略》《四聲等子》《切韻指南》空位；《切韻指掌圖》十八圖，列字爲『溪』，溪母齊韻。『抾』爲《廣韻》之三溪母位小韻首字，按《起數訣》一般列圖原則，本圖收韻圖一三等列字，故不當列於本圖，當删。

11 （平四以）□四之　飴　明本列字爲『飴』，四庫本空格。『飴』，《廣韻》與之切，《集韻》盈之切，以之三平開止；《韻鏡》内轉第八開，列字均爲『飴』，《七音略》内轉第八重中重内重，『飴』字誤入三等，誤；《切韻指掌圖》十八圖，列字爲『頤』，以母之韻；《四聲等子》止攝内二重少輕多韻開口呼、《切韻指南》止攝内二開口呼通門，列字均爲『移』，以母支韻。『飴』爲《廣韻》之韻以母位小韻首字，按《起數訣》一般列字原則，不當列於本圖，且在十五圖重出，《起數訣》四庫本空位是，明本當删。

12（上二初）■二止　刹　《廣韻》初紀切，《集韻》測紀切，初止三上開止；《韻鏡》內轉第八開、《七音略》內轉第八重中重內重、《切韻指掌圖》十八圖，列字爲『剎』；《四聲等子》止攝內二重少輕多韻開口呼、《切韻指南》止攝內二開口呼通門，列字均爲『刹』。『刹』爲《廣韻》止韻初母位小韻首字，『剎』『刹』爲異體字。《起數訣》列『刹』爲正體，是。

13（上二俟）■二止　○　《廣韻》止韻俟母位有『俟，漦史切』；《集韻》牀史切，崇母止韻；《韻鏡》內轉第八開、《七音略》內轉第八重中重內重、《切韻指掌圖》十八圖、《四聲等子》止攝內二重少輕多韻開口呼，列字均爲『俟』；《切韻指南》空位。『俟』爲《廣韻》止三俟母位小韻首字，《起數訣》誤，當校補『俟』字。

14（上三徹）■三止　恥　《廣韻》敕里切，《集韻》丑里切，徹止三上開止；《韻鏡》內轉第八開，列字爲『恥』；《七音略》內轉第八重中重內重，列字爲『耻』；《切韻指掌圖》十八圖、《四聲等子》止攝內二重少輕多韻開口呼、《切韻指南》止攝內二開口呼通門，列字均爲『褫』，澄母紙韻。『恥』爲《廣韻》止韻徹母位小韻首字，『恥』『耻』二字爲異體字，《起數訣》列字爲正體。

15（上三娘）內三止　○　《廣韻》《集韻》止韻娘母有『伱，乃里切』。《韻鏡》內轉第八開，列字爲『伱』；《七音略》內轉第八重中重內重，列字爲『伱』；《切韻指掌圖》十八圖、《四聲等子》止攝內二重少輕多韻開口呼、《切韻指南》止攝內二開口呼通門，列字爲『狔』，娘母紙韻；『伱』爲《廣韻》止韻娘母位小韻首字，《起數訣》空位誤，當校補『伱』字。『伱』『妳』二字爲異體字。

16（上三見）□三止　已　《廣韻》羊己切，以止三上開止，不當列於此位；此字當係『己』形訛。己，《廣韻》居里切，《集韻》苟起切，見止三上開止。《韻鏡》内轉第八開、《七音略》内轉第八重中重内重、《切韻指掌圖》十八圖，列字均爲『紀』；《四聲等子》止攝内二重少輕多韻開口呼，列字爲『掎』，見母紙韻；《切韻指南》止攝内二開口呼通門，列字爲『几』，見母旨韻。『紀』爲《廣韻》止三見母位小韻首字，《起數訣》誤，當校爲『紀』。

17（上三群）□三止　諅　《廣韻》《集韻》未收；《康熙字典》記：『諅，《唐韻》奇寄切；《集韻》渠記切，音忌。』均不合此位。《韻鏡》《七音略》空位；《切韻指掌圖》十八圖、《四聲等子》止攝内二重少輕多韻開口呼、《切韻指南》止攝内二開口呼通門，列字爲『技』，群母紙韻。《廣韻》《集韻》均無止韻群母字，《起數訣》誤，當校删。

18（上三影）自三止　矣　《廣韻》于紀切，《集韻》羽已切，云止三上開止；《韻鏡》内轉第八開，影母位列字爲『譩』，喻三位列『以』，誤；《七音略》内轉第八重中重内重，列於喻母，影母位列『譩』；《切韻指掌圖》十八圖、《切韻指南》止攝内二開口呼通門，列於喻母，影母位列『倚』；《四聲等子》止攝内二重少輕多韻開口呼，影母位列字爲『倚』，喻母空位；『譩』，《廣韻》於擬切，《集韻》隱巳切，影母止韻；『譩』爲《廣韻》止三影母位小韻首字，《起數訣》誤，當校爲『譩』字。

19（上三云）□三止　譩《廣韻》于擬切，《集韻》隱已切，影止三上開止；不當列於此位。《韻鏡》内轉第八開，列於影母，喻三位列『以』，誤，當列於喻四；《七音略》内轉第八重中重内重，列於影母，喻母位列『矣』；《切韻指掌圖》十八圖，喻母位列『矣』；《四聲等子》喻母空位；《切韻指南》止攝内二開口呼通門，喻三位列字爲『矣』。『矣』，《廣韻》于紀切，《集韻》羽巳切，云母止韻。『矣』爲《廣韻》止三云母位小韻首字，《起數訣》誤，當校爲『矣』。

20（去二初）■二志　廁《廣韻》《集韻》初吏切，初志三去開止；《韻鏡》内轉第八開，列字爲『廁』；《七音略》内轉第八重中重内重、《切韻指掌圖》十八圖、《四聲等子》止攝内二重少輕多韻開口呼、《切韻指南》止攝内二開口呼通門，列字均爲『廁』。『廁』爲《廣韻》志韻初母小韻首字，『厠』『廁』二字爲異體字。《起數訣》列正體，是。

21（去二崇）□二志　◯　《廣韻》《集韻》志韻崇母位有『事』，《廣韻》鉏吏切，《集韻》仕吏切，牀母志韻；《韻鏡》内轉第八開、《七音略》内轉第八重中重内重、《切韻指掌圖》十八圖、《四聲等子》止攝内二重少輕多韻開口呼，列字均爲『事』；《切韻指南》空位。『事』爲《廣韻》志韻牀母位小韻首字，《起數訣》誤，當校補『事』字。

22（去二生）思二志　駛《廣韻》《集韻》苦夬切，溪夬二去開止；不當列於此位。《韻鏡》内轉第八開，列字爲『駛』；《七音略》内轉第八重中重内重，列字爲『駛』；《切韻指掌圖》十八圖、《切韻指南》止攝内二開口呼通門，列字爲『駛』；《四聲等子》止攝内二重少輕多韻開口呼，列字爲『使』。『駛』爲《廣韻》志韻審母位小韻首字，『駛』『駛』二字爲異體字。《七音略》及《起數訣》均爲『駛』字形訛，此處當校改爲『駛』。

23 （去二半三）■二志　事　《廣韻》鉏吏切，《集韻》仕吏切，崇志三去開止；《韻鏡》内轉第八開、《七音略》内轉第八重中重内重、《切韻指掌圖》十八圖、《四聲等子》止攝内二重少輕多韻開口呼，均列於崇母；《切韻指南》崇母空位；『事』爲《廣韻》志韻崇母位小韻首字，《起數訣》列於半三，崇母位空。

24 （去三徹）■三志　眙　明本列字爲『眙』，四庫本列字爲『眙』。四庫本顯係書寫俗。眙，《廣韻》《集韻》丑吏切，徹志三去開止；《韻鏡》内轉第八開、《七音略》内轉第八重中重内重、《切韻指掌圖》十八圖，列字均爲『眙』；《四聲等子》止攝内二重少輕多韻開口呼，列字爲『屎』，書母旨韻，當爲『杘』字誤；《切韻指南》止攝内二開口呼通門，列字爲『杘』，徹母寘韻。『眙』爲《廣韻》志三開徹母位小韻首字，《起數訣》明本是，四庫本訛，當校改爲『眙』。

25 （去三影）自三志　意　《廣韻》《集韻》於記切，影志三去開止；《韻鏡》内轉第八開、《切韻指掌圖》十八圖、《四聲等子》止攝内二重少輕多韻開口呼，列字爲『意』；《七音略》内轉第八重中重内重，列字爲『噫』；《切韻指南》止攝内二開口呼通門，列字爲『懿』，影母至韻。『意』爲《廣韻》志韻影位小韻首字，《廣韻》未收『噫』字，《集韻》收『噫』字。列字以『意』爲佳，《七音略》無誤，《起數訣》是。

26（去三來）鹿三志 ○《廣韻》《集韻》志韻來母位有『吏』，《廣韻》力置切，《集韻》良志切；《韻鏡》内轉第八開、《七音略》内轉第八重中重、《切韻指南》止攝内二開口呼通門，列字均爲『吏』；《切韻指掌圖》十八圖，列字爲『利』，來母至韻；《四聲等子》止攝内二重少輕多韻開口呼，列字爲『詈』，來母寘韻。『吏』爲《起數訣》志三來母位小韻首字，《起數訣》誤，當校補『吏』字。

27（入二莊）■二職 ○《廣韻》《集韻》職韻莊母均有『稄』，《廣韻》阻力切，《集韻》札色切，莊母職韻；《韻鏡》内轉第四十二開、《七音略》内轉第四十二重中重，列均字爲『稄』；《切韻指掌圖》十六圖、《四聲等子》止攝内二重少輕多韻開口呼，列字爲『側』，莊母職韻；《切韻指南》止攝内二開口呼通門，列字爲『櫛』，莊母櫛韻。『稄』爲《廣韻》職韻莊母位小韻首字，下收有『測』字，列字以『稄』爲佳，《起數訣》空位誤，當校補『稄』字。

28（入二初）■二職 ○《廣韻》《集韻》職韻初母均有『測』，《廣韻》初力切，《集韻》察色切，初母職韻；《韻鏡》内轉第四十二開、《七音略》内轉第四十二重中重、《切韻指掌圖》十六圖、《四聲等子》止攝内二重少輕多韻開口呼，列字均爲『測』；《切韻指南》止攝内二開口呼通門，列字爲『剎』，清母質韻。『測』爲《廣韻》職韻初母位小韻首字，《起數訣》空位誤，當校補『測』字。

29（入二生）思二職 ○《廣韻》《集韻》生母位均有『色』，《廣韻》所力切，《集韻》殺測切，生母職韻；《韻鏡》內轉第四十二開、《七音略》內轉第四十二重中重、《切韻指掌圖》十六圖、《四聲等子》止攝內二重少輕多韻開口呼，列字均爲『色』；《切韻指南》止攝內二開口呼通門，列字爲『瑟』，生母櫛韻；『色』爲《廣韻》職二審母位小韻首字，《起數訣》誤，當校補『色』字。

30 （入三徹）■三職　勑　《廣韻》洛代切，來代一去開曾；《集韻》蓄力切，徹職三入開曾；《韻鏡》內轉第四十二開、《七音略》內轉第四十二重中重、《切韻指掌圖》十六圖，列字爲『敕』；《四聲等子》止攝內二重少輕多韻開口呼，列字爲『彳』，徹母昔韻；《切韻指南》止攝內二開口呼通門，列字爲『抶』，徹母質韻。『敕』爲《廣韻》職韻徹母位小韻首字，《起數訣》列『勑』當爲『敕』字形訛，誤，當校改爲『敕』。

31 （入三溪）□三職　⿰韋亟　《廣韻》《集韻》未收；《康熙字典》記：『《集韻》乞力切，音緙。』『緙』，溪母麥韻，不當列於此位，此字當爲『䩯』字誤。《韻鏡》內轉第四十二開、《七音略》內轉第四十二重中重，列字均爲『䩯』；《切韻指掌圖》十六圖、《四聲等子》止攝內二重少輕多韻開口呼，列字爲『隙』，溪母陌韻；《切韻指南》空位。『䩯』爲《廣韻》職韻溪母位小韻首字，《起數訣》形訛，當校改爲『䩯』。

32 （入三船）□三職　○　《廣韻》《集韻》船母位均有『食』，《廣韻》乘力切，《集韻》實職切，船母職韻；《韻鏡》內轉第四十二開、《七音略》內轉第四十二重中重，均在船母位列『食』；《切韻指掌圖》十六圖，在禪母位列『食』，船母空位；《四聲等子》止攝內二重少輕多韻開口呼，列字爲『射』，船母昔韻；《切韻指南》止攝内二開口呼通門，列字爲『實』，船母質韻。『食』爲《廣韻》職韻船母位小韻首字，《起數訣》列於禪母位合於《切韻指掌圖》，但按韻圖規制，此處空位誤，當校補『食』字。

33（入三禪）■三職　食　《廣韻》乘力切，《集韻》實職切，船職三入開曾；不當列於此位。《韻鏡》内轉第四十二開、《七音略》内轉第四十二重中重，列於牀母，禪母位列『寔』；《切韻指掌圖》十六圖，列於禪母；《四聲等子》止攝内二重少輕多韻開口呼，列字爲『石』，禪母昔韻。『寔』爲《廣韻》職三禪母位小韻首字，《起數訣》誤，當校改爲『寔』字。

釋：

1（平三徹）■三之　癡　《廣韻》丑之切，《集韻》超之切，徹之三平開止；《韻鏡》内轉第八開、《七音略》内轉第八重中重内重、《切韻指掌圖》十八圖，列字均爲『癡』；《四聲等子》止攝内二重少輕多韻開口呼，列字爲『𥢑』，徹母支韻；《切韻指南》止攝内二開口呼通門，列字爲『絺』，徹母脂韻。

2（平三澄）兑三之　治　《廣韻》直之切，《集韻》澄之切，澄之三平開止；《韻鏡》内轉第八開、《七音略》内轉第八重中重内重，列字均爲『治』；《切韻指掌圖》十八圖，列字爲『持』；《四聲等子》止攝内二重少輕多韻開口呼、《切韻指南》止攝内二開口呼通門，列字爲『馳』，澄母支韻。『治』爲《廣韻》之韻澄母位小韻首字，下收有『持』字，列字以『治』爲佳，《起數訣》是。

3 (平三溪)□三之　欺　《廣韻》去其切，《集韻》丘其切，溪之三平開止；《韻鏡》内轉第八開、《七音略》内轉第八重中重内重、《切韻指掌圖》十八圖，列字均爲『欺』；溪之脂支三平；《四聲等子》止攝内二重少輕多韻開口呼、《切韻指南》止攝内二開口呼通門，列字爲『攲』，溪母支韻。

4 (平三群)□三之　其　《廣韻》《集韻》渠之切，群之三平開止；《韻鏡》内轉第八開、《七音略》内轉第八重中重内重、《切韻指掌圖》十八圖，列字均爲『其』；《四聲等子》止攝内二重少輕多韻開口呼、《切韻指南》止攝内二開口呼通門，列字爲『奇』，群母支韻。

5 (平三疑)吾三之　疑　《廣韻》語其切，《集韻》魚其切，疑之三平開止；《韻鏡》内轉第八開、《七音略》内轉第八重中重内重、《切韻指掌圖》十八圖，列字均爲『疑』；《四聲等子》止攝内二重少輕多韻開口呼，列字爲『宜』，疑母支韻；《切韻指南》止攝内二開口呼通門，列字爲『狋』，疑母脂韻。

6 (平三章)■三之　之　《廣韻》止而切，《集韻》真而切，章之三平開止；《韻鏡》内轉第八開、《七音略》内轉第八重中重内重、《切韻指掌圖》十八圖，列字均爲『之』；《四聲等子》止攝内二重少輕多韻開口呼、《切韻指南》止攝内二開口呼通門，列字爲『支』，章母支韻。

7（平三昌）■三之　蚩《廣韻》赤之切，《集韻》充之切，昌之三平開止；《韻鏡》內轉第八開、《七音略》內轉第八重中重內重，列字爲『蚩』；《切韻指掌圖》十八圖，列字爲『眵』；《四聲等子》止攝內二重少輕多韻開口呼，列字爲『⿰貝多』，當爲『眵』誤，昌母支韻；《切韻指南》止攝內二開口呼通門，列字爲『鴟』，昌母脂韻。

8（平三生）思三之　詩《廣韻》書之切，《集韻》申之切，書之三平開止；《韻鏡》內轉第八開、《七音略》內轉第八重中重內重、《切韻指掌圖》十八圖、《切韻指南》止攝內二開口呼通門，列字均爲『詩』；《四聲等子》止攝內二重少輕多韻開口呼，列字爲『施』，書母支韻。

9（平三禪）■三之　時《廣韻》《集韻》市之切，禪之三平開止；《韻鏡》內轉第八開、《七音略》內轉第八重中重內重、《切韻指掌圖》十八圖、《切韻指南》止攝內二開口呼通門，列字均爲『時』；《四聲等子》止攝內二重少輕多韻開口呼，列字爲『匙』，禪母支韻。

10（上二莊）■二止　滓《廣韻》阻史切，《集韻》壯仕切，莊止三上開止；《韻鏡》內轉第八開、《七音略》內轉第八重中重內重、《切韻指掌圖》十八圖、《四聲等子》止攝內二重少輕多韻開口呼，列字均爲『滓』；《切韻指南》止攝內二開口呼通門，列字爲『批』，莊母紙韻。

11（上二崇）□二止　士《廣韻》《集韻》鉏里切，崇止三上開止；《韻鏡》內轉第八開、《七音略》內轉第八重中重內重、《切韻指掌圖》十八圖、《四聲等子》止攝內二重少輕多韻開口呼、《切韻指南》止攝內二開口呼通門，列字均爲『士』。

12 (上二生)思二止 史 《廣韻》疎士切，生止三上開止；《韻鏡》內轉第八開、《七音略》內轉第八重中重內重、《四聲等子》止攝內二重少輕多韻開口呼、《切韻指南》止攝內二開口呼通門，列字均爲『史』；《切韻指掌圖》十八圖，列字爲『躧』，生母紙韻。

13 (上三知)■三止 徵 《廣韻》陟里切，《集韻》展里切，知止三上開止；《韻鏡》內轉第八開、《七音略》內轉第八重中重內重、《切韻指南》止攝內二開口呼通門，列字均爲『徵』；《切韻指掌圖》十八圖、《四聲等子》止攝內二重少輕多韻開口呼，列字爲『撴』，知母止韻。

14 (上三澄)兑三止 峙 《廣韻》直里切，《集韻》丈里切，澄止三上開止；《韻鏡》內轉第八開、《七音略》內轉第八重中重內重，列字均爲『峙』；《切韻指掌圖》十八圖，列字爲『豸』，當爲『豸』字形訛；《四聲等子》止攝內二重少輕多韻開口呼、《切韻指南》止攝內二開口呼通門，列字爲『豸』，澄母紙韻。

15 (上三溪)□三止 起 《廣韻》墟里切，《集韻》口已切，溪止三上開止；《韻鏡》內轉第八開、《七音略》內轉第八重中重內重，列字均爲『起』；《切韻指掌圖》十八圖、《四聲等子》止攝內二重少輕多韻開口呼、《切韻指南》止攝內二開口呼通門，列字均爲『綺』，溪母紙韻。

16 (上三疑)吾三止 擬 《廣韻》魚紀切，《集韻》偶起切，疑止三上開止；《韻鏡》內轉第八開、《七音略》內轉第八重中重內重、《切韻指南》止攝內二開口呼通門，列字均爲『擬』；《切韻指掌圖》十八圖、《四聲等子》止攝內二重少輕多韻開口呼，列字爲『蟻』，疑母紙韻。

17（上三章）■三止　止　《廣韻》諸市切，《集韻》渚市切，章止三上開止；《韻鏡》内轉第八開、《七音略》内轉第八重中重内重、《切韻指南》止攝内二開口呼通門，列字均爲『止』；《切韻指掌圖》十八圖、《四聲等子》止攝内二重少輕多韻開口呼，列字爲『紙』，章母紙韻。

18（上三昌）■三止　齒　《廣韻》昌里切，《集韻》醜止切，昌止三上開止；《韻鏡》内轉第八開、《七音略》内轉第八重中重内重、《切韻指掌圖》十八圖、《切韻指南》止攝内二開口呼通門，列字均爲『齒』；《四聲等子》止攝内二重少輕多韻開口呼，列字爲『侈』，昌母紙韻。

19（上三書）思三止　始　《廣韻》詩止切，《集韻》首止切，書止三上開止；《韻鏡》内轉第八開、《七音略》内轉第八重中重内重、《切韻指南》止攝内二開口呼通門，列字均爲『始』；《切韻指掌圖》十八圖、《四聲等子》止攝内二重少輕多韻開口呼，列字爲『弛』，書母紙韻。

20（上三禪）■三止　市　《廣韻》《集韻》時止切，禪止三上開止；《韻鏡》内轉第八開、《七音略》内轉第八重中重内重，列字均爲『市』；《切韻指掌圖》十八圖、《四聲等子》止攝内二重少輕多韻開口呼，列字爲『是』，禪母紙韻；《切韻指南》止攝内二開口呼通門，列字爲『視』，禪母旨韻。

21（上三來）鹿三止　里　《廣韻》良士切，《集韻》兩耳切，來止三上開止；《韻鏡》内轉第八開、《七音略》内轉第八重中重内重、《切韻指掌圖》十八圖，列字均爲『里』；《四聲等子》止攝内二重少輕多韻開口呼、《切韻指南》止攝内二開口呼通門，列字爲『邐』，來母紙韻。

22 （上三日）■三止　耳　《廣韻》而止切，《集韻》忍止切，日止三上開止；《韻鏡》内轉第八開、《七音略》内轉第八重中重内重、《切韻指掌圖》十八圖，列字均爲『耳』；《四聲等子》止攝内二重少輕多韻開口呼、《切韻指南》止攝内二開口呼通門，列字爲『爾』，日母紙韻。

23 （去二莊）■二志　胾　《廣韻》《集韻》側吏切，莊志三去開止；《韻鏡》内轉第八開、《七音略》内轉第八重中重内重、《切韻指掌圖》十八圖、《四聲等子》止攝内二重少輕多韻開口呼，列字均爲『胾』；《切韻指南》止攝内二開口呼通門，列字爲『⿱此衣』，莊母寘韻。

24 （去三知）■三志　置　《廣韻》陟吏切，《集韻》竹吏切，知志三去開止；《韻鏡》内轉第八開、《七音略》内轉第八重中重内重、《切韻指掌圖》十八圖，列字均爲『置』；《四聲等子》止攝内二重少輕多韻開口呼、《切韻指南》止攝内二開口呼通門，列字爲『智』，知母寘韻。

25 （去三澄）兑三志　值　《廣韻》《集韻》直吏切，澄志三去開止；《韻鏡》内轉第八開、《七音略》内轉第八重中重内重、《切韻指掌圖》十八圖，列字均爲『值』；《四聲等子》止攝内二重少輕多韻開口呼、《切韻指南》止攝内二開口呼通門，列字爲『緻』，澄母至韻。

26 （去三見）□三志　記　《廣韻》《集韻》居吏切，見志三去開止；《韻鏡》内轉第八開、《七音略》内轉第八重中重内重、《切韻指掌圖》十八圖，列字均爲『記』；《四聲等子》止攝内二重少輕多韻開口呼，列字爲『寄』，見母寘韻；《切韻指南》止攝内二開口呼通門，列字爲『冀』，見母至韻。

27（去三溪）□三志　亟　《廣韻》《集韻》去吏切，溪志三去開止；《韻鏡》內轉第八開、《七音略》內轉第八重中重內重、《切韻指掌圖》十八圖，列字均爲『亟』；《四聲等子》止攝內二重少輕多韻開口呼，列字爲『椅』，影母紙韻，誤；《切韻指南》止攝內二開口呼通門，列字爲『器』，溪母至韻。

28（去三群）□三志　忌　《廣韻》《集韻》渠記切，群志三去開止；《韻鏡》內轉第八開、《七音略》內轉第八重中重內重、《切韻指掌圖》十八圖，列字均爲『忌』；《四聲等子》止攝內二重少輕多韻開口呼，列字爲『騎』，群母寘韻；《切韻指南》止攝內二開口呼通門，列字爲『芰』，群母寘韻。

29（去三疑）吾三志　魕　《廣韻》《集韻》未收；《康熙字典》記：『《廣韻》《集韻》魚記切，音儗，恐也。又《集韻》魚既切，音毅，義同。』《韻鏡》內轉第八開、《七音略》內轉第八重中重內重、《切韻指掌圖》十八圖、《切韻指南》止攝內二開口呼通門，列字均爲『魕』；《四聲等子》止攝內二重少輕多韻開口呼，列字爲『義』，疑母寘韻。

30（去三章）■三志　志　《廣韻》《集韻》職吏切，章志三去開止；《韻鏡》內轉第八開、《七音略》內轉第八重中重內重、《切韻指掌圖》十八圖，列字均爲『志』；《四聲等子》止攝內二重少輕多韻開口呼，列字爲『寘』，章母寘韻；《切韻指南》止攝內二開口呼通門，列字爲『志』，章母志韻。

31 (去三昌)□三志　熾　《廣韻》《集韻》昌志切，昌志三去開止；《韻鏡》內轉第八開、《七音略》內轉第八重中重內重、《切韻指掌圖》十八圖，列字均爲『熾』；《四聲等子》止攝內二重少輕多韻開口呼、《切韻指南》止攝內二開口呼通門，列字爲『⿰多阝』，昌母寘韻。

32 (去三書)思三志　試　《廣韻》《集韻》式吏切，書志三去開止；《韻鏡》內轉第八開、《七音略》內轉第八重中重內重、《切韻指掌圖》十八圖，列字均爲『試』；《四聲等子》止攝內二重少輕多韻開口呼，列字爲『翅』，書母寘韻；《切韻指南》止攝內二開口呼通門，列字爲『示』，船母至韻。

33 (去三禪)■三志　侍　《廣韻》《集韻》時吏切，禪志三去開止；《韻鏡》內轉第八開、《七音略》內轉第八重中重內重，列字均爲『侍』；《切韻指掌圖》十八圖，列字爲『示』，船母至韻；《四聲等子》止攝內二重少輕多韻開口呼，列字爲『豉』，禪母寘韻；《切韻指南》止攝內二開口呼通門，列字爲『嗜』，禪母至韻。

34 (去三曉)父三志　憙　《廣韻》《集韻》許記切，曉志三去開止；《韻鏡》內轉第八開、《七音略》內轉第八重中重內重、《切韻指掌圖》十八圖，列字均爲『憙』；《四聲等子》止攝內二重少輕多韻開口呼、《切韻指南》止攝內二開口呼通門，列字爲『戲』，曉母寘韻。

35 (去三日)■三志　餌　《廣韻》《集韻》仍吏切，日志三去開止；《韻鏡》內轉第八開、《七音略》內轉第八重中重內重，列字均爲『餌』；《切韻指掌圖》十八圖、《四聲等子》止攝內二重少輕多韻開口呼、《切韻指南》止攝内二開口呼通門，列字爲『二』，日母至韻。

36 (入二崇)□二職　崱　《廣韻》士力切，崇職三入開曾；《集韻》實側切，船志三去開曾；《韻鏡》内轉第四十二開、《七音略》内轉第四十二重中重、《切韻指掌圖》十六圖、《四聲等子》止攝内二重少輕多韻開口呼，列字均爲『崱』；《切韻指南》止攝内二開口呼通門，列字爲『⿰齒出』，崇母質韻。

37 (入三知)■三職　陟　《廣韻》《集韻》竹力切，知職三入開曾；《韻鏡》内轉第四十二開、《七音略》内轉第四十二重中重、《切韻指掌圖》十六圖，列字均爲『陟』；《四聲等子》止攝内二重少輕多韻開口呼，列字爲『⿰黍啇』；《切韻指南》止攝内二開口呼通門，列字爲『窒』，知母質韻。

38 (入三澄)兑三職　直　《廣韻》除力切，《集韻》逐力切，澄職三入開曾；《韻鏡》内轉第四十二開、《七音略》内轉第四十二重中重、《切韻指掌圖》十六圖，列字均爲『直』；《四聲等子》止攝内二重少輕多韻開口呼，列字爲『擲』，澄母昔韻；《切韻指南》止攝内二開口呼通門，列字爲『秩』，澄母質韻。

39 (入三娘)内三職　匿　《廣韻》女力切，《集韻》昵力切，娘職三入開曾；《韻鏡》内轉第四十二開、《七音略》内轉第四十二重中重、《切韻指掌圖》十六圖、《四聲等子》止攝内二重少輕多韻開口呼，列字爲『匿』；《切韻指南》止攝内二開口呼通門，列字爲『暱』，娘母質韻。

40（入三見）□三職　殛　《廣韻》紀力切，《集韻》訖力切，見職三入開曾；《韻鏡》内轉第四十二開、《七音略》内轉第四十二重中重、《切韻指掌圖》十六圖，列字均爲『殛』；《四聲等子》止攝内二重少輕多韻開口呼、《切韻指南》止攝内二開口呼通門，列字爲『暨』，見母質韻。

41（入三疑）吾三職　嶷　《廣韻》魚力切，《集韻》鄂力切，疑職三入開曾；《韻鏡》内轉第四十二開、《七音略》内轉第四十二重中重，列字均爲『嶷』；《切韻指掌圖》十六圖、《四聲等子》止攝内二重少輕多韻開口呼，列字爲『逆』，疑母陌韻；《切韻指南》止攝内二開口呼通門，列字爲『耴』，疑母質韻。

42（入三群）□三職　極　《廣韻》渠力切，《集韻》竭憶切，群職三入開曾；《韻鏡》内轉第四十二開、《七音略》内轉第四十二重中重、《切韻指掌圖》十六圖，列字均爲『極』；《四聲等子》止攝内二重少輕多韻開口呼，列字爲『劇』，群母陌韻；《切韻指南》止攝内二開口呼通門，列字爲『姞』，群母質韻。

43（入三章）■三職　職　《廣韻》之翼切，《集韻》質力切，章職三入開曾；《韻鏡》内轉第四十二開、《七音略》内轉第四十二重中重、《切韻指掌圖》十六圖，列字均爲『職』；《四聲等子》止攝内二重少輕多韻開口呼，列字爲『隻』，章母昔韻；《切韻指南》止攝内二開口呼通門，列字爲『質』，章母質韻。

44（入三昌）■三職　瀷　《廣韻》昌力切，《集韻》叱力切，昌穿職三入開曾；《韻鏡》内轉第四十二開、《七音略》内轉第四十二重中重，列字均爲「瀷」；《切韻指掌圖》十六圖、《四聲等子》止攝内二重少輕多韻開口呼，列字爲「尺」，昌母昔韻；《切韻指南》止攝内二開口呼通門，列字爲「叱」，昌母質韻。

45（入三書）思三職　識　《廣韻》賞職切，《集韻》設職切，書職三入開曾；《韻鏡》内轉第四十二開、《七音略》内轉第四十二重中重、《切韻指掌圖》十六圖，列字均爲「識」；《四聲等子》止攝内二重少輕多韻開口呼，列字爲「釋」，書母昔韻；《切韻指南》止攝内二開口呼通門，列字爲「失」，書母質韻。

坤九　讌四　讌二　讌八　讌一　外七

	收	■	■	鹿	口	自	黄	父	■	思
	音				黄上					
	濁									睽
徵素四		特	而	釐					時	詩
					飴					
										史
尾隨四			耳	里	譩	矣			市	始
		事								駛
未嗑四			餌			意		憙	侍	試
									食	識

第十七圖　收音濁

比五		蹇五	井三	比十二	坎十二	蹇六	蹇七	蹇四	蹇四	蹇一
丙	口	莆	眉	中	丑	弟	年	口	口	近
								莆上下	莆上下	
								機	機	祈
								嘰	豈	
								既	氣	⿰酉幾

井二	叱十一	坎十一	井十二	比九	蹇十	蹇四	蹇二	蹇八	蹇三	井七
月	震	尺	星	星	石	口	雄	匠	王	禼
						猜上王下				
沂						希		衣		
顗						狶		扆		
毅						欷		衣		

井十 蹇十二 覌五 漸五 槩三

第十七圖 收音濁

二	直	開音清		必	■	鼻	民	■	■	■
				飛						
			微 喜四	非	霏	肥	微			
			尾 隨四	匪	斐	膹	尾			
			尾							
			来 韋四	沸	費	扉	未			
			勿 震四	弗	拂	佛	物			

第十七圖　收音濁

本圖列《廣韻》微尾未韻開口字，系《韻鏡》内轉第九開微尾未三韻字。《起數訣》微尾未分圖完全依《韻鏡》，對唇音字不挪動。明本滂、見、溪、曉母處列『□』，四庫本空格。見、溪、曉母下一等位格中均有『菁上王下』四字。明本船母處列目爲『星』，四庫本爲『呈』，四庫本是，明本誤。

校注：

1 （平三溪）□三微　機　《廣韻》未收；《集韻》丘衣切，溪微三平開止。《韻鏡》内轉第九開、《七音略》内轉第九重中重列字爲『機』；《切韻指掌圖》十八開列字爲『欺』，溪母之韻；《四聲等子》止攝内二重多輕少韻開口呼列字、《切韻指南》止攝内二開口呼通門列字爲『攲』，溪母支韻。『機』爲《集韻》微韻見母位小韻首字，《起數訣》從《集韻》。

2 （平三影）匠三微　衣　《廣韻》《集韻》於希切，影微三平開止；《韻鏡》内轉第九開，列字爲『依』；《七音略》内轉第九重中重内重，列字爲『衣』；《切韻指掌圖》十八開、《切韻指南》止攝内二開口呼通門列字爲『醫』，影母之韻；《四聲等子》止攝内二重多輕少韻開口呼列字爲『漪』，影母支韻；『依』爲《廣韻》微韻影母位小韻首字，下收有『衣』字，列字以『依』爲佳，《起數訣》亦無誤。

3 （上三曉）□三尾　狶　《廣韻》虚豈切，《集韻》許豈切，曉尾三上開止；《韻鏡》内轉第九開，列字爲『狶』；《七音略》内轉第九重中重内重，列字均爲『豨』；《切韻指掌圖》十八開列字爲『⿰礻鼻』，曉母旨韻；《四聲等子》止攝内二重多輕少韻開口呼、《切韻指南》止攝内二開口呼通門列字爲『喜』，曉母止韻。『豨』爲《廣韻》尾韻曉母位小韻首字，未收有『狶』字，《集韻》許豈切，下收有『狶』字。列字以『豨』爲佳，《起數訣》從《集韻》，列『狶』亦無誤。

4 （去三見）□三未　既　《廣韻》居豙切，《集韻》居氣切，見未三去開止；《韻鏡》内轉第九開、《七音略》内轉第九重中重内重，列字均爲『旣』；《切韻指掌圖》十八開列字爲『記』，見母志韻；《四聲等子》止攝内二重多輕少韻開口呼列字爲『寄』，見母寘韻；《切韻指南》止攝内二開口呼通門列字爲『冀』，見母至韻。『既』、『旣』二字爲異體字，《起數訣》列字無誤。

5 （去三曉）□三未　欷　《廣韻》《集韻》許既切，曉未三去開止；《韻鏡》内轉第九開，列字爲『欷』；《七音略》内轉第九重中重内重，在四等位列字爲『稀』；『稀』，曉母微韻，當列于三等，《七音略》誤；《切韻指掌圖》十八開列字爲『憙』，曉母之韻；《四聲等子》止攝内二重多輕少韻開口呼、《切韻指南》止攝内二開口呼通門列字爲『戲』，曉母支韻。『欷』爲《廣韻》未韻曉母位小韻首字，《七音略》列字誤，《起數訣》是。

6 （去三影）匠三未　衣　《廣韻》《集韻》於既切，影未三去開止；《韻鏡》空位；《七音略》內轉第九重中重內重，「衣」誤入四等。《切韻指掌圖》十八開、《四聲等子》止攝內二重多輕少韻開口呼列字爲「意」，影母志韻；《切韻指南》止攝內二開口呼通門列字爲「懿」，影母至韻。「衣」爲《廣韻》未韻影母位小韻首字，《七音略》誤列，《起數訣》是。

7 去聲三等之牙喉字穊、毅、欷、衣，重出於第十八圖四等相應位置。十八圖爲合口圖，不當列開口字。

釋：

1 （平三見）□三微　機　《廣韻》居依切，《集韻》居希切，見微三平開止；《韻鏡》內轉第九開、《七音略》內轉第九重中重內重，列字均爲「機」；《切韻指掌圖》十八開列字爲「姬」，見母之韻；《四聲等子》止攝內二重多輕少韻開口呼列字爲「畸」，見母支韻；《切韻指南》止攝內二開口呼通門列字爲「饑」，見母微韻。

2 （平三羣）近三微　祈　《廣韻》《集韻》渠希切，羣微三平開止；《韻鏡》內轉第九開、《七音略》內轉第九重中重內重，列字均爲「祈」；《切韻指掌圖》十八開列字爲「其」，群母之韻；

《四聲等子》止攝内二開口呼通門列字爲『奇』，群母支韻。

3（平三疑）月三微　沂　《廣韻》《集韻》魚衣切，疑微三平開止；《韻鏡》内轉第九開、《七音略》内轉第九重中重内重，列字均爲『沂』；《切韻指掌圖》十八開列字爲『疑』，疑母之韻；《四聲等子》止攝内二重多輕少韻開口呼列字爲『宜』，疑母支韻；《切韻指南》止攝内二開口呼通門列字爲『狋』，疑母脂韻。

4（平三曉）□三微　希　《廣韻》香衣切，《集韻》香依切，曉微三平開止；《韻鏡》内轉第九開、《七音略》内轉第九重中重内重，列字均爲『希』；《切韻指掌圖》十八開列字爲『僖』，曉母之韻；《四聲等子》止攝内二重多輕少韻開口呼列字爲『羲』，曉母支韻；《切韻指南》止攝内二開口呼通門列字爲『犧』，曉母支韻。

5（上三見）□三尾　蟣　《廣韻》居狶切，見尾三上開止；《集韻》未收；《韻鏡》内轉第九開、《七音略》内轉第九重中重内重，列字爲『蟣』；《切韻指掌圖》十八開列字爲『紀』，見母止韻；《四聲等子》止攝内二重多輕少韻開口呼列字爲『掎』，見母紙韻；《切韻指南》止攝内二開口呼通門列字爲『几』，見母旨韻。

6（上三溪）□三尾　豈　《廣韻》祛狶切，《集韻》去幾切，溪尾三上開止；《韻鏡》内轉第九開、《七音略》内轉第九重中重内重，列字均爲『豈』；《切韻指掌圖》十八開、《四聲等子》止攝内二重多輕少韻開口呼列字爲『綺』，溪母紙韻；《切韻指南》止攝内二開口呼通門列字爲『起』，溪母止韻。

7 (上三疑)月三尾　顗　《廣韻》魚豈切，《集韻》語豈切，疑尾三上開止；《韻鏡》内轉第九開、《七音略》内轉第九重中重内重，列字均爲『顗』；《切韻指掌圖》十八開、《四聲等子》止攝内二重多輕少韻開口呼列字爲『蟻』，疑母紙韻；《切韻指南》止攝内二開口呼通門列字爲『擬』，疑母止韻。

8 (上三影)匠三尾　扆　《廣韻》於豈切，《集韻》隱豈切，影尾三上開止；《韻鏡》内轉第九開、《七音略》内轉第九重中重内重，列字均爲『扆』；《切韻指掌圖》十八開、《四聲等子》止攝内二重多輕少韻開口呼、《切韻指南》止攝内二開口呼通門列字均爲『倚』，影母紙韻。

9 (去三溪)□三未　氣　《廣韻》去既切，《集韻》丘既切，溪未三去開止；《韻鏡》内轉第九開、《七音略》内轉第九重中重内重，列字均爲『氣』；《切韻指掌圖》十八開列字爲『亟』，溪母志韻；《四聲等子》止攝内二重多輕少韻開口呼列字爲『掎』，溪母寘韻；《切韻指南》止攝内二開口呼通門列字爲『器』，溪母至韻。

10 (去三羣)近三未　䤒　《廣韻》其既切，羣未三去開止；《集韻》未收；《韻鏡》内轉第九開、《七音略》内轉第九重中重内重，列字均爲『䤒』；《切韻指掌圖》十八開列字爲『忌』，群母志韻；《四聲等子》止攝内二重多輕少韻開口呼列字爲『騎』，群母寘韻；《切韻指南》止攝内二開口呼通門列字爲『芰』，群母寘韻。

11（去三疑）月三未　毅　《廣韻》《集韻》魚既切，疑未三去開止；《韻鏡》内轉第九開、《七音略》内轉第九重中重内重，列字均爲『毅』；《切韻指掌圖》十八開、《切韻指南》止攝内二開口呼通門列字爲『𩕳』，疑母志韻；《四聲等子》止攝内二重多輕少韻開口呼列字爲『義』，疑母寘韻。

井十　蹇十二　覌五　漸五　巽三

二	直	閉音清		必	■	鼻	民	■	■	■
				飛						
		妄四	微	非	霏	肥	微			
		隨四	尾	匪	斐	膹	尾			
			尾							
		謙四	未	沸	費	扉	未			
		震四	勿	弗	拂	佛	物			

			漸一	巽二						漸四
■	■	■	揆	尭	■	■	■	■	■	呋
歸	蘬	頍	巍							揮
鬼	恢	魌	儡	佳						虺
貴	[illegible]	窘	倪	既	氣					諱
		[illegible]	魏毅							欷
夊	屈	倔	崛							[illegible]

漸二

漸三

坎五

賢																
■			威				磈				尉	衣			欝	
寅			幃				韙	壝			胃				䯓	
■							壘									
■																
■																
收	音	清														
			微長四	魚				尾隨四			御	御蕩四				屋褱四
口																
品											褊					

第十八圖　閉音清

本圖舒聲列《廣韻》微尾未合口字，係取自《韻鏡》内轉第十合，少有補字。入聲列《廣韻》物韻字，係取自《韻鏡》外轉第二十合物韻字。《起數訣》入聲列目爲『勿』。明本滂、知組、見、溪、照組、影、來、日、半三處均列『■』，四庫本空格。

校注：

1 （平二幫）必二（微）飛　《廣韻》甫微切，《集韻》匪微切，非微三平合止；《韻鏡》内轉第十合、《七音略》内轉第十重中輕、《切韻指掌圖》第十九圖，在三等位列字爲『非』；《四聲等子》止攝内二重少輕多韻合口呼、《切韻指南》止攝内二合口呼通門，均於三等位列『非』。『斐』爲《廣韻》微韻非母位小韻首字，下收有『飛』，當列於三等位，《起數訣》誤。在三等位列有『非』，此位當删。

2 （平三非）必三微　非　《廣韻》甫微切，《集韻》匪微切，幫微三平合止；《韻鏡》内轉第十合、《七音略》内轉第十輕中輕内輕、《切韻指掌圖》十九圖、《四聲等子》止攝内二重少輕多韻合口呼、《切韻指南》止攝内二合口呼通門，列字均爲『非』。『斐』爲《廣韻》微韻幫母合口三等位小韻首字，下收有『非』字，列字以『斐』爲佳，《起數訣》亦無誤。

3（平三敷）■三微　霏　《廣韻》芳非切，《集韻》芳微切，滂微三平合止；《韻鏡》内轉第十合，列字爲『非』；《七音略》内轉第十輕中輕内輕、《切韻指掌圖》十九圖、《四聲等子》止攝内二重少輕多韻合口呼、《切韻指南》止攝内二合口呼通門，列字均爲『霏』。『霏』爲《廣韻》微韻滂母合口三等位小韻首字，下收有『非』字。列字以『霏』爲佳，《起數訣》是。

4（平三溪）■三微　蘬　《廣韻》丘韋切，《集韻》區韋切，溪微三平合止；《韻鏡》内轉第十合，列字爲『巋』；《七音略》内轉第十輕中輕内輕、《四聲等子》止攝内二重少輕多韻合口呼、《切韻指掌圖》十九圖，列字均爲『蘬』；《切韻指南》止攝内二合口呼通門，列字爲『虧』，溪母支韻。『蘬』爲《廣韻》微韻溪母位小韻首字，下收有『巋』字，列字以『蘬』爲佳，《起數訣》是。

5（平三群）揆三微　頎　《廣韻》渠追切，群支三平合止；《集韻》琴威切，群微三平合止。《韻鏡》内轉第十合，列字爲『頎』，群母微韻開口，誤；《七音略》空位；《切韻指掌圖》十九圖、《四聲等子》止攝内二重少輕多韻合口呼、《切韻指南》止攝内二合口呼通門，列字均爲『逵』，群母脂韻。《廣韻》無微韻群母字，《起數訣》列『頎』依《集韻》，亦無誤。

6（平三曉）吠三微　揮　《廣韻》許歸切，《集韻》吁韋切，曉微三平合止；《韻鏡》内轉第十合，列字爲『暉』；《七音略》内轉第十輕中輕内輕，列字爲『暉』；《切韻指掌圖》十九圖、《四聲等子》止攝内二重少輕多韻合口呼，列字爲『揮』；《切韻指南》止攝内二合口呼通門，列字爲『麾』。『揮』爲《廣韻》微韻曉母位小韻首字，下收有『暉』字，《韻鏡》列『暉』當爲『暉』字形訛。列字以『揮』爲佳，《起數訣》是。

7 （平三云）寅三微　幃　《廣韻》雨非切，《集韻》于非切，云微三平合止；《韻鏡》内轉第十合、《七音略》内轉第十輕中輕内輕、《切韻指掌圖》十九圖、《四聲等子》止攝内二重少輕多韻合口呼，列字均爲『韋』；《切韻指南》止攝内二合口呼通門，列字爲『帷』，云母支韻。『幃』爲《廣韻》微韻喻三母位小韻首字，下收有『韋』，列字以『幃』爲佳，《起數訣》是。

8 （上三並）鼻三尾　膹　《廣韻》浮鬼切，《集韻》父尾切，奉尾三上合止；《韻鏡》内轉第十合、《四聲等子》止攝内二重少輕多韻合口呼、《切韻指南》止攝内二合口呼通門，列字均爲『膹』；《七音略》内轉第十輕中輕内輕，列字爲『膹』，當爲『膹』字誤。《切韻指掌圖》十九圖，列字爲『阰』。『膹』爲《廣韻》微韻並母合口三等位小韻首字，下收『阰』字，列字以『膹』爲佳，《起數訣》是。

9 （上三溪）■三尾　恢　《廣韻》苦回切，溪灰一平合蟹；《集韻》苦虺切，溪尾三上合止；《韻鏡》《七音略》空位；《切韻指掌圖》十九圖，列字爲『跪』，溪母紙韻；《四聲等子》止攝内二重少輕多韻合口呼，列字爲『烣』，溪母灰韻，誤；《切韻指南》止攝内二合口呼通門，列字爲『巋』，溪母旨韻。《廣韻》尾韻無溪母字，《起數訣》列『恢』字依《集韻》，亦無誤。

10 (上三群)揆三尾　䠩《廣韻》《集韻》未收；《康熙字典》記：『《廣韻》《集韻》《韻會》求位切，《正韻》具位切，音匱。又《集韻》基位切，音嬀。歸謂切，音貴。』均無尾韻音。《韻鏡》《七音略》空位；《切韻指掌圖》十九圖、《切韻指南》止攝内二合口呼通門，列字爲『跪』，群母紙韻；《四聲等子》止攝内二重少輕多韻合口呼，列字爲『郈』，群母旨韻。諸家韻書均無群母尾韻音，《起數訣》誤，當刪。

11 (上三疑)嶤三尾　儡《廣韻》尾韻無疑母字；《集韻》魚鬼切，疑尾三上合止；《韻鏡》《七音略》空位；《切韻指掌圖》十九圖，列字爲『蔿』，云母紙韻；《四聲等子》止攝内二重少輕多韻合口呼，列字爲『儡』；《切韻指南》止攝内二合口呼通門，列字爲『硊』，疑母紙韻。《廣韻》尾韻無疑母字，《起數訣》列『儡』依《集韻》，亦無誤。

12 (上三章)■三尾　佳《廣韻》古佳切，《集韻》居膎切，見佳二平開蟹；此字當爲『隹』字誤。『隹』，《集韻》諸鬼切，章尾三上合止。《韻鏡》《七音略》空位；《切韻指掌圖》十九圖、《切韻指南》止攝内二合口呼通門，列字均爲『捶』，章母紙韻；《四聲等子》止攝内二重少輕多韻合口呼，列字爲『隹』，《集韻》章母尾韻。『佳』爲《廣韻》佳二見母位小韻首字，《起數訣》誤，據《廣韻》當刪，據《集韻》則當校改爲『隹』。

13 (上三曉)吷三尾　虺《廣韻》許偉切，《集韻》詡鬼切，曉尾三上合止；《韻鏡》内轉第十合、《四聲等子》止攝内二重少輕多韻合口呼，列字均爲『虺』；《七音略》内轉第十輕中輕内輕，列字爲『𡰱』，爲『虺』字形訛。《切韻指掌圖》十九圖、《切韻指南》止攝内二合口呼通門，列字均爲『毁』，曉母紙韻。『虺』爲《廣韻》尾韻曉母位小韻首字，《起數訣》是。

14（上三影）■三尾　磈　《廣韻》於鬼切，影尾三上合止；《集韻》鄔毁切，影紙三上合止；《韻鏡》内轉第十合、《七音略》内轉第十輕中輕内輕，列字均爲『磈』；《切韻指掌圖》十九圖、《四聲等子》止攝内二重少輕多韻合口呼、《切韻指南》止攝内二合口呼通門，列字爲『委』，影母紙韻。『磈』爲《廣韻》尾韻影母位小韻首字，《起數訣》從《廣韻》，是。

15（上三來）■三尾　壘　《廣韻》力軌切，來旨三上合止；《集韻》良斐切，來尾三上合止；《韻鏡》《七音略》空位；《切韻指掌圖》十九圖、《四聲等子》止攝内二重少輕多韻合口呼，列字爲『累』，來母紙韻；《切韻指南》止攝内二合口呼通門，列字爲『壘』。《廣韻》尾韻無來母字，《起數訣》從《集韻》，亦無誤。

16（上四以）寅四尾　壝　《廣韻》以水切，以旨三上合止；《集韻》欲鬼切，以尾三上合止；《韻鏡》《七音略》空位；《切韻指掌圖》十九圖、《四聲等子》止攝内二重少輕多韻合口呼，列字爲『唯』，以母旨韻；《切韻指南》止攝内二合口呼通門，列字爲『莈』，以母紙韻。《廣韻》尾韻無喻四母字，《起數訣》從《集韻》，亦無誤。

17（去三並）鼻三未　屝　《廣韻》扶沸切，《集韻》父沸切，奉未三去合止；《韻鏡》内轉第十合，列字爲『痱』；《七音略》内轉第十輕中輕内輕，列字爲『屝』；『屝』，《廣韻》甫微切，《集韻》匪微切，幫母微韻。《七音略》列字當爲『扉』字誤。《切韻指掌圖》十九圖，列字爲『吠』，奉母廢韻；《四聲等子》止攝内二重少輕多韻合口呼、《切韻指南》止攝内二合口呼通門，列字爲『狒』，奉母未韻。『𩰫』爲《廣韻》未韻並母合口三等位小韻首字，下收有『扉』『痱』二字，列字以『𩰫』爲佳。『扉』爲《集韻》未韻奉母位小韻首字。《起數訣》列『扉』字，當取《集韻》小韻首字，《起數訣》列字無誤。

18 (去三溪)■三未　𥻨　《廣韻》《集韻》許既切，曉未三去開止；不當列於此位。此字當爲『毇』字形訛。毇，《廣韻》《集韻》丘畏切，溪未三去合止。《韻鏡》内轉第十合、《七音略》内轉第十輕中輕内輕、《四聲等子》止攝内二重少輕多韻合口呼，列字均爲『毇』；《切韻指掌圖》十九圖、《切韻指南》止攝内二合口呼通門，列字爲『喟』，溪母至韻。『毇』爲《廣韻》未韻溪母位小韻首字，《起數訣》誤，當校改爲『毇』。

19 (去三群)揆三未　窘　《廣韻》渠殞切，群準三上合臻；《集韻》巨畏切，群未三去合止；《韻鏡》内轉第十合，列字爲『鞼』，群母至韻；《七音略》空位；《切韻指掌圖》十九圖、《切韻指南》止攝内二合口呼通門，列字均爲『匱』，群母至韻；《四聲等子》止攝内二重少輕多韻合口呼，列字爲『櫃』，群母至韻。《廣韻》無未韻字，《韻鏡》列字誤。《廣韻》未韻無群母字，《起數訣》列『窘』字，從《集韻》，亦無誤。

20 (去三疑)堯三未　魏　此位兩本均較亂，明本格内偏上爲『倪』字，『魏』字壓線跨三四等，四等位有『毅』字。四庫本格内偏上爲『倪』字，主體位置爲『魏』字，四等位爲『毅』字。結合二圖，此格列字取『魏』字。『魏』，《廣韻》魚貴切，《集韻》虞貴切，疑未三去合止；《韻鏡》内轉第十合、《七音略》内轉第十輕中輕内輕，列字均爲『魏』；《切韻指掌圖》十九圖、《切韻指南》止攝内二合口呼通門、《四聲等子》止攝内二重少輕多韻合口呼，列字均爲『僞』，疑母寘韻。此位另有『倪』字，《廣韻》疑母齊韻，無未韻；《集韻》五未切，疑母未韻。若從《集韻》，『倪』亦可列於此位。韻圖一格一字，『魏』爲《廣韻》未韻疑母位小韻首字，列字以『魏』爲佳，故《起數訣》兩本均當删『倪』字，單列『魏』字。

21 （去三章）■三未　既　《廣韻》居豙切，《集韻》居氣切，見未三去開止；不當列於此位；《韻鏡》《七音略》空位；《切韻指掌圖》十九圖，列字爲『贅』，章母祭韻；《四聲等子》止攝内二重少輕多韻合口呼、《切韻指南》止攝内二合口呼通門，列字均爲『惴』，章母寘韻。《廣韻》《集韻》未韻無章母字，《起數訣》誤，當删。

22 （去三昌）■三未　氣　《廣韻》去既切，《集韻》丘既切，溪未三去開止；不當列於此位；《韻鏡》《七音略》空位；《切韻指掌圖》十九圖，列字爲『毳』，初母祭韻；《四聲等子》止攝内二重少輕多韻合口呼、《切韻指南》止攝内二合口呼通門，列字均爲『吹』，昌母支韻。《廣韻》《集韻》未韻無昌母字，《起數訣》誤，當删。

23 （去三影）■三未　尉　《廣韻》於胃切，《集韻》紆胃切，影未三去合止；《韻鏡》内轉第十合、

《四聲等子》止攝内二重少輕多韻合口呼，列字均爲『尉』；《七音略》内轉第十輕中輕内輕，列字爲『慰』；《切韻指掌圖》十九圖、《切韻指南》止攝内二合口呼通門，列字均爲『餧』，影母寘韻。『尉』爲《廣韻》未韻影母位小韻首字，下收有『慰』字，列字以『尉』爲佳，《起數訣》是。

24 （去四羣）■四（未）　饑　《康熙字典》記：『《廣韻》《集韻》其既切，又《集韻》舉豈切，音機。』均爲開口字。《韻鏡》内轉第九開、《七音略》内轉第九重中重内重，列於開口圖；《切韻指掌圖》十九圖、《四聲等子》止攝内二重少輕多韻合口呼、《切韻指南》止攝内二合口呼通門，列字爲『悸』，群母至韻。『饑』爲開口字，不當列於此圖，且已列於第十七圖收音濁，此位當删。

25 （去四疑）堯四（未）　毅　《廣韻》《集韻》魚既切，疑未三去開止；《韻鏡》内轉第九開、《七音略》内轉第九重中重内重，列於開口圖；《切韻指掌圖》《四聲等子》《切韻指南》均列他韻字。『毅』爲開口字，不當列於此圖，且已列於第十七圖收音濁，此位當删。

26 （去四曉）吙四（未）　欷　《廣韻》《集韻》許既切，曉未三去開止；《韻鏡》内轉第九開，列字爲『欷』；《七音略》内轉第九重中重内重，在四等位列字爲『稀』；『稀』，曉母微韻，當列於三等，《七音略》誤；《切韻指掌圖》十九圖、《四聲等子》止攝内二重少輕多韻合口呼，列字爲『侐』，曉母至韻；《切韻指南》止攝内二合口呼通門，列字爲『孈』，曉母寘韻。『欷』爲開口字，不當列於此圖，且已列於第十七圖收音濁，此位當删。

27 （去四影）■四（未） 衣 《廣韻》《集韻》於既切，影未三去開止；《韻鏡》空位；《七音略》內轉第九重中重內重，「衣」誤入四等。《切韻指掌圖》十九圖、《四聲等子》止攝內二重少輕多韻合口呼、《切韻指南》止攝內二合口呼通門，列字爲「恚」，影母寘韻。「衣」爲開口字，不當列於此圖，且已列於第十七圖收音濁，此位當删。

28 《起數訣》標目爲「勿」，《廣韻》韻目爲「物」，《集韻》韻目爲「勿」，《起數訣》從《集韻》。

29 （入三影）■三勿 鬱 明本列字爲「鬱」，四庫本空格。「鬱」，《廣韻》紆物切，《集韻》紆勿切，影物三入合臻；《韻鏡》外轉第二十合、《七音略》內轉第二十輕中輕，列字均爲「鬱」；《切韻指掌圖》空位；《四聲等子》止攝內二重少輕多韻合口呼，列字爲「飫」，影母御韻；《切韻指南》止攝內二合口呼通門，列字爲「蔚」，影母物韻。「鬱」爲《廣韻》物韻影母位小韻首字，《起數訣》四庫本誤，當校補「鬱」字。明本列字是。

釋：

1 （平三並）鼻三微 肥 《廣韻》《集韻》符非切，並微三平合止；《韻鏡》內轉第十合、《七音略》內轉第十輕中輕內輕、《切韻指掌圖》十九圖、《四聲等子》止攝內二重少輕多韻合口呼、《切韻指南》止攝內二合口呼通門，列字均爲「肥」。

2 (平三明)民三微　微　《廣韻》《集韻》無非切，明微三平開止；《韻鏡》内轉第十合、《七音略》内轉第十輕中輕内輕、《切韻指掌圖》十九圖、《四聲等子》止攝内二重少輕多韻合口呼、《切韻指南》止攝内二合口呼通門，列字均爲『微』。

3 (平三見)■三微　歸　《廣韻》舉韋切，《集韻》居韋切，見微三平合止；《韻鏡》内轉第十合、《七音略》内轉第十輕中輕内輕、《切韻指掌圖》十九圖、《四聲等子》止攝内二重少輕多韻合口呼，列字均爲『歸』；《切韻指南》止攝内二合口呼通門，列字爲『龜』，見母脂韻。

4 (平三疑)堯三微　巍　《廣韻》《集韻》語韋切，疑微三平合止；《韻鏡》内轉第十合、《七音略》内轉第十輕中輕内輕、《切韻指掌圖》十九圖、《四聲等子》止攝内二重少輕多韻合口呼，列字均爲『巍』；《切韻指南》止攝内二合口呼通門，列字爲『危』，疑母支韻。

5 (平三影)■三微　威　《廣韻》《集韻》於非切，影微三平合止；《韻鏡》内轉第十合、《七音略》内轉第十輕中輕内輕、《切韻指掌圖》十九圖、《四聲等子》止攝内二重少輕多韻合口呼，列字均爲『威』；《切韻指南》止攝内二合口呼通門，列字爲『逶』，影母支韻。

6 (上三幫)必三尾　匪　《廣韻》《集韻》府尾切，幫尾三上合止；《韻鏡》内轉第十合、《七音略》内轉第十輕中輕内輕、《切韻指掌圖》十九圖、《四聲等子》止攝内二重少輕多韻合口呼、《切韻指南》止攝内二合口呼通門，列字均爲『匪』。

7 (上三滂)■三尾　斐　《廣韻》敷尾切，《集韻》妃尾切，滂尾三上合止；《韻鏡》内轉第十合、

《七音略》内轉第十輕中輕内輕、《切韻指掌圖》十九圖、《四聲等子》止攝内二重少輕多韻合口呼、《切韻指南》止攝内二合口呼通門，列字均爲『斐』。

8 (上三明)民三尾　尾　《廣韻》無匪切，《集韻》武斐切，明尾三上開止；《韻鏡》内轉第十合、《七音略》内轉第十輕中輕内輕、《切韻指掌圖》十九圖、《四聲等子》止攝内二重少輕多韻合口呼、《切韻指南》止攝内二合口呼通門，列字均爲『尾』。

9 (上三見)■三尾　鬼　《廣韻》居偉切，《集韻》矩偉切，見尾三上合止；《韻鏡》内轉第十合、《七音略》内轉第十輕中輕内輕、《四聲等子》止攝内二重少輕多韻合口呼，列字均爲『鬼』；《切韻指掌圖》十九圖，列字爲『詭』，見母紙韻；《切韻指南》止攝内二合口呼通門，列字爲『軌』，見母旨韻。

10 (上三喻)寅三尾　韙　《廣韻》于鬼切，《集韻》羽鬼切，云尾三上合止；《韻鏡》内轉第十合、《七音略》内轉第十輕中輕内輕，列字均爲『韙』；《切韻指掌圖》十九圖，列字爲『洧』，云母旨韻；《四聲等子》止攝内二重少輕多韻合口呼，列字爲『葦』，云母尾韻；《切韻指南》止攝内二合口呼通門，列字爲『蔿』，云母紙韻。

11 (去三幫)必三未　沸　《廣韻》方味切，《集韻》方未切，非未三去開止；《韻鏡》内轉第十合、《七音略》内轉第十輕中輕内輕、《四聲等子》止攝内二重少輕多韻合口呼、《切韻指南》止攝内二合口呼通門，列字均爲『沸』；《切韻指掌圖》十九圖，列字爲『廢』，非母廢韻。

12（去三滂）■三未　費　《廣韻》《集韻》芳未切，敷未三去開止；《韻鏡》內轉第十合、《七音略》內轉第十輕中輕內輕、《四聲等子》止攝內二重少輕多韻合口呼、《切韻指南》止攝內二合口呼通門，列字均爲『費』；《切韻指掌圖》十九圖，列字爲『肺』，敷母廢韻。

13（去三明）民三未　未　《廣韻》《集韻》無沸切，微未三去開止；《韻鏡》內轉第十合、《七音略》內轉第十輕中輕內輕、《切韻指掌圖》十九圖、《四聲等子》止攝內二重少輕多韻合口呼、《切韻指南》止攝內二合口呼通門，列字均爲『未』。

14（去三見）■三未　貴　《廣韻》居胃切，《集韻》歸謂切，見未三去合止；《韻鏡》內轉第十合、《七音略》內轉第十輕中輕內輕、《切韻指掌圖》十九圖、《四聲等子》止攝內二重少輕多韻合口呼，列字均爲『貴』；《切韻指南》止攝內二合口呼通門，列字爲『賵』，見母旨韻。

15（去三曉）吠三未　諱　《廣韻》許貴切，《集韻》訏貴切，曉未三去合止；《韻鏡》內轉第十合、《七音略》內轉第十輕中輕內輕、《切韻指掌圖》十九圖、《四聲等子》止攝內二重少輕多韻合口呼，列字均爲『諱』，曉母未韻；《切韻指南》止攝內二合口呼通門，列字爲『毀』，曉母寘韻。

16（去三喻）寅三未　胃　《廣韻》《集韻》于貴切，云未三去合止；《韻鏡》內轉第十合、《七音略》內轉第十輕中輕內輕、《切韻指掌圖》十九圖、《四聲等子》止攝內二重少輕多韻合口呼，列字均爲『胃』；《切韻指南》止攝內二合口呼通門，列字爲『位』，云母至韻。

17（入三幫）必三勿　弗　《廣韻》分勿切，《集韻》分物切，非物三入合臻；《韻鏡》外轉第二十合、《七音略》内轉第二十輕中輕、《切韻指掌圖》十九圖、《四聲等子》止攝内二重少輕多韻合口呼、《切韻指南》止攝内二合口呼通門，列字均爲『弗』。

18（入三滂）■三勿　拂　《廣韻》《集韻》敷勿切，敷物三入合臻；《韻鏡》外轉第二十合、《七音略》内轉第二十輕中輕、《切韻指掌圖》十九圖、《四聲等子》止攝内二重少輕多韻合口呼、《切韻指南》止攝内二合口呼通門，列字均爲『拂』。

19（入三並）鼻三勿　佛　《廣韻》符弗切，《集韻》符勿切，奉物三入合臻；《韻鏡》外轉第二十合、《七音略》内轉第二十輕中輕、《切韻指掌圖》十九圖、《四聲等子》止攝内二重少輕多韻合口呼、《切韻指南》止攝内二合口呼通門，列字均爲『佛』。

20（入三明）民三勿　物　《廣韻》文弗切，《集韻》文拂切，微物三入合臻；《韻鏡》外轉第二十合、《七音略》内轉第二十輕中輕、《切韻指掌圖》十九圖、《四聲等子》止攝内二重少輕多韻合口呼、《切韻指南》止攝内二合口呼通門，列字均爲『物』。

21（入三見）■三勿　亥　《廣韻》九勿切，見物三入合臻；《集韻》未收；《韻鏡》外轉第二十合、《七音略》内轉第二十輕中輕、《切韻指掌圖》十九圖、《四聲等子》止攝内二重少輕多韻合口呼、《切韻指南》止攝内二合口呼通門，列字均爲『亥』。

22（入三溪）■三勿　屈　《廣韻》區勿切，《集韻》曲勿切，溪物三入合臻；《韻鏡》外轉第二十合、《七音略》内轉第二十輕中輕、《切韻指掌圖》十九圖、《四聲等子》止攝内二重少輕多韻合口呼、《切韻指南》止攝内二合口呼通門，列字均爲『屈』。

23 （入三群）揆三勿　倔　《廣韻》衢物切，《集韻》渠勿切，群物三入合臻；《韻鏡》外轉第二十合、《七音略》内轉第二十輕中輕、《切韻指掌圖》十九圖、《四聲等子》止攝内二重少輕多韻合口呼、《切韻指南》止攝内二合口呼通門，列字均爲『倔』。

24 （入三疑）堯三勿　崛　《廣韻》魚勿切，《集韻》魚屈切，疑勿三入合臻；《韻鏡》外轉第二十合、《七音略》内轉第二十輕中輕、《切韻指掌圖》十九圖、《四聲等子》止攝内二重少輕多韻合口呼、《切韻指南》止攝内二合口呼通門，列字均爲『崛』。

25 （入三曉）吠三勿　颸　《廣韻》許勿切，曉物三入合臻；《集韻》未收；《韻鏡》外轉第二十合、《七音略》内轉第二十輕中輕、《切韻指掌圖》十九圖、《四聲等子》止攝内二重少輕多韻合口呼，列字均爲『颸』；《切韻指南》止攝内二合口呼通門，列字爲『䬍』，曉母月韻。

26 （入三喻）寅三勿　颵　《廣韻》王勿切，喻物三入合臻；《集韻》未收；《韻鏡》外轉第二十合、《七音略》内轉第二十輕中輕、《切韻指掌圖》十九圖、《四聲等子》止攝内二重少輕多韻合口呼，列字均爲『颵』；《切韻指南》止攝内二合口呼通門，列字爲『䬏』，曉母術韻。

坎五　　　　　　　　　　　　　　漸三　　　漸二

品	口		收		■	■	■	寅	■	賢
			音							
			清							
		微	長四					幃	威	
		魚								
							壘	韙	磈	
		尾	隨四					壝		
掄		御						胃	尉	
		御	豊四						衣	
								[illegible]	欝	
		屋	震四							

比八	坎二	井一	坎一	比一	比七	井六	坎六	比六	坎三	井五
足	仰	乾	立	九	女	田	天	帝	羑	平
									脢	
首										
首										
沮			詡							
蹷										

第十九圖　收音清

坎八	井八	比十	蹇九	比二	比四	比三	比四	坎七	坎十	井十一
七	全	手	象	香	口	乙	口	呂	耳	辰
					乙下		乙下			
疽		胥	徐				余			
䀢	咀	湑	叙				與			
					拂					
覰		絮	咀展				豫			
鼀	摵	肅					育			

第十九圖　收音清

本圖舒聲列《廣韻》魚語御字，係拆分《韻鏡》内轉第十一開，取四等位列字。入聲列《廣韻》屋韻字，係拆分《韻鏡》内轉第一開，取四等位屋韻字。明本入聲四等有韻目「屋」，四庫本無韻目字。明本幫、匣、喻母處列「□」，四庫本空格。匣、喻母下一等格位内均有「乙下」二字。兩本上聲四等韻目字均爲「尾」，誤。

校注：

1（平三明）美三微　脢　《廣韻》莫杯切、莫佩切，分别列於明母灰韻和隊韻；《集韻》茫歸切，明微三平開止；《韻鏡》《七音略》空位；《切韻指掌圖》十九圖，列字爲「麋」，明母脂韻；《四聲等子》止攝内二重多輕少韻開口呼、《切韻指南》止攝内二開口呼通門，列字均爲「糜」，明母支韻。《廣韻》微韻無明母開口字，《集韻》茫歸切，亦當在合口。《起數訣》誤，當删。

2（平四精）足四魚　苴　《廣韻》子魚切，《集韻》子余切，精魚三平開遇；《韻鏡》内轉第十一開、《七音略》内轉第十一重中重、《切韻指掌圖》三圖，列字均爲『苴』；《四聲等子》遇攝内三重少輕多韻，列字爲『諏』，精母虞韻；《切韻指南》遇攝内三獨韻偈門，列字爲『且』，精母魚韻。『且』爲《廣韻》魚韻精母位小韻首字，下收有『苴』字，列字以『且』爲佳，《起數訣》亦無誤。

3 (平四以)□四魚　余　《廣韻》以諸切，《集韻》羊諸切，以魚三平開遇；《韻鏡》空位；《七音略》内轉第十一重中重、《切韻指南》遇攝内三獨韻偈門，列字均爲『余』；《切韻指掌圖》三圖，列字爲『舁』，以母魚韻；《四聲等子》遇攝内三重少輕多韻，列字爲『逾』，以母虞韻。『余』爲《廣韻》魚韻喻四位小韻首字，下收有『舁』字。當列於四等位。《韻鏡》錯列於喻三位，誤。《起數訣》是。

4 上四等標目爲『尾』，實爲『語』韻，所列諸字均爲『語』韻字，誤，當校改爲『語』。

5 (上四清)七四尾　䀯　《康熙字典》記：『《龍龕》倉胡切，音粗。』《韻鏡》内轉第十一開、《七音略》内轉第十一重中重列字均爲『䀯』；《切韻指掌圖》三圖、《四聲等子》遇攝内三重少輕多韻，列字均爲『取』，清母麌韻；《切韻指南》遇攝内三獨韻偈門，列字爲『䀯』，《廣韻》七與切，《集韻》此與切。『䀯』爲《廣韻》語韻清母位小韻首字，《起數訣》及《韻鏡》《七音略》形訛，當校改爲『䀯』。

6 (上四心)手四尾　湑　《廣韻》私呂切，《集韻》寫與切，心語三上合開遇；《韻鏡》内轉第十一開、《七音略》内轉第十一重中重、《切韻指掌圖》三圖、《切韻指南》遇攝内三獨韻偈門，列字均爲『諝』；《四聲等子》遇攝内三重少輕多韻，列字爲『縃』，《康熙字典》記：『又聳取切，音盨。』心母語韻。『諝』爲《廣韻》語韻心母位小韻首字，下收有『湑』字，列字以『諝』爲佳，《起數訣》亦無誤。

7 去三等標目爲『御』，若與平聲相承則爲『未』韻，所列諸字均爲『未』字，誤，當校改爲『未』。

8 （去三滂）品三御　徧　《廣韻》布玄切，毗忍切，幫母先韻或並母軫韻，不當列於此位；《集韻》鋪畏切，滂未三去合止；《韻鏡》《七音略》空位；《切韻指掌圖》三圖滂母空位，敷母列字爲『赴』；《四聲等子》遇攝内三重少輕多韻、《切韻指南》遇攝内三獨韻偈門，列字爲『赴』，敷母遇韻。《廣韻》御韻無滂母字，《集韻》爲合口字，此圖爲開口圖，《起數訣》誤，當删。

9 （去三匣）□三御　狒　《廣韻》扶沸切，《集韻》父沸切，奉未三去合止；《韻鏡》《七音略》《切韻指掌圖》《四聲等子》《切韻指南》均空位；《廣韻》御韻無匣母字，《起數訣》誤，當删。

10 （去四溪）丘四御　詡　《廣韻》況羽切，《集韻》火羽切，曉麌三上合遇；不當列於此位；《韻鏡》《七音略》《切韻指掌圖》《四聲等子》《切韻指南》溪母位空位；『詡』爲《廣韻》麌三曉母合口位小韻首字，不當列於開口圖，《起數訣》誤，當删。

11 （去四精）足四御　沮　《廣韻》《集韻》將預切，精御三去合遇；《韻鏡》内轉第十一開、《七音略》内轉第十一重中重、《切韻指掌圖》三圖、《切韻指南》遇攝内三獨韻侷門，列字均爲『怚』；《四聲等子》遇攝内三重少輕多韻，列字爲『緅』；『怚』爲《廣韻》御三精母位小韻首字，列字以『怚』爲佳，《起數訣》亦無誤。

12 （去四清）七四御　覻　此字當爲『覰』字。覰，《廣韻》《集韻》七慮切，清御三去合遇；《韻鏡》内轉第十一開、《七音略》内轉第十一重中重、《切韻指掌圖》三圖、《切韻指南》遇攝内三獨韻侷門，列字均爲『覰』；《四聲等子》遇攝内三重少輕多韻，列字爲『娶』，清母遇韻。『覰』，《康熙字典》記：『《集韻》同矑。《字彙補》與覰同。』『覰』爲《廣韻》御韻清母位小韻首字，『覻』與『覰』同。列字以『覰』爲佳，《起數訣》亦無誤。

13 （去四邪）象四御　咀　明本列字爲『咀』，同格右下小字列『屐』。四庫本同格二字，大小均一，上列『咀』下列『屐』字，故列字取『咀』字。咀，《廣韻》慈吕切，《集韻》在吕切，從語三上開遇；《韻鏡》内轉第十一開，列字爲『屐』；《七音略》内轉第十一重中重，列字爲『屐』，兩圖中『咀』均列於從母語韻。《切韻指掌圖》三圖、《切韻指南》遇攝内三獨韻侷門，列字均爲『屐』；《四聲等子》遇攝内三重少輕多韻，列字爲『緒』，邪母語韻。『咀』爲《廣韻》語韻邪母位小韻首字，不當列於此位，且此位爲一格雙字，另列有『屐』字。屐，《康熙字典》記：『《廣韻》除遇切，《集韻》遲據切，並音倨。屐也。』唐五代韻書御韻無邪母字，《廣韻》於韻末增『屐』小韻，徐預切。『咀』字當爲羼入，兩本皆當刪『咀』字。

14（去四邪）象四御　屐　明本右下小字列字爲『屐』，四庫本與『咀』平分格位列字爲『屐』，爲屐誤。屐，《廣韻》奇逆切，群陌三入開梗；《集韻》竭戟切，群陌三入開梗；《韻鏡》内轉第十一開、《切韻指掌圖》三圖、《切韻指南》遇攝内三獨韻偏門，列字爲『屐』；《七音略》内轉第十一重中重，列字均爲『屐』；《四聲等子》遇攝内三重少輕多韻，列字爲『緒』。『屐』爲《廣韻》御韻邪母位小韻首字，置於御韻末，此字爲『屖』字誤。《起數訣》四庫本列字與《七音略》合，當爲『屐』字誤，此處兩本均應校改爲『屖』。

15 入四無標目，所列四字均爲屋韻，則可補韻目『屋』。此四字已列於第一圖。

16（入四清）七四屋　鼀　明本列字爲『鼀』，四庫本空位。《廣韻》《集韻》屋韻清母均有『鼀』，《廣韻》七宿切，《集韻》七六切，清屋入合三通；《韻鏡》内轉第一開、《七音略》内轉第一重中重、《切韻指掌圖》二圖，均列『鼀』字。《四聲等子》遇攝内三重少輕多韻、《切韻指南》遇攝内三獨韻偏門，列字均爲『促』，清母燭韻。『鼀』爲《廣韻》屋三清母位小韻首字，按韻圖規制當列於四等，《起數訣》四庫本空位誤，當校補『鼀』。明本是。

17（入四從）全四屋　摵　《廣韻》子六切，《集韻》就六切，從屋三入合通；《韻鏡》内轉第一開、《七音略》内轉第一重中重、《切韻指掌圖》二圖、《四聲等子》遇攝内三重少輕多韻，列字均爲『歜』；《切韻指南》空位。『歜』爲《廣韻》屋三從母位小韻首字，按韻圖規制當列於四等，下未收『摵』。『摵』在生母位『縮』小韻下，通三生母，又音爲『子六切』。《起數訣》列『摵』字，當從《集韻》，雖亦可，但校改爲『歖』更佳。

18（入四以）□四（屋） 育 《廣韻》《集韻》余六切，以屋三入合通；《韻鏡》内轉第一開，喉音清濁屋四入；《七音略》《切韻指掌圖》空位；《四聲等子》遇攝内三重少輕多韻、《切韻指南》遇攝内三獨韻偈門，列字均爲『欲』，以母濁韻。『育』爲《廣韻》屋三以母位小韻首字，按韻圖規制當列於四等。《七音略》空位誤，當補。《起數訣》是。

釋：

1（平四清）七四魚 疽 《廣韻》七余切，《集韻》千余切，清魚三平開遇；《韻鏡》内轉第十一開、《七音略》内轉第十一重中重、《切韻指掌圖》三圖、《切韻指南》遇攝内三獨韻偈門，列字均爲『疽』；《四聲等子》遇攝内三重少輕多韻，列字爲『趨』，清母虞韻。

2（平四心）手四魚 胥 《廣韻》相居切，《集韻》新於切，心魚三平開遇；《韻鏡》内轉第十一開、《七音略》内轉第十一重中重、《切韻指掌圖》三圖、《切韻指南》遇攝内三獨韻偈門，列字均爲『胥』；《四聲等子》遇攝内三重少輕多韻，列字爲『須』，心母虞韻。

3（平四邪）象四魚 徐 《廣韻》似魚切，《集韻》祥余切，邪魚三平開遇；《韻鏡》内轉第十一開、《七音略》内轉第十一重中重、《切韻指掌圖》三圖、《四聲等子》遇攝内三重少輕多韻、

《切韻指南》遇攝内三獨韻侷門，列字均爲『徐』。

4（上四精）足四尾　苴　《廣韻》《集韻》子與切，精語三上開遇；《韻鏡》内轉第十一開、《七音略》内轉第十一重中重、《切韻指掌圖》三圖、《四聲等子》遇攝内三重少輕多韻、《切韻指南》遇攝内三獨韻侷門，列字均爲『苴』。

5（上四從）全四尾　咀　《廣韻》慈吕切，《集韻》子與切，精語三上開遇；《韻鏡》内轉第十一開、《七音略》内轉第十一重中重、《切韻指南》遇攝内三獨韻侷門，列字均爲『咀』；《切韻指掌圖》三圖、《四聲等子》遇攝内三重少輕多韻，列字均爲『聚』，從母麌韻。

6（上四邪）象四尾　叙　《廣韻》徐吕切，《集韻》象吕切，邪語三上開遇；《韻鏡》内轉第十一開、《七音略》内轉第十一重中重、《切韻指掌圖》三圖、《四聲等子》遇攝内三重少輕多韻、《切韻指南》遇攝内三獨韻侷門，列字均爲『叙』。

7（上四以）□四尾　與　《廣韻》余吕切，《集韻》演女切，以語三上開遇；《韻鏡》内轉第十一開、《七音略》内轉第十一重中重、《切韻指掌圖》三圖、《切韻指南》遇攝内三獨韻侷門，列字均爲『與』；《四聲等子》遇攝内三重少輕多韻，列字爲『庾』，以母麌韻。

8（去四心）手四御　絮　《廣韻》《集韻》息據切，心御三去合遇；《韻鏡》内轉第十一開、《七音略》内轉第十一重中重、《切韻指掌圖》三圖、《四聲等子》遇攝内三重少輕多韻、《切韻指南》遇攝内三獨韻侷門，列字均爲『絮』。

9（去四以）□四御　豫　《廣韻》羊洳切，《集韻》羊茹切，以御三去開遇；《韻鏡》內轉第十一開、《七音略》內轉第十一重中重、《切韻指南》遇攝內三獨韻侷門，列字均爲『豫』；《四聲等子》遇攝內三重少輕多韻，列字爲『裕』，以母遇韻；《切韻指掌圖》三圖，列字爲『喻』，以母遇韻。

10（入四精）足四（屋）　蹙　《廣韻》《集韻》子六切，精屋三入合通；《韻鏡》內轉第一開、《七音略》內轉第一重中重、《切韻指掌圖》三圖，列字均爲『蹙』；《四聲等子》遇攝內三重少輕多韻、《切韻指南》遇攝內三獨韻侷門，均列字爲『足』，精母燭韻。

11（入四心）手四（屋）　肅　《廣韻》息逐切，《集韻》息六切，心屋三入合通；《韻鏡》內轉第一開、《七音略》內轉第一重中重、《切韻指掌圖》三圖，列字均爲『肅』；《四聲等子》遇攝內三重少輕多韻、《切韻指南》遇攝內三獨韻侷門，列字均爲『粟』，心母燭韻。

收音濁

		魚 魚 同六	語 語 華六	御 御 高六	屋 屋 豊六
比五	丙				
	口				
蹇五	鞴				
井三	眉				
比十二	中	豬	貯	著	竹
坡十二	丑	攄	楮	絮	蓄
蹇六	第	除	箸	箸	逐
蹇七	年	袽 絮	女	女	朒
蹇十一	口	居	舉	據	匊

寔八	塞二	塞十一	塞十	叱九	井十二	坎十一	叱十一	井二	塞一	寔十一
匠	雄	口	石	星	呈	尺	震	月	近	口
		平下								平下
				蔬	鉏	初	菹			
於		虛	蜍	書			諸	魚	渠	墟
				所	齟	楚	阻			
扵		許	墅	暑		杵	鬻	語	巨	去
				疏	助	儊	詛			
	飫		嘘	恕	署	處	翥		遽	去
						珿	縬			
郁		蓄	塾	叔	縮	俶	柷			麴

蹇三	井七	井十	蹇十二			坤四	師五	斗五	師三	坤六
王	禹	二	直	開		夫	普	旁	母	東
				音	模 泰六	逋	榑	蒲	摸	都
				清	佳 泰十二	蹕		蹕	𥈭	
	臚	如								
					虞					
					姥 隨六	補	普	部	姥	賭
					蟹 隨十二	擺	帊	罷	買	
	呂	汝								
					麌					
				清	暮 泰六	布	怖	步	暮	妬
				中	卦 泰十二	薜	派	粺	賣	
				清						
					遇					
					屋 震六	卜	扑	僕	木（莫）	穀
					黠 震十二	八	汃	拔	傛	
圍	六	肉								
					屋					

第二十圖　收音濁

本圖舒聲列《廣韻》魚語御韻字，係拆分《韻鏡》内轉第十一開，取列於二三等位字。入聲列《廣韻》屋韻字，係拆分《韻鏡》内轉第一開，取二三等位非脣音。明本聲母滂、見、溪、曉母處列「□」，四庫本空格。溪、曉下於一等格位内，均列有「石下」二字。明本澄母位列「弟」，四庫本列「第」。

校注：

1 （平二莊）震二魚　菹　《廣韻》側魚切，《集韻》臻魚切，莊魚三平開遇；《韻鏡》内轉第十一開、《七音略》内轉第十一重中重、《切韻指南》遇攝内三獨韻侷門，列字爲「葅」；《切韻指掌圖》三圖、《四聲等子》遇攝内三重少輕多韻，列字均爲「菹」。「菹」爲《廣韻》魚韻莊母小韻首字，注曰：「《説文》曰：酢菜也，亦作葅。」余迺永注「葅」字誤，《説文》：「酢菜也。从艸沮聲。蕰，或从皿。蘁，或从缶。側魚切。」均不可寫作「葅」，故「葅」字形訛。列字以「菹」爲佳，《起數訣》是。

2　(平二崇)呈二魚　鉏　《廣韻》士魚切,《集韻》牀魚切,崇魚三平開遇;《韻鏡》内轉第十一開、《切韻指南》遇攝内三獨韻侷門,列字爲『鉏』;《七音略》内轉第十一重中重、《切韻指掌圖》三圖、《四聲等子》遇攝内三重少輕多韻,列字爲『鋤』。『鉏』爲《廣韻》魚韻崇母位小韻首字,下收有『鋤』字,注上同,二字爲異體字。列字以『鉏』爲佳,《起數訣》是。

3　(平二生)星二魚　蔬　《廣韻》所葅切,《集韻》山於切,生魚三平開遇;《韻鏡》内轉第十一開,列字爲『踈』;《七音略》内轉第十一重中重、《切韻指掌圖》三圖,列字均爲『蔬』;《四聲等子》遇攝内三重少輕多韻,列字爲『梳』;《切韻指南》遇攝内三獨韻侷門,列字爲『疏』。『疏』爲《廣韻》魚韻生母位小韻首字,下收有『踈』字,另收有『蔬』字,《起數訣》《七音略》所列『蔬』,當爲『蔬』之俗體。列字以『疏』爲佳,《起數訣》列俗體『蔬』,當校爲『蔬』。

4　(平三知)中三魚　豬　《廣韻》陟魚切,《集韻》張如切,知魚三平開遇;《韻鏡》内轉第十一開、《切韻指掌圖》三圖、《切韻指南》遇攝内三獨韻侷門,列字爲『豬』;《七音略》内轉第十一重中重,列字爲『猪』;《四聲等子》遇攝内三重少輕多韻,列字爲『株』,知母虞韻。『豬』爲《廣韻》魚韻知母位小韻首字,下收有『猪』字,注爲俗體。列字以『豬』爲佳,《起數訣》是。

5　(平三娘)年三魚　袽　明本列字爲『袽』,在其下四等格右上角位有小字『絮』,當爲『袽』之標注字。四庫本列字亦爲『袽』,其下四等位列『絮』。袽,《廣韻》女余切,《集韻》女居切,娘魚三平開遇；《韻鏡》内轉第十一開、《七音略》内轉第十一重中重、《切韻指掌圖》三圖、《切韻指南》遇攝内三獨韻偏門，列字均爲「袽」；《四聲等子》遇攝内三重少輕多韻，列字爲「鱬」，娘母虞韻。「袽」爲《廣韻》娘母位小韻首字，《起數訣》是。

6　（平三溪）□三魚　墟　《廣韻》去魚切，《集韻》丘於切，溪魚三平開遇；《韻鏡》内轉第十一開、《七音略》内轉第十一重中重，列字均爲「墟」；《切韻指掌圖》三圖，列字爲「胠」；《四聲等子》遇攝内三重少輕多韻，列字爲「區」，溪母虞韻；《切韻指南》遇攝内三獨韻偏門，列字爲「虛」。「虛」爲《廣韻》魚韻溪母位小韻首字，下收有「墟」字，注上同。列字以「虛」爲佳，《起數訣》亦無誤。

7　（平四泥）年四魚　絮　明本四等位右上角小字列「絮」，爲三等娘母字之標注字，四庫本列「絮」。《廣韻》魚母無泥母字；《集韻》女居切，娘魚三平開遇。《韻鏡》内轉第十一開、《七音略》内轉第十一重中重、《切韻指掌圖》三圖、《四聲等子》、《切韻指南》遇攝内三獨韻偏門，均空位；「絮」在《廣韻》中無魚韻音，有娘母御韻音，均不適於此位。按《集韻》女居切，爲娘母魚韻，按韻圖規制當列於三等位，《起數訣》明本列標注字，有誤導性。四庫本列此字，誤。兩本均當刪。

8　（上三徹）丑三語　楮　《廣韻》《集韻》丑呂切，徹語三上開遇；《韻鏡》内轉第十一開，列字爲「褚」；《七音略》内轉第十一重中重、《切韻指掌圖》三圖、《切韻指南》遇攝内三獨韻偏門，列字爲『楮』；《四聲等子》遇攝内三重少輕多韻，列字均爲『褚』。『褚』《廣韻》知母語韻，『褚』爲『褚』之訛字，均不可列於此。『楮』爲《廣韻》語韻知母位小韻首字，《韻鏡》《四聲等子》誤，《起數訣》是。

9（上三澄）弟三語　箸　明本列字爲『箸』，四庫本列字爲『著』。箸，《廣韻》遟倨切，澄御三去開遇；著，《廣韻》丁呂切，知語三上開遇；《集韻》丈呂切，澄語三上開遇；《韻鏡》内轉第十一開、《七音略》内轉第十一重中重、《切韻指掌圖》三圖、《切韻指南》遇攝内三獨韻侷門，列字均爲『佇』；《四聲等子》遇攝内三重少輕多韻，列字爲『拄』，澄母麌韻。『佇』爲《廣韻》語三澄母位小韻首字。『著』《廣韻》爲知母，不當列於此位，《集韻》有澄母音，《起數訣》從《集韻》，亦不誤。明本列『箸』字誤，當校改爲『著』。四庫本是。

10（上三章）震三語　鬻　《廣韻》章与切，章語三上開遇；《集韻》未收；《韻鏡》内轉第十一開，列字爲『鬻』；《七音略》内轉第十一重中重、《切韻指南》遇攝内三獨韻侷門，列字均爲『鬻』；《切韻指掌圖》三圖，列字爲『煑』；《四聲等子》遇攝内三重少輕多韻，列字爲『主』，照母麌韻。『鬻』，《廣韻》余六切，以母屋韻，不當列於此位，《韻鏡》誤，當爲『鬻』字誤。『鬻』爲《廣韻》語韻章母位小韻首字，《起數訣》是。

11（上三船）呈三語　○　《廣韻》《集韻》語韻牀母有『紓』小韻，《廣韻》神與切，《集韻》上與切，船母語韻。《韻鏡》内轉第十一開、《七音略》内轉第十一重中重、《切韻指南》遇攝内三獨韻偏門，列字均爲『紓』；《切韻指掌圖》《四聲等子》空位；『紓』爲《廣韻》語韻船母位小韻首字，《起數訣》空位誤，當校補『紓』字。

12（上三禪）石三語　墅　《廣韻》承與切，《集韻》上與切，禪語三上開遇；《韻鏡》內轉第十一開、《切韻指南》遇攝內三獨韻偏門，列字均爲『野』；《七音略》內轉第十一重中重，列字爲『墅』；《切韻指掌圖》三圖、《四聲等子》遇攝內三重少輕多韻，列字爲『豎』，禪母麌韻。『野』爲《廣韻》語韻禪母位小韻首字，下收有『墅』字，列字以『野』爲佳，《起數訣》亦無誤。

13（上三影）匠三語　淤　《廣韻》於許切，影語三上開遇；《集韻》未收；《韻鏡》內轉第十一開、《切韻指南》遇攝內三獨韻偏門，列字爲『淤』；《七音略》內轉第十一重中重，列字爲『棜』，影母御韻；《切韻指掌圖》三圖，列字爲『庾』；《四聲等子》遇攝內三重少輕多韻，列字爲『傴』，影母麌韻。『棜』，《廣韻》依倨切，去御影母，古代禮器，爲長方形的木承盤。『淤』爲《廣韻》語韻小韻首字，注『擊也』。《七音略》列『棜』字，爲『淤』之形訛。《起數訣》列字是。

14（去二初）尺二御　儊　《廣韻》瘡據切，《集韻》創據切，初御三去開遇；《韻鏡》內轉第十一開、《七音略》內轉第十一重中重、《切韻指掌圖》三圖、《切韻指南》遇攝內三獨韻偏門，列字均爲『楚』；《四聲等子》遇攝內三重少輕多韻，列字爲『儊』。『楚』爲《廣韻》御三穿母位小韻首字，下收有『儊』字，列字『楚』爲佳，《起數訣》亦無誤。

15（去三澄）弟三御　箸　明本列字爲『箸』，四庫本列字爲『著』。箸，《廣韻》遲倨切，澄御三去上開；著，《廣韻》《集韻》陟慮切，知御三去開遇；《韻鏡》内轉第十一開、《七音略》内轉第十一重中重、《切韻指南》遇攝内三獨韻偏門，列字均爲『箸』；《切韻指掌圖》三圖、《四聲等子》遇攝内三重少輕多韻，列字均爲『住』，澄母遇韻。『箸』爲《廣韻》御韻澄母位小韻首字，『著』爲知母，形訛。《起數訣》四庫本誤，當校改爲『箸』。明本列字是。

16（去三疑）月三御　〇　明本空位，四庫本列字爲『御』。御，《廣韻》牛倨切，《集韻》牛據切，疑御三去開遇；《韻鏡》内轉第十一開、《七音略》内轉第十一重中重、《切韻指掌圖》三圖、《切韻指南》遇攝内三獨韻偏門，列字均爲『御』；《四聲等子》遇攝内三重少輕多韻，列字爲『遇』，疑母遇韻。『御』爲《廣韻》御三開疑母位小韻首字，《起數訣》四庫本列字是，明本當校補『御』字。

17（去三船）呈三御　署　《廣韻》《集韻》常恕切，禪御三去開遇；《韻鏡》内轉第十一開、《七音略》内轉第十一重中重、《切韻指南》遇攝内三獨韻偏門，均列於禪母，牀母空位；《切韻指掌圖》三圖，列於禪母，牀母位列『筯』，『筯』『箸』二字爲異體字；《四聲等子》空位。『署』爲《廣韻》御三禪母位小韻首字，《起數訣》誤，當校列於禪母。

18（去三禪）石三御　噓　《廣韻》許御切，曉御三去開遇，不當列於此位；《韻鏡》内轉第十一開、《七音略》内轉第十一重中重、《切韻指掌圖》三圖、《切韻指南》遇攝内三獨韻偏門，禪母位均列『署』；《四聲等子》遇攝内三重少輕多韻，列字爲『樹』，禪母遇韻。『噓』爲曉母字，

《韻鏡》《七音略》亦列於曉母，當爲曉母錯列羼入禪母位。『署』爲《廣韻》御韻禪母位小韻首字，《起數訣》誤，當校改爲『署』。

19（去三曉）□三御　○　《廣韻》《集韻》御韻曉母位均有『噓』，《廣韻》許御切，曉御三去開遇。《韻鏡》内轉第十一開、《七音略》内轉第十一重中重、《切韻指掌圖》三圖、《切韻指南》遇攝内三獨韻侷門，列字均爲『噓』；《四聲等子》遇攝内三重少輕多韻，列字爲『煦』，曉母遇韻。『噓』爲《廣韻》御韻曉母位小韻首字，《起數訣》串入禪母，此位當補『噓』字。

20（去三匣）雄三御　飫　《廣韻》依倨切，《集韻》依據切，影御三去開遇；《韻鏡》内轉第十一開、《七音略》内轉第十一重中重、《切韻指掌圖》三圖、《切韻指南》遇攝内三獨韻侷門，均於影母位列『飫』，匣母空位；《四聲等子》遇攝内三重少輕多韻，影母位列字爲『嫗』，遇韻；匣母位空位。《廣韻》御韻匣母無字，『飫』字應移入影母位。《起數訣》誤，此處當刪。

21（去三影）匠三御　○　《廣韻》《集韻》御韻影母位均有『飫』，《起數訣》誤入匣母，此處當校補『飫』字。

22（去三來）離三御　○　明本空位，四庫本列字爲『廬』。廬，《廣韻》落胡切，《集韻》龍都切，來模一平合遇，不當列於此位；《韻鏡》内轉第十一開、《七音略》内轉第十一重中重、《切韻指掌圖》三圖、《切韻指南》遇攝内三獨韻侷門，列字均爲『慮』；《四聲等子》遇攝内三重少輕多韻，列字爲『屢』，來母遇韻；慮，《廣韻》良倨切，《集韻》良據切，來御開三去遇。『慮』

爲《廣韻》御韻來母位小韻首字，《起數訣》四庫本列字誤，當校改爲『慮』。明本空位誤，當校補『慮』字。

23 （去三日）二三御 ◯ 明本空位，四庫本列字爲『茹』。茹，《廣韻》人諸切，《集韻》如倨切，日御三去開遇；《韻鏡》內轉第十一開、《七音略》內轉第十一重中重、《切韻指南》遇攝內三獨韻偈門，列字均爲『洳』；《切韻指掌圖》三圖，列字爲『茹』；《四聲等子》遇攝內三重少輕多韻，列字爲『孺』，日母遇韻；『洳』爲《廣韻》御三日母位小韻首字，下收有『茹』字，列字以『洳』爲佳，《起數訣》四庫本亦無誤。明本空位誤，當校補『茹』字。

24 （入二崇）呈二屋 ◯ 《廣韻》《集韻》無屋韻初母字；《韻鏡》《切韻指掌圖》空位；《七音略》內轉第一重中重，列字爲『簇』，清母屋韻；《四聲等子》遇攝內三重少輕多韻，列字爲『族』，崇母屋韻；《切韻指南》通攝內一偈門，獨韻列字爲『鷟』，崇母覺韻。《七音略》列字誤，《起數訣》空位是。

25 （入二生）星二屋 ◯ 《廣韻》《集韻》無屋韻生母；《韻鏡》內轉第一開、《七音略》內轉第一重中重、《切韻指掌圖》二圖、《四聲等子》遇攝內三重少輕多韻、《切韻指南》通攝內一偈門，列字均爲『縮』。『縮』爲《廣韻》屋韻生母位小韻首字，《起數訣》空位誤，當校補『縮』字。

26 入三脣音：《起數訣》幫滂並明四紐均未列字。但於第二圖列福、蝮、伏、目。此當爲分圖原則問題，此處不校補。

27（入三見）三屋　匊　《廣韻》《集韻》居六切，見屋三入合通；《韻鏡》内轉第一開、《七音略》内轉第一重中重、《切韻指掌圖》二圖、《四聲等子》流攝内六全重無輕韻，列字均爲『菊』。『菊』爲《廣韻》屋韻見母位小韻首字，下收有『匊』字，列字以『菊』爲佳，《起數訣》亦無誤。

28（入三溪）□三屋　麴　《廣韻》驅匊切，《集韻》丘六切，溪屋三入合通；《韻鏡》内轉第一開、《七音略》内轉第一重中重、《四聲等子》流攝内六全重無輕韻，列字爲『麴』；《切韻指掌圖》二圖，列字爲『麯』。『麴』爲《廣韻》屋韻溪母位小韻首字，『麴』『麯』爲異體字。『趜』《集韻》丘六切，溪母屋韻。列字以『麴』爲佳，《起數訣》從《集韻》，亦無誤。

29（入三群）近三屋　◯　《廣韻》《集韻》有『驧』，渠竹切，群屋入開三通；《韻鏡》内轉第一開，列字爲『驧』；《七音略》内轉第一重中重、《切韻指掌圖》二圖，列字爲『⿰馬匊』；《四聲等子》通攝内一重少輕多韻，三等位列『侷』，群母濁韻；《切韻指南》通攝内一，三等位列『局』，群母濁韻。『驧』爲《廣韻》屋韻群母位小韻首字，《起數訣》空位誤，當校補『驧』字。

30（入三疑）月三屋　◯　《廣韻》《集韻》疑母位有『砡』，《廣韻》魚菊切，《集韻》逆菊切，疑屋入開三通；《韻鏡》内轉第一開、《七音略》内轉第一重中重，列字爲『砡』；《切韻指掌圖》二圖、《四聲等子》通攝内一重少輕多韻、《切韻指南》通攝内一，三等位列『玉』，疑母濁韻。『砡』爲《廣韻》屋韻群母位小韻首字，《起數訣》空位誤，當校補『砡』字。

31（入三照）震三屋　柷　《廣韻》《集韻》之六切，章屋三入合通；《韻鏡》内轉第一開、《七音略》内轉第一重中重、《切韻指掌圖》二圖、《四聲等子》流攝内六全重無輕韻，列字均爲『粥』。『粥』，《廣韻》《集韻》之六切，章母屋韻。『粥』爲《廣韻》屋韻章母位小韻首字，下收有『柷』字。列字以『粥』爲佳，《起數訣》亦無誤。

32（入三船）呈三屋　縮　《廣韻》《集韻》所六切，生屋三入合通；《韻鏡》内轉第一開、《切韻指掌圖》二圖、《四聲等子》流攝内六全重無輕韻，列於二等位，船母空位；《七音略》内轉第一重中重，列字爲『孰』，禪母屋韻，誤；『縮』爲《廣韻》屋韻生母位小韻首字，按韻圖規制當列於二等位，《起數訣》誤，當校删。

33（入三禪）石三屋　塾　明本列字爲『塾』，四庫本列字爲『熟』。熟，《廣韻》殊六切，《集韻》神六切，禪屋三入合通；《韻鏡》内轉第一開，列字爲『塾』；《七音略》空位；《切韻指掌圖》二圖，列字爲『熟』；《四聲等子》流攝内六全重無輕韻，列字爲『孰』。『熟』爲《廣韻》禪三屋小韻首字，下收有『塾』字，列字以『熟』爲佳，《起數訣》四庫本是，明本亦無誤。

釋：

1（平二初）尺二魚　初　《廣韻》《集韻》楚居切，初魚三平開遇；《韻鏡》内轉第十一開、《七音略》内轉第十一重中重、《切韻指掌圖》三圖、《四聲等子》遇攝内三重少輕多韻、《切韻指南》

遇攝内三獨韻偈門，列字均爲『初』。

2 (平三徹)丑三魚 攄 《廣韻》丑居切，《集韻》抽居切，徹魚三平開遇；《韻鏡》内轉第十一開，《七音略》内轉第十一重中重，《切韻指掌圖》三圖，《切韻指南》遇攝内三獨韻偈門，列字均爲『攄』；《四聲等子》遇攝内三重少輕多韻，列字爲『貙』，徹母虞韻。

3 (平三澄)弟三魚 除 《廣韻》直魚切，《集韻》陳如切，澄魚三平開遇；《韻鏡》内轉第十一開，《七音略》内轉第十一重中重，《切韻指掌圖》三圖，《切韻指南》遇攝内三獨韻偈門，列字均爲『除』；《四聲等子》遇攝内三重少輕多韻，列字爲『廚』，澄母虞韻。

4 (平三見)□三魚 居 《廣韻》九魚切，《集韻》斤於切，見魚三平開遇；《韻鏡》内轉第十一開，《七音略》内轉第十一重中重，《切韻指掌圖》三圖，《切韻指南》遇攝内三獨韻偈門，列字均爲『居』；《四聲等子》遇攝内三重少輕多韻，列字爲『拘』，見母虞韻。

5 (平三群)近三魚 渠 《廣韻》强魚切，《集韻》求於切，群魚三平開遇；《韻鏡》内轉第十一開，《七音略》内轉第十一重中重，《切韻指掌圖》三圖，《四聲等子》遇攝内三重少輕多韻、《切韻指南》遇攝内三獨韻偈門，列字均爲『渠』。

6 (平三疑)月三魚 魚 《廣韻》語居切，《集韻》牛居切，疑魚三平開遇；《韻鏡》内轉第十一開，《七音略》内轉第十一重中重，《切韻指掌圖》三圖，《切韻指南》遇攝内三獨韻偈門，列字均爲『魚』；《四聲等子》遇攝内三重少輕多韻，列字爲『虞』。

7 (平三章)震三魚　諸　《廣韻》章魚切，《集韻》專於切，章魚三平開遇；《韻鏡》内轉第十一開，《七音略》内轉第十一重中重，《切韻指掌圖》三圖，《切韻指南》遇攝内三獨韻偏門，列字均爲『諸』；《四聲等子》遇攝内三重少輕多韻，列字爲『朱』，照母虞韻。

8 (平三書)星三魚　書　《廣韻》傷魚切，《集韻》商居切，書魚三平開遇；《韻鏡》内轉第十一開，《七音略》内轉第十一重中重，《切韻指掌圖》三圖，《切韻指南》遇攝内三獨韻偏門，列字均爲『書』；《四聲等子》遇攝内三重少輕多韻，列字爲『輸』，審母虞韻。

9 (平三禪)石三魚　蜍　《廣韻》署魚切，禪魚三平開遇；《集韻》未收；《韻鏡》内轉第十一開，《七音略》内轉第十一重中重，《切韻指掌圖》三圖，《切韻指南》遇攝内三獨韻偏門，列字均爲『蜍』；《四聲等子》遇攝内三重少輕多韻，列字爲『殊』，禪母虞韻。

10 (平三曉)□三魚　虚　《廣韻》朽居切，《集韻》休居切，曉魚三平開遇；《韻鏡》内轉第十一開，《七音略》内轉第十一重中重，《切韻指掌圖》三圖，《切韻指南》遇攝内三獨韻偏門，列字均爲『虚』；《四聲等子》遇攝内三重少輕多韻，列字爲『訏』，曉母虞韻。

11 (平三影)匠三魚　於　《廣韻》央居切，《集韻》衣虚切，影魚三平開遇；《韻鏡》内轉第十一開，《七音略》内轉第十一重中重，《切韻指掌圖》三圖，《切韻指南》遇攝内三獨韻偏門，列字均爲『於』；《四聲等子》遇攝内三重少輕多韻，列字爲『紆』，影母虞韻。

12 (平三來)離三魚　臚　《廣韻》力居切，《集韻》淩如切，來魚三平開遇；《韻鏡》内轉第十一開、《七音略》內轉第十一重中重、《切韻指掌圖》三圖、《切韻指南》遇攝內三獨韻偏門，列字均爲『臚』；《四聲等子》遇攝內三重少輕多韻，列字爲『慺』，來母虞韻。

13 (平三日)二三魚　如　《廣韻》人諸切，《集韻》人余切，日魚三平開遇；《韻鏡》內轉第十一開、《七音略》內轉第十一重中重、《切韻指掌圖》三圖、《切韻指南》遇攝內三獨韻偏門，列字均爲『如』；《四聲等子》遇攝內三重少輕多韻，列字爲『儒』，日母虞韻。

14 (上二莊)震二語　阻　《廣韻》側吕切，《集韻》壯所切，莊語三上開遇；《韻鏡》內轉第十一開、《七音略》內轉第十一重中重、《切韻指掌圖》三圖、《四聲等子》遇攝內三重少輕多韻、《切韻指南》遇攝內三獨韻偏門，列字均爲『阻』。

15 (上二初)尺二語　楚　《廣韻》創舉切，《集韻》刱所切，初語三上開遇；《韻鏡》內轉第十一開、《七音略》內轉第十一重中重、《切韻指掌圖》三圖、《四聲等子》遇攝內三重少輕多韻、《切韻指南》遇攝內三獨韻偏門，列字均爲『楚』。

16 (上二崇)呈二語　齟　《廣韻》牀吕切，崇語三上開遇；《韻鏡》內轉第十一開、《七音略》內轉第十一重中重、《切韻指掌圖》三圖、《四聲等子》遇攝內三重少輕多韻、《切韻指南》遇攝內三獨韻偏門，列字均爲『齟』。

17 (上二生)星二語　所　《廣韻》踈舉切，生語三上開遇；《韻鏡》內轉第十一開、《七音略》內轉第十一重中重、《切韻指掌圖》三圖、《四聲等子》遇攝內三重少輕多韻、《切韻指南》遇攝内三獨韻偏門，列字均爲『所』。

18 （上三知）中三語　貯　《廣韻》丁吕切，《集韻》展吕切，知語三上開遇；《韻鏡》内轉第十一開、《七音略》内轉第十一重中重、《切韻指掌圖》三圖、《切韻指南》遇攝内三獨韻偏門，列字均爲『貯』；《四聲等子》遇攝内三重少輕多韻，列字爲『柱』，知母麌韻。

19 （上三娘）年三語　女　《廣韻》尼吕切，《集韻》碾與切，娘語三上開遇；《韻鏡》内轉第十一開、《七音略》内轉第十一重中重、《切韻指掌圖》三圖、《切韻指南》遇攝内三獨韻偏門、《四聲等子》遇攝内三重少輕多韻，列字均爲『語』。

20 （上三見）□三語　舉　《廣韻》居許切，《集韻》苟許切，見語三上開遇；《韻鏡》内轉第十一開、《七音略》内轉第十一重中重、《切韻指掌圖》三圖、《切韻指南》遇攝内三獨韻偏門，列字均爲『舉』；《四聲等子》遇攝内三重少輕多韻，列字爲『矩』，見母麌韻。

21 （上三溪）□三語　去　《廣韻》羌舉切，《集韻》口舉切，溪語三上開遇；《韻鏡》内轉第十一開、《七音略》内轉第十一重中重、《切韻指掌圖》三圖、《切韻指南》遇攝内三獨韻偏門、《四聲等子》遇攝内三重少輕多韻，列字均爲『去』。

22 （上三群）近三語　巨　《廣韻》其吕切，《集韻》臼許切，群語三上開遇；《韻鏡》内轉第十一開、《七音略》内轉第十一重中重、《切韻指掌圖》三圖、《切韻指南》遇攝内三獨韻偏門，列字均爲『巨』；《四聲等子》遇攝内三重少輕多韻，列字爲『窶』，群母麌韻。

23 (上三疑)月三語　語　《廣韻》魚巨切，《集韻》偶舉切，疑語三上開遇；《韻鏡》内轉第十一開，《七音略》内轉第十一重中重，《切韻指掌圖》三圖，《切韻指南》遇攝内三獨韻偈門，列字爲『語』；《四聲等子》遇攝内三重少輕多韻，列字爲『噳』，疑母麌韻。

24 (上三昌)尺三語　杵　《廣韻》昌與切，《集韻》敞吕切，昌語三上開遇；《韻鏡》内轉第十一開，《七音略》内轉第十一重中重，《切韻指南》遇攝内三獨韻偈門，列字爲『杵』；《切韻指掌圖》三圖，《四聲等子》遇攝内三重少輕多韻，列字均爲『處』，昌母語韻。

25 (上三書)星三語　暑　《廣韻》舒吕切，《集韻》賞吕切，書語三上開遇；《韻鏡》内轉第十一開，《七音略》内轉第十一重中重，《切韻指掌圖》三圖，《四聲等子》遇攝内三重少輕多韻，《切韻指南》遇攝内三獨韻偈門，列字均爲『暑』。

26 (上三曉)□三語　許　《廣韻》虚吕切，《集韻》喜語切，曉語三上開遇；《韻鏡》内轉第十一開，《七音略》内轉第十一重中重，《切韻指掌圖》三圖，《切韻指南》遇攝内三獨韻偈門，列字均爲『許』；《四聲等子》遇攝内三重少輕多韻，列字爲『詡』，曉母麌韻。

27 (上三來)離三語　吕　《廣韻》力舉切，《集韻》兩舉切，來語三上開遇；《韻鏡》内轉第十一開，《七音略》内轉第十一重中重，《切韻指掌圖》三圖，《切韻指南》遇攝内三獨韻偈門，列字均爲『吕』；《四聲等子》遇攝内三重少輕多韻，列字爲『縷』，來母麌韻。

28 (上三日)二三語　汝　《廣韻》人渚切，《集韻》忍與切，日語三上開遇；《韻鏡》内轉第十一開、《七音略》内轉第十一重中重、《切韻指掌圖》三圖、《切韻指南》遇攝内三獨韻侷門，列字均爲『汝』；《四聲等子》遇攝内三重少輕多韻，列字爲『乳』，日母麌韻。

29 (去二莊)震二御　詛　《廣韻》《集韻》莊助切，莊御三去開遇；《韻鏡》内轉第十一開、《七音略》内轉第十一重中重、《切韻指掌圖》三圖、《四聲等子》遇攝内三重少輕多韻、《切韻指南》遇攝内三獨韻侷門，列字均爲『詛』。

30 (去二崇)呈二御　助　《廣韻》《集韻》牀據切，崇御三去開遇；《韻鏡》内轉第十一開、《七音略》内轉第十一重中重、《切韻指掌圖》三圖、《切韻指南》遇攝内三獨韻侷門、《四聲等子》遇攝内三重少輕多韻，列字均爲『助』。

31 (去二生)星二御　䟽　《廣韻》所去切，生御三去開遇；《韻鏡》内轉第十一開、《七音略》内轉第十一重中重、《切韻指掌圖》三圖、《切韻指南》遇攝内三獨韻侷門，列字均爲『䟽』；《四聲等子》遇攝内三重少輕多韻，列字爲『疏』。『疏』『䟽』二字爲異體字。

32 (去三知)中三御　著　《廣韻》《集韻》陟慮切，知御三去開遇；《韻鏡》内轉第十一開、《七音略》内轉第十一重中重、《切韻指掌圖》三圖、《切韻指南》遇攝内三獨韻侷門，列字均爲『著』；《四聲等子》遇攝内三重少輕多韻，列字爲『註』，知母遇韻。

33 (去三徹)丑三御　絮　《廣韻》抽據切，《集韻》楮御切，徹御三去開遇；《韻鏡》内轉第十一開、《七音略》内轉第十一重中重、《切韻指掌圖》三圖、《切韻指南》遇攝内三獨韻侷門，列字均爲『絮』；《四聲等子》遇攝内三重少輕多韻，列字爲『閨』，《康熙字典》記：『《集韻》丑注切』，徹母遇韻。

34 (去三娘)年三御　女　《廣韻》《集韻》尼據切，娘御三去開遇；《韻鏡》内轉第十一開、《七音略》内轉第十一重中重、《切韻指掌圖》三圖、《切韻指南》遇攝内三獨韻偏門、《四聲等子》遇攝内三重少輕多韻，列字均爲『女』。

35 (去三見)□三御　據　《廣韻》《集韻》居御切，見御三去開遇；《韻鏡》内轉第十一開、《七音略》内轉第十一重中重、《切韻指掌圖》三圖、《切韻指南》遇攝内三獨韻偏門，列字均爲『據』；《四聲等子》遇攝内三重少輕多韻，列字爲『句』，見母遇韻。

36 (去三溪)□三御　去　《廣韻》《集韻》丘倨切，溪御三去開遇；《韻鏡》内轉第十一開、《七音略》内轉第十一重中重、《切韻指掌圖》三圖、《四聲等子》遇攝内三重少輕多韻，列字均爲『去』；《切韻指南》遇攝内三獨韻偏門，列字爲『㰦』。

37 (去三群)近三御　遽　《廣韻》《集韻》其據切，群御三去開遇；《韻鏡》内轉第十一開、《七音略》内轉第十一重中重、《切韻指南》遇攝内三獨韻偏門，列字均爲『遽』；《切韻指掌圖》三圖，列字爲『具』，群母遇韻；《四聲等子》遇攝内三重少輕多韻，列字爲『懼』，群母遇韻。

38 (去三章)震三御　翥　《廣韻》《集韻》章恕切，章御三去開遇；《韻鏡》内轉第十一開、《七音略》内轉第十一重中重，列字均爲『翥』；《切韻指掌圖》三圖、《切韻指南》遇攝内三獨韻偈門，照御遇三去；《四聲等子》遇攝内三重少輕多韻，列字爲『注』，章母遇韻。

39（去三昌）尺三御　處　《廣韻》《集韻》昌據切，昌御三去開遇；《韻鏡》内轉第十一開、《七音略》内轉第十一重中重、《切韻指掌圖》三圖、《切韻指南》遇攝内三獨韻偈門、《四聲等子》遇攝内三重少輕多韻，列字均爲『處』。

40（去三書）星三御　恕　《廣韻》《集韻》商署切，書御三去開遇；《韻鏡》内轉第十一開、《七音略》内轉第十一重中重，列字均爲『恕』；《切韻指掌圖》三圖、《切韻指南》遇攝内三獨韻偈門，審御遇三去；《四聲等子》遇攝内三重少輕多韻，列字爲『戍』，審母遇韻。

41（入二莊）震二屋　縬　《廣韻》《集韻》側六切，莊屋三入合通；《韻鏡》内轉第一開、《七音略》内轉第一重中重、《切韻指掌圖》二圖、《四聲等子》遇攝内三重少輕多韻、《切韻指南》通攝内一偈門，列字均爲『縬』。

42（入二初）尺二屋　珿　《廣韻》《集韻》初六切，初屋三入合通；《韻鏡》内轉第一開、《七音略》内轉第一重中重、《切韻指掌圖》二圖、《四聲等子》遇攝内三重少輕多韻、《切韻指南》通攝内一偈門，列字均爲『珿』。

43（入三知）中三屋　竹　《廣韻》《集韻》張六切，知屋三入合通；《韻鏡》内轉第一開、《七音略》内轉第一重中重、《切韻指掌圖》二圖、《四聲等子》流攝内六全重無輕韻，列字均爲『竹』。

44（入三徹）丑三屋　蓄　《廣韻》丑六切，《集韻》勑六切，徹屋三入合通；《韻鏡》内轉第一開、《七音略》内轉第一重中重、《四聲等子》流攝内六全重無輕韻，列字均爲『蓄』；《切韻指掌圖》二圖，列字爲『畜』，《集韻》徹母屋韻。

45（入三澄）弟三屋　逐　《廣韻》直六切，《集韻》仲六切，澄屋三入合通；《韻鏡》内轉第一開、《七音略》内轉第一重中重、《切韻指掌圖》二圖、《四聲等子》流攝内六全重無輕韻，列字均爲『逐』。

46（入三娘）年三屋　朒　《廣韻》女六切，娘屋三入合通；《集韻》而六切，日屋三入合通；《韻鏡》内轉第一開、《七音略》内轉第一重中重、《切韻指掌圖》二圖、《四聲等子》流攝内六全重無輕韻，列字均爲『朒』。

47（入三昌）尺三屋　俶　《廣韻》《集韻》昌六切，昌屋三入合通；《韻鏡》内轉第一開、《七音略》内轉第一重中重、《切韻指掌圖》二圖、《四聲等子》流攝内六全重無輕韻，列字均爲『俶』。

48（入三書）星三屋　叔　《廣韻》《集韻》式竹切，書屋三入合通；《韻鏡》内轉第一開、《七音略》内轉第一重中重、《切韻指掌圖》二圖、《四聲等子》流攝内六全重無輕韻，列字均爲『叔』。

49（入三曉）□三屋　蓄　《廣韻》許竹切，《集韻》許六切，曉屋入開三通；《韻鏡》内轉第一開、《七音略》内轉第一重中重、《切韻指掌圖》二圖，列字爲『蓄』；《四聲等子》通攝内一重少輕多韻、《切韻指南》通攝内一，三等位『旭』，曉母燭韻。

50（入三影）匠三屋　郁　《廣韻》於六切，《集韻》乙六切，影屋三入合通；《韻鏡》内轉第一開、《七音略》内轉第一重中重、《切韻指掌圖》二圖、《四聲等子》流攝内六全重無輕韻、《切韻指南》通攝内一侷門，列字均爲「郁」。

51（入三喻）王三屋　囿　《廣韻》《集韻》于六切，云屋三入合通；《韻鏡》内轉第一開、《七音略》内轉第一重中重、《四聲等子》流攝内六全重無輕韻、《切韻指南》通攝内一侷門，列字均爲「囿」；《切韻指掌圖》空位。

52（入三來）離三屋　六　《廣韻》《集韻》力竹切，來屋三入合通；《韻鏡》内轉第一開、《七音略》内轉第一重中重、《切韻指掌圖》二圖、《四聲等子》流攝内六全重無輕韻，列字均爲「六」。

53（入三日）二三屋　肉　《廣韻》如六切，《集韻》而六切，日屋三入合通；《韻鏡》内轉第一開、《七音略》内轉第一重中重、《切韻指掌圖》二圖、《四聲等子》遇攝内三重少輕多韻，列字均爲「肉」。

蹇三	井七	井十	蹇十二			坤四	師五	升五	師三	坤六
王	禹	二	直	開		夫	普	旁	毋	朱
				音	模秦六	逋	搏	蒲	摸	都
				清	佳秦一	𨁈		琕	睥	
	臚	如								
					虞					
					姥隨六	補	普	部	姥	賭
					蟹隨一	擺	帕	罷	買	
	呂	汝								
					麌					
				清	暮秦六	布	怖	步	暮	妬
				中	卦秦一	薜	派	粺	賣	
				清						
					遇					
					屋震六	卜	扑	僕	木莫	豰
					黠震一	八	扒	拔	傛	
圓	六	肉								
					屋					

师六	升六	坤七	坤一	师一		師二	坤八	師八	升八	
土	同	乃	古	坤	口	五	走	草	曹	■
珍	徒	奴	孤	枯		吾	租	麤	徂	蘇
							諏	趨		須
土	杜	砮	古	苦		五	祖	蘆	粗	
								取	聚	䋭
兎	渡	怒	顧	庫		誤	作	措	祚	素
							緅	娶	聖	尠
禿	牘	穀		哭			鏃	蔟	族	速
							蹙	鼀	摵	肅

誕九 师二五 師四 坤三 升四 師七 坤五

寺 續

■或 呼 虎 扉 嚳熇

武 胡 户 護 穀

安 烏 鳴 度 汚惡 屋

文 侉 俞 裕 育

老 盧 魯 路 禄

■ 扆

■

開音濁

麌 麌同 麌 麌 麌並 遇 遇局 屋 屋豐

卜 夫胥 浦 付 福

第二十一圖　開音清

本圖舒聲收《廣韻》模姥暮、虞麌遇三韻合口字，係拆分《韻鏡》內轉第十二開合，取一四等位列字。另舒聲收《廣韻》佳蟹卦脣音字，係拆分《韻鏡》外轉第十五開中舒聲脣音二等字。入聲收《廣韻》屋韻一四等字，係拆分《韻鏡》內轉第一開入聲一四等位列字。另入聲收《廣韻》黠韻脣音字，係拆分《韻鏡》外轉第二十三開入聲二等位脣音字。本圖模虞與佳合圖，頗不合理。佳當列於第二十三圖。明本、四庫本聲母群母處列「□」明本聲母曉、日、半三處列「■」，曉母右下角有小字「五」，四庫本空格。明本透母位列「圡」字，四庫本列「土」。本圖圖面開音下有「清中清」，韻目入聲四等，明母標目爲「屋」，四庫本空格。

校注：

1 本圖圖面中，閉音清下有「清中清」三字，與它圖異。

2 （平一滂）普一模　稗　《廣韻》普胡切，《集韻》滂模切，滂模一平合遇；《韻鏡》內轉第十二開合、《七音略》內轉第十二輕中輕、《切韻指掌圖》三圖，列字爲「鋪」；《四聲等子》遇攝內三重少輕多韻、《切韻指南》遇攝内三獨韻偈門，列字爲『鋪』。『鋪』爲《廣韻》模韻滂母位小韻首字，下收有『鋪』字，列字以『鋪』爲佳，《起數訣》是。

3（平一並）旁一模　蒲　《廣韻》薄胡切，《集韻》蓬逋切，並模一平合遇；《韻鏡》内轉第十二開合、《七音略》内轉第十二輕中輕、《四聲等子》遇攝内三重少輕多韻，列字均爲『蒲』；《切韻指掌圖》三圖、《切韻指南》遇攝内三獨韻偈門，列字爲『酺』。『酺』爲《廣韻》模韻並母位小韻首字，下收有『蒲』字，列字以『酺』爲佳，《起數訣》從《韻鏡》等諸韻圖，亦無誤。

4（平一明）母一模　摸　《廣韻》莫胡切，明模一平合遇；《集韻》末各切，明鐸一入開宕；《韻鏡》内轉第十二開合、《七音略》内轉第十二輕中輕、《切韻指掌圖》三圖、《四聲等子》遇攝内三重少輕多韻、《切韻指南》遇攝内三獨韻偈門，列字均爲『模』。『模』，《廣韻》莫胡切，《集韻》蒙脯切，明母模韻。『模』爲《廣韻》模韻明母位小韻首字，《起數訣》當以列『模』爲佳，列『摸』亦無誤。

5（平一清）草一模　麤　《廣韻》倉胡切，《集韻》聰徂切，清模一平合遇；《韻鏡》内轉第十二開合、《七音略》内轉第十二輕中輕、《切韻指南》遇攝内三獨韻偈門，列字爲『麁』；《切韻指掌圖》三圖，列字爲『麤』；《四聲等子》遇攝内三重少輕多韻，列字爲『粗』。『麤』爲《廣韻》模韻清母位小韻首字，下收有『麁』『麄』二字。『麄』爲『米不精也』，爲『粗』之異體。『粗』《集韻》聰徂切，平模清母。列字以『麤』爲佳，《起數訣》是。

6 (平一心)■一模　蘇　《廣韻》素姑切，《集韻》孫租切，心模一平合遇；《韻鏡》内轉第十二開合，列字爲『蘓』，『蘓』、『蘇』二字爲異體字；《七音略》内轉第十二輕中輕、《切韻指掌圖》三圖、《四聲等子》遇攝内三重少輕多韻、《切韻指南》遇攝内三獨韻偈門，列字均爲『蘇』。『蘇』爲《廣韻》《集韻》模韻心母位小韻首字，爲正體，『蘓』爲俗體。《起數訣》列正體，是。

7 (平一喻)文一模　侉　《廣韻》安賀切，影過一平合遇；《集韻》尤孤切，云模一平合遇；《韻鏡》《七音略》《切韻指掌圖》喻母位空位；《四聲等子》遇攝内三重少輕多韻、《切韻指南》遇攝内三獨韻偈門，列字均爲『侉』。『侉』《廣韻》《集韻》音切均不可列於此位，《四聲等子》《切韻指南》不知何據。模爲一等韻，喻祇拼合三等韻，《廣韻》《集韻》模韻無喻母音，《起數訣》誤，當刪。

8 (平二幫)夫二佳　蹕　《廣韻》卑吉切，《集韻》壁吉切，幫質三入開臻；《韻鏡》《七音略》空位；《切韻指掌圖》《四聲等子》《切韻指南》亦空位。大岩本幸次云：『蹕，質韻字，當據」《集韻》作𨁈。靜嘉本硃校作𨁈。』亦不合於此位。《廣韻》《集韻》佳韻幫母亦無字，《起數訣》列字誤，當刪。

9 (平二並)旁二佳　𨁈　《廣韻》未收；《集韻》蘗佳切，幫佳開二平蟹；不當列於此位。《韻鏡》内轉第十二開合、《七音略》外轉第十五重中輕、《四聲等子》蟹攝外二輕重俱等開口呼，列字均爲『牌』；《切韻指掌圖》十七圖、《切韻指南》蟹攝外二開口呼廣門，列字爲『排』，並母皆韻。『牌』爲《廣韻》佳韻並母位小韻首字，《起數訣》誤，當校改爲『牌』。《起數訣》二十三圖並二佳母位列『牌』，本圖列佳韻字頗疑，當删。

10（平二明）母二佳　㬅　《廣韻》匹詣切，《集韻》匹計切，滂霽四去開蟹；《韻鏡》内轉第十二開合、《七音略》外轉第十五重中輕、《四聲等子》蟹攝外二輕重俱等開口呼、《切韻指南》蟹攝外二開口呼廣門，列字均爲『睸』；《切韻指掌圖》三圖，列字爲『埋』，明母皆韻。『睸』爲《廣韻》佳韻明母位小韻首字，『㬅』或爲『睸』字形訛，《起數訣》誤，當校改爲『睸』。本圖列佳韻字頗疑，當删。

11（平四以）文四虞　俞　《廣韻》羊朱切，《集韻》容朱切，以虞三平合遇；《韻鏡》内轉第十二開合、《四聲等子》遇攝内三重少輕多韻，列字爲『逾』；《七音略》内轉第十二輕中輕，列字爲『俞』；《切韻指掌圖》三圖，列字爲『與』，以母魚韻；《切韻指南》遇攝内三獨韻偈門，列字爲『余』，以母魚韻。『逾』爲《廣韻》虞韻以母位小韻首字，下收有『俞』字，列字以『逾』爲佳，《起數訣》亦無誤。

12（上一並）旁一姥　部　《廣韻》裴古切，《集韻》伴姥切，並姥一上合遇；《韻鏡》内轉第十二開合、《七音略》内轉第十二輕中輕、《切韻指掌圖》三圖、《切韻指南》遇攝内三獨韻偈門，列字均爲『簿』；《四聲等子》遇攝内三重少輕多韻，列字爲『部』。『簿』爲《廣韻》姥韻並母位小韻首字，下收有『部』字，列字以『簿』爲佳，《起數訣》亦無誤。

13 (上一端)東一姥　睹　《廣韻》當古切,《集韻》董五切,端姥一上合遇;《韻鏡》内轉第十二開合、《七音略》内轉第十二輕中輕、《切韻指掌圖》三圖、《四聲等子》遇攝内三重少輕多韻、《切韻指南》遇攝内三獨韻偈門,列字均爲『覩』。『覩』爲《廣韻》姥一端母位小韻首字,下收有『睹』字,列字以『覩』爲佳,《起數訣》亦無誤。

14 (上一定)同一姥　杜　明本列字爲『杜』,四庫本列字爲『社』。『社』,《廣韻》《集韻》常者切,禪馬三上開假;《韻鏡》内轉第十二開合、《七音略》内轉第十二輕中輕、《切韻指掌圖》三圖、《四聲等子》遇攝内三重少輕多韻、《切韻指南》遇攝内三獨韻偈門,列字均爲『杜』。『杜』,《廣韻》徒古切,《集韻》董五切,定母姥韻。『杜』爲《廣韻》姥韻定母位小韻首字,《起數訣》四庫本誤,當校改爲『杜』字。明本列字是。

15 (上一泥)乃一姥　弩　《廣韻》奴古切,《集韻》暖五切,泥姥一上開遇;《韻鏡》内轉第十二開合、《四聲等子》遇攝内三重少輕多韻,列字爲『努』;《七音略》内轉第十二輕中輕、《切韻指掌圖》三圖,列字爲『弩』;《切韻指南》遇攝内三獨韻偈門,列字爲『怒』。『怒』爲《廣韻》姥韻泥母位小韻首字,下收有『弩』『努』二字,列字以『怒』爲佳,《起數訣》亦無誤。

16 (上一影)安一姥　隖　《廣韻》安古切,《集韻》於五切,影姥一上合遇;《韻鏡》内轉第十二開合、《切韻指南》遇攝内三獨韻偈門,列字爲『隖』;《七音略》内轉第十二輕中輕、《四聲等子》遇攝内三重少輕多韻,列字均爲『塢』;《切韻指掌圖》三圖,列字爲『鄔』。『隖』爲《廣韻》姥韻影母位小韻首字，下收有『塢』字，列字以『隖』爲佳，《起數訣》是。

17 (上三幫)夫二蟹　擺　《廣韻》北買切，《集韻》補買切，幫蟹二上開蟹；《韻鏡》外轉第十五開、《七音略》外轉第十五重中輕、《切韻指掌圖》十七圖、《四聲等子》蟹攝外二輕重俱等開口呼、《切韻指南》遇攝內三獨韻偈門，列字均爲『擺』。『擺』爲《廣韻》蟹二幫母位小韻首字，但本圖列蟹韻字頗疑，當刪。

18 (上三滂)普二蟹　帊　《廣韻》蟹韻無滂母字，《集韻》怦買切，滂蟹二上開蟹；《康熙字典》記：『《唐韻》卑履切，《集韻》補履切，音比。又《集韻》部鄙切，音否，義同。』《韻鏡》《七音略》空位；《切韻指掌圖》十七圖，列字爲『俖』，滂母海韻；《四聲等子》蟹攝外二輕重俱等開口呼、《切韻指南》遇攝內三獨韻偈門，列字爲『帊』。《廣韻》蟹韻無滂母字，《起數訣》列『帊』字，從《集韻》，亦無誤。但本圖列蟹韻字頗疑，當刪。

19 (上三並)旁二蟹　罷　《廣韻》薄蟹切，《集韻》部買切，並蟹二上開蟹；《韻鏡》外轉第十五開、《七音略》外轉第十五重中輕、《四聲等子》蟹攝外二輕重俱等開口呼、《切韻指南》蟹攝外二開口呼廣門，列字均爲『罷』；《切韻指掌圖》十七圖，列字爲『備』。『罷』爲《廣韻》蟹二並母位小韻首字，但本圖列蟹韻字頗疑，當刪。

20 (上三明)母二蟹　買　《廣韻》莫蟹切，《集韻》母蟹切，明蟹二上開蟹；《韻鏡》外轉第十五開、《七音略》外轉第十五重中輕、《切韻指掌圖》十七圖、《四聲等子》蟹攝外二輕重俱等開口呼、《切韻指南》蟹攝外二開口呼廣門，列字均爲『買』。『買』爲《廣韻》蟹二明母位小韻首字，但本圖列蟹韻字頗疑，當刪。

21（上四影）安四麌　庾　《廣韻》以主切，《集韻》勇主切，以麌三上合遇；《韻鏡》内轉第十二開合、《四聲等子》遇攝内三重少輕多韻，以母位列字爲『庾』；《七音略》空位；《切韻指掌圖》三圖、《切韻指南》遇攝内三獨韻侷門，列字爲『與』，以母語韻。『庾』爲《廣韻》麌韻以母位小韻首字，不當列於影母位，《起數訣》兩本皆誤，當刪。

22（上四以）文四麌　○　《廣韻》《集韻》麌三以母位均有『庾』字，《起數訣》誤入影母位，兩本皆誤，當校補『庾』字。

23（去一並）旁一暮　步　《廣韻》《集韻》薄故切，並暮一去合遇；《韻鏡》内轉第十二開合、《七音略》内轉第十二輕中輕、《切韻指掌圖》三圖、《四聲等子》遇攝内三重少輕多韻、《切韻指南》遇攝内三獨韻侷門，列字均爲『捕』。『捕』爲《廣韻》暮韻並母位小韻首字，下收有『步』字，列字以『捕』爲佳，《起數訣》亦無誤。

24（去一端）東一暮　妬　《廣韻》當故切，《集韻》都故切，端暮一去合遇；《韻鏡》内轉第十二開合、《切韻指掌圖》三圖、《四聲等子》遇攝内三重少輕多韻，列字爲『妬』；《七音略》内轉第十二輕中輕、《切韻指南》遇攝内三獨韻侷門，列字均爲『妒』。『妬』爲《廣韻》暮韻端母位小韻首字，下收有『妒』字，注上同，二字爲異體字。《起數訣》列正體，是。

25（去一透）土一暮　兔　《廣韻》湯故切，《集韻》土故切，透暮一去合遇；《韻鏡》內轉第十二開合、《七音略》內轉第十二輕中輕、《切韻指南》遇攝內三獨韻侷門，列字均爲『菟』；《切韻指掌圖》三圖、《四聲等子》遇攝內三重少輕多韻，列字均爲『兔』。『菟』爲《廣韻》暮韻透母位小韻首字，下收有『兔』字，列字以『菟』爲佳，《起數訣》亦無誤。

26（去一泥）乃一暮　怒　《廣韻》乃故切，《集韻》奴故切，泥暮一去合遇；《韻鏡》內轉第十二開合、《七音略》內轉第十二輕中輕、《切韻指南》遇攝內三獨韻侷門，列字爲『笯』；《切韻指掌圖》三圖、《四聲等子》遇攝內三重少輕多韻，列字均爲『怒』。『笯』爲《廣韻》暮韻泥母位小韻首字，下收有『怒』字，列字以『笯』爲佳，《起數訣》亦無誤。

27（去一溪）坤一暮　庫　《廣韻》《集韻》苦故切，溪暮一去合遇；《韻鏡》內轉第十二開合、《切韻指掌圖》三圖、《四聲等子》遇攝內三重少輕多韻，列字爲『袴』；《七音略》內轉第十二輕中輕、《切韻指南》遇攝內三獨韻侷門，列字爲『絝』。『絝』爲《廣韻》暮韻溪母位小韻首字，下收有『袴』字，注上同，二字爲異體字，下收有『庫』字。列字以『絝』爲佳，《起數訣》亦無誤。

28（去一精）走一暮　作　《廣韻》臧祚切，《集韻》宗祚切，精暮一去合遇；《韻鏡》內轉第十二開合、《切韻指掌圖》三圖，列字均爲『做』；《七音略》內轉第十二輕中輕、《四聲等子》遇攝內三重少輕多韻、《切韻指南》遇攝內三獨韻侷門，列字均爲『作』。『做』《廣韻》未收，《集韻》僅於『作』字下注：『俗作做』。『作』爲《廣韻》暮韻精母位小韻首字，《起數訣》是。

29（去一清）草一暮　棤　明本列字爲『棤』，四庫本列字爲『措』。棤，《廣韻》思積切，心母昔韻，不當列於此位，當爲『措』字誤。措，《廣韻》《集韻》倉故切，清暮一去合遇；《韻鏡》内轉第十二開合，列字爲『厝』；《七音略》内轉第十二輕中輕、《四聲等子》遇攝内三重少輕多韻、《切韻指南》遇攝内三獨韻偏門，列字爲『厝』；《切韻指掌圖》三圖，列字爲『醋』。『厝』，《廣韻》秦昔切，入昔從母，一爲古县名，二通『厝』，爲其通假字。『厝』爲《廣韻》暮韻清母位小韻首字，下收有『措』『醋』二字。列字以『厝』爲佳，《起數訣》亦無誤。明本列字形訛，當校改爲『措』，四庫本是。

30（去一心）■一暮　素　《廣韻》桑故切，《集韻》蘇故切，心暮一去合遇；《韻鏡》内轉第十二開合、《七音略》内轉第十二輕中輕、《切韻指掌圖》三圖、《切韻指南》遇攝内三獨韻偏門，列字均爲『訴』；《四聲等子》遇攝内三重少輕多韻，列字爲『素』。『訴』爲《廣韻》暮韻心母位小韻首字，下收有『素』字，列字以『訴』爲佳，《起數訣》亦無誤。

31（去一曉）■一暮　戽　《廣韻》《集韻》荒故切，曉暮一去合遇；《韻鏡》内轉第十二開合、《七音略》内轉第十二輕中輕、《切韻指掌圖》三圖、《四聲等子》遇攝内三重少輕多韻、《切韻指南》遇攝内三獨韻偏門，列字均爲『謼』。『謼』爲《廣韻》暮韻曉母位小韻首字，下收有『戽』字，列字以『謼』爲佳，《起數訣》亦無誤。

32（去一影）安一暮　汚　明本列字爲『汚』，同格右下角有小字『惡』字，爲其標注字。四庫本列字爲『污』，下四等格内右上角字型較小列有『惡』字。污，《廣韻》烏路切，影模一平合遇；《集韻》烏故切，影暮一平合遇。《韻鏡》内轉第十二開合、《切韻指掌圖》三圖、《切韻指南》遇攝内三獨韻偈門，列字均爲『汙』；《七音略》空位；《四聲等子》遇攝内三重少輕多韻，列字爲『污』。『汙』爲《廣韻》模韻影母位小韻首字，『污』爲『汙』異體字，列字以『汙』爲佳，《起數訣》亦無誤。

33（去一日）■一暮　㞒　《廣韻》《集韻》未收；《康熙字典》記：『《正字通》同辱。』辱，《廣韻》而蜀切，入燭日母。不當列於此位。《韻鏡》《七音略》《切韻指掌圖》《四聲等子》《切韻指南》空位。《起數訣》誤，當删。

34（去二幫）夫二卦　薜　《廣韻》《集韻》博厄切，幫麥二入開梗；《韻鏡》外轉第十六合，《四聲等子》蟹攝外二輕重俱等開口呼，列字爲『庍』；《七音略》外轉第十五重中輕、《切韻指南》蟹攝外二開口呼廣門，列字爲『嶭』，幫母卦韻；《切韻指掌圖》三圖，列字爲『拜』，幫母怪韻。『庍』爲《廣韻》卦韻幫母合口位小韻首字，有些版本另有『嶭，方賣反』，卦韻本無開合對立，《集韻》『嶭』并入『庍』小韻。列字以『庍』爲佳，《起數訣》列『薜』字，當爲『嶭』字形訛，誤。當校改爲『庍』。但卦列本圖頗疑，當列入二十三圖，本圖當删。

35（去二滂）普二卦　派　《廣韻》匹卦切，《集韻》普卦切，滂卦二去合蟹；《韻鏡》外轉第十六合、《四聲等子》蟹攝外二輕重俱等開口呼，列字均爲『派』；《七音略》外轉第十六輕中輕，列字爲『𠂢』；《切韻指掌圖》三圖，列字爲『湃』，滂母怪韻；《切韻指南》空位。『派』爲《廣韻》卦韻滂母位小韻首字，下收有『𠂢』字，列字以『派』爲佳，《起數訣》是。但卦列本圖頗疑，當列入二十三圖，本圖當刪。

36 （去二並）旁二卦　粺　《廣韻》傍卦切，《集韻》旁卦切，並卦二去合蟹；《韻鏡》外轉第十六合，列字爲『稗』；《七音略》外轉第十六輕中輕、《四聲等子》蟹攝外二輕重俱等開口呼，列字均爲『粺』；《切韻指掌圖》三圖，列字爲『敗』，並母夬韻；《切韻指南》空位。『粺』爲《廣韻》卦韻滂母位小韻首字，下收有『稗』字，列字以『粺』爲佳，《起數訣》是。但卦列本圖頗疑，當列入二十三圖，本圖當刪。

37 （去二明）母二卦　賣　《廣韻》《集韻》莫懈切，明卦二去合蟹；《韻鏡》外轉第十六合、《七音略》外轉第十五重中輕、《切韻指掌圖》三圖、《四聲等子》蟹攝外二輕重俱等開口呼、《切韻指南》蟹攝外二開口呼廣門，列字均爲『賣』。但卦列本圖頗疑，當列入二十三圖，本圖當刪。

38 （去二影）安二卦　惡　明本『惡』字列於一等但列字『污』同格，四庫本單列於此。惡，《廣韻》烏路切，《集韻》烏故切，影暮一去開遇；不當列於卦韻。《廣韻》《集韻》卦韻影母有『隘，烏懈切』；《韻鏡》空位；《七音略》外轉第十五重中輕、《切韻指南》蟹攝外二開口呼廣門，列字爲『隘』；《切韻指掌圖》三圖，列字爲『䵳』，影母夬韻；《四聲等子》蟹攝外二輕重俱等開口呼，列字均爲『喝』，影母夬韻。『惡』爲暮韻字，不當列於卦韻，且字體較小位於右上方，爲一等『污』字注音字，當删。『隘』爲《廣韻》卦韻影母位小韻首字，但本圖二等列字平上入均只收脣音，所以此處不亦校補。

39 （去四從）曹六遇　埾　《廣韻》才句切，《集韻》從遇切，從遇三去合遇；《韻鏡》内轉第十二開合、《切韻指掌圖》三圖，列字爲『聚』；《七音略》内轉第十二輕中輕，列字均爲『埾』；《四聲等子》遇攝内三重少輕多韻、《切韻指南》遇攝内三獨韻偈門，列字爲『埾』。『埾』爲《廣韻》遇韻從母位小韻首字，下收有『聚』字，《七音略》誤，《起數訣》是。

40 （去四邪）寺一遇　續　《廣韻》似足切，邪燭三入合通；《集韻》辭屨切，邪遇三去合遇；《韻鏡》《七音略》空位；《切韻指掌圖》三圖、《切韻指南》遇攝内三獨韻偈門，列字爲『屐』；《四聲等子》遇攝内三重少輕多韻，列字爲『緒』，邪母遇韻。《廣韻》遇韻無邪母字，《起數訣》列『續』字，當從《集韻》亦無誤。

41 本圖入聲與第二圖基本相同，故只校不同處。

42 （入一滂）普一屋　扑　《廣韻》《集韻》普木切，滂屋一入合通；《韻鏡》内轉第一開、《七音略》内轉第一重中重、《切韻指掌圖》三圖、《四聲等子》遇攝内三重少輕多韻、《切韻指南》遇攝内三獨韻偈門，列字均爲『扑』。一圖滂母屋韻，列字爲『攴』。『扑』爲《廣韻》屋韻滂母位小韻首字，下收有『攴』字。列字以『扑』爲佳，本圖是。

43 （入一明）母一屋　木　明本右上角有『莫』字，較模糊。木，《廣韻》《集韻》莫卜切，明屋入開一通；《韻鏡》内轉第一開、《七音略》内轉第一重中重、《切韻指掌圖》二圖、《四聲等子》通攝内一重少輕多韻、《切韻指南》通攝内一侷門，均列於明母入聲一等位。『莫』，《廣韻》明母鐸韻，明本記此字不知原因。本位列『木』字是。

44 （入一泥）乃一屋　縠　《廣韻》《集韻》古禄切，見屋一入合通；此字當列於見母，《起數訣》一圖即列於見母，本圖錯列，當删。

45 （入一見）古一屋　◯　《廣韻》《集韻》未收；《韻鏡》内轉第一開、《七音略》内轉第一重中重、《切韻指掌圖》三圖、《四聲等子》遇攝内三重少輕多韻、《切韻指南》遇攝内三獨韻侷門，列字均爲『穀』。『穀』爲《廣韻》屋韻見母位小韻首字，下收有『縠』字，泥母位列字當移至此位，《起數訣》空位誤，當校補『穀』字。

46 （入一清）草一屋　蔟　《廣韻》《集韻》千木切，清屋一入合通；《韻鏡》内轉第一開、《七音略》内轉第一重中重、《切韻指掌圖》三圖、《四聲等子》遇攝内三重少輕多韻、《切韻指南》遇攝内三獨韻侷門，列字均爲『瘯』。『瘯』爲《廣韻》屋韻清母位小韻首字，下收有『蔟』『簇』二字，一圖列字爲『簇』，二圖均無誤。

47 （入一半三）　本圖空位，一圖列『熟』字。

48 一圖未收有入聲二等字，本圖收有。

49 （入二幫）夫二黠　八　《廣韻》博拔切，《集韻》布拔切，幫黠二入合山；《韻鏡》外轉第二十三開、《七音略》外轉二十四輕中重、《四聲等子》蟹攝外二輕重俱等韻合口呼，列字均爲『八』；《切韻指掌圖》二十圖，幫黠瞎二入；《切韻指南》蟹攝外二開口呼廣門，列字爲『捌』。入聲二等配佳蟹卦，且在二十三圖中亦如此相配，故不當列於本圖，當刪。

50 (入二滂)普二黠　汃　《廣韻》《集韻》普八切，滂黠二入合山；《韻鏡》空位；《七音略》外轉二十四輕中重、《切韻指掌圖》二十圖、《四聲等子》蟹攝外二輕重俱等韻合口呼、《切韻指南》蟹攝外二開口呼廣門，列字均爲『汃』。入聲二等配佳蟹卦，且在二十三圖中亦如此相配，故不當列於本圖，當刪。

51 (入二並)旁二黠　拔　《廣韻》《集韻》蒲八切，並黠二入合山；《韻鏡》外轉第二十三開、《七音略》外轉二十四輕中重、《切韻指掌圖》二十圖、《四聲等子》蟹攝外二輕重俱等韻合口呼、《切韻指南》蟹攝外二開口呼廣門，列字均爲『拔』。入聲二等配佳蟹卦，且在二十三圖中亦如此相配，故不當列於本圖，當刪。

52 (入二明)母二黠　⿰亻密　《廣韻》莫八切，明黠二入合山；《集韻》未收；《韻鏡》外轉第二十三開、《七音略》外轉二十四輕中重、《切韻指掌圖》二十圖、《四聲等子》蟹攝外二輕重俱等韻合口呼、《切韻指南》蟹攝外二開口呼廣門，列字均爲『⿰亻密』。入聲二等配佳蟹卦，且在二十三圖中亦如此相配，故不當列於本圖，當刪。

53 (入二曉)■二黠　熇　《廣韻》火酷切，《集韻》呼酷切，曉沃一入合通；《韻鏡》內轉第二開合、《七音略》内轉第一輕中輕，均於沃韻曉母列字爲『熇』；《切韻指掌圖》二十圖，列字爲『僫』，曉母黠韻；《四聲等子》《切韻指南》空位。『熇』不應列於此位，字體較小且位於格位右上方，另『熇』字有曉母屋韻一等音，此字當爲一等字之注音，一等已有列字，故此字當删。

54 本圖四等位明母列目爲『屋』，四庫本無標目，當於韻目位校補『屋』。

釋：

1 （平一幫）夫一模　逋　《廣韻》博孤切，《集韻》奔模切，幫模一平合遇；《韻鏡》内轉第十二開合、《七音略》内轉第十二輕中輕、《切韻指掌圖》三圖、《四聲等子》遇攝内三重少輕多韻、《切韻指南》遇攝内三獨韻侷門入聲字在通攝，列字均爲『逋』。

2 （平一端）東一模　都　《廣韻》當孤切，《集韻》東徒切，端模一平合遇；《韻鏡》内轉第十二開合、《七音略》内轉第十二輕中輕、《切韻指掌圖》三圖、《四聲等子》遇攝内三重少輕多韻、《切韻指南》遇攝内三獨韻侷門入聲字在通攝，列字均爲『都』。

3 （平一透）土一模　稌　《廣韻》他胡切，透模一平合遇；《集韻》未收；《韻鏡》内轉第十二開合、《七音略》内轉第十二輕中輕、《切韻指掌圖》三圖、《四聲等子》遇攝内三重少輕多韻、

《切韻指南》遇攝内三獨韻偈門入聲字在通攝，列字均爲『琭』。

4（平一定）同一模　徒《廣韻》《集韻》同都切，定模一平合遇；《韻鏡》内轉第十二開合、《七音略》内轉第十二輕中輕、《切韻指掌圖》三圖、《四聲等子》遇攝内三重少輕多韻、《切韻指南》遇攝内三獨韻偈門入聲字在通攝，列字均爲『徒』。

5（平一泥）乃一模　奴《廣韻》乃都切，《集韻》農都切，泥模一平合遇；《韻鏡》内轉第十二開合、《七音略》内轉第十二輕中輕、《切韻指掌圖》三圖、《四聲等子》遇攝内三重少輕多韻、《切韻指南》遇攝内三獨韻偈門入聲字在通攝，列字均爲『奴』。

6（平一見）古一模　孤《廣韻》古胡切，《集韻》攻乎切，見模一平合遇；《韻鏡》内轉第十二開合、《七音略》内轉第十二輕中輕、《切韻指掌圖》三圖、《四聲等子》遇攝内三重少輕多韻、《切韻指南》遇攝内三獨韻偈門入聲字在通攝，列字均爲『孤』。

7（平一溪）坤一模　枯《廣韻》苦胡切，《集韻》空胡切，溪模一平合遇；《韻鏡》内轉第十二開合、《七音略》内轉第十二輕中輕、《切韻指掌圖》三圖、《四聲等子》遇攝内三重少輕多韻、《切韻指南》遇攝内三獨韻偈門入聲字在通攝，列字均爲『枯』。

8（平一疑）五一模　吾《廣韻》五乎切，《集韻》訛胡切，疑模一平合遇；《韻鏡》内轉第十二開合、《七音略》内轉第十二輕中輕、《切韻指掌圖》三圖、《四聲等子》遇攝内三重少輕多韻、《切韻指南》遇攝内三獨韻偈門入聲字在通攝，列字均爲『吾』。

9 (平一精)走一模　租　《廣韻》則吾切，《集韻》宗蘇切，精模一平合遇；《韻鏡》内轉第十二開合、《七音略》内轉第十二輕中輕、《切韻指掌圖》三圖、《四聲等子》遇攝内三重少輕多韻、《切韻指南》遇攝内三獨韻偪門，列字均爲『租』。

10 (平一從)曹一模　徂　《廣韻》昨胡切，《集韻》叢租切，從模一平合遇；《韻鏡》内轉第十二開合、《七音略》内轉第十二輕中輕、《切韻指掌圖》三圖、《四聲等子》遇攝内三重少輕多韻、《切韻指南》遇攝内三獨韻偪門，列字均爲『徂』。

11 (平一曉)■一模　呼　《廣韻》荒烏切，《集韻》荒胡切，曉模一平合遇；《韻鏡》内轉第十二開合、《七音略》内轉第十二輕中輕、《切韻指掌圖》三圖、《四聲等子》遇攝内三重少輕多韻、《切韻指南》遇攝内三獨韻偪門，列字均爲『呼』。

12 (平一匣)武一模　胡　《廣韻》户吴切，《集韻》洪孤切，匣模一平合遇；《韻鏡》内轉第十二開合、《七音略》内轉第十二輕中輕、《切韻指掌圖》三圖、《四聲等子》遇攝内三重少輕多韻、《切韻指南》遇攝内三獨韻偪門，列字均爲『胡』。

13 (平一影)安一模　烏　《廣韻》哀都切，《集韻》汪胡切，影模一平合遇；《韻鏡》内轉第十二開合、《七音略》内轉第十二輕中輕、《切韻指掌圖》三圖、《四聲等子》遇攝内三重少輕多韻、《切韻指南》遇攝内三獨韻偪門，列字均爲『烏』。

14 (平一來)老一模　盧　《廣韻》落胡切，《集韻》龍都切，來模一平合遇；《韻鏡》内轉第十二開合、《七音略》内轉第十二輕中輕、《切韻指掌圖》三圖、《四聲等子》遇攝内三重少輕多韻、《切韻指南》遇攝内三獨韻偈門，列字均爲『盧』。

15 (平四精)走四虞　諏　《廣韻》子於切，《集韻》遵須切，精虞三平合遇；《韻鏡》内轉第十二開合、《七音略》内轉第十二輕中輕、《四聲等子》遇攝内三重少輕多韻，列字均爲『諏』；《切韻指掌圖》三圖，列字爲『苴』，精母魚韻；《切韻指南》遇攝内三獨韻偈門，列字爲『且』，精母魚韻。

16 (平四清)草四虞　趨　《廣韻》七逾切，《集韻》逡須切，清虞三平合遇；《韻鏡》内轉第十二開合、《七音略》内轉第十二輕中輕、《四聲等子》遇攝内三重少輕多韻，列字均爲『趨』；《切韻指掌圖》三圖、《切韻指南》遇攝内三獨韻偈門，列字爲『疽』，清母魚韻。

17 (平四心)■四虞　須　《廣韻》相俞切，《集韻》詢趨切，心虞三平合遇；《韻鏡》内轉第十二開合、《七音略》内轉第十二輕中輕、《四聲等子》遇攝内三重少輕多韻，列字均爲『須』；《切韻指掌圖》三圖、《切韻指南》遇攝内三獨韻偈門，列字爲『胥』，心母魚韻。

18 (上一幫)夫一姥　補　《廣韻》博古切，《集韻》彼五切，幫姥一上合遇；《韻鏡》内轉第十二開合、《七音略》内轉第十二輕中輕、《切韻指掌圖》三圖、《四聲等子》遇攝内三重少輕多韻、《切韻指南》遇攝内三獨韻偈門，列字均爲『補』。

19 (上一滂)普一姥　普　《廣韻》滂古切，《集韻》頗五切，滂姥一上合遇；《韻鏡》内轉第十二開合、《七音略》内轉第十二輕中輕、《切韻指掌圖》三圖、《四聲等子》遇攝内三重少輕多韻、《切韻指南》遇攝内三獨韻侷門，列字均爲「普」。

20 （上一明）母　一姥　姥　《廣韻》莫補切，《集韻》滿補切，明姥一上合遇；《韻鏡》内轉第十二開合、《七音略》内轉第十二輕中輕、《切韻指掌圖》三圖、《四聲等子》遇攝内三重少輕多韻、《切韻指南》遇攝内三獨韻侷門，列字均爲「姥」。

21 （上一透）土　一姥　土　《廣韻》他魯切，《集韻》統五切，透姥一上合遇；《韻鏡》内轉第十二開合、《七音略》内轉第十二輕中輕、《切韻指掌圖》三圖、《四聲等子》遇攝内三重少輕多韻、《切韻指南》遇攝内三獨韻侷門，列字均爲「土」。

22 （上一見）古　一姥　古　《廣韻》公户切，《集韻》果五切，見姥一上合遇；《韻鏡》内轉第十二開合、《七音略》内轉第十二輕中輕、《切韻指掌圖》三圖、《四聲等子》遇攝内三重少輕多韻、《切韻指南》遇攝内三獨韻侷門，列字均爲「古」。

23 （上一溪）坤　一姥　苦　《廣韻》康杜切，《集韻》孔五切，溪姥一上合遇；《韻鏡》内轉第十二開合、《七音略》内轉第十二輕中輕、《切韻指掌圖》三圖、《四聲等子》遇攝内三重少輕多韻、《切韻指南》遇攝内三獨韻侷門，列字均爲「苦」。

24 （上一疑）五　一姥　五　《廣韻》疑古切，《集韻》阮古切，疑姥一上合遇；《韻鏡》内轉第十二開合、《七音略》内轉第十二輕中輕、《切韻指掌圖》三圖、《四聲等子》遇攝内三重少輕多韻、

《切韻指南》遇攝内三獨韻侷門，列字均爲『五』。

25 (上一精)走一姥 祖 《廣韻》則古切，《集韻》揔古切，精姥一上合遇；《韻鏡》内轉第十二開合、《七音略》内轉第十二輕中輕、《切韻指掌圖》三圖、《四聲等子》遇攝内三重少輕多韻、《切韻指南》遇攝内三獨韻侷門，列字均爲『祖』。

26 (上一清)草一姥 蘆 《廣韻》采古切，《集韻》忖五切，清姥一上合遇；《韻鏡》内轉第十二開合、《七音略》内轉第十二輕中輕、《切韻指掌圖》三圖、《四聲等子》遇攝内三重少輕多韻、《切韻指南》遇攝内三獨韻侷門，列字均爲『蘆』。

27 (上一從)曹一姥 粗 《廣韻》徂古切，《集韻》坐五切，從姥一上合遇；《韻鏡》内轉第十二開合、《七音略》内轉第十二輕中輕、《切韻指掌圖》三圖、《四聲等子》遇攝内三重少輕多韻、《切韻指南》遇攝内三獨韻侷門，列字均爲『粗』。

28 (上一曉)■一姥 虎 《廣韻》呼古切，《集韻》火五切，曉姥一上合遇；《韻鏡》内轉第十二開合、《七音略》内轉第十二輕中輕、《切韻指掌圖》三圖、《四聲等子》遇攝内三重少輕多韻、《切韻指南》遇攝内三獨韻侷門，列字均爲『虎』。

29 (上一匣)武一姥 户 《廣韻》侯古切，《集韻》後五切，匣姥一上合遇；《韻鏡》内轉第十二開合、《七音略》内轉第十二輕中輕、《切韻指掌圖》三圖、《四聲等子》遇攝内三重少輕多韻、《切韻指南》遇攝内三獨韻侷門，列字均爲『户』。

30 (上一來)老一姥　魯　《廣韻》郎古切，《集韻》籠五切，來姥一上合遇；《韻鏡》内轉第十二開合、《七音略》内轉第十二輕中輕、《切韻指掌圖》三圖、《四聲等子》遇攝内三重少輕多韻、《切韻指南》遇攝内三獨韻偏門，列字均爲『魯』。

31 (上四清)草四麌　取　《廣韻》七庾切，《集韻》此主切，清麌三上合遇；《韻鏡》内轉第十二開合、《七音略》内轉第十二輕中輕、《切韻指掌圖》三圖、《四聲等子》遇攝内三重少輕多韻，《切韻指南》遇攝内三獨韻偏門，列字爲『取』；《切韻指南》遇攝内三獨韻偏門，列字爲『皮』，誤。

32 (上四從)曹四麌　聚　《廣韻》慈庾切，《集韻》在庾切，從麌三上合遇；《韻鏡》内轉第十二開合、《七音略》内轉第十二輕中輕、《切韻指掌圖》三圖、《四聲等子》遇攝内三重少輕多韻，列字均爲『聚』；《切韻指南》遇攝内三獨韻偏門，列字爲『咀』，從母語韻。

33 (上四心)■四麌　縝　《廣韻》相庾切，心麌三上合遇；《韻鏡》内轉第十二開合、《七音略》内轉第十二輕中輕、《四聲等子》遇攝内三重少輕多韻，列字均爲『縝』；《切韻指掌圖》三圖、《切韻指南》遇攝内三獨韻偏門，列字爲『諝』，心母語韻。

34 (去一幫)夫一暮　布　《廣韻》《集韻》博故切，幫暮一去合遇；《韻鏡》内轉第十二開合、《七音略》内轉第十二輕中輕、《切韻指掌圖》三圖、《四聲等子》遇攝内三重少輕多韻、《切韻指南》遇攝内三獨韻偏門，列字均爲『布』。

35 (去一滂)普一暮　怖　《廣韻》《集韻》普故切，滂暮一去合遇；《韻鏡》内轉第十二開合、《七音略》内轉第十二輕中輕、《切韻指掌圖》三圖、《四聲等子》遇攝内三重少輕多韻、《切韻指南》遇攝内三獨韻偈門，列字均爲『怖』。

36（去一明）母一暮　暮　《廣韻》《集韻》莫故切，明暮一去合遇；《韻鏡》内轉第十二開合、《七音略》内轉第十二輕中輕、《切韻指掌圖》三圖、《四聲等子》遇攝内三重少輕多韻、《切韻指南》遇攝内三獨韻偈門，列字均爲『暮』。

37（去一定）同一暮　渡　《廣韻》《集韻》徒故切，定暮一去合遇；《韻鏡》内轉第十二開合、《七音略》内轉第十二輕中輕、《切韻指掌圖》三圖、《切韻指南》遇攝内三獨韻偈門，列字均爲『渡』；《四聲等子》遇攝内三重少輕多韻，列字爲『度』。

38（去一見）古一暮　顧　《廣韻》《集韻》古慕切，見暮一去合遇；《韻鏡》内轉第十二開合、《七音略》内轉第十二輕中輕、《切韻指掌圖》三圖、《切韻指南》遇攝内三獨韻偈門，列字均爲『顧』；《四聲等子》遇攝内三重少輕多韻，列字爲『故』，見母暮韻。

39（去一疑）五一暮　誤　《廣韻》《集韻》五故切，疑暮一去合遇；《韻鏡》内轉第十二開合、《七音略》内轉第十二輕中輕、《切韻指掌圖》三圖、《切韻指南》遇攝内三獨韻偈門，列字均爲『誤』；《四聲等子》遇攝内三重少輕多韻，列字爲『悞』，疑母暮韻。

40（去一從）曹一暮　祚　《廣韻》昨誤切，《集韻》存故切，從暮一去合遇；《韻鏡》内轉第十二開合、《七音略》内轉第十二輕中輕、《切韻指掌圖》三圖、《四聲等子》遇攝内三重少輕多韻、

41(去一匣)武一暮　護　《廣韻》胡誤切，《集韻》胡故切，匣暮一去合遇；《韻鏡》内轉第十二開合、《七音略》内轉第十二輕中輕、《切韻指掌圖》三圖、《四聲等子》遇攝内三重少輕多韻，列字均爲『護』；《切韻指南》遇攝内三獨韻偏門，列字爲『䕶』，『䕶』『護』二字爲異體字。

42(去一來)老一暮　路　《廣韻》洛故切，《集韻》魯故切，來暮一去合遇；《韻鏡》内轉第十二開合、《七音略》内轉第十二輕中輕、《切韻指掌圖》三圖、《四聲等子》遇攝内三重少輕多韻、《切韻指南》遇攝内三獨韻偏門，列字均爲『路』。

43(去四精)走四遇　緅　《廣韻》子句切，《集韻》遵遇切，精遇三去合遇；《韻鏡》内轉第十二開合、《七音略》内轉第十二輕中輕、《四聲等子》遇攝内三重少輕多韻，列字均爲『緅』；《切韻指掌圖》三圖、《切韻指南》遇攝内三獨韻偏門，列字均爲『怚』，精母御韻。

44(去四清)草五遇　娶　《廣韻》七句切，《集韻》逡遇切，清遇三去合遇；《韻鏡》内轉第十二開合、《七音略》内轉第十二輕中輕、《四聲等子》遇攝内三重少輕多韻，列字均爲『娶』；《切韻指掌圖》三圖、《切韻指南》遇攝内三獨韻偏門，列字均爲『覰』，清母御韻。

45(去四心)■日遇　尠　《廣韻》思句切，《集韻》宣遇切，心遇三去合遇；《韻鏡》内轉第十二開合、《七音略》内轉第十二輕中輕，列字均爲『尠』；《切韻指掌圖》三圖、《切韻指南》遇攝内三獨韻偏門、《四聲等子》遇攝内三重少輕多韻，列字爲『絮』，心母御韻。

46（去四以）文二遇　裕　《廣韻》羊戍切，以遇三去合遇；《集韻》未收；《韻鏡》内轉第十二開合、《七音略》内轉第十二輕中輕、《四聲等子》遇攝内三重少輕多韻，列字均爲『裕』；《切韻指掌圖》三圖，列字爲『喻』，以母遇韻；《切韻指南》遇攝内三獨韻偶門，列字爲『豫』，以母御韻。

坤五　師七　升四　坤三　師四　师二五　謙九

卜		開	■	■	老	文	安	武	■	寺
		音			盧	侉	烏	胡	呼	
	虞	濁								
夫 膚	虞 同六									
	虞					俞				
					魯		鴮	户	虎	
	麌									
浦	麌 業六									
							度			
				[illegible]	路		汚 惡	護	戽	
	遇									
付	遇 禺六					裕				續
					祿		屋	穀	唂 熇	
	屋									
福	屋 豐六									
						育				

	諢三	諢三	諢三	諢七	諢六			升三	諢五	坤四
吾	口	口	口	内	宂	■	■	目	步	口
	父上	父上	父上							
虞	衢	區	拘	[illegible]	廚	貙	株	無	扶	敷
噳	窶	齲	矩	檽	柱		拄	武	父	撫
遇	懼	樞	屨		住	閨	駐	務	附	赴
砡	驧	鞠	菊	朒	逐	蓄	竹		伏	蝮

比十一		比四	坤九		謙四	謙二	謙八	謙三	升七	
■	■	口	思	■	文	黄	自	口	鹿	■
		乙下						父上		
傷	芻	雛	毹							
朱	樞	廚	輸	殊	訏		紆	于	僂	儒
			毹						蔞	
		豵	數							
主				豎	詡		傴	羽	縷	乳
婸	菆		數							
注	致		戍		煦					
縬	珽	蔟	縮							
祝	俶		叔	孰	畜		郁	圍	六	肉
					或					

發音濁		百	口	白	皃	宰	拆	大	南
		剥五		艮五	盍三	剥十二	蒙十二	艮六	艮七
	佳臺			牌			杈		覫
	蠏直					猇		鷹	姾
	卦盍					媞			
	黠裳					哳	咀	哇	瘵

第二十二圖　開音濁

本圖舒聲列《廣韻》虞麌遇韻字，係拆分《韻鏡》内轉第十二開合，取二三等位字。本圖末列佳蟹卦韻字，可見二十一圖亦不應列此三韻字。本圖入聲列《廣韻》屋韻字，係拆分《韻鏡》第一開合，取入聲二三等位列字。明本知、徹、照、穿、禪、日、半三處列『■』，四庫本空格。明本、四庫本滂、見、溪、群、牀、喻母處列『□』，明本見、溪、群、喻母下一等格位内，有『父上』二字。明本船母位下有『乙下』二字。

校注：

1 （平二崇）□二虞　雛　《廣韻》仕於切，《集韻》崇芻切，崇虞三平合遇；《韻鏡》内轉第十二開合、《七音略》内轉第十二輕中輕，列字均爲『雛』；《切韻指掌圖》第三圖、《四聲等子》遇攝内三重少輕多韻、《切韻指南》遇攝内三獨韻偈門，列字均爲『鋤』，崇母魚韻。『犓』爲《廣韻》虞韻崇母位小韻首字，下收有『雛』字，列字以『犓』爲佳，《起數訣》亦無誤。

2 （平三非）卜三虞　夫　明本列字爲『夫』，同格内右下角有『膚』字，爲『夫』之標注字，明本列字爲『夫』,『夫』下四等位列『膚』。夫,《廣韻》甫無切,《集韻》風無切,非虞三平合遇;《韻鏡》内轉第十二開合、《七音略》内轉第十二輕中輕,列字均爲『膚』;《切韻指掌圖》三圖、《四聲等子》遇攝内三重少輕多韻,列字爲『夫』;《切韻指南》遇攝内三獨韻侷門,列字爲『跗』。『跗』爲《廣韻》虞韻非母位小韻首字,下收有『夫』『膚』二字,列字以『跗』爲佳,《起數訣》亦無誤。

3 (平三奉)步三虞　扶　《廣韻》防無切,《集韻》馮無切,奉虞三平合遇;《韻鏡》内轉第十二開合,列字爲『符』;《七音略》内轉第十二輕中輕、《四聲等子》遇攝内三重少輕多韻、《切韻指南》遇攝内三獨韻侷門,列字均爲『扶』;《切韻指掌圖》三圖,列字爲『鳧』。『扶』爲《廣韻》虞韻奉母位小韻首字,下收有『符』『鳧』二字,列字以『扶』爲佳,《起數訣》是。

4 (平三知)■三虞　⿰扌朱　《廣韻》《集韻》未收;《康熙字典》記:『《玉篇》止臾切,音株。又章喻切,音駐。義闕。《正字通》舊註訓止,非。』《韻鏡》内轉第十二開合、《七音略》内轉第十二輕中輕、《四聲等子》遇攝内三重少輕多韻,列字爲『株』;《切韻指掌圖》三圖、《切韻指南》遇攝内三獨韻侷門,列字均爲『豬』,知母魚韻。『株』爲《廣韻》虞韻知母位小韻首字,『⿰扌朱』應爲『株』之刊刻誤,當校改爲『株』。

5 (平三澄)兑三虞　廚　《廣韻》直誅切,《集韻》重株切,澄虞三平合遇;《集韻》未收;《韻鏡》内轉第十二開合、《四聲等子》遇攝内三重少輕多韻,列字均爲『廚』;《七音略》内轉第十二輕中輕、《切韻指掌圖》三圖、《切韻指南》遇攝内三獨韻侷門，列字均爲『除』，澄母魚韻。『廚』爲《廣韻》虞韻澄母位小韻首字，注曰『俗作厨』，《起數訣》列俗體，亦無誤。

6 （平三娘）内三虞　䰭　《廣韻》未收；《集韻》乃俱切，泥虞三平合遇；《韻鏡》《七音略》空位；《切韻指掌圖》三圖、《切韻指南》遇攝内三獨韻侷門，列字均爲『袽』，娘母魚韻；《四聲等子》遇攝内三重少輕多韻，列字爲『䰭』。《廣韻》虞韻無娘母字，《集韻》所列音切之上字爲泥母，此音切當爲類隔，虞祇有三等字，此切可列於此位。《起數訣》列字當從《集韻》，亦無誤。

7 （平三群）□三虞　衢　《廣韻》其俱切，《集韻》權俱切，群虞三平合遇；《韻鏡》内轉第十二開合、《七音略》内轉第十二輕中輕，列字爲『劬』，群母虞韻；《切韻指掌圖》三圖、《切韻指南》遇攝内三獨韻侷門、《四聲等子》遇攝内三重少輕多韻，列字爲『渠』，群母魚韻。『衢』爲《廣韻》虞韻群母位小韻首字，下收有『劬』字，列字以『衢』爲佳，《起數訣》是。

8 （平三船）□三虞　厨　《廣韻》直誅切，《集韻》重株切，澄虞三平合遇；不當列於此位；本圖已列於澄母位，此處誤。且《廣韻》《集韻》虞韻均無船母音，此位當删。

9 （平三影）自三虞　紆　明本列字爲『紆』，四庫本列字爲『紆』。『紆』，《廣韻》憶俱切，影虞三平合遇；紆，《廣韻》《集韻》未收；此字顯爲『紆』字誤。《韻鏡》内轉第十二開合、《七音略》内轉第十二輕中輕、《四聲等子》遇攝内三重少輕多韻，列字均爲『紆』；《切韻指掌圖》三圖，《切韻指南》遇攝内三獨韻偏門，列字爲『於』，影母魚韻。『紆』爲《廣韻》虞韻影母位小韻首字，《起數訣》四庫本列字形訛，當校改爲『紆』。明本列字是。

10（平三云）□三虞　于　明本列字爲『于』，四庫本列字爲『干』。『于』，《廣韻》羽俱切，以虞三平合遇；『干』，《廣韻》古寒切，《集韻》居寒切，見寒三平合遇；不當列於此位，當爲『于』字誤。《韻鏡》内轉第十二開合、《七音略》内轉第十二輕中輕、《切韻指掌圖》三圖、《四聲等子》遇攝内三重少輕多韻，列字均爲『于』；《切韻指南》遇攝内三獨韻偏門，列字爲『亐』，爲『于』之異體。『于』爲《廣韻》虞韻云母位小韻首字，《起數訣》四庫本列字形訛，當校改爲『于』。明本列字是。

11（平四幫）卜四虞　膚　明本列於格位右上角小字，顯爲三等位『夫』字標注字；四庫本列『膚』，格位正中與它字無異。膚，《廣韻》甫無切，《集韻》風無切，非虞三平合遇；《韻鏡》内轉第十二開合、《七音略》内轉第十二輕中輕，均列於三等，四等空位；《切韻指掌圖》《四聲等子》《切韻指南》四等位均空位。『膚』字當列於三等非母位，本圖三等位已列有『夫』字，此處誤，當删。

12（平四心）思四虞　毹　《廣韻》山芻切，《集韻》雙雛切，生虞三平合遇；《韻鏡》内轉第十二開合，列於二等審母位，四等位列『須』；《七音略》内轉第十二輕中輕，列於二等審母位，四等空位；《切韻指掌圖》《四聲等子》《切韻指南》空位。『毹』爲《廣韻》虞韻生母位小韻首字，且已列於二等生母位，不當列於此位。《廣韻》虞韻心母位有『須』字，已列於二十一圖，不當列於此位。本圖誤，當删。

13 (平四來)鹿四虞　蔞　明本列於格位右上角小字，顯爲三等位『慺』字標注字；四庫本列『婁』，格位正中與它字無異。『蔞』『婁』，《廣韻》力朱切，《集韻》龍珠切，來虞三平合遇；當列於三等位。『慺』爲《廣韻》虞韻來母位小韻首字，且已列於本圖三等位，此處誤，當删。

14 (上二崇)□二麌　猭　明本列字爲『猭』，四庫本列字爲『猭』。『猭』，《廣韻》《集韻》未收；此字當爲『猭』字誤。猭，《廣韻》雛禹切，《集韻》撰禹切，崇麌三上合遇；《韻鏡》內轉第十二開合，二等位列字爲『猭』；《七音略》內轉第十二輕中輕，二等空位，於三等位列『猭』；《切韻指掌圖》三圖，列字爲『齟』，崇母語韻；《四聲等子》遇攝內三重少輕多韻、《切韻指南》遇攝內三獨韻偈門，列字爲『齟』，崇母語韻。『猭』爲《廣韻》麌韻崇母位小韻首字，當列於二等，《七音略》誤。《起數訣》四庫本列字當爲『猭』之俗體，當校改爲『猭』。明本列字是。

15 (上二生)思二麌　數　《廣韻》所矩切，《集韻》爽主切，生麌三上合遇；《韻鏡》內轉第十二開合，列字爲『數』；《七音略》內轉第十二輕中輕，二等空位，於三等位列『數』；《切韻指掌圖》三圖、《四聲等子》遇攝內三重少輕多韻、《切韻指南》遇攝內三獨韻偈門，列字均爲『所』，生母語韻。『數』爲《廣韻》麌韻生母位小韻首字，當列於二等，《七音略》誤，《起數訣》是。

16（上三非）卜三麌　浦　明本列字爲『浦』，四庫本列字爲『甫』。浦，《廣韻》滂古切，《集韻》頗五切，滂姥一上合遇。『甫』，《廣韻》方矩切，《集韻》匪父切，非麌三上合遇；《韻鏡》内轉第十二開合、《七音略》内轉第十二輕中輕、《切韻指掌圖》三圖、《四聲等子》遇攝内三重少輕多韻、《切韻指南》遇攝内三獨韻偈門，列字均爲『甫』。『甫』爲《廣韻》麌三非母位小韻首字，《起數訣》四庫本是，明本誤，當校改爲『甫』。

17（上三娘）内三麌　檽　《廣韻》如之切，《集韻》人之切，日之三平開止；另《集韻》尼主切，娘麌三上合遇。《韻鏡》《七音略》空位；《切韻指掌圖》三圖、《四聲等子》遇攝内三重少輕多韻、《切韻指南》遇攝内三獨韻偈門，列字均爲『女』，娘母語韻。《廣韻》麌韻無娘母字，《起數訣》列『檽』字，從《集韻》。亦無誤。

18（上三疑）吾三麌　噳　《廣韻》虞矩切，《集韻》五矩切，疑麌三上合遇；《韻鏡》内轉第十二開合，列字爲『麌』；《七音略》内轉第十二輕中輕，列字爲『俁』；《切韻指掌圖》三圖、《切韻指南》遇攝内三獨韻偈門，列字爲『語』，疑母語韻；《四聲等子》遇攝内三重少輕多韻，列字爲『噳』。『麌』爲《廣韻》麌韻疑母位小韻首字，『噳』爲《集韻》噳韻疑母位小韻首字，均爲韻目字，下收有『俁』字。《起數訣》從《集韻》，亦無誤。

19（上三船）□三麌　○　《廣韻》《集韻》麌韻無船母字；《韻鏡》内轉第十二開合，列字爲『隊』；《七音略》内轉第十二輕中輕，列字爲『猭』；《切韻指掌圖》《四聲等子》空位；《切韻指南》遇攝内三獨韻偈門，列字爲『紓』，船母語韻。《廣韻》《集韻》麌韻無船母字，《韻鏡》《七音略》列『隊』『猭』二字，當爲『𧳋』字誤，『𧳋』爲照二母字，已列於崇母位，此處誤。《起數訣》空位是。

20　(上三影)自三麌　傴　《廣韻》於武切，《集韻》委羽切，影麌三上合遇；《韻鏡》内轉第十二開合、《四聲等子》遇攝内三重少輕多韻，列字爲『傴』；《七音略》内轉第十二輕中輕，錯列『詡』字，誤；《切韻指掌圖》三圖，列字爲『庾』，以母麌韻，誤；《切韻指南》遇攝内三獨韻偈門，列字爲『扵』，影母語韻。『傴』爲《廣韻》麌韻影母位小韻首字，《七音略》誤，《起數訣》是。

21　(上三日)■三麌　乳　《廣韻》而主切，《集韻》橤主切，日麌三上合遇；《韻鏡》内轉第十二開合、《四聲等子》遇攝内三重少輕多韻，列字爲『乳』；《七音略》空位；《切韻指掌圖》三圖、《切韻指南》遇攝内三獨韻偈門，列字均爲『汝』，日母語韻。『乳』爲《廣韻》麌韻日母位小韻首字，《七音略》空位誤，《起數訣》是。

22　(去二莊)■二遇　媰　《廣韻》仕於切，《集韻》崇芻切，崇虞三平合遇；不當列於此位。另《集韻》『媰』有『仄遇切』，莊母遇韻。《韻鏡》空位；《七音略》内轉第十二輕中輕，列字爲『趨』，爲清母字，誤；《切韻指掌圖》三圖、《四聲等子》遇攝内三重少輕多韻、《切韻指南》遇攝内三獨韻偈門，列字爲『詛』，莊母語韻。《廣韻》遇韻無莊母字，《起數訣》列『媰』字，從《集韻》，亦無誤。

23（去二初）■二遇　蕠　明本列字爲『蕠』，四庫本列字爲『聚』。蕠，《康熙字典》記：『《集韻》同菆。』菆，《廣韻》芻注切，初遇三去合遇；聚，《廣韻》才句切，《集韻》從遇切，從遇三去合遇；不當列於此位。《韻鏡》内轉第十二開合、《七音略》内轉第十二輕中輕，列字均爲『菆』；《切韻指掌圖》三圖、《四聲等子》遇攝内三重少輕多韻、《切韻指南》遇攝内三獨韻偈門，列字均爲『楚』，初母御韻。『菆』爲《廣韻》遇韻初母位小韻首字，『聚』字無初母音。列字以『菆』爲佳，《起數訣》四庫本誤，當校改爲『蕠』。明本列字是。

24（去二生）思二遇　數　《廣韻》色句切，《集韻》雙遇切，生遇三去合遇；《韻鏡》内轉第十二開合、《七音略》内轉第十二輕中輕，列字均爲『捒』；《切韻指掌圖》三圖，列字爲『蔬』，爲『疏』異體；《四聲等子》遇攝内三重少輕多韻、《切韻指南》遇攝内三獨韻偈門，列字爲『疏』；生母御韻。『捒』爲《廣韻》遇韻生母位小韻首字，下收有『數』字，列字以『捒』爲佳，《起數訣》亦無誤。

25（去三微）目三遇　務　《廣韻》《集韻》亡遇切，微遇三去合遇；《韻鏡》内轉第十二開合，列字爲『务』；《七音略》内轉第十二輕中輕、《切韻指掌圖》三圖、《四聲等子》遇攝内三重少輕多韻、《切韻指南》遇攝内三獨韻偈門，列字均爲『務』。『務』爲《廣韻》遇韻微母位小韻首字，《廣韻》未收『务』字形，各韻書均無此字形，當爲『務』之俗寫。《起數訣》列正體，是。

26（去三徹）■三遇　閨　《廣韻》古攜切，《集韻》涓畦切，見齊四平合蟹；不當列於此位。《韻鏡》内轉第十二開合、《七音略》内轉第十二輕中輕，列字均爲『閚』；《切韻指掌圖》三圖、《切韻指南》遇攝内三獨韻偈門，列字均爲『絮』，徹母御韻；《四聲等子》遇攝内三重少輕多韻，列字爲『閏』，徹母遇韻。閚，《廣韻》丑注切，徹遇合三去遇。『閏』爲《廣韻》遇韻徹母位小韻首字，爲誤字，余迺永注當改正爲『閚』，《四聲等子》承繼韻書錯誤。《起數訣》列字形訛，當校改爲『閚』。

27（去三見）□三遇　屨　《廣韻》九遇切，《集韻》俱遇切，見遇三去合遇；《韻鏡》空位；《七音略》内轉第十二輕中輕，列字爲『屨』；《切韻指掌圖》三圖、《切韻指南》遇攝内三獨韻偈門，列字均爲『據』，見母御韻；《四聲等子》遇攝内三重少輕多韻，列字爲『句』，見母遇韻。『屨』爲《廣韻》遇韻見母位小韻首字，下收有『句』字，《韻鏡》空位誤，《起數訣》是。

28（去三溪）□三遇　𤛓　《廣韻》《集韻》未見此字形，《康熙字典》記：『《集韻》於口切，音嘔。《玉篇》特牛。《集韻》本作㸸。牛名。詳㸸字註。又《廣韻》《集韻》區遇切，驅去聲。又《集韻》《類篇》烏侯切，音謳。義同。』按此，則『區遇切』，溪遇三去合遇。《韻鏡》内轉第十二開合、《七音略》内轉第十二輕中輕，列字爲『驅』；《切韻指掌圖》三圖、《四聲等子》遇攝内三重少輕多韻，列字爲『去』，溪母御韻；《切韻指南》遇攝内三獨韻偈門，列字爲『㰦』，溪母御韻。『驅』爲《廣韻》遇韻溪母位小韻首字，列字以『驅』爲佳，《起數訣》列字雖無誤，但較生僻，不若『驅』字佳。

29（去三昌）■三遇　豉　《廣韻》《集韻》未見，《康熙字典》記：「《廣韻》芻注切，《集韻》芻數切，並音菆。《博雅》勇也。《玉篇》爲也。」則爲初母遇韻；《韻鏡》空位；《七音略》内轉第十二輕中輕，列字爲「豉」，當爲「豉」字訛；《切韻指掌圖》三圖、《切韻指南》遇攝内三獨韻偏門、《四聲等子》遇攝内三重少輕多韻，列字爲「處」，昌母御韻。《廣韻》及之前諸韻書遇韻無昌母字，《集韻》始有「豉」小韻，《起數訣》列字當據《集韻》。

30（去三禪）■三遇　○　《廣韻》《集韻》遇韻禪母位有「樹「小韻，《廣韻》常句切，《集韻》殊遇切。《韻鏡》内轉第十二開合、《七音略》内轉第十二輕中輕、《四聲等子》遇攝内三重少輕多韻，列字均爲「樹」；《切韻指掌圖》三圖、《切韻指南》遇攝内三獨韻偏門，列字均爲「署」，禪母御韻。「樹」爲《廣韻》遇韻禪母位小韻首字，《起數訣》空位誤，當校補「樹」字。

31（去三影）自三遇　○　《廣韻》《集韻》遇韻影母位有「嫗」小韻，《廣韻》衣遇切，《集韻》威遇切；《韻鏡》内轉第十二開合、《七音略》内轉第十二輕中輕、《四聲等子》遇攝内三重少輕多韻，列字均爲「嫗」；《切韻指掌圖》三圖、《切韻指南》遇攝内三獨韻偏門，列字爲「飫」，影母御韻。「嫗」爲《廣韻》遇韻影母位小韻首字，《起數訣》空位誤，當校補「嫗」字。

32（去三曉）父三遇　煦　《廣韻》香句切，《集韻》吁句切，曉遇三去合遇；《韻鏡》内轉第十二開合，列字爲「昫」；《七音略》内轉第十二輕中輕、《四聲等子》遇攝内三重少輕多韻，列字均爲「煦」；《切韻指掌圖》三圖、《切韻指南》遇攝内三獨韻偏門，列字均爲「噓」，曉母御韻。

『昫』爲《廣韻》遇韻曉母位小韻首字，下收有『呴』『煦』二字，列字以『昫』爲佳，《起數訣》亦無誤。

33 （去三云）□三遇　○　《廣韻》《集韻》遇韻云母位有『芋』小韻，《廣韻》王遇切，《集韻》雲俱切；《韻鏡》内轉第十二開合、《七音略》内轉第十二輕中輕、《切韻指南》遇攝内三獨韻偏門，列字均爲『芋』；《切韻指掌圖》空位；《四聲等子》遇攝内三重少輕多韻，列字爲『羽』，云母遇韻；『芋』爲《廣韻》遇韻喻三母位小韻首字，《起數訣》空位誤，當校補『芋』字。

34 （去三來）鹿三遇　○　《廣韻》《集韻》遇韻來母位有『屢』，《廣韻》良遇切，《集韻》龍遇切；《韻鏡》内轉第十二開合、《七音略》内轉第十二輕中輕、《四聲等子》遇攝内三重少輕多韻，列字均爲『屢』；《切韻指掌圖》三圖、《切韻指南》遇攝内三獨韻偏門，列字均爲『慮』，來母御韻。『屢』爲《廣韻》遇韻來母位小韻首字，《起數訣》空位誤，當校補『屢』字。

35 （去三日）■三遇　○　《廣韻》《集韻》遇韻日母位有『孺』小韻，《廣韻》而遇切，《集韻》儒遇切；《韻鏡》内轉第十二開合、《七音略》内轉第十二輕中輕、《四聲等子》遇攝内三重少輕多韻，列字均爲『孺』；《切韻指掌圖》三圖列字爲『茹』，日母御韻；《切韻指南》遇攝内三獨韻偏門，列字爲『洳』，日母御韻。『孺』爲《廣韻》遇韻日母位小韻首字，《起數訣》空位誤，當校補『孺』字。

36 本圖入聲與二圖較爲接近，故只校不同處。

37（入二崇）□二屋　族　《廣韻》《集韻》未收崇母字；《康熙字典》記：『《集韻》士六切，音族，聚集貌。』崇母屋韻；《韻鏡》《切韻指掌圖》空位；《七音略》内轉第一重中重，崇三屋位列『簇』，《廣韻》千木切，清母屋韻，誤；《四聲等子》通攝内一重少輕多韻、《切韻指南》通攝内一，崇母二等位列『鳫』，《康熙字典》記：『《字彙補》直角切，音浞。』崇母覺韻。依《康熙字典》記《集韻》音，可列於此位。

38（入三奉）步三屋　伏　《廣韻》《集韻》房六切，奉屋三入合通；《韻鏡》内轉第一開、《七音略》内轉第一重中重、《切韻指掌圖》三圖、《四聲等子》流攝内六全重無輕韻，列字均爲『伏』。《起數訣》三圖列字爲『伏』，《康熙字典》記：『《廣韻》《集韻》徒蓋切，音大。郭忠恕《佩觽集》海中地名。』三圖列字當爲『伏』字誤。『伏』爲《廣韻》屋韻奉母位小韻首字，本圖是。

39（入三微）目三屋　◯　《廣韻》《集韻》屋韻微母位有『目』小韻，莫六切，明屋入開三通；《韻鏡》内轉第一開、《七音略》内轉第一重中重、《切韻指掌圖》一圖，列字均爲『目』。《四聲等子》空位；《切韻指南》通攝内一，燭韻三等位列『媢』，明母沃韻。『目』爲《廣韻》屋韻明母位小韻首字，二圖列『目』字，本圖空位誤，當校補『目』字。

40（入三溪）□三屋　鞠　《廣韻》未收，《集韻》丘六切，溪屋入開三通；《韻鏡》内轉第一開，列字爲『麴』；《七音略》内轉第一重中重，列字爲『趜』；《切韻指掌圖》二圖，列字爲『麯』；《四聲等子》通攝内一重少輕多韻、《切韻指南》通攝内一偏門，三等位列『曲』，溪母燭韻。

『麴』爲《廣韻》溪三屋小韻首字，『麴』『麯』爲異體字。『趜』《集韻》丘六切，溪母屋韻。列字以『麴』爲佳，《起數訣》從《集韻》，亦無誤。

41 (入三群)□三屋　驧　《廣韻》《集韻》渠竹切，群屋入開三通；《韻鏡》内轉第一開，列字爲『驧』；《七音略》内轉第一重中重、《切韻指掌圖》二圖，列字爲『⿰馬匊』；《四聲等子》通攝内一重少輕多韻，三等位列『侷』，群母燭韻；《切韻指南》通攝内一，三等位列『局』，群母燭韻。『驧』爲《廣韻》群三屋小韻首字，下收有『⿰馬匊』字，注同上，二字爲異體字，列字以『驧』爲佳，《起數訣》是。

42 (入三曉)父三屋　畜　明本列字爲『畜』，下四等格位右上角小字『或』，爲其標注字；四庫本列字爲『蓄』，四等位列『或』。『畜』，《廣韻》許竹切，《集韻》許六切，曉屋三入合通；《韻鏡》内轉第一開，列字爲『畜』；《七音略》内轉第一重中重、《四聲等子》流攝内六全重無輕韻，列字爲『蓄』；《切韻指掌圖》三圖，列字爲『旭』，曉母燭韻。二圖列『畜』字。『蓄』爲《廣韻》曉三屋小韻首字，下收有『畜』字，列字以『蓄』爲佳，《起數訣》四庫本佳，明本列字亦無誤。

43 (入三影)自三屋　郁　二圖此位有兩字『戫』『栯』，『郁』爲《廣韻》影三屋小韻首字，下收有『戫』『栯』二字，列字以『郁』爲佳，本圖是。

44 (入三半三)■三屋　○　二圖在此位列有『孰』字，本圖無。

45（入四匣）父四（屋） 或 明本列字爲『彧』，爲三等『畜』之標注字；四庫本列字爲『或』。『彧』，《廣韻》於六切，影屋三入合通；『或』，《廣韻》胡國切，《集韻》獲北切，匣德一入合曾；二圖此位無列字。『或』爲德一等字，不當列於此位。『彧』，當列於三等。作爲標注字，四庫本誤，當校改爲『彧』，明本是，但二字均當删。

釋：

1 （平二莊）■二虞 㑳 《廣韻》莊俱切，照虞三平合遇；《集韻》未收；《韻鏡》内轉第十二開合、《七音略》内轉第十二輕中輕，列字均爲『㑳』；《切韻指掌圖》第三圖、《四聲等子》遇攝内三重少輕多韻、《切韻指南》遇攝内三獨韻侷門，列字均爲『菹』，莊母魚韻。

2 （平二初）■二虞 芻 《廣韻》測隅切，《集韻》窻俞切，初虞三平合遇；《韻鏡》内轉第十二開合、《七音略》内轉第十二輕中輕，列字均爲『芻』；《切韻指掌圖》第三圖、《四聲等子》遇攝内三重少輕多韻、《切韻指南》遇攝内三獨韻侷門，列字均爲『初』，初母魚韻。

3 （平二生）思二虞 毹 《廣韻》山芻切，《集韻》雙雛切，生虞三平合遇；《韻鏡》内轉第十二開合、《七音略》内轉第十二輕中輕，列字均爲『毹』；《切韻指掌圖》第三圖、《切韻指南》遇攝内三獨韻侷門，列字爲『疏』；《四聲等子》遇攝内三重少輕多韻，列字爲『梳』。

4（平三敷）□三虞　敷　《廣韻》《集韻》芳無切，敷虞三平合遇；《韻鏡》内轉第十二開合、《七音略》内轉第十二輕中輕、《四聲等子》遇攝内三重少輕多韻、《切韻指南》遇攝内三獨韻偏門，列字均爲『敷』；《切韻指掌圖》三圖，列字爲『泭』，敷母虞韻。

5（平三微）目三虞　無　《廣韻》武夫切，《集韻》微夫切，微虞三平合遇；《韻鏡》内轉第十二開合、《七音略》内轉第十二輕中輕、《切韻指掌圖》三圖、《四聲等子》遇攝内三重少輕多韻、《切韻指南》遇攝内三獨韻偏門，列字均爲『無』。

6（平三徹）■三虞　貙　《廣韻》敕俱切，《集韻》椿俱切，徹虞三平合遇；《韻鏡》内轉第十二開合、《七音略》内轉第十二輕中輕、《四聲等子》遇攝内三重少輕多韻，列字均爲『貙』；《切韻指掌圖》三圖、《切韻指南》遇攝内三獨韻偏門，列字均爲『攄』，徹母魚韻。

7（平三見）□三虞　拘　《廣韻》舉朱切，《集韻》恭於切，見虞三平合遇；《韻鏡》内轉第十二開合、《七音略》内轉第十二輕中輕、《四聲等子》遇攝内三重少輕多韻，列字均爲『拘』；《切韻指掌圖》三圖、《切韻指南》遇攝内三獨韻偏門，列字爲『居』，見母魚韻。

8（平三溪）□三虞　區　《廣韻》豈俱切，《集韻》虧於切，溪虞三平合遇；《韻鏡》内轉第十二開合、《七音略》内轉第十二輕中輕、《四聲等子》遇攝内三重少輕多韻，列字均爲『區』；《切韻指掌圖》三圖，列字爲『胠』，溪母魚韻；《切韻指南》遇攝内三獨韻偏門，列字爲『虛』，溪母魚韻。

9 (平三疑)吾三虞 虞 《廣韻》遇俱切，《集韻》元俱切，疑虞三平合遇；《韻鏡》內轉第十二開合、《七音略》內轉第十二輕中輕、《四聲等子》遇攝內三重少輕多韻，列字均爲『虞』；《切韻指掌圖》三圖、《切韻指南》遇攝內三獨韻侷門，列字爲『魚』，疑母魚韻。

10 (平三章)■三虞 朱 《廣韻》章俱切，《集韻》鍾輸切，章虞三平合遇；《韻鏡》內轉第十二開合、《七音略》內轉第十二輕中輕、《四聲等子》遇攝內三重少輕多韻，列字均爲『朱』；《切韻指掌圖》三圖、《切韻指南》遇攝內三獨韻侷門，列字爲『諸』，章母魚韻。

11 (平三昌)■三虞 樞 《廣韻》昌朱切，《集韻》春朱切，昌虞三平合遇；《韻鏡》內轉第十二開合、《七音略》內轉第十二輕中輕、《四聲等子》遇攝內三重少輕多韻、《切韻指南》遇攝內三獨韻侷門，列字均爲『樞』；《切韻指掌圖》三圖，列字爲『貙』，徹母虞韻，誤。

12 (平三書)思三虞 輸 《廣韻》式朱切，《集韻》春朱切，書虞三平合遇；《韻鏡》內轉第十二開合、《七音略》內轉第十二輕中輕、《四聲等子》遇攝內三重少輕多韻，列字均爲『輸』；《切韻指掌圖》三圖、《切韻指南》遇攝內三獨韻侷門，列字均爲『書』，書母魚韻。

13 (平三禪)■三虞 殊 《廣韻》市朱切，《集韻》慵朱切，禪虞三平合遇；《韻鏡》內轉第十二開合、《七音略》內轉第十二輕中輕、《四聲等子》遇攝內三重少輕多韻，列字均爲『殊』；《切韻指掌圖》三圖、《切韻指南》遇攝內三獨韻侷門，列字爲『蜍』，禪母魚虞韻。

14 (平三曉)父三虞 訏 《廣韻》況於切，《集韻》匈於切，曉虞三平合遇；《韻鏡》內轉第十二開合、《七音略》内轉第十二輕中輕、《四聲等子》遇攝内三重少輕多韻，列字均爲『訏』；《切韻指掌圖》三圖、《切韻指南》遇攝内三獨韻偏門，列字均爲『虚』，曉母魚韻。

15 (平三來)鹿三虞 慺 《廣韻》力朱切，《集韻》龍珠切，來虞三平合遇；《韻鏡》内轉第十二開合、《七音略》内轉第十二輕中輕、《四聲等子》遇攝内三重少輕多韻，列字均爲『慺』；《切韻指掌圖》三圖、《切韻指南》遇攝内三獨韻偏門，列字爲『臚』，來母魚韻。

16 (平三日)■三虞 儒 《廣韻》人朱切，《集韻》汝朱切，日虞三平合遇；《韻鏡》内轉第十二開合、《七音略》内轉第十二輕中輕、《四聲等子》遇攝内三重少輕多韻，列字均爲『儒』；《切韻指掌圖》三圖、《切韻指南》遇攝内三獨韻偏門，列字均爲『如』，日母魚韻。

17 (上三敷)□三麌 撫 《廣韻》芳武切，《集韻》斐父切，敷麌三上合遇；《韻鏡》内轉第十二開合、《七音略》内轉第十二輕中輕、《切韻指掌圖》三圖、《四聲等子》遇攝内三重少輕多韻、《切韻指南》遇攝内三獨韻偏門，列字均爲『撫』。

18 (上三奉)步三麌 父 《廣韻》扶雨切，《集韻》奉甫切，奉麌三上合遇；《韻鏡》内轉第十二開合、《七音略》内轉第十二輕中輕、《切韻指掌圖》三圖、《四聲等子》遇攝内三重少輕多韻、《切韻指南》遇攝内三獨韻偏門，列字均爲『父』。

19 (上三微)目三麌 武 《廣韻》文甫切，《集韻》罔甫切，微麌三上合遇；《韻鏡》内轉第十二開合、《七音略》内轉第十二輕中輕、《切韻指掌圖》三圖、《四聲等子》遇攝内三重少輕多韻、

《切韻指南》遇攝内三獨韻偶門，列字均爲『武』。

20 （上三知）■三麌　拄　《廣韻》知庾切，《集韻》冢庾切，知麌上三合遇；《韻鏡》内轉第十二開合、《七音略》内轉第十二輕中輕，列字爲『拄』；《四聲等子》遇攝内三重少輕多韻，列字爲『柱』，澄母麌韻，誤；《切韻指掌圖》三圖、《切韻指南》遇攝内三獨韻偶門，列字均爲『貯』，知母語韻；『拄』爲《廣韻》麌韻知母位小韻首字，《起數訣》從《廣韻》是。

21 （上三澄）兑三麌　柱　《廣韻》直主切，《集韻》重主切，澄麌三上合遇；《韻鏡》内轉第十二開合、《七音略》内轉第十二輕中輕，列字均爲『柱』；《切韻指掌圖》三圖、《切韻指南》遇攝内三獨韻偶門，列字均爲『佇』，澄母語韻；《四聲等子》遇攝内三重少輕多韻，列字爲『拄』，知母麌韻，誤。

22 （上三見）□三麌　矩　《廣韻》俱雨切，《集韻》果羽切，見麌三上合遇；《韻鏡》内轉第十二開合、《七音略》内轉第十二輕中輕、《四聲等子》遇攝内三重少輕多韻，列字均爲『矩』；《切韻指掌圖》三圖、《切韻指南》遇攝内三獨韻偶門，列字均爲『舉』，見母語韻。

23 （上三溪）□三麌　齲　《廣韻》驅雨切，《集韻》顆羽切，溪麌三上合遇；《韻鏡》内轉第十二開合、《七音略》内轉第十二輕中輕，列字均爲『齲』；《切韻指掌圖》三圖、《四聲等子》遇攝内三重少輕多韻、《切韻指南》遇攝内三獨韻偶門，列字均爲『去』，溪母語韻。

24 （上三群）□三麌　窶　《廣韻》其矩切，《集韻》郡羽切，群麌三上合遇；群噳三上合遇；《韻鏡》内轉第十二開合、《七音略》内轉第十二輕中輕、《四聲等子》遇攝内三重少輕多韻，列字均爲『窶』；《切韻指掌圖》三圖、《切韻指南》遇攝内三獨韻偈門，列字均爲『巨』，群母語韻。

25 (上三章)■三虞　主　《廣韻》之庾切，章虞三上合遇；《集韻》腫庾切，章噳三上合遇；《韻鏡》内轉第十二開合、《七音略》内轉第十二輕中輕、《四聲等子》遇攝内三重少輕多韻，列字均爲『主』；《切韻指掌圖》三圖，列字爲『煑』，章母語韻；《切韻指南》遇攝内三獨韻偈門，列字爲『鬻』，章母語韻。

26 (上三禪)■三虞　豎　《廣韻》臣庾切，《集韻》上主切，禅虞三上合遇；《韻鏡》内轉第十二開合、《七音略》内轉第十二輕中輕、《切韻指掌圖》三圖、《四聲等子》遇攝内三重少輕多韻，列字均爲『豎』；《切韻指南》遇攝内三獨韻偈門，列字爲『野』，禪母語韻。

27 (上三曉)父三虞　詡　《廣韻》況羽切，《集韻》火羽切，曉虞三上合遇；《韻鏡》内轉第十二開合、《四聲等子》遇攝内三重少輕多韻，列字爲『詡』；《七音略》内轉第十二輕中輕，『詡』列於影母，曉母空位，誤；《切韻指掌圖》三圖、《切韻指南》遇攝内三獨韻偈門，列字爲『許』，曉母語韻。

28 (上三云)■三虞　羽　《廣韻》王矩切，《集韻》王矩切，云虞三上合遇；《韻鏡》内轉第十二開合、《七音略》内轉第十二輕中輕、《切韻指南》遇攝内三獨韻偈門，列字均爲『羽』；《切韻指掌圖》三圖、《四聲等子》遇攝内三重少輕多韻，列字爲『雨』，云母麌韻。

29（上三來）鹿三麌　縷　《廣韻》力主切，《集韻》隴主切，來麌三上合遇；《韻鏡》内轉第十二開合、《七音略》内轉第十二輕中輕，《四聲等子》遇攝内三重少輕多韻，列字均爲『縷』；《切韻指掌圖》三圖、《切韻指南》遇攝内三獨韻侷門，列字爲『吕』，來母語韻。

30（去三非）卜三遇　付　《廣韻》《集韻》方遇切，非遇三去合遇；《韻鏡》内轉第十二開合、《七音略》内轉第十二輕中輕、《切韻指掌圖》三圖、《四聲等子》遇攝内三重少輕多韻、《切韻指南》遇攝内三獨韻侷門，列字均爲『付』。

31（去三敷）□三遇　赴　《廣韻》《集韻》芳遇切，敷遇三去合遇；《韻鏡》内轉第十二開合、《七音略》内轉第十二輕中輕、《切韻指掌圖》三圖、《四聲等子》遇攝内三重少輕多韻、《切韻指南》遇攝内三獨韻侷門，列字均爲『赴』。

32（去三奉）步三遇　附　《廣韻》《集韻》符遇切，奉遇三去合遇；《韻鏡》内轉第十二開合、《七音略》内轉第十二輕中輕、《切韻指掌圖》三圖、《四聲等子》遇攝内三重少輕多韻、《切韻指南》遇攝内三獨韻侷門，列字均爲『附』。

33（去三知）■三遇　駐　《廣韻》中句切，《集韻》株遇切，知遇三去合遇；《韻鏡》内轉第十二開合、《七音略》内轉第十二輕中輕，列字均爲『駐』；《切韻指掌圖》三圖、《切韻指南》遇攝内三獨韻侷門，列字爲『著』，知母御韻；《四聲等子》遇攝内三重少輕多韻，列字爲『註』，知母遇韻。

34 （去三澄）兑三遇　住　《廣韻》持遇切，《集韻》廚遇切，澄遇三去合遇；《韻鏡》内轉第十二開合、《七音略》内轉第十二輕中輕、《切韻指掌圖》三圖、《四聲等子》遇攝内三重少輕多韻，列字均爲『住』；《切韻指南》遇攝内三獨韻侷門，列字爲『箸』，澄母御韻。

35 （去三群）□三遇　懼　《廣韻》其遇切，《集韻》衢遇切，群遇三去合遇；《韻鏡》内轉第十二開合、《七音略》内轉第十二輕中輕、《四聲等子》遇攝内三重少輕多韻，列字均爲『懼』；《切韻指掌圖》三圖，列字爲『具』，群母遇韻；《切韻指南》遇攝内三獨韻侷門，列字爲『遽』，群母御韻。

36 （去三疑）吾三遇　遇　《廣韻》牛具切，《集韻》元具切，疑遇三去合遇；《韻鏡》内轉第十二開合、《七音略》内轉第十二輕中輕、《四聲等子》遇攝内三重少輕多韻，列字均爲『遇』；《切韻指掌圖》三圖、《切韻指南》遇攝内三獨韻侷門，列字均爲『御』，疑母御韻。

37 （去三章）■三遇　注　《廣韻》之戍切，《集韻》朱戍切，章遇三去合遇；《韻鏡》内轉第十二開合、《七音略》内轉第十二輕中輕、《四聲等子》遇攝内三重少輕多韻，列字均爲『注』；《切韻指掌圖》三圖、《切韻指南》遇攝内三獨韻侷門，列字爲『翥』，章母御韻。

38 （去三書）思三遇　戍　《廣韻》傷遇切，《集韻》舂遇切，書遇三去合遇；《韻鏡》内轉第十二開合、《七音略》内轉第十二輕中輕、《四聲等子》遇攝内三重少輕多韻，列字均爲『戍』；《切韻指掌圖》三圖、《切韻指南》遇攝内三獨韻侷門，列字爲『恕』，書母御韻。

艮七	艮六	蒙十二	剝十二	盅三	艮五		剝五			
南	大	坼	卓	皃	白	口	百		發	■
									音	
覘		杈			牌			佳	泰一 濁	
婇	鷹		㾪					蟹	隨一	
			媞					卦	盅一	
瘵	嗟	咀	啠					點	震一	

艮十一	艮一		蠱二	剝十一	蒙十一	蠱十二	剝九	艮十	艮四	艮二
乍	口	口	牙	莊	叉	茶	三	士	凡	華
	華上									
佳			厓	齋	釵	柴	崽		醫	鞋
			崖							
解	芳			枳	[illegible]		灑			蟹
懈	婑		睚	債	差	瘵	曬		謑	邂
夬	詠			札	察		殺			黠

艮八	艮三	壵七		艮十二			剥		艮五	壵三
在	文	犖	口	宅	發音		百	口	白	兒
𩉶					濁	佳壵一				
婑						蟹壵一				
隘						卦壵一				腩
軋						黠寰一				窡

第二十三圖　發音濁

本圖舒聲列《廣韻》佳蟹卦韻開口字，本圖衹列一個脣音字，在二十一圖列有佳蟹卦脣音字，此種列圖頗可疑，當爲《起數訣》脣音列於一四等圖原則所限，佳蟹卦衹有二等，無一四等圖，則爲變通列於模虞圖，與音理不和，當把脣音字置於本圖。如此，則本圖舒聲係取自《韻鏡》外轉第十五開整圖。本圖入聲列《廣韻》黠韻字，係拆分《韻鏡》外轉第二十三開，取入聲二等字，本圖同樣將黠脣音字列於二十一圖，亦當置於本圖。明本溪母下一等格位内，有『華上』二字。本圖平上去入二等位有韻目字，其余無。四庫本一等有字，故在韻目字上加括號。

校注：

1（平一疑）牙一（佳）〇　明本無字，四庫本列字爲『厓』。厓，《廣韻》五佳切，《集韻》宜佳切，疑佳二平開蟹；佳韻無一等，當列於二等位。本圖明本二等位列『厓』字，在其下四等格位中有『崖』字，右上角小字，係標注字。四庫本二等位列『崖』字，四庫本將二等『厓』串入一等，標注字亦串入二等。四庫本平一疑亦當空位，當删。

2(平二幫)百二佳　◯　明本、四庫本本圖均空位。第二十一圖佳二幫母位列『蹕』。蹕，《廣韻》卑吉切，《集韻》壁吉切，幫質三入開臻；不當列於此位。《廣韻》《集韻》佳韻幫母無字，故不當列於此位，本圖不補。

3(平二並)白二佳　牌　《起數訣》第二十一圖佳二並母位列『𨁊』。𨁊，《廣韻》未收；《集韻》蘖佳切，幫佳開二平蟹；不當列於此位。《韻鏡》外轉第十五開、《七音略》外轉第十五重中輕、《四聲等子》蟹攝外二輕重俱等開口呼，列字均爲『牌』；《切韻指掌圖》十七圖、《切韻指南》蟹攝外二開口呼廣門，列字爲『排』，並母皆韻。『牌』爲《廣韻》佳韻並母位小韻首字，本圖列字是。

4(平二明)皃二佳　◯　明本、四庫本本圖均空位。第二十一圖佳二明母位列『睥』。睥，《廣韻》匹詣切，《集韻》匹計切，滂霽四去開蟹；不當列於此位。《韻鏡》外轉第十五開、《七音略》外轉第十五重中輕、《四聲等子》蟹攝外二輕重俱等開口呼、《切韻指南》蟹攝外二開口呼廣門，列字均爲『買』；《切韻指掌圖》三圖，列字爲『埋』，明母皆韻。『買』爲《廣韻》佳韻明母位小韻首字，『睥』或爲『買』字形訛，本圖當校補『買』字。

5(平二徹)坼二佳　扠　《廣韻》丑佳切，《集韻》攄佳切，徹佳二平開蟹；《韻鏡》外轉第十五開、《四聲等子》蟹攝外二輕重俱等開口呼，列字爲『扠』；《七音略》外轉第十五重中輕，列字爲『杈』；《切韻指掌圖》十七圖、《切韻指南》蟹攝外二開口呼廣門，列字爲『搋』，徹母皆韻。『扠』爲《廣韻》佳韻徹母位小韻首字，『杈』爲初母麻韻，《七音略》當爲『扠』之形訛，《起數訣》是。

6 (平二見)乍二佳　佳　《廣韻》古佳切，《集韻》居膎切，見佳二平開蟹；《韻鏡》外轉第十五開、《四聲等子》蟹攝外二輕重俱等開口呼，列字爲『佳』；《七音略》外轉第十五重中輕，列字爲『佳』，爲『佳』字誤；《切韻指掌圖》十七圖、《切韻指南》蟹攝外二開口呼廣門，列字爲『皆』，見母皆韻。『佳』爲《廣韻》《集韻》見母位小韻首字，《七音略》列字形訛，《起數訣》是。

7 (平二溪)□二佳　○　《廣韻》《集韻》佳韻無溪母；《韻鏡》外轉第十五開，列字爲『佤』；《七音略》空位；《切韻指掌圖》十七圖、《四聲等子》蟹攝外二輕重俱等開口呼、《切韻指南》蟹攝外二開口呼廣門，列字均爲『揩』，溪母皆韻。『佤』，《廣韻》未收。《康熙字典》記：『《集韻》《正韻》枯瓜切，音誇。』則爲溪母麻韻，不當列於此位，《起數訣》空位是。

8 (平二疑)牙二佳　厓　明本列字爲『厓』，四庫本列字爲『崖』。明本佳二疑母位，正格大字列『厓』，在三等位格位右上角小字列『崖』字。『崖』當爲『厓』之標注字。厓，《廣韻》五佳切，《集韻》宜佳切，疑佳二平開蟹；《韻鏡》外轉第十五開、《切韻指掌圖》十七圖、《四聲等子》蟹攝外二輕重俱等開口呼、《切韻指南》蟹攝外二開口呼廣門，列字爲『崖』；《七音略》外轉第十五重中輕，列字爲『崔』，當爲『崖』字誤。『崖』爲《廣韻》佳二疑母位小韻首字，下收有『厓』字。兩本列字均無誤。

9（平二莊）莊二佳　⿱艹柴　《廣韻》未收，《集韻》仄佳切，莊佳開二平蟹；《韻鏡》《七音略》空位；《切韻指掌圖》十七圖、《四聲等子》蟹攝外二輕重俱等開口呼、《切韻指南》蟹攝外二開口呼廣門，列字爲『齋』，莊母皆韻。《廣韻》佳韻無莊母字，《起數訣》從《集韻》，亦無誤。

10（平二匣）華二佳　鞋　《廣韻》《集韻》户佳切，匣佳二平開蟹；《韻鏡》外轉第十五開，列字爲『膎』；《七音略》外轉第十五重中輕，列字爲『⿰目奚』，爲『膎』形訛；《切韻指掌圖》十七圖、《四聲等子》蟹攝外二輕重俱等開口呼、《切韻指南》蟹攝外二開口呼廣門，列字爲『諧』，匣母皆韻。『⿰忄象』爲《廣韻》佳韻匣母位小韻首字，下收有『膎』『鞋』二字，列字以『⿰忄象』爲佳；《起數訣》亦無誤。

11（平二影）在二佳　鞵　《廣韻》《集韻》户佳切，匣佳二平開蟹，不當列於影母位；《韻鏡》外轉第十五開、《七音略》外轉第十五重中輕、《四聲等子》蟹攝外二輕重俱等開口呼、《切韻指南》蟹攝外二開口呼廣門，列字爲『娃』，《切韻指掌圖》十七圖，列字爲『挨』，《集韻》影母皆韻；『娃』爲《廣韻》佳二影母位小韻首字，『鞵』爲匣母字，誤，當校改爲『娃』。

12（上二幫）百二蟹　○　明本、四庫本本圖均空位。第二十一圖蟹二幫母位列『擺』。『擺』，《廣韻》北買切，《集韻》補買切，幫蟹二上開蟹；《韻鏡》外轉第十五開、《七音略》外轉第十五重中輕、《切韻指掌圖》十七圖、《四聲等子》蟹攝外二輕重俱等開口呼、《切韻指南》遇攝內三獨韻偈門，列字均爲『擺』。『擺』爲《廣韻》蟹二幫母位小韻首字，本圖當校補『擺』字。

13 (上二滂)□二蟹　○　明本、四庫本本圖均空位。第二十一圖蟹二滂母位列『帍』。『帍』，《廣韻》蟹韻無滂母字，《集韻》怌買切，滂蟹二上開蟹；《康熙字典》記：『《唐韻》卑履切，《集韻》補履切，音比。又《集韻》部鄙切，音否，義同。』《韻鏡》《七音略》空位；《切韻指掌圖》十七圖，列字爲『佸』，滂母海韻；《四聲等子》蟹攝外二輕重俱等開口呼、《切韻指南》遇攝内三獨韻偈門，列字爲『帍』。《廣韻》蟹韻滂母字，《起數訣》二十一圖列『帍』字從《集韻》，本圖當校補『帍』字。

14 (上二並)白二蟹　○　明本、四庫本本圖均空位。第二十一圖蟹二並母位列『罷』。『罷』，《廣韻》薄蟹切，《集韻》部買切，並蟹二上開蟹；《韻鏡》外轉第十五開、《七音略》外轉第十五重中輕、《四聲等子》蟹攝外二輕重俱等開口呼、《切韻指南》遇攝内三獨韻偈門，列字均爲『罷』；《切韻指掌圖》十七圖，列字爲『備』。『罷』爲《廣韻》蟹二並母位小韻首字，本圖當校補『罷』字。

15 (上二明)皃二蟹　○　明本、四庫本本圖均空位。第二十一圖蟹二明母位列『買』。『買』，《廣韻》莫蟹切，《集韻》母蟹切，明蟹二上開蟹；《韻鏡》外轉第十五開、《七音略》外轉第十五重中輕、《切韻指掌圖》十七圖、《四聲等子》蟹攝外二輕重俱等開口呼、《切韻指南》遇攝内三獨韻偈門，列字均爲『買』。『買』爲《廣韻》蟹二明母位小韻首字，本圖當校補『買』字。

16 (上二知)卓二蟹　獉　《廣韻》未收；《集韻》都買切，端蟹二上開蟹，端知類隔；《韻鏡》《七音略》《切韻指掌圖》《切韻指南》空位；《四聲等子》蟹攝外二輕重俱等開口呼，列字爲『釔』，知母駭韻。《起數訣》從《集韻》。

17 （上二娘）南二蟹 㚷 《廣韻》《集韻》未收；《韻鏡》外轉第十五開、《切韻指南》蟹攝外二開口呼廣門，列字爲『嬭』，《七音略》外轉第十五重中輕、《四聲等子》蟹攝外二輕重俱等開口呼，列字爲『㚷』；《切韻指掌圖》空位；『嬭』爲《廣韻》蟹韻娘母位小韻首字，下收有『㚷』字，《起數訣》列『㚷』當爲『㚷』之形訛，當校改爲『㚷』。

18 （上二溪）□二蟹 芌 《廣韻》《集韻》王遇切，云遇三去合遇，不當列於此位，當爲『芌』字誤。芌，《廣韻》苦蟹切，《集韻》口蟹切，溪蟹上二開蟹。《韻鏡》外轉第十五開，列字爲『艼』；《七音略》外轉第十五重中輕，列字爲『楷』，誤；《切韻指掌圖》十七圖、《切韻指南》蟹攝外二開口呼廣門，列字爲『楷』，溪母駭韻；《四聲等子》蟹攝外二輕重俱等開口呼，列字爲『芌』。『芌』爲《廣韻》蟹韻溪母位小韻首字，《韻鏡》列『艼』爲『芌』之異體，《字匯補》注：『同芌』。《起數訣》列『芌』爲形訛，當校改爲『芌』。

19 （上二群）□二蟹 ○ 《廣韻》《集韻》蟹韻群母位有『箉』，《廣韻》求蟹切，《集韻》杜買切。《韻鏡》外轉第十五開、《七音略》外轉第十五重中輕、《切韻指掌圖》十七圖、《四聲等子》蟹攝外二輕重俱等開口呼，《切韻指南》蟹攝外二開口呼廣門，列字均爲『箉』。『箉』爲《廣韻》蟹韻群母位小韻首字，《起數訣》空位誤，當校補『箉』字。

20 (上二疑)牙二蟹 ◯ 《廣韻》《集韻》未收；《韻鏡》空位；《七音略》外轉第十五重中輕，列字爲『騃』，誤；《切韻指掌圖》十七圖、《切韻指南》蟹攝外二開口呼廣門，列字爲『騃』疑母駭韻；《四聲等子》蟹攝外二輕重俱等開口呼，列字爲『⿸厂⿰圭見』，疑母駭韻。《廣韻》《集韻》均無蟹韻疑母字，《七音略》於蟹韻位列駭韻字，誤。《起數訣》空位是。

21 (上二莊)莊二蟹 枳 《廣韻》諸氏切，章紙三上開止；《集韻》掌氏切，章止三上開止；『枳』當爲『抧』字誤，《集韻》仄蟹切，莊母蟹韻。《韻鏡》《七音略》《切韻指掌圖》空位；《四聲等子》蟹攝外二輕重俱等開口呼、《切韻指南》蟹攝外二開口呼廣門，列字均爲『抧』。《廣韻》蟹韻莊母位無字，《起數訣》依《集韻》，但列字形訛，當校改爲『抧』。

22 (上二初)叉二蟹 ⿱山豺 《廣韻》未收；《集韻》楚解切，初蟹二上開蟹；《韻鏡》《七音略》空位；《切韻指掌圖》十七圖，列字爲『茝』，昌母蟹韻；《四聲等子》蟹攝外二輕重俱等開口呼、《切韻指南》蟹攝外二開口呼廣門，列字均爲『⿱山豺』。《廣韻》蟹韻無初母字，《起數訣》從《集韻》，亦無誤。

23 (上二生)□二蟹 灑 《廣韻》《集韻》所蟹切，生蟹二上開蟹；《韻鏡》空位；《七音略》外轉第十五重中輕、《切韻指掌圖》十七圖、《四聲等子》蟹攝外二輕重俱等開口呼、《切韻指南》蟹攝外二開口呼廣門，列字均爲『灑』。『灑』爲《廣韻》蟹韻生母位小韻首字，《韻鏡》空位誤，《起數訣》是。

24（去二幫）百二卦 ◯ 明本、四庫本本圖均空位。第二十一圖卦二幫母位列『薜』。『薜』，《廣韻》《集韻》博厄切，幫麥二入開梗；《韻鏡》外轉第十六合，《四聲等子》蟹攝外二輕重俱等開口呼，列字爲『庍』；《七音略》外轉第十五重中輕、《切韻指南》蟹攝外二開口呼廣門，列字爲『嶭』，幫母卦韻；《切韻指掌圖》三圖，列字爲『拜』，幫母怪韻。『庍』爲《廣韻》卦韻幫母合口位小韻首字，有些版本另有『嶭，方賣反』，卦韻本無開合對立，《集韻》『嶭』并入『庍』小韻。列字以『庍』爲佳，《起數訣》二十一圖列『薜』字，當爲『嶭』字形訛，誤。本圖當校補『庍』字。

25（去二滂）□二卦 ◯ 明本、四庫本本圖均空位。第二十一圖卦二滂母位列『派』。『派』，《廣韻》匹卦切，《集韻》普卦切，滂卦二去合蟹；《韻鏡》外轉第十六合、《四聲等子》蟹攝外二輕重俱等開口呼，列字均爲『派』；《七音略》外轉第十六輕中輕，列字爲『𠂢』；《切韻指掌圖》三圖，列字爲『湃』，滂母怪韻；《切韻指南》空位。『派』爲《廣韻》卦韻滂母位小韻首字，下收有『𠂢』字，列字以『派』爲佳，本圖當校補『派』字。

26（去二並）白二卦 ◯ 明本、四庫本本圖均空位。第二十一圖卦二並母位列『粺』。『粺』，《廣韻》傍卦切，《集韻》旁卦切，並卦二去合蟹；《韻鏡》外轉第十六合，列字爲『稗』；《七音略》外轉第十六輕中輕、《四聲等子》蟹攝外二輕重俱等開口呼，列字均爲『粺』；《切韻指掌圖》三圖，列字爲『敗』，並母夬韻；《切韻指南》空位。『粺』爲《廣韻》卦韻並母位小韻首字，下收有『稗』字，列字以『粺』爲佳，本圖當校補『粺』字。

27 （去二明）母二卦　○　明本、四庫本本圖均空位。第二十一圖卦二明母位列『賣』。『賣』，《廣韻》《集韻》莫懈切，明卦二去合蟹；《韻鏡》外轉第十六合、《七音略》外轉第十五重中輕、《切韻指掌圖》三圖、《四聲等子》蟹攝外二輕重俱等開口呼、《切韻指南》蟹攝外二開口呼廣門，列字均爲『賣』。『賣』爲《廣韻》卦韻明母位小韻首字，本圖當校補『賣』字。

28 （去二知）卓二卦　媞　《廣韻》卦韻未收知母；《集韻》得懈切，端卦二去開蟹；《韻鏡》空位；《七音略》外轉第十五重中輕、《四聲等子》蟹攝外二輕重俱等開口呼、《切韻指南》蟹攝外二開口呼廣門，列字爲『媞』；《切韻指掌圖》十七圖，列字爲『⿰彳啻』，知母卦韻。『膪』爲《廣韻》卦韻知母位小韻首字，下收有『⿰彳啻』字。列字以『膪』爲佳，《起數訣》依《集韻》，亦無誤。

29 （入二幫）百二黠　○　明本、四庫本本圖均空位。第二十一圖黠二幫母位列『八』。『八』，《廣韻》博拔切，《集韻》布拔切，幫黠二入合山；《韻鏡》外轉第二十三開、《七音略》外轉二十四輕中重、《四聲等子》蟹攝外二輕重俱等韻合口呼，列字均爲『八』；《切韻指南》蟹攝外二開口呼廣門，列字爲『捌』。『八』爲《廣韻》黠韻幫母位小韻首字，本圖當校補『八』字。

30 （入二滂）□二黠　○　明本、四庫本本圖均空位。第二十一圖黠二滂母位列『汃』。『汃』，《廣韻》《集韻》普八切，滂黠二入合山；《韻鏡》空位；《七音略》外轉二十四輕中重、《切韻指掌圖》二十圖、《四聲等子》蟹攝外二輕重俱等韻合口呼、《切韻指南》蟹攝外二開口呼廣門，列字均爲『汃』。『汃』爲《廣韻》黠韻滂母位小韻首字，本圖當校補『汃』字。

31（入二白）旁二黠 ◯ 明本、四庫本本圖均空位。第二十一圖黠二並母位列『拔』。『拔』，《廣韻》《集韻》蒲八切，並黠二入合山；《韻鏡》外轉第二十三開、《七音略》外轉二十四輕中重、《切韻指掌圖》二十圖、《四聲等子》蟹攝外二輕重俱等韻合口呼、《切韻指南》蟹攝外二開口呼廣門，列字均爲『拔』。『拔』爲《廣韻》黠韻並母位小韻首字，本圖當校補『拔』字。

32（入二明）母二黠 ◯ 明本、四庫本本圖均空位。第二十一圖黠二明母位列『傛』。『傛』，《廣韻》莫八切，明黠二入合山；《集韻》未收；《韻鏡》外轉第二十三開、《七音略》外轉二十四輕中重、《切韻指掌圖》二十圖、《四聲等子》蟹攝外二輕重俱等韻合口呼、《切韻指南》蟹攝外二開口呼廣門，列字均爲『傛』。『傛』爲《廣韻》黠韻明母位小韻首字，本圖當校補『傛』字。

33（入二知）卓二黠 唽 《康熙字典》記：『《集韻》知戛切，音斷。唽嘲，鳥聲。』此記音斷，係《廣韻》入聲鎋韻知母位小韻『哳』字下收字，《廣韻》陟鎋切，知鎋二入開山；《韻鏡》外轉第二十一開，列字爲『哳』；《七音略》《切韻指掌圖》空位；《四聲等子》山攝外四輕重俱等韻開口呼，列字爲『哳』；《切韻指南》山攝外四開口呼廣門，列字爲『唽』；『哳』『唽』二字爲異體字。『哳』爲《廣韻》鎋韻知母位小韻首字，《七音略》空位誤，『唽』爲《廣韻》鎋韻知母位小韻首字，《起數訣》誤，當删。

34 (入二徹)拆二黠　呾　明本列字爲『呾』,四庫本列字爲『啞』。『呾』,《廣韻》乙轄切,影母轄韻;《集韻》睽軋切,徹黠二入開山;『啞』,《廣韻》衣嫁切,《集韻》衣駕切,影禡二去開蟹;不當列於此位。《韻鏡》空位;《七音略》外轉二十三重中輕,列字爲『呾』,《集韻》徹母黠韻;《切韻指掌圖》空位;《四聲等子》山攝外四輕重俱等韻開口呼、《切韻指南》山攝外四開口呼廣門,列字均爲『獺』,透母鎋韻。《廣韻》黠韻徹母無字,《七音略》所列『呾』字,《廣韻》及以前韻書均無黠韻音,《集韻》有徹母黠韻音。『呾』爲《集韻》黠韻徹母位小韻首字,《起數訣》明本從《集韻》,是。四庫本列字形訛,當校改爲『呾』。

35 (入二澄)大二黠　噠　《廣韻》未收;《集韻》宅軋切,澄黠二入開山;《韻鏡》外轉第二十三開,列字爲『蓮』,定母曷韻,誤;《七音略》外轉二十三重中重、《四聲等子》山攝外四輕重俱等韻開口呼、《切韻指南》山攝外四開口呼廣門,列字均爲『噠』;《切韻指掌圖》空位。《廣韻》黠韻無澄母字,《起數訣》依《集韻》,亦無誤。

36 (入二娘)南二黠　㾑　《廣韻》《集韻》未收;《康熙字典》:『《廣韻》奴曷切,《集韻》乃曷切,音捺。《博雅》痛也。一曰螫也。又《廣韻》《集韻》女黠切,音䋈。』則爲娘母黠韻。《韻鏡》外轉第十五開、《七音略》外轉二十三重中輕、《切韻指掌圖》十七圖、《切韻指南》蟹攝外二開口呼廣門,列字爲『痆』;《四聲等子》蟹攝外二輕重俱等開口呼,列字爲『㾑』;『痆』爲《廣韻》黠二娘母位小韻首字,下收有『㾑』字,列字以『痆』爲佳,《起數訣》亦無誤。

37（入二穿）叉二黠　察　《廣韻》初八切，《集韻》初戛切，初黠二入開山；《韻鏡》外轉第二十三開、《七音略》外轉二十三重中重，列字均爲『察』；《切韻指掌圖》七圖、《四聲等子》山攝外四輕重俱等韻開口呼、《切韻指南》山攝外四開口呼廣門，列字均爲『剎』，初母鎋韻。『𪘨』爲《廣韻》黠韻初母位小韻首字，下收有『察』字，列字以『𪘨』爲佳，《起數訣》亦無誤。

38（入二審）三二黠　殺　《廣韻》所八切，《集韻》山戛切，生黠二入開山；《韻鏡》外轉第二十三開、《切韻指掌圖》七圖、《四聲等子》山攝外四輕重俱等韻開口呼、《切韻指南》山攝外四開口呼廣門，列字均爲『殺』；《七音略》外轉二十三重中重，列字爲『榝』。『殺』爲《廣韻》黠二審母位小韻首字，下收有『榝』字，《起數訣》是。

39（入二曉）凡二黠　○　《廣韻》《集韻》黠韻曉母位均有『傄，呼八切』；《韻鏡》外轉第二十三開，列字爲『傄』；《七音略》空位；《切韻指掌圖》七圖、《四聲等子》山攝外四輕重俱等韻開口呼、《切韻指南》山攝外四開口呼廣門，列字均爲『瞎』，曉母鎋韻；『傄』爲《廣韻》黠二曉母位小韻首字，《七音略》《起數訣》空位誤，此處當校補『傄』字。

釋：

1（平二娘）南二佳　羪　《廣韻》妳佳切，《集韻》居佳切，娘佳二平開蟹；《韻鏡》外轉第十五開、《七音略》外轉第十五重中輕、《四聲等子》蟹攝外二輕重俱等開口呼，列字均爲『羓』；《切韻指掌圖》十七圖，列字爲『樨』，爲『㩓』字誤；《切韻指南》蟹攝外二開口呼廣門，列字爲『㩓』，娘母皆韻。

2 （平二初）叉二佳　釵　《廣韻》楚佳切，《集韻》初佳切，初佳二平開蟹；《韻鏡》外轉第十五開、《七音略》外轉第十五重中輕、《四聲等子》蟹攝外二輕重俱等開口呼、《切韻指南》蟹攝外二開口呼廣門，列字均爲『釵』；《切韻指掌圖》十七圖，列字爲『差』，初母皆韻。

3 （平二崇）茶二佳　柴　《廣韻》士佳切，《集韻》鉏佳切，崇佳二平開蟹；《韻鏡》外轉第十五開、《七音略》外轉第十五重中輕、《四聲等子》蟹攝外二輕重俱等開口呼，列字均爲『柴』；《切韻指掌圖》十七圖，列字爲『犲』；《切韻指南》蟹攝外二開口呼廣門，列字爲『豺』，『犲』『豺』爲異體字，崇母皆韻。

4 （平二審）三二佳　崽　《廣韻》山佳切，《集韻》所佳切，生佳二平開蟹；《韻鏡》外轉第十五開、《七音略》外轉第十五重中輕、《切韻指掌圖》十七圖、《四聲等子》蟹攝外二輕重俱等開口呼、《切韻指南》蟹攝外二開口呼廣門，列字均爲『崽』。

5 （平二曉）凡二佳　⿱殹口　《廣韻》火佳切，《集韻》希佳切，曉佳二平開蟹；《韻鏡》外轉第十五開、《七音略》外轉第十五重中輕、《四聲等子》蟹攝外二輕重俱等開口呼，列字均爲『⿱殹口』；《切韻指掌圖》十七圖，列字爲『俙』，曉母微韻；《切韻指南》蟹攝外二開口呼廣門，列字爲

「俙」，曉母皆韻。

6 （上二澄）大二蟹　廌　《廣韻》宅買切，《集韻》丈蟹切，澄蟹二上開蟹；《韻鏡》外轉第十五開、《七音略》外轉第十五重中輕、《切韻指掌圖》十七圖、《四聲等子》蟹攝外二輕重俱等開口呼，列字均爲「廌」；《切韻指南》蟹攝外二開口呼廣門，列字爲「徥」，《集韻》澄母駭韻。

7 （上二見）乍二蟹　解　《廣韻》佳買切，《集韻》舉蟹切，見蟹二上開蟹；《韻鏡》外轉第十五開、《七音略》外轉第十五重中輕、《切韻指掌圖》十七圖、《四聲等子》蟹攝外二輕重俱等開口呼，列字均爲「解」；《切韻指南》蟹攝外二開口呼廣門，列字爲「鍇」，《集韻》見母駭韻。

8 （上二匣）華二蟹　蟹　《廣韻》胡買切，《集韻》下買切，匣蟹二上開蟹；《韻鏡》外轉第十五開、《七音略》外轉第十五重中輕、《四聲等子》蟹攝外二輕重俱等開口呼、《切韻指南》蟹攝外二開口呼廣門，列字均爲「蟹」；《切韻指掌圖》十七圖，列字爲「駭」，匣母駭韻。

9 （上二影）在二蟹　矮　《廣韻》烏蟹切，《集韻》倚蟹切，影蟹二上開蟹；《韻鏡》外轉第十五開、《七音略》外轉第十五重中輕、《切韻指掌圖》十七圖，列字均爲「矮」；《四聲等子》蟹攝外二輕重俱等開口呼，列字爲「躷」，「躷」「矮」二字爲異體字；《切韻指南》蟹攝外二開口呼廣門，列字爲「挨」，影母駭韻。

10 （去二疑）牙二卦　睚　《廣韻》五懈切，《集韻》牛懈切，疑卦二去開蟹；《韻鏡》外轉第十五開、《七音略》外轉第十五重中輕、《切韻指掌圖》十七圖，列字均爲「睚」；《四聲等子》蟹攝外二輕重俱等開口呼、《切韻指南》蟹攝外二開口呼廣門，列字均爲『𪘏』，群母怪韻。

11（去二莊）莊二卦　債　《廣韻》《集韻》側賣切，照卦二去開蟹；《韻鏡》外轉第十五開、《七音略》外轉第十五重中輕、《切韻指掌圖》十七圖、《四聲等子》蟹攝外二輕重俱等開口呼、《切韻指南》蟹攝外二開口呼廣門，列字均爲『債』。

12（去二初）叉二卦　差　《廣韻》《集韻》楚懈切，初卦二去開蟹；《韻鏡》外轉第十五開、《七音略》外轉第十五重中輕，列字均爲『差』；《切韻指掌圖》十七圖，列字爲『瘥』，初母卦韻；《四聲等子》蟹攝外二輕重俱等開口呼、《切韻指南》蟹攝外二開口呼廣門，列字均爲『瘵』，初母怪韻。

13（去二崇）茶二卦　𤸷　《廣韻》士懈切，《集韻》仕懈切，崇卦二去開蟹；《韻鏡》外轉第十五開、《七音略》外轉第十五重中輕，列字均爲『𤸷』；《切韻指掌圖》十七圖、《四聲等子》蟹攝外二輕重俱等開口呼，列字爲『寨』，崇母怪韻。《切韻指南》蟹攝外二開口呼廣門，列字爲『㳘』。

14（去二生）三二卦　曬　《廣韻》《集韻》所賣切，生卦二去開蟹；《韻鏡》外轉第十五開、《七音略》外轉第十五重中輕、《切韻指掌圖》十七圖、《四聲等子》蟹攝外二輕重俱等開口呼，列字均爲『曬』；《切韻指南》蟹攝外二開口呼廣門，列字爲『𠵩』。

15（去二見）乍二卦　懈　《廣韻》古隘切，《集韻》居隘切，見卦二去開蟹；《韻鏡》外轉第十五開、《七音略》外轉第十五重中輕，列字均爲『懈』；《切韻指掌圖》十七圖，見夬怪卦二上；《四聲等子》蟹攝外二輕重俱等開口呼，列字爲『戒』，見母怪韻；《切韻指南》蟹攝外二開口呼廣門，列字爲戒，見母怪韻。

16（去二溪）牙二卦　𡠌　《廣韻》苦賣切，《集韻》口賣切，溪卦二去開蟹；《韻鏡》外轉第十五開、《七音略》外轉第十五重中輕、《切韻指掌圖》十七圖，列字均爲『𡠌』；《四聲等子》蟹攝外二輕重俱等開口呼、《切韻指南》蟹攝外二開口呼廣門，列字爲『烗』，溪母怪韻。

17（去二曉）凡二卦　謑　《廣韻》火懈切，《集韻》許懈切，曉卦二去開蟹；《韻鏡》外轉第十五開、《七音略》外轉第十五重中輕、《切韻指掌圖》十七圖、《四聲等子》蟹攝外二輕重俱等開口呼，列字均爲『謑』；《切韻指南》蟹攝外二開口呼廣門，列字爲『譮』，曉母怪韻。

18（去二匣）華二卦　邂　《廣韻》胡懈切，《集韻》下買切，匣卦二去開蟹；《韻鏡》外轉第十五開、《七音略》外轉第十五重中輕、《切韻指掌圖》十七圖，列字均爲『邂』；《四聲等子》蟹攝外二輕重俱等開口呼，列字爲『械』；《切韻指南》蟹攝外二開口呼廣門，列字爲『譮』，曉母怪韻。

19（去二影）在二卦　隘　《廣韻》《集韻》烏懈切，影卦二去開蟹；《韻鏡》外轉第十五開、《七音略》外轉第十五重中輕、《切韻指掌圖》十七圖、《切韻指南》蟹攝外二開口呼廣門，列字均爲『隘』；《四聲等子》蟹攝外二輕重俱等開口呼，列字爲『喝』，影母夬韻。

20（入二見）乍二黠　戛　《廣韻》古黠切，《集韻》訖黠切，見黠二入開山；《韻鏡》外轉第十五開、《七音略》外轉二十三重中輕、《切韻指掌圖》十七圖、《四聲等子》蟹攝外二輕重俱等開口呼，列字均爲『戛』；《切韻指南》蟹攝外二開口呼廣門，列字爲『鶷』，見母鎋韻。

21 (入二溪)□二黠　䯔　《廣韻》恪八切，《集韻》丘八切，溪黠二入開山；《韻鏡》外轉第二十三開、《七音略》外轉二十三重中重，列字均爲『䯔』；《切韻指掌圖》七圖，列字爲『𥳐』；《四聲等子》山攝外四輕重俱等韻開口呼，列字爲『藹』；《切韻指南》山攝外四開口呼廣門，列字爲『藒』。『𥳐』、『藒』均爲『藒』字誤，溪母薛韻。

22 (入二莊)莊二黠　札　《廣韻》《集韻》側八切，莊黠二入開山；《韻鏡》外轉第二十三開、《七音略》外轉二十三重中重、《切韻指掌圖》七圖、《切韻指南》山攝外四開口呼廣門，列字均爲『札』；《四聲等子》山攝外四輕重俱等韻開口呼，列字爲『扎』。『札』爲《廣韻》黠二照母位小韻首字，下收有『扎』字，《起數訣》是。

23 (入二匣)華二黠　黠　《廣韻》胡八切，《集韻》下八切，匣黠二入開山；《韻鏡》外轉第二十三開、《七音略》外轉二十三重中重、《切韻指掌圖》七圖，列字均爲『黠』；《四聲等子》山攝外四輕重俱等韻開口呼、《切韻指南》山攝外四開口呼廣門，列字均爲『鎋』，匣母鎋韻。

24 (入二影)在二黠　軋　《廣韻》烏黠切，《集韻》乙黠切，影黠二入開山；《韻鏡》外轉第二十三開、《七音略》外轉二十三重中重、《切韻指掌圖》七圖、《切韻指南》山攝外四開口呼廣門，列字均爲『軋』；《四聲等子》山攝外四輕重俱等韻開口呼，列字爲『鸛』，影母鎋韻。

盍三	艮五		刋			艮十二		盍七	艮三	艮八
皃	白	口	百		發音	宅	口	犖	文	在
				佳韭	濁					鞵
				蟹連						矮
膈				卦瘗						隘
窡				黠寰						軋

剥十二	蒙十二	艮六	艮七	艮十一	艮一	艮一	蠱二	剥十一	蒙十一	蠱十二
卓	忻	大	南	乍	口	口	乎	莊	乂	茶
					華上	華上				
				嫗	咼		訑	櫨		
		拏		拐	胯	篣			撮	
			髣	卦						
			豽	劃	勖		魓	茁		齬

利九　艮十　艮四　艮二　艮八　艮三　盡七　艮十二

三　嚀

士

亢　蠲　扮　謅　儈

華　黿　囊　夥　畫　滑

在　哇　威　婠

攴

莘

口

宅

發　音清

咍　艮一
皆
齊　乾五　華本
海
蟹
薺　未五　萬一
代
怪
霽　有五　豐一
未
屑　井本

第二十四圖　發音濁

本圖舒聲取蟹攝佳蟹卦韻字，取韻圖中列於二等位字，係拆分《韻鏡》外轉第十六合，未取列於一四等的泰祭二去聲。符合《起數訣》大體上二三、一四分圖的原則。本圖聲母溪母、群母，明本、四庫本皆列「□」，明本「□」下一等格位中，兩母下均列有「華上」二字。本圖入聲來源於《廣韻》黠二等，《韻鏡》中收在外轉第二十四合，配山攝。且在《起數訣》第二十八圖重出，配蟹攝皆齊。第四十三圖重出，配山攝删潸霰。

校注：

1　（平二溪）口二佳　咼　《廣韻》苦緺切，《集韻》空媧切，溪佳二平合蟹；《韻鏡》外轉第十六合、《七音略》外轉第十六輕中輕、《切韻指掌圖》二十圖，列字爲「喎」；《四聲等子》蟹攝外二輕重俱等韻合口呼，列字爲「⿰乖力」，溪母皆韻；《切韻指南》蟹攝外二合口呼廣門，列字爲「匯」，溪母皆韻。「咼」爲《廣韻》佳韻溪母位小韻首字，下收有「喎」字，《起數訣》是。

2　（平二疑）牙二佳　詭　《廣韻》過委切，《集韻》古委切，見紙三上合止，不當列於此位；此字當係『詎』字誤。詎，《康熙字典》記：『《集韻》王咼切，《類篇》五咼切，外平聲。譌，惰也。』則爲疑母佳韻。《韻鏡》《七音略》《切韻指掌圖》空位；《四聲等子》蟹攝外二輕重俱等韻合口呼，列字爲『詭』；《切韻指南》蟹攝外二合口呼廣門，列字爲『詎』。《廣韻》佳韻無合口疑母字，《起數訣》當據《集韻》，且形訛，當校改爲『詎』。

3 （平二莊）莊二佳　𢱧　此字當爲『摣』字誤，《康熙字典》記：『《篇海》責加切，音摣。手取物。與摣同。○按摣字之譌。』摣，《廣韻》女加切，娘麻二平開假；《集韻》莊蛙切，莊佳二平合蟹；《韻鏡》《七音略》《切韻指掌圖》《切韻指南》空位；《四聲等子》蟹攝外二輕重俱等韻合口呼，列字爲『摣』。『摣』按《廣韻》不當列於此位，按《集韻》則可列於此位。《起數訣》從《集韻》，亦無誤。然列字訛，當校改爲『摣』。

4 （平二匣）華二佳　竵　《廣韻》户媧切，匣佳二平合蟹；《集韻》乎乖切，匣皆二平合蟹；《韻鏡》外轉第十六合、《七音略》外轉第十六輕中輕，列字均爲『竵』；《切韻指掌圖》二十圖、《四聲等子》蟹攝外二輕重俱等韻合口呼、《切韻指南》蟹攝外二合口呼廣門，列字均爲『懷』，匣母皆韻。『竵』爲《廣韻》佳韻匣母位小韻首字，當列於此位，《集韻》音則不可列於此位。《起數訣》從《廣韻》，是。

5 （平二影）在二佳　哇　《廣韻》於佳切，《集韻》烏蝸切，影佳二平合蟹；《韻鏡》外轉第十六合，列字爲『蛙』；《七音略》外轉第十六輕中輕、《切韻指南》蟹攝外二合口呼廣門，列字均爲『娃』;《切韻指掌圖》空位;《四聲等子》蟹攝外二輕重俱等韻合口呼,列字爲『崴』,影母皆韻;『娃』爲《廣韻》佳韻影母位小韻首字,下收有『哇』字,列字以『娃』爲佳,《起數訣》亦無誤。

6 (上二澄)大二蟹　𢫬　《廣韻》丈夥切,《集韻》柱買切,澄蟹二上合蟹;《韻鏡》空位;《七音略》外轉第十六輕中輕、《切韻指掌圖》二十圖、《四聲等子》蟹攝外二輕重俱等韻合口呼、《切韻指南》蟹攝外二合口呼廣門,列字均爲『𢫬』。『𢫬』爲《廣韻》蟹韻澄母位小韻首字,《韻鏡》空位誤,《起數訣》是。

7 (上二見)乍二蟹　拐　《廣韻》求蟹切,群蟹二上開蟹;《集韻》未收;《韻鏡》外轉第十六合、《七音略》外轉第十六輕中輕、《切韻指掌圖》二十圖、《切韻指南》蟹攝外二合口呼廣門,列字均爲『𦬸』;《四聲等子》蟹攝外二輕重俱等韻合口呼,列字爲『拐』。『𦬸』爲《廣韻》蟹韻見母位小韻首字,下收有『柺』字。列字以『𦬸』字爲佳,《起數訣》列『拐』字,當爲『柺』字訛。《起數訣》誤,當校改爲『柺』。

8 (上二溪)□二蟹　胯　《廣韻》苦瓜切,平麻溪母,無蟹韻音;《集韻》枯買切,溪蟹二上合蟹;《韻鏡》空位;《七音略》外轉第十六輕中輕,列字爲『芌』,溪母蟹韻;《切韻指掌圖》《四聲等子》空位;《切韻指南》蟹攝外二合口呼廣門,列字爲『胯』。《廣韻》蟹韻無溪母字,《起數訣》從《集韻》,亦無誤。

9 （上二群）□二蟹　箉　《廣韻》求蟹切，群祭三上開蟹；《集韻》杜買切，定蟹二上合蟹；《韻鏡》、《七音略》外轉第十六輕中輕、《切韻指掌圖》、《四聲等子》、《切韻指南》空位。《廣韻》蟹韻合口無群母字，《集韻》爲定母音，也不適於此位。《起數訣》誤，當删。

10 （上二初）叉二蟹　撮　《廣韻》未收；《集韻》初買切，初蟹二上合蟹；《韻鏡》《七音略》《切韻指掌圖》空位；《四聲等子》蟹攝外二輕重俱等韻合口呼、《切韻指南》蟹攝外二合口呼廣門，列字爲「撮」。《廣韻》蟹韻合口無初母字，《起數訣》從《集韻》，亦無誤。

11 （上二匣）華二蟹　𥜌　《廣韻》未收，《集韻》户買切，匣蟹二上合蟹；《韻鏡》外轉第十六合、《七音略》外轉第十六輕中輕、《切韻指掌圖》二十圖、《四聲等子》蟹攝外二輕重俱等韻合口呼、《切韻指南》蟹攝外二合口呼廣門，列字均爲「夥」。「夥」爲《廣韻》蟹韻匣母位小韻首字，《起數訣》從《集韻》，亦無誤。四庫本本圖匣母三等位有「夥」字，明本匣母三等位「夥」字較小且在右小角，顯爲本位列字「𥜌」之標注字，此位列字「夥」爲佳，列「𥜌」亦無誤。

12 （上二影）在二蟹　崴　《廣韻》乙皆切，影皆二平開蟹；《集韻》烏買切，影蟹二上合蟹；《韻鏡》外轉第十六合，列字爲「崴」；《七音略》《切韻指掌圖》空位；《四聲等子》蟹攝外二輕重俱等韻合口呼、《切韻指南》蟹攝外二合口呼廣門，列字爲「崴」。《廣韻》蟹韻合口無影母字，《起數訣》從《集韻》，亦無誤。

13 （上三匣）華三（蟹）　夥　明本此位占格位右上小字，顯係匣二等位列字之標字，四庫本三等正位列『夥』。『夥』，《廣韻》懷𠁥切，《集韻》户買切，匣蟹二上合蟹；《韻鏡》外轉第十六合、《七音略》外轉第十六輕中輕、《切韻指掌圖》二十圖、《四聲等子》蟹攝外二輕重俱等韻合口呼、《切韻指南》蟹攝外二合口呼廣門，均列於二等，三等空位。匣母無三等。《起數訣》四庫本誤，明本爲標注字，此位當删。

14 去聲脣音字，《起數訣》已列於二十一圖，本圖未收脣音字。

15 （去二明）兒二卦　䐑　明本列字爲『䐑』，四庫本空位，該字列於知母。『䐑』，《廣韻》《集韻》未收，《康熙字典》記：『《集韻》竹下切，音縿。腏肉。又之石切，音隻。義同。又陟革切，音摘。挑取骨閒肉也。又陟卦切，音。䐑，肥貌。』，則『陟卦切』，知母卦韻。明本顯爲串位，誤，當删。四庫本列於知母位是。

16 （去二知）卓二卦　○　明本空位，四庫本列『䐑』。如上《康熙字典》中所記《集韻》音，則可爲知母卦韻。《韻鏡》外轉第十六合、《四聲等子》蟹攝外二輕重俱等韻合口呼、《切韻指南》蟹攝外二合口呼廣門，列字爲『膪』；《七音略》外轉第十六輕中輕，列字均爲『䐑』；《切韻指掌圖》空位。膪，《廣韻》竹賣切，知卦二去合蟹。諸家韻圖列『膪』者較佳；《起數訣》明本列於明母誤。《起數訣》四庫本、《七音略》列『䐑』字，從《集韻》，趙振鐸認爲《集韻》之『䐑』字，當校爲『膪』，本圖雖從《集韻》，但沿韻書訛，當校改爲『膪』。

17 （去二娘）南二卦　⿱髟内　《廣韻》《集韻》未收，《康熙字典》記：『《集韻》奴對切，音内。《類篇》

⿱髟卒⿱髟内，髮亂。』其中『奴對切』，泥母卦韻；《韻鏡》《七音略》《切韻指掌圖》空位；《四聲等子》蟹攝外二輕重俱等韻合口呼，列字爲『⿱髟内』；《切韻指南》蟹攝外二合口呼廣門，列字爲『取』，《康熙字典》記：『《五音集韻》女夬切，音睉，目惡也。』《廣韻》無卦韻娘母字，《集韻》『奴對切』，反切上字爲泥母，當爲類隔。《起數訣》列字從《集韻》，亦無誤。

18（去二生）三二卦　啐　《廣韻》《集韻》未收，《康熙字典》記：『又山芮切，音㖔。《博雅》當也。《集韻》或作濞。』則此『山芮切』，生母祭韻；《韻鏡》《切韻指掌圖》空位；《七音略》外轉第十六輕中輕，列字爲『啐』，清母隊韻；《四聲等子》蟹攝外二輕重俱等韻合口呼，列字爲『濊』；《切韻指南》蟹攝外二合口呼廣門，列字爲『啐』。各音切均不可列於此位，《起數訣》誤，當删。

19（去二曉）凡二卦　諣　《廣韻》《集韻》呼卦切，曉卦二去合蟹；《韻鏡》《切韻指掌圖》《七音略》空位；《四聲等子》蟹攝外二輕重俱等韻合口呼，列字爲『咶』，曉母怪韻；《切韻指南》蟹攝外二合口呼廣門，列字爲『⿰豕舌』，曉母怪韻。『諣』爲《廣韻》卦韻合口曉母位小韻首字，《韻鏡》《七音略》空位誤，《起數訣》是。

20（去二匣）華二卦　畫　《廣韻》《集韻》胡卦切，匣卦二去合蟹；《韻鏡》《切韻指掌圖》空位；《七音略》外轉第十六輕中輕，列字爲『畫』；《四聲等子》蟹攝外二輕重俱等韻合口呼，列字爲『話』，匣母夬韻；《切韻指南》蟹攝外二合口呼廣門，列字爲『⿰黑會』，匣母夬韻。『邂』爲《廣韻》《集韻》匣母卦韻小韻首字，下收有『畫』字，列字以『邂』爲佳，《起數訣》亦無誤。

21 （入二疑）牙二黠　鵽　《廣韻》《集韻》五滑切，疑黠二入合山；《韻鏡》外轉第二十四合、《切韻指掌圖》二十圖，列字爲『鵽』；《七音略》外轉第十六輕中輕，列字爲『聉』；《四聲等子》蟹攝外二輕重俱等韻合口呼、《切韻指南》蟹攝外二合口呼廣門，列字爲『刖』，疑母轄韻。『鵽』爲《廣韻》黠韻疑母位小韻首字，下收有『聉』字，列字以『鵽』爲佳，《起數訣》是。

22 （入二初）叉二黠　○　《廣韻》《集韻》未收；《韻鏡》《切韻指掌圖》空位；《七音略》外轉二十四輕中重，列字爲『⿰算刂』；《四聲等子》蟹攝外二輕重俱等韻合口呼、《切韻指南》蟹攝外二合口呼廣門，列字爲『⿱艹篡』。『⿰算刂』，《康熙字典》記：『《唐韻》初刮切，《集韻》芻刮切，音篡。切聲謂之⿰算刂。』則爲初母轄韻。《廣韻》《集韻》黠韻無初母字，《七音略》列字非黠韻字，誤。《起數訣》空位是。

23 （入二崇）茶二黠　⿰齒卒　《廣韻》《集韻》未收，《康熙字典》記：『又《集韻》士滑切，音近塔。』此則爲崇母黠韻；《韻鏡》《切韻指掌圖》《四聲等子》《切韻指南》空位；《七音略》外轉二十四輕中重，列字爲『⿰齒卒』。《廣韻》黠韻合口無崇母音，《起數訣》從《集韻》，亦無誤。

24 （入二影）在二黠　婠　明本列字爲『婠』，四庫本列字爲『婠』，四庫本顯爲『婠』字誤。婠，《廣韻》《集韻》烏八切，影黠二入合山；《韻鏡》空位；《七音略》外轉第十六輕中輕、《切韻指掌圖》二十圖、《四聲等子》蟹攝外二輕重俱等韻合口呼、《切韻指南》蟹攝外二合口呼廣門，列字均爲「媎」。「媎」爲《廣韻》黠韻合口影母位小韻首字，《韻鏡》空位誤，《起數訣》四庫本列字形訛，當校改爲「媎」。明本列字是。

釋：

1（平二見）乍二佳 㒞 《廣韻》古蛙切，《集韻》公蛙切，見佳二平合蟹；《韻鏡》外轉第十六合、《七音略》外轉第十六輕中輕、《切韻指南》蟹攝外二合口呼廣門，列字均爲「㒞」；《切韻指掌圖》二十圖、《四聲等子》蟹攝外二輕重俱等韻合口呼，列字爲「乖」，見母皆韻。

2（平二曉）凡二佳 竵 《廣韻》火㒞切，《集韻》火䆉切，曉佳二平合蟹；《韻鏡》外轉第十六合、《七音略》外轉第十六輕中輕、《切韻指南》蟹攝外二合口呼廣門，列字均爲「竵」；《切韻指掌圖》二十圖、《四聲等子》蟹攝外二輕重俱等韻合口呼，列字爲「虺」，曉母皆韻。

3（上二曉）凡二蟹 扮 《廣韻》花夥切，《集韻》虎買切，曉蟹二上合蟹；《韻鏡》外轉第十六合、《七音略》外轉第十六輕中輕、《切韻指掌圖》二十圖、《四聲等子》蟹攝外二輕重俱等韻合口呼、《切韻指南》蟹攝外二合口呼廣門，列字均爲「扮」。

4（去二見）乍二卦 卦 《廣韻》《集韻》古賣切，見卦二去合蟹；《韻鏡》外轉第十六合、《七音略》外轉第十六輕中輕、《切韻指南》蟹攝外二合口呼廣門，列字均爲「卦」；《切韻指掌圖》

二十圖，列於三等，誤；《四聲等子》蟹攝外二輕重俱等韻合口呼，列字爲『怪』，見母怪韻。

5 （入二知）卓二黠　窡　《廣韻》丁滑切，知黠二入合山；《集韻》未收；《韻鏡》外轉第二十四合、《七音略》外轉第十六輕中輕、《切韻指掌圖》二十圖、《四聲等子》蟹攝外二輕重俱等韻合口呼，列字均爲『窡』；《切韻指南》蟹攝外二合口呼廣門，列字爲『鵽』，端母黠韻，爲類隔。

6 （入二見）乍二黠　劀　《廣韻》《集韻》古滑切，見黠二入合山；《韻鏡》外轉第二十四合、《七音略》外轉第十六輕中輕、《切韻指掌圖》二十圖、《切韻指南》蟹攝外二合口呼廣門，列字均爲『劀』；《四聲等子》蟹攝外二輕重俱等韻合口呼，列字爲『刮』，見母鎋韻。

7 （入二溪）口二黠　骩　《廣韻》口滑切，《集韻》苦骨切，溪黠二入合山；《韻鏡》外轉第二十四合、《七音略》外轉第十六輕中輕、《切韻指掌圖》二十圖、《四聲等子》蟹攝外二輕重俱等韻合口呼、《切韻指南》蟹攝外二合口呼廣門，列字均爲『骩』。

8 （入二莊）莊二黠　茁　《廣韻》鄒滑切，《集韻》側滑切，莊黠二入合山；《韻鏡》外轉第二十四合、《七音略》外轉第十六輕中輕、《切韻指掌圖》二十圖、《四聲等子》蟹攝外二輕重俱等韻合口呼、《切韻指南》蟹攝外二合口呼廣門，列字均爲『茁』。

9 （入二曉）凡二黠　傄　《廣韻》《集韻》呼八切，曉黠二入合山；《韻鏡》外轉第二十四合、《七音略》外轉第十六輕中輕、《切韻指掌圖》二十圖，列字均爲『傄』；《四聲等子》蟹攝外二輕重俱等韻合口呼，列字爲『聒』；《切韻指南》蟹攝外二合口呼廣門，列字爲『聒』，當爲『聒』字形訛，曉母黠韻。

10（入二匣）華二黠　滑　《廣韻》《集韻》户八切，匣黠二入合山；《韻鏡》外轉第二十四合、《七音略》外轉第十六輕中輕、《切韻指掌圖》二十圖、《四聲等子》蟹攝外二輕重俱等韻合口呼，列字均爲『滑』；《切韻指南》蟹攝外二合口呼廣門，列字爲『頢』，匣母鎋韻。

剥九 艮十 艮四 艮二 艮八 艮三 盍七 艮十二

三 啐

士

九 蠲 扮 諷 脩

華 龜 囊 影 畫 滑

在 哇 威 婠

文

華

口

宅

發 音清

咍 貝上 皆

齊 乾五 華十 海 蟹

薺 未五 禹十 代 怪

霽 有五 皇十 未

屑 井十

刹四	豪五	盡五	豪三	刹六	豪六	盡六	刹七	刹一	豪一	
法	朴	排	馬	丹	貪	覃	姉	甲	巧	口
	娝	脴		黱	胎 娝	臺	能	該	開	
頏	龐	排	埋							
鞞	磈	鼙	迷	低	梯	啼	泥	鷄	谿	
恬	啡	倍	[illegible]	等	[illegible]	待	疓	陔	愷	
		犤				駘	乃			
戰	庀	陛	米	邸	體	弟	禰	鵶	啓	
	怖	偝	[illegible]	戴	貸	代	耐	漑	慨	
			㖼							
閉	嬈	薛	謎	帝	替	第	泥	計	契	
撥	鏺	跋	末	掇	侻	悅		括	闊	
								栝		
彍	撆	蹩	蔑		鐵	迭	涅	結	[illegible]	

蒙二	剥八	蒙八	畫八	剥十		剥二	蒙四	剥三	畫四	蒙七
厓	哉	采	才	山	口	花	晚	亜	萬	冷
啀	哉	猜	才	腮		咍	孩	哀	頦	來
皚		⿰牜壽								
倪	齋	妻	齊	西		醯	奚	鷖		黎
顗	宰	采	在	諰		海	亥	欸	佁	釻
堄	濟	泚	薺	洗			徯	呞		禮
礙	再	菜	在	賽		儗	㤥	愛		賚
			載							
詣	霽	砌	嚌	細		㰅	蒵	翳		麗
相	繓	撮	椊			詥	活	斡		
齧	節	切	截	屑		沓	纈	噎		契

蒙九	盡十一			剥五		艮五	盡三	剥十二	蒙十二	艮六
口	崇	發		百	口	白	皃	卓	坼	大
宋上		音								
		濁	皆 泰上					齭	摛	嫴
			齊 龍五							
鷚										
			駭 隨一					鉙		徥
			薺 央五							
			惟 益一							
			廢 有五							
			黠 震一					哳	呾	噠

第二十五圖　發音清

本圖舒聲取《廣韻》蟹攝咍海駭代、齊薺霽韻字及皆駭怪韻脣音字。另有少量二等皆蟹非脣音字列入。本圖係拆分《韻鏡》外轉第十三開，取一四等位列字及二等脣音字，其中列入的非脣音字不當列於本圖。本圖入聲取《廣韻》末屑韻字，在《韻鏡》外轉第二十四合，取一四等韻字，屑韻脣音部分來自《韻鏡》外轉第二十三開。本圖大體合一四等加二三等脣音的分圖原則。明本來母位下一等格位内，有『采上』二字。韻目去聲二等明本列目爲『恠』，四庫本列目爲『怪』。

校注：

1（平一滂）朴一哈　姡　《廣韻》普才切，滂哈一平開蟹；《集韻》未收；《韻鏡》外轉第十三開，列字爲『姡』；《切韻指掌圖》十七圖，在二等位列『姡』，誤；《七音略》内轉第十三重中重、《四聲等子》蟹攝外二輕重俱等韻開口呼、《切韻指南》蟹攝外二開口呼廣門，列字均爲『姡』。《廣韻》諸版本，有以『姡』爲首字，有以『姡』爲首字，二字爲正俗體，均是。

2（平一並）排一哈　掊《廣韻》《集韻》哈韻無此字，《康熙字典》記：「又《廣韻》扶來切，音掊。姓也。」《韻鏡》外轉第十三開、《切韻指南》蟹攝外二開口呼廣門，列字爲「掊」；《七音略》内轉第十三重中重、《四聲等子》蟹攝外二輕重俱等韻開口呼，列字均爲「掊」；《切韻指掌圖》十七圖，列字爲「排」，並母皆韻。「掊」爲《廣韻》哈韻並母位小韻首字，「掊」《廣韻》《集韻》均未見，《康熙字典》收録此條當是據訛字收，此字當爲「掊」。

3（平一端）丹一哈　䔺《廣韻》丁來切，《集韻》當來切，端哈一平開蟹；《韻鏡》外轉第十三開、《切韻指掌圖》十七圖、《四聲等子》蟹攝外二輕重俱等韻開口呼、《切韻指南》蟹攝外二開口呼廣門，列字均爲「䔺」。《七音略》内轉第十三重中重，列字爲「䔺」，當爲「䔺」之形訛。「䔺」爲《廣韻》哈韻端母位小韻首字，列字以「䔺」爲佳，《起數訣》是。

4（平一透）貪一哈　胎　明本本格位一等壓線處有「𡛓」字，四庫本在二等格位右上角小字列「𡛓」字。《廣韻》《集韻》土來切，透哈一平開蟹；《韻鏡》外轉第十三開、《七音略》内轉第十三重中重、《切韻指掌圖》十七圖、《四聲等子》蟹攝外二輕重俱等韻開口呼、《切韻指南》蟹攝外二開口呼廣門，列字均爲「胎」。「胎」爲《廣韻》哈一透母位小韻首字，《起數訣》列「胎」字是。兩本所標識「𡛓」字，當列於滂母，列於此不合音理，兩本均當删。

5（平一疑）哉一哈　嘊《廣韻》《集韻》未收，《康熙字典》記：「《集韻》何開切，音頦。《玉篇》笑也。《集韻》本作咳。小兒笑也。或作孩。」《韻鏡》外轉第十三開、《七音略》内轉第十三重中重、《切韻指掌圖》十七圖、《四聲等子》蟹攝外二輕重俱等韻開口呼、《切韻指南》蟹攝外二開口呼廣門，列字均爲『皚』。『皚』爲《廣韻》咍韻疑母位小韻首字，『豈』當係『皚』字訛字，《康熙字典》收録此條當是據訛字收。《起數訣》誤，當校改爲『皚』字。

6 （平一精）采一咍　哉　《廣韻》祖才切，《集韻》将來切，精咍一平開蟹；《韻鏡》外轉第十三開、《七音略》内轉第十三重中重，列字均爲『哉』；《切韻指掌圖》十七圖、《四聲等子》蟹攝外二輕重俱等韻開口呼、《切韻指南》蟹攝外二開口呼廣門，列字均爲『栽』。『栽』爲《廣韻》咍韻精母位小韻首字，下收有『哉』字，列字以『栽』爲佳，《起數訣》亦無誤。

7 （平一從）才一咍　才　《廣韻》昨哉切，《集韻》牆來切，從咍一平開蟹；《韻鏡》外轉第十三開、《七音略》内轉第十三重中重、《四聲等子》蟹攝外二輕重俱等韻開口呼、《切韻指南》蟹攝外二開口呼廣門，列字均爲『裁』。『裁』爲《廣韻》咍韻從母位小韻首字，下收有『才』字，列字以『裁』爲佳，《起數訣》亦無誤。

8 （平一心）山一咍　腮　《廣韻》蘇來切，心咍一平開蟹；《集韻》未收；《韻鏡》外轉第十三開、《七音略》内轉第十三重中重、《切韻指掌圖》十七圖、《四聲等子》蟹攝外二輕重俱等韻開口呼、《切韻指南》蟹攝外二開口呼廣門，列字均爲『鰓』，其中有韻圖寫作『鰓』，爲『鰓』之俗體。『鰓』爲《廣韻》咍韻心母位小韻首字，下收有『顋』字，『顋』字下注『俗又作腮』。列字以『鰓』爲佳，《起數訣》亦無誤。

9（平一匣）晚一咍 孩 《廣韻》户來切，《集韻》何開切，匣咍一平開蟹；《韻鏡》外轉第十三開、《七音略》内轉第十三重中重，列字均爲『孩』；《切韻指掌圖》十七圖、《四聲等子》蟹攝外二輕重俱等韻開口呼、《切韻指南》蟹攝外二開口呼廣門，列字均爲『孩』。『孩』爲《廣韻》咍韻匣母位小韻首字，《韻鏡》《七音略》列字訛，《起數訣》是。

10（平一喻）萬一咍 頦 《廣韻》户來切，《集韻》何開切，匣咍一平開蟹；不當列於此位。《韻鏡》《七音略》《切韻指掌圖》空位；《四聲等子》蟹攝外二輕重俱等韻開口呼、《切韻指南》蟹攝外二開口呼廣門，列字均爲『頤』，喻母咍韻。『頤』，《廣韻》與之切，以母之韻，爲三等字；《集韻》曳來切，雖上下字爲以母咍韻，但喻母只有三等字，咍韻只有一等韻，此切有誤。故列『頤』字爲憑喻下憑切門法。《廣韻》咍韻無一等喻母字，誤，此字當删。

11（平二幫）法二皆 碩 《廣韻》《集韻》未收，《康熙字典》記：『《集韻》薄皆切，音排。《説文》曲頤也。又《集韻》蒲枚切，音裴。義同。或作頚碩。又蘖皆切，音蜱。大面貌。與頚同。』《韻鏡》《切韻指掌圖》空位；《七音略》内轉第十三重中重、《四聲等子》蟹攝外二輕重俱等韻合口呼、《切韻指南》蟹攝外二開口呼廣門，列字均爲『頚』。『頚』『碩』同。《康熙字典》記《廣韻》音有步皆切，並母皆韻；《集韻》蘖皆切，幫母皆韻。《起數訣》從《集韻》此音，亦無誤。

12（平二滂）朴二皆 崴 《廣韻》未收；《集韻》匹埋切，滂皆二平開蟹；《韻鏡》空位；《七音略》內轉第十三重中重、《四聲等子》蟹攝外二輕重俱等韻合口呼、《切韻指南》蟹攝外二開口呼廣門，列字均爲『嶏』；《切韻指掌圖》十七圖，列字爲『姃』，誤。《廣韻》皆韻滂母位無字，《起數訣》從《集韻》，亦無誤。

13 （平二徹）貪二皆　妚　明本在一等位下壓線列有『妚』字，四庫本在二等格位右上角小字『妚』字。『妚』，《廣韻》普才切，滂咍一平開蟹；此字已列於滂母位，另此字在兩種版本中均爲異常列字，當爲誤列。另皆韻徹母位有『搋』，《廣韻》丑皆切，《集韻》忡皆切。『搋』爲《廣韻》皆韻徹母位小韻首字，此字已列於《起數訣》第二十六圖，按一般分圖原則，此圖二等當只列唇音字，故此位當刪。

14 （平二疑）瓦二皆　皚　《廣韻》五來切，《集韻》魚開切，疑咍一平開蟹，不當列於此位。《韻鏡》外轉第十三開、《七音略》內轉第十三重中重、《切韻指掌圖》十七圖、《四聲等子》蟹攝外二輕重俱等韻開口呼、《切韻指南》蟹攝外二開口呼廣門，均列於疑母咍韻。『皚』爲《廣韻》咍一疑母位小韻首字，此字當爲平聲列『皚』字的注解字，《起數訣》誤，當校刪。

15 （平二初）采二皆　犆　《廣韻》《集韻》未收，《康熙字典》記：『又《廣韻》《集韻》昌來切。又當來切，音䲦。』則昌來切，爲昌母咍韻，一般將其列於三等位。《韻鏡》外轉第十三開、《七音略》內轉第十三重中重、《切韻指掌圖》十七圖，均列於三等，二等位列『差』；《四聲等子》蟹攝外二輕重俱等韻開口呼、《切韻指南》蟹攝外二開口呼廣門，列字均爲『釵』，初母佳韻。

『差』爲《廣韻》皆韻初母位小韻首字，《起數訣》誤，初母位當列『差』字。按一般分圖原則，此圖二等當僅列脣音字，故此位當删。

16 平聲四等齊韻，《起數訣》按一般原則，本圖當列一四等，則此列當列齊韻全部四等字。四庫本本等大量缺字，明本均有列字。

17 （平四幫）法四齊　螕　明本列字爲『螕』，四庫本空位。螕，《廣韻》齊韻幫母位有『螕，邊兮切』，《集韻》邊迷切。《韻鏡》外轉第十三開、《七音略》内轉第十三重中重，列字爲『箆』；《切韻指掌圖》十九圖、《四聲等子》蟹攝外二輕重俱等韻開口呼、《切韻指南》蟹攝外二開口呼廣門，列字均爲『螕』。『螕』爲《廣韻》齊韻幫母位小韻首字，下收有『箆』字，《起數訣》四庫本空位誤，當校補『螕』。明本列字是。

18 （平四滂）朴四齊　磇　明本列字爲『磇』，四庫本空位。『磇』，《廣韻》齊韻滂母位有『磇，匹米切』，《集韻》篇迷切。《韻鏡》外轉第十三開，列字爲『批』，《七音略》内轉第十三重中重、《切韻指掌圖》十九圖，列字爲『磇』；《四聲等子》蟹攝外二輕重俱等韻開口呼、《切韻指南》蟹攝外二開口呼廣門，列字均爲『砒』，《集韻》滂母齊韻。『磇』爲《廣韻》齊韻滂母位小韻首字，下收有『批』字，《起數訣》四庫本空位誤，當校補『磇』。明本列字是。

19 （平四並）排四齊　鼙　明本列字爲『鼙』，四庫本空位。『鼙』，《廣韻》齊韻並母位有『鼙，部迷切』，《集韻》駢迷切。《韻鏡》外轉第十三開、《七音略》内轉第十三重中重、《切韻指掌圖》

十九圖、《切韻指南》蟹攝外二開口呼廣門，列字均爲『聻』；《四聲等子》蟹攝外二輕重俱等韻開口呼，列字爲『搋』。『聻』爲《廣韻》齊韻並母位小韻首字，《起數訣》四庫本空位誤，當校補『聻』。明本列字是。

20 （平四明）馬四齊　迷　明本列字爲『迷』，四庫本空位。『迷』，《廣韻》齊韻明母位有『迷，莫兮切』，《集韻》緜批切。《韻鏡》外轉第十三開、《七音略》内轉第十三重中重、《切韻指掌圖》十九圖、《四聲等子》蟹攝外二輕重俱等韻開口呼、《切韻指南》蟹攝外二開口呼廣門，列字均爲『迷』。『迷』爲《廣韻》齊韻明母位小韻首字，《起數訣》四庫本空位誤，當校補『迷』。明本列字是。

21 （平四端）丹四齊　低　明本列字爲『低』，四庫本空位。『低』，《廣韻》都奚切，《集韻》都黎切，端齊四平開蟹。《韻鏡》外轉第十三開、《七音略》内轉第十三重中重、《四聲等子》蟹攝外二輕重俱等韻開口呼，列字爲『氐』；《切韻指掌圖》十八圖、《切韻指南》蟹攝外二開口呼廣門，列字均爲『低』。『低』爲《廣韻》齊韻端母位小韻首字，下收有『氐』字，《起數訣》四庫本空位誤，當校補『低』。明本列字是。

22 （平四透）貪四齊　梯　明本列字爲『梯』，四庫本空位。『梯』，《廣韻》土雞切，《集韻》天黎切，透齊四平開蟹。《韻鏡》外轉第十三開、《七音略》内轉第十三重中重、《切韻指掌圖》十八圖、《四聲等子》蟹攝外二輕重俱等韻開口呼、《切韻指南》蟹攝外二開口呼廣門，列字均爲『梯』。『梯』爲《廣韻》齊透母位小韻首字，《起數訣》四庫本空位誤，當校補『梯』。明本列字是。

23 （平四定）覃四齊　啼　明本列字爲『啼』，四庫本空位。『啼』，《廣韻》杜奚切，《集韻》田黎切，定齊四開平蟹。《韻鏡》外轉第十三開、《七音略》内轉第十三重中重，列字爲『題』；《切韻指掌圖》十八圖，列字爲『啼』；《四聲等子》蟹攝外二輕重俱等韻開口呼，列字爲『提』；《切韻指南》蟹攝外二開口呼廣門，列字爲『嗁』。『嗁』爲《廣韻》齊韻定母位小韻首字，下收有『題』『啼』『提』字，列字以『嗁』爲佳。《起數訣》四庫本空位誤，明本列『啼』是，四庫本當校補『啼』字。

24 （平四泥）妳四齊　泥　明本列字爲『泥』，四庫本空位。『泥』，《廣韻》奴低切，《集韻》年題切，泥齊四開平蟹。《韻鏡》外轉第十三開、《七音略》内轉第十三重中重、《切韻指掌圖》十八圖、《四聲等子》蟹攝外二輕重俱等韻開口呼、《切韻指南》蟹攝外二開口呼廣門，列字均爲『泥』。『泥』爲《廣韻》齊韻泥母位小韻首字，《起數訣》四庫本空位誤，當校補『泥』字。明本列字是。

25 （平四見）甲四齊　鷄　明本列字爲『鷄』，四庫本空位。《廣韻》齊韻母位有『雞』，古奚切，《集韻》堅奚切，見齊四開平蟹。『鷄』『雞』爲異體字。《韻鏡》外轉第十三開、《七音略》内轉第十三重中重、《切韻指掌圖》十八圖、《四聲等子》蟹攝外二輕重俱等韻開口呼、《切韻指南》蟹攝外二開口呼廣門，列字均爲『雞』。『雞』爲《廣韻》齊韻見母位小韻首字，下收有『鷄』字，注『籀文』。《起數訣》四庫本空位誤，當校補『雞』。明本列字是。

26 (平四溪)巧四齊　谿　明本列字爲『谿』，四庫本空位。『谿』，《廣韻》苦奚切，《集韻》牽奚切，溪齊四開平蟹。《韻鏡》外轉第十三開、《七音略》内轉第十三重中重、《切韻指南》蟹攝外二開口呼廣門，列字爲『谿』；《切韻指掌圖》十八圖、《四聲等子》蟹攝外二輕重俱等韻開口呼，列字爲『溪』。『谿』爲《廣韻》齊韻溪母位小韻首字，下收有『溪』字，《起數訣》四庫本空位誤，當校補『谿』。明本列字是。

27 (平四邪)□四齊　◯　明本、四庫本均空位。《韻鏡》空位；《七音略》内轉第十三重中重，列字爲『移』，爲『栘』字訛。『栘』，《廣韻》《集韻》成臡切，禪齊一平開蟹。《切韻指掌圖》《四聲等子》《切韻指南》空位。『栘』爲《廣韻》齊韻禪母字，但依切列於四等位，《起數訣》空位誤，當校補『栘』。兩版本均空位，誤，當校補『栘』字。

28 (平四來)冷四齊　黎　《廣韻》郎奚切，《集韻》憐題切，來齊四平開蟹；《韻鏡》外轉第十三開，列字爲『黎』；《七音略》内轉第十三重中重、《切韻指掌圖》十八圖、《切韻指南》蟹攝外二開口呼廣門，列字爲『黎』，爲『黎』之俗體；《四聲等子》蟹攝外二輕重俱等韻開口呼，列字爲『梨』，來母齊韻。『黎』爲《廣韻》《集韻》齊韻來母位小韻首字，《七音略》列俗體，《起數訣》列正體，是。

29（上一幫）法一海　㤳　《廣韻》《集韻》未收，《康熙字典》記：「《集韻》布亥切。恃也。又《五音集韻》五亥切，音騃。義同。」則「布亥切」，爲幫母海韻。《韻鏡》外轉第十三開，列字爲「㤳」，《廣韻》普乃切，滂母海韻；《四聲等子》蟹攝外二輕重俱等韻開口呼、《切韻指南》蟹攝外二開口呼廣門，列字均爲「㤳」；《七音略》《切韻指掌圖》空位。《廣韻》海韻幫母位無字，《起數訣》從《集韻》，亦無誤。

30（上一並）排一海　倍　《廣韻》《集韻》薄亥切，並海一上開蟹；《韻鏡》外轉第十三開，列字爲「蓓」，並母海韻；《七音略》内轉第十三重中重、《四聲等子》蟹攝外二輕重俱等韻開口呼、《切韻指南》蟹攝外二開口呼廣門，列字均爲「倍」；《切韻指掌圖》十九圖，列字爲「琲」，並母賄韻。「倍」爲《廣韻》海韻並母位小韻首字，下收有「蓓」字，《起數訣》是。

31（上一透）貪一海　㙜　明本列字爲「㙜」，四庫本列字爲「嚘」。「㙜」，《廣韻》他亥切，《集韻》坦亥切，透海一上開蟹；《韻鏡》外轉第十三開、《七音略》内轉第十三重中重、《切韻指掌圖》十七圖、《四聲等子》蟹攝外二輕重俱等韻開口呼、《切韻指南》蟹攝外二開口呼廣門，列字均爲「嚘」。《起數訣》明本顯誤，當校改爲「嚘」，四庫本列字是。

32（上一定）覃一海　待　《廣韻》徒亥切，《集韻》蕩亥切，定海一上開蟹；《韻鏡》外轉第十三開、《七音略》内轉第十三重中重、《切韻指南》蟹攝外二開口呼廣門，列字爲「駘」；《切韻指掌圖》十七圖、《四聲等子》蟹攝外二輕重俱等韻開口呼，列字均爲「殆」，定母海韻。「駘」爲

33《廣韻》海韻定母位小韻首字，下收有『待』『殆』二字，列字以『駘』爲佳，《起數訣》亦無誤。

(上一泥)妳一海 疓 《廣韻》如亥切，日海一上開蟹；《集韻》曩亥切，泥海一上開蟹；《韻鏡》外轉第十三開、《七音略》内轉第十三重中重、《切韻指掌圖》十七圖、《四聲等子》蟹攝外二輕重俱等韻開口呼、《切韻指南》蟹攝外二開口呼廣門，列字君爲『乃』。『乃』爲《廣韻》海韻泥母位小韻首字，『疓』字《集韻》音亦合此位，《起數訣》依《集韻》音列字亦無誤，但列『乃』字爲佳。

34(上一疑)瓦一海 顗 《廣韻》魚豈切，疑尾三上開止；《集韻》五亥切，疑海一上開蟹；《韻鏡》《七音略》空位；《切韻指掌圖》十七圖，列字爲『顗』；《四聲等子》蟹攝外二輕重俱等韻開口呼、《切韻指南》蟹攝外二開口呼廣門，列字爲『騃』，疑母駭韻。《廣韻》海韻無疑母字，《起數訣》列『顗』從《集韻》，亦無誤。

35(上一心)山一海 諰 《廣韻》山佳切，生佳二平開蟹；《集韻》息改切，心海一上開蟹；《韻鏡》空位；《七音略》内轉第十三重中重、《四聲等子》蟹攝外二輕重俱等韻開口呼、《切韻指南》蟹攝外二開口呼廣門，列字均爲『諰』；《切韻指掌圖》十七圖，列字爲『賽』，心母代韻。《廣韻》海韻無心母字，《起數訣》列『諰』從《集韻》，亦無誤。

36(上一喻)萬一海 佁 《廣韻》《集韻》夷在切，以海一上開蟹；《韻鏡》外轉第十三開、《七音略》内轉第十三重中重、《切韻指掌圖》十七圖、《四聲等子》蟹攝外二輕重俱等韻開口呼，列字均爲『佁』；《切韻指南》空位。『佁』爲以母字，以母僅拼合三等字，此爲例外字，因切定位，列於一等。各韻圖均列於一等，《起數訣》沿襲早期韻圖，亦無誤。

37（上一日）□ 海 ◯ 《廣韻》《集韻》海韻日母有『疓，如亥切』；《韻鏡》外轉第十三開、七音略》内轉第十三重中重，列字均爲『疓』；《切韻指掌圖》《四聲等子》《切韻指南》空位。『疓』爲日母字，日母只拼合三等字，此爲例外字，因切定位，列於一等。各韻圖均列於一等，《起數訣》沿襲早期韻圖，亦無誤。

38《起數訣》此行列目爲蟹，此圖平聲二等爲皆，去聲二等爲怪，則此位當列駭韻字，本等三字，有二字爲標注字，另一字有蟹韻音亦有駭韻音，按音理此處當校改爲『駭』。

39（上二並）排二蟹 罷 《廣韻》薄蟹切，《集韻》部買切，並蟹二上開蟹；另有《集韻》蒲楷切，並駭二上開蟹。《韻鏡》外轉第十三開，列於並母駭韻；《七音略》空位；《切韻指掌圖》十七圖，列字爲『備』，並母至韻；《四聲等子》蟹攝外二輕重俱等韻開口呼、《切韻指南》蟹攝外二開口呼廣門，列字爲『罷』，並母蟹韻。《廣韻》駭韻無並母字，《起數訣》列『罷』字，當依《集韻》，亦無誤。

40（上二澄）覃二蟹 駘 明本『駘』列於右上角小字，顯爲一等列字『待』之標注字，四庫本列於正位。『駘』，《廣韻》徒亥切，定海一上開蟹；《集韻》丈蟹切，澄蟹二上開蟹；《韻鏡》外轉第十三開、《七音略》内轉第十三重中重、《切韻指南》蟹攝外二開口呼廣門，均列於澄母一等海韻；《切韻指掌圖》十七圖、《四聲等子》蟹攝外二輕重俱等韻開口呼，列字爲『鳶』。《廣韻》駭韻無澄母字，《起數訣》四庫本誤，當删。明本爲標注字，亦當删。

41（上二娘）妳二蠁　乃　明本『乃』列於右上角小字，顯爲一等列字『疓』之標注字，四庫本列於正位。『乃』，《廣韻》奴亥切，《集韻》曩亥切，泥海一上開蟹；《韻鏡》外轉第十三開、《七音略》内轉第十三重中重、《切韻指掌圖》十七圖、《切韻指南》蟹攝外二開口呼廣門，均列於泥母一等海韻；《四聲等子》空位。『乃』爲《廣韻》海一泥母位小韻首字，《起數訣》四庫本誤，當删。明本爲標注字，亦當删。

42（上四滂）朴四薺　庀　《廣韻》匹婢切，滂紙三上開止；《集韻》普米切，滂薺四上開蟹；《韻鏡》外轉第十三開、《七音略》内轉第十三重中重、《四聲等子》蟹攝外二輕重俱等韻開口呼、《切韻指南》蟹攝外二開口呼廣門，列字均爲『頩』；《切韻指掌圖》十九圖，列字爲『諀』，滂母紙韻。『頩』爲《廣韻》《集韻》薺韻滂母位小韻首字，《韻鏡》《七音略》從《廣韻》；《起數訣》列『庀』字，從《集韻》，亦無誤。

43（上四見）甲四薺　鵋　明本列字爲『鵋』，四庫本列字爲『鵢』。『鵋』，《廣韻》《集韻》於加切，影麻二平開假，不當列於此位。此字當爲『鷄』字誤。『鷄』，《廣韻》《集韻》未收。《康熙字典》記：『《類篇》古禮切，音脣。鳥似梟。《玉篇》同。』《廣韻》薺韻無見紐；《類篇》古禮切，見薺四上開蟹。《韻鏡》《七音略》《切韻指掌圖》空位；《四聲等子》蟹攝外二輕重俱等韻開口呼、《切韻指南》蟹攝外二開口呼廣門，列字均爲『鶏』。《廣韻》薺韻見母無字，《起數訣》列字當從《集韻》(《類篇》)，但字形訛誤，當校改爲『鶏』。

44 (上四疑)瓦四薺 堄 《廣韻》研啓切，《集韻》吾禮切，疑薺四上開蟹；《韻鏡》外轉第十三開，列字爲『掜』；《七音略》空位；《切韻指掌圖》十八圖，列字爲『蜺』；《四聲等子》蟹攝外二輕重俱等韻開口呼、《切韻指南》蟹攝外二開口呼廣門，列字均爲『堄』。『堄』《廣韻》薺韻疑母位小韻首字，下收有『掜』『蜺』二字，列字以『堄』字爲佳，《起數訣》是。

45 (上四匣)晚四薺 徯 《廣韻》胡禮切，《集韻》户禮切，匣薺四上開蟹；《韻鏡》外轉第十三開、《切韻指掌圖》十八圖、《四聲等子》蟹攝外二輕重俱等韻開口呼、《切韻指南》蟹攝外二開口呼廣門，列字均爲『徯』；《七音略》空位。『徯』爲《廣韻》薺韻匣母位小韻首字，《七音略》空位誤，《起數訣》是。

46 (去一滂)朴一代 怖 《廣韻》《集韻》未收，《康熙字典》記：『《廣韻》普蓋切，《玉篇》普大切，音沛。《玉篇》怒也。或从犮作怽。又《廣韻》《集韻》博蓋切，音貝。又《集韻》匹代切。』則《集韻》匹代切，滂母代韻；《韻鏡》外轉第十三開，列字爲『怖』；《七音略》空位；《切韻指掌圖》十九圖、《四聲等子》蟹攝外二輕重俱等韻開口呼，列字爲『沛』，滂母泰韻；《切韻指南》蟹攝外二開口呼廣門，列字爲『霈』，滂母泰韻。按《康熙字典》所記《集韻》匹代切，則列於此位亦無誤。

47 （去一並）排一代　偝　《廣韻》古諧切，《集韻》居諧切，見皆二平開蟹，均不當列於此位。又《集韻》蒲代切，《韻鏡》《七音略》空位；《切韻指掌圖》十九圖，列字爲『倍』，明母海韻；《四聲等子》蟹攝外二輕重俱等韻開口呼、《切韻指南》蟹攝外二開口呼廣門，列字均爲『旆』，並母泰韻。《廣韻》代韻並母無字，《集韻》有『偝，蒲代切』，疑爲此字誤。《起數訣》誤，當删。

48 （去一泥）妳一代　耐　明本列字爲『耐』，四庫本列字爲『耐』。『耐』，《康熙字典》記：『《集韻》耏，亦作耐，詳耏字註。』『耏』，《廣韻》奴代切，《集韻》乃代切，泥代一去開蟹；『耐』，《廣韻》奴代切，《集韻》乃代切，泥代一去開蟹；《韻鏡》外轉第十三開、《七音略》内轉第十三重中重、《四聲等子》蟹攝外二輕重俱等韻開口呼，列字均爲『耐』；《切韻指掌圖》十七圖、《切韻指南》蟹攝外二開口呼廣門，列字爲『奈』，泥母泰韻。『耐』爲《廣韻》代一泥母位小韻首字，下收有『耏』字，無『耐』字。《集韻》亦未收『耐』字。列字以『耐』爲佳，四庫本是。明本雖無誤，但校改爲『耐』爲佳，疑爲『耐』字訛。

49 （去一溪）巧一代　慨　《廣韻》苦愛切，《集韻》口溉切，溪代一去開蟹；《韻鏡》外轉第十三開、《四聲等子》蟹攝外二輕重俱等韻開口呼，列字爲『慨』；《七音略》内轉第十三重中重，列字爲『溉』，見母代韻，誤；《切韻指掌圖》十七圖，列字爲『磕』，溪母泰韻；《切韻指南》蟹攝外二開口呼廣門，列字爲『磕』，溪母泰韻。『慨』爲《廣韻》代韻溪母位小韻首字，《七音略》誤，《起數訣》是。

50（去一群）□一代 ◯ 《廣韻》代韻無群母字；《集韻》有『隑，巨代切』。《韻鏡》外轉第十三開、《切韻指南》蟹攝外二開口呼廣門，列字爲『隑』；《七音略》《切韻指掌圖》《四聲等子》空位。《廣韻》無代韻群母字，《韻鏡》從《集韻》，《起數訣》從《廣韻》，亦無誤。

51（去一精）哉一代 再 《廣韻》《集韻》作代切，精代一去開蟹；《韻鏡》外轉第十三開、《七音略》内轉第十三重中重、《切韻指掌圖》十七圖、《四聲等子》蟹攝外二輕重俱等韻開口呼、《切韻指南》蟹攝外二開口呼廣門，列字均爲『載』。『載』爲《廣韻》代韻精母位小韻首字，下收有『再』字，列字以『載』爲佳，《起數訣》亦無誤。

52（去一匣）晚一代 核 《廣韻》胡槩切，《集韻》户代切，匣代一去開蟹。《韻鏡》外轉第十三開、《七音略》内轉第十三重中重，列字均爲『瀣』；《切韻指掌圖》十七圖、《四聲等子》蟹攝外二輕重俱等韻開口呼、《切韻指南》蟹攝外二開口呼廣門，列字均爲『害』，匣母泰韻。『瀣』爲《廣韻》代韻匣母位小韻首字，下收有『核』字，列字以『瀣』爲佳，《起數訣》亦無誤。

53（去二幫）法二恠 ◯ 《廣韻》《集韻》怪韻幫母位有『𢷬』，《廣韻》博怪切，《集韻》布怪切。《韻鏡》外轉第十三開、《切韻指掌圖》二十圖，列字爲『拜』；《七音略》空位；《四聲等子》蟹攝外二輕重俱等韻開口呼，列字爲『庍』，幫母卦韻；《切韻指南》蟹攝外二開口呼廣門，列字均爲『𢷬』，幫母卦韻。『𢷬』爲《廣韻》怪韻幫母位小韻首字，下收有『拜』字，列字以『𢷬』爲佳，《起數訣》亦無誤。

54 (去二明)馬二恅 喋 明本、四庫本列字均爲『喋』。《廣韻》《集韻》恅韻明母無字；《韻鏡》《七音略》《切韻指掌圖》《四聲等子》《切韻指南》均空位。此字當爲『菋』形訛。菋，《廣韻》無沸切，明母未韻，《集韻》忙戒切，明母恅韻。《廣韻》恅韻無明母字，《起數訣》此位列『喋』字，當據《集韻》，明本、四庫本均形訛，應校改爲『菋』。

55 (去二牀)才二恅 載 《廣韻》作代切，《集韻》昨代切，從代一去開蟹；《韻鏡》外轉第十三開、《七音略》内轉第十三重中重，均列於精母位，從母恅韻空位；《切韻指掌圖》十七圖、《四聲等子》蟹攝外二輕重俱等韻開口呼、《切韻指南》蟹攝外二開口呼廣門，均列於精母位，牀母恅韻空位。《起數訣》誤，此字字形較小，且列於格側右上，當爲從母代韻位字，一等位已列『在』，『載』爲小韻首字，此字當爲『在』的標注字，不是二等列字，當刪。

56 (去四並)排四霽 薜 《廣韻》《集韻》私列切，心薛三入開山；《韻鏡》外轉第十三開、《七音略》内轉第十三重中重、《四聲等子》蟹攝外二輕重俱等韻開口呼、《切韻指南》蟹攝外二開口呼廣門，列字均爲『薜』；《切韻指掌圖》十九圖，列字爲『鼻』，並母寘韻。《廣韻》霽韻並母位有『薜』字，《廣韻》《集韻》蒲計切，並母霽韻。《起數訣》列『薜』字誤，當校改爲『薜』字。

57 (去四定)覃四霽 第 《廣韻》特計切，《集韻》大計切，定霽四去開蟹；《韻鏡》外轉第十三開、《切韻指南》蟹攝外二開口呼廣門，列字均爲『第』；《七音略》内轉第十三重中重，列字爲『弟』；《切韻指掌圖》十八圖，列字爲『地』，定母至韻；《四聲等子》蟹攝外二輕重俱等韻開口呼，列字爲『苐』，定母霽韻。『第』爲《廣韻》霽韻定母位小韻首字，下收有『弟』字，列字以『第』爲佳，《起數訣》是。

58（去四曉）花四霽　歕　《廣韻》呼計切，《集韻》許罽切，曉霽四去開蟹；《韻鏡》空位；《七音略》内轉第十三重中重，列字爲『奤』；《切韻指掌圖》十八圖、《四聲等子》蟹攝外二輕重俱等韻開口呼、《切韻指南》蟹攝外二開口呼廣門，列字均爲『歕』。『歕』爲《廣韻》霽韻曉母位小韻首字，下收有『奤』字，列字以『歕』爲佳，《起數訣》是。

59（去四匣）晚四霽　蒵　《廣韻》《集韻》胡計切，匣霽四去開蟹；《韻鏡》外轉第十三開、《七音略》内轉第十三重中重、《切韻指南》蟹攝外二開口呼廣門，列字均爲『蒵』；《切韻指掌圖》十八圖、《四聲等子》蟹攝外二輕重俱等韻開口呼，列字爲『系』，匣母霽韻。『蒵』爲《廣韻》霽韻匣母位小韻首字，下收有『系』字，列字以『蒵』爲佳，《起數訣》是。

60（去四影）亞四霽　翳　《廣韻》於計切，《集韻》壹計切，影霽四去開蟹；《韻鏡》外轉第十三開、《四聲等子》蟹攝外二輕重俱等韻開口呼、《切韻指南》蟹攝外二開口呼廣門，列字均爲『翳』；《七音略》内轉第十三重中重，列字爲『瞖』，影母霽韻；《切韻指掌圖》十八圖，列字爲『縊』，影母霽韻。『翳』爲《廣韻》霽韻影母位小韻首字，下收有『瞖』『縊』二字，列字以『翳』爲佳，《起數訣》是。

61（入一滂）朴一末　鏺　《廣韻》《集韻》普活切，滂末一入合山；《韻鏡》外轉第二十四合，列字爲『潑』；《七音略》外轉二十四輕中重、《切韻指掌圖》十二圖、《四聲等子》蟹攝外二輕重俱等韻開口呼、《切韻指南》蟹攝外二合口呼廣門，列字均爲『鏺』。『鏺』爲《廣韻》末韻滂母位小韻首字，下有『潑』字，列字以『鏺』爲佳，《起數訣》是。

62（入一透）貪一末　侻　《廣韻》他括切，透末一入合山；《集韻》未收；《韻鏡》外轉第二十四合、《七音略》外轉二十四輕中重，列字均爲『悗』；『悗』，《廣韻》未收，《集韻》他括切，透母末韻。《切韻指掌圖》十二圖、《切韻指南》蟹攝外二合口呼廣門，列字均爲『侻』；《四聲等子》蟹攝外二輕重俱等韻開口呼，列字爲『脱』，透母末韻。『悗』爲《廣韻》末韻透母位小韻首字，下收有『脱』字，『悗』與『侻』爲異體字。《起數訣》列異體，亦無誤。

63（入一定）覃一末　敓　此字當爲『敚』字俗。『敚』，《廣韻》《集韻》徒活切，定末一入合山；《韻鏡》外轉第二十四合、《七音略》外轉二十四輕中重、《切韻指掌圖》十二圖、《四聲等子》蟹攝外二輕重俱等韻開口呼、《切韻指南》蟹攝外二合口呼廣門，列字均爲『奪』。『奪』爲《廣韻》末一定母位小韻首字，下收有『敚』字，列字以『奪』爲佳，《起數訣》亦無誤。

64（入一疑）瓦一末　相　明本列字爲『相』，四庫本列字爲『枂』。『相』，心母陽韻或漾韻，顯誤，當爲『枂』字訛。『枂』，《廣韻》《集韻》五活切，疑末一入合山；《韻鏡》外轉第二十四合、《七音略》外轉二十四輕中重、《切韻指掌圖》十二圖、《四聲等子》蟹攝外二輕重俱等韻開口呼、《切韻指南》蟹攝外二合口呼廣門，列字均爲『枂』。『枂』爲《廣韻》末一疑母位小韻首字，《起數訣》四庫本是，明本字訛，當校改爲『枂』。

65（入一從）才一末　椊　明本列字爲『椊』，四庫本列字爲『梓』。『椊』，《廣韻》《集韻》昨没切，從没一入合臻。另《集韻》攢活切，從末一入合山。『梓』，《廣韻》即里切，《集韻》祖似切，精止三上開止，不當列於此位。《韻鏡》外轉第二十四合、《七音略》外轉二十四輕中重、《切韻指掌圖》十二圖、《切韻指南》蟹攝外二合口呼廣門，列字均爲『柮』；《四聲等子》蟹攝外二輕重俱等韻開口呼，列字爲『拙』，爲『柮』字誤。『柮』爲《廣韻》末韻從母位小韻首字，下未收『椊』字；《集韻》下收有『椊』字，《起數訣》列『椊』字從《集韻》。明本列字是，四庫本誤，當校改爲『椊』。

66（入一心）山一末　○　明本、四庫本均空位。《廣韻》《集韻》未收；《韻鏡》外轉第二十四合、《四聲等子》蟹攝外二輕重俱等韻開口呼、《切韻指南》蟹攝外二合口呼廣門，列字均爲『𠛾』，《集韻》心母末韻；《七音略》外轉二十四輕中重，列字爲『刷』，生母薛韻，誤；《切韻指掌圖》十八圖，列字爲『塞』，心母德韻；『𠛾』，《廣韻》《集韻》未收。《康熙字典》記：『《集韻》先活切。』《七音略》誤，當删。《廣韻》末韻心母位無字，《起數訣》依《廣韻》空位是。

67（入一曉）花一末　豁　《廣韻》《集韻》呼括切，曉末一入合山；《韻鏡》外轉第二十四合、《切韻指掌圖》十二圖、《四聲等子》蟹攝外二輕重俱等韻開口呼、《切韻指南》蟹攝外二合口呼廣門，列字均爲『豁』；《七音略》外轉二十四輕中重，列字爲『䆪』。『豁』爲《廣韻》末韻曉母位小韻首字，下收有『䗽』字，注上同，二字爲異體字。列字以『豁』爲佳，《起數訣》是。

68（入一來）冷一末 ◯ 明本、四庫本均空位。《廣韻》《集韻》末韻來母位有『捋』，《廣韻》郎括切，《集韻》盧活切，來母末韻。《韻鏡》《七音略》空位；《切韻指掌圖》十二圖、《四聲等子》蟹攝外二輕重俱等韻開口呼、《切韻指南》蟹攝外二合口呼廣門，列字均爲『捋』。『捋』爲《廣韻》末韻來母位小韻首字，《起數訣》空位誤，當校補『捋』字。

69（入二見）甲二栝 《廣韻》《集韻》古活切，見末一入合山，不當列於二等位；《韻鏡》《七音略》、《切韻指掌圖》、《四聲等子》、《切韻指南》二等均空位。此字兩本均字形較小且位於格子右上方，當爲一等『括』字標注字，故此字當删。

70（入四幫）法四屑 彆 《廣韻》方結切，幫屑四入開山；《康熙字典》記：『《集韻》同彆。』彆，並母屑韻。《韻鏡》外轉第二十三開、《切韻指南》山攝外四開口呼廣門，列字爲『鷩』，幫母薛韻；《七音略》外轉二十三重中重，列字爲『彆』；《四聲等子》山攝外四輕重俱等韻開口呼，列字爲『烕』，《康熙字典》記：『《集韻》必結切，音彆。』『彆』爲《廣韻》屑韻幫母位小韻首字，《起數訣》是。

71（入四滂）朴四屑 撆 《廣韻》普蔑切，《集韻》匹蔑切，滂屑四入開山；《韻鏡》外轉第二十三開、《四聲等子》山攝外四輕重俱等韻開口呼，列字爲『瞥』；《七音略》外轉二十三重中重，列字爲『嫳』；《切韻指南》山攝外四開口呼廣門，列字爲『撆』。『撆』爲《廣韻》屑韻滂母位小韻首字，下收有『嫳』『瞥』二字，列字以『撆』爲佳，《起數訣》是。

72（入四端）丹四屑 ◯ 明本、四庫本均空位。《廣韻》《集韻》屑韻端母位有『窒』，丁結切，端母屑韻。《韻鏡》外轉第二十三開、《七音略》外轉二十三重中重、《四聲等子》山攝外四輕重俱等韻開口呼、《切韻指南》山攝外四開口呼廣門，列字均爲『窒』；《切韻指掌圖》十一圖，列字爲『囯』，端母屑韻；『窒』爲《廣韻》屑韻端母位小韻首字，下收有『囯』字，《起數訣》空位誤，當校補『窒』字。

73（入四透）貪四屑 鐵 《廣韻》《集韻》他結切，透屑四入開山；《韻鏡》外轉第二十三開、《七音略》外轉二十三重中重、《切韻指掌圖》十一圖、《切韻指南》山攝外四開口呼廣門，列字均爲『鐵』；《四聲等子》山攝外四輕重俱等韻開口呼，列字爲『銕』。『鐵』爲《廣韻》屑韻透母位小韻首字，『銕』爲其俗體，《起數訣》列正體，是。

74（入四定）覃四屑 迭 《廣韻》《集韻》徒結切，定屑四入開山；《韻鏡》外轉第二十三開、《七音略》外轉二十三重中重，列字均爲『姪』；《切韻指掌圖》十一圖、《四聲等子》山攝外四輕重俱等韻開口呼、《切韻指南》山攝外四開口呼廣門，列字均爲『姪』，定母薛韻。『姪』爲《廣韻》屑韻定母位小韻首字，下收有『迭』字，列字以『姪』爲佳，《起數訣》亦無誤。

75（入四溪）巧四屑 卖 《廣韻》《集韻》未收，此字當爲『奊』形訛。『奊』，《廣韻》古屑切，《集韻》吉屑切，見母屑韻，不當列於此位。《韻鏡》外轉第二十三開，列字爲『猰』，《廣韻》先結切，心母屑韻，誤。《七音略》外轉二十三重中重、《四聲等子》山攝外四輕重俱等韻開口呼、《切韻指南》山攝外四開口呼廣門，列字爲『猰』；《切韻指掌圖》十一圖，列字爲『挈』。『猰』，《廣韻》苦結切，《集韻》詰結切，溪母屑韻。『猰』爲《廣韻》屑韻溪母位小韻首字，下收有『契』字，《起數訣》誤，當校改『猰』字。

76（入四從）才四屑　截　《廣韻》《集韻》未收；《韻鏡》外轉第二十三開、《切韻指掌圖》十一圖、《四聲等子》山攝外四輕重俱等韻開口呼，列字爲『截』；《七音略》外轉二十三重中重，列字爲『𢧵』；《切韻指南》山攝外四開口呼廣門，列字爲『𢧐』。『𢧐』爲《廣韻》屑韻從母位小韻首字，注爲『或作截』；『𢧵』《廣韻》未收，《集韻》昨結切，從母屑韻。列字以『𢧐』爲佳，《起數訣》列異體，亦無誤。

77（入四曉）花四屑　奞　《廣韻》《集韻》屑韻曉母位有『奞，虎結切』，曉屑四入開山；《韻鏡》外轉第二十三開、《七音略》外轉二十三重中重、《四聲等子》山攝外四輕重俱等韻開口呼、《切韻指南》山攝外四開口呼廣門，列字均爲『奞』；《切韻指掌圖》十一圖，列字爲『奞』。『奞』爲《廣韻》屑韻曉母位小韻首字，《起數訣》列字當爲訛字，當校改爲『奞』。

78（入四喻）萬四屑　〇　明本、四庫本均空位。《廣韻》屑韻以母無字；《韻鏡》《七音略》《切韻指掌圖》空位；《四聲等子》山攝外四輕重俱等韻開口呼，列字爲『抴』，以母祭韻；《切韻指南》山攝外四開口呼廣門，列字爲『抴』，以母屑韻。《起數訣》從《廣韻》空位是。

79（入四來）冷四屑　㖞　《廣韻》練結切，《集韻》力結切，來屑四入開山。《康熙字典》記：『《廣韻》練結切，《集韻》力結切，音列。』《韻鏡》外轉第二十三開，列字爲『㖞』；《七音略》空位；《切韻指掌圖》十一圖，列字爲『列』，來母薛韻；《四聲等子》山攝外四輕重俱等韻開口呼，列字爲『埒』，誤；《切韻指南》空位。『㖞』爲《廣韻》屑韻來母位小韻首字，《起數訣》是。

釋：

1 （平一定）覃一咍　臺　《廣韻》徒哀切，《集韻》堂來切，定咍一平開蟹；《韻鏡》外轉第十三開、《七音略》内轉第十三重中重、《切韻指掌圖》十七圖、《四聲等子》蟹攝外二輕重俱等韻開口呼、《切韻指南》蟹攝外二開口呼廣門，列字均爲『臺』。

2 （平一泥）妳一咍　能　《廣韻》奴來切，《集韻》囊來切，泥咍一平開蟹；《韻鏡》外轉第十三開、《七音略》内轉第十三重中重、《切韻指掌圖》十七圖、《四聲等子》蟹攝外二輕重俱等韻開口呼、《切韻指南》蟹攝外二開口呼廣門，列字均爲『能』。

3 （平一見）甲一咍　該　《廣韻》古哀切，《集韻》柯開切，見咍一平開蟹；《韻鏡》外轉第十三開、《七音略》内轉第十三重中重、《切韻指掌圖》十七圖、《四聲等子》蟹攝外二輕重俱等韻開口呼、《切韻指南》蟹攝外二開口呼廣門，列字均爲『該』。

4 (平一溪)巧一咍　開　《廣韻》苦哀切，《集韻》丘哀切，溪咍一平開蟹；《韻鏡》外轉第十三開、《七音略》内轉第十三重中重、《切韻指掌圖》十七圖、《四聲等子》蟹攝外二輕重俱等韻開口呼、《切韻指南》蟹攝外二開口呼廣門，列字均爲『開』。

5 (平一清)采一咍　猜　《廣韻》《集韻》倉才切，清咍一平開蟹；《韻鏡》外轉第十三開、《七音略》内轉第十三重中重、《切韻指掌圖》十七圖、《四聲等子》蟹攝外二輕重俱等韻開口呼、《切韻指南》蟹攝外二開口呼廣門，列字均爲『猜』。

6 (平一曉)花一咍　咍　《廣韻》《集韻》呼來切，曉咍一平開蟹；《韻鏡》外轉第十三開、《七音略》内轉第十三重中重、《切韻指掌圖》十七圖、《四聲等子》蟹攝外二輕重俱等韻開口呼、《切韻指南》蟹攝外二開口呼廣門，列字均爲『咍』。

7 (平一影)亞一咍　哀　《廣韻》烏開切，《集韻》於開切，影咍一平開蟹；《韻鏡》外轉第十三開、《七音略》内轉第十三重中重、《切韻指掌圖》十七圖、《四聲等子》蟹攝外二輕重俱等韻開口呼、《切韻指南》蟹攝外二開口呼廣門，列字均爲『哀』。

8 (平一來)冷一咍　來　《廣韻》落哀切，《集韻》郎才切，來咍一平開蟹；《韻鏡》外轉第十三開、《七音略》内轉第十三重中重、《切韻指掌圖》十七圖、《四聲等子》蟹攝外二輕重俱等韻開口呼、《切韻指南》蟹攝外二開口呼廣門，列字均爲『來』。

9 (平二並)排二皆　排　《廣韻》步皆切，《集韻》蒲皆切，並皆二平開蟹；《韻鏡》外轉第十三開、《七音略》内轉第十三重中重、《切韻指掌圖》十七圖、《四聲等子》蟹攝外二輕重俱等韻合口呼、《切韻指南》蟹攝外二開口呼廣門，列字均爲『排』。

10 (平二明)馬二皆　埋　《廣韻》莫皆切，《集韻》謨皆切，明皆二平開蟹；《韻鏡》外轉第十三開、《七音略》内轉第十三重中重、《切韻指掌圖》十七圖、《四聲等子》蟹攝外二輕重俱等韻合口呼，列字均爲『埋』；《切韻指南》蟹攝外二開口呼廣門，列字爲『睸』，明母佳韻。

11 (平四疑)瓦四齊　倪　《廣韻》五稽切，《集韻》研奚切，疑齊四平開蟹；《韻鏡》外轉第十三開、《七音略》内轉第十三重中重、《切韻指掌圖》十八圖、《切韻指南》蟹攝外二開口呼廣門，列字均爲『倪』；《四聲等子》蟹攝外二輕重俱等韻開口呼，列字爲『齯』，疑母齊韻。

12 (平四精)哉四齊　齎　《廣韻》祖稽切，《集韻》津私切，精脂三平開蟹；《韻鏡》外轉第十三開、《七音略》内轉第十三重中重、《切韻指掌圖》十八圖、《四聲等子》蟹攝外二輕重俱等韻開口呼、《切韻指南》蟹攝外二開口呼廣門，列字均爲『齎』。

13 (平四清)采四齊　妻　《廣韻》七稽切，《集韻》千西切，清齊四平開蟹；《韻鏡》外轉第十三開、《七音略》内轉第十三重中重、《切韻指掌圖》十八圖、《四聲等子》蟹攝外二輕重俱等韻開口呼、《切韻指南》蟹攝外二開口呼廣門，列字均爲『妻』。

14 (平四從)才四齊　齊　《廣韻》徂奚切，《集韻》前西切，從齊四平開蟹；《韻鏡》外轉第十三開、《七音略》内轉第十三重中重、《切韻指掌圖》十八圖、《四聲等子》蟹攝外二輕重俱等韻開口呼、《切韻指南》蟹攝外二開口呼廣門，列字均爲『齊』。

15 (平四心)山四齊　西　《廣韻》先稽切，《集韻》先齊切，心齊四平開蟹；《韻鏡》外轉第十三開、《七音略》內轉第十三重中重、《切韻指掌圖》十八圖、《四聲等子》蟹攝外二輕重俱等韻開口呼、《切韻指南》蟹攝外二開口呼廣門，列字均爲『西』。

16 (平四曉)花四齊　醯　《廣韻》呼雞切，《集韻》馨奚切，曉齊四平開蟹；《韻鏡》外轉第十三開、《七音略》內轉第十三重中重、《切韻指掌圖》十八圖、《四聲等子》蟹攝外二輕重俱等韻開口呼、《切韻指南》蟹攝外二開口呼廣門，列字均爲『醯』。

17 (平四匣)晚四齊　奚　《廣韻》胡雞切，《集韻》弦雞切，匣齊四平開蟹；《韻鏡》外轉第十三開、《七音略》內轉第十三重中重、《切韻指掌圖》十八圖，列字均爲『兮』；《四聲等子》蟹攝外二輕重俱等韻開口呼、《切韻指南》蟹攝外二開口呼廣門，列字均爲『奚』。『奚』爲《廣韻》齊韻匣母位小韻首字，《起數訣》是。

18 (平四影)亞四齊　鷖　《廣韻》烏奚切，《集韻》煙奚切，影齊四平開蟹；《韻鏡》外轉第十三開、《七音略》內轉第十三重中重、《切韻指掌圖》十八圖、《四聲等子》蟹攝外二輕重俱等韻開口呼、《切韻指南》蟹攝外二開口呼廣門，列字均爲『鷖』。

19 (平四日)□四齊　臡　《廣韻》人兮切，《集韻》人移切，日齊四平開蟹；《韻鏡》外轉第十三開、《七音略》內轉第十三重中重，列字均爲『臡』；《切韻指掌圖》《四聲等子》《切韻指南》

空位。

20（上一滂）朴一海　啡　《廣韻》匹愷切，《集韻》普亥切，滂海一上開蟹；《韻鏡》外轉第十三開、《七音略》内轉第十三重中重、《切韻指掌圖》十九圖、《四聲等子》蟹攝外二輕重俱等韻開口呼，列字均爲「啡」；《切韻指南》蟹攝外二開口呼廣門，列字爲「啎」，滂母海韻。

21（上一明）馬一海　穤　《廣韻》莫亥切，《集韻》母亥切，明海一上開蟹；《韻鏡》外轉第十三開、《七音略》内轉第十三重中重、《四聲等子》蟹攝外二輕重俱等韻開口呼、《切韻指南》蟹攝外二開口呼廣門，列字均爲「穤」；《切韻指掌圖》十九圖，列字爲「浼」，明母賄韻。

22（上一端）丹一海　等　《廣韻》多改切，《集韻》打亥切，端海一上開蟹；《韻鏡》外轉第十三開、《七音略》内轉第十三重中重、《切韻指掌圖》十七圖、《四聲等子》蟹攝外二輕重俱等韻開口呼、《切韻指南》蟹攝外二開口呼廣門，列字均爲「等」。

23（上一見）甲一海　改　《廣韻》古亥切，《集韻》己亥切，見海一上開蟹；《韻鏡》外轉第十三開、《七音略》内轉第十三重中重、《切韻指掌圖》十七圖、《四聲等子》蟹攝外二輕重俱等韻開口呼、《切韻指南》蟹攝外二開口呼廣門，列字均爲「改」。

24（上一溪）巧一海　愷　《廣韻》苦亥切，《集韻》可亥切，溪海一上開蟹；《韻鏡》外轉第十三開、《七音略》内轉第十三重中重、《切韻指掌圖》十七圖、《四聲等子》蟹攝外二輕重俱等韻開口呼、《切韻指南》蟹攝外二開口呼廣門，列字均爲「愷」。

25 (上一精)哉一海　宰　《廣韻》作亥切，《集韻》子亥切，精海一上開蟹；《韻鏡》外轉第十三開、《七音略》内轉第十三重中重、《切韻指掌圖》十七圖、《四聲等子》蟹攝外二輕重俱等韻開口呼、《切韻指南》蟹攝外二開口呼廣門，列字均爲「宰」。

26 (上一清)采一海　采　《廣韻》倉宰切，《集韻》倉代切，清海一上開蟹；《韻鏡》外轉第十三開、《七音略》内轉第十三重中重、《切韻指掌圖》十七圖、《四聲等子》蟹攝外二輕重俱等韻開口呼、《切韻指南》蟹攝外二開口呼廣門，列字均爲「采」。

27 (上一從)才一海　在　《廣韻》昨宰切，《集韻》盡亥切，從海一上開蟹；《韻鏡》外轉第十三開、《七音略》内轉第十三重中重、《切韻指掌圖》十七圖、《四聲等子》蟹攝外二輕重俱等韻開口呼、《切韻指南》蟹攝外二開口呼廣門，列字均爲「在」。

28 (上一曉)花一海　海　《廣韻》呼改切，《集韻》許亥切，曉海一上開蟹；《韻鏡》外轉第十三開、《七音略》内轉第十三重中重、《切韻指掌圖》十七圖、《四聲等子》蟹攝外二輕重俱等韻開口呼、《切韻指南》蟹攝外二開口呼廣門，列字均爲「海」。

29 (上一匣)晚一海　亥　《廣韻》胡改切，《集韻》下改切，匣海一上開蟹；《韻鏡》外轉第十三開、《七音略》内轉第十三重中重、《切韻指掌圖》十七圖、《四聲等子》蟹攝外二輕重俱等韻開口呼、《切韻指南》蟹攝外二開口呼廣門，列字均爲「亥」。

30 (上一影)亞一海　欸　《廣韻》於改切，《集韻》倚亥切，影海一上開蟹；《韻鏡》外轉第十三開、《七音略》内轉第十三重中重、《切韻指掌圖》十七圖、《四聲等子》蟹攝外二輕重俱等韻開口呼、《切韻指南》蟹攝外二開口呼廣門，列字均爲『欸』。

31 (上一來)冷一海　銇　《廣韻》來改切，來海一上開蟹；《集韻》未收；《韻鏡》外轉第十三開、《七音略》内轉第十三重中重、《四聲等子》蟹攝外二輕重俱等韻開口呼、《切韻指南》蟹攝外二開口呼廣門，列字均爲『銇』；《切韻指掌圖》十七圖，列字爲『唻』，來母代韻。

32 (上四幫)法四薺　軙　《廣韻》補米切，《集韻》普米切，幫薺四上開蟹；《韻鏡》外轉第十三開、《四聲等子》蟹攝外二輕重俱等韻開口呼、《切韻指南》蟹攝外二開口呼廣門，列字均爲『軙』；《七音略》内轉第十三重中重，列字爲『鞁』，形訛；《切韻指掌圖》十九圖，列字爲『比』，幫母旨韻。

33 (上四並)排四薺　陛　《廣韻》傍禮切，《集韻》部禮切，並薺四上開蟹；《韻鏡》外轉第十三開、《七音略》内轉第十三重中重、《四聲等子》蟹攝外二輕重俱等韻開口呼、《切韻指南》蟹攝外二開口呼廣門，列字均爲『陛』；《切韻指掌圖》十九圖，列字爲『婢』，並母紙韻。

34 (上四明)馬四薺　米　《廣韻》莫禮切，《集韻》母禮切，明薺四上開蟹；《韻鏡》外轉第十三開、《七音略》内轉第十三重中重、《四聲等子》蟹攝外二輕重俱等韻開口呼、《切韻指南》蟹攝外二開口呼廣門，列字均爲『米』；《切韻指掌圖》十九圖，列字爲『渳』，明母紙韻。

35 (上四端)丹四薺　邸　《廣韻》都禮切，《集韻》典禮切，端薺四上開蟹；《韻鏡》外轉第十三開、《七音略》内轉第十三重中重、《切韻指掌圖》十八圖、《切韻指南》蟹攝外二開口呼廣門，列字均爲『邸』；《四聲等子》蟹攝外二輕重俱等韻開口呼，列字爲『底』。

36 （上四透）貪四薺　體　《廣韻》他禮切，《集韻》土禮切，透薺四上開蟹；《韻鏡》外轉第十三開、《七音略》内轉第十三重中重、《切韻指掌圖》十八圖、《四聲等子》蟹攝外二輕重俱等韻開口呼、《切韻指南》蟹攝外二開口呼廣門，列字均爲『體』。

37 （上四定）覃四薺　弟　《廣韻》徒禮切，《集韻》待禮切，定薺四上開蟹；《韻鏡》外轉第十三開、《七音略》内轉第十三重中重、《切韻指掌圖》十八圖、《四聲等子》蟹攝外二輕重俱等韻開口呼、《切韻指南》蟹攝外二開口呼廣門，列字均爲『弟』。

38 （上四泥）妳四薺　禰　《廣韻》奴禮切，《集韻》乃禮切，泥薺四上開蟹；《韻鏡》外轉第十三開、《七音略》内轉第十三重中重、《切韻指掌圖》十八圖、《四聲等子》蟹攝外二輕重俱等韻開口呼、《切韻指南》蟹攝外二開口呼廣門，列字均爲『禰』。

39 （上四精）哉四薺　濟　《廣韻》《集韻》子禮切，精薺四上開蟹；《韻鏡》外轉第十三開、《七音略》内轉第十三重中重、《切韻指掌圖》十八圖、《四聲等子》蟹攝外二輕重俱等韻開口呼、《切韻指南》蟹攝外二開口呼廣門，列字均爲『濟』。

40 （上四清）采四薺　泚　《廣韻》千禮切，《集韻》此禮切，清薺四上開蟹；《韻鏡》外轉第十三開、《七音略》内轉第十三重中重、《切韻指掌圖》十八圖、《四聲等子》蟹攝外二輕重俱等韻開口呼，《切韻指南》蟹攝外二開口呼廣門，列字均爲『泚』。

41（上四從）才四薺　薺　《廣韻》徂禮切，《集韻》在禮切，從薺四上開蟹；《韻鏡》外轉第十三開，《七音略》内轉第十三重中重，《切韻指掌圖》十八圖，《四聲等子》蟹攝外二輕重俱等韻開口呼，《切韻指南》蟹攝外二開口呼廣門，列字均爲『薺』。

42（上四心）山四薺　洗　《廣韻》先禮切，《集韻》小禮切，心薺四上開蟹；《韻鏡》外轉第十三開，《七音略》内轉第十三重中重，《四聲等子》蟹攝外二輕重俱等韻開口呼，《切韻指南》蟹攝外二開口呼廣門，列字均爲『洗』；《切韻指掌圖》十八圖，列字爲『枲』，心母止韻。

43（上四影）亞四薺　吟　《廣韻》烏弟切，《集韻》杳禮切，影薺四上開蟹；《韻鏡》外轉第十三開，《七音略》内轉第十三重中重，《切韻指掌圖》十八圖，《四聲等子》蟹攝外二輕重俱等韻開口呼，《切韻指南》蟹攝外二開口呼廣門，列字均爲『吟』。

44（上四來）冷四薺　禮　《廣韻》盧啓切，《集韻》里弟切，來薺四上開蟹；《韻鏡》外轉第十三開，《七音略》内轉第十三重中重，《四聲等子》蟹攝外二輕重俱等韻開口呼，《切韻指南》蟹攝外二開口呼廣門，列字均爲『禮』；《切韻指掌圖》十八圖，列字爲『邐』，來母紙韻。

45（去一明）馬一代　穤　《廣韻》莫代切，明代一去開蟹；《韻鏡》外轉第十三開，《七音略》内轉第十三重中重，列字均爲『穤』；《切韻指掌圖》十九圖，《四聲等子》蟹攝外二輕重俱等韻開口呼，《切韻指南》蟹攝外二開口呼廣門，列字均爲『昧』，明母隊韻。

46（去一端）丹一代　戴　《廣韻》都代切，《集韻》丁代切，端代一去開蟹；《韻鏡》外轉第十三開、《七音略》内轉第十三重中重，列字均爲『戴』；《切韻指掌圖》十七圖、《四聲等子》蟹攝外二輕重俱等韻開口呼、《切韻指南》蟹攝外二開口呼廣門，列字均爲『帶』，端母泰韻。

47（去一透）貪一代　貸　《廣韻》《集韻》他代切，透代一去開蟹；《韻鏡》外轉第十三開、《七音略》内轉第十三重中重，列字均爲『貸』；《切韻指掌圖》十七圖、《四聲等子》蟹攝外二輕重俱等韻開口呼、《切韻指南》蟹攝外二開口呼廣門，列字均爲『泰』，透母泰韻。

48（去一定）覃一代　代　《廣韻》徒耐切，《集韻》待戴切，定代一去開蟹；《韻鏡》外轉第十三開、《七音略》内轉第十三重中重、《四聲等子》蟹攝外二輕重俱等韻開口呼，列字均爲『代』；《切韻指掌圖》十七圖、《切韻指南》蟹攝外二開口呼廣門，列字均爲『大』，定母泰韻。

49（去一見）甲一代　溉　《廣韻》古代切，《集韻》居代切，見代一去開蟹；《韻鏡》外轉第十三開、《七音略》内轉第十三重中重，列字均爲『溉』；《切韻指掌圖》十七圖、《四聲等子》蟹攝外二輕重俱等韻開口呼、《切韻指南》蟹攝外二開口呼廣門，列字爲『蓋』，見母泰韻。

50（去一疑）瓦一代　礙　《廣韻》五溉切，《集韻》牛代切，疑代一去開蟹；《韻鏡》外轉第十三開、《七音略》内轉第十三重中重，列字均爲『礙』；《切韻指掌圖》十七圖、《四聲等子》蟹攝外二輕重俱等韻開口呼、《切韻指南》蟹攝外二開口呼廣門，列字均爲『艾』，疑母泰韻。

51（去一清）采一代　菜　《廣韻》《集韻》倉代切，清代一去開蟹；《韻鏡》外轉第十三開、《七音略》内轉第十三重中重、《切韻指掌圖》十七圖、《四聲等子》蟹攝外二輕重俱等韻開口呼，列字均爲『菜』；《切韻指南》蟹攝外二開口呼廣門，列字爲『蔡』，清母泰韻。

52 (去一從)才一代　在　《廣韻》《集韻》昨代切，從代一去開蟹；《韻鏡》外轉第十三開、《七音略》内轉第十三重中重、《切韻指掌圖》十七圖，列字均爲『在』；《四聲等子》蟹攝外二輕重俱等韻開口呼、《切韻指南》蟹攝外二開口呼廣門，列字均爲『載』，從母代韻。

53 (去一心)山一代　賽　《廣韻》《集韻》先代切，心代一去開蟹；《韻鏡》外轉第十三開、《七音略》内轉第十三重中重、《切韻指掌圖》十七圖、《四聲等子》蟹攝外二輕重俱等韻開口呼、《切韻指南》蟹攝外二開口呼廣門，列字均爲『賽』。

54 (去一曉)花一代　儗　《廣韻》海愛切，《集韻》許代切，曉代一去開蟹；《韻鏡》外轉第十三開、《七音略》内轉第十三重中重，列字均爲『儗』；《切韻指掌圖》十七圖、《四聲等子》蟹攝外二輕重俱等韻開口呼、《切韻指南》蟹攝外二開口呼廣門，列字均爲『餀』，曉母泰韻。

55 (去一影)亞一代　愛　《廣韻》烏代切，《集韻》於代切，影代一去開蟹；《韻鏡》外轉第十三開、《七音略》内轉第十三重中重、《四聲等子》蟹攝外二輕重俱等韻開口呼，列字均爲『愛』；《切韻指掌圖》十七圖、《切韻指南》蟹攝外二開口呼廣門，列字爲『藹』，影母泰韻。

56 (去一來)冷一代　賚　《廣韻》《集韻》洛代切，來代一去開蟹；《韻鏡》外轉第十三開、《七音略》内轉第十三重中重、《四聲等子》蟹攝外二輕重俱等韻開口呼，列字均爲『賚』；《切韻指掌圖》十七圖、《切韻指南》蟹攝外二開口呼廣門，列字均爲「賴」，來母泰韻。

57（去四幫）法四霽　閉　《廣韻》博計切，《集韻》必計切，幫霽四去開蟹；《韻鏡》外轉第十三開、《七音略》内轉第十三重中重、《四聲等子》蟹攝外二輕重俱等韻開口呼、《切韻指南》蟹攝外二開口呼廣門，列字均爲「閉」；《切韻指掌圖》十九圖，列字爲「臂」，幫母寘韻。

58（去四滂）朴四霽　媲　《廣韻》匹詣切，滂霽四去開蟹；《集韻》未收；《韻鏡》外轉第十三開、《七音略》内轉第十三重中重、《四聲等子》蟹攝外二輕重俱等韻開口呼、《切韻指南》蟹攝外二開口呼廣門，列字均爲「媲」；《切韻指掌圖》十九圖，列字爲「譬」，滂母寘韻。

59（去四泥）妳四霽　泥　《廣韻》奴計切，《集韻》乃計切，泥霽四去開蟹；《韻鏡》外轉第十三開、《七音略》内轉第十三重中重、《切韻指掌圖》十八圖、《切韻指南》蟹攝外二開口呼廣門，列字均爲「泥」；《四聲等子》蟹攝外二輕重俱等韻開口呼，列字爲「涅」，泥母霽韻。

60（去四見）甲四霽　計　《廣韻》《集韻》吉詣切，見霽四去開蟹；《韻鏡》外轉第十三開、《七音略》内轉第十三重中重、《切韻指掌圖》十八圖、《四聲等子》蟹攝外二輕重俱等韻開口呼、《切韻指南》蟹攝外二開口呼廣門，列字均爲「計」。

61（去四溪）巧四霽　契　《廣韻》苦計切，《集韻》詰計切，溪霽四去開蟹；《韻鏡》外轉第十三開、《七音略》内轉第十三重中重、《四聲等子》蟹攝外二輕重俱等韻開口呼、《切韻指南》蟹攝外二開口呼廣門，列字均爲「契」；《切韻指掌圖》十八圖，列字爲「棄」，溪母至韻。

62 （去四疑）瓦四霽　詣　《廣韻》五計切，《集韻》研計切，疑霽四去開蟹；《韻鏡》外轉第十三開、《七音略》内轉第十三重中重、《切韻指掌圖》十八圖、《四聲等子》蟹攝外二輕重俱等韻開口呼、《切韻指南》蟹攝外二開口呼廣門，列字均爲「詣」。

63 （去四明）馬四霽　謎　《廣韻》莫計切，《集韻》彌計切，明霽四去開蟹；《韻鏡》外轉第十三開、《七音略》内轉第十三重中重、《四聲等子》蟹攝外二輕重俱等韻開口呼、《切韻指南》蟹攝外二開口呼廣門，列字爲「謎」；《切韻指掌圖》十九圖，列字爲「寐」，明母至韻。

64 （去四端）丹四霽　帝　《廣韻》《集韻》都計切，端霽四去開蟹；《韻鏡》外轉第十三開、《七音略》内轉第十三重中重、《切韻指掌圖》十八圖、《四聲等子》蟹攝外二輕重俱等韻開口呼、《切韻指南》蟹攝外二開口呼廣門，列字均爲「帝」。

65 （去四透）貪四霽　替　《廣韻》他計切，《集韻》他結切，透屑四入開山；《韻鏡》外轉第十三開、《七音略》内轉第十三重中重、《切韻指掌圖》十八圖、《四聲等子》蟹攝外二輕重俱等韻開口呼、《切韻指南》蟹攝外二開口呼廣門，列字均爲「替」。

66 （去四精）哉四霽　霽　《廣韻》《集韻》子計切，精霽四去開蟹；《韻鏡》外轉第十三開、《七音略》内轉第十三重中重、《四聲等子》蟹攝外二輕重俱等韻開口呼、《切韻指南》蟹攝外二開口呼廣門，列字均爲「霽」；《切韻指掌圖》十八圖，列字爲「濟」，精母霽韻。

67 （去四清）采四霽　砌　《廣韻》《集韻》七計切，清霽四去開蟹；《韻鏡》外轉第十三開、《七音略》内轉第十三重中重、《切韻指掌圖》十八圖、《四聲等子》蟹攝外二輕重俱等韻開口呼、《切韻指南》蟹攝外二開口呼廣門，列字均爲『砌』。

68（去四從）才四霽　嚌　《廣韻》在詣切，《集韻》才詣切，從霽四去開蟹；《韻鏡》外轉第十三開、《七音略》内轉第十三重中重、《切韻指掌圖》十八圖、《四聲等子》蟹攝外二輕重俱等韻開口呼、《切韻指南》蟹攝外二開口呼廣門，列字均爲『嚌』。

69（去四心）山四霽　細　《廣韻》蘇計切，《集韻》思計切，心霽四去開蟹；《韻鏡》外轉第十三開、《七音略》内轉第十三重中重、《切韻指掌圖》十八圖、《四聲等子》蟹攝外二輕重俱等韻開口呼、《切韻指南》蟹攝外二開口呼廣門，列字均爲『細』。

70（去四來）冷四霽　麗　《廣韻》《集韻》郎計切，來霽四去開蟹；《韻鏡》外轉第十三開、《七音略》内轉第十三重中重、《四聲等子》蟹攝外二輕重俱等韻開口呼、《切韻指南》蟹攝外二開口呼廣門，列字均爲『麗』；《切韻指掌圖》十八圖，列字爲『吏』，來母志韻。

71（入一幫）法一末　撥　《廣韻》北末切，《集韻》北末切，幫末一入合山；《韻鏡》外轉第二十四合、《七音略》外轉二十四輕中重、《切韻指掌圖》十二圖、《四聲等子》蟹攝外二輕重俱等韻開口呼、《切韻指南》蟹攝外二合口呼廣門，列字均爲『撥』。

72（入一並）排一末　跋　《廣韻》蒲撥切，《集韻》蒲撥切，並末一入合山；《韻鏡》外轉第二十四合、《七音略》外轉二十四輕中重、《切韻指掌圖》十二圖、《四聲等子》蟹攝外二輕重俱等韻開口呼，《切韻指南》蟹攝外二合口呼廣門，列字均爲『跋』。

73 (入一明)馬一末 末 《廣韻》莫撥切，《集韻》莫葛切，明末一入合山；《韻鏡》外轉第二十四合、《七音略》外轉二十四輕中重、《切韻指掌圖》十二圖、《四聲等子》蟹攝外二輕重俱等韻開口呼，《切韻指南》蟹攝外二合口呼廣門，列字均爲『末』。

74 (入一端)丹一末 掇 《廣韻》丁括切，《集韻》都括切，端末一入合山；《韻鏡》外轉第二十四合、《七音略》外轉二十四輕中重、《切韻指掌圖》十二圖、《四聲等子》蟹攝外二輕重俱等韻開口呼、《切韻指南》蟹攝外二合口呼廣門，列字均爲『掇』。

75 (入一見)甲一末 括 《廣韻》《集韻》古活切，見末一入合山；《韻鏡》外轉第二十四合、《七音略》外轉二十四輕中重、《切韻指掌圖》十二圖、《四聲等子》蟹攝外二輕重俱等韻開口呼、《切韻指南》蟹攝外二合口呼廣門，列字均爲『括』。

76 (入一溪)巧一末 闊 《廣韻》苦栝切，《集韻》苦活切，溪末一入合山；《韻鏡》外轉第二十四合、《七音略》外轉二十四輕中重、《切韻指掌圖》十二圖、《四聲等子》蟹攝外二輕重俱等韻開口呼、《切韻指南》蟹攝外二合口呼廣門，列字均爲『闊』。

77 (入一精)哉一末 繓 《廣韻》子括切，《集韻》宗括切，精末一入合山；《韻鏡》外轉第二十四合、《七音略》外轉二十四輕中重、《切韻指掌圖》十二圖、《四聲等子》蟹攝外二輕重俱等韻開口呼、《切韻指南》蟹攝外二合口呼廣門，列字均爲『繓』。

78　（入一清）采一末　撮　《廣韻》倉括切，《集韻》麤括切，清末一入合山；《韻鏡》外轉第二十四合、《七音略》外轉二十四輕中重、《切韻指掌圖》十二圖、《四聲等子》蟹攝外二輕重俱等韻開口呼、《切韻指南》蟹攝外二合口呼廣門，列字均爲『撮』。

79　（入一匣）晚一末　活　《廣韻》《集韻》户括切，匣末一入合山；《韻鏡》外轉第二十四合、《七音略》外轉二十四輕中重、《切韻指掌圖》十二圖、《四聲等子》蟹攝外二輕重俱等韻開口呼、《切韻指南》蟹攝外二合口呼廣門，列字均爲『活』。

80　（入一影）亞一末　斡　《廣韻》烏枯切，影末一入合山；《集韻》未收；《韻鏡》外轉第二十四合、《七音略》外轉二十四輕中重、《切韻指掌圖》十二圖、《四聲等子》蟹攝外二輕重俱等韻開口呼、《切韻指南》蟹攝外二合口呼廣門，列字均爲『斡』。

81　（入四並）排四屑　蹩　《廣韻》《集韻》蒲結切，並屑四入開山；《韻鏡》外轉第二十三開、《七音略》外轉二十三重中重、《四聲等子》山攝外四輕重俱等韻開口呼、《切韻指南》山攝外四開口呼廣門，列字均爲『蹩』。

82　（入四明）馬四屑　蔑　《廣韻》《集韻》莫結切，明屑四入開山；《韻鏡》外轉第二十三開、《七音略》外轉二十三重中重、《四聲等子》山攝外四輕重俱等韻開口呼、《切韻指南》山攝外四開口呼廣門，列字均爲『蔑』。

83　（入四泥）妳四屑　涅　《廣韻》奴結切，《集韻》乃結切，泥屑四入開山；《韻鏡》外轉第二十三開、《切韻指掌圖》十一圖、《四聲等子》山攝外四輕重俱等韻開口呼，列字爲『湼』；《七音略》外轉二十三重中重，列字爲『湼』；《切韻指南》山攝外四開口呼廣門，列字爲『涅』。『涅』『湼』爲異體字。

84 （入四見）甲四屑　結　《廣韻》古屑切，《集韻》吉屑切，見屑四入開山；《韻鏡》外轉第二十三開、《七音略》外轉二十三重中重、《切韻指掌圖》十一圖、《四聲等子》山攝外四輕重俱等韻開口呼、《切韻指南》山攝外四開口呼廣門，列字均爲『結』。

85 （入四疑）瓦四屑　齧　《廣韻》五結切，《集韻》倪結切，疑屑四入開山；《韻鏡》外轉第二十三開、《七音略》外轉二十三重中重、《切韻指掌圖》十一圖、《四聲等子》山攝外四輕重俱等韻開口呼、《切韻指南》山攝外四開口呼廣門，列字均爲『齧』。

86 （入四精）哉四屑　節　《廣韻》《集韻》子結切，精屑四入開山；《韻鏡》外轉第二十三開、《七音略》外轉二十三重中重、《切韻指掌圖》十一圖、《四聲等子》山攝外四輕重俱等韻開口呼、《切韻指南》山攝外四開口呼廣門，列字均爲『節』。

87 （入四清）采四屑　切　《廣韻》《集韻》千結切，清屑四入開山；《韻鏡》外轉第二十三開、《七音略》外轉二十三重中重、《切韻指掌圖》十一圖、《四聲等子》山攝外四輕重俱等韻開口呼、《切韻指南》山攝外四開口呼廣門，列字均爲『切』。

88 （入四心）山四屑　屑　《廣韻》《集韻》先結切，心屑四入開山；《韻鏡》外轉第二十三開、《七音略》外轉二十三重中重、《切韻指掌圖》十一圖、《四聲等子》山攝外四輕重俱等韻開口呼、《切韻指南》山攝外四開口呼廣門，列字均爲『屑』。

89 (入四匣)晚四屑　纈　《廣韻》胡結切，《集韻》奚結切，匣屑四入開山；《韻鏡》外轉第二十三開、《七音略》外轉二十三重中重、《切韻指掌圖》十一圖、《切韻指南》山攝外四開口呼廣門，列字均爲『纈』；《四聲等子》山攝外四輕重俱等韻開口呼，列字爲『頡』，匣母屑韻。

90 (入四影)亞四屑　噎　《廣韻》烏結切，《集韻》一結切，影屑四入開山；《韻鏡》外轉第二十三開、《七音略》外轉二十三重中重、《切韻指掌圖》十一圖、《四聲等子》山攝外四輕重俱等韻開口呼、《切韻指南》山攝外四開口呼廣門，列字均爲『噎』。

彖九	盡十一			剥五		艮五	盡三	剥十二	豪十二	艮六
口	崇	發		百	口	白	皃	卓	坼	大
來上		音								
		濁	皆壹上					[illegible]	摕	[illegible]
			齊龍五							
鷄										
			駭隨一					[illegible]		提
			薺夬五							
			恠蠱二							
			廢育五							
			黠震					啠	呾	噠

第二十六圖　發音濁

艮七	艮十一			盍二	剁十一	豕十一	盍十二	剁九	艮十	艮四
南	乍	口	口	平	莊	义	茶	三	士	九
捍	皆		揩	衆	齋	差	豺	崽		佈
						檮			移迻來	
	鍇		揩	騃				[illegible]		駭
						[illegible]			灑	
										[illegible]諭
褹	誡		慨烕	礙	瘵	差	[illegible]	鎩		歇
	許									
痆	戛		詠		札	察		殺		黠

艮二	艮八	艮三	盡七	盡九	艮十二			坤四	師五	非五
華	在	文	犖	口	宅	開		夫	普	旁
				[illegible]		音	灰(每)	梧	坏	裴
諧	揩		咪			清				
				腴						
						隨一	賄	悖(必每)	琣	琲
	挨		攋							
				疓						
						清				
						中	隊(妻一)	皆	配	佩
械	噫					清	怪	摻	湃	憊
							霄(衰一)	瞥	瞥	
							沒		誖	勃
黠	軋									
							屑			

第二十六圖　發音濁

本圖舒聲列《廣韻》皆駭怪、齊薺三等位字，廢韻非脣音字。皆駭怪、齊薺韻字係拆分《韻鏡》外轉第十三開二三等位列字。《韻鏡》外轉第十三開去聲三等位爲祭韻，《起數訣》將祭與夬單列一圖，將《韻鏡》寄於止攝的廢韻三等列於本圖，本圖所列去三廢韻字，在《韻鏡》中列於内轉第九開。本圖入聲列《廣韻》黠韻字，係拆分於《韻鏡》外轉第二十三開的非脣音字。與《起數訣》第二十三圖較相似。本圖聲母明本日母下一等格位内有『才下』二字，四庫本無。韻目明本去二列目爲『恠』，去三列目爲『廢』；四庫本去二列目爲『怪』，去三列目爲『癈』。

校注：

1 （平二徹）拆二皆　『㨋』　明本列字爲『㨋』，四庫本爲『搋』。明本顯誤，當爲『搋』字形訛。『搋』，《康熙字典》記：『俗搋字。』『搋』，《廣韻》丑皆切，《集韻》忡皆切，徹皆二平開蟹；《韻鏡》外轉第十三開、《七音略》内轉第十三重中重、《切韻指掌圖》十七圖、《切韻指南》蟹攝外二開口呼廣門，列字均爲『搋』；《四聲等子》蟹攝外二輕重俱等開口呼，列字爲『扠』，徹母佳韻。『搋』爲《廣韻》皆二徹母位小韻首字，《起數訣》明本列俗字，且形訛，當校改爲『搋』。四庫本列正體，是。

2　（平二澄）大二皆　⿰女屖　《廣韻》《集韻》未收；《康熙字典》記：『《集韻》直皆切，音咦。』則爲澄母皆韻。《韻鏡》《七音略》《切韻指掌圖》《四聲等子》空位；《切韻指南》蟹攝外二開口呼廣門，列字爲『⿰女屖』。《廣韻》皆韻無澄母字，《起數訣》《切韻指南》當據《集韻》，亦無誤。

3　（平二娘）南二皆　摨　《廣韻》諾皆切，娘皆二平開蟹；《集韻》直利切，澄至三去開止；《韻鏡》外轉第十三開、《七音略》内轉第十三重中重、《切韻指南》蟹攝外二開口呼廣門，列字均爲『摨』；《切韻指掌圖》十七圖，列字爲『樨』，當爲『摨』誤；《四聲等子》蟹攝外二輕重俱等開口呼，列字爲『䂓』，疑母齊韻。『摨』爲《廣韻》皆韻娘母位小韻首字，《起數訣》從《廣韻》。

4　（平二疑）牙二皆　⿱雨隶　《廣韻》擬皆切，《集韻》宜皆切，疑皆二平開蟹；《韻鏡》外轉第十三開，列字爲『⿱雨隶』；《七音略》空位；《切韻指掌圖》十七圖、《四聲等子》蟹攝外二輕重俱等開口呼、《切韻指南》蟹攝外二開口呼廣門，列字均爲『崖』，疑母佳韻。『⿱雨隶』爲《廣韻》皆韻疑母位小韻首字，《七音略》空位誤，《起數訣》是。

5　（平二曉）□二皆　俙　《廣韻》香衣切，曉微三平開止；《集韻》休皆切，曉皆二平開蟹；《韻鏡》外轉第十三開、《切韻指南》蟹攝外二開口呼廣門，列字均爲『俙』；《七音略》空位；

《切韻指掌圖》十七圖，列字爲『俙』；《四聲等子》蟹攝外二輕重俱等開口呼，列字爲『晵』，曉母佳韻。『俙』爲《廣韻》皆韻曉母位小韻首字，《集韻》有曉母皆韻字『俙』，《起數訣》依《集韻》亦不誤，但校改爲『俙』則更佳。

6 本圖平聲三等列目爲『齊』，其下所轄三字，二字爲咍韻，早期韻圖於此等均不列韻目，《起數訣》列『齊』，實爲不妥。

7 (平三昌)叉三齊　犨　《廣韻》吕來切，昌咍三平開蟹；《集韻》未收；《韻鏡》外轉第十三開、《七音略》内轉第十三重中重、《切韻指掌圖》十七圖、《四聲等子》蟹攝外二輕重俱等開口呼、《切韻指南》蟹攝外二開口呼廣門，列字均爲『犨』。『咍』韻本無三等字，『犨』爲依切列字，按寄韻憑切，諸韻圖均列於三等昌母位，《起數訣》亦無誤。

8 (平三禪)士三齊　栘　《廣韻》《集韻》成臡切，禪齊三平開蟹；另《集韻》逝來切，禪咍三平開蟹，《起數訣》明本、四庫本『栘』下均有反切『逝來』，則爲取咍韻音。《韻鏡》《七音略》《切韻指南》空位；《切韻指掌圖》十七圖、《四聲等子》蟹攝外二輕重俱等開口呼，均列於禪母三等位。『栘』，逝來切，作者按『犨』之寄韻憑切，反切上字爲照三組聲母字，反切下字無論一四等，均列於三等。『栘』成臡切，按門法，一般列於四等位，《切韻指掌圖》《四聲等子》列於禪母三等位，反映語音之變化。

9 (平三日)□三齊　腝　《廣韻》未收；《集韻》人栘切，日齊三平開蟹；《韻鏡》《七音略》空位；《切韻指掌圖》十七圖、《四聲等子》蟹攝外二輕重俱等開口呼，列字爲『腝』；《切韻指南》蟹攝外二開口呼廣門，列字爲『荋』，日母之韻。《起數訣》第二十五圖發音清，於四等日母位，已列『臡』字。『臡』爲日母當列三等，但齊爲四等，早期韻圖一般因切列字，將其列於四等。按早期韻圖面貌，第二十五圖列『臡』字較佳，本圖當刪。

10（上二知）卓二駭　鉙　《廣韻》《集韻》未收，《康熙字典》記：『《玉篇》知駭切。缺也。』則爲知母駭韻。《韻鏡》《七音略》《切韻指掌圖》空位；《四聲等子》蟹攝外二輕重俱等開口呼，列字爲『鉙』，知母駭韻；《切韻指南》蟹攝外二開口呼廣門，列字爲『鉙』。《廣韻》駭韻無知母字，《起數訣》從《集韻》，亦無誤。

11（上二澄）大二駭　徥　《廣韻》承紙切，《集韻》丈尒切，澄紙三上開蟹；另《集韻》直駭切，澄母駭韻。《韻鏡》《七音略》《切韻指掌圖》空位；《四聲等子》蟹攝外二輕重俱等開口呼，列字爲『廌』，澄母紙韻；《切韻指南》蟹攝外二開口呼廣門，列字爲『徥』，澄母紙韻。《廣韻》駭韻無澄母字，《起數訣》從《集韻》，亦無誤。

12（上二見）乍二駭　鍇　《廣韻》苦駭切，溪駭二上開蟹；《集韻》古駭切，見駭二上開蟹；《韻鏡》外轉第十三開、《切韻指南》蟹攝外二開口呼廣門，列字爲『鍇』；《七音略》空位；《切韻指掌圖》十七圖、《四聲等子》蟹攝外二輕重俱等開口呼，列字爲『解』，見母蟹韻。《廣韻》駭韻無見母字，《韻鏡》當爲後人據《集韻》增，《起數訣》亦從《集韻》，亦無誤。

13 (上二溪)□二駭　揩　《廣韻》口皆切，《集韻》丘皆切，溪皆二平開蟹；《韻鏡》外轉第十三開、《七音略》内轉第十三重中重，列字均爲『揩』；《切韻指掌圖》十七圖、《切韻指南》蟹攝外二開口呼廣門，列字爲『楷』，溪母駭韻；《四聲等子》蟹攝外二輕重俱等開口呼，列於溪母皆韻，駭韻位列『⿱艹亏』，《康熙字典》記：『《唐韻》苦駭切』，則爲溪母駭韻。『楷』爲《廣韻》駭韻溪母位小韻首字，《起數訣》形訛，當校改爲『楷』。

14 (上二生)三二駭　⿰山殺　明本列字爲『⿰山殺』，四庫本列字爲『⿰口殺』。⿰山殺，《集韻》師駭切，生駭二上開蟹；『⿰口殺』，《廣韻》《集韻》未收。顯爲『⿰山殺』形訛。《韻鏡》、《七音略》空位；《切韻指掌圖》十七圖、《四聲等子》蟹攝外二輕重俱等開口呼、《切韻指南》蟹攝外二開口呼廣門，列字均爲『灑』，生母蟹韻。《廣韻》駭韻無生母字，『⿰山殺』爲《集韻》駭二生母位小韻首字，《起數訣》從《集韻》。

15 (上二曉)□二駭　駭　《廣韻》侯楷切，《集韻》下楷切，匣駭二上開蟹；《韻鏡》外轉第十三開、《切韻指掌圖》十七圖，列於匣母，曉母空位；《七音略》内轉第十三重中重，列字爲『駭』；《四聲等子》《切韻指南》空位。『駭』爲《廣韻》駭韻匣母位小韻首字，《廣韻》駭韻無曉母字。《七音略》誤，《起數訣》亦誤，當删。

16 (上二匣)華二駭　◯　《廣韻》《集韻》駭韻匣母有『駭』，匣母駭韻。《韻鏡》外轉第十三開、《切韻指掌圖》十七圖，列字爲『駭』；《七音略》空位；《四聲等子》蟹攝外二輕重俱等開口呼，《切韻指南》蟹攝外二開口呼廣門，列字爲『蟹』，匣母蟹韻。『駭』爲《廣韻》駭韻匣母位小韻首字，《起數訣》空位誤，當校補『駭』。

17（上二影）在二駭　挨　《廣韻》於駭切，《集韻》倚駭切，影駭二上開蟹；《韻鏡》空位；《七音略》内轉第十三重中重、《切韻指南》蟹攝外二開口呼廣門，列字均爲『挨』；《切韻指掌圖》十七圖，列字爲『矮』，影母蟹韻；《四聲等子》蟹攝外二輕重俱等開口呼，列字爲『躷』，影母蟹韻。『挨』爲《廣韻》駭韻影母位小韻首字，《韻鏡》空位誤，《起數訣》是。

18（上二來）犖二駭　攋　《廣韻》盧達切，來曷一入開蟹；《集韻》洛駭切，來駭二上開蟹；《韻鏡》外轉第十三開，列字爲『獺』；《七音略》内轉第十三重中重，列字爲『攋』；《切韻指掌圖》空位；《四聲等子》蟹攝外二輕重俱等開口呼，列字爲『懶』，來母旱韻；《切韻指南》蟹攝外二開口呼廣門，列字爲『攋』。各韻書、字書，『獺』字均無駭韻音。《廣韻》及以前韻書亦無來母字。《集韻》增『攋』小韻，洛駭切，則爲來母駭韻。《起數訣》從《集韻》，列『攋』字亦無誤。

19（上三昌）叉三齊　茝　《廣韻》昌紿切，《集韻》昌亥切，昌海三上開蟹；《韻鏡》外轉第十三開、《四聲等子》蟹攝外二輕重俱等開口呼，均列於三等位；《七音略》内轉第十三重中重、《切韻指南》蟹攝外二開口呼廣門、《切韻指掌圖》十七圖，列於二等位。『茝』爲海韻，當爲一等，聲母爲昌，又當列於三等，此爲例外音切，因切列位當列於昌母三等位，《起數訣》從

《韻鏡》，列『茝』字是。

20 （上三禪）士三齊　灑　《廣韻》《集韻》所蟹切，生蟹二上開蟹；《韻鏡》外轉第十三開、《切韻指掌圖》十七圖、《四聲等子》蟹攝外二輕重俱等開口呼、《切韻指南》蟹攝外二開口呼廣門，均列於生母駭韻，三等空位；《七音略》空位。『灑』爲《廣韻》生母位小韻首字，不當列於禪母，《起數訣》誤，當删。

21 （上三日）□三齊　疓　《廣韻》如亥切，《集韻》汝亥切，日海三上開蟹；《韻鏡》外轉第十三開、《七音略》内轉第十三重中重，列於日母海韻，齊韻空位；《切韻指掌圖》《四聲等子》空位；《切韻指南》蟹攝外二開口呼廣門，列於三等位。『疓』爲日母，當列三等，爲海韻當爲一等，按日寄憑切門法，切出字列三等。早期韻圖一般將『疓』列於一等位，爲因切列字。《起數訣》因等列字，本亦無誤。且在第二十五圖中未列日母字，此位不删。

22 （去一曉）□一恠　譮　明本於一等列『譮』，下有標注字『譮』；四庫本列於二等位，亦有標注字『譮』。『譮』爲《廣韻》怪韻曉母位小韻首字，『譮』《廣韻》未收，《集韻》怪韻，均爲二等，當列二等位。明本誤，當移至二等。四庫本列於二等是。

23 （去二見）乍二恠　誡　《廣韻》古拜切，《集韻》居拜切，見怪二去開蟹；《韻鏡》外轉第十三開，列字爲『誡』；《七音略》内轉第十三重中重，列字爲『誡』，當爲『誡』字誤。《切韻指掌圖》十七圖，列字爲『懈』，見母卦韻；《四聲等子》蟹攝外二輕重俱等開口呼、《切韻指南》蟹攝外二開口呼廣門，列字均爲『戒』，見母怪韻。『誡』爲《廣韻》怪韻見母小韻首字，《七音略》誤，《起數訣》是。

24 （去二溪）□二恠　慨　《廣韻》苦愛切，《集韻》口溉切，溪代一去開蟹；《韻鏡》外轉第十三開、《七音略》內轉第十三重中重，均列於代韻，怪韻列字爲『烗』；《切韻指掌圖》十七圖，列字爲『𡣪』，溪母卦韻；《四聲等子》蟹攝外二輕重俱等開口呼、《切韻指南》蟹攝外二開口呼廣門，列字均爲『烗』，溪母怪韻。此位不當列一等『慨』，且『慨』已列於第二十五圖溪母位，此處不當重出。『烗』爲《廣韻》怪韻溪母位小韻首字，《起數訣》誤，當校改爲『烗』。

25 （去二疑）牙二恠　礙　《廣韻》五溉切，《集韻》牛代切，疑代一去開蟹；《韻鏡》外轉第十三開、《七音略》內轉第十三重中重，列字均爲『𥉌』；《切韻指掌圖》十七圖、《四聲等子》蟹攝外二輕重俱等開口呼、《切韻指南》蟹攝外二開口呼廣門，列字均爲『睚』，疑母卦韻。『𥉌』，爲《廣韻》怪韻疑母位小韻首字，『礙』爲一等代韻字，不當列於此位，且已列於第二十五圖疑母位，此處不當重出。《起數訣》誤，當校改爲『𥉌』。

26 （去二初）叉二恠　差　《廣韻》《集韻》楚懈切，初卦二去開蟹；《韻鏡》外轉第十三開、《七音略》內轉第十三重中重、《切韻指掌圖》十七圖，列字均爲『瘥』；《四聲等子》蟹攝外二輕重俱等開口呼、《切韻指南》蟹攝外二開口呼廣門，列字均爲『差』。《廣韻》怪韻無初母字，『差』爲《廣韻》卦韻初母位小韻首字，下收有『瘥』字，均不可列於此位。《起數訣》誤，當刪。

27 （去二崇）茶二恠　⿰犭怂　《廣韻》《集韻》未收，《康熙字典》記：『又《廣韻》胡介切，《集韻》下介切，音褫。又《集韻》才瘵切。』則《集韻》『才瘵切』，從母怪韻；《韻鏡》空位；《七音略》内轉第十三重中重、《切韻指南》蟹攝外二開口呼廣門，列字均爲『⿰彳怂』，當爲『⿰犭怂』字訛；《切韻指掌圖》十七圖、《四聲等子》蟹攝外二輕重俱等開口呼，列字爲『寨』，牀母怪韻。『⿰犭怂』，《集韻》才瘵切，切上字與崇母混切，可列於崇母位。《廣韻》及以前韻書怪韻無莊母，《起數訣》從《集韻》，亦無誤。

28 （去二生）三二恠　鎩　《廣韻》所拜切，《集韻》所介切，生怪二去開蟹；《韻鏡》空位；《七音略》内轉第十三重中重，列字爲『鎩』；《切韻指掌圖》十七圖、《四聲等子》蟹攝外二輕重俱等開口呼，列字爲『曬』，生母卦韻；《切韻指南》蟹攝外二開口呼廣門，列字爲『⿰口冊』。『鎩』爲《廣韻》怪韻生母位小韻首字，《韻鏡》空位誤，《起數訣》是。

29 （去二曉）□二恠　歇　明本列字爲『歇』，上跨欄標字『譮』；四庫本列字爲『⿰鬼害』，下有標字『譮』。『歇』《廣韻》《集韻》許竭切，曉月三入開山；另《集韻》虚乂切，曉廢三去開蟹。均不當列於此位。『⿰鬼害』，《廣韻》《集韻》未收，《康熙字典》記：『《集韻》火戒切。⿰鬼害⿰鬼禁，臭也。又許邁切，音譪。義同。』則《集韻》火戒切，曉母怪韻。《韻鏡》外轉第十三開、《七音略》内轉第十三重中重、《切韻指南》蟹攝外二開口呼廣門，列字均爲『譮』，曉母怪韻；《切韻指掌圖》十七圖、《四聲等子》蟹攝外二輕重俱等開口呼，列字爲『謑』，曉母卦韻。『譮』爲《廣韻》怪韻曉母位小韻首字，《起數訣》四庫本從《集韻》，雖無誤，但不若「譮」字佳。明本將「鞊」及標注字「譮」，錯列於一等，在二等位列「歐」誤，當校改爲「鞊」。

30（匣二恠）華二恠　械　明本列字爲「械」，四庫本空位。《廣韻》胡介切，《集韻》下介切，匣怪二去開蟹；《韻鏡》外轉第十三開、《七音略》內轉第十三重中重、《四聲等子》蟹攝外二輕重俱等開口呼，列字均爲「械」；《切韻指掌圖》十七圖、《切韻指南》蟹攝外二開口呼廣門，列字均爲「邂」，匣母卦韻。「械」爲《廣韻》怪二匣母位小韻首字，四庫本空位誤，當校補「械」字，明本列字是。

31（影二恠）在二恠　噫　明本列字爲「噫」，四庫本空位。「噫」，《廣韻》烏界切，《集韻》乙界切，影怪二去開蟹；《韻鏡》外轉第十三開、《七音略》內轉第十三重中重，列字均爲「噫」；《四聲等子》蟹攝外二輕重俱等開口呼，列字爲「喝」，《集韻》影母怪韻；《切韻指掌圖》十七圖、《切韻指南》蟹攝外二開口呼廣門，列字均爲「隘」，影母卦韻。「噫」爲《廣韻》怪二影母位小韻首字，四庫本空位誤，當校補「噫」字，明本列字是。

32（去三見）乍三廢　訐　《廣韻》居例切，見祭三去開蟹；《集韻》九刈切，見廢三去開蟹；不當列於此位。《韻鏡》內轉第九開，列字爲「計」；《七音略》《切韻指掌圖》空位；《四聲等子》蟹攝外二輕重俱等開口呼，列字爲「厥」，見母祭韻；《切韻指南》蟹攝外二開口呼廣門，列字爲「猘」，見母祭韻。「計」，《廣韻》古詣切，見母霽韻；《韻鏡》列字誤。《起數訣》標目爲廢，《廣韻》廢韻無見母字，誤，當删。

33 （去三溪）□三廢　烕　《廣韻》《集韻》未收，《康熙字典》記：『《廣韻》本作烗。《集韻》同炌。互詳炌烗二字註。』則爲溪母怪韻；《韻鏡》《七音略》空位；《四聲等子》蟹攝外二輕重俱等開口呼，列字爲『憩』，溪母祭韻；《切韻指南》蟹攝外二開口呼廣門，列字爲『憇』，溪母祭韻。《廣韻》廢韻無溪母字，《起數訣》列字字形較小且在格内右上，爲二等『慨』字之標注字，當校删。

34 （去三疑）□三廢　○　《廣韻》《集韻》廢韻疑母有『刈，魚肺切』；《韻鏡》外轉第十三開，列字爲『刈』；《七音略》空位；《四聲等子》蟹攝外二輕重俱等開口呼，列字爲『劓』，疑母至韻；《切韻指南》蟹攝外二開口呼廣門，列字爲『劓』，同『劓』。『刈』爲《廣韻》廢韻疑母位小韻首字，《起數訣》空位誤，當校補『刈』字。

35 （去三曉）□三廢　○　明本空位，四庫本列字爲『譮』，右上小字。『譮』，《廣韻》《集韻》許介切，曉怪二去開蟹，不當列於此字；《韻鏡》外轉第十三開、《七音略》内轉第十三重中重，均列於怪韻，廢韻空位；《四聲等子》空位；《切韻指南》蟹攝外二開口呼廣門，列字爲『歊』。《廣韻》廢韻無曉母字，『譮』爲《廣韻》怪韻曉母位小韻首字，爲二等『𩸄』字之標注字，當删。

36 （去四曉）□四癈　○　明本空位，四庫本列字爲『歊』。『歊』，《廣韻》《集韻》許竭切，曉月三入開山；另《集韻》虛乂切，曉廢三去開蟹。《韻鏡》《七音略》空位；《四聲等子》蟹攝外二輕重俱等開口呼、《切韻指南》蟹攝外二開口呼廣門，列字均爲『欳』，曉母祭韻。《廣韻》廢韻曉母位無字，《起數訣》依《集韻》音，雖有廢韻音，但亦應在三等。《起數訣》四庫本誤，當刪。明本空位是。

37 本圖入聲已在第二十三圖重出，故只列不同處。

38 (入二徹)𪷀二黠　呾　《廣韻》無徹母黠韻音；《集韻》𥈭軋切，徹黠二入開山。《韻鏡》《切韻指掌圖》空位；《七音略》外轉二十三重中輕，列字爲『呾』；《四聲等子》山攝外四輕重俱等韻開口呼、《切韻指南》山攝外四開口呼廣門，列字均爲『獺』，透母鎋韻。《廣韻》黠韻徹母無字，《起數訣》列『呾』字，據《集韻》，亦無誤。第二十五圖列字爲『啞』。

39 (入二娘)南二黠　痆　《廣韻》《集韻》女黠切，娘黠二入開山；《韻鏡》外轉第二十三開、《七音略》外轉二十三重中重、《切韻指掌圖》十七圖、《切韻指南》蟹攝外二開口呼廣門，列字均爲『痆』；《四聲等子》蟹攝外二輕重俱等開口呼，列字爲『瘵』，娘母黠韻。『痆』爲《廣韻》黠二娘母位小韻首字，下收有『瘵』字，列字以『痆』爲佳，《起數訣》是。第二十五圖列字爲『瘵』。

40 (入二曉)□二黠　黠　《廣韻》胡八切，《集韻》下八切，匣黠二入開山；不當列於曉母位。《韻鏡》外轉第二十三開，列字爲『傄』；《七音略》空位；《切韻指掌圖》七圖、《四聲等子》山攝外四輕重俱等韻開口呼、《切韻指南》山攝外四開口呼廣門，列字均爲『瞎』，曉母鎋韻。

『黠』爲匣母字，且已在本圖匣母列出，此處誤。『偺』爲《廣韻》黠二曉母位小韻首字，此處當校改爲『偺』字。第二十五圖此位空位。

釋：

1 (平二知)卓二皆　𪗲　《廣韻》卓皆切，《集韻》椿皆切，知皆二平開蟹；《韻鏡》外轉第十三開、《七音略》内轉第十三重中重、《切韻指掌圖》十七圖、《四聲等子》蟹攝外二輕重俱等開口呼，列字均爲『𪗲』；《切韻指南》蟹攝外二開口呼廣門，列字爲『榸』，知母皆韻。

2 (平二徹)坼二皆　搋　《廣韻》丑皆切，《集韻》忡皆切，徹皆二平開蟹；《韻鏡》外轉第十三開、《七音略》内轉第十三重中重、《切韻指掌圖》十七圖、《切韻指南》蟹攝外二開口呼廣門，列字均爲『搋』；《四聲等子》蟹攝外二輕重俱等開口呼，列字爲『扠』，徹母佳韻。

3 (平二見)乍二皆　皆　《廣韻》古諧切，《集韻》居諧切，見皆二平開蟹；《韻鏡》外轉第十三開、《七音略》内轉第十三重中重、《切韻指掌圖》十七圖、《切韻指南》蟹攝外二開口呼廣門，列字均爲『皆』；《四聲等子》蟹攝外二輕重俱等開口呼，列字爲『佳』，見母佳韻。

4 (平二溪)□二皆　揩　《廣韻》口皆切，《集韻》丘皆切，溪皆二平開蟹；《韻鏡》外轉第十三開、《七音略》内轉第十三重中重、《切韻指掌圖》十七圖、《四聲等子》蟹攝外二輕重俱等開口呼、《切韻指南》蟹攝外二開口呼廣門，列字均爲『揩』。

5（平二莊）莊二皆　齋　《廣韻》側皆切，《集韻》莊皆切，莊皆二平開蟹；《韻鏡》外轉第十三開、《七音略》内轉第十三重中重、《切韻指掌圖》十七圖、《四聲等子》蟹攝外二輕重俱等開口呼、《切韻指南》蟹攝外二開口呼廣門，列字均爲『齋』。

6（平二初）叉二皆　差　《廣韻》楚皆切，《集韻》初皆切，初皆二平開蟹；《韻鏡》外轉第十三開、《七音略》内轉第十三重中重、《切韻指掌圖》十七圖、《切韻指南》蟹攝外二開口呼廣門，列字均爲『差』；《四聲等子》蟹攝外二輕重俱等開口呼，列字爲『釵』，初母佳韻。

7（平二崇）茶二皆　豺　《廣韻》士皆切，《集韻》牀皆切，牀皆二平開蟹；《韻鏡》外轉第十三開、《七音略》内轉第十三重中重、《切韻指掌圖》十七圖，列字均爲『豺』；《四聲等子》蟹攝外二輕重俱等開口呼、《切韻指南》蟹攝外二開口呼廣門，列字均爲『柴』，崇母佳韻。

8（平二生）三二皆　崽　《廣韻》《集韻》山皆切，生皆二平開蟹；《韻鏡》外轉第十三開、《七音略》内轉第十三重中重、《切韻指掌圖》十七圖、《四聲等子》蟹攝外二輕重俱等開口呼、《切韻指南》蟹攝外二開口呼廣門，列字均爲『崽』。

9（平二匣）華二皆　諧　《廣韻》户皆切，《集韻》雄皆切，匣皆二平開蟹；《韻鏡》外轉第十三開、《七音略》内轉第十三重中重、《切韻指掌圖》十七圖、《四聲等子》蟹攝外二輕重俱等開口呼、《切韻指南》蟹攝外二開口呼廣門，列字均爲『諧』。

10（平二影）在二皆　⿰扌俟　《廣韻》乙諧切，《集韻》英皆切，影皆二平開蟹；《韻鏡》外轉第十三開、《七音略》內轉第十三重中重，列字均爲『⿰扌俟』；《切韻指掌圖》十七圖，列字爲『挨』，《集韻》影母皆韻；《四聲等子》蟹攝外二輕重俱等開口呼、《切韻指南》蟹攝外二開口呼廣門，列字均爲『娃』，影母佳韻。

11（平二來）犖二皆　唻　《廣韻》《集韻》賴諧切，來皆二平開蟹；《韻鏡》外轉第十三開、《七音略》內轉第十三重中重、《切韻指掌圖》十七圖、《四聲等子》蟹攝外二輕重俱等開口呼、《切韻指南》蟹攝外二開口呼廣門，列字均爲『唻』。

12（上二疑）牙二駭　騃　《廣韻》五駭切，《集韻》語駭切，疑駭二上開蟹；《韻鏡》外轉第十三開、《七音略》內轉第十三重中重、《切韻指掌圖》十七圖、《切韻指南》蟹攝外二開口呼廣門，列字均爲『騃』；《四聲等子》蟹攝外二輕重俱等開口呼，列字爲『⿸厂見』，疑母駭韻。

13（去二莊）莊二⿰忄差　瘵　《廣韻》《集韻》側界切，莊怪二去開蟹；《韻鏡》外轉第十三開、《七音略》內轉第十三重中重、《四聲等子》蟹攝外二輕重俱等開口呼、《切韻指南》蟹攝外二開口呼廣門，列字均爲『瘵』；《切韻指掌圖》十七圖，列字爲『債』，莊母卦韻。

14（去二娘）南二⿰忄差　褹　《廣韻》《集韻》女介切，娘怪二去開蟹；《韻鏡》外轉第十三開、《七音略》內轉第十三重中重、《切韻指掌圖》十七圖、《切韻指南》蟹攝外二開口呼廣門，列字爲『褹』；《四聲等子》蟹攝外二輕重俱等開口呼，列字爲『𩞄』，娘母怪韻。

第二十七圖　開音清

艮二	艮八	艮三	盡七	盡九	艮十二			坤四	師五	北五
華	在	文	犖	口	宅	開		夫	晉	旁
				朩		音	厌亥一	梧	坏	裴
諧	揌		咪			清				
				䏶						
						随一	賄	悖必每	琣	琲
	挨		攋							
				疠						
						清				
						中	隊重一	皆七	配	佩
械	噫					清	怪	摻	湃	憊
							霄褢二	瞀	瞀	
							浚		諄	勃
黠	軋									
							屑			

師三	坤六	師六	升六	坤七	坤一	師一	師一	師二	坤八	師八
毋	隶	土	同	乃	古	坤	口	五	走	草
枚	堆	推	頹	挼	瑰	恢		桅	嗺	崔
								嵬		
					圭	睽	巋			
浼	⿰月鬼	腿	錞	餧	領	頯		頠	椎 稚	漼 皠
妹	對	退	隊	內	憒	凷		磑	睟	倅
韎						瑰				
肳										
					桂	揆				
沒	咄	宊	突	訥	骨	窟		兀	卒	猝
					訣	鈌				

升八	書	推				罪				啐	捽			捽			
	■	膗				崔				碎				窣			
遇九	寺																
坤二	黑	灰			睦	賄				誨			嘒	忽			血
師四	武	回			攜	瘣				潰			慧	鶻			穴
坤三	安	隈			烓	猥				揋				膃			抉
升四	文					阬	倄										
遇七	老	靁				磊				纇				硉			
	■																
	■																
	開	音	濁														

第二十七圖　開音清

本圖舒聲列《廣韻》灰賄隊、齊霽韻字及怪韻脣音字。係拆分《韻鏡》外轉第十四合，取非寄韻一四等位列字及二等怪韻之脣音字。入聲列《廣韻》没、屑韻字，一等没韻在《韻鏡》中爲外轉第十八合一等入聲，四等屑韻在《韻鏡》中爲外轉第二十四合四等入聲。《起數訣》明本聲母透母位列『圡』，四庫本爲『土』。明本心母位、日母位、半三位列『■』，四庫本空格。群母位兩本皆列『□』。韻目明本平聲四等無列目，四庫本列『齊』；入聲四等明本列目爲『屑』，四庫本空格。本圖大體遵循一四等加二三等脣音的分圖形式。

校注：

1 本圖圖面中標有『清中清』。

2 （平一幫）夫一灰　桮　《廣韻》布回切，《集韻》晡枚切，幫灰一平合蟹；《韻鏡》外轉第十四合、《七音略》外轉第十四輕中重、《切韻指掌圖》十九圖，列字均爲『杯』；《四聲等子》蟹攝外二輕重俱等韻合口呼、《切韻指南》蟹攝外二合口呼廣門，列字均爲『桮』。『桮』爲《廣韻》

灰韻幫母位小韻首字，下收有『杯』字，注上同，二字爲異體字。列字以『棓』爲佳，《起數訣》亦無誤。

3　(平一滂)普一灰　坏　《廣韻》芳杯切，《集韻》鋪枚切，滂灰一平合蟹；《韻鏡》外轉第十四合、《七音略》外轉第十四輕中重、《切韻指掌圖》十九圖、《切韻指南》蟹攝外二合口呼廣門，列字均爲『肧』。《四聲等子》蟹攝外二輕重俱等韻合口呼，列字爲『脴』，並母旨韻，當爲『肧』字誤。『肧』爲《廣韻》灰韻滂母位小韻首字，下收有『坏』(誤爲坯)。列字以『肧』爲佳，《起數訣》亦無誤。

4　(平一端)東一灰　堆　《廣韻》《集韻》都回切，端灰一平合蟹；《韻鏡》外轉第十四合、《七音略》外轉第十四輕中重、《切韻指掌圖》十九圖、《四聲等子》蟹攝外二輕重俱等韻合口呼、《切韻指南》蟹攝外二合口呼廣門，列字均爲『磓』；『磓』爲《廣韻》灰韻端母位小韻首字，下收有『堆』字，列字以『磓』爲佳，《起數訣》亦無誤。

5　(平一透)土一灰　推　《廣韻》他回切，《集韻》通回切，透灰一平合蟹；《韻鏡》外轉第十四合、《七音略》外轉第十四輕中重、《切韻指掌圖》十九圖、《四聲等子》蟹攝外二輕重俱等韻合口呼、《切韻指南》蟹攝外二合口呼廣門，列字均爲『蓷』。『蓷』爲《廣韻》灰韻透母位小韻首字，下收有『推』字，列字以『蓷』爲佳，《起數訣》亦無誤。

6　(平一泥)乃一灰　捼　《廣韻》乃回切，《集韻》奴回切，泥灰一平合蟹；《韻鏡》外轉第十四合，列字爲『捼』；《七音略》外轉第十四輕中重，列字爲『慺』，當爲『㡘』字誤；《切韻指掌圖》十九圖，列字爲『㡘』；《四聲等子》蟹攝外二輕重俱等韻合口呼、《切韻指南》蟹攝外二合口呼廣門，列字均爲『捼』。『㡘』爲《廣韻》灰韻泥母位小韻首字，下收有『捼』字。列字以『㡘』爲佳，《起數訣》亦無誤。

7 (平一見)古一灰　瑰　《廣韻》公回切，《集韻》姑回切，見灰一平合蟹；《韻鏡》外轉第十四合、《七音略》外轉第十四輕中重、《切韻指掌圖》十九圖、《四聲等子》蟹攝外二輕重俱等韻合口呼、《切韻指南》蟹攝外二合口呼廣門，列字爲『傀』；『傀』爲《廣韻》灰一見母位小韻首字，下收有『瑰』字，列字以『傀』爲佳，《起數訣》亦無誤。

8 (平一疑)五一灰　桅　《廣韻》五灰切，《集韻》吾回切，疑灰一平合蟹；《韻鏡》外轉第十四合、《七音略》外轉第十四輕中重、《四聲等子》蟹攝外二輕重俱等韻合口呼、《切韻指南》蟹攝外二合口呼廣門，列字均爲『鮠』；《切韻指掌圖》十九圖，列字爲『嵬』，疑母灰韻。『鮠』爲《廣韻》灰韻疑母位小韻首字，下收有『桅』字。列字以『鮠』爲佳，《起數訣》亦無誤。

9 (平一心)■一灰　膗　《廣韻》素回切，《集韻》蘇回切，心灰一平合蟹；《韻鏡》外轉第十四合、《切韻指掌圖》十九圖、《切韻指南》蟹攝外二合口呼廣門，列字均爲『膗』；《七音略》空位；《四聲等子》蟹攝外二輕重俱等韻合口呼，列字爲『催』，清母灰韻，誤。『膗』爲《廣韻》灰韻心母位小韻首字，《七音略》空位誤，《起數訣》是。

10（平一來）老一灰　靁　《廣韻》魯回切，《集韻》盧回切，來灰一平合蟹；《韻鏡》外轉第十四合、《七音略》外轉第十四輕中重、《切韻指掌圖》十九圖、《四聲等子》蟹攝外二輕重俱等韻合口呼、《切韻指南》蟹攝外二合口呼廣門，列字均爲『雷』。『雷』爲《廣韻》灰韻來母位小韻首字，注『《説文》寫作靁』，二字爲異體字。列字以『雷』爲佳，《起數訣》亦是。

11（平二疑）五二灰　嵬　明本、四庫本均正位大字列『嵬』字。『嵬』，《廣韻》五灰切，《集韻》吾回切，疑灰一平合蟹；《韻鏡》《七音略》《四聲等子》《切韻指南》均於一等位列『鮠』，二等空位；《切韻指掌圖》十九圖，於二等位列『嵬』。《廣韻》灰韻無二等，此字當爲一等『桅』字之標注字，誤列於二等，當刪。

12（平四溪）坤四齊　睽　明本列字爲『睽』，四庫本列字爲『䐨』。明本顯爲『睽』字書寫誤。『睽』，《廣韻》苦圭切，《集韻》傾畦切，溪齊四平合蟹。『䐨』，《廣韻》《集韻》未收，《康熙字典》記：『《廣韻》渠追切，《集韻》渠龜切，並音葵。臞，醜也。《淮南子·修務訓》啳哆噅，籧篨戚施，雖粉白黛黑，弗能爲美者，嫫母仳倠也。又《廣韻》渠追切，《集韻》渠惟切，並音逵。義同。』均爲群母支韻，不當列於此位。《韻鏡》外轉第十四合、《七音略》外轉第十四輕中重，列字均爲『聧』，溪母齊韻；《切韻指掌圖》十九圖，列字爲『睽』，溪母齊韻；《四聲等子》蟹攝外二輕重俱等韻合口呼，列字爲『睽』，溪母齊韻；《切韻指南》蟹攝外二合口呼廣門，列字均爲『聺』，溪母祭韻。『睽』爲《廣韻》齊韻溪母位小韻首字，列『䐨』『聧』『聺』均爲『睽』之形訛，《起數訣》明本、四庫本誤，當校改爲『睽』。

13 （平四群）□四齊　甗　《廣韻》《集韻》未收，《康熙字典》記：『又《廣韻》烏攜切，《集韻》淵畦切，並音烓。』則爲影母齊韻；《韻鏡》《七音略》《四聲等子》空位；《切韻指掌圖》十九圖，列字爲『葵』，群母脂韻；《切韻指南》蟹攝外二合口呼廣門，列字爲『甗』。《廣韻》《集韻》中均未見齊韻群母字，依《康熙字典》所列音切，《起數訣》亦無誤。

14 （平四曉）黑四齊　睦　此字當爲『睳』之形訛。睳，《廣韻》呼攜切，《集韻》翾畦切，曉齊四平合蟹；《韻鏡》外轉第十四合，列字爲『眭』，誤；《七音略》外轉第十四輕中重、《切韻指掌圖》十九圖、《切韻指南》蟹攝外二合口呼廣門，列字均爲『睳』；《四聲等子》空位。『睳』爲《廣韻》齊韻曉母位小韻首字，《韻鏡》誤，《起數訣》形訛，當校改爲『睳』。

15 （平四影）安四齊　烓　《廣韻》烏攜切，《集韻》淵畦切，影齊四平合蟹；《韻鏡》外轉第十四合、《切韻指掌圖》十九圖、《切韻指南》蟹攝外二合口呼廣門，列字爲『烓』；《七音略》外轉第十四輕中重，列字爲『㷇』，同『烓』。《四聲等子》空位。『烓』爲《廣韻》《集韻》齊韻影母位小韻首字，下收有『㷇』字，《七音略》無誤，《起數訣》是。

16 （上一幫）夫一賄　悖　《廣韻》蒲昧切，並隊一去合蟹；《集韻》必每切，幫賄一上合蟹；《韻鏡》《七音略》《切韻指掌圖》空位；《四聲等子》蟹攝外二輕重俱等韻合口呼、《切韻指南》蟹攝外二合口呼廣門，列字均爲『悖』。《廣韻》賄韻幫母位無字，《起數訣》從《集韻》，亦無誤。

17（上一滂）普一賄　琣　《廣韻》未收；《集韻》普罪切，滂賄一上合蟹；《韻鏡》《七音略》空位；《切韻指掌圖》十九圖，列字爲『啡』，滂母海韻；《四聲等子》蟹攝外二輕重俱等韻合口呼、《切韻指南》蟹攝外二合口呼廣門，列字均爲『琣』。《廣韻》賄韻滂母位無字，《起數訣》從《集韻》，亦無誤。

18（上一透）土一賄　腿　《廣韻》《集韻》吐猥切，透賄一上合蟹；《韻鏡》外轉第十四合、《七音略》外轉第十四輕中重，列字均爲『骽』；《切韻指掌圖》十九圖、《四聲等子》蟹攝外二輕重俱等韻合口呼，列字均爲『腿』，透母賄韻；《切韻指南》蟹攝外二合口呼廣門，列字爲『骸』。『骽』爲《廣韻》賄韻透母位小韻首字，下收有『腿』字，注爲俗，爲『骽』之俗字。列字以『骽』爲佳，《起數訣》亦無誤。

19（上一定）同一賄　錞　《廣韻》徒猥切，《集韻》杜罪切，定賄一上合蟹；《韻鏡》外轉第十四合、《七音略》外轉第十四輕中重、《切韻指掌圖》十九圖，列字均爲『鐓』；《四聲等子》蟹攝外二輕重俱等韻合口呼、《切韻指南》蟹攝外二合口呼廣門，列字均爲『錞』。『錞』爲《廣韻》賄韻定母位小韻首字，注『或作鐓』。列字以『錞』爲佳，《起數訣》是。

20（上一泥）乃一賄　餧　《廣韻》奴罪切，《集韻》弩罪切，泥賄一上合蟹；《韻鏡》外轉第十四合、《七音略》外轉第十四輕中重，列字爲『餒』；《切韻指掌圖》十九圖、《四聲等子》蟹攝外韻泥母位小韻首字，下收有『餧』字，注上同，二字爲異體字。列字以『餧』爲佳，《起數訣》是。

21 （上一見）古一賄　頟　《廣韻》良郢切，《集韻》里郢切，來静三上開梗；不當列於此位。《韻鏡》《切韻指掌圖》空位；《七音略》外轉第十四輕中重，列字爲『顊』，誤；《四聲等子》蟹攝外二輕重俱等韻合口呼、《切韻指南》蟹攝外二合口呼廣門，列字均爲『頠』。此字當爲『頠』字誤，《康熙字典》記：『又《集韻》沽罪切，音魄。頠高貌。』則爲見母賄韻。《廣韻》賄韻無見母字，《起數訣》從《集韻》但形訛，當校改爲『頠』。

22 （上一精）走一賄　椎　《廣韻》直追切，《集韻》傳追切，澄脂三平合止，不當列於此位；《韻鏡》外轉第十四合、《七音略》外轉第十四輕中重、《切韻指掌圖》十九圖、《四聲等子》蟹攝外二輕重俱等韻合口呼、《切韻指南》蟹攝外二合口呼廣門，列字均爲『摧』，精母賄韻。《起數訣》列『椎』字，當係『摧』字誤，《集韻》祖猥切，精母賄韻。『摧』爲《廣韻》賄一精母位小韻首字，《起數訣》誤，當校改爲『摧』字。

23 （上一清）草一賄　漼　《廣韻》七罪切，《集韻》取猥切，清賄一上合蟹；《韻鏡》外轉第十四合、《七音略》外轉第十四輕中重、《切韻指掌圖》十九圖、《四聲等子》蟹攝外二輕重俱等韻合口呼、《切韻指南》蟹攝外二合口呼廣門，列字均爲『皠』。『皠』，《廣韻》七罪切，《集韻》取猥切。『皠』爲《廣韻》賄一清母位小韻首字，下收有『漼』字。列字以『皠』爲佳，《起數訣》亦無誤。

24（上一心）■一賄　崔　《廣韻》倉回切，清灰一平合蟹；《集韻》息罪切，心賄一上合蟹；《韻鏡》《七音略》空位；《切韻指掌圖》十九圖、《四聲等子》蟹攝外二輕重俱等韻合口呼、《切韻指南》蟹攝外二合口呼廣門，列字均爲『崔』。《廣韻》賄韻無心母字，《起數訣》從《集韻》，亦無誤。

25（上一喻）文一賄　阮　《廣韻》于罪切，云賄一上合蟹；《集韻》俞罪切，以賄一上合蟹；《韻鏡》外轉第十四合、《七音略》外轉第十四輕中重、《切韻指掌圖》十九圖，列字均爲『倄』；《四聲等子》空位；《切韻指南》蟹攝外二合口呼廣門，列字爲『阮』。『倄』爲《廣韻》賄韻云母位小韻首字，喻母衹有三等字，此字因切論位，故諸韻圖於一等位列『倄』字。『阮』，《廣韻》未收，此處依《集韻》列字，亦無誤。

26（上一來）老一賄　磊　《廣韻》落猥切，《集韻》魯猥切，來賄一上合蟹；《韻鏡》外轉第十四合、《切韻指南》蟹攝外二合口呼廣門，列字均爲『礧』；《七音略》外轉第十四輕中重、《四聲等子》蟹攝外二輕重俱等韻合口呼，列字均爲『磥』，來母賄韻；《切韻指掌圖》十九圖，列字爲『磊』，來母賄韻。『磥』爲《廣韻》賄韻來母位小韻首字，下收有『磊』『礧』二字，列字以『磥』爲佳，《起數訣》亦無誤。

27（上二照）走二（賄）　榷　明本壓一等下線小字，係一等『榷』之標注字；四庫本正位大字。『榷』《廣韻》子罪切，《集韻》祖猥切，精賄一上合蟹；《韻鏡》《七音略》《切韻指掌圖》《切韻指南》空位；《四聲等子》蟹攝外二輕重俱等韻合口呼，列於從母灰韻，照母賄韻空位。《廣韻》賄韻無二等字，此字明本爲一等位『榷』字之標注字，四庫本誤列於二等位。《起數訣》賄韻精母已列『榷』字，係『榷』字誤。故此位當删。

28（上二穿）草二（賄）　皠　明本壓一等下線小字，係一等『漼』之標注字；四庫本正位大字。『皠』，《廣韻》七罪切，《集韻》取猥切，清賄一上合蟹；《廣韻》賄韻無二等字，此字明本爲一等位『漼』字之標注字，四庫本誤列於二等位。且『皠』爲小韻首字，當以小韻首字標注『漼』字。《起數訣》賄韻清母已列『漼』字，故此位當删。

29（上二喻）文二（賄）　俹　《廣韻》于罪切，《集韻》户賄切，匣云賄一上合蟹；《廣韻》賄韻無二等字，此字當爲一等位『阬』字之標注字，誤列於二等位。且『俹』爲小韻首字，當以小韻首字標注『阬』字。《起數訣》賄韻喻母已列『阬』字，故此位當删。

30（去一溪）坤一隊　凷　《廣韻》苦對切，《集韻》苦潰切，溪隊一去合蟹；《韻鏡》外轉第十四合，《七音略》外轉第十四輕中重，《四聲等子》蟹攝外二輕重俱等韻合口呼，《切韻指南》蟹攝外二合口呼廣門，列字均爲『塊』，溪母隊韻；《切韻指掌圖》十九圖，列字爲『穭』，溪母泰韻。『塊』爲《廣韻》隊韻溪母位小韻首字，下收有『凷』字。列字以『塊』爲佳，《起數訣》亦無誤。

31 （去一群）□一隊　○　《廣韻》隊韻無群母字；《集韻》隊韻群母有『⿰革蕢，巨内切』。《韻鏡》外轉第十四合，列字爲『鞼』；《七音略》《切韻指掌圖》《四聲等子》空位；《切韻指南》蟹攝外二合口呼廣門，列字爲『鞼』，群母隊韻。《廣韻》隊韻無群母字，《起數訣》依《集韻》，《集韻》：『⿰革蕢，或作鞼』。列字以『⿰革蕢』爲佳，依《韻鏡》校補『鞼』字亦可。

32 （去一從）曹一隊　啐　《廣韻》未收；《集韻》摧内切，從隊一去合蟹；《韻鏡》空位；《七音略》外轉第十四輕中重、《四聲等子》蟹攝外二輕重俱等韻合口呼、《切韻指南》蟹攝外二合口呼廣門，列字均爲『啐』；《切韻指掌圖》十九圖，列字爲『蕞』，從母泰韻。《廣韻》隊韻無從母字，《起數訣》從《集韻》亦無誤。

33 （去一來）老一隊　纇　《廣韻》《集韻》盧對切，來隊一去合蟹；《韻鏡》外轉第十四合、《切韻指南》蟹攝外二合口呼廣門，列字爲『纇』；《七音略》外轉第十四輕中重，列字爲『藾』，來母隊韻；《切韻指掌圖》十九圖，列字爲『酹』，來母隊韻；《四聲等子》蟹攝外二輕重俱等韻合口呼，列字爲『礧』，來母隊韻。『纇』爲《廣韻》隊韻來母位小韻首字，下收有『藾』字。列字以『纇』爲佳，《起數訣》是。

34 （去二幫）夫二怪　挎　明本列字爲『挎』，四庫本列字爲『摻』。『摻』，《廣韻》《集韻》未收；《韻鏡》外轉第十四合、《七音略》外轉第十四輕中重、《切韻指掌圖》十七圖、《四聲等子》蟹攝外二輕重俱等韻合口呼，列字均爲『拜』；《切韻指南》蟹攝外二合口呼廣門，列字爲『庍』，幫母卦韻。『𢷎』爲《廣韻》怪韻幫母位小韻首字，下收有『拜』字。《起數訣》明本列字顯係『𢷎』字誤，四庫本亦當爲此字誤。《起數訣》兩本皆誤，當校改爲『𢷎』。

35（去二明）母二怪　韎　《廣韻》《集韻》未收；《韻鏡》外轉第十四合、《七音略》外轉第十四輕中重、《四聲等子》蟹攝外二輕重俱等韻合口呼、《切韻指南》蟹攝外二合口呼廣門，列字均爲『昒』；《切韻指掌圖》十七圖，列字爲『賣』，明母卦韻。『昒』爲《廣韻》怪韻明母位小韻首字，下收有『韎』字，《起數訣》列字當爲『韎』字形訛，故當校改爲『韎』。

36（去二溪）坤二怪　瑰　《廣韻》公回切，《集韻》姑回切，見灰一去合蟹；《韻鏡》外轉第十四合、《七音略》外轉第十四輕中重、《切韻指掌圖》二十圖、《切韻指南》蟹攝外二合口呼廣門，列字爲『蒯』；《四聲等子》蟹攝外二輕重俱等韻合口呼，列字爲『快』，溪母夬韻。『瑰』爲一等字，不當列於此位，疑爲『塊』字誤，爲一等溪母『凷』之小韻首字，爲標注字。《起數訣》誤，當删。

37（去二牀）曹二怪　椊　《廣韻》《集韻》昨没切，從末一入合臻；《韻鏡》《七音略》《切韻指掌圖》空位；《四聲等子》蟹攝外二輕重俱等韻合口呼，列字爲『睉』，崇母夬韻；《切韻指南》蟹攝外二合口呼廣門，列字爲『𢷬』，崇母怪韻。《廣韻》《集韻》怪韻崇母均無字，此字亦當爲一等之標注字，但不知何據。《起數訣》誤，當删。

38（去四明）母三（怪）　昒　明本、四庫本均正位大字。《廣韻》莫拜切，《集韻》暮拜切，明怪二去合蟹；此字爲二等明母字標注字，且爲《廣韻》小韻首字，當以『昒』字列於二等位，二等現列『韎』字刪掉爲佳。《起數訣》兩本皆誤，當刪。

39（去四幫）夫四霽　瞥　《廣韻》普蔑切，《集韻》匹蔑切，滂屑四入開山；另《集韻》必袂切，幫祭三去開山。《韻鏡》外轉第十三開、《七音略》轉第十三重中重、《四聲等子》蟹攝外二輕重俱等韻開口呼，列字爲『閉』；《切韻指掌圖》十九圖，列字爲『嬖』，幫母寘韻；《切韻指南》空位。『閉』爲《廣韻》霽韻幫母位小韻首字，已列於二十五圖，不當列於本圖；《起數訣》二十九圖列有祭幫母字，此處不當列祭韻字，誤，當刪。

40（去四滂）普四霽　瞥　《廣韻》普蔑切，《集韻》匹蔑切，滂屑四入開山；另《集韻》匹曳切，滂祭三去開山。《韻鏡》外轉第十三開、《七音略》轉第十三重中重，列字爲『媲』；《四聲等子》蟹攝外二輕重俱等韻開口呼，列字爲『潎』，滂母祭韻；《切韻指掌圖》十九圖，列字爲『譬』，滂母寘韻；《切韻指南》空位。『媲』爲《廣韻》霽韻滂母位小韻首字，已列於二十五圖，不當列於本圖；《起數訣》二十九圖列有祭滂母字，此處不當列祭韻字，誤，當刪。

41（去四溪）坤四霽　楑　《廣韻》渠追切，《集韻》渠惟切，群脂三合平止；《韻鏡》《切韻指掌圖》空位；《七音略》外轉第十四輕中重，列字爲『揆』，群母旨韻，誤；《四聲等子》蟹攝外二輕重俱等韻合口呼、《切韻指南》蟹攝外二合口呼廣門，列字爲『⿰衤癸』，《集韻》睽桂切，溪母霽韻。本位列字亦當爲『⿰衤癸』。《廣韻》霽韻溪母無字，《起數訣》據《集韻》，但形訛，當校改爲『⿰衤癸』。

42 （去四清）草四霽　○　《廣韻》《集韻》霽韻清母無字。《韻鏡》外轉第十三開，空位；《七音略》内轉第十三重中重，列字爲『毳』。毳，《廣韻》此芮切，《集韻》充芮切，清祭三合去蟹。不當列於此位。《七音略》誤，《起數訣》空位是。

43 （入一滂）普一没　⿰兑子　明本列字爲『⿰兑子』，四庫本列字爲『⿰竞孛』，此字當爲『䪯』字誤。䪯，《廣韻》《集韻》普没切，幫没一入合臻；《韻鏡》外轉第十八合、《七音略》外轉第十八輕中輕、《切韻指掌圖》十九圖、《四聲等子》臻攝外三輕重俱等韻合口呼、《切韻指南》蟹攝外二合口呼廣門，列字均爲『䪯』。『䪯』爲《廣韻》没韻滂母位小韻首字，《起數訣》兩本皆形訛，當校改爲『䪯』。

44 （入一並）旁一没　勃　《廣韻》《集韻》蒲没切，滂没一入合臻；《韻鏡》外轉第十八合、《切韻指掌圖》十九圖、《四聲等子》臻攝外三輕重俱等韻合口呼、《切韻指南》蟹攝外二合口呼廣門，列字均爲『勃』；《七音略》外轉第十八輕中輕，列字爲『教』，並母没韻。『勃』爲《廣韻》没一合口並母位小韻首字，下收有『教』字，列字以『勃』爲佳，《起數訣》是。

45 （入一透）土一没　宊　明本列字爲『宊』，四庫本爲『突』。『宊』，《廣韻》《集韻》他骨切，透没一入合臻；『突』，《廣韻》陀骨切，定没一入合臻；《韻鏡》外轉第十八合，列字爲『宊』，當爲『宊』字誤；《七音略》外轉第十八輕中輕，列字爲『突』；《切韻指掌圖》十九圖、《切韻指南》蟹攝外二合口呼廣門，列字爲『宊』；《四聲等子》臻攝外三輕重俱等韻合口呼，列字爲『⿱日叐』，透母没韻。『宊』爲《廣韻》没韻透母位小韻首字，『突』爲《廣韻》没韻定母位小韻首字，《起數訣》明本列『宊』字是，四庫本列『突』，雖可取其《集韻》音，但本圖定母位又列『突』字，故此位校改爲『宊』字爲佳。

46（入一定）同一没　突　《廣韻》陀骨切，《集韻》陁没切，定没一入合臻；《韻鏡》外轉第十八合、《切韻指掌圖》十九圖、《切韻指南》蟹攝外二合口呼廣門，列字均爲『突』；《七音略》外轉第十八輕中輕、《四聲等子》臻攝外三輕重俱等韻合口呼，列字均爲『宊』。『宊』『突』二字爲異體字。『突』爲《廣韻》没韻定母位小韻首字，《七音略》列異體，《起數訣》是。

47（入一疑）五一没　兀　《廣韻》《集韻》五忽切，疑没一入合臻；《韻鏡》外轉第十八合、《切韻指掌圖》十九圖、《四聲等子》臻攝外三輕重俱等韻合口呼、《切韻指南》蟹攝外二合口呼廣門，列字均爲『兀』；《七音略》空位。『兀』爲《廣韻》没韻疑母位小韻首字，《七音略》空位誤，《起數訣》是。

48（入一匣）武一没　鶻　《廣韻》户骨切，《集韻》胡骨切，匣没一入合臻；《韻鏡》外轉第十八合、《切韻指南》蟹攝外二合口呼廣門，列字爲『搰』；《七音略》空位；《切韻指掌圖》十九圖，列字爲『麧』，匣母没韻；《四聲等子》臻攝外三輕重俱等韻合口呼，列字爲『鶻』。『搰』爲《廣韻》没韻匣母位小韻首字，下收有『鶻』字。列字以『搰』爲佳，《起數訣》亦無誤。

49（入一影）安一没　膃　《廣韻》《集韻》烏没切，影没一入合臻；《韻鏡》外轉第十八合、《七音略》外轉第十八輕中輕、《切韻指掌圖》十九圖、《切韻指南》臻攝外三合口呼廣門，列字均爲『頞』；《四聲等子》臻攝外三輕重俱等韻合口呼，列字爲『嗢』，影母黠韻。『頞』爲《廣韻》没韻影母位小韻首字，下收有『膃』字。列字以『頞』爲佳，《起數訣》亦無誤。

50 （入一來）老一没　硉　《廣韻》《集韻》勒没切，來没一入合臻；《韻鏡》外轉第十八合、《七音略》外轉第十八輕中輕、《切韻指掌圖》空位；《四聲等子》臻攝外三輕重俱等韻合口呼、《切韻指南》臻攝外三合口呼廣門，列字均爲『麬』。『麬』爲《廣韻》没韻來母位小韻首字，下收有『硉』字。列字以『麬』爲佳，《起數訣》亦無誤。

51 入聲四等明本標目爲『屑』，四庫本無標目，所收三字均爲『屑』韻，當補『屑』。

52 （入四見）古四屑　訣　明本列字爲『訣』，四庫本空位。『訣』，《廣韻》《集韻》古穴切，見屑四入合山；《韻鏡》内轉第二開合、《七音略》外轉第二十四輕中重、《切韻指掌圖》八圖、《切韻指南》通攝内一侷門，列字爲『玦』；《四聲等子》蟹攝外二輕重俱等韻合口呼，列字爲『決』，見母屑韻。『玦』爲《廣韻》屑四見母位小韻首字，下收有『訣』字，列字以『玦』字爲佳。《起數訣》亦無誤。

53 （入四溪）坤四屑　缺　明本列字爲『缺』，四庫本空位。『缺』，《廣韻》《集韻》苦穴切，溪屑四入合山；《韻鏡》外轉第二十四合、《七音略》外轉第二十四輕中重、《切韻指掌圖》八圖、《切韻指南》山攝外四合口呼，列字爲『闋』；《四聲等子》蟹攝外二輕重俱等韻合口呼，列字爲

『缺』，溪母屑韻。『闋』爲《廣韻》屑四溪母位小韻首字，下收有『缺』字，列字以『闋』字爲佳。《起數訣》亦無誤。

54 （入四匣）武四屑 穴 此即爲『穴』字。穴，《廣韻》胡決切，匣屑入開四山；《韻鏡》外轉第二十四合、《七音略》外轉第二十四輕中重、《切韻指掌圖》八圖、《四聲等子》蟹攝外二輕重俱等韻合口呼、《切韻指南》山攝外四合口呼，列字均爲『穴』。『穴』爲《廣韻》屑韻匣母位小韻首字，《起數訣》形訛，當校改爲『穴』。

釋：

1 （平一並）旁一灰 裴 《廣韻》薄回切，《集韻》蒲枚切，並灰一平合蟹；《韻鏡》外轉第十四合、《七音略》外轉第十四輕中重、《切韻指掌圖》十九圖、《四聲等子》蟹攝外二輕重俱等韻合口呼、《切韻指南》蟹攝外二合口呼廣門，列字均爲『裴』。

2 （平一明）母一灰 枚 《廣韻》莫杯切，《集韻》謨杯切，明灰一平合蟹；《韻鏡》外轉第十四合、《七音略》外轉第十四輕中重、《切韻指掌圖》十九圖、《四聲等子》蟹攝外二輕重俱等韻合口呼、《切韻指南》蟹攝外二合口呼廣門，列字均爲『枚』。

3 （平一定）同一灰 頹 《廣韻》杜回切，《集韻》徒回切，定灰一平合蟹；《韻鏡》外轉第十四合、《七音略》外轉第十四輕中重、《切韻指掌圖》十九圖、《四聲等子》蟹攝外二輕重俱等韻合口呼、《切韻指南》蟹攝外二合口呼廣門，列字均爲『頹』。

4 （平一溪）坤一灰　恢　《廣韻》苦回切，《集韻》枯回切，溪灰一平合蟹；《韻鏡》外轉第十四合、《七音略》外轉第十四輕中重、《切韻指掌圖》十九圖、《四聲等子》蟹攝外二輕重俱等韻合口呼、《切韻指南》蟹攝外二合口呼廣門，列字均爲『恢』。

5 （平一精）走一灰　嗺　《廣韻》臧回切，《集韻》祖回切，精灰一平合蟹；《韻鏡》外轉第十四合、《七音略》外轉第十四輕中重、《四聲等子》蟹攝外二輕重俱等韻合口呼、《切韻指南》蟹攝外二合口呼廣門，列字均爲『嗺』；《切韻指掌圖》十九圖，列字爲『峻』，精母灰韻。

6 （平一清）草一灰　崔　《廣韻》《集韻》倉回切，清灰一平合蟹；《韻鏡》外轉第十四合、《七音略》外轉第十四輕中重、《切韻指掌圖》十九圖、《四聲等子》蟹攝外二輕重俱等韻合口呼、《切韻指南》蟹攝外二合口呼廣門，列字均爲『崔』。

7 （平一從）曹一灰　摧　《廣韻》昨回切，《集韻》徂回切，從灰一平合蟹；《韻鏡》外轉第十四合、《七音略》外轉第十四輕中重、《切韻指南》蟹攝外二合口呼廣門、《切韻指掌圖》十九圖，列字均爲『摧』；《四聲等子》蟹攝外二輕重俱等韻合口呼，列字爲『榷』，從母灰韻。

8 （平一曉）黑一灰　灰　《廣韻》呼恢切，《集韻》呼回切，曉灰一平合蟹；《韻鏡》外轉第十四合、《七音略》外轉第十四輕中重、《切韻指掌圖》十九圖、《四聲等子》蟹攝外二輕重俱等韻合口呼、《切韻指南》蟹攝外二合口呼廣門，列字均爲「灰」。

9 （平一匣）武一灰　回　《廣韻》戶恢切，《集韻》胡隈切，匣灰一平合蟹；《韻鏡》外轉第十四合、《七音略》外轉第十四輕中重、《切韻指掌圖》十九圖、《四聲等子》蟹攝外二輕重俱等韻合口呼、《切韻指南》蟹攝外二合口呼廣門，列字均爲「回」。

10 （平一影）安一灰　隈　《廣韻》烏恢切，《集韻》烏回切，影灰一平合蟹；《韻鏡》外轉第十四合、《七音略》外轉第十四輕中重、《切韻指掌圖》十九圖、《切韻指南》蟹攝外二合口呼廣門，列字均爲「隈」；《四聲等子》蟹攝外二輕重俱等韻合口呼，列字爲「偎」，影母灰韻。

11 （平四見）古四齊　圭　《廣韻》古攜切，《集韻》涓畦切，見齊四平合蟹；《韻鏡》外轉第十四合、《七音略》外轉第十四輕中重、《切韻指掌圖》十九圖、《四聲等子》蟹攝外二輕重俱等韻合口呼、《切韻指南》蟹攝外二合口呼廣門，列字均爲「圭」。

12 （平四匣）武四齊　攜　《廣韻》戶圭切，《集韻》玄圭切，匣齊四平合蟹；《韻鏡》外轉第十四合，列字爲「擕」，爲書寫誤；《七音略》外轉第十四輕中重、《切韻指掌圖》十九圖、《切韻指南》蟹攝外二合口呼廣門，列字均爲「攜」；《四聲等子》空位。

13 （上一並）旁一賄　琲　《廣韻》蒲罪切，《集韻》部浼切，並賄一上合蟹；《韻鏡》外轉第十四合、《七音略》外轉第十四輕中重、《切韻指掌圖》十九圖、《四聲等子》蟹攝外二輕重俱等韻合口呼、《切韻指南》蟹攝外二合口呼廣門，列字均爲「琲」。

14 (上一明)母一賄　浼　《廣韻》武罪切,《集韻》母罪切,明賄一上合蟹;《韻鏡》外轉第十四合,《七音略》外轉第十四輕中重,《切韻指掌圖》十九圖,《四聲等子》蟹攝外二輕重俱等韻合口呼,《切韻指南》蟹攝外二合口呼廣門,列字均爲「浼」。

15 (上一端)東一賄　腺　《廣韻》都罪切,《集韻》沽罪切,端賄一上合蟹;《韻鏡》外轉第十四合,《七音略》外轉第十四輕中重,《切韻指南》蟹攝外二合口呼廣門,列字均爲「腺」;《切韻指掌圖》十九圖,《四聲等子》蟹攝外二輕重俱等韻合口呼,列字均爲「𢇍」,端母賄韻。

16 (上一溪)坤一賄　魁　《廣韻》口猥切,《集韻》丘其切,溪賄一上合蟹;《韻鏡》外轉第十四合,《七音略》外轉第十四輕中重,《切韻指掌圖》十九圖,《四聲等子》蟹攝外二輕重俱等韻合口呼,《切韻指南》蟹攝外二合口呼廣門,列字均爲「魁」。

17 (上一疑)五一賄　頠　《廣韻》五罪切,《集韻》五賄切,疑賄一上合蟹;《韻鏡》外轉第十四合,《七音略》外轉第十四輕中重,《四聲等子》蟹攝外二輕重俱等韻合口呼,《切韻指南》蟹攝外二合口呼廣門,列字均爲「頠」;《切韻指掌圖》十九圖,列字爲「隗」,疑母賄韻。

18 (上一從)曹一賄　罪　《廣韻》徂賄切,《集韻》粗賄切,從賄一上合蟹;《韻鏡》外轉第十四合,《七音略》外轉第十四輕中重,《切韻指掌圖》十九圖,《四聲等子》蟹攝外二輕重俱等韻合口呼,《切韻指南》蟹攝外二合口呼廣門,列字爲「辠」。「辠」「罪」二字爲異體字。

19（上—曉）黑—賄　賄《廣韻》呼罪切，《集韻》虎猥切，曉賄—上合蟹；《韻鏡》外轉第十四合、《七音略》外轉第十四輕中重、《切韻指掌圖》十九圖、《四聲等子》蟹攝外二輕重俱等韻合口呼、《切韻指南》蟹攝外二合口呼廣門，列字均爲『賄』。

20（上—匣）武—賄　瘣《廣韻》胡罪切，《集韻》户賄切，匣賄—上合蟹；《韻鏡》外轉第十四合、《七音略》外轉第十四輕中重、《切韻指掌圖》十九圖、《四聲等子》蟹攝外二輕重俱等韻合口呼、《切韻指南》蟹攝外二合口呼廣門，列字均爲『瘣』。

21（上—影）安—賄　猥《廣韻》烏賄切，《集韻》鄔賄切，影賄—上合蟹；《韻鏡》外轉第十四合、《七音略》外轉第十四輕中重、《切韻指掌圖》十九圖、《四聲等子》蟹攝外二輕重俱等韻合口呼、《切韻指南》蟹攝外二合口呼廣門，列字均爲『猥』。

22（去—幫）夫—隊　背《廣韻》《集韻》補妹切，幫隊—去合蟹；《韻鏡》外轉第十四合、《七音略》外轉第十四輕中重、《切韻指南》蟹攝外二合口呼廣門，列字均爲『背』；《切韻指掌圖》十九圖，列字爲『貝』，幫母泰韻；《四聲等子》蟹攝外二輕重俱等韻合口呼，列字爲『輩』，幫母隊韻。

23（去—滂）普—隊　配《廣韻》《集韻》滂佩切，滂隊—去合蟹；《韻鏡》外轉第十四合、《七音略》外轉第十四輕中重、《四聲等子》蟹攝外二輕重俱等韻合口呼、《切韻指南》蟹攝外二合口呼廣門，列字均爲『配』；《切韻指掌圖》十九圖，列字爲『沛』，滂母泰韻。

24（去一並）旁一隊　佩　《廣韻》《集韻》蒲昧切，並隊一去合蠻；《韻鏡》外轉第十四合、《七音略》外轉第十四輕中重、《切韻指南》蟹攝外二合口呼廣門，列字均爲『佩』；《切韻指掌圖》十九圖，列字爲『倍』，並母海韻；《四聲等子》蟹攝外二輕重俱等韻合口呼，列字爲『珮』，並母隊韻。

25（去一明）母一隊　妹　《廣韻》《集韻》莫佩切，明隊一去合蟹；《韻鏡》外轉第十四合、《七音略》外轉第十四輕中重、《四聲等子》蟹攝外二輕重俱等韻合口呼、《切韻指南》蟹攝外二合口呼廣門，列字均爲『妹』；《切韻指掌圖》十九圖，列字爲『昧』，明母隊韻。

26（去一端）東一隊　對　《廣韻》都隊切，《集韻》都内切，端隊一去合蟹；《韻鏡》外轉第十四合、《七音略》外轉第十四輕中重、《切韻指掌圖》十九圖、《四聲等子》蟹攝外二輕重俱等韻合口呼、《切韻指南》蟹攝外二合口呼廣門，列字均爲『對』。

27（去一透）土一隊　退　《廣韻》他内切，《集韻》吐内切，透隊一去合蟹；《韻鏡》外轉第十四合、《七音略》外轉第十四輕中重、《四聲等子》蟹攝外二輕重俱等韻合口呼、《切韻指南》蟹攝外二合口呼廣門，列字均爲『退』；《切韻指掌圖》十九圖，列字爲『蜕』，透母泰韻。

28（去一定）同一隊　隊　《廣韻》《集韻》徒對切，定隊一去合蟹；《韻鏡》外轉第十四合、《七音略》外轉第十四輕中重、《四聲等子》蟹攝外二輕重俱等韻合口呼、《切韻指南》蟹攝外二合口呼廣門，列字均爲『隊』；《切韻指掌圖》十九圖，列字爲『兊』，定母泰韻。

29（去一泥）乃一隊　内　《廣韻》《集韻》奴對切，泥隊一去合蟹；《韻鏡》外轉第十四合、《七音略》外轉第十四輕中重、《切韻指掌圖》十九圖、《四聲等子》蟹攝外二輕重俱等韻合口呼、《切韻指南》蟹攝外二合口呼廣門，列字均爲『内』。

30（去一見）古一隊　憒　《廣韻》《集韻》古對切，見隊一去合蟹；《韻鏡》外轉第十四合、《七音略》外轉第十四輕中重、《四聲等子》蟹攝外二輕重俱等韻合口呼、《切韻指南》蟹攝外二合口呼廣門，列字均爲『憒』；《切韻指掌圖》十九圖，列字爲『儈』，見母泰韻。

31（去一疑）五一隊　磑　《廣韻》《集韻》五對切，疑隊一去合蟹；《韻鏡》外轉第十四合、《七音略》外轉第十四輕中重、《切韻指掌圖》十九圖、《四聲等子》蟹攝外二輕重俱等韻合口呼、《切韻指南》蟹攝外二合口呼廣門，列字均爲『磑』。

32（去一精）走一隊　晬　《廣韻》子對切，《集韻》祖對切，精隊一去合蟹；《韻鏡》外轉第十四合、《七音略》外轉第十四輕中重、《四聲等子》蟹攝外二輕重俱等韻合口呼、《切韻指南》蟹攝外二合口呼廣門，列字均爲『晬』；《切韻指掌圖》十九圖，列字爲『最』，精母泰韻。

33（去一清）草一隊　倅　《廣韻》七内切，《集韻》取内切，清隊一去合蟹；《韻鏡》外轉第十四合、《七音略》外轉第十四輕中重、《四聲等子》蟹攝外二輕重俱等韻合口呼、《切韻指南》蟹攝外二合口呼廣門，列字均爲『倅』；《切韻指掌圖》十九圖，列字爲『襊』，清母泰韻。

34（去一心）■一隊　碎　《廣韻》蘇内切，《集韻》蘇對切，心隊一去合蟹；《韻鏡》外轉第十四合、《七音略》外轉第十四輕中重、《切韻指掌圖》十九圖、《四聲等子》蟹攝外二輕重俱等韻合口呼、《切韻指南》蟹攝外二合口呼廣門，列字均爲『碎』。

35 （去一曉）黑一隊　誨　《廣韻》荒内切，《集韻》呼内切，曉隊一去合蟹；《韻鏡》外轉第十四合、《七音略》外轉第十四輕中重、《四聲等子》蟹攝外二輕重俱等韻合口呼、《切韻指南》蟹攝外二合口呼廣門，列字均爲『誨』；《切韻指掌圖》十九圖，列字爲『晦』，曉母隊韻。

36 （去一匣）武一隊　潰　《廣韻》《集韻》胡對切，匣隊一去合蟹；《韻鏡》外轉第十四合、《七音略》外轉第十四輕中重、《四聲等子》蟹攝外二輕重俱等韻合口呼、《切韻指南》蟹攝外二合口呼廣門，列字均爲『潰』；《切韻指掌圖》十九圖，列字爲『會』，匣母泰韻。

37 （去一影）安一隊　㛵　《廣韻》烏繢切，影隊一去合蟹；《集韻》未收；《韻鏡》外轉第十四合、《七音略》外轉第十四輕中重、《四聲等子》蟹攝外二輕重俱等韻合口呼、《切韻指南》蟹攝外二合口呼廣門，列字均爲『㛵』；《切韻指掌圖》十九圖，列字爲『懀』，影母泰韻。

38 （去二滂）普二怪　湃　《廣韻》普拜切，《集韻》怖拜切，滂怪二去合蟹；《韻鏡》外轉第十四合、《七音略》外轉第十四輕中重、《四聲等子》蟹攝外二輕重俱等韻合口呼、《切韻指南》蟹攝外二合口呼廣門，列字均爲『湃』；《切韻指掌圖》十七圖，列字爲『派』，滂母卦韻。

39 （去二並）旁二怪　憊　《廣韻》蒲拜切，《集韻》步拜切，並怪二去合蟹；《韻鏡》外轉第十四合、《七音略》外轉第十四輕中重，列字均爲『憊』；《切韻指掌圖》十七圖，列字爲『敗』，並母央韻；《四聲等子》蟹攝外二輕重俱等韻合口呼、《切韻指南》蟹攝外二合口呼廣門，列字均爲『憰』。

40 (去四見)古四霽　桂　《廣韻》古惠切，《集韻》涓惠切，見霽四去合蟹；《韻鏡》外轉第十四合、《七音略》外轉第十四輕中重、《四聲等子》蟹攝外二輕重俱等韻合口呼、《切韻指南》蟹攝外二合口呼廣門，列字均爲『桂』；《切韻指掌圖》十九圖，列字爲『季』，見母至韻。

41 (去四曉)黑四霽　嘒　《廣韻》《集韻》呼惠切，曉霽四去合蟹；《韻鏡》外轉第十四合、《七音略》外轉第十四輕中重、《切韻指南》蟹攝外二合口呼廣門，列字均爲『嘒』；《切韻指掌圖》十九圖，列字爲『侐』，曉母至韻；《四聲等子》蟹攝外二輕重俱等韻開口呼，列字爲『欸』，曉母霽韻。

42 (去四匣)武四霽　慧　《廣韻》《集韻》胡桂切，匣霽四去合蟹；《韻鏡》外轉第十四合、《七音略》外轉第十四輕中重、《切韻指掌圖》十九圖、《切韻指南》蟹攝外二合口呼廣門，列字均爲『慧』；《四聲等子》蟹攝外二輕重俱等韻開口呼，列字爲『惠』，匣母霽韻。

43 (入一明)母一没　没　《廣韻》《集韻》莫勃切，明没一入合臻；《韻鏡》外轉第十八合、《七音略》外轉第十八輕中輕、《切韻指掌圖》十九圖、《四聲等子》臻攝外三輕重俱等韻合口呼、《切韻指南》蟹攝外二合口呼廣門，列字均爲『没』。

44 (入一端)東一没　咄　《廣韻》《集韻》當没切，端没一入合臻；《韻鏡》外轉第十八合、《七音略》外轉第十八輕中輕、《切韻指掌圖》十九圖、《四聲等子》臻攝外三輕重俱等韻合口呼、《切韻指南》蟹攝外二合口呼廣門，列字均爲「咄」。

45（入一泥）乃一没　訥　《廣韻》内骨切，《集韻》奴骨切，泥没一入合臻；《韻鏡》外轉第十八合、《七音略》外轉第十八輕中輕、《切韻指掌圖》十九圖、《四聲等子》臻攝外三輕重俱等韻合口呼、《切韻指南》蟹攝外二合口呼廣門，列字均爲「訥」。

46（入一見）古一没　骨　《廣韻》《集韻》古忽切，見没一入合臻；《韻鏡》外轉第十八合、《七音略》外轉第十八輕中輕、《切韻指掌圖》十九圖、《四聲等子》臻攝外三輕重俱等韻合口呼、《切韻指南》蟹攝外二合口呼廣門，列字均爲「骨」。

47（入一溪）坤一没　窟　《廣韻》苦骨切，《集韻》苦骨切，溪没一入合臻；《韻鏡》外轉第十八合、《七音略》外轉第十八輕中輕、《四聲等子》臻攝外三輕重俱等韻合口呼、《切韻指南》蟹攝外二合口呼廣門，列字均爲「窟」；《切韻指掌圖》空位。

48（入一精）走一没　卒　《廣韻》《集韻》臧没切，精没一入合臻；《韻鏡》外轉第十八合、《七音略》外轉第十八輕中輕、《切韻指掌圖》十九圖、《四聲等子》臻攝外三輕重俱等韻合口呼、《切韻指南》蟹攝外二合口呼廣門，列字均爲「卒」。

49（入一清）草一没　猝　《廣韻》倉没切，《集韻》蒼没切，清没一入合臻；《韻鏡》外轉第十八合、《七音略》外轉第十八輕中輕、《切韻指掌圖》十九圖、《切韻指南》蟹攝外二合口呼廣門，列字均爲『猝』；《四聲等子》臻攝外三輕重俱等韻合口呼，列字爲『悴』，從母至韻，誤。

50 （入一從）曹一没　捽　《廣韻》《集韻》昨没切，從没一入合臻；《韻鏡》外轉第十八合、《七音略》外轉第十八輕中輕、《切韻指掌圖》十九圖、《四聲等子》臻攝外三輕重俱等韻合口呼、《切韻指南》蠻攝外二合口呼廣門，列字均爲『捽』。

51 （入一心）■一没　窣　《廣韻》《集韻》蘇骨切，心没一入合臻；《韻鏡》外轉第十八合、《七音略》外轉第十八輕中輕、《切韻指掌圖》十九圖、《四聲等子》臻攝外三輕重俱等韻合口呼、《切韻指南》蠻攝外二合口呼廣門，列字均爲『窣』。

52 （入一曉）黑一没　忽　《廣韻》《集韻》呼骨切，曉没一入合臻；《韻鏡》外轉第十八合、《七音略》外轉第十八輕中輕、《切韻指掌圖》十九圖、《四聲等子》臻攝外三輕重俱等韻合口呼、《切韻指南》蠻攝外二合口呼廣門，列字均爲『忽』。

53 （入四曉）黑四（屑）　血　《廣韻》《集韻》呼決切，曉屑入開四山；《韻鏡》外轉第二十四合、《七音略》外轉第二十四輕中重、《切韻指掌圖》八圖、《四聲等子》蠻攝外二輕重俱等韻合口呼、《切韻指南》山攝外四合口呼廣門，列字均爲『血』。

54 （入四影）安四（屑）　抉　《廣韻》於決切，影屑合四入山；《韻鏡》外轉第二十四合、《七音略》外轉二十四輕中重、《四聲等子》蠻攝外二輕重俱等韻合口呼、《切韻指南》山攝外四合口呼廣門，列字均爲『抉』。

升八 巽九 坤二 師四 坤三 升四 巽七

書 摧 罪 啐 捽 捽
■ 脽 崔 碎 窣
寺
黑 灰 眭 賄 誨 嘒 忽 血
武 回 攜 瘣 潰 慧 鶻 穴
安 隈 烓 猥 㙁 膃 抉
文 阢 倄
老 靁 磊 纇 硉
■
■
閉 音 濁

覞五　澌五　巽五

	必	■	鼻	民	■	■	■	■	■	■
皆褱一							遺		乖	匯
齊			睚							
怪褱一					頮		朏		恠	蒯
癈	廢	肺	吠							緦
黠褱一					寏			訥	劏	勖

漸三		漸二	漸四						翼二	漸一
寅	■	賢	吠	■	■	■	■	■	羌	揆
膘	嵗	懷	趹		蕞	膗	⿰石婁			
		壞	豁		桼	⿰扌罪			瞶	
	薉		喙						掾	衛
	婠	滑	儈			⿰齒辛		茁	黜	

刹四 豪五 盡五 豪三 刹六 豪六

貪	丹	馬	排	朴	法		發音清	■	■	■
泰	帶	眛	旆	霈	貝	泰 蓋一				
		邁	敗		敗	夬				
		袂	敝	潎	蔽	祭 裳二				

第二十八圖　閉音濁

本圖舒聲列《廣韻》皆怪、廢韻字，另平聲下有齊韻字，按《起數訣》分圖原則，本圖當列二三等字，不當列四等字，且該字錯訛，不當列於此圖。本圖舒聲皆怪係拆分《韻鏡》外轉第十四合二等平去韻字，上聲駭韻未取，當爲《韻鏡》駭韻列字，實非駭韻字。廢韻取《韻鏡》内轉第十合寄韻去聲，且收有脣音。按分圖原則脣音當列於收一四等圖中，但廢韻特殊，故全部收入本圖。本圖入聲來源於《廣韻》黠二等，《韻鏡》中收在外轉第二十四合，配山攝。且與《起數訣》第二十四圖重出。本圖聲母明本除幫、並、明、群、疑、曉、匣、喻有列字外，餘皆列『■』，四庫本空格。

校注：

1（平二澄）■二皆　𩟗　明本列字爲『𩟗』，四庫本列字爲『𠐗』，此字當爲『尵』之誤。尵，《廣韻》杜懷切，《集韻》幢乖切，澄皆二平合蟹；《韻鏡》外轉第十四合、《切韻指掌圖》二十圖、《七音略》外轉第十四輕中重、《四聲等子》蟹攝外二輕重俱等韻合口呼、《切韻指南》蟹攝外二合口呼廣門，列字均爲『尵』；各韻書韻圖字形略有不同，但均可認定爲『尵』字。『尵』爲《廣韻》皆韻澄母位小韻首字，《起數訣》兩本皆形訛，當校改爲『尵』。

2（平二初）■二皆　磓　《廣韻》未收；《集韻》楚懷切，初皆二平開蟹；《韻鏡》《七音略》《切韻指掌圖》空位；《四聲等子》蟹攝外二輕重俱等韻合口呼、《切韻指南》蟹攝外二合口呼廣門，列字爲『磓』。《廣韻》皆韻初母位無字，《起數訣》從《集韻》，可見《起數訣》從較晚韻書音切，亦無誤。

3（平二生）■二皆　蓑　《廣韻》素回切，心灰一平合蟹；《集韻》所乖切，生皆二平合蟹；《韻鏡》《七音略》空位；《切韻指掌圖》二十圖、《四聲等子》蟹攝外二輕重俱等韻合口呼、《切韻指南》蟹攝外二合口呼廣門，列字均爲『蓑』。《廣韻》皆韻無生母字，《起數訣》列字從《集韻》，亦無誤。

4（平二影）■二皆　崴　《廣韻》乙乖切，《集韻》烏乖切，影皆二平合蟹；《韻鏡》《切韻指掌圖》空位；《七音略》外轉第十四輕中重、《四聲等子》蟹攝外二輕重俱等韻合口呼，列字均爲『崴』。《切韻指南》蟹攝外二合口呼廣門，列字爲『蛙』，影母佳韻；『崴』爲《廣韻》皆韻影母小韻首字，《韻鏡》空位誤，《起數訣》列字是。

5（平二喻）寅二皆　膠　《廣韻》力懷切，《集韻》盧懷切，來皆二平合蟹；不當列於此位。《韻鏡》外轉第十四合、《七音略》外轉第十四輕中重、《切韻指掌圖》二十圖、《四聲等子》蟹攝外二輕重俱等韻合口呼、《切韻指南》蟹攝外二合口呼廣門，均列於來母，喻母空位。『⿰月累』爲《廣韻》皆二來母位小韻首字，《起數訣》誤，當校列於來母位。

6（平二來）■二皆　◯　《廣韻》《集韻》皆韻來母位有『⿰月累』小韻，諸家韻圖均列『⿰月累』，《起數訣》誤入到喻母，此處當校補『⿰月累』字。

7（平四並）鼻四齊　睚　明本列字爲『睚』，四庫本列字爲『眭』。『睚』，《廣韻》五佳切，《集韻》宜佳切，疑佳二平合蟹；『眭』，《廣韻》户圭切，《集韻》玄圭切，匣齊四平合蟹；另《集韻》扶畦切，奉齊四平合蟹；《韻鏡》外轉第十三開、《七音略》外轉第十三輕中重、《切韻指掌圖》十九圖，列字均爲『鼙』；《四聲等子》蟹攝外二輕重俱等開口呼，列字爲『⿰扌色』；《切韻指南》蟹攝外二合口呼廣門，列字爲『眭』。『睚』顯不當列此位。『鼙』爲《廣韻》齊四並母位小韻首字，未收『眭』字。《起數訣》列字從『眭』之《集韻》音，亦當列於三等位。且按拆圖原則，本圖當衹列二三等，兩本皆誤，故此字當删。

8（上二知）■二（賄）　◯　《廣韻》《集韻》陟賄切，知賄二上合蟹；《韻鏡》外轉第十四合，列字爲『䯿』；《七音略》《切韻指掌圖》空位；《四聲等子》蟹攝外二輕重俱等韻合口呼、《切韻指南》蟹攝外二合口呼廣門，列字均爲『儶』，知母蟹韻。『䯿』爲賄韻字，賄韻只有一等，此爲列外字，因切列位，多列於二等。本圖不收，亦無誤。

9（去二知）■二怪　顡　《廣韻》他怪切，《集韻》迍怪切，知怪二去合蟹；《韻鏡》《切韻指掌圖》空位；《七音略》外轉第十四輕中重，列字爲『顡』；《四聲等子》蟹攝外二輕重俱等韻合口呼、《切韻指南》蟹攝外二合口呼廣門，列於徹母，知母位列『膪』，知母卦韻。『顡』《廣韻》他怪切，王一、全王爲『知怪反』，元泰定本作『迍』，故當列於知母。『顡』《集韻》亦爲知母怪韻，《起數訣》列此字亦無誤。

10（去二澄）■二怪　朏　《廣韻》滂佩切，滂隊一去合蟹；此字當爲『聉』字誤。聉，《集韻》墀怪切，澄怪二去合蟹；《韻鏡》《七音略》《切韻指掌圖》《四聲等子》空位；《切韻指南》蟹攝外二合口呼廣門，列字爲『⿰身柰』，澄母夬韻。《廣韻》怪韻無澄母字，《起數訣》列字當依《集韻》，且形訛，當校改爲『聉』。

11（去二見）■二怪　恠　明本列字爲『恠』，四庫本列字爲『怪』。二字係異體字。『恠』，《廣韻》《集韻》古壞切，見怪二去合蟹；《韻鏡》外轉第十四合、《切韻指掌圖》二十圖、《四聲等子》蟹攝外二輕重俱等韻合口呼，列字均爲『怪』；《七音略》外轉第十四輕中重，列字爲『恠』；《切韻指南》蟹攝外二合口呼廣門，列字爲『卦』，見母卦韻。『怪』爲《廣韻》怪韻見母位小韻首字，下收有『恠』字，注爲俗，爲『怪』之俗體。《起數訣》明本列俗體，四庫本列正體，是。

12（去二疑）堯二怪　聵　《廣韻》《集韻》五怪切，疑怪二去合蟹；《韻鏡》外轉第十四合、《切韻指掌圖》二十圖、《四聲等子》蟹攝外二輕重俱等韻合口呼、《切韻指南》蟹攝外二合口呼廣門，列字均爲『瞶』；《七音略》空位。『瞶』爲《廣韻》怪韻疑母位小韻首字，《七音略》空位誤，《起數訣》是。

13 （去二初）■二怪　○　《廣韻》《集韻》怪韻無初母字；《韻鏡》空位；《七音略》外轉第十四輕中重，列字爲『竁』；《切韻指掌圖》二十圖、《四聲等子》蟹攝外二輕重俱等韻合口呼，列字爲『嘬』，初母夬韻；《切韻指南》蟹攝外二合口呼廣門，列字爲『啐』，清母隊韻。『竁』，《廣韻》楚稅切，《集韻》充芮切，昌母祭韻。《廣韻》《集韻》怪韻均無初母字，《七音略》列字誤，《起數訣》空位是。

14 （去二崇）■二怪　擺　《廣韻》未收；《集韻》仕壞切，從怪二去合蟹；《韻鏡》《七音略》《切韻指掌圖》空位；《四聲等子》蟹攝外二輕重俱等韻合口呼，列字爲『睉』，《集韻》崇母夬韻；《切韻指南》蟹攝外二合口呼廣門，列字爲『擺』。《廣韻》怪韻無崇母字，《起數訣》從《集韻》，亦無誤。

15 （去二生）■二怪　桼　《廣韻》所臻切，《集韻》疏臻切，生臻二平開臻；不當列於此位。《韻鏡》空位；《七音略》外轉第十四輕中重、《切韻指掌圖》二十圖，列字爲『鎩』，生母怪韻；《四聲等子》蟹攝外二輕重俱等韻合口呼，列字爲『濊』，生母夬韻；《切韻指南》蟹攝外二合口呼廣門，列字爲『啐』，生母祭韻。『鎩』爲《廣韻》怪二審母位小韻首字，《起數訣》誤，當校改爲『鎩』字。

16（去二曉）吠二怪　⿰豸舌　《廣韻》《集韻》未收；此字當爲『⿰豕舌』字誤。⿰豕舌，火怪切，曉怪二去合蟹；《韻鏡》外轉第十四合、《切韻指南》蟹攝外二合口呼廣門，列字爲『⿰豕舌』；《七音略》外轉第十四輕中重、《切韻指掌圖》二十圖，列字爲『⿰豸舌』，當係『⿰豕舌』字誤；《四聲等子》蟹攝外二輕重俱等韻合口呼，列字爲『咶』，曉母怪韻。『⿰豕舌』爲《廣韻》怪二曉母位小韻首字，下收有『咶』字。列字以『⿰豕舌』爲佳，《起數訣》是。

17（去三敷）■三廢　肺　《廣韻》《集韻》芳廢切，滂廢三去合蟹；《韻鏡》空位；《七音略》外轉第十六輕中輕、《切韻指掌圖》十九圖、《四聲等子》蟹攝外二輕重俱等韻合口呼、《切韻指南》蟹攝外二合口呼廣門，列字均爲『肺』。『肺』爲《廣韻》廢韻敷母位小韻首字，《韻鏡》空位誤，《起數訣》是。

18（去三奉）鼻三廢　吠　《廣韻》符廢切，《集韻》房廢切，並廢三去合蟹；《韻鏡》列字爲『吠』，《康熙字典》記：『《五音集韻》徒蓋切，音大。』《七音略》外轉第十六輕中輕、《切韻指掌圖》十九圖、《四聲等子》蟹攝外二輕重俱等韻合口呼、《切韻指南》蟹攝外二合口呼廣門，列字均爲『吠』。『吠』爲《廣韻》廢韻奉母位小韻首字，《韻鏡》列字形訛，《起數訣》是。

19（去三溪）■三廢　⿰糸鬼　《廣韻》《集韻》未收，《康熙字典》記：『《集韻》立廢切。』則爲來母廢韻，不當列於此位；《韻鏡》內轉第十合、《四聲等子》蟹攝外二輕重俱等韻合口呼，列字均爲『綣』；《七音略》空位；《切韻指掌圖》十圖，列字爲『喟』，溪母怪韻；《切韻指南》蟹攝外二合口呼廣門，列字爲『⿰类夬』，溪母廢韻；『⿰矢卷』，《康熙字典》記：『《廣韻》丘廢切，《集韻》去穢切。』『⿰类夬』，《康熙字典》記：『《集韻》去穢切，音⿰矢卷。』『⿰矢卷』爲《廣韻》廢韻溪母位小韻首字，《起數訣》收字誤，當校改爲『⿰矢卷』。

20 （去三群）■三廢　衛　明本列字爲『衛』，四庫本列字爲『衞』。『衛』，《廣韻》于歲切，云祭三去合蟹；『衞』，《廣韻》渠穢切，《集韻》逵穢切，群廢三去合蟹；《韻鏡》内轉第十合、《七音略》外轉第十六輕中輕、《切韻指南》蟹攝外二合口呼廣門，列字爲『衞』；《切韻指掌圖》十九圖，列字爲『匱』，群母至韻。《四聲等子》空位。『衞』爲《廣韻》廢三群母位小韻首字，《起數訣》明本誤，四庫本列字是。

21 （去三疑）堯三廢　猭　《廣韻》《集韻》未收，《康熙字典》記：『《廣韻》呼吠切，《集韻》許濊切，音喙。見字註。又《集韻》牛吠切，音杌。義同。』則『牛吠切』，疑母廢韻；《韻鏡》内轉第十合、《切韻指南》蟹攝外二合口呼廣門，列字爲『猭』；《七音略》《四聲等子》空位；《切韻指掌圖》十九圖，列字爲『僞』，疑母寘韻。《廣韻》廢韻無疑母字，《起數訣》依《集韻》，亦無誤。

22 （去三影）■三廢　薉　《廣韻》於廢切，《集韻》烏廢切，影廢三去合蟹；《韻鏡》内轉第十合、《四聲等子》蟹攝外二輕重俱等韻合口呼、《七音略》外轉第十六輕中輕、《四聲等子》蟹攝外二輕重俱等韻合口呼、《切韻指南》蟹攝外二合口呼廣門，列字均爲『穢』；《切韻指掌圖》十九圖，列字爲『餧』，影母寘韻。『穢』爲《廣韻》廢三影母爲小韻首字，下收有『薉』字，列字以『穢』爲佳，《起數訣》亦無誤。

23 本圖入聲與二十四圖重出，故本圖不再出校。

釋：

1（平二見）■二皆　乖　《廣韻》古懷切，《集韻》公懷切，見皆二平合蟹；《韻鏡》外轉第十四合、《七音略》外轉第十四輕中重、《切韻指掌圖》二十圖、《四聲等子》蟹攝外二輕重俱等韻合口呼，列字均爲『乖』；《切韻指南》蟹攝外二合口呼廣門，列字爲『媧』，見母佳韻。

2（平二溪）■二皆　匯　《廣韻》苦淮切，《集韻》枯懷切，溪皆二平合蟹；《韻鏡》外轉第十四合、《七音略》外轉第十四輕中重、《切韻指南》蟹攝外二合口呼廣門，列字均爲『匯』；《切韻指掌圖》二十圖，列字爲『咼』，溪母佳韻；《四聲等子》蟹攝外二輕重俱等韻合口呼，列字爲『⿰乖力』，溪母皆韻。

3（平二崇）■二皆　膗　《廣韻》仕懷切，《集韻》崇懷切，崇皆二平合蟹；《韻鏡》外轉第十四合、《七音略》外轉第十四輕中重、《切韻指掌圖》二十圖、《四聲等子》蟹攝外二輕重俱等韻合口呼、《切韻指南》蟹攝外二合口呼廣門，列字均爲『膗』。

4 (平二曉)吠二皆 𠍳 《廣韻》呼懷切，曉皆二平合蟹；《集韻》未收；《韻鏡》外轉第十四合、《七音略》外轉第十四輕中重、《切韻指掌圖》二十圖、《四聲等子》蟹攝外二輕重俱等韻合口呼，列字均爲『𠍳』。

5 (平二匣)賢二皆 懷 《廣韻》户乖切，《集韻》乎乖切，匣皆二平合蟹；《韻鏡》外轉第十四合、《七音略》外轉第十四輕中重、《切韻指掌圖》二十圖、《四聲等子》蟹攝外二輕重俱等韻合口呼、《切韻指南》蟹攝外二合口呼廣門，列字均爲『懷』。

6 (去二溪)■二怪 蒯 《廣韻》《集韻》苦怪切，溪怪二去合蟹；《韻鏡》外轉第十四合、《七音略》外轉第十四輕中重、《切韻指掌圖》二十圖、《切韻指南》蟹攝外二合口呼廣門，列字均爲『蒯』；《四聲等子》蟹攝外二輕重俱等韻合口呼，列字爲『快』，溪母夬韻。

7 (去二匣)賢二怪 壞 《廣韻》胡怪切，《集韻》古壞切，匣怪二平合蟹；《韻鏡》外轉第十四合、《七音略》外轉第十四輕中重、《切韻指掌圖》二十圖、《切韻指南》蟹攝外二合口呼廣門，列字爲『壞』；《四聲等子》蟹攝外二輕重俱等韻合口呼，列字爲『話』，匣母夬韻。

8 (去三非)必三廢 廢 《廣韻》方肺切，《集韻》放吠切，幫廢三去合蟹；《韻鏡》内轉第十合、《七音略》外轉第十六輕中輕、《切韻指掌圖》十九圖、《四聲等子》蟹攝外二輕重俱等韻合口呼、《切韻指南》蟹攝外二合口呼廣門，列字爲『廢』。

9（去三曉）吙三廢　喙　《廣韻》許穢切，《集韻》許濊切，曉廢三去合蟹；《韻鏡》内轉第十合、《七音略》外轉第十六輕中輕、《切韻指南》蟹攝外二合口呼廣門，列字爲『喙』；《切韻指掌圖》十九圖，列字爲『諱』，曉母未韻；《四聲等子》空位。

豪六 剎六 豪三 盍五 豪五 剎四

貪	丹	馬	排	朴	法		發音清	■	■	■
泰	帶	昧	旆	霈	貝	泰 盍一				
		邁	敗		敗	夬				
		袂	敝	潎	蔽	祭 震一				

口	山	才	宋	扎	尾	口	巧	甲	妳	覃
	刹十	盡八	豪八	刹八	豪二		豪一	刹一	刹七	盡七
			蔡		艾		磕	盖	柰	大
				祭	藝		瘈			

剥三 花 飯 歎

蒙四 曉 害

剥三 垔 鐵 殤

盡四 萬 藹 蛓

蒙七 泠 賴

口

盡十一 崇

發音濁

夬 祭（盡一）

剥五 百

口

第二十九圖　發音清

本圖列《廣韻》夬脣音、泰、祭韻字。泰祭韻字，係拆分《韻鏡》外轉第十五開去聲一四等列字。夬韻只取脣音，《韻鏡》中列於外轉第十四合。本圖合乎一四等加脣音之大原則。

校注：

1（去一滂）朴一泰　霈　《廣韻》《集韻》普蓋切，滂泰一去開蟹；《韻鏡》外轉第十五開、《七音略》外轉第十五重中輕、《切韻指南》蟹攝外二開口呼廣門，列字爲『霈』；《切韻指掌圖》空位；《四聲等子》蟹攝外二輕重俱等韻開口呼，列字爲『沛』。『霈』爲《廣韻》泰韻滂母位小韻首字，下收有『沛』字，《起數訣》是。

2（去一並）排一泰　旆　《廣韻》未收；《集韻》蒲撥切，並末一入合蟹；《康熙字典》記：『《正字通》俗旆字。《五經文字》旆从市。从巾者，譌。』旆，《廣韻》《集韻》蒲蓋切，並泰一去開蟹。《韻鏡》外轉第十五開、《七音略》外轉第十五重中輕、《四聲等子》蟹攝外二輕重俱等韻開口呼，列字均爲『旆』；《切韻指掌圖》空位；《切韻指南》蟹攝外二開口呼廣門，列字爲『旆』。

《起數訣》列『斾』字，從諸韻圖之誤，當校改爲『旆』。

3（去一明）馬一泰　眛　《廣韻》《集韻》莫貝切，明泰一去開蟹；《韻鏡》外轉第十五開，列字爲『昧』，《廣韻》未收，《集韻》莫貝切；《七音略》外轉第十五重中輕、《四聲等子》蟹攝外二輕重俱等韻開口呼、《切韻指南》蟹攝外二開口呼廣門，列字均爲『眛』；《切韻指掌圖》空位。『眛』爲《廣韻》泰韻明位小韻首字，《韻鏡》列『昧』字，爲『眛』形訛。列字以『眛』爲佳，《起數訣》是。

4（去一透）貪一泰　泰　《廣韻》《集韻》他蓋切，透泰一去開蟹；《韻鏡》外轉第十五開、《七音略》外轉第十五重中輕，列字均爲『太』，透母泰韻；《切韻指掌圖》十七圖、《四聲等子》蟹攝外二輕重俱等韻開口呼、《切韻指南》蟹攝外二開口呼廣門，列字爲『泰』。『泰』爲《廣韻》泰韻透母位小韻首字，下收有『太』字，《起數訣》是。

5（去一定）覃一泰　大　《廣韻》《集韻》徒蓋切，定泰一去開蟹；《韻鏡》外轉第十五開、《切韻指掌圖》十七圖、《四聲等子》蟹攝外二輕重俱等韻開口呼、《切韻指南》蟹攝外二開口呼廣門，列字爲『大』；《七音略》外轉第十五重中輕，列字爲『太』。王二、王三、《廣韻》中，『太』字均爲透母泰韻，《七音略》在透母位已列『太』字。『大』爲《廣韻》泰韻定母位小韻首字，《七音略》誤，《起數訣》列字是。

6（去一見）甲一泰　盖　明本列字爲『盖』，四庫本列字爲『蓋』。盖，《廣韻》古太切，《集韻》居太切，見泰一去開蟹；《韻鏡》外轉第十五開、《七音略》外轉第十五重中輕、《切韻指掌圖》十七圖、《四聲等子》蟹攝外二輕重俱等韻開口呼、《切韻指南》蟹攝外二開口呼廣門，列字均爲『蓋』。『蓋』爲《廣韻》泰一見母位小韻首字，釋義『俗作盖』。明本列俗字無誤，四庫本列正體是。

7 （去一溪）巧一泰　磕《廣韻》苦蓋切，《集韻》丘蓋切，溪泰一去開蟹；《韻鏡》外轉第十五開、《切韻指南》蟹攝外二開口呼廣門，列字爲『磕』；《七音略》外轉第十五重中輕、《切韻指掌圖》十七圖，列字爲『礚』；《四聲等子》蟹攝外二輕重俱等韻開口呼，列字爲『慨』，溪母代韻。『磕』爲《廣韻》泰韻溪母位小韻首字，《廣韻》未收『礚』字形，《集韻》有收。列字以『磕』爲佳，《起數訣》是。

8 （去一疑）瓦一泰　艾《廣韻》五蓋切，疑泰一去開蟹；《集韻》魚刈切，疑廢三去開蟹。《韻鏡》外轉第十五開、《七音略》外轉第十五重中輕、《切韻指掌圖》十七圖、《四聲等子》蟹攝外二輕重俱等韻開口呼、《切韻指南》蟹攝外二開口呼廣門，列字均爲『艾』。『艾』爲《廣韻》泰韻疑母位小韻首字，列字以『艾』爲佳。《起數訣》從《廣韻》，是。

9 （去一曉）花一泰　餖《廣韻》《集韻》未收，《康熙字典》記：『《廣韻》都豆切，《集韻》丁候切，音鬭。《廣韻》餖飣。又《集韻》大透切，音豆。與飳同。飣也。又式列切，音設。飲食也。』均不當列於此位，此位當爲『餀』字誤。餀，《廣韻》呼艾切，曉泰一去開蟹。《韻鏡》外轉第十五開、《七音略》外轉第十五重中輕、《切韻指掌圖》十七圖、《四聲等子》蟹攝外二輕重俱等韻開口呼、《切韻指南》蟹攝外二開口呼廣門，列字均爲『餀』。『餀』爲《廣韻》泰一曉母位小韻首字，《起數訣》形誤，當校改『餀』字。

10（去一影）亞一泰　鐬　《廣韻》呼會切，《集韻》呼外切，曉泰一去開蟹；《韻鏡》外轉第十五開、《七音略》外轉第十五重中輕、《切韻指掌圖》十七圖、《切韻指南》蟹攝外二開口呼廣門，影母位列『藹』；《四聲等子》蟹攝外二輕重俱等韻開口呼，影母列字爲『愛』，影母代韻。『藹』爲《廣韻》泰一影母位小韻首字，《起數訣》誤，當校改爲『藹』字。另疑此位爲『鐬』字誤，《集韻》乙大切。

11（去一喻）萬一泰　藹　《廣韻》《集韻》於蓋切，影泰一去開蟹；《韻鏡》外轉第十五開、《七音略》外轉第十五重中輕、《切韻指掌圖》十七圖、《四聲等子》蟹攝外二輕重俱等韻開口呼、《切韻指南》蟹攝外二開口呼廣門，均列於影母，喻母空位。『藹』爲《廣韻》泰一影母位小韻首字，《起數訣》誤，當校列於影母位。

12（去四明）馬四祭　袂　《廣韻》彌獘切，明祭三去開蟹；《集韻》未收；《韻鏡》外轉第十五開、《七音略》外轉第十五重中輕，列字均爲『袂』；《切韻指掌圖》十九圖，列字爲『寐』；《四聲等子》蟹攝外二輕重俱等韻開口呼、《切韻指南》蟹攝外二開口呼廣門，列字均爲『謎』，明母霽韻。《起數訣》《韻鏡》《七音略》所列字形，均爲『袂』，顯爲『袂』字誤，當校改。

13（去四溪）巧四祭　瘈《廣韻》未收；《集韻》吉曳切，見祭三去開蟹；不當列於此位。《韻鏡》《七音略》空位；《切韻指掌圖》十八圖，列字爲『棄』，溪母至韻；《四聲等子》蟹攝外二輕重俱等韻開口呼、《切韻指南》蟹攝外二開口呼廣門，列字均爲『契』，溪母霽韻。《廣韻》《集韻》均無祭韻溪母音，《起數訣》誤，當刪。

14（去四疑）瓦四祭　蓺《廣韻》魚祭切，《集韻》倪祭切，疑祭三去開蟹；《韻鏡》外轉第十五開，列字爲『藝』；《七音略》空位；《切韻指掌圖》十八圖、《四聲等子》蟹攝外二輕重俱等韻開口呼、《切韻指南》蟹攝外二開口呼廣門，列字均爲『詣』，疑母霽韻。『藝』爲《廣韻》祭韻疑母位小韻首字，《七音略》空位誤，下收有『蓺』，列字以『藝』爲佳，《起數訣》亦無誤。

15（去四精）哉四祭　祭《廣韻》《集韻》子例切，精祭三去開蟹；《韻鏡》空位；《七音略》外轉第十五重中輕，列字爲『祭』；《切韻指掌圖》十八圖，列字爲『濟』，精母霽韻；《四聲等子》蟹攝外二輕重俱等韻開口呼、《切韻指南》蟹攝外二開口呼廣門，列字爲『霽』，精母霽韻。『祭』爲《廣韻》祭韻精母位小韻首字，《韻鏡》空位誤，《起數訣》是。

16（去四曉）花四祭　欪《廣韻》《集韻》未收，《康熙字典》記：『《廣韻》呼計切，《集韻》許罽切，音憩。氣聲。又《集韻》呼惠切，音嘒。欪欸，笑也。』則『呼計切』曉母霽韻，《集韻》呼世切，曉母祭韻；《韻鏡》《七音略》空位；《切韻指掌圖》十八圖、《四聲等子》蟹攝外二輕重俱等韻開口呼、《切韻指南》蟹攝外二開口呼廣門，列字均爲『欪』。《廣韻》無祭韻曉位字，《起數訣》據《集韻》，亦無誤。

17（去四影）亞四祭 ⿰糸曷 《廣韻》《集韻》未收，《康熙字典》記：「《唐韻》於罽切，音瘞。《説文》不成，遂急戾也。按《説文》本作⿰糸曷，从弦省。《字彙》沿《玉篇》而小誤也。《五音集韻》作⿰糸曷。尤誤。《説文》本作⿰玄曷，从弦省。」則《唐韻》於罽切，祭韻影母；另，此字爲『⿰玄曷』之形訛。《韻鏡》外轉第十五開、《四聲等子》蟹攝外二輕重俱等韻開口呼、《切韻指南》蟹攝外二開口呼廣門，列字爲『⿰糸曷』；《七音略》空位；《切韻指掌圖》十八圖，列字爲『縊』，影母霽韻。『⿰糸曷』爲《廣韻》祭韻曉位小韻首字，此字亦訛。《起數訣》據早期韻書韻圖沿襲而列，早期韻書韻圖已訛，沿襲其訛字，當校改爲『⿰玄曷』。

釋：

1（去一幫）法一泰 貝 《廣韻》《集韻》博蓋切，幫泰一去開蟹；《韻鏡》外轉第十五開、《七音略》外轉第十五重中輕、《四聲等子》蟹攝外二輕重俱等韻開口呼、《切韻指南》蟹攝外二開口呼廣門，列字均爲『貝』；《切韻指掌圖》空位。

2（去一端）丹一泰 帶 《廣韻》《集韻》當蓋切，端泰一去開蟹；《韻鏡》外轉第十五開、《七音略》外轉第十五重中輕、《切韻指掌圖》十七圖、《四聲等子》蟹攝外二輕重俱等韻開口呼、

《切韻指南》蟹攝外二開口呼廣門,列字均爲『帶』。

3 (去一泥)妳一泰　奈　《廣韻》奴帶切,泥泰一去開蟹;《集韻》未收;《韻鏡》外轉第十五開、《七音略》外轉第十五重中輕、《切韻指掌圖》十七圖、《切韻指南》蟹攝外二開口呼廣門,列字均爲『奈』;《四聲等子》蟹攝外二輕重俱等韻開口呼,列字爲『耐』,泥母代韻。

4 (去一清)采一泰　蔡　《廣韻》倉大切,《集韻》七蓋切,清泰一去開蟹;《韻鏡》外轉第十五開、《七音略》外轉第十五重中輕、《切韻指南》蟹攝外二開口呼廣門,列字均爲『蔡』;《切韻指掌圖》十七圖、《四聲等子》蟹攝外二輕重俱等韻開口呼,列字均爲『菜』,清母代韻。

5 (去一匣)晚一泰　害　《廣韻》胡蓋切,《集韻》下蓋切,匣泰一去開蟹;《韻鏡》外轉第十五開、《七音略》外轉第十五重中輕、《切韻指掌圖》十七圖、《四聲等子》蟹攝外二輕重俱等韻開口呼、《切韻指南》蟹攝外二開口呼廣門,列字均爲『害』。

6 (去一來)冷一泰　賴　《廣韻》《集韻》落蓋切,來泰一去開蟹;《韻鏡》外轉第十五開、《七音略》外轉第十五重中輕、《切韻指掌圖》十七圖、《切韻指南》蟹攝外二開口呼廣門,列字均爲『賴』;《四聲等子》蟹攝外二輕重俱等韻開口呼,列字爲『賚』,來母代韻。

7 (去二幫)法二夬　敗　《廣韻》補邁切,《集韻》北邁切,幫夬二去開蟹;《韻鏡》外轉第十四合、《七音略》外轉第十四輕中重,列字均爲『敗』;《切韻指掌圖》十七圖,列字爲『拜』,幫母怪韻;《四聲等子》蟹攝外二輕重俱等韻開口呼,列字爲『庍』,幫母卦韻;《切韻指南》蟹攝外二開口呼廣門，列字爲『辟』，非母夬韻。

8 （去二並）排二夬　敗　《廣韻》《集韻》薄邁切，並夬二去開蟹；《韻鏡》外轉第十四合、《七音略》外轉第十四輕中重、《切韻指掌圖》十七圖，列字均爲『敗』；《四聲等子》蟹攝外二輕重俱等韻開口呼，列字爲『粺』，並母卦韻；《切韻指南》空位。

9 （去二明）馬二夬　邁　《廣韻》莫話切，《集韻》莫敗切，明夬二去開蟹；《韻鏡》外轉第十四合、《七音略》外轉第十四輕中重，列字均爲『邁』；《切韻指掌圖》十七圖、《四聲等子》蟹攝外二輕重俱等韻開口呼、《切韻指南》蟹攝外二開口呼廣門，列字爲『賣』，明母卦韻。

10 （去四幫）法四祭　蔽　《廣韻》《集韻》必袂切，幫祭三去開蟹；《韻鏡》外轉第十五開、《七音略》外轉第十五重中輕，列字均爲『蔽』；《切韻指掌圖》十九圖，列字爲『臂』，幫母寘韻；《四聲等子》蟹攝外二輕重俱等韻開口呼、《切韻指南》蟹攝外二開口呼廣門，列字爲『閉』，幫母霽韻。

11 （去四滂）朴四祭　潎　《廣韻》匹蔽切，《集韻》匹曳切，滂祭三去開蟹；《韻鏡》外轉第十五開、《七音略》外轉第十五重中輕，列字均爲『潎』；《切韻指掌圖》十九圖，列字爲『譬』，滂母寘韻；《四聲等子》蟹攝外二輕重俱等韻開口呼、《切韻指南》蟹攝外二開口呼廣門，列字爲『媲』，滂母祭韻。

12 （去四並）排四祭　敝　《廣韻》《集韻》毗祭切，並祭三去開蟹；《韻鏡》外轉第十五開、《七音略》外轉第十五重中輕，列字均爲『獘』；《切韻指掌圖》十九圖，列字爲『鼻』，並母寘韻；《四聲等子》蟹攝外二輕重俱等韻開口呼、《切韻指南》蟹攝外二開口呼廣門，列字均爲『薜』，並母霽韻。

13（去四以）萬四祭 曳 《廣韻》餘制切，《集韻》以制切，以祭三去開蟹；《韻鏡》外轉第十五開、《七音略》外轉第十五重中輕、《四聲等子》蟹攝外二輕重俱等韻開口呼，列字均爲『曳』；《切韻指掌圖》十八圖，列字爲『異』，以母志韻；《切韻指南》蟹攝外二開口呼廣門，列字爲『瞖』，以母寘韻。

剥三　花　飯　欺

豪四　晓　害

剥三　亜　鐵　猲

盡四　萬　藹　蚩

豪七　冷　賴

口

盡十一　崇

發音濁

夬　祭盡二

剥五　百

口

剥十一	蛊二	艮九	艮九	艮十一	艮七	艮六	蒙十二	剥十二	蛊三	艮五
莊	牙	口	口	乍	南	大	坼	卓	皃	白
		在下	在下							
瘵				犗		鯠	萬			
制	剿	偈	愒	掣		滯	跇	廗		

冡十一	盍十二	剥九	艮十	艮四	艮二	艮八	艮三	盍七		艮十二
乂	茶	三	士	亢	華	在	文	犖	口	宅
	寨	呣憏		䐑	贊	餲				
掣		世	誓	諰				例		

第三十圖　發音濁

本圖列《廣韻》夬、祭韻開口字，係拆分《韻鏡》外轉第十三開去聲祭三等列字，以及寄韻夬韻字。《起數訣》溪、群、日母列「□」，溪、群母下，一等格位中有「在下」二字，四庫本無。

校注：

1（去二徹）拆二夬　蠆　明本列字爲「萬」，四庫本列字爲「蠆」。「萬」，《廣韻》《集韻》無販反，微願三去合山；「蠆」，《廣韻》丑犗切，徹夬二去開蟹；《康熙字典》記：「《唐韻》丑犗切，《集韻》《韻會》丑邁切，音慸。」《韻鏡》外轉第十三開、《七音略》内轉第十三重中重、《切韻指掌圖》十七圖、《四聲等子》蟹攝外二輕重俱等韻開口呼、《切韻指南》蟹攝外二開口呼廣門，列字均爲「蠆」。「蠆」爲《廣韻》夬二徹母位小韻首字，明本顯誤，當校改爲「蠆」，四庫本是。

2（去二澄）大二怪　𧸖　明本列字爲「𧸖」，四庫本列字爲「⿰貝除」，四庫本當爲「𧸖」字訛。𧸖，《廣韻》《集韻》除邁切，澄夬二去開蟹；《韻鏡》外轉第十三開、《四聲等子》蟹攝外二輕重俱等韻開口呼，列字爲「⿰貝除」；《七音略》内轉第十三重中重，列字爲「𧸖」；《切韻指掌圖》《切韻指南》空位。諸圖均爲『𧹞』字訛。『𧹞』爲《廣韻》夬韻澄母位小韻首字，《起數訣》四庫本字形訛，當校改爲『𧹞』。明本是。

3（去二莊）莊二夬　瘵　《廣韻》《集韻》側界切，莊怪二去開蟹；另《集韻》有章母祭韻音，均不當列於此位。《韻鏡》《七音略》空位；《切韻指掌圖》十七圖，列字爲『債』，莊母卦韻；《四聲等子》蟹攝外二輕重俱等韻開口呼、《切韻指南》蟹攝外二開口呼廣門，列字均爲『瘵』。『瘵』爲《廣韻》怪二莊母位小韻首字，《廣韻》夬韻莊母無字，《起數訣》誤，當删。

4（去二初）叉二夬　○　《廣韻》《集韻》夬韻莊母位有『啐』小韻，《廣韻》《集韻》倉夬切，初夬二去開蟹；《韻鏡》外轉第十三開，列字爲『啐』；《七音略》內轉第十三重中重，列字爲『碎』，爲『啐』字誤；《切韻指掌圖》十七圖，列字爲『瘥』，初母卦韻；《四聲等子》蟹攝外二輕重俱等韻開口呼、《切韻指南》蟹攝外二開口呼廣門，列字均爲『差』，初母卦韻。『啐』爲《廣韻》夬二初母位小韻首字，《起數訣》空位誤，當校補『啐』字。

5（去二生）三二夬　呣　明本列字爲『呣』，下壓線有『𢅥』字，四庫本二等位列『呣』，三等位列『𢅥』。『呣』，《廣韻》亡侯切，明侯一平開流；《集韻》未收，不當列於此位。『𢅥』，《廣韻》《集韻》未收，《康熙字典》記：『《唐韻》《集韻》所例切，音細。《説文》殘帛也。《廣雅》𢅥，遺，餘也。』則『所例切』，生母祭韻。《韻鏡》外轉第十三開、《七音略》內轉第十三重中重、《切韻指南》蟹攝外二開口呼廣門，列字爲『𠷉』；《切韻指掌圖》十七圖、《四聲等子》蟹攝外二輕重俱等韻開口呼，列字爲『曬』，生母卦韻。⿰口冊，《廣韻》所犗切，《集韻》所邁切，生夬二去開蟹。『⿰口冊』爲《廣韻》夬韻生母位小韻首字，《起數訣》兩本列字均形訛，當校改爲『⿰口冊』。 明本壓線『⿰巾祭』字應爲此位列字之標注字。

6 （去二曉）凡二夬 ⿰身害 當爲『⿰鬼害』形訛。⿰鬼害，《廣韻》火犗切，曉夬二去開蟹；《康熙字典》記：『《集韻》火戒切。又許邁切，音⿰言萬，義同。』《韻鏡》外轉第十三開、《七音略》内轉第十三重中重，列字均爲『⿰言萬』；《切韻指掌圖》十七圖、《四聲等子》蟹攝外二輕重俱等韻開口呼，列字爲『謑』，曉母卦韻；《切韻指南》蟹攝外二開口呼廣門，列字爲『譮』，《集韻》曉母夬韻。『⿰言萬』爲《廣韻》夬韻曉母位小韻首字，下收有『⿰鬼害』字。 列字以『⿰言萬』爲佳，《起數訣》亦無誤。

7 （去二匣）華二夬 ⿱敝貝 《廣韻》《集韻》未收，《康熙字典》記：『《集韻》毗祭切，音敝。《玉篇》今作幣。《類篇》帛也。 一曰財也。』則爲並母祭韻，不當列於此位。《韻鏡》外轉第十三開、《七音略》内轉第十三重中重，列字爲『⿰⿱亠貝又』；《切韻指掌圖》十七圖、《切韻指南》蟹攝外二開口呼廣門，列字爲『邂』，匣母卦韻；《四聲等子》蟹攝外二輕重俱等韻開口呼，列字爲『械』，匣母怪韻。『⿰⿱亠貝又』，《廣韻》何犗切，《集韻》何邁切，匣夬二去開蟹。『⿰⿱亠貝又』爲《廣韻》夬韻匣母位小韻首字，『⿱敝貝』當係『⿰⿱亠貝又』形訛，《起數訣》列字誤，當校改爲『⿰⿱亠貝又』。

8 （去二影）在二夬 餲 《廣韻》於犗切，《集韻》於邁切，影夬二去開蟹；《韻鏡》外轉第十三開、《七音略》内轉第十三重中重、《四聲等子》蟹攝外二輕重俱等韻開口呼，列字爲『喝』；

《切韻指掌圖》十七圖、《切韻指南》蟹攝外二開口呼廣門，列字爲『隘』，影母卦韻。『喝』爲《廣韻》夬二影母位小韻首字，下收有『餲』字。列字以『喝』爲佳，《起數訣》亦無誤。

9 (去三知)卓三祭　⿸疒帶　《廣韻》《集韻》竹例切，知祭三去開蟹；《韻鏡》外轉第十三開、《四聲等子》蟹攝外二輕重俱等韻開口呼、《切韻指南》蟹攝外二開口呼廣門，列字均爲『⿸疒帶』；《七音略》《切韻指掌圖》空位。『⿸疒帶』爲《廣韻》祭韻知母位小韻首字，《七音略》空位誤，《起數訣》是。

10 (去三徹)坼三祭　跇　《廣韻》《集韻》丑例切，徹祭三去開蟹；《韻鏡》外轉第十三開、《四聲等子》蟹攝外二輕重俱等韻開口呼、《切韻指南》蟹攝外二開口呼廣門，列字均爲『跇』；《七音略》《切韻指掌圖》空位。『跇』爲《廣韻》祭韻徹母位小韻首字，《七音略》空位誤，《起數訣》是。

11 (去三澄)大三祭　滯　《廣韻》《集韻》直例切，澄祭三去開蟹；《韻鏡》外轉第十三開、《四聲等子》蟹攝外二輕重俱等韻開口呼、《切韻指南》蟹攝外二開口呼廣門，列字均爲『滯』；《七音略》《切韻指掌圖》空位。『滯』爲《廣韻》祭韻澄母位小韻首字，《七音略》空位誤，《起數訣》是。

12 (去三溪)□三祭　愒　《廣韻》《集韻》去例切，溪祭三去開蟹；《韻鏡》外轉第十三開、《四聲等子》蟹攝外二輕重俱等韻開口呼，列字均爲『憩』；《七音略》內轉第十三重中重、《切韻指開、《七音略》内轉第十三重中重、《切韻指掌圖》十七圖、《四聲等子》蟹攝外二輕重俱等韻開口呼，列字爲『寨』；《切韻指南》蟹攝外二開口呼廣門，列字爲『傯』，牀母怪韻。

3 （去三見）乍三祭　猘《廣韻》《集韻》居例切，見祭三去開蟹；《韻鏡》外轉第十三開、《七音略》内轉第十三重中重、《切韻指南》蟹攝外二開口呼廣門，列字均爲『猘』；《切韻指掌圖》空位；《四聲等子》蟹攝外二輕重俱等韻開口呼，列字爲『罽』，見母祭韻。

4 （去三章）莊三祭　制《廣韻》《集韻》征例切，章祭三去開蟹；《韻鏡》外轉第十三開、《七音略》内轉第十三重中重、《切韻指南》蟹攝外二開口呼廣門，列字均爲『制』；《切韻指掌圖》《四聲等子》空位。

5 （去三穿）叉三祭　掣《廣韻》《集韻》尺制切，昌祭三去開蟹；《韻鏡》外轉第十三開、《七音略》内轉第十三重中重、《四聲等子》蟹攝外二輕重俱等韻開口呼、《切韻指南》蟹攝外二開口呼廣門，列字均爲『掣』；《切韻指掌圖》空位。

6 （去三匣）犖三祭　例《廣韻》《集韻》力制切，來祭三去開蟹；《韻鏡》外轉第十三開、《七音略》内轉第十三重中重、《切韻指南》蟹攝外二開口呼廣門，列字均爲『例』；《切韻指掌圖》空位；《四聲等子》蟹攝外二輕重俱等韻開口呼，列字爲『㤠』，來母祭韻；《康熙字典》記：『《集韻》力制切，音例。驚也。』

列字均爲『緆』；《切韻指掌圖》空位。『緆』爲《廣韻》祭三影母位小韻首字，《起數訣》空位誤。此字在二十九圖已證，爲『竭』字誤，此處當校補『竭』字。

19 本圖去四等無標目，明本無字。四庫本所列一字爲祭韻，去三等中亦説明此字爲三等增加標注字，導致三等列字下移。

20 （去四書）三四（祭） 世 《廣韻》舒制切，書祭三去開蟹；《韻鏡》外轉第十三開、《七音略》内轉第十三重中重、《四聲等子》蟹攝外二輕重俱等韻開口呼、《切韻指南》蟹攝外二開口呼廣門，均列於三等，四等空位；《切韻指掌圖》空位。『世』爲《廣韻》祭三書母位小韻首字，當列三等位，羼入四等，《起數訣》明本空位是，四庫本誤，當删。

釋：

1 （去二見）乍二夬 犗 《廣韻》古喝切，見夬二去開蟹；《集韻》居拜切，見怪二去開蟹；《韻鏡》外轉第十三開、《七音略》内轉第十三重中重，列字爲『犗』；《切韻指掌圖》十七圖，列字爲『懈』，見母卦韻；《四聲等子》蟹攝外二輕重俱等韻開口呼，列字爲『戒』，見母怪韻；《切韻指南》蟹攝外二開口呼廣門，列字爲『誡』，見母怪韻。

2 （去二崇）茶二夬 寨 《廣韻》犲夬切，《集韻》士邁切，崇夬二去開蟹；《韻鏡》外轉第十三位小韻首字，明本列於正位，上壓線之『𢊁』字當爲標注字，四庫本『世』字羼入四等，誤。《起數訣》明本當删除『𢊁』字，四庫本列『𢊁』字雖無誤，但列『世』字爲佳。

『世』，《切韻指掌圖》空位。『世』，《廣韻》舒制切，書祭三去開蟹；『世』爲《廣韻》祭三書母

16（去三禪）士三祭　誓　《廣韻》《集韻》時制切，禪祭三去開蟹；《韻鏡》外轉第十三開、《七音略》内轉第十三重中重、《四聲等子》蟹攝外二輕重俱等韻開口呼、《切韻指南》蟹攝外二開口呼廣門，列字均爲『逝』；《切韻指掌圖》空位。『逝』爲《廣韻》祭韻禪母位小韻首字，下收有『誓』字。列字以『逝』爲佳，《起數訣》亦無誤。

17（去三曉）凡三祭　憩　《廣韻》《集韻》去例切，溪祭三去開蟹；《韻鏡》外轉第十三開，列字爲『緆』，《廣韻》於罽切，影母祭韻，誤；《七音略》内轉第十三重中重，列於溪母，曉母位列『慧』，《廣韻》《集韻》胡桂切，匣母霽韻，誤；《切韻指掌圖》空位；《四聲等子》蟹攝外二輕重俱等韻開口呼，列於溪母，曉母空位；《切韻指南》蟹攝外二開口呼廣門，列於溪母，曉母位列『歇』，《集韻》曉母廢韻。《廣韻》祭韻無曉母字，『憩』爲《廣韻》祭三溪母位小韻首字，《集韻》祭韻曉母位有『憠』，許罽切』。疑《起數訣》列字『憩』爲『憠』字誤。《起數訣》誤，當校改爲『憠』。

18（去三影）在三祭　○　《廣韻》祭韻影母位有『緆，於罽切』；《韻鏡》空位；《七音略》内轉第十三重中重、《四聲等子》蟹攝外二輕重俱等韻開口呼、《切韻指南》蟹攝外二開口呼廣門，

南》蟹攝外二開口呼廣門，列字均爲『憩』，『憩』『憇』二字爲異體字，溪母祭韻；《切韻指掌圖》空位。『憩』爲《廣韻》祭三溪母位小韻首字，下收有『愒』字。列字以『憩』爲佳，《起數訣》亦無誤。

13　(去三群)□三祭　偈　《廣韻》其憩切，《集韻》其例切，群祭三去開蟹；《韻鏡》外轉第十三開、《四聲等子》蟹攝外二輕重俱等韻開口呼、《切韻指南》蟹攝外二開口呼廣門，列字均爲『偈』；《七音略》《切韻指掌圖》空位。『偈』爲《廣韻》祭韻群母位小韻首字，《七音略》空位誤，《起數訣》是。

14　(去三疑)牙三祭　劓　《廣韻》魚器切，疑至三去開蟹；《集韻》牛例切，疑祭三去開蟹；《韻鏡》外轉第十三開、《切韻指南》蟹攝外二開口呼廣門，列字均爲『劓』；《七音略》內轉第十三重中重、《四聲等子》蟹攝外二輕重俱等韻開口呼，列字均爲『劓』；《切韻指掌圖》空位。『劓』爲《廣韻》祭韻疑母位小韻首字，未收『劓』字。《起數訣》列『劓』，當從其《集韻》音，亦無誤。

15　(去三書)三三祭　世　明本正格位列『世』，壓線列『㡜』，四庫本列字爲『㡜』，『世』列於四等位。『㡜』，《廣韻》《集韻》未收，《康熙字典》記：『《集韻》式列切，音設。裂帛也。』此記『式列切』，書母祭韻。從《集韻》可列於此位。《韻鏡》外轉第十三開、《七音略》內轉第十三重中重、《四聲等子》蟹攝外二輕重俱等韻開口呼、《切韻指南》蟹攝外二開口呼廣門，列字均爲

國家社科基金重大項目
『漢語等韻學著作集成、數據庫建設及系列專題研究』
（17ZDA302）

二〇二〇年度國家古籍整理出版專項經費資助項目

宋元切韻學文獻叢刊

李軍 李紅 主編

皇極經世解起數訣校注 下

〔宋〕祝泌 著 李紅 校注

鳳凰出版社

坤九　謙四　謙二　謙八　謙三　升七

▼

口	思	■	父	黄	自	口	鹿	■	■	發
										音
										清
						王				
			怳		枉	往				
			況			旺				
			臒		臒	矍				

剥四 蒙五 盡五 蒙三 剥六 蒙六 盡六 剥七 剥一 蒙一

		庚	清	清		梗	静	静		映	勁	勁		陌	昔	昔
法		祊	兵	并		炳	炳	餅		搒	柄	摒		百	碧	辟
朴		烹		聘						亨	病	聘		拍	鼓	僻
排		彭	平			甁				澎	病	偋		白	檮	擗
馬		盲	明	名		猛	皿	眳		孟	命	詺		陌		
丹																
貪																剔
覃																悌
妳																鑈
甲				頸				頸				勁				
巧				輕								輕				慗

豪十	盡二	刹八	豪八	盡八	刹十	艮九	刹二	豪四	刹三	盡四
口	牙	刮	来	才	山	口夲	花	晚	亞	禹
	頸	精	清	情		餳			嬰	盈
瘞		井	請	靜	省		悅		瘿	郢
		婧	清	淨	性		飲			
		積	皵	藉	昔	席			益	繹

蒙七 冷

口

蠱十一 崇

發 音濁

庚賁十一 清同十一 梗隨十一 靜革十一 映蹇十一 動鼎十一 陌震十一 昔豐十一

剥五 百

口

艮五 白

蠱三 皃

剥十二 卓 趟 打 𣪍 㖞 磔 𥢔

蒙十二 坼 瞠 橕 逞 撐 遉 坼 彳

第六十四圖 發音清

本圖列《廣韻》庚梗映陌、清靜勁昔韻字，係拆分《韻鏡》外轉第三十三開四等韻字及二三等脣音字。符合一四等加脣音的分圖原則。本圖聲母群、邪、日母位列「□」，明本邪母下一等格位内有「在下」二字，四庫本均無。

校注：

1 （平二幫）法二庚　祊　《廣韻》甫盲切，《集韻》晡横切，幫庚二平開梗；《韻鏡》外轉第三十三開、《切韻指掌圖》十六圖、《四聲等子》曾攝内八重多輕少韻合口呼梗攝外二、《切韻指南》梗攝外七開口呼廣門，列字均爲「閍」；《七音略》外轉三十六重中重，列字爲「鬃」。「閍」爲《廣韻》庚二幫母位小韻首字，下收有「祊」「鬃」二字，於「鬃」字下注曰：「上同。」「祊」「鬃」二字爲異體字。「祊」爲《集韻》庚二開口幫母位小韻首字，下收有「閍」字，《起數訣》從《集韻》。

2 （平二滂）朴二庚　烹　《廣韻》撫庚切，《集韻》披庚切，滂庚二平開梗；《韻鏡》外轉第三十三開、《四聲等子》曾攝内八重多輕少韻合口呼梗攝外二，列字均爲『磅』；《七音略》外轉三十六重中重，列字爲『榜』，《廣韻》《集韻》薄庚切，並庚二平開梗；《七音略》誤，當校改爲『磅』字。《切韻指掌圖》十六圖，列字爲『烹』；《切韻指南》梗攝外七開口呼廣門，列字爲『怦』，滂母耕韻。『磅』爲《廣韻》庚二開口滂母位小韻首字，下收有『烹』字，列字以『磅』字爲佳，《起數訣》列『烹』字，亦無誤。

3 （平二明）馬二庚　肓　明本列字爲『肓』，四庫本列字爲『育』。明本列字係『盲』字俗體。『盲』，《廣韻》武庚切，《集韻》眉耕切，明庚二平開梗。『育』，《廣韻》《集韻》余六切，以屋三入合通。均不當列於此位，四庫本誤，當爲『盲』字形訛。《韻鏡》外轉第三十三開、《七音略》外轉三十六重中重、《切韻指掌圖》十六圖、《四聲等子》曾攝内八重多輕少韻合口呼梗攝外二、《切韻指南》梗攝外七開口呼廣門，列字均爲『盲』。『盲』爲《廣韻》庚二明母位小韻首字，明本列字俗，四庫本誤，當校改爲『盲』。

4 本圖脣音開口三等韻目爲『清』，當爲『庚』韻，明本、四庫本均誤，當校改爲『庚』韻。

5 （平四滂）朴四清　聘　《廣韻》匹正切，滂勁三去開梗；《集韻》匹名切，滂清三平開。《韻鏡》《四聲等子》均空位；《七音略》外轉三十六重中重，列字爲『娉』，《廣韻》《集韻》匹正切，滂勁三去開梗；《七音略》誤，當删。《切韻指掌圖》十六圖，列字爲『竮』，並母青韻；《切韻指南》梗攝外七開口呼廣門，列字爲『聘』。《廣韻》清三開口無滂母。『聘』爲《集韻》清三開口滂母位小韻首字，《起數訣》從《集韻》。

6 （平四見）甲四清　頸　《廣韻》巨成切，《集韻》渠成切，群清三平開梗；另，《集韻》吉成切，見母清韻。《韻鏡》外轉第三十三開，列於群母，見母空位；《七音略》空位；《切韻指掌圖》十六圖、《四聲等子》曾攝内八重多輕少韻啓口呼梗攝外八，列字均爲「經」，見母青韻；《切韻指南》梗攝外七開口呼廣門，列字爲「頸」。「頸」爲《廣韻》清三開口群母位小韻首字，又《集韻》清三開口見母位小韻首字，《起數訣》從《集韻》。

7 （平四群）□四清　◯　《廣韻》《集韻》清三開口群母位均有「頸」字，《廣韻》巨成切，《集韻》渠成切，群清三平開梗；《韻鏡》外轉第三十三開、《切韻指掌圖》十六圖、《切韻指南》梗攝外七開口呼廣門，列字均爲「頸」；《七音略》空位；《四聲等子》曾攝内八重多輕少韻啓口呼梗攝外八，列字爲「娙」，疑母耕韻。「頸」爲《廣韻》清三開口群母位小韻首字，《七音略》《起數訣》空位誤，當校補「頸」字。

8 （平四疑）牙四清　頸　《廣韻》巨成切，《集韻》渠成切，群清三平開梗；《韻鏡》外轉第三十三開，列爲「迎」，疑母庚韻，誤；《七音略》《切韻指掌圖》十六圖空位；《四聲等子》曾攝内八重多輕少韻啓口呼梗攝外八、《切韻指南》梗攝外七開口呼廣門，「頸」均列於群母；疑母位列字爲「娙」，疑母耕韻。「頸」爲《廣韻》清三開口群母位小韻首字，《起數訣》誤，當删。

9 （平四心）山四清　◯　《廣韻》《集韻》清三開口心母位均有「騂」字，《廣韻》息營切，《集韻》

思營切，心清三平開梗；《韻鏡》外轉第三十三開，列字爲「騂」；《七音略》空位；《切韻指掌圖》十六圖、《四聲等子》曾攝内八重多輕少韻啟口呼梗攝外八、《切韻指南》梗攝外七開口呼廣門，列字均爲「星」，心母青韻。「騂」爲《廣韻》清三開口心母位小韻首字，《七音略》《起數訣》空位誤，當校補「騂」字。

10 （平四來）來四清 ◯ 《廣韻》《集韻》清三開口均無來母。《韻鏡》空位；《七音略》外轉三十六重中重，列字爲「泠」，《廣韻》《集韻》郎丁切，來青四平開梗。《七音略》誤，當删。《切韻指掌圖》十六圖、《四聲等子》曾攝内八重多輕少韻啓口呼梗攝外八、《切韻指南》梗攝外七開口呼廣門，列字均爲「靈」，來母青韻。《起數訣》空位是。

11 （上二幫）法二梗 炳 《廣韻》兵永切，《集韻》補永切，幫梗三上開梗；均不當列於此位。《韻鏡》外轉第三十三開、《七音略》外轉三十六重中重、《切韻指掌圖》十六圖、《四聲等子》曾攝内八重多輕少韻合口呼梗攝外二、《切韻指南》梗攝外七開口呼廣門，列字均爲「浜」，《廣韻》布梗切，《集韻》百猛切，幫梗二上開梗。「浜」爲《廣韻》梗二開口幫母位小韻首字，《起數訣》誤，當校改爲「浜」字。

12 （上二並）排二梗 艑 《廣韻》《集韻》均未收此字。此字當爲「鮩」字形訛。「鮩」，《康熙字典》記：「《集韻》白猛切，音鮩。蟲名。」《韻鏡》外轉第三十三開，列字爲「鮩」，《廣韻》蒲猛切，並梗二上開梗；《七音略》外轉三十六重中重，列字爲「鮩」；《切韻指掌圖》十六圖，列字爲『併』，幫母梗韻；《四聲等子》曾攝内八重多輕少韻合口呼梗攝外二、《切韻指南》梗攝外七開口呼廣門，列字均爲『餅』。『鮩』爲《集韻》梗二開口並母位小韻首字，《起數訣》列字誤，從《集韻》當校改爲『鮩』字。

13 脣音上聲三等韻目爲『靜』，《起數訣》誤，當校改爲『梗』。

14 （上四透）貪四靜 ◯ 《廣韻》《集韻》靜韻三等開口均無透母；《韻鏡》《切韻指掌圖》《四聲等子》《切韻指南》均空位；《七音略》外轉三十六重中重，列字爲『珵』，《廣韻》他鼎切，透迥四上開梗。《七音略》誤，當刪。《起數訣》空位是。

15 （上四群）□四靜 痙 《廣韻》巨郢切，《集韻》巨井切，群靜三上開梗；《韻鏡》空位；《七音略》外轉三十六重中重，列於疑母，群母空位；《切韻指掌圖》十六圖、《切韻指南》梗攝外七開口呼廣門，列字均爲『痙』；《四聲等子》空位。《韻鏡》《七音略》空位誤，《起數訣》是。

16 （上四疑）牙四靜 ◯ 《廣韻》《集韻》靜三開口均無疑母字；《韻鏡》空位；《七音略》外轉三十六重中重，列字爲『痙』，《廣韻》巨郢切，《集韻》巨井切，群靜三上開梗；《七音略》誤，當刪。《切韻指掌圖》十六圖，列字爲『[illegible]』；《四聲等子》曾攝内八重多輕少韻啓口呼梗攝外八、《切韻指南》梗攝外七開口呼廣門，列字均爲『脛』，匣母迥韻。《起數訣》空位是。

17 （上四曉）花四靜 怳 《廣韻》許昉切，曉養三上合宕；《集韻》吁請切，曉靜三上開梗。《韻鏡》《七音略》《切韻指掌圖》空位；《四聲等子》曾攝内八重多輕少韻啓口呼梗攝外八、《切韻指南》梗攝外七開口呼廣門，列字均爲「䴈」，曉母迥韻。《廣韻》靜三曉母無字，《起數訣》從《集韻》。

18（上四以）萬四靜　郢　《廣韻》以整切，《集韻》以井切，以靜三上開梗；《韻鏡》《七音略》均空位；《切韻指掌圖》十六圖、《四聲等子》曾攝內八重多輕少韻啓口呼梗攝外八、《切韻指南》梗攝外七開口呼廣門，列字均爲「郢」。「郢」爲《廣韻》靜三以母位小韻首字，《韻鏡》《七音略》空位誤，當校補「郢」字。

19（上四來）冷四靜　◯　《廣韻》《集韻》靜韻開口三等來母位有「領」，《廣韻》良郢切，《集韻》里郢切，來靜三上開梗。《韻鏡》空位；《七音略》外轉三十六重中重、《切韻指掌圖》十六圖、《切韻指南》梗攝外七開口呼廣門，列字均爲「領」；《七音略》誤，當删。《四聲等子》曾攝內八重多輕少韻啓口呼梗攝外八，列字爲「冷」，來母梗韻。「領」字韻圖列於三等位，四等來母空位，《起數訣》空位是。

20（去二滂）朴二映　亨　《廣韻》撫庚切，滂庚二平開梗；《集韻》普孟切，滂映二去開梗；《韻鏡》外轉第三十三開，列字爲「亯」，爲「亨」異體。《七音略》《切韻指掌圖》均空位；《四聲等子》曾攝內八重多輕少韻合口呼梗攝外二、《切韻指南》梗攝外七開口呼廣門，列字均爲「亨」。《廣韻》敬韻無滂母，諸家韻圖列「亨」字，從《集韻》。

21（去二並）排二映　澎　《廣韻》薄庚切，《集韻》蒲庚切，滂庚二平開梗；均不當列於此位。

此字當爲『膨』字形訛。『膨』，《廣韻》《集韻》蒲孟切，並映二去開梗。《韻鏡》外轉第三十三開、《七音略》外轉三十六重中重、《四聲等子》曾攝内八重多輕少韻合口呼梗攝外二，列字均爲『膨』；《切韻指掌圖》十六圖、《切韻指南》梗攝外七開口呼廣門，列字均爲『𠊧』，並母耿韻。『膨』爲《廣韻》映二並母位小韻首字，《起數訣》誤，當校改爲『膨』字。

22 （去二明）馬二映　孟　《廣韻》《集韻》莫更切，明映二去開梗；《韻鏡》外轉第三十三開、《切韻指掌圖》十六圖、《四聲等子》曾攝内八重多輕少韻合口呼梗攝外二、《切韻指南》梗攝外七開口呼廣門，列字均爲『孟』；《七音略》外轉三十六重中重，列字爲『命』，《廣韻》《集韻》眉病切，明映三去開梗；《七音略》誤，當校改爲『孟』字。《起數訣》是。

23 脣音去聲三等韻目列目爲『勁』，《起數訣》誤，當校改爲『映』韻。

24 （去三滂）朴三勁（映）　病　《廣韻》陂病切，幫映三去開梗；《集韻》鋪病切，滂映三去開梗。《韻鏡》《七音略》《切韻指掌圖》均空位；《四聲等子》曾攝内八重多輕少韻合口呼梗攝外二、《切韻指南》梗攝外七開口呼廣門，列字均爲『病』。《廣韻》勁韻無滂母字，『病』爲《集韻》映三開口滂母位小韻首字，《起數訣》從《集韻》。

25 （去三明）馬三勁（映）　命　《廣韻》《集韻》眉病切，明映三去開梗；《韻鏡》外轉第三十三開、《切韻指掌圖》十六圖、《四聲等子》曾攝内八重多輕少韻合口呼梗攝外二、《切韻指南》梗攝外七開口呼廣門，列字均爲『命』；《七音略》外轉三十六重中重，列字爲『孟』，《廣韻》

《集韻》莫更切，明映二去開梗；《七音略》誤。『命』爲《廣韻》《集韻》映三明母位小韻首字，《起數訣》是。

26 （去四幫）法四勁　摒　《廣韻》畀政切，《集韻》卑正切，幫勁三去開梗；《韻鏡》外轉第三十三開，列字爲『栟』，《廣韻》府盈切，《集韻》卑盈切，幫清三平開梗；當爲『拼』字誤，『拼』《集韻》卑正切，幫母勁韻。《七音略》外轉三十六重中重、《四聲等子》曾攝内八重多輕少韻合口呼梗攝外二、《切韻指南》梗攝外七開口呼廣門，列字均爲『摒』；《切韻指掌圖》十六圖，列字爲『併』，幫母靜韻。『摒』爲《廣韻》勁三幫母位小韻首字，《起數訣》是。

27 （去四並）排四勁　偋　明本列字爲『偋』，四庫本列字爲『偋』，四庫本列字當爲『偋』字俗訛。『偋』，《廣韻》防正切，《集韻》毗正切，並勁三去開梗；《韻鏡》外轉第三十三開、《七音略》外轉三十六重中重、《四聲等子》曾攝内八重多輕少韻合口呼梗攝外二，列字均爲『偋』；《切韻指掌圖》十六圖，列字爲『庰』；《切韻指南》梗攝外七開口呼廣門，列字爲『併』，幫母勁韻。『偋』爲《廣韻》勁三並母位小韻首字，下收有『庰』字，注曰：『上同。』『偋』『庰』二字爲異體字。『偋』爲《廣韻》勁韻並母位小韻首字，《起數訣》明本列字是，四庫本訛，當校改爲『偋』。

28 （去四溪）巧四勁　輕　《廣韻》墟正切，《集韻》牽正切，溪勁三去開梗；《韻鏡》空位；《七音略》外轉三十六重中重，列字爲『輕』；《切韻指掌圖》十六圖、《切韻指南》梗攝外七開口呼廣門，列字均爲『磬』，溪母徑韻；《四聲等子》曾攝内八重多輕少韻啓口呼梗攝外八，列字爲『磬』，溪母徑韻。『輕』爲《廣韻》勁三溪母位小韻首字，《韻鏡》空位誤，《起數訣》是。

29 (去四精)哉四勁　婧　《廣韻》疾政切，從勁三去開梗；《集韻》子正切，精勁三去開梗；《韻鏡》外轉第三十三開、《七音略》外轉三十六重中重、《切韻指南》梗攝外七開口呼廣門，列字均爲『精』，《廣韻》子姓切，《集韻》子正切，精勁三去開梗；《切韻指掌圖》十六圖、《四聲等子》曾攝内八重多輕少韻啓口呼梗攝外八，列字均爲『甑』，精母證韻。『精』爲《廣韻》《集韻》勁三開口精母位小韻首字，《集韻》於小韻首字『精』字下亦收有『婧』字，列字以『精』字爲佳，《起數訣》從《集韻》，列『婧』字，亦無誤。

30 (去四清)采四勁　清　《廣韻》七政切，《集韻》七正切，清勁三去開梗；《韻鏡》外轉第三十三開、《七音略》外轉三十六重中重、《切韻指南》梗攝外七開口呼廣門，列字均爲『倩』；《切韻指掌圖》十六圖、《四聲等子》曾攝内八重多輕少韻啓口呼梗攝外八，列字均爲『艶』，清母青韻。『倩』爲《廣韻》勁三開口清母位小韻首字，下收有『清』字，列字以『倩』字爲佳，《起數訣》列『清』字，亦無誤。

31 (去四從)才四勁　净　《廣韻》楚耕切，《集韻》初耕切，初耕二平開梗；均不當列於此位，此字當爲『淨』字形訛。『淨』，《廣韻》疾政切，《集韻》疾正切，從勁三去開梗。《韻鏡》外轉第三十三開、《七音略》外轉三十六重中重、《切韻指掌圖》十六圖、《四聲等子》曾攝内八重多輕少韻啓口呼梗攝外八、《切韻指南》梗攝外七開口呼廣門，列字均爲『淨』。『淨』爲《廣韻》勁三從母位小韻首字，《起數訣》誤，當校改爲『淨』字。

32 （去四曉）花四勁　歆　明本列字爲『歆』，四庫本列字爲『欿』。『歆』，《廣韻》《集韻》於禁切，影沁三去開深，均不當列於此位。『欿』，《集韻》馨正切，曉勁三去開梗；《韻鏡》《七音略》《切韻指掌圖》均空位；《四聲等子》曾攝内八重多輕少韻啓口呼梗攝外八，列字爲『歆』；《切韻指南》梗攝外七開口呼廣門，列字爲『欿』。『欿』爲《集韻》勁三開口曉母位小韻首字，《起數訣》明本誤，當校改爲『欿』字。四庫本是。

33 （去四影）亞四勁　○　明本空位，四庫本列字爲『櫻』。『櫻』，《廣韻》於盈切，影清三平開梗；《集韻》於政切，影勁三去開梗；《韻鏡》《切韻指掌圖》均空位；《七音略》外轉三十六重中重、《切韻指南》梗攝外七開口呼廣門，列字均爲『纓』；《四聲等子》曾攝内八重多輕少韻啓口呼梗攝外八，列字爲『瑩』，影母徑韻。《廣韻》勁三開口無影母。『纓』爲《集韻》勁三開口影母位小韻首字，《七音略》及《起數訣》四庫本從《集韻》。

34 （入二幫）法二陌　百　《廣韻》《集韻》博陌切，幫陌二入開梗；《韻鏡》外轉第三十三開、《七音略》外轉三十六重中重、《切韻指掌圖》十六圖、《切韻指南》梗攝外七開口呼廣門，列字均爲『伯』；《四聲等子》曾攝内八重多輕少韻合口呼梗攝外二，列字爲『百』。『伯』爲《廣韻》陌二開口幫母位小韻首字，下收有『百』字。『百』爲《集韻》陌二開口幫母位小韻首字，下收有

『伯』字，《起數訣》從《集韻》。

35 （入二滂）朴二陌　拍　《廣韻》普伯切，《集韻》匹陌切，滂陌二入開梗；《韻鏡》外轉第三十三開、《切韻指掌圖》十六圖、《四聲等子》曾攝内八重多輕少韻合口呼梗攝外二，列字均爲『拍』；《七音略》外轉三十六重中重，列字爲『柏』，《廣韻》《集韻》博陌切，幫陌二入開梗；『拍』爲此字當爲『拍』字形訛。《切韻指南》梗攝外七開口呼廣門，列字爲『擆』，幫母麥韻。《廣韻》《集韻》陌二滂母位小韻首字，《起數訣》是。

36 本圖入聲三等列目爲『昔』，圖内列字亦爲昔，平上去依圖内列字改爲庚、梗、映，但此位不宜改爲『陌』，仍從昔。

37 （入三滂）朴三昔　⿰金乏　《康熙字典》記：『《廣韻》徒盍切，《集韻》敵盍切，音蹋。《説文》下平缶也。《廣雅》瓶也。又《集韻》鋪彳切。義同。』此記徒盍切，定母盍韻。《集韻》鋪彳切，滂母昔韻。《韻鏡》空位；《七音略》外轉三十八重中重，列字爲『⿰金乏』，《康熙字典》記：『《集韻》亡范切。同鋄。馬首飾也。又孚梵切，音泛。與釩同。杯也。』此記亡范切，明范三上合咸；孚梵切，敷梵三去合咸；均不當列於此位。《七音略》誤，此字當爲『⿰金乏』字形訛。《切韻指掌圖》十六圖，列字爲『揊』；《四聲等子》曾攝内八重多輕少韻合口呼梗攝外二、《切韻指南》梗攝外七開口呼廣門，列字均爲『⿰金乏』。《廣韻》昔三開口無滂母。『⿰金乏』爲《集韻》昔三開口滂母位小韻首字，《起數訣》從《集韻》。

38（入三並）排三昔　欂　明本列字爲『欂』，四庫本列字爲『欂』。四庫本顯係『欂』字訛。『欂』，《廣韻》弼戟切，並陌三入開梗；《集韻》平碧切，並昔三入開梗。《韻鏡》外轉第三十三開、《七音略》外轉三十六重中重、《四聲等子》曾攝内八重多輕少韻合口呼梗攝外二、《切韻指南》梗攝外七開口呼廣門，列字均爲『欂』；《切韻指掌圖》十六圖，列字爲『愎』，並母職韻。《廣韻》昔三開口無並母。『欂』爲《集韻》昔三開口並母位小韻首字，《起數訣》從《集韻》。明本列字是，四庫本當校改爲『欂』。

39（入四滂）朴四昔　僻　明本列字爲『僻』，四庫本列字爲『僻』。『僻』，《廣韻》芳辟切，《集韻》匹辟切，滂昔三入開梗。『僻』，《康熙字典》記：『《集韻》避，古作僻。』『避』，《廣韻》《集韻》毗義切，並寘三去開止，不當列於此位。此字當爲『僻』字形訛。《韻鏡》外轉第三十三開、《七音略》外轉三十六重中重、《四聲等子》曾攝内八重多輕少韻合口呼梗攝外二、《切韻指南》梗攝外七開口呼廣門，列字均爲『僻』；《切韻指掌圖》十六圖，列字爲『霹』，滂母昔韻。《起數訣》明本列『僻』是，四庫本誤，當校改爲『僻』。

40（入四透）貪四昔　剔　《廣韻》他歷切，透錫四入開梗；《集韻》土益切，透昔三入開梗。《韻鏡》外轉第三十三開、《四聲等子》曾攝内八重多輕少韻啓口呼梗攝外八、《切韻指南》梗攝外七開口呼廣門，列字均爲『剔』；《七音略》空位；《切韻指掌圖》十六圖，列字爲『惕』，透母錫韻。《廣韻》昔三開口無透母。『剔』爲《集韻》昔三開口透母位小韻首字，《起數訣》從《集韻》。

41 (入四定)覃四昔　悌　《廣韻》徒禮切，定薺四上開蟹；特計切，定霽四去開蟹。《集韻》待亦切，定昔三入開梗。《韻鏡》《七音略》均空位；《切韻指掌圖》十六圖，列字爲『狄』，定母錫韻；《四聲等子》曾攝内八重多輕少韻啓口呼梗攝外八，列字爲『糴』，定母錫韻；《切韻指南》梗攝外七開口呼廣門，列字爲『悌』。《廣韻》昔三開口無定母。『悌』爲《集韻》昔三開口定母位小韻首字，《起數訣》從《集韻》。

42 (入四泥)妳四昔　鑈　《廣韻》奴禮切，泥薺四上開蟹；奴協切，泥帖四入開咸。《集韻》奴刺切，泥昔三入開梗。《韻鏡》《七音略》均空位；《切韻指掌圖》十六圖，列字爲『溺』，泥母錫韻；《四聲等子》曾攝内八重多輕少韻啓口呼梗攝外八，列字爲『惄』，泥母錫韻；《切韻指南》梗攝外七開口呼廣門，列字爲『鑈』。《廣韻》昔三開口無泥母。『鑈』爲《集韻》昔三開口泥母位小韻首字，《起數訣》從《集韻》。

43 (入四溪)巧四昔　螌　《廣韻》昔三開口無溪母；《集韻》苦席切，溪昔三入開梗。《韻鏡》《七音略》均空位；《切韻指掌圖》十六圖、《四聲等子》曾攝内八重多輕少韻啓口呼梗攝外八，列字均爲『喫』，溪母錫韻；《切韻指南》梗攝外七開口呼廣門，列字爲『燩』，溪母覺韻。『螌』爲《集韻》昔三開口溪母位小韻首字，《起數訣》從《集韻》。

44 (入四清)采四昔　散　《廣韻》《集韻》七迹切，清昔三入開梗；《韻鏡》外轉第三十三開，列字爲『刺』；《七音略》外轉三十六重中重、《切韻指南》梗攝外七開口呼廣門，列字均爲

『戚』為佳,《韻鏡》列『刺』字,亦無誤。《起數訣》是。

45（入四從）才四昔　藉　《廣韻》《集韻》秦昔切,從昔三入開梗;《韻鏡》外轉第三十三開、《七音略》外轉三十六重中重、《切韻指南》梗攝外七開口呼廣門,列字均為『籍』;《切韻指掌圖》十六圖、《四聲等子》曾攝内八重多輕少韻啓口呼梗攝外八,列字均為『寂』,從母錫韻。『籍』為《廣韻》昔三從母位小韻首字,下收有『藉』字,列字以『籍』字為佳,《起數訣》列『藉』字,亦無誤。

釋:

1（平二並）排二庚　彭　《廣韻》《集韻》薄庚切,並庚二平開梗;《韻鏡》外轉第三十三開、《七音略》外轉三十六重中重、《切韻指掌圖》十六圖、《四聲等子》曾攝内八重多輕少韻合口呼梗攝外二、《切韻指南》梗攝外七開口呼廣門,列字均為『彭』。

2（平三幫）法三清　兵　《廣韻》甫明切,《集韻》晡明切,幫庚三平開梗;《韻鏡》外轉第三十三開、《七音略》外轉三十六重中重、《切韻指掌圖》十六圖、《四聲等子》曾攝内八重多輕少韻合口呼梗攝外二、《切韻指南》梗攝外七開口呼廣門，列字均爲『兵』。

3 (平三並)排三清　平　《廣韻》符兵切，《集韻》蒲兵切，並庚三平開梗；《韻鏡》外轉第三十三開、《七音略》外轉三十六重中重、《切韻指掌圖》十六圖、《四聲等子》曾攝内八重多輕少韻合口呼梗攝外二、《切韻指南》梗攝外七開口呼廣門，列字均爲『平』。

4 (平三明)馬三清　明　《廣韻》武兵切，《集韻》眉兵切，明庚三平開梗；《韻鏡》外轉第三十三開、《七音略》外轉三十六重中重、《四聲等子》曾攝内八重多輕少韻合口呼梗攝外二、《切韻指南》梗攝外七開口呼廣門，列字均爲『明』；《切韻指掌圖》十六圖，列字爲『朙』。

5 (平四幫)法四清　并　《廣韻》府盈切，《集韻》卑盈切，幫清三平開梗；《韻鏡》外轉第三十三開、《七音略》外轉三十六重中重、《切韻指掌圖》十六圖、《四聲等子》曾攝内八重多輕少韻合口呼梗攝外二、《切韻指南》梗攝外七開口呼廣門，列字均爲『并』。

6 (平四明)馬四清　名　《廣韻》武并切，《集韻》弥并切，明清三平開梗；《韻鏡》外轉第三十三開、《七音略》外轉三十六重中重、《切韻指掌圖》十六圖、《四聲等子》曾攝内八重多輕少韻合口呼梗攝外二、《切韻指南》梗攝外七開口呼廣門，列字均爲『名』。

7 (平四溪)巧四清　輕　《廣韻》去盈切，《集韻》牽盈切，溪清三平開梗；《韻鏡》外轉第三十三開、《七音略》外轉三十六重中重、《切韻指掌圖》十六圖、《四聲等子》曾攝内八重多輕少韻啓口呼梗攝外八、《切韻指南》梗攝外七開口呼廣門，列字均爲『輕』。

8 (平四精)哉四清　精　《廣韻》子盈切,《集韻》咨盈切,精清三平開梗;《韻鏡》外轉第三十三開、《七音略》外轉三十六重中重、《切韻指掌圖》十六圖、《四聲等子》曾攝内八重多輕少韻啓口呼梗攝外八、《切韻指南》梗攝外七開口呼廣門,列字均爲『精』。

9 (平四清)采四清　清　《廣韻》七情切,《集韻》親盈切,清清三平開梗;《韻鏡》外轉第三十三開、《七音略》外轉三十六重中重、《切韻指掌圖》十六圖、《四聲等子》曾攝内八重多輕少韻啓口呼梗攝外八、《切韻指南》梗攝外七開口呼廣門,列字均爲『清』。

10 (平四從)才四清　情　《廣韻》疾盈切,《集韻》慈盈切,從清三平開梗;《韻鏡》外轉第三十三開、《七音略》外轉三十六重中重、《切韻指掌圖》十六圖、《四聲等子》曾攝内八重多輕少韻啓口呼梗攝外八、《切韻指南》梗攝外七開口呼廣門,列字均爲『情』。

11 (平四邪)□四清　餳　《廣韻》《集韻》徐盈切,邪清三平開梗;《韻鏡》外轉第三十三開、《七音略》外轉三十六重中重、《切韻指掌圖》十六圖、《四聲等子》曾攝内八重多輕少韻啓口呼梗攝外八、《切韻指南》梗攝外七開口呼廣門,列字均爲『餳』。

12 (平四影)亞四清　嬰　《廣韻》於盈切,《集韻》伊盈切,影清三平開梗;《韻鏡》外轉第三十三開、《七音略》外轉三十六重中重、《切韻指掌圖》十六圖、《四聲等子》曾攝内八重多輕少韻啓口呼梗攝外八、《切韻指南》梗攝外七開口呼廣門,列字均爲『嬰』。

13 (平四以)萬四清　盈　《廣韻》以成切,《集韻》怡成切,以清三平開梗;《韻鏡》外轉第三十三開、《七音略》外轉三十六重中重、《切韻指掌圖》十六圖、《四聲等子》曾攝内八重多輕少韻啓口呼梗攝外八、《切韻指南》梗攝外七開口呼廣門，列字均爲『盈』。

14 （上二明）馬二梗　猛　《廣韻》莫杏切，《集韻》母梗切，明梗二上開梗；《韻鏡》外轉第三十三開、《七音略》外轉三十六重中重、《四聲等子》曾攝内八重多輕少韻合口呼梗攝外二，明梗三上；《切韻指南》梗攝外七開口呼廣門，列字均爲『猛』；《切韻指掌圖》十六圖，列字爲『黽』。

15 （上三幫）法三靜　丙　《廣韻》兵永切，《集韻》補永切，幫梗三上開梗；《韻鏡》外轉第三十三開、《七音略》外轉三十六重中重、《切韻指掌圖》十六圖、《四聲等子》曾攝内八重多輕少韻合口呼梗攝外二、《切韻指南》梗攝外七合口呼廣門，列字均爲『丙』。

16 （上三明）馬三靜　皿　《廣韻》武永切，《集韻》眉永切，明梗三上開梗；《韻鏡》外轉第三十三開、《七音略》外轉三十六重中重、《切韻指掌圖》十六圖、《四聲等子》曾攝内八重多輕少韻合口呼梗攝外二、《切韻指南》梗攝外七合口呼廣門，列字均爲『皿』。

17 （上四幫）法四靜　餅　《廣韻》《集韻》必郢切，幫靜三上開梗；《韻鏡》外轉第三十三開、《七音略》外轉三十六重中重、《切韻指掌圖》十六圖、《四聲等子》曾攝内八重多輕少韻合口呼梗攝外二，列字均爲『餅』；《切韻指南》梗攝外七開口呼廣門，列字爲『鞞』，幫母迥韻。

18 （上四見）甲四靜　頸　《廣韻》居郢切，《集韻》經郢切，見靜三上開梗；《韻鏡》外轉第三十三開、《七音略》外轉三十六重中重、《切韻指掌圖》十六圖，列字均爲『頸』；《四聲等子》曾攝内八重多輕少韻啓口呼梗攝外八、《切韻指南》梗攝外七開口呼廣門，列字均爲『剄』，見母迴韻。

19（上四影）亞四靜　癭　《廣韻》《集韻》於郢切，影靜三上開梗；《韻鏡》外轉第三十三開、《七音略》外轉三十六重中重、《切韻指南》梗攝外七開口呼廣門，列字均爲『癭』；《切韻指掌圖》空位；《四聲等子》曾攝内八重多輕少韻啓口呼梗攝外八，列字爲『巊』，影母迴韻。

20（上四明）馬四靜　眳　《廣韻》亡井切，《集韻》弥并切，明靜三上開梗；《韻鏡》外轉第三十三開、《七音略》外轉三十六重中重，列字均爲『眳』；《切韻指掌圖》十六圖，列字爲『茗』；《四聲等子》曾攝内八重多輕少韻合口呼梗攝外二、《切韻指南》梗攝外七開口呼廣門，列字均爲『𦕈』，此字當爲『眳』字形訛。

21（上四精）哉四靜　井　《廣韻》《集韻》子郢切，精靜三上開梗；《韻鏡》外轉第三十三開、《七音略》外轉三十六重中重、《切韻指掌圖》十六圖、《四聲等子》曾攝内八重多輕少韻啓口呼梗攝外八、《切韻指南》梗攝外七開口呼廣門，列字均爲『井』。

22（上四清）采四靜　請　《廣韻》七靜切，《集韻》此靜切，清靜三上開梗；《韻鏡》外轉第三十三開、《七音略》外轉三十六重中重、《切韻指掌圖》十六圖、《四聲等子》曾攝内八重多輕少韻啓口呼梗攝外八、《切韻指南》梗攝外七開口呼廣門，列字均爲『請』。

23（上四從）才四靜　靜　《廣韻》《集韻》疾郢切，從靜三上開梗；《韻鏡》外轉第三十三開、《七音略》外轉三十六重中重、《切韻指掌圖》十六圖、《切韻指南》梗攝外七開口呼廣門，列字均爲『靜』；《四聲等子》曾攝内八重多輕少韻啓口呼梗攝外八，列字爲『汫』，從母迥韻。

24 (上四心)山四靜　省　《廣韻》《集韻》息井切，心靜三上開梗；《韻鏡》外轉第三十三開、《七音略》外轉三十六重中重、《切韻指掌圖》十六圖、《四聲等子》曾攝内八重多輕少韻啓口呼梗攝外八、《切韻指南》梗攝外七開口呼廣門，列字均爲『省』。

25 (去二幫)法二映　榜　《廣韻》《集韻》北孟切，幫映二去開梗；《韻鏡》外轉第三十三開、《七音略》外轉三十六重中重，列字均爲『榜』；《切韻指掌圖》十六圖、《切韻指南》梗攝外七開口呼廣門，列字均爲『迸』，幫母諍韻；《四聲等子》曾攝内八重多輕少韻合口呼梗攝外二，列字爲『搒』，並母庚韻。

26 (去三幫)法三勁　柄　《廣韻》《集韻》陂病切，幫映三去開梗；《韻鏡》外轉第三十三開、《七音略》外轉三十六重中重、《切韻指掌圖》十六圖、《四聲等子》曾攝内八重多輕少韻合口呼梗攝外二、《切韻指南》梗攝外七開口呼廣門，列字均爲『柄』。

27 (去三並)排三勁　病　《廣韻》《集韻》皮命切，並映三去開梗；《韻鏡》外轉第三十三開、《七音略》外轉三十六重中重、《切韻指掌圖》十六圖、《四聲等子》曾攝内八重多輕少韻合口呼梗攝外二、《切韻指南》梗攝外七開口呼廣門，列字均爲『病』。

28 (去四滂)朴四勁　聘　《廣韻》《集韻》匹正切，滂勁三去開梗；《韻鏡》外轉第三十三開、《七音略》外轉三十六重中重、《切韻指掌圖》十六圖、《四聲等子》曾攝内八重多輕少韻合口呼梗攝外二、《切韻指南》梗攝外七開口呼廣門，列字均爲『聘』。

29（去四明）馬四勁　詺　《廣韻》《集韻》彌正切，明勁三去開梗；《韻鏡》外轉第三十三開、《七音略》外轉三十六重中重、《四聲等子》曾攝内八重多輕少韻合口呼梗攝外二、《切韻指南》梗攝外七開口呼廣門，列字均爲『詺』；《切韻指掌圖》十六圖，列字爲『暝』，明母先韻。

30（去四見）甲四勁　勁　《廣韻》居正切，《集韻》堅正切，見勁三去開梗；《韻鏡》外轉第三十三開、《七音略》外轉三十六重中重、《切韻指掌圖》十六圖、《四聲等子》曾攝内八重多輕少韻啓口呼梗攝外八，列字均爲『勁』；《切韻指南》梗攝外七開口呼廣門，列字爲『徑』，見母徑韻。

31（去四心）山四勁　性　《廣韻》《集韻》息正切，心勁三去開梗；《韻鏡》外轉第三十三開、《七音略》外轉三十六重中重、《切韻指南》梗攝外七開口呼廣門，列字均爲『性』；《切韻指掌圖》十六圖，列字爲『醒』，心母青韻；《四聲等子》曾攝内八重多輕少韻啓口呼梗攝外八，列字爲『姓』，心母勁韻。

32（入二並）排二陌　白　《廣韻》傍陌切，《集韻》薄陌切，並陌二入開梗；《韻鏡》外轉第三十三開、《七音略》外轉三十六重中重、《切韻指掌圖》十六圖、《四聲等子》曾攝内八重多輕少韻合口呼梗攝外二、《切韻指南》梗攝外七開口呼廣門，列字均爲『白』字。

33（入二明）馬二陌　陌　《廣韻》《集韻》莫白切，明陌二入開梗；《韻鏡》外轉第三十三開、《七音略》外轉三十六重中重、《切韻指掌圖》十六圖、《四聲等子》曾攝内八重多輕少韻合口呼梗攝外二、《切韻指南》梗攝外七開口呼廣門，列字均爲「陌」。

34（入三幫）法三昔　碧　《廣韻》彼役切，《集韻》兵役切，幫昔三入開梗；《韻鏡》外轉第三十五開、《七音略》外轉三十八重中重、《四聲等子》曾攝内八重多輕少韻合口呼梗攝外二、《切韻指南》梗攝外七開口呼廣門，列字均爲「碧」；《切韻指掌圖》十六圖，列字均爲「逼」，幫母職韻。

35（入四幫）法四昔　辟　《廣韻》《集韻》必益切，幫昔三入開梗；《韻鏡》外轉第三十三開、《七音略》外轉三十六重中重、《四聲等子》曾攝内八重多輕少韻合口呼梗攝外二、《切韻指南》梗攝外七開口呼廣門，列字均爲「辟」；《切韻指掌圖》十六圖，列字爲「璧」，幫母昔韻。

36（入四並）排四昔　擗　《廣韻》房益切，《集韻》毗亦切，並昔三入開梗；《韻鏡》外轉第三十三開、《七音略》外轉三十六重中重、《切韻指掌圖》十六圖、《四聲等子》曾攝内八重多輕少韻合口呼梗攝外二、《切韻指南》梗攝外七開口呼廣門，列字均爲「擗」。

37（入四精）哉四昔　積　《廣韻》《集韻》資昔切，精昔三入開梗；《韻鏡》外轉第三十三開、《七音略》外轉三十六重中重、《切韻指南》梗攝外七開口呼廣門，列字均爲「積」；《切韻指掌圖》十六圖，列字爲「即」，精母職韻；《四聲等子》曾攝内八重多輕少韻啓口呼梗攝外八，列字爲『績』，精母錫韻。

38 (入四心)山四昔　昔　《廣韻》《集韻》思積切，心昔三入開梗；《韻鏡》外轉第三十三開、《七音略》外轉三十六重中重、《切韻指南》梗攝外七開口呼廣門，列字均爲『昔』；《切韻指掌圖》十六圖，列字爲『息』，心母職韻；《四聲等子》曾攝內八重多輕少韻啓口呼梗攝外八，列字爲『錫』，心母錫韻。

39 (入四邪)□四昔　席　《廣韻》祥易切，《集韻》祥亦切，邪昔三入開梗；《韻鏡》外轉第三十三開、《七音略》外轉三十六重中重、《切韻指掌圖》十六圖、《切韻指南》梗攝外七開口呼廣門，列字均爲『席』；《四聲等子》曾攝內八重多輕少韻啓口呼梗攝外八，列字爲『夕』，邪母昔韻。

40 (入四影)亞四昔　益　《廣韻》《集韻》伊昔切，影昔三入開梗；《韻鏡》外轉第三十三開、《七音略》外轉三十六重中重、《切韻指掌圖》十六圖、《四聲等子》曾攝內八重多輕少韻啓口呼梗攝外八、《切韻指南》梗攝外七開口呼廣門，列字均爲『益』。

41 (入四以)萬四昔　繹　《廣韻》羊益切，《集韻》夷益切，以昔三入開梗；《韻鏡》外轉第三十三開、《七音略》外轉三十六重中重、《四聲等子》曾攝內八重多輕少韻啓口呼梗攝外八、《切韻指南》梗攝外七開口呼廣門，列字均爲『繹』；《切韻指掌圖》十六圖，列字爲『弋』，以母職韻。

蒙七		盡十一			剝五		艮五	盡三	剝十二	蒙十二
冷	口	崇	發		百	口	白	兒	卓	坼
			音							
			濁	庚					趟	瞠
				清						橕
				梗					打	
				靜					晸	逞
				映					噴	撐
				勁						追
				陌					礫	坼
				昔					鸐	彳

艮六	艮七	艮十一	蛊一	蛊一	蛊二	剥十一	蒙十一	蛊十二	剥九	艮十
大	南	乍	口	口	牙	荏	义	茶	三	士
			牙上	牙上						
棖	鬡	庚	阬				鎗	傖	生	
呈		京	卿	擎	迎	征			聲	成
瑒	檸	梗	伉			睁	瀞		省	
裎		景		顭		整				
鋥		更丙入			硬		瀞		性	
鄭	䆧	敬	慶	兢	迎	正			聖	盛
宅	路	格	客		額	窄	踖	柞	索	齰
擿		戟	隙	劇	逆	隻	尺		釋	石

艮四	艮二	艮八	艮三	嵒七		艮十二 ▼			坤四	師五
亢	華	在	文	瑩	口	宅	開		夫	普
							音			
亨	行						清			
		英		跉	穰					
								清同上		
諱	杏	揩		岭						
		影		領	聰					
								靜重上		
悙	行	嬰								
		映		令						
								動重上		
赫	格	啞		嚳						
虩				劙						
								昔業上		

第六十五圖　發音濁

本圖收《廣韻》庚梗映陌、清靜勁昔韻非脣音開口字，係拆分《韻鏡》外轉第三十三開二三等非脣音字，另加入《韻鏡》外轉第三十五開三等韻字。本圖聲母滂、溪、群、日母位列『□』，其中明本在見、溪母下一等格位内有『牙上』二字，四庫本無。

校注：

1 （平二徹）坼二庚　瞠　明本列字爲『瞠』，四庫本列字爲『𥈗』。『瞠』，《廣韻》丑庚切，《集韻》抽庚切，徹庚二平開梗；『𥈗』，《廣韻》《集韻》未收此字形。此字當爲『瞠』字形訛。《韻鏡》外轉第三十三開、《七音略》外轉三十六重中輕、《切韻指掌圖》十六圖、《四聲等子》曾攝内八重多輕少韻啓口呼梗攝外八、《切韻指南》梗攝外七開口呼廣門，列字均爲『瞠』。『瞠』爲《廣韻》《集韻》庚二徹母位小韻首字，《起數訣》明本是，四庫本形訛，當校改爲『瞠』。

2 （平二娘）南二庚　鬡　《廣韻》女耕切，娘耕二平開梗；《集韻》尼庚切，娘庚二平開梗；《韻鏡》外轉第三十三開，列字爲『傗』，此字當爲『儜』字減筆；《七音略》外轉三十六重中輕，列字爲『鬡』;《切韻指掌圖》十六圖,列字爲『獰』,娘母耕韻;《四聲等子》曾攝内八重多輕少韻啓口呼梗攝外八、《切韻指南》梗攝外七開口呼廣門,列字爲『儜』,娘母耕韻。《廣韻》庚二開口無娘母。『鬡』爲《集韻》庚二開口娘母位小韻首字,《起數訣》從《集韻》。

3 (平二溪)□二庚　阬　《廣韻》客庚切,《集韻》丘庚切,溪庚二平開梗;《韻鏡》外轉第三十三開、《七音略》外轉三十六重中輕,列字爲『坑』;《切韻指掌圖》十六圖,列字爲『阬』;《四聲等子》曾攝内八重多輕少韻啓口呼梗攝外八、《切韻指南》梗攝外七開口呼廣門,列字均爲『鏗』,溪母耕韻。『阬』爲《廣韻》庚二開口溪母位小韻首字,下收有『坑』字,注曰:『上同。』『阬』『坑』二字爲異體字。《起數訣》是。

4 (平二初)叉二庚　鎗　《廣韻》楚庚切,初庚二平開梗;《集韻》楚耕切,初耕二平開梗;《韻鏡》外轉第三十三開、《七音略》外轉三十六重中輕,列字均爲『鎗』;《切韻指掌圖》十六圖、《四聲等子》曾攝内八重多輕少韻啓口呼梗攝外八、《切韻指南》梗攝外七開口呼廣門,列字均爲『琤』。『鎗』爲《廣韻》庚二開口初母位小韻首字,下收有『琤』字。列字以『鎗』字爲佳,《起數訣》是。

5 (平二曉)凡二庚　亨　《廣韻》許庚切,《集韻》虛庚切,曉庚二平開梗;《韻鏡》外轉第三十三開、《七音略》外轉三十六重中輕、《切韻指掌圖》十六圖、《四聲等子》曾攝内八重多輕少韻啓口呼梗攝外八,列字均爲『亨』;《切韻指南》梗攝外七開口呼廣門,列字爲『脝』,透母䵷韻。『脝』爲《廣韻》庚二曉母位小韻首字，下收的『亨』字，列字以『脝』爲佳，《起數訣》亦無誤。

6 本圖三等標目爲清，實則爲清庚合韻。

7 （平三知）卓三清 ○ 《廣韻》《集韻》清二開口知母位均有『貞』字，《廣韻》陟盈切，《集韻》知盈切，知清三平開梗；《韻鏡》空位；《七音略》外轉三十八重中重，列字爲『楨』；《切韻指掌圖》十六圖、《切韻指南》梗攝外七開口呼廣門，列字均爲『貞』；《四聲等子》曾攝內八重多輕少韻啓口呼梗攝外八，列字爲『徵』，知母蒸韻。『貞』爲《廣韻》清三開口知母位小韻首字，下收有『楨』字，列字以『貞』字爲佳，《七音略》列『楨』字無誤，《韻鏡》《起數訣》空位誤，當校補『貞』字。

8 （平三徹）坼三清 檉 《廣韻》丑貞切，《集韻》癡貞切，徹清三平開梗；《韻鏡》空位；《七音略》外轉三十八重中重，列字爲『擅』，此字當爲『檉』字形訛；《切韻指掌圖》十六圖、《切韻指南》梗攝外七開口呼廣門，列字均爲『檉』；《四聲等子》曾攝內八重多輕少韻啓口呼梗攝外八，列字爲『僜』，徹母蒸韻。『檉』爲《廣韻》清三開口徹母位小韻首字，《韻鏡》空位誤，當校補『檉』字。《起數訣》是。

9 （平三澄）大三清 呈 《廣韻》直貞切，《集韻》馳貞切，澄清三平開梗；《韻鏡》空位；《七音略》外轉三十八重中重、《切韻指南》梗攝外七開口呼廣門，列字均爲『呈』；《切韻指掌圖》

十六圖、《四聲等子》曾攝内八重多輕少韻啓口呼梗攝外八，列字均爲『澄』，澄母蒸韻。『呈』爲《廣韻》清三開口徹母位小韻首字，《韻鏡》空位誤，當校補『呈』字。《起數訣》是。

10 （平三見）乍三清 京 《廣韻》舉卿切，《集韻》居卿切，見庚三平開梗；不當列於此位。《韻鏡》外轉第三十三開、《七音略》外轉三十六重中輕，均在庚三位列『京』；《切韻指掌圖》十六圖，亦列『京』字；《四聲等子》曾攝内八重多輕少韻啓口呼梗攝外八，列字爲『兢』，見母蒸韻；《切韻指南》梗攝外七開口呼廣門，列字爲『驚』，見母庚韻。『驚』爲《廣韻》庚三開口見母位小韻首字，下收有『京』字，諸家韻圖均列庚三位，本圖標目爲清，此處列庚三字，當爲并圖故。

11 （平三溪）□三清 卿 《廣韻》《集韻》均未收此字形，此字當爲『卿』字形訛。『卿』，《廣韻》去京切，溪庚三平開梗。不當列於此位。《韻鏡》外轉第三十三開、《七音略》外轉三十六重中輕、《切韻指掌圖》十六圖、《切韻指南》梗攝外七開口呼廣門，列字均爲『卿』，溪母庚韻；《四聲等子》曾攝内八重多輕少韻啓口呼梗攝外八，列字爲『硱』，溪母蒸韻。《韻鏡》《七音略》均於庚三位列『卿』字，《起數訣》列目爲清，此處列庚三字，當爲并圖故。

12 （平三群）□三清 擎 《廣韻》《集韻》渠京切，群庚三平開梗；《韻鏡》外轉第三十三開、《七音略》外轉三十六重中輕、《切韻指掌圖》十六圖，列字均爲『擎』；《四聲等子》曾攝内八重多輕少韻啓口呼梗攝外八，列字爲『殑』，群母蒸韻；《切韻指南》梗攝外七開口呼廣門，列字爲『檠』，群母庚韻。『擎』爲《廣韻》庚三開口群母位小韻首字，《韻鏡》《七音略》列於庚三位，《起數訣》列目爲清，此處列庚三字，當爲并圖故。

13 （平三疑）牙三清　迎　《廣韻》語京切，《集韻》魚京切，疑庚三平開梗；均不當列於此位。《韻鏡》空位；《七音略》外轉三十六重中輕、《切韻指掌圖》十六圖、《切韻指南》梗攝外七開口呼廣門，列字均爲『迎』；《四聲等子》曾攝内八重多輕少韻啓口呼梗攝外八，列字爲『凝』，疑母蒸韻。『迎』爲《廣韻》庚三開口疑母位小韻首字，《韻鏡》《七音略》均列於庚三位，《起數訣》列目爲清，此處列庚三字，當爲并圖故。

14 （平三影）在三清　英　《廣韻》《集韻》於驚切，影庚三平開梗；《韻鏡》外轉第三十三開、《切韻指掌圖》十六圖、《四聲等子》曾攝内八重多輕少韻啓口呼梗攝外八，列字均爲『英』；《七音略》空位；《切韻指南》梗攝外七開口呼廣門，列字爲『霙』，影母庚韻。『英』爲《廣韻》庚三開口影母位小韻首字，《韻鏡》列於庚三位，《起數訣》列目爲清，此處列庚三字，當爲并圖故。

15 （平三來）犖三清　跉　《廣韻》吕貞切，《集韻》離貞切，來清三平開梗；《韻鏡》外轉第三十五開，《切韻指南》梗攝外七開口呼廣門，列字均爲『跉』；《七音略》空位；《切韻指掌圖》十六圖、《四聲等子》曾攝内八重多輕少韻啓口呼梗攝外八，列字均爲『陵』，來母蒸韻。『跉』爲《廣韻》清三開口來母位小韻首字，《七音略》空位誤，《起數訣》是。

16（平三日）□三清　穰　《廣韻》汝陽切，日陽三平開宕；如兩切，日養三上開宕。《集韻》人成切，日清三平開梗。《韻鏡》《七音略》空位；《切韻指掌圖》十六圖、《四聲等子》曾攝内八重多輕少韻啓口呼梗攝外八，列字均爲「仍」，日母蒸韻；《切韻指南》梗攝外七開口呼廣門，列字爲「穰」。《廣韻》清三開口無日母。「穰」爲《集韻》清三開口日母位小韻首字，《起數訣》從《集韻》。

17（上二知）卓二梗　打　《廣韻》德冷切，端梗二上開梗；以端切知，類隔。《集韻》都挺切，端迥四上開梗；《韻鏡》外轉第三十三開、《切韻指掌圖》十六圖、《四聲等子》曾攝内八重多輕少韻啓口呼梗攝外八、《切韻指南》梗攝外七開口呼廣門，列字均爲「盯」，《廣韻》《集韻》張梗切，知梗二上開梗；《七音略》外轉三十六重中輕，列字爲「打」。「盯」「打」二字切語雖殊而讀音實同，蓋「打」爲後增字。「盯」爲《廣韻》梗二開口知母位小韻首字，列字以「盯」爲佳，《起數訣》列「打」字，亦無誤。

18（上二徹）坼二梗　○　《廣韻》《集韻》梗二開口均無徹母；《韻鏡》《切韻指掌圖》《四聲等子》《切韻指南》均空位；《七音略》外轉三十六重中輕，列字爲「⿰貝丁」，此字當爲「盯」字誤，但應列於知母位，誤。《起數訣》空位是。

19（上二娘）南二梗　楟　明本列字爲「楟」，四庫本列字爲「檸」。明本此字當爲「檸」，《廣韻》《集韻》拏梗切，娘梗二上開梗；《韻鏡》外轉第三十三開，列字爲「擰」；此字當爲「檸」字形訛。《七音略》外轉三十六重中輕、《切韻指掌圖》十六圖、《四聲等子》曾攝内八重多輕少韻啓口呼梗攝外八、《切韻指南》梗攝外七開口呼廣門，列字均爲『檸』。『檸』爲《廣韻》梗二娘母位小韻首字，《起數訣》明本形訛，當校改爲『檸』；四庫本是。

20 （上二溪）□二梗　伉　《廣韻》苦浪切，溪宕一去開宕；《集韻》苦杏切，溪梗二上開梗；《韻鏡》《切韻指掌圖》均空位；《七音略》外轉三十六重中輕，列字爲『沆』，匣母蕩韻，誤；《四聲等子》曾攝内八重多輕少韻啓口呼梗攝外八、《切韻指南》梗攝外七開口呼廣門，列字均爲『伉』。《廣韻》梗二開口無溪母，『伉』爲《集韻》梗二開口溪母位小韻首字，《起數訣》從《集韻》。

21 （上二莊）莊二梗　睁　《康熙字典》記：『《集韻》《類篇》甾莖切，音爭。足跟筋也。又《集韻》側杏切。義同。』此記側杏切，莊梗二上開梗。《韻鏡》《七音略》《切韻指掌圖》均空位；《四聲等子》曾攝内八重多輕少韻啓口呼梗攝外八，列字爲『睜』，從母靜韻；《切韻指南》梗攝外七開口呼廣門，列字爲『睁』。《廣韻》梗二開口無莊母。『睁』爲《集韻》梗二開口莊母位小韻首字，《起數訣》從《集韻》。

22 （上二初）叉二梗　瀞　《廣韻》《集韻》疾正切，從勁三去開梗；均不當列於此位。此字當爲『瀧』字形訛。『瀧』，《廣韻》梗二開口無初母，《集韻》差梗切，初梗二上開梗。《韻鏡》《七音略》《切韻指掌圖》均空位；《四聲等子》曾攝内八重多輕少韻啓口呼梗攝外八、《切韻指南》梗攝外七開口呼廣門，列字均爲「灖」。「灖」爲《集韻》梗二開口初母位小韻首字，《起數訣》從《集韻》，但形訛，當校改爲「灖」。

23 (上二曉)凡二梗　詝　《廣韻》梗二開口無曉母；《集韻》虎梗切，曉梗二上開梗；《韻鏡》《七音略》《切韻指掌圖》均空位；《四聲等子》曾攝內八重多輕少韻啓口呼梗攝外八、《切韻指南》梗攝外七開口呼廣門，列字均爲「詝」。「詝」爲《廣韻》《集韻》梗二開口曉母位小韻首字，《起數訣》從《集韻》。

24 (上二影)在二梗　⿰牛誉　《康熙字典》記：「《集韻》烏猛切，音誉。《玉篇》喚牛聲。又《集韻》《類篇》於杏切。吴人謂犢曰⿰牛誉。」此記烏猛切、於杏切，均影母梗韻。《韻鏡》外轉第三十三開、《切韻指掌圖》十六圖，列字爲「誉」；《七音略》空位；《四聲等子》曾攝內八重多輕少韻啓口呼梗攝外八、《切韻指南》梗攝外七開口呼廣門，列字均爲「⿰牛誉」。《廣韻》梗二開口無影母。「誉」爲《廣韻》梗二開口影母位小韻首字，下收有「⿰牛誉」字，烏猛切。「⿰牛誉」爲《集韻》梗二開口影母位小韻首字，於杏切，《起數訣》從《集韻》。

25 (上二來)犖二梗　冷　明本列字爲「冷」，四庫本列字爲「泠」。「冷」，《廣韻》《集韻》魯打切，來梗二上開梗；「泠」，《廣韻》郎丁切，來青四平開梗；《集韻》朗鼎切，來迥四上開梗；均不當列於此位。《韻鏡》外轉第三十三開、《七音略》外轉三十六重中輕、《切韻指掌圖》十六圖、《四聲等子》曾攝內八重多輕少韻啓口呼梗攝外八、《切韻指南》梗攝外七開口呼廣門，列字均爲『冷』。《起數訣》明本列字是，四庫本當校改爲『冷』。

26 本圖上聲三等列目爲靜，實爲靜梗合韻。

27 （上三知）卓三靜　㲋　《廣韻》靜三開口無知母；《集韻》知領切，知靜三上開梗；《韻鏡》《切韻指掌圖》均空位；《七音略》外轉三十八重中重、《四聲等子》曾攝内八重多輕少韻啓口呼梗攝外八、《切韻指南》梗攝外七開口呼廣門，列字均爲『㲋』。『㲋』爲《集韻》靜三開口知母位小韻首字，《七音略》《起數訣》從《集韻》。

28 （上三澄）大三靜　徎　《廣韻》《集韻》丈井切，澄靜三上開梗；《韻鏡》空位；《七音略》外轉三十八重中重，列字爲『裎』，《康熙字典》記：『《字彙》音呈。人姓。《正字通》譌字。』《切韻指掌圖》十六圖、《四聲等子》曾攝内八重多輕少韻啓口呼梗攝外八、《切韻指南》梗攝外七開口呼廣門，列字均爲『徎』。『徎』爲《廣韻》《集韻》靜三開口澄母位小韻首字，《韻鏡》空位誤，當校補『徎』字。《起數訣》是。

29 （上三見）乍三靜　景　《廣韻》居影切，《集韻》舉影切，見梗三上開梗；均不當列於此位。《韻鏡》外轉第三十五開，列字爲『頸』，《廣韻》居郢切，《集韻》經郢切，見靜三上開梗；《七音略》外轉三十六重中輕、《切韻指掌圖》十六圖、《切韻指南》梗攝外七開口呼廣門，列字均爲『警』，見母梗韻；《四聲等子》曾攝内八重多輕少韻啓口呼梗攝外八，列字爲『景』。『頸』爲《廣韻》靜三開口見母位小韻首字，韻圖多列於四等位。『警』爲《廣韻》梗三見母位小韻首字，下收有『景』；『景』爲《集韻》梗三見母位小韻首字，本圖標目爲清，但四十六圖相應位置所列均爲梗韻字，本圖上三等靜梗合并，《起數訣》此位列『景』當爲并圖故，從《集韻》取首字。

30 (上三群)□三靜　頸　《廣韻》靜韻無群母字，《集韻》渠領切，群靜三上開梗；《韻鏡》外轉第三十五開，列字爲『痙』；《七音略》空位；《切韻指掌圖》十六圖，列字爲『檠』，群母庚韻；《四聲等子》曾攝内八重多輕少韻啓口呼梗攝外八，列字爲『殑』，群母拯韻；《切韻指南》空位。『痙』爲《廣韻》靜三開口群母位小韻首字，韻圖多列於四等位；『頸』爲《集韻》靜三開口群母位小韻首字，《起數訣》從《集韻》。

31 (上三影)在三靜　影　《廣韻》於丙切，《集韻》於境切，影梗三上開梗；《韻鏡》外轉第三十三開、《七音略》外轉三十六重中輕，梗韻列字爲『影』；《切韻指掌圖》十六圖、《四聲等子》曾攝内八重多輕少韻啓口呼梗攝外八、《切韻指南》梗攝外七開口呼廣門，列字均爲『影』。『影』爲《廣韻》梗三開口影母位小韻首字，《起數訣》標目清下列梗韻字，當爲并圖故。

32 (上三日)□三靜　騀　明本列字爲『騀』，四庫本列字爲『䮂』。『䮂』，《康熙字典》記：『《集韻》如穎切，穰上聲。義同。』此記如穎切，日母靜韻。《韻鏡》《七音略》均空位；《切韻指掌圖》空位，列字爲『㽘』，爲『𤮪』字誤；《四聲等子》曾攝内八重多輕少韻啓口呼梗攝外八，列字爲『稔』，日母寢韻；《切韻指南》梗攝外七開口呼廣門，列字爲『䮂』。《廣韻》靜三開口無日母。『䮕』爲《集韻》静三開口日母位小韻首字，《起數訣》從《集韻》，明本列字誤，當校先校改爲『䮕』。大岩本幸次認爲此字當在合口。

33（去二知）卓二映　嗔　明本列字爲『嗔』，四庫本列字爲『嗊』，《廣韻》《集韻》均未收；此二字當爲『偵』字形訛。『偵』，《廣韻》《集韻》豬孟切，知映二去開梗；《韻鏡》外轉第三十三開、《七音略》外轉三十六重中輕、《切韻指掌圖》十六圖、《四聲等子》曾攝内八重多輕少韻啓口呼梗攝外八、《切韻指南》梗攝外七開口呼廣門，列字均爲『倀』。『倀』爲《廣韻》《集韻》映二開口知母位小韻首字，下收有『偵』字，列字以『倀』字爲佳。《起數訣》亦無誤。

34（去二徹）坼二映　撑　《康熙字典》記：『《唐韻》丑庚切，《集韻》抽庚切，音瞠。與樘同。《説文》樘衺柱也。』此記丑庚切、抽庚切，徹母庚韻。均不當列於此位。《韻鏡》外轉第三十三開、《七音略》外轉三十六重中輕、《切韻指掌圖》十六圖、《四聲等子》曾攝内八重多輕少韻啓口呼梗攝外八、《切韻指南》梗攝外七開口呼廣門，列字均爲『牚』，《廣韻》他孟切，《集韻》恥孟切，徹映二去開梗。『牚』爲《廣韻》映二開口徹母位小韻首字，《起數訣》明本、四庫本均誤，當校改爲『牚』字。

35（去二澄）大三映　鋥　《廣韻》《集韻》除更切，澄映二去開梗；《韻鏡》外轉第三十三開、《四聲等子》曾攝内八重多輕少韻啓口呼梗攝外八、《切韻指南》梗攝外七開口呼廣門，列字均爲『鋥』；《七音略》外轉三十六重中輕，列字爲『鎊』，《廣韻》普郎切，《集韻》鋪郎切，滂唐一平開宕，誤。《切韻指掌圖》十六圖，列字爲『�』。『鋥』爲《廣韻》映二開口澄母位小韻首字，下收有『瞠』字，列字以『鋥』字爲佳，《起數訣》是。

36 （去二見）乍二映　更　明本、四庫本列字均爲『更』，明本本格位右下角有『丙入』二字，待考。『更』，《廣韻》古孟切，《集韻》居孟切，見映二去開梗；《韻鏡》外轉第三十三開、《七音略》外轉三十六重中輕、《切韻指掌圖》十六圖、《四聲等子》曾攝内八重多輕少韻啓口呼梗攝外八、《切韻指南》梗攝外七開口呼廣門，列字均爲『更』。『更』爲《廣韻》映二見母位小韻首字，《起數訣》列字是。

37 （去二疑）牙二映　硬　《廣韻》五諍切，疑諍二去開梗；《集韻》魚孟切，疑映二去開梗；《韻鏡》外轉第三十三開、《切韻指掌圖》十六圖、《四聲等子》曾攝内八重多輕少韻啓口呼梗攝外八，列字均爲『硬』；《七音略》空位；《切韻指南》梗攝外七開口呼廣門，列字爲『鞕』，《廣韻》疑母諍韻、《集韻》疑母映韻。《廣韻》映二開口無疑母，『硬』爲《集韻》映二開口疑母位小韻首字，《起數訣》從《集韻》。

38 （去二初）叉二映　瀙　明本列字爲『瀙』，四庫本列字爲『瀙』；『瀙』，《廣韻》《集韻》未收；此字當爲『瀙』字形訛。『瀙』，《廣韻》楚敬切，《集韻》楚慶切，初映二去開口梗；《韻鏡》空位；《七音略》外轉三十六重中輕、《切韻指掌圖》十六圖、《四聲等子》曾攝内八重多輕少韻啓口呼梗攝外八、《切韻指南》梗攝外七開口呼廣門，列字均爲『灩』。『灩』爲《廣韻》映二開口初母位小韻首字，《韻鏡》空位誤，當校補『灩』字。《起數訣》明本誤，當校改爲『灩』字。四庫本是。

39（去二生）三二映　性　明本、四庫本列字均爲『性』。『性』，《廣韻》《集韻》息正切，心勁三去開梗；均不當列於此位。此字當爲『生』字形訛。『生』，《廣韻》所敬切，《集韻》所慶切，生映二去開梗。《韻鏡》《七音略》均空位；《切韻指掌圖》十六圖、《四聲等子》曾攝内八重多輕少韻啓口呼梗攝外八、《切韻指南》梗攝外七開口呼廣門，列字均爲『生』。『生』爲《廣韻》映二開口生母位小韻首字，《韻鏡》《七音略》空位誤，當校補『生』字。《起數訣》明本、四庫本均誤，當校改爲『生』字。

40（去二曉）凡二映　悙　明本列字爲『悙』，四庫本列字爲『惇』。『惇』，《廣韻》章倫切，《集韻》朱倫切，章諄三平合臻；《廣韻》《集韻》都昆切，端魂一平開臻；此字當爲『悙』字形訛。『悙』，《廣韻》許庚切，曉庚二平開梗；《集韻》亨孟切，曉映二去開梗；《韻鏡》空位；《七音略》外轉三十六重中輕，列字爲『諱』，《廣韻》列字形爲『諱』，許更切，注：『瞋語。』《集韻》於曉母映韻列字爲『諱』，亨孟切，亦注：『博雅言也，一曰瞋語，或從口。』故『諱』『諱』二字爲異體字。《切韻指掌圖》十六圖、《四聲等子》曾攝内八重多輕少韻啓口呼梗攝外八、《切韻指南》梗攝外七開口呼廣門，列字均爲『諱』。『諱』或『諱』爲《廣韻》映二開口曉母位小韻首字。

『惸』爲《集韻》映二開口曉母位小韻首字，下收有『⿰言幸』字，《起數訣》從《集韻》。

41 （去二影）在二映　瀴　《廣韻》《集韻》於孟切，影映二去開梗；《韻鏡》空位；《七音略》外轉三十六重中輕、《切韻指南》梗攝外七開口呼廣門，列字均爲『瀴』；《切韻指掌圖》十六圖，列字爲『嫈』，影母諍韻；《四聲等子》曾攝内八重多輕少韻啓口呼梗攝外八，列字爲『⿰牛⿱𤇾目』。『瀴』爲《廣韻》映二開口影母位小韻首字，《韻鏡》空位誤，《起數訣》是。

42 本圖去聲標目爲勁，實爲勁映合韻。

43 （去三娘）南三勁　⿱宁䖵　明本列字爲『⿱宁䖵』，四庫本列字爲『⿱寍䖵』。『⿱寍䖵』，《康熙字典》記：『《字彙補》與蜜同。』『蜜』，《廣韻》彌畢切，《集韻》覓畢切，明質三入開臻。均不當列於此位。明本誤，此字當爲『⿱寍䖵』字形訛。『⿱寍䖵』，《康熙字典》記：『《唐韻》奴丁切，《集韻》囊丁切，音寧。《説文》蟲也。《廣韻》螻蛄也。又女正切。義同。並亦作蠕。』此記奴丁切，泥母耕韻。女正切，娘母勁韻。《韻鏡》《切韻指掌圖》均空位；《七音略》外轉三十八重中重，列字爲『⿱寍䖵』；《四聲等子》曾攝内八重多輕少韻啓口呼梗攝外八，列字爲『⿰毛乃』，娘母證韻；《切韻指南》梗攝外七開口呼廣門，列字爲『⿱寍䖵』。《廣韻》勁三開口無娘母。『⿱寍䖵』爲《集韻》勁三開口娘母位小韻首字，《七音略》《起數訣》從《集韻》。

44 （去三見）乍三勁　敬　『敬』，《廣韻》《集韻》居慶切，見映三去開梗。《韻鏡》外轉第三十三開、《七音略》外轉第三十六重中輕，均於映韻列『敬』字。《切韻指掌圖》十六圖、《四聲等子》曾攝内八重多輕少韻啓口呼梗攝外八、《切韻指南》梗攝外七開口呼廣門，列字均爲「敬」。「敬」爲《廣韻》《集韻》映三開口見母位小韻首字，《起數訣》標目爲勁下收映韻字，當爲并圖故。

45（去三溪）□三勁　慶　明本、四庫本列字均爲「慶」。「慶」，《廣韻》丘敬切，《集韻》丘正切，溪映三去開梗；《韻鏡》外轉第三十三開、《七音略》外轉第三十六重中輕，均於映韻列「慶」字。《切韻指掌圖》十六圖、《四聲等子》曾攝内八重多輕少韻啓口呼梗攝外八、《切韻指南》梗攝外七開口呼廣門，列字均爲「慶」。「慶」爲《廣韻》《集韻》映三開口溪母位小韻首字，《起數訣》標目爲勁下收映韻字，當爲并圖故。

46（去三群）□三勁　競　明本列字爲「兢」，四庫本列字爲「競」。「兢」，《廣韻》《集韻》居陵切，見蒸三平開曾；「競」，《廣韻》渠敬切，《集韻》渠映切，群映三去開梗。《韻鏡》外轉第三十三開、《七音略》外轉第三十六重中輕、《切韻指掌圖》十六圖、《四聲等子》曾攝内八重多輕少韻啓口呼梗攝外八、《切韻指南》梗攝外七開口呼廣門，列字均爲「競」。「競」爲《廣韻》《集韻》映三開口群母位小韻首字，《起數訣》標目爲勁下收映韻字，當爲并圖故。明本誤，此字當爲「競」字形訛。四庫本是。

47（去三疑）牙三勁　迎　「迎」，《廣韻》魚敬切，《集韻》魚慶切，疑映三去開梗；均不當列於此位。《韻鏡》外轉第三十三開、《七音略》外轉第三十六重中輕、《切韻指南》梗攝外七開口呼廣門，均於映韻列「迎」字。《切韻指掌圖》十六圖、《四聲等子》曾攝内八重多輕少韻啓口呼梗攝外八，列字均爲「凝」，疑母證韻。「迎」爲《廣韻》《集韻》映三開口疑母位小韻首字，《起數訣》標目爲勁下收映韻字，當爲并圖故。

48 （去三章）莊三勁　正　《廣韻》《集韻》之盛切，章勁三去開梗；《韻鏡》外轉第三十五開、《七音略》外轉三十八重中重、《切韻指南》梗攝外七開口呼廣門，列字均爲「政」；《切韻指掌圖》十六圖，列字爲「正」；《四聲等子》曾攝内八重多輕少韻啓口呼梗攝外八，列字爲「證」，章母證韻。「政」爲《廣韻》勁三開口章母位小韻首字，下收有「正」字。「正」爲《集韻》勁三開口章母位小韻首字，下收有「政」字，《起數訣》從《集韻》。

49 （去三影）在三勁　映　《廣韻》於敬切，《集韻》於慶切，影映三去開梗；《韻鏡》外轉第三十三開、《七音略》外轉第三十六重中輕、《切韻指南》梗攝外七開口呼廣門，均於映韻列「映」字。《切韻指掌圖》十六圖，列字爲「應」，影母證韻；《四聲等子》曾攝内八重多輕少韻啓口呼梗攝外八，列字爲「暎」，「暎」「映」二字爲異體字。「映」爲《廣韻》《集韻》映三開口影母位小韻首字，《起數訣》標目爲勁下收映韻字，當爲并圖故。

50 （入二徹）拆二陌　拆　《廣韻》丑格切，《集韻》恥格切，徹陌二入開梗；《韻鏡》外轉第三十三開、《切韻指掌圖》十六圖，列字均爲「拆」，《廣韻》未收；《集韻》恥格切，徹陌二入開梗。《七音略》外轉三十六重中輕，列字爲「拆」；《四聲等子》曾攝内八重多輕少韻啓口呼梗攝外八，列字爲『㙈』，徹母麥韻；《切韻指南》梗攝外七開口呼廣門，列字爲『𤸷』，徹母麥韻。『𡑞』爲《廣韻》陌二開口徹母位小韻首字，注下『亦作坼』。『坼』『拆』同爲《集韻》陌二開口徹母位小韻首字。《起數訣》從《集韻》。

51 （入二莊）莊二陌　窄　《廣韻》側伯切，《集韻》側格切，莊陌二入開梗；《韻鏡》外轉第三十三開、《七音略》外轉三十六重中輕，列字均爲『迮』；《切韻指掌圖》十六圖，列字爲『側』，莊母職韻；《四聲等子》曾攝內八重多輕少韻啓口呼梗攝外八、《切韻指南》梗攝外七開口呼廣門，列字均爲『責』，莊母麥韻。『嘖』爲《廣韻》陌二開口莊母位小韻首字，下收有『迮』『窄』二字，列字以『嘖』字爲佳，《韻鏡》《七音略》列『迮』字，《起數訣》列『窄』字，亦無誤。

52 （入二初）叉二陌　䟿　《廣韻》測戟切，《集韻》測窄切，初陌二平開梗；《韻鏡》外轉第三十三開、《七音略》外轉三十六重中輕，列字均爲『柵』；《切韻指掌圖》十六圖，列字爲『測』，初母職韻；《四聲等子》曾攝內八重多輕少韻啓口呼梗攝外八、《切韻指南》梗攝外七開口呼廣門，列字均爲『策』，初母麥韻。『柵』爲《廣韻》陌二開口初母位小韻首字，『柵』爲《集韻》陌二開口初母位小韻首字，《起數訣》從《集韻》。

53 （入二崇）茶二陌　柞　《廣韻》在各切，從鐸一入開宕；《集韻》助伯切，崇陌二入開梗；按《廣韻》不得列於此位。《韻鏡》外轉第三十三開、《七音略》外轉三十六重中輕、《切韻指南》梗攝外七開口呼廣門，列字均爲『齚』，《廣韻》鋤陌切，《集韻》實窄切，崇陌二入開梗；《切韻指掌圖》十六圖，列字爲「⿰責刂」，崇母職韻；《四聲等子》曾攝内八重多輕少韻啓口呼梗攝外八，列字爲「賾」，崇母麥韻。「齚」爲《廣韻》陌韻二開口崇母位小韻首字，《廣韻》陌韻未收「柞」字。「柞」爲《集韻》陌二開口崇母位小韻首字，《起數訣》從《集韻》。

54 （入二生）三二陌　索　《廣韻》山戟切，《集韻》色窄切，生陌二入開梗；《韻鏡》外轉第三十三開、《七音略》外轉三十六重中輕，列字均爲「索」；《切韻指掌圖》十六圖，列字爲「色」，生母職韻；《四聲等子》曾攝内八重多輕少韻啓口呼梗攝外八、《切韻指南》梗攝外七開口呼廣門，列字均爲「㮦」，生母麥韻。「索」爲《廣韻》陌二開口生母位小韻首字，下收的「索」字，注上同，列字以「索」爲佳，《起數訣》亦無誤。

55 （入二俟）士二陌　齰　《廣韻》鋤陌切，崇陌二入開梗；《集韻》實窄切，禪陌二入開梗；《韻鏡》《七音略》《四聲等子》《切韻指南》均空位；《切韻指掌圖》十六圖，列字爲「賾」，崇母麥韻。《集韻》音反切上字「實」爲禪母字，反切下字爲二等，按切三韻二不離初的門法，此字當列於二等位。《起數訣》從《集韻》，是。

56 （入二來）犖二陌　礐　明本列字爲「礐」，四庫本列字爲「學」。「礐」，《廣韻》力摘切，來麥二入開梗；《集韻》離宅切，來陌二入開梗。「學」，《廣韻》胡覺切，《集韻》轄覺切，匣覺二入開江；不當列於此位，當爲「礐」字形訛。《韻鏡》外轉第三十三開、《四聲等子》曾攝内八重多輕少韻啓口呼梗攝外八、《切韻指南》梗攝外七開口呼廣門，列字均爲「礐」；《七音略》外轉三十六重中輕，『磬』列於日母，誤；《切韻指掌圖》空位。《廣韻》陌二開口無來母。『磬』爲《集韻》陌二開口來母位小韻首字，《起數訣》從《集韻》。明本是。四庫本誤，當校改爲『磬』字。

57 本圖列目爲昔，實爲昔陌合韻。

58 （入三徹）坼三昔　彳《廣韻》《集韻》丑亦切，徹昔三入開梗；《韻鏡》《七音略》均空位；《切韻指掌圖》十六圖、《四聲等子》曾攝内八重多輕少韻啓口呼梗攝外八，列字均爲『敕』，徹母職韻；《切韻指南》梗攝外七開口呼廣門，列字爲『彳』。『彳』爲《廣韻》昔三開口徹母位小韻首字，《韻鏡》《七音略》空位誤，《起數訣》是。

59 （入三澄）大三昔　擿《廣韻》《集韻》直炙切，澄昔三入開梗；《韻鏡》《七音略》均空位；《切韻指掌圖》十六圖、《四聲等子》曾攝内八重多輕少韻啓口呼梗攝外八，列字均爲『直』，澄母職韻；《切韻指南》梗攝外七開口呼廣門，列字爲『擿』。『擲』爲《廣韻》昔三開口澄母位小韻首字，下收有『擿』字，《韻鏡》《七音略》空位誤，列字以『擲』爲佳，《起數訣》亦無誤。

60 （入三見）乍三昔　戟　《廣韻》几據切，《集韻》訖逆切，見陌二入開梗；《韻鏡》外轉第三十三開、《七音略》外轉三十六重中重，陌韻位列字均爲『戟』；《切韻指掌圖》十六圖、《四聲等子》曾攝内八重多輕少韻啓口呼梗攝外八，列字均爲『殛』，見母職韻；《切韻指南》梗攝外七開口呼廣門，列字爲『覿』。『戟』爲《廣韻》陌二開口見母位小韻首字，本圖入三標目爲昔，下列陌韻字，當爲并圖故。

61 （入三溪）□三昔　隙　《廣韻》綺戟切，《集韻》乞逆切，溪陌三入開梗；《韻鏡》外轉第三十三開、《七音略》外轉三十六重中重、《切韻指南》梗攝外七開口呼廣門、《切韻指掌圖》十六圖，列字均爲「隙」；《四聲等子》曾攝内八重多輕少韻啓口呼梗攝外八，列字爲「䶵」，見母職韻。「隙」爲《廣韻》陌二開口溪母位小韻首字，本圖入三標目爲昔，下列陌韻字，當爲并圖故。

62 （入三群）□三昔　劇　《廣韻》奇逆切，《集韻》竭戟切，群昔三入開梗；《韻鏡》外轉第三十三開、《七音略》外轉三十六重中重、《切韻指南》梗攝外七開口呼廣門，列字均爲「劇」；《切韻指掌圖》十六圖、《四聲等子》曾攝内八重多輕少韻啓口呼梗攝外八，列字均爲「極」，群母職韻。「隙」爲《廣韻》陌二開口群母位小韻首字，本圖入三標目爲昔，下列陌韻字，當爲并圖故。

63 （入三疑）牙三昔　逆　《廣韻》宜戟切，《集韻》仡戟切，疑陌三入開梗；《韻鏡》外轉第三十三開、《七音略》外轉三十六重中重、《切韻指掌圖》十六圖、《切韻指南》梗攝外七開口呼廣門，列字均爲「逆」；《四聲等子》曾攝内八重多輕少韻啓口呼梗攝外八，列字爲「嶷」，疑母職韻。「逆」爲《廣韻》陌二開口疑母位小韻首字，本圖入三標目爲昔，下列陌韻字，當爲并圖故。

64 (入三船)茶三昔 ◯ 明本、四庫本均空位。《廣韻》《集韻》昔三開口船母位均有『麝』字,《廣韻》《集韻》食亦切,穿昔三入開梗;《韻鏡》外轉第三十五開,列字爲『射』;《七音略》外轉三十八重中重、《切韻指南》梗攝外七開口呼廣門,列字均爲『麝』;《切韻指掌圖》空位;《四聲等子》曾攝内八重多輕少韻啓口呼梗攝外八,列字爲『食』,船母職韻。『麝』爲《廣韻》昔三開口船母位小韻首字,下收有『射』字,列字以『麝』字爲佳。《韻鏡》列『射』字亦無誤。《起數訣》明本、四庫本空位均誤,當校補『麝』字。

65 (入三曉)凡三昔 虩 《廣韻》許郤切,曉陌三入開梗;《康熙字典》記:『《廣韻》山責切,音摵。虎驚貌。又《集韻》迄逆切,音謑。恐懼也。《説文》《易》履虎尾虩虩,恐懼。又《玉篇》蠅虎蟲。』此記《唐韻》山責切,生母麥韻。《集韻》迄逆切,曉母陌韻。又另有《集韻》火彳切,曉昔三入開梗;《韻鏡》《七音略》均空位;《切韻指掌圖》十六圖、《四聲等子》曾攝内八重多輕少韻啓口呼梗攝外八,列字爲『艴』,曉母職韻;《切韻指南》梗攝外七開口呼廣門,列字爲『虩』。『虩』爲《廣韻》陌三開口曉母位小韻首字,又爲《集韻》昔三開口曉母位小韻首字,均可列於此位,《起數訣》是。

66 (入三來)犖三昔 劙 《康熙字典》記:『《唐韻》郎擊切,《集韻》狼狄切,音歷。《玉篇》劙開也。又《集韻》朗可切,羅上聲。《説文》柯擊也。』此記《廣韻》郎擊切,來母錫韻。《集韻》朗可切,來母哿韻。又另查《集韻》令益切,來昔三入開梗;《韻鏡》外轉第三十五開、《七音略》外轉三十八重中重，列字均爲『翻』；《切韻指掌圖》十六圖、《四聲等子》曾攝内八重多輕少韻啓口呼梗攝外八，列字均爲『力』，來母職韻；《切韻指南》空位。《廣韻》昔三開口無來母。『翻』爲《集韻》昔三開口來母位小韻首字，《韻鏡》《七音略》《起數訣》均從《集韻》。

釋：

1 （平二知）卓二庚　趟　《廣韻》竹盲切，《集韻》中庚切，知庚二平開梗；《韻鏡》外轉第三十三開、《七音略》外轉三十六重中輕、《切韻指掌圖》十六圖，列字均爲『趟』；《四聲等子》曾攝内八重多輕少韻啓口呼梗攝外八、《切韻指南》梗攝外七開口呼廣門，列字爲『朾』，知母耕韻。

2 （平二澄）大二庚　棖　《廣韻》直庚切，《集韻》除庚切，澄庚二平開梗；《韻鏡》外轉第三十三開、《七音略》外轉三十六重中輕、《切韻指掌圖》十六圖，列字均爲『棖』；《四聲等子》曾攝内八重多輕少韻啓口呼梗攝外八、《切韻指南》梗攝外七開口呼廣門，列字均爲『橙』，澄母耕韻。

3 （平二見）乍二庚　庚　《廣韻》古行切，《集韻》居行切，見庚二平開梗；《韻鏡》外轉第三十三開、《七音略》外轉三十六重中輕、《切韻指掌圖》十六圖、《切韻指南》梗攝外七開口呼廣門，列字均爲「庚」；《四聲等子》曾攝内八重多輕少韻啓口呼梗攝外八，列字爲「耕」，見母耕韻。

4 （平二崇）茶二庚　傖　《廣韻》助庚切，《集韻》鋤庚切，崇庚二平開梗；《韻鏡》外轉第三十三開、《七音略》外轉三十六重中輕、《切韻指南》梗攝外七開口呼廣門，列字均爲「傖」；《切韻指掌圖》十六圖、《四聲等子》曾攝内八重多輕少韻啓口呼梗攝外八，列字均爲「崢」，崇母庚韻。

5 （平二生）三二庚　生　《廣韻》所庚切，《集韻》師庚切，生庚二平開梗；《韻鏡》外轉第三十三開、《七音略》外轉三十六重中輕、《切韻指掌圖》十六圖、《四聲等子》曾攝内八重多輕少韻啓口呼梗攝外八、《切韻指南》梗攝外七開口呼廣門，列字均爲「生」。

6 （平二匣）華二庚　行　《廣韻》户庚切，《集韻》何庚切，匣庚二平開梗；《韻鏡》外轉第三十三開、《七音略》外轉三十六重中輕、《切韻指掌圖》十六圖、《切韻指南》梗攝外七開口呼廣門，列字均爲「行」；《四聲等子》曾攝内八重多輕少韻啓口呼梗攝外八，列字爲「莖」，匣母耕韻。

7 （平三章）莊三清　征　《廣韻》《集韻》諸盈切，章清三平開梗；《韻鏡》外轉第三十五開、《七音略》外轉三十八重中重、《切韻指掌圖》十六圖、《切韻指南》梗攝外七開口呼廣門，列字均爲「征」；《四聲等子》曾攝内八重多輕少韻啓口呼梗攝外八，列字爲「蒸」，章母蒸韻。

8（平三書）三三清　聲　《廣韻》《集韻》書盈切，書清三平開梗；《韻鏡》外轉第三十五開、《七音略》外轉三十八重中重、《切韻指掌圖》十六圖、《切韻指南》梗攝外七開口呼廣門，列字均爲『聲』；《四聲等子》曾攝内八重多輕少韻啓口呼梗攝外八，列字爲『升』，書母蒸韻。

9（平三禪）士三清　成　《廣韻》是征切，《集韻》時征切，禪清三平開梗；《韻鏡》外轉第三十五開、《七音略》外轉三十八重中重、《切韻指掌圖》十六圖、《切韻指南》梗攝外七開口呼廣門，列字均爲『成』；《四聲等子》曾攝内八重多輕少韻啓口呼梗攝外八，列字爲『丞』，禪母蒸韻。

10（上二澄）大二梗　瑒　《廣韻》徒杏切，定梗二上開梗，以定切澄，類隔。《集韻》丈硬切，澄梗二上開梗，音和。《韻鏡》外轉第三十三開、《七音略》外轉三十六重中輕、《切韻指掌圖》十六圖、《四聲等子》曾攝内八重多輕少韻啓口呼梗攝外八、《切韻指南》梗攝外七開口呼廣門，列字均爲『瑒』。

11（上二見）乍二梗　梗　《廣韻》《集韻》古杏切，見梗二上開梗；《韻鏡》外轉第三十三開、《七音略》外轉三十六重中輕、《切韻指南》梗攝外七開口呼廣門，列字均爲『梗』；《切韻指掌圖》十六圖、《四聲等子》曾攝内八重多輕少韻啓口呼梗攝外八，列字均爲『耿』，見母耿韻。

12（上二生）三二梗　省　《廣韻》《集韻》所景切，生梗二上開梗；《韻鏡》外轉第三十三開、《七音略》外轉三十六重中輕、《切韻指掌圖》十六圖、《四聲等子》曾攝内八重多輕少韻啓口呼梗攝外八、《切韻指南》梗攝外七開口呼廣門，列字均爲「省」。

13 （上二匣）華二梗　杏　《廣韻》何梗切，《集韻》下梗切，匣梗二上開梗；《韻鏡》外轉第三十三開、《七音略》外轉三十六重中輕、《四聲等子》曾攝内八重多輕少韻啓口呼梗攝外八，列字均爲「杏」；《切韻指掌圖》十六圖、《切韻指南》梗攝外七開口呼廣門，列字均爲「幸」，匣母梗韻。

14 （上三徹）坼三靜　逞　《廣韻》《集韻》丑郢切，徹靜三上開梗；《韻鏡》外轉第三十五開、《七音略》外轉三十八重中重、《切韻指掌圖》十六圖、《切韻指南》梗攝外七開口呼廣門，列字均爲「逞」；《四聲等子》曾攝内八重多輕少韻啓口呼梗攝外八，列字爲「庱」，徹母拯韻。

15 （上三章）莊三靜　整　《廣韻》《集韻》之郢切，章靜三上開梗；《韻鏡》外轉第三十五開、《七音略》外轉三十八重中重、《切韻指掌圖》十六圖、《切韻指南》梗攝外七開口呼廣門，列字均爲「整」；《四聲等子》曾攝内八重多輕少韻啓口呼梗攝外八，列字爲「拯」，章母拯韻。

16 （上三來）犖三靜　領　《廣韻》良郢切，《集韻》里郢切，來靜三上開梗；《韻鏡》外轉第三十五開、《七音略》外轉三十八重中重、《切韻指南》梗攝外七開口呼廣門，列字均爲「領」；《切韻指掌圖》十六圖，列字爲「冷」，來母梗韻；《四聲等子》曾攝内八重多輕少韻啓口呼梗攝外八，列字爲「倰」，來母登韻。

17 （去二匣）華二映　行　《廣韻》下更切，《集韻》下孟切，匣映二去開梗；《韻鏡》外轉第三十三開、《七音略》外轉三十六重中輕、《切韻指掌圖》十六圖、《四聲等子》曾攝内八重多輕少韻啓口呼梗攝外八、《切韻指南》梗攝外七開口呼廣門，列字均爲『行』。

18 （去三徹）𢔈三勁　遉《廣韻》丑鄭切，《集韻》丑正切，徹勁三去開梗；《韻鏡》外轉第三十五開、《七音略》外轉三十八重中重、《四聲等子》曾攝内八重多輕少韻啓口呼梗攝外八、《切韻指南》梗攝外七開口呼廣門，列字均爲『遉』；《切韻指掌圖》十六圖，列字爲『覴』，徹母證韻。

19 （去三澄）大三勁　鄭《廣韻》《集韻》直正切，澄勁三去開梗；《韻鏡》外轉第三十五開、《七音略》外轉三十八重中重、《切韻指掌圖》十六圖、《四聲等子》曾攝内八重多輕少韻啓口呼梗攝外八、《切韻指南》梗攝外七開口呼廣門，列字均爲『鄭』。

20 （去三書）三三勁　聖《廣韻》《集韻》式正切，書勁三去開梗；《韻鏡》外轉第三十五開、《七音略》外轉三十八重中重、《切韻指南》梗攝外七開口呼廣門，列字均爲『聖』；《切韻指掌圖》十六圖、《四聲等子》曾攝内八重多輕少韻啓口呼梗攝外八，列字均爲『勝』，書母證韻。

21 （去三禪）士三勁　盛《廣韻》承正切，《集韻》時正切，禪勁三去開梗；《韻鏡》外轉第三十五開、《七音略》外轉三十八重中重、《切韻指南》梗攝外七開口呼廣門，列字均爲『盛』；《切韻指掌圖》十六圖，列字爲『乘』，禪母證韻；《四聲等子》曾攝内八重多輕少韻啓口呼梗攝外八，列字爲『丞』，禪母證韻。

22（去三來）舉三勁　令　《廣韻》力政切，《集韻》力正切，來勁三去開梗；《韻鏡》外轉第三十五開、《七音略》外轉三十八重中重、《四聲等子》曾攝内八重多輕少韻啓口呼梗攝外八、《切韻指南》梗攝外七開口呼廣門，列字均爲『令』；《切韻指掌圖》十六圖，列字爲『餕』，來母蒸韻。

23（入二知）卓二陌　磔　《廣韻》《集韻》陟格切，知陌二入開梗；《韻鏡》外轉第三十三開、《七音略》外轉三十六重中輕、《切韻指掌圖》十六圖，列字均爲『磔』；《四聲等子》曾攝内八重多輕少韻啓口呼梗攝外八、《切韻指南》梗攝外七開口呼廣門，列字均爲『摘』，知母麥韻。

24（入二澄）大二陌　宅　《廣韻》場伯切，《集韻》直格切，澄陌二入開梗；《韻鏡》外轉第三十三開、《七音略》外轉三十六重中輕、《切韻指掌圖》十六圖、《四聲等子》曾攝内八重多輕少韻啓口呼梗攝外八、《切韻指南》梗攝外七開口呼廣門，列字均爲『宅』。

25（入二娘）南二陌　蹃　《廣韻》女白切，《集韻》昵格切，娘陌二入開梗；《韻鏡》外轉第三十三開、《七音略》外轉三十六重中輕，列字均爲『蹃』；《切韻指掌圖》十六圖，列字爲『搦』，娘母陌韻；《四聲等子》曾攝内八重多輕少韻啓口呼梗攝外八、《切韻指南》梗攝外七開口呼廣門，列字均爲『疒』，娘母麥韻。

26（入二見）乍二陌　格　《廣韻》古伯切，《集韻》各額切，見陌二入開梗；《韻鏡》外轉第三十三開、《七音略》外轉三十六重中輕、《切韻指掌圖》十六圖、《切韻指南》梗攝外七開口呼廣門，列字均爲『格』；《四聲等子》曾攝内八重多輕少韻啓口呼梗攝外八，列字爲『隔』，見母麥韻。

27 （入二溪）□二陌　客　《廣韻》苦格切，《集韻》乞格切，溪陌二入開梗；《韻鏡》外轉第三十三開、《七音略》外轉三十六重中輕、《切韻指掌圖》十六圖、《四聲等子》曾攝内八重多輕少韻啓口呼梗攝外八、《切韻指南》梗攝外七開口呼廣門，列字均爲『客』。

28 （入二疑）牙二陌　額　《廣韻》五陌切，《集韻》鄂格切，疑陌二入開梗；《韻鏡》外轉第三十三開、《七音略》外轉三十六重中輕、《切韻指掌圖》十六圖、《四聲等子》曾攝内八重多輕少韻啓口呼梗攝外八、《切韻指南》梗攝外七開口呼廣門，列字均爲『藹』，溪母麥韻。

29 （入二曉）凡二陌　赫　《廣韻》呼格切，《集韻》郝格切，曉陌二入開梗；《韻鏡》外轉第三十三開、《七音略》外轉三十六重中輕、《切韻指掌圖》十六圖、《四聲等子》曾攝内八重多輕少韻啓口呼梗攝外八、《切韻指南》梗攝外七開口呼廣門，列字均爲『赫』。

30 （入二匣）華二陌　垎　《廣韻》胡格切，《集韻》轄格切，匣陌二入開梗；《韻鏡》外轉第三十三開、《七音略》外轉三十六重中輕，列字均爲『垎』；《切韻指掌圖》十六圖、《切韻指南》梗攝外七開口呼廣門，列字均爲『覈』，匣母麥韻；《四聲等子》曾攝内八重多輕少韻啓口呼梗攝外八，列字爲『核』，匣母麥韻。

31 （入二影）在二陌　啞　《廣韻》烏格切，《集韻》乙格切，影陌二入開梗；《韻鏡》外轉第三十三開、《七音略》外轉三十六重中輕、《切韻指掌圖》十六圖，列字均爲「啞」；《四聲等子》曾攝內八重多輕少韻啓口呼梗攝外八，列字爲「厄」，影母麥韻；《切韻指南》梗攝外七開口呼廣門，列字爲「戹」，影母麥韻。

32 （入三知）卓三昔　　䵂　《廣韻》《集韻》竹益切，知昔三入開梗；《韻鏡》外轉第三十三開、《七音略》外轉三十八重中重、《切韻指南》梗攝外七開口呼廣門，列字均爲「䵂」；《切韻指掌圖》十六圖、《四聲等子》曾攝內八重多輕少韻啓口呼梗攝外八，列字均爲「陟」，知母職韻。

33 （入三章）莊三昔　　隻　《廣韻》《集韻》之石切，章昔三入開梗；《韻鏡》外轉第三十五開、《七音略》外轉三十八重中重、《切韻指南》梗攝外七開口呼廣門，列字均爲「隻」；《切韻指掌圖》十六圖、《四聲等子》曾攝內八重多輕少韻啓口呼梗攝外八，列字均爲「職」，章母職韻。

34 （入三昌）叉三昔　　尺　《廣韻》《集韻》昌石切，昌昔三入開梗；《韻鏡》外轉第三十五開、《七音略》外轉三十八重中重、《切韻指掌圖》十六圖、《四聲等子》曾攝內八重多輕少韻啓口呼梗攝外八、《切韻指南》梗攝外七開口呼廣門，列字均爲「尺」。

35 （入三書）三三昔　　釋　《廣韻》《集韻》施隻切，書昔三入開梗；《韻鏡》外轉第三十五開、《七音略》外轉三十八重中重、《切韻指南》梗攝外七開口呼廣門，列字均爲「釋」；《切韻指掌圖》十六圖、《四聲等子》曾攝內八重多輕少韻啓口呼梗攝外八，列字均爲「識」，書母職韻。

36（入三禪）十三昔　石　《廣韻》《集韻》常隻切，禪昔三入開梗；《韻鏡》外轉第三十五開、《七音略》外轉三十八重中重、《切韻指南》梗攝外七開口呼廣門，列字均爲「石」；《切韻指掌圖》十六圖，列字爲「食」，禪母職韻；《四聲等子》曾攝内八重多輕少韻啓口呼梗攝外八，列字爲「寔」，禪母職韻。

艮四　九　亨　諱　悻　赫　虩

艮二　華　行　杏　行　格

艮八　在　英　櫻　影　嬰　映　啞

艮三　文

离七　榮　聆　泠　領　令　礐　剠

口　穰　驤

艮十二▼　宅

開音清

清　靜　動　昔

坤四　夫

師五　普

外五	師三	坤六	師六	外六	坤七	坤一	師一	外一	外二	坤八
旁	母	東	土	同	乃	古	坤	口	吾	走
						洞	頎	瓊		
			頃							
			高							
			踶							

師八 升八 升九 謙九 坤二 師四 坤三 升四 師七

草	耆	口	寺	黑	武	安	文	老	■	■
		耆下								
		解		朐		縈	营			
				頫			頼			
		將		夐						
晏				腴			後			

第六十六圖　開音清

本圖列《廣韻》清靜勁昔合口字，係拆分《韻鏡》外轉第三十四合四等字。本圖聲母群、心母位列『□』，其中心母下一等格位内，明本有『曹下』二字，四庫本無。日母、半三母位明本列『■』，四庫本空格。透母明本列『土』，四庫本爲『土』。

校注：

1 （平四見）古四清　泂　明本、四庫本列字均爲『洞』，《廣韻》徒紅切，《集韻》徒東切，定東一平合通；另有送韻音，均不當列於此位。此字當爲『泂』字形訛。『泂』，《廣韻》户頂切，匣迥四上合梗；《集韻》古營切，見清三平合梗。《韻鏡》《七音略》均空位；《切韻指掌圖》十五圖、《四聲等子》曾攝内八重多輕少韻合口呼梗攝外二，列字均爲『扃』，當爲『扃』誤，見母青韻。《切韻指南》梗攝外七合口呼廣門，列字爲『洞』。《廣韻》清三合口無見母，『泂』爲《集韻》清三合口見母位小韻首字，《起數訣》從《集韻》。明本、四庫本均形訛，當校改爲『泂』字。

2 (平四心)□四清　⿰角韋　明本列字爲『⿰角韋』，四庫本列字爲『⿰角上』。此二字當爲『觪』字形訛。『觪』，《廣韻》息營切，《集韻》思營切，心清三平合梗；《韻鏡》外轉第三十四合，列字爲『觪』；《七音略》空位；《切韻指掌圖》十五圖、《四聲等子》曾攝內八重多輕少韻合口呼梗攝外二、《切韻指南》梗攝外七合口呼廣門，列字均爲『騂』。『騂』爲《廣韻》清三合口心母位小韻首字，下收有『觪』字。『觪』爲《集韻》清三合口心母位小韻首字，下收有『騂』字。《七音略》空位誤，《韻鏡》《起數訣》均從《集韻》，但字訛，當校改爲『觪』。

3 (平四曉)黑四清　⿰耳向　明本列字爲『⿰耳向』，四庫本列字爲『⿰耳向』。『⿰耳向』，查此字形無果。『⿰耳向』，《康熙字典》記：『《龍龕》音渠。』『渠』，《廣韻》强魚切，《集韻》求於切，群魚三平開遇；均不當列於此位。此二字當爲『⿰貝向』字形訛。『⿰貝向』，《廣韻》未收；《集韻》許營切，曉清三平合梗。《韻鏡》外轉第三十四合、《切韻指掌圖》十五圖、《四聲等子》曾攝內八重多輕少韻合口呼梗攝外二，列字均爲『⿰貝向』；《七音略》內轉三十七輕中輕，列字爲『⿰日向』，《廣韻》況於切，《集韻》匈於切，曉虞三平合遇；《七音略》誤，此字當爲『⿰貝向』字形訛。《切韻指南》梗攝外七合口呼廣門，列字爲『騂』。《廣韻》清三合口無曉母。『騂』爲《集韻》清三合口曉母位小韻首字，下收有『⿰貝向』字，列字以『騂』字爲佳，《韻鏡》《起數訣》從《集韻》。

4 (平四以)文四清　營　《廣韻》余傾切，《集韻》維傾切，以清三平合梗；《韻鏡》外轉第三十四合，列於三等，四等位列『榮』；《韻鏡》誤，『營』爲以母字，當校列於四等。此『榮』字，當爲『營』字形訛。《七音略》内轉三十七輕中輕、《切韻指掌圖》十五圖、《四聲等子》曾攝内八重多輕少韻合口呼梗攝外二、《切韻指南》梗攝外七合口呼廣門，列字均爲『營』。『營』爲《廣韻》清三合口喻四位小韻首字，當列於四等，《起數訣》是。

5 (上四透)𡈼四静　頃　《廣韻》去潁切，《集韻》犬潁切，溪静三上合梗；均不當列於此位。《韻鏡》外轉第三十四合、《四聲等子》曾攝内八重多輕少韻合口呼梗攝外二、《切韻指南》梗攝外七合口呼廣門，均列於溪母四等位；《七音略》内轉三十七輕中輕，列於溪母三等位，四等空位；《七音略》誤，當校列於四等位。《切韻指掌圖》空位。『頃』爲《廣韻》《集韻》静三合口溪母位小韻首字。《起數訣》明本、四庫本均列於透母，誤，當校列於溪母位，此位當刪。

6 (上四溪)坤四静　◯　《廣韻》《集韻》静三合口溪母有『頃』字，《廣韻》去潁切，《集韻》犬潁切，溪静三上合梗。《韻鏡》外轉第三十四合、《四聲等子》曾攝内八重多輕少韻合口呼梗攝外二、《切韻指南》梗攝外七合口呼廣門，列字爲『頃』；《七音略》内轉三十七輕中輕，列於溪母三等位，四等空位；《七音略》誤，當校列於四等位。《切韻指掌圖》空位。『頃』爲《廣韻》《集韻》静三合口溪母位小韻首字，《起數訣》空位誤，當校補『頃』字。

7 (上四曉)黑四静　頴　明本列字爲『頴』，四庫本列字爲『潁』。『潁』，《集韻》騂潁切，心母静韻，當爲『頴』字誤。『頴』，《廣韻》餘頃切，以静三上合梗；《集韻》騂頃切，曉静三上合梗；

《韻鏡》空位；《七音略》内轉三十七輕中輕，列字爲『芃』，曉母梗韻，誤；《切韻指掌圖》十五圖、《四聲等子》曾攝内八重多輕少韻合口呼梗攝外二，列字均爲『詗』，定母董韻；《切韻指南》梗攝外七合口呼廣門，列字爲『怳』，曉母靜韻。《廣韻》靜三合口無曉母。『穎』爲《集韻》靜三合口曉母位小韻首字，《起數訣》從《集韻》，明本列『穎』是，四庫本形訛，當校改爲『穎』。

8 （上四以）文四靜　頛　明本列字爲『頛』，四庫本列字爲『頪』。此二字當均爲『穎』字形訛。《廣韻》餘頃切，《集韻》庾頃切，以靜三平合梗；《韻鏡》外轉第三十四合、《七音略》内轉三十七輕中輕、《切韻指掌圖》十五圖、《四聲等子》曾攝内八重多輕少韻合口呼梗攝外二、《切韻指南》梗攝外七合口呼廣門，列字均爲『穎』。『穎』爲《廣韻》靜三合口喻四母位小韻首字，《起數訣》兩版本均形訛，當校改爲『穎』。

9 （去四透）圡四勁　高　《廣韻》勁三合口無透母；《集韻》傾夐切，溪勁三去合梗；均不當列於此位。《韻鏡》《七音略》《切韻指掌圖》《四聲等子》《切韻指南》均空位；《起數訣》明本、四庫本均誤，當删。

10 （去四溪）坤四勁　◯　《廣韻》勁三合口無溪母，《集韻》有『高』傾夐切，溪勁三去合梗；按《集韻》當校補『高』字。

11 （去四心）□四勁　将　明本列字爲『将』，四庫本列字爲『捋』。『將』，《廣韻》《集韻》子亮切，精漾三去開宕；『捋』，《廣韻》郎括切，《集韻》盧活切，來末一入合山；此二字均不當列於此位。《韻鏡》《七音略》《切韻指掌圖》《四聲等子》《切韻指南》均空位。《起數訣》誤，當刪。

12 (入四透)𡈼四昔　踶　明本列字爲『踶』，四庫本列字爲『⿰𧾷見』。『踶』，無入聲音；『⿰𧾷見』，《康熙字典》記：『《廣韻》吾甸切，《集韻》倪甸切，音硯。行不正也。』此記《廣韻》吾甸切，疑母霰韻；《韻鏡》《七音略》《切韻指掌圖》《四聲等子》《切韻指南》均空位。《廣韻》《集韻》昔三合口均無透母。《起數訣》誤，當刪。

13 (入四見)東四昔　◯　《廣韻》昔三合口無見母。《集韻》列字爲『鶪』，工役切，見昔三入合梗。《韻鏡》外轉第三十四合、《七音略》內轉三十七輕中輕，列字均爲『鶪』；《切韻指掌圖》《四聲等子》空位；《切韻指南》梗攝外七合口呼廣門，列字爲『郹』。此『鶪』『郹』二字，當均爲『鶪』字形訛。『鶪』爲《集韻》昔三合口見母位小韻首字，《韻鏡》《七音略》從《集韻》。若從《集韻》，《起數訣》此處當校補『鶪』字。

14 (入四溪)坤四昔　◯　《廣韻》昔三合口無溪母。《集韻》有『⿰𧾷狊』，棄役切，溪昔三入合梗。《韻鏡》外轉第三十四合、《七音略》內轉三十七輕中輕，列字均爲『⿰𧾷狊』；《切韻指掌圖》十五圖、《四聲等子》曾攝內八重多輕少韻合口呼梗攝外二、《切韻指南》梗攝外七合口呼廣門，列字均爲『闃』，見母錫韻。『⿰𧾷狊』爲《集韻》昔三合口溪母位小韻首字，《韻鏡》《七音略》均從《集韻》。若從《集韻》，《起數訣》此處當校補『⿰𧾷狊』字。

15（入四精）走四昔　○　《廣韻》《集韻》均未收。《韻鏡》外轉第三十四合，列字爲「菒」，《廣韻》之役切，章昔三入合梗；當列於三等位。《韻鏡》誤，當删。《七音略》《切韻指掌圖》《四聲等子》《切韻指南》均空位。《起數訣》空位是。

16（入四清）草四昔　旻　《廣韻》《集韻》七役切，清昔三入合梗；《韻鏡》外轉第三十四合、《切韻指南》梗攝外七合口呼廣門，列字均爲「旻」；《七音略》《切韻指掌圖》《四聲等子》均空位。「旻」爲《廣韻》昔三合口清母位小韻首字，《七音略》空位誤，當校補「旻」字。《起數訣》是。

17（入四曉）黑四昔　瞁　明本、四庫本列字均爲「瞁」。此字當爲「瞁」字形訛，《廣韻》許役切，《集韻》呼役切，曉昔三入合梗；《韻鏡》外轉第三十四合、《切韻指南》梗攝外七合口呼廣門，列字均爲「瞁」；《七音略》内轉三十七輕中輕，列字爲「瞁」；《切韻指掌圖》《四聲等子》均空位。「瞁」爲《廣韻》昔三合口曉母位小韻首字，《起數訣》明本、四庫本均誤，當校改爲「瞁」字。

釋：

1（平四溪）坤四清　傾　《廣韻》去營切，《集韻》窺營切，溪清三平合梗；《韻鏡》外轉第三十四合、《七音略》内轉三十七輕中輕、《切韻指掌圖》十五圖、《四聲等子》曾攝内八重多輕少韻合口呼梗攝外二、《切韻指南》梗攝外七合口呼廣門，列字均爲『傾』。

2 （平四群）□四清　瓊　《廣韻》渠營切，《集韻》葵營切，群清三平合梗；《韻鏡》外轉第三十四合、《七音略》内轉三十七輕中輕、《切韻指掌圖》十五圖、《四聲等子》曾攝内八重多輕少韻合口呼梗攝外二、《切韻指南》梗攝外七合口呼廣門，列字均爲『瓊』。

3 （平四影）安四清　縈　《廣韻》於營切，《集韻》娟營切，影清三平合梗；《韻鏡》外轉第三十四合、《七音略》内轉三十七輕中輕、《切韻指掌圖》十五圖、《四聲等子》曾攝内八重多輕少韻合口呼梗攝外二、《切韻指南》梗攝外七合口呼廣門，列字均爲『縈』。

4 （去四曉）黑四勁　敻　《廣韻》休正切，《集韻》虚政切，曉勁三去合梗；《韻鏡》外轉第三十四合、《七音略》内轉三十七輕中輕、《切韻指掌圖》十五圖、《切韻指南》梗攝外七合口呼廣門，列字均爲『敻』；《四聲等子》空位。

5 （入四以）文四昔　役　《廣韻》《集韻》營隻切，以昔三入合梗；《韻鏡》外轉第三十四合、《七音略》内轉三十七輕中輕、《切韻指掌圖》十五圖、《四聲等子》曾攝内八重多輕少韻合口呼梗攝外二、《切韻指南》梗攝外七合口呼廣門，列字均爲『役』。

坤五 謳五 升三 謳六 謳七 謳一

開 卜 口 步 目 ■ ■ 光 內 口

音濁

庚 清 梗 靜 映 動 陌 昔

黄上 觵 礦 虢 攫

讙八	讙二	讙四		坤九				外二		讙一
自	黄	文	口	恩	口	■	■	吾	口	口
										黄上
	横	諻								夻
謍		兄								
瞢	丱	漯								[illegible]
		莌								
浤	蝗									
		寎							病	
擭	獲	謋								劐
										躩

升一　升七　坎四　坎五　井五　坎三　比四

平				上				去				入			
口	吾上	榮				永									
鹿															
■															
■															
收	音	清													
		耕	青			耿		迴		諍		徑	麥		錫
口	美下	繃				迸		䴵		迸		跰	蘗		壁
品		怦	甹			䴵		頩		軿			掽		霹
平		棚	餅			解		竝		倂		屏	檗		甓
美		甍	寘			黽		茗				瞑	麥		糸
帝			丁					頂				釘			的

第六十七圖 開音濁

本圖列《廣韻》庚梗映陌、清靜勁昔韻字，係拆分《韻鏡》外轉第三十四合二三等位字。本圖聲母滂、見、溪、群、牀、禪、喻母位列「□」，其中見、溪母位下一等格位内明本有「黄上」二字，喻母位下一等格位内有「吾上」二字，四庫本無。端、透、照、穿、日、半三位，明本列「■」，四庫本空格。

校注：

1 （平二見）□二庚　觵　《廣韻》古横切，《集韻》姑横切，見庚二平合梗；《韻鏡》外轉第三十四合、《七音略》内轉第三十七輕中輕、《四聲等子》曾攝内八重多輕少韻合口呼梗攝外二，列字均爲「觥」；《切韻指掌圖》十五圖，列於一等位，列字爲「觥」，二等位列字爲「肱」；《切韻指南》梗攝外七合口呼廣門，列字爲「觵」。「觵」爲《廣韻》庚二合口見母位小韻首字，下收有「觥」字，列字以「觵」字爲佳。《韻鏡》《七音略》列「觥」字，亦無誤。《起數訣》是。

2 （平二溪）□二庚　客　《康熙字典》記：「《集韻》口觥切，音磅。大也。」此記口觥切，溪庚二平合梗；《韻鏡》《切韻指掌圖》均空位；《七音略》内轉第三十七輕中輕、《四聲等子》曾攝内八重多輕少韻合口呼梗攝外二，列字均爲『峜』；《切韻指南》梗攝外七合口呼廣門，列字爲『鍈』，溪母庚韻。《廣韻》庚二合口無溪母。『峜』爲《集韻》庚二合口溪母位小韻首字，《七音略》《起數訣》從《集韻》。

3 （平二曉）父二庚　諻　《廣韻》虎横切，《集韻》呼横切，曉庚二平合梗；《韻鏡》外轉第三十四合、《四聲等子》曾攝内八重多輕少韻合口呼梗攝外二、《切韻指南》梗攝外七合口呼廣門，列字均爲『諻』；《七音略》内轉第三十七輕中輕，列字爲『湟』，匣母唐韻，誤；《切韻指掌圖》十五圖，列字爲『轟』，曉母耕韻。『諻』爲《廣韻》庚二合曉母位小韻首字，《起數訣》列字是。

4 清韻三等無合口。此圖平聲三等韻下列字均爲『庚』韻字，韻目當校改爲『庚』韻。

5 （平三影）自三清（庚）　㽎　《康熙字典》記：『《廣韻》於營切，《集韻》娟營切，音縈。《廣韻》聲也。又《集韻》乙榮切。《玉篇》聲也。』此記於營切，影母清韻。乙榮切，影母庚韻。《韻鏡》《切韻指掌圖》均空位；《七音略》内轉第三十七輕中輕、《四聲等子》曾攝内八重多輕少韻合口呼梗攝外二、《切韻指南》梗攝外七合口呼廣門，列字均爲『㽎』。《廣韻》庚三合口無影母。『㽎』爲《集韻》庚三合口影母位小韻首字，《起數訣》從《集韻》。

6 （平三云）□三清（庚）　榮　《廣韻》永兵切，《集韻》于平切，云庚三平合梗；《韻鏡》外轉第三十四合，列於四等，三等位列『營』；《韻鏡》誤，當校改爲『榮』。《七音略》内轉第三十七輕中輕、《切韻指掌圖》十五圖、《四聲等子》曾攝内八重多輕少韻合口呼梗攝外二、《切韻指南》梗攝外七合口呼廣門，列字均爲『榮』。『榮』爲《廣韻》庚三合喻四位小韻首字，《起數訣》是。

7（上二曉）父二梗　濴　《廣韻》乎營切，匣梗二上合梗；《集韻》呼猛切，曉梗二上合梗；《韻鏡》《七音略》均空位；《切韻指掌圖》十五圖、《四聲等子》曾攝内八重多輕少韻合口呼梗攝外二、《切韻指南》梗攝外七合口呼廣門，列字均爲『濴』。『卝』爲《廣韻》梗二合口匣母位小韻首字，下收有『濴』字，不當列於此位，《起數訣》從《集韻》。

8（上二匣）黄二梗　丱　《康熙字典》記：『《廣韻》《集韻》古患切，音慣。同卝。《詩・齊風》：總角丱兮。《毛傳》總角，聚兩髦也。丱，幼穉也。《朱傳》丱，兩角貌。又《廣韻》呼營切，《韻會》合猛切，《正韻》胡猛切。同礦。《字彙》丱爲總角之丱，卝爲銅錫礦之卝。丱卝分而爲二，非。』『丱』當爲古患切，見母諫韻，不當列於此位。《集韻》列字爲『廾』，匣梗二上合梗，通『卝』。『丱』『卝』二字爲異體字。『卝』，《廣韻》乎營切，《集韻》胡猛切，匣梗二上合梗。《韻鏡》外轉第三十四合、《七音略》内轉第三十七輕中輕，列字均爲『廾』，爲『卝』字形訛；《切韻指掌圖》空位；《四聲等子》曾攝内八重多輕少韻合口呼梗攝外二、《切韻指南》梗攝外七合口呼廣門，列字均爲『卝』。『卝』爲《廣韻》梗二合匣母位小韻首字，《起數訣》列字非正體，校改爲『卝』爲佳。

9　（上二影）自二梗　𦞦　明本列字爲『𦞦』，四庫本列字爲『𦞦』。『𦞦』，《廣韻》落蕭切，《集韻》憐蕭切，來蕭四平開效，不當列於此位；『𦞦』，《廣韻》《集韻》烏猛切，影梗二上合梗；《韻鏡》空位；《七音略》内轉第三十七輕中輕、《切韻指掌圖》十五圖、《四聲等子》曾攝内八重多輕少韻合口呼梗攝外二、《切韻指南》梗攝外七合口呼廣門，列字均爲『𦞦』。『𦞦』爲《廣韻》梗二合口影母位小韻首字，《韻鏡》空位誤，當校補『𦞦』字，《起數訣》四庫本是。明本形訛，當校改爲『𦞦』。

10　本圖上三標目爲『静』，静韻三等無合口。當校改爲『梗』。

11　（上三見）□三静（梗）　○　《廣韻》《集韻》梗三合見母位均有『憬』小韻。憬，俱永切，見梗三上合梗。《韻鏡》外轉第三十四合、《七音略》内轉三十七輕中輕，列字爲『璟』；《切韻指掌圖》《四聲等子》空位；《切韻指南》梗攝外七合口呼廣門，列字爲『憬』。『憬』爲《廣韻》梗三合見母位小韻首字，下收有『璟』字，列字以『憬』爲佳，《起數訣》空位誤，當校補『憬』字。

12　（上三溪）□三静（梗）　○　《廣韻》梗三合溪母位無字，《集韻》有『憬』，孔永切，溪梗三上合梗。《韻鏡》外轉第三十四合、《四聲等子》曾攝内八重多輕少韻、《切韻指南》梗攝外七合口呼廣門，列字均爲『憬』；《七音略》空位；『憬』爲《集韻》梗三合溪母位小韻首字，《起數訣》從《集韻》。

13 (上三云)□三靜(梗) 永 《廣韻》《集韻》于憬切,云梗三上合梗;《韻鏡》外轉第三十四合、《切韻指掌圖》十五圖、《四聲等子》曾攝内八重多輕少韻合口呼梗攝外二、《切韻指南》梗攝外七合口呼廣門,列字均爲『永』;《七音略》内轉第三十七輕中輕,列字爲『潁』,《康熙字典》記:『《正字通》俗潁字。』『潁』爲『穎』之俗體,以母靜韻,當列於四等位,《七音略》誤,《起數訣》是。

14 (去二影)自二映 ⿱穴泓 《廣韻》未收『⿱穴泓』,有『⿱穴弘』字,《集韻》有『⿱穴泓』字,二字均釋爲水小兒,爲異體字,烏横切,影映二去合梗。《韻鏡》外轉第三十四合、《七音略》内轉第三十七輕中輕,列字均爲『⿱穴弘』;《切韻指掌圖》十五圖,列於一等,列字爲『⿱穴弘』,二等空位;《四聲等子》曾攝内八重多輕少韻合口呼梗攝外二、《切韻指南》梗攝外七合口呼廣門,列字均爲『⿱穴弘』。『⿱穴泓』爲《集韻》映三合影母位小韻首字,《起數訣》於字形上,從《集韻》。

15 去聲韻目三等標目爲『勁』,下列二字均爲映韻字。

16 (去三群)□三勁(映) 病 《廣韻》《集韻》皮命切,並映三去開梗;均不當列於此位。《韻鏡》《七音略》《切韻指掌圖》均空位;《四聲等子》曾攝内八重多輕少韻合口呼梗攝外二、《切韻指南》梗攝外七合口呼廣門,列字均爲『病』。『病』爲《廣韻》《集韻》映三開口並母位小韻首字,《集韻》下亦收有『病』字,《起數訣》誤,當删。

17 (去三曉)父三勁(映) 病 《廣韻》陂病切,幫映三去開梗。《集韻》況病切,曉映三去合梗；《韻鏡》《七音略》均空位；《切韻指掌圖》十五圖，列字爲『敻』，曉母迥韻；《四聲等子》曾攝内八重多輕少韻合口呼梗攝外二、《切韻指南》梗攝外七合口呼廣門，列字均爲『㾉』。《廣韻》映三合口無曉母。『㾉』爲《集韻》映三合口曉母位小韻首字，《起數訣》從《集韻》。

18（去三云）□三勁（映）◯　《廣韻》《集韻》映三合口均有『詠』字，《廣韻》《集韻》爲命切，云映三去合梗；《韻鏡》外轉第三十四合、《七音略》内轉第三十七輕中輕、《切韻指掌圖》十五圖、《四聲等子》曾攝内八重多輕少韻合口呼梗攝外二、《切韻指南》梗攝外七合口呼廣門，列字均爲『詠』。『詠』爲《廣韻》《集韻》映三合口云母位小韻首字，《起數訣》明本、四庫本空位均誤，當校補『詠』字。

19（入二見）□二陌　虢　明本、四庫本列字均爲『虢』，《康熙字典》記：『《山海經》東海有神，人面鳥身，珥兩黄蛇，踐兩黄蛇，名禺虢。音未詳。』此字當爲『虢』字形訛。『虢』，《廣韻》古伯切，《集韻》郭擭切，見陌二入合梗；《韻鏡》外轉第三十四合、《七音略》内轉第三十七輕中輕，列字均爲『虢』；《切韻指掌圖》十五圖，列於一等，列字爲『虢』，二等列字爲『國』，見母德韻；《四聲等子》曾攝内八重多輕少韻合口呼梗攝外二、《切韻指南》梗攝外七合口呼廣門，列字均爲『蟈』，見母麥韻。『虢』爲《廣韻》陌二合見母位小韻首字，《起數訣》字訛，當校改爲『虢』。

20（入二溪）□二陌　劐　明本列字爲『劐』，四庫本列字爲『劐』，四庫本顯係缺筆。『劐』，《廣韻》丘擭切，《集韻》廓擭切，溪陌二入合梗；《韻鏡》《切韻指掌圖》均空位；《七音略》内轉第三十七輕中輕、《切韻指南》梗攝外七合口呼廣門，列字爲『𨤏』；《四聲等子》曾攝内八重多輕少韻合口呼梗攝外二，列字爲『𧝈』，曉母鐸韻。『𨤏』爲《廣韻》陌二溪母位小韻首字，下收有『𧝈』字。《韻鏡》空位誤，當校補『𨤏』字。『𧝈』爲《集韻》陌二合口溪母位小韻首字，下收有『𨤏』字，《起數訣》從《集韻》。

21 （入二曉）父二陌　謋　《廣韻》虎伯切，《集韻》霍虢切，曉陌二入合梗；《韻鏡》外轉第三十四合、《七音略》内轉第三十七輕中輕，列字均爲『砉』；《切韻指掌圖》十五圖，列於一等，列字爲『剨』，二等列字爲『䂄』，曉母麥韻；《四聲等子》曾攝内八重多輕少韻合口呼梗攝外二，列字爲『剨』，《廣韻》曉母麥韻，《集韻》曉母陌韻；《切韻指南》梗攝外七合口呼廣門，列字爲『謋』。『謋』爲《廣韻》《集韻》陌二合口曉母位小韻首字，下收有『砉』字，列字以『謋』字爲佳，《起數訣》是。

22 （入二匣）黄二陌　蒦　明本列字爲『蒦』，四庫本列字爲『獲』。『蒦』，《廣韻》一號切，《集韻》屋擭切，影陌二入合梗。均不當列於此位。『獲』，《廣韻》胡麥切，匣麥二入合梗；《集韻》胡陌切，匣陌二入合梗；《韻鏡》外轉第三十四合、《七音略》内轉第三十七輕中輕，列字均爲『嚄』；《切韻指掌圖》十五圖，列於一等，二等列字爲『或』，匣母德韻；《四聲等子》曾攝内八重多輕少韻合口呼梗攝外二，列字爲『獲』；《切韻指南》梗攝外七合口呼廣門，列字爲

『嚄』。『嚄』爲《廣韻》陌二合口匣母位小韻首字；『獲』爲《集韻》陌二合口匣母位小韻首字，下收有『嚄』字，《起數訣》四庫本從《集韻》。明本列字誤，當校改爲『獲』字。

23（入二影）自二陌　擭　《廣韻》一虢切，《集韻》屋虢切，影陌二入合梗；《韻鏡》外轉第三十四合、《四聲等子》曾攝内八重多輕少韻合口呼梗攝外二、《切韻指南》梗攝外七合口呼廣門，列字均爲『擭』；《七音略》内轉第三十七輕中輕，列字爲『韄』；《切韻指掌圖》十五圖，列於一等，二等空位。『擭』爲《廣韻》陌二合口影母位小韻首字，下收有『韄』字，列字以『擭』字爲佳，《起數訣》是。

24（入二喻）□二陌　◯　《廣韻》《集韻》陌二合口均無喻母；《韻鏡》《切韻指掌圖》均空位；《七音略》内轉第三十七輕中輕，列字爲『嚖』，此字當爲『嚖』字形訛，《廣韻》《集韻》胡陌切，音嚄，匣陌二入合梗。又《集韻》雩白切，云陌三入開梗；均不當列於此位。《七音略》誤，當删。《四聲等子》曾攝内八重多輕少韻合口呼梗攝外二、《切韻指南》梗攝外七合口呼廣門，列字均爲『嚖』。《起數訣》空位是。

25（入三見）□三昔　攫　《廣韻》居縛切，見藥三入合宕；《集韻》俱碧切，見昔三入合梗；《韻鏡》《七音略》《切韻指掌圖》均空位；《四聲等子》曾攝内八重多輕少韻合口呼梗攝外二、《切韻指南》梗攝外七合口呼廣門，列字爲『攫』；《廣韻》昔三合口無見母。『攫』爲《集韻》昔三合口見母位小韻首字，《起數訣》從《集韻》。

26 （入三溪）□三昔　躩　《廣韻》丘縛切，溪藥三入合宕；《集韻》虧碧切，溪昔三入合梗；《韻鏡》《七音略》《切韻指掌圖》均空位；《四聲等子》曾攝内八重多輕少韻合口呼梗攝外二，列於群母，溪母空位；《切韻指南》梗攝外七合口呼廣門，列字爲『躩』。《廣韻》昔三合口無溪母。『躩』爲《集韻》昔三合口溪母位小韻首字，《起數訣》從《集韻》。

27 （入三影）□三昔　○　《廣韻》《集韻》昔三合均無影母字。《韻鏡》外轉第三十四合，列字爲『矱』；《七音略》《切韻指掌圖》《四聲等子》《切韻指南》均空位。『矱』，《康熙字典》記：『《廣韻》一號切，《集韻》屋號切。』當列於陌二影母位。《韻鏡》誤，《起數訣》空位是。

釋：

1 （平二匣）黄二庚　横　《廣韻》户盲切，《集韻》胡盲切，匣庚二平合梗；《韻鏡》外轉第三十四合、《七音略》内轉第三十七輕中輕、《四聲等子》曾攝内八重多輕少韻合口呼梗攝外二，列字均爲『横』；《切韻指掌圖》十五圖，列於一等，二等位列字爲『弘』；《切韻指南》梗攝外七合口呼廣門，列字爲『宏』，匣母耕韻。

2 （平三曉）父三清（庚）　兄　《廣韻》許榮切，《集韻》呼榮切，曉庚三平合梗；《韻鏡》外轉第三十四合、《七音略》内轉第三十七輕中輕、《切韻指掌圖》十五圖、《四聲等子》曾攝内八重多輕少韻合口呼梗攝外二、《切韻指南》梗攝外七合口呼廣門，列字均爲『兄』。

3 （上二見）□二梗　礦　《廣韻》《集韻》古猛切，見梗二上合梗；《韻鏡》外轉第三十四合、《七音略》内轉第三十七輕中輕、《切韻指掌圖》十五圖、《四聲等子》曾攝内八重多輕少韻合口呼梗攝外二、《切韻指南》梗攝外七合口呼廣門，列字均爲『礦』。

4 （上三曉）父三靜（梗）　苬　《廣韻》許永切，《集韻》況永切，曉梗三上合梗；《韻鏡》外轉第三十四合、《七音略》内轉第三十七輕中輕、《切韻指掌圖》十五圖、《四聲等子》曾攝内八重多輕少韻合口呼梗攝外二、《切韻指南》梗攝外七合口呼廣門，列字均爲『苬』。

5 （去二匣）黄二映　蝗　《廣韻》《集韻》户孟切，匣映二去合梗；《韻鏡》外轉第三十四合、《七音略》内轉第三十七輕中輕、《四聲等子》曾攝内八重多輕少韻合口呼梗攝外二、《切韻指南》梗攝外七合口呼廣門，列字均爲『蝗』；《切韻指掌圖》空位。

外一　外七　▼　坎四　坎五　井五　坎三　比四

口　吾上　榮　永

鹿

[redacted]

[redacted]

收音清

耕　青　耿　迴　諍　徑　麥　錫

口　美下　繃　迸　䎬　迸　跰　蘗　壁

品　怦　甹　頩　軯　㨖　霹

平　棚　餅　鮩　竝　倂　屏　檗　甓

美　甍　寅　䵃　茗　瞑　麥　糸

帝　丁　頂　釘　的

坎六	天	聽	挺	聽	逖
井六	田	庭		定	狄
比七	女	寧	顊	甯	惄
比一	九	經	剄	徑	激
坎一	丘	罄	謦	罄	喫
井一	乾				
井二	月	姪	脛		鵙
比八	足	菁	婧		績
坎八	七	青		靘	戚
井八	全		洴		寂
比十	手	星	醒	腥	錫

比五			井十一	坎十	坎七	坎六	比三	比四	比二	塞九
丙		收	展	耳	呂	口	乙	口	香	象
		音						乙下		
	耕耒三	濁								
	耕									
					靈	程		形	馨	
	耿迴三									
					嶺		嚶	婞	鷞	
	諍									
	諍噎三									
					零		癭	眰		
	麥裏三									
	麦									
					曆			檄	闃	

第六十八圖　收音清

本圖列《廣韻》耕耿諍麥、青迥徑錫韻字，係拆分《韻鏡》外轉第三十五開四等字及二等位脣音字。符合二四等與脣音同圖的大原則。本圖聲母幫、匣、喻母位列「□」，其中幫母下一等格位内，明本有「美下」二字；喻母下一等格位内，明本有「乙下」二字，四庫本空格。

校箋：

《七音略》本轉全部誤列一二三等，當校改爲相對應的二三四等，爲便於校對，本轉均按照二三四等校。

1 （平二幫）□二耕　繃　《廣韻》未收，耕二開口幫母位列字爲「浜」，布耕切；《集韻》悲萌切，幫耕二平開梗。《韻鏡》外轉第三十五開，列字爲「絣」，幫母耕韻；《七音略》外轉三十八重中重，列字爲「浜」；《切韻指掌圖》十六圖、《切韻指南》梗攝外七開口呼廣門，列字均爲「閍」，幫母庚韻；《四聲等子》曾攝内八重多輕少韻啓口呼梗攝外八，列字爲「繃」，幫母耕韻。「繃」「繃」二字同爲《集韻》耕二開口幫母位小韻首字，兩字爲異體字，《起數訣》從《集韻》。

2 (平二滂)品二耕　怦　《廣韻》普耕切，《集韻》披耕切，滂耕二平開梗；《韻鏡》外轉第三十五開，列字爲『怦』；《七音略》外轉三十八重中重、《四聲等子》曾攝內八重多輕少韻啓口呼梗攝外八、《切韻指南》梗攝外七開口呼廣門，列字均爲『怦』；《切韻指掌圖》十六圖，列字爲『亨』，滂母庚韻。『怦』爲《廣韻》耕二開口滂母位小韻首字，下收有『伻』字，列字以『怦』字爲佳，《韻鏡》列『伻』字，亦無誤。《起數訣》是。

3 (平二並)平二耕　棚　《廣韻》薄萌切，《集韻》蒲萌切，並耕二平開梗；《韻鏡》外轉第三十五開、《七音略》外轉三十八重中重，列字均爲『棚』；《切韻指掌圖》十六圖，列字爲『膨』，並母庚韻；《四聲等子》曾攝內八重多輕少韻啓口呼梗攝外八，列字爲『輣』；《切韻指南》梗攝外七開口呼廣門，列字爲『彭』，並母庚韻。『輣』爲《廣韻》耕二開口並母位小韻首字，下收有『棚』字，列字以『輣』字爲佳，《韻鏡》《七音略》《起數訣》列『棚』字亦無誤。

4 (平四滂)品四青　俜　《廣韻》普丁切，《集韻》滂丁切，滂青四平開梗；《韻鏡》外轉第三十五開、《七音略》外轉三十八重中重、《切韻指掌圖》十六圖、《四聲等子》曾攝內八重多輕少韻啓口呼梗攝外八，列字均爲『竮』；《切韻指南》梗攝外七開口呼廣門，列字爲『娉』，滂母勁韻。『竮』爲《廣韻》《集韻》青四滂母位小韻首字，下收有『俜』字，列字以『竮』字爲佳，《起數訣》列『俜』字，亦無誤。

5 (平四並)平四青　鉼　《廣韻》薄經切，《集韻》旁經切，並青四平開梗；《韻鏡》外轉第三十五開、《七音略》外轉三十八重中重、《切韻指掌圖》十六圖、《四聲等子》曾攝内八重多輕少韻啓口呼梗攝外八、《切韻指南》梗攝外七開口呼廣門，列字均爲『瓶』。『瓶』爲《廣韻》青四開口並母位小韻首字，下收有『鉼』字，注曰：『上同』，『瓶』『鉼』二字爲異體字。列字以『瓶』爲佳，《起數訣》亦無誤。

6 (平四明)美四青　冥　明本列字爲『宩』，四庫本列字爲『冥』。『宩』，同『冥』。《新語·慎微》：『暴天下之濡濕，照四方之晦冥。』『冥』『冥』二字爲異體字，《廣韻》莫經切，《集韻》忙經切，明青四平開梗；《韻鏡》外轉第三十五開，列字爲『冥』；《七音略》外轉三十八重中重、《四聲等子》曾攝内八重多輕少韻啓口呼梗攝外八，列字均爲『冥』；《切韻指掌圖》十六圖、《切韻指南》梗攝外七開口呼廣門，列字均爲『名』。《廣韻》明母清韻，《集韻》明母青韻亦收。《起數訣》四庫本列正體，明本列異體，均無誤。

7 (平四透)天四青　聽　《廣韻》他丁切，《集韻》湯丁切，透青四平開梗；爲『聽』之俗體。《韻鏡》外轉第三十五開、《切韻指掌圖》十六圖、《四聲等子》曾攝内八重多輕少韻啓口呼梗攝外八、《切韻指南》梗攝外七開口呼廣門，列字均爲『汀』；《七音略》外轉三十八重中重，列字爲『聽』。『汀』爲《廣韻》青四開口透母位小韻首字，下收有『聽』字。『聽』爲《集韻》青四開口透母位小韻首字，下收有『汀』字，《起數訣》從《集韻》，但列字從俗體，當校爲『聽』。

8 (平四泥)女四青　寧　《廣韻》奴丁切，《集韻》囊丁切，泥青四平開梗；《韻鏡》外轉第三十五開，列字爲『寍』，此『寗』字缺末筆；《七音略》外轉三十八重中重、《切韻指掌圖》十六圖、《四聲等子》曾攝内八重多輕少韻啓口呼梗攝外八、《切韻指南》梗攝外七開口呼廣門，列字均爲『寗』。『寗』爲《廣韻》青四泥母位小韻首字，《起數訣》是。

9 (平四溪)丘四青　磬　《廣韻》青四開口無溪母；《集韻》苦丁切，溪青四平開梗，釋不可近也；《韻鏡》外轉第三十五開，列字爲『輕』，《廣韻》去盈切，《集韻》牽盈切，溪清三平開梗；不當列於此位。《七音略》空位；《切韻指掌圖》十六圖、《四聲等子》曾攝内八重多輕少韻啓口呼梗攝外八、《切韻指南》梗攝外七開口呼廣門，列字均爲『輕』，溪母清韻。『磬』爲《集韻》青四開口溪母位小韻首字，《起數訣》從《集韻》。

10 (平四疑)月四青　娙　明本列字爲『娙』，四庫本空位。『娙』，《廣韻》五莖切，疑耕二平開梗；《集韻》五刑切，疑青四平開梗；《韻鏡》《七音略》《切韻指掌圖》空位；《四聲等子》曾攝内八重多輕少韻啓口呼梗攝外八、《切韻指南》梗攝外七開口呼廣門，列字均爲『娙』。《廣韻》青韻無疑母，《起數訣》明本從《集韻》。

11 (平四精)足四青　菁　《廣韻》子盈切，精清三平開梗；《集韻》子丁切，精青四平開梗；《韻鏡》外轉第三十五開、《七音略》外轉三十八重中重，列字均爲『菁』；《切韻指掌圖》十六圖、《四聲等子》曾攝内八重多輕少韻啓口呼梗攝外八、《切韻指南》梗攝外七開口呼廣門，列字均爲『精』，精母清韻。《廣韻》青四開口無精母。『菁』爲《集韻》青四開口精母位小韻首字，《起數訣》從《集韻》。

12 （平四匣）□四青　形　《廣韻》户經切，《集韻》乎經切，匣青四平開梗；《韻鏡》外轉第三十五開、《切韻指南》梗攝外七開口呼廣門，列字均爲『刑』；《七音略》外轉三十八重中重、《切韻指掌圖》十六圖、《四聲等子》曾攝内八重多輕少韻啓口呼梗攝外八，列字均爲『形』。『刑』爲《廣韻》青四開口匣母位小韻首字，注曰：『今只用下文刑。』『刑』『刑』二字爲古今字，下收有『形』『刑』二字，列字以『刑』字爲佳，列『形』字，亦無誤。『形』爲《集韻》青四開口匣母位小韻首字，下收有『刑』字，《起數訣》從《集韻》。

13 （平四影）乙四青　◯　《廣韻》青四開口無影母；《集韻》青四開口影母位列『㵪』，《廣韻》未收，《集韻》於丁切，影青四平開梗；《韻鏡》空位；《七音略》外轉三十八重中重，列字爲『㵪』；《切韻指掌圖》十六圖、《四聲等子》曾攝内八重多輕少韻啓口呼梗攝外八、《切韻指南》梗攝外七開口呼廣門，列字均爲『嬰』，影母清韻。『嫈』爲《集韻》青四開口影母位小韻首字，下收有『㵪』字，列字以『嫈』字爲佳，《七音略》從《集韻》。若從《集韻》，《起數訣》此處當校補『㵪』字。

14 （平四以）□四青　桯　《廣韻》户經切，匣青四平開梗；他丁切，透青四平開梗；《集韻》餘經切，以青四平開梗。《韻鏡》《七音略》均空位；《切韻指掌圖》十六圖、《四聲等子》曾攝内八重多輕少韻啓口呼梗攝外八、《切韻指南》梗攝外七開口呼廣門，列字均爲『盈』，以母清韻。《廣韻》青四開口無以母。『桯』爲《集韻》青四開口以母位小韻首字，《起數訣》從《集韻》。

15 （上二幫）□二耿　迸　此字當爲『逬』形訛。『逬』，《廣韻》耿二開口無幫母；《集韻》必幸切，幫耿二上開梗；《韻鏡》空位；《七音略》外轉三十八重中重，列字爲『迸』；《切韻指掌圖》十六圖、《切韻指南》梗攝外七開口呼廣門，列字均爲『浜』，幫母梗韻；《四聲等子》曾攝內八重多輕少韻啓口呼梗攝外八，列字爲『迸』。此『迸』『迸』二字，均當爲『逬』字形訛。『逬』爲《集韻》耿二開口幫母位小韻首字，《起數訣》從《集韻》。兩本皆形訛，當校改爲『逬』。

16 （上二並）平二耿　鮩　《廣韻》蒲猛切，並梗二上開梗；《集韻》蒲幸切，並耿二上開梗；《韻鏡》外轉第三十五開、《七音略》外轉三十八重中重、《切韻指掌圖》十六圖、《四聲等子》曾攝內八重多輕少韻啓口呼梗攝外八，列字均爲『併』；《切韻指南》梗攝外七開口呼廣門，列字爲『併』。『併』爲《廣韻》耿二開口並母位小韻首字。『鮩』爲《集韻》耿二開口並母位小韻首字，《起數訣》從《集韻》。

17 （上二明）美二耿　黽　《廣韻》武幸切，《集韻》母耿切，明耿二上開梗；《韻鏡》外轉第三十五開，列字爲『䁅』，此字當爲『䁅』字形訛；《七音略》外轉三十八重中重、《切韻指掌圖》十六圖，列字均爲『黽』；《四聲等子》曾攝內八重多輕少韻啓口呼梗攝外八，列字爲『䁅』；《切韻指南》梗攝外七開口呼廣門，列字爲『猛』，明母梗韻。『䁅』爲《廣韻》耿二開口明母位小韻首字，下收有『黽』字。『黽』爲《集韻》耿二開口明母位小韻首字，《起數訣》從《集韻》。

18 (上四並)平四迥　竝　《廣韻》蒲迥切，《集韻》部迥切，並迥四上開梗；《韻鏡》外轉第三十五開、《七音略》外轉三十八重中重、《切韻指掌圖》十六圖，列字均爲『並』；《四聲等子》曾攝内八重多輕少韻啓口呼梗攝外八、《切韻指南》梗攝外七開口呼廣門，列字均爲『竝』。『並』爲《廣韻》迥四開口並母位小韻首字，下收有『竝』字，注曰：『上同。』『竝』『並』二字爲異體字。列字以『並』爲佳，《起數訣》亦無誤。

19 (上四透)天四迥　挺　《廣韻》徒鼎切，定迥四上開梗；《集韻》他頂切，透迥四上開梗；《韻鏡》外轉第三十五開，列字爲『侹』，《康熙字典》記：『《字彙》杜晏切，音憚。大也。又徒亶切。義同。』此記杜晏切，定母翰韻；徒亶切，定母旱韻；此字當爲『侹』字形訛。《七音略》外轉三十八重中重，列字爲『挺』；《切韻指掌圖》十六圖、《切韻指南》梗攝外七開口呼廣門，列字均爲『珽』；《四聲等子》曾攝内八重多輕少韻啓口呼梗攝外八，列字爲『廷』，定母青韻。『珽』爲《廣韻》迥四開口透母位小韻首字，下收有『侹』字，《韻鏡》列『侹』字，無誤。『挺』爲《廣韻》迥韻定母位小韻首字，按《廣韻》當列於定母四等位，此位當删。『挺』又爲《集韻》迥四開口透母位小韻首字，《七音略》《起數訣》列『挺』字，從《集韻》。

20 (上四定)乾四迥　○　《廣韻》《集韻》迥四開口定母位均有『挺』字，《廣韻》《集韻》徒鼎切，定迥四上開梗；《韻鏡》外轉第三十五開，列字爲『挺』；《七音略》空位；《切韻指掌圖》十六圖，列字爲『梃』；《四聲等子》曾攝内八重多輕少韻啓口呼梗攝外八、《切韻指南》梗攝外七開口呼廣門，列字均爲『挺』。『挺』爲《廣韻》迥四開口定母位小韻首字，下收有『梃』字，列字以『挺』字爲佳，《起數訣》《七音略》空位誤，當校補『挺』字。

21 （上四泥）女四迥　⿰寧頁　《廣韻》《集韻》乃挺切，泥迥四上開梗；《韻鏡》外轉第三十五開，列字爲『⿰⿱宀⿱皿丁頁』，此字當爲『⿰寧頁』字闕；《七音略》外轉三十八重中重、《切韻指掌圖》十六圖、《四聲等子》曾攝内八重多輕少韻啓口呼梗攝外八、《切韻指南》梗攝外七開口呼廣門，列字均爲『⿰寧頁』。『⿰寧頁』爲《廣韻》《集韻》迥韻泥母位小韻首字，《韻鏡》列字缺筆，《起數訣》是。

22 （上四見）九四迥　剄　《廣韻》古挺切，《集韻》古頂切，見迥四上開梗；《韻鏡》外轉第三十五開、《四聲等子》曾攝内八重多輕少韻啓口呼梗攝外八、《切韻指南》梗攝外七開口呼廣門，列字均爲『剄』；《七音略》外轉三十八重中重、《切韻指掌圖》十六圖，列字均爲『頸』，見母靜韻。『剄』爲《廣韻》迥四開口見母位小韻首字，《七音略》誤，當校改爲『剄』字，《起數訣》是。

23 （上四溪）丘四迥　謦　《廣韻》去挺切，《集韻》棄挺切，溪迥四上開梗；《韻鏡》空位；《七音略》外轉三十八重中重，列字爲『剄』，《廣韻》古挺切，《集韻》古頂切，見迥四上開梗；《七音略》誤。《切韻指掌圖》十六圖、《四聲等子》曾攝内八重多輕少韻啓口呼梗攝外八、《切韻指南》梗攝外七開口呼廣門，列字均爲『謦』。『謦』爲《廣韻》迥四開口溪母位小韻首字，《韻鏡》空位誤，當校補『謦』字。《七音略》誤，當校改爲『謦』字。《起數訣》是。

24（上四群）乾四迥◯　《廣韻》《集韻》迥四開口無群母；《韻鏡》《四聲等子》均空位；《切韻指掌圖》十六圖、《切韻指南》梗攝外七開口呼廣門，列字均爲『痙』，群母靜韻；《七音略》外轉三十八重中重，列字爲『謦』，《廣韻》去挺切，《集韻》棄挺切，溪迥四上開梗。《七音略》誤，當删。《起數訣》空位是。

25（上四精）足四迥　婧　《廣韻》疾郢切，從靜三上開梗；《集韻》績領切，精迥四上開梗；《韻鏡》《七音略》均空位；《切韻指掌圖》十六圖、《四聲等子》曾攝内八重多輕少韻啓口呼梗攝外八、《切韻指南》梗攝外七開口呼廣門，列字均爲『井』，精母靜韻。《廣韻》迥四開口無精母。『婧』爲《集韻》迥四開口精母位小韻首字，《起數訣》從《集韻》。

26（上四從）全四迥　泋　明本、四庫本列字均爲『泋』字，《廣韻》薄經切，《集韻》旁經切，並青四平開梗；均不當列於此位，此字當爲『汫』字形訛。『汫』，《廣韻》《集韻》徂醒切，從迥四上開梗。《韻鏡》外轉第三十五開、《七音略》外轉三十八重中重、《四聲等子》曾攝内八重多輕少韻啓口呼梗攝外八，列字均爲『汫』；《切韻指掌圖》十六圖、《切韻指南》梗攝外七開口呼廣門，列字均爲『靜』，從母靜韻。『汫』爲《廣韻》迥四從母位小韻首字，《起數訣》兩本均形訛，當校改爲『汫』。

27（上四曉）香四迥　鶚　《廣韻》迥四開口無曉母；《集韻》呼頂切，曉迥四上開梗；《韻鏡》《七音略》《切韻指掌圖》均空位；《四聲等子》曾攝内八重多輕少韻啓口呼梗攝外八、《切韻指南》梗攝外七開口呼廣門，列字均爲『䳶』。『䳶』爲《集韻》迥四開口曉母位小韻首字，《起數訣》從《集韻》。

28 （上四影）乙四迥　嫈　《廣韻》烟涬切，《集韻》烟頂切，影迥四上開梗；《韻鏡》外轉第三十五開、《四聲等子》曾攝内八重多輕少韻啓口呼梗攝外八，列字均爲『嫈』；《七音略》《切韻指掌圖》均空位；《切韻指南》梗攝外七開口呼廣門，列字爲『癭』，影母靜韻。『嫈』爲《廣韻》迥四開口影母位小韻首字，列字以『嫈』字爲佳，《七音略》空位誤，當校補『嫈』字。《起數訣》是。

29 （上四來）吕四迥　蘏　明本、四庫本列字均爲『蘏』。《康熙字典》記：『《集韻》同苓。』『蘏』『苓』二字爲異體字。『苓』，《廣韻》郎丁切，來青四平開梗；《集韻》靈年切，來先四平開山。此字當爲『箳』字形訛。『箳』，《集韻》朗鼎切，注：『通作笭。』來迥四上開梗；『箳』『笭』二字爲異體字。『笭』，《廣韻》力鼎切，來迥四上開梗。《韻鏡》外轉第三十五開，列字爲『笭』；《七音略》外轉三十八重中重，列字爲『苓』，爲『笭』字形訛；《切韻指掌圖》十六圖、《切韻指南》梗攝外七開口呼廣門，列字均爲『領』，來母靜韻；《四聲等子》曾攝内八重多輕少韻啓口呼梗攝外八，列字爲『冷』。『笭』爲《廣韻》迥四開口來母位小韻首字，下收有『冷』字。『箳』爲《集韻》迥四開口來母位小韻首字，下收有『冷』字，列字以『箳』字爲佳，《起數訣》從《集韻》，但形訛，當校改爲『箳』。

30（去二滂）品二諍　軯　《廣韻》諍二開口無滂母；《集韻》叵迸切，滂諍二去開梗；《韻鏡》《切韻指掌圖》均空位；《七音略》外轉三十八重中重，列字爲『軿』，《廣韻》薄經切，《集韻》旁經切，並青四平開梗；《七音略》誤，此字當爲『軯』字形訛。《四聲等子》曾攝内八重多輕少韻啓口呼梗攝外八，列字爲『軯』；《切韻指南》梗攝外七開口呼廣門，列字爲『亨』，滂母庚韻。『軯』爲《集韻》諍二開口滂母位小韻首字，《七音略》《起數訣》從《集韻》。

31（去二明）美二諍　◯　《廣韻》《集韻》諍二開口均無明母；《韻鏡》《四聲等子》均空位；《七音略》外轉三十八重中重，列字爲『䁅』，此字當爲『䁅』字形訛，『䁅』，《廣韻》《集韻》莫更切，明映二去開梗；《七音略》誤，當删。《切韻指掌圖》十六圖、《切韻指南》梗攝外七開口呼廣門，列字均爲『孟』，明母映韻。《起數訣》空位是。

32（去四幫）□四徑　跰　《廣韻》北孟切，幫映二去開梗；《集韻》壁瞑切，幫徑四去開梗；《韻鏡》外轉第三十五開、《七音略》外轉三十八重中重、《四聲等子》曾攝内八重多輕少韻啓口呼梗攝外八，列字均爲『跰』；《切韻指掌圖》十六圖，列字爲『併』，幫母勁韻；《切韻指南》梗攝外七開口呼廣門，列字爲『摒』，幫母勁韻。《廣韻》徑四開口無幫母。『跰』爲《集韻》徑四開口幫母位小韻首字，《起數訣》從《集韻》。

33（去四滂）品四徑　◯　《廣韻》《集韻》徑四開口均無滂母；《韻鏡》《切韻指掌圖》《四聲等子》《切韻指南》均空位；《七音略》外轉三十八重中重，列字爲『燹』，《廣韻》許位切，曉至三去合止，梗攝無『𤹭』小韻；《集韻》梗攝勁韻敷母位有此字，妨正切，此音切本有誤，均不當列於此位。《七音略》誤，當删。《起數訣》空位是。

34 （去四並）平四徑　屏　《廣韻》薄經切，並青四去開梗；《集韻》步定切，並徑四去開梗；《韻鏡》空位；《七音略》外轉三十八重中重、《四聲等子》曾攝内八重多輕少韻啓口呼梗攝外八，列字均爲『屏』；《切韻指掌圖》十六圖，列字爲『庰』，並母勁韻；《切韻指南》梗攝外七開口呼廣門，列字爲『倂』，幫母勁韻。《廣韻》徑四開口無並母。『屏』爲《集韻》徑四開口並母位小韻首字，《起數訣》從《集韻》。

35 （去四明）美四徑　暝　明本、四庫本列字均爲『瞑』，此字當爲『暝』字形訛。『暝』，《廣韻》莫經切，明青四去開梗；《集韻》莫定切，明徑四去開梗；《韻鏡》外轉第三十五開、《七音略》外轉三十八重中重、《四聲等子》曾攝内八重多輕少韻啓口呼梗攝外八，列字均爲『䫥』；《切韻指掌圖》十六圖，列字爲『暝』；《切韻指南》梗攝外七開口呼廣門，列字爲『詺』，明母勁韻。『䫥』爲《廣韻》《集韻》徑四開口明母位小韻首字，《廣韻》下收有『暝』字，夕也；《集韻》下收有『瞑』字，閉目也。列字以『䫥』字爲佳，《起數訣》從《集韻》，列『暝』字，亦無誤。《起數訣》兩本皆形訛，當校改爲『暝』。

36 （去四端）帝四徑　釘　《廣韻》《集韻》丁定切，端徑四去開梗；《韻鏡》外轉第三十五開、《切韻指掌圖》十六圖、《四聲等子》曾攝内八重多輕少韻啓口呼梗攝外八、《切韻指南》梗攝外七開口呼廣門，列字均爲『矴』；《七音略》外轉三十八重中重，列字爲『叮』，《廣韻》《集韻》當經切，端青四平開梗；《七音略》誤，當校改爲『矴』。『矴』爲《廣韻》《集韻》徑四開口端母位小韻首字，下收有『釘』字，列字以『矴』字爲佳，《起數訣》列『釘』字，亦無誤。

37（去四見）九四徑　徑　《廣韻》古定切，《集韻》吉定切，見徑四去開梗；《韻鏡》外轉第三十五開，列字爲『徑』；《七音略》外轉三十八重中重、《四聲等子》曾攝内八重多輕少韻啓口呼梗攝外八、《切韻指南》梗攝外七開口呼廣門，列字均爲『徑』；《切韻指掌圖》十六圖，列字爲『勁』，見母勁韻。『徑』爲《廣韻》徑四見母位小韻首字，下收有『徑』字，列字以『徑』爲佳，《起數訣》是。

38（去四心）手四徑　腥　《廣韻》蘇佞切，《集韻》新佞切，心徑四去開梗；《韻鏡》外轉第三十五開、《切韻指掌圖》十六圖，列字均爲『醒』；《七音略》外轉三十八重中重，列字爲『腥』；《四聲等子》曾攝内八重多輕少韻啓口呼梗攝外八，列字爲『姓』，心母勁韻；《切韻指南》梗攝外七開口呼廣門，列字爲『性』，心母勁韻。『腥』爲《廣韻》徑四開口心母位小韻首字，下收有『醒』字，列字以『腥』字爲佳，《起數訣》是。

39（去四匣）□四徑　脛　明本列字爲『脛』，四庫本列字爲『脛』。此『脛』字當爲『脛』字形訛。『脛』，《廣韻》胡定切，《集韻》形定切，匣徑四去開梗；《韻鏡》外轉第三十五開、《七音略》外轉三十八重中重、《切韻指掌圖》十六圖、《四聲等子》曾攝内八重多輕少韻啓口呼梗攝外八、《切韻指南》梗攝外七開口呼廣門，列字均爲「脛」。《起數訣》四庫本是，明本當校改爲「脛」。

40 （去四影）乙四徑　瀅　《廣韻》徑四開口無影母；《集韻》噎甯切，影徑四去開梗；《韻鏡》《七音略》《切韻指掌圖》均空位；《四聲等子》曾攝内八重多輕少韻啓口呼梗攝外八，列字爲「瑩」，影母徑韻合口；《切韻指南》梗攝外七開口呼廣門，列字爲「纓」，《廣韻》影母清韻，《集韻》影母徑韻。「瀅」爲《集韻》徑四開口影母位小韻首字，《起數訣》從《集韻》。

41 （入二幫）□二麥　蘗　明本、四庫本列字均爲「蘗」。「蘗」，《廣韻》未收；《集韻》魚列切，疑薛三入開山；均不當列於此位。此字當爲「蘖」字形訛。「蘖」，《廣韻》麥韻二等開口列字爲「檗」，注：「俗作蘖」，博厄切，幫麥二入開梗；「蘖」爲「檗」字之俗體。《集韻》音切同《廣韻》，作「蘖」；《韻鏡》外轉第三十五開、《四聲等子》曾攝内八重多輕少韻啓口呼梗攝外八，列字均爲「檗」；《七音略》外轉三十八重中重，列字爲「蘖」；《切韻指掌圖》十六圖、《切韻指南》梗攝外七開口呼廣門，列字均爲「伯」，幫母陌韻。「檗」爲《廣韻》麥二開口幫母位小韻首字。「薜」爲《集韻》麥二開口幫母位小韻首字，下收有「蘖」字，《起數訣》從《集韻》，然形訛，當校改爲「蘖」字。

42 （入二並）平二麥　欂　《廣韻》蒲革切，《集韻》薄革切，並麥二入開梗；《韻鏡》外轉第三十五開，列字爲「繴」；《七音略》外轉三十八重中重，列字爲「擗」，《廣韻》房益切，《集韻》毗亦切，並昔三入開梗；《七音略》誤。《切韻指掌圖》十六圖、《切韻指南》梗攝外七開口呼廣門，列字均爲『白』，並母陌韻；《四聲等子》曾攝内八重多輕少韻啓口呼梗攝外八，列字爲『僻』，《集韻》滂母昔韻。『繴』爲《廣韻》麥二開口並母位小韻首字，下收有『繴』字。『繴』爲《集韻》麥二開口並母位小韻首字，下收有『繴』字，《起數訣》從《集韻》。

43（入四幫）□四錫　壁　《廣韻》北激切，《集韻》必歷切，幫錫四入開梗；《韻鏡》外轉第三十五開、《切韻指掌圖》十六圖，列字均爲『璧』，《廣韻》《集韻》必益切，幫昔三入開梗；《韻鏡》誤，此字當爲『壁』字形訛。《七音略》外轉三十八重中重、《四聲等子》曾攝内八重多輕少韻啓口呼梗攝外八，列字均爲『壁』；《切韻指南》梗攝外七開口呼廣門，列字爲『辟』，幫母昔韻。『壁』爲《廣韻》錫四幫母位小韻首字，《韻鏡》誤，《起數訣》是。

44（入四滂）品四錫　霹　《廣韻》普擊切，《集韻》匹歷切，滂錫四入開梗；《韻鏡》外轉第三十五開、《七音略》外轉三十八重中重，列字均爲『劈』；《切韻指掌圖》十六圖、《四聲等子》曾攝内八重多輕少韻啓口呼梗攝外八，列字均爲『霹』；《切韻指南》梗攝外七開口呼廣門，列字爲『僻』。『霹』爲《廣韻》錫四開口滂母位小韻首字，下收有『劈』『僻』二字，列字以『霹』字爲佳。《韻鏡》列『劈』字，亦無誤。《起數訣》是。

45（入四並）平四錫　髭　此字當爲『甓』字形訛。　甓，《廣韻》扶歷切，《集韻》蒲歷切，並錫四入開梗；《韻鏡》外轉第三十五開、《七音略》外轉三十八重中重、《四聲等子》曾攝内八重多輕少韻啓口呼梗攝外八，列字均爲『甓』；《切韻指掌圖》十六圖，列字爲『擗』，並母昔韻；《切韻指南》梗攝外七開口呼廣門，列字爲「椑」，並母庚韻。「甓」爲《廣韻》錫四並母位小韻首字，《起數訣》形訛，當校改爲「甓」。

46 （入四明）美四錫　系　《廣韻》《集韻》胡計切，匣霽去四開蟹，不當列於此位，此字當爲「糸」字誤。「糸」，《廣韻》莫狄切，《集韻》冥狄切，明錫四入開梗；《韻鏡》外轉第三十五開、《切韻指掌圖》十六圖、《四聲等子》曾攝内八重多輕少韻啓口呼梗攝外八、《切韻指南》梗攝外七開口呼廣門，列字均爲「覓」；《七音略》外轉三十八重中重，列字爲「覔」，當爲「覓」字俗體。「覓」爲《廣韻》錫四開口明母位小韻首字，下收有「糸」字，列字以「覓」字爲佳，《起數訣》兩本皆形訛，當校改爲「糸」。

47 （入四定）田四錫　狄　《廣韻》徒歷切，《集韻》亭歷切，定錫四入開梗；《韻鏡》外轉第三十五開、《切韻指掌圖》十六圖，列字均爲「狄」；《七音略》外轉三十八重中重，列字爲「擲」，《廣韻》《集韻》直炙切，澄昔三入開梗；《七音略》誤，當校改爲「狄」字。《四聲等子》曾攝内八重多輕少韻啓口呼梗攝外八，列字爲「糴」；《切韻指南》梗攝外七開口呼廣門，列字爲「悌」，《集韻》定母昔韻。「荻」爲《廣韻》錫四開口定母位小韻首字，下收有「狄」「糴」二字。「狄」爲《集韻》錫四開口定母位小韻首字，下收有「荻」「糴」二字，《起數訣》從《集韻》。

48 （入四溪）丘四錫　喫　《廣韻》苦擊切，《集韻》詰歷切，溪錫四入開梗；《韻鏡》外轉第三十五開、《切韻指南》梗攝外七開口呼廣門，列字均爲「燩」；《七音略》外轉三十八重中重、《切韻指掌圖》十六圖、《四聲等子》曾攝内八重多輕少韻啓口呼梗攝外八，列字均爲『喫』。『燩』爲《廣韻》錫四開口溪母位小韻首字，下收有『喫』字。『喫』爲《集韻》錫四開口溪母位小韻首字，下收有『燩』字，《起數訣》從《集韻》。

49 （入四疑）月四錫　鶂　此字當爲『鶃』字。『鶃』，《廣韻》五歷切，《集韻》倪歷切，疑錫四入開梗；《韻鏡》外轉第三十五開、《四聲等子》曾攝内八重多輕少韻啓口呼梗攝外八、《切韻指南》梗攝外七開口呼廣門，列字均爲『鷁』；《七音略》《切韻指掌圖》均空位。『鷁』爲《廣韻》錫四開口疑母位小韻首字，下收有『鶃』字，注：『上同』，『鷁』『鶃』二字爲異體字。列字以『鷁』爲佳，《起數訣》亦無誤。

50 （入四精）足四錫　績　明本列字爲『緝』，四庫本列字爲『績』。『緝』，無入聲音，顯爲『績』字誤。『績』，《廣韻》《集韻》則歷切，精錫四入開梗；《韻鏡》外轉第三十五開、《七音略》外轉三十八重中重、《四聲等子》曾攝内八重多輕少韻啓口呼梗攝外八、《切韻指南》梗攝外七開口呼廣門，列字均爲『績』；《切韻指掌圖》十六圖，列字爲『即』，精母職韻。『績』爲《廣韻》錫四精母位小韻首字，《起數訣》四庫本是，明本列字誤，當校改爲『績』。

51 （入四曉）香四錫　鬩　《廣韻》許激切，《集韻》馨激切，曉錫四入開梗；《韻鏡》外轉第三十五開、《七音略》外轉三十八重中重、《切韻指掌圖》十六圖、《四聲等子》曾攝内八重多輕少韻啓口呼梗攝外八、《切韻指南》梗攝外七開口呼廣門，列字均爲『赦』。『赦』爲《廣韻》錫四開口曉母位小韻首字，下收有『闃』字。『闃』爲《集韻》錫四開口曉母位小韻首字，下收有『欯』字，《起數訣》從《集韻》。

52 （入四來）吕四錫　曆　爲『曆』之異體字。『曆』，《廣韻》郎擊切，《集韻》狼狄切，來錫四入開梗；《韻鏡》外轉第三十五開，列字爲『靂』；《七音略》外轉三十八重中重、《四聲等子》曾攝内八重多輕少韻啓口呼梗攝外八，列字均爲『歷』；《切韻指掌圖》空位；《切韻指南》梗攝外七開口呼廣門，列字爲『䴢』；『靂』爲《廣韻》錫四開口來母位小韻首字，下收有『歷』字，『歷』字下注：『或作曆。』『歷』『曆』二字爲異體字，列字以『靂』字爲佳，《七音略》列『歷』，《起數訣》列『曆』字，亦無誤。

釋：

1 （平二明）美二耕　甍　《廣韻》莫耕切，《集韻》謨耕切，明耕二平開梗；《韻鏡》外轉第三十五開、《七音略》外轉三十八重中重、《切韻指南》梗攝外七開口呼廣門，列字均爲『甍』；《切韻指掌圖》十六圖，列字爲『盲』，明母庚韻；《四聲等子》曾攝内八重多輕少韻啓口呼梗攝外八，列字爲『萠』，此字當爲『萌』字形訛。

2 （平四端）帝四青　丁　《廣韻》《集韻》當經切，端青四平開梗；《韻鏡》外轉第三十五開、《七音略》外轉三十八重中重、《切韻指掌圖》十六圖、《四聲等子》曾攝内八重多輕少韻啓口呼梗攝外八、《切韻指南》梗攝外七開口呼廣門，列字均爲『丁』。

3 (平四定)田四青　庭　《廣韻》特丁切，《集韻》唐丁切，定青四平開梗；《韻鏡》外轉第三十五開、《七音略》外轉三十八重中重、《切韻指掌圖》十六圖、《切韻指南》梗攝外七開口呼廣門，列字均爲『庭』；《四聲等子》曾攝内八重多輕少韻啓口呼梗攝外八，列字爲『亭』，定母青韻。

4 (平四見)九四青　經　《廣韻》古靈切，《集韻》堅靈切，見青四平開梗；《韻鏡》外轉第三十五開、《七音略》外轉三十八重中重、《切韻指掌圖》十六圖、《四聲等子》曾攝内八重多輕少韻啓口呼梗攝外八，列字均爲『經』；《切韻指南》梗攝外七開口呼廣門，列字爲『頸』，見母清韻。

5 (平四清)七四青　青　《廣韻》《集韻》倉經切，清青四平開梗；《韻鏡》外轉第三十五開、《七音略》外轉三十八重中重，列字均爲『青』；《切韻指掌圖》十六圖、《四聲等子》曾攝内八重多輕少韻啓口呼梗攝外八、《切韻指南》梗攝外七開口呼廣門，列字均爲『清』，清母清韻。

6 (平四心)手四青　星　《廣韻》《集韻》桑經切，心青四平開梗；《韻鏡》外轉第三十五開、《七音略》外轉三十八重中重、《切韻指掌圖》十六圖、《四聲等子》曾攝内八重多輕少韻啓口呼梗攝外八、《切韻指南》梗攝外七開口呼廣門，列字均爲『星』。

7 (平四曉)香四青　馨　《廣韻》呼刑切，《集韻》醯經切，曉青四平開梗；《韻鏡》外轉第三十五開、《七音略》外轉三十八重中重、《切韻指掌圖》十六圖、《四聲等子》曾攝内八重多輕少韻啓口呼梗攝外八、《切韻指南》梗攝外七開口呼廣門，列字均爲『馨』。

8 (平四來)吕四青　靈　《廣韻》《集韻》郎丁切，來青四平開梗；《韻鏡》外轉第三十五開、《七音略》外轉三十八重中重、《切韻指掌圖》十六圖、《四聲等子》曾攝内八重多輕少韻啓口呼梗攝外八、《切韻指南》梗攝外七開口呼廣門，列字均爲『靈』。

9 (上二滂)品二耿　皏　《廣韻》《集韻》普幸切，滂耿二上開梗；《韻鏡》外轉第三十五開、《七音略》外轉三十八重中重、《切韻指掌圖》十六圖、《四聲等子》曾攝内八重多輕少韻啓口呼梗攝外八、《切韻指南》梗攝外七開口呼廣門，列字均爲『皏』。

10 (上四幫)□四迥　鞞　《廣韻》《集韻》補鼎切，幫迥四上開梗；《韻鏡》外轉第三十五開、《七音略》外轉三十八重中重、《四聲等子》曾攝内八重多輕少韻啓口呼梗攝外八、《切韻指南》梗攝外七開口呼廣門，列字均爲『鞞』；《切韻指掌圖》十六圖，列字爲『鉼』，幫母静韻。

11 (上四滂)品四迥　頩　《廣韻》匹迥切，《集韻》普迥切，滂迥四上開梗；《韻鏡》外轉第三十五開、《七音略》外轉三十八重中重、《切韻指掌圖》十六圖、《四聲等子》曾攝内八重多輕少韻啓口呼梗攝外八、《切韻指南》梗攝外七開口呼廣門，列字均爲『頩』。

12 (上四明)美四迥　茗　《廣韻》莫迥切，《集韻》母迥切，明迥四上開梗；《韻鏡》外轉第三十五開、《七音略》外轉三十八重中重、《切韻指掌圖》十六圖、《四聲等子》曾攝内八重多輕少韻啓口呼梗攝外八，列字均爲「茗」；《切韻指南》梗攝外七開口呼廣門，列字爲「眳」，明母迥韻。

13（上四端）帝四迥　頂　《廣韻》《集韻》都挺切，端迥四上開梗；《韻鏡》外轉第三十五開、《七音略》外轉三十八重中重、《切韻指掌圖》十六圖、《四聲等子》曾攝内八重多輕少韻啓口呼梗攝外八、《切韻指南》梗攝外七開口呼廣門，列字均爲「頂」。

14（上四疑）月四迥　脛　《廣韻》五剄切，《集韻》研領切，疑迥四上開梗；《韻鏡》外轉第三十五開、《七音略》外轉三十八重中重、《切韻指掌圖》十六圖，列字均爲「脛」；《四聲等子》曾攝内八重多輕少韻啓口呼梗攝外八、《切韻指南》梗攝外七開口呼廣門，列字均爲「脛」，匣母迥韻，當爲「脛」。

15（上四心）手四迥　醒　《廣韻》蘇挺切，《集韻》銑挺切，心迥四上開梗；《韻鏡》外轉第三十五開、《七音略》外轉三十八重中重，列字均爲「醒」；《切韻指掌圖》十六圖、《四聲等子》曾攝内八重多輕少韻啓口呼梗攝外八、《切韻指南》梗攝外七開口呼廣門，列字均爲「省」，心母靜韻。

16（上四匣）□四迥　婞　《廣韻》胡頂切，《集韻》下頂切，匣迥四上開梗；《韻鏡》外轉第三十五開、《七音略》外轉三十八重中重、《切韻指掌圖》十六圖、《四聲等子》曾攝内八重多輕少韻啓口呼梗攝外八、《切韻指南》梗攝外七開口呼廣門，列字均爲「婞」。

17（去二幫）□二諍　迸　《廣韻》《集韻》北諍切，幫諍二去開梗；《韻鏡》外轉第三十五開、《七音略》外轉三十八重中重、《切韻指掌圖》十六圖、《四聲等子》曾攝内八重多輕少韻啓口呼梗攝外八、《切韻指南》梗攝外七開口呼廣門，列字均爲「迸」。

18（去二並）平二諍　倂　《廣韻》《集韻》蒲迸切，並諍二去開梗；《韻鏡》外轉第三十五開、《七音略》外轉三十八重中重、《切韻指掌圖》十六圖、《四聲等子》曾攝内八重多輕少韻啓口呼梗攝外八、《切韻指南》梗攝外七開口呼廣門，列字均爲「倂」。

19（去四透）天四徑　聽　《廣韻》《集韻》他定切，透徑四去開梗；爲「聽」字異體。《韻鏡》外轉第三十五開、《七音略》外轉三十八重中重、《切韻指掌圖》十六圖、《四聲等子》曾攝内八重多輕少韻啓口呼梗攝外八、《切韻指南》梗攝外七開口呼廣門，列字均爲「聽」。

20（去四定）田四徑　定　《廣韻》《集韻》徒徑切，定徑四去開梗；《韻鏡》外轉第三十五開、《七音略》外轉三十八重中重、《切韻指掌圖》十六圖、《四聲等子》曾攝内八重多輕少韻啓口呼梗攝外八、《切韻指南》梗攝外七開口呼廣門，列字均爲「定」。

21（去四泥）女四徑　甯　《廣韻》《集韻》乃定切，泥徑四去開梗；《韻鏡》外轉第三十五開、《七音略》外轉三十八重中重、《切韻指掌圖》十六圖、《切韻指南》梗攝外七開口呼廣門，列字均爲「甯」；《四聲等子》曾攝内八重多輕少韻啓口呼梗攝外八，列字爲「佞」，泥母徑韻。

22（去四溪）丘四徑　罄《廣韻》苦定切，《集韻》詰定切，溪徑四去開梗；《韻鏡》外轉第三十五開、《七音略》外轉三十八重中重、《切韻指掌圖》十六圖、《四聲等子》曾攝内八重多輕少韻啓口呼梗攝外八、《切韻指南》梗攝外七開口呼廣門，列字均爲『罄』。

23（去四清）七四徑　艶《廣韻》《集韻》千定切，清徑四去開梗；《韻鏡》外轉第三十五開、《七音略》外轉三十八重中重、《切韻指掌圖》十六圖、《四聲等子》曾攝内八重多輕少韻啓口呼梗攝外八，列字均爲『艶』；《切韻指南》梗攝外七開口呼廣門，列字爲『倩』，清母勁韻。

24（去四來）吕四徑　零《廣韻》《集韻》郎定切，來徑四去開梗；《韻鏡》外轉第三十五開、《七音略》外轉三十八重中重、《切韻指掌圖》十六圖、《四聲等子》曾攝内八重多輕少韻啓口呼梗攝外八、《切韻指南》梗攝外七開口呼廣門，列字均爲『零』。

25（入二滂）品二麥　擗《廣韻》普麥切，《集韻》匹麥切，滂麥二入開梗；《韻鏡》外轉第三十五開、《七音略》外轉三十八重中重、《四聲等子》曾攝内八重多輕少韻啓口呼梗攝外八、《切韻指南》梗攝外七開口呼廣門，列字均爲『擗』；《切韻指掌圖》十六圖，列字爲『拍』，滂母陌韻。

26（入二明）美二麥　麥《廣韻》《集韻》莫獲切，明麥二入開梗；《韻鏡》外轉第三十五開、《七音略》外轉三十八重中重、《四聲等子》曾攝内八重多輕少韻啓口呼梗攝外八，列字均爲『麥』；《切韻指掌圖》十六圖、《切韻指南》梗攝外七開口呼廣門，列字均爲『陌』，明母陌韻。

27 (入四端)帝四錫　的　《廣韻》都歷切，《集韻》丁歷切，端錫四入開梗；《韻鏡》外轉第三十五開、《七音略》外轉三十八重中重、《切韻指掌圖》十六圖、《四聲等子》曾攝內八重多輕少韻啓口呼梗攝外八、《切韻指南》梗攝外七開口呼廣門，列字均爲『的』。

28 (入四透)天四錫　逖　《廣韻》《集韻》他歷切，透錫四入開梗；《韻鏡》外轉第三十五開、《七音略》外轉三十八重中重，列字均爲『逖』；《切韻指掌圖》十六圖，列字爲『惕』；《四聲等子》曾攝內八重多輕少韻啓口呼梗攝外八、《切韻指南》梗攝外七開口呼廣門，列字均爲『剔』，透母錫韻。

29 (入四泥)女四錫　惄　《廣韻》奴歷切，《集韻》乃歷切，泥錫四入開梗；《韻鏡》外轉第三十五開、《七音略》外轉三十八重中重、《四聲等子》曾攝內八重多輕少韻啓口呼梗攝外八，列字爲『惄』；《切韻指掌圖》十六圖，列字爲『溺』，泥母錫韻；《切韻指南》梗攝外七開口呼廣門，列字爲『鑈』，泥母帖韻。

30 (入四見)九四錫　激　《廣韻》古歷切，《集韻》吉歷切，見錫四入開梗；《韻鏡》外轉第三十五開、《七音略》外轉三十八重中重、《切韻指掌圖》十六圖、《四聲等子》曾攝內八重多輕少韻啓口呼梗攝外八、《切韻指南》梗攝外七開口呼廣門，列字均爲『激』。

31 (入四清)七四錫　戚　《廣韻》《集韻》倉歷切，清錫四入開梗；《韻鏡》外轉第三十五開、《七音略》外轉三十八重中重、《切韻指掌圖》十六圖、《四聲等子》曾攝內八重多輕少韻啓口呼梗攝外八，列字均爲『戚』；《切韻指南》梗攝外七開口呼廣門，列字爲『㪗』，清母昔韻。

32 （入四從）全四錫　寂　《廣韻》《集韻》前歷切，從錫四入開梗；《韻鏡》外轉第三十五開、《七音略》外轉三十八重中重、《切韻指掌圖》十六圖、《四聲等子》曾攝内八重多輕少韻啓口呼梗攝外八，列字均爲『寂』；《切韻指南》梗攝外七開口呼廣門，列字爲『籍』，從母昔韻。

33 （入四心）手四錫　錫　《廣韻》先擊切，《集韻》先的切，心錫四入開梗；《韻鏡》外轉第三十五開、《七音略》外轉三十八重中重、《四聲等子》曾攝内八重多輕少韻啓口呼梗攝外八，列字均爲『錫』；《切韻指掌圖》十六圖，列字爲『息』，心母職韻；《切韻指南》梗攝外七開口呼廣門，列字爲『昔』，心母昔韻。

34 （入四匣）□四錫　檄　《廣韻》胡狄切，《集韻》刑狄切，匣錫四入開梗；《韻鏡》外轉第三十五開、《七音略》外轉三十八重中重、《切韻指掌圖》十六圖、《切韻指南》梗攝外七開口呼廣門，列字均爲『檄』；《四聲等子》曾攝内八重多輕少韻啓口呼梗攝外八，列字爲『撽』，見母錫韻。

塞九	比二	比四	比三	坂六	坂七	坂十	▼并十一			比五
象	香	口	乙	口	呂	耳	展	收		丙
		乙下						音		
								濁	耕 韋二	
									耕	
	馨	形		桯	靈					
									耿 隨二	
	鷑	婞	嚶		嶺					
									諍	
									諍 嗔二	
		眰	癭		零					
									麥 震二	
									麦	
	閔	撽			曆					

	塞五	井三	比十二	坎十二	塞六	塞七	塞四	塞四	塞一	井二
口	莆	眉	中	丑	第	年	口	口	迈	月
							王下	王下		
			打		橙	停	耕	鏗		妊
							耿			
			摘	遏	璃		隔	磬		藕

比十一	坎十一	井十二	比九	蹇十	蹇四	蹇二	蹇八	蹇三	井七	井十
震	尺	呈	星	石	日	雄	臣	王	高	二
					黃下					
争	琤	峥				坙	⿱䀠疋		碐	
					訇	宏	泓	宖		
						幸				
諍							櫻			
					轟		塋			
責	籍	趚	栜			覈	戹		⿰石雙	
⿰扌畫			摵		⿰忄畫	畫				

蹇十二 ▼

坎五 井五 坎三 比四 坎六 井六 比七

直 賾

收 音 清 耕 青 迴 靜 徑 麥 錫

日

品

平

美 萌

帝

天

田

女

第六十九圖　收音濁

本圖列《廣韻》耕耿諍麥韻字，係拆分《韻鏡》外轉第三十五開二等位列字及《韻鏡》外轉第三十六合二等韻字，將其列於三等位。《起數訣》未設立梗攝合口圖，合口字與開口字并於一圖，與一般分圖原則大爲不同，但依然保持二三等同圖的原則。本圖聲母滂、見、溪、曉母位列『□』，其中見、溪母下一等格位内，明本有『王下』二字，曉母下一等格位内，明本有『黄下』二字，四庫本無。

校箋：

《七音略》外轉三十八重中重，全部誤列一二三等，當校改爲相對應的二三四等，爲便於校對，本轉將均按照二三四等校。《切韻指掌圖》第十五圖，誤列二等於一等，爲便於校對，同按照二等校。

1　（平二知）中二耕　打　明本列字爲『打』，四庫本列字爲『朾』。『打』，《廣韻》德冷切，《集韻》都冷切，端梗二上開梗。不當列於此位，此字當爲『朾』字形訛。『朾』，《廣韻》《集韻》中莖切，知耕二平開梗；《韻鏡》外轉第三十五開、《七音略》外轉三十八重中重、《四聲等子》曾攝内八重多輕少韻啓口呼梗攝外八、《切韻指南》梗攝外七開口呼廣門，列字均爲『朾』；《切韻指掌圖》十六圖，列字爲『趟』，知母庚韻。『朾』爲《廣韻》耕二開口知母位小韻首字，《起數訣》明本形訛，當校改爲『朾』字。四庫本是。

2 （平二徹）丑二耕 ◯ 《廣韻》《集韻》耕韻二等開口無徹母；《韻鏡》外轉第三十五開，列字爲『撐』，《廣韻》丑庚切，《集韻》抽庚切，徹庚二平開梗；《韻鏡》誤，當删。《七音略》空位；《切韻指掌圖》十六圖、《四聲等子》曾攝内八重多輕少韻啓口呼梗攝外八、《切韻指南》梗攝外七開口呼廣門，列字均爲『瞠』，徹母庚韻。《起數訣》空位是。

3 （平二澄）弟二耕　撜　明本、四庫本列字均爲『撜』，《廣韻》煮拯切，章拯三上開梗；《集韻》除庚切，澄庚二平開梗；均不當列於此位。此字當爲『橙』字形訛。『橙』，《廣韻》宅耕切，《集韻》除耕切，澄耕二平開梗。《韻鏡》外轉第三十五開、《七音略》外轉三十八重中重、《四聲等子》曾攝内八重多輕少韻啓口呼梗攝外八，列字均爲『橙』；《切韻指掌圖》十六圖、《切韻指南》梗攝外七開口呼廣門，列字均爲『棖』，澄母庚韻。『橙』爲《廣韻》耕二開口澄母位小韻首字，《起數訣》明本、四庫本均形訛，當校改爲『橙』字。

4 （平二娘）年二耕　儜　《廣韻》女耕切，《集韻》尼耕切，娘耕二平開梗；《韻鏡》外轉第三十五開，列字爲『儜』，此字爲『儜』字闕；《七音略》外轉三十八重中重、《切韻指掌圖》十六圖，列字均爲「獰」，《廣韻》乃庚切，娘庚二平開梗；《集韻》尼耕切，娘耕二平開梗；《七音略》從《集韻》。《四聲等子》曾攝内八重多輕少韻啓口呼梗攝外八、《切韻指南》梗攝外七開口呼廣門，列字均爲「儜」。「儜」爲《廣韻》耕二娘母位小韻首字，《起數訣》是。

5 （平二影）匠二耕　罌　此字當爲「罌」字訛，《龍龕手鑑·缶部》：「罌」，「罌」俗字。「罌」，《廣韻》烏莖切，《集韻》於莖切，影耕二平開梗；《韻鏡》外轉第三十五開，列字爲「罌」；《七音略》外轉三十八重中重、《切韻指掌圖》十六圖、《四聲等子》曾攝内八重多輕少韻啓口呼梗攝外八、《切韻指南》梗攝外七開口呼廣門，列字均爲「甖」。「甖」爲《廣韻》耕二開口影母位小韻首字，下收有「罌」字，注：「上同」，「甖」「罌」二字爲異體字。列字以「甖」爲佳，《起數訣》形訛，當校改爲「罌」。

6 （平二來）离二耕　磷　《廣韻》力珍切，來真三平開臻；《集韻》力耕切，來耕二平開梗；《韻鏡》《切韻指掌圖》均空位；《七音略》外轉三十八重中重、《四聲等子》曾攝内八重多輕少韻啓口呼梗攝外八、《切韻指南》梗攝外七開口呼廣門，列字均爲「磷」。《廣韻》耕二開口無來母。「磷」爲《集韻》耕二開口來母位小韻首字，《起數訣》從《集韻》。

7 （平三曉）□三耕　訇　《廣韻》《集韻》呼宏切，曉耕二平合梗；《韻鏡》外轉第三十六合，列字爲「轟」；《七音略》外轉三十九輕中輕，列字爲「訇」；《切韻指掌圖》十五圖，列字爲「薨」，列於一等，《廣韻》曉母登韻，《集韻》曉母耕韻；《四聲等子》曾攝内八重多輕少韻合口呼梗攝外二、《切韻指南》梗攝外七合口呼廣門，列字均爲『諻』，曉母庚韻。『轟』爲《廣韻》耕二合口曉母位小韻首字，下收有『訇』字。『訇』爲《集韻》耕二合口曉母位小韻首字，下收有『轟』字，《七音略》《起數訣》均從《集韻》。此字爲合口字，本圖爲開口，列於本圖，當爲并圖故。但當列於二等位，因二等位已列開口字，故列於三等。本圖列圖特别，故不校改。

8 (平三匣)雄三耕　宏　《廣韻》户萌切，《集韻》乎萌切，匣耕二平合梗；《韻鏡》外轉第三十六合、《七音略》外轉三十九輕中輕、《切韻指南》梗攝外七合口呼廣門，列字均爲『宏』；《切韻指掌圖》十五圖，列字爲『弘』，匣母登韻；《四聲等子》曾攝内八重多輕少韻合口呼梗攝外二，列字爲『横』，匣母庚韻。此字爲合口字，本圖爲開口，列於本圖，當爲并圖故。但當列於二等位，因二等位已列開口字，故列於三等。本圖列圖特别，故不校改。

9 (平三影)匠三耕　泓　《廣韻》《集韻》烏宏切，影耕二平合梗；《韻鏡》外轉第三十六合、《七音略》外轉三十九輕中輕、《四聲等子》曾攝内八重多輕少韻合口呼梗攝外二、《切韻指南》梗攝外七合口呼廣門，列字均爲『泓』；《切韻指掌圖》空位。此字爲合口字，本圖爲開口，列於本圖，當爲并圖故。但當列於二等位，因二等位已列開口字，故列於三等。本圖列圖特别，故不校改。

10 (平三云)王三耕　弦　明本列字爲『弦』，四庫本列字爲『弦』，四庫本當爲『弦』字形訛。

『弦』，《廣韻》户萌切，匣耕二平合梗；烏宏切，影耕二平合梗。《集韻》于萌切，云耕二平合梗。《韻鏡》《七音略》《切韻指掌圖》均空位；《四聲等子》曾攝内八重多輕少韻合口呼梗攝外二、《切韻指南》梗攝外七合口呼廣門，列字均爲『弦』。『于』爲云母字，反切下字爲二等，按照『喻下凭切門』的門法，此字當列於三等位。《起數訣》明本從《集韻》，是。四庫本形訛，當校改爲『弦』。

11 （上二曉）□二耿 ◯ 《廣韻》《集韻》耿韻二等開口均無曉母；《韻鏡》《切韻指掌圖》均空位；《七音略》外轉三十八重中重，列字爲『鵯』，《廣韻》《集韻》均未收；《七音略》誤，當删。《四聲等子》曾攝内八重多輕少韻啓口呼梗攝外八、《切韻指南》梗攝外七開口呼廣門，列字均爲『諱』，曉母梗韻。《起數訣》空位是。

12 （上二匣）雄二耿 幸 明本列字爲『幸』，四庫本空位。《廣韻》《集韻》耿韻二等開口匣母均有『幸』字，《廣韻》胡耿切，《集韻》下耿切，匣耿二上開梗；《韻鏡》外轉第三十五開、《七音略》外轉三十八重中重、《切韻指掌圖》十六圖，列字均爲『幸』；《四聲等子》曾攝内八重多輕少韻啓口呼梗攝外八、《切韻指南》梗攝外七開口呼廣門，列字均爲『杏』，匣母梗韻。『幸』爲《廣韻》耿二開口匣母位小韻首字，《起數訣》四庫本空位誤，當校補『幸』字。明本列字是。

13 （上二影）匠二耿 ◯ 《廣韻》《集韻》耿二開口均無影母；《韻鏡》空位；《七音略》外轉三十八重中重，列字爲『嚶』，《廣韻》烟涬切，《集韻》烟頂切，影迥四上開梗；《七音略》誤，當删。《切韻指掌圖》十六圖，列字爲『谮』，影母梗韻；《四聲等子》曾攝内八重多輕少韻啓口呼梗攝外八、《切韻指南》梗攝外七開口呼廣門，列字均爲『𢡟』，影母梗韻。《起數訣》空位是。

14 （去二疑）月二静 ◯ 《廣韻》静二疑母位均有『鞕』小韻，《廣韻》五爭切，疑静二去開梗。《韻鏡》外轉第三十五開、《切韻指掌圖》十六圖、《四聲等子》曾攝内八重多輕少韻啓口呼梗攝外八，列字爲『硬』；《七音略》空位；《切韻指南》梗攝外七開口呼廣門，列字均爲『鞕』。『鞕』爲《廣韻》静二疑母位小韻首字，下收有『硬』字，《起數訣》空位誤，當校補『鞕』字。

15 （去二匣）雄二静 ◯ 《廣韻》《集韻》静二開口均無匣母；《韻鏡》空位；《七音略》外轉三十八重中重，列字爲『嫈』，《廣韻》鷖迸切，《集韻》於迸切，影静二去開梗；《七音略》誤，當删。《切韻指掌圖》十六圖、《四聲等子》曾攝内八重多輕少韻啓口呼梗攝外八、《切韻指南》梗攝外七開口呼廣門，列字均爲『行』，匣母映韻。《起數訣》空位是。

16 （去二影）匠二静 　櫻　 明本、四庫本列字均爲『櫻』，《廣韻》烏莖切，《集韻》於莖切，影耕二平開梗；均不當列於此位。此字當爲『瀴』字形訛。『瀴』，《唐韻》鷖迸切，影諍二去開梗。《集韻》於孟切，影映二去開梗；於莖切，影耕二平開梗。《韻鏡》外轉第三十五開、《四聲等子》曾攝内八重多輕少韻啓口呼梗攝外八，列字均爲『瀴』；《七音略》空位；《切韻指掌圖》十六圖，列字爲『嫈』；《切韻指南》梗攝外七開口呼廣門，列字爲『瀴』，影母映韻。『瀴』爲

《廣韻》諍二開口影母位小韻首字，下收有『嫈』字，列字以『⿰衤嬰』字爲佳。《起數訣》明本、四庫本均形訛，當校改爲『⿰衤嬰』字。

17（去三曉）□三諍　轟　《廣韻》《集韻》呼迸切，曉諍二合開梗，當列於二等位；《韻鏡》外轉第三十六合、《七音略》外轉三十九輕中輕、《四聲等子》曾攝内八重多輕少韻合口呼梗攝外二、《切韻指南》梗攝外七合口呼廣門，均列於二等；《切韻指掌圖》十五圖，二等位列『薨』，曉母登韻。『轟』爲《廣韻》諍二曉母合口位小韻首字，當列於二等位，此字爲合口字，本圖爲開口，列於本圖三等，因二等位已列開口字，本圖列圖特别，故不校改。

18（去三影）匠三諍　⿰口⿱𤇾土　《廣韻》《集韻》諍二合口均無影母；《韻鏡》外轉第三十六合、《切韻指掌圖》十六圖、《四聲等子》曾攝内八重多輕少韻合口呼梗攝外二、《切韻指南》梗攝外七合口呼廣門，均於二等位列『竤』字，《康熙字典》記：『《集韻》于萌切。與竑同。　屋響也。又《廣韻》烏横切，宏去聲。小水貌。』此記《集韻》于萌切，云母耕韻；《廣韻》烏横切，影母映韻。《七音略》空位。本圖當爲『⿰口⿱𤇾土』字闕。⿰口⿱𤇾土，《廣韻》未收。《集韻》於迸切，影母諍韻。但亦當列於二等位，此字爲合口字，本圖爲開口，列於本圖三等，因二等位已列開口字，本圖列圖特别，故不校改。。

19（入二徹）丑二麥　逷　明本、四庫本列字均爲『逷』，《廣韻》《集韻》他歷切，透錫四入開梗；均不當列於此位。《韻鏡》空位；《七音略》外轉三十八重中重，列字爲『蹢』，《廣韻》直炙切，澄昔三入開梗；都歷切，端錫四入開梗。《集韻》治革切，澄麥二入開梗。《七音略》誤。《切韻指掌圖》十六圖，列字爲『拆』，徹母陌韻；《四聲等子》曾攝内八重多輕少韻啓口呼梗攝外八，列字爲『墑』；《切韻指南》梗攝外七開口呼廣門，列字爲『㾜』，《康熙字典》記：『《集韻》丑厄切，音糲。㾜痆，寒病。』此記《集韻》丑厄切，徹麥二入開梗。《廣韻》麥二無徹母。《起數訣》明本、四庫本均誤，若從《集韻》，當校改爲『䯜』字。

20 (入二澄)第二麥　蹢　《廣韻》直炙切，澄昔三入開梗；《集韻》治革切，澄麥二入開梗；《韻鏡》空位；《七音略》外轉三十八重中重，列字爲『㾜』，徹母麥韻；《七音略》誤，當刪。《切韻指掌圖》十六圖、《四聲等子》曾攝内八重多輕少韻啓口呼梗攝外八、《切韻指南》梗攝外七開口呼廣門，列字均爲『宅』，澄母陌韻。《廣韻》麥二開口無澄母。『蹢』爲《集韻》麥二開口澄母位小韻首字，《起數訣》從《集韻》。

21 (入二娘)年二麥　◯　明本空位，四庫本列字爲『疒』。『疒』，《廣韻》尼戹切，《集韻》尼厄切，娘麥二入開梗；《韻鏡》《七音略》均空位；《切韻指掌圖》十六圖，列字爲『搦』，娘母陌韻；《四聲等子》曾攝内八重多輕少韻啓口呼梗攝外八、《切韻指南》梗攝外七開口呼廣門，列字均爲『疒』。『疒』爲《廣韻》《集韻》麥二開口娘母位小韻首字，《起數訣》明本空位誤，當校補『疒』字，四庫本是。

22 (入二溪)□二麥　礊　《廣韻》楷革切，《集韻》克革切，溪麥二入開梗；《韻鏡》外轉第三十五開，列字爲『礊』；《七音略》空位；《切韻指掌圖》十六圖、《四聲等子》曾攝内八重多輕少韻啓口呼梗攝外八、《切韻指南》梗攝外七開口呼廣門，列字均爲『客』，溪母陌韻。『礊』爲《廣韻》麥二開口溪母位小韻首字，《七音略》空位誤，當校補『礊』字。《起數訣》是。

23 (入二疑)月二麥　鬲　《廣韻》五革切，《集韻》逆革切，疑麥二入開梗；《韻鏡》外轉第三十五開、《四聲等子》曾攝内八重多輕少韻啓口呼梗攝外八、《切韻指南》梗攝外七開口呼廣門，列字均爲『鬲』；《七音略》空位；《切韻指掌圖》十六圖，列字爲『額』，疑母陌韻。『鬲』爲《廣韻》麥二開口疑母位小韻首字，《七音略》空位誤，當校補『鬲』字。《起數訣》是。

24 (入二初)尺二麥　簎　《廣韻》測戟切，初陌二入開梗；《集韻》測革切，初麥二入開梗；《韻鏡》外轉第三十五開、《七音略》外轉三十八重中重、《四聲等子》曾攝内八重多輕少韻啓口呼梗攝外八、《切韻指南》梗攝外七開口呼廣門，列字均爲『策』，《廣韻》楚革切，《集韻》測革切，初麥二入開梗；《切韻指掌圖》十六圖，列字爲『測』，初母職韻。『策』爲《廣韻》《集韻》麥二開口初母位小韻首字，《集韻》下亦收有『簎』字，列字以『策』字爲佳，《起數訣》從《集韻》，列『簎』字，亦無誤。

25 (入二崇)呈二麥　⿺走亦　明本列字爲『⿺走亦』，四庫本列字爲『⿺走亦』，此字當爲『⿺走亦』字訛。『⿺走亦』，《廣韻》查獲切，《集韻》查畫切，崇麥二入合梗；《韻鏡》外轉第三十五開、《七音略》外轉三十八重中重，《四聲等子》曾攝内八重多輕少韻啓口呼梗攝外八，列字均爲『磧』，《廣韻》《集韻》士革切，崇麥二入開梗；《切韻指南》梗攝外七開口呼廣門，列字爲『齚』。『磧』爲《廣韻》麥二開口崇母位小韻首字，下收有『齚』字，本圖爲開口，列字以『磧』爲佳，但本字列於本等半三位。『趚』爲《廣韻》麥二合口崇母位小韻首字，列於本圖，當爲并圖故。明本列字是，四庫本誤，當校改爲『趚』。

26 （入二曉）□二麥　◯　《廣韻》《集韻》麥二開口均無曉母；《韻鏡》空位；《七音略》外轉三十八重中重，列字爲『㨉』，《廣韻》呼麥切，《集韻》忽麥切，曉麥二入合梗；《七音略》誤，當删。《切韻指掌圖》十六圖、《四聲等子》曾攝内八重多輕少韻啓口呼梗攝外八、《切韻指南》梗攝外七開口呼廣門，列字均爲『赫』，曉母陌韻。『剨』爲《廣韻》麥二曉母合口位小韻首字，按本圖開合并圖，此位可列合口字，下收有『㨉』字，則《起數訣》可校補『剨』字。

27 （入二影）厄二麥　戹　明本列字爲『戹』，四庫本列字爲『尼』，此字當爲『戹』字訛。『戹』，《廣韻》於革切，《集韻》乙革切，影麥二入開梗；《韻鏡》外轉第三十五開、《七音略》外轉三十八重中重、《切韻指南》梗攝外七開口呼廣門，列字均爲『戹』；《切韻指掌圖》十六圖，列字爲『啞』，影母陌韻；《四聲等子》曾攝内八重多輕少韻啓口呼梗攝外八，列字爲『厄』。『戹』爲《廣韻》麥二開口影母位小韻首字，下收有『厄』字，列字以『戹』字爲佳，《起數訣》四庫本形訛，當校改爲『戹』。明本列字是。

28 （入二來）离二麥　䃈　《廣韻》《集韻》力摘切，來麥二入開梗；《韻鏡》《切韻指掌圖》均空位；《七音略》外轉三十八重中重，列字爲「䃈」；《四聲等子》曾攝內八重多輕少韻啓口呼梗攝外八、《切韻指南》梗攝外七開口呼廣門，列字均爲「礐」。「礐」爲《廣韻》麥二開口來母位小韻首字，下收有「䃈」字，列字以「礐」字爲佳。《七音略》《起數訣》列「䃈」字，亦無誤。《韻鏡》空位誤，當校補「礐」字。

29 （入二半三）直二麥　賾　《廣韻》《集韻》士革切，崇麥二入開梗；《韻鏡》外轉第三十五開、《七音略》外轉三十八重中重、《切韻指掌圖》十六圖、《四聲等子》曾攝內八重多輕少韻啓口呼梗攝外八、《切韻指南》梗攝外七開口呼廣門，均列於崇母。「賾」爲《廣韻》麥二開口崇母位小韻首字，《起數訣》本圖崇母位列合口字。

30 （入三莊）震三麥　𧾷　《廣韻》《集韻》簎摑切，莊麥二入合梗；《韻鏡》外轉第三十六合、《七音略》外轉三十九輕中輕、《四聲等子》曾攝內八重多輕少韻合口呼梗攝外二、《切韻指南》梗攝外七合口呼廣門，均於二等位列「𧾷」字；《切韻指掌圖》十六圖列字爲「赫」，曉母陌韻。「𧾷」爲《廣韻》麥二合口莊母位小韻首字，列於本圖，當爲并圖故，但當列於二等，本圖二等已列開口字，故列三等位。本圖列圖特別，故不校改。

31 （入三生）星三麥　摵　《廣韻》山責切，《集韻》色責切，生麥二入合梗；《韻鏡》外轉第三十六合、《七音略》外轉三十九輕中輕，二等位列字均爲「摵」，《廣韻》作「摵」，「摵」「摵」二字爲異體字；《切韻指掌圖》十五圖、《四聲等子》曾攝内八重多輕少韻合口呼梗攝外二、《切韻指南》梗攝外七合口呼廣門，均於二等位列『摵』字。『摵』爲《廣韻》麥二合生母位小韻首字，『摵』爲其異體，當列於二等位。故列三等位。本圖列圖特別，故不校改。

32 （入三曉）□三麥　𢡟　《廣韻》呼麥切，《集韻》忽麥切，因二等已列開口字，曉麥二入合梗；《韻鏡》外轉第三十六合、《七音略》外轉三十九輕中輕，二等位列字均爲『𠟴』；《切韻指掌圖》十六圖，列字爲『赫』，曉母陌韻；《四聲等子》曾攝内八重多輕少韻合口呼梗攝外二，二等位列字爲『剨』；《切韻指南》梗攝外七合口呼廣門，列字爲『謋』，曉母陌韻。『剨』爲《廣韻》麥二合口曉母位小韻首字，下收有『𠟴』『砉』『𢡟』三字。『𢡟』爲《集韻》麥二合口曉母位小韻首字，下收有『𠟴』『砉』二字，列字以『𢡟』字爲佳，《起數訣》從《集韻》。但此字當列於二等位，但二等位已列開口字，故列於三等位。本圖列圖特殊，故不校改。

33 （入三匣）雄三麥　畫　《廣韻》《集韻》胡麥切，匣麥二入合梗；《韻鏡》外轉第三十六合、《七音略》外轉三十九輕中輕、《四聲等子》曾攝内八重多輕少韻合口呼梗攝外二，二等位列字均爲『獲』；《切韻指掌圖》十六圖，列字爲『𧮮』，匣母麥開口；《切韻指南》梗攝外七合口呼廣門，列字爲『嚄』，匣母陌韻。『獲』爲《廣韻》麥二合口匣母位小韻首字，下收有『畫』字。『畫』爲《集韻》麥二合口匣母位小韻首字，《起數訣》從《集韻》，但當列於二等位，二等位已列開口『𧮮』字。但二等位已列開口字，故列於三等位。本圖列圖特殊，故不校改。

釋：

1 (平二見)□二耕　耕　《廣韻》《集韻》古莖切，見耕二平開梗；《韻鏡》外轉第三十五開、《七音略》外轉三十八重中重、《四聲等子》曾攝内八重多輕少韻啓口呼梗攝外八，列字均爲『耕』；《切韻指掌圖》十六圖、《切韻指南》梗攝外七開口呼廣門，列字均爲『庚』，見母庚韻。

2 (平二溪)□二耕　鏗　《廣韻》口莖切，《集韻》丘耕切，溪耕二平開梗；《韻鏡》外轉第三十五開、《七音略》外轉三十八重中重、《四聲等子》曾攝内八重多輕少韻啓口呼梗攝外八、《切韻指南》梗攝外七開口呼廣門，列字均爲『鏗』；《切韻指掌圖》十六圖，列字爲『阬』，溪母庚韻。

3 (平二疑)月二耕　娙　《廣韻》五莖切，《集韻》魚莖切，疑耕二平開梗；《韻鏡》外轉第三十五開、《七音略》外轉三十八重中重、《切韻指掌圖》十六圖、《四聲等子》曾攝内八重多輕少韻啓口呼梗攝外八、《切韻指南》梗攝外七開口呼廣門，列字均爲『娙』。

4 (平二莊)震二耕　爭　《廣韻》側莖切，《集韻》甾莖切，莊耕二平開梗；《韻鏡》外轉第三十五開、《七音略》外轉三十八重中重、《切韻指掌圖》十六圖、《四聲等子》曾攝内八重多輕少韻啓口呼梗攝外八、《切韻指南》梗攝外七開口呼廣門，列字均爲『爭』。

5 （平二初）尺二耕　琤　《廣韻》楚耕切，《集韻》初耕切，初耕二平開梗；《韻鏡》外轉第三十五開、《七音略》外轉三十八重中重、《切韻指掌圖》十六圖、《四聲等子》曾攝内八重多輕少韻啓口呼梗攝外八、《切韻指南》梗攝外七開口呼廣門，列字均爲『琤』。

6 （平二崇）呈二耕　崢　《廣韻》士耕切，《集韻》鋤耕切，崇耕二平開梗；《韻鏡》外轉第三十五開、《七音略》外轉三十八重中重、《切韻指掌圖》十六圖、《四聲等子》曾攝内八重多輕少韻啓口呼梗攝外八，列字均爲『崢』；《切韻指南》梗攝外七開口呼廣門，列字爲『傖』，崇母庚韻。

7 （平二匣）雄二耕　莖　《廣韻》户耕切，《集韻》何耕切，匣耕二平開梗；《韻鏡》外轉第三十五開、《七音略》外轉三十八重中重、《四聲等子》曾攝内八重多輕少韻啓口呼梗攝外八，列字均爲『莖』；《切韻指掌圖》十六圖、《切韻指南》梗攝外七開口呼廣門，列字均爲『行』，匣母庚韻。

8 （上二見）□二耿　耿　《廣韻》《集韻》古幸切，見耿二上開梗；《韻鏡》外轉第三十五開、《七音略》外轉三十八重中重、《切韻指掌圖》十六圖，列字均爲『耿』；《四聲等子》曾攝内八重多輕少韻合口呼梗攝外二，列字爲『耿』，此字當爲『耿』字形訛；《切韻指南》梗攝外七開口呼廣門，列字爲『梗』，見母梗韻。

9 (去二莊)震二諍　諍　《廣韻》側迸切，《集韻》甾莖切，莊諍二去開梗；《韻鏡》外轉第三十五開、《七音略》外轉三十八重中重、《切韻指掌圖》十六圖、《四聲等子》曾攝内八重多輕少韻啓口呼梗攝外八、《切韻指南》梗攝外七開口呼廣門，列字均爲『諍』。

10 (入二知)中二麥　摘　《廣韻》《集韻》陟革切，知麥二入開梗；《韻鏡》外轉第三十五開、《七音略》外轉三十八重中重、《四聲等子》曾攝内八重多輕少韻啓口呼梗攝外八、《切韻指南》梗攝外七開口呼廣門，列字均爲『摘』；《切韻指掌圖》十六圖，列字爲『磔』，知母陌韻。

11 (入二見)□二麥　隔　《廣韻》古核切，《集韻》各核切，見麥二入開梗；《韻鏡》外轉第三十五開、《七音略》外轉三十八重中、《四聲等子》曾攝内八重多輕少韻啓口呼梗攝外八，列字均爲『隔』；《切韻指掌圖》十六圖、《切韻指南》梗攝外七開口呼廣門，列字均爲『格』，見母陌韻。

12 (入二莊)震二麥　責　《廣韻》《集韻》側革切，莊麥二入開梗；《韻鏡》外轉第三十五開、《七音略》外轉三十八重中重、《四聲等子》曾攝内八重多輕少韻啓口呼梗攝外八、《切韻指南》梗攝外七開口呼廣門，列字均爲『責』；《切韻指掌圖》十六圖，列字爲『側』，莊母職韻。

13 (入二生)星二麥　棟　《廣韻》山責切，《集韻》色責切，生麥二入開梗；《韻鏡》外轉第三十五開、《七音略》外轉三十八重中重、《四聲等子》曾攝内八重多輕少韻啓口呼梗攝外八、《切韻指南》梗攝外七開口呼廣門，列字均爲「𣒚」；《切韻指掌圖》十六圖，列字爲「色」，生母職韻。

14（入二匣）雄二麥　覈　《廣韻》《集韻》下革切，匣麥二入開梗；《韻鏡》外轉第三十五開、《七音略》外轉三十八重中重、《切韻指掌圖》十六圖、《切韻指南》梗攝外七開口呼廣門，列字均爲「覈」；《四聲等子》曾攝内八重多輕少韻啓口呼梗攝外八，列字爲「核」，匣母麥韻。

蹇十二

坎五 井五 坎三 比四 坎六 井六 比七

直	收		口	品	平	美	帝	天	田	女
	音									
	清	耕				萌				
		青								
		迴								
		靜								
		徑								
賾		麥								
		錫								

比一	坎一	井一	井二	比八	坎八	井八	比十	蹇九	比二	比四
九	立	乾	月	足	七	全	手	象	香	口
										乙下
扃	垌			[illegible]					嫈	熒
	[illegible]	[illegible]							詷	逈
[illegible]	蒯	[illegible]		[illegible]			[illegible]		[illegible]	畫
扃										濙
臭	闃								[illegible]	

比三	比四	坎七	坎十	井十一			剝四	蒙五	蠱五	蒙三
乙	口	呂	耳	辰	發		法	朴	排	馬
	乙下				音	登（同五）	崩	瀰	朋	昔
					清					
						蒸（同五）	仌	淜	凭	傰
濮						蒸				
						等（華五）		倗	淜	憉
						拯（華五）			凴	
濮										
						嶝（离五）	堋		倗	儚
						證（离五）	氷		凭	
瑩						證				
						德（豐五）	北	復	蔔	墨
						職				
	栻					職（豐五）				

第七十圖 收音清

本圖列《廣韻》青迥徑錫韻合口字，係拆分《韻鏡》外轉第三十六合四等位列字。本圖去聲三等位標目爲『靜』，收字全部爲入聲麥韻字。本圖當收一四等及脣音字，入聲二等亦不當收非脣音字。本圖聲母日母位列目明本爲『耳』，四庫本爲『且』；幫、匣、喻母位列『□』，其中匣、喻母下一等格位内，明本有『乙下』二字，四庫本無。

校注：

1 （平二明）美二耕　萌　《廣韻》莫耕切，《集韻》謨耕切，明耕二平開梗；《韻鏡》外轉第三十五開、《七音略》外轉三十八重中重、《切韻指南》梗攝外七開口呼廣門，列字均爲『甍』；《切韻指掌圖》十六圖，列字爲『盲』，明母庚韻；《四聲等子》曾攝内八重多輕少韻啓口呼梗攝外八，列字爲『萠』，此字當爲『萌』字形訛。『甍』爲《廣韻》耕二開口明母位小韻首字，下收有『萌』字，列字以『甍』字爲佳，此字已列於第六十八圖明母耕韻位，故當删。

2 （平四見）九四青　扃　明本列字爲『扃』，四庫本列字爲『扃』，四庫本亦當爲『扃』字。『扃』，

《康熙字典》記：『《玉篇》書掌切，音賞。户耳也。从户，向聲，與从户同聲者有别。』此記《玉篇》書掌切，書母養韻。此字當爲『扃』字形訛。『扃』，《廣韻》古螢切，《集韻》涓熒切，見青四平合梗；《韻鏡》外轉第三十六合、《四聲等子》曾攝内八重多輕少韻合口呼梗攝外二，列字均爲『扃』；《七音略》外轉三十九輕中輕、《切韻指掌圖》十五圖，列字均爲『扃』；《切韻指南》梗攝外七合口呼廣門，列字爲『泂』，定母東韻，爲『泂』字訛。『扃』爲《廣韻》青四合見母位小韻首字，《起數訣》明本、四庫本均形訛，當校改爲『扃』。

3 (平四溪)丘四青　坰　《廣韻》古螢切，見青四平合梗；《集韻》欽熒切，溪青四平合梗；《韻鏡》《七音略》均空位；《切韻指掌圖》十五圖、《四聲等子》曾攝内八重多輕少韻合口呼梗攝外二、《切韻指南》梗攝外七合口呼廣門，列字均爲『傾』，溪母清韻。《廣韻》青韻四等無溪母。『坰』爲《集韻》青四合口溪母位小韻首字，《起數訣》從《集韻》。

4 (平四精)足四青　屦　《廣韻》他回切，透灰一平合蟹；《集韻》子坰切，精青四平合梗。《韻鏡》《七音略》《切韻指掌圖》均空位；《四聲等子》曾攝内八重多輕少韻合口呼梗攝外二、《切韻指南》梗攝外七合口呼廣門，列字均爲『屦』。《廣韻》青四合口無精母。『屦』爲《集韻》青四合口精母位小韻首字，《起數訣》從《集韻》。

5 (平四曉)香四青　褮　《廣韻》於營切，影清三平合梗；《集韻》火螢切，曉青四平合梗；《韻鏡》《七音略》均空位；《切韻指掌圖》十五圖、《四聲等子》曾攝内八重多輕少韻合口呼梗攝外二，列字均爲『眴』，曉母清韻；《切韻指南》梗攝外七合口呼廣門，列字爲『騂』，心母清韻。《廣韻》青四合口無曉母。『嫈』爲《集韻》青四合口曉母位小韻首字，《起數訣》從《集韻》。

6（平四影）乙四青　濴　《廣韻》烏迥切，影迴四上合梗；《集韻》青四合口影母位列『瀅』字，烏熒切。『瀅』，《康熙字典》記：『同濴』。『濴』『瀅』二字爲異體字。《韻鏡》《七音略》均空位；《切韻指掌圖》十五圖、《四聲等子》曾攝内八重多輕少韻合口呼梗攝外二、《切韻指南》梗攝外七合口呼廣門，列字均爲『縈』，影母清韻。《廣韻》青四合口無影母。『濴（瀅）』爲《集韻》青四合口影母位小韻首字，《起數訣》從《集韻》。

7（上四見）九四迥　〇　明本、四庫本均空位。《廣韻》迥四合口見母位有『熲』字，古迥切；《集韻》迥四合口見母位有『熲』，畎迥切；《韻鏡》外轉第三十六合、《七音略》外轉三十九輕中輕、《切韻指南》梗攝外七合口呼廣門，列字均爲『熲』；《切韻指掌圖》十五圖，列字爲『囧』，見母梗韻；《四聲等子》空位。『熲』爲《廣韻》迥四合口見母位小韻首字，《起數訣》空位誤，當校補『熲』字。

8（上四溪）丘四迥　褧　《康熙字典》記：『《廣韻》《集韻》與苘同。』『褧』『苘』二字爲異體字。『苘』，《廣韻》口迥切，《集韻》犬迥切，溪迥四上開梗。《韻鏡》外轉第三十六合、《七音略》外轉三十九輕中輕、《切韻指掌圖》十五圖，列字均爲『褧』；《四聲等子》曾攝内八重多輕少韻合口呼梗攝外二、《切韻指南》梗攝外七合口呼廣門，列字均爲『頃』，溪母靜韻。『褧』爲《廣韻》迥四合口溪母位小韻首字，下收有『苘』字，列字以『褧』字爲佳，《起數訣》列『蘔(苘)』字，亦無誤。

9 (上四群)乾四迥　𩓼　《廣韻》口迥切，溪迥四上合梗；《集韻》犬頴切，溪靜三上合梗；《韻鏡》《七音略》《切韻指掌圖》《四聲等子》《切韻指南》均空位。《廣韻》迥四合口溪母下收有『𩓼』字，《廣韻》《集韻》迥四合群母位無字，《起數訣》誤，當删。

10 (上四匣)□四迥　逈　明本、四庫本列字均爲『逈』字。此字當爲『迥』字俗訛。『迥』，《廣韻》户頂切，《集韻》户茗切，匣迥四上合梗；《韻鏡》外轉第三十六合，列字爲『逈』；《七音略》外轉三十九輕中輕，列字爲『廻』，此字當爲『迥』字形訛；《切韻指掌圖》十五圖、《四聲等子》曾攝内八重多輕少韻合口呼梗攝外二、《切韻指南》梗攝外七合口呼廣門，列字均爲『迥』。『迥』爲《廣韻》迥四合匣母位小韻首字，《起數訣》兩本列字均訛，當校改爲『迥』。

11 去聲三等韻目靜韻爲上聲，不當列於去聲位，且列於靜韻的各字均屬於麥韻，《起數訣》去聲三等靜韻下列字均誤，當删。

12 (去四見)九四徑　扃　《廣韻》徑四合口無見母；《集韻》扃定切，見徑四去開梗；《韻鏡》外轉第三十六合、《七音略》外轉三十九輕中輕、《切韻指掌圖》十五圖、《四聲等子》曾攝内八重多輕少韻合口呼梗攝外二，均列於見母青韻；《切韻指南》梗攝外七合口呼廣門，列字爲「扃」。「扃」爲《集韻》徑四開口見母位小韻首字，《起數訣》從《集韻》，但本圖爲合口圖不當列開口字，列於此當爲并圖故。

13 （去四曉）香四徑 ◯ 《廣韻》《集韻》徑四合曉母位均無字。《韻鏡》外轉第三十六合，列字爲「詗」；《七音略》《四聲等子》《切韻指掌圖》空位；《切韻指南》梗攝外七合口呼廣門，列字爲「敻」，曉母勁韻。「詗」，《廣韻》《集韻》火迥切，曉母迥韻，《韻鏡》誤。《起數訣》空位是。

14 （去四匣）□四徑 濴 《廣韻》烏迥切，影迥四上合梗；《集韻》胡鎣切，匣徑四去合梗；《韻鏡》外轉第三十六合、《七音略》外轉三十九輕中輕、《切韻指掌圖》十五圖，均列於影母迥韻，徑韻空位；《四聲等子》曾攝內八重多輕少韻合口呼梗攝外二、《切韻指南》梗攝外七合口呼廣門，列字均爲「濴」。「濴」爲《集韻》徑四合口匣母位小韻首字，《起數訣》從《集韻》。

15 （去四影）乙四徑 鎣 《廣韻》烏定切，《集韻》縈定切，影徑四去合梗；《韻鏡》外轉第三十六合、《七音略》外轉三十九輕中輕、《四聲等子》曾攝內八重多輕少韻合口呼梗攝外二、《切韻指南》梗攝外七合口呼廣門，列字均爲「鎣」；《切韻指掌圖》十五圖，列字爲「瑩」。「鎣」爲《廣韻》《集韻》徑四合口影母位小韻首字，下收有「瑩」字，列字以「鎣」字爲佳。《起數訣》

列『瑩』字，亦無誤。

16 本圖入聲二等列目爲麥，但本等無字。考麥韻合口二等在《起數訣》中部分列於六十九圖三等位，均當删。按《起數訣》一般分圖原則，合口耕清圖當分爲二圖，但《起數訣》卻衹有一圖。將合口耕清中，少部分放入開口二等，大部分放入開口三等，另有少部分在本圖去聲位，均不當。若在前面校注中將三等位列字均删除，則耕清合口字在《起數訣》中無位可列。查本圖意，入二有列目，且麥二合口錯列去三，當是作者意將麥二合口置於此圖。故補足。

17 （入二見）九二麥 ○ 本圖去三靜列字爲『聝』，《廣韻》《集韻》古獲切，見麥二入合梗；《韻鏡》外轉第三十六合、《四聲等子》曾攝内八重多輕少韻合口呼梗攝外二、《切韻指南》梗攝外七合口呼廣門，列字爲『蟈』；《七音略》外轉三十九輕中輕，列字爲『馘』；《切韻指掌圖》十五圖，列字爲『國』，見母德韻。『蟈』爲《廣韻》麥二合見母位小韻乎字，下收有『聝』字，列字以『蟈』爲佳，《起數訣》亦無誤。此位當校補『聝』字。

18 （入二溪）丘二麥 ○ 本圖去三靜列字爲『剨』，《廣韻》虚郭切，曉鐸一入合宕；《集韻》口獲切，溪麥二入合梗。《韻鏡》外轉第三十六合，列字爲『礭』，《集韻》口穫切，音剨；《七音略》外轉三十九輕中輕，列字爲『蟈』，見母麥韻，誤；《四聲等子》曾攝内八重多輕少韻合口呼梗攝外二，列字爲『剨』；《切韻指南》梗攝外七合口呼廣門，列字爲『趪』，《廣韻》《集韻》求獲切，音闃，溪母錫韻；《切韻指掌圖》空位。《廣韻》麥二合溪母無字，《起數訣》列『𠟗』從《集韻》。此位當校補『𠟗』字。

19（入二群）乾二麥　◯　本圖去三靜列字爲『䠊』。『䠊』，《廣韻》《集韻》求獲切，溪錫四入合梗。《韻鏡》外轉第三十六合，列字爲『趯』，當爲『䠊』字誤；《七音略》外轉三十九輕中輕，列字爲『趯』，亦爲『䠊』字誤；《切韻指掌圖》二等空位，列入一等；《四聲等子》空位；《切韻指南》梗攝外七合口呼廣門，列字爲『䠊』。『䠊』爲《廣韻》麥二合群母位小韻首字，《起數訣》列於入二麥是。此位當校補『䠊』字。

20（入二莊）足二麥　◯　本圖去三靜列字爲『𢶀』。『𢶀』，《廣韻》《集韻》簪摑切，莊麥二入合梗；《韻鏡》外轉第三十六合、《七音略》外轉三十九輕中輕、《四聲等子》曾攝內八重多輕少韻合口呼梗攝外二、《切韻指南》梗攝外七合口呼廣門，列字均爲『𢶀』；《切韻指掌圖》十六圖列字爲『赫』，曉母陌韻。『𢶀』爲《廣韻》麥二合口莊母位小韻首字，此位當校補『𢶀』字。

21（入二崇）全二麥　◯　本圖去三靜空位。《廣韻》麥二合崇母位有『䞨』，《廣韻》査獲切，《集韻》査畫切，崇麥二入合梗；《韻鏡》外轉第三十六合、《七音略》外轉三十九輕中輕、《切韻指掌圖》十五圖、《四聲等子》曾攝內八重多輕少韻合口呼梗攝外八、《切韻指南》梗攝外七合口呼廣門，列字均爲『䞨』。『䞨』爲《廣韻》麥二開口崇母位小韻首字，此位當校補『䞨』字。

雖然此位在六十九圖重出，但應列於本位。

22（入二生）手二麥 ◯ 本圖去三靜列字爲「𤩽」，此字當爲「𢸥」形訛。「𢸥」，《廣韻》砂獲切，《集韻》率摑切，生麥二入合梗；《韻鏡》外轉第三十六合、《七音略》外轉三十九輕中輕，列字均爲「摵」，《廣韻》作「𢸥」，「摵」「𢸥」二字爲異體字；《切韻指掌圖》十五圖、《四聲等子》曾攝內八重多輕少韻合口呼梗攝外二、《切韻指南》梗攝外七合口呼廣門，列字均爲「𢸥」。「𢸥」爲《廣韻》麥二合生母位小韻首字，「摵」爲其異體。此位當校補「𢸥」字。

23（入二曉）香二麥 ◯ 本圖去三靜列字爲「𧮴」，《廣韻》呼麥切，《集韻》忽麥切，曉麥二入合梗；《韻鏡》外轉第三十六合、《七音略》外轉三十九輕中輕，列字均爲「劃」；《切韻指掌圖》十六圖，列字爲「赫」，曉母陌韻；《四聲等子》曾攝內八重多輕少韻合口呼梗攝外二，列字爲「砉」；《切韻指南》梗攝外七合口呼廣門，列字爲「謋」，曉母陌韻。「砉」爲《廣韻》麥二合口曉母位小韻首字，下收有「劃」「剨」、「𧮴」三字。「𧮴」爲《集韻》麥二合口曉母位小韻首字，下收有「劃」「剨」二字，《起數訣》從《集韻》。此位當校補「𧮴」字。

24（入二匣）□二麥 ◯ 本圖去三靜空位，《廣韻》《集韻》麥二合來母位均無字；《韻鏡》外轉第三十六合，列字爲「礰」，來母錫韻，誤；《七音略》《切韻指掌圖》《四聲等子》《切韻指南》空位；《起數訣》空位是。

25（入四透）天四錫 ◯ 明本空位，四庫本列字爲「歡」。「歡」，《廣韻》丑歷切，徹錫四入開梗；《集韻》他歷切，透錫四入開梗；《韻鏡》外轉第三十六合，列字爲『歡』；《七音略》《切韻指掌圖》《四聲等子》《切韻指南》均空位。『歡』爲《廣韻》錫四開口徹母位小韻首字。『逖』爲《集韻》錫四開口透母位小韻首字，下收有『歡』字，『逖』字已列於第六十八圖透母錫韻。本圖爲合口圖，不當重列於本圖。《起數訣》明本空位是，四庫本誤，當刪。

26（入四見）九四錫　臭　明本、四庫本列字均爲『臭』。『臭』，《廣韻》《集韻》尺救切，昌宥三去開流；此字當爲『狊』字形訛。『狊』，《廣韻》古闃切，《集韻》扃闃切，見錫四入合梗；《韻鏡》外轉第三十六合，列字爲『鶪』；《七音略》外轉三十九輕中輕，列字爲『臬』，《廣韻》五結切，《集韻》倪結切，疑屑四入開山；《七音略》誤，當爲『狊』字形訛。《切韻指掌圖》十五圖，列字爲『鶪』，當爲『鶪』字形訛；《四聲等子》曾攝内八重多輕少韻合口呼梗攝外二、《切韻指南》梗攝外七合口呼廣門，列字均爲『鶪』。『鶪』爲《廣韻》錫四合口見母位小韻首字，下收有『狊』字。『狊』爲《集韻》錫四合口見母位小韻首字，下收有『鶪』字，《起數訣》從《集韻》。

27（入四溪）丘四錫　闃　《廣韻》苦鶪切，《集韻》苦狊切，溪錫四入合梗；《韻鏡》外轉第三十六合，列字爲『闃』；《七音略》外轉三十九輕中輕、《切韻指掌圖》十五圖、《四聲等子》曾攝内八重多輕少韻合口呼梗攝外二，列字均爲『闃』，當爲『闃』字形訛；《切韻指南》梗攝外七合口呼廣門，列字爲『闃』。『闃』爲《廣韻》《集韻》錫四合溪母位小韻首字，《起數訣》是。

28（入四曉）香四錫　䦜　此字當爲『殈』字形訛。『殈』，《廣韻》呼狊切，《集韻》呼役切，曉昔四入合梗；《韻鏡》外轉第三十六合，列字爲『殈』；《七音略》外轉三十九輕中輕，列字爲『殈』；《切韻指掌圖》空位；《四聲等子》曾攝內八重多輕少韻合口呼梗攝外二、《切韻指南》梗攝外七合口呼廣門，列字均爲『役』，以母昔韻。『役』爲《廣韻》錫四合口曉母位小韻首字，下收有『殈』字。『殈』爲《集韻》錫四合口曉母位小韻首字，下收有『役』字，《起數訣》從《集韻》。

29（入四以）□四錫　棫　《廣韻》雨逼切，以職三入合梗；《集韻》于狊切，云錫四入合梗；《韻鏡》《七音略》《切韻指掌圖》均空位；《四聲等子》曾攝內八重多輕少韻合口呼梗攝外二、《切韻指南》梗攝外七合口呼廣門，列字均爲『役』，以母昔韻。《廣韻》錫韻四等合口無以母。『棫』爲《集韻》錫四合口云母位小韻首字，《起數訣》從《集韻》。但按喻下憑切，當列於三等，本圖誤，當刪。

釋：

1（平四匣）□四青　熒　《廣韻》户扃切，《集韻》玄扃切，匣青四平合梗；《韻鏡》外轉第三十六合、《七音略》外轉三十九輕中輕、《切韻指掌圖》十五圖、《四聲等子》曾攝內八重多輕少韻合口呼梗攝外二、《切韻指南》梗攝外七合口呼廣門，列字均爲『熒』。

2 （上四曉）香四迥　詗　《廣韻》《集韻》火迥切，曉迥四上合梗；《韻鏡》外轉第三十六合、《七音略》外轉三十九輕中輕、《切韻指掌圖》十五圖、《四聲等子》曾攝内八重多輕少韻合口呼梗攝外二、《切韻指南》梗攝外七合口呼廣門，列字均爲『詗』。

3 （上四影）乙四迥　濙　《廣韻》《集韻》烏迥切，影迥四上合梗；《韻鏡》外轉第三十六合、《七音略》外轉三十九輕中輕、《切韻指掌圖》、《四聲等子》、《切韻指南》列字均爲『濙』。

比三　比四　坎七　坎十　井十一　剝四　蒙五　蠱五　蒙三

乙	口	呂	耳	辰	發	法	朴	排	馮
	乙下				音登	崩	漰	朋	瞢
					清				
					蒸	仌	淜	凭	儚
濙					蒸				
					等		倗	淜	懵
					拯			憑	
濙									
					嶝	堋		倗	懜
					證	氷		凭	
瑩					證				
					德	北	復	蔔	墨
					職				
	栻				職				

剥六	象六	盡六	剥七	剥一	象一		盡二	剥八	象八	盡八
母	貪	覃	妳	甲	巧	口	牙	哉	采	才
登	鼟	騰	能	搄	奝			增	彰	層
								驓		繒
等	鼟	蹸	能	宣	肯			噌		
										贈
嶝	澄	鄧	罷	亘	恒			橧	蹭	
								[illegible]	彰	
德	忒	特	螚	棫	克			則	棫	賊
𣯍			匿					即		堲

	1	2	3	4	5	6	7	8	9	10	11	12	13	14	15	16	17
剎十	山	僧			繒					[illegible]				塞			息
	口																
剎二	花	甍												黑			
家四	曉	恒												劾			
剎三	亞	鞥												餩			
盍四	萬				蠅							孕					弋
家七	冷	棱			淩	倰				輘				勒			
	口																
盍十一	崇																
	收	音	濁														
			蒸（同五）	蒸			極（華五）	極				證（帝五）		職（豈五）	職		

第七十一圖　發音清

本圖列《廣韻》登等嶝德、蒸拯證職韻開口字，係拆分《韻鏡》内轉第四十二開一四等字及三等脣音字。因《起數訣》曾攝無合口圖，故脣音字列入一四等開口圖中。本圖聲母群、邪、日母位列「□」，四庫本無。

校注：

1 （平一明）馬一登　瞢　明本列字爲「瞢」，四庫本列字爲「瞢」，四庫本顯誤。「瞢」，《廣韻》武登切，《集韻》彌登切，明登一平開曾；《韻鏡》内轉第四十二開、《七音略》内轉四十二重中重、《切韻指掌圖》十六圖、《四聲等子》曾攝内八重多輕少韻啓口呼梗攝外八、《切韻指南》曾攝内六開口呼侷門，列字均爲「瞢」。「瞢」爲《廣韻》登一明母位小韻首字，《起數訣》明本是，四庫本形訛，當校改爲「瞢」。

2 （平一透）貪一登　鼟　《廣韻》《集韻》透登切，透登一平開曾；《韻鏡》内轉第四十二開，列字爲「鼟」，《康熙字典》記：「《集韻》盧冬切，音隆。鼓聲。或作鼟。」此記盧冬切，來冬一平合通；《韻鏡》誤，此字當爲『⿱殸登』字形訛。《七音略》内轉四十二重中重、《切韻指掌圖》十六圖、《四聲等子》曾攝内八重多輕少韻啓口呼梗攝外八、《切韻指南》曾攝内六開口呼偈門，列字均爲『鼟』。『鼟』爲《廣韻》登一開口透母位小韻首字。『⿱殸登』『鼟』同爲《集韻》登一開口透母位小韻首字，『⿱殸登』『鼟』二字爲異體字。從字形選取而言，《起數訣》從《集韻》。

3 （平一見）甲一登　⿰扌百　明本、四庫本列字均爲『⿰扌百』，顯爲『揯』字誤。『揯』，《廣韻》古恒切，《集韻》居曾切，見登一平開曾；《韻鏡》内轉第四十二開，列字爲『緪』，此字當爲『緪』字形訛；《七音略》内轉四十二重中重，列字爲『栕』，此字當爲『揯』字形訛；《切韻指掌圖》十六圖、《切韻指南》曾攝内六開口呼偈門，列字均爲『揯』；《四聲等子》曾攝内八重多輕少韻啓口呼梗攝外八，列字爲『絚』。『揯』爲《廣韻》登一見母位小韻首字，義『急也』，下依次收有『緪』『絚』二字，於『絚』字下注：『上同』，『緪』『絚』二字爲異體字，列字以『揯』字爲佳。《韻鏡》列『緪』字，亦無誤。《起數訣》列字形訛，當校改爲『揯』。

4 （平一溪）巧一登　髈　此位當爲『奟』『⿰肯力』二字合。『奟』，《廣韻》登韻開口無溪母；《集韻》肯登切，溪登一平開曾；《韻鏡》《七音略》《切韻指掌圖》均空位；《四聲等子》曾攝内八重多輕少韻啓口呼梗攝外八；《切韻指南》曾攝内六開口呼偈門，列字均爲『奟』。『奟』『⿰肯力』二字均爲《集韻》登一開口溪母位小韻首字，義『倰奟，彊大皃』。《起數訣》從《集韻》。然形訛，當校改爲『奟』或『⿰肯力』。

5 （平一清）采一登　彰　《廣韻》登韻開口均無清母；《集韻》七曾切，清登一平開曾；《韻鏡》《切韻指掌圖》均空位；《七音略》内轉四十二重中重、《四聲等子》曾攝内八重多輕少韻啓口呼梗攝外八、《切韻指南》曾攝内六開口呼偈門，列字均爲『彰』。『彰』爲《集韻》登一開口清母位小韻首字，義『毛張也』。《起數訣》從《集韻》。

6 （平一曉）花一登　薨　明本、四庫本列字均爲『薨』。『薨』，《廣韻》莫耕切，《集韻》謨耕切，明耕二平開梗；均不當列於此位。《韻鏡》《切韻指掌圖》《四聲等子》《切韻指南》開口圖均空位。《七音略》内轉四十二重中重，列字爲『恒』，《廣韻》《集韻》胡登切，匣登一平開曾；《七音略》誤，當删。此字當爲『薨』字形訛。『薨』，《廣韻》呼肱切，《集韻》呼弘切，曉登一平合曾。《韻鏡》内轉第四十二合、《七音略》内轉四十三輕中輕、《切韻指掌圖》十五圖、《四聲等子》曾攝内八重多輕少韻合口呼梗攝外二，列字均爲『薨』。『薨』爲合口字，當列合口圖，《起數訣》曾攝分圖未單列合口，將合口開口并爲一圖，登合口只有見曉匣三字，見匣位開口有字，曉母位無開口字，故補入合口『薨』字。

7 （平一匣）晚一登　恒　明本列字爲『恒』，四庫本省筆爲『恒』。《廣韻》《集韻》胡登切，匣登一平開曾；《韻鏡》内轉第四十二開、《切韻指掌圖》十六圖、《四聲等子》曾攝内八重多輕少韻啓口呼梗攝外八、《切韻指南》曾攝内六開口呼偈門，列字均爲『恒』；《七音略》内轉四十二重中重，列字爲『峘』。『恒』爲《廣韻》登一開口匣母位小韻首字，下收有『峘』字，列字以

『恒』字爲佳,《起數訣》是。

8 (平一影)亞一登 鞥 《廣韻》登一開口無影母;《集韻》一憎切,影登一平開曾;《韻鏡》《七音略》《切韻指掌圖》均空位;《四聲等子》曾攝内八重多輕少韻啓口呼梗攝外八、《切韻指南》曾攝内六開口呼侷門,列字均爲『鞥』。『鞥』爲《集韻》登一開口影母位小韻首字,《起數訣》從《集韻》。

9 (平一來)冷一登 稜 《廣韻》魯登切,《集韻》盧登切,來登一平開曾;《韻鏡》内轉第四十二開、《七音略》内轉四十二重中重、《切韻指掌圖》十六圖、《四聲等子》曾攝内八重多輕少韻啓口呼梗攝外八,列字均爲『楞』;《切韻指南》曾攝内六開口呼侷門,列字爲『稜』。『楞』爲《廣韻》登一開口來母位小韻首字,下依次收有『棱』『稜』二字,於『棱』字下注:『上同。』『稜』『棱』二字爲異體字,於『稜』字下注:『俗。』『稜』爲『楞』『棱』二字之俗體。列字以『楞』爲佳,《起數訣》列俗體,亦無誤。

10 (平三幫)法三蒸 仌 《廣韻》作『冫』,注:『水凍也。《説文》本作仌。』筆陵切,幫蒸三平開曾;《集韻》非陵切,幫蒸三平開曾;《韻鏡》内轉第四十二開、《四聲等子》曾攝内八重多輕少韻啓口呼梗攝外八,列字均爲『冰』;《七音略》内轉四十二重中重,列字爲『氷』;《切韻指南》曾攝内六開口呼侷門,列字爲『冫』。《切韻指掌圖》十六圖,列字爲『兵』,幫母庚韻;『冫』爲《廣韻》蒸三開口幫母位小韻首字,下收有『冰』字,注:『上同。』『冫』『仌』『冰』三字爲異體字。『仌』『冰』爲《集韻》蒸三開口幫母位小韻首字，《起數訣》從《集韻》。

11 (平三滂)朴三蒸　淜　《廣韻》扶冰切，並蒸三平開曾，不當列於此位；《集韻》披冰切，滂蒸三平開曾。《廣韻》滂母蒸韻三等列字爲『砅』，披冰切。『砅』，《康熙字典》記：『按《字彙》於此字，音聘平聲，註：水激山崖。引《郭璞·江賦》：砅崖鼓作。李白詩：砅衝萬壑會。於五畫砅字，亦音砰，訓水擊石聲，音義相近，似混爲一字，不知郭賦，李詩，砅字當从冰作砅。其从水作砅者，後人傳寫之譌耳。《正字通》特正其謬，定从水者音例，與厲通。與《説文》合。从冰者爲水擊石聲，是也。』此『砅』字當爲『砅』字形訛。《韻鏡》内轉第四十二開，列字爲『砅』；《七音略》内轉四十二重中重、《切韻指掌圖》十六圖、《四聲等子》曾攝内八重多輕少韻啓口呼梗攝外八、《切韻指南》曾攝内六開口呼偈門，列字均爲『砅』。『砅』爲《廣韻》蒸三開口滂母位小韻首字，下收有『砅』字，《起數訣》從《集韻》。

12 (平三明)馬三蒸　儚　《廣韻》《集韻》亡冰切，明蒸三平開曾；《韻鏡》空位；《七音略》内轉四十二重中重、《四聲等子》曾攝内八重多輕少韻啓口呼梗攝外八、《切韻指南》曾攝内六開口呼偈門，列字均爲『儚』；《切韻指掌圖》十六圖，列字爲『朙』，明母庚韻。『儚』爲《集韻》蒸三開口明母位小韻首字，《起數訣》從《集韻》。

13 (平四精)哉四蒸　繒　《廣韻》蒸三開口無精母；《集韻》即凌切，精蒸三平開曾；《韻鏡》空位；《七音略》内轉四十二重中重，列字爲『䠞』，從母蒸韻，當爲『䠞』形訛。《切韻指掌圖》十六圖、《四聲等子》曾攝内八重多輕少韻啓口呼梗攝外八，四等均無蒸韻；《切韻指南》曾攝内六開口呼侷門，列字爲『䠞』。『䠞』爲《集韻》蒸三開口精母位小韻首字，《起數訣》從《集韻》。

14 （平四清）采四蒸 ◯ 《廣韻》《集韻》蒸韻三等開口均無清韻；《韻鏡》空位；《七音略》内轉四十二重中重，列字爲『毛』，《廣韻》《集韻》均未收；楊軍《七音略注》曰：『不詳所據，闕疑。』《切韻指掌圖》十六圖、《四聲等子》曾攝内八重多輕少韻啓口呼梗攝外八，四等均無蒸韻；《切韻指南》空位。《七音略》誤，《起數訣》空位是。

15 （平四心）山四蒸 線 明本列字爲『線』，四庫本爲『線』。《廣韻》蒸韻無心紐。『線』，《集韻》息凌切，心蒸三平開曾；『線』，《廣韻》《集韻》私箭切，心線三去開山，不當列於此位。《韻鏡》空位；《七音略》内轉四十二重中重、《切韻指南》曾攝内六開口呼侷門，列字均爲『線』。《切韻指掌圖》十六圖、《四聲等子》曾攝内八重多輕少韻啓口呼梗攝外八，四等均無蒸韻。『線』爲《集韻》蒸三心母位小韻首字，《起數訣》明本從《集韻》，四庫本誤，當校改爲『線』。

16 （平四以）萬四蒸 蠅 明本列字爲『蠅』，四庫本空位。『蠅』，《廣韻》《集韻》余陵切，以蒸三平開曾；《韻鏡》内轉第四十二開、《七音略》内轉四十二重中重，均列於喻三位，誤；《切韻指掌圖》十六圖，列於三等位；《切韻指南》曾攝内六開口呼侷門，列於四等位。「蠅」爲《廣韻》蒸三喻四母小韻首字，當列於四等。《起數訣》列字是，明本空位誤，當校補「蠅」字。

17 （平四來）嶺四蒸　凌　明本列字爲「凌」，四庫本空位。「凌」，《廣韻》力膺切，《集韻》閭承切，來蒸三平開曾；《韻鏡》内轉第四十二開、《切韻指掌圖》十六圖、《四聲等子》曾攝内八重多輕少韻啓口呼梗攝外八、《切韻指南》曾攝内六開口呼侷門，均在三等位列「陵」；《七音略》内轉四十二重中重，三等位列「夌」。「陵」爲《廣韻》蒸三來母位小韻首字，當列於三等位，下收有「凌」「夌」二字，《七音略》亦無誤。《起數訣》明本列於四等誤，當删。四庫本空位是。

18 （上一並）排一等　淜　明本、四庫本列字均爲「淜」。「淜」，《廣韻》扶冰切，《集韻》皮冰切，並蒸三平開曾，均不當列於此位；此字當爲「倗」字形訛。「倗」，《廣韻》未收；《集韻》步等切，並等一上開曾。《韻鏡》内轉第四十二開、《四聲等子》曾攝内八重多輕少韻啓口呼梗攝外八、《切韻指南》曾攝内六開口呼侷門，列字均爲「倗」；《七音略》《切韻指掌圖》均空位。「倗」爲《集韻》等一開口並母位小韻首字，《起數訣》列位從《集韻》，但列字形訛，當校改爲「倗」。

19 （上一明）馬一等　懵　明本、四庫本列字均爲「懵」。「懵」，《廣韻》武亘切，《集韻》母亘切，明隥一去開曾；此字當爲「懵」字形訛。「懵」，《廣韻》武亘切，明嶝一去開曾；《集韻》忙肯切，明等一上開曾。《韻鏡》《七音略》均空位；《切韻指掌圖》十六圖，列字爲『猛』；《四聲等子》曾攝内八重多輕少韻啓口呼梗攝外八、《切韻指南》曾攝内六開口呼偈門，列字均爲『瞢』。《廣韻》等一開口無明母。『瞢』爲《集韻》等一開口明母位小韻首字，下收有『懵』字，列字以『瞢』字爲佳，《起數訣》列位從《集韻》，但列字誤，當校改爲『懵』字。

20 (上一透)貪一等　鼟　明本、四庫本列字均爲『鼟』。『鼟』，《廣韻》《集韻》他登切，透登一平開曾；均不當列於此位。此字當爲『⿱登長』字形訛。『⿱登長』，《廣韻》未收；《集韻》他等切，透等一上開曾；《韻鏡》《七音略》《切韻指掌圖》《四聲等子》均空位；《切韻指南》曾攝内六開口呼偈門，列字爲『⿱登長』。《廣韻》等一開口無透母。『⿱登長』爲《集韻》等一開口透母位小韻首字，義『倰⿱登長，長也』。《起數訣》列位從《集韻》，但列字誤，當校改爲『⿱登長』。

21 (上一定)覃一等　⿰𧾷桼　明本列字爲『⿰𧾷桼』；四庫本列字爲『⿰𧾷桼』。此二字當均爲『⿰𧾷滕』字形訛。『⿰𧾷滕』，《廣韻》等一開口無定母；《集韻》徒等切，定等一上開曾；《韻鏡》《七音略》《切韻指掌圖》均空位；《四聲等子》曾攝内八重多輕少韻啓口呼梗攝外八、《切韻指南》曾攝内六開口呼偈門，列字均爲『⿰𧾷滕』。『⿰𧾷滕』爲《集韻》等一開口定母位小韻首字，義『⿰𧾷滕⿰𧾷滕，行貌』。《起數訣》列位從《集韻》，但列字訛，當校改爲『⿰𧾷滕』。

22 (上一見)甲一等　痼　《廣韻》等一開口無見母；《集韻》孤等切，見等一上開曾；《韻鏡》《七音略》《切韻指掌圖》均空位；《四聲等子》曾攝内八重多輕少韻啓口呼梗攝外八、《切韻指南》曾攝内六開口呼偏門，列字均爲『殪』。『殪』爲《集韻》等一開口見母位小韻首字，義『癡也』。《起數訣》從《集韻》。

23（上一精）哉一等　噌　明本列字爲『噌』，四庫本空位。『噌』，《廣韻》楚耕切，《集韻》初耕切，初等一上開梗。均不當列於此位，此字當爲『贈』字形訛。『贈』，《廣韻》等一開口無精母；《集韻》等一開口精母位列字爲『贈』，子等切，精等一上開曾；《韻鏡》内轉第四十二開、《四聲等子》曾攝内八重多輕少韻啓口呼梗攝外八、《切韻指南》曾攝内六開口呼偏門，列字爲『贈』；《七音略》《切韻指掌圖》均空位；『贈』爲《集韻》等一開口群母位小韻首字，義『水田』。《韻鏡》《起數訣》明本均從《集韻》。明本列字是，四庫本當校補『贈』字。

24（上一來）冷一等　倰　明本列字爲『倰』，四庫本空位。『倰』字當爲『倰』字形訛。『倰』，《廣韻》等一開口無來母；《集韻》朗等切，來等一上開曾。《韻鏡》内轉第四十二開、《四聲等子》曾攝内八重多輕少韻啓口呼梗攝外八，列字均爲『倰』；《七音略》《切韻指掌圖》《切韻指南》均空位。『倰』爲《集韻》等一開口來母位小韻首字，《起數訣》明本從《集韻》，四庫本當校補『倰』字。

25（上三並）排三拯　憑　《廣韻》扶冰切，並蒸三平開曾；《集韻》皮殑切，並拯三上開曾；《韻鏡》《七音略》《切韻指掌圖》均空位；《四聲等子》曾攝内八重多輕少韻啓口呼梗攝外八、《切韻指南》曾攝内六開口呼偏門，列字均爲『憑』。《廣韻》拯三開口無並母。『憑』爲

《集韻》拯三開口並母位小韻首字，《起數訣》從《集韻》。

26 （去一幫）幫一嶝　堋　《廣韻》方隥切，《集韻》逋鄧切，幫隥一去開曾；《韻鏡》内轉第四十二開、《七音略》内轉四十二重中重、《四聲等子》曾攝内八重多輕少韻啓口呼梗攝外八、《切韻指南》曾攝内六開口呼偈門，列字均爲『堋』；《切韻指掌圖》十六圖，列字爲『堋』。『崩』爲《廣韻》嶝一開口幫母位小韻首字，下收有『堋』字，注：『上同。』『崩』『堋』二字爲異體字。列字以『崩』爲佳，《起數訣》亦無誤。

27 （去一明）馬一嶝　儚　《康熙字典》記：『《集韻》同。儚儚，昏也。又《類篇》母亙切，同懜。不明也。』《廣韻》明母嶝韻有『懵』小韻。『懵』，爲『懜』字訛。『懜』，《廣韻》武亘切，《集韻》母亘切，明嶝一去開曾；《韻鏡》内轉第四十二開、《切韻指南》曾攝内六開口呼偈門，列字均爲『懵』；《七音略》内轉四十二重中重、《四聲等子》曾攝内八重多輕少韻啓口呼梗攝外八，列字均爲『懜』；《切韻指掌圖》十六圖，列字爲『懜』。『懵』爲《廣韻》嶝一開口明母位小韻首字，下收有『懜』字，『懜』『懵』二字爲異體字。『儚』『懜』『懵』三字同爲《集韻》嶝一開口明母位小韻首字，《起數訣》列『儚』字，從《集韻》。

28 （去一泥）妳一嶝　鼐　《廣韻》奴代切，泥代一去開曾；《集韻》寧鄧切，泥隥一去開曾；《韻鏡》《七音略》《切韻指掌圖》均空位；《四聲等子》曾攝内八重多輕少韻啓口呼梗攝外八、《切韻指南》曾攝内六開口呼偈門，列字均爲『鼐』。《廣韻》嶝一開口無泥母。『鼐』爲

《集韻》蹬一開口泥母位小韻首字，《起數訣》從《集韻》。

29 (去一溪)巧一蹬　堩　《廣韻》古鄧切，見蹬一去開曾；《集韻》口鄧切，溪隥一去開曾；《韻鏡》《七音略》《切韻指掌圖》均空位；《四聲等子》曾攝內八重多輕少韻啓口呼梗攝外八、《切韻指南》曾攝內六開口呼偏門，列字均爲『堩』。《廣韻》蹬一開口無溪母。『堩』爲《集韻》蹬一開口溪母位小韻首字，《起數訣》從《集韻》。

30 (去一精)哉一蹬　橧　明本列字爲『橧』，四庫本列字爲『䙢』。『橧』，《廣韻》作滕切，《集韻》咨騰切，精登一平開曾；均不當列於此位。此字當爲『䙢』字形訛。『䙢』，《廣韻》蹬韻精母位未收此字；《集韻》子鄧切，精蹬一去開曾；《韻鏡》內轉第四十二開、《七音略》內轉四十二重中重、《切韻指掌圖》十六圖、《切韻指南》曾攝內六開口呼偏門，列字均爲『增』；《四聲等子》曾攝內八重多輕少韻啓口呼梗攝外八，列字爲『綜』，《廣韻》精母宋韻，《集韻》精母隥韻。『增』爲《廣韻》《集韻》蹬一開口精母位小韻首字，《集韻》下收有『䙢』字，列字以『增』字爲佳，《起數訣》列位從《集韻》，明本列字形訛，當校改爲『䙢』字，四庫本是。

31 (去一從)才一蹬　◯　明本空位，四庫本列字爲『贈』。『贈』，《廣韻》《集韻》昨亘切，從隥一去開曾；《韻鏡》內轉第四十二開、《七音略》內轉四十二重中重、《切韻指掌圖》十六圖、《四聲等子》曾攝內八重多輕少韻啓口呼梗攝外八、《切韻指南》曾攝內六開口呼偏門，列字均爲『贈』。『贈』爲《廣韻》蹬一從母位小韻首字，四庫本列字是，明本空位誤，當校補『贈』字。

32 (去一心)山一嶝 ⿱穴瞢 明本、四庫本列字均爲『⿱穴瞢』。『⿱穴瞢』,《康熙字典》記:『《集韻》忙肯切,音瞢。又《類篇》母亘切,音饅。』此記忙肯切,明母等韻;母亘切,明母元韻。均不當列於此位。此字當爲『⿱穴贈』字形訛。『⿱穴贈』,《廣韻》思贈切,《集韻》思鄧切,心嶝一去開曾。《韻鏡》空位;《七音略》内轉四十二重中重、《切韻指掌圖》十六圖、《切韻指南》曾攝内六開口呼偈門,列字均爲『⿱穴贈』;《四聲等子》空位。『⿱穴贈』爲《廣韻》嶝一開口心母位小韻首字,《起數訣》明本、四庫本列『⿱穴瞢』字形訛,當校改爲『⿱穴贈』字。

33 (去一來)冷一嶝 輘 明本、四庫本列字均爲『輘』。『輘』,《康熙字典》記:『《龍龕》子順切。』此記子順切,精母稕韻。不當列於此位。此字當爲『輘』字形訛。『輘』,《廣韻》魯登切,來登一平開曾;《集韻》郎鄧切,來隥一去開曾;《韻鏡》空位;《七音略》内轉四十二重中重、《切韻指掌圖》十六圖、《四聲等子》曾攝内八重多輕少韻啓口呼梗攝外八、《切韻指南》曾攝内六開口呼偈門,列字均爲『倰』。『踜』爲《廣韻》嶝一開口來母位小韻首字,未收『輘』字;『倰』爲《集韻》嶝一開口來母位小韻首字,下收有『輘』字,《起數訣》從《集韻》,但形訛,當校改爲『輘』。

34 (去三幫)法三證 冰 《康熙字典》記:『俗冰字。』《廣韻》筆陵切,幫蒸三平開曾;《集韻》逋孕切,幫證三去開曾;《韻鏡》《七音略》均空位;《切韻指掌圖》十六圖、《四聲等子》曾攝内八重多輕少韻啓口呼梗攝外八,列字均爲『柄』,幫母映韻;《切韻指南》曾攝内六開口呼偈門，列字爲『冰』。《廣韻》證三開口無幫母。『冰』爲《集韻》證三開口幫母位小韻首字，《起數訣》從《集韻》。

35 （去三章）哉三證　甑　《廣韻》《集韻》子孕切，精證三去開曾；當列於四等位；《韻鏡》內轉第四十二開、《七音略》內轉四十二重中重、《切韻指掌圖》十六圖、《四聲等子》曾攝內八重多輕少韻啓口呼梗攝外八、《切韻指南》曾攝內六開口呼偈門，均列於四等。《起數訣》列於三等誤，當移至四等位。

36 （去三昌）采三證　彰　《康熙字典》記：『《玉篇》七曾切，噌平聲。毛張也。又《集韻》七孕切，音蹭。義同。』此記七曾切，清母登韻；七孕切，清母證韻；《韻鏡》內轉第四十二開，四等位列字爲『彰』；《七音略》空位；《切韻指掌圖》十六圖、《切韻指南》曾攝內六開口呼偈門，列字均爲『稱』，昌母證韻；《四聲等子》曾攝內八重多輕少韻啓口呼梗攝外八，列字爲『秤』，昌母證韻。《廣韻》證韻開口無清母。『彰』爲《集韻》證三開口清母位小韻首字，《起數訣》從《集韻》，但當列於四等位，誤，當移至四等。

37 （去三云）萬三證　孕　《廣韻》《集韻》以證切，以證三去開曾；《韻鏡》內轉第四十二開，列字爲『孕』，誤；《七音略》內轉四十二重中重、《切韻指掌圖》十六圖、《四聲等子》曾攝內八重多輕少韻啓口呼梗攝外八、《切韻指南》曾攝內六開口呼偈門，均列於四等，三等空位。證韻爲三等韻，反切上字爲以母，按喻下憑切門，當列於四等位。《起數訣》誤，當移至四等。

38 （去四精）哉四證 ◯ 兩本均誤入三等，當校補「甑」。

39 （去四清）采四證 ◯ 兩本均誤入三等，當校補「彰」。

40 （去四以）萬四證 ◯ 兩本均誤入三等，當校補「孕」。

41 （入一滂）朴一德 䨗 此字當爲「覆」形訛。「覆」，《廣韻》《集韻》匹北切，滂德一入開曾；《韻鏡》空位；《七音略》内轉四十二重中重、《切韻指掌圖》十六圖、《四聲等子》曾攝内八重多輕少韻啓口呼梗攝外八、《切韻指南》曾攝内六開口呼偏門，列字均爲「覆」。「覆」爲《廣韻》德一開口滂母位小韻首字，下收有「䨗」字。「䨗」爲《集韻》德一開口滂母位小韻首字，下收有「覆」字，《起數訣》從《集韻》。

42 （入一並）排一德 蔔 《廣韻》蒲北切，《集韻》鼻墨切，並德一入開曾；《韻鏡》内轉第四十二開、《七音略》内轉四十二重中重、《四聲等子》曾攝内八重多輕少韻啓口呼梗攝外八、《切韻指南》曾攝内六開口呼偏門，列字均爲「菔」；《切韻指掌圖》十六圖，列字爲「蔔」。「菔」爲《廣韻》德一開口並母位小韻首字，下收有「蔔」字，注：「上同。」「蔔」「菔」二字爲異體字。列字以「菔」爲佳，《起數訣》亦無誤。

43 （入一泥）妳一德 𧇊 明本列字爲「𧇊」，四庫本列字爲「熊」。「𧇊」，《廣韻》奴勒切，《集韻》匿德切，泥德一入開曾；「熊」，《廣韻》羽弓切，云東三平合通；《集韻》胡弓切，匣東三平合通。均不當列於此位。此字當爲「𧇊」字形訛。《韻鏡》内轉第四十二開、《七音略》内轉四十二重中重、《切韻指掌圖》十六圖、《四聲等子》曾攝内八重多輕少韻啓口呼梗攝外八、《切韻指南》曾攝内六開口呼偈門，列字均爲『𪓰』。『𪓰』爲《廣韻》德一開口泥母位小韻首字，列字以『𪓰』字爲佳，《起數訣》明本是。四庫本誤，當校改爲『𪓰』字。

44（入一見）甲一德　械　明本列字爲『械』，四庫本列字爲『栻』。『械』，《廣韻》胡介切，《集韻》下介切，匣怪二去開蟹；『栻』，《廣韻》如融切，《集韻》而融切，日東三合開通；均不當列於此位。此字當爲『裓』字形訛；『裓』，《廣韻》古得切，《集韻》訖得切，見德一入開曾；《韻鏡》内轉第四十二開、《七音略》内轉四十二重中重、《切韻指掌圖》十六圖、《四聲等子》曾攝内八重多輕少韻啓口呼梗攝外八、《切韻指南》曾攝内六開口呼偈門，列字均爲『裓』。『裓』爲《廣韻》德一開口見母位開口小韻首字，列字以『裓』字爲佳。《起數訣》明本、四庫本均形訛，當校改爲『裓』字。

45（入一溪）巧一德　克　《廣韻》苦得切，《集韻》乞得切，溪德一入開曾；《韻鏡》内轉第四十二開、《七音略》内轉四十二重中重、《切韻指掌圖》十六圖，列字均爲『刻』；《四聲等子》曾攝内八重多輕少韻啓口呼梗攝外八、《切韻指南》曾攝内六開口呼偈門，列字均爲『尅』。『刻』爲《廣韻》德一開口溪母位小韻首字，下收有『克』『尅』二字。『克』爲《集韻》德一開口溪母位小韻首字，下收有『刻』『尅』二字，《起數訣》從《集韻》。

46（入一清）采一德　槭　明本列字爲『槭』，四庫本列字爲『摵』。『槭』『摵』，《廣韻》《集韻》子六切，精屋三合入通；「槭」「摵」二字爲異體字，均不當列於此位。此二字當爲「堿」字形訛。「堿」，《廣韻》《集韻》七則切，清德一入開曾。《韻鏡》内轉第四十二開、《七音略》内轉四十二重中重、《切韻指掌圖》十六圖、《四聲等子》曾攝内八重多輕少韻啓口呼梗攝外八、《切韻指南》曾攝内六開口呼偈門，列字均爲「堿」。「堿」爲《廣韻》德一開口清母位小韻首字，列字以「堿」字爲佳，《起數訣》明本、四庫本均形訛。當校改爲「堿」字。

47 （入一曉）花一德　黑　明本列字爲「黑」，四庫本空位。「黑」，《廣韻》呼北切，《集韻》迄得切，曉德一入開曾；《韻鏡》内轉第四十二開、《七音略》内轉四十二重中重、《切韻指掌圖》十六圖、《四聲等子》曾攝内八重多輕少韻啓口呼梗攝外八、《切韻指南》曾攝内六開口呼偈門，列字均爲「黑」。「黑」爲《廣韻》德一開口曉母位小韻首字，列字以「黑」字爲佳，《起數訣》明本是。四庫本空位誤，當校補「黑」字。

48 （入一匣）晚一德　劾　明本列字爲「劾」，四庫本空位。「劾」，《廣韻》胡得切，《集韻》紇則切，匣德一開入曾；《韻鏡》内轉第四十二開、《七音略》内轉四十二重中重、《切韻指掌圖》十六圖、《四聲等子》曾攝内八重多輕少韻啓口呼梗攝外八、《切韻指南》曾攝内六開口呼偈門，列字均爲「劾」。「劾」爲《廣韻》德一開口曉母位小韻首字，列字以「劾」字爲佳，《起數訣》明本是。四庫本空位誤，當校補「劾」字。

49 （入一影）亞一德　餩　明本列字爲「餩」，四庫本空位。「餩」，《康熙字典》記：「《廣韻》古哀切，《集韻》柯開切，音該。飴也。又《廣韻》於戒切，《集韻》乙界切，音噫。《廣韻》通食氣也。」此記古哀切，見咍一平開蟹；於戒切，影怪二去開蟹；均不當列於此位。此字當爲「餩」字形訛。「餩」，《廣韻》愛黑切，《集韻》乙得切，影黑一入開曾。《韻鏡》内轉第四十二開、《七音略》内轉四十二重中重、《切韻指掌圖》十六圖、《四聲等子》曾攝内八重多輕少韻啓口呼梗攝外八、《切韻指南》曾攝内六開口呼偈門，列字均爲「餩」。「餩」爲《廣韻》德一開口影母位小韻首字，列字以「餩」字爲佳，《起數訣》明本形訛，當校改爲「餩」字。四庫本空位誤，當校補「餩」字。

50（入三幫）法三職　◯　《廣韻》職三開幫母位有「逼」小韻。「逼」，《廣韻》彼側切，《集韻》筆力切，幫職三入開曾。《韻鏡》内轉第四十二開、《七音略》内轉四十二重中重、《切韻指掌圖》十六圖、《四聲等子》曾攝内八重多輕少韻啓口呼梗攝外八、《切韻指南》曾攝内六開口呼偈門，列字均爲「逼」。《起數訣》空位誤，當校補「逼」字。

51（入三滂）朴三職　◯　《廣韻》職三開滂母位有「塩」小韻。「塩」，《廣韻》芳逼切，《集韻》拍逼切，滂職三入開曾。《韻鏡》内轉第四十二開，列字爲「愊」；《七音略》内轉四十二重中重、《切韻指掌圖》十六圖、《四聲等子》曾攝内八重多輕少韻啓口呼梗攝外八、《切韻指南》曾攝内六開口呼偈門，列字均爲「塩」。「塩」爲《廣韻》職三開滂母位小韻首字，下收有「愊」字。《起數訣》空位誤，當校補「塩」字。

52 (入三並)排三職 ◯ 《廣韻》職三開並母位有『愎』小韻。『愎』,《廣韻》符逼切,《集韻》弼力切,並職三入開曾。《韻鏡》内轉第四十二開、《七音略》内轉四十二重中重、《切韻指掌圖》十六圖、《四聲等子》曾攝内八重多輕少韻啓口呼梗攝外八、《切韻指南》曾攝内六開口呼偏門,列字均爲『愎』。《起數訣》空位誤,當校補『愎』字。

53 (入三明)馬三職 ◯ 《廣韻》職三開明母位有『䁀』小韻。『䁀』,《廣韻》亡逼切,《集韻》密逼切,明職三入開曾。《韻鏡》内轉第四十二開、《七音略》内轉四十二重中重、《切韻指掌圖》十六圖、《四聲等子》曾攝内八重多輕少韻啓口呼梗攝外八、《切韻指南》曾攝内六開口呼偏門,列字均爲『䁀』。《起數訣》空位誤,當校補『䁀』字。

54 (入四端)丹四職 𣭹 《康熙字典》記:『俗毼字。』『𣭹』爲『毼』之俗體。『毼』,《廣韻》胡葛切,《集韻》何葛切,匣曷一入開山。均不當列於此位。此字當爲『𣭖』形訛。『𣭖』,《廣韻》丁力切,《集韻》丁力切,知職三入開曾。《韻鏡》内轉第四十二開、《七音略》内轉四十二重中重,列字均爲『𣭖』;《切韻指掌圖》十六圖、《四聲等子》曾攝内八重多輕少韻啓口呼梗攝外八,列字均爲『的』,端母錫韻;《切韻指南》空位。『𣭖』爲《廣韻》小韻首字,下收有『𣭖』字。『𣭖』,《廣韻》丁力切,端職三入開曾,職韻是三等韻,例無端紐字,丁力切一音當屬以端切知,類隔;『𣭖』字即爲羼入韻書中字,當與三等『陟』合,此位當空。第七十二圖三等知母位列『陟』,《起數訣》誤,當删。

55（入四泥）妳四職　匿　《廣韻》女力切，《集韻》昵力切，娘職三入開曾；當列入三等位。《韻鏡》《七音略》均空位；《切韻指掌圖》十六圖，列字爲『溺』，泥母錫韻；《四聲等子》曾攝内八重多輕少韻啓口呼梗攝外八，列字爲『惄』，泥母錫韻；《切韻指南》空位。《廣韻》《集韻》均爲三等，且已列於第七十二圖三等泥母位，《起數訣》誤，當刪。

釋：

1（平一幫）法一登　崩　《廣韻》北滕切，《集韻》悲朋切，幫登一平開曾；《韻鏡》内轉第四十二開、《七音略》内轉四十二重中重、《切韻指掌圖》十六圖、《四聲等子》曾攝内八重多輕少韻啓口呼梗攝外八、《切韻指南》曾攝内六開口呼偏門，列字均爲『崩』。

2（平一滂）朴一登　漰　《廣韻》普朋切，《集韻》披朋切，滂登一平開曾；《韻鏡》内轉第四十二開、《七音略》内轉四十二重中重、《切韻指掌圖》十六圖、《切韻指南》曾攝内六開口呼偏門，列字均爲『漰』；《四聲等子》曾攝内八重多輕少韻啓口呼梗攝外八，列字爲『繃』，幫母耕韻。

3（平一並）排一登　朋　《廣韻》步崩切，《集韻》蒲登切，並登一平開曾；《韻鏡》内轉第四十二開、《七音略》内轉四十二重中重、《切韻指掌圖》十六圖、《四聲等子》曾攝内八重多輕少韻啓口呼梗攝外八、《切韻指南》曾攝内六開口呼偏門，列字均爲『朋』。

4 (平一端)丹一登 登《廣韻》都滕切，《集韻》都騰切，端登一平開曾；《韻鏡》内轉第四十二開、《七音略》内轉四十二重中重、《切韻指掌圖》十六圖、《四聲等子》曾攝内八重多輕少韻啓口呼梗攝外八、《切韻指南》曾攝内六開口呼偏門，列字均爲『登』。

5 (平一定)覃一登 騰《廣韻》《集韻》徒登切，定登一平開曾；《韻鏡》内轉第四十二開、《七音略》内轉四十二重中重、《切韻指掌圖》十六圖、《四聲等子》曾攝内八重多輕少韻啓口呼梗攝外八、《切韻指南》曾攝内六開口呼偏門，列字均爲『騰』。

6 (平一泥)妳一登 能《廣韻》《集韻》奴登切，泥登一平開曾；《韻鏡》内轉第四十二開、《七音略》内轉四十二重中重、《切韻指掌圖》十六圖、《四聲等子》曾攝内八重多輕少韻啓口呼梗攝外八、《切韻指南》曾攝内六開口呼偏門，列字均爲『能』。

7 (平一精)哉一登 增《廣韻》作滕切，《集韻》咨騰切，精登一平開曾；《韻鏡》内轉第四十二開、《七音略》内轉四十二重中重、《切韻指掌圖》十六圖、《四聲等子》曾攝内八重多輕少韻啓口呼梗攝外八、《切韻指南》曾攝内六開口呼偏門，列字均爲『增』。

8 (平一從)才一登 層《廣韻》昨棱切，《集韻》徂棱切，從登一平開曾；《韻鏡》内轉第四十二開、《七音略》内轉四十二重中重、《切韻指掌圖》十六圖、《四聲等子》曾攝内八重多輕少韻啓口呼梗攝外八、《切韻指南》曾攝内六開口呼偏門，列字均爲『層』。

9　(平一心)山一登　僧　《廣韻》蘇增切，《集韻》思登切，心登一平開曾；《韻鏡》內轉第四十二開、《七音略》內轉四十二重中重、《切韻指掌圖》十六圖、《四聲等子》曾攝內八重多輕少韻啓口呼梗攝外八、《切韻指南》曾攝內六開口呼偈門，列字均爲『僧』。

10　(平三並)排三蒸　凭　《廣韻》扶冰切，《集韻》皮冰切，並蒸三平開曾；《韻鏡》空位，《七音略》內轉四十二重中重、《四聲等子》曾攝內八重多輕少韻啓口呼梗攝外八、《切韻指南》曾攝內六開口呼偈門，列字均爲『凭』。《切韻指掌圖》十六圖，列字爲『平』，並母仙韻。

11　(平四從)才四蒸　繒　《廣韻》疾陵切，《集韻》慈陵切，從蒸三平開曾；《韻鏡》內轉第四十二開、《七音略》內轉四十二重中重、《切韻指南》曾攝內六開口呼偈門，列字均爲『繒』；《切韻指掌圖》十六圖、《四聲等子》曾攝內八重多輕少韻啓口呼梗攝外八，四等均無蒸韻。

12　(上一滂)朴一等　倗　《廣韻》《集韻》普等切，滂等一上開曾；《韻鏡》內轉第四十二開、《七音略》內轉四十二重中重、《切韻指掌圖》十六圖、《四聲等子》曾攝內八重多輕少韻啓口呼梗攝外八、《切韻指南》曾攝內六開口呼偈門，列字均爲『倗』。

13　(上一端)丹一等　等　《廣韻》多肯切，《集韻》得肯切，端等一上開曾；《韻鏡》內轉第四十二開、《七音略》內轉四十二重中重、《切韻指掌圖》十六圖、《四聲等子》曾攝內八重多輕少韻啓口呼梗攝外八、《切韻指南》曾攝內六開口呼偈門，列字均爲『等』。

14　(上一泥)妳一等　能　《廣韻》《集韻》奴等切，泥等一上開曾；《韻鏡》內轉第四十二開、《七音略》内轉四十二重中重、《切韻指掌圖》十六圖、《四聲等子》曾攝内八重多輕少韻啓口呼梗攝外八、《切韻指南》曾攝内六開口呼偈門，列字均爲『能』。

15 （上一溪）巧一等　肯　《廣韻》《集韻》苦等切，溪等一上開曾；《韻鏡》内轉第四十二開、《七音略》内轉四十二重中重、《切韻指掌圖》十六圖、《四聲等子》曾攝内八重多輕少韻啓口呼梗攝外八、《切韻指南》曾攝内六開口呼偈門，列字均爲『肯』。

16 （去一並）排一蹬　倗　《廣韻》父鄧切，《集韻》步鄧切，並隥一去開曾；《韻鏡》内轉第四十二開、《七音略》内轉四十二重中重、《切韻指掌圖》十六圖、《四聲等子》曾攝内八重多輕少韻啓口呼梗攝外八、《切韻指南》曾攝内六開口呼偈門，列字均爲『倗』。

17 （去一端）丹一蹬　蹬　《廣韻》都鄧切，《集韻》丁鄧切，端隥一去開曾；《韻鏡》内轉第四十二開、《七音略》内轉四十二重中重、《四聲等子》曾攝内八重多輕少韻啓口呼梗攝外八、《切韻指南》曾攝内六開口呼偈門，列字均爲『蹬』；《切韻指掌圖》十六圖，列字爲『鐙』。

18 （去一透）貪一蹬　澄　《廣韻》《集韻》台隥切，透蹬一去開曾；《韻鏡》内轉第四十二開、《七音略》内轉四十二重中重、《切韻指掌圖》十六圖、《切韻指南》曾攝内六開口呼偈門，列字均爲『澄』；《四聲等子》曾攝内八重多輕少韻啓口呼梗攝外八，列字爲『磴』，端母蹬韻。

19 （去一定）覃一蹬　鄧　《廣韻》徒亘切，《集韻》唐亘切，定隥一去開曾；《韻鏡》内轉第四十二開、《七音略》内轉四十二重中重、《切韻指掌圖》十六圖、《四聲等子》曾攝内八重多輕少韻啓口呼梗攝外八、《切韻指南》曾攝内六開口呼偏門，列字均爲『鄧』。

20 （去一見）甲一嶝　亘　《廣韻》古鄧切，《集韻》居鄧切，見嶝一去開曾；《韻鏡》内轉第四十二開、《七音略》内轉四十二重中重、《切韻指掌圖》十六圖、《四聲等子》曾攝内八重多輕少韻啓口呼梗攝外八、《切韻指南》曾攝内六開口呼偏門，列字均爲『亘』。

21 （去一清）采一嶝　蹭　《廣韻》千鄧切，《集韻》七鄧切，清隥一去開曾；《韻鏡》内轉第四十二開、《七音略》内轉四十二重中重、《切韻指掌圖》十六圖、《四聲等子》曾攝内八重多輕少韻啓口呼梗攝外八、《切韻指南》曾攝内六開口呼偏門，列字均爲『蹭』。

23 （去三並）排三證　凭　《廣韻》皮證切，《集韻》部孕切，並證三去開曾；《韻鏡》内轉第四十二開、《七音略》内轉四十二重中重、《四聲等子》曾攝内八重多輕少韻啓口呼梗攝外八，列字均爲『凭』；《切韻指掌圖》十六圖，列字爲『病』，並母映韻；《切韻指南》曾攝内六開口呼偏門，列字爲『砯』，幫母蒸韻。

24 （入一幫）幫一德　北　《廣韻》博墨切，《集韻》必墨切，幫德一入開曾；《韻鏡》内轉第四十二開、《七音略》内轉四十二重中重、《切韻指掌圖》十六圖、《四聲等子》曾攝内八重多輕少韻啓口呼梗攝外八、《切韻指南》曾攝内六開口呼偏門，列字均爲『北』。

25 （入一明）馬一德　墨　《廣韻》莫北切，《集韻》密北切，明德一入開曾；《韻鏡》内轉第四十二開、《七音略》内轉四十二重中重、《切韻指掌圖》十六圖、《四聲等子》曾攝内八重多輕少韻啓口呼梗攝外八、《切韻指南》曾攝內六開口呼偏門，列字均爲『墨』。

26 (入一端)丹一德　德　《廣韻》多則切，《集韻》的則切，端德一入開曾；《韻鏡》內轉第四十二開、《七音略》內轉四十二重中重、《切韻指掌圖》十六圖、《四聲等子》曾攝內八重多輕少韻啓口呼梗攝外八、《切韻指南》曾攝內六開口呼偏門，列字均爲『德』。

27 (入一透)貪一德　忒　《廣韻》他德切，《集韻》惕德切，透德一入開曾；《韻鏡》內轉第四十二開、《七音略》內轉四十二重中重、《切韻指掌圖》十六圖、《四聲等子》曾攝內八重多輕少韻啓口呼梗攝外八、《切韻指南》曾攝內六開口呼偏門，列字均爲『忒』。

28 (入一定)覃一德　特　《廣韻》徒得切，《集韻》敵德切，定德一入開曾；《韻鏡》內轉第四十二開、《七音略》內轉四十二重中重、《切韻指掌圖》十六圖、《四聲等子》曾攝內八重多輕少韻啓口呼梗攝外八、《切韻指南》曾攝內六開口呼偏門，列字均爲『特』。

29 (入一精)哉一德　則　《廣韻》子德切，《集韻》即得切，精德一入開曾；《韻鏡》內轉第四十二開、《七音略》內轉四十二重中重、《切韻指掌圖》十六圖、《四聲等子》曾攝內八重多輕少韻啓口呼梗攝外八、《切韻指南》曾攝內六開口呼偏門，列字均爲『則』。

30 (入一從)才一德　賊　《廣韻》昨則切，《集韻》疾則切，從德一入開曾；《韻鏡》內轉第四十二開、《七音略》內轉四十二重中重、《切韻指掌圖》十六圖、《四聲等子》曾攝內八重多輕少韻啓口呼梗攝外八、《切韻指南》曾攝內六開口呼偏門，列字均爲『賊』。

31 （入一心）山一德　塞　《廣韻》蘇則切，《集韻》悉則切，心德一入開曾；《韻鏡》内轉第四十二開，《七音略》内轉四十二重中重，《切韻指掌圖》十六圖，《四聲等子》曾攝内八重多輕少韻啓口呼梗攝外八，《切韻指南》曾攝内六開口呼侷門，列字均爲「塞」。

32 （入一來）冷一德　勒　《廣韻》盧則切，《集韻》歷德切，來德一入開曾；《韻鏡》内轉第四十二開，《七音略》内轉四十二重中重，《切韻指掌圖》十六圖，《四聲等子》曾攝内八重多輕少韻啓口呼梗攝外八，《切韻指南》曾攝内六開口呼侷門，列字均爲「勒」。

33 （入四精）哉四職　即　《廣韻》子力切，《集韻》節力切，精職三入開曾；《韻鏡》内轉第四十二開，《七音略》内轉四十二重中重，《切韻指掌圖》十六圖，《四聲等子》曾攝内八重多輕少韻啓口呼梗攝外八，《切韻指南》曾攝内六開口呼侷門，列字均爲「即」。

34 （入四從）才四職　堲　《廣韻》秦力切，《集韻》疾力切，從職三入開曾；《韻鏡》内轉第四十二開，《七音略》内轉四十二重中重，《切韻指南》曾攝内六開口呼侷門，列字均爲「堲」；《切韻指掌圖》十六圖，《四聲等子》曾攝内八重多輕少韻啓口呼梗攝外八，列字均爲「寂」，從母錫韻。

35 （入四心）山四職　息　《廣韻》相即切，《集韻》悉即切，心職三入開曾；《韻鏡》内轉第四十二開，《七音略》内轉四十二重中重，《切韻指掌圖》十六圖，《四聲等子》曾攝内八重多輕少韻啓口呼梗攝外八，《切韻指南》曾攝内六開口呼侷門，列字均爲「息」。

36（入四以）萬四職　弋　《廣韻》與職切，《集韻》逸織切，以職三入開曾；《韻鏡》内轉第四十二開、《七音略》内轉四十二重中重、《切韻指掌圖》十六圖、《四聲等子》曾攝内八重多輕少韻啓口呼梗攝外八、《切韻指南》曾攝内六開口呼侷門，列字均爲「弋」。職韻爲三等韻，按喻下憑切門，當列於四等位。

剝十		剝二	家四	剝三	盍四	豕七		盍十一		
山	口	花	晓	亜	萬	冷	口	宗	收	
僧		甍	恒	幹		棱			音	
									蜀	蒸同五
										蒸
縧					蠅	凌				
						倰				
										極革五
										極
䰉						輘				
					孕					證商五
塞		黑	劾	餩		勒				
										職豐五
										職
息					弋					

蹇一	迈		琥	旒	極
蹇十一	口	右上	硐		
蹇十一	口	右上	聆		棘
蹇七	年			趣	匿
蹇六	第		澄	眙	直
坎十二	丑		憕	覬	敕
比十二	中		徵		陟
井三	眉				
蹇五	莆				
	口				
比五	丙				

	1	2	3	4	5	6	7	8	9	10	11	12	13	14	15	16	17
井二	仰			凝								凝				嶷	
比十一	震			蒸								證			側	職	
坎十一	天			稱								稱			測	瀷	
井十二	呈		礩												前		
比九	星		皢	升			嬈	殑				勝			色	識	
蹇十	石			承								丞			崩	寔	
蹇四	口	三下		興								興				艴	
蹇二	雄																
蹇八	匠			膺								應				億	
蹇三	王			熊												域	
井七	禹			陵								餕				力	

井十
蹇十二
坤四
師五
升五
師三
坤六
師六
升六

二　仍　耳　認　日
直
開　音清
使　尤　尤　厚　有　候　宥　屋　屋
夫　鷃　搽　卜
普　桴　剖　仆　朴
亭　掊　颾　部　晤　僕
毋　謀　䢅　母　戊　木
東　兜　斗　鬪　轂
土　偷　黈　透　秃
同　頭　鋀　豆　犢

第七十二圖　收音濁

本圖列《廣韻》蒸拯證職韻開口非脣音字，係拆分《韻鏡》内轉第四十二開三等非脣音字，另補入少許二等字。符合二三等同圖不收脣音的大原則。本圖聲母滂、見、溪、曉母位列「□」，其中見、溪母下一等格位内有「石上」二字，曉母下一等格位内有「王下」二字，四庫本無。

校注：

1（平二崇）星二蒸　磳　《廣韻》仕兢切，《集韻》士冰切，崇蒸三平開曾；《韻鏡》空位；《七音略》内轉四十二重中重、《切韻指南》曾攝内六開口呼侷門，列字均爲「磳」；《切韻指掌圖》十六圖、《四聲等子》曾攝内八重多輕少韻啓口呼梗攝外八，列字均爲「崢」，崇母庚韻。「磳」爲《廣韻》蒸三開口崇母位小韻首字，列字以「磳」字爲佳。《韻鏡》空位誤，當校補「磳」字。《起數訣》是。

2（平二生）星二蒸　殑　明本、四庫本列字均爲「殑」，《廣韻》其矜切，《集韻》巨興切，群蒸三平開曾；均不當列於此位，此字當爲「殑」字形訛。「殑」，《廣韻》山矜切，《集韻》色矜切，生蒸三平開曾；《韻鏡》空位；《七音略》内轉四十二重中重、《切韻指南》曾攝内六開口呼偏門，列字均爲『殑』；《切韻指掌圖》十六圖、《四聲等子》曾攝内八重多輕少韻啓口呼梗攝外八，列字均爲『生』，生母庚韻。『殑』爲《廣韻》蒸三生母位小韻首字，《起數訣》形訛，當校改爲『殑』。

3 （平三澄）弟三蒸　澄　《廣韻》直陵切，《集韻》持陵切，澄蒸三平開曾；《韻鏡》内轉第四十二開、《七音略》内轉四十二重中重、《切韻指掌圖》十六圖、《四聲等子》曾攝内八重多輕少韻啓口呼梗攝外八，列字均爲『澄』；《切韻指南》曾攝内六開口呼偏門，列字爲『澂』。『澂』爲《廣韻》蒸三澄母位小韻首字，下收有『澄』字，注『上同』，列字以『澂』爲佳，《起數訣》亦無誤。

4 （平三見）□三蒸　矜　此字當爲『矜』字誤。『矜』，《廣韻》《集韻》居陵切，見蒸三平開曾；《韻鏡》内轉第四十二開、《七音略》内轉四十二重中重、《四聲等子》曾攝内八重多輕少韻啓口呼梗攝外八、《切韻指南》曾攝内六開口呼偏門，列字均爲『兢』；《切韻指掌圖》十六圖，列字均爲『京』，見母庚韻。『兢』爲《廣韻》蒸三見母位小韻首字，下收有『矜』字，列字以『兢』爲佳，《起數訣》列字訛，當校改爲『矜』字。

5 （平三船）呈三蒸　◯　《廣韻》《集韻》蒸三開口船母位均有『繩』字，《廣韻》食陵切，《集韻》石證切，船蒸三平開曾；《韻鏡》内轉第四十二開、《七音略》内轉四十二重中重、《四聲等子》曾攝内八重多輕少韻啓口呼梗攝外八、《切韻指南》曾攝内六開口呼偏門，列字均爲「繩」；《切韻指掌圖》十六圖，列字爲「磳」，崇母蒸韻。《起數訣》空位誤，當校補「繩」。

6（平三書）星三蒸　升　《廣韻》識蒸切，《集韻》書蒸切，書蒸三平開曾；《韻鏡》内轉第四十二開、《四聲等子》曾攝内八重多輕少韻啓口呼梗攝外八、《切韻指南》曾攝内六開口呼偏門，列字均爲「升」；《七音略》内轉四十二重中重，列字爲「昇」；《切韻指掌圖》十六圖，列字爲「聲」，書母清韻。「升」爲《廣韻》蒸三開口書母位小韻首字，下收有「昇」字，注：「日上，本亦作升。《詩》曰『如日之升』出也。」俗加日。」列字以「升」字爲佳。《七音略》列「昇」字，亦無誤。《起數訣》是。

7（平三禪）石三蒸　承　《廣韻》署陵切，《集韻》辰陵切，禪蒸三平開曾；《韻鏡》内轉第四十二開、《七音略》内轉四十二重中重、《四聲等子》曾攝内八重多輕少韻啓口呼梗攝外八、《切韻指南》曾攝内六開口呼偏門，列字均爲「丞」；《切韻指掌圖》十六圖，列字爲「成」，《廣韻》禪母清韻，《集韻》禪母蒸韻。「承」爲《廣韻》蒸三禪母位小韻首字，下收有「丞」字，列字以「承」爲佳，《起數訣》是。

8（平三云）王三蒸　熊　《廣韻》羽弓切，云東三平合曾；《集韻》矣殑切，云蒸三平開曾；《韻鏡》内轉第四十二開、《七音略》内轉四十二重中重、《切韻指掌圖》十六圖，列字均爲「蠅」，《廣韻》未收；《集韻》余陵切，以蒸三平開曾。蒸韻爲三等韻，反切上字爲以母，按喻下憑

切門，當列於四等位。《四聲等子》曾攝内八重多輕少
韻啓口呼梗攝外八、《切韻指南》曾攝内六開口呼偏門，列字均爲『熊』。《廣韻》蒸三開口無
云母。『熊』爲《集韻》蒸三開口云母位小韻首字，《起數訣》從《集韻》。
9 （平三來）离三蒸　陵　《廣韻》力膺切，《集韻》閭承切，來蒸三平開曾；《韻鏡》内轉第四十
二開、《切韻指掌圖》十六圖、《四聲等子》曾攝内八重多輕少韻啓口呼梗攝外八、《切韻指
南》曾攝内六開口呼偏門，列字均爲『陵』；《七音略》内轉四十二重中重，列字爲『夌』。
『陵』爲《廣韻》蒸三開口來母位小韻首字，下收有『夌』字，列字以『陵』字爲佳。《七音略》列
『夌』字，亦無誤。《起數訣》是。
10 （上二生）星二拯　殑　明本列字爲『殑』，四庫本列字爲『殑』。『殑』，《廣韻》未收；《集韻》
乞得切，溪德一入開曾。均不當列於此位。『殑』，當爲『殑』字形訛。『殑』，《廣韻》《集韻》其
拯切，群拯三上開曾；均不當列於此位。《七音略》内轉四十二重中重、《切韻指南》曾攝内
六開口呼偏門，列字均爲『殑』，《廣韻》色庱切，《集韻》色拯切，生拯三上開曾；《切韻指掌
圖》十六圖、《四聲等子》曾攝内八重多輕少韻啓口呼梗攝外八，列字均爲『省』，生母梗韻。
《廣韻》拯三開口無生母。『殑』爲《集韻》拯三開口生母位小韻首字，列字以『殑』字爲佳。
《七音略》從《集韻》。《起數訣》明本、四庫本均誤，當校改爲『殑』字。
11 （上三徹）丑三拯　◯　明本、四庫本均空位；《廣韻》《集韻》拯三開口徹母位均有『庱』字。

『庱』，《廣韻》丑拯切，《集韻》丑升切，徹拯三上開曾；《韻鏡》内轉第四十二開、《七音略》内轉四十二重中重、《四聲等子》曾攝内八重多輕少韻啓口呼梗攝外八、《切韻指南》曾攝内六開口呼偈門，列字均爲『庱』；《切韻指掌圖》十六圖，列字爲『逞』，徹母静韻。『庱』爲《廣韻》拯三開口徹母位小韻首字，列字以『庱』字爲佳。《起數訣》明本、四庫本空位均誤，當校補『庱』字。

12（上三群）近三拯　◯　明本、四庫本均空位；《廣韻》《集韻》拯三開口群母位均有『殑』字，《廣韻》《集韻》其拯切，群拯三上開曾；《韻鏡》空位；《七音略》内轉四十二重中重、《四聲等子》曾攝内八重多輕少韻啓口呼梗攝外八、《切韻指南》曾攝内六開口呼偈門，列字均爲『殑』；《切韻指掌圖》十六圖，列字爲『徎』，澄母静韻。『殑』爲《廣韻》拯三開口群母位小韻首字，《起數訣》明本、四庫本空位均誤，當校補『殑』字。

13（上三章）震三拯　◯　明本、四庫本均空位；《廣韻》《集韻》拯三開口章母位均有『拯』字，《廣韻》煮拯切，《集韻》諸拯切，章拯三上開曾；《韻鏡》内轉第四十二開、《七音略》内轉四十二重中重、《四聲等子》曾攝内八重多輕少韻啓口呼梗攝外八、《切韻指南》曾攝内六開口呼偈門，列字均爲『拯』；《切韻指掌圖》十六圖，列字爲『整』，章母静韻。『拯』爲《廣韻》拯三開口章母位小韻首字，《起數訣》明本、四庫本空位均誤，當校補『拯』字。

14（上三書）星三拯　殑　明本、四庫本列字均爲『殑』。《廣韻》《集韻》均爲群母，無書母；《韻鏡》內轉第四十二開，列字爲『殑』，《廣韻》山矜切，《集韻》色矜切，生蒸三平開曾；均不當列於此位。《韻鏡》誤，當刪。《七音略》《切韻指掌圖》《四聲等子》《切韻指南》均空位。『殑』爲《廣韻》拯三開口群母位小韻首字，《起數訣》明本、四庫本均誤，當刪。

15（去三澄）弟三證　眙　《廣韻》丑吏切，徹志三去開止；《集韻》澄應切，澄證三去開曾；《韻鏡》內轉第四十二開、《七音略》內轉四十二重中重、《切韻指南》曾攝內六開口呼偏門，列字均爲『瞪』；《切韻指掌圖》十六圖、《四聲等子》曾攝內八重多輕少韻啓口呼梗攝外八，列字均爲『鄭』，澄母勁韻。『瞪』爲《廣韻》證三開口澄母位小韻首字。『眙』『澄』均爲《集韻》證三開口澄母位小韻首字，『眙』『澄』二字爲異體字。《起數訣》從《集韻》。

16（去三娘）年三證　鈏　《廣韻》證三開口無娘母；《集韻》尼證切，娘證三去開曾；《韻鏡》《七音略》《切韻指掌圖》均空位；《四聲等子》曾攝內八重多輕少韻啓口呼梗攝外八、《切韻指南》曾攝內六開口呼偏門，列字均爲『鈏』。『鈏』爲《集韻》證三開口娘母位小韻首字，《起數訣》從《集韻》。

17（去三群）近三證　旒　明本列字爲『旒』，四庫本列字爲『娧』，此字當爲『殑』字俗。『殑』，《廣韻》其餕切，《集韻》其孕切，群證三去開曾；《韻鏡》內轉第四十二開、《七音略》內轉四十二重中重、《切韻指南》曾攝內六開口呼偏門，列字均爲『殑』；《切韻指掌圖》十六圖、《四聲等子》曾攝內八重多輕少韻啓口呼梗攝外八，列字均爲『競』，群母映韻。『殑』爲《廣韻》證三群母位小韻首字,《起數訣》兩本均形訛,當校改爲『殑』。

18 (去三疑)月三證　凝　《廣韻》牛餧切,《集韻》牛孕切,疑證三去開曾;《韻鏡》内轉第四十二開、《切韻指掌圖》十六圖、《四聲等子》曾攝内八重多輕少韻啓口呼梗攝外八、《切韻指南》曾攝内六開口呼偈門,列字均爲『凝』;《七音略》空位。『凝』爲《廣韻》證三開口疑母位小韻首字,列字以『凝』字爲佳。《七音略》空位誤,當校補『凝』字。《起數訣》是。

19 (去三船)呈三證　◯　明本、四庫本均空位。《廣韻》《集韻》證三開口船母位均有『乘』字,《廣韻》實證切,《集韻》石證切,船證三去開曾;《韻鏡》内轉第四十二開、《七音略》内轉四十二重中重、《四聲等子》曾攝内八重多輕少韻啓口呼梗攝外八、《切韻指南》曾攝内六開口呼偈門,列字均爲『乘』;《切韻指掌圖》空位。『乘』爲《廣韻》證三開口船母位小韻首字,列字以『乘』字爲佳。《起數訣》明本、四庫本空位均誤,當校補『乘』字。

20 (去三禪)石三證　丞　《廣韻》署陵切,《集韻》常證切,禪證三去開曾;《韻鏡》内轉第四十二開,列字爲『剩』,船母證韻;《七音略》内轉四十二重中重、《四聲等子》曾攝内八重多輕少韻啓口呼梗攝外八、《切韻指南》曾攝内六開口呼偈門,列字均爲『丞』;《切韻指掌圖》十六圖,列字爲『乘』,船母證韻。『丞』爲《廣韻》證三禪母位小韻首字,《韻鏡》列船母字誤,《起數訣》是。

21 (去三云)王三證　◯　《廣韻》《集韻》證韻喻三位均無字。《韻鏡》内轉第四十二開、《七音略》内轉四十二重中重，列字均爲『孕』；《切韻指掌圖》《四聲等子》《切韻指南》均空位，『孕』字列於四等位；『孕』，《廣韻》《集韻》以證切，爲喻四母字，當列於四等。《韻鏡》《七音略》均誤，《起數訣》空位是。

22（入二莊）震二職　側　《廣韻》阻力切，《集韻》札色切，莊職三去開曾；《韻鏡》内轉第四十二開、《七音略》内轉四十二重中重，列字均爲『稄』；《切韻指掌圖》十六圖、《切韻指南》曾攝内六開口呼侷門，列字均爲『側』；《四聲等子》曾攝内八重多輕少韻啓口呼梗攝外八，列字爲『責』。『稄』爲《廣韻》職三開口莊母位小韻首字，下收有『側』字。『側』爲《集韻》職三開口莊母位小韻首字，下收有『稄』字，《起數訣》從《集韻》。

23（入三俟）石三職　崱　《廣韻》士力切，崇職三入開曾；《集韻》實側切，禪職三去開曾；《韻鏡》内轉第四十二開、《七音略》内轉四十二重中重、《切韻指南》曾攝内六開口呼侷門，均列於崇母，禪母空位；《切韻指掌圖》十六圖，列於崇母，禪母位列『賾』，生母麥韻；《四聲等子》空位。《廣韻》職三開口無禪母。『崱』爲《集韻》職三開口禪母位小韻首字，《起數訣》從《集韻》。

24（入三見）□三職　棘　明本、四庫本列字均爲『棘』，當爲『棘』字誤。『棘』，《廣韻》紀力切，《集韻》訖力切，見職三去開曾；《韻鏡》内轉第四十二開、《七音略》内轉四十二重中重，列字均爲『棘』；《切韻指掌圖》十六圖、《四聲等子》曾攝内八重多輕少韻啓口呼梗攝外八、

《切韻指南》曾攝内六開口呼偏門，列字均爲『殛』。『殛』爲《廣韻》職三開口見母位小韻首字，下收有『棘』字。『棘』爲《集韻》職三開口見母位小韻首字，下收有『殛』字，《起數訣》從《集韻》。兩本均形訛，當校改爲『棘』。

25 （入三溪）□三職　◯　明本空位，四庫本列字爲『䩹』。『䩹』，《廣韻》丘力切，《集韻》乞力切，溪職三去開曾；《韻鏡》内轉第四十二開、《七音略》内轉四十二重中重、《四聲等子》曾攝内八重多輕少韻啓口呼梗攝外八、《切韻指南》曾攝内六開口呼偏門，列字均爲『䩹』；《切韻指掌圖》十六圖，列字爲『隙』，溪母陌韻。『䩹』爲《廣韻》職三溪母位小韻首字，明本空位誤，當校補『䩹』字，四庫本是。

26 （入三船）呈三職　◯　明本、四庫本均空位。《廣韻》《集韻》職三開口船母位均有『食』字，《廣韻》乘力切，《集韻》實職切，船職三入開曾；《韻鏡》内轉第四十二開、《七音略》内轉四十二重中重、《四聲等子》曾攝内八重多輕少韻啓口呼梗攝外八、《切韻指南》曾攝内六開口呼偏門，列字均爲『食』；《切韻指掌圖》空位。『食』爲《廣韻》職三開口船母位小韻首字，《起數訣》空位誤。當校補『食』字。

27 （入三禪）石三職　寔　明本列字爲『寔』，四庫本列字爲『實』。『寔』，《廣韻》常職切，《集韻》丞職切，禪職三入開曾；『實』，《廣韻》神質切，《集韻》食質切，禪質三去開曾，不當列於此位。《韻鏡》内轉第四十二開、《七音略》内轉四十二重中重、《四聲等子》曾攝内八重多輕少韻啓口呼梗攝外八、《切韻指南》曾攝内六開口呼偏門，列字均爲『寔』；《切韻指掌圖》十六圖，列字爲『食』，船母職韻。『寔』爲《廣韻》《集韻》職三開口禪母位小韻首字，列字以『寔』字爲佳。《起數訣》明本是。四庫本誤，當校改爲『寔』字。

28 （入三影）匠三職　億　《廣韻》於力切，《集韻》乙力切，影職三入開曾；《韻鏡》内轉第四十二開、《七音略》内轉四十二重中重、《切韻指掌圖》十六圖、《四聲等子》曾攝内八重多輕少韻啓口呼梗攝外八、《切韻指南》曾攝内六開口呼偏門，列字爲『憶』。『憶』爲《廣韻》職三開口影母位小韻首字，下收有『億』字。『億』爲《集韻》職三開口影母位小韻首字，下收有『憶』字，《起數訣》從《集韻》。

29 （入三云）王三職　域　《廣韻》雨逼切，《集韻》越逼切，云職三入合曾；《韻鏡》内轉第四十三合、《七音略》内轉四十三輕中輕、《切韻指掌圖》十五圖、《四聲等子》曾攝内八重多輕少韻合口呼梗攝外一、《切韻指南》曾攝内六合口呼偏門，均在合口位『域』。《起數訣》曾攝未立合口圖，將合口字并入開口圖，入三職曉云位有字，曉母位列開口字，故將『域』字列入本位。

30 （入三日）二三職　日　《廣韻》人質切，日質三入開曾；《集韻》而力切，日職三去開曾；《韻鏡》《切韻指掌圖》均空位；《七音略》内轉四十二重中重、《四聲等子》曾攝内八重多輕少韻啓口呼梗攝外八、《切韻指南》曾攝内六開口呼偏門，列字均爲『日』。《廣韻》職三開口無日母。

『日』爲《集韻》職三開口日母位小韻首字，列字以『日』字爲佳。《起數訣》從《集韻》。

釋：

1 （平三知）中三蒸　徵　《廣韻》陟陵切，《集韻》知陵切，知蒸三平開曾；《韻鏡》内轉第四十二開、《七音略》内轉四十二重中重、《四聲等子》曾攝内八重多輕少韻啓口呼梗攝外八、《切韻指南》曾攝内六開口呼偈門，列字均爲『徵』；《切韻指掌圖》十六圖，列字爲『貞』，知母清韻。

2 （平三徹）丑三蒸　僜　《廣韻》《集韻》丑升切，徹蒸三平開曾；《韻鏡》内轉第四十二開、《七音略》内轉四十二重中重、《四聲等子》曾攝内八重多輕少韻啓口呼梗攝外八、《切韻指南》曾攝内六開口呼偈門，列字均爲『僜』；《切韻指掌圖》十六圖，列字爲『檉』。

3 （平三溪）□三蒸　硱　《廣韻》綺兢切，《集韻》欺矜切，溪蒸三平開曾；《韻鏡》内轉第四十二開、《七音略》内轉四十二重中重、《四聲等子》曾攝内八重多輕少韻啓口呼梗攝外八、《切韻指南》曾攝内六開口呼偈門，列字均爲『硱』；《切韻指掌圖》十六圖，列字均爲『卿』，溪母庚韻。

4 （平三群）近三蒸　殑　《廣韻》其矜切，《集韻》巨興切，群蒸三平開曾；《韻鏡》内轉第四十二開、《七音略》内轉四十二重中重、《四聲等子》曾攝内八重多輕少韻啓口呼梗攝外八、《切韻指南》曾攝内六開口呼偈門，列字均爲「殑」；《切韻指掌圖》十六圖，列字爲「擎」，群母庚韻。

5 (平三疑)月三蒸　凝　《廣韻》《集韻》魚陵切，疑蒸三平開曾；《韻鏡》内轉第四十二開、《七音略》内轉四十二重中重、《四聲等子》曾攝内八重多輕少韻啓口呼梗攝外八、《切韻指南》曾攝内六開口呼偈門，列字均爲「凝」；《切韻指掌圖》十六圖，列字爲「迎」，疑母庚韻。

6 (平三章)震三蒸　蒸　《廣韻》煮仍切，《集韻》諸仍切，章蒸三平開曾；《韻鏡》内轉第四十二開、《七音略》内轉四十二重中重、《四聲等子》曾攝内八重多輕少韻啓口呼梗攝外八、《切韻指南》曾攝内六開口呼偈門，列字均爲「蒸」；《切韻指掌圖》十六圖，列字爲「征」，章母清韻。

7 (平三昌)尺三蒸　稱　《廣韻》處陵切，《集韻》蚩承切，昌蒸三平開曾；《韻鏡》内轉第四十二開、《七音略》内轉四十二重中重、《切韻指掌圖》十六圖、《四聲等子》曾攝内八重多輕少韻啓口呼梗攝外八、《切韻指南》曾攝内六開口呼偈門，列字均爲「稱」。

8 (平三曉)□三蒸　興　《廣韻》《集韻》虚陵切，曉蒸三平開曾；《韻鏡》内轉第四十二開、《七音略》内轉四十二重中重、《切韻指掌圖》十六圖、《四聲等子》曾攝内八重多輕少韻啓口呼梗攝外八、《切韻指南》曾攝内六開口呼偈門，列字均爲「興」。

9 （平三影）匠三蒸　膺　《廣韻》《集韻》於陵切，影蒸三平開曾；《韻鏡》内轉第四十二開、《七音略》内轉四十二重中重、《切韻指南》曾攝内六開口呼偈門，列字均爲『膺』；《切韻指掌圖》十六圖、《四聲等子》曾攝内八重多輕少韻啓口呼梗攝外八，列字均爲『英』，影母庚韻。

10 （平三日）二三蒸　仍　《廣韻》如乘切，《集韻》如蒸切，日蒸三平開曾；《韻鏡》内轉第四十二開、《七音略》内轉四十二重中重、《切韻指掌圖》十六圖、《四聲等子》曾攝内八重多輕少韻啓口呼梗攝外八、《切韻指南》曾攝内六開口呼偈門，列字均爲『仍』。

11 （去三徹）丑三證　覴　《廣韻》《集韻》丑證切，徹證三去開曾；《韻鏡》内轉第四十二開、《七音略》内轉四十二重中重、《切韻指掌圖》十六圖、《切韻指南》曾攝内六開口呼偈門，列字均爲『覴』；《四聲等子》曾攝内八重多輕少韻啓口呼梗攝外八，列字爲『逞』，徹母勁韻。

12 （去三章）震三證　證　《廣韻》《集韻》諸應切，章證三去開曾；《韻鏡》内轉第四十二開、《七音略》内轉四十二重中重、《四聲等子》曾攝内八重多輕少韻啓口呼梗攝外八、《切韻指南》曾攝内六開口呼偈門，列字均爲『證』；《切韻指掌圖》十六圖，列字均爲『正』，章母勁韻。

13 （去三昌）尺三證　稱　《廣韻》《集韻》昌孕切，昌證三去開曾；《韻鏡》内轉第四十二開、《七音略》内轉四十二重中重、《切韻指掌圖》十六圖、《切韻指南》曾攝内六開口呼偈門，列字均爲『稱』；《四聲等子》曾攝内八重多輕少韻啓口呼梗攝外八，列字爲『秤』。『稱』爲《廣韻》證三開口昌母位小韻首字，下收有『秤』字，注：『俗。』『秤』爲『稱』之俗體。

14 （去三書）星三證　勝　《廣韻》《集韻》詩證切，書證三去開曾；《韻鏡》内轉第四十二開、《七音略》内轉四十二重中重、《切韻指掌圖》十六圖、《四聲等子》曾攝内八重多輕少韻啓口呼梗攝外八、《切韻指南》曾攝内六開口呼偈門，列字均爲「勝」。

15 （去三曉）□三證　興　《廣韻》《集韻》許應切，曉證三去開曾；《韻鏡》内轉第四十二開、《七音略》内轉四十二重中重、《切韻指掌圖》十六圖、《四聲等子》曾攝内八重多輕少韻啓口呼梗攝外八、《切韻指南》曾攝内六開口呼偈門，列字均爲「興」。

16 （去三影）匠三證　應　《廣韻》《集韻》於證切，影證三去開曾；《韻鏡》内轉第四十二開、《七音略》内轉四十二重中重、《切韻指掌圖》十六圖、《切韻指南》曾攝内六開口呼偈門，列字均爲「應」；《四聲等子》曾攝内八重多輕少韻啓口呼梗攝外八，列字爲「暎」，影母映韻。

17 （去三來）离三證　餕　《廣韻》里甑切，《集韻》里孕切，來證三去開曾；《韻鏡》内轉第四十二開、《七音略》内轉四十二重中重、《切韻指掌圖》十六圖、《切韻指南》曾攝内六開口呼偈門，列字均爲「餕」；《四聲等子》曾攝内八重多輕少韻啓口呼梗攝外八，列字爲「令」，來母勁韻。

18 （去三日）二三證　認　《廣韻》而證切，《集韻》如證切，日證三去開曾；《韻鏡》内轉第四十二開、《七音略》内轉四十二重中重、《切韻指掌圖》十六圖、《四聲等子》曾攝内八重多輕少韻啓口呼梗攝外八、《切韻指南》曾攝内六開口呼偈門，列字均爲「認」。

19（入二初）尺二職　測　《廣韻》初力切，《集韻》察色切，初職三去開曾；《韻鏡》内轉第四十二開、《七音略》内轉四十二重中重、《切韻指掌圖》十六圖、《切韻指南》曾攝内六開口呼偈門，列字均爲『測』；《四聲等子》曾攝内八重多輕少韻啓口呼梗攝外八，列字爲『策』，初母麥韻。

20（入三崇）呈三職　崱　《廣韻》士力切，崇職三入開曾；《集韻》未收；《韻鏡》内轉第四十二開、《七音略》内轉四十二重中重、《切韻指掌圖》十六圖、《切韻指南》曾攝内六開口呼偈門，列字均爲『崱』；《四聲等子》曾攝内八重多輕少韻啓口呼梗攝外八，列字爲『賾』，崇母麥韻。

21（入三生）星三職　色　《廣韻》所力切，《集韻》殺測切，生職三去開曾；《韻鏡》内轉第四十二開、《七音略》内轉四十二重中重、《切韻指掌圖》十六圖、《切韻指南》曾攝内六開口呼偈門，列字均爲『色』；《四聲等子》曾攝内八重多輕少韻啓口呼梗攝外八，列字爲『栜』，生母麥韻。

22（入三知）中三職　陟　《廣韻》《集韻》竹力切，知職三去開曾；《韻鏡》内轉第四十二開、《七音略》内轉四十二重中重、《切韻指掌圖》十六圖、《四聲等子》曾攝内八重多輕少韻啓口呼梗攝外八、《切韻指南》曾攝内六開口呼偈門，列字均爲『陟』。

23（入三徹）丑三職　敕　《廣韻》恥力切，《集韻》蓄力切，徹職三去開曾；《韻鏡》内轉第四十二開、《七音略》内轉四十二重中重、《切韻指掌圖》十六圖、《四聲等子》曾攝内八重多輕少韻啓口呼梗攝外八、《切韻指南》曾攝内六開口呼偈門，列字均爲『敕』。

24 （入三澄）弟三職　直　《廣韻》除力切，《集韻》逐力切，澄職三去開曾；《韻鏡》内轉第四十二開、《七音略》内轉四十二重中重、《切韻指掌圖》十六圖、《四聲等子》曾攝内八重多輕少韻啓口呼梗攝外八、《切韻指南》曾攝内六開口呼偈門，列字均爲『直』。

25 （入三娘）年三職　匿　《廣韻》女力切，《集韻》昵力切，娘職三去開曾；《韻鏡》内轉第四十二開、《七音略》内轉四十二重中重、《切韻指掌圖》十六圖、《四聲等子》曾攝内八重多輕少韻啓口呼梗攝外八、《切韻指南》曾攝内六開口呼偈門，列字均爲『匿』。

26 （入三群）近三職　極　《廣韻》渠力切，《集韻》竭憶切，群職三去開曾；《韻鏡》内轉第四十二開、《七音略》内轉四十二重中重、《切韻指掌圖》十六圖、《四聲等子》曾攝内八重多輕少韻啓口呼梗攝外八、《切韻指南》曾攝内六開口呼偈門，列字均爲『極』。

27 （入三疑）月三職　嶷　《廣韻》魚力切，《集韻》鄂力切，疑職三去開曾；《韻鏡》内轉第四十二開、《七音略》内轉四十二重中重、《四聲等子》曾攝内八重多輕少韻啓口呼梗攝外八、《切韻指南》曾攝内六開口呼偈門，列字均爲『嶷』；《切韻指掌圖》十六圖，列字爲『逆』，疑母陌韻。

28 （入三章）震三職　職　《廣韻》之翼切，《集韻》質力切，章職三去開曾；《韻鏡》内轉第四十二開、《七音略》内轉四十二重中重、《切韻指掌圖》十六圖、《四聲等子》曾攝内八重多輕少韻啓口呼梗攝外八、《切韻指南》曾攝内六開口呼偏門，列字均爲『職』。

29 （入三昌）尺三職　瀷　《廣韻》昌力切，《集韻》叱力切，昌職三去開曾；《韻鏡》内轉第四十二開、《七音略》内轉四十二重中重、《切韻指南》曾攝内六開口呼偏門，列字均爲『瀷』；《切韻指掌圖》十六圖、《四聲等子》曾攝内八重多輕少韻啓口呼梗攝外八，列字均爲『尺』，昌母昔韻。

30 （入三書）星三職　識　《廣韻》賞職切，《集韻》設職切，書職三去開曾；《韻鏡》内轉第四十二開、《七音略》内轉四十二重中重、《切韻指掌圖》十六圖、《四聲等子》曾攝内八重多輕少韻啓口呼梗攝外八、《切韻指南》曾攝内六開口呼偏門，列字均爲『識』。

31 （入三曉）□三職　赩　《廣韻》許極切，《集韻》迄力切，曉職三去開曾；《韻鏡》内轉第四十二開、《七音略》内轉四十二重中重、《切韻指掌圖》十六圖、《四聲等子》曾攝内八重多輕少韻啓口呼梗攝外八、《切韻指南》曾攝内六開口呼偏門，列字均爲『赩』。

32 （入三來）離三職　力　《廣韻》林直切，《集韻》六直切，來職三去開曾；《韻鏡》内轉第四十二開、《七音略》内轉四十二重中重、《切韻指掌圖》十六圖、《四聲等子》曾攝内八重多輕少韻啓口呼梗攝外八、《切韻指南》曾攝内六開口呼偏門，列字均爲『力』。

井十　蹇十二　坤四　師五　升五　師三　坤六　師六　升六

二　仍　耳　認　日
直
開音清
使　尤　鳳韻 尤幽　屛 叢山　有默　倢 叢山　宥幼　屋 叢山　屋
夫　鷌　掫　卜
普　桴　剖　仆　朴
亭　掊　飌　部　晧　僕
毋　諆　䶂　母　戊　木
東　兜　斗　鬬　榖
士　偷　黈　透　秃
同　頭　鋀　豆　牘

坤七	坤一	師一	巽一	師二	坤八	師八	犇八		謙九	坤二
乃	古	坤	口	吾	走	草	青	■	寺	黑
鴹	鉤	謳		齵	鯫	誰	剿	涑		鞠
	樛	區	蚪	聱	緅	秋	酋	偹	囚	飍
發	茍	口		偶	走	趣	鯫	叟		呫
	斜	嫗	虬		酒		湫	滫		
耨	構	寇		偶	奏	湊	剿	漱		蔻
	斛	𨃷	蚪		僦	趥	就	秀	岫	螑
	穀	哭		鏃		蔟	族	速		熇
						鼀	䅚	肅		

師四　坤三　升四　師之

比五　比四　蹇五

武	安	文	老	■	■	收		丙	口	莆
侯	謳		婁			音			乙下	
						濁	尤			
							尤同四	不	鶅	浮
	齵	由	鏐							
厚	甌		塿							
							有			
							有華四	缶	紑	婦
	黝	抽								
候	漚		[illegible]							
							宥			
							宥兼四	富	副	復
	幼	欲								
穀	屋	祿								
							屋			
							屋豐四	福	覆	伏
	育									

第七十三圖　開音清

本圖舒聲列《廣韻》侯厚候、尤有宥（與幽黝幼合）韻字，係拆分《韻鏡》内轉第三十七開一四等位字。本圖入聲列屋韻字，拆分《韻鏡》内轉第一開一四等位字。本圖聲母群母位兩本皆列『□』，心、日、半三位明本列『■』，四庫本空格。韻目列目上聲一等，明本爲『厚』，四庫本爲『厚』。

校注：

1（平一滂）普一侯　桴　明本、四庫本列字均爲『桴』。『桴』，《廣韻》縛謀切，《集韻》房尤切，奉尤三平開流；均不當列於此位。此字當爲『捊』字形訛。『捊』，《廣韻》侯韻滂母空位；《集韻》普溝切，滂侯一平開流。《韻鏡》《七音略》《切韻指掌圖》均空位；《四聲等子》流攝内六全重無輕韻、《切韻指南》流攝内七獨韻狹門，列字均爲『捊』。『捊』爲《集韻》侯一開口滂母位小韻首字，《起數訣》明本、四庫本均從《集韻》，然形訛，當校改爲『捊』字。

2（平一並）旁一侯　捊　《廣韻》《集韻》薄侯切，並侯一平開流；《韻鏡》内轉第三十七開、《七音略》内轉四十重中重、《切韻指掌圖》四圖、《四聲等子》流攝内六全重無輕韻、《切韻指南》流攝内七獨韻狹門，列字均爲『裒』。『裒』爲《廣韻》侯一開口並母位小韻首字，下收有『掊』字，列字以『裒』字爲佳。《起數訣》明本、四庫本均列『掊』字，亦無誤。

3 (平一明)母一侯　謀　《廣韻》莫浮切，明尤三平合流；不當列於此位。《集韻》迷浮切，明侯一平開流；《韻鏡》内轉第三十七開、《七音略》内轉四十重中重、《四聲等子》流攝内六全重無輕韻、《切韻指南》流攝内七獨韻狹門，列字均爲『呣』；《切韻指掌圖》四圖，列字爲『謀』。『呣』爲《廣韻》侯一開口明母位小韻首字，義『慮也』。『謀』爲《集韻》侯一開口明母位小韻首字，注：『《説文》慮難曰謀，或書作呣。』《起數訣》明本、四庫本均從《集韻》。

4 (平一端)東一侯　兜　《廣韻》《集韻》當侯切，端侯一平開流；《韻鏡》内轉第三十七開、《七音略》内轉四十重中重、《切韻指掌圖》四圖、《切韻指南》流攝内七獨韻狹門，列字均爲『兜』；《四聲等子》流攝内六全重無輕韻，列字爲『吺』。『兜』爲《廣韻》侯一開口端母位小韻首字，下收有『吺』字，列字以『兜』字爲佳，《起數訣》是。

5 (平一見)古一侯　鈎　《康熙字典》記：『《字彙》俗鉤字。』『鈎』爲『鉤』之俗體。《廣韻》古侯切，《集韻》居侯切，見侯一平開流；《韻鏡》内轉第三十七開、《四聲等子》流攝内六全重無輕韻、《切韻指南》流攝内七獨韻狹門，列字均爲『鉤』；《七音略》内轉四十重中重、《切韻指掌圖》四圖，列字均爲『鈎』。《起數訣》列俗體，無誤。

6（平一溪）坤一侯　彄　《廣韻》恪侯切，《集韻》墟侯切，溪侯一平開流；《韻鏡》内轉第三十七開、《七音略》内轉四十重中重、《切韻指掌圖》四圖、《切韻指南》流攝内七獨韻狹門，列字均爲「彄」；《四聲等子》流攝内六全重無輕韻，列字爲「摳」。「彄」爲《廣韻》侯一開口溪母位小韻首字，下收有「摳」字，列字以「彄」字爲佳，《起數訣》是。

7（平一精）走一侯　鯫　明本列字爲「鯫」；四庫本列字爲「鯫」。「鯫」，《廣韻》徂鉤切，從侯一平開流；「鯫」，《廣韻》陟葉切，《集韻》陟涉切，知葉三入開咸，不當列於此位。四庫本當爲「鯫」字形訛。《韻鏡》内轉第三十七開、《七音略》内轉四十重中重、《切韻指南》流攝内七獨韻狹門，列字均爲「緅」；《切韻指掌圖》四圖，列字爲「緅」；《四聲等子》流攝内六全重無輕韻，列字爲「諏」。「緅」爲《廣韻》《集韻》侯一開口精母位小韻首字，《廣韻》下收有「緅」字；《集韻》下收有「緅」「諏」「鯫」三字，列字以「緅」字爲佳。《起數訣》從《集韻》，明本列「鯫」字，無誤；四庫本訛，當校改爲「鯫」。

8（平一從）曹一侯　剶　《廣韻》徂鉤切，《集韻》徂侯切，從侯一平開流；《韻鏡》内轉第三十七開，列字爲「鄹」，《廣韻》側鳩切，《集韻》甾尤切，莊尤三平開流；《韻鏡》誤，此字當爲「剶」字形訛。《七音略》内轉四十重中重、《切韻指掌圖》四圖、《四聲等子》流攝内六全重無輕韻、《切韻指南》流攝内七獨韻狹門，列字均爲「剶」。「剶」爲《廣韻》侯一從母位小韻首字，《起數訣》是。

9 （平一來）老一侯　婁　《廣韻》落侯切，《集韻》郎侯切，來侯一平開流；《韻鏡》内轉第三十七開、《切韻指掌圖》四圖、《切韻指南》流攝内七獨韻狹門，列字均爲「樓」；《七音略》内轉四十重中重、《四聲等子》流攝内六全重無輕韻，列字均爲「婁」。「樓」爲《廣韻》侯一開口來母位小韻首字，下收有「婁」字。「婁」爲《集韻》侯一開口來母位小韻首字，下收有「樓」字，《起數訣》從《集韻》。

10 《起數訣》平四、上四、去四，列目均爲合韻，平四爲尤幽，上四爲有黝，去四爲有宥幼。尤有宥均爲三等字，精組和喻四列於四等位。早期韻圖四等列目爲幽，列字爲尤幽。

11 （平四幫）夫四尤幽　驫　《廣韻》甫烋切，《集韻》必幽切，幫幽三平開流；《韻鏡》内轉第三十七開、《七音略》内轉四十重中重、《切韻指掌圖》四圖、《四聲等子》流攝内六全重無輕韻、《切韻指南》流攝内七獨韻狹門，列字均爲「彪」。「彪」爲《廣韻》幽三開口幫母位小韻首字，下收有「驫」字。「驫」爲《集韻》幽三開口幫母位小韻首字，下收有「彪」字，《起數訣》從《集韻》。

12 （平四滂）普四尤幽　○　明本、四庫本均空位。《廣韻》《集韻》幽韻空位。尤韻滂母位列字爲「飆」，列於三等位。《韻鏡》内轉第三十七開，列字爲「飆」，《廣韻》匹尤切，《集韻》披尤切，滂尤三平開流；《韻鏡》誤，當校列於三等位。《七音略》《切韻指掌圖》《四聲等子》《切韻指南》均空位。《起數訣》空位是。

13 （平四並）旁四尤幽　飍　《廣韻》風幽切，幫幽三平開流；《集韻》步幽切，並幽三平開流；《韻鏡》内轉第三十七開、《切韻指掌圖》四圖，列字均爲「滮」；《七音略》内轉四十重中重、《四聲等子》流攝内六全重無輕韻、《切韻指南》流攝内七獨韻狹門，列字均爲「淲」。「淲」爲《廣韻》《集韻》幽三開口並母位小韻首字，注：「水流皃，亦作滮。」「淲」「滮」二字爲異體字。「飍」爲《集韻》幽三開口並母位小韻首字，列字以「飍」字爲佳，《起數訣》從《集韻》。

14 （平四明）母四尤幽　𠙖　此字當爲「𡯌」形訛。「𡯌」，《康熙字典》記：「《篇海類編》同尪。」「尪」，《康熙字典》記：「《集韻》弋笑切，音燿。《説文》行不正也。一曰足腫。又《玉篇》餘招切，音摇。義同。」此記《集韻》弋笑切，以母笑韻。《玉篇》餘招切，以母宵韻。《韻鏡》内轉第三十七開、《七音略》内轉四十重中重、《切韻指掌圖》四圖、《切韻指南》流攝内七獨韻狹門，列字均爲「繆」，《廣韻》武彪切，《集韻》亡幽切，明幽三平開流；《四聲等子》空位。「繆」爲《廣韻》幽三開口明母位小韻首字，韻圖列於四等位。《起數訣》明本、四庫本均誤，當校改爲「繆」字。

15 （平四溪）坤四尤幽　區　《廣韻》豈俱切，溪虞三平合遇；又烏侯切，影侯一平開流。《集韻》羌幽切，溪幽三平開流；《韻鏡》内轉第三十七開、《七音略》内轉四十重中重、《切韻指掌圖》四圖，列字均爲「恘」，《廣韻》去秋切，溪幽三平開流；《集韻》幽韻溪母位未收此字。《四聲等子》流攝内六全重無輕韻、《切韻指南》流攝内七獨韻狹門，列字均爲「區」。「恘」爲

《廣韻》幽三開口溪母位小韻首字。『區』爲《集韻》幽三開口溪母位小韻首字。《起數訣》從《集韻》。

16 (平四群)□四尤幽　蚪　《康熙字典》記：『《唐韻》《韻會》當口切，音斗。《類篇》蝌蚪，蟲名。詳見蝌字註。通作斗。』此記當口切，端母厚韻。不當列於此位。此字當爲『虯』字形訛。『虯』，《廣韻》《集韻》渠幽切，群幽三平開流。《韻鏡》内轉第三十七開，列字爲『蟉』；《七音略》内轉四十重中重、《切韻指掌圖》四圖、《切韻指南》流攝内七獨韻狹門，列字均爲『虯』；《四聲等子》流攝内六全重無輕韻，列字爲『謬』，明母幼韻。『虯』爲《廣韻》幽三開口群母位小韻首字，《起數訣》明本、四庫本均誤，當校改爲『虯』字。

17 (平四疑)五四尤幽　聱　《廣韻》語虯切，《集韻》倪虯切，疑幽三平開流；《韻鏡》内轉第三十七開、《切韻指掌圖》四圖、《切韻指南》流攝内七獨韻狹門，列字均爲『聱』；《七音略》《四聲等子》均空位。『聱』爲《廣韻》幽三開口疑母位小韻首字，列字以『聱』字爲佳。《七音略》空位誤，當校補『聱』字。《起數訣》是。

18 (平四精)走四尤幽　稵　《廣韻》《集韻》子幽切，精幽三平開流；《韻鏡》内轉第三十七開，列字爲『啾』，《廣韻》即由切，《集韻》將由切，精尤三平開流；《七音略》内轉四十重中重，列字爲『稵』；《切韻指掌圖》四圖、《四聲等子》流攝内六全重無輕韻，列字均爲『揫』，精母尤韻；《切韻指南》流攝内七獨韻狹門，列字爲『遒』，精母尤韻。唐五代韻書幽韻齒頭音只有精母有『嵫』小韻，且列於韻末，並只有一字。《韻鏡》取尤韻字，《七音略》取幽韻字，《韻鏡》列爲合理。《起數訣》取幽韻字，精組五字僅此字爲幽韻字，從《七音略》，亦不可定爲誤。『遒』爲《廣韻》尤三精母位小韻首字，下收有『啾』『揫』二字，『嵫』爲《集韻》幽三精母位小韻首字，《起數訣》從《集韻》。

19 （平四從）曹四尤幽　酋　《廣韻》自秋切，《集韻》兹秋切，從尤三平開流；《韻鏡》内轉第三十七開，列字爲『遒』；《七音略》内轉四十重中重，列字爲『酋』，《廣韻》《集韻》所六切，生屋三入合通；《七音略》誤，此字當爲『酋』字形訛。《切韻指掌圖》四圖、《四聲等子》流攝内六全重無輕韻、《切韻指南》流攝内七獨韻狹門，列字均爲『酋』。『酋』爲《廣韻》尤三開口從母位小韻首字，下收有『遒』字，列字以『酋』字爲佳。《起數訣》是。

20 （平四心）■四尤幽　脩　《廣韻》息流切，《集韻》思留切，心尤三平開流；《韻鏡》内轉第三十七開、《七音略》内轉四十重中重、《切韻指掌圖》四圖、《切韻指南》流攝内七獨韻狹門，列字均爲『脩』；《四聲等子》流攝内六全重無輕韻，列字爲『修』。『脩』爲《廣韻》尤三開口心母位小韻首字，義『脯也，又長也』，下收有『修』字，義『理也，《説文》飾也』。《起數訣》是。

21 （平四以）文四尤幽　由　《廣韻》以周切，《集韻》夷周切，以幽三平開流；《韻鏡》内轉第三十七開、《七音略》内轉四十重中重、《切韻指掌圖》四圖、《四聲等子》流攝内六全重無輕韻，列字均爲『由』；《切韻指南》流攝内七獨韻狹門，列字爲『猷』，以母尤韻。又見於七十四圖平三云，七十四圖誤，本圖列字是。

22 （上一幫）夫一厚　捰　《廣韻》方垢切，《集韻》彼口切，幫厚一上開流；《韻鏡》內轉第三十七開、《七音略》內轉四十重中重，列字均爲『掊』；《切韻指掌圖》四圖、《四聲等子》流攝內六全重無輕韻、《切韻指南》流攝內七獨韻狹門，列字均爲『捰』。『捰』爲《廣韻》厚一開口幫母位小韻首字，下收有『掊』字，列字以『捰』字爲佳。《韻鏡》《七音略》列『掊』字，亦無誤。《起數訣》是。

23 （上一透）土一厚　難　明本列字爲『難』，四庫本列字爲『黈』，明本顯誤，四庫本小訛，此字當爲『黈』字誤。『黈』，《廣韻》天口切，《集韻》他口切，透厚一上開流；《韻鏡》內轉第三十七開，列字爲『黈』；《七音略》內轉四十重中重，列字爲『姓』，《廣韻》《集韻》息正切，心勁三去開梗；《七音略》誤，此字當爲『姓』字形訛。《切韻指掌圖》四圖、《四聲等子》流攝內六全重無輕韻、《切韻指南》流攝內七獨韻狹門，列字均爲『黈』。『黈』爲《廣韻》厚一透母位小韻首字，下收有『黈』『姓』二字，列字以『黈』字爲佳。《七音略》列『姓』，《起數訣》列『黈』，均無誤。但《起數訣》形訛，當校改爲『黈』。

24 （上一定）同一厚　鋀　《廣韻》託侯切，透侯一平開流；《集韻》徒口切，定厚一上開流；《韻鏡》內轉第三十七開，列字爲『蘥』，此字當爲『蘥』字形訛；《七音略》內轉四十重中重、《切韻指掌圖》四圖、《四聲等子》流攝內六全重無輕韻、《切韻指南》流攝內七獨韻狹門，列字均爲

『蕍』。『蕍』爲《廣韻》厚一開口定母位小韻首字。『鋀』爲《集韻》厚一開口定母位小韻首字，下收有『蕍』字，與『蕍』音同義同，列字以『鋀』字爲佳。《起數訣》從《集韻》。

25 （上一見）古一厚　苟　明本列字爲『苟』，四庫本列字爲『茍』。『苟』，《廣韻》古厚切，《集韻》舉后切，見厚一上開流。『茍』，《廣韻》紀力切，《集韻》訖力切，見職三入開曾；不當列於此位，此字當爲『苟』字形訛。《韻鏡》內轉第三十七開、《七音略》內轉四十重中重、《切韻指掌圖》四圖、《四聲等子》流攝內六全重無輕韻、《切韻指南》流攝內七獨韻狹門，列字均爲『苟』。『苟』爲《廣韻》厚一開口見母位小韻首字，《起數訣》明本是。《四庫本》形訛，當校改爲『苟』字。

26 （上一疑）五一厚　偶　《廣韻》五口切，《集韻》語口切，疑厚一上開流；《韻鏡》內轉第三十七開、《七音略》內轉四十重中重、《切韻指掌圖》四圖、《四聲等子》流攝內六全重無輕韻、《切韻指南》流攝內七獨韻狹門，列字均爲『藕』。『藕』爲《廣韻》厚一開口疑母位小韻首字，下收有『偶』字。『偶』爲《集韻》厚一開口疑母位小韻首字，下收有『藕』字，《起數訣》從《集韻》。

27 （上一從）曹一厚　鯫　明本列字爲『鯫』，四庫本列字爲『鮿』。『鯫』，《廣韻》仕垢切，《集韻》才垢切，從厚一上開流。『鮿』，《廣韻》陟葉切，《集韻》陟涉切，知葉三入開咸；均不當列於此位，此字當爲『鯫』字形訛。《韻鏡》內轉第三十七開、《七音略》內轉四十重中重、《切韻指掌圖》四圖、《四聲等子》流攝内六全重無輕韻、《切韻指南》流攝内七獨韻狹門，列字均爲「鯫」。「鯫」爲《廣韻》厚一開口從母位小韻首字，列字以「鯫」字爲佳。《起數訣》明本是。《四庫本》形訛，當校改爲「鯫」字。

28 （上一心）■一厚 叟 《廣韻》《集韻》蘇后切，心厚一上開流；《韻鏡》内轉第三十七開、《切韻指掌圖》四圖，列字均爲「叟」；《七音略》内轉四十重中重，列字爲「藪」；《四聲等子》流攝内六全重無輕韻、《切韻指南》流攝内七獨韻狹門，列字均爲「安」。「安」爲《廣韻》厚一開口心母位小韻首字，下依次收有「叟」「藪」二字，於「安」字下注上同，「安」「叟」二字爲異體字。列字以「安」爲佳，《起數訣》亦無誤。

29 （上一曉）黑一厚 吼 《廣韻》呼后切，《集韻》許后切，曉厚一上開流；《韻鏡》内轉第三十七開、《七音略》内轉四十重中重、《切韻指掌圖》四圖、《四聲等子》流攝内六全重無輕韻、《切韻指南》流攝内七獨韻狹門，列字均爲「吼」。「吼」爲《廣韻》厚一開口曉母位小韻首字，下收有「呴」字。「呴」「吼」同爲《集韻》厚一開口曉母位小韻首字，《起數訣》從《集韻》。

30 （上一影）安一厚 歐 《廣韻》豈俱切，溪虞三平合遇；但《廣韻》「毆」釋義，俗作「歐」，則爲烏后切，影厚一上開流。歐，《集韻》於口切，影厚一上開流；《韻鏡》内轉第三十七開、《七音略》内轉四十重中重、《四聲等子》流攝内六全重無輕韻、《切韻指南》流攝内七獨韻狹門，列字均爲「歐」；《切韻指掌圖》四圖，列字爲「毆」。「歐」爲《廣韻》厚一開口影母位小韻首字；『敺』『歐』二字同爲《集韻》厚一開口影母位小韻首字，二字爲異體字。《起數訣》從《集韻》。

31 （上四見）古四有黝　斜　明本、四庫本列字均爲『斜』。『斜』，《廣韻》以遮切，《集韻》余遮切，以麻三平開假；又似嗟切，《集韻》徐嗟切，邪麻三平開假；均不當列於此位。《韻鏡》內轉第三十七開、《切韻指掌圖》四圖、《四聲等子》流攝內六全重無輕韻、《切韻指南》流攝內七獨韻狹門，列字均爲『糾』，《廣韻》居黝切，《集韻》吉酉切，見黝三上開流；《七音略》空位。『糾』爲《廣韻》黝三開口見母位小韻首字，《起數訣》明本、四庫本均誤，當校改爲『糾』。

32 （上四溪）坤四有黝　嬺　明本列字爲『嬺』，四庫本列字爲『媪』，四庫本此字當爲『嬺』字形訛。『嬺』，《廣韻》兼玷切，見忝四上開咸；《集韻》苦糺切，溪黝三上開流；《韻鏡》《七音略》《切韻指掌圖》均空位。《四聲等子》流攝內六全重無輕韻、《切韻指南》流攝內七獨韻狹門，列字均爲『嬺』。《廣韻》黝三開口無溪母。『嬺』爲《廣韻》黝三開口溪母位小韻首字，《起數訣》列位從《集韻》，四庫本列字形訛，當校改爲『嬺』。明本列字是。

33 （上四群）□四有黝　虬　《廣韻》黝韻群母位有『蟉』小韻。『蟉』，渠黝切，《集韻》渠糺切，群黝三上開流。《廣韻》未收『虬』字。『虬』，《康熙字典》記：『直音同虯。』『虯』，《廣韻》《集韻》渠幽切，從幽三平開流；不當列於此位。又《集韻》渠糺切，群黝三上開流。《韻鏡》內轉第三十七開、《七音略》內轉四十重中重、《切韻指掌圖》四圖、《四聲等子》流攝內六全重無輕韻、《切韻指南》流攝内七獨韻狹門，列字均爲『蟉』。『蟉』爲《廣韻》黝三開口群母位小韻首字。『蟉』『虯』二字同爲《集韻》黝三開口群母位小韻首字，《起數訣》從《集韻》。

34 (上四以)文四有黝　柚　《廣韻》余救切，以宥三去開流；不當列於此位。《集韻》羊受切，以有三上開流；《韻鏡》内轉第三十七開、《切韻指掌圖》四圖、《四聲等子》流攝内六全重無輕韻、《切韻指南》流攝内七獨韻狹門，列字均爲『酉』，《廣韻》與久切，《集韻》以九切，以有三上開流；《七音略》空位。『酉』爲《廣韻》有三開口以母位小韻首字，按喻下憑切門，當校列於四等位。《七音略》空位誤，當校補『酉』字。『柚』爲《集韻》有三開口以母位小韻首字，按喻下憑切門，當校列於四等位。《起數訣》從《集韻》。

35 (去一並)旁一候　晧　此字當爲『掊』字誤。『掊』，《廣韻》《集韻》蒲候切，並候一去開流；《韻鏡》内轉第三十七開、《七音略》内轉四十重中重、《切韻指掌圖》四圖、《四聲等子》流攝内六全重無輕韻、《切韻指南》流攝内七獨韻狹門，列字均爲『掊』。『掊』爲《廣韻》候一並母位小韻首字，《起數訣》形訛，當校改爲『掊』。

36 (去一明)母一候　戊　《廣韻》《集韻》莫候切，明候一去開流；《韻鏡》内轉第三十七開、《七音略》内轉四十重中重、《切韻指掌圖》四圖、《四聲等子》流攝内六全重無輕韻、《切韻指南》流攝内七獨韻狹門，列字均爲『茂』。『茂』爲《廣韻》候一開口明母位小韻首字，下收有『戊』字。『戊』爲《集韻》候一開口明母位小韻首字，下收有『茂』字，《起數訣》從《集韻》。

37（去一端）東一候　鬪　明本列字爲『鬪』，四庫本列字爲『鬭』。此二字爲異體字；『鬭』，《廣韻》《集韻》都豆切，端候一去開流；《韻鏡》内轉第三十七開、《七音略》内轉四十重中重、《切韻指掌圖》四圖、《四聲等子》流攝内六全重無輕韻、《切韻指南》流攝内七獨韻狹門，列字均爲『鬭』。『鬥』爲《廣韻》候一端母位小韻首字，下收有『鬭』字，列字以『鬥』爲佳，《起數訣》亦無誤。

38（去一定）同一候　豆　《廣韻》徒候切，《集韻》大透切，定候一去開流；《韻鏡》内轉第三十七開，列字爲『逗』；《七音略》内轉四十重中重、《切韻指掌圖》四圖、《四聲等子》流攝内六全重無輕韻、《切韻指南》流攝内七獨韻狹門，列字均爲『豆』。『豆』爲《廣韻》候一開口定母位小韻首字，下收有『逗』字，列字以『豆』字爲佳。《韻鏡》列『逗』字，亦無誤。《起數訣》是。

39（去一泥）乃一候　耨　《廣韻》奴豆切，《集韻》乃豆切，泥候一去開流；《韻鏡》内轉第三十七開、《七音略》内轉四十重中重、《切韻指掌圖》四圖、《四聲等子》流攝内六全重無輕韻，列字爲『耨』；《切韻指南》流攝内七獨韻狹門，列字爲『槈』。『槈』爲《廣韻》候一開口泥母位小韻首字，下收有『耨』字。『槈』『耨』二字同爲《集韻》候一開口泥母位小韻首字，《起數訣》從《集韻》。

40（去一見）古一候　搆　明本列字爲『搆』，四庫本列字爲『捎』，此字當爲『搆』字誤。『搆』，《廣韻》古候切，《集韻》居候切，見候一去開流；《韻鏡》内轉第三十七開、《切韻指掌圖》四圖、《四聲等子》流攝内六全重無輕韻、《切韻指南》流攝内七獨韻狹門，列字均爲『遘』；《七音略》内轉四十重中重，列字爲『構』。『遘』爲《廣韻》候一開口見母位小韻首字，下收有『構』『搆』二字，列字以『遘』字爲佳。《七音略》列『構』字，《起數訣》列『搆』字，均亦無誤。兩本均形訛，當校改爲『搆』。

41（去一溪）坤一候　冦　明本列字爲『冦』；四庫本列字爲『冦』。『冦』『冦』，《廣韻》《集韻》均未收。此二字當均爲『冦』字形訛。『冦』，《廣韻》苦候切，《集韻》丘候切，溪候一去開流；《韻鏡》内轉第三十七開，列字爲『冦』；《七音略》内轉四十重中重、《切韻指掌圖》四圖，列字均爲『冦』；《四聲等子》流攝内六全重無輕韻、《切韻指南》流攝内七獨韻狹門，列字均爲『冦』。『冦』爲《廣韻》候一開口溪母位小韻首字，《起數訣》誤，當校改爲『冦』字。

42（去一清）草一候　凑　《廣韻》倉奏切，《集韻》千候切，清候一去開流；《韻鏡》内轉第三十七開，列字爲『輳』，當爲『輳』形訛；《七音略》内轉四十重中重、《切韻指掌圖》四圖、《切韻指南》流攝内七獨韻狹門，列字均爲『輳』；《四聲等子》流攝内六全重無輕韻，列字均爲『凑』。『輳』爲《廣韻》候一開口清母位小韻首字，下收有『凑』字。『凑』爲《集韻》候一開口清母位小韻首字，下收有『輳』字，《起數訣》從《集韻》。

43（去一心）■一候　漱　《廣韻》蘇奏切，《集韻》先奏切，生候一去開流；《韻鏡》内轉第三十七開，列字爲『瘶』；《七音略》内轉四十重中重、《切韻指南》流攝内七獨韻狹門，列字均爲

「瘷」，《廣韻》未收，《集韻》色責切，生麥二入開梗；《七音略》誤，此字當爲「瘷」字形訛。《切韻指掌圖》四圖、《四聲等子》流攝内六全重無輕韻，列字均爲「嗽」。「瘷」爲《廣韻》候一開口心母位小韻首字，下收有「嗽」「漱」二字。「漱」爲《集韻》候一開口心母位小韻首字，下收有「嗽」「瘷」二字，列字以「漱」字爲佳。《起數訣》從《集韻》。

44 （去一曉）黑一候　蔻　《廣韻》呼漏切，《集韻》許候切，曉候一去開流；《韻鏡》内轉第三十七開、《七音略》内轉四十重中重、《切韻指掌圖》四圖，列字均爲「垢」；《四聲等子》流攝内六全重無輕韻、《切韻指南》流攝内七獨韻狹門，列字均爲「蔻」。「蔻」爲《廣韻》候一開口曉母位小韻首字，下收有「垢」字。列字以「蔻」字爲佳，《韻鏡》《七音略》列「垢」字，亦無誤。《起數訣》是。

45 （去一來）老一候　肥　明本列字爲「肥」，四庫本列字爲「膃」。「肥」，《廣韻》《集韻》均未收。此二字均當爲「陋」字形訛。「陋」，《廣韻》盧候切，《集韻》郎豆切，來候一去開流；《韻鏡》内轉第三十七開、《切韻指掌圖》四圖、《四聲等子》流攝内六全重無輕韻、《切韻指南》流攝内七獨韻狹門，列字均爲「陋」；《七音略》空位。「陋」爲《廣韻》候一開口來母位小韻首字，《起數訣》兩本皆誤，當校改爲「陋」字。《七音略》空位誤，當校補「陋」字。

46 （去一日）□一候　○　《廣韻》《集韻》候一開口均無日母；《韻鏡》《切韻指掌圖》《四聲等子》《切韻指南》均空位；《七音略》内轉四十重中重，列字爲「漏」，《廣韻》盧候切，《集韻》郎豆切，來候一去開流。均不當列於此位。《七音略》誤，當删。《起數訣》空位是。

47（去四明）母四宥幼 ◯ 《廣韻》《集韻》幼三開口均有『謬』小韻。《廣韻》靡幼切，《集韻》眉救切，明幼三去開流。《韻鏡》内轉第三十七開、《七音略》内轉四十重中重、《切韻指掌圖》四圖、《四聲等子》流攝内六全重無輕韻、《切韻指南》流攝内七獨韻狹門，列字均爲『謬』。《起數訣》空位誤，當校補『謬』字。

48（去四見）古四宥幼　斛　明本列字爲『斛』，四庫本列字爲『䠇』。『斛』，《廣韻》《集韻》均未收。此字當爲『䠇』字形訛。『䠇』，《廣韻》幼韻、宥韻三等開口均無見母；《集韻》己幼切，見幼三去開流；《韻鏡》《七音略》《切韻指掌圖》均空位；《四聲等子》流攝内六全重無輕韻，列字爲『䠇』；《切韻指南》流攝内七獨韻狹門，列字爲『赳』，見母黝韻。『䠇』爲《集韻》幼四開口見母位小韻首字，列字以『䠇』字爲佳。《起數訣》從《集韻》，明本誤，當校改爲『䠇』字。四庫本是。

49（去四群）□四宥幼　斞　明本、四庫本列字均爲『斞』。『斞』，《康熙字典》記：『《字彙補》音科。』『科』，《廣韻》《集韻》苦臥切，溪過一起開果；均不當列於此位。此字當爲『斣』字形訛。『斣』，《廣韻》巨幼切，《集韻》䛐幼切，群幼三去開流。《韻鏡》内轉第三十七開、《七音略》内轉四十重中重、《切韻指掌圖》四圖、《切韻指南》流攝内七獨韻狹門，列字均爲『斣』；《四聲等子》流攝内六全重無輕韻，列字爲『虯』，群母幽韻。『斣』爲《廣韻》幼四開口群母位小韻首字，列字以『㕦』字爲佳，《起數訣》明本、四庫本均誤，當校改爲『㕦』字。

50 （去四曉）黑四宥幼　蜈　《廣韻》宥韻、幼韻三等均無曉母。《集韻》火幼切，曉幼三去開流。《韻鏡》内轉第三十七開、《七音略》内轉四十重中重，列字均爲『齅』；《切韻指掌圖》空位；《四聲等子》流攝内六全重無輕韻、《切韻指南》流攝内七獨韻狹門，列字均爲『蜈』。『齅』爲《廣韻》幼三開口曉母位小韻首字。『蜈』爲《集韻》幼三開口曉母位小韻首字，《起數訣》從《集韻》。

51 （去四影）安四宥幼　幼　《廣韻》《集韻》伊謬切，影幼三去開流；《韻鏡》内轉第三十七開、《切韻指掌圖》四圖、《四聲等子》流攝内六全重無輕韻、《切韻指南》流攝内七獨韻狹門，列字均爲『幼』。《七音略》内轉四十重中重，列字爲『㓜』，爲『幼』俗體。《起數訣》列正體，是。

52 （去四以）文四宥幼　貁　明本列字『貁』，四庫本列字爲『狖』。四庫本當爲『貁』字誤。『貁』，《廣韻》《集韻》余救切，以宥三去開流；《韻鏡》内轉第三十七開、《七音略》内轉四十重中重、《切韻指掌圖》四圖、《四聲等子》流攝内六全重無輕韻、《切韻指南》流攝内七獨韻狹門，列字均爲『貁』。『狖』爲《廣韻》宥三以母位小韻首字，下收有『貁』字，注上同，列字以『狖』爲佳，《起數訣》亦無誤。明本列字是，四庫本形訛，當校改爲『貁』。

53 本圖入聲又見於第一圖、第二十一圖。

54 （入一滂）普一屋　朴　《廣韻》匹角切，滂覺二入開江；《集韻》普木切，滂屋一入合通；

《韻鏡》内轉第一開、《七音略》内轉第一重中重、《切韻指掌圖》二圖、《四聲等子》流攝内六全重無輕韻、《切韻指南》流攝内七獨韻狹門，列字均爲『扑』，《廣韻》《集韻》普木切，滂屋一入開通。『扑』爲《廣韻》《集韻》屋一合口滂母位小韻首字，《集韻》下亦收有『朴』字，列字以『扑』字爲佳。第一圖列字爲『攴』，第二十一圖列字爲『扑』。《起數訣》本圖雖從《集韻》，列『朴』字，亦無誤，但校改爲『扑』字更佳。

55（入一並）旁一屋　僕　《廣韻》蒲木切，《集韻》步木切，並屋一入合通；《韻鏡》内轉第一開、《四聲等子》流攝内六全重無輕韻、《切韻指南》流攝内七獨韻狹門，列字均爲『暴』；《七音略》内轉第一重中重、《切韻指掌圖》二圖，列字均爲『瀑』。『暴』爲《廣韻》屋一合口並母位小韻首字，下收有『瀑』『僕』二字。『僕』爲《集韻》屋一開口並母位小韻首字，下收有『暴』『瀑』二字，列字以『僕』字爲佳。《起數訣》從《集韻》。第一圖、第二十一圖，均列『僕』字。

56（入一透）土一屋　禿　明本列字爲『禿』，四庫本列字爲『牘』。『禿』，《廣韻》《集韻》他谷切，透屋一入合通；『牘』，《廣韻》《集韻》徒谷切，定屋一入合通，均不當列於此位。《韻鏡》内轉第一開、《七音略》内轉第一重中重、《切韻指掌圖》二圖、《四聲等子》流攝内六全重無輕韻、《切韻指南》流攝内七獨韻狹門，列字均爲『禿』。『禿』爲《廣韻》屋一合口透母位小韻首字，列字以『禿』字爲佳。《起數訣》明本是。四庫本誤，當校改爲『禿』字。第一圖、第二十一圖列字均爲『秃』。

57 （入一定）同一屋　牘　明本列字爲『牘』，四庫本空位。《廣韻》《集韻》徒谷切，定屋一入合通；《韻鏡》内轉第一開、《七音略》内轉第一重中重、《切韻指掌圖》二圖、《四聲等子》流攝内六全重無輕韻、《切韻指南》流攝内七獨韻狹門，列字均爲『獨』。『獨』爲《廣韻》屋一合口定母位小韻首字，下收有『牘』字。『牘』爲《集韻》屋一合口定母位小韻首字，下收有『獨』字，《起數訣》從《集韻》。明本列字是。四庫本誤，當校補『牘』字。

58 （入一疑）吾一屋　鏃　明本、四庫本列字均爲『鏃』。『鏃』，《廣韻》《集韻》作木切，精屋一入合通；均不當列於此位。《韻鏡》《七音略》均空位；《切韻指掌圖》二圖、《四聲等子》流攝内六全重無輕韻、《切韻指南》流攝内七獨韻狹門，列字均爲『擢』，疑母沃韻。第一圖及第二十一圖，均列於精母位，疑母空格，本圖《起數訣》精母字串入疑母位，兩本皆誤，當移至精母位。

59 （入一精）走一屋　◯　明本、四庫本均空位。《廣韻》《集韻》屋韻合口精母位均有『鏃』字，《廣韻》《集韻》作木切，精屋一入合通；《韻鏡》内轉第一開、《七音略》内轉第一重中重、《切韻指掌圖》二圖、《四聲等子》流攝内六全重無輕韻、《切韻指南》流攝内七獨韻狹門，列字均爲『鏃』。『鏃』爲《廣韻》屋一合口精母位小韻首字，列字以『鏃』字爲佳。《起數訣》明本、四庫本空位均誤，當校補『鏃』字。

60 （入一清）草一屋　蔟　《廣韻》《集韻》千木切，清屋一入合通；《韻鏡》内轉第一開，《七音略》内轉第一重中重、《切韻指掌圖》二圖、《四聲等子》流攝内六全重無輕韻、《切韻指南》流攝内七獨韻狹門，列字均爲『瘯』。『瘯』爲《廣韻》屋一合口清母位小韻首字，下收有『蔟』字。『蔟』爲《集韻》屋一合口清母位小韻首字，下收有『瘯』字，《起數訣》從《集韻》。第一圖列字爲『簇』，第二十一圖列字爲『蔟』。

61 （入一曉）黑一屋　熇　《廣韻》《集韻》呼木切，曉屋一入合通；《韻鏡》内轉第一開，列字爲『熇』；《七音略》内轉第一重中重，列字爲『縠』，《廣韻》《集韻》胡谷切，匣屋一入合通；均不當列於此位。《七音略》誤。《切韻指掌圖》二圖、《切韻指南》流攝内七獨韻狹門，列字均爲『嗀』；《四聲等子》流攝内六全重無輕韻，列字爲『嗀』。『嗀』爲《廣韻》屋一合口曉母位小韻首字，下收有『熇』字，列字以『嗀』字爲佳。《七音略》誤，當校改爲『嗀』字。《起數訣》列『熇』字，亦無誤。第一圖，明本列字爲『嗀』，四庫本列字爲『嗀』；第二十一圖，列字爲『嗀』。

62 （入一匣）武一屋　㱿　明本、四庫本列字均爲『㱿』。『㱿』，《廣韻》古候切，《集韻》居候切，見候一去開流；均不當列於此位。此字當爲『縠』字形訛。『縠』，《廣韻》《集韻》胡谷切，匣屋一入合通。《韻鏡》内轉第一開、《切韻指掌圖》二圖、《四聲等子》流攝内六全重無輕韻、《切韻指南》流攝内七獨韻狹門，列字均爲『縠』。《七音略》空位。『縠』爲《廣韻》屋一合口匣母位小韻首字，列字以『縠』字爲佳。《起數訣》明本、四庫本均形訛，當校改爲『縠』字。第一圖、第二十一圖，列字均爲『縠』。

63 第一圖半三位有『熟』字，本圖及二十一圖無。

64 （入四精）走四屋　○　明本、四庫本均空位。《廣韻》《集韻》屋三合口精母位均有『蹙』字，《廣韻》《集韻》子六切，精屋三入合通；《韻鏡》内轉第一開、《七音略》内轉第一重中重、《四聲等子》流攝内六全重無輕韻，列字均爲『蹙』；《切韻指掌圖》二圖、《切韻指南》流攝内七獨韻狹門，列字均爲『足』，精母燭韻。『蹙』爲《廣韻》屋三合口精母位小韻首字，列字以『蹙』字爲佳。《起數訣》明本、四庫本空位誤，當校補『蹙』字。第一圖，列字爲『蹙』。

65 （入四從）曹四屋　摵　《廣韻》子六切，精屋三入合通；所六切，生屋一入合通；不當列於此位。《集韻》就六切，從屋三入合通。《韻鏡》内轉第一開、《七音略》内轉第一重中重、《切韻指掌圖》二圖，列字均爲『𪓰』，《廣韻》才六切，《集韻》就六切，從屋三入合通。《四聲等子》流攝内六全重無輕韻，列字爲『摵』。《切韻指南》空位。『𪓰』爲《廣韻》屋三合口從母位小韻首字，下收有『𪓰』字，列字以『摵』字爲佳。《起數訣》從《集韻》。第一圖、第二十一圖列字均爲『摵』。

66 （入四以）安四屋　育　《廣韻》《集韻》余六切，以屋三入合通；《韻鏡》内轉第一開、《切韻指掌圖》二圖、《四聲等子》流攝内六全重無輕韻、《切韻指南》流攝内七獨韻狹門，均列於以母；《七音略》空位。「育」爲《廣韻》屋三合口以母位小韻首字，按喻下憑切門，當列於四等位。《起數訣》是。《七音略》空位誤，當校補「育」字。第一圖、第二十一圖列字均爲「育」。

釋：

1（平一透）𠙶一侯　偷　《廣韻》託侯切，《集韻》他侯切，透侯一平開流；《韻鏡》內轉第三十七開、《七音略》內轉四十重中重、《切韻指掌圖》四圖、《四聲等子》流攝內六全重無輕韻、《切韻指南》流攝內七獨韻狹門，列字均爲「偷」。

2（平一定）同一侯　頭　《廣韻》度侯切，《集韻》徒侯切，定侯一平開流；《韻鏡》內轉第三十七開、《七音略》內轉四十重中重、《切韻指掌圖》四圖、《四聲等子》流攝內六全重無輕韻、《切韻指南》流攝內七獨韻狹門，列字均爲「頭」。

3（平一泥）乃一侯　羺　《廣韻》奴鉤切，《集韻》奴侯切，泥侯一平開流；《韻鏡》內轉第三十七開、《七音略》內轉四十重中重、《切韻指掌圖》四圖、《四聲等子》流攝內六全重無輕韻、《切韻指南》流攝內七獨韻狹門，列字均爲「羺」。

4（平一疑）五一侯　齵　《廣韻》五婁切，《集韻》魚侯切，疑侯一平開流；《韻鏡》內轉第三十七開、《七音略》內轉四十重中重、《切韻指掌圖》四圖、《四聲等子》流攝內六全重無輕韻、

《切韻指南》流攝内七獨韻狹門，列字均爲『鯫』。

5（平一清）草一侯　誰　《廣韻》《集韻》千侯切，清侯一平開流；《韻鏡》内轉第三十七開、《七音略》内轉四十重中重、《切韻指掌圖》四圖、《四聲等子》流攝内六全重無輕韻、《切韻指南》流攝内七獨韻狹門，列字均爲『誰』。

6（平一心）■一侯　涑　《廣韻》速侯切，《集韻》先侯切，心侯一平開流；《韻鏡》内轉第三十七開、《七音略》内轉四十重中重、《切韻指掌圖》四圖、《四聲等子》流攝内六全重無輕韻、《切韻指南》流攝内七獨韻狹門，列字均爲『涑』。

7（平一曉）黑一侯　齁　《廣韻》《集韻》呼侯切，曉侯一平開流；《韻鏡》内轉第三十七開、《切韻指掌圖》四圖、《四聲等子》流攝内六全重無輕韻、《切韻指南》流攝内七獨韻狹門，列字均爲『齁』；《七音略》内轉四十重中重，列字爲『齁』，『齁』『齁』二字爲異體字。

8（平一匣）武一侯　侯　《廣韻》户鉤切，《集韻》胡溝切，匣侯一平開流；《韻鏡》内轉第三十七開、《七音略》内轉四十重中重、《切韻指掌圖》四圖、《四聲等子》流攝内六全重無輕韻、《切韻指南》流攝内七獨韻狹門，列字均爲『侯』。

9（平一影）安一侯　謳　《廣韻》《集韻》烏侯切，影侯一平開流；《韻鏡》内轉第三十七開、《七音略》内轉四十重中重、《切韻指掌圖》四圖、《四聲等子》流攝内六全重無輕韻、《切韻指南》流攝内七獨韻狹門，列字均爲『謳』。

10 (平四見)古四尤幽　樛　《廣韻》《集韻》居虯切，見幽三平開流；《韻鏡》内轉第三十七開、《七音略》内轉四十重中重、《切韻指掌圖》四圖、《四聲等子》流攝内六全重無輕韻、《切韻指南》流攝内七獨韻狹門，列字均爲『樛』。

11 (平四清)草四尤幽　秋　《廣韻》七由切，《集韻》雌由切，清尤三平開流；《韻鏡》内轉第三十七開、《七音略》内轉四十重中重、《切韻指掌圖》四圖、《四聲等子》流攝内六全重無輕韻、《切韻指南》流攝内七獨韻狹門，列字均爲『秋』。

12 (平四邪)寺四尤幽　囚　《廣韻》似由切，《集韻》徐由切，邪幽三平開流；《韻鏡》内轉第三十七開、《七音略》内轉四十重中重、《切韻指掌圖》四圖、《四聲等子》流攝内六全重無輕韻、《切韻指南》流攝内七獨韻狹門，列字均爲『囚』。

13 (平四曉)黑四尤幽　飍　《廣韻》《集韻》香幽切，曉幽三平開流；《韻鏡》内轉第三十七開、《七音略》内轉四十重中重、《切韻指掌圖》四圖、《四聲等子》流攝内六全重無輕韻、《切韻指南》流攝内七獨韻狹門，列字均爲『飍』。

14 (平四影)安四尤幽　幽　《廣韻》《集韻》於虯切，影幽三平開流；《韻鏡》内轉第三十七開、《七音略》内轉四十重中重、《切韻指掌圖》四圖、《四聲等子》流攝内六全重無輕韻、《切韻指南》流攝内七獨韻狹門，列字均爲『幽』。

15 (平四來)老四尤幽　鏐　《廣韻》《集韻》力幽切，來幽三平開流；《韻鏡》内轉第三十七開、

《七音略》内轉四十重中重、《切韻指掌圖》四圖、《四聲等子》流攝内六全重無輕韻、《切韻指南》流攝内七獨韻狹門，列字均爲『繆』。

16 （上一滂）普一厚　剖　《廣韻》《集韻》普后切，滂厚一上開流；《韻鏡》内轉第三十七開、《七音略》内轉四十重中重、《切韻指掌圖》四圖、《四聲等子》流攝内六全重無輕韻、《切韻指南》流攝内七獨韻狹門，列字均爲『剖』。

17 （上一並）旁一厚　部　《廣韻》蒲口切，《集韻》薄口切，並厚一上開流；《韻鏡》内轉第三十七開、《七音略》内轉四十重中重、《切韻指掌圖》四圖、《四聲等子》流攝内六全重無輕韻，列字均爲『部』；《切韻指南》空位。

18 （上一明）母一厚　母　《廣韻》莫厚切，《集韻》莫後切，明厚一上開流；《韻鏡》内轉第三十七開、《七音略》内轉四十重中重、《切韻指掌圖》四圖、《四聲等子》流攝内六全重無輕韻、《切韻指南》流攝内七獨韻狹門，列字均爲『母』。

19 （上一端）東一厚　斗　《廣韻》《集韻》當口切，端厚一上開流；《韻鏡》内轉第三十七開、《七音略》内轉四十重中重、《切韻指掌圖》四圖、《四聲等子》流攝内六全重無輕韻、《切韻指南》流攝内七獨韻狹門，列字均爲『斗』。

20 （上一泥）乃一厚　穀　《廣韻》《集韻》乃后切，泥厚一上開流；《韻鏡》内轉第三十七開、《七音略》内轉四十重中重、《切韻指掌圖》四圖、《四聲等子》流攝内六全重無輕韻、《切韻指南》

流攝内七獨韻狹門，列字均爲『縠』。

21 (上一溪)坤一厚　口　《廣韻》苦后切，《集韻》去厚切，溪厚一上開流；《韻鏡》内轉第三十七開、《七音略》内轉四十重中重、《切韻指掌圖》四圖、《四聲等子》流攝内六全重無輕韻、《切韻指南》流攝内七獨韻狹門，列字均爲『口』。

22 (上一精)走一厚　走　《廣韻》子苟切，《集韻》子口切，精厚一上開流；《韻鏡》内轉第三十七開、《七音略》内轉四十重中重、《切韻指掌圖》四圖、《四聲等子》流攝内六全重無輕韻、《切韻指南》流攝内七獨韻狹門，列字均爲『走』。

23 (上一清)草一厚　趣　《廣韻》倉苟切，《集韻》此苟切，清厚一上開流；《韻鏡》内轉第三十七開、《七音略》内轉四十重中重、《切韻指掌圖》四圖、《四聲等子》流攝内六全重無輕韻、《切韻指南》流攝内七獨韻狹門，列字均爲『趣』。

24 (上一匣)武一厚　厚　《廣韻》胡口切，《集韻》狠口切，匣厚一上開流；《韻鏡》内轉第三十七開、《七音略》内轉四十重中重、《切韻指掌圖》四圖、《四聲等子》流攝内六全重無輕韻、《切韻指南》流攝内七獨韻狹門，列字均爲『厚』。

25 (上一來)老一厚　嶁　《廣韻》郎斗切，《集韻》朗口切，來厚一上開流；《韻鏡》内轉第三十七開、《七音略》内轉四十重中重、《切韻指掌圖》四圖、《四聲等子》流攝内六全重無輕韻、《切韻指南》流攝内七獨韻狹門，列字均爲『嶁』。

26（上四精）走四有黝　酒　《廣韻》《集韻》子酉切，精有三上開流；《韻鏡》内轉第三十七開、《七音略》内轉四十重中重、《切韻指掌圖》四圖、《四聲等子》流攝内六全重無輕韻、《切韻指南》流攝内七獨韻狹門，列字均爲「酒」。

27（上四從）曹四有黝　湫　《廣韻》七由切，《集韻》在九切，從有三上開流；《韻鏡》内轉第三十七開、《七音略》内轉四十重中重、《切韻指掌圖》四圖、《四聲等子》流攝内六全重無輕韻、《切韻指南》流攝内七獨韻狹門，列字均爲「湫」。

28（上四心）■四有黝　滫　《廣韻》《集韻》息有切，心有三上開流；《韻鏡》内轉第三十七開、《七音略》内轉四十重中重、《切韻指掌圖》四圖、《四聲等子》流攝内六全重無輕韻、《切韻指南》流攝内七獨韻狹門，列字均爲「滫」。

29（上四曉）安四有黝　黝　《廣韻》《集韻》於糾切，影黝三上開流；《韻鏡》内轉第三十七開、《七音略》内轉四十重中重、《切韻指掌圖》四圖、《四聲等子》流攝内六全重無輕韻、《切韻指南》流攝内七獨韻狹門，列字均爲「黝」。

30（去一滂）普一候　仆　《廣韻》《集韻》匹候切，滂侯一去開流；《韻鏡》内轉第三十七開、《七音略》内轉四十重中重、《切韻指掌圖》四圖、《四聲等子》流攝内六全重無輕韻、《切韻指南》流攝内七獨韻狹門，列字均爲「仆」。

31（去一透）土一候　透　《廣韻》《集韻》他候切，透侯一去開流；《韻鏡》内轉第三十七開、《七音略》内轉四十重中重、《切韻指掌圖》四圖、《四聲等子》流攝内六全重無輕韻、《切韻指南》流攝内七獨韻狹門，列字均爲「透」。

32 （去一精）走一候　奏　《廣韻》《集韻》則候切，精候一去開流；《韻鏡》内轉第三十七開、《七音略》内轉四十重中重、《切韻指掌圖》四圖、《四聲等子》流攝内六全重無輕韻、《切韻指南》流攝内七獨韻狹門，列字均爲「奏」。

33 （去一疑）五一候　偶　《廣韻》五遘切，《集韻》牛遘切，疑候一去開流；《韻鏡》内轉第三十七開、《七音略》内轉四十重中重、《切韻指掌圖》四圖、《四聲等子》流攝内六全重無輕韻、《切韻指南》流攝内七獨韻狹門，列字均爲「偶」。

34 （去一從）曹一候　剩　《廣韻》才奏切，《集韻》才候切，從候一去開流；《韻鏡》内轉第三十七開、《七音略》内轉四十重中重、《四聲等子》流攝内六全重無輕韻、《切韻指南》流攝内七獨韻狹門，列字均爲「剩」；《切韻指掌圖》四圖，列字爲「剩」，當爲「剩」字形訛。

35 （去一匣）武一候　候　《廣韻》胡遘切，《集韻》下遘切，匣候一去開流；《韻鏡》内轉第三十七開、《七音略》内轉四十重中重、《切韻指掌圖》四圖、《四聲等子》流攝内六全重無輕韻、《切韻指南》流攝内七獨韻狹門，列字均爲「候」。

36 （去一影）安一候　漚　《廣韻》烏候切，《集韻》於候切，影候一去開流；《韻鏡》内轉第三十七開、《七音略》内轉四十重中重、《切韻指掌圖》四圖、《四聲等子》流攝内六全重無輕韻、

《切韻指南》流攝内七獨韻狹門，列字均爲『漚』。

37 （去四溪）坤四宥幼　䠞　《廣韻》丘謬切，《集韻》輕幼切，溪幼三去開流；《韻鏡》内轉第三十七開、《七音略》内轉四十重中重、《切韻指掌圖》四圖、《四聲等子》流攝内六全重無輕韻、《切韻指南》流攝内七獨韻狹門，列字均爲『䠞』。

38 （去四精）走四宥幼　僦　《廣韻》《集韻》即就切，精宥三去開流；《韻鏡》内轉第三十七開、《七音略》内轉四十重中重、《切韻指掌圖》四圖、《四聲等子》流攝内六全重無輕韻、《切韻指南》流攝内七獨韻狹門，列字均爲『僦』。

39 （去四清）草四宥幼　趍　《廣韻》七溜切，《集韻》千繡切，清宥三去開流；《韻鏡》内轉第三十七開、《七音略》内轉四十重中重、《切韻指掌圖》四圖、《切韻指南》流攝内七獨韻狹門，列字均爲『趍』；《四聲等子》流攝内六全重無輕韻，列字爲『趨』，清母虞韻。

40 （去四從）曹四宥幼　就　《廣韻》《集韻》疾僦切，從宥三去開流；《韻鏡》内轉第三十七開、《七音略》内轉四十重中重、《切韻指掌圖》四圖、《四聲等子》流攝内六全重無輕韻、《切韻指南》流攝内七獨韻狹門，列字均爲『就』。

41 （去四心）■四宥幼　秀　《廣韻》《集韻》息救切，心宥三去開流；《韻鏡》内轉第三十七開、《七音略》内轉四十重中重、《切韻指掌圖》四圖、《四聲等子》流攝内六全重無輕韻、《切韻指南》流攝内七獨韻狹門，列字均爲『秀』。

42 （去四邪）寺四宥幼　岫　《廣韻》似祐切，《集韻》似救切，邪宥三去開流；《韻鏡》内轉第三十七開、《七音略》内轉四十重中重、《切韻指掌圖》四圖、《四聲等子》流攝内六全重無輕韻、《切韻指南》流攝内七獨韻狹門，列字均爲「岫」。

43 （入一幫）夫一屋　卜　《廣韻》《集韻》博木切，幫屋一入合通；《韻鏡》内轉第一開、《七音略》内轉第一重中重、《切韻指掌圖》二圖、《四聲等子》流攝内六全重無輕韻、《切韻指南》流攝内七獨韻狹門，列字均爲「卜」。

44 （入一明）母一屋　木　《廣韻》《集韻》莫卜切，明屋一入合通；《韻鏡》内轉第一開、《七音略》内轉第一重中重、《切韻指掌圖》二圖、《四聲等子》流攝内六全重無輕韻、《切韻指南》流攝内七獨韻狹門，列字均爲「木」。

45 （入一端）東一屋　縠　《廣韻》丁木切，《集韻》都木切，端屋一入合通；《韻鏡》内轉第一開、《七音略》内轉第一重中重、《切韻指掌圖》二圖、《四聲等子》流攝内六全重無輕韻、《切韻指南》流攝内七獨韻狹門，列字均爲「縠」。

46 （入一見）古一屋　穀　《廣韻》《集韻》古禄切，見屋一入合通；《韻鏡》内轉第一開、《七音略》内轉第一重中重、《切韻指掌圖》二圖、《切韻指南》流攝内七獨韻狹門，列字均爲「穀」；《四聲等子》流攝内六全重無輕韻，列字爲「谷」。

47 （入一溪）坤一屋　哭　《廣韻》《集韻》空谷切，溪屋一入合通；《韻鏡》内轉第一開、《七音略》内轉第一重中重、《切韻指掌圖》二圖、《四聲等子》流攝内六全重無輕韻、《切韻指南》流攝内七獨韻狹門，列字均爲「哭」。

48（入一從）曹一屋　族　《廣韻》《集韻》昨木切，從屋一入合通；《韻鏡》内轉第一開、《七音略》内轉第一重中重、《切韻指掌圖》二圖、《四聲等子》流攝内六全重無輕韻、《切韻指南》流攝内七獨韻狹門，列字均爲「族」。

49（入一心）■一屋　速　《廣韻》桑谷切，《集韻》蘇谷切，心屋一入合通；《韻鏡》内轉第一開、《七音略》内轉第一重中重、《切韻指掌圖》二圖、《四聲等子》流攝内六全重無輕韻、《切韻指南》流攝内七獨韻狹門，列字均爲「速」。

50（入一影）安一屋　屋　《廣韻》《集韻》烏谷切，影屋一入合通；《韻鏡》内轉第一開、《七音略》内轉第一重中重、《切韻指掌圖》二圖、《四聲等子》流攝内六全重無輕韻、《切韻指南》流攝内七獨韻狹門，列字均爲「屋」。

51（入一來）老一屋　禄　《廣韻》《集韻》盧谷切，來屋一入合通；《韻鏡》内轉第一開、《七音略》内轉第一重中重、《切韻指掌圖》二圖、《四聲等子》流攝内六全重無輕韻、《切韻指南》流攝内七獨韻狹門，列字均爲「禄」。

52（入四清）草四屋　鼀　《廣韻》七宿切，《集韻》七六切，清屋三入合通；《韻鏡》内轉第一開、《七音略》内轉第一重中重、《切韻指掌圖》二圖、《四聲等子》流攝内六全重無輕韻，列字均爲『黿』；《切韻指南》流攝内七獨韻狹門，列字爲『促』，清母燭韻。

53（入四心）■四屋　肅　《廣韻》息逐切，《集韻》息六切，心屋三入合通；《韻鏡》内轉第一開、《七音略》内轉第一重中重、《切韻指掌圖》二圖、《四聲等子》流攝内六全重無輕韻，列字均爲『肅』；《切韻指南》流攝内七獨韻狹門，列字爲『粟』，心母燭韻。

師四 坤三 升四 師七 比五 比四 蹇五

武	安	文	老	■	■	收		丙	口	揹
侯	謳		婁			音			乙下	
						濁	尤			
							尤同四	不	鶌	浮
	凷	由	鏐							
厚	毆		塿							
							有			
							有半四	缶	紑	婦
	黝	抽								
候	漚		肥							
							宥			
							宥平四	富	副	復
	幼	歀								
彀	屋	禄								
							屋			
							屋與四	福	覆	伏
	育									

坎十一	比十一	坎二	蹇一	坎一	比一	蹇七	蹇六	坎十二	比十二	井三
尺	震	仲	迺	口	口	年	第	丑	中	眉
㩩	鄒									
犨	周	牛	求	丘	鳩	惆	儔	抽	䩜	
鞦	掫	齉	日	糗	九	紐	紂	丑	肘	
醜	帚									
遒	皺									
臭	祝	齅	舊	鼿	救	糅	胄	畜	晝	莓
珽	縐									
俶	祝	砡		趜	匊	朒	逐	蓄	竹	

井十二	比九	蹇十	蹇四	蹇二	蹇八	蹇三	井七	井十	蹇十二	
呈	星	石	口	雄	匠	王	禹	二	直	收
慧	搜									音
										清
	收	讎	休		憂	由	駋	柔		
檪	溲				有					
	手	受	朽		懮	柚	㨨	厹	首	
騶	瘦									
	狩	授	齅		憂	宥	溜	鞣		
簇	縮									
	叔	熟	畜		郁	圓	六	肉		

第七十四圖　收音濁

本圖舒聲列《廣韻》尤有宥韻字，係拆分《韻鏡》内轉第三十七開二三等字。本圖入聲列《廣韻》屋韻字，係拆分《韻鏡》内轉第一開，取二三等位字。本圖聲母滂、見、溪、曉母位列「□」，其中明本滂母下一等格位内有「乙下」二字，四庫本無。

校注：

1 本圖一等字均爲二等字串入一等位，一等位無韻標目，用○代替。

2 （平一精）震一○　鄒　明本、四庫本均列於一等位。《廣韻》側鳩切，《集韻》甾尤切，莊尤三平開流；《韻鏡》内轉第三十七開、《七音略》内轉四十重中重、《切韻指掌圖》四圖、《四聲等子》流攝内六全重無輕韻、《切韻指南》流攝内七獨韻狹門，均列於二等，一等空位。「鄒」爲《廣韻》尤三開口莊母位小韻首字，按韻圖規制，當列於二等位。《起數訣》明本、四庫本均誤，當校列於二等位。

3 （平一清）尺一○　搊　《廣韻》楚鳩切，《集韻》初尤切，初尤三平開流；《韻鏡》内轉第三十七開、《七音略》内轉四十重中重、《切韻指掌圖》四圖，列於二等；《四聲等子》流攝内六全重無輕韻、《切韻指南》流攝内七獨韻狹門，均列於二等，一等空位。『搊』爲《廣韻》尤三開口初母位小韻首字，按韻圖規制，當列於二等位。《起數訣》明本、四庫本均誤，當校列於二等位。

4　(平一從)呈一〇　愁　《廣韻》士尤切，《集韻》鋤尤切，崇尤三平開流；《韻鏡》内轉第三十七開、《七音略》内轉四十重中重、《切韻指掌圖》四圖、《四聲等子》流攝内六全重無輕韻、《切韻指南》流攝内七獨韻狹門，均列於二等，一等空位。『愁』爲《廣韻》尤三開口初母位小韻首字，按韻圖規制，當列於二等位。《起數訣》明本、四庫本均誤，當校列於二等位。

5　(平一心)星一〇　捘　此字當爲『捜』形訛。『捜』，《廣韻》所鳩切，《集韻》疏鳩切，生尤三平開流；《韻鏡》内轉第三十七開、《七音略》内轉四十重中重、《切韻指掌圖》四圖、《四聲等子》流攝内六全重無輕韻，均列於二等，列字爲『搜』，一等空位；《切韻指南》流攝内七獨韻狹門，列於二等，一等空位。『捜』爲《廣韻》尤一開口心母位小韻首字，下收有『搜』字，注：『上同，凡從叜者作叟同。』『捜』『搜』二字爲異體字。《起數訣》形訛，當校改爲『捜』。

6　(平二莊)震二尤　〇　如上，當校補『鄒』字。

7　(平二初)尺二尤　〇　如上，當校補『搊』字。

8　(平二崇)呈二尤　〇　如上，當校補『愁』字。

9 （平二生）星二尤 ◯ 如上，當校補「搜」字。

10 （平三滂）□三尤 𪆽 明本、四庫本列字均爲「𪆽」。「𪆽」，各韻書均未收此字。此字當爲「飆」字形訛。「飆」，《廣韻》匹尤切，《集韻》披尤切，滂尤三平開流；《韻鏡》内轉第三十七開，列於四等位，三等空位；誤，當校列於三等位。《七音略》内轉四十重中重、《切韻指掌圖》四圖、《四聲等子》流攝内六全重無輕韻、《切韻指南》流攝内七獨韻狹門，列字爲「飆」。「飆」爲《廣韻》尤三開口滂母位小韻首字，《起數訣》明本、四庫本均形訛，當校改爲「飆」字。

11 （平三明）眉三尤 ◯ 明本、四庫本均空位。《廣韻》《集韻》尤三開口明母位均有「謀」字，《廣韻》莫浮切，《集韻》迷浮切，明尤三平開流；《韻鏡》内轉第三十七開、《七音略》内轉四十重中重、《四聲等子》流攝内六全重無輕韻、《切韻指南》流攝内七獨韻狹門，列字均爲「謀」；《切韻指掌圖》空位。「謀」爲《廣韻》尤三開口明母位小韻首字。《起數訣》明本、四庫本均誤，當校補「謀」字。

12 （平三娘）年三尤 惆 明本、四庫本列字均爲「惆」字，《廣韻》去秋切，溪尤三平開流；《集韻》丑鳩切，徹尤三平開流；均不當列於此位。此字疑爲「㑂」字誤；「㑂」，《集韻》尼猷切，娘尤三平開流；《韻鏡》《七音略》均空位；《切韻指掌圖》四圖、《四聲等子》流攝内六全重無輕韻、《切韻指南》流攝内七獨韻狹門，列字均爲「惆」，溪母尤韻。「惆」爲《廣韻》尤三開口溪母位小韻首字。《起數訣》明本、四庫本均誤，當删，或校改爲「㑂」。

13（平三群）近三尤　求　明本列字爲「求」，四庫本列字爲「永」。「求」，《廣韻》巨鳩切，《集韻》渠尤切，群尤三平開流；「永」，《廣韻》于憬切，《集韻》于憬切，云梗三上合梗；均不當列於此位。四庫本誤。《韻鏡》內轉第三十七開、《七音略》內轉四十重中重、《切韻指掌圖》四圖、《四聲等子》流攝內六全重無輕韻，列字均爲「求」；《切韻指南》流攝內七獨韻狹門，列字爲「裘」，同「裘」。「裘」爲《廣韻》尤三開口群母位小韻首字，下收有「求」字。「求」爲《集韻》尤三開口群母位小韻首字，下收有「裘」字，《起數訣》從《集韻》。

14（平三禪）石三尤　讎　《廣韻》市流切，《集韻》時流切，禪尤三平開流；《韻鏡》內轉第三十七開、《七音略》內轉四十重中重、《切韻指掌圖》四圖、《切韻指南》流攝內七獨韻狹門，列字均爲「讎」；《四聲等子》流攝內六全重無輕韻，列字爲「醻」。「讎」爲《廣韻》尤三開禪母位小韻首字，下收有「醻」字，列字以「讎」字爲佳。《起數訣》是。

15（平三影）匠三尤　憂　《廣韻》《集韻》於求切，影尤三平開流；《韻鏡》內轉第三十七開、《七音略》內轉四十重中重，列字均爲「優」；《切韻指掌圖》四圖、《四聲等子》流攝內六全重無輕韻、《切韻指南》流攝內七獨韻狹門，列字均爲「憂」。「憂」爲《廣韻》尤三開口影母位小韻首字，下收有「優」字，列字以「憂」字爲佳。《韻鏡》《七音略》列「優」字，亦無誤。《起數訣》是。

16（平三云）王三尤　由　明本、四庫本列字均爲「由」。「由」，《廣韻》以周切，《集韻》夷周切，以尤三平開流；均不當列於此位。《韻鏡》内轉第三十七開、《七音略》内轉四十重中重、《切韻指掌圖》四圖、《四聲等子》流攝内六全重無輕韻、《切韻指南》流攝内七獨韻狹門，列字均爲『尤』，《廣韻》羽求切，《集韻》于求切，云尤三平開流。『尤』爲《廣韻》尤三開口云母位小韻首字，列字以『尤』字爲佳。《起數訣》明本、四庫本均誤，當校改爲『尤』字。

17 (平三來)離三尤　留　《廣韻》《集韻》力求切，來尤三平開流；《韻鏡》内轉第三十七開、《四聲等子》流攝内六全重無輕韻、《切韻指南》流攝内七獨韻狹門，列字均爲『劉』；《七音略》内轉四十重中重、《切韻指掌圖》四圖，列字均爲『留』。『劉』爲《廣韻》尤三開口來母位小韻首字，下收有『留』字。『留』爲《集韻》尤三開口來母位小韻首字，下收有『劉』字，《起數訣》從《集韻》。

18 (上三知)中三有　肘　《廣韻》《集韻》陟柳切，知有三上開流；《韻鏡》内轉第三十七開、《七音略》内轉四十重中重、《切韻指掌圖》四圖，均於三等位列『肘』字；《四聲等子》流攝内六全重無輕韻，均列於三等，列字爲『舟』，二等空位；《切韻指南》流攝内七獨韻狹門，列於三等，二等空位。《起數訣》本圖舌牙音整體串入二等，誤，當移至三等。

19 (上三徹)丑二有　丑　《廣韻》敕久切，《集韻》敕九切，徹有三上開流；《韻鏡》内轉第三十七開、《七音略》内轉四十重中重、《切韻指掌圖》四圖，三等位列『丑』字；《四聲等子》流攝内六全重無輕韻、《切韻指南》流攝内七獨韻狹門，均列於三等，二等空位。《起數訣》本圖舌牙音整體串入二等，誤，當移至三等。

20 （上三澄）第二有　紂　《廣韻》除柳切，《集韻》丈九切，澄有三上開流；《韻鏡》内轉第三十七開、《七音略》内轉四十重中重、《切韻指掌圖》四圖，三等位列『紂』字；《四聲等子》流攝内六全重無輕韻、《切韻指南》流攝内七獨韻狹門，均列於三等，二等空位。《起數訣》本圖舌牙音整體串入二等，誤，當移至三等。

21 （上三娘）年二有　紐　《廣韻》女久切，《集韻》女九切，娘有三上開流；《韻鏡》内轉第三十七開，三等位列字爲『紐』；《七音略》内轉四十重中重、《切韻指掌圖》四圖，三等位列字均爲『狃』；《四聲等子》流攝内六全重無輕韻、《切韻指南》流攝内七獨韻狹門，均列於三等，列字爲『狃』，二等空位。『狃』爲《廣韻》有三開口娘母位小韻首字，下收有『紐』字。『紐』爲《集韻》有三開口娘母位小韻首字，下收有『狃』字，《起數訣》從《集韻》。《起數訣》本圖舌牙音整體串入二等，誤，當移至三等。

22 （上三見）□二有　九　《廣韻》舉有切，《集韻》己有切，見有三上開流；《韻鏡》内轉第三十七開、《七音略》内轉四十重中重、《切韻指掌圖》四圖，三等位列字均爲『久』；《四聲等子》流攝内六全重無輕韻，列於三等，二等空位；《切韻指南》流攝内七獨韻狹門，列於三等，列字爲『久』，二等空位。『久』爲《廣韻》有三開口見母位小韻首字，下收有『九』字。『九』爲《集韻》有三開口見母位小韻首字，下收有『久』字，《起數訣》從《集韻》。本圖舌牙音整體串入二等，誤，當移至三等。

23 （上二溪）□二有　糗　《廣韻》《集韻》去久切，溪有三上開流；《韻鏡》內轉第三十七開、《七音略》內轉四十重中重、《切韻指掌圖》四圖，三等位列字均爲「糗」；《四聲等子》流攝內六全重無輕韻、《切韻指南》流攝內七獨韻狹門，均列於三等，二等空位。本圖舌牙音整體串入二等，誤，當移至三等。

24 （上二群）近二有　臼　《廣韻》其九切，《集韻》巨九切，群有三上開流；《韻鏡》內轉第三十七開、《七音略》內轉四十重中重，三等位列字均爲「臼」；《切韻指掌圖》四圖，三等位列字爲「舅」；《四聲等子》流攝內六全重無輕韻、《切韻指南》流攝內七獨韻狹門，均列於三等，二等空位。「舅」爲《廣韻》有三開口群母位小韻首字，下收有「臼」字。「臼」爲《集韻》有三開口群母位小韻首字，下收有「舅」字，《韻鏡》《七音略》《起數訣》均從《集韻》。本圖舌牙音整體串入二等，誤，當移至三等。

25 （上二疑）仰二有　𪙊　《廣韻》五銜切，疑銜二平開咸；《集韻》牛久切，疑有三上開流；《韻鏡》《七音略》《切韻指掌圖》均空位；《四聲等子》流攝內六全重無輕韻、《切韻指南》流攝內七獨韻狹門，均列於三等，二等空位。《廣韻》有三開口無疑母；「𪙊」爲《集韻》有三開口疑母位小韻首字，《起數訣》從《集韻》。本圖舌牙音整體串入二等，誤，當移至三等。

26 （上二生）星二有　滗　此字當爲「溲」形訛。「溲」，《廣韻》疏有切，《集韻》所九切，生有三上開流；《韻鏡》内轉第三十七開，列字爲「凑」，《廣韻》倉奏切，《集韻》千候切，生有二上開流；不當列於此位。《七音略》内轉四十重中重、《四聲等子》流攝内六全重無輕韻、《切韻指南》流攝内七獨韻狹門、《切韻指掌圖》四圖，列字均爲「溲」。「浚」爲《廣韻》有三開口生母位小韻首字，注：「亦作溲。」「浚」「溲」二字爲異體字。「浚」爲有二生母位小韻首字，《韻鏡》列字誤，《起數訣》列字形訛，當校改爲「浚」。

27 （上二影）匠二有　有　《廣韻》《集韻》云九切，云有三上開流；不當列於此位。《韻鏡》内轉第三十七開、《切韻指掌圖》四圖、《四聲等子》流攝内六全重無輕韻、《切韻指南》流攝内七獨韻狹門，均列於云母，列於三等，二等空位；《七音略》内轉四十重中重，列於云母二等，誤。「有」爲《廣韻》有三開口云母位小韻首字，當列於三等。《起數訣》明本、四庫本均誤，當删。

28 （上三幫）丙三有　缶　此字爲「缶」之異體；「缶」，《廣韻》方久切，《集韻》俯九切，幫有三上開流；《韻鏡》内轉第三十七開、《七音略》内轉四十重中重、《四聲等子》流攝内六全重無輕韻、《切韻指南》流攝内七獨韻狹門，列字均爲「缶」。《切韻指掌圖》四圖，列字爲「缶」。「缶」爲《廣韻》有三幫母位小韻首字，《起數訣》列異體，無誤。

29 （上三滂）□三有　紑　《廣韻》芳否切，《集韻》孚不切，滂有三上開流；《韻鏡》内轉第三十七開、《七音略》内轉四十重中重、《切韻指掌圖》四圖，列字均爲「紑」；《四聲等子》流攝内六全重無輕韻，列字爲『秠』，敷母脂韻，誤；《切韻指南》流攝内七獨韻狹門，列字爲『恒』，敷母宥韻。『恒』爲《廣韻》有三滂母位小韻首字，下收有『紑』字。列字以『恒』爲佳，《起數訣》亦無誤。

30 （上三知）中三有 ◯ 如上，當校補『肘』字。

31 （上三徹）丑三有 ◯ 如上，當校補『丑』字。

32 （上三澄）弟三有 ◯ 如上，當校補『紂』字。

33 （上三娘）年三有 ◯ 如上，當校補『紐』字。

34 （上三見）□三有 ◯ 如上，當校補『九』字。

35 （上三溪）□三有 ◯ 如上，當校補『糗』字。

36 （上三群）近三有 ◯ 如上，當校補『臼』字。

37 （上三疑）仰三有 ◯ 如上，當校補『鎌』字。

38 （上三船）呈三有 ◯ 《廣韻》《集韻》有韻開口均無船母；《韻鏡》内轉第三十七開，列字爲『壽』，《廣韻》殖酉切，《集韻》是酉切，禪有三上開流；均不當列於此位，《韻鏡》誤，當删。《七音略》《切韻指掌圖》《四聲等子》《切韻指南》均空位。《起數訣》空位是。

39 （上三書）星三有　手　《廣韻》書九切，《集韻》始九切，書有三上開流；《韻鏡》内轉第三十七開，列字爲『首』；《七音略》空位；《切韻指掌圖》四圖、《四聲等子》流攝内六全重無輕韻，《切韻指南》流攝内七獨韻狹門，列字均爲『手』。『首』爲《廣韻》有三開口書母位小韻首字，下收有『手』字，列字以『首』字爲佳。《七音略》空位誤，當校補『首』字。《起數訣》列『手』字，亦無誤。

40 （上三影）匠三有　㥨　《廣韻》於柳切，《集韻》於九切，影有三上開流；《韻鏡》内轉第三十七開、《切韻指掌圖》四圖、《四聲等子》流攝内六全重無輕韻，列字均爲『颵』；《七音略》内轉四十重中重、《切韻指南》流攝内七獨韻狹門，列字均爲『颵』，《康熙字典》記：『《集韻》與颵同。』『颵』，呼骨切，曉母没韻。《七音略》誤。『颵』爲《廣韻》有三開口影母位小韻首字，下收有『㥨』字。『㥨』爲《集韻》有三開口影母位小韻首字，下收有『颵』字，《起數訣》從《集韻》。

41 （上三云）王三有　柚　明本、四庫本列字均爲『柚』。『柚』，《廣韻》余救切，《集韻》羊受切，以有三上開流；當列於四等位。《韻鏡》内轉第三十七開、《切韻指掌圖》四圖、《四聲等子》流攝内六全重無輕韻、《切韻指南》流攝内七獨韻狹門，列字均爲『有』；《七音略》内轉四十重中重，列字爲『酉』，《廣韻》與久切，《集韻》以九切，以有三上開流，當列於四等位；《七音略》誤。『有』爲《廣韻》有三開口云母位小韻首字，列字以『有』字爲佳。《起數訣》明本、四庫本均誤，當校改爲『有』字。

42 （上三日）二三有　㕲　明本、四庫本列字均爲『㕲』字。各韻書均未收此字。當爲『厹』字訛，『厹』《集韻》忍九切，日有三上開流。《廣韻》《集韻》有韻三等日母位有『蹂』，《廣韻》人九切，《集韻》忍九切，日有三上開流。《韻鏡》内轉第三十七開、《七音略》内轉四十重中重、《切韻指掌圖》四圖、《四聲等子》流攝内六全重無輕韻、《切韻指南》流攝内七獨韻狹門，列字均爲『蹂』。『蹂』爲《廣韻》有三開口日母位小韻首字；『厶二』『蹂』爲《集韻》有三開口日母位小韻首字，《起數訣》列位從《集韻》，列字訛，當校改爲『厶二』字。

43（上三半三）直三有　首　《廣韻》書九切，《集韻》始九切，書有三上開流；《韻鏡》内轉第三十七開、《七音略》内轉四十重中重、《切韻指掌圖》四圖、《四聲等子》流攝内六全重無輕韻、《切韻指南》流攝内七獨韻狹門，均列於書母。『首』爲《廣韻》有三開口書母位小韻首字，《起數訣》列於半三。

44（去二莊）震二宥　皺　《廣韻》《集韻》側救切，莊宥三去開流；《韻鏡》内轉第三十七開、《切韻指掌圖》四圖、《四聲等子》流攝内六全重無輕韻、《切韻指南》流攝内七獨韻狹門，列字均爲『皺』；《七音略》内轉四十重中重，列字爲『傷』，精母宥韻。『皺』爲《廣韻》宥三莊母位小韻首字，下未收『傷』字，《集韻》收有『傷』字，《七音略》從《集韻》，列字以『皺』爲佳。《起數訣》是。

45（去二生）星二宥　瘦　《廣韻》所祐切，《集韻》所救切，生宥三去開流；《韻鏡》内轉第三十七開、《七音略》内轉四十重中重、《切韻指掌圖》四圖、《四聲等子》流攝内六全重無輕韻，列字均爲『瘦』；《切韻指南》流攝内七獨韻狹門，列字爲『痠』。『痠』爲《廣韻》宥二開口生母位小韻首字，下收有『瘦』字，注：『上同。』『瘦』『瘦』二字爲異體字。《起數訣》列異體，亦無誤。

46 （去三明）眉三宥　莓　《廣韻》亡救切，微宥三去開流；《集韻》謨候切，明候一去合流；《韻鏡》内轉第三十七開、《切韻指南》流攝内七獨韻狹門，列字均爲『莓』；《七音略》内轉四十重中重、《切韻指掌圖》四圖，列字均爲『莓』，《廣韻》莫候切，明母候韻；《四聲等子》流攝内六全重無輕韻，列字爲『娟』，明母皓韻。據趙振鐸校，莫候切之『莓』當爲『莓』。『莓』爲《廣韻》宥三微母位小韻首字，《起數訣》是。

47 （去三徹）丑三宥　畜　《廣韻》《集韻》丑救切，徹宥三去開流；《韻鏡》空位；《七音略》内轉四十重中重、《四聲等子》流攝内六全重無輕韻、《切韻指南》流攝内七獨韻狹門，列字均爲『畜』；《切韻指掌圖》四圖，列字爲『俞』。『畜』爲《廣韻》宥三開口徹母位小韻首字，下收有『俞』字，列字以『畜』字爲佳。《韻鏡》空位誤，《起數訣》是。

48 （去三澄）弟三宥　胄　明本列字爲『胄』，四庫本列字爲『胃』。『胄』，《廣韻》《集韻》直祐切，澄宥三去開流；『胃』，《廣韻》《集韻》于貴切，云未三去合止；均不當列於此位，此字當爲『胄』字形訛。《韻鏡》内轉第三十七開、《七音略》内轉四十重中重、《切韻指掌圖》四圖、《四聲等子》流攝内六全重無輕韻、《切韻指南》流攝内七獨韻狹門，列字均爲『胄』。『胄』爲《廣韻》宥三澄母位小韻首字，《起數訣》明本列字是，四庫本誤，當校改爲『胄』。

49 （去三娘）年三宥　糅　此字當爲『糅』字誤。『糅』，《廣韻》《集韻》女救切，娘宥三去開流；

《韻鏡》内轉第三十七開、《七音略》内轉四十重中重、《切韻指掌圖》四圖、《四聲等子》流攝内六全重無輕韻、《切韻指南》流攝内七獨韻狹門，列字均爲『糅』。『糅』爲《廣韻》宥三娘母位小韻首字，《起數訣》列字形訛，當校改爲『糅』。

50 （去三見）□三宥　救　明本列字爲『救』，四庫本列字爲『救』。『救』，各韻書均未收此字形。顯爲『救』字形訛。『救』，《廣韻》居祐切，《集韻》居又切，見宥三去開流；《韻鏡》内轉第三十七開、《七音略》内轉四十重中重、《切韻指南》流攝内七獨韻狹門，列字均爲『救』；《切韻指掌圖》四圖、《四聲等子》流攝内六全重無輕韻，列字均爲『救』。『救』爲《廣韻》宥三見母位小韻首字，明本字訛，四庫本是。

51 （去三群）近三宥　舊　《廣韻》《集韻》巨救切，群宥三去開流；《韻鏡》内轉第三十七開，列字爲『舊』，當爲『舊』形訛；《七音略》内轉四十重中重、《切韻指掌圖》四圖、《四聲等子》流攝内六全重無輕韻、《切韻指南》流攝内七獨韻狹門，列字均爲『舊』。『舊』爲《廣韻》宥三群母位小韻首字，《起數訣》是。

52 （去三章）震三宥　祝　《廣韻》《集韻》職救切，章宥三去開流；《韻鏡》内轉第三十七開，列字爲『咒』；《七音略》内轉四十重中重、《切韻指掌圖》四圖、《四聲等子》流攝内六全重無輕韻、《切韻指南》流攝内七獨韻狹門，列字均爲『呪』，《廣韻》注：『呪詛也』，義同『咒』。『呪』『咒』二字爲異體字。『呪』爲《廣韻》宥三開口章母位小韻首字，下收有『祝』字。『呪』『祝』

二字同爲《集韻》宥三開口章母位小韻首字，《起數訣》從《集韻》。

53（去三影）匠三宥　㥑　《廣韻》於求切，影尤三平開流；《集韻》於救切，影宥三去開流；《韻鏡》《七音略》《切韻指掌圖》均空位；《四聲等子》流攝内六全重無輕韻、《切韻指南》流攝内七獨韻狹門，列字均爲「㥑」。《廣韻》宥三開口無影母。「㥑」爲《集韻》宥三開口影母位小韻首字，列字以「㥑」字爲佳。《起數訣》從《集韻》。

54（去三日）二三宥　輮　明本、四庫本列字均爲「輮」。「輮」，《康熙字典》記：「《集韻》寫朗切，音顙。車輞也。」此記寫朗切，心母蕩韻。此字當爲「輮」字形訛。「輮」，《廣韻》人又切，《集韻》如又切，日宥三去開流。《韻鏡》内轉第三十七開、《七音略》内轉四十重中重、《切韻指掌圖》四圖、《四聲等子》流攝内六全重無輕韻、《切韻指南》流攝内七獨韻狹門，列字均爲「輮」。「輮」爲《廣韻》宥三開口日母位小韻首字，《起數訣》明本、四庫本均形訛，當校改爲「輮」字。

55本圖入聲與第二圖相似。

56（入二崇）呈二屋　簇　明本、四庫本列字均爲「簇」；「簇」，《廣韻》《集韻》千木切，清屋一入合通；均不當列於此位。《韻鏡》《切韻指掌圖》均空位；《七音略》内轉第一重中重，列字爲「簇」；《四聲等子》流攝内六全重無輕韻，列字爲「酢」，從母鐸韻；《切韻指南》流攝内七獨韻狹門，列字爲「簏」。「簇」爲《廣韻》屋一開口清母位小韻首字，《七音略》《起數訣》明本、四庫本均誤。《起數訣》第二圖，列字爲『蔟』，是。（參見第二圖）本圖可參照校改爲『蔟』。

57（入三滂）□三屋　覆　《廣韻》芳福切，《集韻》芳六切，敷屋三入合通；《韻鏡》内轉第一開、《七音略》内轉第一重中重、《切韻指掌圖》二圖、《四聲等子》流攝内六全重無輕韻，列字均爲『蝮』；《切韻指南》空位。『蝮』爲《廣韻》屋三滂母位小韻首字，下收有『覆』字。列字以『蝮』爲佳，《起數訣》亦無誤。第二圖列字爲『蝮』。

58（入三並）萫三屋　伏　《廣韻》《集韻》房六切，並屋三入合通；《韻鏡》内轉第一開、《七音略》内轉第一重中重、《切韻指掌圖》二圖、《四聲等子》流攝内六全重無輕韻，列字均爲『伏』；《切韻指南》流攝内七獨韻狹門，列字爲『幞』，奉母燭韻。『伏』爲《廣韻》屋三並母位小韻首字，《起數訣》是。第二圖列字爲『伏』，爲『伏』誤。

59（入三明）眉三屋　◯　明本、四庫本均空位。《廣韻》《集韻》屋韻明母位列字均有『目』字，《廣韻》《集韻》莫六切，明屋一入合通；《韻鏡》内轉第一開、《七音略》内轉第一重中重，列字均爲『目』；《切韻指掌圖》空位；《四聲等子》流攝内六全重無輕韻，列字爲『繆』；《切韻指南》流攝内七獨韻狹門，列字爲『媢』，明母晧韻。『目』爲《廣韻》屋三合口明母位小韻首字，下收有『繆』字，列字以『目』字爲佳。《起數訣》明本、四庫本空位誤，當校補『目』字。第二圖列字爲『目』。

60（入三徹）丑三屋　蓄　《廣韻》丑六切，《集韻》勑六切，徹屋三入合通；《韻鏡》内轉第一開、

《七音略》内轉第一重中重、《四聲等子》流攝内六全重無輕韻，列字均爲『蓄』；《切韻指掌圖》二圖，列字爲『畜』；《切韻指南》流攝内七獨韻狹門，列字爲『椟』，生母麥韻。『蓄』爲《廣韻》屋三合口徹母位小韻首字，下收有『畜』字，列字以『蓄』字爲佳。《起數訣》是。第二圖列字爲『畜』。

61 （入三娘）年三屋　朒　《廣韻》《集韻》女六切，娘屋三入合通；《韻鏡》内轉第一開，列字爲『朒』，《康熙字典》記：『《正字通》女六切，音衄。《説文》朔而月見東方曰朒。按朒《説文》作朒，非。當从肉。《謝莊·月賦》朒朓警闕。李善注引《説文》亦作朒。餘詳朒字註。』故此字當爲『朒』之正字。《七音略》内轉第一重中重、《切韻指掌圖》二圖、《四聲等子》流攝内六全重無輕韻，列字均爲『朒』；《切韻指南》流攝内七獨韻狹門，娘母燭韻三等位列『傉』，《廣韻》泥母沃韻，《集韻》泥母燭韻。『朒』爲《廣韻》屋三娘母位小韻首字，《起數訣》列俗體，亦無誤。第二圖列字爲『朒』。

62 （入三見）□三屋　匊　明本、四庫本列字均爲『匊』。『匊』，《廣韻》《集韻》居六切，見屋三入合通；《韻鏡》内轉第一開、《七音略》内轉第一重中重、《切韻指掌圖》二圖、《四聲等子》流攝内六全重無輕韻，列字均爲『菊』；《切韻指南》流攝内七獨韻狹門，列字爲『菶』，見母燭韻。『菊』爲《廣韻》屋三合口見母位小韻首字，下收有『匊』字。『匊』爲《集韻》屋三合口見母位小韻首字，下收有『菊』字，《起數訣》從《集韻》。第二圖列字爲『菊』。

63（入三溪）□三屋　趜　明本列字爲『麴』，四庫本列字爲『趜』。『趜』，《廣韻》居六切，見屋三入合通；又渠竹切，群屋三入合通。《集韻》丘六切，溪屋三入合通。『麴』，《廣韻》驅匊切，《集韻》丘六切，溪屋三入合通；《韻鏡》内轉第一開、《四聲等子》流攝内六全重無輕韻，列字均爲『麴』；《七音略》内轉第一重中重，列字爲『趜』；《切韻指掌圖》二圖，列字爲『麯』，溪母屋韻；《切韻指南》流攝内七獨韻狹門，列字爲『曲』。『麴』爲《廣韻》《集韻》屋三合口溪母位小韻首字，《集韻》下亦收有『趜』字。《起數訣》四庫本列『麴』字爲佳。《七音略》《起數訣》明本從《集韻》，列『趜』字，亦無誤。第二圖列字爲『鞠』。

64（入三群）呈三屋　○　明本、四庫本均空位。《廣韻》《集韻》屋韻三等群母位均有『驧』字，《廣韻》《集韻》渠竹切，群屋三入合通；《韻鏡》内轉第一開，列字爲『驧』；《七音略》内轉第一重中重、《切韻指掌圖》二圖、《四聲等子》流攝内六全重無輕韻，列字均爲『驧』；《切韻指南》流攝内七獨韻狹門，列字爲『局』，群母燭韻。『驧』爲《廣韻》屋三合口群母位小韻首字，下收有『騚』字，注：『上同。』『驧』『騚』二字爲異體字。列字以『驧』字爲佳。《起數訣》明本、四庫本空位均誤，當校補『驧』字。第二圖列字爲『驧』。

65（入三章）震三屋　祝　明本、四庫本列字均爲『祝』。『祝』，《廣韻》《集韻》之六切，章屋三入合通；《韻鏡》内轉第一開、《七音略》内轉第一重中重、《切韻指掌圖》二圖、《四聲等子》流攝内六全重無輕韻，列字均爲『粥』；《切韻指南》流攝内七獨韻狹門，列字爲『燭』。『粥』爲

《廣韻》屋三合口章母位小韻首字，下收有『祝』字。『祝』爲《集韻》屋三合口章母位小韻首字，下收有『粥』字，《起數訣》從《集韻》。

66 (入三船)㕧三屋　◯　明本、四庫本均空位。《廣韻》屋三船母位無字；《集韻》屋韻三等船母位列字爲『孰』，神六切，船屋三入合通。《韻鏡》《切韻指掌圖》《四聲等子》《切韻指南》均空位；《七音略》内轉第一重中重，列字爲『孰』。『孰』爲《集韻》屋三合口船母位小韻首字，《七音略》從《集韻》。若從《集韻》，《起數訣》明本、四庫本當校補『孰』字。第二圖空位。

67 (入三禪)石三屋　熟　《廣韻》殊六切，《集韻》神六切，禪屋三入合通；《韻鏡》内轉第一開，列字爲『塾』；《七音略》空位；《切韻指掌圖》二圖，列字爲『熟』；《四聲等子》流攝内六全重無輕韻，列字爲『孰』，禪母屋韻；《切韻指南》流攝内七獨韻狹門，列字爲『蜀』，禪母燭韻。『熟』爲《廣韻》屋三合口禪母位小韻首字，下收有『塾』『孰』二字，列字以『熟』字爲佳。《韻鏡》列『塾』字，亦無誤。《七音略》空位誤，《起數訣》是。第二圖列字爲『熟』。

68 (入三曉)□三屋　畜　《廣韻》許竹切，《集韻》許六切，曉屋三入合通；《韻鏡》内轉第一開、《七音略》内轉第一重中重、《切韻指掌圖》二圖，列字均爲『畜』；《四聲等子》流攝内六全重無輕韻，列字爲『蓄』；《切韻指南》流攝内七獨韻狹門，列字爲『旭』，曉母燭韻。『蓄』爲《廣韻》屋三合口曉母位小韻首字，下收有『畜』字，列字以『蓄』字爲佳。《韻鏡》《七音略》《起數訣》列『畜』字，亦無誤。第二圖列字爲『畜』。

69 (入三半三)直三屋 ◯ 第二圖列字爲『孰』。

釋：

1 (平三幫)丙三尤 不 《廣韻》甫鳩切，《集韻》方鳩切，幫尤三平開流；《韻鏡》内轉第三十七開、《七音略》内轉四十重中重、《切韻指掌圖》四圖、《四聲等子》流攝内六全重無輕韻、《切韻指南》流攝内七獨韻狹門，列字均爲『不』。

2 (平三並)萮三尤 浮 《廣韻》縛謀切，《集韻》房尤切，並尤三平開流；《韻鏡》内轉第三十七開、《七音略》内轉四十重中重、《切韻指掌圖》四圖、《四聲等子》流攝内六全重無輕韻、《切韻指南》流攝内七獨韻狹門，列字均爲『浮』。

3 (平三知)中三尤 輈 《廣韻》《集韻》張流切，知尤三平開流；《韻鏡》内轉第三十七開、《七音略》内轉四十重中重、《切韻指掌圖》四圖、《四聲等子》流攝内六全重無輕韻、《切韻指南》流攝内七獨韻狹門，列字均爲『輈』。

4 (平三徹)丑三尤 抽 《廣韻》《集韻》丑鳩切，徹尤三平開流；《韻鏡》内轉第三十七開、《七音略》内轉四十重中重、《切韻指掌圖》四圖、《四聲等子》流攝内六全重無輕韻、《切韻指南》流攝内七獨韻狹門，列字均爲『抽』。

5 (平三澄)弟三尤　儔　《廣韻》直由切，《集韻》陳留切，澄尤三平開流；《韻鏡》內轉第三十七開、《七音略》內轉四十重中重、《切韻指掌圖》四圖、《切韻指南》流攝內七獨韻狹門，列字均爲『儔』；《四聲等子》流攝內六全重無輕韻，列字爲『紬』。

6 (平三見)□三尤　鳩　《廣韻》居求切，《集韻》居尤切，見尤三平開流；《韻鏡》內轉第三十七開、《七音略》內轉四十重中重、《切韻指掌圖》四圖、《四聲等子》流攝內六全重無輕韻、《切韻指南》流攝內七獨韻狹門，列字均爲『鳩』。

7 (平三溪)□三尤　丘　《廣韻》去鳩切，《集韻》祛尤切，溪尤三平開流；《韻鏡》內轉第三十七開、《七音略》內轉四十重中重、《切韻指掌圖》四圖、《四聲等子》流攝內六全重無輕韻、《切韻指南》流攝內七獨韻狹門，列字均爲『丘』。

8 (平三疑)仰三尤　牛　《廣韻》語求切，《集韻》魚尤切，疑尤三平開流；《韻鏡》內轉第三十七開、《七音略》內轉四十重中重、《切韻指掌圖》四圖、《四聲等子》流攝內六全重無輕韻、《切韻指南》流攝內七獨韻狹門，列字爲『牛』。

9 (平三章)震三尤　周　《廣韻》職流切，《集韻》之由切，章尤三平開流；《韻鏡》內轉第三十七開、《七音略》內轉四十重中重、《切韻指掌圖》四圖、《四聲等子》流攝內六全重無輕韻、《切韻指南》流攝內七獨韻狹門，列字均爲『周』。

10 (平三昌)尺三尤　犨　《廣韻》赤周切，《集韻》蚩周切，昌尤三平開流；《韻鏡》內轉第三十七開、《七音略》內轉四十重中重、《切韻指掌圖》四圖、《四聲等子》流攝內六全重無輕韻、《切韻指南》流攝內七獨韻狹門，列字均爲「犨」。

11 (平三書)星三尤　收　《廣韻》式州切，《集韻》尸周切，書尤三平開流；《韻鏡》內轉第三十七開、《七音略》內轉四十重中重、《切韻指掌圖》四圖、《四聲等子》流攝內六全重無輕韻、《切韻指南》流攝內七獨韻狹門，列字均爲「收」。

12 (平三曉)□三尤　休　《廣韻》許尤切，《集韻》虛尤切，曉尤三平開流；《韻鏡》內轉第三十七開、《七音略》內轉四十重中重、《切韻指掌圖》四圖、《四聲等子》流攝內六全重無輕韻、《切韻指南》流攝內七獨韻狹門，列字均爲「休」。

13 (平三日)柔三尤　柔　《廣韻》耳由切，《集韻》而由切，日尤三平開流；《韻鏡》內轉第三十七開、《七音略》內轉四十重中重、《切韻指掌圖》四圖、《四聲等子》流攝內六全重無輕韻、《切韻指南》流攝內七獨韻狹門，列字均爲「柔」。

14 (上二莊)震二有　掫　《廣韻》《集韻》側九切，莊有二上開流；《韻鏡》內轉第三十七開、《七音略》內轉四十重中重、《切韻指掌圖》四圖、《四聲等子》流攝內六全重無輕韻、《切韻指南》流攝內七獨韻狹門，列字均爲「掫」。

15 (上二初)尺二有　䩦　《廣韻》初九切，《集韻》楚九切，初有二上開流；《韻鏡》內轉第三十七開、《七音略》內轉四十重中重、《切韻指掌圖》四圖、《四聲等子》流攝內六全重無輕韻、

《切韻指南》流攝内七獨韻狹門，列字均爲『鞦』。

16（上二崇）辰二有　穛　《廣韻》《集韻》士九切，崇有三上開流；《韻鏡》内轉第三十七開、《七音略》内轉四十重中重、《切韻指掌圖》四圖、《四聲等子》流攝内六全重無輕韻、《切韻指南》流攝内七獨韻狹門，列字均爲『穛』。

17（上三並）葡三有　婦　《廣韻》房久切，《集韻》扶缶切，奉有三上開流；《韻鏡》内轉第三十七開、《七音略》内轉四十重中重、《切韻指掌圖》四圖、《四聲等子》流攝内六全重無輕韻、《切韻指南》流攝内七獨韻狹門，列字均爲『婦』。

18（上三章）震三有　帚　《廣韻》之九切，《集韻》止酉切，章有三上開流；《韻鏡》内轉第三十七開、《七音略》内轉四十重中重、《切韻指掌圖》四圖、《四聲等子》流攝内六全重無輕韻、《切韻指南》流攝内七獨韻狹門，列字均爲『帚』。

19（上三昌）尺三有　醜　《廣韻》昌九切，《集韻》齒九切，昌有三上開流；《韻鏡》内轉第三十七開、《七音略》内轉四十重中重、《切韻指掌圖》四圖、《四聲等子》流攝内六全重無輕韻、《切韻指南》流攝内七獨韻狹門，列字均爲『醜』。

20（上三禪）石三有　受　《廣韻》殖酉切，《集韻》是酉切，禪有三上開流；《韻鏡》内轉第三十七開、《七音略》内轉四十重中重、《切韻指掌圖》四圖、《四聲等子》流攝内六全重無輕韻、《切韻指南》流攝内七獨韻狹門，列字均爲『受』。

21（上三曉）□三有　朽《廣韻》《集韻》許久切，曉有三上開流；《韻鏡》内轉第三十七開、《七音略》内轉四十重中重、《切韻指掌圖》四圖、《四聲等子》流攝内六全重無輕韻、《切韻指南》流攝内七獨韻狹門，列字均爲『朽』。

22（上三來）離三有　柳《廣韻》力久切，《集韻》力九切，來有三上開流；《韻鏡》内轉第三十七開、《七音略》内轉四十重中重、《切韻指掌圖》四圖、《四聲等子》流攝内六全重無輕韻、《切韻指南》流攝内七獨韻狹門，列字均爲『柳』。

23（去二初）尺二宥　簉《廣韻》《集韻》初救切，初宥三去開流；《韻鏡》内轉第三十七開、《七音略》内轉四十重中重、《切韻指掌圖》四圖、《四聲等子》流攝内、六全重無輕韻、《切韻指南》流攝内七獨韻狹門，列字均爲『簉』。

24（去二崇）呈二宥　驟《廣韻》鋤祐切，《集韻》鉏救切，崇宥三去開流；《韻鏡》内轉第三十七開、《七音略》内轉四十重中重、《切韻指掌圖》四圖、《四聲等子》流攝内六全重無輕韻、《切韻指南》流攝内七獨韻狹門，列字均爲『驟』。

25（去三幫）幫三宥　富《廣韻》《集韻》方副切，幫宥三去開流；《韻鏡》内轉第三十七開、《七音略》内轉四十重中重、《切韻指掌圖》四圖、《四聲等子》流攝内、六全重無輕韻、《切韻指南》流攝内七獨韻狹門，列字均爲『富』。

26（去三滂）□三宥　副《廣韻》《集韻》敷救切，滂宥三去開流；《韻鏡》内轉第三十七開、《七音略》内轉四十重中重、《切韻指掌圖》四圖、《四聲等子》流攝内六全重無輕韻、《切韻指南》流攝内七獨韻狹門，列字均爲「副」。

27 （去三並）葡三宥　復　《廣韻》《集韻》扶富切，奉宥三去開流；《韻鏡》内轉第三十七開、《七音略》内轉四十重中重、《切韻指掌圖》四圖、《四聲等子》流攝内六全重無輕韻、《切韻指南》流攝内七獨韻狹門，列字均爲「復」。

28 （去三知）中三宥　晝　《廣韻》《集韻》陟救切，知宥三去開流；《韻鏡》内轉第三十七開、《七音略》内轉四十重中重、《切韻指掌圖》四圖、《四聲等子》流攝内六全重無輕韻、《切韻指南》流攝内七獨韻狹門，列字均爲「晝」。

29 （去三溪）□三宥　鼿　《廣韻》《集韻》丘救切，溪宥三去開流；《韻鏡》内轉第三十七開、《七音略》内轉四十重中重、《切韻指掌圖》四圖、《四聲等子》流攝内六全重無輕韻、《切韻指南》流攝内七獨韻狹門，列字均爲「鼿」。

30 （去三疑）仰三宥　鼽　《廣韻》《集韻》牛救切，疑宥三去開流；《韻鏡》内轉第三十七開、《七音略》内轉四十重中重、《切韻指掌圖》四圖、《四聲等子》流攝内六全重無輕韻、《切韻指南》流攝内七獨韻狹門，列字均爲「鼽」。

31 （去三昌）尺三宥　臭　《廣韻》《集韻》尺救切，昌宥三去開流；《韻鏡》内轉第三十七開、《七音略》内轉四十重中重、《切韻指掌圖》四圖、《四聲等子》流攝内六全重無輕韻、《切韻指南》

流攝内七獨韻狹門，列字均爲『臭』。

32 （去三書）星三宥　狩　《廣韻》《集韻》舒救切，書宥三去開流；《韻鏡》内轉第三十七開、《七音略》内轉四十重中重、《切韻指掌圖》四圖、《四聲等子》流攝内六全重無輕韻、《切韻指南》流攝内七獨韻狹門，列字均爲『狩』。

33 （去三禪）石三宥　授　《廣韻》《集韻》承呪切，禪宥三去開流；《韻鏡》内轉第三十七開、《七音略》内轉四十重中重、《切韻指掌圖》四圖、《切韻指南》流攝内七獨韻狹門，列字均爲『授』；《四聲等子》流攝内六全重無輕韻，列字爲『售』。

34 （去三曉）□三宥　齅　《廣韻》《集韻》許救切，曉宥三去開流；《韻鏡》内轉第三十七開、《七音略》内轉四十重中重、《切韻指掌圖》四圖、《四聲等子》流攝内六全重無輕韻、《切韻指南》流攝内七獨韻狹門，列字均爲『齅』。

35 （去三云）王三宥　宥　《廣韻》于救切，《集韻》尤救切，云宥三去開流；《韻鏡》内轉第三十七開、《四聲等子》流攝内六全重無輕韻、《切韻指南》流攝内七獨韻狹門，列字均爲『宥』。《七音略》内轉四十重中重、《切韻指掌圖》四圖，列字爲『又』。

36 （去三來）离三宥　溜　《廣韻》《集韻》力救切，來宥三去開流；《韻鏡》内轉第三十七開、《七音略》内轉四十重中重、《切韻指掌圖》四圖、《四聲等子》流攝内六全重無輕韻、《切韻指南》流攝内七獨韻狹門，列字均爲『溜』。

37 （入二莊）震二屋　縬　《廣韻》側六切，《集韻》側六切，莊屋三入合通；《韻鏡》内轉第一開、《七音略》内轉第一重中重、《切韻指掌圖》二圖、《四聲等子》流攝内六全重無輕韻、《切韻指南》流攝内七獨韻狹門，列字均爲『縬』。

38 （入二初）尺二屋　珿　《廣韻》《集韻》初六切，初屋三入合通；《韻鏡》内轉第一開、《七音略》内轉第一重中重、《切韻指掌圖》二圖、《四聲等子》流攝内六全重無輕韻、《切韻指南》流攝内七獨韻狹門，列字均爲『珿』。

39 （入二生）星二屋　縮　《廣韻》《集韻》所六切，生屋三入合通；《韻鏡》内轉第一開、《七音略》内轉第一重中重、《切韻指掌圖》二圖、《四聲等子》流攝内六全重無輕韻、《切韻指南》流攝内七獨韻狹門，列字均爲『縮』。

40 （入三幫）丙三屋　福　《廣韻》《集韻》方六切，幫屋三入合通；《韻鏡》内轉第一開、《七音略》内轉第一重中重、《切韻指掌圖》二圖、《四聲等子》流攝内六全重無輕韻，列字均爲『福』；《切韻指南》流攝内七獨韻狹門，列字爲『匚』，《集韻》入聲燭韻。

41 （入三知）中三屋　竹　《廣韻》《集韻》張六切，知屋三入合通；《韻鏡》内轉第一開、《七音略》内轉第一重中重、《切韻指掌圖》二圖、《四聲等子》流攝内六全重無輕韻，列字均爲『竹』；《切韻指南》流攝内七獨韻狹門，知母燭韻三等位列『瘃』，知母燭韻。

42 （入三澄）弟三屋　逐　《廣韻》直六切，《集韻》仲六切，澄屋三入合通；《韻鏡》内轉第一開、

《七音略》内轉第一重中重、《切韻指掌圖》二圖、《四聲等子》流攝内六全重無輕韻，列字均爲『逐』；《切韻指南》流攝内七獨韻狹門，列字爲『躅』，澄母燭韻。

43 (入三疑)仰三屋　砡　《廣韻》魚菊切，《集韻》逆菊切，疑屋三入合通；《韻鏡》内轉第一開、《七音略》内轉第一重中重、《四聲等子》流攝内六全重無輕韻，列字均爲『砡』；《切韻指掌圖》二圖、《切韻指南》流攝内七獨韻狹門，列字均爲『玉』，《廣韻》疑母燭韻，《集韻》疑母屋韻。

44 (入三昌)尺三屋　俶　《廣韻》《集韻》昌六切，昌屋三入合通；《韻鏡》内轉第一開、《七音略》内轉第一重中重、《切韻指掌圖》二圖、《四聲等子》流攝内六全重無輕韻，列字均爲『俶』；《切韻指南》流攝内七獨韻狹門，列字均爲『娖』，初母覺韻。

45 (入三書)星三屋　叔　《廣韻》《集韻》式竹切，書屋三入合通；《韻鏡》内轉第一開、《七音略》内轉第一重中重、《切韻指掌圖》二圖、《四聲等子》流攝内六全重無輕韻，列字均爲『叔』；《切韻指南》流攝内七獨韻狹門，列字爲『束』，書母燭韻。

46 (入三影)匠三屋　郁　《廣韻》於六切，《集韻》乙六切，影屋三入合通；《韻鏡》内轉第一開、《七音略》内轉第一重中重、《切韻指掌圖》二圖、《四聲等子》流攝内六全重無輕韻，列字均爲『郁』；《切韻指南》空位。第二圖列字『彧』『栯』。

47 (入三云)王三屋　囿　《廣韻》《集韻》于六切，云屋三入合通；《韻鏡》内轉第一開、《七音略》内轉第一重中重、《四聲等子》流攝内六全重無輕韻，列字均爲「囿」；《切韻指掌圖》《切韻指南》均空位。

48 （入三來）离三屋　六　《廣韻》《集韻》力竹切，來屋三入合通；《韻鏡》内轉第一開、《七音略》内轉第一重中重、《切韻指掌圖》二圖、《四聲等子》流攝内六全重無輕韻，列字均爲「六」；《切韻指南》流攝内七獨韻狹門，列字爲「録」，來母燭韻。

49 （入三日）二三屋　肉　《廣韻》如六切，《集韻》而六切，日屋三入合通；《韻鏡》内轉第一開、《七音略》内轉第一重中重、《切韻指掌圖》二圖、《四聲等子》流攝内六全重無輕韻，列字均爲「肉」；《切韻指南》流攝内七獨韻狹門，列字爲「辱」，日母燭韻。

第七十五圖　收音清

井十二	比九	蹇十	蹇四	蹇二	蹇八	蹇三	井七	井十	蹇十二	
呈	星	石	口	雄	匠	王	屬	二	直	收
愁	搜									音
										清
	收	鎀	休		憂	由	溜	柔		
[illegible]	溲				有					
	手	受	朽		懮	柚	栁	[illegible]	首	
驟	瘦									
	狩	授	齅		憂	宥	溜	鞣		
簇	縮									
	叔	熟	畜		郁	囿	六	肉		

列標	0	1	2	3	4	5	6	7	8	9	10	11	12	13	14	15	16
					侵（乾七）			寑（夬七）	寑			沁（有七）	沁			緝（卌七）	緝
坎四	口	美下										禀					
坎五	品							品									
井五	平																
坎三	美																
比六	帝								呫								
坎六	天				譖												
井六	田																
比七	女																
比一	九																
坎一	丘																

		1	2	3	4	5	6	7	8	9	10	11	12	13	14	15	16
井一	乾																
井二	月																
比八	足				祲				醋				浸				喋
坎八	七				侵				寖				沁				緝
井八	全				蔓				蕈								集
比十	手				心				罧				勸				瞉
蹇九	象				尋								蕈				習
蹇二	香																
	口																
比三	乙				愔												揖
比四	口	口下			滲				瀋				颭				慴

坎七 坎十 井十二 剥五 艮五 蛊三 蒙十二

	1	2	3	4	5	6	7	8	9	10	11	12	13	14	15	16
1	呂															
2	耳															
3	辰															
4	發	音	濁													
5			侵	侵葬也			寑	寑去也			沁	沁有也			緝	緝出也
6	百															
7	口															
8	白															
9	兌															
10	鼻			砧				[illegible]				揕				縶
11	坼			琛				踸				闖				湁

第七十五圖　收音清

本圖收《廣韻》侵寢沁緝韻字，係拆分《韻鏡》内轉第三十八合四等及三等唇音字。符合一四等加唇音的大原則。本圖聲母幫、匣、喻母位列「□」，其中幫母位下一等格位内，明本有「美下」二字，喻母位下一等格位内，明本有「乙下」二字，四庫本無。

校注：

1 （平四透）天四侵　䑙　《廣韻》他兼切，透添四平開咸；《集韻》天心切，透侵三平開深；《韻鏡》内轉第三十八合、《切韻指掌圖》六圖，列字均爲「䑙」；《七音略》《四聲等子》均空位；《切韻指南》深攝内八獨韻狹門，列字爲「䑙」，當爲「䑙」字訛。《廣韻》侵三開口無透母。「䑙」爲《集韻》侵三開口透母位小韻首字，《起數訣》從《集韻》。

2 （平四從）全四侵　篙　《康熙字典》記：「《廣韻》許激切，《集韻》馨激切，音鬩。又《集韻》形狄切，音檄。義同。」此記許激切，曉母錫韻；形狄切，匣母錫韻。均不當列於此位。此字或爲「鷰」字形訛。「鷰」，《廣韻》昨淫切，《集韻》才淫切，從侵三平開深；《韻鏡》内轉第三十八合、《切韻指掌圖》六圖、《切韻指南》深攝内八獨韻狹門，列字均爲『鮗』；《七音略》内轉四十一重中重，列字爲『灊』；《四聲等子》全重無輕韻深攝内七，列字爲『埐』。『鬵』爲《集韻》侵三開口從母位小韻首字，下收有『鬵』『灊』『埐』三字。『鮗』爲《廣韻》侵三開口從母位小韻首字，下收有『鮗』『灊』二字，《起數訣》列位從《集韻》，列字形訛，當校改爲『鬵』。

3 （平四以）□四侵　淫　各韻書均未收此字，此字當爲『淫』字形訛。『淫』，《廣韻》餘針切，《集韻》夷針切，以侵三平開深；《韻鏡》内轉第三十八合，列字爲『淫』，誤；《七音略》内轉四十一重中重、《切韻指掌圖》六圖、《四聲等子》全重無輕韻深攝内七、《切韻指南》深攝内八獨韻狹門，列字均爲『淫』。『淫』爲《廣韻》侵三開口以母位小韻首字，當列於四等位。《起數訣》明本、四庫本均形訛。當校改爲『淫』字。

4 （上三幫）□三寢　○　《廣韻》《集韻》寢三幫母位有『稟』小韻，幫寢三上開深；《韻鏡》内轉第三十八合、《七音略》内轉四十一重中重、《切韻指掌圖》六圖、《四聲等子》全重無輕韻深攝内七、《切韻指南》深攝内八獨韻狹門，列字均爲『稟』。『稟』爲《廣韻》寢三幫母位小韻首字，《起數訣》空位誤，當校補『稟』字。

5 （上四端）帝四寢　㐌　明本列字爲『㐌』，四庫本列字爲『㐌』，四庫本此字當爲『㐌』字誤。『㐌』，《廣韻》他協切，透帖四入開咸；《集韻》當審切，端寢三上開深；《韻鏡》《七音略》《切韻指掌圖》《四聲等子》《切韻指南》均空位。《廣韻》寑三開口無端母。『㚞』爲《集韻》寑三開口端母位小韻首字，《起數訣》從《集韻》。明本列字是，四庫本形訛，當校改爲『㚞』。

6 (上四以)□四寑　藫　《廣韻》徒含切，《集韻》徒南切，定覃一平開咸；均不當列於此位。此字當爲『潭』字形訛。『潭』，《廣韻》列字爲『潭』，以荏切；《集韻》以荏切，以寑三上開深。《韻鏡》空位；《七音略》内轉四十一重中重，列字爲『藫』；《切韻指掌圖》六圖、《四聲等子》全重無輕韻深攝内七、《切韻指南》深攝内八獨韻狹門，列字均爲『潭』。『潭』爲《廣韻》寑三開口以母位小韻首字。『潭』『潭』二字同爲《集韻》寑三開口以母位小韻首字，當列於四等位。《起數訣》列位從《集韻》，然列字形訛，當校改爲『潭』字。

7 (去三幫)□三沁　禀　《廣韻》筆錦切，幫寑三上開深；《集韻》逋鴆切，幫沁三去開深；《韻鏡》内轉第三十八合，列於寑韻，沁韻空位；《七音略》内轉四十一重中重、《切韻指掌圖》六圖、《四聲等子》全重無輕韻深攝内七、《切韻指南》深攝内八獨韻狹門，列字爲『禀』。『禀』爲《集韻》沁三開口幫母位小韻首字，《起數訣》從《集韻》。

8 (去四心)手四沁　𩐝　《廣韻》沁三開口無心母；《集韻》思沈切，心沁三去開深；《韻鏡》《七音略》《切韻指掌圖》均空位；《四聲等子》全重無輕韻深攝内七、《切韻指南》深攝内八獨韻狹門，列字均爲『𩐝』。『𩐝』爲《集韻》沁三開口心母位小韻首字，《起數訣》從《集韻》。

9 (去四邪)象四沁　蕈　《廣韻》慈荏切，從寑三上開深；《集韻》尋浸切，邪沁三去開深；

《韻鏡》《七音略》均空位；《切韻指掌圖》六圖、《四聲等子》全重無輕韻深攝内七、《切韻指南》深攝内八獨韻狹門，列字均爲「鐔」。《廣韻》沁三開口無邪母。「鐔」爲《集韻》沁三開口邪母位小韻首字，下收有「蕈」字，《起數訣》從《集韻》。列字以「鐔」字爲佳，列「蕈」字，亦無誤。

10 （去四以）□四沁　贌　《康熙字典》記：「《廣韻》《集韻》普木切，音撲。」此記普木切，滂屋一入合通。均不當列於此位。此字當爲「䫌」字形訛。「䫌」，《廣韻》未收；《集韻》淫沁切，以沁三去開深。《韻鏡》《七音略》均空位；《切韻指掌圖》六圖，列字爲「䫌」，群母沁韻；《四聲等子》全重無輕韻深攝内七、《切韻指南》深攝内八獨韻狹門，列字均爲「䫌」。《廣韻》沁三開口無以母。「䫌」爲《集韻》沁三開口以母位小韻首字，《起數訣》從《集韻》。

11 （入三幫）□三緝　◯　《廣韻》《集韻》緝三幫母位均有「鵖」小韻。「鵖」，《廣韻》彼及切，《集韻》北及切，幫緝三入開深；《韻鏡》内轉第三十八合、《七音略》内轉四十一重中重、《切韻指掌圖》六圖、《四聲等子》全重無輕韻深攝内七、《切韻指南》深攝内八獨韻狹門，列字均爲「鵖」。「鵖」爲《廣韻》緝三幫母位小韻首字，《起數訣》空位誤，當校補「鵖」字。

12 （入三並）平三緝　◯　《廣韻》《集韻》緝三並母位均有「鴔」小韻。「鴔」，《廣韻》皮及切，《集韻》匐急切，並緝三入開深；《韻鏡》内轉第三十八合、《七音略》内轉四十一重中重、《四聲等子》全重無輕韻深攝内七、《切韻指南》深攝内八獨韻狹門，列字均爲「鴔」；《切韻指掌圖》六圖，列字爲「鴔」。「鴔」爲《廣韻》緝三並母位小韻首字，《起數訣》空位誤，當校補「鴔」字。

13 (入四心)手四緝　靸　《廣韻》蘇合切，心合一入開咸；私盍切，心盍一入開咸；《廣韻》緝韻三等心母位有「䩛」小韻，先立切，《集韻》息入切，心緝三入開深；《韻鏡》內轉第三十八合、《切韻指掌圖》六圖、《四聲等子》全重無輕韻深攝內七、《切韻指南》深攝內八獨韻狹門，列字均爲「䩛」；《七音略》內轉四十一重中重，列字爲「靸」。「䩛」爲《廣韻》緝三開口心母位小韻首字，「䩛」「靸」二字同爲《集韻》緝三開口心母位小韻首字，「䩛」「靸」二字爲異體字。《起數訣》從《集韻》。

14 (入四以)□四緝　慴　明本、四庫本列字均爲「慴」。「慴」，《廣韻》之涉切，章葉三入開咸；又徒協切，定帖四入開咸。《集韻》席入切，邪緝三入開深；均不當列於此位。此字當爲「熠」字形訛。「熠」，《廣韻》羊入切，《集韻》弋入切，以緝三入開深。《韻鏡》內轉第三十八合、《七音略》內轉四十一重中重、《切韻指掌圖》六圖、《四聲等子》全重無輕韻深攝內七、《切韻指南》深攝內八獨韻狹門，列字均爲「熠」。「熠」爲《廣韻》緝三開口以母位小韻首字，列字以「熠」字爲佳。《起數訣》明本、四庫本均形訛。當校改爲「熠」。

釋：

1（平四精）足四侵　祲　《廣韻》子心切，《集韻》咨林切，精侵三平開深；《韻鏡》内轉第三十八合、《七音略》内轉四十一重中重、《切韻指掌圖》六圖、《四聲等子》全重無輕韻深攝内七、《切韻指南》深攝内八獨韻狹門，列字均爲「祲」。

2（平四清）七四侵　侵　《廣韻》七林切，《集韻》千尋切，清侵三平開深；《韻鏡》内轉第三十八合、《七音略》内轉四十一重中重、《切韻指掌圖》六圖、《四聲等子》全重無輕韻深攝内七、《切韻指南》深攝内八獨韻狹門，列字均爲「侵」。

3（平四心）手四侵　心　《廣韻》息林切，《集韻》思林切，心侵三平開深；《韻鏡》内轉第三十八合、《七音略》内轉四十一重中重、《切韻指掌圖》六圖、《四聲等子》全重無輕韻深攝内七、《切韻指南》深攝内八獨韻狹門，列字均爲「心」。

4（平四邪）象四侵　尋　《廣韻》徐林切，《集韻》徐心切，邪侵三平開深；《韻鏡》内轉第三十八合、《七音略》内轉四十一重中重、《切韻指掌圖》六圖、《四聲等子》全重無輕韻深攝内七、《切韻指南》深攝内八獨韻狹門，列字均爲「尋」。

5（平四影）乙四侵　愔　《廣韻》挹淫切，《集韻》伊淫切，影侵三平開深；《韻鏡》内轉第三十八合、《七音略》内轉四十一重中重、《切韻指掌圖》六圖、《四聲等子》全重無輕韻深攝内七、《切韻指南》深攝内八獨韻狹門，列字均爲「愔」。

6 （上三滂）品三寢　品　《廣韻》丕飲切，《集韻》丕錦切，滂寢三上開深；《韻鏡》内轉第三十八合、《七音略》内轉四十一重中重、《切韻指掌圖》六圖、《四聲等子》全重無輕韻深攝内七、《切韻指南》深攝内八獨韻狹門，列字均爲「品」。

7 （上四精）足四寢　醑　《廣韻》《集韻》子朕切，精寢三上開深；《韻鏡》内轉第三十八合、《七音略》内轉四十一重中重、《切韻指掌圖》六圖、《四聲等子》全重無輕韻深攝内七、《切韻指南》深攝内八獨韻狹門，列字均爲「醑」。

8 （上四清）七四寢　寑　《廣韻》《集韻》七稔切，清寢三上開深；《韻鏡》内轉第三十八合、《七音略》内轉四十一重中重、《切韻指掌圖》六圖、《四聲等子》全重無輕韻深攝内七、《切韻指南》深攝内八獨韻狹門，列字均爲「寑」。

9 （上四從）全四寢　蕈　《廣韻》《集韻》慈荏切，從寢三上開深；《韻鏡》内轉第三十八合、《七音略》内轉四十一重中重、《切韻指掌圖》六圖、《四聲等子》全重無輕韻深攝内七、《切韻指南》深攝内八獨韻狹門，列字均爲「蕈」。

10 （上四心）手四寢　罧　《廣韻》斯甚切，《集韻》斯荏切，心寢三上開深；《韻鏡》内轉第三十八合、《七音略》内轉四十一重中重、《切韻指掌圖》六圖、《四聲等子》全重無輕韻深攝内七、

《切韻指南》深攝内八獨韻狹門，列字均爲「罧」。

11 （去四精）足四沁　浸　《廣韻》《集韻》子鴆切，精沁三去開深；《韻鏡》内轉第三十八合、《七音略》内轉四十一重中重、《切韻指掌圖》六圖、《四聲等子》全重無輕韻深攝内七、《切韻指南》深攝内八獨韻狹門，列字均爲「浸」。

12 （去四清）七四沁　沁　《廣韻》《集韻》七鴆切，清沁三去開深；《韻鏡》内轉第三十八合、《七音略》内轉四十一重中重、《切韻指掌圖》六圖、《四聲等子》全重無輕韻深攝内七、《切韻指南》深攝内八獨韻狹門，列字均爲「沁」。

13 （入四精）足四緝　嚍　《廣韻》子入切，《集韻》即入切，精緝三入開深；《韻鏡》内轉第三十八合、《七音略》内轉四十一重中重、《切韻指掌圖》六圖、《四聲等子》全重無輕韻深攝内七、《切韻指南》深攝内八獨韻狹門，列字均爲「嚍」。

14 （入四清）七四緝　緝　《廣韻》《集韻》七入切，清緝三入開深；《韻鏡》内轉第三十八合、《七音略》内轉四十一重中重、《切韻指掌圖》六圖、《四聲等子》全重無輕韻深攝内七、《切韻指南》深攝内八獨韻狹門，列字均爲「緝」。

15 （入四從）全四緝　集　《廣韻》秦入切，《集韻》籍入切，從緝三入開深；《韻鏡》内轉第三十八合、《七音略》内轉四十一重中重、《切韻指掌圖》六圖、《四聲等子》全重無輕韻深攝内七、《切韻指南》深攝内八獨韻狹門，列字均爲「集」。

16 （入四邪）象四緝　習　《廣韻》似入切，《集韻》席入切，邪緝三入開深；《韻鏡》內轉第三十八合、《七音略》內轉四十一重中重、《切韻指掌圖》六圖、《四聲等子》全重無輕韻深攝內七、《切韻指南》深攝內八獨韻狹門，列字均爲『習』。

17 （入四影）乙四緝　揖　《廣韻》伊入切，《集韻》一入切，影緝三入開深；《韻鏡》內轉第三十八合、《七音略》內轉四十一重中重、《切韻指掌圖》六圖、《四聲等子》全重無輕韻深攝內七、《切韻指南》深攝內八獨韻狹門，列字均爲『揖』。

坎七	呂									
坎十	耳									
井十一	辰									
	發	音濁								
		侵	侵莊七	寢	寢共七	沁	沁有七	緝	緝出七	
剝五	百									
	口									
艮五	白									
蠱三	皃									
	鼻	砧	[illegible]	揕	縶					
蒙十二	坼	琛	踸	闖	湁					

良六	大		深		朕		鴆		蟄
良七	南		[illegible]		拰		鵀		[illegible]
良十一	乍		今		錦		禁		急
良一	口		欽		坅		擒		泣
良一	口		琴		噤		噤		及
豪二	危		吟		鈐		吟		岌
刹十一	莊	先	斟	䫮	枕	譖	枕	戢	執
豪十一	叉	參	覘	嘇	瀋	讖	瀋	[illegible]	斟
盡十二	茶	岑		顉		橬		[illegible]	
刹九	三		深	瘆	審	滲	深	澀	濕
良十	士	森	諶		甚		甚		十

艮四 凢 歆 廞 誠 吸
艮二 華
艮八 在 音 飲 蔭 邑
艮三 文 許 熤
坤七 犖 林 廩 臨 立
坤十 口 崇上 壬 飪 妊 入
艮十二 宅
發聲清
覃同上 鹽要上 鹽 感華上 琰随上 勘要上 豔豔上 合豊上 葉豊上
剥四 法 砭 鵖
蒙五 朴 姂

第七十六圖　發音濁

本圖收《廣韻》侵寢沁韻字，係拆分《韻鏡》内轉第三十八合，取二三等位非脣音字。符合二三等非脣音同圖的大原則。本圖聲母滂、溪、群、日母位列「□」，其中日母位下一等格位内，明本有「崇上」二字，四庫本無。明本知母位列「鼻」，四庫本列「卓」；明本莊母位列「莊」，四庫本列「哉」。

校注：

1 （平二莊）莊二侵　先　明本列字爲「先」，四庫本列字爲「先」。「先」，《廣韻》側吟切，《集韻》緇簪切，莊侵三平開深。「先」，《廣韻》蘇前切，《集韻》蕭前切，心先四平開山；不當列於此位。此字當爲「先」字形訛。《韻鏡》内轉第三十八合、《七音略》内轉四十一重中重、《切韻指掌圖》六圖，列字均爲「簪」；《四聲等子》全重無輕韻深攝内七、《切韻指南》深攝内八獨韻狹門，列字均爲「先」。「先」爲《廣韻》侵三莊母位小韻首字，下收有「簪」字，注：「上同。」「先」「簪」二字爲異體字，列字以「先」字爲佳。《起數訣》明本是，四庫本形訛，當校改爲

「先」字。

2 （平二初）叉二侵　參　明本列字爲「參」，四庫本列字爲「叅」。「參」，《廣韻》楚簪切，《集韻》初簪切，初侵三平開深。「叅」，《康熙字典》記：「《正韻》倉含切，音驂。《廣韻》參俗作叅。」「叅」爲「參」之俗體。《韻鏡》内轉第三十八合、《切韻指掌圖》六圖、《四聲等子》全重無輕韻深攝内七、《切韻指南》深攝内八獨韻狹門，列字均爲「嵾」；《七音略》内轉四十一重中重，列字爲「參」。「嵾」爲《廣韻》侵三初母位小韻首字，下收有「參」字，注：「上同。」「嵾」「參」二字爲異體字。明本、四庫本列字均無誤，明本列「參」更佳。

3 （平二生）三二侵　◯　明本、四庫本均空位。《廣韻》《集韻》侵三開口生母位均有「森」字，《廣韻》所今切，《集韻》疏簪切，生侵三入開深；《韻鏡》内轉第三十八合、《七音略》内轉四十一重中重、《切韻指掌圖》六圖、《切韻指南》深攝内八獨韻狹門，列字均爲「森」；《四聲等子》全重無輕韻深攝内七，列字爲「參」。「森」爲《廣韻》侵三生母位小韻首字，下收有「參」字，列字以「森」字爲佳。《起數訣》明本、四庫本空位均誤，當校補「森」字。

4 （平二俟）士二侵　森　明本、四庫本列字均爲「森」。「森」爲《廣韻》侵三開口生母位小韻首字，《起數訣》明本、四庫本串入俟母位，當删。

5 （平三知）卓三侵　砧　《廣韻》《集韻》知林切，知侵三平開深；《韻鏡》内轉第三十八合、《七音略》内轉四十一重中重、《四聲等子》全重無輕韻深攝内七、《切韻指南》深攝内八獨韻狹門，列字均爲『碪』；《切韻指掌圖》六圖，列字爲『砧』。『碪』爲《廣韻》侵三知母位小韻首字，下收有『砧』字，注：『上同。』『碪』『砧』二字爲異體字。列字以『碪』爲佳，《起數訣》亦無誤。

6 （平三澄）大三侵　深　明本列字爲『深』，四庫本列字爲『沈』。『深』，《廣韻》《集韻》式針切，書侵三平開深；均不當列於此位。『沈』，《廣韻》直深切，《集韻》持林切，澄侵三平開深。《韻鏡》內轉第三十八合、《切韻指掌圖》六圖、《四聲等子》全重無輕韻深攝內七、《切韻指南》深攝內八獨韻狹門，列字均爲『沈』；《七音略》內轉四十一重中重，列字爲『沉』。『沈』爲《廣韻》侵三澄母位小韻首字，下收有『沉』字，注：『俗。』『沉』爲『沈』之俗體，列字以『沈』字爲佳。《起數訣》明本誤，當校改爲『沈』字。四庫本是。

7 （平三見）乍三侵　今　《廣韻》《集韻》居吟切，見侵三平開深；《韻鏡》內轉第三十八合、《切韻指掌圖》六圖、《四聲等子》全重無輕韻深攝內七、《切韻指南》深攝內八獨韻狹門，列字均爲『金』；《七音略》內轉四十一重中重，列字均爲『今』。『金』爲《廣韻》侵三開口見母位小韻首字，下收有『今』字。『今』爲《集韻》侵三見母位小韻首字，下收有『金』字，《起數訣》從《集韻》。

8 （平三船）茶三侵　○　《廣韻》《集韻》侵三開口均無船母字；《韻鏡》內轉第三十八合，列字爲『忱』，《廣韻》氏任切，《集韻》時任切，禪侵三平開深；均不當列於此位。《韻鏡》誤，當删。《七音略》《切韻指掌圖》《四聲等子》《切韻指南》均空位。《起數訣》空位是。

9 (平三日)□三侵　壬　《廣韻》《集韻》如林切，日侵三平開深；《韻鏡》內轉第三十八合、《切韻指掌圖》六圖、《四聲等子》全重無輕韻深攝內七、《切韻指南》深攝內八獨韻狹門，列字均爲「壬」；《七音略》內轉四十一重中重，列字均爲「壬」。「任」爲《廣韻》侵三日母位小韻首字，下收有「壬」字。「壬」爲《集韻》侵三開口日母位小韻首字，下收有「任」字，《起數訣》從《集韻》。

10 (平三半三)宅三侵　○　明本空位，四庫本列字爲「忱」。「忱」《廣韻》氏任切，《集韻》時任切，禪侵三平開深；《韻鏡》內轉第三十八合、《七音略》內轉四十一重中重、《切韻指掌圖》六圖、《四聲等子》全重無輕韻深攝內七、《切韻指南》深攝內八獨韻狹門，均列「忱」字於船母。「諶」爲《廣韻》侵三船母位小韻首字，下收有「忱」字，列字以「諶」爲佳，已列於船母位。《起數訣》明本空位，四庫本列於半三。

11 (上二莊)莊二寢　顟　《康熙字典》記：「《字彙補》顟字之譌。」「顟」，《康熙字典》記：「《廣韻》《集韻》章荏切，音枕。《玉篇》低頭貌。又《集韻》七稔切，音寢。懦劣也。」此記章荏切，章母寢韻。七稔切，清母寢韻。均不當列於此位。此字當爲「顟」字形訛。「顟」，《廣韻》章荏切，章寢三上開深；《集韻》側踸切，莊寢三上開深。《韻鏡》內轉第三十八合、《四聲等子》全重無輕韻深攝內七、《切韻指南》深攝內八獨韻狹門，列字爲「顟」；《七音略》《切韻指掌圖》均空位。『顩』爲《集韻》寑三莊母位小韻首字，《起數訣》從《集韻》，然形訛，當校改爲『顩』。

12 （上二初）叉二寑　嵾　《廣韻》寑韻三等無初母；《集韻》桑感切，心感一上開咸；所斬切，生豏二上開咸；均不當列於此位。《韻鏡》内轉第三十八合、《切韻指掌圖》六圖、《四聲等子》全重無輕韻深攝内七、《切韻指南》深攝内八獨韻狹門，列字均爲『嵾』；《七音略》内轉四十一重中重，列字爲『磣』。『嵾』爲《廣韻》寑三初母位小韻首字，下收有『磣』字，列字以『嵾』字爲佳。《起數訣》明本、四庫本均誤，當校改爲『嵾』字。

13 （上二崇）茶二寑　頮　《康熙字典》記：『《集韻》士痒切，岑上聲。醜貌。或作『頣』。』『頮』『頣』二字爲異體字。」此記士痒切，崇寑三上開深。《韻鏡》内轉第三十八合、《七音略》内轉四十一重中重、《切韻指掌圖》六圖、《四聲等子》全重無輕韻深攝内七，列字均爲『頮』；《切韻指南》深攝内八獨韻狹門，列字爲『頮』。『頣』爲《廣韻》寑三崇母位小韻首字。『頣』『頮』同爲《集韻》寑三崇母位小韻首字，《起數訣》從《集韻》。

14 （上二生）三二寑　瘁　明本、四庫本列字均爲『瘁』，《廣韻》《集韻》秦醉切，從至三去合止；均不當列於此位。此字當爲『痒』字形訛。『痒』，《廣韻》踈錦切，《集韻》所錦切，生寑三上開深。《韻鏡》内轉第三十八合、《七音略》内轉四十一重中重、《切韻指掌圖》六圖、《四聲等子》全重無輕韻深攝内七、《切韻指南》深攝内八獨韻狹門，列字均爲『痒』。『痒』爲《廣韻》寑三生母位小韻首字，列字以『瘁』字爲佳。《起數訣》明本、四庫本均形訛，當校改爲『瘁』字。

15 (上三知)卓三寢　㲀　此字當爲『㲀』形訛。『㲀』，《廣韻》張甚切，《集韻》陟甚切，知寢三上開深；《韻鏡》內轉第三十八合、《切韻指掌圖》六圖、《四聲等子》全重無輕韻深攝內七、《切韻指南》深攝內八獨韻狹門，列字均爲『戡』，《七音略》內轉四十一重中重，列字爲『㲀』。『戡』爲《廣韻》寢三知母位小韻首字，下收有『㲀』字。『㲀』爲《集韻》寢三知母位小韻首字，下收有『戡』字，《起數訣》從《集韻》，然形訛，當校改爲『㲀』。

16 (上三娘)南三寢　拰　《廣韻》《集韻》尼凜切，娘寢三上開深；《韻鏡》內轉第三十八合、《切韻指掌圖》六圖、《切韻指南》深攝內八獨韻狹門，列字均爲『拰』；《七音略》內轉四十一重中重，列字爲『栣』，《廣韻》如甚切，《集韻》忍甚切，日寢三上開深；《七音略》誤，此字當爲『拰』字形訛。《四聲等子》全重無輕韻深攝內七，列字爲『袵』，日母寢韻。『拰』爲《廣韻》寢三娘母位小韻首字，《七音略》誤，《起數訣》列字是。

17 (上三疑)瓦三寢　鈙　《廣韻》昨淫切，從侵三平開深；《集韻》牛錦切，疑寢三上開深；《韻鏡》內轉第三十八合、《七音略》內轉四十一重中重、《切韻指掌圖》六圖、《四聲等子》全重無輕韻深攝內七、《切韻指南》深攝內八獨韻狹門，列字均爲『傑』，《廣韻》《集韻》牛錦切，疑寢三上開深。『傑』爲《廣韻》寢三疑母位小韻首字，下未收『鈙』字。『鈙』爲《集韻》寢三疑母位小韻首字，下收有『傑』字，《起數訣》從《集韻》。

18（上三船）茶三寢　○　明本、四庫本均空位。《廣韻》《集韻》寢三船母位有『葚』字，《廣韻》《集韻》食荏切，船寢三上開深；《韻鏡》内轉第三十八合、《七音略》内轉四十一重中重、《切韻指掌圖》六圖、《四聲等子》全重無輕韻深攝内七、《切韻指南》深攝内八獨韻狹門，列字均爲『葚』。『葚』爲《廣韻》寢三船母位小韻首字，列字以『葚』字爲佳。《起數訣》明本、四庫本空位均誤，當校補『葚』字。

19（上三書）三三寢　審　《廣韻》《集韻》式荏切，書寢三上開深；《韻鏡》内轉第三十八合、《七音略》内轉四十一重中重、《切韻指掌圖》六圖，列字均爲『沈』；《四聲等子》全重無輕韻深攝内七、《切韻指南》深攝内八獨韻狹門，列字均爲『審』。『沈』爲《廣韻》寢三書母位小韻首字，下收有『審』字。『審』爲《集韻》寢三書母位小韻首字，下收有『沈』字，《起數訣》從《集韻》。

20（上三曉）凡三寢　廞　此字當爲『廞』字省筆。『廞』，《廣韻》許錦切，《集韻》羲錦切，曉寢三上開深；《韻鏡》内轉第三十八合、《切韻指掌圖》六圖、《四聲等子》全重無輕韻深攝内七、《切韻指南》深攝内八獨韻狹門，列字均爲『廞』；《七音略》内轉四十一重中重，列字爲『欽』，《廣韻》去金切，《集韻》袪音切，溪寢三平開深，誤。『廞』爲《廣韻》寢三曉母位小韻首字，《起數訣》形訛，當校改爲『廞』。

21（上三來）犖三寢　凜　《廣韻》力稔切，《集韻》力錦切，來寢三上開深；《韻鏡》内轉第三十八合、《切韻指掌圖》六圖、《四聲等子》全重無輕韻深攝内七、《切韻指南》深攝内八獨韻狹門，列字均爲『廩』；《七音略》内轉四十一重中重，列字爲『凜』。『廩』爲《廣韻》寢三來母位小韻首字，下收有『凜』字，列字以『廩』字爲佳。《七音略》列『凜』字，亦無誤。《起數訣》是。

22 （上三日）□三寢　餁　《廣韻》如甚切，《集韻》忍甚切，日寢三上開深；《韻鏡》内轉第三十八合、《七音略》内轉四十一重中重、《切韻指掌圖》六圖、《四聲等子》全重無輕韻深攝内七、《切韻指南》深攝内八獨韻狹門，列字均爲『荏』。『荏』爲《廣韻》寢三日母位小韻首字，下收有『餁』字，『餁』爲《集韻》寢三日母位小韻首字，下收有『荏』字，《起數訣》從《集韻》。

23 （上三半三）宅三寢　◯　明本空位。四庫本列字爲『沈』，《廣韻》《集韻》式荏切，書寢三上開深；均不當列於此位。《韻鏡》内轉第三十八合、《七音略》内轉四十一重中重、《切韻指掌圖》六圖、《四聲等子》全重無輕韻深攝内七、《切韻指南》深攝内八獨韻狹門，均列於書母。『沈』爲《廣韻》寢三書母位小韻首字，已列於本圖書母位。《起數訣》明本空位，四庫本列於半三。

24 （去二莊）莊二沁　譛　明本、四庫本列字均爲『譛』，《廣韻》《集韻》均未收；此字當爲『譖』字形訛。『譖』，《廣韻》莊蔭切，《集韻》側禁切，莊沁三去開深；《韻鏡》内轉第三十八合、《七音略》内轉四十一重中重、《四聲等子》全重無輕韻深攝内七、《切韻指南》深攝内八獨韻狹門，列字均爲『譖』。《切韻指掌圖》六圖，列字爲『譖』。『譖』爲《廣韻》沁三莊母位小韻首字，列字以『譖』字爲佳。《起數訣》明本、四庫本均形訛，當校改爲『譖』字。

25 （去二崇）茶二沁　穃　明本列字爲『穃』，四庫本列字爲『穃』，四庫本此字當爲『穃』俗訛。『穃』，《廣韻》鋤針切，崇侵三平開深；《集韻》岑譖切，崇沁三去開深；《韻鏡》《七音略》《切韻指掌圖》均空位；《四聲等子》全重無輕韻深攝內七、《切韻指南》深攝內八獨韻狹門，列字均爲『穃』。《廣韻》沁三無崇母。『穃』爲《集韻》沁三崇母位小韻首字，列字以『穃』字爲佳。《起數訣》從《集韻》。明本列字是，四庫本當正爲『穃』。

26 （去三娘）南三沁　賃　明本、四庫本列字均爲『賃』，《廣韻》汝鴆切，《集韻》如鴆切，日沁三去開深；均不當列於此位。此字當爲『賃』字形訛。『賃』，《廣韻》乃禁切，《集韻》女禁切，娘沁三去開。《韻鏡》內轉第三十八合、《七音略》內轉四十一重中重、《切韻指掌圖》六圖、《四聲等子》全重無輕韻深攝內七、《切韻指南》深攝內八獨韻狹門，列字均爲『賃』。『賃』爲《廣韻》沁三娘母位小韻首字，列字以『賃』字爲佳。《起數訣》明本、四庫本均形訛，當校改爲『賃』字。

27 （去三溪）□三沁　㩒　《廣韻》未收；《集韻》丘禁切，溪沁三去開深；《韻鏡》《七音略》《切韻指掌圖》均空位；《四聲等子》全重無輕韻深攝內七、《切韻指南》深攝內八獨韻狹門，列字均爲『㩒』。『㩒』爲《集韻》沁三溪母位小韻首字，列字以『㩒』字爲佳。《起數訣》從《集韻》。

28（去三群）□三沁　噤　《廣韻》《集韻》巨禁切，群沁三去開深；《韻鏡》内轉第三十八合、《七音略》内轉四十一重中重、《切韻指掌圖》六圖、《切韻指南》深攝内八獨韻狹門，列字均爲『矝』；《四聲等子》全重無輕韻深攝内七，列字爲『妗』，《集韻》群母沁韻。『矝』爲《廣韻》《集韻》沁三群母位小韻首字，下收有『噤』字，《集韻》下亦收有『妗』字，列字以『矝』字爲佳。《起數訣》列『噤』字，亦無誤。

29（去三昌）叉三沁　瀋　《廣韻》昌枕切，昌寢三上開深；《集韻》鴟禁切，昌沁三去開深；《韻鏡》《七音略》均空位；《切韻指掌圖》六圖、《四聲等子》全重無輕韻深攝内七、《切韻指南》深攝内八獨韻狹門，列字均爲『瀋』。《廣韻》沁三無昌母。『瀋』爲《集韻》沁三昌母位小韻首字，《起數訣》從《集韻》。

30（去三曉）凡三沁　諴　明本、四庫本列字均爲『諴』，《廣韻》《集韻》胡讒切，匣咸二平開咸；均不當列於此位，此字當爲『譀』字形訛。『譀』，《廣韻》未收；《集韻》火禁切，曉沁三去開深。《韻鏡》《七音略》《切韻指掌圖》均空位；《四聲等子》全重無輕韻深攝内七、《切韻指南》深攝内八獨韻狹門，列字均爲『譀』。《廣韻》沁三無曉母。『譀』爲《集韻》沁三曉母位小韻首字，列字以『譀』字爲佳。《起數訣》從《集韻》。

31（去三云）爻三沁　訏　《廣韻》未收此字；《集韻》于禁切，云沁三去開深；《韻鏡》内轉第三十八合、《七音略》内轉四十一重中重、《切韻指南》深攝内八獨韻狹門，列字爲『顤』，《廣韻》

于禁切，云沁三去開深；《集韻》未收。《切韻指掌圖》六圖、《四聲等子》全重無輕韻深攝内七，列字均爲『誁』。『𩓥』爲《廣韻》沁三云母位小韻首字，未收有『誁』字。『誁』爲《集韻》沁三云母位小韻首字，《起數訣》從《集韻》。

32 （去三日）□三沁　妊　《廣韻》汝鴆切，《集韻》如鴆切，日沁三去開深；《韻鏡》内轉第三十八合，列字爲『紝』；《七音略》内轉四十一重中重、《切韻指南》深攝内八獨韻狹門，列字均爲『妊』；《切韻指掌圖》六圖、《四聲等子》全重無輕韻深攝内七，列字均爲『任』。『妊』爲《廣韻》沁三日母位小韻首字，下收有『紝』『任』二字，列字以『妊』字爲佳。《起數訣》是。

33 （入二崇）茶二緝　⿰口霰　此字當爲『⿰口霵』形訛。『⿰口霵』，《廣韻》未收；《集韻》仕戢切，崇緝三入開深；《韻鏡》内轉第三十八合、《七音略》内轉四十一重中重、《切韻指掌圖》六圖、《四聲等子》全重無輕韻深攝内七、《切韻指南》深攝内八獨韻狹門，列字均爲『霵』。『霵』，《廣韻》仕戢切，崇緝三入開深；《集韻》未收。『霵』爲《廣韻》緝三崇母位小韻首字，未收有『⿰口霵』字。『⿰口霵』爲《集韻》緝三崇母位小韻首字，《起數訣》明本、四庫本均從《集韻》，然形訛，當校改爲『⿰口霵』。

34 （入二生）三二緝　澀　《廣韻》色立切，《集韻》色入切，生緝三入開深；《韻鏡》内轉第三十八合、《七音略》内轉四十一重中重、《切韻指掌圖》六圖、《四聲等子》全重無輕韻深攝内七，列字均爲『澀』；《切韻指南》深攝内八獨韻狹門，列字爲『歰』。『歰』爲《廣韻》緝三生母位小韻首字，下收有『澀』字，注：『上同。』『歰』『澀』二字爲異體字。列字以『歰』爲佳，《起數訣》亦無誤。

35 （入三澄）大三緝　蟄　『蟄』，《廣韻》《廣韻》直立切，澄緝三入開深；《韻鏡》内轉第三十八合、《七音略》内轉四十一重中重，列字爲『縶』，當爲『蟄』形訛；《切韻指掌圖》六圖、《四聲等子》全重無輕韻深攝内七、《切韻指南》深攝内八獨韻狹門，列字均爲『蟄』。『蟄』爲《廣韻》緝三澄母位小韻首字，《起數訣》是。

36 （入三船）茶三緝　◯　《廣韻》《集韻》緝三船母均空位；《韻鏡》内轉第三十八合，列字爲『褶』，《廣韻》是執切，《集韻》寔入切，禪緝三入開深；《七音略》《切韻指掌圖》《四聲等子》《切韻指南》均空位。『褶』爲《廣韻》緝三禪母位小韻首字，《韻鏡》誤，當刪。《起數訣》空位是。

37 （入三書）三三緝　濕　《廣韻》《集韻》失入切，書緝三入開深；《韻鏡》内轉第三十八合、《七音略》内轉四十一重中重、《切韻指掌圖》六圖、《四聲等子》全重無輕韻深攝内七、《切韻指南》深攝内八獨韻狹門，列字均爲『濕』。『溼』爲《廣韻》緝三書母位小韻首字，下收有『濕』字，注上同，列字以『溼』爲佳，《起數訣》亦無誤。

釋：

1 （平二崇）茶二侵　岑　《廣韻》鋤針切，《集韻》鉏簪切，崇侵三平開深；《韻鏡》内轉第三十八合、《七音略》内轉四十一重中重、《切韻指掌圖》六圖、《四聲等子》全重無輕韻深攝内七、《切韻指南》深攝内八獨韻狹門，列字均爲『岑』。

2 (平三徹)拆三侵　琛　《廣韻》丑林切，《集韻》癡林切，徹侵三平開深；《韻鏡》内轉第三十八合、《七音略》内轉四十一重中重、《切韻指掌圖》六圖、《四聲等子》全重無輕韻深攝内七、《切韻指南》深攝内八獨韻狹門，列字均爲『琛』。

3 (平三娘)南三侵　誑　《廣韻》女心切，《集韻》尼心切，娘侵三平開深；《韻鏡》内轉第三十八合、《七音略》内轉四十一重中重、《切韻指掌圖》六圖、《四聲等子》全重無輕韻深攝内七、《切韻指南》深攝内八獨韻狹門，列字均爲『誑』。

4 (平三溪)□三侵　欽　《廣韻》去金切，《集韻》祛音切，溪侵三平開深；《韻鏡》内轉第三十八合、《七音略》内轉四十一重中重、《切韻指掌圖》六圖、《四聲等子》全重無輕韻深攝内七、《切韻指南》深攝内八獨韻狹門，列字均爲『欽』。

5 (平三群)□三侵　琴　《廣韻》巨金切，《集韻》渠金切，群侵三平開深；《韻鏡》内轉第三十八合、《七音略》内轉四十一重中重、《切韻指掌圖》六圖、《四聲等子》全重無輕韻深攝内七、《切韻指南》深攝内八獨韻狹門，列字均爲『琴』。

6 (平三疑)瓦三侵　吟　《廣韻》魚金切，《集韻》魚音切，疑侵三平開深；《韻鏡》内轉第三十八合、《七音略》内轉四十一重中重、《切韻指掌圖》六圖、《四聲等子》全重無輕韻深攝内七、

《切韻指南》深攝内八獨韻狹門，列字均爲『吟』。

7 （平三章）莊三侵　斟　《廣韻》職深切，《集韻》諸深切，章侵三平開深；《韻鏡》内轉第三十八合、《七音略》内轉四十一重中重、《切韻指掌圖》六圖、《切韻指南》深攝内八獨韻狹門，列字均爲『斟』；《四聲等子》全重無輕韻深攝内七，列字爲『針』，章母侵韻。

8 （平三昌）叉三侵　覘　《廣韻》《集韻》充針切，昌侵三平開深；《韻鏡》内轉第三十八合、《七音略》内轉四十一重中重、《切韻指掌圖》六圖、《四聲等子》全重無輕韻深攝内七、《切韻指南》深攝内八獨韻狹門，列字均爲『覘』。

9 （平三書）三三侵　深　《廣韻》《集韻》式針切，書侵三平開深；《韻鏡》内轉第三十八合、《七音略》内轉四十一重中重、《切韻指掌圖》六圖、《四聲等子》全重無輕韻深攝内七、《切韻指南》深攝内八獨韻狹門，列字均爲『深』。

10 （平三禪）士三侵　諶　《廣韻》氏任切，《集韻》時任切，禪侵三平開深；《韻鏡》内轉第三十八合、《七音略》内轉四十一重中重、《切韻指掌圖》六圖、《四聲等子》全重無輕韻深攝内七、《切韻指南》深攝内八獨韻狹門，列字均爲『諶』。

11 （平三曉）凡三侵　歆　《廣韻》許金切，《集韻》虚金切，曉侵三平開深；《韻鏡》内轉第三十八合、《七音略》内轉四十一重中重、《切韻指掌圖》六圖、《四聲等子》全重無輕韻深攝内七、《切韻指南》深攝内八獨韻狹門，列字均爲『歆』。

12（平三影）在三侵　音　《廣韻》《集韻》於金切，影侵三平開深；《韻鏡》內轉第三十八合、《七音略》內轉四十一重中重、《切韻指掌圖》六圖、《四聲等子》全重無輕韻深攝內七、《切韻指南》深攝內八獨韻狹門，列字均爲『音』。

13（平三來）犖三侵　林　《廣韻》力尋切，《集韻》犂針切，來侵三平開深；《韻鏡》內轉第三十八合、《七音略》內轉四十一重中重、《切韻指掌圖》六圖、《四聲等子》全重無輕韻深攝內七、《切韻指南》深攝內八獨韻狹門，列字均爲『林』。

14（上三徹）㧘三寑　踸　《廣韻》《集韻》丑甚切，徹寑三上開深；《韻鏡》內轉第三十八合、《七音略》內轉四十一重中重、《切韻指掌圖》六圖、《四聲等子》全重無輕韻深攝內七、《切韻指南》深攝內八獨韻狹門，列字均爲『踸』。

15（上三澄）大三寑　朕　《廣韻》《集韻》直稔切，澄寑三上開深；《韻鏡》內轉第三十八合、《七音略》內轉四十一重中重、《切韻指掌圖》六圖、《四聲等子》全重無輕韻深攝內七、《切韻指南》深攝內八獨韻狹門，列字均爲『朕』。

16（上三見）乍三寑　錦　《廣韻》《集韻》居飲切，見寑三上開深；《韻鏡》內轉第三十八合、《七音略》內轉四十一重中重、《切韻指掌圖》六圖、《四聲等子》全重無輕韻深攝內七、《切韻指南》深攝內八獨韻狹門，列字均爲『錦』。

17（上三溪）□三寑　坅　《廣韻》《集韻》丘甚切，溪寑三上開深；《韻鏡》內轉第三十八合、《七音略》内轉四十一重中重、《切韻指掌圖》六圖、《四聲等子》全重無輕韻深攝内七，列字均爲『扲』；《切韻指南》深攝内八獨韻狹門，列字爲『顖』。

18 (上三群)□三寑　噤　《廣韻》《集韻》渠飲切，群寑三上開深；《韻鏡》内轉第三十八合、《七音略》内轉四十一重中重、《切韻指掌圖》六圖、《四聲等子》全重無輕韻深攝内七、《切韻指南》深攝内八獨韻狹門，列字均爲『噤』。

19 (上三章)荘三寑　枕　《廣韻》《集韻》章荏切，章寑三上開深；《韻鏡》内轉第三十八合、《七音略》内轉四十一重中重、《切韻指掌圖》六圖、《四聲等子》全重無輕韻深攝内七、《切韻指南》深攝内八獨韻狹門，列字均爲『枕』。

20 (上三昌)叉三寑　瀋　《廣韻》《集韻》昌枕切，昌寑三上開深；《韻鏡》内轉第三十八合、《七音略》内轉四十一重中重、《切韻指掌圖》六圖、《四聲等子》全重無輕韻深攝内七、《切韻指南》深攝内八獨韻狹門，列字均爲『瀋』。

21 (上三禪)士三寑　甚　《廣韻》常枕切，《集韻》食荏切，禪寑三上開深；《韻鏡》内轉第三十八合、《七音略》内轉四十一重中重、《切韻指掌圖》六圖、《四聲等子》全重無輕韻深攝内七、《切韻指南》深攝内八獨韻狹門，列字均爲『甚』。

22 (上三影)在三寑　飲　《廣韻》《集韻》於錦切，影寑三上開深；《韻鏡》内轉第三十八合、《七音略》内轉四十一重中重、《切韻指掌圖》六圖、《四聲等子》全重無輕韻深攝内七，列字均爲

『歙』；《切韻指南》深攝内八獨韻狹門，列字爲『歙』。

23 （去二初）叉二沁　讖　《廣韻》《集韻》楚譖切，初沁三去開深；《韻鏡》内轉第三十八合、《七音略》内轉四十一重中重、《切韻指掌圖》六圖、《四聲等子》全重無輕韻深攝内七、《切韻指南》深攝内八獨韻狹門，列字均爲『讖』。

24 （去二生）三二沁　滲　《廣韻》《集韻》所禁切，生沁三去開深；《韻鏡》内轉第三十八合、《七音略》内轉四十一重中重、《切韻指掌圖》六圖、《四聲等子》全重無輕韻深攝内七、《切韻指南》深攝内八獨韻狹門，列字均爲『滲』。

25 （去三知）卓三沁　揕　《廣韻》《集韻》知鴆切，知沁三去開深；《韻鏡》内轉第三十八合、《七音略》内轉四十一重中重、《切韻指掌圖》六圖、《四聲等子》全重無輕韻深攝内七、《切韻指南》深攝内八獨韻狹門，列字均爲『揕』。

26 （去三徹）坼三沁　闖　《廣韻》《集韻》丑禁切，徹沁三去開深；《韻鏡》内轉第三十八合、《七音略》内轉四十一重中重、《切韻指掌圖》六圖、《四聲等子》全重無輕韻深攝内七、《切韻指南》深攝内八獨韻狹門，列字均爲『闖』。

27 （去三澄）大三沁　鴆　《廣韻》《集韻》直禁切，澄沁三去開深；《韻鏡》内轉第三十八合、《七音略》内轉四十一重中重、《切韻指掌圖》六圖、《四聲等子》全重無輕韻深攝内七、《切韻指南》深攝内八獨韻狹門，列字均爲『鴆』。

28（去三見）乍三沁　禁　《廣韻》居蔭切，《集韻》居廕切，見沁三去開深；《韻鏡》內轉第三十八合、《七音略》內轉四十一重中重、《切韻指掌圖》六圖、《四聲等子》全重無輕韻深攝內七、《切韻指南》深攝內八獨韻狹門，列字均爲「禁」。

29（去三疑）瓦三沁　吟　《廣韻》《集韻》宜禁切，疑沁三去開深；《韻鏡》內轉第三十八合、《七音略》內轉四十一重中重、《切韻指掌圖》六圖、《四聲等子》全重無輕韻深攝內七、《切韻指南》深攝內八獨韻狹門，列字均爲「吟」。

30（去三章）莊三沁　枕　《廣韻》之任切，《集韻》職任切，章沁三去開深；《韻鏡》內轉第三十八合、《七音略》內轉四十一重中重、《切韻指掌圖》六圖、《四聲等子》全重無輕韻深攝內七、《切韻指南》深攝內八獨韻狹門，列字均爲「枕」。

31（去三書）三三沁　深　《廣韻》《集韻》式禁切，書沁三去開深；《韻鏡》內轉第三十八合、《七音略》內轉四十一重中重、《切韻指掌圖》六圖、《四聲等子》全重無輕韻深攝內七、《切韻指南》深攝內八獨韻狹門，列字均爲「深」。

32（去三禪）士三沁　甚　《廣韻》《集韻》時鴆切，禪沁三去開深；《韻鏡》內轉第三十八合、《七音略》內轉四十一重中重、《切韻指掌圖》六圖、《四聲等子》全重無輕韻深攝內七、《切韻指南》深攝內八獨韻狹門，列字均爲「甚」。

33（去三影）在三沁　蔭　《廣韻》《集韻》於禁切，影沁三去開深；《韻鏡》內轉第三十八合、《七音略》内轉四十一重中重、《切韻指掌圖》六圖、《四聲等子》全重無輕韻深攝内七、《切韻指南》深攝内八獨韻狹門，列字均爲『蔭』。

34 (去三來)犖三沁　臨　《廣韻》良鴆切，《集韻》力鴆切，來沁三去開深；《韻鏡》内轉第三十八合、《七音略》内轉四十一重中重、《切韻指掌圖》六圖、《四聲等子》全重無輕韻深攝内七、《切韻指南》深攝内八獨韻狹門，列字均爲『臨』。

35 (入二莊)莊二緝　戢　《廣韻》阻立切，《集韻》側立切，莊緝三入開深；《韻鏡》内轉第三十八合、《七音略》内轉四十一重中重、《切韻指掌圖》六圖、《四聲等子》全重無輕韻深攝内七、《切韻指南》深攝内八獨韻狹門，列字均爲『戢』。

36 (入二初)叉二緝　屆　《廣韻》初戢切，《集韻》側入切，初緝三入開深；《韻鏡》内轉第三十八合、《七音略》内轉四十一重中重、《切韻指掌圖》六圖、《四聲等子》全重無輕韻深攝内七、《切韻指南》深攝内八獨韻狹門，列字均爲『屆』。

37 (入三知)卓三緝　縶　《廣韻》《集韻》陟立切，知緝三入開深；《韻鏡》内轉第三十八合、《七音略》内轉四十一重中重、《切韻指掌圖》六圖、《四聲等子》全重無輕韻深攝内七、《切韻指南》深攝内八獨韻狹門，列字均爲『縶』。

38 (入三徹)坼三緝　湁　《廣韻》丑入切，《集韻》勑立切，徹緝三入開深；《韻鏡》内轉第三十八合、《七音略》内轉四十一重中重、《切韻指掌圖》六圖、《四聲等子》全重無輕韻深攝内七、

《切韻指南》深攝内八獨韻狹門，列字均爲『㴔』。

39 （入三娘）南三緝　𦫳　《廣韻》尼立切，《集韻》昵立切，娘緝三入開深；《韻鏡》内轉第三十八合、《七音略》内轉四十一重中重、《切韻指掌圖》六圖、《四聲等子》全重無輕韻深攝内七、《切韻指南》深攝内八獨韻狹門，列字均爲『𦫳』。

40 （入三見）乍三緝　急　《廣韻》居立切，《集韻》訖立切，見緝三入開深；《韻鏡》内轉第三十八合、《七音略》内轉四十一重中重、《切韻指掌圖》六圖、《四聲等子》全重無輕韻深攝内七、《切韻指南》深攝内八獨韻狹門，列字均爲『急』。

41 （入三溪）□三緝　泣　《廣韻》去急切，《集韻》乞及切，溪緝三入開深；《韻鏡》内轉第三十八合、《七音略》内轉四十一重中重、《切韻指掌圖》六圖、《四聲等子》全重無輕韻深攝内七、《切韻指南》深攝内八獨韻狹門，列字均爲『泣』。

42 （入三群）□三緝　及　《廣韻》其立切，《集韻》極入切，群緝三入開深；《韻鏡》内轉第三十八合、《七音略》内轉四十一重中重、《切韻指掌圖》六圖、《四聲等子》全重無輕韻深攝内七、《切韻指南》深攝内八獨韻狹門，列字均爲『及』。

43 （入三疑）瓦三緝　岌　《廣韻》魚及切，《集韻》逆及切，疑緝三入開深；《韻鏡》内轉第三十八合、《七音略》内轉四十一重中重、《切韻指掌圖》六圖、《四聲等子》全重無輕韻深攝内七、《切韻指南》深攝内八獨韻狹門，列字均爲『岌』。

44 (入三章)莊三緝　執　《廣韻》之入切，《集韻》質入切，章緝三入開深；《韻鏡》内轉第三十八合、《七音略》内轉四十一重中重、《切韻指掌圖》六圖、《四聲等子》全重無輕韻深攝内七、《切韻指南》深攝内八獨韻狹門，列字均爲『執』。

45 (入三昌)㕚三緝　斟　《廣韻》職深切，《集韻》諸深切，章侵三平開深；《韻鏡》内轉第三十八合、《七音略》内轉四十一重中重、《切韻指掌圖》六圖、《四聲等子》全重無輕韻深攝内七、《切韻指南》深攝内八獨韻狹門，列字均爲『斟』。

46 (入三禪)士三緝　十　《廣韻》是執切，《集韻》寔入切，禪緝三入開深；《韻鏡》内轉第三十八合、《七音略》内轉四十一重中重、《切韻指掌圖》六圖、《四聲等子》全重無輕韻深攝内七、《切韻指南》深攝内八獨韻狹門，列字均爲『十』。

47 (入三曉)凡三緝　吸　《廣韻》許及切，《集韻》迄及切，曉緝三入開深；《韻鏡》内轉第三十八合、《七音略》内轉四十一重中重、《切韻指掌圖》六圖、《四聲等子》全重無輕韻深攝内七、《切韻指南》深攝内八獨韻狹門，列字均爲『吸』。

48 (入三影)在三緝　邑　《廣韻》於汲切，《集韻》乙及切，影緝三入開深；《韻鏡》内轉第三十八合、《七音略》内轉四十一重中重、《切韻指掌圖》六圖、《四聲等子》全重無輕韻深攝内七、《切韻指南》深攝内八獨韻狹門，列字均爲『邑』。

49 (入三云)爻三緝　煜　《廣韻》爲立切，《集韻》域及切，云緝三入開深；《韻鏡》内轉第三十八合、《七音略》内轉四十一重中重、《切韻指掌圖》六圖、《四聲等子》全重無輕韻深攝内七、《切韻指南》深攝内八獨韻狹門，列字均爲『熠』。

50（入三來）犖三緝　立　《廣韻》《集韻》力入切，來緝三入開深；《韻鏡》内轉第三十八合、《七音略》内轉四十一重中重、《切韻指掌圖》六圖、《四聲等子》全重無輕韻深攝内七、《切韻指南》深攝内八獨韻狹門，列字均爲『立』。

51（入三日）□三緝　入　《廣韻》人執切，《集韻》日執切，日緝三入開深；《韻鏡》内轉第三十八合、《七音略》内轉四十一重中重、《切韻指掌圖》六圖、《四聲等子》全重無輕韻深攝内七、《切韻指南》深攝内八獨韻狹門，列字均爲『入』。

良四	良二	良八	良三	嵩七	嵩十	良十二			刹四	蒙五
允	華	在	丈	崋	口	宅	發		法	朴
					崇上		聲	覃同七		
							清			
歆		音		林	壬			鹽妄七	砭之	
								鹽		
								感華七		
厭		飲		廩	飪					
								琰隨七		
								勘嵩七		
誠		蔭	許	臨	妊					
								豔嵩七		
								合豐七		
吸		邑	熄	立	入			葉震七	鴟	妘之

	1	2	3	4	5	6	7	8	9	10	11	12	13	14	15	16
盡五	排			狎												
蒙三	馬					変				紺						
剥六	毋	眈				紞				馾				答		
蒙六	貪	貪				樳				僋				榻		
盡	覃	覃				禫			湛	醰				沓		
剥七	妳	南				湳				妠				納		
剥一	甲	弇				感				紺				閤		
蒙一	巧	堪				坎			脥	勘				匌		
蒙十	口									黔						
盡二	才	[illegible]				顉				濕				[illegible]		
剥八	哉	簪			尖	遷			饞	篸			[illegible]	帀		接

蒙八	来	參	纖	慘	醶	謲	壍	趁	妾
盡十	才	鐢	潛	歜	漸		潛	雜	捷
剎十	山	毿	銛	槮	縿	倸		鈒	倢
蒙九	口	桼	毶		醈				
剎二	花	唅		顑		顑		欱	
蒙四	晓	含		頷		暗		合	
剎三	亜	諳	㦨	晻	黶		厭	姶	魘
盡四	萬		鹽		琰		豔		葉
蒙七	冷	婪		壈		拉			
	口								
盡十一	祟								

第七十七圖　發聲清

本圖列《廣韻》覃感勘合、鹽琰艷葉韻字，係拆分《韻鏡》外轉第三十九開一四等韻字及三等脣音字，符合一四同圖加脣音的分圖原則。本圖聲母群、邪母位列「□」，其中邪母下一等格位内，明本有「采下」二字，四庫本無。本圖韻母明本入聲三等位列目爲「業」，四庫本無；入聲四等位明本無，四庫本列「葉」。

校注：

1 （平一透）貪一覃　貪　《廣韻》他含切，《集韻》他紺切，透覃一平開咸；《韻鏡》外轉第三十九開、《七音略》外轉三十一重中重，列字爲「探」；《四聲等子》咸攝外八重輕俱等韻，列字均爲「貪」；《切韻指掌圖》五圖、《切韻指南》咸攝外八合口呼狹門，列字均爲「舑」，透母談韻。「探」爲覃一透母位小韻首字，下收有「貪」字。列字以「探」爲佳，《起數訣》亦無誤。

2 （平一溪）巧一覃　堪　《廣韻》口含切，《集韻》枯含切，溪覃一平開咸；《韻鏡》外轉第三十九開、《七音略》外轉三十一重中重、《切韻指南》咸攝外八合口呼狹門，列字均爲「龕」；《切韻指掌圖》五圖，列字爲『坩』，溪母談韻；《四聲等子》咸攝外八重輕俱等韻，列字爲『堪』。『龕』爲《廣韻》覃一溪母位小韻首字，下收有『堪』字，列字以『龕』字爲佳。《起數訣》列『堪』字，亦無誤。

3 (平一精)哉一覃 簪 此字當爲『簮』字俗訛。『簮』，《廣韻》作含切，《集韻》祖含切，精覃一平開咸；《韻鏡》外轉第三十九開、《七音略》外轉三十一重中重、《四聲等子》咸攝外八重輕俱等韻、《切韻指南》咸攝外八合口呼狹門，列字均爲『簮』；《康熙字典》記：『《説文》朁或作簮。』《切韻指掌圖》五圖，列字爲『鐕』。『簮』爲《廣韻》覃一精母位小韻首字，下收有『鐕』字，列字以『簮』爲佳。《起數訣》列俗字，亦無誤。

4 (平一從)才一覃 蠺 此字當爲『蠶』俗訛。『蠶』，《廣韻》昨含切，《集韻》徂含切，從覃一平開咸；《韻鏡》外轉第三十九開、《七音略》外轉三十一重中重、《四聲等子》咸攝外八重輕俱等韻、《切韻指南》咸攝外八合口呼狹門，列字均爲『蠶』；《切韻指掌圖》五圖，列字爲『蹔』，從母談韻。『蠶』爲《廣韻》覃一從母位小韻首字，《起數訣》列字形訛，當校改爲『蠶』。

5 (平三並)排三鹽 狆 《廣韻》胡甲切，匣狎二入開咸；《集韻》蒲瞻切，並鹽三平開咸；《韻鏡》《七音略》《切韻指掌圖》均空位；《四聲等子》咸攝外八重輕俱等韻，列字爲『凡』，並母凡韻；《切韻指南》咸攝外八合口呼狹門，列字爲『狆』。《廣韻》鹽三無並母。『狆』爲《集韻》鹽三並母位小韻首字，《起數訣》從《集韻》。

6 （平三明）馬三鹽　◯　明本空位。四庫本列字爲『変』。『変』，《廣韻》明忝切，明忝四上開咸；又亡范切，微范三上開咸。《集韻》美忝切，明忝四上開咸；又莫坎切，明咸一上開咸。《韻鏡》《七音略》《切韻指掌圖》《切韻指南》均空位；《四聲等子》咸攝外八重輕俱等韻，列字爲『琰』，明母凡韻。《廣韻》《集韻》均無明母鹽三韻字，《起數訣》明本空位是，四庫本列字誤，當删。

7 （平四群）□四鹽　◯　明本、四庫本均空位。《廣韻》《集韻》鹽重紐四等群母位有『鍼』小韻，《廣韻》《集韻》巨鹽切，群鹽三平開咸。《韻鏡》《四聲等子》空位；《七音略》外轉三十二重中輕、《切韻指掌圖》五圖，列字爲『鍼』；《切韻指南》咸攝外八合口呼狹門，列字均爲『涅』。『鍼』爲《廣韻》鹽重紐四等群母位小韻首字，《起數訣》空位誤，當校補『鍼』字。

8 （平四精）在四鹽　尖　《廣韻》子廉切，《集韻》將廉切，精鹽三平開咸；《韻鏡》外轉第四十合，列字爲『笺』；《七音略》外轉三十二重中輕，列字爲『鏨』，《廣韻》昨含切，從覃一平開咸；又《廣韻》昨甘切，從談一平開咸。《集韻》財甘切，從談一平開咸，均不當列於此位。《切韻指掌圖》五圖、《四聲等子》咸攝外八重輕俱等韻、《切韻指南》咸攝外八合口呼狹門，列字均爲『尖』。『尖』爲《廣韻》鹽三精母位小韻首字，下收有『笺』字，列字以『尖』字爲佳。《韻鏡》列『笺』字，亦無誤。《七音略》誤，當校改爲『尖』字。《起數訣》是。

9 （平四清）采四鹽　籤　明本、四庫本列字均爲『籤』。『籤』，《康熙字典》記：『《集韻》昨結切，音截。竹劑也。《字彙補》籛字之譌。」此記昨結切，從母屑韻。不當列於此位。此字爲「籛」字之僞。「籛」，《廣韻》七廉切，《集韻》千廉切，清鹽三平開咸。《韻鏡》外轉第四十合、《切韻指掌圖》五圖，列字均爲「籛」；《七音略》外轉三十二重中輕、《四聲等子》咸攝外八重輕俱等韻、《切韻指南》咸攝外八合口呼狹門，列字均爲「僉」。「籛」爲《廣韻》鹽三清母位小韻首字，下收有「僉」字，列字以「籛」字爲佳。《七音略》列「僉」字，亦無誤。《起數訣》明本、四庫本均形訛，當校改爲「籛」字。

10 (平四從)才四鹽　潛　《康熙字典》記：「《字彙》俗潛字。」「潛」爲「潛」之俗體。「潛」，《廣韻》昨鹽切，《集韻》慈鹽切，從鹽三平開咸；《韻鏡》外轉第四十合、《七音略》外轉三十二重中輕、《四聲等子》咸攝外八重輕俱等韻、《切韻指南》咸攝外八合口呼狹門，列字均爲「潛」；《切韻指掌圖》五圖，列字爲「潛」。「潛」爲《廣韻》鹽三從母位小韻首字，《起數訣》列俗體亦無誤。

11 (平四邪)□四鹽　燅　《廣韻》徐鹽切，《集韻》徐廉切，邪鹽三平開咸；《韻鏡》外轉第四十合、《切韻指掌圖》五圖、《四聲等子》咸攝外八重輕俱等韻、《切韻指南》咸攝外八合口呼狹門，列字均爲「燅」；《七音略》外轉三十二重中輕，列字均爲「燖」。「燅」爲《廣韻》鹽三邪母位小韻首字，下收有「燖」字，注：「同上。」「燅」「燖」二字爲異體字。列字以「燅」爲佳，《起數訣》是。

12 （上一明）馬一感　㚲　明本列字爲『㚲』，四庫本空位。此字當爲『㚷』字誤。《廣韻》感一明母位無字，《集韻》有『㚷』，莫坎切，明感一上開咸。《韻鏡》《七音略》《切韻指掌圖》空位；《四聲等子》咸攝外八重輕俱等韻，列字爲『㚷』；《切韻指南》咸攝外八合口呼狹門，列字爲『媎』，明母敢韻。『㚷』爲《集韻》感一明母位小韻首字，《起數訣》明本從《集韻》，但形訛，當校改爲『㚷』。四庫本空位誤，當校補『㚷』字。

13 （上一端）丹一感　紞　《廣韻》都敢切，端敢一上開咸；《集韻》都感切，端感一上開咸；《韻鏡》外轉第三十九開、《七音略》外轉三十一重中重、《切韻指南》咸攝外八合口呼狹門，列字均爲『黕』；《切韻指掌圖》五圖、《四聲等子》咸攝外八重輕俱等韻，列字均爲『膽』，端母敢韻。『黕』爲《廣韻》《集韻》感一端母小韻首字，未收『紞』字；《集韻》收有『紞』字，列字以『黕』字爲佳。《起數訣》列『紞』字，從《集韻》，亦無誤。

14 （上一透）貪一感　㝓　《廣韻》徐林切，邪侵三平開深；《集韻》徐心切，邪侵三平開深；均不當列於此位。此字當爲『襑』字誤，『襑』，《廣韻》《集韻》他感切，透感一上開咸。《韻鏡》外轉第三十九開、《七音略》外轉三十一重中重、《四聲等子》咸攝外八重輕俱等韻，列字均爲『襑』；《切韻指掌圖》五圖，列字爲『菼』，透母敢韻；《切韻指南》咸攝外八合口呼狹門，列字爲『蓢』，《康熙字典》記：『《集韻》與菼同。』『襑』爲《廣韻》感一透母位小韻首字，列字以『襑』字爲佳。《起數訣》明本、四庫本均誤，當校改爲『襑』字。

15 (上一泥)妳一感　湳　《廣韻》奴感切，《集韻》乃感切，泥感一上開咸；《韻鏡》外轉第三十九開、《七音略》外轉三十一重中重、《切韻指掌圖》五圖、《四聲等子》咸攝外八重輕俱等韻、《切韻指南》咸攝外八合口呼狹門，列字均爲『腩』。『腩』爲《廣韻》感一泥母位小韻首字，下收有『湳』字。『湳』爲《集韻》感一泥母位小韻首字，下收有『腩』字，《起數訣》從《集韻》。

16 (上一疑)牙一感　顉　《廣韻》《集韻》五感切，疑感一上開咸；《韻鏡》外轉第三十九開，列字爲『頷』，《廣韻》胡感切，匣感一上開咸。《集韻》五感切，疑感一上開咸。《七音略》外轉三十一重中重、《切韻指掌圖》五圖、《四聲等子》咸攝外八重輕俱等韻、《切韻指南》咸攝外八合口呼狹門，列字均爲『顉』。『顉』爲《廣韻》感一疑母位小韻首字。『顉』『頷』二字同爲《集韻》感一疑母位小韻首字，『顉』『頷』二字爲異體字。《韻鏡》從《集韻》。《起數訣》從《廣韻》，是。

17 (上一精)哉一感　𨓈　明本列字爲『𨓈』，四庫本列字爲『寁』。『𨓈』，《康熙字典》記：『《正字通》子感切，音昝。遠也。又知意切，音致。行貌。』『寁』，《廣韻》《集韻》子感切，精感一上開咸；《韻鏡》外轉第三十九開，列字爲『寁』；《七音略》外轉三十一重中重、《四聲等子》咸攝外八重輕俱等韻、《切韻指南》咸攝外八合口呼狹門，列字均爲『昝』；《切韻指掌圖》五圖，列字爲『𩞁』。『昝』爲《廣韻》感一精母位小韻首字，下收有『寁』字。『寁』爲《集韻》感一精母位小韻首字，下收有『昝』字，《起數訣》四庫本從《集韻》。『𨓈』，《廣韻》《集韻》未收，

《起數訣》明本列『連』雖無誤，不若『連』字佳。

18 （上一心）山一感　槮　《廣韻》《集韻》桑感切，心感一上開咸；《韻鏡》外轉第三十九開、《七音略》外轉三十一重中重、《切韻指掌圖》五圖、《四聲等子》咸攝外八重輕俱等韻、《切韻指南》咸攝外八合口呼狹門，列字均爲『糂』。『糂』爲《廣韻》感一心母位小韻首字，下收有『槮』字，注：『上同。』『糂』『槮』二字爲異體字。列字以『糂』爲佳，《起數訣》亦無誤。

19 （上一曉）花一感　顑　《廣韻》呼唵切，《集韻》虎感切，曉感一上開咸；《韻鏡》外轉第三十九開、《四聲等子》咸攝外八重輕俱等韻，列字均爲『顑』。《七音略》外轉三十一重中重、《切韻指掌圖》五圖、《切韻指南》咸攝外八合口呼狹門，列字均爲『喊』。『顑』爲《廣韻》《集韻》感一曉母位小韻首字，《集韻》下亦收有『喊』字，列字以『顑』字爲佳。《七音略》從《集韻》，列『喊』字，亦無誤。《起數訣》是。

20 （上一影）影一感　唵　《廣韻》烏感切，《集韻》鄔感切，影感一上開咸；《韻鏡》外轉第三十九開、《四聲等子》咸攝外八重輕俱等韻、《切韻指南》咸攝外八合口呼狹門，列字均爲『晻』；《七音略》外轉三十一重中重，列字爲『唵』；《切韻指掌圖》五圖，列字爲『埯』，影母敢韻。『唵』爲《廣韻》感一影母位小韻首字，下收有『晻』字，列字以『唵』爲佳，《起數訣》是。

21 本圖上聲三等無標目，平聲三等標目爲『鹽』，上聲三等亦當補入韻目字『琰』。

22 （上三幫）法三（琰）〇　《廣韻》《集韻》琰三幫母均有『貶』小韻。『貶』，《廣韻》方斂切，《集韻》悲檢切，幫琰三上開咸；《韻鏡》外轉第四十合、《七音略》外轉三十二重中輕，列字爲『貶』；《切韻指掌圖》《切韻指南》《四聲等子》空位。『貶』爲琰三幫母位小韻首字，《起數訣》空位誤，當校補『貶』字。

23 （上四定）覃四琰　湛　明本列字爲『湛』，四庫本空位。『湛』，《廣韻》徒減切，定豏二上開咸；《集韻》牒琰切，定琰三上開咸；《韻鏡》《七音略》《切韻指掌圖》均空位；《四聲等子》咸攝外八重輕俱等韻、《切韻指南》咸攝外八合口呼狹門，列字均爲『淰』，泥母忝韻。《廣韻》琰三無定母。『湛』爲《集韻》琰三定母位小韻首字，《起數訣》明本從《集韻》是。四庫本誤，當校補『湛』字。

24 （上四泥）妳四琰　○　明本空位，四庫本列字爲『湛』。如上條，『湛』字當列於定母位，明本空位是，四庫本當刪。

25 （上四溪）巧四琰　脥　明本、四庫本列字均爲『脥』字。各韻書均未收此字。此字當爲『脥』字形訛。『脥』，《廣韻》《集韻》謙琰切，溪琰三上開咸。《韻鏡》空位；《七音略》外轉三十二重中輕、《切韻指南》咸攝外八合口呼狹門，列字均爲『脥』；《切韻指掌圖》五圖、《四聲等子》咸攝外八重輕俱等韻，列字均爲『嗛』，溪母忝韻。『脥』爲《廣韻》琰三溪母位小韻首字，列字以『脥』字爲佳。《韻鏡》內轉第四十合空位誤，當校補『脥』字。《起數訣》明本、四庫本均形訛，當校改爲『脥』字。

26 （上四精）鏨四琰　䨻　《廣韻》子敢切，精敢三上開咸；《集韻》有『䨻』，子冉切，精琰三上開咸；《韻鏡》《切韻指掌圖》均空位；《七音略》外轉三十二重中輕，列字爲『䨻』；《四聲等子》咸攝外八重輕俱等韻、《切韻指南》咸攝外八合口呼狹門，列字均爲『僭』，此字當爲『憯』字形訛，清母忝韻。『䨻』爲《廣韻》琰三精母位小韻首字，下未收有『䨻』字；『䨻』『䨻』爲《集韻》琰三精母位小韻首字，《起數訣》從《集韻》。

27 （上四清）采四琰　䆂　此字當爲『䆂』字形訛。『䆂』，《廣韻》《集韻》七漸切，清琰三上開咸；《韻鏡》外轉第四十合、《切韻指掌圖》五圖、《四聲等子》咸攝外八重輕俱等韻，列字均爲『憸』；《七音略》外轉三十二重中輕，列字爲『槧』，誤；《切韻指南》咸攝外八合口呼狹門，列字爲『憯』，清母忝韻。『憸』爲《廣韻》琰三清母位小韻首字，下收有『䆂』字。『䆂』爲《集韻》琰三清母位小韻首字，下收有『憸』字，《起數訣》從《集韻》。

28 （上四心）山四琰　䌰　《廣韻》琰三無心母；《集韻》纖琰切，心琰三上開咸；《韻鏡》《切韻指掌圖》均空位；《七音略》外轉三十二重中輕，列字爲『憸』，《廣韻》《集韻》七漸切，清琰三上開咸；均不當列於此位。《七音略》誤。《四聲等子》咸攝外八重輕俱等韻、《切韻指南》咸攝外八合口呼狹門，列字均爲『䌰』。『䌰』爲《集韻》琰三心母位小韻首字，列字以『䌰』字爲佳。《起數訣》從《集韻》。

29 （上四邪）□四琰　棪　《廣韻》以冉切，以琰三上開咸；《集韻》習琰切，邪琰三上開咸；

《韻鏡》《七音略》《切韻指掌圖》《四聲等子》咸攝外八重輕俱等韻，列字爲「緂」，透母敢韻；《切韻指南》咸攝外八合口呼狹門，列字爲「醈」。《廣韻》琰三無邪母。「醈」爲《集韻》琰三邪母位小韻首字，《起數訣》從《集韻》。

30 (上四影)亞四琰　黶　《廣韻》《集韻》於琰切，影琰三上開咸；《韻鏡》外轉第四十合、《切韻指掌圖》五圖、《四聲等子》咸攝外八重輕俱等韻、《切韻指南》咸攝外八合口呼狹門，列字均爲「黶」；《七音略》外轉三十一重中輕，列字爲「黤」。「黶」爲《廣韻》《集韻》琰三影母位小韻首字，《集韻》下亦收有「黤」字，列字以「黶」字爲佳。《起數訣》是。《七音略》或從《集韻》。

31 (去一明)馬一勘　紺　《廣韻》《集韻》古暗切，見勘一去開咸；均不當列於此位。此字當爲「姏」字形訛。「姏」，《廣韻》武酣切，明談一平開咸；《集韻》莫紺切，明勘一去開咸。《韻鏡》《七音略》《切韻指掌圖》均空位；《四聲等子》咸攝外八重輕俱等韻、《切韻指南》咸攝外八合口呼狹門，列字均爲「姏」。《廣韻》勘一無明母。「姏」爲《集韻》勘一明母位小韻首字，《起數訣》從《集韻》。然形訛，當校改爲「姏」。

32 (去一透)貪一勘　僋　明本、四庫本列字爲「僋」，此字當爲「僋」字訛。「僋」，《廣韻》《集韻》他紺切，透勘一去開咸；《韻鏡》外轉第三十九開、《七音略》外轉三十一重中重、《四聲等子》咸攝外八重輕俱等韻，列字均爲「僋」；《切韻指掌圖》五圖、《切韻指南》咸攝外八合口呼狹門，列字均爲「賧」，透母闞韻。「僋」爲《廣韻》勘一透母位小韻首字，《起數訣》形訛，當校改爲『僋』。

33 （去一群）□一勘　黅　《廣韻》巨金切，群侵三平開深；《集韻》其闇切，群勘一去開咸；《韻鏡》《七音略》《切韻指掌圖》均空位；《四聲等子》咸攝外八重輕俱等韻、《切韻指南》咸攝外八合口呼狹門，列字均爲『黅』。《廣韻》勘一無群母。『黅』爲《集韻》勘一群母位小韻首字，《起數訣》從《集韻》。

34 （去一疑）牙一勘　濕　明本、四庫本列字均爲『濕』，《廣韻》他合切，《集韻》鄂合切，疑合一入開咸；均不當列於此位。《韻鏡》外轉第三十九開、《七音略》外轉三十一重中重、《切韻指掌圖》五圖、《四聲等子》咸攝外八重輕俱等韻、《切韻指南》咸攝外八合口呼狹門，列字均爲『傝』，《廣韻》《集韻》五紺切，疑勘一去開咸。『傝』爲《廣韻》勘一疑母位小韻首字，列字以『傝』字爲佳。《起數訣》明本、四庫本均形訛，當校改爲『傝』字。

35 （去一從）才一勘　◯　《廣韻》《集韻》勘一均無從母；《韻鏡》外轉第三十九開，列字爲『蹔』，《廣韻》昨甘切，《集韻》財甘切，從談一平開咸；又《集韻》徂紺切，莊勘一去開咸。《七音略》空位；《切韻指掌圖》五圖、《四聲等子》咸攝外八重輕俱等韻、《切韻指南》咸攝外八合口呼狹門，列字均爲『暫』，從母闞韻。《起數訣》從《廣韻》，空位是。

36 （去一曉）花一勘　顄　明本列字爲『顄』，四庫本列字爲『顑』。『顄』，《廣韻》苦感切，溪母感一上開咸；《集韻》呼紺切，曉勘一去開咸；『顑』，《廣韻》《集韻》呼紺切，曉勘一去開咸。

《韻鏡》外轉第三十九開、《七音略》外轉三十一重中重、《切韻指掌圖》五圖、《四聲等子》咸攝外八重輕俱等韻、《切韻指南》咸攝外八合口呼狹門，列字均爲『歔』。『歔』爲《廣韻》《集韻》勘一曉母位小韻首字，列字以『歔』爲佳。四庫本列字是，明本從《集韻》亦無誤。

37 （去一匣）𪁄一勘　暗　《廣韻》《集韻》烏紺切，影勘一去開咸；均不當列於此位。《韻鏡》外轉第三十九開、《七音略》外轉三十一重中重、《四聲等子》咸攝外八重輕俱等韻，列字均爲『憾』，《廣韻》《集韻》胡紺切，匣勘一去開咸。《切韻指掌圖》五圖，列字爲『憨』，匣母闞韻；《切韻指南》咸攝外八合口呼狹門，列字爲『鑑』，見母鑑韻。『憾』爲《廣韻》勘一匣母位小韻首字，《起數訣》明本、四庫本均將影母字串入匣母，誤，當校改爲『憾』字。

38 （去一影）亞一勘　○　《廣韻》《集韻》勘一影母位均有『暗』字，《廣韻》《集韻》烏紺切，影勘一去開咸；《韻鏡》外轉第三十九開、《七音略》外轉三十一重中重、《切韻指掌圖》五圖、《四聲等子》咸攝外八重輕俱等韻、《切韻指南》咸攝外八合口呼狹門，列字均爲『暗』。『暗』爲《廣韻》勘一影母位小韻首字，《起數訣》明本、四庫本空位均誤，當校補『暗』字。

39 （去一來）冷一勘　拉　明本列字爲『拉』，四庫本列字爲『𪋹』。『拉』，《廣韻》盧合切，《集韻》落合切，來合一入開咸；均不當列於此位。『𪋹』，《廣韻》《集韻》郎紺切，來勘一去開咸；《韻鏡》外轉第三十九開、《七音略》外轉三十一重中重、《四聲等子》咸攝外八重輕俱等韻、《切韻指南》咸攝外八合口呼狹門，列字均爲『𪋹』；《切韻指掌圖》五圖，列字爲『濫』，來母闞韻。『顩』爲《廣韻》勘一來母位小韻首字，列字均爲『顩』字爲佳。《起數訣》明本誤，當校改爲『顩』字。四庫本是。

40 本圖去聲三等無標目，平聲三等標目爲『鹽』，去聲三等也應補入韻目字『豔』。

41 (去三幫)法三(艷) ◯ 《廣韻》《集韻》豔三幫母位有『窆』小韻。『窆』，《廣韻》方驗切，《集韻》彼驗切，幫豔三去開咸；《韻鏡》外轉第三十九開、《七音略》外轉三十一重中重、《切韻指掌圖》五圖、《四聲等子》咸攝外八重輕俱等韻、《切韻指南》咸攝外八合口呼狹門，列字均爲『窆』。『窆』爲豔三幫母位小韻首字，《起數訣》空位誤，當校補『窆』字。

42 本圖四等去聲列目爲『艷』。『豔』爲《廣韻》豔三以母位小韻首字，下收有『艷』字，注『俗』。《起數訣》使用『艷』韻目，爲『豔』之俗體。

43 (去四疑)牙四艷 ◯ 《廣韻》《集韻》豔三疑母位有『驗』小韻，《廣韻》《集韻》魚窆切，疑豔三去開咸，爲重紐三等字，當列於三等位。《韻鏡》外轉第四十合、《七音略》外轉三十二重中輕，均於四等位列『驗』，誤。《切韻指掌圖》五圖、《切韻指南》咸攝外八合口呼狹門，均列於三等位；《四聲等子》咸攝外八重輕俱等韻，三等位列『釅』，疑母釅韻，四等空位。《韻鏡》《七音略》列字誤，《起數訣》空位是。

44 (去四精)哉四艷　𡅏　此字當爲『𡅏』字誤。『𡅏』，《廣韻》《集韻》子豔切，精豔三去開咸；《韻鏡》外轉第四十合、《七音略》外轉三十二重中輕、《四聲等子》咸攝外八重輕俱等韻，列字均爲『𪙊』；《切韻指掌圖》五圖，列字爲『僣』，透母㞕韻；《切韻指南》咸攝外八合口呼狹門，列字爲『韱』，心母鹽韻。『𪙊』爲《廣韻》豔三精母位小韻首字，《起數訣》字訛，當校改爲『𪙊』。

45（去四從）才四豔　潛　《廣韻》《集韻》慈豔切，從豔三去開咸；《韻鏡》外轉第四十合、《七音略》外轉三十二重中輕、《四聲等子》咸攝外八重輕俱等韻、《切韻指南》咸攝外八合口呼狹門，列字均爲『潛』；《切韻指掌圖》五圖，列字爲『瞥』，從母豔韻。『潛』爲《廣韻》豔三從母位小韻首字，『潛』爲其俗體。列字以『潛』爲佳。《起數訣》列俗體亦無誤。

46（去四來）冷四豔　○　《廣韻》豔三來母位列字爲『殮』，力驗切，來豔三去開咸；《集韻》列於來母驗韻；當列於三等位。《韻鏡》外轉第四十合，於四等位列『殮』字，并在第三十九開列於三等位；《七音略》外轉三十一重中重，列於三等位；《切韻指掌圖》五圖、《四聲等子》咸攝外八重輕俱等韻、《切韻指南》咸攝外八合口呼狹門，列字均爲『稴』，來母㮇韻。『殮』爲《廣韻》豔三來母位小韻首字，《韻鏡》内轉第四十合誤，當刪。《起數訣》空位是。

47（去四日）□四豔　○　《廣韻》《集韻》豔三日母位均有『染』字，《廣韻》《集韻》而豔切，日豔三去開咸。《韻鏡》外轉第三十九開，三等位列字爲『染』；内轉第四十合於四等位列『染』字，誤；《七音略》《切韻指掌圖》《四聲等子》《切韻指南》均空位。『染』爲《廣韻》豔三來母位小韻首字，《韻鏡》内轉第四十合誤。《起數訣》空位是。

48 （入一透）貪一合　榻　《廣韻》吐盍切，《集韻》託盍切，透盍一入開咸；《韻鏡》外轉第三十九開、《四聲等子》咸攝外八重輕俱等韻，列字均爲『鎉』，他合切，透合一入開咸；《七音略》外轉三十一重中重，列字爲『鎉』，此字當爲『錔』字形訛；《切韻指掌圖》五圖，列字爲『榻』，透母盍韻；《切韻指南》咸攝外八合口呼狹門，列字爲『榼』，《康熙字典》記：『同榻。』『榼』『榻』二字爲異體字。『錔』爲《廣韻》《集韻》合一透母位小韻首字，《起數訣》誤，當校改爲『錔』。

49 （入一溪）巧一合　匼　《廣韻》口荅切，《集韻》渴合切，溪合一入開咸；《韻鏡》外轉第三十九開、《切韻指南》咸攝外八合口呼狹門，列字爲『溘』；《七音略》外轉三十一重中重、《切韻指掌圖》五圖、《四聲等子》咸攝外八重輕俱等韻，列字均爲『榼』，溪母盍韻。『溘』爲《廣韻》合一溪母位小韻首字，下收有『匼』字，列字以『溘』字爲佳。《七音略》誤，當校改爲『溘』字。《起數訣》列『匼』字，亦無誤。

50 （入一疑）牙一合　㠏　《廣韻》五合切，《集韻》鄂合切，疑合一入開咸；《韻鏡》外轉第三十九開、《四聲等子》咸攝外八重輕俱等韻，列字均爲『㬎』；《七音略》外轉三十一重中重，列字爲『暚』，《廣韻》五剄切，《集韻》研領切，疑迥四上開梗；均不當列於此位；《七音略》誤。《切韻指掌圖》五圖、《切韻指南》咸攝外八合口呼狹門，列字爲『傝』。『㬎』爲《廣韻》合一疑母位小韻首字，下收有『㠏』『傝』字。『㠏』爲《集韻》合一疑母位小韻首字，下收有『㬎』『傝』

字，《起數訣》從《集韻》。

51 （入一精）𢧵一合　帀　《廣韻》子荅切，《集韻》作荅切，精合一入開咸；《韻鏡》外轉第三十九開，列字爲「帀」；《七音略》外轉三十一重中重、《切韻指掌圖》五圖、《四聲等子》咸攝外八重輕俱等韻，列字均爲「匝」，《康熙字典》記：「《增韻》帀俗作匝。」「匝」爲「帀」之俗體；《切韻指南》咸攝外八合口呼狹門，列字爲「帀」。「帀」爲《廣韻》合一精母位小韻首字，《七音略》取俗體字，亦無誤。《起數訣》列正體是。

52 （入一心）山一合　鈒　《廣韻》蘇合切，《集韻》悉合切，心合一入開咸；《韻鏡》外轉第三十九開、《七音略》外轉三十一重中重、《四聲等子》咸攝外八重輕俱等韻、《切韻指南》咸攝外八合口呼狹門，列字均爲「趿」；《切韻指掌圖》五圖，列字爲「僱」，心母盍韻。「趿」爲《廣韻》《集韻》合一心母位小韻首字，下收有「鈒」字，列字以「趿」字爲佳。《起數訣》列「鈒」字，亦無誤。

53 （入一來）冷一合　○　明本空位，四庫本列字爲「拉」。「拉」，《廣韻》盧合切，《集韻》落合切，來合一入開咸；《韻鏡》外轉第三十九開、《七音略》外轉三十一重中重、《四聲等子》咸攝外八重輕俱等韻、《切韻指南》咸攝外八合口呼狹門，列字均爲「拉」；《切韻指掌圖》五圖，列字爲「臘」，來母盍韻。「拉」爲《廣韻》合一來母位小韻首字，《起數訣》四庫本列字是，明本空位誤，當校補「拉」字。

54 本圖入聲三等標目爲似『業』又似『葉』，列有『鴖』、『姂』，均爲脣音字。四庫本三等無標目無列字，入聲四等列『葉』，明本入三等的兩個脣音字，在四庫本中均列於四等。本圖收一四等外可收脣音，平三等即收有脣音字。平三列目爲『鹽』，則四等列目當爲『葉』，故明本入聲三等列目當校改爲『葉』。

55 （入三幫）法三葉　鴖　明本列字爲『鴖』，四庫本空位。『鴖』，《廣韻》居輒切，見葉三入開咸；《集韻》貶耴切，幫葉三入開咸；《韻鏡》《七音略》《切韻指掌圖》《四聲等子》《切韻指南》均空位。《廣韻》葉三無幫母。『鴖』爲《集韻》葉三幫母位小韻首字，明本列字從《集韻》，四庫本列於四等誤，當校改爲『鴖』。

56 （入三滂）朴三葉　姂　明本列字爲『姂』，四庫本空位。『姂』，《廣韻》房法切，奉乏三入合咸；又《廣韻》起法切，溪乏三入合咸；《集韻》匹耴切，滂葉三入開咸；《韻鏡》《七音略》《切韻指掌圖》《切韻指南》均空位；《四聲等子》咸攝外八重輕俱等韻，列字爲『姂』。《廣韻》葉三無滂母。『姂』爲《集韻》葉三滂母位小韻首字，列字以『姂』字爲佳。明本列字從《集韻》，四庫本列於四等誤，當校改爲『姂』。

57 入聲四等，明本無列目，當據四庫本補『葉』字。

58 （入四幫）法四（葉）○　明本空位，四庫本列字爲『鴖』。『鴖』爲《集韻》葉三幫母位小韻首字，《起數訣》明本從《集韻》，四庫本錯列於入四等。

59 （入四滂）朴四（葉）〇　明本空位，四庫本列字爲『妚』。『妚』爲《集韻》葉三滂母位小韻首字，《起數訣》明本列字從《集韻》。四庫本錯列於四等。

60 （入四心）山四葉　徍　《廣韻》蘇協切，心帖四入開咸；《集韻》息葉切，心葉三入開咸；《韻鏡》《七音略》均空位；《切韻指掌圖》五圖、《四聲等子》咸攝外八重輕俱等韻、《切韻指南》咸攝外八合口呼狹門，列字均爲『爕』，心母帖韻。『徍』爲《集韻》葉三心母位小韻首字，列字以『徍』字爲佳。《起數訣》從《集韻》。

61 （入四匣）晚四葉　〇　《廣韻》《集韻》葉三均無匣母；《韻鏡》外轉第四十合，列字爲『挾』，《廣韻》胡頰切，《集韻》檄頰切，匣帖四入開咸；均不當列於此位，誤。《七音略》空位；《切韻指掌圖》五圖、《四聲等子》咸攝外八重輕俱等韻、《切韻指南》咸攝外八合口呼狹門，列字均爲『協』，匣母帖韻。《起數訣》空位是。

釋：

1 （平一端）丹一覃　耽　《廣韻》丁含切，《集韻》都含切，端覃一平開咸；《韻鏡》外轉第三十九開、《七音略》外轉三十一重中重、《切韻指南》咸攝外八合口呼狹門，列字均爲『耽』；《切韻指掌圖》五圖，列字爲『擔』，端母談韻；《四聲等子》咸攝外八重輕俱等韻，列字爲『躭』，端母覃韻。

2（平一定）覃一覃　覃　《廣韻》徒含切，《集韻》徒南切，定覃一平開咸；《韻鏡》外轉第三十九開、《七音略》外轉三十一重中重、《四聲等子》咸攝外八重輕俱等韻、《切韻指南》咸攝外八合口呼狹門，列字均爲『覃』；《切韻指掌圖》五圖，列字爲『談』，定母談韻。

3（平一泥）妳一覃　南　《廣韻》《集韻》那含切，泥覃一平開咸；《韻鏡》外轉第三十九開、《七音略》外轉三十一重中重、《切韻指掌圖》五圖、《切韻指南》咸攝外八合口呼狹門，列字均爲『南』；《四聲等子》咸攝外八重輕俱等韻，列字爲『男』，泥母覃韻。

4（平一見）甲一覃　弇　《廣韻》古南切，《集韻》姑南切，見覃一平開咸；《韻鏡》外轉第三十九開、《七音略》外轉三十一重中重、《切韻指南》咸攝外八合口呼狹門，列字均爲『弇』；《切韻指掌圖》五圖、《四聲等子》咸攝外八重輕俱等韻，列字均爲『甘』，見母談韻。

5（平一疑）牙一覃　諳　《廣韻》五含切，《集韻》吾含切，疑覃一平開咸；《韻鏡》外轉第三十九開、《七音略》外轉三十一重中重、《切韻指掌圖》五圖、《四聲等子》咸攝外八重輕俱等韻，列字均爲『諳』；《切韻指南》咸攝外八合口呼狹門，列字爲『㽜』。

6（平一清）采一覃　參　《廣韻》《集韻》倉含切，清覃一平開咸；《韻鏡》外轉第三十九開、《七音略》外轉三十一重中重、《切韻指掌圖》五圖、《四聲等子》咸攝外八重輕俱等韻、《切韻指南》咸攝外八合口呼狹門，列字均爲『參』。

7 (平一心)山一覃　毿　《廣韻》《集韻》蘇含切，心覃一平開咸；《韻鏡》外轉第三十九開、《七音略》外轉三十一重中重，列字均爲「毿」；《切韻指掌圖》五圖、《四聲等子》咸攝外八重輕俱等韻、《切韻指南》咸攝外八合口呼狹門，列字均爲「三」，心母談韻。

8 (平一曉)花一覃　峆　《廣韻》火含切，《集韻》呼含切，曉覃一平開咸；《韻鏡》外轉第三十九開、《七音略》外轉三十一重中重、《切韻指南》咸攝外八合口呼狹門，列字均爲「峆」；《切韻指掌圖》五圖，列字爲「蚶」，曉母談韻；《四聲等子》咸攝外八重輕俱等韻，列字爲「憨」，曉母談韻。

9 (平一匣)晚一覃　含　《廣韻》胡男切，《集韻》胡南切，匣覃一平開咸；《韻鏡》外轉第三十九開、《七音略》外轉三十一重中重、《切韻指南》咸攝外八合口呼狹門，列字均爲「含」；《切韻指掌圖》五圖，列字爲「銜」，匣母銜韻；《四聲等子》空位。

10 (平一影)亞一覃　諳　《廣韻》《集韻》烏含切，影覃一平開咸；《韻鏡》外轉第三十九開、《七音略》外轉三十一重中重、《切韻指掌圖》五圖、《四聲等子》咸攝外八重輕俱等韻、《切韻指南》咸攝外八合口呼狹門，列字均爲「諳」。

11 (平一來)冷一覃　婪　《廣韻》《集韻》盧含切，來覃一平開咸；《韻鏡》外轉第三十九開、《七音略》外轉三十一重中重、《四聲等子》咸攝外八重輕俱等韻，列字均爲「婪」；《切韻指掌圖》五圖、《切韻指南》咸攝外八合口呼狹門，列字均爲「藍」，來母談韻。

12（平三幫）法三鹽　砭　《廣韻》府廉切，《集韻》悲廉切，幫鹽三平開咸；《韻鏡》外轉第四十合、《七音略》外轉三十二重中輕、《切韻指掌圖》五圖、《四聲等子》咸攝外八重輕俱等韻，列字均爲「砭」；《切韻指南》咸攝外八合口呼狹門，列字爲「貶」，幫母琰韻。

13（平四心）山四鹽　銛　《廣韻》息廉切，《集韻》思廉切，心鹽三平開咸；《韻鏡》外轉第四十合、《七音略》外轉三十二重中輕、《切韻指掌圖》五圖、《切韻指南》咸攝外八合口呼狹門，列字均爲「銛」；《四聲等子》咸攝外八重輕俱等韻，列字爲「纖」，心母鹽韻。

14（平四影）亞四鹽　懕　《廣韻》一鹽切，《集韻》於鹽切，影鹽三平開咸；《韻鏡》外轉第四十合、《七音略》外轉三十二重中輕、《切韻指掌圖》五圖、《四聲等子》咸攝外八重輕俱等韻、《切韻指南》咸攝外八合口呼狹門，列字均爲「懕」。

15（以四喻）萬四鹽　鹽　《廣韻》《集韻》余廉切，以鹽三平開咸；《韻鏡》外轉第四十合、《七音略》外轉三十二重中輕、《切韻指掌圖》五圖、《四聲等子》咸攝外八重輕俱等韻、《切韻指南》咸攝外八合口呼狹門，列字均爲「鹽」。

16（上一定）覃一感　禫　《廣韻》《集韻》徒感切，定感一上開咸；《韻鏡》外轉第三十九開、《七音略》外轉三十一重中重、《四聲等子》咸攝外八重輕俱等韻、《切韻指南》咸攝外八合口呼狹門，列字均爲「禫」；《切韻指掌圖》五圖，列字爲「噉」，定母敢韻。

17（上一見）甲一感　感　《廣韻》《集韻》古禫切，見感一上開咸；《韻鏡》外轉第三十九開、《七音略》外轉三十一重中重、《四聲等子》咸攝外八重輕俱等韻、《切韻指南》咸攝外八合口呼狹門，列字均爲『感』；《切韻指掌圖》五圖，列字爲『敢』，見母敢韻。

18 （上一溪）巧一感　坎　《廣韻》《集韻》苦感切，溪感一上開咸；《韻鏡》外轉第三十九開、《七音略》外轉三十一重中重、《切韻指掌圖》五圖、《四聲等子》咸攝外八重輕俱等韻、《切韻指南》咸攝外八合口呼狹門，列字均爲『坎』。

19 （上一清）采一感　慘　《廣韻》《集韻》七感切，清感一上開咸；《韻鏡》外轉第三十九開、《七音略》外轉三十一重中重、《四聲等子》咸攝外八重輕俱等韻、《切韻指南》咸攝外八合口呼狹門，列字均爲『慘』；《切韻指掌圖》五圖，列字爲『黲』，清母感韻。

20 （上一從）才一感　歜　《廣韻》《集韻》徂感切，從感一上開咸；《韻鏡》外轉第三十九開、《七音略》外轉三十一重中重、《切韻指掌圖》五圖、《四聲等子》咸攝外八重輕俱等韻，列字均爲『歜』；《切韻指南》咸攝外八合口呼狹門，列字爲『歜』，《康熙字典》記：『《字彙補》與獨同。』當爲『歜』誤。

21 （上一匣）晚一感　頷　《廣韻》胡感切，《集韻》户感切，匣感一上開咸；《韻鏡》外轉第三十九開、《七音略》外轉三十一重中重、《切韻指掌圖》五圖、《四聲等子》咸攝外八重輕俱等韻、《切韻指南》咸攝外八合口呼狹門，列字均爲『頷』。

22 （上一來）冷一感　壈　《廣韻》《集韻》盧感切，來感一上開咸；《韻鏡》外轉第三十九開、《七音略》外轉三十一重中重，列字均爲『墰』；《切韻指掌圖》五圖、《四聲等子》咸攝外八重輕俱等韻、《切韻指南》咸攝外八合口呼狹門，列字均爲『覽』，來母敢韻。

23 （上四從）才四琰　漸　《廣韻》慈染切，《集韻》疾染切，從琰三上開咸；《韻鏡》外轉第四十合、《七音略》外轉三十二重中輕、《切韻指掌圖》五圖、《切韻指南》咸攝外八合口呼狹門，列字均爲『漸』；《四聲等子》咸攝外八重輕俱等韻，列字爲『暫』。

24 （上四以）萬四琰　琰　《廣韻》《集韻》以冉切，以琰三上開咸；《韻鏡》外轉第四十合、《七音略》外轉三十二重中輕、《切韻指掌圖》五圖、《四聲等子》咸攝外八重輕俱等韻、《切韻指南》咸攝外八合口呼狹門，列字均爲『琰』。

25 （去一端）丹一勘　馾　《廣韻》《集韻》丁紺切，端勘一去開咸；《韻鏡》外轉第三十九開、《七音略》外轉三十一重中重、《四聲等子》咸攝外八重輕俱等韻、《切韻指南》咸攝外八合口呼狹門，列字均爲『馾』；《切韻指掌圖》五圖，列字爲『擔』，端母闞韻。

26 （去一定）覃一勘　醰　《廣韻》《集韻》徒紺切，定勘一去開咸；《韻鏡》外轉第三十九開、《七音略》外轉三十一重中重、《四聲等子》咸攝外八重輕俱等韻、《切韻指南》咸攝外八合口呼狹門，列字均爲『醰』；《切韻指掌圖》五圖，列字爲『淡』，定母闞韻。

27 （去一泥）妳一勘　妠　《廣韻》《集韻》奴紺切，泥勘一去開咸；《韻鏡》外轉第三十九開、《七音略》外轉三十一重中重、《切韻指掌圖》五圖、《四聲等子》咸攝外八重輕俱等韻、《切韻指南》咸攝外八合口呼狹門，列字均爲『妠』。

28 （去一見）甲一勘 紺 《廣韻》《集韻》古暗切，見勘一去開咸；《韻鏡》外轉第三十九開，『紺』字中間闕一橫；《七音略》外轉三十一重中重、《切韻指掌圖》五圖、《四聲等子》咸攝外八重輕俱等韻、《切韻指南》咸攝外八合口呼狹門，列字均爲『紺』。

29 （去一溪）巧一勘 勘 《廣韻》《集韻》苦紺切，溪勘一去開咸；《韻鏡》外轉第三十九開、《七音略》外轉三十一重中重、《四聲等子》咸攝外八重輕俱等韻、《切韻指南》咸攝外八合口呼狹門，列字均爲『勘』；《切韻指掌圖》五圖，列字爲『闞』，溪母闞韻。

30 （去一精）哉一勘 篸 《廣韻》《集韻》作紺切，精勘一去開咸；《韻鏡》外轉第三十九開、《七音略》外轉三十一重中重、《切韻指掌圖》五圖、《四聲等子》咸攝外八重輕俱等韻、《切韻指南》咸攝外八合口呼狹門，列字均爲『篸』。

31 （去一清）采一勘 謲 《廣韻》《集韻》七紺切，清勘一去開咸；《韻鏡》外轉第三十九開、《七音略》外轉三十一重中重、《切韻指掌圖》五圖、《四聲等子》咸攝外八重輕俱等韻、《切韻指南》咸攝外八合口呼狹門，列字均爲『謲』。

32 （去一心）山一勘 俕 《廣韻》《集韻》蘇紺切，心勘一去開咸；《韻鏡》外轉第三十九開、《七音略》外轉三十一重中重，列字均爲『俕』；《切韻指掌圖》五圖、《四聲等子》咸攝外八重輕俱等韻、《切韻指南》咸攝外八合口呼狹門，列字均爲『三』，心母闞韻。

33 （去四清）采四艷　壍　《廣韻》《集韻》七豔切，清豔三去開咸；《韻鏡》外轉第四十合、《七音略》外轉三十二重中輕、《四聲等子》咸攝外八重輕俱等韻、《切韻指南》咸攝外八合口呼狹門，列字均爲『壍』；《切韻指掌圖》五圖，列字爲『塹』，清母豔韻。

34 （去四影）亞四艷　厭　《廣韻》《集韻》於豔切，影豔三去開咸；《韻鏡》外轉第三十九開、《七音略》外轉三十二重中輕、《四聲等子》咸攝外八重輕俱等韻、《切韻指南》咸攝外八合口呼狹門，列字均爲『厭』；《切韻指掌圖》五圖，列字爲『酓』，《廣韻》影母㮇韻、《集韻》影母豔韻。

35 （去四以）萬四艷　艷　《廣韻》《集韻》以贍切，以豔三去開咸；《韻鏡》外轉第三十九開、《七音略》外轉三十二重中輕、《四聲等子》咸攝外八重輕俱等韻，列字均爲『艷』；《切韻指南》咸攝外八合口呼狹門，列字爲『豔』；《切韻指掌圖》空位。

36 （入一端）丹一合　答　《廣韻》都合切，《集韻》德合切，端合一入開咸；《韻鏡》外轉第三十九開、《七音略》外轉三十一重中重、《四聲等子》咸攝外八重輕俱等韻、《切韻指南》咸攝外八合口呼狹門，列字均爲『答』；《切韻指掌圖》五圖，列字爲『皶』，端母盍韻。

37 （入一定）覃一合　沓　《廣韻》徒合切，《集韻》達合切，定合一入開咸；《韻鏡》外轉第三十九開、《七音略》外轉三十一重中重、《四聲等子》咸攝外八重輕俱等韻、《切韻指南》咸攝外八合口呼狹門，列字均爲『沓』；《切韻指掌圖》五圖，列字爲『蹋』。『沓』爲《廣韻》合一定母位小韻首字，下收有『踏』字，『踏』『蹋』二字爲異體字。列字以『沓』字爲佳。《起數訣》是。

38（入一泥）㖠一合　納　《廣韻》奴荅切，《集韻》諾荅切，泥合一入開咸；《韻鏡》外轉第三十九開、《七音略》外轉三十一重中重、《切韻指掌圖》五圖、《四聲等子》咸攝外八重輕俱等韻，列字均爲『納』；《切韻指南》咸攝外八合口呼狹門，列字爲『魶』，泥母合韻。

39（入一見）甲一合　閤　《廣韻》古沓切，《集韻》葛合切，見合一入開咸；《韻鏡》外轉第三十九開、《七音略》外轉三十一重中重、《切韻指掌圖》五圖、《四聲等子》咸攝外八重輕俱等韻、《切韻指南》咸攝外八合口呼狹門，列字均爲『閤』。

40（入一清）采一合　趁　《廣韻》七合切，《集韻》錯合切，清合一入開咸；《韻鏡》外轉第三十九開、《七音略》外轉三十一重中重、《四聲等子》咸攝外八重輕俱等韻、《切韻指南》咸攝外八合口呼狹門，列字均爲『趁』；《切韻指掌圖》五圖，列字爲『囃』，清母盍韻。

41（入一從）才一合　雜　《廣韻》徂合切，《集韻》昨合切，從合一入開咸；《韻鏡》外轉第三十九開、《七音略》外轉三十一重中重、《切韻指掌圖》五圖、《四聲等子》咸攝外八重輕俱等韻、《切韻指南》咸攝外八合口呼狹門，列字均爲『雜』。

42（入一曉）花一合　欱　《廣韻》《集韻》呼合切，曉合一入開咸；《韻鏡》外轉第三十九開、《七音略》外轉三十一重中重、《四聲等子》咸攝外八重輕俱等韻、《切韻指南》咸攝外八合口呼狹門，列字均爲『欱』；《切韻指掌圖》五圖，列字爲『歁』，曉母合韻。

43（入一匣）晚一合　合　《廣韻》侯閤切，《集韻》曷閤切，匣合一入開咸；《韻鏡》外轉第三十九開、《七音略》外轉三十一重中重、《四聲等子》咸攝外八重輕俱等韻，列字均爲『合』；《切韻指掌圖》五圖、《切韻指南》咸攝外八合口呼狹門，列字均爲『盇』，匣母盇韻。

44 （入一影）亞一合　始　《廣韻》烏合切，《集韻》遏合切，影合一入開咸；《韻鏡》外轉第三十九開、《七音略》外轉三十一重中重、《四聲等子》咸攝外八重輕俱等韻、《切韻指南》咸攝外八合口呼狹門，列字均爲『始』；《切韻指掌圖》五圖，列字爲『鰪』，影母盇韻。

45 （入四精）哉四（葉）　接　《廣韻》即葉切，《集韻》即涉切，精葉三入開咸；《韻鏡》外轉第四十合、《七音略》外轉三十二重中輕、《四聲等子》咸攝外八重輕俱等韻、《切韻指南》咸攝外八合口呼狹門，列字均爲『接』；《切韻指掌圖》五圖，列字爲『浹』，精母帖韻。

46 （入四清）采四（葉）　妾　《廣韻》《集韻》七接切，清葉三入開咸；《韻鏡》外轉第四十合、《七音略》外轉三十二重中輕、《切韻指掌圖》五圖、《四聲等子》咸攝外八重輕俱等韻，列字均爲『妾』；《切韻指南》咸攝外八合口呼狹門，列字爲『萴』，莊母緝韻。

47 （入四從）才四（葉）　捷　《廣韻》《集韻》疾葉切，從葉三入開咸；《韻鏡》外轉第四十合、《七音略》外轉三十二重中輕、《切韻指掌圖》五圖、《四聲等子》咸攝外八重輕俱等韻、《切韻指南》咸攝外八合口呼狹門，列字均爲『捷』。

48 （入四影）影四（葉）　魘　《廣韻》於葉切，《集韻》益涉切，影葉三入開咸；《韻鏡》外轉第四十合、《七音略》外轉三十二重中輕、《切韻指掌圖》五圖、《四聲等子》咸攝外八重輕俱等韻、

《切韻指南》咸攝外八合口呼狹門，列字均爲「魘」。

49 （入四以）喻四（葉） 葉 《廣韻》與涉切，《集韻》弋涉切，以葉三入開咸；《韻鏡》外轉第四十合、《七音略》外轉三十一重中輕、《切韻指掌圖》五圖、《四聲等子》咸攝外八重輕俱等韻、《切韻指南》咸攝外八合口呼狹門，列字均爲「葉」。

		刹五		良五	盍三	刹十二	象十三	良六	良七	良十一
發		百	口	白	皃	卓	坼	大	南	乍
音										
濁	咸 剛之				夌	鴿		㦨	諵	緘
	鹽 妻之					䨪	覘	㝑	黏	黚
	鬑 華之					䶡	闇	湛	囙	減
	琰 隨之						諂			槏
	陷 壽之					䶡		賺	諵	歉
	艷 噬之									
	洽 豐之					劄		䍜	囙	夾
	業 震之					輒	鍤	牒	聶	緝

艮一	艮九	豪二	剥十一	豪十一	盍十二	剥九	艮十	艮四	艮二	艮八
口	口	毛	莊	义	茶	三	士	凡	華	在
華上	在下									
歆		喦	夬		魿諺	攕		堿	咸	倍
憾	鍼	讝	詹	襜		苫	探	娑		淹
橅		黬	斬	膱	瀺	縿		喊	鹹	黯
頷	傔		颭			閃	剡	險		奄
陷		獯	蘸		儳				陷	韽
恰		陘	庘	帀	煠	歃	箑	鞅	洽	𨂖
抾		笈	讋	𦁊		攝	涉		裛	曄

艮三	蠱七	蠱十一	艮十二			剥四	蒙五	蠱五	蒙二	剥六
文	華	口	宅	發		法	朴	排	馬	丹
		崇上		音	談 同七				姘	僭
佔				清	衔			啞		
炎	廉	顩								
					添 萃七					譖
					散 革七				婼	膽
	瞼									
	歛	冉								
					忝 隨七				癸	點
					闞 需七					擔
	顩				鑑			湼		
					㮇 噬七					店
					盍 豐七					皵
	祛	囁								
	玁									
					帖 震七					聑

第七十八圖 發音濁

本圖列《廣韻》咸嫌陷洽、鹽琰艷葉韻字，係拆分《韻鏡》外轉第三十九開，取二三等非脣音字。本圖滂、見、溪、日母位列「□」，其中明本見母下一等格位内有「華上」二字，溪母下一等格位内有「在下」二字，日母下一等格位内有「祟上」二字，四庫本無。聲母照母位，明本列字爲「莊」，四庫本列字爲「哉」。韻母列目上聲二等，兩本均爲「陷」，爲「陷」書寫誤。本圖明本列字「兼」均寫爲「㢘」，爲明本書法特點。入聲三等列目爲「業」，爲「葉」訛。

校注：

1 （平二明）兒二咸　芟　明本、四庫本列字均爲「芟」。「芟」，無此字形。此字當爲「芟」字形訛。「芟」，《廣韻》未收；《集韻》亡梵切，明咸二平開咸，釋草木蕪蔓也。《韻鏡》《七音略》《切韻指掌圖》均空位；《四聲等子》咸攝外八重輕俱等韻，列字爲「芟」；《切韻指南》咸攝外八合口呼狹門，列字爲「芟」。「芟」「芟」二字均亦爲「芟」字形訛。《廣韻》咸韻無明母。「芟」爲《集韻》咸二明母位小韻首字，列字以「芟」字爲佳。《起數訣》明本、四庫本均從《集韻》，然形訛，當校改爲『菱』字。

2 (平二知)卓二咸　鴿　《廣韻》竹咸切，《集韻》知咸切，知咸二平開咸；《韻鏡》外轉第三十九開、《七音略》外轉三十一重中重、《切韻指掌圖》五圖、《四聲等子》咸攝外八重輕俱等韻、《切韻指南》咸攝外八合口呼狹門，列字均爲『詀』。『詀』爲《廣韻》《集韻》咸二開口知母位小韻首字，下收有『鴿』字，列字以『詀』字爲佳。《起數訣》列『鴿』字，亦無誤。

3 (平二澄)大二咸　㦘　《康熙字典》記：『《廣韻》《集韻》丘廉切，音謙。㦘㤻，意不安也。又《集韻》湛咸切。又《廣韻》苦減切，《集韻》口減切，音槏，義同。』此記《廣韻》丘廉切，溪添四平開咸；苦減切，溪豏二上開咸。均不當列於此位。《集韻》湛咸切，澄咸二平開咸。《韻鏡》《七音略》《切韻指掌圖》均空位；《四聲等子》咸攝外八重輕俱等韻、《切韻指南》咸攝外八合口呼狹門，列字均爲『㦘』。《廣韻》咸韻無澄母，『㦘』爲《集韻》咸二澄母位小韻首字，列字以『㦘』字爲佳。《起數訣》從《集韻》。

4 (平二溪)□二咸　欿　明本、四庫本列字均爲『欿』，《廣韻》胡感切，《集韻》户感切，匣感一上開咸；均不當列於此位，此字當爲『敆』字形訛。『敆』，《康熙字典》記：『《廣韻》苦咸切，《集韻》丘咸切，並音嵁。同鴿。鳥鴿物。《類篇》鳥啄物也。或作敹。』『鴿』，《廣韻》苦咸切，《集韻》丘咸切，溪咸二平開咸。『敆』『鴿』同音。《韻鏡》外轉第三十九開、《七音略》外轉三十一重中重、《四聲等子》咸攝外八重輕俱等韻、《切韻指南》咸攝外八合口呼狹門，列字均爲『鵮』；《切韻指掌圖》五圖，列字爲『嵌』，溪母銜韻。『鵮』爲《廣韻》咸二溪母位小韻首字，列字以『鵮』字爲佳。《起數訣》明本、四庫本均形訛，當校改爲『鵮』爲佳，用『⿰食攴』字亦可。

5 （平二莊）莊二咸　尖　明本、四庫本均爲『尖』，《廣韻》子廉切，《集韻》將廉切，精鹽三平開咸；均不當列於此位。《韻鏡》《七音略》《切韻指掌圖》均空位；《四聲等子》咸攝外八重輕俱等韻，列字爲『尖』；《切韻指南》咸攝外八合口呼狹門，列字爲『漸』，精母鹽韻。『尖』爲《廣韻》《集韻》鹽三精母位小韻首字。《起數訣》明本、四庫本均誤，此字或係『⿱小火』字形訛，『⿱小火』，《康熙字典》記：『《集韻》壯咸切，斬平聲。銳也。《正字通》尖字之譌。《集韻》壯咸切。』則可列於此位，若爲『⿱小火』誤，則《起數訣》從《集韻》，然形訛，當校改爲『⿱小火』。

6 （平二崇）茶二咸　魿　明本列字爲『魿』，其下同格位內有標注字『讒』。四庫本列字爲『魿』，標注字『讒』列於三等格位右上，字形略小。『魿』，《廣韻》昨淫切，《集韻》才淫切，從侵三平開深。又《集韻》才咸切，從咸二平開咸。『魿』，《廣韻》巨巾切，群真三平開臻，又郎丁切，來青四平開梗；《集韻》離珍切，來真三平開臻；均不當列於此位。『讒』，《廣韻》士咸切，《集韻》鋤咸切，崇咸二平開咸。《韻鏡》外轉第三十九開、《七音略》外轉三十一重中重、《四聲等子》咸攝外八重輕俱等韻，列字均爲『讒』；《切韻指掌圖》五圖，列字爲『巉』，崇母銜韻；《切韻指南》咸攝外八合口呼狹門，列字爲『攙』。『讒』爲《廣韻》咸二崇母位小韻首字，下收有『攙』字，列字以『讒』字爲佳。《起數訣》明本、四庫本均誤，當校改爲『讒』字。明本主格位列『鈐』字，當爲類隔，標注字『讒』列於此位更佳。

7 （平二生）三二咸　攕　明本列字爲『攕』，四庫本列字爲『攕』。四庫本列字顯係『攕』字形訛。『攕』，《廣韻》所咸切，《集韻》師咸切，生咸二平開咸；《韻鏡》外轉第三十九開、《七音略》外轉三十一重中重、《切韻指南》咸攝外八合口呼狹門，列字均爲『攕』；《切韻指掌圖》五圖、《四聲等子》咸攝外八重輕俱等韻，列字均爲『衫』，生母銜韻。『攕』爲《廣韻》咸二生母位小韻首字，《起數訣》明本列字是，四庫本形訛，當校改爲『攕』。

8 （平二曉）凡二咸　䫫　明本、四庫本列字均爲『䫫』，《廣韻》許咸切，《集韻》虛咸切，曉咸二平開咸；《韻鏡》外轉第三十九開、《七音略》外轉三十一重中重、《四聲等子》咸攝外八重輕俱等韻、《切韻指南》咸攝外八合口呼狹門，列字均爲『㰹』；《切韻指掌圖》五圖，列字爲『䫫』。『㰹』爲《廣韻》《集韻》咸二曉母位小韻首字，下收有『䫫』字，列字以『㰹』字爲佳。《起數訣》列『䫫』字，亦無誤。

9 （平二影）在二咸　猪　明本列字爲『猪』，四庫本列字爲『徣』。『猪』，《廣韻》乙咸切，《集韻》於咸切，影咸二平開咸；《韻鏡》外轉第三十九開、《切韻指掌圖》五圖、《四聲等子》咸攝外八重輕俱等韻、《切韻指南》咸攝外八合口呼狹門，列字均爲『猪』；《七音略》外轉三十一重中重，列字爲『徣』，此字與四庫本均爲『猪』字形訛。『猪』爲《廣韻》咸二影母位小韻首字，《起數訣》明本列字是，四庫本形訛，當校改爲『猪』。

10 (平二喻)爻二咸　佔　《廣韻》《集韻》丁兼切，端添四平開咸；均不當列於此位。此字當爲『佔』字形訛。『佔』，《康熙字典》記：『《廣韻》同尣。』『尣』，《廣韻》以周切，以尤三平開流或餘針切，以侵三平開流，不當列於此位。《集韻》弋咸切，以咸二平開咸。按門法之『喉音切字門』，當列於二等。《韻鏡》《七音略》《切韻指掌圖》均空位；《四聲等子》咸攝外八重輕俱等韻、《切韻指南》咸攝外八合口呼狹門，列字均爲『佔』。《起數訣》從《集韻》。

11 (平三澄)大三鹽　灾　明本列字爲『𤇾』，四庫本列字爲『𤎼』。『𤎼』，《廣韻》直廉切，《集韻》持廉切，澄鹽三平開咸；《韻鏡》外轉第三十九開、《切韻指掌圖》五圖、《四聲等子》咸攝外八重輕俱等韻、《切韻指南》咸攝外八合口呼狹門，列字均爲『𤎼』；《七音略》空位。『𤎼』爲《廣韻》鹽三澄母位小韻首字，列字以『𤎼』字爲佳。《七音略》空位誤，當校補『𤎼』字。《起數訣》明本列字當爲書寫誤，當校正爲『𤎼』，四庫本是。

12 (平三見)乍三鹽　黚　《廣韻》巨淹切，群鹽三平開咸；《集韻》紀炎切，見鹽三平開咸；《韻鏡》外轉第三十九開，列字爲『㪘』，實爲『兼』，《廣韻》古甜切，《集韻》堅嫌切，見添四平開咸；不當列於此位，《韻鏡》誤，當删。《七音略》《切韻指掌圖》均空位；《四聲等子》咸攝外八重輕俱等韻，列字爲『黔』，群母鹽韻；《切韻指南》咸攝外八合口呼狹門，列字爲『黚』。《廣韻》鹽韻無見母。『黚』爲《集韻》鹽三見母位小韻首字，《起數訣》從《集韻》。

13 (平三溪)□三鹽　憸　《廣韻》《集韻》丘廉切，溪鹽三平開咸；《韻鏡》空位；《七音略》外轉三十一重中重，列字爲『㺌』。《康熙字典》記：『《五音集韻》直廉切，音𠹌。鉗也。』此記直廉切，澄母鹽韻，不當列於此位。《切韻指掌圖》五圖、《四聲等子》咸攝外八重輕俱等韻、《切韻指南》咸攝外八合口呼狹門，列字均爲『㦓』。『㦓』爲《廣韻》鹽三溪母位小韻首字，列字以『㦓』字爲佳。《韻鏡》空位誤，當校補『㦓』字。《七音略》誤，當校改爲『㦓』字。《起數訣》是。

14（平三群）▢三鹽　鍼《廣韻》巨淹切，《集韻》其淹切，群鹽三平開咸；《韻鏡》《四聲等子》均空位；《七音略》外轉三十一重中重、《切韻指掌圖》五圖，列字均爲『箝』；《切韻指南》咸攝外八合口呼狹門，列字爲『鍼』。『箝』爲《廣韻》鹽三群母位小韻首字，下收有『鍼』字。『鍼』爲《集韻》鹽三群母位小韻首字，下收有『箝』字，《起數訣》從《集韻》。《韻鏡》空位誤，當校補『箝』字。

15（平三昌）㕚三鹽　襜《廣韻》處占切，《集韻》蚩占切，昌鹽三平開咸；《韻鏡》外轉第三十九開，列字爲『襜』，此字當爲『襜』字形訛；《七音略》外轉三十一重中重、《切韻指掌圖》五圖、《四聲等子》咸攝外八重輕俱等韻、《切韻指南》咸攝外八合口呼狹門，列字均爲『韂』。『韂』爲《廣韻》鹽三昌母位小韻首字，下收有『襜』字。『韂』『襜』同爲《集韻》鹽三昌母位小韻首字，《起數訣》從《集韻》。

16（平三船）茶三鹽　◯　明本空位。四庫本列字爲『讒』，《廣韻》士咸切，《集韻》鋤咸切，崇咸二平開咸；《韻鏡》《七音略》《切韻指掌圖》《四聲等子》《切韻指南》均空位。『讒』爲《廣韻》

咸三船母位小韻首字，《起數訣》四庫本誤，當删。明本『讒』字列於二等位内，係二等列字之標注字。本位空位是。

17 (平三禪)𡰪三鹽　探　《廣韻》他含切，透覃一平開咸；《集韻》時占切，禪鹽三平開咸；《韻鏡》外轉第三十九開、《切韻指掌圖》五圖、《切韻指南》咸攝外八合口呼狹門，列字均爲『棎』；《七音略》外轉三十一重中重，列字爲『蟾』；《四聲等子》空位。『棎』爲《廣韻》《集韻》鹽三禪母位小韻首字，收有『蟾』字。《集韻》下亦收有『探』字，列字以『棎』字爲佳。《起數訣》從《集韻》，列『探』字，亦無誤。

18 (平三曉)凡三鹽　𡡉　《廣韻》丑廉切，徹鹽三平開咸；《集韻》火占切，曉鹽三平開咸；《韻鏡》外轉第三十九開、《切韻指南》咸攝外八合口呼狹門，列字均爲『𡡉』；《七音略》空位；《切韻指掌圖》五圖、《四聲等子》咸攝外八重輕俱等韻，列字均爲『杴』，曉母嚴韻。《廣韻》鹽三無曉母。『𡡉』爲《集韻》鹽三曉母位小韻首字，《韻鏡》《起數訣》從《集韻》。

19 (平三匣)華三鹽　○　《廣韻》《集韻》鹽韻均無匣母；《韻鏡》《切韻指掌圖》《四聲等子》《切韻指南》均空位；《七音略》外轉三十一重中重，列字爲『嫌』，《廣韻》户兼切，《集韻》㕑兼切，匣添四平開咸；均不當列於此位。『嫌』爲《廣韻》添四匣母位小韻首字，《七音略》誤，當删。《起數訣》空位是。

20 (平三來)犖三鹽　廉　明本列字爲『𢉛』，四庫本列字爲『廉』。均爲『廉』之異體。『廉』，《廣韻》力鹽切，《集韻》離鹽切，來鹽三平開咸；《韻鏡》外轉第三十九開、《七音略》外轉三十一重中重、《切韻指掌圖》五圖、《四聲等子》咸攝外八重輕俱等韻、《切韻指南》咸攝外八合口呼狹門，列字均爲「廉」。「廉」爲《廣韻》《集韻》鹽三來母位小韻首字，《起數訣》兩本均是。

21（平三日）□三鹽　髯　明本列字爲「顅」，四庫本列字爲「顲」。「顅」，《廣韻》汝鹽切，《集韻》如占切，日鹽三平開咸；「顲」，無此字形。《韻鏡》外轉第三十九開、《七音略》外轉三十一重中重、《切韻指掌圖》五圖、《切韻指南》咸攝外八合口呼狹門，列字均爲「髯」；《四聲等子》咸攝外八重輕俱等韻，列字爲「蚺」。「髯」爲《廣韻》鹽三日母位小韻首字，「顅」爲其異體字，下收有「蚺」字，列字以「髯」字爲佳。《起數訣》明本列字是。四庫本誤，當校改爲「顅」字。

22（上二知）卓二豏　鮎　明本、四庫本列字均爲「鮎」，《康熙字典》記：「《集韻》陟陷切，音詀。剔齒也。」此記《集韻》陟陷切，知母陷韻。不當列於此位。此字當爲「鮎」字形訛。「鮎」，《廣韻》《集韻》陟陷切，知陷二去開咸，又《廣韻》竹咸切；《集韻》知咸切，知咸二平開咸，均不當列於此位。又《集韻》竹減切，知豏二上開咸。《韻鏡》《七音略》《切韻指掌圖》均空位；《四聲等子》咸攝外八重輕俱等韻、《切韻指南》咸攝外八合口呼狹門，列字均爲「鮎」。《廣韻》豏韻無知母。「鮎」爲《集韻》豏二知母位小韻首字，列字以「鮎」字爲佳。《起數訣》明本、四庫本均形訛，當校改爲「鮎」字。

23（上二徹）㽶二豏　闇　明本列字爲「闇」，四庫本列字爲「闇」。「闇」，各韻書未收録此字。

「閻」，《廣韻》《集韻》余廉切，以鹽三平開咸；均不當列於此位。此字當爲「儞」字形訛。「儞」，《廣韻》《集韻》丑減切，徹豏二上開咸。《韻鏡》外轉第三十九開、《七音略》外轉三十一重中重、《切韻指掌圖》五圖、《四聲等子》咸攝外八重輕俱等韻、《切韻指南》咸攝外八合口呼狹門，列字均爲「儞」。「儞」爲《廣韻》豏二徹母位小韻首字，列字以「儞」字爲佳。《起數訣》明本、四庫本均形誤，當校改爲「儞」字。

24
(上二娘)南二豏　図　《集韻》女減切，娘豏二上開咸；《廣韻》無此字形，娘母豏韻列字爲「罓」字形，女減切。《韻鏡》外轉第三十九開、《切韻指掌圖》五圖、《四聲等子》咸攝外八重輕俱等韻、《切韻指南》咸攝外八合口呼狹門，列字均爲「罓」；《七音略》空位。「罓」爲《廣韻》豏二娘母位小韻首字。「図」爲《集韻》豏二娘母位小韻首字，下收有「罓」字，《起數訣》從《集韻》。

25
(上二見)乍二豏　減　《廣韻》《集韻》古斬切，見豏二上開咸；《韻鏡》外轉第三十九開、《七音略》外轉三十一重中重、《切韻指南》咸攝外八合口呼狹門，列字均爲「鹼」；《切韻指掌圖》五圖、《四聲等子》咸攝外八重輕俱等韻，列字均爲「減」。「鹼」爲《廣韻》豏二見母位小韻首字，下收有「減」字。「減」爲《集韻》豏二見母位小韻首字，下收有「鹼」字，《起數訣》從《集韻》。

26
(上二溪)□二豏　槏　明本列字爲「槏」，四庫本列字爲「槏」。「槏」，《廣韻》苦減切，《集韻》

口減切，溪𧦝二上開咸；《韻鏡》外轉第三十九開、《七音略》外轉三十一重中重、《切韻指掌圖》五圖、《四聲等子》咸攝外八重輕俱等韻、《切韻指南》咸攝外八合口呼狹門，列字均爲『床』。『床』爲《廣韻》𧦝二溪母位小韻首字，下收有『槏』字。『床』『槏』二字同爲《集韻》𧦝二溪母位小韻首字，《起數訣》從《集韻》。明本列字爲書寫俗，四庫本是。

27（上二疑）瓦二𧦝　顩　明本列字爲『顩』，四庫本列字爲『顤』。『顤』，《廣韻》五咸切，疑咸二平開咸；《集韻》五減切，疑𧦝二上開咸；《韻鏡》外轉第三十九開、《七音略》外轉三十一重中重、《切韻指南》咸攝外八合口呼狹門，列字均爲『顤』；《切韻指掌圖》空位；《四聲等子》咸攝外八重輕俱等韻，列字爲『歉』，溪母𧦝韻。《廣韻》𧦝韻無疑母。『顤』爲《集韻》𧦝二疑母位小韻首字，列字以『顤』字爲佳。《起數訣》從《集韻》。

28（上二初）叉二𧦝　臘　明本、四庫本列字均爲『臘』，此字顯係『臘』之俗。『臘』，《廣韻》初減切，《集韻》楚減切，初𧦝二上開咸；《韻鏡》外轉第三十九開、《切韻指掌圖》五圖、《四聲等子》咸攝外八重輕俱等韻，列字均爲『臘』；《七音略》外轉三十一重中重，列字爲『醶』，《康熙字典》記：『《正字通》俗醶字。』《切韻指南》咸攝外八合口呼狹門，列字爲『醶』，初母檻韻。『臘』爲《廣韻》𧦝二初母位小韻首字，下收有『醶』字，列字以『臘』字爲佳。《起數訣》列字形訛，當校改爲『臘』。

29（上二崇）茶二𧦝　瀺　《廣韻》《集韻》士減切，崇𧦝二上開咸；《韻鏡》外轉第三十九開、《切韻指掌圖》五圖、《四聲等子》咸攝外八重輕俱等韻、《切韻指南》咸攝外八合口呼狹門，列字均爲『瀺』；《七音略》外轉三十一重中重，列字爲『巉』，《廣韻》仕檻切，崇檻二上開咸；《集韻》士減切，崇豏二上開咸。『瀺』爲《廣韻》《集韻》豏二崇母位小韻首字，《集韻》下亦收有『巉』字，列字以『瀺』字爲佳。《七音略》從《集韻》，列『巉』字，亦無誤。《起數訣》是。

30（上二生）三二豏　摻　明本、四庫本列字均爲『縿』，《廣韻》所銜切，生銜二平開咸；《集韻》所感切，生感一上開咸；均不當列於此位，此字當爲『摻』字形訛。『摻』，《廣韻》《集韻》所斬切，生豏二上開咸。《韻鏡》外轉第三十九開、《七音略》外轉三十一重中重、《四聲等子》咸攝外八重輕俱等韻，列字均爲『摻』；《切韻指掌圖》五圖、《切韻指南》咸攝外八合口呼狹門，列字均爲『摲』，從母談韻。『摻』爲《廣韻》豏二生母位小韻首字，列字以『摻』字爲佳。《起數訣》明本、四庫本均形訛，當校改爲『摻』字。

31（上二曉）凡二豏　喊　《廣韻》呼豏切，《集韻》火斬切，曉豏二上開咸；《韻鏡》外轉第三十九開、《四聲等子》咸攝外八重輕俱等韻、《切韻指南》咸攝外八合口呼狹門，列字均爲『喊』；《七音略》外轉三十一重中重，列於曉母感韻，豏韻空位；《切韻指掌圖》五圖，列於曉母感韻，豏韻列字爲『㺝』，曉母檻韻。『喊』爲《廣韻》豏二曉母位小韻首字，列字以『喊』字爲佳。《七音略》空位誤，當校改爲『喊』字。《起數訣》是。

32（上三徹）拆三琰　諂　明本列字爲『諂』，四庫本列字爲『謟』。『諂』，《廣韻》《集韻》丑琰切，徹琰三上開咸；《韻鏡》外轉第三十九開、《切韻指掌圖》五圖、《四聲等子》咸攝外八重輕俱等韻、《切韻指南》咸攝外八合口呼狹門，列字均爲「諂」；《七音略》外轉三十一重中重，列字爲「謟」，透母豪韻，誤。「諂」爲《廣韻》琰三徹母位小韻首字，《起數訣》四庫本列字是，明本形訛，當校改爲「諂」。

33 （上三溪）□三琰　顩《廣韻》魚檢切，疑琰三上開咸；《集韻》丘檢切，溪琰三上開咸；《韻鏡》外轉第三十九開、《七音略》外轉三十一重中重、《切韻指掌圖》五圖、《切韻指南》咸攝外八合口呼狹門，列字均爲「穎」，《廣韻》《集韻》丘檢切，溪琰三上開咸；《四聲等子》咸攝外八重輕俱等韻，列字爲「欿」，溪母儼韻。「穎」爲《廣韻》琰三溪母位小韻首字，下未收「顩」字；「穎」「顩」二字同爲《集韻》琰三溪母位小韻首字，《起數訣》從《集韻》。

34 （上三疑）瓦三琰　○　明本、四庫本均空位。《廣韻》琰韻疑母位均有「顩」字，《廣韻》魚檢切，疑琰三上開咸；《韻鏡》外轉第三十九開、《切韻指掌圖》五圖、《切韻指南》咸攝外八合口呼狹門，列字均爲「顩」；《七音略》空位；《四聲等子》咸攝外八重輕俱等韻，列字爲「儼」，疑母儼韻。「顩」爲《廣韻》琰三疑母位小韻首字，《起數訣》空位誤，當校補「顩」字。

35 （上三書）三三琰　閃《廣韻》《集韻》失冉切，書琰三上開咸；《韻鏡》外轉第三十九開、《七音略》外轉三十一重中重、《切韻指掌圖》五圖、《四聲等子》咸攝外八重輕俱等韻、《切韻指南》咸攝外八合口呼狹門，列字均爲「陝」。「陝」爲《廣韻》琰三書母位小韻首字，下收有「閃」

字。『閃』爲《集韻》琰三書母位小韻首字，下收有『陝』字，《起數訣》從《集韻》。

36 (上三匣)華三琰 ◯ 明本、四庫本均空位。《廣韻》《集韻》琰韻均無匣母。《韻鏡》外轉第三十九開，列字爲『鼸』，《廣韻》《集韻》丘檢切，溪琰三上開咸；《韻鏡》誤，當刪。《七音略》《切韻指掌圖》《四聲等子》《切韻指南》均空位。《起數訣》空位是。

37 (上三來)犖三琰 歛 明本、四庫本列字均爲『歛』，《廣韻》呼談切，《集韻》呼甘切，曉談一平開咸；均不當列於此位。此字當爲『斂』字形訛。『斂』，《廣韻》良冉切，《集韻》力冉切，來琰三上開咸；《韻鏡》外轉第三十九開、《七音略》外轉三十一重中重、《切韻指掌圖》五圖，列字均爲『歛』；《四聲等子》咸攝外八重輕俱等韻、《切韻指南》咸攝外八合口呼狹門，列字均爲『斂』。『斂』爲《廣韻》琰三來母位小韻首字，列字以『斂』字爲佳。《韻鏡》《七音略》《起數訣》明本及四庫本均誤，當校改爲『斂』字。

38 (上三日)□三琰 冉 《廣韻》《集韻》而琰切，日琰三上開咸；《韻鏡》外轉第三十九開、《切韻指掌圖》五圖、《四聲等子》咸攝外八重輕俱等韻、《切韻指南》咸攝外八合口呼狹門，列字均爲『冉』；《七音略》空位。『冉』爲《廣韻》琰三日母位小韻首字，列字以『冉』字爲佳。《七音略》空位誤，當校補『冉』字。《起數訣》是。

39 (去二知)卓二陷 鮎 《廣韻》無此字形；《集韻》陟陷切，知陷二去開咸；《廣韻》知母陷韻有『鮎』，陟陷切。《韻鏡》外轉第三十九開、《七音略》外轉三十一重中重、《切韻指掌圖》五圖、《切韻指南》咸攝外八合口呼狹門，列字均爲『黏』；《四聲等子》咸攝外八重輕俱等韻，列字爲『站』。『黏』爲《廣韻》《集韻》陷二知母位小韻首字，下收有『站』字，《集韻》下亦收有『黏』字，《起數訣》從《集韻》，列字以『黏』爲佳，列『黏』字，亦無誤。

40（去二澄）大二陷　贃　明本列字爲『贃』，四庫本列字爲『賺』。『贃』，此字當爲『賺』字俗訛。『賺』，《廣韻》佇陷切，《集韻》直陷切，澄陷二去開咸；《韻鏡》空位；《七音略》外轉三十一重中重、《切韻指掌圖》五圖，列字均爲『賺』；《四聲等子》咸攝外八重輕俱等韻，列字爲『謙』；《切韻指南》咸攝外八合口呼狹門，列字爲『⿰貝廉』。『⿰貝廉』爲《廣韻》陷二澄母位小韻首字，下收有『謙』字。『賺』爲《集韻》陷二澄母位小韻首字。『⿰貝廉』與『賺』，《康熙字典》記：『《類篇》一曰市物失實。或省作賺。』『賺』爲『⿰貝廉』之省體。《韻鏡》空位誤，當校補『⿰貝廉』字。就字形而言，《起數訣》從《集韻》。

41（去二見）乍二陷　歉　明本、四庫本列字均爲『歉』，《廣韻》《集韻》口陷切，溪陷二去開咸；均不當列於此位，此字當爲『⿰兼頁』之形訛。『⿰兼頁』，《廣韻》《集韻》公陷切，見陷二去開咸；《韻鏡》外轉第三十九開、《切韻指南》咸攝外八合口呼狹門，列字爲『⿰鹵臽』；《七音略》外轉三十一重中重，列字爲『⿰兼頁』；《切韻指掌圖》五圖，列字爲『鑑』，見母鑑韻；《四聲等子》咸攝外八重輕俱等韻，列字爲『監』，見母鑑韻。『⿰鹵臽』爲《廣韻》陷二見母位小韻首字，下收有『⿰兼頁』字。『⿰兼頁』爲《集韻》陷二見母位小韻首字，《七音略》《起數訣》從《集韻》。《起數訣》兩本皆誤，當校改爲『顂』。

42 （去二溪）□二陷　𨻧　明本列字爲『𨻧』，四庫本列字爲『䁍』。『𨻧』，各韻書均無此字。『䁍』，《廣韻》未收；《集韻》口陷切，溪陷二去開咸；《韻鏡》外轉第三十九開、《七音略》外轉三十一重中重、《切韻指掌圖》五圖、《四聲等子》咸攝外八重輕俱等韻、《切韻指南》咸攝外八合口呼狹門，列字均爲『歉』；《廣韻》《集韻》口陷切，溪陷二去開咸。『歉』爲《廣韻》《集韻》陷二溪母位小韻首字，《集韻》下亦收有『䁍』字，列字以『歉』字爲佳。《起數訣》明本誤，當校改爲『歉』字。四庫本從《集韻》，列『䁍』字，亦無誤。

43 （去二疑）瓦二陷　㺌　《廣韻》未收；《集韻》午陷切，疑陷二去開咸；《韻鏡》外轉第三十九開、《切韻指掌圖》五圖、《四聲等子》咸攝外八重輕俱等韻、《切韻指南》咸攝外八合口呼狹門，列字均爲『顑』；《七音略》外轉三十一重中重，列字爲『䫡』；《廣韻》《集韻》呼紺切，曉勘一去開咸。此字當爲『顑』字形訛。『㺌』爲《廣韻》陷二疑母位小韻首字。『顑』爲《廣韻》陷二疑母位小韻首字，《起數訣》從《集韻》。

44 （去二崇）茶二陷　儳　《廣韻》仕陷切，崇陷二去開咸；《集韻》列於崇母𩓐韻。《韻鏡》空位；《七音略》外轉三十一重中重、《四聲等子》咸攝外八重輕俱等韻、《切韻指南》咸攝外八合口呼狹門，列字均爲『儳』；《切韻指掌圖》五圖，列於禪母，崇母位列『鑱』，《集韻》崇母鑑韻。『儳』爲《廣韻》陷二崇母位小韻首字，列字以『儳』字爲佳。《韻鏡》空位誤，當校補『儳』

字。《起數訣》列字是。

45 （去二曉）凡二陷　○　《廣韻》《集韻》曉母陷韻均無字；《韻鏡》外轉第三十九開，列字爲『闞』，《廣韻》許鑑切，曉鑑二去開咸；《集韻》許鑑切，曉鑑二去開咸；均不當列於此位。《七音略》空位；《切韻指掌圖》五圖、《四聲等子》咸攝外八重輕俱等韻、《切韻指南》咸攝外八合口呼狹門，列字均爲『㺖』，曉母咸韻。《韻鏡》列字誤，《起數訣》空位是。

46 （去二匣）華二陷　陷　明本列字寫作『陥』，四庫本列字爲『陷』。『陷』，《廣韻》户韽切，《集韻》乎韽切，匣陷二去開咸；《韻鏡》外轉第三十九開、《七音略》外轉三十一重中重、《切韻指掌圖》五圖、《四聲等子》咸攝外八重輕俱等韻、《切韻指南》咸攝外八合口呼狹門，列字爲『陷』。《起數訣》明本書寫俗，當校爲『陷』，四庫本是。

47 （去二來）犖二陷　䫒　明本、四庫本列字均爲『䫒』，《康熙字典》記：『《正字通》䫒字之譌。』『䫒』爲『䫒』之僞字。」『䫒』，《廣韻》郎紺切，來勘一去開咸；《集韻》盧感切，來感一上開咸。均不當列於此位。《集韻》陷韻來母位有『䶨』字，力陷切，來陷二去開咸。《韻鏡》《七音略》《切韻指掌圖》《四聲等子》均空位；《切韻指南》咸攝外八合口呼狹門，列字爲『䶨』。《廣韻》陷韻無來母。『䶨』爲《集韻》陷二來母位小韻首字，列字以『䶨』字爲佳。《起數訣》明本、四庫本均誤，當校改爲『䶨』字。

48 （去三徹）坼三艷　○　明本、四庫本均空位。《廣韻》《集韻》豔三徹母位有『覘』字，《廣韻》

丑黶切，《集韻》敕黶切，徹黶三去開咸。《韻鏡》外轉第三十九開、《七音略》外轉三十一重中重、《切韻指掌圖》五圖、《四聲等子》咸攝外八重輕俱等韻、《切韻指南》咸攝外八合口呼狹門，列字均爲『覘』。『覘』爲《廣韻》黶三徹母位小韻首字，列字以『覘』字爲佳。《起數訣》明本、四庫本空位均誤，當校補『覘』字。

49 (去三疑)牙三艷 ◯ 明本、四庫本均空位。《廣韻》黶三疑母位有『驗』字，魚窆切，疑黶三去開咸；《集韻》列於驗韻，魚窆切，疑驗三去開咸。《韻鏡》外轉第三十九開、《七音略》外轉三十一重中重、《切韻指掌圖》五圖、《切韻指南》咸攝外八合口呼狹門，列字均爲『驗』；《四聲等子》咸攝外八重輕俱等韻，列字爲『醃』，疑母醃韻。『驗』爲《廣韻》黶三疑母位小韻首字，列字以『驗』字爲佳。《起數訣》明本、四庫本空位均誤，當校補『驗』字。

50 (去三章)莊三艷 ◯ 明本、四庫本均空位。《廣韻》《集韻》黶三章母位均有『占』字，《廣韻》《集韻》章黶切，章黶三去開咸。《韻鏡》外轉第三十九開、《七音略》外轉三十一重中重、《切韻指掌圖》五圖、《四聲等子》咸攝外八重輕俱等韻、《切韻指南》咸攝外八合口呼狹門，列字均爲『占』。『占』爲《廣韻》黶三章母位小韻首字，列字以『占』字爲佳。《起數訣》明本、四庫本空位均誤，當校補『占』字。

51 (去三昌)叉三艷 ◯ 明本、四庫本均空位。《廣韻》《集韻》黶三昌母位均有『蹭』字，《廣韻》《集韻》昌黶切，昌黶三去開咸。《韻鏡》外轉第三十九開，列字爲『蹭』，爲『蹭』字訛；《七音略》外轉三十一重中重、《切韻指南》咸攝外八合口呼狹門，列字均爲『蹭』；《切韻指掌圖》五圖、《四聲等子》咸攝外八重輕俱等韻，列字均爲『襜』，《康熙字典》記：『《正字通》襜字之譌。按《史記·李牧傳》滅襜襤，兩字俱从衣。《字彙》重入示部，誤。』此字當爲『襜』字形訛；『蹭』爲《廣韻》豔三章母位小韻首字，下收有『襜』字，列字以『蹭』字爲佳。《起數訣》明本、四庫本空位均誤，當校補『蹭』字。

52（去三書）三三豔　◯　明本、四庫本均空位。《廣韻》《集韻》豔三書母位均有『閃』字，《廣韻》《集韻》舒贍切，書豔三去開咸。《韻鏡》外轉第三十九開、《七音略》外轉三十一重中重、《四聲等子》咸攝外八重輕俱等韻、《切韻指南》咸攝外八合口呼狹門，列字均爲『閃』；《切韻指掌圖》五圖，列字爲『苫』。『閃』爲《廣韻》豔三書母位小韻首字，下收有『苫』字，列字以『閃』字爲佳。《起數訣》明本、四庫本空位均誤，當校補『閃』字。

53（去三禪）三三豔　◯　明本、四庫本均空位。《廣韻》《集韻》豔三禪母位均有『贍』字，《廣韻》《集韻》時豔切，禪豔三去開咸。《韻鏡》外轉第三十九開、《七音略》外轉三十一重中重、《切韻指掌圖》五圖、《切韻指南》咸攝外八合口呼狹門，列字均爲『贍』；《四聲等子》空位。『贍』爲《廣韻》豔三禪母位小韻首字，列字以『贍』字爲佳。《起數訣》明本、四庫本空位均誤，當校補『贍』字。

54（去三影）在三豔　◯　明本、四庫本均空位。《廣韻》《集韻》豔三影母位均有『愮』字，《廣韻》於驗切，《集韻》於贍切，影豔三去開咸。《韻鏡》外轉第三十九開、《七音略》外轉三十一重中重、《切韻指南》咸攝外八合口呼狹門，列字均爲『憸』；《切韻指掌圖》五圖，列字爲『厭』，以母豔韻。《四聲等子》咸攝外八重輕俱等韻，列字爲『掩』，影母琰韻。『憸』爲《廣韻》豔三禪母位小韻首字，列字以『憸』字爲佳。《起數訣》明本、四庫本空位均誤，當校補『憸』字。

55（去三來）斂三豔　◯　明本、四庫本均空位。《廣韻》《集韻》豔三來母位均有『殮』字，《廣韻》力驗切，來豔三去開咸；《集韻》列於驗韻，力驗切，來驗三去開咸。《韻鏡》外轉第三十九開、《七音略》外轉三十一重中重、《切韻指掌圖》五圖、《四聲等子》咸攝外八重輕俱等韻、《切韻指南》咸攝外八合口呼狹門，列字均爲『殮』。『殮』爲《廣韻》豔三來母位小韻首字，列字以『殮』字爲佳。《起數訣》明本、四庫本空位均誤，當校補『殮』字。

56（去三日）□三豔　◯　明本、四庫本均空位。《廣韻》《集韻》豔三日母位均有『染』字，《廣韻》《集韻》而豔切，日豔三去開咸；《韻鏡》外轉第三十九開、《七音略》外轉三十一重中重、《切韻指掌圖》五圖、《四聲等子》咸攝外八重輕俱等韻、《切韻指南》咸攝外八合口呼狹門，列字均爲『染』。『染』爲《廣韻》豔三日母位小韻首字，列字以『染』字爲佳。《起數訣》明本、四庫本空位均誤，當校補『染』字。

57（入二知）卓二洽　劄　明本列字爲『劄』，四庫本列字爲『劄』。『劄』，《康熙字典》記：『《集韻》德合切，音答。鉤也。《玉篇》劄刎也。」此記德合切，端母合韻，不當列於此位。明本爲『劄』字誤。『劄』，《廣韻》《集韻》竹洽切，知洽二入開咸；《韻鏡》外轉第三十九開、《七音略》外轉三十一重中重、《切韻指掌圖》五圖、《四聲等子》咸攝外八重輕俱等韻、《切韻指南》咸攝外八合口呼狹門，列字均爲『劄』。『劄』爲《廣韻》洽二知母位小韻首字，《起數訣》四庫本列字是，明本形訛，當校改爲『劄』。

58 (入二徹)圻二洽 ○ 明本、四庫本均空位。《廣韻》洽韻徹母位有『⿳亠凶皿』字，丑図切，徹洽二入開咸；《集韻》未收；《韻鏡》外轉第三十九開、《七音略》外轉三十一重中重、《切韻指掌圖》五圖、《四聲等子》咸攝外八重輕俱等韻，列字均爲『⿳亠凶皿』；《切韻指南》咸攝外八合口呼狹門，列字爲『⿰貝臿』。『⿳亠凶皿』爲《廣韻》洽二徹母位小韻首字，列字以『⿳亠凶皿』字爲佳。《起數訣》空位誤，當校補『⿳亠凶皿』字。

59 (入二澄)大二洽 毾 《康熙字典》記：『《玉篇》《廣韻》《集韻》與氎同。』『毾』『氎』二字爲異體字。『氎』，《廣韻》徒協切，《集韻》達協切，定帖四入開咸；又《集韻》徒洽切，以定切澄，類隔。《韻鏡》外轉第三十九開、《四聲等子》咸攝外八重輕俱等韻、《切韻指南》咸攝外八合口呼狹門，列字均爲『毾』；《七音略》空位；《切韻指掌圖》五圖，列字爲『渫』，崇母洽韻。《廣韻》洽韻無澄母。『毾』爲《集韻》洽二澄母位小韻首字，《起數訣》從《集韻》。

60 (入二娘)南二洽 囙 明本列字爲『囙』，四庫本列字爲『因』。『囙』爲『因』之異體。『因』，

《廣韻》於真切，《集韻》伊真切，影真三平開臻；均不當列於此位。此字當爲『囟』字形訛。

『囟』，《廣韻》女洽切，《集韻》昵洽切，娘洽二入開咸；《韻鏡》外轉第三十九開、《切韻指掌圖》五圖、《四聲等子》咸攝外八重輕俱等韻、《切韻指南》咸攝外八合口呼狹門，列字均爲『囟』；《七音略》外轉三十一重中重，列字爲『箇』，《廣韻》奴盍切，泥盍一入開咸；《廣韻》昵洽切，娘洽二入開咸。『囟』爲《廣韻》《集韻》洽二娘母位小韻首字，《集韻》下亦收有『箇』字，列字以『囟』字爲佳。《七音略》從《集韻》，列『箇』字，亦無誤。《起數訣》明本、四庫本均誤，當校改爲『囟』字。

61（入二疑）瓦二洽　䁵　明本列字爲『䁵』，四庫本列字爲『䁵』。『䁵』，《廣韻》五夾切，《集韻》仡甲切，疑洽二入開咸；《韻鏡》外轉第三十九開、《七音略》外轉三十一重中重、《切韻指掌圖》五圖、《切韻指南》咸攝外八合口呼狹門，列字均爲『䁵』；《四聲等子》咸攝外八重輕俱等韻，列字爲『眰』，章母質韻。『䁵』爲《廣韻》洽二疑母位小韻首字，《起數訣》四庫本列字是，明本形訛，當校改爲『䁵』。

62（入二莊）莊二洽　庯　明本列字均爲『庯』，四庫本列字爲『痡』，四庫本此字爲『庯』字誤。『庯』，《康熙字典》記：『《集韻》莊輒切，音偛。藏也。』此記莊輒切，莊母葉韻，不當列於此位。《韻鏡》外轉第三十九開、《七音略》外轉三十一重中重，列字均爲『眨』，《廣韻》方斂切，幫琰三上開咸；《集韻》悲檢切，幫儼三上開咸；均不當列於此位，此字當爲『眨』字形訛，

『眨』，《廣韻》《集韻》側洽切，莊洽二入開咸。《切韻指掌圖》五圖、《切韻指南》咸攝外八合口呼狹門，列字均爲『眨』；《四聲等子》咸攝外八重輕俱等韻，列字爲『貶』。『貶』爲《廣韻》洽二莊母位小韻首字，列字以『眨』字爲佳。《起數訣》明本、四庫本均誤，當校改爲『眨』字。

63 （入二初）叉二洽　插　《廣韻》楚洽切，《集韻》測洽切，初洽二入開咸；《韻鏡》外轉第三十九開、《七音略》外轉三十一重中重、《切韻指掌圖》五圖、《四聲等子》咸攝外八重輕俱等韻、《切韻指南》咸攝外八合口呼狹門，列字均爲『插』。『插』爲《廣韻》洽二初母位小韻首字，下收有『臿』字。『臿』爲《集韻》洽二初母位小韻首字，下收有『插』字，《起數訣》從《集韻》。

64 （入二崇）茶二洽　煠　《廣韻》士洽切，崇洽二入開咸；《集韻》實洽切，禪洽二入開咸；《韻鏡》外轉第三十九開、《四聲等子》咸攝外八重輕俱等韻、《切韻指南》咸攝外八合口呼狹門，列字均爲『蓮』；《七音略》外轉三十一重中重，列字爲『𪓖』；《切韻指掌圖》五圖，列字爲『煠』。『蓮』爲《廣韻》洽二崇母位小韻首字，下收有『煠』『𪓖』二字，列字以『蓮』字爲佳。《起數訣》列『煠』字，亦無誤。

65 （入二生）三二洽　歃　明本、四庫本列字均爲『歃』，《廣韻》山輒切，《集韻》色輒切，生葉三入開咸；均不當列於此位。《韻鏡》外轉第三十九開，列字爲『霎』，《廣韻》山洽切，《集韻》色洽切，生洽二入開咸；《七音略》外轉三十一重中重、《切韻指掌圖》五圖、《四聲等子》咸攝外八重輕俱等韻，列字均爲『歃』；《切韻指南》咸攝外八合口呼狹門，列字爲『翜』，生母狎韻。『霎』爲《廣韻》洽二生母位小韻首字，下收有『歃』字，列字以『霎』字爲佳。《七音略》列『歃』字，亦無誤。《起數訣》明本、四庫本均誤，當校改爲『霎』字。

66 (入二俟)士二洽 逹 明本列字爲『逹』，四庫本列字爲『箑』。『逹』，《廣韻》士洽切，崇洽二入開咸；《集韻》實洽切，禪洽二入開咸。『箑』，《廣韻》山洽切，生洽二入開咸；《集韻》實洽切，禪洽二入開咸；均不當列於此位。當列於崇母位。《韻鏡》《七音略》《切韻指掌圖》《切韻指南》均空位；《四聲等子》咸攝外八重輕俱等韻，列字爲『渉』，禪母葉韻。《起數訣》明本、四庫本均誤，當删。

67 (入二曉)凡二洽 𪖐 《康熙字典》記：『《集韻》同䶎。』『𪖐』『䶎』二字爲異體字。『䶎』，《廣韻》呼洽切，《集韻》迄洽切，曉洽二入開咸。《韻鏡》外轉第三十九開、《七音略》外轉三十一重中重、《四聲等子》咸攝外八重輕俱等韻，列字均爲『䶎』；《切韻指掌圖》五圖、《切韻指南》咸攝外八合口呼狹門，列字均爲『呷』，曉母狎韻。『䶎』爲《廣韻》洽二曉母位小韻首字，《起數訣》兩本皆列異體，校正爲『䶎』更佳。

68 (入二來)犖二洽 祛 明本、四庫本列字均爲『祛』，《廣韻》去魚切，溪魚三平開遇；《集韻》丘於切，溪洽二入開咸；均不當列於此位。此字當爲『𧘂』字形訛。『𧘂』，《廣韻》未收；《集韻》力洽切，來洽二入開咸。《韻鏡》《七音略》《切韻指掌圖》均空位；《四聲等子》咸攝外八重輕俱等韻、《切韻指南》咸攝外八合口呼狹門，列字均爲『𧘂』。《廣韻》洽韻無來母。『𧘂』

爲《集韻》洽二來母位小韻首字，列字以『粒』字爲佳。《起數訣》從《集韻》。《起數訣》兩本均形訛，當校改爲『粒』。

69 (入二日)(入三日)□二洽　囁　明本列字爲『囁』，四庫本空位，『囁』列於日母三等位。『囁』，《廣韻》而涉切，《集韻》日涉切，日葉三入開咸；諸家韻圖均列於日母葉韻位，《起數訣》明本誤，四庫本空位是。

70 本圖入聲三等韻目爲『業』，爲『葉』韻誤，當校改爲『葉』韻。

71 (入三知)卓三業(葉)　輙　明本列字爲『輙』，四庫本列字爲『輒』。『輙』，《康熙字典》記：「俗輒字。」『輒』，《廣韻》陟葉切，《集韻》陟涉切，知葉三入開咸；《韻鏡》外轉第三十九開、《七音略》外轉三十一重中重、《切韻指掌圖》五圖、《四聲等子》咸攝外八重輕俱等韻、《切韻指南》咸攝外八合口呼狹門，列字均爲『輒』。『輒』爲《廣韻》葉三知母位小韻首字，《起數訣》四庫本列字是，明本列俗字，亦無誤。

72 (入三見)乍三業(葉)　⿰糹刧　明本、四庫本列字均爲『⿰糹刧』，此字當爲『⿰糹刧』字訛。『⿰糹刧』，《廣韻》居輒切，《集韻》戟葉切，見葉三入開咸；《韻鏡》外轉第三十九開、《七音略》外轉三十一重中重，列字亦爲『⿰糹刧』；《切韻指南》咸攝外八合口呼狹門，列字爲『⿰糹刧』；《切韻指掌圖》五圖、《四聲等子》咸攝外八重輕俱等韻，列字均爲『刦』，見母業韻。『⿰糹刧』爲《廣韻》葉三見母位小韻首字，《起數訣》兩本皆形訛，當校改爲『⿰糹刧』。

73（入三溪）□三業（葉）　㾞　明本列字爲「㾞」，四庫本列字爲「抾」。「㾞」，《廣韻》《集韻》去涉切，溪業三入開咸；「抾」，《廣韻》去劫切，溪業三入開咸；《集韻》去笈切，溪葉三入開咸。《韻鏡》外轉第三十九開、《七音略》外轉三十一重中重、《切韻指掌圖》五圖、《切韻指南》咸攝外八合口呼狹門，列字均爲「㾞」；《廣韻》《集韻》去涉切，溪葉三入開咸；《四聲等子》咸攝外八重輕俱等韻，列字爲「怯」，《集韻》溪母葉韻。「㾞」爲《廣韻》《集韻》葉三溪母位小韻首字，下未收有「怯」字。《集韻》有「抾」小韻。《起數訣》明本列字從《廣韻》，四庫本從《集韻》。

74（入三群）□三業（葉）　○　明本、四庫本均空位。《廣韻》《集韻》葉韻群母位均有「衱」字，《廣韻》其輒切，《集韻》極曄切，群葉三入開咸；《韻鏡》外轉第三十九開、《七音略》外轉三十一重中重，列字均爲「笈」；《切韻指掌圖》五圖，列字爲「跲」，見母洽韻；《四聲等子》空位；《切韻指南》咸攝外八合口呼狹門，列字爲「衱」，見母葉韻。「衱」爲《廣韻》葉三群母位小韻首字，下收有「笈」字，列字以「衱」字爲佳。《起數訣》明本、四庫本空位誤，當校補「衱」字。

75（入三疑）瓦三業（葉）　笈　明本、四庫本列字均爲「笈」，《廣韻》巨葉切，《集韻》極曄切，群葉三入開咸；均不當列於此位。《韻鏡》《七音略》外轉三十一重中重、《切韻指掌圖》、《切韻指南》均空位；《四聲等子》咸攝外八重輕俱等韻，列字爲「業」，疑母業韻。「笈」爲《廣韻》

葉三疑母字，列於此位誤。《起數訣》明本、四庫本均誤，當爲群母字串格，此位當删。

76（入三昌）㕚三業（葉）　緝　《康熙字典》記：『《廣韻》七接切，音妾。又《集韻》七入切。』此記七接切，清母葉韻。七入切，清母緝韻。均不當列於此位。此字當爲『謵』字形訛。『謵』，《廣韻》叱涉切，《集韻》尺涉切，昌葉三入開咸。《韻鏡》外轉第三十九開、《七音略》外轉三十一重中重、《切韻指掌圖》五圖、《四聲等子》咸攝外八重輕俱等韻、《切韻指南》咸攝外八合口呼狹門，列字均爲『謵』。『謵』爲《廣韻》葉三昌母位小韻首字，列字以『謵』字爲佳。《起數訣》明本、四庫本均誤，當校改爲『謵』字。

77（入三曉）凡三業（葉）◯　《廣韻》葉韻無曉母。《集韻》葉韻曉母位有『偞』，《廣韻》呼牒切，曉帖四入開咸；《集韻》虚涉切，曉葉三入開咸。《韻鏡》外轉第三十九開、《切韻指南》咸攝外八合口呼狹門，列字均爲『偞』，《七音略》空位；《切韻指掌圖》五圖、《四聲等子》咸攝外八重輕俱等韻，列字均爲『脅』，曉母業韻。『偞』爲《集韻》葉三曉母位小韻首字，若從《集韻》，當校補『偞』字。

78（入三匣）華三業（葉）　褢　明本、四庫本列字均爲『褢』，當爲『裛』字誤；『裛』，《康熙字典》記：『《唐韻》於汲切；《集韻》《韻會》乙及切，音邑。』此記於汲切，影母緝韻；《集韻》乙及切，影葉三入開咸。均不當列於此位。《韻鏡》《七音略》《切韻指掌圖》《四聲等子》《切韻指南》均空位。《廣韻》《集韻》葉韻無匣母字，《起數訣》明本、四庫本均誤，當删。

79 （入三影）在三業（葉）　曄　明本列字爲『曄』，四庫本列字顯爲『曄』字省筆。『曄』，《廣韻》筠輒切，《集韻》域輒切，云葉三入開咸；均不當列於此位。《韻鏡》外轉第三十九開、《七音略》外轉三十一重中重、《切韻指掌圖》五圖、《切韻指南》咸攝外八合口呼狹門，列字均爲『敏』，《廣韻》於輒切，憶笈切，影葉三入開咸；《四聲等子》咸攝外八重輕俱等韻，列字爲『業』，疑母業韻。『敏』爲《廣韻》葉三影母位小韻首字，列字以『敏』字爲佳。《起數訣》明本、四庫本均誤，當校改爲『敏』字。

80 （入三云）爻三業（葉）　◯　明本、四庫本均空位。《廣韻》《集韻》葉韻云母位均有『曄』字，《廣韻》筠輒切，《集韻》域輒切，云葉三入開咸；《韻鏡》外轉第三十九開、《七音略》外轉三十一重中重，列字均爲『曄』；《切韻指掌圖》五圖列字爲『曄』；《四聲等子》咸攝外八重輕俱等韻，列字爲『噂』；《切韻指南》咸攝外八合口呼狹門，列字爲『膵』，見母麥韻。『曄』爲《廣韻》葉三云母位小韻首字，下收有『曄』字，列字以『曄』字爲佳。《起數訣》明本、四庫本空位誤，當校補『曄』字。

81 （入三來）犖三業（葉）　獵　《廣韻》良涉切，《集韻》力涉切，來葉三入開咸；《韻鏡》外轉第三十九開、《七音略》外轉三十一重中重、《切韻指掌圖》五圖、《切韻指南》咸攝外八合口呼狹門，列字均爲『獵』；《四聲等子》咸攝外八重輕俱等韻，列字爲『儠』。『獵』爲《廣韻》葉三來母位小韻首字，下收有『儠』字，列字以『獵』字爲佳。《起數訣》是。

82 (入三日)□三業(葉)　◯　明本空位,四庫本列字爲『囁』。『囁』,《廣韻》而涉切,《集韻》日涉切,日葉三入開咸;《韻鏡》外轉第三十九開、《七音略》外轉三十一重中重、《切韻指掌圖》五圖、《四聲等子》咸攝外八重輕俱等韻、《切韻指南》咸攝外八合口呼狹門,列字均爲『讘』。『讘』爲《廣韻》葉三日母位小韻首字,下收有『囁』字。『讘』『囁』二字均爲《集韻》葉三日母位小韻首字,列字以『讘』或『囁』字爲佳。《起數訣》從《集韻》。明本誤列於二等,當校補『囁』,四庫本列字是。

釋:

1 (平二見)乍二咸　緘　《廣韻》古咸切,《集韻》居咸切,見咸二平開咸;《韻鏡》外轉第三十九開、《七音略》外轉三十一重中重、《切韻指南》咸攝外八合口呼狹門,列字均爲『緘』;《切韻指掌圖》五圖、《四聲等子》咸攝外八重輕俱等韻,列字爲『監』,見母銜韻。

2 (平二疑)瓦二咸　喦　《廣韻》五咸切,《集韻》魚咸切,疑咸二平開咸;《韻鏡》外轉第三十九開、《七音略》外轉三十一重中重,列字均爲『喦』;《切韻指掌圖》五圖、《四聲等子》咸攝外八重輕俱等韻、《切韻指南》咸攝外八合口呼狹門,列字均爲『巖』,疑母銜韻。

3 (平二娘)南二咸　諵　《廣韻》女咸切,《集韻》尼咸切,娘咸二平開咸;《韻鏡》外轉第三十九開、《七音略》外轉三十一重中重、《四聲等子》咸攝外八重輕俱等韻、《切韻指南》咸攝外八合口呼狹門，列字均爲『喃』。『諵』爲《廣韻》咸二娘母位小韻首字，下收有『喃』字，列字以『諵』字爲佳。《起數訣》是。

4 (平二匣)華二咸　咸　《廣韻》《集韻》胡讒切，匣咸二平開咸；《韻鏡》外轉第三十九開、《七音略》外轉三十一重中重、《四聲等子》咸攝外八重輕俱等韻、《切韻指南》咸攝外八合口呼狹門，列字均爲『咸』；《切韻指掌圖》五圖，列字爲『銜』，匣母銜韻。

5 (平三知)卓三鹽　霑　《廣韻》張廉切，《集韻》知廉切，知鹽三平開咸；《韻鏡》外轉第三十九開、《七音略》外轉三十一重中重、《切韻指掌圖》五圖、《四聲等子》咸攝外八重輕俱等韻、《切韻指南》咸攝外八合口呼狹門，列字均爲『霑』。

6 (平三徹)坼三鹽　覘　《廣韻》丑廉切，《集韻》癡廉切，徹鹽三平開咸；《韻鏡》外轉第三十九開、《七音略》外轉三十一重中重、《切韻指掌圖》五圖、《四聲等子》咸攝外八重輕俱等韻、《切韻指南》咸攝外八合口呼狹門，列字均爲『覘』。

7 (平三娘)南三鹽　黏　《廣韻》女廉切，《集韻》尼占切，娘鹽三平開咸；《韻鏡》外轉第三十九開、《七音略》外轉三十一重中重、《切韻指掌圖》五圖、《切韻指南》咸攝外八合口呼狹門，列字均爲『黏』；《四聲等子》咸攝外八重輕俱等韻，列字爲『粘』。『黏』爲《廣韻》鹽三娘母位小韻首字，下收有『粘』字，注：『俗。』『粘』爲『黏』之俗體。《起數訣》列正體，是。

8（平三疑）瓦三鹽　𪙝　《廣韻》語廉切，《集韻》牛廉切，疑鹽三平開咸；《韻鏡》外轉第三十九開、《七音略》外轉三十一重中重、《切韻指南》咸攝外八合口呼狹門，列字均爲「𪙝」；《切韻指掌圖》五圖、《四聲等子》咸攝外八重輕俱等韻，列字均爲「嚴」，疑母嚴韻。

9（平三章）莊三鹽　詹　《廣韻》職廉切，《集韻》之廉切，章鹽三平開咸；《韻鏡》外轉第三十九開、《七音略》外轉三十一重中重、《四聲等子》咸攝外八重輕俱等韻、《切韻指南》咸攝外八合口呼狹門，列字均爲「詹」；《切韻指掌圖》五圖，列字爲「占」。「詹」爲《廣韻》鹽三章母位小韻首字，下收有「占」字，列字以「詹」字爲佳。《起數訣》是。

10（平三書）三三鹽　苫　《廣韻》失廉切，《集韻》詩廉切，書鹽三平開咸；《韻鏡》外轉第三十九開、《七音略》外轉三十一重中重、《切韻指掌圖》五圖、《四聲等子》咸攝外八重輕俱等韻、《切韻指南》咸攝外八合口呼狹門，列字均爲「苫」。

11（平三影）在三鹽　淹　《廣韻》央炎切，《集韻》衣廉切，影鹽三平開咸；《韻鏡》外轉第三十九開、《七音略》外轉三十一重中重、《切韻指掌圖》五圖、《四聲等子》咸攝外八重輕俱等韻、《切韻指南》咸攝外八合口呼狹門，列字均爲「淹」。

12（平三云）爻三鹽　炎　《廣韻》《集韻》于廉切，云鹽三平開咸；《韻鏡》外轉第三十九開、《七音略》外轉三十一重中重、《切韻指掌圖》五圖、《四聲等子》咸攝外八重輕俱等韻、《切韻指南》咸攝外八合口呼狹門，列字均爲「炎」。

13 (上二澄)大二豏　湛　《廣韻》徒減切，《集韻》丈減切，澄豏二平開咸；《韻鏡》外轉第三十九開、《七音略》外轉三十一重中重、《切韻指掌圖》五圖、《四聲等子》咸攝外八重輕俱等韻、《切韻指南》咸攝外八合口呼狹門，列字均爲『湛』。

14 (上二莊)莊二豏　斬　《廣韻》側減切，《集韻》阻減切，莊豏二上開咸；《韻鏡》外轉第三十九開、《七音略》外轉三十一重中重、《切韻指掌圖》五圖、《四聲等子》咸攝外八重輕俱等韻，列字均爲『斬』；《切韻指南》咸攝外八合口呼狹門，列字爲『斬』，此字當爲『斬』字形訛。

15 (上二匣)華二豏　豏　《廣韻》《集韻》下斬切，匣豏二上開咸；《韻鏡》外轉第三十九開、《七音略》外轉三十一重中重、《四聲等子》咸攝外八重輕俱等韻、《切韻指南》咸攝外八合口呼狹門，列字均爲『豏』；《切韻指掌圖》五圖，列字爲『檻』，匣母檻韻。

16 (上二影)在二豏　黯　《廣韻》《集韻》乙減切，影豏二上開咸；《韻鏡》外轉第三十九開、《七音略》外轉三十一重中重、《切韻指掌圖》五圖、《四聲等子》咸攝外八重輕俱等韻、《切韻指南》咸攝外八合口呼狹門，列字均爲『黯』。

17 (上二來)犖二豏　臉　《廣韻》力減切，《集韻》兩減切，來豏二上開咸；《韻鏡》外轉第三十九開、《七音略》外轉三十一重中重、《切韻指掌圖》五圖、《四聲等子》咸攝外八重輕俱等韻、《切韻指南》咸攝外八合口呼狹門，列字均爲『臉』。

18 (上三見)乍三琰　檢　《廣韻》《集韻》居奄切，見琰三上開咸；《韻鏡》外轉第三十九開、《七音略》外轉三十一重中重、《切韻指掌圖》五圖、《四聲等子》咸攝外八重輕俱等韻、《切韻指南》咸攝外八合口呼狹門，列字均爲『檢』。

19 (上三群)□三琰　儉　《廣韻》《集韻》巨險切，群琰三上開咸；《韻鏡》外轉第三十九開、《七音略》外轉三十一重中重、《切韻指掌圖》五圖、《切韻指南》咸攝外八合口呼狹門，列字均爲『儉』；《四聲等子》空位。

20 (上三章)莊三琰　颭　《廣韻》占琰切，《集韻》職琰切，章琰三上開咸；《韻鏡》外轉第三十九開、《七音略》外轉三十一重中重、《切韻指掌圖》五圖、《四聲等子》咸攝外八重輕俱等韻，《切韻指南》咸攝外八合口呼狹門，列字均爲『颭』；《切韻指南》咸攝外八合口呼狹門，列字爲『黵』，章母儼韻。

21 (上三禪)士三琰　剡　《廣韻》《集韻》時染切，禪琰三上開咸；《韻鏡》外轉第三十九開、《七音略》外轉三十一重中重、《切韻指掌圖》五圖、《切韻指南》咸攝外八合口呼狹門，列字均爲『剡』；《四聲等子》空位。

22 (上三曉)凡三琰　險　《廣韻》《集韻》虚檢切，曉琰三上開咸；《韻鏡》外轉第三十九開、《七音略》外轉三十一重中重、《切韻指掌圖》五圖、《四聲等子》咸攝外八重輕俱等韻、《切韻指南》咸攝外八合口呼狹門，列字均爲『險』。

23 (上三影)在三琰　奄　《廣韻》衣儉切，《集韻》衣檢切，影琰三上開咸；《韻鏡》外轉第三十九開、《七音略》外轉三十一重中重、《切韻指掌圖》五圖、《四聲等子》咸攝外八重輕俱等韻、

《切韻指南》咸攝外八合口呼狹門，列字均爲『奄』。

24 （去二娘）南二陷　諵　《廣韻》尼賺切，《集韻》尼賺切，娘陷二去開咸；《韻鏡》外轉第三十九開、《七音略》外轉三十一重中重、《切韻指掌圖》五圖、《四聲等子》咸攝外八重輕俱等韻、《切韻指南》咸攝外八合口呼狹門，列字均爲『諵』。

25 （去二莊）莊二陷　蘸　《廣韻》《集韻》莊陷切，莊陷二去開咸；《韻鏡》外轉第三十九開、《七音略》外轉三十一重中重、《切韻指掌圖》五圖、《四聲等子》咸攝外八重輕俱等韻，列字均爲『蘸』；《切韻指南》咸攝外八合口呼狹門，列字爲『覱』，《廣韻》精母鑑韻，《集韻》莊母陷韻。

26 （去二影）在二陷　䱱　《廣韻》《集韻》於陷切，影陷二去開咸；《韻鏡》外轉第三十九開、《七音略》外轉三十一重中重、《切韻指南》咸攝外八合口呼狹門，列字均爲『䱱』；《切韻指掌圖》五圖，列字爲『黶』，影母檻韻；《四聲等子》咸攝外八重輕俱等韻，列字爲『䶞』。

27 （入二見）乍二洽　夾　《廣韻》古洽切，《集韻》訖洽切，見洽二入開咸；《韻鏡》外轉第三十九開、《七音略》外轉三十一重中重、《切韻指掌圖》五圖、《四聲等子》咸攝外八重輕俱等韻、《切韻指南》咸攝外八合口呼狹門，列字均爲『夾』。

28 （入二溪）□二洽　恰　《廣韻》苦洽切，《集韻》乞洽切，溪洽二入開咸；《韻鏡》外轉第三十九開、《七音略》外轉三十一重中重、《切韻指掌圖》五圖、《四聲等子》咸攝外八重輕俱等韻、《切韻指南》咸攝外八合口呼狹門，列字均爲『恰』。

29 （入二匣）華二洽　洽　《廣韻》侯夾切，《集韻》轄夾切，匣洽二入開咸；《韻鏡》外轉第三十九開、《七音略》外轉三十一重中重、《四聲等子》咸攝外八重輕俱等韻，列字均爲『洽』；《切韻指掌圖》五圖，列字爲『狎』，匣母狎韻；《切韻指南》咸攝外八合口呼狹門，列字爲『姶』，《廣韻》影母合韻，《集韻》影母洽韻。

30 （入二影）在二洽　踠　《廣韻》烏洽切，《集韻》乙洽切，影洽二入開咸；《韻鏡》外轉第三十九開、《七音略》外轉三十一重中重、《四聲等子》咸攝外八重輕俱等韻，列字均爲『踠』；《切韻指掌圖》五圖、《切韻指南》咸攝外八合口呼狹門，列字均爲『鴨』，影母狎韻。

31 （入三徹）拆三業（葉）　鍤　《廣韻》丑輒切，《集韻》勑涉切，徹葉三入開咸；《韻鏡》外轉第三十九開、《七音略》外轉三十一重中重、《切韻指掌圖》五圖、《四聲等子》咸攝外八重輕俱等韻、《切韻指南》咸攝外八合口呼狹門，列字均爲『鍤』。

32 （入三澄）大三業（葉）　牒　《廣韻》直葉切，《集韻》直涉切，澄葉三入開咸；《韻鏡》外轉第三十九開、《七音略》外轉三十一重中重、《切韻指掌圖》五圖、《四聲等子》咸攝外八重輕俱等韻、《切韻指南》咸攝外八合口呼狹門，列字均爲『牒』。

33 （入三娘）南三業（葉）　聶　《廣韻》尼輒切，《集韻》昵輒切，娘葉三入開咸；《韻鏡》外轉第三十九開、《七音略》外轉三十一重中重、《切韻指掌圖》五圖、《四聲等子》咸攝外八重輕俱等韻、《切韻指南》咸攝外八合口呼狹門，列字均爲『聶』。

34 （入三章）莊三業（葉）　讋　《廣韻》之涉切，《集韻》質涉切，章葉三入開咸；《韻鏡》外轉第三十九開、《七音略》外轉三十一重中重、《切韻指掌圖》五圖、《四聲等子》咸攝外八重輕俱等韻、《切韻指南》咸攝外八合口呼狹門，列字均爲『讋』。

35 （入三書）三三業（葉）　攝　《廣韻》書涉切，《集韻》失涉切，書葉三入開咸；《韻鏡》外轉第三十九開、《七音略》外轉三十一重中重、《切韻指掌圖》五圖、《四聲等子》咸攝外八重輕俱等韻、《切韻指南》咸攝外八合口呼狹門，列字均爲『攝』。

36 （入三禪）十三業（葉）　涉　《廣韻》時攝切，《集韻》實攝切，禪葉三入開咸；《韻鏡》外轉第三十九開、《七音略》外轉三十一重中重、《切韻指掌圖》五圖、《切韻指南》咸攝外八合口呼狹門，列字均爲『涉』；《四聲等子》空位。

剥六	彖二	盍五	彖五	剥四			艮十二 ▼	盍十一	盍七	艮三
丹	馬	排	朴	法		發	宅	口	犖	文
儋	姌				䫴 風七	音		崇上		
		啞			銜	清				佔
								顲	廉	炎
[illegible]					添 妻七					
瞻	婼				散 華七					
									瞼	
								冉	歛	
點	夋				忝 陏七					
擔					闞 肅七					
		澀			鑑				顩	
店					㮇 盛七					
𣀔					盍 典七					
								囁	袪	
									獵	
聑					帖 震七					

蒙六	盡六	剥七	剥一	蒙一	蒙九	盡二	剥八	蒙八	盡八	剥十
貪	覃	妳	甲	巧	口	牙	哉	釆	才	山
䀨	談	蚺	甘	坩		玵	⿱斬酉	笘	慙	三
添	甛	鮎	兼	謙	湼					鑒
菼	啖		敢	⿸厂敢		⿸厂敢	⿱斬食	黲	槧	
忝	簟	淰	塩	歁			僭	憯		濫
賧	憺		⿰卤舀	闞					暫	三
掭	磹	念	兼	傔			僭	僉	⿰日替	⿰石韱
搨	蹋	納	砝	搕		礏		囃	⿱亼垂	傪
帖	牒	捻	頰	篋			浹	⿱⺮敢	逮	⿱炊火

	1	2	3	4	5	6	7	8	9	10	11	12	13	14	15	16	17
艮九	口	在下								涔							
剥二	花	蚌			黵	喊				憨				款			妖
豕四	晚	酣			嬵	澉			鼺					盍			抹
剥三	亜	黯				黬							酓	鱋			
盍四	萬	佔															
艮七	冷	藍			鑑	覽			㯿	濫			㯿	臁			甄
	口																
盍十一	崇		濁														浹
	發	音						附允	花梵之								
			街（興也）	嚴（事也）	允			檻（華也 隨也）	儼（花）		鑑（事也）	釅（華也 梵）			狎（典也）	業（華也 震也）	之
剥五	百			芝				睃				空				法	

第七十九圖　發音清

本圖列《廣韻》談敢闞盍、添忝㮇帖韻字，另有銜檻鑑狎韻脣音字。談敢闞盍、銜檻鑑狎韻脣音字，係拆分《韻鏡》外轉第四十合一等位字及二等脣音字。添忝㮇帖韻字，係拆分《韻鏡》外轉第三十九開四等位字。整體符合一四同圖加二三等脣音的大原則。本圖聲母群、邪、日母位列「□」，其中邪母下一等格位内有「在下」二字，四庫本無。韻母列目平聲一等列「錟」，上聲一等列「散」，均誤，按《廣韻》當爲「談」「敢」。本圖四庫本後半頁整體錯位，平聲缺失（除平一疑），上聲列入平聲位，去聲列入上聲位，入一列入去一位，去四空位，入四仍在入四位，明本均列本位。另本圖所對應《韻鏡》外轉第四十合，當爲開口圖，本圖依原書名。

校注：

1 《起數訣》明本平聲一等韻目爲「錟」韻，四庫本列字爲「錟」韻，此韻屬談韻，《起數訣》明本、四庫本均不妥，當校改爲「談」韻。

2 （平一端）丹一錟（談）　儋《廣韻》《集韻》都甘切，端談一平開咸；《韻鏡》外轉第四十合、

《七音略》外轉三十二重中輕、《切韻指掌圖》五圖，列字均爲『擔』；《四聲等子》咸攝外八重輕俱等韻，列字爲『躭』，《康熙字典》記：『《玉篇》俗耽字。』『躭』爲『耽』之俗體，端母覃韻；《切韻指南》咸攝外八合口呼狹門，列字爲『耽』。『擔』爲《廣韻》談一端母位小韻首字，下收有『儋』字。『擔』『儋』同爲《集韻》談一端母位小韻首字，《起數訣》從《集韻》。

3 (平一透)貪一談(談)　聃　明本列字爲『聃』，四庫本列字爲『耼』。『聃』，《廣韻》他酣切，《集韻》他甘切，透談一平開咸；《韻鏡》外轉第四十合、《切韻指掌圖》五圖、《切韻指南》咸攝外八合口呼狹門，列字均爲『舑』；《七音略》外轉三十二重中輕，列字爲『蚺』，《康熙字典》記：『《正字通》俗蚦字。』『蚺』爲『蚦』之俗體。『蚦』，《廣韻》汝鹽切，《集韻》如占切，日鹽三平開咸，《七音略》誤。《四聲等子》咸攝外八重輕俱等韻，列字爲『貪』，透母覃韻。『舑』爲《廣韻》《集韻》談一開口透母位小韻首字，下收有『聃』字，列字以『舑』字爲佳。《七音略》當校改爲『舑』字。《起數訣》明本列『聃』字，四庫本列異體，亦無誤。

4 (平一泥)妳一談(談)　蚺　明本列字爲『蚺』，四庫本列字爲『蚦』。『蚺』，《康熙字典》記：『《正字通》俗蚦字。』『蚺』爲『蚦』之俗體。『蚦』，《廣韻》汝鹽切，《集韻》如占切，日鹽三平開咸；均不當列於此位。《韻鏡》《七音略》均空位；《切韻指掌圖》五圖、《四聲等子》咸攝外八重輕俱等韻，列字均爲『男』，泥母覃韻；《切韻指南》咸攝外八合口呼狹門，列字爲『南』，泥母覃韻。《廣韻》談韻無泥母字，《集韻》談一泥母位有『耼』，乃甘切。《起數訣》誤，當校改爲『耼』。

5 (平一疑)牙一𠭤(談) 玵 《廣韻》談韻無疑母;《集韻》玉甘切,疑談一平開咸;《韻鏡》《七音略》均空位;《切韻指掌圖》五圖、《四聲等子》咸攝外八重輕俱等韻,列字均爲『䛩』,疑母覃韻;《切韻指南》咸攝外八合口呼狹門,列字爲『頋』。『玵』爲《集韻》談一疑母位小韻首字,列字以『玵』字爲佳,《起數訣》從《集韻》。

6 本圖四庫本從精組聲母起均失平一等字,上一四等入平一四,去一四等入上一四,入一等入去一,入一空位。明本是。

7 (平一精)哉一𠭤(談) 暫 明本列字爲『暫』,四庫本列字爲『蹔』。『暫』,《集韻》作三切,精談一平開咸。『蹔』,《廣韻》《集韻》子敢切,精敢一平開咸。《韻鏡》《七音略》均空位;《切韻指掌圖》五圖,列字爲『鏨』,精母覃韻;《四聲等子》咸攝外八重輕俱等韻、《切韻指南》咸攝外八合口呼狹門,列字均爲『簪』,精母覃韻。《起數訣》明本從《集韻》,四庫本誤列上聲,當校改爲『暫』。

8 (平一清)采一𠭤(談) 笘 明本列字爲『笘』,四庫本列字爲『黲』。『笘』,《廣韻》丁㥣切,端帖四入開咸;《集韻》七甘切,清談一平開咸。『黲』,《廣韻》《集韻》七感切,清感一平開咸。《韻鏡》《七音略》均空位;《切韻指掌圖》五圖、《四聲等子》咸攝外八重輕俱等韻、《切韻指南》咸攝外八合口呼狹門,列字均爲『參』,清母覃韻。《廣韻》談韻無清母。『笘』爲《集韻》談一清母位小韻首字,列字以『笘』字爲佳。《起數訣》明本從《集韻》。『黲』爲《廣韻》《集韻》感一清母位小韻首字。《起數訣》四庫本誤列上聲，當校改爲「笘」字。

9 （平一從）才一䫲（談）　慙　明本列字爲「慙」，四庫本列字爲「槧」。「慙」，《廣韻》昨甘切，《集韻》財甘切，從談一平開咸。「槧」，《廣韻》才敢切，《集韻》在敢切，從敢一上開咸。《韻鏡》外轉第四十合、《七音略》外轉三十二重中輕、《切韻指掌圖》五圖，列字均爲「慙」；《四聲等子》咸攝外八重輕俱等韻、《切韻指南》咸攝外八合口呼狹門，列字均爲「蠶」，從母覃韻。「慙」爲《廣韻》談一從母位小韻首字，《起數訣》明本從《集韻》，四庫本誤列上聲字，當校改爲「慙」。

10 （平一心）山一䫲（談）　三　明本列字爲「三」，四庫本空位。「三」，《廣韻》《集韻》蘇甘切，心談一平開咸。《韻鏡》外轉第四十合、《七音略》外轉三十二重中輕、《切韻指掌圖》五圖、《四聲等子》咸攝外八重輕俱等韻、《切韻指南》咸攝外八合口呼狹門，列字均爲「三」。「三」爲《廣韻》談一心母位小韻首字，列字以「三」字爲佳。《起數訣》明本是。《四庫本》誤，當校補「三」字。

11 （平一曉）花一䫲（談）　蚶　明本列字爲「蚶」，四庫本列字爲「㰹」。「蚶」，《廣韻》呼談切，《集韻》呼甘切，曉談一平開咸。「㰹」，《廣韻》呼覽切，《集韻》虎覽切，曉敢一上開咸；《韻鏡》外轉第四十合、《七音略》外轉三十二重中輕、《切韻指掌圖》五圖，列字均爲「蚶」；《四聲等子》咸攝外八重輕俱等韻，列字爲「憨」；《切韻指南》咸攝外八合口呼狹門，列字爲

『峆』，曉母覃韻。『蚶』爲《廣韻》談一曉母位小韻首字，下收有『憨』字，列字以『蚶』字爲佳。《起數訣》明本是。四庫本誤列上聲，當校改爲『蚶』字。

12 （平一匣）晚一談（談）　酣　明本列字爲『酣』，四庫本列字爲『澉』。『酣』，《廣韻》《集韻》胡甘切，匣談一平開咸。『澉』，《廣韻》《集韻》古覽切，見敢一上開咸。《韻鏡》外轉第四十合、《七音略》外轉三十二重中輕、《切韻指掌圖》五圖，列字均爲『酣』；《四聲等子》空位；《切韻指南》咸攝外八合口呼狹門，列字爲『含』，匣母覃韻。『酣』爲《廣韻》談一匣母位小韻首字，列字以『酣』字爲佳，《起數訣》明本是。四庫本誤列上聲，當校改爲『酣』字。

13 （平一影）亞一談（談）　黯　明本列字爲『黯』，四庫本列字爲『黬』。『黯』，《廣韻》乙咸切，影咸二平開咸；《廣韻》鄔甘切，影談一平開咸；『黬』，《康熙字典》記：『又《集韻》烏敢切，音揜。』此記烏敢切，影母敢韻。《韻鏡》外轉第四十合，列字爲『黯』；《七音略》空位；《切韻指掌圖》五圖、《四聲等子》咸攝外八重輕俱等韻、《切韻指南》咸攝外八合口呼狹門，列字均爲『諳』，影母覃韻。《廣韻》談韻無影母。『黯』爲《集韻》談一影母位小韻首字，列字以『黯』字爲佳。《起數訣》明本從《集韻》，是。四庫本誤列上聲，當校改爲『黯』字。

14 平一喻（萬一談）（談）　佔　明本列字爲『佔』，四庫本空位。『佔』，《康熙字典》記：『《廣韻》同冘。』『佔』，《集韻》與甘切，以談一平開咸。《韻鏡》《七音略》《切韻指掌圖》均空位；《四聲等子》咸攝外八重輕俱等韻、《切韻指南》咸攝外八合口呼狹門，列字均爲『佔』。《起數訣》明本從《集韻》，四庫本空位誤，當校補『詀』字。

15 （平一來）冷一談（談）　藍　明本列字爲『藍』，四庫本列字爲『覽』。『藍』，《廣韻》魯甘切，《集韻》盧甘切，來談一平開咸。『覽』，《廣韻》盧敢切，《集韻》魯敢切，來敢一上開咸。《韻鏡》外轉第四十合、《七音略》外轉三十二重中輕、《切韻指掌圖》五圖、《切韻指南》咸攝外八合口呼狹門，列字均爲『藍』；《四聲等子》咸攝外八重輕俱等韻，列字爲『婪』，來母覃韻。『藍』爲《廣韻》談一來母位小韻首字，列字以『藍』字爲佳。《起數訣》明本是。四庫本誤列上聲，當校改爲『藍』字。

16 （平二並）排二銜　㗳　明本列字爲『㗳』，四庫本列字爲『踫』。『㗳』，各韻書均無此字。『踫』，《廣韻》銜韻並母列字爲『𨗄』，白銜切；《集韻》皮咸切，並銜二平開咸；《韻鏡》外轉第四十合、《七音略》外轉三十二重中輕、《切韻指掌圖》五圖、《切韻指南》咸攝外八合口呼狹門，列字均爲『𨗄』；《四聲等子》空位。『𨗄』爲《廣韻》銜二並母位小韻首字。『踫』爲《集韻》銜二並母位小韻首字，注：『或書作𨗄。』『踫』『𨗄』二字爲異體字，列字以『踫』字爲佳。《起數訣》明本誤，當校改爲『踫』字。四庫本是。

17 （平四端）丹四添　髺　明本列字爲『𩬊』，四庫本列字爲『髻』。『髺』，《廣韻》《集韻》丁兼切，端添四平開咸。『髻』，《廣韻》《集韻》古詣切，見霽四去開蟹；均不當列於此位，此字當爲『𩬊』字形訛。《韻鏡》外轉第三十九開、《七音略》外轉三十一重中重、《切韻指掌圖》五圖、

《切韻指南》咸攝外八合口呼狹門，列字均爲「髺」；《四聲等子》咸攝外八重輕俱等韻，列字爲「敁」，端母添韻。「髺」爲《廣韻》添四端母位小韻首字，列字以「髺」字爲佳。《起數訣》明本是。四庫本誤，當校改爲「髺」字。

18 (平四見)甲四添　兼　《廣韻》古甜切，《集韻》堅嫌切，見添四平開咸；《韻鏡》空位；《七音略》外轉三十一重中重、《切韻指掌圖》五圖、《四聲等子》咸攝外八重輕俱等韻、《切韻指南》咸攝外八合口呼狹門，列字均爲「兼」。「兼」爲《廣韻》添四見母位小韻首字，「兼」爲「兼」字異體。《韻鏡》空位誤。《起數訣》是。

19 (平四群)□四添　湼　《廣韻》奴結切，泥屑四入開咸；《集韻》其兼切，疑添四平開咸；《韻鏡》外轉第三十九開，列字爲「鉗」，《廣韻》《集韻》巨淹切，群鹽三平開咸；均不當列於此位。《七音略》《四聲等子》均空位；《切韻指掌圖》五圖，列字爲「鍼」，群母鹽韻；《切韻指南》咸攝外八合口呼狹門，列字爲「湼」。《廣韻》添韻無群母。「湼」爲《集韻》添四群母位小韻首字，列字以「湼」字爲佳。《起數訣》從《集韻》。

20 (平四精)哉四添　◯　明本空位。四庫本列字爲「偺」，《廣韻》《集韻》他結切，透屑四入開咸。《韻鏡》外轉第三十九開、《切韻指掌圖》五圖、《切韻指南》咸攝外八合口呼狹門，列字均爲「尖」，《廣韻》子廉切，《集韻》將廉切，精鹽三平開咸，誤。《七音略》空位；《四聲等子》咸攝外八重輕俱等韻，列字爲「籤」，清母鹽韻。「偺」爲《廣韻》《集韻》屑韻透母位小韻首字，此字疑爲『僭』字俗。《廣韻》《集韻》添韻無精母，《起數訣》明本空位是。四庫本誤列上聲，當删。

21 （平四清）采四添 ◯　明本空位。四庫本列字爲『憯』，各韻書均無此字。《韻鏡》《七音略》均空位；《切韻指掌圖》五圖，列字爲『籤』，心母鹽韻；《四聲等子》咸攝外八重輕俱等韻、《切韻指南》咸攝外八合口呼狹門，列字均爲『僉』，清母鹽韻。《廣韻》《集韻》添韻無清母，《起數訣》明本空位是。四庫本誤列上聲，當删。

22 （平四心）山四添　鬖　明本列字爲『鬖』，四庫本列字爲『濂』。『鬖』，查無此字，此字當爲『𩯭』字形訛。『𩯭』，《廣韻》息廉切，心鹽三平開咸；《集韻》斯兼切，心添四平開咸。『濂』，《廣韻》《集韻》勒兼切，來添四平開咸。《韻鏡》外轉第三十九開，列字爲『𩯭』；《七音略》空位；《切韻指掌圖》五圖，列字爲『銛』，心母鹽韻；《四聲等子》咸攝外八重輕俱等韻、《切韻指南》咸攝外八合口呼狹門，列字均爲『潛』，照母鹽韻。《廣韻》添韻無心母。『𩯭』爲《集韻》添四心母位小韻首字，列字以『𩯭』字爲佳。《韻鏡》《起數訣》明本均從《集韻》，但明本形訛，當校改爲『𩯭』。四庫本誤列上聲，當删。

23 （平四曉）花四添　馦　明本列字爲『馦』，四庫本空位。『馦』，《廣韻》許兼切，《集韻》馨兼切，曉添四平開咸。《韻鏡》外轉第三十九開、《七音略》外轉三十一重中重、《切韻指掌圖》五圖、《四聲等子》咸攝外八重輕俱等韻、《切韻指南》咸攝外八合口呼狹門，列字均爲『馦』。

『馦』爲《廣韻》添四曉母位小韻首字，列字以『馦』字爲佳。《起數訣》明本是。四庫本空位誤，當校補『馦』字。

24 (平四匣)晚四添　嫌　明本列字爲『嫌』，四庫本列字爲『鰜』。『嫌』，《廣韻》户兼切，《集韻》賢兼切，匣添四平開咸；『鰜』，《廣韻》《集韻》丘檢切，溪琰三上開咸。《韻鏡》外轉第三十九開、《四聲等子》咸攝外八重輕俱等韻、《切韻指南》咸攝外八合口呼狹門，列字均爲『嫌』；《七音略》《切韻指掌圖》均空位。『嫌』爲《廣韻》添四匣母位小韻首字，列字以『嫌』字爲佳。《起數訣》明本是。四庫本誤列上聲，當校改爲『嫌』字。

25 (平四來)冷四添　鬑　明本列字爲『鬑』，四庫本列字爲『稴』。『鬑』，力兼切，《集韻》勒兼切，來添四平開咸；『稴』，《廣韻》力忝切，《集韻》盧忝切，來忝四上開咸。《韻鏡》外轉第三十九開、《七音略》外轉三十一重中重、《切韻指掌圖》五圖、《四聲等子》咸攝外八重輕俱等韻、《切韻指南》咸攝外八合口呼狹門，列字均爲『鬑』。『鬑』爲《廣韻》《集韻》添四來母位小韻首字，《集韻》下亦收有『稴』字，列字以『鬑』字爲佳。《起數訣》明本是。四庫本誤列上聲，當校改爲『鬑』。

26 《起數訣》明本、四庫本上聲一等韻目爲散韻，《起數訣》明本、四庫本均誤，按理當校改爲敢韻。

27 (上一明)馬一散(敢)　婼　明本、四庫本列字均爲『婼』。『婼』，《廣韻》《集韻》見於支、麻、藥韻，無敢韻音。此字當爲『媎』字形訛。『媎』，《廣韻》謨敢切，《集韻》母敢切，明敢一上開咸；《韻鏡》外轉第四十合、《七音略》外轉三十二重中輕、《切韻指掌圖》五圖、《切韻指南》咸攝外八合口呼狹門，列字均爲『媎』；《四聲等子》咸攝外八重輕俱等韻，列字爲『烎』，明母忝韻。『媎』爲《廣韻》敢一明母位小韻首字，列字以『媎』字爲佳。《起數訣》明本、四庫本均誤，當校改爲『媎』字。

28 （上一透）貪一散（敢） 菼 《廣韻》《集韻》吐敢切，透敢一上開咸；《韻鏡》外轉第四十合、《切韻指掌圖》五圖，列字均爲『菼』；《七音略》外轉三十二重中輕、《切韻指南》咸攝外八合口呼狹門，列字均爲『菿』；《四聲等子》咸攝外八重輕俱等韻，列字爲『襑』，透母感韻。『菿』爲《廣韻》敢一透母位小韻首字，下收有『菼』字，注：『上同。』『菿』『菼』二字爲異體字。列字爲『菿』爲佳，《起數訣》亦無誤。

29 （上一定）覃一散（敢） 啖 《廣韻》徒敢切，《集韻》杜覽切，定敢一上開咸；《韻鏡》外轉第四十合、《七音略》外轉三十二重中輕、《切韻指掌圖》五圖，列字均爲『噉』；《四聲等子》咸攝外八重輕俱等韻、《切韻指南》咸攝外八合口呼狹門，列字均爲『禫』，定母感韻。『噉』爲《廣韻》敢一定母位小韻首字，下收有『啖』字，注：『上同。』『噉』『啖』二字爲異體字。列字以『噉』爲佳，《起數訣》亦無誤。

30 （上一見）甲一散（敢） 敢 《廣韻》《集韻》古覽切，見敢一上開咸；《韻鏡》外轉第四十合、

《切韻指掌圖》五圖，列字爲『敢』；《七音略》空位；《四聲等子》咸攝外八重輕俱等韻、《切韻指南》咸攝外八合口呼狹門，列字均爲『感』，見母感韻。『敢』爲《廣韻》敢一見母位小韻首字，列字以『敢』字爲佳。《七音略》空位誤，當校補『敢』字。《起數訣》是。

31 (上一疑)牙一散(敢) 𠪚 明本列字爲『𠪚』，四庫本空位。《廣韻》敢韻無疑母；《集韻》五敢切，疑敢一上開咸；《韻鏡》《七音略》空位；《切韻指掌圖》五圖、《四聲等子》咸攝外八重輕俱等韻、《切韻指南》咸攝外八合口呼狹門，列字均爲『頷』，疑母感韻。『𠪚』爲《集韻》敢一疑母位小韻首字，《起數訣》明本從《集韻》。

32 (上一精)哉一散(敢) 𩟝 明本列字爲『𩟝』，四庫本空位，誤列於平聲一等。『𩟝』，《廣韻》《集韻》子敢切，精敢一上開咸；《韻鏡》外轉第四十合、《切韻指掌圖》五圖，列字均爲『𩟝』；《七音略》空位；《四聲等子》咸攝外八重輕俱等韻、《切韻指南》咸攝外八合口呼狹門，列字均爲『𣅜(昝)』，精母感韻。『𩟝』爲《廣韻》敢一精母位小韻首字，列字以『𩟝』字爲佳。《七音略》空位誤，當校補『𩟝』字。《起數訣》明本列字是，四庫本誤，當校補『𩟝』。

33 (上一清)采一散(敢) 黲 明本列字爲『黲』，四庫本誤列於平聲一等。『黲』，《廣韻》倉敢切，清敢一上開咸；《集韻》未收。《韻鏡》外轉第四十合、《七音略》外轉三十二重中輕、《切韻指掌圖》五圖，列字均爲『黲』；《四聲等子》咸攝外八重輕俱等韻、《切韻指南》咸攝外八合口呼狹門，列字均爲『慘』，清母感韻。『黲』爲《廣韻》敢一清母位小韻首字，列字以『黲』

字爲佳。《起數訣》明本是。四庫本誤，當校補『黲』字。

34 （上一從）才一散（敢）　槧　明本列字爲『槧』，四庫本列字爲『暫』，列『槧』於平一從。『槧』，《廣韻》才敢切，《集韻》在敢切，從敢一上開咸。『暫』，《廣韻》藏濫切，《集韻》昨濫切，從闞一去開咸。《韻鏡》外轉第四十合，列字爲『槧』；《七音略》外轉三十二重中輕，列字爲『覱』，精母敢韻，誤；《切韻指掌圖》五圖、《四聲等子》咸攝外八重輕俱等韻、《切韻指南》咸攝外八合口呼狹門，列字均爲『歛』，從母感韻。『槧』爲《廣韻》敢一從母位小韻首字，列字以『槧』字爲佳。《起數訣》明本是。四庫本誤列於平聲一等，當校改爲『槧』字。

35 （上一心）山一散（敢）　◯　明本空位，四庫本列字爲『三』，《廣韻》《集韻》蘇暫切，心闞一去開咸；均不當列於此位。《韻鏡》外轉第四十合、《七音略》外轉三十二重中輕，均列於談韻，敢韻空位。《切韻指掌圖》五圖、《四聲等子》咸攝外八重輕俱等韻、《切韻指南》咸攝外八合口呼狹門，列字均爲『糂』，心母感韻。『三』爲《廣韻》闞一心母位小韻首字，《起數訣》明本空位是。四庫本錯列去聲於上聲，誤，當刪。

36 （上一邪）□一散（敢）　◯　明本空位，四庫本列字爲『涔』。『涔』，《廣韻》鋤針切，崇侵三平開深；《集韻》鉏簪切，崇敢一上開咸；均不當列於此位。《韻鏡》《七音略》《切韻指掌圖》《四聲等子》《切韻指南》均空位。『涔』爲《廣韻》侵三崇母位小韻首字。《廣韻》敢韻無邪母字，《起數訣》明本空位是。四庫本誤列去一邪於上聲位，當刪。

37 (上一曉)花一散(敢) 㖠 明本列字爲『憨』,四庫本列字爲『憨』,列『㖠』於平一曉。『㖠』,《廣韻》呼覽切,《集韻》虎覽切,曉敢一上開咸;『憨』,《廣韻》呼談切,《集韻》呼甘切,曉談一平開咸。《韻鏡》外轉第四十合、《七音略》外轉三十二重中輕、《切韻指掌圖》五圖、《切韻指南》咸攝外八合口呼狹門,列字均爲『㖠』;《四聲等子》咸攝外八重輕俱等韻,列字爲『顄』,溪母感韻。『㖠』爲《廣韻》敢一曉母位小韻首字,列字以『㖠』字爲佳。《起數訣》明本是。四庫本誤列去一曉於上一,當校改爲『㖠』字。

38 (上一影)亞一散(敢) 黯 明本列字爲『黯』,四庫本空位,列『黯』於平一影。『黯』,《廣韻》於檻切,《集韻》倚檻切,影檻二上開咸;均不當列於此位。《韻鏡》外轉第四十合、《七音略》外轉三十二重中輕、《切韻指掌圖》五圖,列字均爲『埯』;《四聲等子》咸攝外八重輕俱等韻、《切韻指南》咸攝外八合口呼狹門,列字爲『頜』,匣母感韻。『埯』爲《廣韻》敢一影母位小韻首字,列字以『埯』字爲佳。《起數訣》明本列『黯』字,四庫本空位均誤,當校改爲『埯』字。

39 (上一來)冷一散(敢) 覽 明本列字爲『覽』,四庫本列字爲『濫』,列『覽』字於平一位。『覽』,《廣韻》盧敢切,《集韻》魯敢切,來敢一上開咸。『濫』,《廣韻》盧瞰切,來闞一去開咸;《韻鏡》外轉第四十合、《七音略》外轉三十二重中輕、《切韻指掌圖》五圖、《四聲等子》咸攝外八重輕俱等韻、《切韻指南》咸攝外八合口呼狹門,列字均爲『覽』。『覽』爲《廣韻》

《集韻》敢一來母位小韻首字，《集韻》下亦收有『濫』字，列字以『覽』字爲佳。《起數訣》明本是。四庫本誤列去聲於上聲位，當校改爲『覽』。

40（上四明）馬四忝　受　明本列字爲『受』，四庫本列字爲『奚』。『受』，查無此字。此字當爲『奚』字形訛。『奚』，《廣韻》明忝切，《集韻》美忝切，明忝四上開咸；《韻鏡》外轉第三十九開、《四聲等子》咸攝外八重輕俱等韻、《切韻指南》咸攝外八合口呼狹門，列字均爲『奚』；《七音略》外轉三十一重中重、《切韻指掌圖》均空位。『奚』爲《廣韻》忝四明母位小韻首字，列字以『奚』字爲佳。《七音略》空位誤。本圖當收一四等加脣音，《起數訣》四庫本是，明本列字形訛，當校改爲『奚』。

41（上四泥）嫋四忝　淰　明本列字爲『淰』，四庫本列字爲『念』。『淰』，《廣韻》《集韻》乃玷切，泥忝四上開咸。『念』，《廣韻》《集韻》奴店切，泥㮇四去開咸；均不當列於此位。《韻鏡》外轉第三十九開、《七音略》外轉三十一重中重、《切韻指掌圖》五圖、《四聲等子》咸攝外八重輕俱等韻、《切韻指南》咸攝外八合口呼狹門，列字均爲『淰』。『淰』爲《廣韻》忝四泥母位小韻首字，列字以『淰』字爲佳。《起數訣》明本是。四庫本誤，當校改爲『淰』字。

42（上四見）甲四忝　𤪺　明本列字爲『𤪺』，四庫本列字爲『𤪺』。查無此二字，當爲『孂』字形訛。『孂』，《廣韻》兼玷切，《集韻》兼忝切，見忝四上開咸；《韻鏡》外轉第三十九開、《七音略》外轉三十一重中重、《切韻指掌圖》五圖、《四聲等子》咸攝外八重輕俱等韻、《切韻指南》

咸攝外八合口呼狹門，列字均爲『𡟷』。『𡟷』爲《廣韻》忝四見母位小韻首字，《起數訣》明本、四庫本形訛，當校改爲『𡟷』。

43 (上四溪)巧四忝　歉　《廣韻》《集韻》苦簟切，溪忝四上開咸；《韻鏡》外轉第三十九開、《七音略》外轉三十一重中重，列字爲『歉』；《切韻指掌圖》五圖、《四聲等子》咸攝外八重輕俱等韻，列字均爲『嗛』；《切韻指南》咸攝外八合口呼狹門，列字爲『脥』，溪母琰韻。『嗛』爲《廣韻》忝四溪母位小韻首字，下收有『歉』字，列字以『嗛』字爲佳。《起數訣》亦無誤。

44 (上四疑)牙四忝　○　《廣韻》《集韻》忝韻均無疑母；《韻鏡》《切韻指掌圖》《四聲等子》《切韻指南》均空位；《七音略》外轉三十一重中重，列字爲『顩』，《廣韻》《集韻》魚檢切，疑琰三上開咸。均不當列於此位。『顩』爲《廣韻》忝四疑母位小韻首字。《七音略》誤，當删。《起數訣》空位是。

45 (上四精)哉四忝　僣　明本列字爲『僣』，四庫本列字爲『憯』，列『僣』字於平四。『僣』，《廣韻》《集韻》他結切，透屑四入開山，均不當列於此位。此字當爲『噆』字形訛。『噆』，《廣韻》子念切，精㮇四去開咸；《集韻》子忝切，精忝四上開咸；『憯』，查無此字，此字當爲『噆』字形訛。『噆』，《廣韻》青忝切，《集韻》此忝切，清忝四上開咸。均不當列於此位。《韻鏡》外轉第三十九開、《七音略》外轉三十一重中重、《切韻指掌圖》均空位。《四聲等子》咸攝外八重輕俱等韻、《切韻指南》咸攝外八合口呼狹門，列字均爲『噆』。《廣韻》忝韻無精母。『噆』

爲《集韻》忝四精母位小韻首字，《起數訣》明本形訛，四庫本誤列於平四，亦形訛，當校改爲『憯』字。

46 （上四清）采四忝　⿰忄替　明本列字爲『⿰忄替』，四庫本列字爲『僉』，列『⿰忄替』字於平四。『⿰忄替』，查無此字，此字當爲『憯』字形訛。『憯』，《廣韻》青忝切，《集韻》此忝切，清忝四上開咸。『僉』，《廣韻》七廉切，《集韻》千廉切，清鹽三上開咸。《韻鏡》外轉第三十九開、《七音略》外轉三十一重中重、《切韻指南》咸攝外八合口呼狹門，列字均爲『憯』；《切韻指掌圖》五圖、《四聲等子》咸攝外八重輕俱等韻，列字均爲『憸』，清母鹽韻。『憯』爲《廣韻》忝四清母位小韻首字，列字以『憯』字爲佳。《起數訣》明本形訛，四庫本誤列上四於平四，亦形訛，當校改爲『憯』字。

47 （上四從）才四忝　○　明本空位。四庫本平四位空位，本位列字爲『⿰目替』。『⿰目朁』，《廣韻》昨鹽切，《集韻》慈鹽切，從鹽三上開咸；均不當列於此位，當係『⿰目朁』形訛，《廣韻》漸念切，《集韻》子念切，從㮇四去開咸。《韻鏡》《七音略》均空位；《切韻指掌圖》五圖、《切韻指南》咸攝外八合口呼狹門，列字均爲『漸』，從母琰韻；《四聲等子》咸攝外八重輕俱等韻，列字爲『⿱漸日』。《廣韻》忝四無從母，《起數訣》明本空位是。四庫本誤列去聲於上聲，當刪。

48 （上四心）山四忝　溓　明本列字爲『溓』，四庫本列字爲『⿰石韱』，列『溓』字於平四。『溓』，《廣韻》勒兼切，來添四平開咸；《集韻》孌玷切，心忝四上開咸；『⿰石韱』爲『⿰石韱』誤，《廣韻》《集韻》

先念切，心桥四去開咸。《韻鏡》《七音略》《切韻指掌圖》《四聲等子》均空位；《切韻指南》咸攝外八合口呼狹門，列字爲『瀲』，來母琰韻。《廣韻》忝韻無心母。『瀲』爲《集韻》忝四心母位小韻首字，《起數訣》明本從《集韻》。四庫本列去聲於上聲，當校改爲『瀲』字。

49 (上四匣)晚四忝　鼸　明本列字爲『鼸』，四庫本空位，列『鼸』於平四。『鼸』，《廣韻》胡忝切，《集韻》下忝切，匣忝四上開咸。《韻鏡》空位；《七音略》外轉三十一重中重、《切韻指掌圖》五圖、《四聲等子》咸攝外八重輕俱等韻、《切韻指南》咸攝外八合口呼狹門，列字均爲『鼸』。『鼸』爲《廣韻》忝四匣母位小韻首字，《起數訣》明本是。四庫本誤列於平四位，當校補『鼸』字。

50 (上四影)亞四忝　◯　明本空位。四庫本列字均爲『黶』，平四位空位。『黶』，《康熙字典》記：「《集韻》於念切，音厭。苦味也。」此記於念切，影母琰韻。不當列於此位。《韻鏡》《七音略》均空位；《切韻指掌圖》五圖、《四聲等子》咸攝外八重輕俱等韻、《切韻指南》咸攝外八合口呼狹門，列字均爲『黶』，影母琰韻。《廣韻》《集韻》忝韻無影母。《起數訣》明本空位是。四庫本誤，當删。

51 (上四來)冷四忝　稴　明本列字爲『稴』，四庫本本位及平四位均列『稴』。『稴』，《廣韻》力忝切，《集韻》盧忝切，來忝四上開咸；《韻鏡》外轉第三十九開、《七音略》外轉三十一重中重、《切韻指掌圖》五圖、《四聲等子》咸攝外八重輕俱等韻、《切韻指南》咸攝外八合口呼狹門，列字均爲『穛』。本圖明本列上聲字，四庫本仍爲誤列去聲於上聲位，同字異音。《起數訣》明本列字是。

52 （上四日）□四忝 ◯ 明本、四庫本均空位。《廣韻》《集韻》忝韻均無日母；《韻鏡》外轉第三十九開、《七音略》外轉三十二重中輕，列字均爲『苒』，《廣韻》《集韻》而琰切，日琰三上開咸；《切韻指掌圖》五圖，列字爲『冉』，日母琰韻；《四聲等子》《切韻指南》均空位。『苒』爲《廣韻》琰三日母位小韻首字，《韻鏡》《七音略》列『苒』字，均誤，當删。《起數訣》明本、四庫本空位是。

53 （去一定）覃一闞 憺 《廣韻》《集韻》徒濫切，定闞一去開咸；《韻鏡》外轉第四十合，列字爲『擔』，《廣韻》《集韻》都濫切，端闞一去開咸；均不當列於此位。《七音略》外轉三十二重中輕，列字爲『憺』；《切韻指掌圖》五圖，列字爲『淡』；《四聲等子》咸攝外八重輕俱等韻、《切韻指南》咸攝外八合口呼狹門，列字均爲『醰』，定母勘韻。『憺』爲《廣韻》闞一定母位小韻首字，下收有『淡』字，列字以『憺』字爲佳。《韻鏡》誤，《起數訣》是。

54 （去一見）甲一闞 鲌 明本列字爲『鲌』，四庫本列字爲『鮥』。『鲌』，查無此字，此字當爲『鮥』字形訛。『鮥』，《廣韻》《集韻》古蹔切，見闞一去開咸；《韻鏡》外轉第四十合，列字爲『鮥』；《七音略》外轉三十二重中輕，列字爲『鮥』；《切韻指掌圖》五圖、《四聲等子》咸攝外八重輕俱等韻、《切韻指南》咸攝外八合口呼狹門，列字均爲『紺』，見母勘韻。『鮥』爲《廣韻》

闞一見母位小韻首字，列字以『䆟』字爲佳。《七音略》《起數訣》明本均形訛，當校改爲『䆟』字。

55 （去一疑）牙一闞 ◯ 明本空位，四庫本列字爲『礏』，上一位空位。『礏』，《廣韻》五合切，疑合一入開咸；《集韻》王盍切，疑盍一入開咸。《韻鏡》《七音略》均空位；《切韻指掌圖》五圖、《四聲等子》咸攝外八重輕俱等韻、《切韻指南》咸攝外八合口呼狹門，列字均爲『儑』，疑母勘韻。《廣韻》《集韻》闞一無疑母，《起數訣》明本空位是。四庫本誤列入一於去一，當删。

56 （去一清）采一闞 囋 明本空位，四庫本列字爲『囋』，上聲一等位亦空位。『囋』，《廣韻》倉雜切，《集韻》七盍切，清盍一入開咸。《韻鏡》《七音略》均空位；《切韻指掌圖》五圖、《四聲等子》咸攝外八重輕俱等韻、《切韻指南》咸攝外八合口呼狹門，列字均爲『謲』，清母勘韻。《廣韻》《集韻》闞一無清母，《起數訣》明本空位是。四庫本誤列入一於去一，當删。

57 （去一從）才一闞 暫 明本列字爲『暫』，四庫本列字爲『磛』，列『暫』於上一。『暫』，《廣韻》藏濫切，《集韻》昨濫切，從闞一去開咸。『磛』，《康熙字典》記：『《集韻》疾盍切，從母盍韻。』此記疾盍切，從母盍韻。不當列於此位。《韻鏡》外轉第四十合、《七音略》外轉三十二重中輕、《切韻指掌圖》五圖、《四聲等子》咸攝外八重輕俱等韻、《切韻指南》咸攝外八合口呼狹門，列字均爲『暫』。『暫』爲《廣韻》闞一從母位小韻首字，列字以『暫』字爲佳。《起數訣》明本是。四庫本列入一於去一，當校改爲『暫』字。

58 （去一心）山一闞 三 明本列字爲『三』，四庫本列字爲『㑣』，列『三』於上一。『三』，《廣韻》《集韻》蘇暫切，心闞一去開咸。『㑣』，《廣韻》闞韻無心母；《集韻》悉盍切，心盍一入開咸。《韻鏡》外轉第四十合、《七音略》外轉三十二重中輕、《切韻指掌圖》五圖、《四聲等子》咸攝外八重輕俱等韻、《切韻指南》咸攝外八合口呼狹門，列字均爲『三』。『三』爲《廣韻》闞一心母位小韻首字，列字以『三』字爲佳。《起數訣》明本是。四庫本列入一爲去一，當校改爲『三』字。

59 （去一邪）□一闞 涔 明本列字爲『涔』。四庫本空位，列『涔』字於上一。『涔』，《廣韻》鋤針切，《集韻》鉏簪切，崇侵三平開深；均不當列於此位。《廣韻》《集韻》闞一無邪母，《韻鏡》《七音略》《切韻指掌圖》《四聲等子》《切韻指南》均空位。《起數訣》明本列『涔』字誤，當删。

60 （去一曉）花一闞 憨 明本列字爲『憨』，四庫本列字爲『歛』，列『憨』字於上一。『憨』，《廣韻》《集韻》下瞰切，匣闞一去開咸。『歛』，《廣韻》《集韻》呼合切，曉合一入開咸。均不當列於此位。《韻鏡》外轉第四十合、《七音略》外轉三十二重中輕，列字均爲『𧵳』，《廣韻》呼監切，《集韻》呼紺切，曉闞一去開咸；《切韻指掌圖》五圖、《四聲等子》咸攝外八重輕俱等韻、《切韻指南》咸攝外八合口呼狹門，列字均爲『䜺』，疑母陷韻。『𧵳』爲《廣韻》闞一曉母位小韻首字，列字以『賗』字爲佳。《起數訣》明本列『憨』字，四庫本列『歁』字，均誤，當校改爲『賗』字。

61（去一匣）晚一闞 ◯ 明本空位，四庫本列字爲『盦』，上聲一等位亦空位。『盦』，《廣韻》胡臘切，《集韻》轄臘切，匣盦一入開咸。《韻鏡》外轉第四十合、《七音略》外轉三十二重中輕、《切韻指掌圖》五圖，列字均爲『憨』，《廣韻》《集韻》下瞰切，匣闞一去開咸；《四聲等子》咸攝外八重輕俱等韻，列字爲『憾』，匣母勘韻；《切韻指南》咸攝外八合口呼狹門，列字爲『鑑』，見母鑑韻。『憨』爲《廣韻》闞一匣母位小韻首字，明本串入曉母，誤，當校補『憨』字。四庫本列入一於去一，亦誤，當校改爲『憨』。

62（去一影）亞一闞 ◯ 明本空位，四庫本列字爲『鰪』，上一位亦空位。『鰪』，《廣韻》安盦切，《集韻》乙盦切，影盦一入開咸。《韻鏡》《七音略》均空位；《切韻指掌圖》五圖、《四聲等子》咸攝外八重輕俱等韻、《切韻指南》咸攝外八合口呼狹門，列字均爲『暗』，影母勘韻。《廣韻》《集韻》闞韻無影母，《起數訣》明本空位是。四庫本誤列入一於去一，當刪。

63（去一來）冷一闞 濫 明本列字爲『濫』，四庫本列字爲『臘』，列『濫』字於上一。『濫』，《廣韻》《集韻》盧瞰切，來闞一去開咸。『臘』，《廣韻》盧盦切，《集韻》力盦切，來盦一去開咸。《韻鏡》外轉第四十合、《七音略》外轉三十二重中輕、《切韻指掌圖》五圖，列字均爲『濫』；《四聲等子》咸攝外八重輕俱等韻，列字爲『攬』，來母敢韻；《切韻指南》咸攝外八合口呼狹門，列字爲『顟』，《康熙字典》記：『《正字通》顟字之譌。』『顟』爲『顟』字訛，來母勘韻。『濫』爲《廣韻》闞一來母位小韻首字，《起數訣》明本是，四庫本列入一爲去一，當校改爲『濫』。

64 （去四見）甲四㮇　兼　《廣韻》《集韻》古甜切，見添四平開咸；均不當列於此位。當爲『兼』字俗，『兼』，《廣韻》古念切，《集韻》吉念切，見㮇四去開咸。《韻鏡》外轉第三十九開、《七音略》外轉三十一重中重，列字均爲『趝』，《廣韻》紀念切，《集韻》吉念切，見㮇四去開咸；《切韻指掌圖》五圖、《四聲等子》咸攝外八重輕俱等韻、《切韻指南》咸攝外八合口呼狹門，列字均爲『兼』，見母㮇韻。『趝』爲《廣韻》㮇一見母位小韻首字，列字以『趝』字爲佳。《廣韻》另有『兼』小韻，古念切，當并入『趝』。《起數訣》明本、四庫本列『兼』，當小韻首字列入。列此位亦無誤。

65 （去四溪）巧四㮇　傔　明本、四庫本列字均爲『傔』，爲『傔』字俗。『傔』，《廣韻》苦念切，《集韻》詰念切，溪㮇四入開咸；《韻鏡》外轉第三十九開、《七音略》外轉三十一重中重、《切韻指掌圖》五圖、《四聲等子》咸攝外八重輕俱等韻、《切韻指南》咸攝外八合口呼狹門，列字均爲『傔』。『傔』爲《廣韻》㮇四溪母位小韻首字，《起數訣》列字俗，當正爲『傔』。

66 （去四精）哉四㮇　借　明本列字爲『借』字，四庫本空位，列『借』字於上四。『借』，《廣韻》《集韻》他結切，透屑四入開山；均不當列於此位。此字當爲『僭』字形訛。『僭』，《廣韻》《集韻》子念切，精㮇四去開咸；《韻鏡》外轉第三十九開、《七音略》外轉三十一重中重、《切韻指掌圖》五圖、《四聲等子》咸攝外八重輕俱等韻，列字均爲「僭」；《切韻指南》咸攝外八合口呼狹門，列字爲「韱」，心母鹽韻。「僭」爲《廣韻》㮇四精母位小韻首字，列字以「僭」字爲佳。《起數訣》明本形訛，四庫本誤列於上四，亦誤，當校改爲「僭」字。

67 （去四清）采四㮇　僉　明本列字爲「僉」，四庫本空位，誤列「僉」字於上四。「僉」，《廣韻》七廉切，《集韻》千廉切，清鹽三平開咸；均不當列於此位。《韻鏡》《七音略》均空位；《切韻指掌圖》五圖，列字爲「塹」，清母豔韻；《四聲等子》咸攝外八重輕俱等韻、《切韻指南》咸攝外八合口呼狹門，列字均爲「壍」。「塹」「壍」二字爲異體字。「僉」爲《廣韻》鹽三清母位小韻首字。《廣韻》《集韻》㮇韻無清母字，《起數訣》明本誤，當删。

68 （去四從）才四㮇　暦　明本列字爲「暦」，四庫本空位，列「暦」字於上四。「暦」，《廣韻》漸念切，《集韻》慈豔切，從㮇四平開咸；《韻鏡》外轉第三十九開、《七音略》外轉三十一重中重、《切韻指掌圖》五圖，列字均爲「暦」；《四聲等子》咸攝外八重輕俱等韻、《切韻指南》咸攝外八合口呼狹門，列字均爲「潛」，從母豔韻。「暦」爲《廣韻》㮇四從母位小韻首字，列字以「暦」字爲佳。《起數訣》明本是。四庫本誤列於上四，當校補「暦」字。

69 （去四心）山四㮇　韱　明本列字爲「韱」，四庫本空位，列「韱」字於上四。此爲「韱」字誤。「韱」，《廣韻》《集韻》先念切，心㮇四去開咸。《韻鏡》外轉第三十九開、《七音略》外轉三十一重中重、《切韻指掌圖》五圖、《四聲等子》咸攝外八重輕俱等韻、《切韻指南》咸攝外八合口呼狹門，列字均爲『礹』；『礹』爲《廣韻》椓四從母位小韻首字，列字以『礹』字爲佳。《起數訣》明本字形俗，四庫本誤列於上四，當校正爲『礹』字。

70（去四影）亞四椓　醶　明本列字爲『醶』。四庫本空位，列『醶』字於上四。『醶』，《康熙字典》記：『《集韻》於念切，音厭。苦味也。』此記於念切，影母椓韻。《韻鏡》外轉第三十九開、《七音略》外轉三十一重中重、《切韻指掌圖》五圖，列字均爲『㱘』，《廣韻》《集韻》於念切，影椓四去開咸；《四聲等子》咸攝外八重輕俱等韻、《切韻指南》咸攝外八合口呼狹門，列字均爲『厭』，影母豔韻。『㱘』爲《廣韻》椓四影母位小韻首字。『醶』『㱘』同爲《集韻》椓四影母位小韻首字，《起數訣》明本從《集韻》。四庫本誤列於上四，當校補『醶』字。

71（去四來）冷四椓　稴　明本列字爲『稴』，四庫本空位，誤列『稴』字於上四。『稴』，《廣韻》力店切，《集韻》歷店切，來椓四去開咸；《韻鏡》外轉第三十九開、《七音略》外轉三十一重中重、《切韻指掌圖》五圖、《四聲等子》咸攝外八重輕俱等韻、《切韻指南》咸攝外八合口呼狹門，列字均爲『稴』。『稴』爲《廣韻》椓四來母位小韻首字，《起數訣》明本是。四庫本誤列於上四，當校補『稴』字。

72（入一端）丹一耊　皶　明本列字爲『皶』，四庫本列字爲『皵』。四庫本顯係『皶』字誤。『皶』，《廣韻》都耊切，《集韻》德耊切，端耊一入開咸；《韻鏡》外轉第四十合，列字爲『皻』，形訛；《七音略》外轉三十一重中輕、《切韻指掌圖》五圖，列字均爲『皶』；《四聲等子》咸攝外八重輕俱等韻、《切韻指南》咸攝外八合口呼狹門，列字均爲『筃』，端母合韻。『皶』爲《廣韻》盍一端母位小韻首字，《起數訣》明本列字是，四庫本形訛，當校改爲『皶』。

73 （入一定）蹋一盍　蹋　《廣韻》徒盍切，《集韻》敵盍切，定盍一入開咸；《韻鏡》外轉第四十合，列字爲『踏』，《康熙字典》記：『《説文》本作蹋。今文作踏。或作蹹。』『踏』『蹋』二字爲古今字。《七音略》外轉三十二重中輕、《切韻指掌圖》五圖，列字均爲『蹋』；《四聲等子》咸攝外八重輕俱等韻、《切韻指南》咸攝外八合口呼狹門，列字均爲『沓』，定母合韻。『蹋』爲《廣韻》盍一定母位小韻首字，《起數訣》是。

74 （入一泥）妠一盍　納　明本列字爲『納』，四庫本列字爲『魶』。『納』，《廣韻》奴荅切，《集韻》諾荅切，泥合一入開咸；『魶』，《廣韻》奴盍切，《集韻》諾盍切，泥盍一入開咸；《韻鏡》外轉第四十合、《七音略》外轉三十二重中輕、《切韻指南》咸攝外八合口呼狹門，列字均爲『魶』；《切韻指掌圖》五圖、《四聲等子》咸攝外八重輕俱等韻，列字均爲『納』，泥母合韻。『魶』爲《廣韻》盍一泥母位小韻首字，列字以『魶』字爲佳，《起數訣》明本誤，當校改爲『魶』字。四庫本是。

75 （入一見）甲一盍　砝　《廣韻》《集韻》居盍切，見盍一入開咸；《韻鏡》外轉第四十合、《七音略》外轉三十二重中輕，列字均爲『頡』，《廣韻》古盍切，《集韻》谷盍切，見盍一入開咸；《切韻指掌圖》五圖、《四聲等子》咸攝外八重輕俱等韻、《切韻指南》咸攝外八合口呼狹門，列字均爲『闇』，見母合韻。『顴』爲《廣韻》《集韻》盍一見母位小韻首字，下未收有『砝』字；『砝』爲《集韻》盍一見母位小韻首字，《起數訣》從《集韻》。

76（入一溪）巧一盍　搕　《廣韻》烏合切，影合一入開咸；《集韻》克盍切，溪盍一入開咸；《韻鏡》外轉第四十合、《七音略》外轉三十二重中輕、《切韻指掌圖》五圖，列字均爲『榼』，《廣韻》苦盍切，《集韻》克盍切，溪盍一入開咸；《四聲等子》咸攝外八重輕俱等韻，列字爲『㾑』，溪母虞韻；《切韻指南》咸攝外八合口呼狹門，列字爲『溘』，溪母合韻。『榼』爲《廣韻》《集韻》盍一溪母位小韻首字，《集韻》下收有『搕』字，《起數訣》從《集韻》，列『搕』字，亦無誤。

77（入一疑）牙一盍　礏　明本列字爲『礏』，四庫本空位，列『礏』字於去一。『礏』，《廣韻》五合切，疑合一入開咸；《集韻》王盍切，疑盍一入開咸；《韻鏡》外轉第四十合、《切韻指掌圖》五圖、《切韻指南》咸攝外八合口呼狹門，列字均爲『偞』，《廣韻》五盍切，疑盍一入開咸；《七音略》外轉三十二重中輕，列字爲『㗘』，《廣韻》鈎輒切，《集韻》域輒切，云葉三入開咸；均不當列於此位。此字當爲『礏』字形訛。《四聲等子》咸攝外八重輕俱等韻，列字爲『㬈』，曉母鈂韻。『偞』爲《廣韻》盍一疑母位小韻首字，『礏』爲《集韻》盍一疑母位小韻首字，《起數訣》從《集韻》。

78（入一清）采一盍　噿　明本列字爲『噿』，四庫本空位，列『噿』字於去一。『噿』，《廣韻》倉雜切，《集韻》七盍切，清盍一入開咸；《韻鏡》外轉第四十合、《七音略》外轉三十二重中輕、《切韻指掌圖》五圖，列字均爲『囃』；《四聲等子》咸攝外八重輕俱等韻、《切韻指南》咸攝外八合口呼狹門，列字均爲『趍』，清母合韻。『囃』爲《廣韻》盍一清母位小韻首字，列字以『囃』字爲佳。《起數訣》明本是。四庫本誤入去一，當校補『囃』字。

79 (入一從)才一盍　歪　明本列字爲『歪』，四庫本空位，於去一位列『奀』，係『歪』字俗訛。『歪』，《廣韻》才盍切，《集韻》疾盍切，從盍一入開咸；《韻鏡》外轉第四十合、《七音略》外轉三十二重中輕，列字均爲『歪』；《切韻指掌圖》五圖，列字爲『雜』，從母合韻；《四聲等子》咸攝外八重輕俱等韻、《切韻指南》咸攝外八合口呼狹門，列字均爲『雜』，清母盍韻。『歪』爲《廣韻》盍一清母位小韻首字，列字以『歪』字爲佳。《起數訣》明本是。四庫本誤列去一且形誤，此位當校補『歪』字。

80 (入一心)山一盍　僋　明本列字爲『僋』，四庫本空位，於去一位列『僋』，係『僋』之俗訛。『僋』，《廣韻》私盍切，《集韻》悉盍切，心盍一入開咸；《韻鏡》外轉第四十合、《七音略》外轉三十二重中輕、《切韻指掌圖》五圖，列字均爲『僋』；《四聲等子》咸攝外八重輕俱等韻、《切韻指南》咸攝外八合口呼狹門，列字均爲『趿』，心母合韻。『僋』爲《廣韻》盍一心母位小韻首字，《起數訣》明本列字是，四庫本誤列於去一，且形訛，此位當校補『僋』字。

81 (入一曉)花一盍　欱　明本列字爲『欱』，四庫本空位，列『欱』字於去一。『欱』，《廣韻》呼盍切，《集韻》黑盍切，曉盍一入開咸；《韻鏡》外轉第四十合、《切韻指掌圖》五圖，列字均爲『欱』；《七音略》外轉三十二重中輕，列字爲『顉』，《廣韻》古盍切，《集韻》谷盍切，見盍一入開咸；均不當列於此位，此字當爲『欱』字形訛。《四聲等子》咸攝外八重輕俱等韻，列字爲『頜』，見母合韻；《切韻指南》咸攝外八合口呼狹門，列字爲『欱』，曉母合韻。『欱』爲《廣韻》盍一清母位小韻首字，列字以『欱』字爲佳。《七音略》誤，當校改爲『欱』字。《起數訣》明本是。四庫本誤列於去一，此位當校補『欱』字。

82 （入一匣）晚一盍　盍　明本列字爲『盍』，四庫本空位，列『盍』字於去一。『盍』，《廣韻》胡臘切，《集韻》轄臘切，匣盍一入開咸；《韻鏡》外轉第四十合、《七音略》外轉三十二重中輕、《切韻指掌圖》五圖、《切韻指南》咸攝外八合口呼狹門，列字均爲『盍』；《四聲等子》咸攝外八重輕俱等韻，列字爲『合』，匣母合韻。『盍』爲《廣韻》盍一清母位小韻首字，列字以『盍』字爲佳。《起數訣》明本是。四庫本誤列於去一，此位當校補『盍』字。

83 （入一影）亞一盍　鰪　明本列字爲『鰪』，四庫本空位，列『鰪』字於去一。『鰪』，《廣韻》安盍切，《集韻》乙盍切，影盍一入開咸；《韻鏡》外轉第四十合、《七音略》外轉三十二重中輕、《切韻指掌圖》五圖，列字均爲『鰪』；《四聲等子》咸攝外八重輕俱等韻、《切韻指南》咸攝外八合口呼狹門，列字均爲『始』，影母合韻。『鰪』爲《廣韻》盍一清母位小韻首字，列字以『鰪』字爲佳。《起數訣》明本是。四庫本誤列於去一，此位當校補『鰪』字。

84 (入一喻)萬一盍 ◯ 《廣韻》《集韻》盍韻均無喻母。《韻鏡》《切韻指掌圖》《四聲等子》《切韻指南》均空位；《七音略》外轉三十二重中輕，列字爲『臘』，《廣韻》盧盍切，《集韻》力盍切，來盍一入開咸；均不當列於此位。『臘』爲《廣韻》盍一來母位小韻首字。《七音略》誤，當刪。《起數訣》明本、四庫本空位是。

85 (入一來)來一盍　臘　明本列字爲『臘』，四庫本空位，列『臘』字於去一。『臘』，《廣韻》盧盍切，《集韻》力盍切，來盍一入開咸；《韻鏡》外轉第四十合、《七音略》外轉三十二重中輕、《切韻指掌圖》五圖，列字均爲『臘』；《四聲等子》咸攝外八重輕俱等韻、《切韻指南》空位，列字均爲『拉』，來母合韻。『臘』爲《廣韻》盍一清母位小韻首字，列字以『臘』字爲佳。《起數訣》明本是。四庫本誤列於去一，此位當校補『臘』字。

86 入聲四等《起數訣》列目爲『帖』，《廣韻》韻目字爲『怗』字。《集韻》韻目字爲『帖』字。《起數訣》從《集韻》。

87 (入四透)貪四帖　帖　《廣韻》他協切，《集韻》託協切，透怗四入開咸；《韻鏡》外轉第三十九開、《切韻指南》咸攝外八合口呼狹門，列字爲『怗』；《七音略》外轉三十一重中重、《切韻指掌圖》五圖、《四聲等子》咸攝外八重輕俱等韻，列字均爲『帖』。『怗』爲《廣韻》怗四透母位小韻首字，下收有『帖』字。『帖』爲《集韻》帖四透母位小韻首字，下收有『怗』字，《起數訣》從《集韻》。

88 （入四定）覃四帖　牒　《廣韻》徒協切，《集韻》達協切，定帖四入開咸；《韻鏡》外轉第三十九開、《切韻指掌圖》五圖、《四聲等子》咸攝外八重輕俱等韻、《切韻指南》咸攝外八合口呼狹門，列字均爲「牒」；《七音略》空位。「牒」爲《廣韻》帖四定母位小韻首字，列字以「牒」字爲佳。《七音略》空位誤，當校補「牒」字。《起數訣》是。

89 （入四泥）嫋四帖　捻　《廣韻》奴協切，《集韻》諾叶切，泥帖四入開咸；《韻鏡》外轉第三十九開、《七音略》外轉三十一重中重、《四聲等子》咸攝外八重輕俱等韻，列字均爲「捻」；《切韻指掌圖》五圖、《切韻指南》咸攝外八合口呼狹門，列字爲「苶」。「苶」爲《廣韻》帖四曉母位小韻首字，下收有「捻」字。「捻」爲《集韻》帖四曉母位小韻首字，下收有「苶」字，《起數訣》從《集韻》。

90 （入四溪）巧四帖　篋　《廣韻》苦協切，《集韻》詰叶切，溪帖四入開咸；《韻鏡》外轉第三十九開、《七音略》外轉三十一重中重、《切韻指掌圖》五圖、《切韻指南》咸攝外八合口呼狹門，列字均爲「愜」；《四聲等子》咸攝外八重輕俱等韻，列字爲「篋」。「愜」爲《廣韻》帖四溪母位小韻首字，下收有「篋」字。「篋」爲《集韻》帖四溪母位小韻首字，下收有「愜」字，《起數訣》從《集韻》。

91 （入四清）采四帖　箃　《廣韻》帖韻均無清母。《韻鏡》外轉第三十九開、《切韻指掌圖》五圖、《四聲等子》咸攝外八重輕俱等韻，列字爲「妾」，清母葉韻，誤；《七音略》空位；《切韻指南》咸攝外八合口呼狹門，列字爲『捷』，從母葉韻。《起數訣》列『箂』，當爲『萩』誤。『萩』，《集韻》千俠切，清帖四入開咸。兩本列字均誤，當校改爲『箂』。

92（入四從）才四帖　踕　《廣韻》疾葉切，從葉三入開咸；《集韻》疾協切，從帖四入開咸；《七音略》外轉三十一重中重，列字均爲『薙』，《廣韻》在協切，《集韻》疾協切，從帖四入開咸；《切韻指掌圖》五圖，列字爲『捷』，從母葉韻；《四聲等子》咸攝外八重輕俱等韻、《切韻指南》咸攝外八合口呼狹門，列字均爲『燮』，心母怗韻。『薙』爲《廣韻》《集韻》怗四從母位小韻首字，《集韻》下亦收有『踕』字，列字以『薙』字爲佳。《起數訣》從《集韻》，列『踕』字，亦無誤。

93（入四心）山四帖　燮　《廣韻》蘇協切，《集韻》悉協切，心怗四入開咸；《韻鏡》外轉第三十九開，列字爲『變』，《廣韻》彼眷切，《集韻》彼卷切，幫線三去開山；均不當列於此位，此字當爲『燮』字形訛。《七音略》外轉三十一重中重、《切韻指掌圖》五圖、《四聲等子》咸攝外八重輕俱等韻、《切韻指南》咸攝外八合口呼狹門，列字均爲『燮』。『燮』爲《廣韻》《集韻》怗四心母位小韻首字，《七音略》誤，《起數訣》列字是。

94（入四曉）花四帖　㛍　《廣韻》呼牒切，《集韻》呼帖切，曉怗四入開咸；《韻鏡》外轉第三十九開、《七音略》外轉三十一重中重，列字均爲『㛍』；《切韻指掌圖》五圖、《四聲等子》咸攝外八重輕俱等韻、《切韻指南》咸攝外八合口呼狹門，列字均爲『弽』。『弽』爲《廣韻》怗四曉母位小韻首字，下收有『婡』字。『婡』爲《集韻》帖四曉母位小韻首字，下收有『諜』字，《起數訣》從《集韻》。

95 (入四匣)晚四帖　挾　《廣韻》胡頰切，《集韻》檄頰切，匣怗四入開咸；《韻鏡》外轉第三十九開、《七音略》外轉三十一重中重、《切韻指掌圖》五圖、《四聲等子》咸攝外八重輕俱等韻、《切韻指南》咸攝外八合口呼狹門，列字均爲『協』。『協』爲《廣韻》《集韻》怗四曉母位小韻首字，下收有『挾』字，列字以『協』字爲佳。《起數訣》列『挾』字，亦無誤。

96 (入四來)冷四帖　甄　《廣韻》側鄰切，莊真三平開臻，《集韻》之人切，章真三入開臻；或《廣韻》居延切，《集韻》稽延切，見仙三平開山；均不當列於此位。此字當爲『甄』字形訛。『甄』，《廣韻》零帖切，《集韻》力協切，來怗四入開咸；《韻鏡》外轉第三十九開、《七音略》外轉三十一重中重、《切韻指掌圖》五圖、《四聲等子》咸攝外八重輕俱等韻、《切韻指南》咸攝外八合口呼狹門，列字均爲『甄』。『甄』爲《廣韻》怗四來母位小韻首字，列字以『甄』字爲佳。《起數訣》明本、四庫本均形訛，當校改爲『甄』字。

釋：

1 (平一明)馬一啖(談)　姏　《廣韻》武酣切，《集韻》謨甘切，明談一平開咸；《韻鏡》外轉第四十合、《七音略》外轉三十二重中輕、《切韻指掌圖》五圖、《四聲等子》咸攝外八重輕俱等韻、《切韻指南》咸攝外八合口呼狹門，列字均爲『坩』。

2 (平一定)覃一啖(談) 談 《廣韻》《集韻》徒甘切，定談一平開咸；《韻鏡》外轉第四十合、《七音略》外轉三十二重中輕、《切韻指掌圖》五圖，列字均爲『談』；《四聲等子》咸攝外八重輕俱等韻、《切韻指南》咸攝外八合口呼狹門，列字均爲『覃』，定母覃韻。

3 (平一見)甲一啖(談) 甘 《廣韻》古三切，《集韻》沽三切，見談一平開咸；《韻鏡》外轉第四十合、《七音略》外轉三十二重中輕、《切韻指掌圖》五圖、《四聲等子》咸攝外八重輕俱等韻，列字均爲『甘』；《切韻指南》咸攝外八合口呼狹門，列字『弇』，見母覃韻。

4 (平一溪)巧一啖(談) 坩 《廣韻》苦甘切，《集韻》梏甘切，溪談一平開咸；《韻鏡》外轉第四十合、《七音略》外轉三十二重中輕、《切韻指掌圖》五圖，列字均爲『坩』；《四聲等子》咸攝外八重輕俱等韻，列字爲『堪』，溪母覃韻；《切韻指南》咸攝外八合口呼狹門，列字爲『龕』，溪母覃韻。

5 (平四透)貪四添 添 《廣韻》《集韻》他兼切，透添四平開咸；《韻鏡》外轉第三十九開、《七音略》外轉三十一重中重、《切韻指掌圖》五圖、《四聲等子》咸攝外八重輕俱等韻、《切韻指南》咸攝外八合口呼狹門，列字均爲『添』。

6 (平四定)覃四添 甜 《廣韻》《集韻》徒兼切，定添四平開咸；《韻鏡》外轉第三十九開、《七音略》外轉三十一重中重、《切韻指掌圖》五圖、《四聲等子》咸攝外八重輕俱等韻、《切韻指南》咸攝外八合口呼狹門，列字均爲『甜』。

7 (平四泥)妳四添　鮎　《廣韻》《集韻》奴兼切，泥添四平開咸；《韻鏡》外轉第三十九開、《七音略》外轉三十一重中重、《四聲等子》咸攝外八重輕俱等韻、《切韻指南》咸攝外八合口呼狹門，列字均爲『鮎』；《切韻指掌圖》五圖，列字爲『拈』，泥母添韻。

8 (平四溪)巧四添　謙　《廣韻》《集韻》苦兼切，溪添四平開咸；《韻鏡》外轉第三十九開、《七音略》外轉三十一重中重、《切韻指掌圖》五圖、《四聲等子》咸攝外八重輕俱等韻、《切韻指南》咸攝外八合口呼狹門，列字均爲『謙』。

9 (上一端)丹一散(敢)　膽　《廣韻》《集韻》都敢切，端敢一上開咸；《韻鏡》外轉第四十合、《七音略》外轉三十二重中輕、《切韻指掌圖》五圖、《四聲等子》咸攝外八重輕俱等韻，列字均爲『膽』；《切韻指南》咸攝外八合口呼狹門，列字爲『黕』，端母感韻。

10 (上一溪)巧一散(敢)　廞　《廣韻》《集韻》口敢切，溪敢一上開咸；《韻鏡》外轉第四十合、《七音略》外轉三十二重中輕，列字均爲『廞』；《切韻指掌圖》五圖、《四聲等子》咸攝外八重輕俱等韻、《切韻指南》咸攝外八合口呼狹門，列字均爲『坎』，溪母感韻。

11 (上四端)丹四忝　點　《廣韻》《集韻》多忝切，端忝四上開咸；《韻鏡》外轉第三十九開、《七音略》外轉三十一重中重、《切韻指掌圖》五圖、《四聲等子》咸攝外八重輕俱等韻、《切韻指南》咸攝外八合口呼狹門，列字均爲『點』。

12 （上四透）禬四忝　忝　《廣韻》他玷切，《集韻》他點切，透忝四上開咸；《韻鏡》外轉第三十九開、《七音略》外轉三十一重中重、《切韻指掌圖》五圖、《四聲等子》咸攝外八重輕俱等韻、《切韻指南》咸攝外八合口呼狹門，列字均爲『忝』。

13 （上四定）覃四忝　簟　《廣韻》徒玷切，《集韻》徒點切，定忝四上開咸；《韻鏡》外轉第三十九開、《七音略》外轉三十一重中重、《切韻指掌圖》五圖、《四聲等子》咸攝外八重輕俱等韻、《切韻指南》咸攝外八合口呼狹門，列字均爲『簟』。

14 （去一端）丹一闞　擔　《廣韻》《集韻》都濫切，端闞一去開咸；《韻鏡》外轉第四十合、《七音略》外轉三十二重中輕、《切韻指掌圖》五圖、《四聲等子》咸攝外八重輕俱等韻，列字均爲『擔』；《切韻指南》咸攝外八合口呼狹門，列字爲『甔』，端母勘韻。

15 （去一透）貪一闞　賧　《廣韻》《集韻》吐濫切，透闞一去開咸；《韻鏡》外轉第四十合、《七音略》外轉三十二重中輕、《切韻指掌圖》五圖、《切韻指南》咸攝外八合口呼狹門，列字爲『賧』；《四聲等子》咸攝外八重輕俱等韻，列字爲『探』，《廣韻》透母覃韻，《集韻》透母勘韻。

16 （去一溪）巧一闞　闞　《廣韻》《集韻》苦濫切，溪闞一去開咸；《韻鏡》外轉第四十合、《七音略》外轉三十二重中輕、《切韻指掌圖》五圖，列字均爲『闞』；《四聲等子》咸攝外八重輕俱等韻、《切韻指南》咸攝外八合口呼狹門，列字均爲『勘』，溪母勘韻。

17（去二並）排二鑑　埿　《廣韻》蒲鑑切，《集韻》薄鑑切，並鑑一去開咸；《韻鏡》外轉第四十合、《七音略》外轉三十一重中重、《四聲等子》咸攝外八重輕俱等韻、《切韻指南》咸攝外八合口呼狹門，列字均爲『埿』；《切韻指掌圖》五圖，列字爲『湴』。『埿』爲《廣韻》鑑二並母位小韻首字，下收有『湴』字，列字以『埿』字爲佳。《起數訣》是。

18（去四端）丹四㮇　店　《廣韻》《集韻》都念切，端㮇四入開咸；《韻鏡》外轉第三十九開、《七音略》外轉三十一重中重、《切韻指掌圖》五圖、《四聲等子》咸攝外八重輕俱等韻、《切韻指南》咸攝外八合口呼狹門，列字均爲『店』。

19（去四透）貪四㮇　㮇　《廣韻》《集韻》他念切，透㮇四去開咸；《韻鏡》外轉第三十九開、《七音略》外轉三十一重中重、《切韻指掌圖》五圖、《四聲等子》咸攝外八重輕俱等韻、《切韻指南》咸攝外八合口呼狹門，列字均爲『㮇』。

20（去四定）覃四㮇　磹　《廣韻》《集韻》徒念切，定㮇四入開咸；《韻鏡》外轉第三十九開、《七音略》外轉三十一重中重、《切韻指掌圖》五圖、《四聲等子》咸攝外八重輕俱等韻、《切韻指南》咸攝外八合口呼狹門，列字均爲『磹』。

21（去四泥）妳四㮇　念　《廣韻》《集韻》奴店切，泥㮇四入開咸；《韻鏡》外轉第三十九開、《七音略》外轉三十一重中重、《切韻指掌圖》五圖、《四聲等子》咸攝外八重輕俱等韻、《切韻指南》咸攝外八合口呼狹門，列字均爲『念』。

22 (入一透)貪一盍　榻　《廣韻》吐盍切,《集韻》託盍切,透盍一入開咸;《韻鏡》外轉第四十合、《七音略》外轉三十二重中輕、《切韻指掌圖》五圖,列字均爲『榻』;《四聲等子》咸攝外八重輕俱等韻,列字爲『鎉』,透母合韻;《切韻指南》咸攝外八合口呼狹門,列字爲『㯓』,《康熙字典》記:『同榻。』『㯓』『榻』二字爲異體字。

23 (入四端)丹四帖　聑　《廣韻》丁愜切,《集韻》的協切,端怗四入開咸;《韻鏡》外轉第三十九開、《七音略》外轉三十一重中重、《四聲等子》咸攝外八重輕俱等韻、《切韻指南》咸攝外八合口呼狹門,列字均爲『聑』;《切韻指掌圖》五圖,列字爲『跕』,端母怗韻。

24 (入四見)甲四帖　頰　《廣韻》《集韻》古協切,見怗四入開咸;《韻鏡》外轉第三十九開、《七音略》外轉三十一重中重、《切韻指掌圖》五圖、《四聲等子》咸攝外八重輕俱等韻、《切韻指南》咸攝外八合口呼狹門,列字均爲『頰』。

25 (入四精)哉四帖　浹　《廣韻》子協切,《集韻》即協切,精怗四入開咸;《韻鏡》外轉第三十九開、《七音略》外轉三十一重中重、《切韻指掌圖》五圖,列字均爲『浹』;《四聲等子》咸攝外八重輕俱等韻,列字爲『接』,精母葉韻;《切韻指南》咸攝外八合口呼狹門,列字爲『𢧜』,莊母緝韻。

剥五　盅十一　艮七　盅四　剥三　豥四　剥二　艮九

艮一	艮五	盡五	刹十二	豢十二	艮六	艮七	艮十一	艮九	艮九	豢二
口	白	皃	卓	圻	大	南	乍	口	口	危
華上								在下	在下	
						讝	監	巘		巖
	凡	⿰王夋			⿰言利		黚	欽	黚	嚴
						淰		顛		
釩	范	錽		⿰亻閭				山	柑	门
							鑑			
泛	梵	⿱艹夋				黏	劒	欠	⿺走欠	釅
					雲		甲			
法	乏			⿰犭韋	攝	⿰目取	刼	猲	跲	業

剥十一	豕十一	蛊十二	剥九	艮十	艮四	艮二	艮八	艮三	蛊七	蛊七
莊	萘	茶	三	士	凢	華	在	文	犖	南
漸	攙	𧗵	衫			御			鑒	䫲
产	綅			葥	杴		腌	炎		
	醶	嚵	摻		闞	檻	黤			
拈			濶		險	樵	埯			
覽	懺	鑱	釤		㰹	鑑	黬			
			庯		脅				欽	
扶		礡	翣		呷	狎	押			
譫					脅		腌	饁		

第八十圖　發音濁

本圖列《廣韻》銜檻鑑狎、嚴儼釅業及凡范梵乏韻字。其中銜檻鑑狎、嚴儼釅業係拆分《韻鏡》外轉第四十合二等非脣音二三等字；本圖三等位係合韻，嚴韻系與凡韻系合并，其中凡范梵乏係拆分《韻鏡》外轉第四十一合韻字，嚴凡均有字，則取其一。本圖聲母滂、溪、群母位列「□」，其中滂母下一等格位内，明本有「華上」二字，溪、群母下一等格位内均有「在下」二字，四庫本無。明本日母位列字爲「南」，四庫本列「□」；明本初母位本列「荼」，朱筆改爲「乂」，四庫本列「乂」，列「乂」是。本圖三等爲合韻，列圖較爲複雜。

校注：

1 （平二娘）南二銜　讝　《廣韻》銜韻無娘母；《集韻》女監切，娘銜二平開咸；《韻鏡》《七音略》均空位；《切韻指掌圖》五圖，列字爲「喃」，娘母咸韻；《四聲等子》咸攝外八重輕俱等韻、《切韻指南》咸攝外八合口呼狹門，列字均爲「諵」，娘母咸韻。「讝」爲《集韻》銜二娘母位小韻首字，列字以「讝」字爲佳。《起數訣》從《集韻》。

2 （平二溪）□二銜　㰝　明本列字爲『㰝』，四庫本列字爲『㪁』。『㰝』，《康熙字典》記：『《字彙》牽兮切，音欺。引玉樞經，九曜㰟㰝。《正字通》嵌字之譌。六書無㰝。』此記牽兮切，溪母之韻。此『㰝』『㪁』二字均爲『嵌』字形訛。『嵌』，《廣韻》口銜切，《集韻》丘銜切，溪銜二平開咸；《韻鏡》外轉第四十合、《七音略》外轉三十二重中輕、《切韻指掌圖》五圖，列字均爲『嵌』；《四聲等子》咸攝外八重輕俱等韻、《切韻指南》咸攝外八合口呼狹門，列字均爲『鵮』，溪母咸韻。『嵌』爲《廣韻》銜二溪母位小韻首字，列字以『嵌』字爲佳。《起數訣》明本、四庫本均形訛，當校改爲『嵌』字。

3 （平二莊）莊二銜　漸　《廣韻》子廉切，精鹽三平開咸；《集韻》側銜切，莊銜二平開咸；《韻鏡》《七音略》《切韻指掌圖》均空位；《四聲等子》咸攝外八重輕俱等韻，列字爲『尖』；《切韻指南》咸攝外八合口呼狹門，列字爲『漸』。《廣韻》銜二無莊母。『漸』爲《集韻》銜二莊母位小韻首字，列字以『漸』字爲佳。《起數訣》從《集韻》。

4 （平二崇）茶二銜　獑　《廣韻》鋤銜切，《集韻》士銜切，崇銜二平開咸；《韻鏡》外轉第四十合、《七音略》外轉三十二重中輕、《切韻指掌圖》五圖、《切韻指南》咸攝外八合口呼狹門，列字均爲『巉』；《四聲等子》咸攝外八重輕俱等韻，列字爲『讒』，崇母咸韻。『巉』爲《廣韻》銜二崇母位小韻首字，下收有『獑』字。『巉』『獑』爲《集韻》銜二崇母位小韻首字，《起數訣》從《集韻》。

5 (平二生)三二銜　衫　明本、四庫本列字均爲『衫』，各韻書均無此字。此字當爲『衫』字形訛。《廣韻》所銜切，《集韻》師銜切，生銜二平開咸；《韻鏡》外轉第四十合、《七音略》外轉三十二重中輕、《切韻指掌圖》五圖、《四聲等子》咸攝外八重輕俱等韻，列字均爲『衫』；《切韻指南》咸攝外八合口呼狹門，列字爲『攕』，生母咸韻。『衫』爲《廣韻》銜二生母位小韻首字，列字以『衫』字爲佳。《起數訣》明本、四庫本均形訛，當校改爲『衫』字。

6 (平二匣)華二銜　御　明本列字爲『御』，四庫本列字爲『銜』。『御』，《廣韻》牛倨切，《集韻》牛據切，疑御三去開遇；均不當列於此位，此字當爲『銜』字形訛。『銜』，《廣韻》户監切，《集韻》乎監切，匣銜二平開咸；《韻鏡》外轉第四十合、《七音略》外轉三十二重中輕、《切韻指掌圖》五圖，列字均爲『銜』；《四聲等子》咸攝外八重輕俱等韻、《切韻指南》咸攝外八合口呼狹門，列字均爲『咸』，匣母咸韻。『銜』爲《廣韻》銜二匣母位小韻首字，《起數訣》明本形訛，當校改爲『銜』。

7 (平二來)犖二銜　鑑　《廣韻》銜韻無來母。《集韻》力陷切，來銜二平開咸；《韻鏡》《七音略》《切韻指掌圖》均空位；《四聲等子》咸攝外八重輕俱等韻、《切韻指南》咸攝外八合口呼狹門，列字均爲『鑑』。『鑑』爲《集韻》銜二來母位小韻首字，《起數訣》從《集韻》。

8 (平二日)南二銜　䫲　《廣韻》銜韻無日母；《集韻》而銜切，日銜二平開咸；《韻鏡》《七音略》《切韻指掌圖》《四聲等子》《切韻指南》均空位。『䫲』爲《集韻》銜二日母位小韻首字，列字以『頓』字爲佳。《起數訣》從《集韻》。日母拼合三等字，此因日下憑切門法而列此位。

9 《起數訣》明本、四庫本三等韻目下，均有小字。平三嚴下有凡，上三儼下有范、去三釅下有梵、入三業下有乏。表明三等位收嚴儼釅業、凡范梵乏韻字。以下標位均按實際語音列目。

10 （平三非）百三九　芝　明本、四庫本列字爲『芝』，《廣韻》止而切，《集韻》真而切，章之三平開咸；均不當列於此位。此字當爲『芝』字形訛。『芝』，《廣韻》匹凡切，敷凡三平合咸；《集韻》甫凡切，非凡三平合咸。《韻鏡》外轉第四十一合，列字爲『訖』，《康熙字典》記：『《玉篇》方凡切，《集韻》甫凡切，法平聲。言急也。』《七音略》外轉三十三輕中輕，列字爲『芝』，誤；《切韻指掌圖》五圖，列字爲『芝』；《四聲等子》咸攝外八重輕俱等韻、《切韻指南》咸攝外八合口呼狹門，列字均爲『砭』，幫母鹽韻。《廣韻》凡韻無非母。『芝』爲《集韻》凡三非母位小韻首字，下收有『訖』字，列字以『芝』字爲佳。《韻鏡》《起數訣》均從《集韻》。

11 （平三敷）□三九　◯　明本、四庫本均空位。《廣韻》凡韻敷母有『芝』小韻，《廣韻》匹凡切，敷凡三平合咸；《集韻》甫凡切，非凡三平合咸。《韻鏡》外轉第四十一合、《七音略》外轉三十三輕中輕、《切韻指掌圖》五圖、《四聲等子》咸攝外八重輕俱等韻，列字均爲『芝』；《切韻指南》空位。『芝』爲《廣韻》凡三敷母位小韻首字，列字以『芝』字爲佳。《起數訣》明本、四庫本均從《集韻》空位。若從《廣韻》，當於此校補『芝』字。此字在《起數訣》中更似誤入非母。

12 (平三奉)白三九　凡　『凡』爲『凡』之異體字,《廣韻》符芝切,《集韻》符咸切,奉凡三平合咸;《韻鏡》外轉第四十一合、《七音略》外轉三十三輕中輕、《切韻指掌圖》五圖、《四聲等子》咸攝外八重輕俱等韻、《切韻指南》咸攝外八狹門列字均爲『凡』。『凡』爲《廣韻》凡三奉母位小韻首字,《起數訣》列異體,亦無誤。

13 (平三微)皃三九　𤤧　明本、四庫本列字均爲『𤤧』,《廣韻》凡韻無微母;《集韻》亡凡切,微凡三平開咸;《韻鏡》外轉第四十一合,列字爲『𤥑』,當爲『𤤧』形訛;《四聲等子》咸攝外八重輕俱等韻,列字均爲『𤤧』;《七音略》《切韻指掌圖》《切韻指南》均空位。『𤤧』爲《集韻》凡三微母位小韻首字,列字以『𤤧』字爲佳。《起數訣》明本、四庫本均從《集韻》。

14 (平三澄)大三嚴　誗　明本、四庫本列字均爲『誗』,《廣韻》直廉切,澄鹽三平開咸;《集韻》直嚴切,澄嚴三平開咸;《韻鏡》《七音略》均空位;《切韻指掌圖》五圖、《四聲等子》咸攝外八重輕俱等韻、《切韻指南》咸攝外八合口呼狹門,列字均爲『𦶇』,澄母鹽韻。《廣韻》嚴韻無澄母。『誗』爲《集韻》嚴三澄母位小韻首字,列字以『誗』字爲佳。《起數訣》明本、四庫本均從《集韻》。

15 (平三見)乍三嚴　黚　明本、四庫本列字均爲『黚』,《廣韻》巨淹切,群鹽三平開咸;《集韻》居嚴切,見嚴三平開咸;《韻鏡》《七音略》《切韻指掌圖》均空位;《四聲等子》咸攝外八重輕俱等韻,列字爲『黚』;《切韻指南》咸攝外八合口呼狹門,列字爲『黚』,《集韻》見母鹽韻。

《廣韻》嚴韻無見母。『黔』爲《集韻》嚴三見母位小韻首字，《起數訣》明本、四庫本均從《集韻》。

16 （平三溪）□三嚴　欦　明本、四庫本列字均爲『欿』，此字當爲『欦』字誤。『欦』，《廣韻》許兼切，曉添四平開咸；《集韻》丘嚴切，溪嚴三平開咸；《韻鏡》外轉第四十合，列字爲『䶫』，《廣韻》丘嚴切，《集韻》口嚴切，溪嚴三平開咸；《七音略》空位；《切韻指掌圖》五圖、《四聲等子》咸攝外八重輕俱等韻、《切韻指南》咸攝外八合口呼狹門，列字均爲『㰹』，溪母鹽韻。『䶫』爲《廣韻》嚴三溪母位小韻首字，列字以『䶫』字爲佳。《七音略》空位誤，當校補『䶫』字。『欦』爲《集韻》嚴三溪母位小韻首字，列字以『欦』字爲佳。《起數訣》從《集韻》，然形訛，當校改爲『欦』。

17 （平三群）□三嚴　黔　《廣韻》巨淹切，群鹽三平開咸；《集韻》其嚴切，群嚴三平開咸；《韻鏡》外轉第四十合，列字爲『黔』；《七音略》《四聲等子》均空位；《切韻指掌圖》五圖，列字爲『箝』，群母鹽韻；《切韻指南》咸攝外八合口呼狹門，列字爲『鍼』，群母鹽韻。《廣韻》嚴韻無群母。『黔』爲《集韻》嚴三群母位小韻首字，《起數訣》從《集韻》。

18 （平三章）莊三嚴　产　《廣韻》職廉切，章鹽三平開咸；《集韻》之嚴切，章嚴三平開咸；《韻鏡》《七音略》均空位；《切韻指掌圖》五圖，列字爲『占』，章母鹽韻；《四聲等子》咸攝外八重輕俱等韻、《切韻指南》咸攝外八合口呼狹門，列字均爲『詹』，章母鹽韻。《廣韻》嚴韻無章母。『𢆉』爲《集韻》嚴三章母位小韻首字，列字以在『𢆉』字爲佳。《起數訣》從《集韻》。

19 (平三昌)叉三嚴　緂　明本、四庫本列字均爲『緂』，《廣韻》處占切，《集韻》蚩占切，昌鹽三平開咸；均不當列於此位。《韻鏡》《七音略》均空位；《切韻指掌圖》五圖、《切韻指南》咸攝外八合口呼狹門，列字均爲『韂』，昌母鹽韻；《四聲等子》咸攝外八重輕俱等韻，列字爲『襜』，《康熙字典》記：『《正字通》襜字之譌。按《史記·李牧傳》滅襜襤，兩字俱从衣。《字彙》重入示部，誤。』『襜』爲『襜』之訛字。『襜』，昌母鹽韻。『緂』爲《廣韻》鹽三昌母位小韻首字。《起數訣》明本、四庫本均誤，當删。

20 (平三禪)士三嚴　剡　明本、四庫本列字均爲『剡』，《康熙字典》記：『《集韻》徂含切，音蠶。《説文》搔馬也。又《廣韻》《集韻》徒甘切，音談。刷馬篦。一曰飼篦。又《類篇》《集韻》市甘切，又癡廉切，音覘。義同。』此記徂含切，從母覃韻；徒甘切，定母談韻；市甘切，禪母談韻。均不當列於此位。《韻鏡》外轉第四十合，列字爲『剡』；《七音略》《四聲等子》均空位；《切韻指掌圖》五圖，列字爲『棎』，禪母嚴韻；《切韻指南》咸攝外八合口呼狹門，列字爲『苫』，書母鹽韻。《起數訣》明本、四庫本均誤，當删。

21 (平三曉)凡三嚴　杴　《廣韻》《集韻》虛嚴切，曉嚴三平開咸；《韻鏡》外轉第四十合、《七音略》外轉三十二重中輕，列字均爲『韽』；《切韻指掌圖》五圖、《四聲等子》咸攝外八重輕俱等韻，列字均爲『杴』；《切韻指南》咸攝外八合口呼狹門，列字爲『⿱沾女』，徹母鹽韻。『韽』爲《廣韻》嚴三曉母位小韻首字，下收有『杴』字，列字以『轗』字爲佳。《起數訣》列『杴』字，亦無誤。

22 (平三影)在三嚴　腌　《廣韻》《集韻》於嚴切，影嚴三平開咸；《韻鏡》外轉第四十合、《七音略》外轉三十二重中輕，列字均爲『醃』；《切韻指掌圖》五圖、《四聲等子》咸攝外八重輕俱等韻、《切韻指南》咸攝外八合口呼狹門，列字均爲『淹』，影母鹽韻。『醃』爲《廣韻》嚴三影母位小韻首字，下收有『腌』字，注：『上同。』『醃』『腌』二字爲異體字。列字以『醃』爲佳，《起數訣》亦無誤。

23 (平三云)爻三嚴　炎　《廣韻》《集韻》于廉切，云鹽三平開咸；均不當列於此位。《韻鏡》《七音略》《四聲等子》均空位；《切韻指掌圖》五圖、《切韻指南》咸攝外八合口呼狹門，列字均爲『炎』。『炎』爲《廣韻》鹽三云母位小韻首字，不當列於嚴韻，且已列於第七十八圖。《起數訣》明本、四庫本均誤，當删。

24 (上二娘)南二檻　淰　《廣韻》乃玷切，泥忝四上開咸；《集韻》奴檻切，泥檻二上開咸；《韻鏡》《七音略》均空位；《切韻指掌圖》五圖、《四聲等子》咸攝外八重輕俱等韻、《切韻指南》咸攝外八合口呼狹門，列字均爲『図』，娘母豏韻。《廣韻》檻韻無娘母。『淰』爲《集韻》檻二娘母位小韻首字，《起數訣》從《集韻》。

25 (上二崇)茶二檻　巉　明本、四庫本列字均爲『巉』，《廣韻》鉏銜切，崇銜二平開咸；《集韻》士冉切，崇琰三上開咸；均不當列於此位。《廣韻》檻韻崇母位有『巉』字，《集韻》檻韻崇母位有『嵁』，仕檻切，崇檻二上開咸。《韻鏡》空位；《七音略》外轉三十二重中輕，列字爲『嵁』；《切韻指掌圖》五圖、《四聲等子》咸攝外八重輕俱等韻、《切韻指南》咸攝外八合口呼狹門，列字均爲『瀺』，崇母豏韻。『巉』爲《廣韻》檻二崇母位小韻首字，列字以『巉』字爲佳，《韻鏡》空位誤，當校補『巉』字。『嵁』爲《集韻》檻二崇母位小韻首字，《七音略》從《集韻》。《起數訣》明本、四庫本均誤，可校改爲『巉』或『嵁』字。

26 (上二生)三二檻　摻　明本、四庫本均列字爲『摻』，《廣韻》《集韻》所斬切，生豏二上開咸；均不當列於此位。《韻鏡》外轉第四十合、《七音略》外轉三十二重中輕、《切韻指掌圖》五圖、《切韻指南》咸攝外八合口呼狹門，列字均爲『摲』，《廣韻》《集韻》山檻切，生檻二上開咸；《四聲等子》咸攝外八重輕俱等韻，列字爲『摻』。『摲』爲《廣韻》檻二生母位小韻首字，列字以『摲』字爲佳。《起數訣》明本、四庫本均誤，當校改爲『摲』字。

27 (上二曉)凡二檻　闞　《廣韻》火斬切，曉豏二上開咸；《集韻》虎獵切，曉檻二上開咸；《韻鏡》外轉第四十合、《七音略》外轉三十二重中輕、《切韻指掌圖》五圖，列字均爲『㺖』，《廣韻》荒檻切，《集韻》虎檻切，曉檻二上開咸；《四聲等子》咸攝外八重輕俱等韻、《切韻指南》咸攝外八合口呼狹門，列字均爲『喊』，曉母豏韻。『㺖』爲《廣韻》檻二曉母位小韻首字，未收『闞』字。『闞』爲《集韻》檻二曉母位小韻首字，下收有『㺖』字，列字以『闞』字爲佳。《起數訣》從《集韻》。

28 （上二影）在二檻　黤　《廣韻》於檻切，《集韻》倚檻切，影檻二上開咸；《韻鏡》外轉第四十合，列字爲「黤」；《七音略》外轉三十二重中輕，列字爲「黶」，爲「黶」字誤；《切韻指掌圖》五圖、《四聲等子》咸攝外八重輕俱等韻、《切韻指南》咸攝外八合口呼狹門，列字均爲「黯」，影母豏韻。「黤」爲《廣韻》檻二影母位小韻首字，《七音略》誤，《起數訣》列字是。

29 （上三非）百三范　腇　明本、四庫本列字均爲「腇」，當爲「腇」字形訛。「腇」，《廣韻》府犯切，《集韻》補范切，非范三上合咸；《韻鏡》外轉第四十一合、《七音略》外轉三十三輕中輕、《切韻指掌圖》五圖、《四聲等子》咸攝外八重輕俱等韻，列字均爲「腇」；《切韻指南》咸攝外八合口呼狹門，列字爲「貶」，幫母琰韻。「腇」爲《廣韻》范三非母位小韻首字，《起數訣》形訛，當校改爲「腇」。

30 （上三敷）□三范　釩　《康熙字典》記：「《龍龕》俗亂字。」當爲「釩」字誤。「釩」，《廣韻》《集韻》峯范切，敷范三上合咸；《韻鏡》外轉第四十一合、《七音略》外轉三十三輕中輕、《切韻指掌圖》五圖、《四聲等子》咸攝外八重輕俱等韻，列字均爲「釩」；《切韻指南》空位。「釩」爲《廣韻》范三敷母位小韻首字，《起數訣》形訛，當校改爲「釩」。

31 （上三徹）拆三范　僴　明本列字爲「僴」，四庫本列字爲「僴」，二字均當爲「僴」字形訛。「僴」，《廣韻》《集韻》丑犯切，徹范三上合咸。《韻鏡》外轉第四十一合，列字爲「僴」；《七音略》外轉三十三輕中輕，列字爲「僴」；《切韻指掌圖》五圖、《四聲等子》咸攝外八重輕俱等韻、《切韻指南》咸攝外八合口呼狹門，列字均爲『諂』，徹母琰韻。『僴』爲《廣韻》范三徹母位小韻首字，《起數訣》兩本均形訛，當校改爲『僴』。

32 （上三見）乍三儼范 ○ 《廣韻》《集韻》儼范韻均無見母；《韻鏡》外轉第四十一合、《七音略》外轉三十三輕中輕，列字均爲『拑』，《廣韻》巨淹切，群鹽三平開咸；《集韻》极笵切，群范三上合咸；均不當列於此位。《韻鏡》《七音略》均誤。《切韻指掌圖》五圖、《四聲等子》咸攝外八重輕俱等韻、《切韻指南》咸攝外八合口呼狹門，列字均爲『檢』，見母琰韻。《起數訣》空位是。

33 （上三溪）□三范 凵 明本列字爲『凵』，四庫本空位。『凵』，《廣韻》《集韻》范韻溪母位均有『凵』字，《廣韻》丘犯切，《集韻》口犯切，溪范三上合。《韻鏡》外轉第四十一合、《七音略》外轉三十三輕中輕，列字均爲『凵』；《切韻指掌圖》五圖、《切韻指南》咸攝外八合口呼狹門，列字均爲『顩』，溪母琰韻；《四聲等子》咸攝外八重輕俱等韻，列字爲『欦』，溪母儼韻。『凵』爲《廣韻》范三溪母位小韻首字，列字以『凵』字爲佳。《起數訣》明本是。四庫本空位誤，當校補『凵』字。

34 （上三群）□三范 柑 明本、四庫本列字均爲『柑』，《廣韻》古三切，見談一平開咸；《集韻》其淹切，群鹽三平開咸；均不當列於此位。此字當爲『拑』字形訛。『拑』，《廣韻》巨淹切，群鹽三平開咸；《集韻》极笵切，群范三上合咸。《韻鏡》《七音略》《四聲等子》均空位；《切韻指掌圖》五圖、《切韻指南》咸攝外八合口呼狹門，列字均爲『儉』，群母琰韻。《廣韻》范韻無群母。『拑』爲《集韻》范三群母位小韻首字，列字以『拑』字爲佳。《起數訣》明本、四庫本均形訛，誤，從《集韻》，當校改爲『拑』字。

35 (上三疑)瓦三范　冂　明本、四庫本列字均爲『冂』，《廣韻》莫狄切，明錫四入開梗；《集韻》五犯切，疑范三上合咸；《韻鏡》外轉第四十合、《切韻指掌圖》五圖、《切韻指南》咸攝外八合口呼狹門，列字均爲『顩』，《廣韻》《集韻》魚檢切，疑琰三上開咸；《七音略》空位；《四聲等子》咸攝外八重輕俱等韻，列字爲『儼』，疑母儼韻。《廣韻》范韻無疑母。『冂』爲《集韻》范三疑母位小韻首字，列字以『冂』字爲佳。《韻鏡》誤，當刪。《起數訣》明本、四庫本均從《集韻》。

36 (上三章)莊三儼　拈　《廣韻》奴兼切，泥添四平開咸；《集韻》章貶切，章儼三上開咸；《韻鏡》《七音略》均空位；《切韻指掌圖》五圖、《四聲等子》咸攝外八重輕俱等韻，列字均爲『颭』，章母琰韻；《切韻指南》咸攝外八合口呼狹門，列字爲『黵』，端母敢韻。《廣韻》儼韻無章母。『拈』爲《集韻》儼三章母位小韻首字，列字以『拈』字爲佳。《起數訣》從《集韻》。

37 (上三書)三三儼　瀾　《廣韻》《集韻》賞敢切，書敢一上開咸；均不當列於此位。《韻鏡》外轉第四十合，列字爲『潤』，書母琰韻；《七音略》空位；《切韻指掌圖》五圖、《四聲等子》咸攝外八重輕俱等韻、《切韻指南》咸攝外八合口呼狹門，列字均爲『陜』，書母琰韻。《廣韻》《集韻》儼韻均無書母，《起數訣》誤，當删。

38 （上三曉）凡三儼　險　《廣韻》虚檢切，曉琰三上開咸；《集韻》希埯切，曉儼三上開咸；《韻鏡》《七音略》空位；《切韻指掌圖》五圖、《四聲等子》咸攝外八重輕俱等韻、《切韻指南》咸攝外八合口呼狹門，列字均爲『險』。《廣韻》儼韻無曉母。『險』爲《集韻》儼三曉母位小韻首字，《起數訣》從《集韻》。

39 （上三匣）華三范　槏　《廣韻》苦減切，溪豏二上開咸；《集韻》胡犯切，匣范三上合咸；《韻鏡》《七音略》《切韻指掌圖》《四聲等子》《切韻指南》均空位。《廣韻》范韻無匣母。『槏』爲《集韻》范三匣母位小韻首字，《起數訣》從《集韻》。

40 （去二曉）凡二鑑　㰹　《廣韻》鑑韻曉母位有『㒆』小韻，下無『㰹』字；『㒆』，《集韻》許鑑切，曉鑑二去開咸；《韻鏡》外轉第四十合、《七音略》外轉三十二重中輕、《切韻指掌圖》五圖、《四聲等子》咸攝外八重輕俱等韻、《切韻指南》咸攝外八合口呼狹門，列字均爲『㒆』。『㒆』爲《廣韻》《集韻》鑑二曉母位小韻首字，《集韻》下收有『㰹』字，列字以『㒆』字爲佳。《起數訣》從《集韻》，列『㰹』字，亦無誤。

41 （去二匣）華二鑑　鑑　《廣韻》格懺切，見鑑二去開咸；《集韻》胡懺切，匣鑑二去開咸；《韻鏡》外轉第四十合、《七音略》外轉三十二重中輕，列字均爲『甗』，《廣韻》胡懺切，《集韻》

胡監切，匣鑑二去開咸；《切韻指掌圖》五圖、《四聲等子》咸攝外八重輕俱等韻、《切韻指南》咸攝外八合口呼狹門，列字均爲『陷』，匣母陷韻。『䁪』爲《廣韻》鑑二匣母位小韻首字。『䁪』『鑑』同爲《廣韻》鑑二匣母位小韻首字，《起數訣》從《集韻》。

42 （去三非）百三釅　𠈃　《廣韻》方驗切，非釅三去開咸；《集韻》陂驗切，非釅三去開咸；《韻鏡》《七音略》《切韻指掌圖》均空位；《四聲等子》咸攝外八重輕俱等韻，列字爲『汎』，非母凡韻；《切韻指南》咸攝外八合口呼狹門，列字爲『𠈃』。『𠈃』爲《廣韻》釅三幫母位小韻首字。『驗』爲《集韻》驗三非母位小韻首字，下收有『釅』字。『𠈃』爲《集韻》釅三非母位小韻首字，《起數訣》從《集韻》。

43 （去三敷）□三梵　泛　《廣韻》《集韻》孚梵切，敷梵三去開咸；《韻鏡》外轉第四十一合、《七音略》外轉三十三輕中輕，列字均爲『汎』；《切韻指掌圖》五圖，列字爲『泛』；《四聲等子》咸攝外八重輕俱等韻，列字爲『𠈃』，非母釅韻；《切韻指南》空位。『汎』爲《廣韻》梵三敷母位小韻首字，下收有『泛』字，注：『上同。』『汎』『泛』二字爲異體字。列字以『汎』爲佳，《起數訣》亦無誤。

44 （去三娘）南三釅　黏　明本、四庫本列字均爲『黏』，此字當爲『黏』字訛。『黏』，《廣韻》女廉切，娘鹽三平開咸；《集韻》女驗切，娘驗（釅）三去開咸；《韻鏡》《七音略》《切韻指掌圖》《切韻指南》均空位；《四聲等子》咸攝外八重輕俱等韻，列字爲『黏』。《廣韻》釅韻無娘母。

「黏」爲《集韻》驗(釅)三娘母位小韻首字,《起數訣》從《集韻》,然形訛,當校改爲「黏」。

45 (去三群)□三釅　砛　此字當爲「砱」形訛。「砱」,《廣韻》丘釅切,溪釅三去開咸;《集韻》巨欠切,群釅三去開咸;《韻鏡》《七音略》《四聲等子》《切韻指南》均空位;《切韻指掌圖》五圖,列字爲「芡」,群母琰韻。《廣韻》釅韻無群母。「砱」爲《集韻》驗(釅)三群母位小韻首字,列字以「砱」字爲佳。《起數訣》從《集韻》。然形訛,當校改爲「砱」。

46 (去三書)三三釅　痡　《廣韻》釅韻無書母。《集韻》式劒切,書釅三去開咸;《韻鏡》《七音略》空位;《切韻指掌圖》五圖,列字爲「苫」,書母豔韻;《四聲等子》咸攝外八重輕俱等韻、《切韻指南》咸攝外八合口呼狹門,列字均爲「閃」,書母豔韻。「痡」爲《集韻》釅三書母位小韻首字,《起數訣》從《集韻》。

47 (去三曉)凡三釅　脅　《廣韻》許欠切,《集韻》虚欠切,曉驗(釅)三去開咸;《韻鏡》外轉第四十合、《四聲等子》咸攝外八重輕俱等韻,列字均爲「脅」;《七音略》空位;《切韻指掌圖》五圖,列字爲「嬐」;《切韻指南》空位。「脅」爲《廣韻》釅三曉母位小韻首字,下收有「嬐」字,列字以「脅」字爲佳。《七音略》空位誤,《起數訣》是。

48 (去三影)在三釅梵　◯　《廣韻》釅韻無影母,梵韻有「俺」小韻。「俺」,於劒切,影梵三去開咸。《韻鏡》空位;《七音略》外轉三十三輕中輕,列字爲「俺」;《切韻指掌圖》五圖,列字爲「猒」;《四聲等子》咸攝外八重輕俱等韻,列字爲「掩」,影母琰韻;《切韻指南》咸攝外八合口呼狹門，列字爲『揜』，影母琰韻。『俺』爲《廣韻》梵三影母位小韻首字，本圖爲合韻韻圖，當校補『俺』字。

49（去三來）䶫三釅　歛　《廣韻》呼談切，曉談一平開咸；《集韻》呼濫切，曉闞一去開咸；均不當列於此位。《集韻》釅韻來母位有『獫』字，力劍切，來釅三去開咸。《韻鏡》外轉第四十合，列字爲『獫』；《七音略》空位；《切韻指掌圖》五圖、《四聲等子》咸攝外八重輕俱等韻、《切韻指南》咸攝外八合口呼狹門，列字均爲『殮』，來母陷韻。《廣韻》釅韻無來母。『獫』爲《集韻》釅三來母位小韻首字，《起數訣》從《集韻》，形訛，當校改爲『獫』字。

50（入二澄）大二狎　霅　《廣韻》丈甲切，《集韻》直甲切，澄狎二入開咸；《韻鏡》外轉第四十合，列字爲『渫』，《廣韻》士洽切，崇洽二入開咸；《集韻》直甲切，澄狎二入開咸；《七音略》外轉三十二重中輕、《切韻指掌圖》五圖，列字均爲『霅』；《四聲等子》咸攝外八重輕俱等韻、《切韻指南》咸攝外八合口呼狹門，列字均爲『䮜』，定母帖韻。『霅』爲《廣韻》《集韻》狎二澄母位小韻首字，《集韻》下亦收有『渫』字，列字以『霅』字爲佳。《韻鏡》從《集韻》，《起數訣》是。

51（入二莊）莊二狎　㛈　《廣韻》胡頰切，匣帖四入開咸；《集韻》子洽切，精狎二入開咸；《韻鏡》《七音略》均空位；《切韻指掌圖》五圖、《切韻指南》咸攝外八合口呼狹門，列字均爲『眨』，莊母洽韻；《四聲等子》咸攝外八重輕俱等韻，列字爲『貶』，此字當爲『眨』字形訛。

『挾』爲《集韻》狎二精母字，不當列於此位。《集韻》莊母位另有小韻『霅』，斬狎切，則可列於此位。《起數訣》誤，當校改爲『霅』。

52 （入二初）叉二狎 ◯ 《廣韻》《集韻》狎韻均無初母；《韻鏡》空位；《七音略》外轉三十二重中輕，列字爲『㘔』，《廣韻》倉雜切，《集韻》七盍切，清盍一入開咸；不當列於此位。《七音略》誤，當删。《切韻指掌圖》五圖、《四聲等子》咸攝外八重輕俱等韻、《切韻指南》咸攝外八合口呼狹門，列字均爲『插』，初母洽韻。《起數訣》空位是。

53 （入二崇）茶二狎 礴 《廣韻》傍各切，《集韻》白各切，並鐸一入開咸；均不當列於此位。《韻鏡》空位；《七音略》外轉三十二重中輕，列字爲『渫』，《廣韻》士洽切，崇洽二入開咸，《集韻》實洽切，船洽二入開咸；均不當列於此位。《七音略》誤，當删。《切韻指掌圖》五圖，列字爲『煠』，崇母洽韻；《四聲等子》咸攝外八重輕俱等韻、《切韻指南》咸攝外八合口呼狹門，列字均爲『箑』，崇母洽韻。《起數訣》誤，當删。

54 （入二影）在二狎 押 《廣韻》烏甲切，《集韻》乙甲切，匣狎二入開咸；《韻鏡》外轉第四十合、《七音略》外轉三十二重中輕、《切韻指掌圖》五圖、《切韻指南》咸攝外八合口呼狹門，列字均爲『鴨』；《四聲等子》咸攝外八重輕俱等韻，列字爲『𪘨』，影母洽韻。『鴨』爲《廣韻》狎二影母位小韻首字，下收有『押』字。『押』爲《集韻》狎二影母位小韻首字，下收有『鴨』字，《起數訣》從《集韻》。

55 （入三知）卓三乏 ○ 《廣韻》《集韻》乏韻均無知母；《韻鏡》外轉第四十一合，列字爲『䎎』，《廣韻》丑法切，《集韻》敕法切，徹乏三入合咸；均不當列於此位。《韻鏡》誤，當删。《七音略》空位；《切韻指掌圖》五圖、《四聲等子》、《切韻指南》咸攝外八合口呼狹門，列字均爲『䎎』，知母葉韻。《起數訣》空位是。

56 （入三徹）㡿三乏　䎎　《廣韻》丑法切，《集韻》敕法切，徹乏三入合咸；《韻鏡》空位；《七音略》外轉三十三輕中輕，列字均爲『䎎』；《切韻指掌圖》五圖、《四聲等子》咸攝外八重輕俱等韻、《切韻指南》咸攝外八合口呼狹門，列字均爲『鍤』，徹母葉韻。『䎎』爲《廣韻》乏三徹母位小韻首字，列字以『䎎』字爲佳。《韻鏡》空位誤，《起數訣》是。

57 （入三澄）大三業　㙐　《廣韻》未收；《集韻》直業切，澄業三入開咸；《韻鏡》《七音略》空位；《切韻指掌圖》五圖、《四聲等子》咸攝外八重輕俱等韻、《切韻指南》咸攝外八合口呼狹門，列字均爲『牒』，澄母葉韻。『㙐』爲《集韻》業三澄母位小韻首字，列字以『㙐』字爲佳。《起數訣》從《集韻》。

58 （入三娘）南三乏　㲫　明本、四庫本列字均爲『㲫』，當爲『㲫』字誤。『㲫』，《康熙字典》記：『《廣韻》女法切，《集韻》昵法切，音㴼。䎎㲫，飛貌。』此記爲娘母乏韻合口；《韻鏡》外轉第四十合、《七音略》外轉三十三輕中輕，列字均爲『㲫』；《切韻指掌圖》五圖、《四聲等子》咸攝外八重輕俱等韻、《切韻指南》咸攝外八合口呼狹門，列字均爲『聶』，娘母葉韻。《廣韻》乏韻均無娘母；『㺙』爲《集韻》乏三娘母位小韻首字，《起數訣》從《集韻》；然形訛，當校改爲『㺙』。

59 （入三見）乍三業　刧　《廣韻》居怯切，《集韻》訖業切，見業三入開咸；《韻鏡》外轉第四十一合、《七音略》外轉三十二重中輕，列字均爲『刧』；《切韻指掌圖》五圖，列字爲『刦』；《四聲等子》咸攝外八重輕俱等韻，列字爲『刦』；《切韻指南》咸攝外八合口呼狹門，列字爲『刧』。『刦』爲《廣韻》《集韻》業三見母位小韻首字，注：『俗作刧。』『刧』爲『刦』之俗字。《集韻》下亦收有『刦』『刧』二字，列字以『刦』字爲佳。《起數訣》是。

60 （入三溪）□三乏　猲　《廣韻》起法切，《集韻》气法切，溪乏三入合咸；《韻鏡》外轉第四十合、《七音略》外轉三十三輕中輕，列字均爲『猲』；《切韻指掌圖》五圖、《切韻指南》咸攝外八合口呼狹門，列字均爲『㾏』，定母帖韻；《四聲等子》咸攝外八重輕俱等韻，列字爲『怯』，溪母業韻。『猲』爲《廣韻》乏三溪母位小韻首字，《起數訣》列字是。

61 （入三群）□三業　跲　《廣韻》巨業切，《集韻》極業切，群業三入開咸；《韻鏡》外轉第四十合、《切韻指掌圖》五圖，列字均爲『跲』；《七音略》《四聲等子》空位；《切韻指南》咸攝外八合口呼狹門，列字爲『衱』，此字當爲『衱』字形訛，『衱』，見母業韻。『跲』爲《廣韻》業三群母位小韻首字，《七音略》空位誤，《起數訣》是。

62 （入三章）莊三業　譫　明本、四庫本均寫作『譫』，當爲『譫』訛。『譫』，《廣韻》《集韻》章盍切，章盍一入開咸；均不當列於此位。《韻鏡》空位；《七音略》外轉三十二重中輕，列字均爲『譫』，誤；《切韻指掌圖》五圖、《四聲等子》咸攝外八重輕俱等韻、《切韻指南》咸攝外八合口呼狹門，列字均爲『讋』，章母葉韻。《廣韻》《集韻》業乏均無章母，《起數訣》誤，當删。

63 （入三書）三三業 ◯ 《廣韻》《集韻》業韻均無書母；《韻鏡》外轉第四十合，列字爲『䛳』，心母帖韻，誤；《七音略》空位；《切韻指掌圖》五圖、《四聲等子》咸攝外八重輕俱等韻、《切韻指南》咸攝外八合口呼狹門，列字均爲『攝』，書母葉韻。《起數訣》空位是。

64 （入三影）在三業　晻　《廣韻》於業切，《集韻》乙業切，影業三入開咸；《韻鏡》外轉第四十合、《七音略》外轉三十二重中輕，列字均爲『腌』；《切韻指掌圖》五圖、《切韻指南》咸攝外八合口呼狹門，列字均爲『敵』；《四聲等子》咸攝外八重輕俱等韻，列字爲『業』。『腌』爲《廣韻》《集韻》業三影母位小韻首字，下收有『晻』字，列字以『腌』字爲佳。《起數訣》列『晻』字，亦無誤。

65 （入三云）爻三業　饁　《廣韻》筠輒切，《集韻》域輒切，云葉三入開咸；均不當列於此位。《韻鏡》外轉第四十合，列字爲『殜』；《七音略》空位；《切韻指掌圖》五圖、《切韻指南》咸攝外八合口呼狹門，列字均爲『曄』，云母葉韻；《四聲等子》咸攝外八重輕俱等韻，列字爲『瞱』。『殜』爲《廣韻》業三以母位小韻首字，當列於四等位。《起數訣》誤，當删。

釋：

1 (平二見)乍二銜　監　《廣韻》古銜切，《集韻》居銜切，見銜二平開咸；《韻鏡》外轉第四十合、《七音略》外轉三十二重中輕、《切韻指掌圖》五圖、《四聲等子》咸攝外八重輕俱等韻，列字均爲『監』；《切韻指南》咸攝外八合口呼狹門，列字爲『緘』，見母咸韻。

2 (平二疑)瓦二銜　巖　《廣韻》五銜切，《集韻》魚銜切，疑銜二平開咸；《韻鏡》外轉第四十合、《七音略》外轉三十二重中輕、《切韻指掌圖》五圖、《四聲等子》咸攝外八重輕俱等韻、《切韻指南》咸攝外八合口呼狹門，列字均爲『巖』。

3 (平二初)叉二銜　攙　《廣韻》楚銜切，《集韻》初銜切，初銜二平開咸；《韻鏡》外轉第四十合、《七音略》外轉三十二重中輕、《切韻指掌圖》五圖、《四聲等子》咸攝外八重輕俱等韻、《切韻指南》咸攝外八合口呼狹門，列字均爲『攙』。

4 (平三疑)瓦三嚴　嚴　《廣韻》語𩐂切，《集韻》魚杴切，疑嚴三平開咸；《韻鏡》外轉第四十合、《七音略》外轉三十二重中輕、《切韻指掌圖》五圖、《四聲等子》咸攝外八重輕俱等韻，列字均爲『嚴』；《切韻指南》咸攝外八合口呼狹門，列字爲『𪙊』，疑母嚴韻。

5 (上二溪)□二檻　顜　《廣韻》丘檻切，溪檻二上開咸；《集韻》檻韻無溪母；《韻鏡》外轉第四十合、《七音略》外轉三十二重中輕，列字均爲『顩』；《切韻指掌圖》五圖、《四聲等子》咸攝外八重輕俱等韻、《切韻指南》咸攝外八合口呼狹門，列字均爲『床』，溪母豏韻。

6 （上二初）叉二檻　醶　《廣韻》初檻切，《集韻》楚檻切，初檻二上開咸；《韻鏡》外轉第四十合、《七音略》外轉三十二重中輕、《切韻指南》咸攝外八合口呼狹門，列字均爲『醶』；《切韻指掌圖》五圖、《四聲等子》咸攝外八重輕俱等韻，列字均爲『臘』，初母豏韻。

7 （上二匣）華二檻　檻　《廣韻》胡黤切，《集韻》户黤切，匣檻二上開咸；《韻鏡》外轉第四十合、《七音略》外轉三十二重中輕、《切韻指掌圖》五圖、《四聲等子》咸攝外八重輕俱等韻，列字均爲『檻』；《切韻指南》咸攝外八合口呼狹門，列字爲『豏』，匣母豏韻。

8 （上三奉）白三范　范　《廣韻》防錽切，《集韻》父錽切，奉范三上合咸；《韻鏡》外轉第四十一合、《七音略》外轉三十三輕中輕、《切韻指掌圖》五圖、《四聲等子》咸攝外八重輕俱等韻，列字均爲『范』；《切韻指南》空位。

9 （上三微）兒三范　錽　《廣韻》《集韻》亡范切，微范三上合咸；《韻鏡》外轉第四十一合、《七音略》外轉三十三輕中輕、《切韻指掌圖》五圖、《四聲等子》咸攝外八重輕俱等韻，列字均爲『錽』；《切韻指南》空位。

10 （上三影）在三儼　埯　《廣韻》於广切，《集韻》倚广切，影儼三上開咸；《韻鏡》外轉第四十合、《七音略》外轉三十二重中輕，列字均爲『埯』；《切韻指掌圖》五圖、《四聲等子》咸攝外八重輕俱等韻、《切韻指南》咸攝外八合口呼狹門，列字均爲『奄』，影母琰韻。

11 （去二見）乍二鑑　鑑　《廣韻》格懺切，《集韻》居懺切，見鑑二去開咸；《韻鏡》外轉第四十合、《七音略》外轉三十二重中輕、《切韻指掌圖》五圖，列字均爲『鑑』；《四聲等子》咸攝外八重輕俱等韻，列字爲『監』，見母鑑韻；《切韻指南》咸攝外八合口呼狹門，列字爲『齨』，見母陷韻。

12 （去二莊）莊二鑑　覱　《廣韻》子鑑切，《集韻》子鑑切，精鑑二去開咸；《韻鏡》外轉第四十合、《七音略》外轉三十二重中輕、《切韻指南》咸攝外八合口呼狹門，列字均爲『覱』；《切韻指掌圖》五圖，列字爲『蘸』；《四聲等子》咸攝外八重輕俱等韻，列字爲『蘸』，莊母陷韻。

13 （去二初）叉二鑑　懺　《廣韻》楚鑑切，《集韻》叉鑑切，初鑑二去開咸；《韻鏡》外轉第四十合、《七音略》外轉三十二重中輕、《切韻指掌圖》五圖、《四聲等子》咸攝外八重輕俱等韻，列字均爲『懺』；《切韻指南》咸攝外八合口呼狹門，列字爲『鏩』，初母陷韻。

14 （去二崇）茶二鑑　鑱　《廣韻》士懺切，《集韻》仕懺切，崇鑑二去開咸；《韻鏡》外轉第四十合、《七音略》外轉三十二重中輕、《切韻指掌圖》五圖，列字均爲『鑱』；《四聲等子》咸攝外八重輕俱等韻、《切韻指南》咸攝外八合口呼狹門，列字爲『儳』，崇母鑑韻。

15 （去二生）三二鑑　釤　《廣韻》《集韻》所鑑切，生鑑二去開咸；《韻鏡》外轉第四十合、《七音略》外轉三十二重中輕、《切韻指掌圖》五圖、《四聲等子》咸攝外八重輕俱等韻、《切韻指南》

咸攝外八合口呼狹門，列字均爲『釤』。

16（去二影）在二鑑　黤　《廣韻》音黯，去聲；《集韻》乙鑑切，影鑑二去開咸；《韻鏡》外轉第四十合、《七音略》外轉三十二重中輕、《切韻指掌圖》五圖，列字均爲『黤』；《四聲等子》咸攝外八重輕俱等韻、《切韻指南》咸攝外八合口呼狹門，列字均爲『黤』。

17（去三奉）白三梵　梵　《廣韻》《集韻》扶泛切，奉梵三去合咸；《韻鏡》外轉第四十一合、《七音略》外轉三十三輕中輕、《切韻指掌圖》五圖、《四聲等子》咸攝外八重輕俱等韻，列字均爲『梵』；《切韻指南》空位。

18（去三微）皃三梵　菱　《廣韻》亡劒切，《集韻》亡梵切，微梵三去開咸；《韻鏡》外轉第四十一合、《七音略》外轉三十三輕中輕、《切韻指掌圖》五圖、《四聲等子》咸攝外八重輕俱等韻，列字均爲『菱』；《切韻指南》空位。

19（去三見）乍三梵　劒　《廣韻》《集韻》居欠切，見梵三去合咸；《韻鏡》外轉第四十一合、《七音略》外轉三十三輕中輕、《切韻指掌圖》五圖，列字均爲『劒』；《四聲等子》咸攝外八重輕俱等韻，列字爲『劍』，《集韻》見母驗韻；《切韻指南》空位。

20（去三溪）□三梵　欠　《廣韻》《集韻》去劒切，溪梵三去合咸；《韻鏡》外轉第四十一合、《七音略》外轉三十三輕中輕、《切韻指掌圖》五圖、《四聲等子》咸攝外八重輕俱等韻，列字均爲『欠』；《切韻指南》空位。

21 (去三疑)瓦三䫉　䫉　《廣韻》魚欠切,《集韻》魚窆切,疑䫉三去開咸;《韻鏡》外轉第四十合、《七音略》外轉三十二重中輕、《四聲等子》咸攝外八重輕俱等韻,列字均爲『䫉』;《切韻指掌圖》五圖、《切韻指南》咸攝外八合口呼狹門,列字爲『驗』。

22 (入二見)乍二狎　甲　《廣韻》《集韻》古狎切,見狎二入開咸;《韻鏡》外轉第四十合、《七音略》外轉三十二重中輕,列字均爲『甲』;《切韻指掌圖》五圖、《四聲等子》咸攝外八重輕俱等韻、《切韻指南》咸攝外八合口呼狹門,列字爲『夾』,見母洽韻。

23 (入二生)三二狎　翜　《廣韻》所甲切,《集韻》色甲切,生狎二入開咸;《韻鏡》外轉第四十合、《七音略》外轉三十二重中輕、《切韻指南》咸攝外八合口呼狹門,列字均爲『翜』;《切韻指掌圖》五圖、《四聲等子》咸攝外八重輕俱等韻,列字均爲『歃』,生母洽韻。

24 (入二曉)凡二狎　呷　《廣韻》呼甲切,《集韻》迄甲切,曉狎二入開咸;《韻鏡》外轉第四十合、《七音略》外轉三十二重中輕、《切韻指掌圖》五圖、《切韻指南》咸攝外八合口呼狹門,列字均爲『呷』;《四聲等子》咸攝外八重輕俱等韻,列字爲『姶』,曉母洽韻。

25 (入二匣)華二狎　狎　《廣韻》胡甲切,《集韻》轄甲切,匣狎二入開咸;《韻鏡》外轉第四十合、《七音略》外轉三十二重中輕、《切韻指掌圖》五圖,列字均爲『狎』;《四聲等子》咸攝外八重輕俱等韻,列字爲『洽』,匣母洽韻;《切韻指南》咸攝外八合口呼狹門,列字爲『姶』,影母合韻。

26 (入三非)百三乏　法　《廣韻》方乏切,《集韻》弗乏切,非乏三入合咸;《韻鏡》外轉第四十一合、《七音略》外轉三十三輕中輕、《切韻指掌圖》五圖、《四聲等子》咸攝外八重輕俱等韻,列字均爲『法』;《切韻指南》咸攝外八合口呼狹門,列字爲『姂』,《廣韻》奉母乏韻,《集韻》敷母乏韻。

27 (入三敷)□三乏　猦　《廣韻》孚法切,敷乏三入合咸;《集韻》乏韻無敷母;《韻鏡》外轉第四十一合、《七音略》外轉三十三輕中輕、《切韻指掌圖》五圖、《四聲等子》咸攝外八重輕俱等韻,列字均爲『猦』;《切韻指南》空位。

28 (入三奉)白三乏　乏　《廣韻》房法切,《集韻》扶法切,奉乏三入合咸;《韻鏡》外轉第四十一合、《七音略》外轉三十三輕中輕、《切韻指掌圖》五圖、《四聲等子》咸攝外八重輕俱等韻,列字均爲『乏』;《切韻指南》空位。

29 (入三疑)瓦三業　業　《廣韻》魚怯切,《集韻》逆怯切,疑業三入開咸;《韻鏡》外轉第四十合、《七音略》外轉三十二重中輕、《切韻指掌圖》五圖、《四聲等子》咸攝外八重輕俱等韻,列字均爲『業』;《切韻指南》空位。

30 (入三曉)凡三業　脅　《廣韻》虚業切,《集韻》迄業切,曉業三入開咸;《韻鏡》外轉第四十合、《七音略》外轉三十二重中輕、《切韻指掌圖》五圖、《四聲等子》咸攝外八重輕俱等韻,列字均爲『脅』;《切韻指南》咸攝外八合口呼狹門,列字爲『㗎』,影母葉韻。

參考文獻

一、校勘所據版本

［一］（宋）祝泌《觀物篇解附皇極經世解起數訣》，明抄本，南京圖書館館藏。

［二］（宋）祝泌《觀物篇解附皇極經世解起數訣》，《四庫全書》子部術數類，上海古籍出版社，二〇〇三年。

二、參校所用韻書

［一］余迺永《新校互注宋本廣韻》，上海辭書出版社，二〇〇〇年。

［二］（宋）陳彭年《鉅宋廣韻》，上海古籍出版社，一九八三年。

［三］（宋）丁度《集韻》，北京市中國書店，一九八三年。

［四］（宋）丁度《集韻》，上海古籍出版社，一九八五年。

［五］趙振鐸《集韻校本》，上海辭書出版社，二〇一三年。

［六］（宋）真福寺本《禮部韻略》，復印材料。

［七］（宋）毛晃、毛居正《增修互注禮部韻略》，日本八木書店。

［八］（清）張玉書《康熙字典》，漢語大詞典出版社，二〇〇五年。

三、參校所用韻圖

［一］《宋本廣韻·永祿本韻鏡》，江蘇教育出版社，二〇〇二年。

［二］（宋）鄭樵《通志·七音略》，元至治本。

［三］（宋）佚名《四聲等子》，《叢書集成初編》，中華書局，一九九一年。

［四］（宋）司馬光《宋本切韻指掌圖》，中華書局，一九八六年。

［五］（元）劉鑑《經史正音切韻指南》，《等韻五種》本，一九七四年。

四、參校所據校注文獻

［一］李新魁《韻鏡校正》，中華書局，一九八二年。
［二］方孝嶽《廣韻韻圖》，中華書局，一九八八年。
［三］陳廣忠《韻鏡通釋》，上海辭書出版社，二〇〇三年。
［四］楊軍《七音略校注》，上海辭書出版社，二〇〇三年。
［五］楊軍《韻鏡校箋》，浙江大學出版社，二〇〇七年。
［六］（日）佐佐木猛《集韻切韻譜》，中國書店，二〇〇〇年。

五、參校參考文獻

［一］（日）大岩本幸次《〈皇極經世解起數訣〉『聲音韻譜』校異記》，《東北大學中國語學文學論集》第八卷，二〇〇三年。
［二］（宋）邵雍《皇極經世書·聲音唱和圖》，《四庫全書》子部術數類，上海古籍出版社，二〇〇三年。

［三］陳梅香《〈皇極經世解起數訣〉『清濁』現象探析》，《聲韻論叢》第六輯，學生書局，一九九七年，五七三—六一二頁。

［四］陳梅香《〈皇極經世解起數訣〉之音學研究》，臺灣中山大學碩士論文，一九九三年。

［五］李新魁《〈起數訣〉研究》，《音韻學研究》第三輯，中華書局，一九九四年，第一一—四〇頁。

［六］馬重奇《〈起數訣〉與〈廣韻〉〈集韻〉比較研究》，《漢語音韻與方言史論稿》，人民出版社，二〇一五年，第四五—八〇頁。

［七］馬重奇《〈起數訣〉與〈韻鏡〉〈七音略〉比較研究》，《漢語音韻與方言史論稿》，人民出版社，二〇一五年，第八一—一〇八頁。

附：

南京圖書館藏

明抄本《皇極經世解起數訣》

觀物篇解十二卷 皇極經世解 起數訣一卷 附起數例合

旧抄本

宋足東祝泌述

泌字子涇鄱陽人自號觀物老人自署銜稱承直郎充江淮荊湖福建廣東路都大提點坑冶鑄錢司幹辦公事又署提領所幹辦公事未知終於何官自序題端平乙未又淳祐辛丑相距六年耳是書觀物解十一卷起數訣例一卷與朱彝尊經義考泌撰皇極經世鈐十二卷之數相合而四庫觀物篇解作五卷起數訣作一卷不相合提要云泌自序大旨又數相近或一書而名而後人合併歟

窮理盡性位天地育萬物吾儒本等學問
豈敢朱紫以榮世特此事耳雖極吐
虹舒花逞跳馬而駕輦陞不過雖出
綉席為宇宙間若泡影呂洞賓
陰是郡也包羅天地統攝古今乃秘
書之元並得為予也惜獲之晚

精神衰弱況不能夠為討論並不充
訪求後者悉聽指點予譏譽、抱
闕亂元家後嗣太須珍重如藏至
寶閱圖承家勿視此集沉埋可
也

清乙巳歲正月人寓時雲子謹識

皇極經世解起數訣

聲音韻譜序

聖人因音以制樂，分律以諧聲。五音所以配天五之陽中，六律所以配地六之陰中也。音律又各有陰陽之合，故五音分太少為十，與十幹相應；六律合陰呂為十二，與十二枝相符，皆自然之數也。而樂有遺音餘韻，故五音之外有少宮少徵，十二律之外有四清聲。蓋永歌長言之發越而音聲之變盡矣。昔人豈強分別於此哉？發於人聲之自然，參乎造化之所以然也。古樂既亡，中度之音聲雖無傳而存於人者未始亡也。惟人之生，萬物皆備，目之於色，耳之於聲，鼻之於臭，口之於味，皆有一萬七千二十四之別，故聲音臭味之感人，耳目口鼻之辨物，在於人者不約而同。惟四體之中，莫辨乎聲音。故其道與政通。雖五方之言語不通，如吳楚之輕淺，燕趙之重濁，秦隴以去聲爲入，梁益稱平聲似去。然至於以言爲聲，以韻叶音，不問華夷蕃漢之殊方，所謂七均十六律之自然者，播在樂曲，如規矩之於方圓，繩墨之於曲直，所至會同，非有訓導師保使之然而自各能叶合。有如謳歌之曲，不緣方言而間異，翻切之例，不隨風俗而差殊。傳曰：樂和人聲，此造化之大巧，聖人之至教。人之生，淪濡於天，所以異乎庶物者也。後世聲音之學，自陸詹法言之玉篇，顧野王之廣韻，能辨五音之呼吸，四聲之清濁矣。至於正韻及音沙門神珙作九弄反紐羅紋側紐，今無能傳其三昧者，惟胡僧了義三十六字母流傳無悉。雖遐荒僻嶠，亦能傳習，故亦有廣明韻，則字母之教，外薄四海皆用之也。然揆之自然之聲音，陰陽無不該之物，輕重無不分之理，有陰則有陽，有清則有濁，有輕則有重也。今即了義字母論之，唇音分輕重，齒音分清濁是矣，舌音分舌上頭，舌曾知舌頭即重音，舌上即輕音，牙音喉音乃不分輕重，半宮半徵音又止有二字，而缺其一，是以了義之字母猶未全，惟皇極用音之法，於唇舌牙齒喉半皆分輕與重，聲分平上去入，音分開發收閉，至精至微。蓋聲屬天陽而音屬地陰，天之大數不過七分，而聲有七，均地之大數不過八方，而陰數常偶，故音有十六不可缺一亦非有餘也余學皇極起物數皆祖於聲音二百六十四字之姥雖得其音而未及發揚偶因官守之暇取德清歸丞方淵韻心當塗刺史楊俊韻譜金齋總明韻相參合較定四十八音冠以二百六十四姥以定康節先生聲音之學若辨心鑑合輕重於一致參唯音之先後誠得其當深入韻譜之所無分出平喉之音深增半音之字合而成書倘博雅好古君子更鑒其未的庶以聲音求數不遺要眇蓋以開口內轉為開音開口外轉為發音合口外轉為收音合口內轉為閉音此易明而易別也余老矣後有覺者能廣充之以定一代之樂感移人聲還其真醇豈小補之哉是宣聲音云乎哉淳祐辛丑長至

後二泆鄱人提領所幹辦公事祝泌子涇序

一百十二聲目錄併入卦　皇極經世一之四

日月星辰之日聲　觀物篇一之廿四

乾 平日日声	夬 上月日声	大有 去星日声	大壯 入辰日声
甲 歆 五十三	哥	箇	薛
乙 陽 六一二三六十	養	樣	藥
丙 先 四一四二	銑	翰 霰 罕	曷 薛 罕
仙 四十四五六七	獮	線	薛
寒 四十四乙	旱	翰	曷
歡 一一	緩	換	末

丁	蕭五十	巧五十二二	効	覺
	宵五十五乙二	篠	嘯	藥
		小仝	笑	
戊	齊卅五六七八	止	𡍼	質
		薺卅五六	霽	
			廢	屑
己	東一二	董 ·	送	屋
	冬三		宋	沃
庚	侵七十五六	寢	沁	緝
		日月星辰之月聲		
	履平日月声	兌上月月声	睽去星月声	妹入辰月声

甲	戈 五十三四五	大	過		黠
	麻 五十六七八九	馬	禡		稭
	歆 五十二四五	等	過	箇	
乙	唐 六十 六三 三	蕩	宕		鐸
	江 五六	講	絳		覺
丙	元 四十八九	阮	願		月
丙	元 四十八九	阮	願		月
	痕 卅三	狠	恨		沒
	魂 卅五	混	恩	悶	
	山 四十五六七	産	襉		稭

刪四一二三　潛　諫　黠

丁　毫五一二　皓　號　鐸

爻仝　小　効　覺

戊　支七八九十　紙　至十一　沒　昔

之十五六　止　寘　職

已　鍾三四　腫　用　燭

庚　諄　準　稕　緝七五六術上

日月星辰之星聲

同人平日星声　華　禑去星星声　豐入辰星声

甲　咍廿五九　海　代　沒

祭廿卅卅一二　末

乙 青 迥 徑 錫

清 靜 勁 昔

丙 真 軫 震 質

臻 準 櫛

揗 術

丁 尤 厚 候 屋

侯 有 宥

幽 黝 幼

戊 登 等 嶝 德 七十一

蒸 拯 映 證 職

己 魚 語 御 發

虞廿三　麌　遇
庚　覃七七　感　釅　曷
談七九　敢　闞　盍
勘　合
咸七七　豏　陷　洽
凡七九八十　范　梵　乏
銜八十　檻　鑑　狎
日月星辰之辰聲
無妄平日辰声　隨上月辰声　嗑去星辰声　震入辰辰声
甲　灰廿七　賄　隊　點　淺
皆廿二　駭　夬

海　代　怾卅八一　未上
佳卅三四　蟹　卦
祭　泰卅九　卅卅一
乙　庚六十四五六七　梗　徑　陌
耕六十八九　耿　諍　麥
丙　交卅八九　準　恩　勿
吻卅八九　問　迄
欣卅七　隱　撇
丁　徵十七八　尾　未　勿
戊　脂十一二三四　旨　德
己　模卅一　姆　纂　屋

庚 嚴七九八十　广　儼　釅　業
鹽七十八　琰　艷
添　忝　掭　怗七九八十
一百五十二音入卦
開清　濁　發清　濁　收清　濁　閉清　濁
辰一　夫坤四　下坤五　法剥四　百剥五　口比四　丙比五　飛覯四　必覯五
二　普師五　口升九　朴蒙五　口蠱九　品坎五　口井七　匹渙五　■
三　旁升五　步謙五　排蠱五　白艮五　平井五　葡蹇五　鼊蹇五　鼻漸五
四　母師三　目升三　馬蒙三　皃蠱五　美坎三　眉井五　米渙三　民蹇三
舌一　東坤六　■　丹剥六　卓剥十二　帝比六　中比十二　■　■
二　土師六　■　貪蒙六　拆蒙十二　天坎六　丑坎十二　■　■

三同升六　乞謙六　覃蛊六　大艮六　田井六　弟蹇六　■　■
四乃坤七　内謙七　嫁剝七　南艮七　女比七　年蹇七　■　■
牙一古坤一　口謙十一　甲剝一　下艮十一　九比一　口蹇十一　癸觀一　■
二坤師一　口謙九　巧蒙一　口蒙九　立坎一　口坎九　弃渙一　■
三口升一　■　口蛊一　口艮一　坎井一　近蹇一　虬巽一　揆漸一
四吾升二　五師二　牙蛊二　危蒙二　月井二　仰坎二　尭巽二　■口
齒一走坤八　■　哉剝八　莊剝十一　足比八　震比十一　■　■
二草師八　■　采蒙八　又蒙十一　七坎八　尺坎十一　■　■
三曹升七　口升二　才蛊九　茶蛊二　全井九　呈井十二　■　■
四■　思坤九　山剝廿　三剝九　手比十　星比九　■　■
五寺謙九　■　口艮九　士艮十　象蹇九　石蹇十　■　■

喉一	黑坤二	父讒四	華剝二	丸艮四	香比二	口蹇四	血觀二	吠漸四
二	武師四	黃讒二	曉豪四	華艮二	口坎四	椎蹇二	尾渙四	賢漸二
三	安坤三	自讒八	亞剝三	在艮八	乙坎三	匠蹇八	一觀三	■
四	文井四	口讒三	萬蠱四	文艮三	口井四	土蹇三	未巽四	寅漸三
舌一	老師七	鹿井十五	冷豪七	犖井十五	呂坎七	离井十五	■	■
二	■	■	口豪十	口豪十	耳坎十	二井十	■	■
三	■	■	崇蠱十一	宅艮十三	辰井十一	直蹇十三	■	■

聲音說

凡字之、叶韻、者謂之、聲、口中之氣所發也、有開口而氣出合口而氣出成聲、者謂之外轉、有口開口合而氣入成聲者謂之內轉、夫氣無形、故為陽聲、而屬先天方圖西北位十六卦以之分平上去入，内外八轉者，如内一東鍾支微，内二支之脂，内三魚模虞，内四歌戈、陽唐，内五收尤侯，内六蚩，内七侵尤，内八蒸登，外一江佳皆灰，外二齊咍，外三真殷竟臻諄文痕，外四元歡山先仙寒，外五豪宵爻，外六麻，外七覃鹽咸監嚴凡添，外八庚清也。今因之而分爲十六位，以開合清濁別之，爲二十八，每一面皆書韻於第一行，即韻以質于目録，即得陽卦矣。凡字之叶娀者，謂之音。唇舌牙齒喉之所發也。五者有形，故爲陰，音而屬方圖東南位十六卦以之分開發收閉，三十六字娀者，幫滂並明唇音重，非敷奉微唇音輕之類是也。今舉夫皆用之，惜其字未備，康節增牙音、喉音、半音各四字，爲四十八，別其清濁

而中分之〇今書於音字也最上行即姥以質于目録即得
陰卦矣
即此聲卦書於左音卦書於右從而横觀之以兩卦上
體爲一卦又以下體爲一卦即既濟陰陽圖卦也
起聲音卦草
得声在一東韻考目録屬乾也　右　出納　動物自右觀得既濟圖
假如　則畫乾卦于左若其音是遵字　右　升之否遇合卦一夬卦也
則是衮音主部字姥下檢目録　左　乾之泰小畜合卦一姤卦也
屬升之五則畫升卦于右　抄納　植物自左觀得既濟圖
得声在一東韻仍畫乾卦于左　出從　動物自右觀得既濟卦圖
若是洪字音則在喉音武字姥　右　師　否訟合卦一大壯也
假如　下賞之目録屬師之四則畫師　左　乾　需合卦一需卦也
卦于左　抄納　直物自左觀得既濟圖

右舉二段如算者之立草可以廣充之矣既濟圖併入掛一卦在仲集卷終所得掛一卦便可即之定運從部要分四時休旺

切字姥閒指

唇 風豐逢蒙舌東通同濃牙公空窮岏齒終充重舂松

喉 兄雄雍融半隆戎崇、

又 唇 畀批皮眉舌低梯提尼牙奇歆其宜齒支鴟馳詩、

喉 戲兮伊夷半离而持

又 唇 彼髻婢米舌底体弟你牙幾綺妓螘齒啼扯治侈氏

喉 喜係已異半邐爾始

又 唇 福幅伏牧舌竹蓄逐朒牙菊曲局砡齒祝俶簇叔孰

喉武佸育欲半六肉熟
又唇賓繽蘋民舌珎嗔陳壬半巾欽勤銀齒真親秦新神
喉薰殯因寅半潾人辰
切字正法致辨於輕重清濁毫釐之間不如此例之雜
特以令之切字者只欲便初習故且雜湊成章但熟念
此二三例了自然調得如幼學之調平交也起得例了
却以所排音分別輕重合闢之殊可無差矣凡念唇音
則以唇念舌音則以舌至乎齒喉亦然則自易入
辨搗物及鼙鼓之音法
凡人與物之音其有字者可辨而亦有雖明者如聲五音
得音可別為同却又似通似洪者但以切音姓調而合之

則可合矣、如搗木似禿音又似菊似篤似六音者、皆以調
姚合之、自定觀物全數聲音推測差之毫毛、按算皆誤、安
明於庶物哉、故須辨得十分真正、毋差非算之誤也
皇極觀天時之泰否、地理之離合、物產之豐儉、治道之隆
汚皆用元經會、經運、經世之定數、故可以逆知、若人
之藝妓聲與物之響喚、多是無字之聲音、欲辨之者、但以
姚調之、取其所合、則雖無字、決不差矣、且如嗟嘆之即呾
是有字也、若喉之上聲、孩之上聲入聲則無字矣、非以姚
調之、焉可定之耶
聲音者、物稟賦之自然、不容更易、至人之欬發、問其自然
之聲音、亦有不期然而然者、此天機之自動朕兆之先矣

此即真訣

至於發而言事，便是形而在下者矣。觀物取其豁言之聲，亦先天之意也。康節曰：有意則有言，有言則有象，有象則有數。此備此也。易曰：知幾其神乎。幾者動之微，吉凶之先見者也。未言事而發響，如星之氣，已言事而成聲，即旦畫之所爲矣。

蓋陰陽於左右，如配匹父母，交取卦之正悔，爲二卦。如氤氳生育，至於歸掛一卦，則乾道成男，坤道成女矣。

動物自右觀，則陽卦在上，故動物之生氣在首。植物自左觀，則陽卦皆在下，故植物之生氣在根。

觀物之取卦用卦，皆有定指，能悟之者亦有微妙之異。至於收折分抄之數（人用分掐用枝），斂之可一，衍之可至萬億

兆京垓各用有權而後能也故運可爲年爲月世可爲月爲時而年月日時亦可爲運世知幾其神乎

韻例

每版第一行是題開發收閉四音之綱第二行是别諸韻之首字其同韻而分清濁既分爲兩版又有清濁同韻而又分兩版者四音併作一韻者也又有一韻皆清字則無濁聲版皆濁字則無清聲版每面第三行以後則是同韻而隸於二十四姥者則横觀之最上層是字姥其下分平上去入四聲每聲又别四等者古韻 字與姥音同位而字不同者多故平亦四等各具四眼者分全清半清半濁全濁之等也總明韻於每姥之字有一二三四者也

唐韻皆中州之聲音，皇極字姓間有川蜀之聲音，如以卦為夬，文為聲，沸為沸之類，今不可用蜀音，緣聽於人者皆中州之音，不則恰之所謂白字，不可以為經，例並從正音釐正。廣中接算不差，若問答之間有白字，則以白字隸之，初無強拂牽戾，如不字韻作否字之平聲，又有俗字之平聲者，各隨其所發出於口者接算，亦圓機而談，九流可也，五方言語不通，由來久矣。

皇極之律呂有聲音，有姓者皆有數之物，有位而無姓者無數之物，有亦不中。至無聲音又無姓者則殄矣。二百五十六位，各又分數三成，在李集更以聲之甲乙數與音之寅卯數相經數，多則除三十而求之，得物數云。

二十四音上掌式

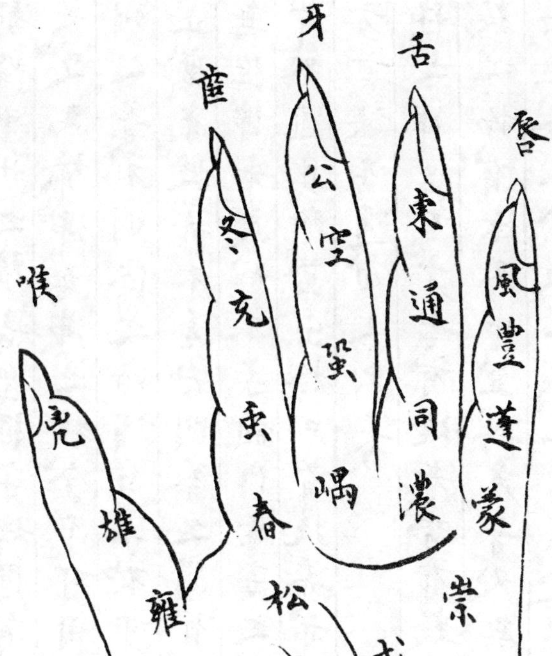

坤四　開音清
師五　東(乾六)　東　東　董(老六)　送(大有六)　送　送　送　屋(大壯六)　屋　屋　屋
升五　大　琫　卜
師三　菩　浲　攴
坤六　旁　蓬　菶　樣　僕
師六　毋　蒙　蠓　幪　木
升六　東　東　董　凍　穀
坤七　土　通　侗　痛　禿
坤一　同　同　動　洞　牘
乃　齈　鬞　齈
古　公　顜　貢　穀

坤三	師四	坤二	謙九	升九	升八	師八	坤八	師二		師一
安	武	黑	寺	■	青	革	走	五	口	坤
翁	洪	烘	松	檧	叢	葱	葼	唍		空
						雖 工 宍				
				嵩						
蓊	澒	嗊	敵	嵸			總	渦		孔
箜	啌	戇	戇	送	𣪘	謥	稯			控
屋	轂	嗀		速	族	蔟	簇			哭
				肅	摵	竈	蹙			

升四	師七				比五	比四	蹇五	井三	比十二
文	老	■	■	收		丙	口	犕	眉	中
	籠			音						
				濁						
				乾六	東	風	豐	馮	瞢	中
					東					
	籠				董					
	弄									
				大有六	送					
					送	諷	賵	鳳	夢	中
					送					
	禄		熟	大壯六	屋					
					屋					
					屋	福	蝮	伏	目	竹
育										

坼十二	塞六	塞七	塞四	塞十一	塞一	井二	比十一	坼十一	井十二	比九
丑	弔	年	口	口	近	月	衆	尺	崇	星
			三下音	五下音						
冲	蟲		弓	穹	窮		終	充昌終		嵩
									[illegible]	
矗	仲			焪			衆	銃		
								趥		
							絨	珽	[illegible]	縮
畜	逐	朒	菊	鞠	驧	砡	祝	俶		叔

上標	1	2	3	4	5	6	7	8	9	10	11	12	13	14	15	16	17
塞十	石															熟	
塞十一	口			設								想				畜	
塞二	雄			雄													
塞七	匠			硧												槭	梀
塞三	王															囿	
井七	禹			隆												六	
井十	二			戎												肉	
坎十一	直			崇												孰	
	收	音	清														
		冬[illegible]		鍾[illegible]	鍾	董		腫	腫[illegible]	宋		用[illegible]	用	沃	濁	濁	濁
坎四	口													褋			

坎五	井五	坎三	比六	坎六	井六	比七	比一	坎一	井一	坎二
品	平	美	帝	天	田	女	九	立	乾	御
	逢		冬	柊	彤	農	攻	[illegible]		
		鶴	潼			鑁				
		雱	潼	綂		癑				
蕁	僕	瑁	篤		毒	褥	梏	酷		擢

比八	足	宗			縱				縱	綜			縱	緎			足
坎八	宗				樅				松								促
井八	全	賨			従								從	宋			
比十	手	鬆			蜙				竦	宋				风			粟
蹇九	象				松								頌				續
比二	香	隆												熇			
比四	口	碚								碚				鶬			丶
比三	乙								勇					泆			
比四	口				容								用				欲
坎七	呂	隆								隆				濼			
坎十	耳																

卄十一

坤五　謙三　謙五　外三　比四　謙六　謙七

辰	開		卜	口	歩	目	■	■	光	内
	音	冬								
	清									
	[illegible]	鍾	封	峯	逢	髼		蹱	重	醲
		鍾						衝		
	[illegible]	腫	覂	捧	奉		冢	寵	重	齈
		腫								
		宋								
	[illegible]	用	葑	葑	奉	鬔	湩	蹱	重	挊
		用								
		沃								
		燭								
	[illegible]	燭	轐		幞	媢	瘃	棟	躅	傉
		燭								

坎四	坎四	坎四	升二	比十二	比十一		坤九	蹇二	謙四	謙二
口	口	口	吾	■	■	口	思	■	父	黄
吴下	吴下	吴下								
桊	銎	⿱巩土	顒	鍾	衝		舂	鏞	曾	
拱	恐	⿱巩木		腫	⿰重隹			瘇	洶	
供	恐	共		種	揰					
					娖	麄	數			
拳	曲	局	玉	燭	觸		束	蜀	旭	

轉八　外七　切十　剝四　盡五　家三

自	口	鹿	[redacted]	[redacted]	發音清		法	剝	排	馬
邕		龍	茸		腔二	江	邦	胮	龐	厖
					忨二	講	紺	㨴	棒	㤮
擁		隴	冗							
					怪二	絳		胖		恾
雍		贚	鞾							
					妹二	覺	剝	朴	雹	邈
		錄	辱	蠋						

剥六	母	
蒙六	貪	
蠱六	覃	
剥七	妳	
剥一	甲	江
蒙一	巧	腔
蒙二（在下）	口	
	乇	唬
剥八	哉	
蒙八	米	
蠱八	才	

剥十　剥二　蒙四　剥三　盡四　蒙七　盡十一

山　口　花　晓　丑　萬　冷　口　崇　發音濁

項　㒰

江 履一

講 兑二

絳 睽二

覺 妹二

剥五		艮五	蛊三	剥十二	蒙十二	艮六	艮七	艮十一	蛊一	
百	口	白	皃	卓	坼	大	南	乍	口	口
				椿	惫	憧	膿			
							攘	講	控	
				惌	沓	穜	襞	絳		
				琢	連	濁	搦	覺	慧	

盅二 牙 嶽
剥十一 莊 捉
豫十一 义 窓 憁 鬉 擉
盅十二 茶 淙 漴 浞
剥九 三 雙 摐 潨 朔
艮十 士
艮四 凡 肛 戇 吒
艮二 華 降 巷 學
艮八 在 肤 渥
艮三 文
盅七 犖 瀧 犖

卦	1	2	3	4	5	6	7	8	9	10	11	12	13	14	15	16	17
	口																
艮十二	宅																
	收	音	清	開口內轉													
		支 履五		支 頤五	支	紙		紙 既五	紙	寘		寘 睽五	寘			昔	昔
坎四	口	美下		陂	畀			彼	俾			賁	臂			碧	辟
坎五	品			披	帔			破	庀			帔	譬				僻
井五	平			皮	脾			被	婢			髲	避				闢
坎三	美			縻	瀰			靡	瀰			縻					
比五	帝												帝				
坎六	天																
井六	田			鬐													

比七	比一	坎一	井一	坎二	坎八	坎八	井八	比十	蹇九	比二
女	九	丘	乾	仰	足	七	全	手	豪	香
					貲	雌	疵	斯		
	嫣	[illegible]	[illegible]	危						
			祇	覰						訑（訑）
					紫	此	鮆			
	枳	金（遺尔）					鮆			
					積	刺	漬	賜		
	寄	旑	芰	蟻						
	[illegible]	金（智去）								
					積	刺	籍	昔	席	

口
比三　乙：縕（row 13）　益（row 16）
比四　口：移（row 4）　酏（row 7）　傷（row 13）　繹（row 16）
坎七　呂：彴（row 7）
坎十　耳：佘（row 7）
井十一　辰：徒（row 5）
收：音濁（rows 1–2）
（no head）：支（row 1）　支　支　支　紙　紙　紙　紙　寘　寘　寘　寘（row 12）　昔（row 15）　昔（row 16）
Small notes beside this column: 蹇平、戊履（rows 1–2）　乾五（row 7）　睽五（row 11）　妹五（row 16）
比五　丙
口
蹇五　葥

井三	眉																
比十二	中			知				擻					智				稿
坎十二	丑			撟				褫									礻
蹇六	弟		記	馳				豕									擲
蹇七	年			尺				扼									
蹇四	口	王上椅上		羈				掎					寄				
蹇十一	口	石下石上		欹				綺									
蹇二一	近			奇				技									
井一	月			宜				螘									
比十一	裹		齔	支			枇	紙			柴	寘					隻
坎十一	尺		差	胗				侈				郭					尺

井十二	呈		蠡		提												
比九	星		釃	施			躧	弛			屣	翅					釋
塞十	石			匙			是					豉					石
塞十一	口	石下石上		犧			[illegible]					戲					
塞二	雄																
塞八	匠			漪			倚					倚					
塞三	王																
井七	咼			咼			邐					詈					
井十	二			兒			佘										
塞十二	直			腫	厜												
	閑	音	清														

	觀四	渙五	巽五	渙三					觀一	渙一
	飛	匹	瓶	米	■	■	■	■	癸	弃
支履五										
支				糜						
支				彌					規	闚
紙										
紙										
紙兑五										
寘										
寘睽五									瞡	觖
背妹五										

巽一		坎九	巽四未	坎九	坎九	坎九	覌二	渙四	覌三	巽四
蚪	口	■	■	■	■	■	血	尾	一	木
		剤		匽	瀡	隳				蒨
		肯		惢	髓	獢				葰
					瀡		嬌		恚	璚
		菓					瞍		恚	後

規五
嘶五
巽三

■ ■ ■ 開 必 ■ 鼻 民 ■ ■

音濁

支
支
支

隨

紙
紙
紙

寘
寘

昔

膝

譓

漸一

巽二

■	■	■	■	■	尧	揆	■	■	■	■
	鞽		衰	柴	觜					
垂			吹	騒	色	趡	虧	嬀		聱
		鎚								錘
菙				揣	棰	頯	跪	詭	萎	
瑞	餧		吹	惴	僞		跪	䝐	諉	縋

上標	1	2	3	4	5	6	7	8	9	10	11	12	13	14	15	16	17
漸四	吹			麾	隓			毀				毀					
漸二	賢			逶				委									
	[redacted]																
漸三	寅			為	觿			蔿				爲					
	[redacted]			羸				絫				累					
	[redacted]			痿				蘂				柄					
	[redacted]																
	收	音	清	元妥五				隨五				嗟五					震五
		脂	脂	脂	脂	旨	旨	旨	旨	至		至	至		質	質	質
坎四	口			悲				鄙	比			祕					
坎五	品			丕	紕			嚭				濞					

井五	坎三	坎六	坎六	井六	比七	比一	坎一	井一	坎二	比八
平	美	帝	天	田	女	九	立	乾	仰	足
										洛
邳	眉					飢			拆（中肌）	
毗		蚳		題				耆		
										姉
否	美					几		跽	拆	
北										
備	媚					冀	器	泉	剩	
				地		蟣（吉并）	棄			
		蛭								壁

坎八	七	鄭								次							七
井八	仝	菼								自							疾
比十	手	松				死				四							悉
蹇九	象					兇											款
比二	香												呬				
比四	口	乙下											系				一
比三	乙																逆
	口																
坎七	吕												肆				
坎十	耳																
井十一	辰																

比五
蹇五
井三
比十二
坎十二
蹇六
蹇七

收	丙	口	莆	眉	中	丑	弟	年	口
音	脂								
濁	脂								
妻五	脂				胝	絺	墀	尼	
	旨								
	旨								
隨五	旨				黹	[illegible]	雉	柅	
	旨								
	至								
益五	至				致	屎	緻	膩	
	至								
	質								
震五	質								
	質				窒	抶	秩	暱	暨

	蹇一	井二	比十一	坎十一	井十二	比九	蹇十	蹇十	蹇二	蹇八
口	近	月	震	天	呈	星	石	口	雄	匠
								呑圭		
						師				
			脂	鴟		尸	迡	唏		
								咦		伊
			秭			矢	視	唏		欸
			旨							
			至	痓		屍	示	隸		懿
						卒				
			貭	刺		失	實	肸		乙
				叱						

渙三　巽五　渙五　覌四　　蹇十二　井十　井七　蹇三

■	米	飛	匹	飛		閉	直	二	齒	土
						音				
					脂	清				
					脂				梨	
					脂 履五					夷
					旨				履	
					旨					
					旨 父五					
					至					
					至			二	利	
	媚	鼻	屁	痺	至 媿五					
							取			
					質					
	密	弼	拂	筆	質			日	栗	颸
蛭	蜜	邲	匹	必	質 姝五					

覞一 湙一 奚一 覞二

■	■	■	■	口	料	弃	癸	■	■	■
				弃下表上						
⿰糸⿱罒女	⿰矢⿱目女		嶉		葵					
	⿱山非	趡	濢	峞	揆		癸			
邃	萃	翠	醉		悸		季			
				躷		詰	吉	眤	耋	

覞二 湙 覞三 巽四

■	血	尾	一	未	■	■	■	閉		必
								音		
								濁	脂	
								妻五	脂	
	惟		注	惟					脂	
								薺五	旨	
									旨	
	瞞		唯						旨	
								霽五	至	
									至	
遂	侐（火孛）			遺					至	
								霙五	質	
									質	
	款		一	遺					質	

漸五 巽三

漸一 巽二

■
鼻
民
■ 追 糾
■ 雍 出(敊)
■ 椎(鎚) 墜
■
■ 龜 軌 媿
■ 歸 蘬 喟
揆 馗(逵) 郈 匱
竞

漸三　漸四

■	■	寅	■	賢	吠	■	■	■	■	■
						衰				
[illegible]	灅	帷				誰			推	佳
	帷									
[illegible]	壘	洧					水			林
蘂										
							帥		皺	
	類	位	罻		[illegible]		[illegible]		出	
							率	齜	剃	跐

坤四　師五　升五　師三　坤六　師六　升六　坤七

■																
開	音	清														
	之（龍五）	之	之	之	止（光五）	止	止	止	志（蟹五）	志	志	志		職	職	職
夫															逼	
普							澈								塩	
旁															愎	
毋															奤	
東																
土								體								
同								弟								
乃								你								匿

坤一 古
師一 坤 啓
口
師二 五
坤八 走 茲 子 秄
師八 草 戠
升八 書 慈 薺 字
■ 思 枲 笥 息
遁九 寺 詞 似 寺
坤二 黒 信 喜 恤 赩
師四 武

坤二	升四	師八					坤五		謙五	升三
安	文	老	■	■	閒		卜	口	步	目
					音	之（妾戊）				
					濁	之				
醫						之				
	飴					之（妾五）				
						止				
						止				
譩		里				止				
以		礼				止（隨五）				
						志				
						志				
		史				志（噫五）				
檯	異					志				
						職				
憶		力				職				
	弋					職（襄五）				

謹六　謹七　謹一　謹三　謹一　升二

■							徵				置				陟
■			癡				耻				眙				勅
兊			治				峙				值				直
内															匿
口	黄上		姬				已				記				殛
口	文上		欺	抾			起				亟				輕
口	黄上		其				葸				忌				極
吾			疑				擬				嶷				嶷
■		菑	之			滓	止			截	志				職
■		緇	蚩			剢	齒			廁	熾				漢
口		纂				士								蒯	

坤九 謹四 謹二 謹八 謹一 外七

思	■	文	黄	自	口	鹿	■	■	收	
					黄上				音	
眹									濁	
詩	時					鼜	而	特		徵嗇四
					飴					
史										
始	市			矣	譩	里	耳			尾齒四
駃								事		
試	侍	憙		意			餌			未嗑四
識	食									

比五	丙				
	口				
蹇五	着				
井三	眉				
比十二	中				
坎十二	丑				
蹇六	弟				
蹇七	年				
蹇四	口	着上下	機	幾	既
蹇四	口	着上下	機	豈	氣
蹇一	近		祈		醆

井二	月	沂	顗	毅
叱十一	震			
訖十一	尺			
井十二	星			
比九	星			
蹇十	石			
蹇四	口 犕上下	希	狶	敇
蹇二	雄			
蹇八	匠	衣	扆	衣
蹇三	王			
井七	禼			

井十
塞十二
观五
斷五
槩三

二
直
開音清
微喜四 尾齒四 尾 未東四 勿震四
必 飛 非 匪 沸 弗
■ 霏 斐 費 拂
鼻 肥 膹 屝 佛
民 微 尾 未 物
■
■
■

			漸一	巽二						漸四
■	■	■	揆	㚇	■	■	■	■	■	吷
歸	巋	頍	巍							揮
鬼	恢	媿	儡	佳						虺
貴	槩	宭	傀	既	氣					諱
		醼	魏毅							欶
𡰣	屈	倔	崛							飔

坎五　漸三　漸二

賢	■	寅	■	■	■		收		口	品
							音			
							清			
	威	帏						微（長四）		
								魚		
	硯	韙	壘							
		壝						尾（隨四）		
	尉	胃						御		猵
	衣							御（墟四）		
	欝	䬑								
								屋（震四）		

井五 平
坎三 美 瞴
比六 帝
坎六 天
井六 田
比七 女
比一 九
坎一 立 詡
井一 乾
坎二 仲
比八 足 苴 苴 沮 蹷

坎八	七				痀				眩				覷				齕
井八	全								咀								搣
比十	手				胥				渭				絮				肅
蹇九	象				徐				叙				咀展				
比二	香																
比四	口	乙下										狒					
比三	乙																
比四	口	乙下			余				典				豫				育
坎七	呂																
坎十	耳																
井十一	辰																

	收音濁	魚 魚同六	語 語韋六	御 御高六	屋 屋豐六
比五	丙				
	口				
蹇五	着				
井三	眉				
比十二	中	豬	貯	著	竹
坎十二	丑	攄	楮	絮	蓄
蹇六	弟	除	著	箸	逐
蹇七	年	袽 絮	女	女	朒
蹇十一	口	居	舉	據	匊

蹇十一	口	呑下		墟				去				去				麹
蹇二一	迒			渠				巨				遽				
井三	月			魚				語								
比十一	震		菹	諸			阻	鸞			詛	翥			絨	柷
坎十一	尺		初				楚	杵			僸	處			珹	俶
井十二	呈		鉏				齟				助	署				縮
比九	星		蔬	書			所	暑			疏	恕				叔
蹇十	石			蜍				墅				嘘				塾
蹇十一	口	呑下		虡				許								蓄
蹇二	雄											飫				
蹇八	匠			於				撿								郁

蹇三	王															圍	
井七	禹			臚				呂								六	
井十	二			如				汝								肉	
蹇十二	直																
	開	音	清							清	中	清					
		模妄六	佳妄一		虞	姥隨六	蟹隨一		麌	暮蹇六	卦蹇一		遇	屋震六	黠震一		屋
坤四	夫	逋	[illegible]			補	擺			布	薜			卜	八		
師五	普	搏				普	帊			怖	派			扑	汃		
升五	旁	蒲	[illegible]			部	罷			步	粺			僕	拔		
師三	母	摸	睥			姥	買			暮	賣			木莫	[illegible]		
坤六	東	都				睹				妬				穀			

师六	升六	坤七	坤一	师一		師二	坤八	師八	升八	
土	同	乃	古	坤	口	五	走	草	書	■
[illegible]	徒	奴	狐	枯		吾	祖	麤	徂	蘇
							諏	趨		須
土	杜	弩	古	苦		五	祖	蘆	粗	
								取	聚	緌
兎	渡	怒	顧	庫		誤	作	措	祚	素
							緅	娶	聖	尠
禿	牘	穀		哭			鏃	蔟	族	速
							戲	鼀	摵	肅

讓九　師二五　師四　坤三　升四　師七　坤五

寺　續
□（五）　呼　虎　庳　嚳（熇）
武　胡　戶　護　穀
安　烏　鴟　度　污（惡）　屋
文　侉　俞　裕　育
老　盧　魯　路　祿
□　㥁
□
開　音　濁
虞　虞（周六）　虞　鹿　麌（董六）　遇　遇（鳥六）　屋　屋（豊六）
卜　夫、（膚）　浦、　付　福

標目	一	二	三	四	五
坤四	口	數	撫	赴	蝮
譙五	步	扶	父	附	伏
升三	目	無	武	務	
	■	株	拄	駐	竹
	■	貙		閏	蓄
譙六	宂	廚	柱	住	逐
譙七	内	䵷	檽		朒
譙三	口父上	拘	矩	屨	菊
譙三	口父上	區	齲	樞	鞠
譙三	口父上	衢	窶	懼	鸜
	吾	虞	噳	遇	砡

卦	1	2	3	4	5	6	7	8	9	10	11	12	13	14	15	16	17
比十一	■		偽	朱				主			嫣	注			絾	祝	
	■		芻	樞							蒭	致			珽	俶	
比四	口	乙下	雛	廚			貗								𡾰		
坤九	思		毹	輸	毹		數				數	戍			縮	叔	
	■			殊				豎								孰	
謙四	爻			訏				詡				煦				畜	或
謙二	黄																
謙八	自			紆				傴								郁	
謙三	口	爻上		于				羽								圍	
升七	鹿			慺	婁			縷								六	
	■			儒				乳								肉	

■

發音濁 佳（泰一） 蟹（隨一） 卦（蠱一） 黠（震一）

剥五 百

口

艮五 白 睥

蠱三 皃

剥十二 卓 [illegible] 媞 唽

蒙十二 坼 杈 咀

艮六 大 鷹 哇

艮七 南 覞 嵞 瘵

艮十一	下		佳		解	懈	戛
艮一	口	華上			芎	䰄	詠
	口						
蛊二	牙		厓	崖		睚	
剥十一	莊		檠		枳	債	札
蒙十一	义		釵		𦐑	差	察
蛊十二	茶		柴			瘵	
剥九	三		崽		灑	曬	殺
艮十	士						
艮四	凢		醫			誒	
艮二	華		鞋		蠏	邂	黠

艮八 在 鞻 婈 隘 軋
艮三 文
壵七 犖
口
艮十二 宅
發音 濁 陲 塞 寰
佳 桒 蟹 卦 黠
剐 百
口
艮五 白
壵三 皃 腩 窽

剥十二	卓			
蒙十二	㧺			
艮六	大		掔	
艮七	南			䯦
艮十一	乍	媧	扬	卦
艮一	口 華上	咼	䏺	勖
艮一	口 華上		䠙	
蠱二	平	詑		
剥十一	莊	擅		
蒙十一	义		撮	
蠱十二	茶			

剥九 三 嗶
艮十 士
艮四 亢 蠲 扮 謁 倄
艮二 華 竈 囊 夥 畫 滑
艮八 在 哇 歲 婠
艮三 文
盂七 芈
口
艮十二 宅
發 音 清 乾五 華十 未五 离十 有五 巽十 井五
艮十 咍 皆 齊 海 璽 薺 代 帷 霽 末 屑

剥四	象五	盡五	象三	剥六	象六	盡六	剥七	剥一	象一	
法	朴	排	馬	丹	貪	覃	妳	甲	巧	口
	姝	脂		黛	胎姝	臺	能	該	開	
頹	㢊	排	埋							
玾	碑	鼙	迷	低	梯	啼	泥	鷄	谿	
悟	啡	倍	[illegible]	等	噔	待	疓	陂	愷	
		鑼				駘	乃			
黖	庀	陛	米	邸	體	弟	禰	鷄	啓	
	怖	偝	[illegible]	戴	貸	代	耐	漑	慨	
			咪							
閉	媲	薜	謎	帝	替	第	泥	計	契	
撥	鏺	跋	末	掇	侻	[illegible]		括	闊	
								栝		
彇	撆	蹩	蔑		鐵	迭	涅	結	契	

蒙二	剥八	蒙八	蚩八	剥十		剥二	蒙四	剥三	蚩四	蒙七
毛	哉	采	才	山	口	花	晚	亜	萬	冷
嘊	哉	猜	才	腮		咍	孩	哀	頞	來
皚		猜								
倪	齋	妻	齊	西		醢	奚	鷖		黎
顗	宰	采	在	諰		海	亥	欸	佁	釓
堄	濟	泚	薺	洗			傒	吚		禮
礙	再	菜	在	賽		儗	㤥	愛		賚
			載							
詣	霽	砌	嚌	細		呭	蒵	翳		麗
相	縩	撮	捽			話	活	斡		
齾	節	切	截	屑		合	纈	噎		类

艮六	蒙十二	剥十二	夬三	艮五		剥五		夬十一	蒙九
大	坼	卓	皃	白	口	百	發	宗	口
							音		来上
媎	摢	龻					㗂來一 濁		
							齊龍五		
									鷚
偍		釞					駭隨一		
							薺未大		
							帹益一		
							廢有五		
嗻	吅	哳					黠震		

艮七：南　揮　褹　痆
艮十一：乍　皆　鍇　誡　許　戛
口　揩　揩　慨（烒）　詠
口
圭二：乎　霂　騃　礙
剥十一：莊　齋　瘵　札
蒙十一：叉　差　擣　蒫　差　察
盡十二：茶　豺　[illegible]
剥九：三　崽　㦤　鏾　殺
艮十：士　杉（来逝）　灑
艮四：凡　㑪　駭　鎋（論）　歇　黠

	1	2	3	4	5	6	7	8	9	10	11	12	13	14	15	16	17
艮二	華		諧								械				黠		
艮八	在		揌				挨				噫				軋		
艮三	文																
蛊七	犖		咪				獺										
蛊九	口	才下		腴				疬									
艮十二	宅																
	開	音	清			隨一			清	中	清						
		灰（晏）				賄				隊（蹇一）	怪		霄（震一）	浚			屑
坤四	夫	梧				悖（必每）				皆	摻		瞽				
師五	普	坏				琣				配	湃		瞽	諄			
卦五	旁	裴				排				佩	憊			勃			

師三　毋　枚　浼　妹　韎　昒　沒

坤六　東　堆　腲　對　咄

師六　土　推　腿　退　宊

升六　同　頹　錞　隊　突

坤七　乃　捼　餧　內　訥

坤一　古　瑰　圭　領　憒　桂　骨　訣

師一　坤　恢　睽　頮　𡴁　瑰　揆　窟　鈌

師一　口　齕

師二　五　梶　嵬　頠　磓　兀

坤八　走　唯　椎　雜　睟　卒

師八　草　崔　漼　璀　倅　綷

升八 遇九 坤二 師四 坤三 升四 遇七

曺	摧				罪				啐	捽			捽			
■	脽				崔				碎				窣			
寺																
黑	灰			睦	賄				誨			嘒	忽			血
武	回			攜	瘣				潰			慧	鶻			穴
安	隈			烓	猥				椳				膃			抉
文					阢	倄										
老	靁				磊				纇				硉			
■																
■																
閉	音	濁														

覎五
漸五
巽五

■	■	■	■	■	■	民	鼻	■	必	
匯	乖		遺							皆
							睚			齊
蒯	恠		朏		顡					怪
緦							吠	肺	廢	瘵
勱	劀	貀			寱					黠

漸三		漸二	漸四						槩二	漸一
寅	■	賢	吠	■	■	■	■	■	竞	揆
腂	嵗	懷	虒		蒉	脽	𥗊			
		壞	豁		桒	擺			瞶	
	薉		喙						椽	衛
	婠	滑	偺			齛		茁	黜	

剥四 豪五 盡五 豪三 剥六 豪六

貪	丹	馬	排	朴	法		發	■	■	■
							音			
							清			
泰	帶	昧	旆	霈	貝	泰	盡一			
		邁	敗		敗	夬				
		袂	敝	潎	蔽	祭	震一			

盡七	剝七	剝一	蒙一		蒙二	剝八	蒙八	盡八	剝十	
覃	姳	甲	巧	口	尾	乩	宋	才	山	口
大	柰	盖	磕		艾		蔡			
			瘈		藾	祭				

剥三　花　飯　歟
象四　曉　害
剥三　亜　鐵　狷
盡四　萬　藹　戕
象七　冷　賴
口
盡十一　崇
發音濁
夬　柰盡十一
剥五　百
口

艮五	白			
盡三	皃			
剥十二	卓			廗
蒙十二	坼		萬	跇
艮六	大		鯀	滯
艮七	南			
艮十一	乍		犗	掣
艮九	口	在下		愒
艮九	口	在下		偈
盡二	牙			劓
剥十一	莊		瘵	制

豕十一 父 掣

蠱十二 茶 寨

剥九 三 嘸 燦 世

艮十 士 誓

艮四 允 鱔 憩

艮二 華 贅

艮八 在 餲

艮三 文

蠱七 举 例

口

艮十二 宅

坤四
師五
升五
師三
坤六
師六
升六
坤七
坤一

開音清
夫
普
旁
母
東　裬
土　娧
同　兊
乃
古　儈

師一 坤 檜
口
師二 五 外
坤八 走 最
師八 草 禤
升八 曺 叢
■ 碨
坤九 寺
坤二 黑 讖
師二 武 會
坤三 安 薈

升四 師七 坤五 謳五 升三

文 懲 祭 斅
老 酧
■
■
開 音濁 夫 祭 壹 祭
卜
口
步
目
■
緞

	■					懱
謙六	兊					鈉
謙七	内				取	
謙三	口	爻上			夬	劕
謙三	口	爻上			怏	
	口					
升二	吾					刖
	■					贅 蕝
	■				毳 嘬	毳 脆
升九	口	書下			睉	
坤九	思				啐	税 歲

讜四　讜二　讜八　讜一　比七　　　　覌四

■　荳
父　唔
黄　話
自　黵
口　黄上　衛　㪤
鹿
■　汭
■
閉　音清
真周上　真　狠系四　軫菫上　恨緊四　震棗去　没姝四　質　質震三
飛　斌　賓　臏　儐　筆　必

渙五	匹			砏	繽				砱				汖			拂	匹
莫五	瓶			貧	頻				北				丙弼			弼	邲
渙三	未			珉	民				泯							蜜	密
	[redacted]																窒
	[redacted]									瘩				旻			
	[redacted]																柣
	[redacted]																昵
覌一	癸			麕		詪			緊	艮				扢			吉
渙一	弃			囷	緊	懇			墐	硍			菣	領			詰
莫一	蚪				趣	領											
渙一	口					䆈				[illegible]			[illegible]	[illegible]			鼿

坎八七 观二 涣四 观三 巽四

■	■	未	一	尾	血	■	■	■	■	■
	苓	寅	囙	礥			新	秦	親	津
			䅰	狠			洒狠			
		引					囟	盡	笱	榼
							認			
			饐	恨						
		亂	印			責	偣		親	晋
		逸	一			款	悉	疾	七	聖

			比五		蹇五	井三	比十二	坎十二	蹇六	蹇七
■	收		丙	口	莆	眉	中	丑	弟	年
	音									
	濁	臻								
		真 周呈					珍	獜	陳	紉
		真								
		軫								
		軫 章三				愍	黔	鞭	絹	
		震								
		震 帝呈				愍	鎮	疢	敶	
		擲								
		質 震呈					窒	扶	秩	暱

蹇十一	蹇十一	蹇一	井二	比十一	吷十一	井十二	比九	蹇十	蹇四	蹇二
口	口	近	月	震	只	呈	星	右	口	雄
𠂆	𠂆								王土黃下	
				臻	瀙	榛	莘			
巾	董	量	銀	真	嗔		中	神	鵻	
				䲋	亂	濜				
㲋			新	軫			矧	腎	脪	
					櫬	酳	阠			
抻	𧊈	僅	憖	震			胂	慎	賷	
壂			肌	𥳑	刹		瑟	齜		
				䙭	吡		失	實	肸	

塞八	蹇三	井七	井十	蹇十二			坤四	師五	外五	師二
匝	王	禹	二	直	開		夫	普	旁	母
					音	魂	奔	噴	盆	門
					清					
鍪		鄰	人	辰						
讃	鶉					諄				
						混	本	栩	体	蔥
		嶙	忍			準				
						準				
						恩	奔	噴	坌	悶
隱	酯	吝	刃							
						稕				
						沒		誖	勃	沒
乙	颮	粟	日							
						衕				

外八	師八	坤八	師二	師九	師一	坤一	坤七	外六	師六	坤六
曺	草	走	五	口	坤	古	乃	同	王	東
存	村	尊	倱	草下	坤	昆	臀	屯	暾	敦
鷷	逡	遵		悤		鈞				
蹲	忖	剸			閫	袞	吶	笔 圂	黗	
癄	蹲				麇					
鐏	寸	焌	諢		困	謴	嫩	鈍	黗	頓
		俊				呴九 嘖				
捽	猝	卒	兀		堀	骨	訥	突	宊	咄
崒	焌	卒				橘				

謹九 坤二 師四 坤三 外四 師七

[redacted]	孫			荀	損			笋	巽			峻	窣			卹
寺								楯				殉				
黑	昏			鴝	惛				惛				忽			狨
武	䰟				混				恩				搰			騎
安	温			[illegible]	穩			尹	揾				膃			
文				旬												聿
老	論				愢	倫			論			論	牧			律
[redacted]								愞								
[redacted]																
開	音	濁														
			諄 儀之	諄		準 筅之	準				揨 訾之			術 牀之	術	

坤五　謙五　升三　謙六　謙七　井四　井九

卜	口	步	目	■	■	乞	内	口	口	口
								眉下	二上	
	砂			乇	杙	酏		麇	囷	
									趣	
					倴	蜳		窘	捆	
				飩					壼	
				怢	黗	茶	黜		茁	繘

升七		謳八	謳二	謳四		坤九				升二
鹿	■	自	黄	父	■	思	口	■	■	吾
								惛	逡	
倫	筠	讚			純	媋		春	諄	
								亂		
掄	磒					賰		蠢	準	輥
淪	韻				順	舜			稕	
						率		剩	茁	
律					術	絀		出	頔	屈
										崛

蹇六 坎十二 比十二 井三 蹇五 比五

■	■	收		丙	日	着	眉	中	丑	弟
		音								
		濁	欣							
犉	脣		欣（羣三）							
			隱							
蝡	肎		隱（隨三）							
			焮							
閏			焮（蓋三）							齗
			迄（震三）	迄						眣

塞七	塞四	塞十一	塞一	井二	比十二	坎十一	井十二	比九	塞十	塞十一
半	口	口	近	月	震	天	呈	星	石	口
	壬下	石下								
								椊		
	斤		勤	齦						欣
						亂				
	謹	赲	近	听						蟪
							酳			
	薪	掀	近	垽						焮
	訖	乞		趌	仡					迄

蹇二
蹇八
蹇三
井七
井十
蹇十二
坤四
師五
升五

雄 臣 王 禹 二 直 開 夫 晉 旁

殷 隱 傿 乙

音清

文臺三
吻頤三
問益三
勿震三

師三 母
坤六 東
師六 主
外六 同
坤七 乃
坤一 古 君 攎 据 了
師一 坤 卷 裀 趣 屋
師九 口 草下 羣 郡 偓
師二 五 韜 厽 崛
坤八 走
師八 草

升八　爻　謙九　坤二　師四　坤三　升四　師七

開音濁	■	■	老	文	安	武	黑	寺	■	曺

		謳七	謳六			外三	謳五	謳三	謳五	
口	口	内	允	■	■	目	步	口	卜	
								父上		
						文	汾	芬	分	文
						吻	忿	忿	粉	吻
										問
				䚾		問	分	湓	糞	問
					䟘	勿	佛	拂	弗	勿

謙一　謙八　謙九二四　坤九　外二

口	自	黄	文	■	思	口	■	■	吾	口
云	氳		熏							
殞	惲									
							亂			
運	醞		訓							
颶	欝		欻							

升七　剥四　豪五　盍五　豪三　剥六　豪六

鹿	■	■	發		法	朴	排	馬	冊	貪
			音	寒 乾三					冊	灘
			清							
				先 乾七	編		駢	瞋	顛	天
				旱 老三					亶	坦
				銑 夬三	匾		辮	槙	典	腆
				翰 有三					旦	炭
				霞 有三		辮		暅	殿	塡
								蕩	怛	闐
				眉 坐三	閉	丿	梲	蠛	窒	鐵

盡六	單	壇			田	但			殄	憚			電	達			迭
剥七	妳	難			年				撚	難			繎晛	捺			涅
剥一	甲	干			堅	笴			蕑	幹			見	葛			結
翕一	巧	看			牽	侃			窒	看			俔持渴				猰
	口																
翕二	乇	豻			妍				齞	岸			硯	嶭			齧
剥八	哉	籛			箋	贊			𣟄	贊			薦	拶			節
翕八	采	餐			千				忏	粲			蒨	攃			切
盡八	才	残			前	瓚				㜺			荐	[illegible]			截
剥十	山	珊			先	散			銑	繖			霰	薩			屑
	口																

剥二	豪四	剥三	盡四	豪七		盡十一			剥五	
花	晚	亞	萬	冷	口	崇	發		百	口
頖	寒	安		闌			音			
							濁	冊偏四		
祆	賢	煙		蓮		揙				
罕	旱	侒		嬾						
								潛紫四		
顯	峴	㡘								
漢	翰	案		爛						
								諫蹉四		
韅	現	宴		練						
喝	曷	遏		剌						
								黠棋四	八	汃
奆	纈	噎		[illegible]						

蹇五	井三	比十一	坎十二	蹇六	蹇七	蹇四	蹇四	蹇一	井二	比十一
葡	眉	中	丑	第	辛	口	口	逅	月	震
						王下	王下			
						姦	軒		頦	
							顀			
			㬥		報			齗		齗
			㬥		彔	諫		鴈		
枝	傒	啠	吅	嗟	疪	㚇	詠			札

坎十一	井十一	比九	蹇十	蹇四	蹇二	蹇八	蹇三	井七	井十	蹇十二
尺	呈	星	石	口	雄	匠	王	爲	二	直
				王下						
		刪		豻						
⿰犭戔	⿰虫戔	潛			僴					
鏟	棧	訕			骭	妟				
祭		殺			黠	軋				

觀四　渙五　巽五　渙三　觀一

開		飛	匹	瓶	米	■	■	■	■	癸
音	歡乾三	般	潘	槃	瞞	端	湍	團	渜	官
清	刪德四	班	攀	盼	蠻					
	先乾三	邊		胼	眠					涓
	緩孝三	粄	拌	伴	滿	短	疃	斷	煖	管
	潸先三	版	眅	阪	矕					
	銑孝一	扁	覑	辮	丏					
	換有二	半	判	畔	幔	鍛	彖	段	懦	貫
	諫醫四		襻		慢					慣
	霰有三	編	片	辯	麪					睊
	末世三	撥	潑	跋	末	掇	脫	奪		括
	黠婦四	八	汃	拔	傛					
	屑世三	別	撆	蹩	蔑					決

渙一　奐一　渙二　　覌二　渙四　覌三

弃	料	口	■	■	■	■	■	血	尾	一
寬		屹	鑽	爨	曊	酸		歆	桓	𥦗
								銷	玄	渊
欵		乾	纂	悫		算	鄟	㴐	緩	椀
犬					旋				鉉	蜎
	趲	玩	鑽	竄		筭		喚	換	脘
鐝		亂		篹		攣			患	綰
駽								絢	縣	鋗
闊		栝	緺	撮	柮	劀		焙	活	斡
缺				朧				血	穴	抉

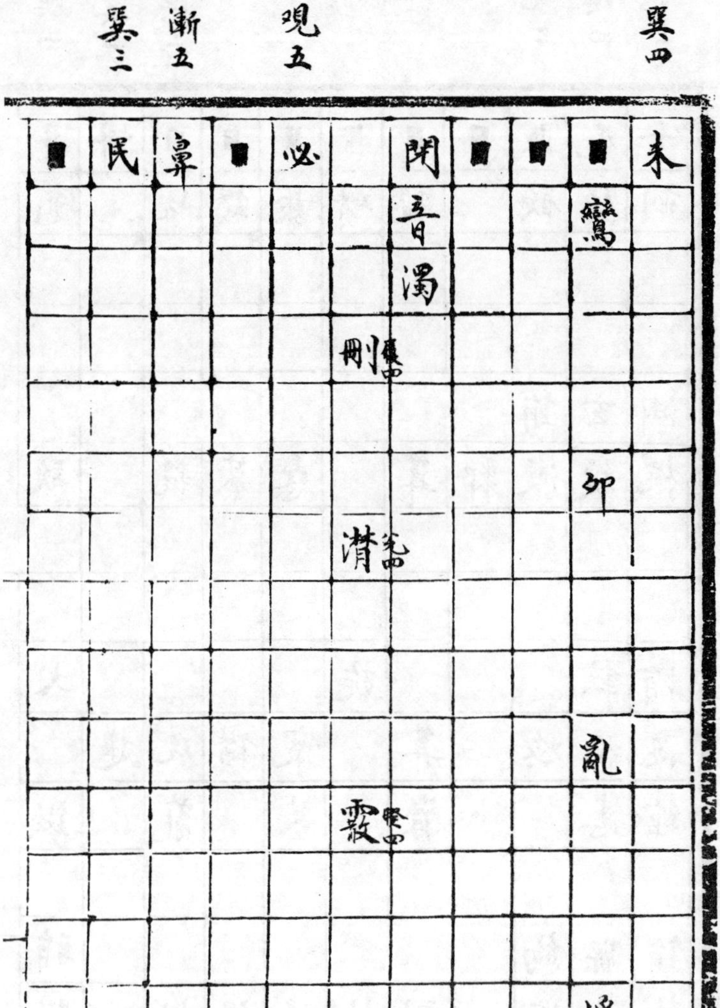
巽四
觀五
漸五
巽三
來
閉
必
鼻
民
鸞
音濁
刪
卯
潸
亂
霰
黠

漸一

巽二

■	■	■	■	兗	揆	■	■	■	■	■
櫰	狗		跧	庯	趡		閏	妐		
	撰									
欒		篡		薍	趡		墤	妐		
	齥		茧	黜		勯	劀	貀		

	漸四	漸二		漸三						剎四
■	吠	賢	■	寅	■	■	■	發		法
								音		
	豩	還	彎					清		
									惓 乾三	鯿
		睆	綰							
									猵 未三	
		患	綰							
									線 有三	遍
	脩	滑	婠							
									薛 半三	鼈

蒙五	蛊五	蒙三	剥六	蒙六	蛊六	剥七	剥一	蒙一		蒙二
朴	排	馬	毋	貪	覃	妳	甲	巧	口	乜
偏	楩		旃				甄			
	諞	沔						遣		
偏		偭				碾		譴		
瞥		蔑					孑			

列	1	2	4	5	9	13	17
剥八	哉			煎	翦	箭	蠽
蒙八	来			還	浅		咎
蛊八	才			錢	踐	賤	
剥十	山			仙	獮	線	薛
艮一	口	華上		逆次	綫	羡	
剥二	花			嗎			
蒙四	晓						
剥三	亞		馬		演	衍	
蛊四	萬		逆	还			棧
蒙七	冷						
	口						

盍十一 崇
發音濁
山(蘇四) 僊(蘇三) 僊 産(笑四) 獮(老三) 獮 襇(蘇四) 綫(直三) 轄(林四) 薛(坐三)
剥五 百
艮一 口 華上 盻
艮五 白 辯 版
盍三 皃 廹 簡
剥十二 卓 邅 展 驙 哳 哲
豕十二 坼 梴 蒇 獺 屮
艮六 大 獮 纏 邅 綻(袒) 纏 轍
艮七 南 㷰 碾 輾 瘵 㞞

艮十一	艮九	井一	盍二	剥十二	夬十一	盍十二	剥九	艮十	艮四	艮二
下	口	口	乎	莊	乂	茶	三	士	九	華
	卡									
間	擘		訮	宅	彈	虩	山		犨	閑
	慦	乾		饘	燀		羶	蟬		
					椽					嫚
簡	齴		眼	醆	剗	棧	産		僩	限
蹇	総	鍵	巘	搌	闡		僝	善		
襇			抍		孱		帴			莧
		僊	彥	戰	碊		扇	繕		
鶡	擖		齾	札	刹	鏩	䥅		瞎	牽
揭	揭	桀	蘖	漸	掣		設	舌	娎	

	1	2	3	4	5	6	7	8	9	10	11	12	13	14	15	16	17
艮八	在		顛	爲			軋	訫				軀			鶡	謁	
艮三	文			漹													
𡵓七	犖		瀾	連				輦				璉				列	
𡵓十	口 宗上			然				撚				翷				熱	
艮十二	宅			禪													
	收	音	清														
			山 僊四		僊		産	獮	獮		襇	線	線 有上		韂	薛	薛
坎四	口 品上		諞		鞭			辯	褊		扮	变			捌	䇷	鼈
坎六	品				篇		眄	鶣	萹		盼		鶣				撆
井五	平		辨		便		昄	辨	楩		辨	卞	便			別	鷩
坎三	美				綿		晚	免	緬				面		怽		滅

比六	坎六	井六	比七	比一	坎一	井一	坎二	比八	坎八	井八
帝	天	田	女	九	丘	乾	仰	足	七	全
䢩								鐫	詮	全
			瞍			帩	臇	雋		
簡										
				絹	缺			恮	縓	全
					缺			蕝	膬	絕

比十	蹇九	比二	比四	比三	比四	坎七	坎十	井十一		
手	象	香	口	乙	口	呂	耳	辰	收	
			乙下		乙下				音	
									濁	山 履四
										僊 巽三
宣	旋	翾		娟	沿		瑌	船		僊
										産 坎四
										獮 未三
選	蔓	嬛	蜎	兖						獮
										襇 睽四
										線 有三
選	漩				掾		㬮			線
										轄 妹四
										薛 坐三
雪	茭	旻		妓	悅					

	1	2	3	4	5	6	7	8	9	10	11	12	13	14	15	16	17
比五	丙																
	口																
蹇五	蒲																
井三	眉			[illegible]													
比十二	中			邅				轉				囀			鵽	叕	
坎十二	丑			鐉				腞				猭			頢	皴	
蹇六	第		宅	椽				篆				傳					
蹇七	年		嘫					腝							婠	呐	
蹇十一	口	㕦下	鰥	剶				卷			鰥	眷			刮	蹶	
蹇十一	口	㕦下		捲								[illegible]					
蹇一	迍		[illegible]	権	卷			圈				倦				[illegible]	

井二	月		頏												則		
比十一	震		恮	専			㦏	剸			恮	剸			莄	拙	
坎十一	尺			穿	脠		㥣	姅			篹	劃			纂	啜	
井十二	呈		潺				撰				餐						
比九	星		拴				巽	巽			涮	縳			刷	說	
蹇十	石			遄				腨				耑					
蹇十一	口	石下													䀰	[illegible]	
蹇二	雄		溪								㓜				頢		
蹇八	匠		嬛	漆				究								喊	
蹇三	王			貟								瑗					
井七	禹		𪊃	寧				臠				恋				芳	

井十
蹇十二
剥五
艮五
蠱三
剥十二
豕十二
艮六

二　瞯（暵）　歎　暵　蘷
直
發音濁　元（䕶三）　阮（光三）　願（丛三）　月（妹三）
百
口
白
皃　晃
卓
坼　嘕　爌
大　填

艮七	艮十一	艮九	艮九	蠱二	剥十一	蒙十一	蠱十二	剥九	艮十	艮四
南	乍	口	口	乎	莅	义	茶	三	士	九
		卒下	卒下							
	搗	攐	揵	言						軒
		擇								
	蹇	亢	鍵	言						幰
	建	騫	健	唁						獻
	許	揭	渴	钀						歇

標注	一	二	三	四	五
艮二	華				紇
艮八	在	馬	偃	堰	謁
艮三	文				
蠱七	犖		健	健	
	口				
艮十二	宅				
	發音濁	履三	兌三	睽三	妹三
		元	阮	願	月
剝五	百	藩	反	販	髮
艮九	口 在下	翻	𩔴	娩	怖
艮五	白	煩	奉	飯	伐

蛊三	皃		構	晥	萬	轙
剥十二	卓					
豕十二	折					蠻
艮六	大					
艮七	南					
艮十一	乍		捲	奪	欒	厥
艮一	口	華上	圈	綣	券	閼
艮一	口	華上		夽	圈	鱖
蛊二	牙		元	阮	願	月
剥十一	莊		暫			
豕十一	乂				簸	

卦	1	2	3	4	5	6	7	8	9	10	11	12	13	14	15	16	17	18
蠱十二	茶																	
剥九	三																	
艮十	士																	
艮四	九			暄				喧				楦					[illegible]	
艮二	華																	
艮八	在			鴛				宛				怨					噦	
艮二	丈			袁				遠				遠					越	
蠱七	犖																	
	口																	
艮十二	宅																	
	閉	音	清															

覡四　渙五　巽五　渙三　　覡一　渙一

飛	匹	瓶	末	■	■	■	■	癸	弃
蕭 乾四	蕉			貂	祧	迢	嬈	驍	蹺
篠 未四				鳥	朓	窕	蔦	皎	趙 皎
嘯 夏四				弔	糶	調	尿	叫	竅
藥 昧四									

巽一　渙一　覞二　渙四　覞三　巽四

料	口	■	■	■	■	■	血	尾	一	未
	弃下									
	堯	頼	鄡		蕭		曉		幺	
	磽	湫			筱		曉	皛	杳	
	顤				嘯		歗挠	頋	宎	
		爵	鶴	嚼	削					藥

剝四　豪五　盡五　豪三　剝六　豪六

■				脚				了				料				
■																
■																
發	音	清														
	豪	爻	宵	宵	皓	巧	小	小	號	效	笑	笑	鐸	覺		藥
法	褎	包	鑣	猋	寶	飽	表	褾	報	豹	裱	標	愽	剝		犳
朴	橐	胞		漂	皫		皫	縹	皫	奅		勡	粕	璞		
排	袍	庖	瀌	瓟	抱	鮑	爻	摽	暴	跑		驃	泊	雹		
馬	毛	茅	苗	蟊	蓩	卯		眇	冒	皃	廟	妙	莫	邈		
冄	刀	刀			倒				到				沰			
貪	叨	饕			討				韜				託			

蛊六 剥七 剥一 蒙一 蒙九 蒙二 剥八 蒙八 蛊八 剥九

覃	匋				道				導				鐸			
妳	猱				腦				臑				諾			遥
甲	高				果			胖	誥				各			
巧	尻		漂	蹺	考				搞			趠	恪			
口	粜			翹				狢				趠				
尥	教				藐			斛	傲				蕚			
哉	糟		嘲	焦	早			剿	竈			醮	作			雀
采	操	饕		鏊	艸			悄	操			陗	錯			鵲
才				樵	皁			遲	漕			噍	胙			嚼
山	騷			宵	嫂			小	謏			笑	索			削
口																

	1	2	3	4	5	6	7	8	9	10	11	12	13	14	15	16	17
刹二	花	蒿				好				耗				臛			
豪四	晓	豪				皓				號				涸			
刹三	亞	爊			腰	媪			闇	奥			要	恶			鶴
盍四	萬				遙				溔				燿				藥
豪七	冷	劳	犖			老			繚	勞			㚁	落			
	口																
盍十一	崇	曹															
	發	音	濁														
		豪	文（爊四）	宵（乾四）				巧（筊四）	小（來四）			效（皦四）	笑（育四）			覺（妹四）	藥（壯四）
刹五	百																
	口																

艮五	盍三	剝十二	豪十二	艮六	艮七	艮十一	艮一	艮一	盍二	剝十一
白	皃	卓	坼	大	南	乍	口	口	牙	莊
							犨	壘		
	毛	啁	颮	扡	鐃	交	敲		聱	䁻
	朝	超	鼂	鼂		驕	趫	翹		昭
		撩	䫂		橈	絞	巧		齩	爪
			巐	趙		矯		[illegible]	[illegible]	沼
		皐	趠	擢	橈	敎	敲		樂	笊
			超	召		驕		嶠	䶛	照
		斵		濁	搦	覺	㱿		嶽	捉
		芍	逴	著	逽	脚	却	噱	雹	灼

象十一	乂		謿	怊			炒	麨			赻	覞			擉	綽	
盍十二	茶		巢				魈				巢				浞		
利九	三		梢	燒			梢	少			梢	少			朔	爍	
艮十	士			詔				紹				邵				杓	
艮四	九	猱	虓	囂			嗃				孝	魈			吒	謔	
艮二	華		交				嶨				效				學		
艮八	在		[illegible]	妖			拗	夭			[illegible]				渥	豹	
艮三	交		猇	鴞													
盍七	犖		顟	燎				燎				療				掠	
盍十	口	崇		饒				擾				饒				若	
艮十二	宅																

坎五 井五 坎三 比六 坎六 井六 比七 比一

收音清	乾一 歌 [戈+奇]	上 哿	去 箇	入 鐸
口				
品				
平				
美				
帝	多	鞞	跢	沰
天	佗	袉	柁	託
田	駝	柁	馱	鐸
女	那	娜	柰	諾
九	歌 迦	哿	箇	各

坎一	井一	坎二	比八	坎八	井八	比十	蹇九	比二	比四	比三
立	乾	仰	足	七	全	手	象	音	口平	乙
軻		莪	嗟	蹉	醝	娑		訶	何	阿
佉	伽									
可		我	左	瑳	醝	縒		歌	荷	娿
坷		餓	左	嗟		些		阿	賀	掗
恪		咢	作	錯	𦤎	索		脽	鶴	惡

坎七	坎十		井十一			覌四	渙五	巽五	渙三	
口	吕	耳	辰	閑		飛	匹	䍡	米	■
	羅			音	戈[illegible]	波	坡	婆	摩	㮶
				清						
					戈					
	[illegible]				果[illegible]	跛	頗	爸	麽	朶
	邏				過[illegible]	播	破	蔢	磨	㮶
	落				鐸[illegible]	愽	粕	泊	莫	沰

覞一 渙一 巽一 渙二

■	■	■	癸	弃	蚪	口（弃）	■	■	■	■
詑	牠	挼	戈	科		訛	鮻	遳	矬	蓑
							銼	脞		
安	墮	妮	果	顆		妮		脞	坐	貨
唾	惰	惈	過	課		臥	侳	剉	座	[illegible]
託	鐸	諾	郭	廓		瓁	[illegible]			

覌二
渙四
覌三
巽四

覌五

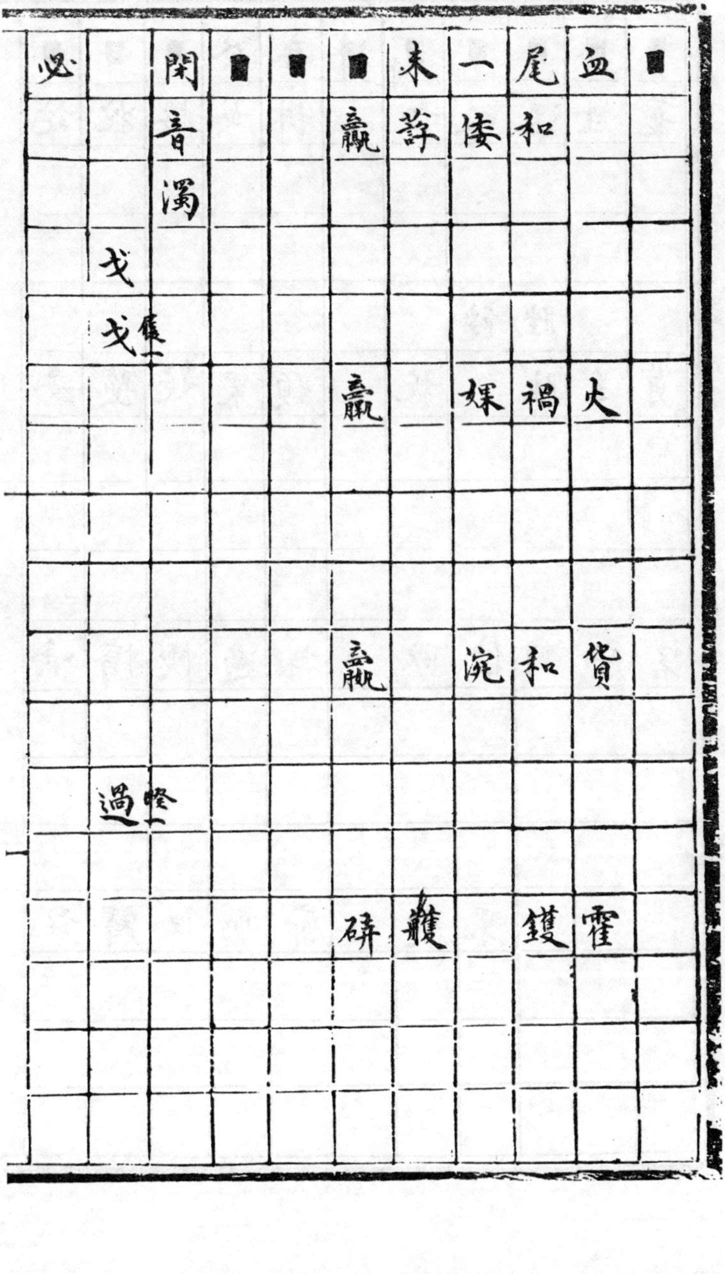

漸五
巽三

漸一
巽一

■
鼻　縛
民
■
■
■
■
■
■　骴
揆　瘑
兗

		漸三		漸二	漸四					
■	■	寅	■	賢	吠	■	■	■	■	■
樓	聴		腥		鞾					
									胜	餂

	■																	
	發	音	清															
			麻	麻僾一	麻		馬		馬光一		禡		禡竪一		轄妹一			
剌四	法		巴				把				覇				八			
蒙五	朴		葩				土				帊							
盎五	排		爬				跁				把							
蒙三	馬		麻		哶		馬		乜		禡				帓			
剌六	毋			奓					哆									
蒙六	貪																	
盎六	覃																	
剌七	妳																	

剌一	甲			
豙一	巧			歌
	口			
豙二	乇			
剌八	哉	嗟	姐	借
豙八	采	磕	且	笪
盡八	才	奆	妲	褯
剌十	山	登	寫	卸
艮九	口（在下）	挪	灺	謝
剌二	花	苛		
豙四	晚			

剥三 丑 野

盡四 萬 邪 夜

蒙七 冷

蒙十 口 捿 偖

盡十一 崇

發音濁

麻蟇上 麻 馬冬上 馬 禡蛙上 禡 鞊姝上

剥五 百

口

艮五 白

盡三 皃

剝十二	卓		參		觰		吒	
蒙十二	坼		侘		奼		詫	
艮六	大				蹅		蜡	
艮七	南		拏		拏		胗	髻
艮十一	乍		嘉		賈		駕	鷨
艮一	口	華上	[illegible]		跒		骼	稿
	口							
蠱二	牙		牙		雅		訝	齾
剝十一	莊		摣	遮	詐	柘		哳
蒙十一	义		义	車	叉	搽	衩 [illegible]	刹
蠱十二	茶		茬		搓		乍	鑡

剥九　三　沙奢　灑捨　嗄舍
艮十　士　闍　社　坼射
艮四　九　蝦　閜　罅　瞎
艮二　華　遐　下　暇　鎋
艮八　在　鵐　啞　亞　鷃
艮三　文
蛊七　举　儸　蘿跍
蛊一　口　齁若　惹　偌
艮十二　宅　茶
開音清　傻　冬
麻　馬

坤四 師五 升五 師三 坤五 師六 升六 坤七 坤一 師一

夫	普	旁	母	米	土	同	乃	古	坤	口
芭	鈀	把	蟆	築						
		笆	碼							
豝	怕	[illegible]	罵							

師二
坤七
師七
升七
謙九

五
走　狚
草
青
■
寺

坤五　　謙五　升三　　謙六　剝九

	開		卜	口	步	目	■	■	光	內
	音									
	濁	麻偃					摳			
		馬坐						揉		
		馬								
		禡坐								
		轄坐					鵚		頯	妠

謙二	黃		革				謙			革	則
謙四	文		祀							化	頤
	■										
坤九	思						揆			豁	剝
	口										
升九	■	壹早					睽				鑑
升九	■	壹早	騣						鬩		
升三	吝		依				既			既	則
	口										
艮一	口	蹇上	蠡				睽			睽	
艮一	口	蹇上	旅				賓			旅	剝

謯八　升七　坎四　坎五　井五　坎三

自　口　鹿　■　■　收　口　品　平　美

自：哇　擦　擻

收：清　陽　蕩　養　宕　漾　鐸　藥　藥

口：鎛

品：霹

平：縛

比六	坎六	井六	比七	比一	坎一	井一	坎二	比八	坎八	井八
帝	天	田	女	九	立	乾	仰	足	七	全
當	湯	唐	囊	岡	康		卬	臧	倉	藏
								將	鏘	牆
黨	儻	蕩	曩	䀭	慷		[illegible]	駔	蒼	奘
								獎	搶	蔣
當	湯	宕	儴	鋼	亢		抑	葬	䢢	藏
								醬	摪	匠
沰	託	鐸	諾	各	恪		咢	作	錯	昨
					矍		戄			
								爵	鵲	嚼

比十	蹇九	比二	比四	比三	比四	坎七	坎十	井十一		
手	象	香	口乙下	乙	口	呂	耳	辰	收	
桑		炕	杭	鴦	乙下	郎			音濁	唐 履十
										陽
										陽 乾七
襄	詳				陽					
顡		許	沆	坱						瘍 革十
										養 未二
想	象				養					
喪			吭	盎		浪				宕 噬十
										漾
										漾 有十
相					漾					
索		臛	鶴	惡		洛				鐸 姤十
										藥 咸十
削					藥					

比五	丙							
蹇十	口							
蹇五	莆							
井三	眉							
比十二	中	張		長		帳		礵
坎十二	丑	萬		昶		悵		逘
蹇六	弟	長		丈		帳		著
蹇七	年	嬢				醸		送
蹇四	口莫下 光	彊	廣	繈	桄	疊	郭	脚
蹇十	口莫下 觥	羌	穬	磋	曠	嘆	廓	郤
蹇一	近	疆		璗		猄		噱

井二	比十乙一	坎十一	井十二	比九	蹇十	比二	蹇二	蹇八	蹇三	井七
月	震	天	呈	星	石	口	雄	匠	王	禹
						巟	黄	汪		
	莊	瘡	牀	霜						
卬	章	昌		商		香		央		良
						慌	晄	[illegible]		
仰	掌	敞		賞	上	響		鞅		兩
	壯	創	狀	霜						
[illegible]	障	唱		餉	尚	向	怏	快		諒
	斮		斮							
虐	灼	綽		爍	杓	謔		約		略

井十 二 穰 壤 讓 弱
蹇十二 直 常 上
開 音清
唐 蕩 宕 鐸
坤四 夫 幇 榜 謗 博
师五 普 滂 髈 胦 粕
朩五 旁 旁 傍 泊
師三 母 忙 莽 漭 莫
坤六 東
師六 土
朩六 同

坤七	乃																
坤一	古	光				廣				桄				廓			
師一	坤	觥				懬				曠				廓			
	口																
師二	五													瓁			
坤八	走													⿰口⿱彐木			
師八	草																
外八	書																
	■																
謙九	寺																
坤二	黑	荒				慌								霍			

坤四　武　黄　晃　檴

坤三　安　汪　泚　臒

升四　文

師七　老　磚

閙　音　濁　陽乾二　養泰二　漾有二　坎二

坤五　卜　方　防　放

謙二　口　父上　芳　仿　訪

謙五　步　房　防

外三

讓六 讓七 讓三 讓三 師二

目 乚 囸 妄

■

■

光

內

口 黃下 惶 彝 詽 矍

日 黃下 框 脏 躩

口 黃下 狂 俇 狂 戄

五

■

■

坤九 謙四 謙二 謙八 謙三 升七

	1	2	3	4	5	6	7	8	9	10	11	12
口												
思												
■												
父						恍			況			矆
黄												
自						枉						矆
口			王			往			旺			矍
鹿												
■												
■												
發音清												

刹四　豪五　盍五　豪三　刹六　豪六　盍六　刹七　刹一　豪一

	法	朴	排	馬	毋	貪	覃	妳	甲	巧
庚	礽	烹	彭	旨						
清	兵		平	明						
清	幷	聘		名					頸	輕
梗	炳		觪	猛						
靜	炳			四						
靜	餅			眳					頸	
映	搒	亨	彭	盂						
勁	柄	窉	病	命						
勁	摒	聘	偋	詺					勁	輕
陌	百	拍	白	陌						
昔	碧	鼓	構							
昔	辟	僻	擗			剔	悌	鑷		慧

蒙十	盡二	剥八	蒙八	盡八	剥十	艮九	剥二	蒙四	剥三	盡四
口	开	哉	采	才	山	口	花	晚	亞	禹
						卒				
	頸	精	清	情		餳			嬰	盈
痓		井	請	靜	省		悦		癭	郢
		婧	清	凈	性		飲			
		積	皵	藉	昔	席			益	繹

標	1	2	3	4	5	6	7	8	9	10	11	12	13	14	15	16
豪七	冷															
	口															
蠱十一	崇															
	發	音	濁													
			庚豐十一	清巽十一			梗隨十一	靜革十一			映漸十一	動需十一			陌震十一	昔豐十一
剥五	百															
	口															
艮五	白															
蠱三	兒															
剥十二	卓		趙				打	冣			㖩				磔	穚
豪十二	坼		膯	樘				逞			撐	遉			坼	彳

良六	大		棖	呈			瑒	徎			鋥	鄭			宅	擿	
良七	南		鬡				檸					窑			路		
良十一	下		庚	京			梗	景			更	丙入 敬			格	戟	
盅一	口	牙上	阬	卿			伉					慶			客	際	
盅一	口	牙上		擎				顈				競				劇	
盅二	牙			迎							硬	迎			頟	逆	
剥十一	莖			征			睜	整				正			窄	隻	
豪十一	义		鎗				瀞				濪				踖	尺	
盅十二	茶		傖												柞		
剥九	三		生	聲			省				性	聖			索	釋	
良十	士			成								盛			齰	石	

卦	字	1	2	3	4	5	6	7	8	9	10	11	12	13	14	15	16
艮四	亢		亨				諱				悙				赫	虩	
艮二	華		行				杏				行				格		
艮八	在			英			㯳	影			瀴	映			啞		
艮三	文																
壵七	甇			跉			冷	領				令			礐	𠞰	
	口			穰				驟									
艮十二	宅																
	開	音	清														
					清同上				静董上				動專上				昔業上
坤四	夫																
師五	普																

外五 旁
師三 母
坤六 東
師六 土 頃 膏 踶
外六 同
坤七 乃
坤一 古 洞
師一 坤 傾
外一 口 瓊
外二 吾
坤八 走

師八　升八　升九　謙九　坤二　師四　坤三　升四　師七

草	青	口	寺	黑	武	安	文	老	■	■
		青下								
		觲		駒		縈	营			
				顊			頼			
		將		夐						
旻				瞍			後			

謹一　謹七　謹六

升三　謹五　捭五

開　音濁　庚　清　梗　靜　映　動　陌　晉

卜

口

步

目

■

■

光

內

口　黄上　鐄　礦　䨥　攫

謳一　外二　坤九　謳四　謳二　謳八

口	口	吾	■	■	口	思	口	文	黄	自
黄上										
夻								諻	横	
								兄		謍
畀								湶	卝	瞢
								芫		
									蝗	浤
	病							寎		
劇								諜	蒦	擭
躩										

升一 升七 坎四 坎五 井五 坎三 比四

帝	美	平	品	口		收	■	■	鹿	口
				美下		音				吾上
	甍	棚	怦	繃	耕耒上	清				
										榮
丁	寘	餅	甹		青風上					
	匜	解	頩	迸	耿隨上					
										永
頂	茗	竝	頩	鞞	迥畫上					
		偋	軿	迸	諍壺上					
釘	瞑	屏		跰	徑禹上					
	麥	檗	擗	蘗	麥震上					
的	糸	髮	霹	壁	錫畢上					

坎六	井六	比七	比一	坎一	井一	井二	比八	坎八	井八	比十
天	田	女	九	丘	乾	月	足	七	全	手
聽	庭	寧	經	[illegible]		娙	菁	青		星
梃		顈	剄	[illegible]		脛	婧		洴	醒
聽	定	寗	徑	[illegible]				靘		腥
逖	狄	惄	激	喫		鶪	績	戚	寂	錫

蹇九	比二	比四	比三	坎六	坎七	坎十	井十一			比五
象	香	口	乙	口	呂	耳	辰	收		丙
		乙下						音		
								濁	耕蹇十	
									耕	
	馨	形		桯	靈					
									眈隨十	
	鸎	嫈	嚶		領					
									諍	
									諍噎十	
		脛	瘿		零					
									麥蹇十	
									麦	
	閴	檄			曆					

	蹇五	井三	比十二	坎十二	蹇六	蹇七	蹇四	蹇四	蹇一	井二
口	葥	眉	中	丑	弟	年	口	口	迋	月
							王下	王下		
			打		撜	停	耕	鏗		姪
							耿			
			摘	遏	蹢		隔	礊		虉

比十一	切十一	井十二	比九	塞十	塞四	塞二	塞八	塞三	井七	井十
震	尺二	呈	星	石	日	雄	匠	王	禹	二
					黄下					
争	琤	峥				薨	瞿		礴	
					訇	宏	泓	竤		
						聿				
諍							櫻			
					轟		嫈			
責	籍	趚	株			霰	尼		礰	
揰			摵		㦤	畫				

蹇十二

坎五
井五
坎三
比四
坎六
井六
比七

直	收		口	品	平	燮	帝	天	田	女
	音									
	清	耕革三				萌				
		青困三								
		迥革十								
		靜革三								
		徑鼎三								
賾		夌震三								
		錫震三								

比一	坎一	井一	井二	比八	坎八	井八	比十	蹇九	比二	比四
九	立	乾	月	足	七	全	手	象	香	口
										乙下
嵩	垌			屡					嫈	熒
	蕢	蕀							詷	迥
䁗	蒯	趯		槿			璁		憘	畫
嵩										潩
臭	閿								䘏	

比三 比四 坻七 坻十 井十一 剥四 蒙五 蠱五 蒙三

乙				濮				濮				瑩				棫
口	乙下															
呂																
耳																
辰																
發	音 登周五	清	蒸周五	蒸	等並五		極並五		嶒禹五		證禹五	證	德曲五		職	職曲五
法	崩		人						堋		冰		北			
朴	漰		淜		倗								愎			
排	朋		凭		淜		憑		倗		凭		蔔			
馬	瞢		儚		懜				儚				墨			

剥六	豪六	盡六	剥七	剥一	豪一		盡二	剥八	豪八	盡八
毋	貪	覃	妳	甲	巧	口	牙	哉	采	才
登	饕	騰	能	擳	𪂽			增	彰	層
								髾		繒
等	饕	䠖	能	宿	肯			噌		
										贈
嶝	澄	鄧	𪐴	亘	恒			檜	蹭	
								䶢	彰	
德	忒	特	䘈	械	克			則	棫	賊
䫀			居					即		塱

	1	2	3	4	5	6	7	8	9	10	11	12	13	14	15	16	17
剥十	山	僧			綠					䆐				塞			息
	口																
剥二	花	甍												黑			
冢四	晚	恒												劾			
剥三	亜	斡												餩			
盡四	萬				蠅							孕					戈
冢七	冷	棱			凌	倰				輘				勒			
	口																
盡十一	宗																
	收	音	濁														
			蒸(同五)	蒸			極(華五)	極				證(壽五)			職(豐五)	職	

比五	丙			
	口			
蹇五	莆			
井三	眉			
比十二	中	徵		涉
坎十二	丑	僜	覲	教
蹇六	第	澄	貽	直
蹇七	年		趐	厘
蹇十	口 名上	矜		棘
蹇十一	口 名上	碉		
蹇一	迒	琥	旋	極

井二	比十一	坎十一	井十二	比九	蹇十	蹇四	蹇二	蹇八	蹇三	井七
仰	震	尺	呈	星	石	口	雄	匠	王	爲
						王下				
			磳	蹺						
凝	蒸	稱		升	承	興		膺	熊	陵
				蹺						
				蹺						
凝	證	稱		勝	丞	興		應		餕
	側	測	煎	色	崱					
嶷	職	瀷		識	寔	赩		億	域	力

井十 二 仍 耳 認 日
蹇十二 直
開 音清
倢 尤同四 尤崗 厚蕭 有黝 倏蕭四 宥幼 屋蕭四 屋
坤四 夫 騶 搱 仆 卜
師五 普 桴 剖 作 朴
升五 旁 掊 颩 部 瓿 僕
師三 毋 謀 𧻓 毋 戊 木
坤六 東 兜 斗 鬥 彀
師六 土 偷 黈 透 秃
升六 同 頭 鋀 豆 牘

坤七	坤一	師一	巽一	师二	坤八	師八	外八		讓九	坤二
乃	古	坤	口	吾	走	草	青	■	寺	黑
鸋	鈎	軀		齵	鯫	誰	剿	涑		齁
	樛	區	蚪	聱	[illegible]	秋	莤	脩	因	飍
彀	茍	口		偶	走	趣	鯫	叟		㖃
	斜	嫗	虬		酒		湫	滫		
耨	搆	冦		偶	奏	湊	剿	漱		蔻
	[illegible]	[illegible]	[illegible]		僦	趗	就	秀	岫	螑
	穀	哭		鏃		蔟	族	速		熇
						竈	椷	肅		

師四	武	俟				厚				候				穀			
坤三	安	謳			蚩	毆			黝	漚			幼	屋			育
升四	文				由				抽				欲	禄			
師七	老	婁			鏤	僂				肥							
	■																
	■																
	收	音	濁														
			尤	尤 同四			有	有 華四			宥	宥 晝四			屋	屋 豐四	
比五	丙			不				缶				富				福	
比四	口	乙下		鶹				紑				副				覆	
蹇五	犕			浮				婦				復				伏	

井三	比十二	坎十二	蹇六	蹇七	比一	坎一	蹇一	坎二	比十一	坎十一
眉	中	丑	弟	牟	口	口	迺	仰	震	尺
									鄒	搊
	鞴	抽	儔	惆	槝	立	求	牛	周	犨
	肘	丑	紂	紐	九	糗	臼	黀	掫	[illegible]
									帚	醜
									皺	造
莓	晝	畜	胄	糅	救	[illegible]	舊	鼽	祝	臭
									縬	珽
	竹	蓄	逐	肭	匊	趜		砡	祝	俶

井十一	比九	蹇十	蹇四	蹇二	蹇八	蹇三	井七	井十	蹇十二	
呈	星	石	口	雄	匠	王	禹	二	直	收
愁	搜									音
										清
	收	䭂	休		憂	由	畱	柔		
糉	溲				有					
	手	受	朽		懮	柚	桺	厹	首	
騣	瘦									
	狩	授	齅		憂	宥	溜	鞣		
簇	縮									
	叔	熟	畜		郁	囿	六	肉		

	坎四	坎五	井五	坎三	比六	坎六	井六	比七	比一	坎一
	口	品	平	美	帝	天	田	女	九	丘
	美下									
乾七 侵						譫				
去七 寑		品								
寢					呫					
有七 沁	稟									
沁										
出七 緝										
緝										

井一	井二	比八	坎八	井八	比十	蹇九	蹇二		比三	比四
乾	月	足	七	全	手	象	香	口	乙	口
										乙卞
		禝	侵	萬	心	尋			悟	滐
		醋	寢	葷	罧					潭
		浸	沁		勸	蓳				颭
		噍	緝	集	[illegible]	習			揖	慴

坎七	坎十	井十一			剝五		艮五	蠱三		家十二
呂	耳	辰	發		百	口	白	兒	鼻	坼
			音							
			濁	侵						
				侵莊七					砧	琛
				寑						
				寑考七					[illegible]	踸
				沁						
				沁有七					揕	闖
				緝						
				緝出七					縶	湁

艮六	艮七	艮十一	艮一	艮一	蒙二	剥十一	蒙十一	盡十二	剥九	艮十
大	南	乍	口	口	允	莊	乂	茶	三	士
						芫	參	岑		森
深	訨	今	欽	琴	吟	斟	覘		深	諶
						顩	嘇	頷	痒	
朕	拰	錦	拎	噤	鈐	枕	瀋		審	甚
						譖	讖	糣	滲	
鴆	篤	禁	搇	噤	吟	枕	瀋		深	甚
						戢	屛	囖	澀	
蟄	[illegible]	急	泣	及	岌	執	斟		濕	十

艮四　凡　歆　厥　誠　吸

艮二　華

艮八　在　音　飲　蔭　邑

艮三　丈　許　熤

崇七　犖　林　廩　臨　立

崇十　口崇上　壬　飪　妊　入

艮十二　宅

發聲清

覃同也　鹽妾也　鹽　感華也　琰随也　勘需也　艶豔也　合豐也　葉裳也

剝四　法　砭　鵖

蒙五　朴　妐

	1	2	3	4	5	6	7	8	9	10	11	12	13	14	15	16	17
盡五	排			狎													
象三	馬					変				紺							
剥六	毋	眈				紞				馾				答			
象六	貪	貪				檮				僋				榻			
盡	覃	覃				禫			湛	醰				沓			
剥七	妳	南				湳				妠				納			
剥一	甲	弇				感				紺				閤			
象一	巧	堪				坎			脥	勘				匌			
象十	口									黔							
盡二	才	䜶				頷				濕				嚃			
剥八	戕	簪			尖	遂			饞	篸			㘋	帀			接

	1	2	3	4	5	6	7	8	9	10	11	12	13	14	15	16	17
蒙八	来	參			韱	慘			醶	謲			塹	[illegible]			妾
盡	才	蠶			潜	歜			[illegible]				潛	雜			捷
剥十	山	毵			銛	槮			[illegible]	倸				鈒			健
蒙九	口	寀			[illegible]				䤳								
剥二	花	唅				顑				顑				欱			
蒙四	晚	含				頜				暗				合			
剥三	亜	諳			懕	晻			黶				厭	姶			魘
盡四	萬				鹽				琰				豔				葉
蒙七	冷	婪				壈				拉							
	口																
盡十一	崇																

	發	音	濁													
			咸南七	鹽嘉七			鑱華七	琰陋七			陷壽七	豔嘯七			洽豐七	業震七
剎五	百															
	口															
艮五	白															
盍三	皃		夎													
剎十二	卓		鵮	霑			點				點				劄	輒
彖十二	坼			覘			闇	諂								鍤
艮六	大		惐	突			湛				賺				㲛	牒
艮七	南		諵	黏			冉				諵				冄	聶
艮十一	乍		緘	黮			減	檢			歉				夾	綊

艮一	艮九	豕二	剥十一	豕十一	蛊十二	剥九	艮十	艮四	艮二	艮八
口	口	兎	莊	义	茶	三	士	凢	華	在
華上	在下									
欽		品	丈		鈐誤	攕		蝛	咸	偣
椷	鍼	黬	詹	襜		苫	探	娑		渰
槏		顩	斬	[illegible]	瀺	縿		喊	[illegible]	黯
頷	儉		颭			閃	剡	險		奄
喊		[illegible]	蘸		儳				陷	韽
恰		頣	庘	帀	煠	歃	蓮	欶	洽	[illegible]
抾		笈	讋	[illegible]		攝	涉		裛	瞱

艮三　文　佔　炎

盡七　犖　廉　瞼　歛　顩　祛　獵

盡十一　口　崇上　顩　冄　嗫

艮十二　宅

發　音　清

䶢見七　銜　添姜七　散豊七　忝嗵七　闞禹七　鑑　㮇盡七　盍嬰七　帖震七

剝四　法

蒙五　朴

盡五　排　嗌　埿

蒙二　馬　姌　姳　夋

剝六　冄　儋　䀐　膽　黙　㨪　店　皶　聑

象六	貪	睸			添	菾			忝	賧			掭	搨			帖
盍六	覃	談			甜	咲			簟	憺			磹	蹋			牒
刹七	妳	蚺			鮎				淰				念	納			捻
刹一	甲	坩			菡	敢			壏	䤗			菡	硆			頰
象一	巧	坩			謙	廞			歉	闞			傔	搕			篋
象九	口				涅												
盍二	牙	琲				厫								碟			
刹八	哉	鏨				餐			僣				僣				浹
象八	采	茝				黪			憯				僉	囃			篏
盍八	才	慙				槧				暫			瞽	䖘			蹇
刹十	山	三			鑒				瀌	三			礛	𠈉			爕

良九	口	在下					涔			
剥二	花	蚶		䶕	喊		憨		歁	妷
蒙四	晓	酣		嬚	㵸	䶩			盍	㭘
剥三	亜	黯			黬			醓	鰪	
盖四	萬	佔								
良七	泠	藍		鑑	覧	檻	濫	檻	臘	甄
	口									
盖十一	崇									浃
	發音	蜀			附允范梵之					
		街	巖	允	檻	儼	鑑	釅	狎	業
剥五	百		乏			睃		乏		法

Small annotations beside column 10 (order uncertain): 䖵也, 嵒也, 埜也, 隨也, 范, 嵒也, 崖也, 嚴, 梵, 豐也, 震也, 之, [illegible]

	1	2	3	4	5	6	7	8	9	10	11	12	13	14	15	16	17
艮一	口	華上						釩				泛				㚾	
艮五	白			凢				范				梵				之	
盍五	皃			琰				鋑				葵					
剥十二	卓																
蒙十二	坼							僩								[illegible]	
艮六	大			詡											雲	攝	
艮七	南		讝				淰					黏				瞰	
艮十一	乍		監	黚							鑑	劒			甲	劫	
艮九	口	在上	嶔	欽			顛	山				欠				猲	
艮九	口	在下		黔				相				欿				趻	
蒙二	冘		巖	嚴				门				釅				業	

剥十一　莊　漸　产　拈　覺　扶　譫

蒙十一　萘　攙　綅　醃　懺

蠱十二　茶　衜　嘵　鐃　礴

剥九　三　衫　摻　瀾　釤　痡　萋

艮十　士　菿

艮四　九　杴　闞　險　歁　膌　呷　膌

艮二　華　御　檻　檁　鑑　狎

艮八　在　瞻　黤　埯　黬　押　瞻

艮三　文　炎　饁

蠱七　犖　鑑　欽

蠱七　南　頓

《宋元切韻學文獻叢刊》總目（八種）